中国铁路重大桥梁工程建设丛书

KEY TECHNOLOGY FOR THE CONSTRUCTION

OF PINGTAN STRAIT HIGHWAY AND RAILWAY BRIDGE

平潭海峡公铁大桥
建造关键技术
（第二册）

刘自明　王东辉　张红心　肖世波　孙英杰　等　编著

人民交通出版社股份有限公司

北京

内 容 提 要

本书为"中国铁路重大桥梁工程建设丛书"的子系列——"平潭海峡公铁大桥建造关键技术"之一。本系列结合我国第一座复杂海域跨海公铁两用大桥的建设工程实践，基于应对风浪流及地质条件极端复杂的暴风潮海峡环境开展的科研攻关与技术创新成果，全面深入地阐述了复杂海域桥梁集群的建造技术体系。本系列共分三册：第一册和第二册主要介绍松下岸到大练岛(11.15km)的三座通航孔跨海斜拉桥及非通航箱梁桥的建造关键技术；第三册主要介绍大练岛到平潭岛(5.17km)的通航孔混凝土连续刚构桥及非通航孔混凝土箱梁桥的建造关键技术。

本书为第二分册。内容包括：第6篇非通航孔桥施工；第7篇钢梁加工与制造；第8篇附属工程施工；第9篇风浪监测与施工控制。

本书可供从事桥梁工程勘察设计、施工、监理、建设管理的工程技术人员学习参考，尤其对于跨海桥梁建造的工程技术人员具有重要指导与启发的作用，亦可供桥梁工程及相关领域的高等院校师生参考。

图书在版编目(CIP)数据

平潭海峡公铁大桥建造关键技术. 第二册 / 刘自明等编著. — 北京：人民交通出版社股份有限公司, 2020

ISBN 978-7-114-16974-8

Ⅰ. ①平… Ⅱ. ①刘… Ⅲ. ①跨海峡桥—铁路公路两用桥—桥梁工程—福建 Ⅳ. ①U448.12

中国版本图书馆 CIP 数据核字(2020)第 244278 号

审图号：GS(2020)7019 号

中国铁路重大桥梁工程建设丛书
Pingtan Haixia Gongtie Daqiao Jianzao Guanjian Jishu

书　　　名：	平潭海峡公铁大桥建造关键技术（第二册）
著 作 者：	刘自明　王东辉　张红心　肖世波　孙英杰　等
责 任 编 辑：	王　霞　张　晓
责 任 校 对：	赵媛媛　宋佳时
责 任 印 制：	刘高彤
出 版 发 行：	人民交通出版社股份有限公司
地　　　址：	(100011)北京市朝阳区安定门外外馆斜街 3 号
网　　　址：	http://www.ccpcl.com.cn
销 售 电 话：	(010)59757973
总 经 销：	人民交通出版社股份有限公司发行部
经　　　销：	各地新华书店
印　　　刷：	北京印匠彩色印刷有限公司
开　　　本：	889×1194　1/16
印　　　张：	41.5
字　　　数：	1173 千
版　　　次：	2020 年 12 月　第 1 版
印　　　次：	2020 年 12 月　第 1 次印刷
书　　　号：	ISBN 978-7-114-16974-8
定　　　价：	300.00 元

(有印刷、装订质量问题的图书由本公司负责调换)

KEY TECHNOLOGY FOR
THE CONSTRUCTION
OF PINGTAN STRAIT HIGHWAY AND RAILWAY BRIDGE

重大工程
时间轴

2014年
01月 **02**日

全桥首根栈桥钢管桩插打

2014年
07月 **13**日

全桥第一根海上钻孔桩灌注混凝土

2014年
08月 **24**日

松下岸栈桥连通

全桥首个重达 1370 t 导管架平台整体吊装安装

2015 年
05 月 **01** 日

首根主塔 4.9m 超大直径钻孔桩 N04 - 2 号桩基混凝土灌注

2015 年
08 月 **01** 日

全桥首孔铁路箱梁浇筑

2015 年
11 月 **30** 日

3

2016年
06月 **03**日

首个主塔墩防撞箱围堰吊装对接（S04 号主塔）

2016年
07月 **06**日

首座钢桁梁墩承台混凝土浇筑

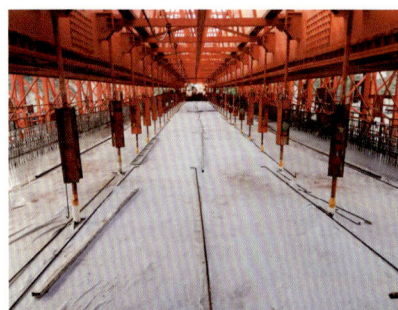

2016年
09月 **09**日

第一片公路混凝土梁浇筑完成

4

N03 号主塔首节浇筑

首孔深水区非通航孔桥简支钢桁梁整孔架设

航道桥最后一根桩正在灌注混凝土

2018 年
01 月 22 日

全桥首个 3000 t 级钢桁梁大节段架设

2018 年
04 月 25 日

首个主塔封顶（鼓屿门水道桥 Z04 号塔）

2018 年
08 月 15 日

全桥首根斜拉索安装

大小练岛水道桥钢桁梁合龙

元洪航道桥钢桁梁最大双悬臂对称架设

2019 年
05 月 **12** 日

深水非通航孔桥简支钢桁梁架设完成

2019 年
06 月 **15** 日

元洪航道桥边跨合龙

全桥最后一片混凝土箱梁浇筑

2019 年
08 月 **07** 日

鼓屿门水道桥合龙（全桥合龙贯通）

2019 年
09 月 **25** 日

全桥沥青全部摊铺完成

2020 年
04 月 **26** 日

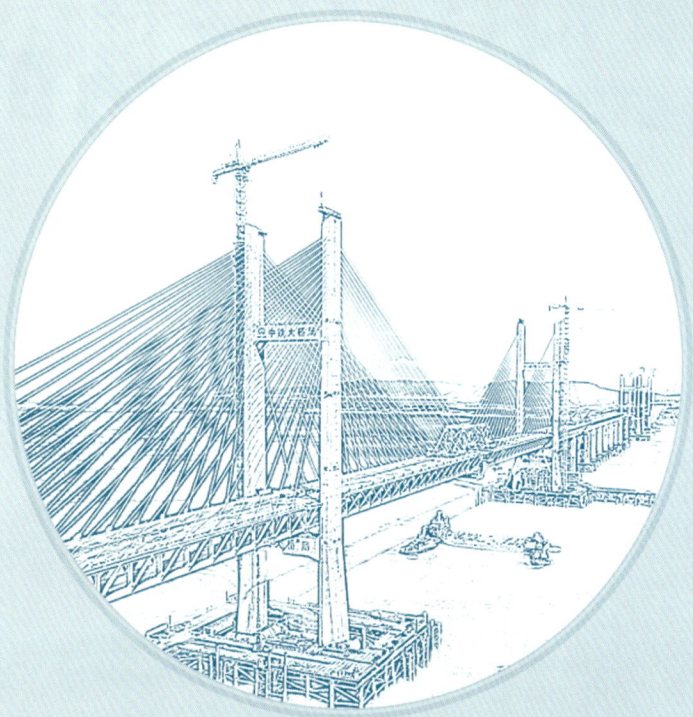

平 潭 海 峡 公 铁 大 桥

建造关键技术

KEY TECHNOLOGY FOR
THE CONSTRUCTION
OF PINGTAN STRAIT HIGHWAY AND RAILWAY BRIDGE

Editorial board

编委会

Preface

新中国成立 70 多年来,尤其是党的十八大以来,中国铁路发展取得了举世瞩目的伟大成就,建成了世界上最现代化的铁路网和最发达的高铁网,截至 2020 年 8 月,我国高速铁路运营里程达 3.6 万公里,居世界第一位;复兴号奔驰在中国广袤的大地上;初步构建了智能铁路技术体系、数据体系和标准体系。与此同时,铁路桥梁工程领域的科技工作者和建设者们坚持创新引领,攻坚克难,在祖国的崇山峻岭、悬崖沟壑、雪域高原、江湖海洋中腾飞和跨越,建设起一个个标志性工程。铁路桥梁总数量已经超过 3 万座,通车总里程超过 1.6 万公里,建造技术取得了丰硕成果。

中国桥梁经历了学习与追赶、跟踪与提高两个发展阶段,正处于全面创新与突破时期。在已建成通车的世界排名前 10 位斜拉桥中,我国占 7 席;世界排名前 10 位悬索桥中,我国占 6 席。中国桥梁实现了量和质的飞跃,完成了从"跟跑者"到"并行者"直至"引领者"的转变。中国高铁桥梁已经形成了设计、施工、制造、运维等成套技术,其中,制运架一体化的预制箱梁建造技术、大跨度斜拉桥和悬索桥成套建造技术、深海桥梁成套建造技术等走到了世界前列。同时我国在高速铁路桥梁的设计理论、结构形式、施工工法、大型装备制造等方面已经取得了系统性的创新成果,突破了一系列关键技术,形成了具有我国自主知识产权的高铁桥梁建设技术体系。

平潭海峡公铁大桥是福平铁路的关键性和控制性工程,是世界最长、我国第一座跨海峡公铁两用大桥。大桥跨越福建东部沿海的海坛海峡,全长约 16.34 公里,2013 年 11 月开工建设,2020 年底建成通车。平潭海峡公铁大桥是世界上首次在风浪涌及地质条件极端复杂的暴风潮海峡环境建桥,是我国复杂海域桥梁建造的开创性工程,标志着我国公铁两用桥梁由内陆江河迈向海洋,是中国桥梁的又一座标志性工程。

大桥建设者积极开展科技创新,在新材料、新结构、新工艺、新设备等方面取得重大突破。

序言

　　海峡环境桥梁深水基础建造技术创新。首创直径4.9m的超大海上桥梁钻孔灌注桩,是迄今为止世界桥梁桩径最大的工程桩;研发了复杂海域桥梁基础超大直径钻孔桩施工关键技术,在强波流力、深水和裸岩海域快速建成了目前国内施工体量最大的海上桥梁导管架施工平台;为解决主塔墩承台围堰施工难题,研发了永临结合的强浪涌海域大型防撞箱围堰施工技术。

　　钢桁梁整体全焊制造及海上整体架设成套技术创新。首次实现了斜拉桥钢桁梁两节间整节段全焊制造,采用两节间整节段悬臂架设和边跨、辅助跨整孔吊装架设方案,钢桁梁斜拉桥中跨合龙采用多节段连续匹配法实现整节段钢桁梁合龙等技术,为世界首创,有效提高了海上施工工效;首次实现了80/88m简支钢桁梁主梁采用全工厂化整孔全焊制造、起重船整孔架设,解决了复杂海域大型双层结合简支钢桁梁快速安装难题。

　　复杂海域施工结构抗风浪安全关键技术。第一次在复杂海域系统性开展风、浪、流等监测预报,极大推动了我国海上桥梁建造科技进步和发展。

　　常遇大风环境下高塔建造技术。为确保主塔在大风环境下的施工安全及14级台风作用下主塔施工结构安全,创造性地设计了全封闭抗风液压爬模。

　　海洋工程施工装备研发。为适应海洋环境施工要求,研发了KTY5000新型液压动力头旋转钻机、3600t大型起重船、1100t架梁吊机、海上造桥机、双孔连做节段拼装造桥机等多种新型海洋施工装备,推动了海洋工程施工装备发展。

　　《平潭海峡公铁大桥建造关键技术》全面总结了平潭海峡公铁大桥建造中设计、施工、制造、科研等方面的技术成果,是大桥建设者智慧的集中体现。平潭海峡公铁大桥的建成,积累了宝贵的建造经验,为今后甬舟、琼州海峡通道建设打下坚实的基础,为今后建造更长、更深的海峡大桥提供重要的借鉴。

　　未来,桥梁科技工作者和建设者应继续践行"交通强国、铁路先行"的历史使命,推动我国桥梁工程领域科技再创新与高质量发展,在桥梁的结构、桥梁新材料的研究和工程应用、桥梁施工装备与施工工艺的创新融合、桥梁的精细化设计和施工、桥梁耐久性的设计和保障、既有桥梁的安全性评估,以及在桥梁建设中贯彻绿色环保理念等方面发挥聪明才智,取得更多成果,推动桥梁技术不断进步,再创辉煌。

卢春房

2020年12月

CONTENTS

目录

Part Six 第 6 篇
非通航孔桥施工 1

第 1 章　非通航孔桥施工概述 3
第 2 章　深水高墩区非通航孔桥施工 5
　　2.1　钻孔桩施工 5
　　2.2　深水围堰设计与施工 27
　　2.3　承台施工 47
　　2.4　墩身施工 57
　　2.5　简支钢桁梁海上整孔架设施工 73
　　2.6　公路混凝土桥面板及铁路槽型梁预制 98
　　2.7　公路混凝土桥面板及铁路槽型梁架设施工 108
第 3 章　浅水及陆地非通航孔桥施工 149
　　3.1　基础施工 149
　　3.2　承台施工 160
　　3.3　墩身施工 181
　　3.4　混凝土箱梁海上移动模架施工 186
　　3.5　钢管立柱式支架混凝土现浇梁施工技术 244
本篇参考文献 258

Part Seven 第 7 篇
钢梁加工与制造 261

第 1 章　概述 263
　　1.1　钢桥发展概况 263
　　1.2　平潭海峡公铁大桥钢桁梁制造特点及创新 267

第2章 焊接工艺评定试验 …………………………………………………………………… 271
  2.1 工艺试验概况 ……………………………………………………………………… 271
  2.2 试验材料及焊接设备 ……………………………………………………………… 271
  2.3 焊接工艺评定试验 ………………………………………………………………… 277
  2.4 结论 ………………………………………………………………………………… 313
第3章 斜拉桥钢桁梁整节段全焊制造 …………………………………………………… 315
  3.1 结构概况 …………………………………………………………………………… 315
  3.2 整节段制造重点及难点 …………………………………………………………… 317
  3.3 制造规则 …………………………………………………………………………… 317
  3.4 整节段全焊制造工艺 ……………………………………………………………… 317
  3.5 跨中合龙段匹配制造 ……………………………………………………………… 340
  3.6 钢桁梁焊接 ………………………………………………………………………… 343
  3.7 涂装施工 …………………………………………………………………………… 352
第4章 简支钢桁梁整孔全焊制造 ………………………………………………………… 355
  4.1 结构概况 …………………………………………………………………………… 355
  4.2 技术重难点及特点 ………………………………………………………………… 356
  4.3 制造规则 …………………………………………………………………………… 356
  4.4 制造工艺 …………………………………………………………………………… 356
  4.5 预压主桁减小桥面系与主桁的共同作用 ………………………………………… 373
  4.6 不锈钢复合钢板焊接 ……………………………………………………………… 380
  4.7 涂装 ………………………………………………………………………………… 383
本篇参考文献 ………………………………………………………………………………… 389

Part Eight | 第8篇 附属工程施工

391

第1章 概述 …………………………………………………………………………………… 393
第2章 铁路桥面防水保护层施工 ………………………………………………………… 397
  2.1 设计概况 …………………………………………………………………………… 397
  2.2 铁路桥面防水层的规格及技术要求 ……………………………………………… 399
  2.3 总体施工方案 ……………………………………………………………………… 402
  2.4 混凝土桥面铺装及排水施工 ……………………………………………………… 404
  2.5 斜拉桥钢桁梁梁面铺装及排水施工 ……………………………………………… 409
第3章 其他附属结构施工 ………………………………………………………………… 413
  3.1 下部结构的附属结构 ……………………………………………………………… 413
  3.2 钢梁附属结构 ……………………………………………………………………… 416

3.3 铁路箱梁附属结构 ··· 440

3.4 公路箱梁附属结构 ··· 452

3.5 全桥风、声屏障 ··· 461

第4章 BIM 技术在附属工程的应用实践 ··················· 475

4.1 建立 BIM 三维模型 ··· 476

4.2 BIM 模型成果展示 ··· 478

4.3 基于 BIM 模型的应用 ·· 492

4.4 基于 Revit 软件的二次开发 ······································ 500

4.5 附属设施运维管控平台 ··· 503

4.6 BIM 应用成效与不足 ··· 511

本篇参考文献 ··· 514

Part｜第9篇
Nine｜风浪监测与施工控制   **517**

第1章 桥址处风、浪、流监测研究及应用 ················· 519

1.1 概述 ·· 519

1.2 实测风速数据研究 ··· 519

1.3 平潭海峡公铁大桥桥位风场数值模拟研究 ·························· 560

1.4 实测波浪研究 ··· 570

1.5 实测海流研究 ··· 574

1.6 桥址处风、浪预测 ··· 577

1.7 小尺度钢管桩波浪力监测 ··· 584

1.8 大尺度围堰结构波浪力监测 ······································· 592

1.9 本章小结 ·· 603

第2章 斜拉桥施工监控 ·· 607

2.1 监控概述 ·· 607

2.2 施工控制的基本原理和方法 ······································· 609

2.3 施工监控计算 ··· 617

2.4 施工监控内容概述 ··· 636

2.5 施工监测内容及方法 ··· 636

2.6 施工监控结果 ··· 640

Part Six

第6篇

非通航孔桥施工

松下岸

人屿岛

元洪航道桥

鼓屿门水道桥

长屿岛

平潭海峡公铁大桥
建造关键技术

06

第1章

非通航孔桥施工概述

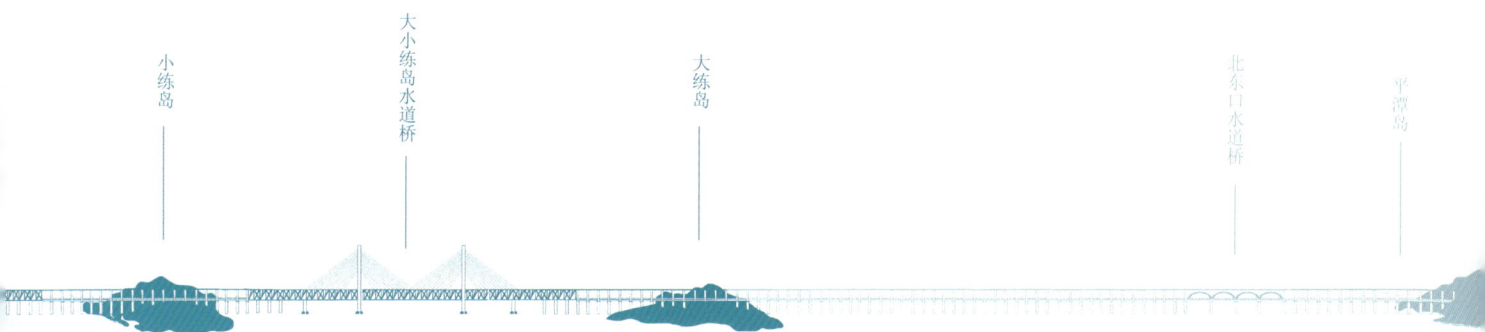

小练岛　　大小练岛水道桥　　大练岛　　北东口水道桥　　平潭岛

平潭海峡公铁大桥非通航孔桥共分布在 15 个区域,合计总长 8258m,占全桥总长的 80%。由于非通航孔桥体量大,分布区域广,其施工组织的科学与否对于全桥尤其重要。

深水高墩区非通航孔引桥采用跨度 80m 和 88m 的简支双层钢桁结合梁。全桥 80m 简支梁 26 孔,88m 简支梁 8 孔。浅水及陆地非通航孔桥上部结构均为预应力混凝土箱梁,跨度分为 49.2m 和 42.7m 两种,公路桥混凝土箱梁共 157 孔,铁路桥混凝土箱梁共 111 孔。非通航孔桥下部结构除长屿岛 CX05、CX10 号墩采用扩大基础外,其余均采用钻孔桩基础。

本篇介绍非通航孔桥施工技术,主要内容包括:深水高墩区非通航孔桥钻孔桩施工、深水围堰施工、简支钢桁梁架设,浅水及陆地非通航孔基础施工、预应力混凝土箱梁施工等。

松下岸

人屿岛

元洪航道桥

鼓屿门水道桥

长屿岛

平潭海峡公铁大桥
建造关键技术

06

第2章

深水高墩区非通航孔桥施工

小练岛　大小练岛水道桥　大练岛　北东口水道桥　平潭岛

2.1　钻孔桩施工

2.1.1　ϕ3.4m 钻孔桩概述

ϕ3.4m 钻孔桩基础分布在全桥 80m、88m 简支钢桁梁桥深水高墩区非通航孔桥区，SR49～SR64 号墩、RC01～RC05 号墩、CX01～CX02 号墩、CX19～CX26 号墩、XD10～XD11 号墩、XD12～XD13 号墩，以及大小练岛水道桥辅助墩 S02 和 S05 号墩、边墩 S01 和 S06 号墩桩基础，共计 39 个墩台。每个墩台布置 8、10、12、14、15 根桩不等，共计 418 根桩，桩基参数见表 6-2-1-1。

ϕ3.4m 桩基础参数　　　　　　　　　　　表 6-2-1-1

序　号	墩　号	桩径（m）	数　量	桩顶高程（m）	桩底高程（m）	设计桩长（m）
1	SR49	3.4	8	−9.00	−46.00	37.00
2	SR50	3.4	8	−9.00	−29.00	20.00
3	SR51	3.4	8	−9.00	−31.00	22.00
4	SR52	3.4	8	−9.00	−35.00	26.00
5	SR53	3.4	8	−9.00	−40.00	31.00
6	SR54	3.4	8	−9.00	−32.00	23.00
7	SR55	3.4	8	−9.00	−36.00	27.00
8	SR56	3.4	10	−9.00	−49.00	40.00
9	SR57	3.4	10	−9.00	−30.00	21.00

续上表

序　号	墩　号	桩径(m)	数　量	桩顶高程(m)	桩底高程(m)	设计桩长(m)
10	SR58	3.4	12	−9.00	−53.00	44.00
11	SR59	3.4	12	−9.00	−46.00	37.00
12	SR60	3.4	12	−9.00	−70.00	61.00
13	SR61	3.4	12	−9.00	−63.00	54.00
14	SR62	3.4	12	−9.00	−48.50	39.50
15	SR63	3.4	12	−9.00	−38.00	29.00
16	SR64	3.4	8	−9.00	−33.00	24.00
17	RC01	3.4	14	−9.00	−78.00	69.00
18	RC02	3.4	14	−9.00	−80.00	71.00
19	RC03	3.4	14	−9.00	−66.00	57.00
20	RC04	3.4	14	−9.00	−69.00	60.00
21	RC05	3.4	14	−9.00	−90.00	81.00
22	CX01	3.4	10	−6.00	−43.00	37.00
23	CX02	3.4	8	−6.00	−33.00	27.00
24	CX19	3.4	8	−3.00	−30.50	27.50
25	CX20	3.4	8	−9.00	−48.00	39.00
26	CX21	3.4	10	−9.00	−47.00	38.00
27	CX22	3.4	10	−9.00	−37.00	28.00
28	CX23	3.4	12	−9.00	−44.00	35.00
29	CX24	3.4	12	−9.00	−60.00	51.00
30	CX25	3.4	12	−9.00	−53.00	44.00
31	CX26	3.4	8	−5.00	−26.00	21.00
32	XD10	3.4	10	−5.00	−25.00	20.00
33	XD11	3.4	10	−9.00	−35.00	26.00
34	S01	3.4	12	−9.50	−41.50	32.00
35	S02	3.4	15	−15.00	−46.50	31.50
36	S05	3.4	15	−15.00	−40.50	25.50
37	S06	3.4	12	−9.50	−28.00	18.50
38	XD12	3.4	10	−9.00	−39.00	30.00
39	XD13	3.4	10	−5.00	−27.50	22.50
合计			418			

2.1.2　水文地质条件

1）水文

根据区内不同的岩土类别及这些岩土类别中的地下水赋存条件、水理性质及水力特征,将地下水划分为松散岩类孔隙水、基岩风化带孔隙裂隙水和基岩裂隙水。

松散岩类裂隙水的含水层属强透水层,地下水赋存条件较好,水量丰富,接受海水的下渗补给。

基岩风化带孔隙裂隙水的含水层属弱透水层,富水性差,地下水联系差,含水层薄,主要接受大气降水补给或接受海水的下渗补给,并向低洼和风化裂隙方向渗流排泄。

续上表

基岩裂隙水的含水层因构造和岩性差异,具有条带性和分布不均匀的特点,其富水性及导水性具各向异性,一般在断裂、破碎带内地下水富集,其他区域水量贫乏。剥蚀低丘陵及海岛区主要接受大气降水补给,以地表渗流形式出露于坡脚,或向风化裂隙和构造裂隙方向渗流排泄;海域受海水的下渗补给。

依据《铁路工程地质勘察规范》(TB 10012—2007)附录 F 环境水对混凝土腐蚀性评价标准:海水对混凝土有硫酸岩侵蚀、镁盐侵蚀,作用等级均为 H2,由于弱~微风化基岩裂隙发育且多裸露,直接与海水连通,受海水补给,海域基岩裂隙水按强透水层考虑,对混凝土有硫酸岩侵蚀、镁盐侵蚀,作用等级均为 H2。剥蚀低丘陵及海岛区(长峙岛)的基岩风化带孔隙、裂隙水(井水)综合判定有二氧化碳侵蚀,作用等级 H1。

2）区域地质构造

桥位区地貌单元属闽东南沿海低山丘陵~滨海平原区,地貌类型主要有低丘陵、残积台地及冲海积平原。

在区域构造上,桥址区处于武夷—戴云隆褶带的闽东火山断拗带内,西邻闽西北隆起带和闽西南拗陷带,东临台湾海峡沉降带。区域内存在北北东向—北东向断裂带、北西向断裂带;北北东—北东向规模最大,纵贯全区,是本区域强震发震构造。

桥址区位于长乐~诏安和福建滨海两大断裂带之间。受其影响桥址基岩中断裂破碎带、节理裂隙密集带较发育。桥址断裂为非全新活动断裂,其力学性质及其展不规律,其主要归属华夏构造体系。

3）场区岩土工程地质特征

通过地质调查结合钻孔揭示,桥址区地层主要有第四系人工填筑土层(Q_4^{ml})、第四系全新统长乐组滨海相沉积(Q_4^{cm})层、第四系晚更新统龙海组滨海相沉积层(Q_3^{lm})、第四系坡积层(Q^{dl})滚落石堆积层、残积层(Q^{el})。基岩主要为白垩系石帽山群下组(K_1Sh_1)火山岩。受构造作用影响,有局部发育构造角砾岩、构造角砾夹泥等,见表6-2-1-2。

主要岩层力学特征值 表6-2-1-2

岩 层 名 称	基本承载力 σ_0 (kPa)	钻孔桩桩周土极限摩阻力 f_i(kPa)	建议单轴抗压强度 R_a(MPa)
全风化岩	350	60	
碎块状强风化岩	600	120	
弱风化破碎岩	1200	200	
弱风化火山角砾岩	1000		18
微风化火山角砾岩	1500		30

4）不良地质现象

(1)球形风化

球形风化是指岩体风化严重不均,在风化带中残留有弱微风化球状体。钻探揭示,弱微风化残留体垂直高度一般为 0.7~5m,最大超过 10m。施工时应认真区分风化球与稳定基岩体。

施工过程中,风化残留体的存在不仅增加了施工时间和施工成本,还易出现偏孔、卡钻、断桩等事故,宜有针对性的选用机械设备、泥浆,采取合理的施工技术,以确保成桩质量。

(2)危岩与崩塌

崩塌现象主要集中在岸坡附近,受场区构造、卸荷、不均匀风化等作用的影响,岸坡处多分布有危岩体,规模大小不一,坡脚多散落孤石,直径一般 1~3m,最大 >10m。工程地质调查发现,长峙岛岛屿岸坡分布有危岩体,基岩主要为凝灰岩、火山角砾岩,岩体卸荷和构造裂隙发育,其中卸荷裂隙张开度大、延伸较远,局部岩体已错落,对工程有较大不利影响,施工前将危岩体予以清除。

5）特殊性岩土

由于差异风化明显,其风化带和残积土很不均匀,风化界面起伏大,但整体上弱～微风化基岩埋藏较浅。不均匀风化使弱微风化岩面高程差异大,增加了基础施工的难度。岩面高程差异大在栈桥、平台钢管桩施工时均有体现。

2.1.3　钢护筒施工

1）钢护筒制作安装

深水高墩区非通航孔桥单根钢护筒由标准段和顶、底端加厚段组成。$\phi 3.0$m 桩基钢护筒标准段外径 $\phi 3.4$m,壁厚 $\delta = 24$mm,护筒顶端 1.5m、底端 3.0m 长度范围外部贴 16mm 钢板加强。

由于护筒直径较大,为防止钢护筒在运输过程中出现失圆和变形,在钢护筒的上、下口及中间位置焊接十字形(或米字形)支撑。

2）钢护筒规格

非通航孔桥部分钢护筒规格见表 6-2-1-3。

非通航孔桥部分钢护筒规格一览表　　　　　表 6-2-1-3

墩　号	材　质	钢护筒尺寸(外径×厚度)(mm)	护筒平均长度(m)	单根护筒质量(t)	备　注
CX01	Q235	$\phi 3400 \times 24$	37.16	80.32	钢护筒质量含顶、底加强圈质量
CX02	Q235	$\phi 3400 \times 24$	28.4	62.81	
CX19	Q235	$\phi 3400 \times 24$	19.3	44.63	
CX20	Q235	$\phi 3400 \times 24$	39.5	84.99	
CX21	Q235	$\phi 3400 \times 24$	35.8	77.6	
CX22	Q235	$\phi 3400 \times 24$	29	64.01	
CX23	Q235	$\phi 3400 \times 24$	41	87.99	

3）钢护筒制作、运输、吊装

详见第 5 篇第 2 章第 2.3.4 节。

4）钢护筒插打

(1)钢护筒插打设备选型

$\phi 3.4$m 钢护筒插打选用永安 YZ400 振动锤,YZ400 振动锤的参数见表 6-2-1-4。

YZ400 振动锤参数　　　　　表 6-2-1-4

项　目		单　位	APE400B	APE400B 并联
振动锤	偏心矩	kN·cm	150000	30000
	激振力	kN	3203	6406
	振动频率	cpm(每分钟循环次数)	400～1400	400～1400
	振幅	mm	32	30
	最大上拔力	kN	2224	3560
	悬挂质量	kg	28577	47200
	长度	mm	3050	3050
	宽度	mm	660	3000
	高度	mm	3530	3700

项　目		单　位	APE400B	APE400B 并联
振动柜	型号		990 型	990 型 2 台并联
	发动机		CAT 3412E DITA	CAT 3412E DITA ×2
	最大功率	kW	738	738 ×2
	工作转速	r/min	2100	2100
	长度	mm	4420	—
	宽度	mm	2080	—
	高度	mm	2440	—
	质量	kg	10884	21768
液压系统	主液压泵 生产厂		CommercialIntertec	—
	主液压泵 型号		465	—
	主液压泵 压力	bar	310	—
	主液压泵 流量	L/min		—
	夹持泵 生产厂		Rexroth	—
	夹持泵 型号		AA2-FM-16	—
	夹持泵 压力	bar	310	—
	夹持泵 流量	L/min	38	—
	液压马达 生产厂		Rexroth	—
	液压马达 型号		AA2-FM-250	—
	液压马达 压力	bar	340	414
	液压马达 流量	cc/rev（毫升/转）	250	—
	锤与柜间油管长度	m	50	50
	液压油箱容量	L	2422	2422 ×2
	备用液压油箱容量	L	416	416 ×2
夹持	夹持钢护筒最大直径	mm	4500	4500
	夹持钢护筒最小直径	mm	900	900
	单个夹头夹紧力	kN	110	—

（2）护筒插打工艺

钢护筒插打分两步插打，YZ400 振动锤插打至钢护筒稳定，及时复核钢护筒平面位置和垂直度，先用低能量，观察倾斜度及护筒偏位变化，确认倾斜度和偏位在允许范围后继续击打，待钢护筒进入稳定地层后逐渐增加能量，如图 6-2-1-1 所示。

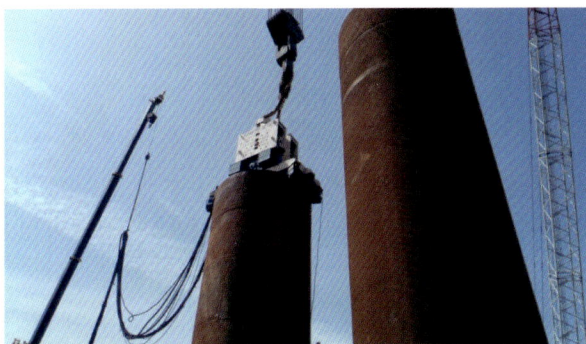

图 6-2-1-1　YZ400 振动锤插打护筒实例

（3）钢护筒插打到位后的限位措施

φ3.4m 钢护筒插打完成后，用四根双拼 I20b 型钢在钻孔平台上弦处将护筒夹住固定，如图 6-2-1-2 所示。

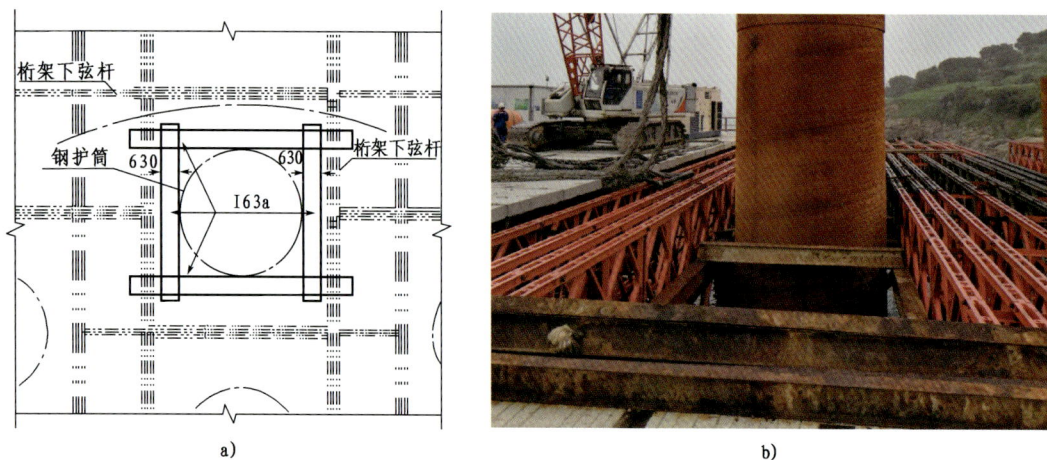

图 6-2-1-2　钢护筒平面限位布置及限位安装实例(尺寸单位:mm)

5）钢护筒施工遇到的问题及处理方法

问题：复杂地质条件的影响，墩位处存在堆积的球形风化石、光板岩区、倾斜岩面、岩石强度高，钢护筒插打均存在无法自稳定及插打困难，插打后的钢护筒存在底口漏浆、护筒卷边、倾斜等现象。

处理方法：①对护筒无法自稳的情况，将钢护筒拔出，对海床处理后，重新进行埋设；②对于无法插打到设计深度位置的钢护筒宜采用回填块石、黏土，冲击钻反复冲砸的方式进行埋设；③对于原钢护筒在钻孔过程中底部漏浆的，采用边钻进成孔边用 YZ400 振动锤跟进护筒的方式解决。

2.1.4　钻进成孔总结

1）施工布置

以 CX01 号墩为例，CX01 号墩基础施工配备一台 100t 履带式起重机，工作内容包括平台上钻机安装移位、吊装钻具、钢筋笼安装等。

钻孔桩施工时，配备相应的钻机、压风机、泥浆分离器、泥浆泵、沉渣筒、泥浆船、运渣船及备用电源等，部分机具、材料可摆放在支栈桥上。

配备 4 台 CK3000 型冲击钻机，每两台钻机配备 1 台空压机和 1 台泥浆分离器，另根据现场情况共配备泥浆泵 8～10 台。4 台钻机在平台上间隔布置。

2）工艺流程

钻孔桩工艺流程如图 6-2-1-3 所示。

3）钻孔桩施工顺序

CX01 号墩共有 10 根桩，桩基分布及施工顺序如图 6-2-1-4 所示。按照施工要求，两相邻孔不得同时成孔或浇筑混凝土，拟布置 4 台钻机进行钻孔桩施工。各钻机的钻孔数量及顺序分别为：

1 号钻机(3 根)：1 号→2 号→5 号；

2 号钻机(3 根)：3 号→4 号→6 号；

3 号钻机(2 根)：8 号→7 号；

4 号钻机(2 根)：10 号→9 号。

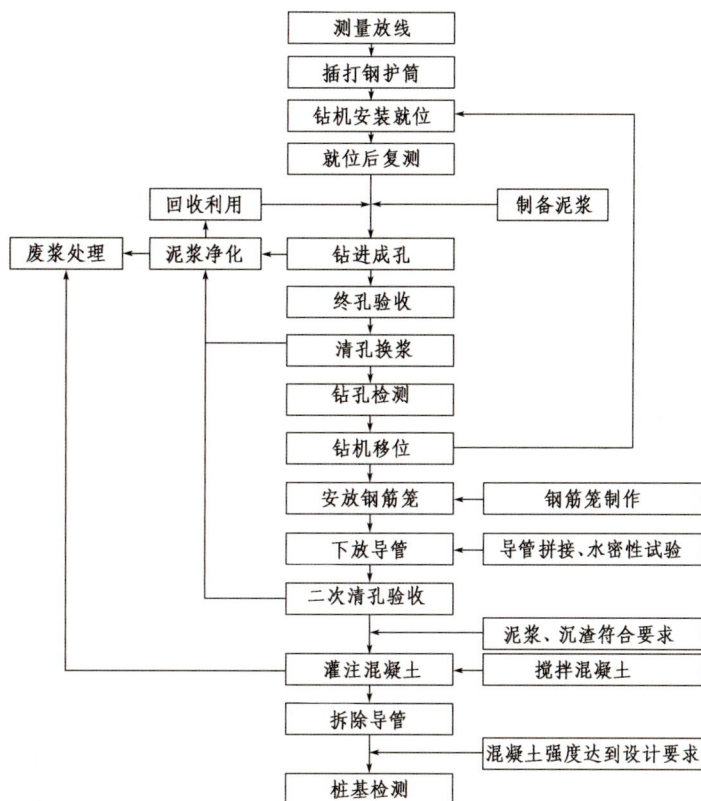

图 6-2-1-3　钻孔桩工艺流程

4）成孔施工

（1）钻机选型及机具配备

①钻机选型。CX01 号墩覆盖层浅薄，下伏基岩主要为白垩系石帽山群组（K_1Sh_1）凝灰岩（⑥层），凝灰熔岩⑨层。基岩各风化带的埋深及厚度有所变化，全～强风化层整体上厚度不大，钻孔揭示厚度多为 2.2～5.35m；弱～微风化岩面起伏大，高程相差较大，局部基岩受构造作用影响，岩体内发育有节理裂隙空集带，形成弱风化破碎岩体。基岩强度均较高，桩径大选用 CK3000 型冲击钻机。

②钻头配备。每台钻机根据实际配备 14t 十字形或梅花形钻头，如图 6-2-1-5 所示。

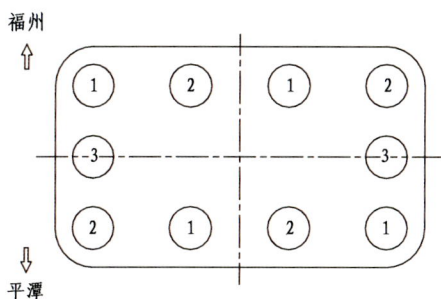

图 6-2-1-4　钻孔灌注桩施工顺序

图 6-2-1-5　14t 十字形钻头实例

（2）钻进

开钻时，钻头中心与桩位中心的偏差不得大于 2cm。孔内泥浆直接从泥浆船抽取，或直接投放黏土，用钻头以小冲程反复冲击造浆，使护筒底口以下 2～3m 范围内的孔壁坚实、不漏，并竖直圆顺，能起导向作用。在砂质等松散层开孔或钻进时,可按1:1投入黏土和小片石(粒径不大于15cm),用小冲程反复冲击,使泥膏、片石挤入孔壁。

钻进过程中,必须勤冲击、少冲程,防止打空锤,避免钢丝绳承受过大的意外荷载而遭受破坏。起落钻头时,速度宜均匀,不可过猛或骤然变速以免碰撞孔壁。钻进时,经常检查钻头的转向装置,使钻头在钻进中能自由转动。发现钢丝绳磨损严重时,及时更换。钢丝绳连接及时加固,以防掉钻。经常检测泥浆性能,泥浆性能不好时,可采用投膨润土,掺NaOH或Na_2CO_3等办法及时调整。钻岩时冲程宜为0.6~1.0m,不得用大冲程冲击岩层,以免损坏钻头,并及时投放黏土,检测泥浆性能,使岩渣能及时悬浮,保证钻头能经常冲击新鲜岩层。

如发现偏孔,及时回填黏土和小片石进行纠偏,回填高度高出偏孔处0.5m。钻头直径磨耗超过1.5cm时,及时更换、修补。因故停钻时,将钻头提出孔口,再开钻时以小冲程冲击从小逐渐加大,过渡到正常冲程范围,更换钻头时,检测钻头直径,以免卡钻。为了正确提升钻头的冲程,在钢丝绳上用红布条作出醒目标记。钻头进出时,严禁孔口附近站人,防止发生钻头撞击人身事故。取样:冲孔过程中,应每班及岩层发生变化时取一次岩样,并妥善保存,以便终孔验证。

(3)泥浆制备及循环系统

①泥浆的制备。钻孔泥浆选用不分散、低固相、高黏度的PHP优质膨润土化学泥浆。泥浆由优质膨润土、碱(Na_2CO_3)、羟甲基纤维素(CMC)和聚丙烯酰胺(PAM)等原料组成。

原浆的制备:将膨润土、水、纯碱按比例制成浆。根据施工经验,泥浆中膨润土的含量为6%~10%,纯碱的含量为泥浆体积的0.3%~0.5%。先将一定量的水加入泥浆船的泥浆制备仓中,再按比例加入膨润土,使用3PNL泥浆泵产生的高速水流在池内搅拌3min,使膨润土颗粒充分分散,再按比例加入纯碱进行充分搅拌制成原浆。

聚丙烯酰胺的水解:可选用非水解型、分子量为800万的聚丙烯酰胺(PAM)。使用前须对聚丙烯酰胺提前2~3d采用常温法进行水解,水解时按PAM:NaOH:H_2O=10:1.15:700的比例,在搅拌筒中搅拌,直至PAM全部分散于水中,放置2~3d后即可使用。

PHP泥浆制备:在原浆中加入一定比例的PAM水解液,使两者充分搅拌混合即可,PAM用量根据实际测试的泥浆性能指标而定,要求配备的丙烯酰胺泥浆(PHP泥浆)性能指标见表6-2-1-5。

优质PHP泥浆性能指标 表6-2-1-5

相对密度	黏度(s)	含砂率(%)	胶体率(%)	pH值
1.2~1.4	16~28	≤4	≥95	>6.5

②泥浆循环系统及泥浆的净化处理。为了及时排除孔内钻渣,提高钻孔效率,泥浆循环系统中采用先进的泥浆处理器。泥浆循环系统由泥浆泵、泥浆净化器等组成。钻孔施工过程中,新鲜泥浆由泥浆泵从泥浆船抽至钻孔孔底,孔底的钻渣被泥浆悬浮至孔口后,再由泥浆泵抽至泥浆净化器,泥浆净化后将砂石筛分排除,处理后的泥浆流入泥浆船形成循环。净化时排出的钻渣通过溜槽或皮带运输机排放到指定的运渣船舶上。泥浆循环系统如图6-2-1-6所示。

钻孔过程采用正循环方式排渣,正常施工情况下每4h测定一次泥浆性能指标,以确保孔内泥浆的质量。如果发现泥浆性能较差,不能满足护壁要求时,可根据泥浆指标情况加入纯碱、PAM等处理剂,以改善泥浆性能。

5)成孔工艺

(1)钻机安装及校核

钻机摆放在平台桥面板上,并固定牢靠,钻机对中位置以钻孔桩设计位置为准,中心允许偏差不得大于2cm。钻机组装就位,其底座应水平、稳定,钻头、卷扬机钢丝绳和桩中心在一铅垂线上,以保证孔位正确,钻孔顺直。

开钻顺序要统筹安排,相邻两孔不能同时进行钻孔作业或灌注混凝土,以免互相干扰。灌注混凝土完成24h或混凝土桩的强度达到2.5MPa后,其邻孔才能开始钻孔。为避免成孔后长时间等待灌注混凝土,各孔具体开钻时间应统筹安排。

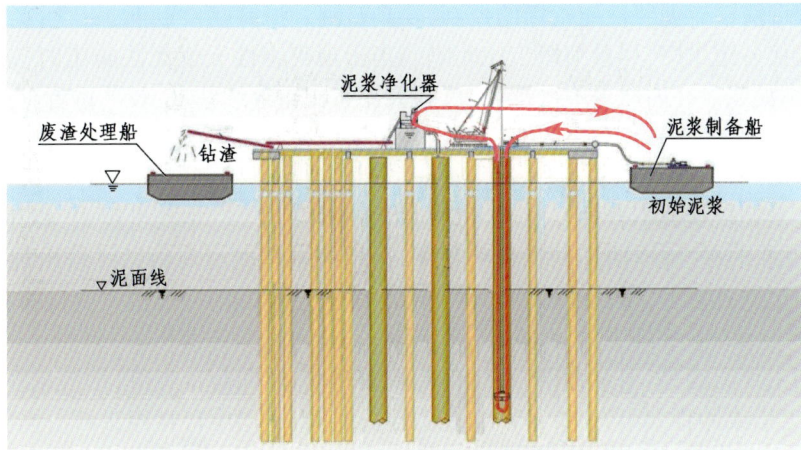

图 6-2-1-6　泥浆循环系统示意图

(2)钻进成孔

钻孔前对钻孔的各项准备工作进行详细检查,钻孔时按实际地质情况绘制地质剖面图,并与钻探资料比较。钻机安装检查合格,泥浆制备达到要求后,方可开钻。

当钻孔钻至护筒底口以上 2~3m 时,重新调整泥浆指标,以保证护筒底口泥浆护壁质量,钻进需减小冲程以减少对护筒底口的扰动。通过护筒底口 3m 后转入正常钻进。

钻孔作业分班连续进行,如确因故须停止钻进时,将钻头提升放至护筒外或安全位置、以免发生埋钻事故,经常对钻孔泥浆抽检,不符合要求时要及时补充或调制泥浆。

钻进成孔过程中,应根据潮位涨落,及时补充或者抽除浆液量,使孔内泥浆面始终超过外侧水面2.5m左右,防止塌孔或涌砂现象发生。

及时详细地填写钻孔施工记录,正常钻进时,参考地质资料掌握土层变化情况,及时捞取钻渣取样,判断土层,记入钻孔记录表。根据核对判定的土层及时调整冲程。

(3)清孔

钻孔达到设计高程后,进行成孔质量检测,符合要求后,立即进行清孔。清孔完毕后,报请验收。经检测孔底沉渣厚度满足设计要求后,及时停机拆除清孔设备,尽快下放安装钢筋笼,钢筋笼安装验收合格后进行二次清孔,再次检查孔内沉渣厚度,符合规范要求并使孔内泥浆指标符合要求后(循环时间控制在 2~4h,循环满足 2 个循环以上),尽快进行成桩施工。孔内泥浆指标参数见表6-2-1-6。

清孔后孔内泥浆指标参数　　　　　　　　　　　　　　　　　表 6-2-1-6

参　　数	密度(g/cm³)	黏度(s)	含砂率(%)
数值	1.10~1.16	17~20	≤2

(4)终孔验收

采用超声波检孔仪检查钻孔桩孔径变化及倾斜情况,并根据检测情况判定合格或重新进行修孔。成孔质量标准见表6-2-1-7。

成 孔 质 量 标 准　　　　　　　　　　　　　　　　　表 6-2-1-7

项　　目	允 许 偏 差	项　　目	允 许 偏 差
孔的中心位置(mm)	群桩100mm	孔深	符合图纸要求
孔径(mm)	不小于设计桩径	孔底沉渣厚度(mm)	≤50
倾斜度	不大于1%		

6）钻孔过程遇到的问题及处理方法

（1）坍孔

整个钻孔过程中应注意泥浆性能指标的控制,要勤检测。护筒底口以下3m之内,应特别注意反复冲砸密实。紧密衔接各道工序,尽量缩短工序间隔。当出现灾害性天气无法施工时,需提起钻头,调整泥浆比重,孔内灌满泥浆。孔内坍塌不严重者,可加大泥浆比重继续钻进;较严重者,可回填砂石和黏土混合物到坍塌位置以上1~2m,甚至全部回填再钻。若坍塌埋住钻头,应先清孔,后提起钻头。

（2）斜孔

斜孔原因可能是钻机摆放不合理以及遇特殊地质、倾斜岩面等。钻孔过程中,要注意孔中大绳的变化情况。当提、落钻头时,主绳有明显的偏移和升降时,则极有可能出现斜钻。若出现斜钻应回填黏土类砂卵石或小片石至斜孔以上,用低冲程冲击密实后再钻进。不得用冲击钻头直接修孔,以免卡钻。

（3）十字孔

出现十字孔的主要原因是:泥浆太稠,妨碍钻头有效转动;转向装置失灵,钻头总在一个方向上下冲击;操作时钢丝绳太松或冲程太小,钻头得不到充分转向时间;土层中存在探头石。当出现以上情况时,可用强度高于基岩或探头石的碎石或片石回填重钻。

一般可在锤头最下端加焊环箍检查是否出现十字孔。具体为在钻头离其底部15~30cm的位置,周围用钢筋焊一个环箍,经常检查环箍,根据环箍的变形或损坏情况即可判断是否出现十字孔。应加大对钻机工作状态检查频率,了解钻机各关键部件的工况。

（4）卡钻

发生卡钻主要的情况有:在软弱的地层缩孔产生卡钻;在比较硬的地层中因钻头倾斜或局部有突出硬物而产生卡钻;钻头损耗后补焊不及时。卡钻可用下列方法处理:上下提动钻头,使之旋转,使钻头能沿下落的原道提出;用小钻头冲击卡钻一边孔壁或钻头,使钻头松动后,再起吊;先探准障碍物的位置,收紧钻头大绳,用冲、吸的方法至卡钻处松动后提出;在无活动余地的情况下,可用强提法,具体可用滑车组杠杆、千斤顶等办法施力拉拔钻头。在处理过程中,一般不停止泥浆循环,以防沉淀埋钻。

（5）掉钻

发生掉钻事故,主要是由于钻头合金套磨耗严重、钢丝绳磨损太厉害、钢丝绳与钻头连接的绳卡数量不足或松弛造成的。因此在施工过程中,要经常检查钻具、钢丝绳和联结装置。钻头上要安装保险绳,一旦掉钻,可用打捞钩将钻头打捞上来。

7）旋转钻成孔

部分覆盖层较厚的墩位采用KTY3000型旋转钻机施工,配备φ3.0m刮刀钻头、镶齿（或球齿）滚刀钻头进行钻孔施工,护筒内壁采用在钻具外侧安装钢丝刷清理。泥浆循环采用空气反循环方式。主要设备选择如下:

（1）钻机

KTY3000型全液压动力头旋转钻机,主要技术参数见表6-2-1-8。该钻机整体性好,设备齐全,安装方便,操作简单。由于采用了动力头结构,整机结构简单,封口盘可左右开合,方便起下钻头。

KTY3000型旋转钻机主要技术参数　　　　　表6-2-1-8

主　要　项　目		单　　位	参　　数
钻孔直径	岩层（$\sigma_c \leqslant 120$MPa）	m	$\phi 2.0 \sim \phi 4.0$
	岩层（$\sigma_c \leqslant 200$MPa）	m	$\phi 2.0 \sim \phi 3.5$
最大钻孔深度		m	130
排渣方式			气举反循环
动力头转速及扭矩	转速1	r/min	0~6
	扭矩1	kN·m	300

续上表

主 要 项 目		单　位	参　数
动力头转速及扭矩	转速2	r/min	0 ~ 15
	扭矩2	kN·m	120
动力头提升能力		kN	1800
封口盘承载力		kN	1500
钻架倾斜角度		—	0° ~ 40°
钻杆(通径×长度)		mm	$\phi 300 \times 3000$
总功率		kW	$90 \times 3 + 15 = 285$
外形尺寸		mm × mm × mm	$7380 \times 7470 \times 8160$
主机质量(不含钻具、液压站)		t	46
液压站质量		t	10

(2)泥浆分离器

分离器泥浆净化能力250m³/h,分筛粒度≤74μm,可将钻渣从泥浆中分离便于处理,处理后的泥浆可循环回入孔内。成孔后清孔2~3h可将孔内泥浆的含砂率降低至0.2%~0.5%。ZX-250型泥浆分离器主要技术参数见表6-2-1-9。

ZX-250 型泥浆分离器技术参数　　　　　　　　　　　　　　表 6-2-1-9

型号	ZX-250
处理能力(m³/h)	250
分率程度(μm)	≥74
总功率(kW)	50
经处理后泥浆含砂率(%)	≤0.5
质量(kg)	4000

(3)压风机

由于钻机的排渣方式为气举反循环,钻孔深度不同时,所需风量不等,拟每台钻机配备一台23m³/min的电动压风机,即可满足施工要求。

(4)钻机安装

为节省工序时间,钻机的钻具、钻架等预先在码头或大型驳船上拼装成整体,再用起重船整体吊装至平台上,钻机精确定位及钻具、钻头安装采用履带式起重机配合施工。

钻机组装就位,其底座应水平(误差在5mm范围内)、稳定,钻架中心、动力头中心与钻头、钻杆和桩径中心在一铅垂线上,以保证孔位正确,钻孔顺直。

(5)钻进成孔

钻孔前应对钻孔的各项准备工作进行检查,熟悉桩位的地质情况,根据孔的地质柱状图来指导钻孔的钻进参数。

在滚刀钻头护圈上加焊翼板或钢丝绳刷钻孔至护筒底口,对护筒壁进行清理,提出钻头并取下加焊的翼板和钢丝绳刷,重新下放钻头,进行岩层的钻孔直至达到设计高程。

钻孔时减压钻进,钻压不得超过钻具重力之和(扣除浮力)的80%,并保持重锤导向作用,保证成孔垂直度和孔形。一般钻进到地层交接面或倾斜岩面时,要加强检测,调整钻进参数,保证成孔质量,同一地层钻进适当检测垂直度。

钻进成孔过程中,由于护筒外侧水位受潮水影响不停变化,当涨潮时应及时补充泥浆,落潮时应及时抽走泥浆,使孔内泥浆面始终超过外侧水面2.5m左右,保证孔壁稳定,防止塌孔、漏浆。如确因故须停止钻进时,将钻头提升到护筒范围内或放至孔外,以免被埋钻。

当钻进至接近钢护筒底口位置 2~4m 时,须采用低钻压、低转速钻进,并控制进尺,以保证筒底口部位地层的稳定;当钻头钻出护筒底口 4~5m 后,再恢复正常钻进状态。

加接钻杆时,应先停止钻进,将钻具提离孔底 10~20cm,维持泥浆循环 5min 以上,以清除孔底沉渣并将管道内的钻渣携出排净,然后加接钻杆。钻杆连接螺栓应拧紧均匀上紧,认真检查密封圈,以防钻杆接头漏水漏气,使反循环无法正常工作。升降钻具应平稳,尤其是当钻头处于护筒底口位置时,防止钻头钩挂护筒。

及时详细地填写钻孔施工记录,正常钻进时应参考地质资料掌握土层变化情况,及时捞取钻渣取样,判断土层,记入钻孔记录表,并与地质资料进行核对,根据核对判定的土层及时调整钻机的转速和进尺。

(6)一次清孔

当钻孔满足终孔条件,经监理工程师验收确认后,即采用气举反循环清孔。清孔时将钻头提离孔底 20cm 左右,钻机慢速空转,保持泥浆正常循环,同时置换泥浆。当泥浆指标达到相对密度 1.10~1.16、黏度 17~20s、含砂率≤2% 时,经监理工程师验收认可后,可停止清孔,拆除钻具,移走钻机。

(7)钻孔桩施工常见问题预防措施

①斜孔。安装钻机时,底座要牢固可靠,不得产生水平位移和沉降,并应经常检查、调平。采用减压钻进施工,钻压小于钻具质量的 80%(扣除水浮力),以中低速钻进,保证钻孔垂直度。

钻进过程根据不同的地层控制钻压和钻进速度,尤其在变土层位置、护筒口位置更要采用低速钻进。

若出现斜孔,应扫孔至倾斜位置,慢速来回转动钻具,钻头下放时要严格控制钻头的下放速度,借钻头的重量来纠正。

②坍孔。发现孔位坍孔,应立即提钻,确认坍孔位置,分析坍孔原因。当发生较轻坍孔情况时,采取改善泥浆性能、加高水头后继续施工。当护筒底口发生较大坍孔时,应采取护筒跟进、下内护筒等办法进行施工。当坍孔严重时,考虑用黏土尽快回填,回填高度应视情况回填高于坍孔处 2~4m 或全部回填,待回填固化稳定后,提高泥浆性能重新钻进。

8)成孔检测

用超声波检孔仪对孔径、孔形、垂直度(斜度),用测绳对其孔深及孔底成渣厚度进行检测,达到设计及规范后进行下道工序。

2.1.5　钢筋笼制作、运输与安装总结

1)钢筋笼制造

ϕ3.0m 桩基钢筋笼主筋为 HRB400 ϕ32mm 钢筋,钢筋笼外侧箍筋直径为 ϕ12mm 的钢筋,间距 20cm,护筒内外圈 50 根单根钢筋、内圈为 100 根双筋并列布置,护筒外下层为 100 根单层双根钢筋并列布置,以 12m 标准节制作运输(具体分节长度根据设计详图和起吊质量确定)。钢筋笼利用胎架长线法制作,运输、吊装均采用专用吊具,防止吊运时损坏或变形。分段钢筋笼纵向连接,全部采用滚轧直螺纹套筒接头。每根桩设置 4 根 ϕ60×3.5mm 检测钢管。钢筋笼断面如图 6-2-1-7 所示。

在长线胎架上制作钢筋笼,长线胎架长度满足整根长钢筋笼制作要求,钢筋笼以钢筋 12m 定尺长度分节。非标准节通过底节和顶节调整。

钢筋笼在加工车间下料,钢筋下料可用砂轮切割机、专用切割机等设备下料。

钢筋笼采用长线法台座制作。长线法台座是长线法制造钢筋笼的胎具,由一系列间距 4m 的底座组成,底座由混凝土支墩和钢底模构成,在钢底模上按钢筋笼的设计尺寸设置有主筋定位装置,长线法台座工艺如图 6-2-1-8 所示(在钢底模上挖槽,或按照主筋直径用细钢筋弯制 U 形卡焊接在底模上)。主筋采用滚轧直螺纹套筒连接,每个断面接头数量不大于 50%,相临接头断面间距不小于 1.12m。加

工好的钢筋笼按安装要求分节、分类编号,对接于一处的两根主筋需做明显标志,以方便钢筋笼安装时原位对接。

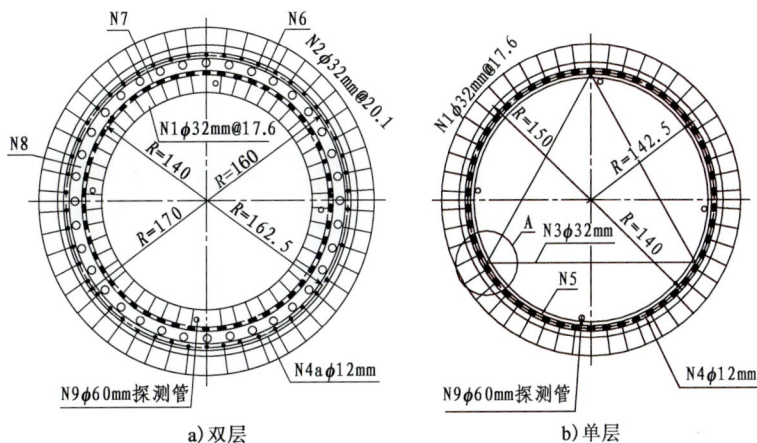

a)双层　　　　b)单层

图 6-2-1-7　φ3m 钢筋笼断面图(尺寸单位:cm)

a)　　　　b)

图 6-2-1-8　长线法台座工艺示意图

钢筋骨架制作和吊放的允许偏差:受力钢筋排距 ±10mm,同一排中受力钢筋间距 ±30mm,分布钢筋间距 ±30mm,箍筋间距 ±20mm;骨架外径 ±20mm;骨架倾斜度 ±1%;骨架保护层厚度 ±30mm;骨架顶端高程 ±50mm;骨架底面高程 ±100mm。

2)钢筋笼运输

钢筋笼加工完成并经验收合格后从套筒处拆散钢筋笼,拆散前需将套筒连接位置用油漆做好标记。通过平板车运输至码头出海,再通过驳船运至施工现场。

3)钢筋笼安装

钢筋笼安装,包括钢筋的竖立、对接、下放定位三个步骤。

(1)钢筋笼竖立

钢筋笼节段长 12m,为使钢筋笼在起吊及安装过程中不发生变形,采用专用的钢筋笼吊装扁担。钢筋笼的起吊竖立采用大小双钩起吊,先将吊装扁担安装于钢筋笼上端,大钩吊装扁担、小钩吊钢筋笼下端,将钢筋笼水平吊起后,大钩起、小钩落,使钢筋笼逐步竖立。

(2)钢筋笼对接

由于 φ3.0m 钢筋笼直径大、质量大(最重钢筋笼达 37.2t),钢筋笼对接时在孔口设置扁担梁的方式来支撑已放入孔内的钢筋笼。底部钢筋笼由扁担梁固定于护筒顶口后,为减少现场钢筋笼安装时间,加快安装进度,将钢筋加工厂将预先制作完成的圆环箍筋套入待接节段内备用,后续节段钢筋笼由履带式起重机吊装与底部钢筋笼对接,对接时由人工使用扳手进行钢筋套筒对接,对接后使用扭矩扳手校核套筒拧紧力矩,最后将预先留置的圆环箍筋按照设计间距提升至设计位置进行绑扎或焊接,钢筋笼对接过程如图6-2-1-9所示。

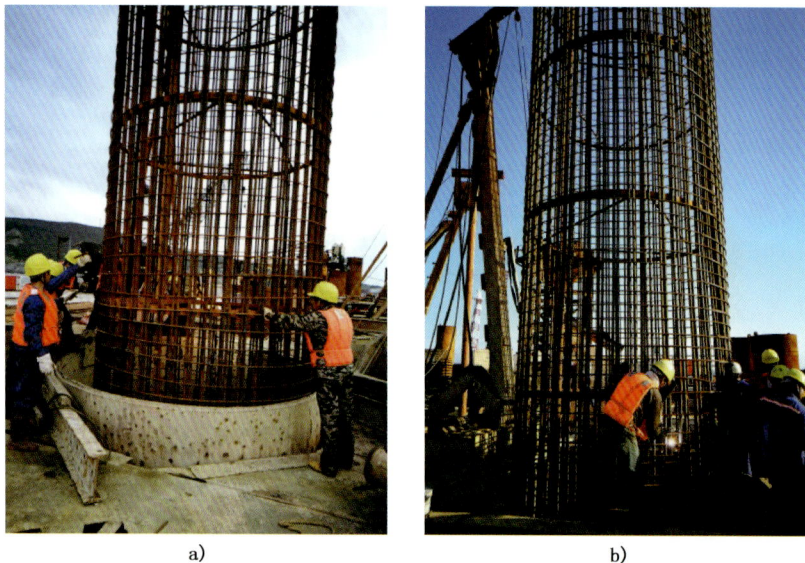

a)　　　　　　　　　　　　　　b)

图6-2-1-9　φ3.0m桩基钢筋笼对接实例

（3）钢筋笼下放定位

钢筋笼对接完成后,安装下滑轮混凝土垫块并下放钢筋笼。钢筋笼下放至孔口时,使用悬挂环进行固定,加装吊筋后下放至设计位置。φ3.0m钢筋笼悬挂环如图6-2-1-10所示。

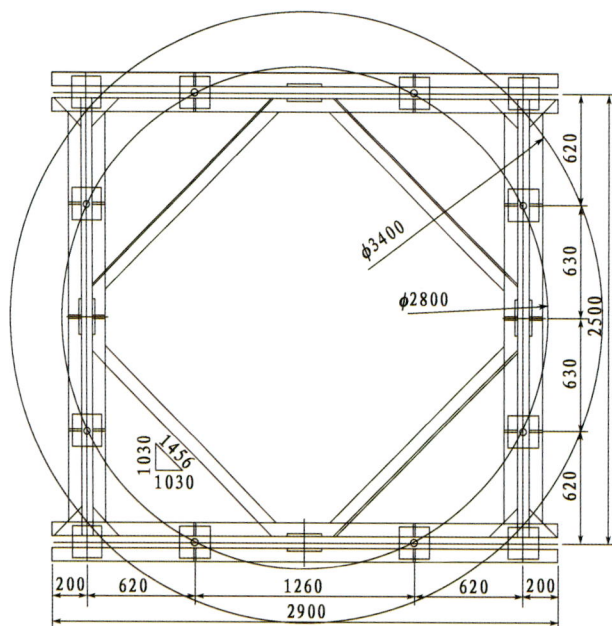

图6-2-1-10　钢筋笼悬挂环(尺寸单位:mm)

钢筋笼平面定位由钢筋笼顶部焊接定位筋来完成,定位筋如图6-2-1-11所示。

（4）钢筋笼对接注意事项

钢筋笼主筋对接一定要保持预制和安装的统一,即预制时对接在一起的两根主筋,在安装时必须保证这两根主筋对接(在钢筋车间分节拆除接头时应事先做好对应的标记)。

主筋对接时,同一接头两个丝头之间的间隙不得超过1mm;若间隙太大,可用导链葫芦将这两根主筋进行对拉。

(5)声测管安装

为了检测钻孔桩质量,在钢筋笼制作时,根据设计要求对称安装4根超声波检测管,采用$\phi60 \times 3.5mm$钳压式声测管。钢筋笼按设计图纸绑扎成型后,在钢筋笼内侧圆周布置声测管,钳压式声测管端部U形槽内装有O形橡胶密封圈,安装时将声测管的插口端插入承插口端至标线位置,用专用的液压钳对U形槽一侧部位同时进行挤压。橡胶密封圈受挤压后起密封作用,钳压部位插口端和承插口端的管材同时收缩变形起定位固定、抗拉拔、抗旋转的作用,从而有效地实现了声测管的连接,顶部接长至与施工平台平齐并封闭。声测管安装垂直度容

图 6-2-1-11　定位钢筋(尺寸单位:mm)

许偏差不大于0.5%,且接头处孔壁过渡圆顺光滑。声测管总长根据实际终孔高程确定,声测管底口离孔底20cm。

每节声测管安装到位后,应向其内灌水,观测声测管是否漏水,若漏水需提起钢筋笼,重新采用专用液压钳拧紧接头部分,再采用防水胶布缠绕密实。

(6)钢筋笼垫块

钢筋骨架上应事先安设控制钢筋骨架与孔壁净距的混凝土垫块或其他材料垫块,这些垫块应可靠地以等距离绑在钢筋骨架周径上,其沿桩长的间距为1.5m,每隔断面设置8个垫块。

(7)接地钢筋设置

桥梁综合接地钢筋接地极利用桩基钢筋笼主筋,每桩取1根主筋作为接地钢筋,该钢筋必须做出明确标识以示区分,且在套筒连接处帮焊一根$\phi16mm$圆钢,以保证全长电气导通。帮焊的$\phi16mm$圆钢与主筋之间焊缝采用双面焊,焊缝长度不小于100mm,焊缝高度不小于8mm。

(8)钢筋笼最终下放

全部节段钢筋笼安装到位后,通过悬挂环+吊筋下放钢筋笼至设计高程,并通过悬挂环对钢筋笼进行固定。

(9)钢筋笼下放过程中的安全措施

采用加强部分钢筋笼加劲箍、设计专用钢筋笼悬挂吊具及定位器,保证钢筋笼下放、定位的安全及准确。由于钢筋笼直径大、质量大,故在分节的钢筋笼最上方起吊位置采用[14型钢作为加强箍,其能确保钢筋笼在起吊、悬挂的过程中有足够的刚度、强度。为保证桩顶处钢筋笼的平面位置,平台上钢筋笼悬挂吊具需与护筒同心,钢筋笼中心与悬挂吊具同心。

4)钢筋笼施工过程遇到的问题及处理方法

问题1:钢筋笼种类多,各孔钢筋笼结构形式均不一致,每根桩的桩长均需根据实际地质情况进行确定,致使钢筋笼均需在距离孔底约6m处确定孔深后在7d左右时间完成钢筋笼制造,有效加工时间短,加工制造压力大。

处理方法:增加钢筋车间人员、设备投入,将钢筋车间按照24h倒班制进行人员配置,增加钢筋车间人员至100人,在钢筋车间内增加一台16t起重桁车,1台50t汽车式起重机、1台130t履带式起重机及2台平板运输车,加快钢筋笼单位时间内的产量及倒运速度。

问题2:钢筋笼加劲钢圈结构为单壁钢板空心结构,在运输过程中易撕裂,影响钢筋质量及吊装安全。

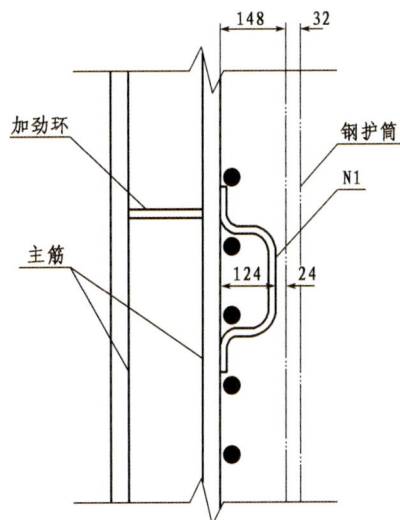

处理方法:①将变形的钢筋笼解体,重新制作;②与设计院沟通改变加劲圈结构形式,增加圈体刚度;③加强加劲圈加工质量控制,确保钢结构加工质量满足要求。

问题3:钢筋笼直螺纹连接接头安装不正确,操作不方便。

首桩钢筋笼现场进行直螺纹连接套筒对接过程中,人员操作不便,需要在钢筋笼里面进行操作,且存在较大安全隐患。

处理方法:钢筋笼接头需进行优化,方便现场操作,如图6-2-1-12、图6-2-1-13所示。

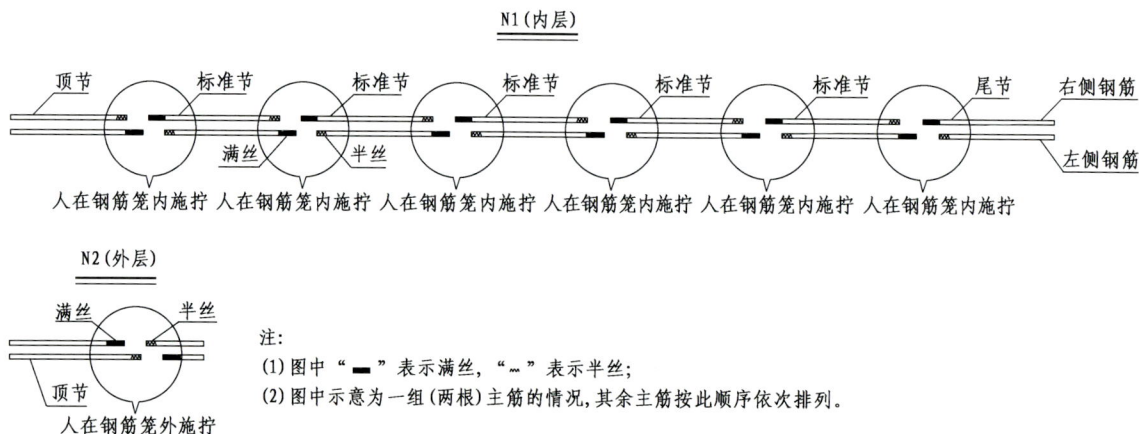

图6-2-1-12　钢筋笼丝口优化前加工方案

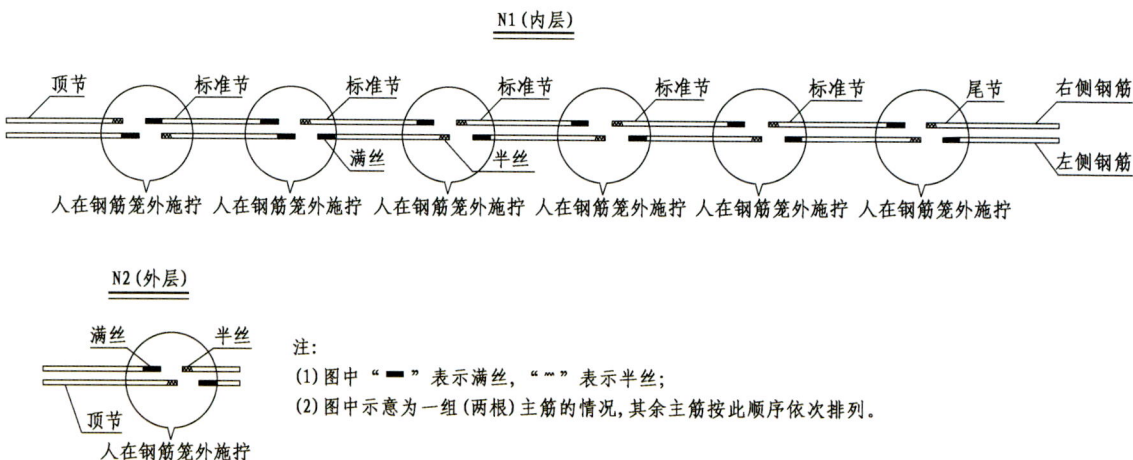

图6-2-1-13　钢筋笼丝口优化后加工方案

2.1.6　混凝土灌注总结

1)混凝土参数

C40桩基混凝土配合比见表6-2-1-10。

C40桩基配合比混凝土,坍落度220mm,扩展度600mm,和易性良好,无板结泌水现象。混凝土坍落度损失3h为0mm,初凝时间为19h27min,混凝土拌合物含气量初始值和2h之后的值均不小于4%,能满足设计以及现场施工的要求。经验证,混凝土在施工过程中,坍落度控制在200~220mm,扩展度控制在600±50mm,含气量控制在4.0%~6.0%,坍落度损失3h为0mm,初凝时间不低于18h,无板结泌水现象,混凝土的和易性以及工作性能良好。

C40 水下混凝土配合比

表 6-2-1-10

施工部位	混凝土强度等级	设计坍落度	水胶比	每方混凝土原材料（kg）									拌合物含气量（%）	实测坍落度	实测扩展度	停放 60min 工作性能		抗压强度代表值（MPa）	
				水泥	粉煤灰	矿粉	砂	石	水	减水剂	引气剂				实测坍落度（mm）	实测扩展度（mm）	28d	56d
桩基	C40	180~220	0.33	213	128	85	724	1041	142	3.83	2.13	5.4	210	600	220	595		55

2）水下混凝土灌注工艺

（1）工艺流程

钻孔桩完成清孔后，进行成桩施工，成桩施工包括钢筋笼制作、安装、混凝土灌注、桩身检测，其中混凝土灌注施工工艺流程如图 6-2-1-14 所示。

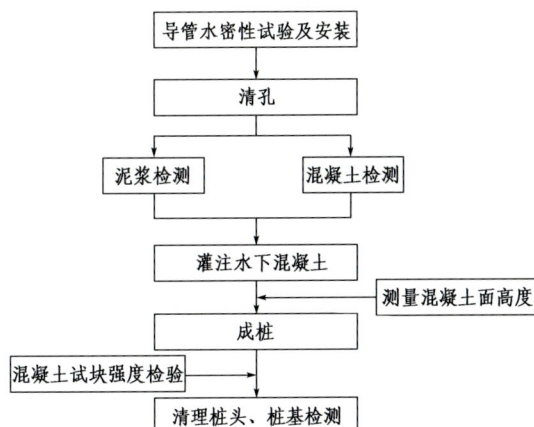

图 6-2-1-14　混凝土灌注施工工艺流程

（2）导管试压及安装

首先进行导管水密承压试验，该工程 $\phi 3.4$m 钻孔桩采用内径 $\phi 300 \times 10$mm 钢导管灌注水下混凝土，导管配节保证底节导管底口与孔底的距离为 (40 ± 5)cm。混凝土正常灌注过程中，通过测绳测得 3 个测点的混凝土面高程基本一致，可以确定，单根 $\phi 300 \times 10$mm 导管可以满足 $\phi 3.0$m 钻孔桩混凝土灌注施工。

混凝土灌注采用"料斗阀门 + 泡沫板"隔水栓形式，如图 6-2-1-15 所示，满足施工要求。首封混凝土备料时，料斗阀门控制导管的"开、关"状态，确保首封混凝土备足，泡沫板则是将泥浆与混凝土隔离，保证了首封混凝土在导管内不和泥浆混合发生离析，从而保证顺利封底。

导管水密承压试验方法如下：

①在导管两头安装专用的帽子，其中一头设安装进水口、加压口，另一头设出水口。

②利用潜水泵直接抽水向导管灌水至水面离出水口 20~30cm。

③利用气体对水加压，按照最深钻孔桩计算压力，水密承压试验的压力不小于孔内水深 1.3 倍的压力，也不应小于导管壁和焊缝可能承受混凝土时最大压力 P 的 1.3 倍，按下式计算：$p = r_c h_c - r_w h_w$，通过导管水密承压试验，保证整个导管密封严密，如图 6-2-1-16、图 6-2-1-17 所示。

（3）混凝土灌注

①混凝土拌和及运输

根据桩基施工要求，混凝土灌注高度要高出设计高程不少于 1.5m，拌和站按试验室配合比检查拌和站各种原材料的存储量，检查拌和站各种机械的性能以及是否配备备用发电机。为保证混凝土生产及灌注能够连续进行,配备 8 台(含备用 2 台)混凝土搅拌运输车和 2 台输送泵车。

a)　　　　　　　　　　　　　　　　　　b)

图 6-2-1-15　料斗阀门 + 泡沫板隔水栓

图 6-2-1-16　导管试压拼装

②混凝土灌注前准备

灌注混凝土前的准备工作主要包括测量绳、测铊、灌注平台、灌注导管以及灌注用的临时储料斗和与导管连接的带活门的料斗。

a. 测量绳和测锤

测量绳和测锤要准备 3 个以上,由于桩径尺寸较大,同时为防止混凝土面存在较大高差,造成导管拔出混凝土面,灌注过程中均采用 3 个测点测量混凝土面高度。

b. 灌注平台准备

灌注平台强度、刚度、尺寸满足现场施工要求,灌注平台及导管安装如图 6-2-1-18 所示。

图 6-2-1-17　导管试压

c. 灌注料斗准备

灌注料斗的大小应满足钻孔桩所需首批混凝土体积,钻孔桩所需首批混凝土体积应满足导管初次埋置深度(≥1.0m)的需要,其混凝土参考体积可按下式计算:

$$V \geqslant \frac{\pi d^2}{4} \cdot h_1 + \frac{\pi D^2}{4} \cdot H_c$$

$$H_c = h_2 + h_3$$

$$h_1 = \frac{\gamma_w H_w}{\gamma_c}$$

式中：V——首批混凝土所需方量(m^3)；

　　d——导管内径(m)；

　　D——井孔直径(m)；

　　H_c——首批混凝土在孔内的高度(m)；

　　h_2——导管初次埋置深度(m)，其中 $h_2 \geq 1.0m$；

　　h_3——导管底端至钻孔孔底距离，取0.4m；

　　h_1——井孔内混凝土面高度达到 H_c 时导管内混凝土柱的高度(m)；

　　H_w——井孔内混凝土面以上水或泥浆深度(m)；

　　γ_w——孔内水或泥浆的重度(kN/m^3)；

　　γ_c——混凝土的重度(kN/m^3)。

图6-2-1-18　灌注平台及导管安装

为安全考虑，首灌混凝土方量以导管埋深1m为宜，$3.14 \times 1.5^2 \times 1.4 + 3.14 \times 0.15^2 \times (54.5 - 1.4) \times 1.07/2.4 = 11.6m^3$，计算出首灌方量为 $11.6m^3$。为满足 $11.6m^3$ 封底混凝土要求，专门制作一个 $13m^3$ 集料斗用于深水高墩区非通航孔桥钻孔桩混凝土灌注施工。

混凝土采用长屿岛搅拌站及水上移动搅拌站供应，长屿岛搅拌站采用搅拌车通过栈桥运至现场。前台布置主要由 $13m^3$ 集料斗、$7m^3$ 小料斗、$0.4m^3$ 漏斗、导管和灌注平台组成。初灌时混凝土储存由 $13m^3$ 集料斗和 $7m^3$ 小料斗一起来解决。由于钻孔桩直径大，要求初灌时导管埋深不得小于1.0m，初灌成功后，即可拆除小料斗，在导管口上安装 $0.4m^3$ 漏斗，进入正常灌注过程。

③混凝土灌注

钻孔桩水下混凝土灌注是成桩的关键工序，其主要施工步骤如下：

a. 在吊入钢筋骨架后、灌注水下混凝土前，应进行二次清孔。

二次清孔是在下好钢筋笼及导管后进行，目的是清除停钻后的沉渣，并调整泥浆性能指标达到灌注水下混凝土时所需的性能指标。

二次清孔的方法为气举反循环法。出浆管为导管，导管顶部需安装专门的清孔头帽，使之既可以接入高压风管，又可以接出出浆管。从导管内部下入高压风管清孔即可。注意清孔时要及时补充孔内泥浆，维持孔内泥浆面高出护筒外最高水位2m。

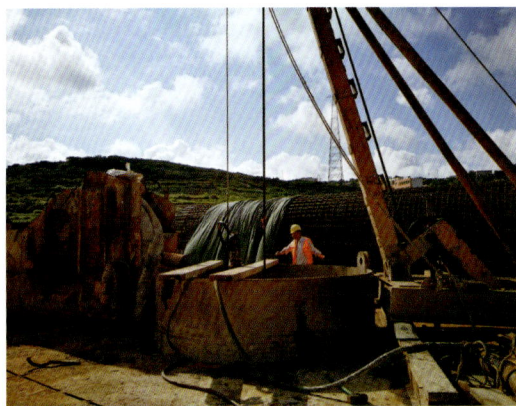

清孔过程中及时检查孔内泥浆性能指标和孔底沉淀厚度，沉渣厚度不大于5cm。符合要求后停止清孔，拆除泥浆管和风管，二次清孔完成后即可开始灌注混凝土。二次清孔如图6-2-1-19所示。

b. 将做好的泡沫隔水栓塞球放入导管中。泡沫

图6-2-1-19　二次清孔

隔水栓塞是由 10cm 厚泡沫板裁剪而成,其直径比导管内径小 0.5cm 左右,能在导管内轻松滑移;在混凝土开始灌注后,将混凝土与导管内泥浆隔离,直至泡沫隔水栓塞冲出导管底口,由于泡沫隔水栓厚度只有 10cm,直径又比导管内径小,且有极好的韧性,故不会造成堵管现象。

c. 用 125t 履带式起重机将 7m³ 料斗与导管通过活动阀门接头连接牢固,控制导管底口离孔底(40 ± 5)cm,并将料斗底脚抄垫平稳。

d. 小料斗抄垫完成后,用 100t 履带式起重机起吊 13m³ 临时储料斗至施工平台上,将混凝土滑槽出口对准小料斗,滑槽通过调节导链葫芦调节出口的高度。

e. 通知拌和站发料,待混凝土搅拌车运输混凝土到位后,现场试验人员对混凝土进行检查,合格后开始混凝土灌注。

f. 两辆混凝土泵车就位,并做好混凝土灌注准备,泵车开始将混凝土输送至两料斗内之前应对两个料斗洒水湿润,之后开始泵管均对准总储料斗。

g. 开始向储料斗内输送混凝土时,安排一名工人到储料斗顶观察混凝土输送情况。安排两名工人到储料斗出料口处,准备开关阀门和调节滑槽高度。

h. 储料斗混凝土快装满时,安排一台泵车泵管继续输送,另一台泵车泵管对准 7m³ 小料斗输送混凝土,并安排两名工人配合控制导管顶口活门。

i. 储料斗混凝土装满,小料斗混凝土面离顶面 30cm 时,微微打开储料斗阀门,确认混凝土能顺利通过滑槽溜入小料斗时,灌注平台上两名工人打开导管顶口活门开始混凝土灌注。

j. 首批混凝土灌入孔底后,立即测量孔内的混凝土面高度,计算出导管埋设深度,如符合要求即可进行正常灌注。

k. 混凝土初灌成功后,待导管埋置深度将近 6m 时,准备拆除小料斗、活门及第一节导管,在导管口上安装小漏斗,进入正常灌注。灌注过程应连续进行,不得中断,并应始终使导管埋入混凝土中足够深度,保证导管拆卸后导管埋入混凝土的深度不小于 4m,以防止将导管拔出混凝土面。同时导管埋入混凝土中的深度不宜大于 7m,且在灌注过程中对 3 个测量点依次测量,做好原始记录,以免出现堵管事故。混凝土灌注期间要勤测混凝土面的高程,及时拆卸导管。

l. 提升导管时应保持轴线竖直,位置居中。

m. 每隔浇筑两车混凝土(16m³)测量一次桩孔内混凝土面深度,并及时填写《钻孔桩灌注水下混凝土施工记录》,指导导管的拆卸工作。当灌注方量与混凝土面位置不相符时,应及时分析原因,采取处理措施。

n. 灌注时,孔口应设置全封闭平台,避免混凝土散落到孔内,混凝土灌注如图 6-2-1-20、图 6-2-1-21 所示。

a)　　　　　　　　　　　　　　　　　　b)

图 6-2-1-20　混凝土灌注阶段实例

④混凝土灌注施工注意事项

a. 由于出料斗和漏斗的高度不同,混凝土滑槽应设置成可上下调节式的,滑槽的下段可通过调节导链葫芦调节出口的高度。在设计滑槽时应注意,在正常灌注过程中,滑槽不能阻碍导管的拆除。

b. 由于孔径大,混凝土浇筑过程中测量混凝土面高程时应坚持在互相垂直的两条直径上的各3个点(导管中心处、直径1.0m处、直径2m处)进行测量,以准确了解混凝土面的平整度,控制好导管埋入深度,并绘制出混凝土面高程曲线。

图 6-2-1-21　导管拆除实例

c. 由于桩孔深,导管数量大,为减少导管占用场地,需专门设置导管平台用于存放导管。

d. 灌注前对孔底沉淀厚度再进行一次测定,沉渣厚度不大于5cm。如沉淀厚度超出规定,将进行重新清孔,符合要求后再灌注混凝土。

e. 在拔球将首批混凝土灌入孔底后,立即测探孔内的混凝土面高度,计算出导管埋设深度,如符合要求即可进行正常灌注。

f. 灌注开始后,应紧凑、连续地进行,严禁中途停工。在灌注过程中,要防止混凝土拌和物从漏斗顶溢出或从漏斗外掉入孔底。注意观察导管内混凝土下降和孔内水位升降情况,及时测量孔内混凝土面高度,计算导管埋置深度,正确指挥导管的提升和拆除,使导管的埋置深度控制在 2~6m 以内。拆除导管动作要快,时间不超过15min,要防止橡胶垫、工具等掉入孔内,注意安全。拆下的导管要立即清洗干净,堆放整齐。

g. 在灌注过程中,当导管内混凝土不满、含有空气时,后续混凝土要徐徐灌入,以免在导管内形成高压气囊。

h. 为防止钢筋笼因混凝土的冲击力而上浮,通过钢筋笼悬挂环将钢筋笼固定。当灌注的混凝土顶面距钢筋骨架底部1m左右时,应降低混凝土的灌注速度。混凝土上升到骨架底口4m以上时,提升导管,使其底口高于骨架底部2m以上,可恢复正常灌注速度。

i. 为确保桩顶质量,在桩顶设计高程以上加灌不小于1.0m高度的混凝土。

j. 混凝土灌注接近设计高程时,工地值班人员要及时计算出还需要的混凝土数量,通知搅拌站按需要数量拌制,以免造成浪费。

k. 在灌注接近结束时,由于导管内混凝土柱的高度减小,混凝土压力降低,而孔内的泥浆及所含渣土稠度增加,相对密度增大,如果在这种情况下混凝土顶升困难,可在孔内加水稀释泥浆,并掏出部分沉淀土,或者提高灌注料斗的高度,以增加混凝土灌注压力。在拔出最后一段导管时,拔管速度要慢,以防桩顶沉淀的泥浆挤入导管下形成泥心。

l. 有关混凝土的灌注时间、混凝土面的深度、导管埋深、导管拆除以及发生的异常现象,要做好详细的灌注记录,灌注记录格式见表6-2-1-11。

m. 根据首批桩灌注量调整钻头直径,做到护筒底部以下桩身混凝土的充盈系数不小于1,也不宜大于1.15。灌注完毕后,要及时清洗好灌注工具。

以 CX01-6 号桩为例:灌注总耗时 7h,灌注体积 309.4m³,平均灌注速度 44m³/h。灌注记录见表6-2-1-11。

混凝土灌注记录　　　　　　　　　　　　　　　　　　　　　表 6-2-1-11

单位工程名称	平潭海峡公铁大桥 鼓屿门水道桥		墩号	CX01 号墩	桩号	6 号	桩径	3m
设计桩底高程（m）	−43.000	终孔时间		2016 年 1 月 2 日	灌注时间		2016 年 1 月 5 日	
护筒顶高程（m）	11.710	终孔孔底高程（m）		−43.100	钢筋笼底高程（m）		−42.850	
护筒底高程（m）	−23.992	灌注前孔底高程（m）		−43.060	沉渣厚度（mm）		40	
混凝土强度等级	水下 C40		灌注导管组成（m）		4m×1 节 +3m×16 节 +0.5m×1 节 =52.5m			
设计混凝土体积（m³）	320		导管距孔底高度（cm）		40			
每盘混凝土体积（m³）	1.2		首批混凝土灌注量（m³）		15			

测量时间	混凝土面高程（m）	导管底高程（m）	导管埋深（m）	拆管（节）	累计混凝土灌注盘数	累计混凝土灌注体积（m³）	备注
12:48	−43.060	−42.660	−0.4		0	0.0	开盘
13:00	−41.260	−42.660	1.4		12	13.8	首封
13:27	−38.160	−42.660	4.5		31	37.2	
13:40	−36.660	−42.660	6.0		40	48.4	
13:49	−36.660	−39.160	2.5	3m×1 节 +0.5m×1 节	40	48.4	拆节
14:16	−33.360	−39.160	5.8		61	73.6	
14:25	−33.360	−36.160	2.8	3m×1 节	61	73.6	拆节
14:51	−30.460	−36.160	5.7		80	95.6	
15:00	−30.460	−33.160	2.7	3m×1 节	80	95.6	拆节
15:26	−27.260	−33.160	5.9		100	119.8	进入护筒
15:35	−27.260	−30.160	2.9	3m×1 节	100	119.8	拆节
16:03	−24.160	−30.160	6.0		119	143.4	
16:12	−24.160	−27.160	3.0	3m×1 节	119	143.4	拆节
16:35	−21.460	−27.160	5.7		139	167.0	
16:44	−21.460	−24.160	2.7	3m×1 节	139	167.0	拆节
17:10	−18.560	−24.160	5.6		161	192.6	
17:19	−18.560	−21.160	2.6	3m×1 节	161	192.6	拆节
17:48	−15.260	−21.160	5.9		185	221.6	
17:57	−15.260	−18.160	2.9	3m×1 节	185	221.6	拆节
18:17	−12.66	−18.160	5.5		204	244.6	
18:26	−12.66	−15.160	2.5	3m×1 节	204	244.6	拆节
18:53	−9.46	−15.160	5.7		227	272.8	
19:02	−9.46	−12.160	2.7	3m×1 节	227	272.8	拆节
19:30	−6.36	−12.160	5.8		250	300.0	
19:39	−6.36	−9.160	2.8	3m×1 节	250	300.0	拆节
19:48	−5.3	−9.160	3.86		258	309.4	

3）灌注过程遇到的问题及处理方法

问题 1：混凝土初灌量大，混凝土从拌和站开始生产至首灌拔球时间一般都在 1h 左右，致使初灌混凝土坍落度损失较大。

处理方法:增加机械设备投入,2 个拌和楼同时生产,增加混凝土搅拌运输车至 8 辆,增加混凝土泵送车,缩短混凝土等待时间。

问题 2:混凝土灌注导管直径大,在使用过程出现变形,影响导管密封性及施工安装可操作性。

处理方法:增加导管投入,增加 1 套 150m 新制导管,将原有变形导管报废处理。在每根桩灌注前均进行试压,保证导管气密性满足要求。

2.2 深水围堰设计与施工

2.2.1 围堰结构设计

1)80m、88m 简支钢桁梁范围围堰概述

简支钢桁梁区段围堰采用"单壁 + 双壁"结构,承台顶面以下为双壁结构,围堰壁厚 1.0m。围堰内共设置两层内支撑,为便于加工、运输及围堰侧板倒用,围堰侧板高度上不分节,沿周长分块,侧板各单元之间采用螺栓连接,侧板和底板之间采用螺栓连接。根据承台外形尺寸不同,简支钢桁梁区段围堰共分为 7 类,见表 6-2-2-1。

围堰分类统计表　　　　　　　　　　　　　　　　　　　　　表 6-2-2-1

序号	承台尺寸(m)	围堰类型	围堰顶高程(m)	承台顶高程(m)	围堰形式	墩　号	数量
1	14.5×25.0×5.0	A1	6.47	−4	吊箱	CX20	1
2		A1-1	7.9	−4	吊箱	SR50~SR55	6
3	15.5×26.5×5.0	A2	6.47	−4	吊箱	CX21、CX22、XD11、XD12	4
4		A2-1	10.47	0	吊箱	XD10	1
5		A2-2	7.9	−4	吊箱	SR56、SR57	2
6		A2-3	6.47	0	钢板桩围堰	XD13	1
7	25×17.7×5.0	A3	9.47	−1	吊箱	CX02	1
8	29.9×17.7×5.0	A4	9.47	−1	吊箱	CX01	1
9		A4-1	7.9	−4	吊箱	RC01~RC05	5
10	14.0×25.0×5.0	A5	7.9	−4	吊箱	SR64、SR49	2
11		A5-1	10.47	0	吊箱	CX26	1
12		A5−2	6.47	−4	套箱	CX19	1
13	15.5×33.5×5.0	A6	7.9	−4	吊箱	SR58~SR63	6
14		A6−1	6.47	−4	吊箱	CX23~CX25	3

2)80m、88m 简支钢桁梁范围围堰结构简介

以 CX02 吊箱围堰为例作介绍。CX02 号墩吊箱围堰主要由龙骨、底板、侧板、内支撑、斜撑、封底吊挂系统、限位系统、刚性拉压杆和封底混凝土组成。围堰整体结构如图 6-2-2-1、图 6-2-2-2 所示。

3)龙骨

龙骨主要采用 HW440×300 的 H 型钢和槽钢[16a 及钢板焊接成为一个整体,龙骨横桥向通长布置,纵桥向断开。龙骨上布置限位挡块作为侧板的限位装置,四周开设 φ28mm 螺栓眼与侧板进行栓接,中部相应位置设 φ37mm 吊杆孔,用于安装封底吊杆。龙骨主要用于承受底板上传来的封底混凝土荷载和承台部分自重,以及围堰侧板的重量,并直接传递给吊挂系统。龙骨结构如图 6-2-2-3 所示。

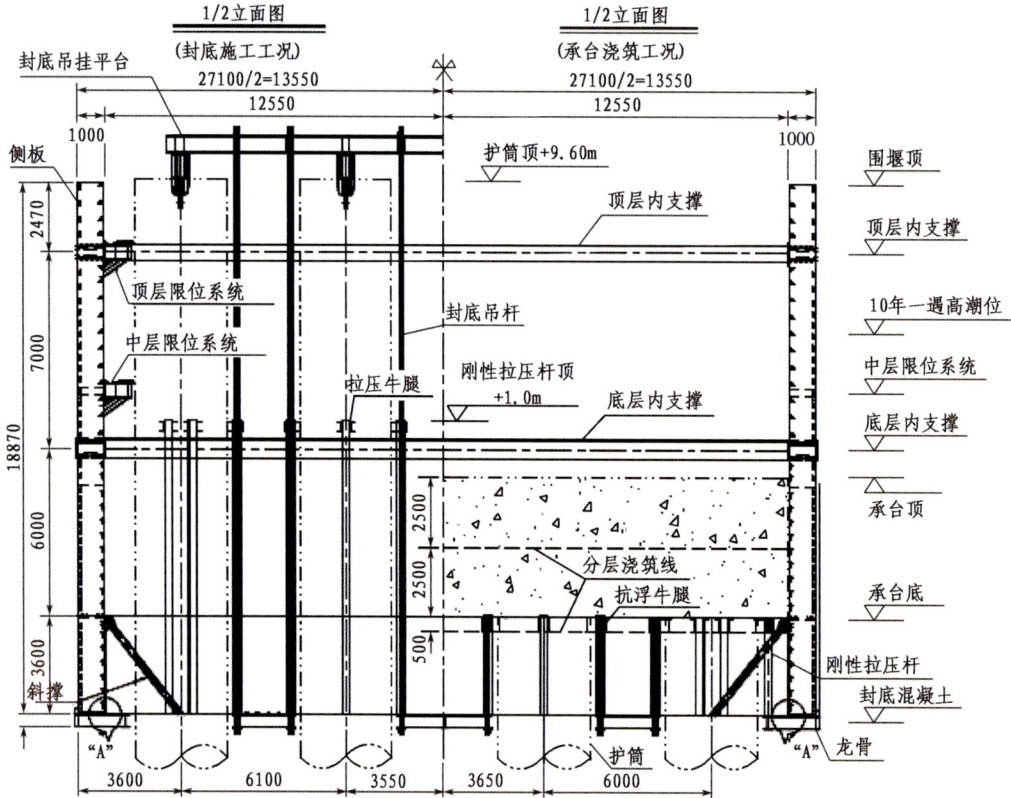

图 6-2-2-1　围堰结构断面图(尺寸单位:mm)

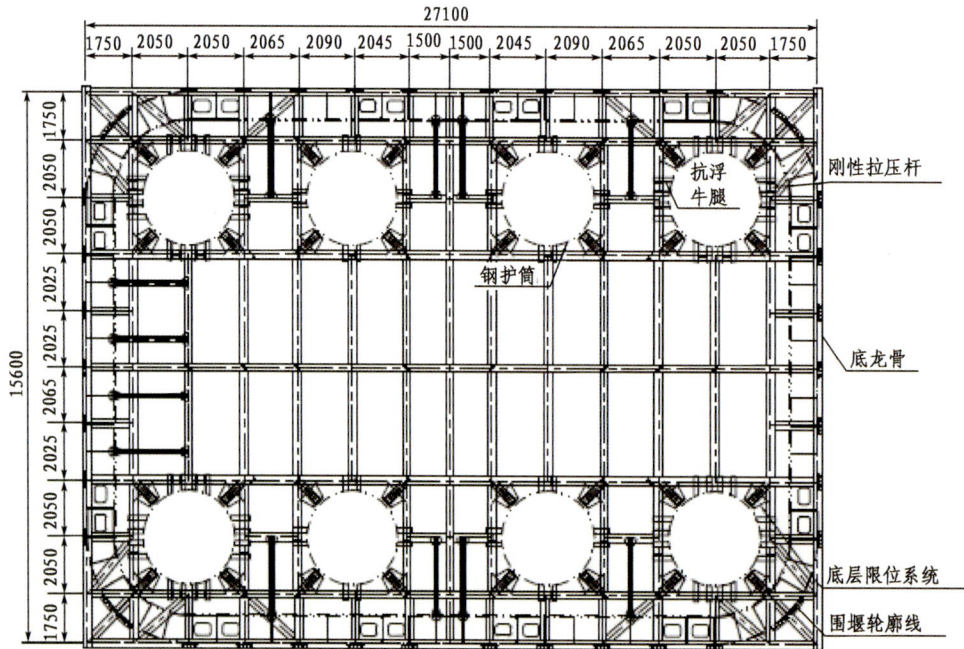

图 6-2-2-2　围堰结构平面图(尺寸单位:mm)

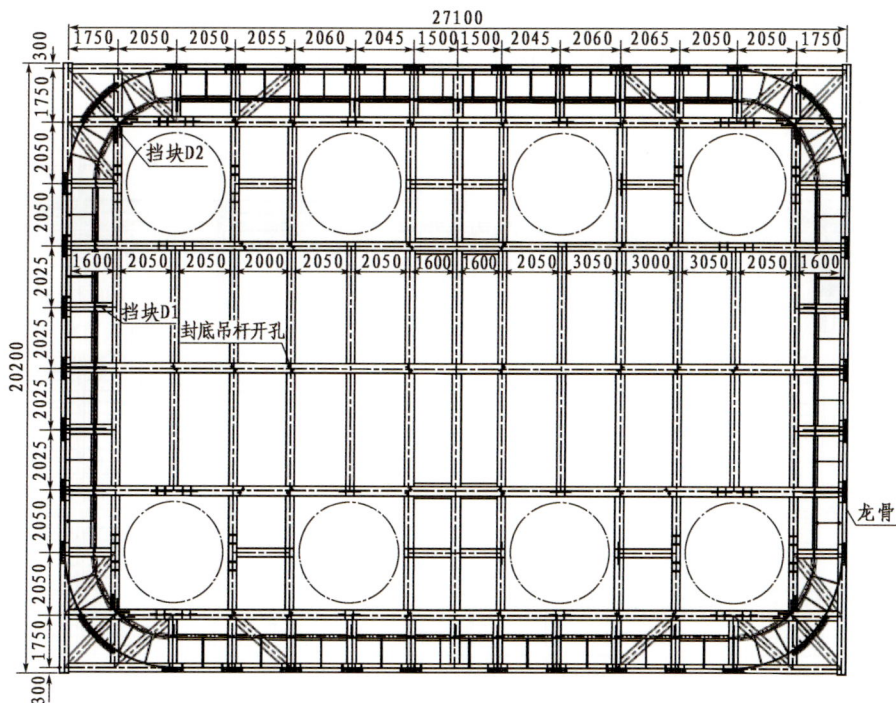

图 6-2-2-3　龙骨结构平面图(尺寸单位:mm)

4）底板

底板安装在龙骨之上,主要采用6mm面板和∠100×6等边角钢小肋组成,与护筒口匹配DM8的面板,则增加了一个封堵板。底板和封堵板结合将围堰底部形成一个密封的整体,用于承受围堰封底混凝土的质量和后期浇筑的承台部分质量,传递给下方的龙骨。底板布置和结构如图6-2-2-4~图6-2-2-6所示。

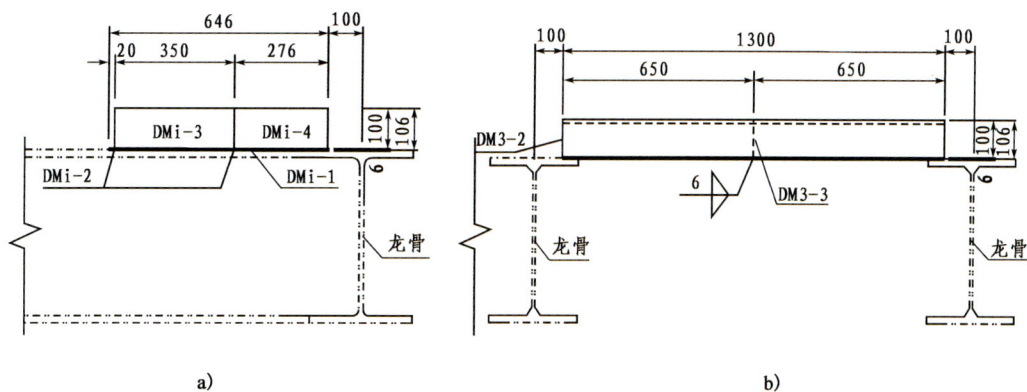

图 6-2-2-4　底板部分结构大样图(尺寸单位:mm)

5）侧板

侧板应安装在龙骨之上,通过直面侧板和4个圆弧倒角曲面侧板形成一个密封圈,将承台和外界海水隔离开。侧板主要采用8mm钢板作为高程-1.2m以上部分结构面板(部分内侧面板镂空),-1.2m至侧板底部-9.5m范围采用12mm钢板作为侧板面板,内部采用8mm、12mm钢板作为横隔板和竖隔板形成框架受力结构系统,面板上每300mm、400mm、500mm三种高度设计有一根等边角钢∠90×8作为加劲小肋,与竖隔板焊接在一起。直面侧板上设计三道连通孔,曲面侧板上不设置。侧板之间以及侧板与底龙骨之间采用8.8级高强度 M27 螺栓连接。侧板内侧龙骨上焊接限位挡块和φ20mm 钢筋,间隙采用遇水密封胶封堵。侧板布置和侧板结构如图6-2-2-7~图6-2-2-9所示。

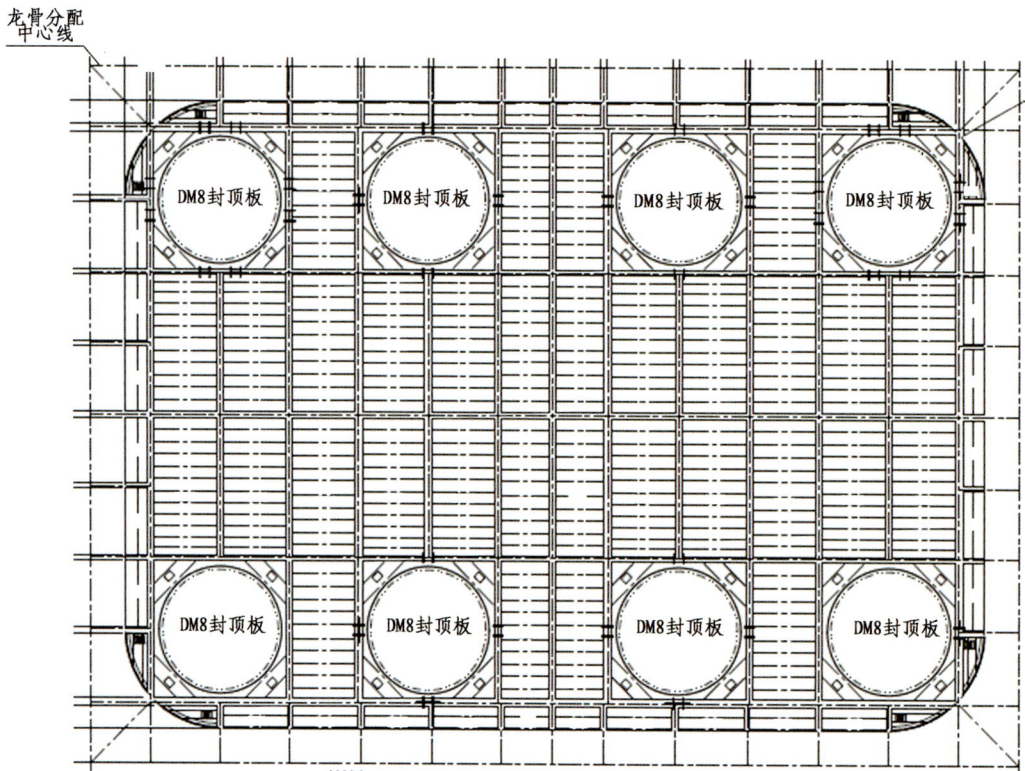

图 6-2-2-5　底板平面布置图(尺寸单位:mm)

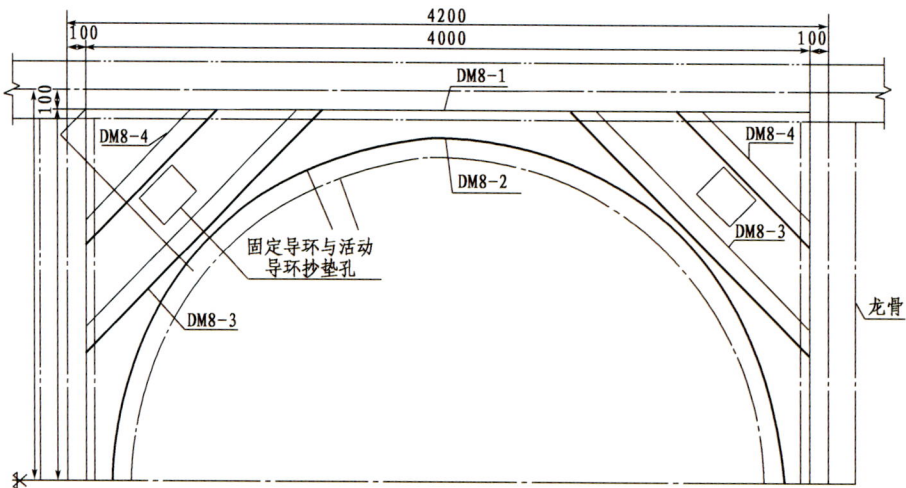

图 6-2-2-6　底板 DM-8 平面图(尺寸单位:mm)

6）斜撑

斜撑是连接围堰侧板与底龙骨之间的支承结构,沿围堰四周内侧壁板共布置16根,斜撑布置如图6-2-2-10所示。斜撑采用2根[20b 和钢板组合焊接而成,底部与龙骨顶部翼板焊接,顶部通过法兰与侧板之间栓接。

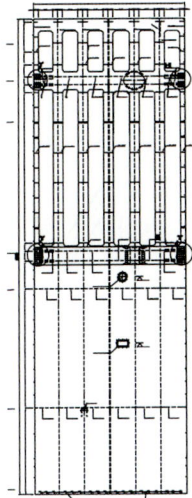

图 6-2-2-7　侧板立面图　　　　　　　　　图 6-2-2-8　侧板内侧立面图

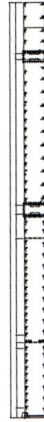

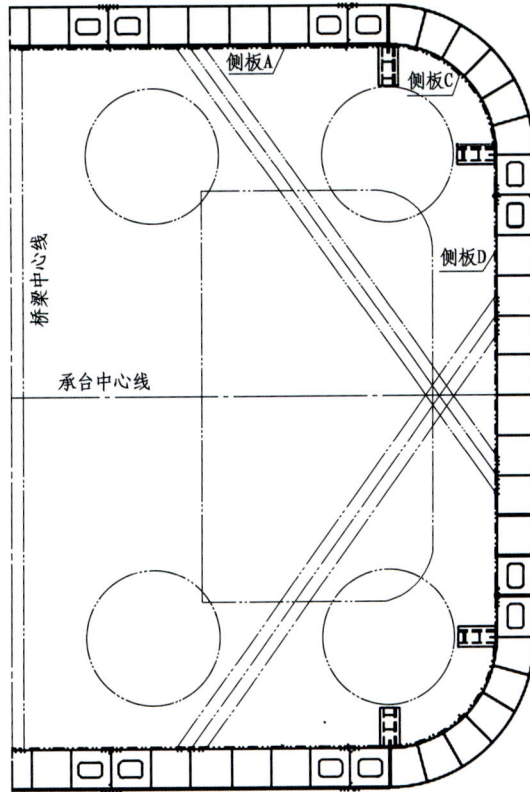

图 6-2-2-9　1/2 侧板平面布置图

7）限位系统

导向用于围堰下放时控制围堰的偏位。围堰下放过程中共设置三层导向装置，下层限位装置采用固定导环和活动导环相结合设置，上层和中层限位装置均采用 HW300×300 型钢和 $\delta = 20mm$ 的钢板组合成三角牛腿结构焊接在侧板上，牛腿上安装活动调节导向轮构成，如图 6-2-2-11 所示。

31

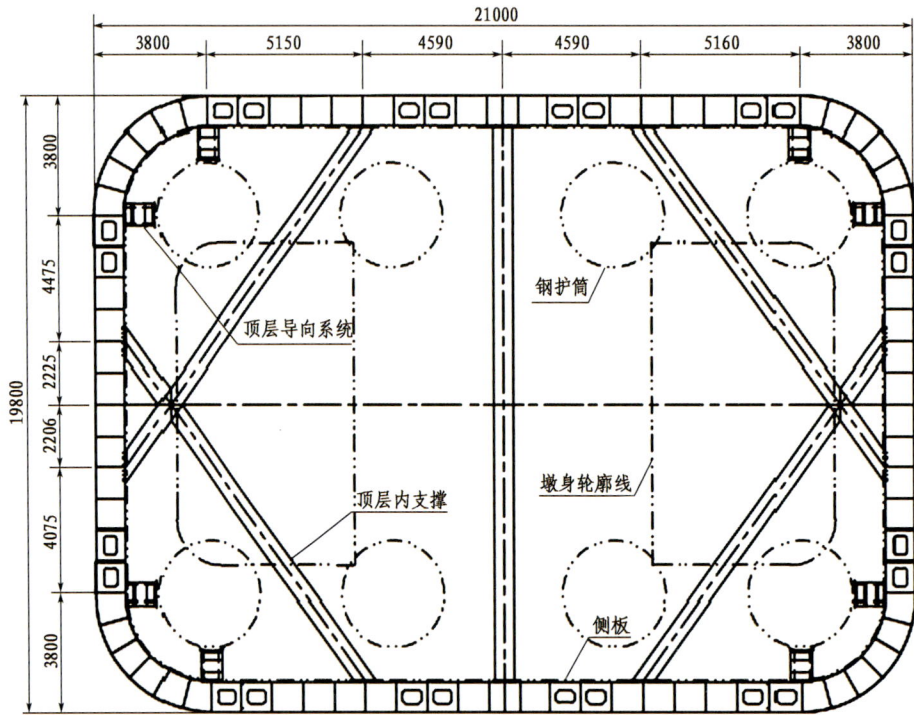

图 6-2-2-10　内支撑平面图(尺寸单位:mm)

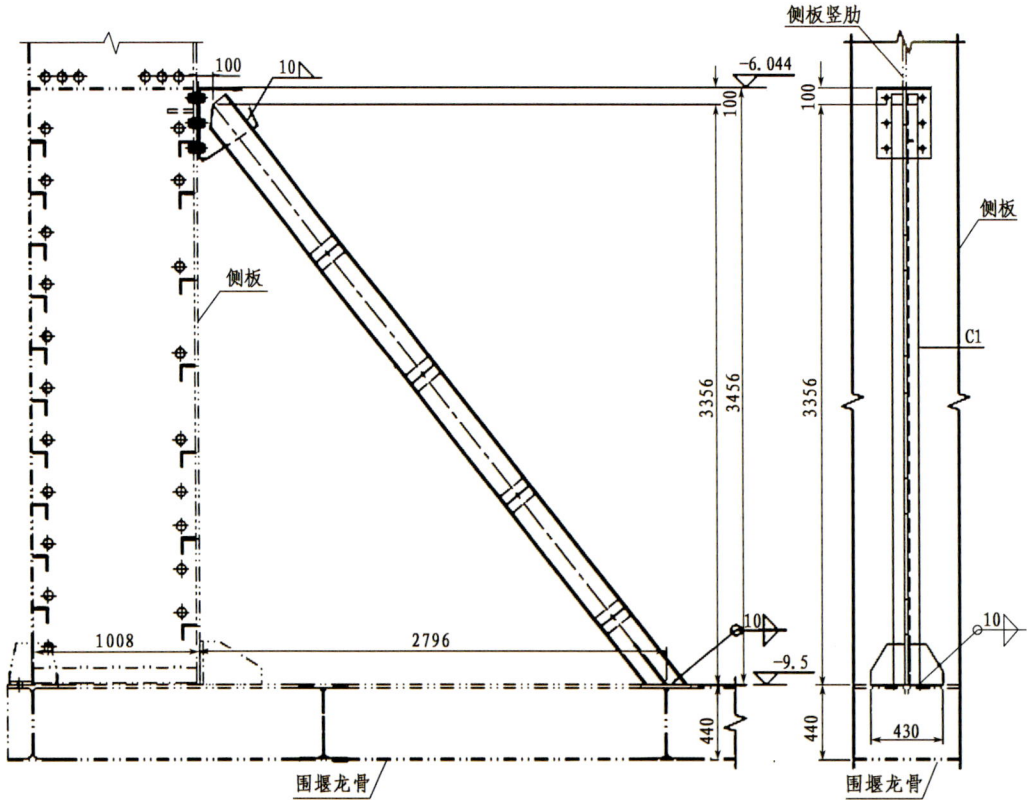

图 6-2-2-11　斜撑布置图(尺寸单位:mm)

8）内支撑

围堰根据结构受力要求设置顶层和底层两道内支撑,内支撑平面布置如图 6-2-2-10 所示。顶层内支撑采用 $\phi 600 \times 10mm$ 螺旋钢管,交叉处采用 $\phi 800 \times 20mm$ 套管补强,钢管之间采用相贯焊接,焊高 $h_f =$ 10mm,支管采用自动切管机切割,并开 45° 坡口。底层内支撑采用 2HN700×300 的 H 型钢,双拼 H 型钢之间采用坡口断续焊,焊 200mm,间断 1000mm,焊缝质量等级为二级,其余角焊缝质量等级为三级,焊脚高度 $h_f = 10mm$。围堰内支撑与侧板之间采用 8.8 级 M27 螺栓栓接,方便内支撑安装拆除,连接法兰 $\delta = 20mm$,与内支撑焊接成整体。根据承台顶高程和受力计算,CX02 号墩底层内支撑设计高程为 +0.0m,顶层内支撑设计高程为 +7.0m,如图 6-2-2-12、图 6-2-2-13 所示。

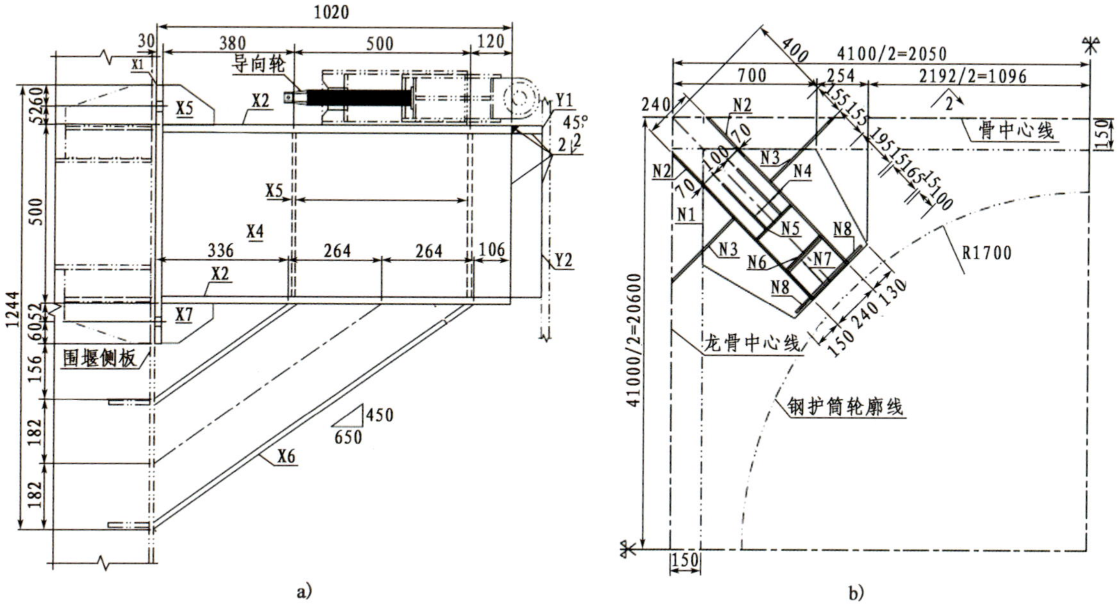

图 6-2-2-12　限位装置平立面布置图(尺寸单位:mm)

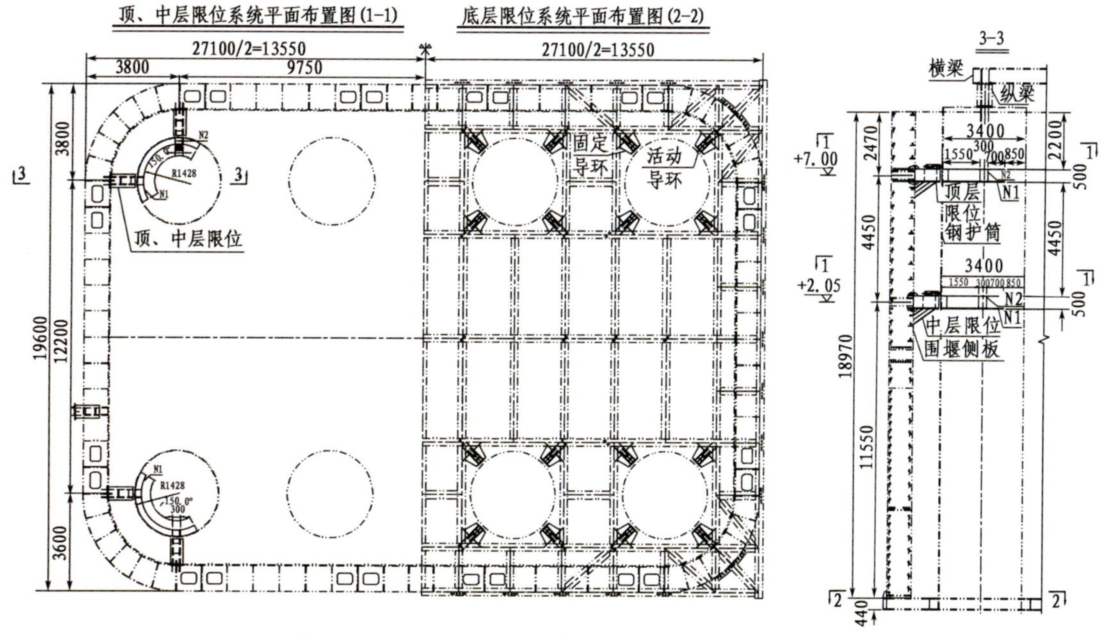

图 6-2-2-13　下层和中上层限位系统结构图(尺寸单位:mm)

9）刚性拉压杆

刚性拉压杆与拉压牛腿及抗浮牛腿结合根据不同工况承受着抗拉或抗压荷载，平面立面布置如图 6-2-2-14、图 6-2-2-15 所示。刚性拉压杆采用 HN300×300 型钢制作，底部与龙骨对应焊接。刚性拉压杆 G1 在封底混凝土浇筑前，翼板与拉压牛腿焊接，将荷载传递至钢护筒承受。刚性拉压杆 G2 在第一次 3.0m 封底混凝土浇筑完成后，翼板与抗浮牛腿焊接，将荷载传递至护筒承受。

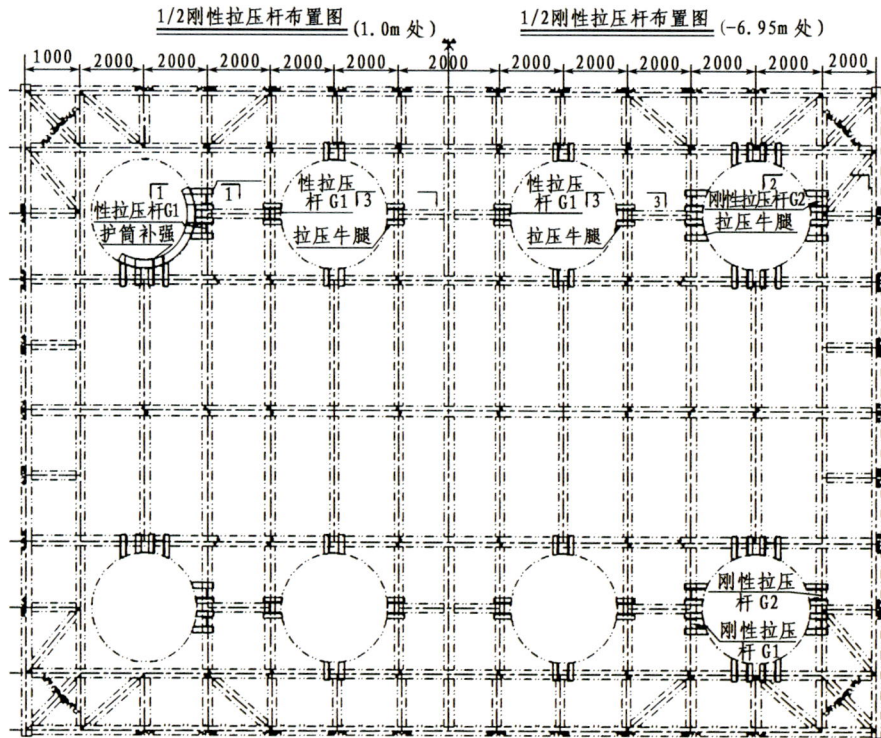

图 6-2-2-14　刚性拉压杆平面布置图（尺寸单位：mm）

封底吊挂平台由纵梁、横梁和吊杆组成。纵梁由 2HN900×300 型钢和钢板焊接而成，两端通过销轴与围堰侧板连接；横梁分别由 2HM588×300 和 2HN600×200 型钢制作，垂直与纵梁通过螺栓连接布置在纵梁上部；吊杆由 φ32mm 的精轧螺纹钢筋和锚垫板组成，上端穿过横梁预留孔，下端穿过底龙骨预留孔，承受部分围堰和封底混凝土自重。封底吊挂平台平面布置如图 6-2-2-16 所示。

10）吊具

为保证 CX02 号围堰整体起吊、下放，结合围堰设计质量和起重船参数，设计围堰整体起吊专用吊具。吊具由 φ426×8mm 的螺旋管和吊耳焊接组成，耳板从螺旋管端部管内穿过，采用钢板加劲，吊具结构设计如图 6-2-2-17 所示。钢管作为起吊时平衡水平力的抗拉结构，吊耳下部与围堰封底平台纵向分配梁通过销轴连接，上部通过销轴与起吊钢丝绳连接。单个围堰起吊配置两套吊具。

2.2.2　总体施工方案

深水高墩区非通航孔桥采用先平台施工桩基，后吊箱围堰施工承台方法，围堰施工采用在出海码头整体组拼、运输，并采用起重船整体起吊安装施工方法。围堰经封底、抽水浇筑承台，待浪溅区墩身施工完成，最后拆除围堰侧板。

钻孔桩施工完成后，拆除围堰区域钻孔平台；割除钢护筒，在四根角桩钢护筒内侧安装围堰接引导向板，做好围堰整体安装的准备；与此同时，在码头开始拼装围堰。先平整场地，在码头安装底龙骨、底板及钢吊杆、拼装侧板、安装封底吊挂平台及接长吊杆，安装内支撑及各层导向，完成围堰的组拼和验收达到整体吊装运输条件;选择风浪较好的天气整体吊装围堰下放,抄紧三层导向(顶、中层导向需焊接固定),安装好护筒周边底板上面的封堵板及拉压牛腿与拉压杆,清理钢护筒,进行第一次水下 3m 封底混凝土施工。封底混凝土达到设计强度后进行抽水作业,最后焊接抗浮牛腿安装刚性拉压杆进行第二次 0.5m 封底混凝土的浇筑。

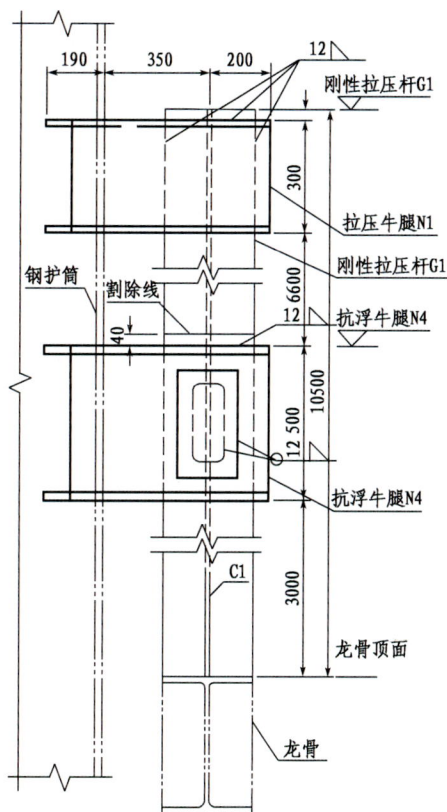

图 6-2-2-15 封底吊挂平台(尺寸单位:mm)

2.2.3 围堰制造与拼装

1)制造

围堰在加工厂内严格按照设计图纸要求加工制造。制造前先组织对胎膜进行整体验收,胎膜必须具有足够的强度、刚度和稳定性,尺寸误差必须控制在围堰加工允许范围内。围堰加工焊接作业严格按规范进行,过程中有专门的防变形工艺和矫正措施。二级焊缝委托第三方进行探伤检测。螺栓眼加工时采用套钻,保证结构组拼精度。单元件制作完成后进行分块编号(做分块对接标识),每块单元件必须根据水平起吊和竖向起吊焊接吊耳,吊耳受力满足要求。单元件经验收合格后由平板车拖运至拼装码头进行组拼。

2)围堰组拼

围堰组拼顺序为:平整拼装场地→铺设枕木→铺设底龙骨→底层限位系统安装→安装短节吊杆→焊接刚性拉压杆及底板→侧板安装→斜撑安装→安装内支撑→安装封底平台及吊杆→安装顶层和中层限位系统→检查验收。

(1)围堰整体拼装场地的选择需满足围堰整体吊装要求。地基能承受整体围堰质量和满足拼装吊机站位要求,但地基面层需要重新进行整平,方能保证底龙骨拼装。场地整平时由测量复核,局部软弱地基采用混凝土找平。

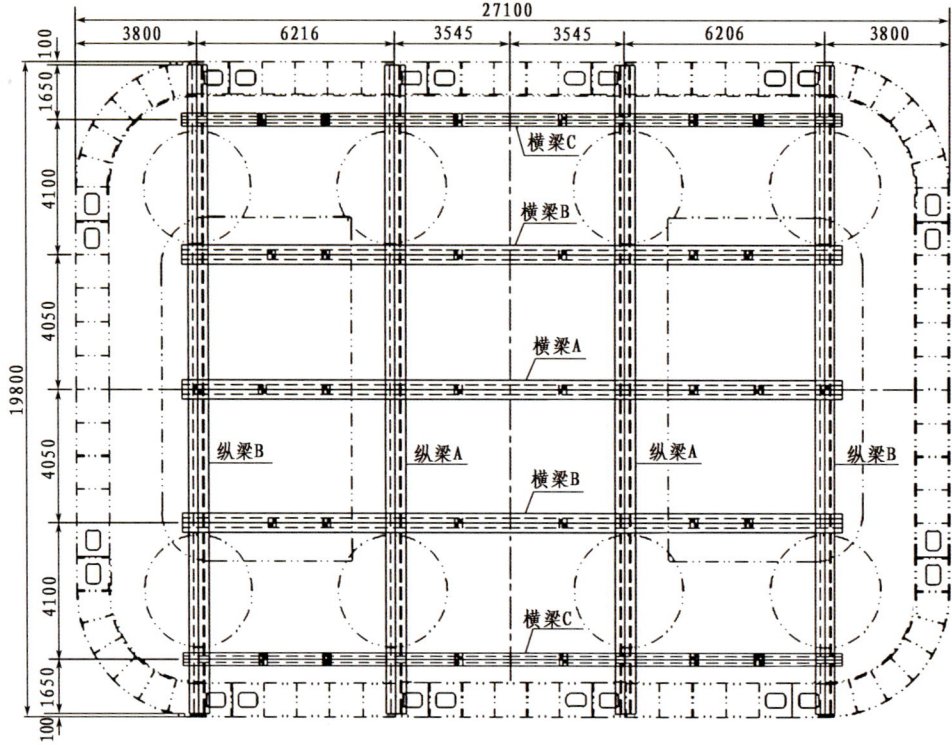

图 6-2-2-16　封底吊挂平台平面布置图(尺寸单位:mm)

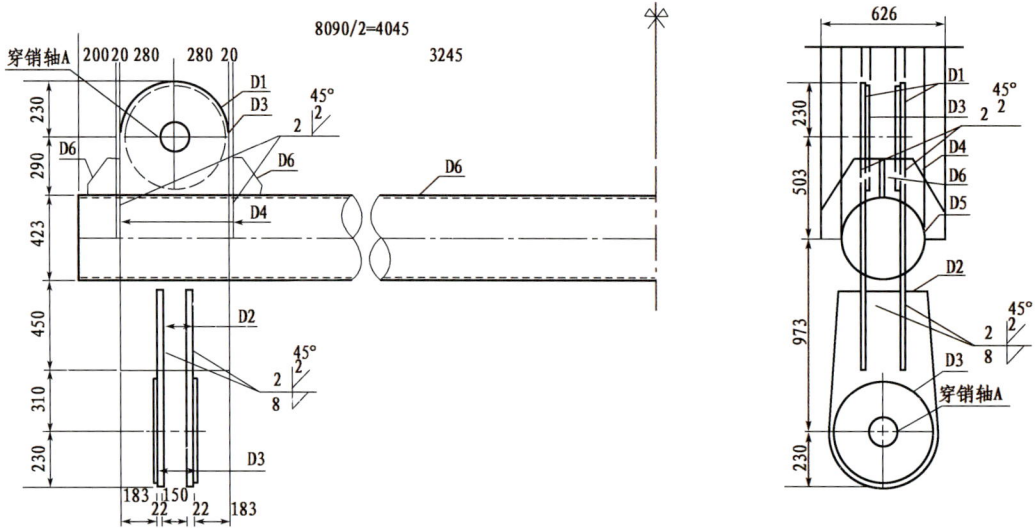

图 6-2-2-17　吊具结构设计图(尺寸单位:mm)

(2)为满足底龙骨拼装后,精轧螺纹吊杆能穿过龙骨翼缘上预留孔并在底部安装双螺母,因此龙骨与地面之间必须铺设枕木确保螺母和垫板的安装间隙。枕木铺设在龙骨节点处,但要避开吊杆安装点;枕木顶部抄平,保证龙骨受力均匀,减小龙骨变形。

(3)底层限位系统主要包括固定导环和活动导环两部分。安装前先将活动导环插入固定导环中,检查活动导环在固定导环内能否顺利水平移动。固定导环通过腹板和加劲板与龙骨焊接,导环顶面与龙骨顶面齐平,方便后续底板安装。

(4)封底吊杆 φ32mm 的精轧螺纹钢筋长度 22m,底端锚固在龙骨底部。由于拼装地面与龙骨之间只有枕木的高度作为作业空间,因此施工时封底吊杆必须在底板安装前先穿过龙骨实现底端锚固。首次安装的封底吊杆长度按4.2m设计,其余部分待封底吊挂平台安装结束,从封底平台顶部下穿,通过连接器连接。

(5)刚性拉压杆为HM300×300mm的型钢,下端与底龙骨焊接,上端与拉压牛腿或是抗浮牛腿焊接成整体,目的是将荷载传递至护筒承受。拉压杆直接在龙骨拼装完成后焊接在龙骨顶面,焊接时拉压杆的腹板必须与龙骨腹板重合,保证整体结构受力,焊缝为角焊缝,质量等级为三级,焊脚高度为8mm。拉压杆顶部焊接拉压牛腿和抗浮牛腿必须等围堰下放到位或是第一层封底混凝土浇筑完成方能焊接。

(6)底板按单元顺序吊装与底龙骨焊接,面板四周与其对应龙骨采用 $h_f=6mm$ 的连续角焊缝,角钢与面板间采用焊200mm间150mm的断续焊接。DM8必须按照护筒实际平面位置和倾斜度进行定位安装。

(7)侧板加工完成运输至现场后由180t履带式起重机起吊拼装施工。

①侧板吊耳。围堰侧板上焊接吊装吊耳,每块侧板上对称焊接两个吊耳,吊耳与围堰竖板焊接成整体,竖板之间采用加强板临时加固,吊耳的设计与布置如图6-2-2-18所示。吊耳与围堰竖板之间采用三面围焊,焊脚高度为10mm的角焊缝,受力满足要求。

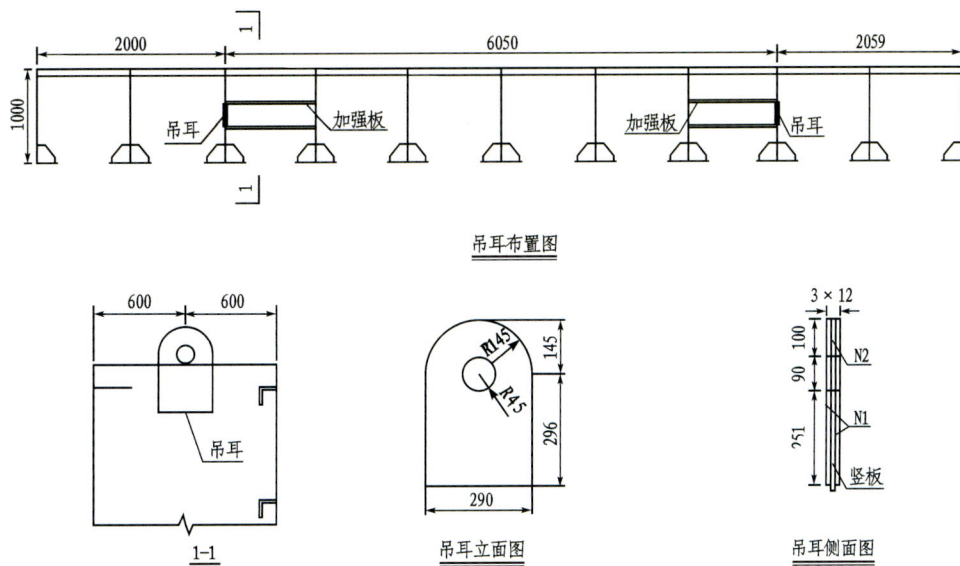

图6-2-2-18 围堰侧板起吊吊耳(尺寸单位:mm)

②吊机与钢丝绳选型。以CX02围堰为例,最大尺寸和质量的侧板D吊装选用QAY260全路面起重机,根据吊重和构件尺寸,吊机臂长35.1m,幅度11m,吊装质量为61t>58.6t,满足要求。

吊装时钢丝绳与水平面的夹角按60°计算,两点起吊共4根钢丝绳,则单根钢丝绳受力为:$F=\dfrac{V/2}{\sin60°}=16.9t$,选取 $6×37$ 根 $\phi47.5mm$ 麻芯钢丝绳,公称抗拉强度1770MPa,钢丝截面积总和 $A=843.5mm^2$,破断拉力总和 $N=1770×843.5=152.30kN$,换算系数取0.8,绳扣折减系数取0.9,安全系数取6,则钢丝绳的有效吊重 $N'=152.3×0.8×0.9÷6=20.6t>16.9t$,满足要求。

③拼装顺序。CX02号墩围堰共12块侧板,拼装如图6-2-2-19所示,从围堰一角的侧板C开始,沿两个方向向对角侧板C拼装。按此顺序拼装的目的是保证在最先拼装的三块侧板之间能形成三角稳定。

拼装主要步骤为:

第1步:清理龙骨顶面拼装处和侧板底面,避免杂质影响法兰对接。为方便围堰侧板和底龙骨之间的螺栓对位连接,围堰侧板吊装紧靠底龙骨上焊接的限位挡块后,先将法兰D3、D4通过螺栓与龙骨连接,然后将 D3、D4 与侧板外面板 C-C2 采用剖口对接焊连接,最后将侧板外侧加劲板 D1 与 D3、D4 及 C-C2 采用 8mm 双面角焊缝连接。

第 2 步:侧板与底龙骨之间的螺栓连接后,吊机先不松钩,开始按设计挂设缆风。侧板内外侧各设置两组缆风,缆风绳选取 6×37 根 φ21.5mm 麻芯钢丝绳,公称抗拉强度 1770MPa,上端通过卸扣连接,如图 6-2-2-20 所示,下端与地龙相连,缆风预张力按 6t 控制。

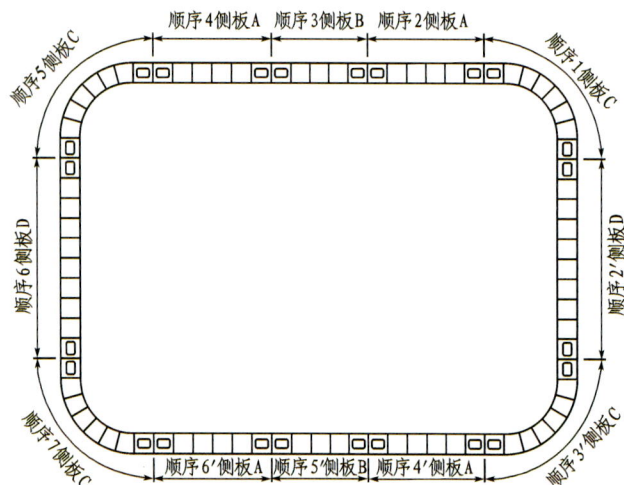

图 6-2-2-19　围堰侧板拼装顺序

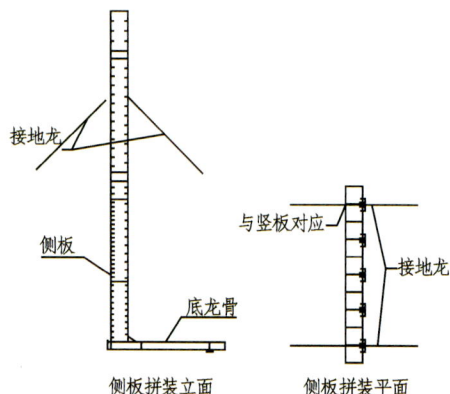

图 6-2-2-20　侧板拼装缆风布置

第 3 步:调整侧板与底龙骨之间的相对位置(侧板与龙骨之间虽有螺栓连接,但仍可以相对转动),开始安装斜撑增强侧板的稳定性(除侧板 C 外其余侧板均有斜撑连接龙骨和侧板)。斜撑下端与龙骨焊接,严禁焊于底板面板上,焊高 $h_f = 8mm$。焊接时在斜撑下端的底板面板相应位置开槽,面板沿槽口周边与底板龙骨采用 6mm 角焊缝满焊。顶端通过 M27 螺栓与侧板内面板连接。

第 4 步:在已安装的侧板侧面拼接面上安装 6mm 厚的泡沫橡胶皮(可以预先采用胶水粘贴),并按侧板连接孔眼位置在橡胶皮上开 φ28mm 的孔洞。

第 5 步:依次按吊装顺序吊装侧板与已安侧板和龙骨连接,侧板间对接时螺栓先全部拧紧,再拧紧侧板与底板之间所有螺栓。安装完成后再次复拧所有螺栓,要求侧板螺栓拧紧力矩使两侧板之间的 6mm 橡胶皮压缩为 2mm 为宜。

侧板对接时,施工人员从侧板顶部人孔进入,为避免板内空气稀薄,现场应准备一台空压机向侧板内部输送新鲜空气。

第 6 步:依次循环安装其余侧板至最后一块侧板 C 时,应再一次拧紧已安装的侧板,使 C 板有足够的空间能吊装至安装位置。侧板全部安装完成后,所有螺栓全部复拧,使其受力均匀。

第 7 步:最后在侧板拼接处,按设计高程采用 M27 螺栓安装拼接板 X1 和 X2。其中拼接板 X2 与侧板面板之间安装 6mm 的泡沫橡胶,螺栓拧紧力矩以橡胶压缩为 2mm 为宜。

第 8 步:安装内支撑。

内支撑按先底层后顶层的施工顺序,安装时先吊装 G1(N1)与侧板连接,再吊装 G2、G3、G4(N2、N3、N4)的组合件整体与围堰侧板连接。为防止组合见在吊装过程中变形,吊装前先用工 20b 临时连接如图 6-2-2-21 所示,增强整体性。

为方便内支撑安装,先在安装位置下放的侧板上焊接临时牛腿,将内支撑吊放至牛腿上,再采用千斤顶微调,便于螺栓对位。注意内支撑在加工时比设计长度短 10mm,当内支撑安装到位后,内支撑与法兰之间的空隙采用钢板填塞。

第 9 步:安装封底平台及吊杆。

围堰封底平台由纵梁和横梁组成,纵梁在下,横梁在上,施工时先依次吊装纵梁,纵梁按设计位置摆放在围堰顶部,由于纵梁底部与围堰侧板顶部有175mm的间距,为方便纵梁与侧板之间销轴连接,现场可以采用单侧安装1个10t螺旋千斤顶进行微调定位后再穿插 $\phi160 \times 355mm$ 的销轴。纵梁安装完成后再依次安装横梁,横梁安装时必须使横梁上的吊杆孔与纵梁上和底龙骨上的吊杆孔一一对应。横梁安放在纵梁顶面,两者之间通过 M22 螺栓将横梁下翼缘与纵梁上翼缘连接成整体。围堰拼装如图6-2-2-22所示。

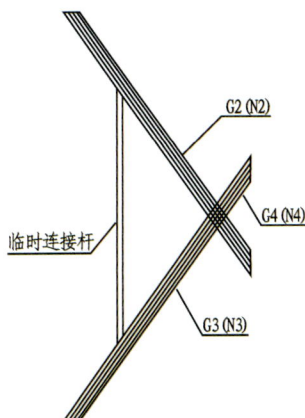

图6-2-2-21 内支撑吊装临时加固

图6-2-2-22 围堰拼装

纵横梁安装完成后,从横梁顶部吊杆孔穿入 $\phi32mm$ 的精轧螺纹钢筋吊杆,底部与事先已经安装好的精轧螺纹钢筋通过连接器相连,连接前必须先在两个对接头端部根据连接器1/2长度做好标记,使接头位于连接器中间。精轧螺纹钢筋吊杆顶部安装锚垫板后拧紧螺母,吊杆以控制长度为主,扭矩为辅。拧紧螺母的扭矩值 T 应控制在 $10kg \cdot m \leqslant T \leqslant 15kg \cdot m$ 范围之内。

第10步:安装顶层及中层限位系统。

顶层中层限位系统采用吊机安装。安装时,先采用螺栓将限位系统横梁与围堰侧板连接固定,在将斜撑与侧板焊接。限位系统上的导向轮必须根据实际护筒与围堰之间的相对位置进行安装,使导向轮安装后伸缩调节范围必须能起到导向限位作用。

第11步:检查验收。

围堰整体组拼完成后,必须有专人对照设计进行结构检查,二级焊缝必须按频率进行抽检,同时对焊缝进行煤油渗透试验,查看围堰是否漏水。

3）吊具安装

80m、88m简支钢桁梁围堰吊装采用两套吊具,吊具沿横桥向围堰侧板布置在纵梁顶部,吊具下部吊耳与纵梁上部吊耳通过 $\phi160 \times 405mm$ 的销轴连接,吊具顶部吊耳安装销轴 $\phi160 \times 405mm$ 与起吊钢丝绳连接。吊具安装后可沿下部销轴转动。销轴安装前必须专项检查销轴的探伤报告、材质报告等是否与设计相符;安装后必须经专人检查销轴的另一端是否按设计佩戴螺母。

4）围堰起吊运输

围堰起吊采用2000t秦航工1自航起重船。围堰设4个吊点,每个吊点均由钢丝绳绕过吊具上直径160mm的销轴后两端八卦头(铝合金压制)挂在矛钩上,即总共有8根钢丝绳共同受力。钢丝绳选用麻芯 $6 \times 91(ab) \phi120-1870$,最小破断拉力为 $F_{Min} = 8560kN$,换算系数取0.8,绳扣折减系数取0.9,安全系数取6,则钢丝绳的有效吊重为: $N' = 8560 \times 0.8 \times 0.9 \div 6 = 1027kN$。

以 CX02 钢围堰为例,围堰吊装总质量为 $G = 833.229t$,则单股钢丝绳所受的竖向分力为: $G' = G \times 9.8/8 = 1020kN < N'$,则钢丝绳的选用满足要求,见表6-2-2-2。

CX02 围堰吊装质量汇总表　　　　　　表 6-2-2-2

序　号	名　称	质量（kg）	序　号	名　称	质量（kg）
1	侧板	513580	7	封底吊挂平台	84483
2	顶层内支撑	13202	8	围堰吊具	4232
3	底层内支撑	31952	9	限位系统	17769
4	龙骨	78209	10	刚性拉压杆	59637
5	斜撑	4522	汇总	总吊装质量为 833.229t	
6	底板	25643			

2.2.4　围堰下放前现场准备

1）拆除钻孔平台下放区域

主要拆除围堰与钻孔平台相互干扰的区域，保证钢围堰下放时与钻孔平台不相互干扰。平台钻孔区域拆除后，剩余平台距离围堰侧板外壁理论最小宽度约为 2.0m，测量海床，如有超出围堰范围，则需要清理，如图 6-2-2-23 ~ 图 6-2-2-25 所示。

图 6-2-2-23　钻孔区钢管桩拔除

图 6-2-2-24　长臂挖掘机清理海床

图 6-2-2-25　抓斗清理海床

2）割除钢护筒至设计高程

吊箱围堰下放到位后，主要靠钢护筒受力，切割钢护筒至设计高程。切割前，应用全站仪在各个钢护筒上打 3 个高程点。每个钢护筒切割后护筒顶高程偏差在 2mm 以内。

3）护筒补强

护筒是承受围堰和封底混凝土竖向荷载的承载结构。根据受力计算，需要在护筒顶部，拉压牛腿和抗浮牛腿焊接位置相对应的护筒内侧焊接补强板，以增强护筒的受力。

4）焊接围堰下放接引导向

由于围堰采用起重船整体吊装,而起重船受风浪影响致使围堰会上下、左右晃动,为使钢护筒能顺利插入围堰底板预留孔洞,应预先在四根角桩钢护筒顶口内侧焊接围堰下放接引导向。接引导向布置与设计如图6-2-2-26所示。

图 6-2-2-26　围堰接引导向设计

2.2.5　围堰吊装、运输及下放

1）吊具

为保证 CX02 号围堰整体起吊、下放,结合围堰设计质量和起重船参数,设计围堰整体起吊专用吊具。吊具由 $\phi 426 \times 8\text{mm}$ 的螺旋管和吊耳焊接组成,耳板从螺旋管端部管内穿过,采用钢板加劲,吊具结构设计如图6-2-2-27所示。钢管作为起吊时平衡水平力的抗拉结构,吊耳下部与围堰封底平台纵向分配梁通过销轴连接,上部通过销轴与起吊钢丝绳连接。单个围堰起吊配置两套吊具。

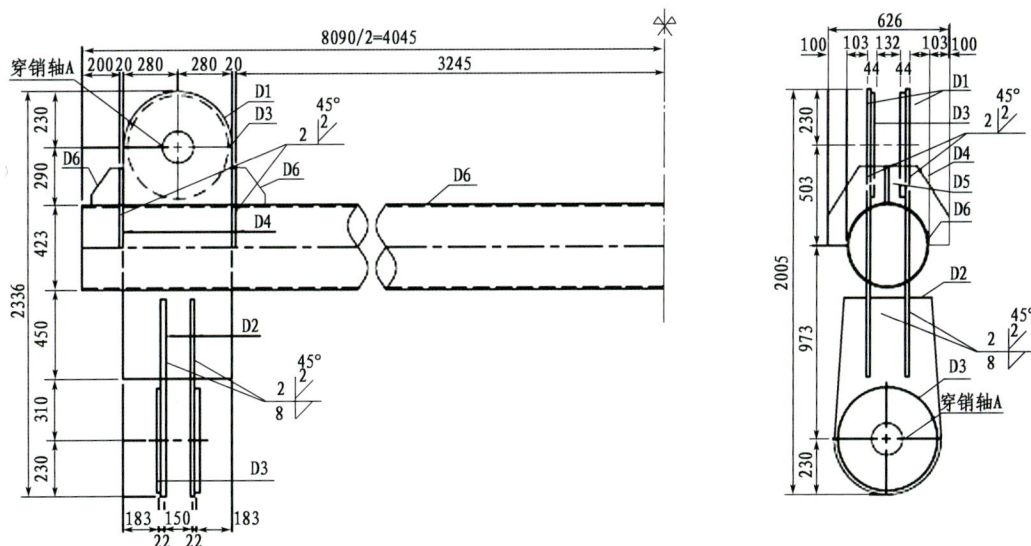

图 6-2-2-27　吊具结构设计图(尺寸单位:mm)

2）围堰吊装

为了保证围堰下放顺利,密切关注天气和海浪变化,选择风力小于8级、浪高小于2.5m时进行围

图 6-2-2-28　围堰起吊

堰整体吊装下放。围堰起吊如图 6-2-2-28 所示。

围堰起吊就位的工作流程为：起重船抛锚定位→围堰下放→抄紧并焊接顶、中层限位系统→抄紧龙骨上活动导环。

围堰运输至现场，待其他工作准备完成后，开始进行围堰的起吊就位。现场统一指挥，每道工序结束进入下道工序前由相关人员检查、签证并移交给下道工序作业人员。否则，严禁进入下道工序。

3）围堰下放

围堰下放前及时收听天气预报，选择连续两天风力小于 8 级、浪高小于 2.5m 的好天气进行。下放前在 4 根角桩接引导向上安装废旧轮胎，并临时固定，但废旧轮胎的外边缘不能大于护筒外径。检查确认围堰侧板上的连通孔是否全部打开，做好下放前的所有准备工作。

第 1 步：缓慢下放围堰至底龙骨距离接引导向约 2m 时暂停。待围堰摆动较小时检查围堰底板预留孔是否与护筒中心重合，否则再次精确调整围堰位置。

第 2 步：围堰下放至底龙骨接近护筒顶口接引导向时，放慢下放速度，确保 4 个角桩都在底板预留孔范围内时，快速下放围堰，龙骨底面全部低于护筒顶口接引导向顶面高程以后再缓慢匀速下放钢围堰。

第 3 步：起重船继续下放围堰，直至封底平台纵梁搁置在护筒顶面，起重船松钩，至此围堰质量转换至封底平台主梁承受。

第 4 步：测量复核围堰的顶口高程、围堰倾斜度和平面位置。若不符合要求，将围堰利用起重船提升一定高度后根据测量结果，调整中层和顶层导向上的导向轮，重新下放围堰，直至符合要求为止。围堰吊装下放如图 6-2-2-29 所示。

a)

b)

图 6-2-2-29　围堰吊装下放

4）抄紧并焊接顶、中层限位系统

围堰下放到位，进行围堰平面位置、高程和顶口平整度的测量复核，结果满足要求后立即进行围堰上层导向、中层导向与护筒之间的抄紧焊接。

围堰导向牛腿与实际护筒之间是按 10cm 间隙预留，围堰下放时是通过导向牛腿上的导向轮限位。而实际围堰下放后，可能由于围堰偏斜等原因使导向牛腿与护筒之间的间隙达到 10～20cm 之间，为此现场制作钢楔必须从 1～20cm 的调节范围。上层导向、中层导向与护筒之间全部抄垫完成，使围堰暂时稳固后，应立即组织人员将钢楔块与护筒和导向共同焊接牢固，确保围堰在浮力、风载以及波浪力作用下，钢楔块与护筒和导向之间不会产生相对位移。同时结合拉压杆和拉压牛腿限制围堰位移。

5）抄紧龙骨上活动导环

每个护筒周边的龙骨上均有4个固定导环和活动导环。围堰下放时,固定导环与护筒实际位置之间有10cm间隙,而活动导环回缩在固定导环之内。当上、中层导向与护筒之间抄垫焊接后,进行活动导环的抄垫。

活动导环由潜水员进行水下抄垫。水下施工时必须两个潜水员一组,在围堰底板上先将活动导环推向护筒,然后采用垫板逐渐抄垫活动导环与固定导环之间的间隙,最后采用钢楔抄紧。

6）安装拉压牛腿和刚性拉压杆

围堰龙骨上焊接的刚性拉压杆与护筒上的拉压牛腿焊接成整体后,可将围堰自重及封底混凝土自重的一部分传递至护筒承受,如图6-2-2-30所示。同时,当围堰承受较大的浮力状态时,也可将荷载通过刚性拉压杆和牛腿传递至护筒承受。因此拉压牛腿与护筒之间的焊接质量,以及刚性拉压杆与牛腿之间的焊接质量,直接关系到后续围堰施工过程中结构安全问题,是现场施工控制的重点。

图6-2-2-30 低潮位焊接拉压牛腿

①安装操作平台。

②清理护筒焊接区域。施工人员在安全操作平台上清理刚性拉压杆对应处需要焊接拉压牛腿的钢护筒,使其表面不能有杂物或锈皮。

③拉压牛腿固定。吊放拉压牛腿,使刚性拉压杆正好从牛腿槽口中穿过,牛腿顶部高程下放至设计位置,然后与护筒顶紧先临时点焊固定。

④拉压牛腿与护筒和拉压杆的焊接。拉压牛腿的翼缘、腹板与护筒之间均采用坡口熔透焊接,刚性拉压杆翼缘与拉压牛腿的腹板采用单面角焊缝焊接,焊脚高度 $h_f = 12mm$。

⑤注意事项:由于拉压牛腿设计型号不一,现场必须根据设计编号吊装焊接。

2.2.6 围堰封底及抽水

1）总体施工方案

围堰封底是围堰施工的重要工序,封底质量直接关系到围堰施工的成败。80m、88m简支钢桁梁围堰分两次封底,第一次采用水下封堵,封底高度为3.0m。第二次采用干作业浇筑混凝土,厚度为0.5m。封底前保证水下混凝土原材料质量,试验室报批C30水下混凝土,现场安装封底平台,准备封底采用的导管、料斗、振动棒、履带式起重机等。围堰第一次水下封底主要作业工序如下:

（1）围堰下放到位后，底板与护筒之间预留有 10cm 的间隙。为确保封底混凝土不从缝隙中漏出，封底前，必须由潜水员进行水下安装底板封堵板。封堵板由 4 个圆弧结构组成，在围堰组拼时已经安装在底板上通过卡板限位。潜水员在水下顺序将 4 个圆弧封堵板推下钢护筒，再用螺栓将其连接成整体即可。

（2）由于钻孔施工时间长，钢护筒表面已经被海水腐蚀，在表面形成比较厚的浮锈及海蛎子，将严重影响封底混凝土与护筒之间的黏结力，因此在围堰下放完成后由潜水人员对护筒表面附着物等清理干净。

（3）在围堰内布置 14 套固定封底导管，导管平面布置如图 6-2-2-31 所示。封底导管利用钻孔桩灌注导管，每套导管安装时将导管底口距离底板悬空高度为 20cm。在围堰顶层吊挂平台上布置分配梁和脚手板作为围堰封底临时平台。开始封底前检查所有侧板联通孔是否全部打开，务必保证连通孔为开启状态。

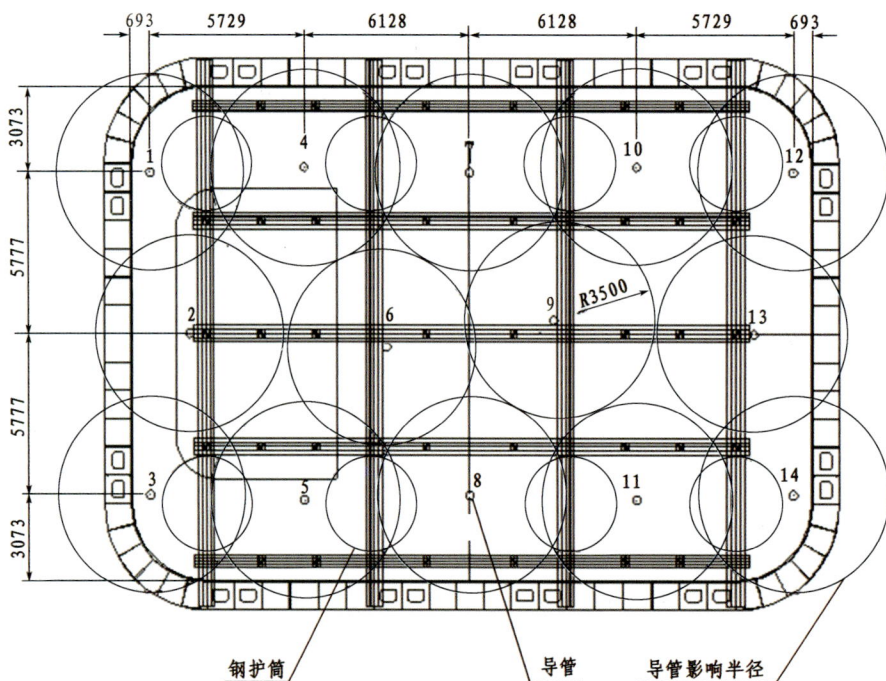

图 6-2-2-31　封底导管平面布置图（尺寸单位：mm）

1～14-导管

（4）封底混凝土浇筑时，首先将 1 号、2 号、3 号导管同时拔球浇筑，拔球料斗利用钻孔桩拔球小料斗，此料斗可以储存 7m³ 混凝土，可以满足拔球需求，1 号、2 号、3 号导管拔球完成后，拔球料斗先不拆除，将混凝土输送天泵对着 1 号、2 号、3 号导管继续浇筑，待 1 号、2 号、3 号导管埋深达到 0.5m 以后再拆除拔球料斗。继续对 1 号、2 号、3 号导管进行混凝土灌注，将混凝土埋深控制在 0.5～1.2m 之间。

（5）待 1 号、2 号、3 号导管区域高程达到埋深 1m 后，停止对 1 号、2 号、3 号导管进行混凝土灌注。测量待拔球 4 号、5 号导管底口混凝土高程，调整 4 号、5 号导管底口悬高，将导管底口悬空高度调整至 20cm 左右后固定牢固，将拔球料斗装满混凝土对 4 号、5 号导管同时进行拔球初灌，4 号、5 号导管拔球完成后，拔球料斗先不拆除，将混凝土输送天泵对着 4 号、5 号导管继续浇筑，待 4 号、5 号导管埋深达到 0.5m 以后再拆除拔球料斗。为了防止某根导管长时间得不到混凝土供应发生堵管现象，每根导管混凝土浇筑间隔时间不得大于 20min。依此类推，接着对 6 号～8 号和 9 号～11 号进行拔球灌注，直至完成 12 号、13 号、14 号导管混凝土浇筑。最终使混凝土的顶部高程在 −6.5m 位置，则第一次封底结束。

（6）封底测量主要控制护筒周边及导管口混凝土浇筑高度，为了确保围堰封底完成后抽水工况安全，施工时必须确保水下混凝土灌注质量，必须保证护筒周边围堰封底厚度不得小于 3.0m。为了减少围堰后期清基工作量，导管口位置混凝土厚度不得大于 3.2m。封底实例如图 6-2-2-32 所示。

a)　　　　　　　　　　　　b)

图 6-2-2-32　围堰封底实例

2）水基坑清底

（1）为保证下放、封底施工过程中围堰内外水头平衡，围堰侧板上均开有连通孔。围堰封底混凝土强度达到 80% 后，封闭围堰侧板处连通孔。

（2）抽干围堰内积水、清理基坑。连通孔封闭完成后，利用 6~8 台泥浆泵将围堰内积水抽干。抽水过程中，注意记录抽水机械数量、时间及围堰内水位刻度，并观察围堰侧板漏水情况。

由于封底混凝土面难免高低不平，在抽水完成后立即清理封底表面泥沙等沉淀物或松散混凝土，并凿除高于承台底及抗浮牛腿底的混凝土。

3）安装抗浮牛腿、二次封底

围堰内积水抽干并凿毛后，开始进行抗浮牛腿的焊接。待抗浮牛腿和拉压杆焊接成整体并割除多余拉压杆后，开始进行二次封底混凝土的浇筑。

（1）抗浮牛腿和拉压杆的焊接。施工人员在围堰内水抽干后，进入围堰清理第一次封底混凝土顶部至抗浮牛腿底部高程处的护筒表面。去除护筒上的杂物和铁锈，确保抗浮牛腿与护筒的焊接质量，以及二次封底混凝土与护筒之间能有效结合。抗浮牛腿吊放至围堰内后，根据抗浮牛腿的编号，将牛腿槽口对应刚性拉压杆插入，并与护筒密贴及时点焊固定。抗浮牛腿的顶面高程控制在承台底高程以下，以防牛腿侵入承台区域。牛腿与护筒之间采用坡口熔透焊，焊缝质量等级为 Ⅱ 级；牛腿腹板与刚性拉压杆翼缘之间采用角焊缝焊接，焊脚高度 $h_f = 12\text{mm}$。为加强牛腿与刚性拉压杆之间的连接力，从牛腿腹板预留孔将两者之间补强焊接，再采用补强板，补强牛腿腹板。最后割除牛腿顶面以上刚性拉压杆，以防刚性拉压杆侵入承台区域，同时保证不损伤牛腿质量。

（2）二次封底采用 C30 混凝土干作业法施工。混凝土浇筑前，先清理第一次封底混凝土表面浮浆和杂物，检查抗浮牛腿安装质量并洒水润湿交界面混凝土后，开始采用混凝土输送泵将混凝土输送至围堰内进行二次封底作业。二次封底采用 C30 混凝土，坍落度控制在（180±20）mm，振动棒插入振捣。向围堰四周侧板设置 0.5% 排水坡，每块侧板中间预留一个 30cm×30cm、深 20cm 的集水井，便于后期承台钢筋绑扎过程中海浪溅入围堰内方便用水泵抽出。由于钢筋间距限制，水泵选用专用抽水泵（图 6-2-2-33），围堰抽水实例如图 6-2-2-34 所示。

4）平台拆除

二次封底混凝土经养护强度到达 80% 以上时可以进入下道工序施工，施工前应详细检查、记录围堰的止水情况等。当围堰不漏水，或经过采取措施止水后满足承台施工要求时，便可进行封底吊挂平台和吊杆的拆除工作。

（1）拆除封底吊杆顶部螺母、纵横梁之间的连接螺栓以及纵梁与围堰侧板之间的连接销轴。

（2）从封底混凝土顶面处采用手提式砂轮切割机割断封底吊杆 φ32mm 的精轧螺纹钢筋（也可直接拆除连接器），并用吊机整根拔出。为方便后续吊杆倒用，严禁使用火焰或是电弧切割。

（3）采用 130t 履带式起重机在支栈桥上依次逐根拆除封底平台横梁和纵梁。

以上每个构件拆除吊装之前，必须经专人检查构件与构件之间是否全部约束都解除，否则严禁起吊。

图 6-2-2-33　专用抽水泵

图 6-2-2-34　围堰抽水实例

5）筒切割及桩头凿除

（1）护筒切割

设计桩顶以上多余钢护筒采用火焰切割，切割时直接沿着封顶混凝土顶面沿圆周从一侧往另一侧切割。

护筒顶部采用气割对称割两个吊点孔，通过卸扣和钢丝绳与 200t 起重船相连由于护筒与桩头以上超灌部分混凝土之间的摩擦力较大，为确保起吊安全，该部分护筒应分块切割。

（2）桩头凿除

桩头按设计嵌入承台 10cm，因此凿除前先经测量放样再确定高程线，再用切割机沿高程线整圈切割，切割深度控制在 5cm（<6.5cm 保护层厚度）以内，防止损伤钢筋。CX02 号墩 8 根桩基超灌部分均在 1m 左右，桩头不需要采用二次截断。当切割完成后，开始采用风镐逐层剥离包裹钢筋的混凝土，直至桩头破除完成（由于桩径为 3.4m，不适合采用整根截断法）。

6）围堰漏水处理措施

针对围堰渗水处理，以下从"围堰制造""围堰拼装""围堰封底"三个方面进行说明。

（1）钢围堰制作在制作时需严格按照图纸施工，针对渗水堵漏采取以下改进措施。

吊箱围堰在施工龙骨及底板时，桩位附近底板及龙骨需根据现场实际桩位进行调整。取围堰下放到位后围堰顶部钢护筒位置及围堰底板处钢护筒位置偏差最大 3 点形成的最大圆中心为实际施工孔位中心。原设计桩位处底板焊接在龙骨顶面，此底板中心掏空，与钢护筒之间留有 20cm 富余空间。此缝隙待围堰下放后利用 4 块 1/4 弧板合围堵缝。经过几次下放后缝缝，发现此种做法并不能达到很好的效果。其主要原因是在围堰下放到位后，潜水员下水进行合围封堵板并不能与钢护筒紧贴严密，就算后期在缝隙处填补沙袋，沙袋只能是以"堆码"的方式进行补缝。经过涨落潮及海浪作用下，沙袋会离散，故而影响堵缝效果。为了避免这种情况再发生，经反复讨论，最后决定将孔位处的底板安置在该孔位处底龙骨底板以上，并与底龙骨腹板进行焊接。如此一来，在用沙袋堵漏时，沙袋就会在龙骨底板与龙骨顶板之间的缝隙形成"挤压"形式，这就保证了堵漏效果。

围堰侧板焊接量较大，为避免侧板烧焊变形，在焊接时采用对称烧焊，侧板之间采用法兰螺栓进行连接。在制作时，应先将两相邻侧板之间的法兰板进行套钻并编号。在钻孔时，需严格按照图纸施工。侧板之间连接面的法兰板必须保持光滑，不得有毛刺。连通孔盖板需贴上 8mm 后隔水胶皮，法兰盘表面需打磨干净不得有毛刺。

（2）钢围堰拼装过程中应避免漏水现象发生。

拼接板原设计采用栓接，但实际施工中由于每块侧板之间拼缝压缩程度不同，导致拼接板上孔眼无法对位。所以在实际施工过程中先将拼接板一半先安装在一块侧板上，待与之相邻侧板安装好后，再根据孔位偏差利用气割开孔并拧紧螺栓。由于气割扩洗孔孔缝隙较大，故而在拼接板安装完成之后将拼接板与围堰侧板烧焊起来，再用气割开孔的孔眼挤压隔水胶，以此方法来解决拼接板漏水问题。

侧板外侧拼缝利用[14 槽钢焊接，并用砂浆填塞满，防止拼缝漏水。

在两块侧板拼缝处底板上提前打遇水膨胀泡沫胶，防止水由此进入。

（3）封底过程中避免围堰漏水的处理方式。

围堰分两次封底，第一层采用水封，第二层采用干封找平。

①封底前将钢护筒上海蛎子清理干净，避免封底混凝土与钢护筒黏结不密实导致漏水。

②封底前安排潜水员下水对围堰进行探摸，看是否有漏洞，发现漏洞应及时用沙袋填补。

③在封底过程中多设置观测点。观察混凝土面上升情况，若有异常安排潜水员下水探摸，并采取堵漏措施。

④设置盲层，集中排水。第一层水封结束后，待混凝土强度达到开始关闭连通孔进行抽水。水抽干后开始设置盲层，即在第一层混凝土面上铺满 200mm×200mm×400mm 空心砖，并在混凝土面最低处的侧板上开一个 100mm×100mm 排水孔，空心砖面层铺设一层防水土工布，在防水土工布上面铺设一层 2mm 厚钢板，如图 6-2-2-35 所示。最后在钢板上浇筑混凝土找平。如此一来，在第一层封底混凝土之间与第二层封底混凝土之间就形成 20cm 厚盲层。设置盲层的目的是将为了将渗入围堰内部的水集中在空心砖盲层里，将承台与封底混凝土之间的水排到内箱里面，再将水泵放置在侧板内箱，将水排除围堰内部。

a)   b)

图 6-2-2-35   盲沟设置

2.3　承台施工

2.3.1　承台设计概况

80m、88m 简支钢桁梁范围承台主要分布在深水高墩区非通航孔桥区，SR49～SR64 号墩、RC01～RC05 号墩、CX01～CX02 号墩、CX19～CX26 号墩、XD10～XD11 号墩、XD12～XD13 号墩，共计 35 个墩台。

简支钢桁梁桥采用矩形承台，厚度均为 5.0m。各墩详细参数见表 6-2-3-1。

简支钢桁梁桥承台结构参数　　　　　　　　表 6-2-3-1

序号	墩号	承台尺寸			顶部高程	底部高程	设计钢筋用量（kg）			设计混凝土用量（m³）
		长（m）	宽（m）	高（m）	（m）	（m）	φ16mm	φ25mm	φ28mm	C40
1	SR49	25	14.0	5	−4	−9	16035	70707	—	1717.5
2	SR50	25	14.5	5	−4	−9	16378	73043	—	1780.0
3	SR51	25	14.5	5	−4	−9	16378	73043	—	1780.0
4	SR52	25	14.5	5	−4	−9	16378	73043	—	1780.0
5	SR53	25	14.5	5	−4	−9	16378	73043	—	1780.0
6	SR54	25	14.5	5	−4	−9	16378	73043	—	1780.0
7	SR55	25	14.5	5	−4	−9	16378	73043	—	1780.0
8	SR56	26.5	15.5	5	−4	−9	17917	82625	—	2021.3
9	SR57	26.5	15.5	5	−4	−9	17917	82625	—	2021.3
10	SR58	33.5	15.5	5	−4	−9	22731	68410	67289	2563.8
11	SR59	33.5	15.5	5	−4	−9	22731	68410	67289	2563.8
12	SR60	33.5	15.5	5	−4	−9	22731	68410	67289	2563.8
13	SR61	33.5	15.5	5	−4	−9	22731	68410	67289	2563.8
14	SR62	33.5	15.5	5	−4	−9	22731	68410	67289	2563.8
15	SR63	33.5	15.5	5	−4	−9	22731	68410	67289	2563.8
16	SR64	25	14.0	5	−4	−9	16035	70707	—	1717.5
17	RC01	29.9	17.7	5	−4	−9	22937	125245	—	2613.7
18	RC02	29.9	17.7	5	−4	−9	22937	125245	—	2613.7
19	RC03	29.9	17.7	5	−4	−9	22937	125245	—	2613.7
20	RC04	29.9	17.7	5	−4	−9	22937	125245	—	2613.7
21	RC05	29.9	17.7	5	−4	−9	22937	125245	—	2613.7
22	CX01	29.9	17.7	5	−1	−6	22937	64307	68408	2613.7
23	CX02	25	17.7	5	−1	−6	18854	89082	—	2180
24	CX19	25	14	5	+2	−3	16035	70707	—	1717.5
25	CX20	25	14.5	5	−4	−9	16378	73043	—	1780
26	CX21	26.5	15.5	5	−4	−9	17917	82625	—	2021.3
27	CX22	26.5	15.5	5	−4	−9	17917	82625	—	2021.3
28	CX23	33.5	15.5	5	−4	−9	22731	68410	67289	2563.8
29	CX24	33.5	15.5	5	−4	−9	22731	68410	67289	2563.8
30	CX25	33.5	15.5	5	−4	−9	22731	68410	67289	2563.8
31	CX26	26.5	15.5	5	0	−5	17917	82625	—	2021.3
32	XD10	26.5	15.5	5	0	−5	17917	82625	—	2021.3
33	XD11	26.5	15.5	5	−4	−9	17917	82625	—	2021.3
34	XD12	26.5	15.5	5	−4	−9	17917	82625	—	2021.3
35	XD13	26.5	15.5	5	0	−5	17917	82625	—	2021.3

2.3.2　总体施工工艺

深水高墩区非通航孔 80m、88m 简支钢桁梁桥承台施工,均采用先平台后围堰施工方法。

钻孔桩施工完成后,拆除围堰区域钻孔平台,进行围堰安装、下放及封底等施工。待封底混凝土达到一定强度后,围堰内抽水、焊接抗浮牛腿、进行第二层封底混凝土找平层浇筑、拆除围堰封底吊挂系统、割除钢护筒,然后测量放样、安装承台钢筋骨架、绑扎承台钢筋、墩身预埋钢筋和预埋件、预埋塔式起重机预埋件、分两次浇筑承台混凝土、承台混凝土养护、施工缝松散混凝土凿除、冷却管压浆及防腐涂装处理。承台钢筋采用一次绑扎成型,浇筑混凝土时分两次浇筑,每次浇筑高度 2.5m。承台施工完成后,待墩身施工至浪溅区以上(+9.5m),浇筑完成且墩身做好防腐涂装后,进行承台围堰拆除施工。

2.3.3 承台施工流程

简支钢桁梁桥承台主要施工流程为:施工准备→测量放样→承台钢筋制作、安装→第一层冷却水管安装→浇筑第一层承台混凝土→混凝土养护→施工缝混凝土凿除→第二层冷却水管安装→承台剩余钢筋、(塔式起重机)预埋件及墩身预埋钢筋安装→浇筑第二层承台混凝土→混凝土养护→冷却水管压浆→墩身施工→围堰拆除。施工流程如图 6-2-3-1 所示。

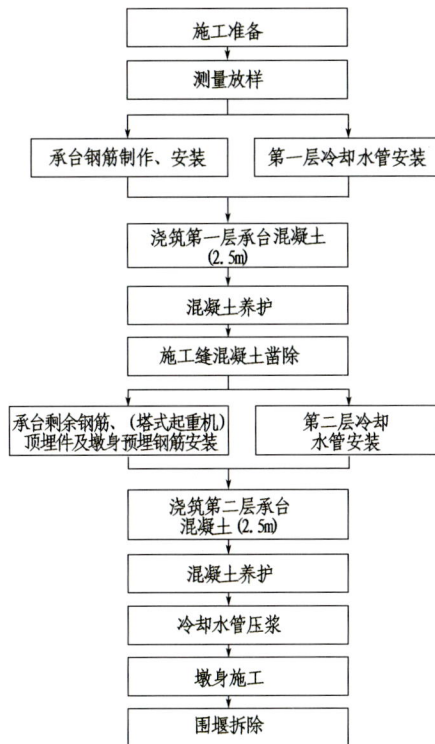

图 6-2-3-1 简支钢桁梁桥承台施工流程图

2.3.4 承台施工步骤

1)施工准备

简支钢桁梁桥承台采用先围堰后承台施工,围堰立面布置如图 6-2-3-2 所示。

围堰封底混凝土强度达到设计强度后,由潜水员在水下封闭围堰侧板处连通孔(为了确保围堰结构安全,所有联通孔封闭作业均需要在一个潮水周期内完成)。联通孔封闭完成后,利用 3~4 台泥浆泵将围堰内积水抽干。抽水过程中,注意记录抽水机械数量、时间及围堰内水位刻度,并观察围堰内支撑、围堰壁板等受力情况,水抽干后及时焊接抗浮牛腿。

由于封底混凝土面难免高低不平,在抽水完成后立即清理封底表面泥沙等沉淀物,并凿除高于承台底高程混凝土。在钢护筒上放样出找平层顶面高程,每个护筒各做 4 个高程控制点,浇筑 C30 混凝土作为封底找平层。围堰立面布置如图 6-2-3-2 所示(以 SR49 号墩为例)。

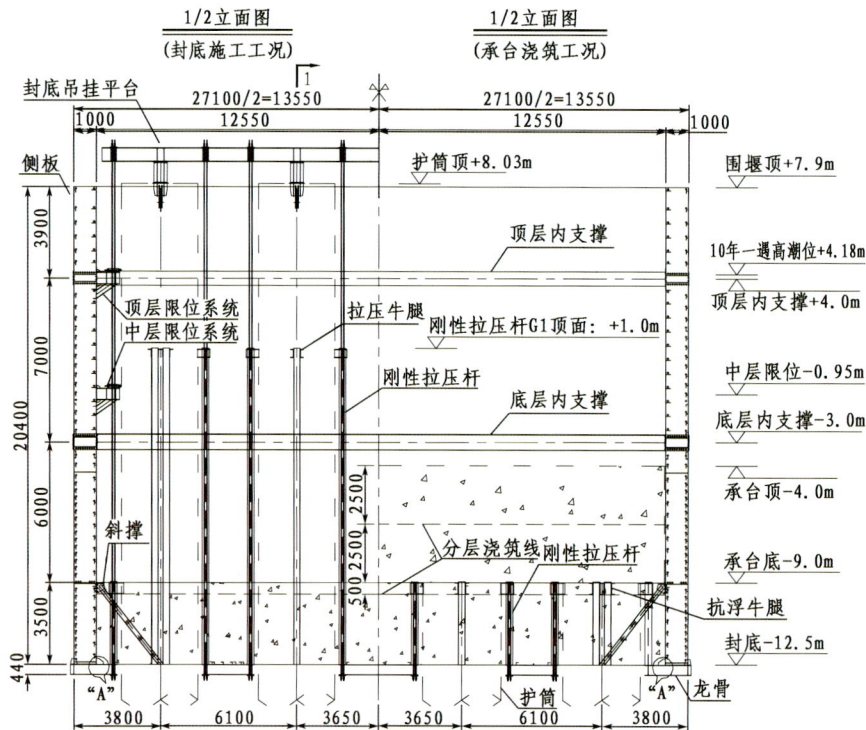

图 6-2-3-2　围堰立面布置图(尺寸单位:mm)

2)测量放样

准确测量放样出承台十字轴线及高程线,并做上醒目标记。

3)钢筋制作与安装

根据测量放样的轮廓尺寸线,现场安装承台钢筋骨架,将钢筋加工车间加工合格的钢筋半成品构件运输至现场,按照设计图纸进行钢筋安装。

(1)运抵现场的钢筋,均应附有制造厂家的质量证明书或试验报告单。试验室要按根据规定做力学试验后填写《钢筋试验鉴定报告单》作为使用本批钢筋的依据,不合格的钢筋不得领用。

(2)钢筋存放地面时垫高不低于 20cm。不同规格应分堆存放,并设好标志,防止混杂。

(3)根据设计图纸,做出钢筋下料单,工班根据下料单下料加工。下料时要根据钢筋编号和供应钢筋的尺寸,统筹安排,以减少钢筋的损耗。

(4)成型钢筋制作时,应按设计图纸或下料单在平台上放大样后再进行弯制。

(5)钢筋接头应设置在承受应力较小处,并应分散布置。同一连接区段内,有接头受力钢筋截面积占受力钢筋总截面积的百分率不得大于 50%。

在承台钢筋施工过程中,箍筋接头采用双面搭接焊,焊缝接头长度不小于 20cm,焊缝厚度不小于 $0.3d$,焊缝宽度不小于 $0.8d$。

主筋接头采用机械连接,安装时,应对正轴线将钢筋拧入连接套筒内,用力矩扳手将丝头在套筒中央位置顶紧,套筒安装后的单侧外露螺纹不宜超过 $2P$,接头拧紧值应满足表 6-2-3-2 中规定的力矩值。力矩扳手的精度为 ±5%,要求每半年用扭力仪检定一次。

钢筋接头拧紧力矩值

表 6-2-3-2

钢筋直径(mm)	≤16	18~20	22~25	28~32	36~40
拧紧力矩(N·m)	100	200	260	320	360

（6）由于承台尺寸较大，为便于钢筋定位并加大钢筋骨架的强度、刚度，根据需要配置一定数量 28mm 的螺纹钢筋或∠63×5mm 角钢充当架立钢筋。以 SR49 号墩为例，架立钢筋布置如图 6-2-3-3 所示。

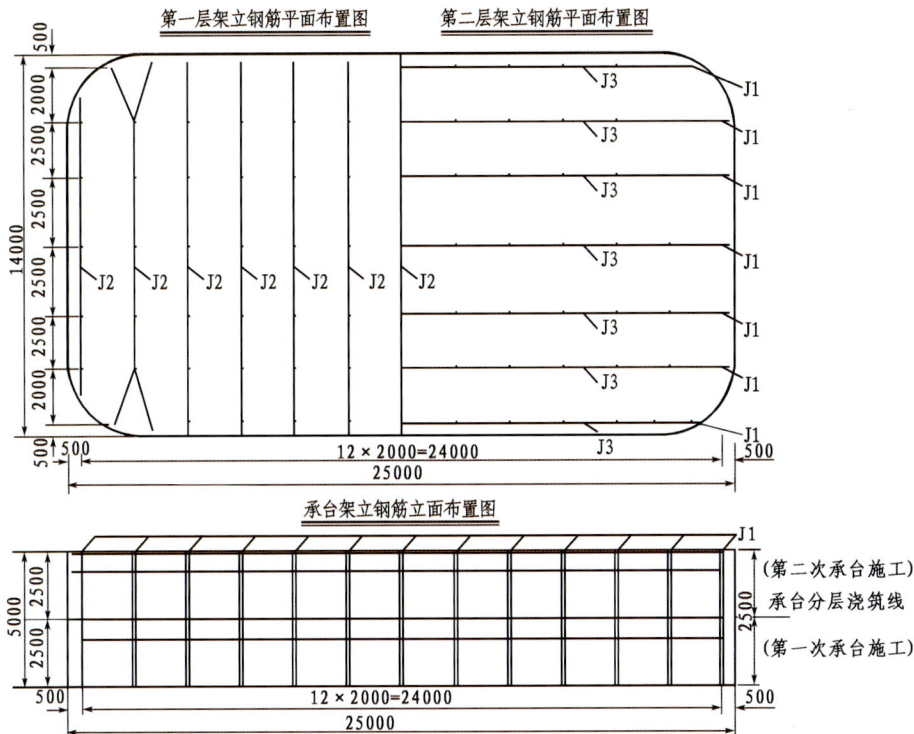

图 6-2-3-3　承台架立钢筋布置图（尺寸单位：mm）

（7）为保证钢筋保护层厚度，在钢筋与模板间设置垫块，垫块与钢筋扎紧，并互相错开。非焊接钢筋骨架的多层钢筋之间，应用短钢筋支垫，保证位置准确。垫块的数量不少于 4 个/m²。

（8）钢筋加工及安装允许偏差和检验方法见表 6-2-3-3，钢筋安装、钢筋保护层厚度允许偏差及检验方法见表 6-2-3-4。

钢筋加工及安装允许偏差和检验方法

表 6-2-3-3

序号	项　　目	允许偏差(mm)	检 验 方 法
1	受力钢筋顺长度方向的全长	±10	尺量
2	弯起钢筋的弯折位置	20	
3	箍筋内净尺寸	±3	

钢筋安装、钢筋保护层厚度允许偏差及检验方法

表 6-2-3-4

序号	项　　目	允许偏差(mm)	检 验 方 法
1	受力钢筋排距	±5	尺量两端、中间各 1 处
2	同排中受力钢筋间距	±20	
3	分布钢筋间距	±20	尺量连续 3 处
4	箍筋间距	±10	
5	钢筋保护层厚度	+10 −0	尺量两端、中间各 2 处

4）预留预埋及综合接地

（1）墩身钢筋预埋

承台钢筋安装完成后，测量组准确测量放样出墩身十字轴线，并标上醒目标记。依据墩身十字轴线用墨线弹出墩身的轮廓尺寸线。根据墩身轮廓尺寸线，按设计要求安装墩身预埋钢筋骨架，并确保预埋钢筋骨架埋设稳固，再按设计图纸进行墩身预埋钢筋安装。

（2）冷却水管预埋及要求

在绑扎钢筋的同时，进行冷却水管的安装，冷却管要做到密封、不渗漏，同时外部接进出水总管、水泵。混凝土内冷却管采用 $\phi50mm$ 钢管。冷却水管布设后进行试运行，检验是否渗漏及水流能否满足要求。为了准确测量、监控混凝土内部的温度，指导混凝土的养护，确保大体积混凝土的施工质量，在承台内部不同位置合理布设温控点。

①却水管埋设及其布置。在混凝土浇筑前，按施工设计图纸准确埋置冷却水管，冷却水管采用 $\phi50 \times 1.2mm$ 钢管，进出水口应集中布置，编号标识清楚，以利于统一管理。每根冷却水管进水口安置一个阀门，便于控制通水流量，在承台垂直方向上，设 4 层冷却水管，层距 1m，上下层距底面和表面 0.75m，冷却水管进出口均露出承台面 0.5m，水平方向管距 1.0m，每层设进、出水口，每一层构成各自回路。以 SR49 号墩为例，承台冷却水管布置如图 6-2-3-4 所示。

②冷却水管的使用及控制。冷却水管使用前进行试水，防止管道漏水、阻塞，并保证由足够的通水流量，控制冷却用水的进水温度，在混凝土覆盖冷却水管并振捣完成后，立即开始通水。为确保大体积混凝土内部通水冷却效果，冷却水通水流量应满足要求，达到 20L／min，且应控制冷却水流向，使冷却水从混凝土高温区域流向低温区域，并在温度达到峰值后加快混凝土内部散热降温。混凝土浇筑到各层冷却水管高程后开始小流量通水，混凝土终凝后按正常流量通水，各层混凝土峰值过后通水时间和通水流量根据测温结果确定，若降温过快可降低通水流量或停止通水。为防止上层混凝土浇筑后下层混凝土温度的回升，可采取二次通水冷却，通水时间根据测温结果确定，保证混凝土降温速率不超过 2.0℃／d。根据设置在承台不同高度的测温元件，测量临近散热管的温度值，保证进水温度和混凝土内部温度差值控制在 20～50℃，否则要及时调整水温，通水时间 ≥12d。

③严格控制进出水温度，在保证冷却水管进水温度与混凝土内部最高温度之差不超过 30℃ 条件下，尽量使进水温度最低。在承台旁设置 4 个水箱，供冷却水循环使用。

④待通水冷却全部结束后，须对冷却水管进行压浆处理。

⑤为保证冷却水的降温效果，项目部应配备专人进行冷却水管的通水工作，并配备检修人员，准备 1～2 台备用水泵，若管路出现故障应及时排除，保证冷却系统正常工作。施工时，操作人员应听从指挥，及时开启和关闭阀门。

（3）综合接地

全桥在每个桥墩处均设有接地装置。接地装置由接地极、水平连接线、接地引上线、接地端子等组成。

接地极：对于钢筋混凝土的桩基，利用每根桩基中的一根通长结构钢筋作为接地极，并于护筒之间焊接，在桩基的每节段处必须采用搭接钢筋双面焊以保证全长电气导通，另需将所有桩基的竖向主钢筋并焊在一起，共同作为接地极。

每个墩有两根接地引上线引至简支钢桁梁底，接地引上线下端与承台内环接地极的钢筋连接，上端与接地端子连接或留接地引出线便于和桥面接地带（线）连接。接地线和墩身内水平接地连接线采用 $\phi16mm$ 圆钢。全桥综合接地电阻值要求小于 4Ω。承台综合接地钢筋如图 6-2-3-5 所示。

（4）塔式起重机预埋件安装

根据各墩位处墩身实际情况，选择合适塔式起重机，复核厂家提供的塔式起重机专项施工方案，对进场的塔式起重机预埋件进行验收，预埋件与承台钢筋相干扰时，可适当挪动钢筋位置，严禁缺少钢筋或随意切割承台钢筋，并保证预埋件位置准确。

第一层冷却水管平面布置图

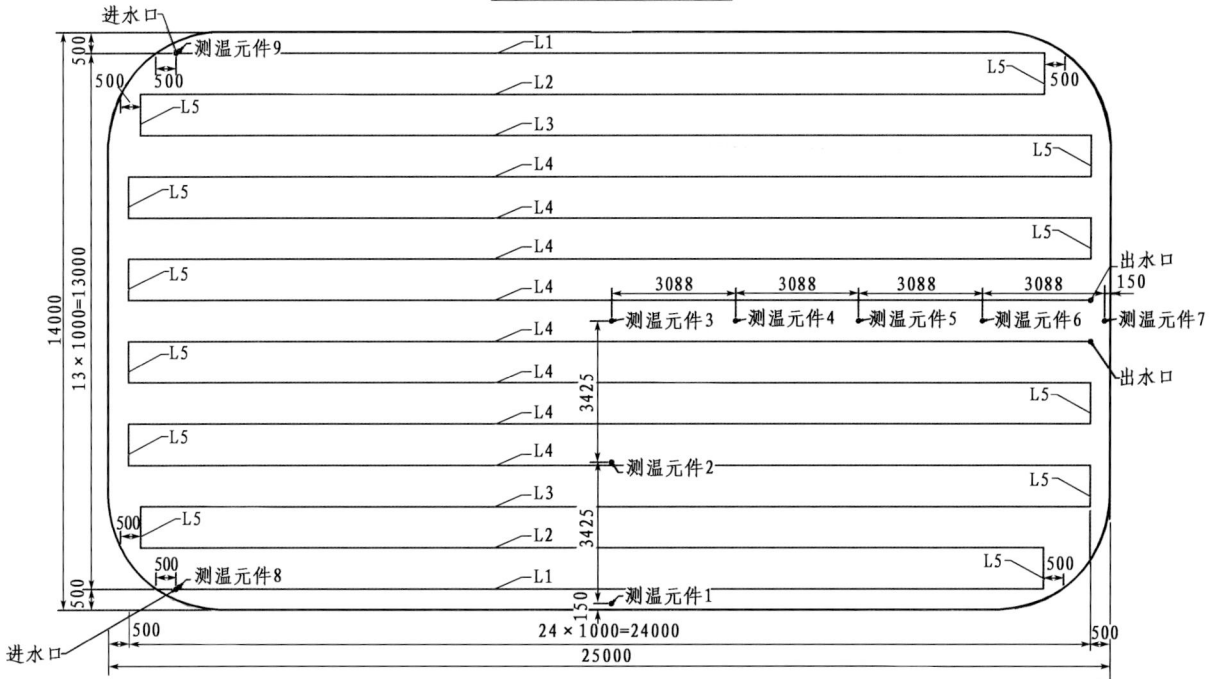

第二层冷却水管平面布置图

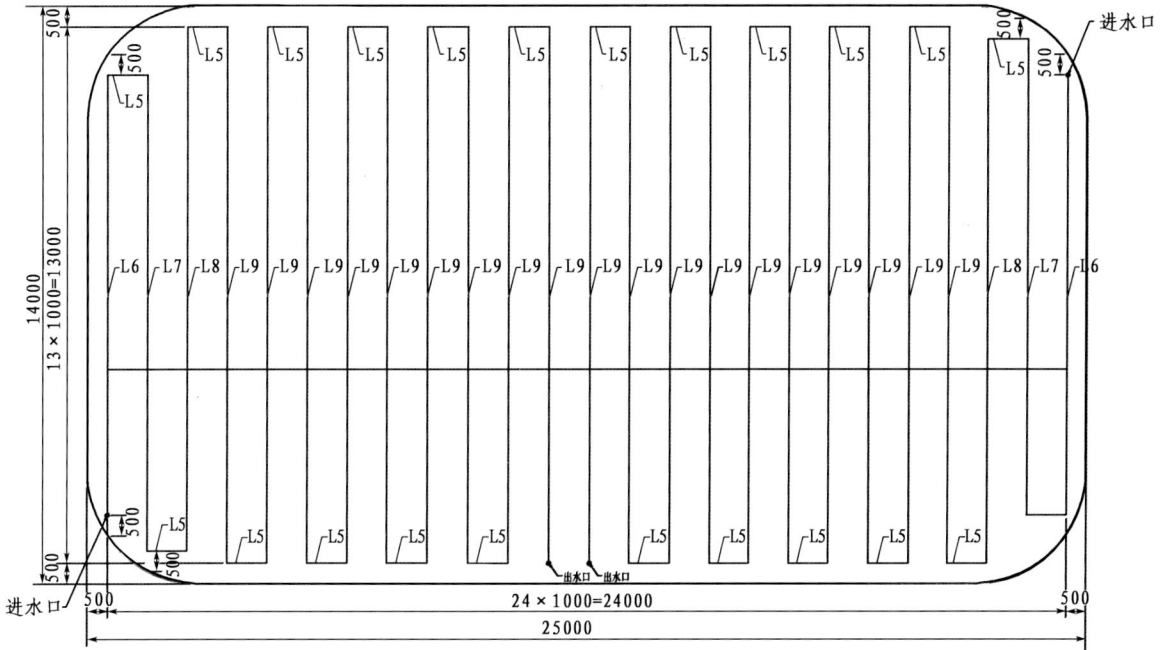

图 6-2-3-4　承台冷却水管布置图(尺寸单位:mm)

（5）模板施工

围堰侧板即为承台模板,不需再另设模板,施工前应将围堰侧板上(承台范围内)杂物和浮锈去除,并涂上脱模剂,浇筑混凝土前,承台内的积水和杂物应清理干净。

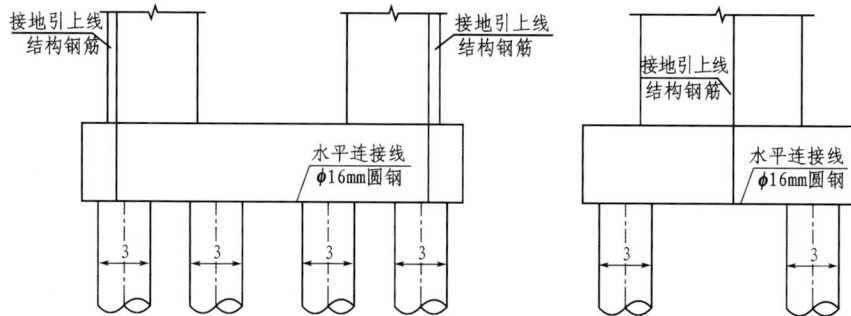

图6-2-3-5 承台综合接地钢筋示意图(尺寸单位:m)

(6)混凝土施工

承台混凝土采用"混凝土运输车运输＋泵送"的方式浇筑,泵送混凝土时应严格按泵送工艺进行。混凝土拌和严格按施工配合比配料,砂、石、水泥、水及外加剂等原材料必须经过质量检验并符合要求,计量要准确,保证混凝土拌和时间。

混凝土分层连续灌注,分层厚度宜为30~50cm,分层间隔灌注时间不得超过试验所确定的混凝土初凝时间。

承台混凝土分两次浇筑成型(图6-2-3-6),每次浇筑高度为2.5m。第一次浇筑完成,混凝土强度达到2.5MPa后,对已硬化混凝土的表面进行人工凿毛处理并充分湿润,但不得有积水。凿毛后露出的新鲜混凝土面积不低于承台顶面总面积的75%。

图6-2-3-6 承台混凝土浇筑

承台混凝土浇筑过程中,为降低混凝土内部温度,要求混凝土的入模温度不高于30℃,高温季节可采取以下措施控制混凝土的温度:①盖草袋遮盖,尽量避开阳光直射;②用水冲洗石料,降低石料温度;③泵送管用湿草袋包裹防晒;④在拌和水中掺入适量的冰块等。

每层循环冷却水管被混凝土覆盖并振捣完毕后,即可在该层循环冷却水管内通水。

混凝土振捣采用插入式振捣器,振捣深度超过每层的接触面以下50~100mm深度,保证下层在初凝前再进行一次振捣,使混凝土具有良好的密实度,防止漏振,也不能过振,确保质量良好。振捣时,其移动间距不大于振动棒作用半径的1.5倍,与围堰侧板应保持50~100mm距离。

振动棒应垂直插入,振捣时插点均匀,成行或交错式前进,以免过振或漏振。振捣过程中,严格遵循振动棒快插慢拔、表面泛浆、不再冒泡等操作要领。

(7)混凝土养护

承台每次混凝土浇筑后都应及时养护,防止出现裂纹。混凝土采用保湿蓄热法养护,即在构件四周及表面覆盖土工布,保持混凝土表面湿润。

混凝土养护期间,混凝土的芯部温度与表面温度、表面温度与环境温度之间的温差均不应大于20℃。混凝土表面温度与养护水温度之差不得大于15℃,混凝土芯部的温度不宜超过60℃,最大不得超过65℃。

通过调节冷却水管进出水流速,可有效地提高混凝土内部降温效率,控制温差,缩短混凝土养护时间。养护效果可直接从事先预埋在混凝土中的温度传感器来观察,以使整个养护过程处于监控之中。

混凝土的自然养护期间,混凝土浇筑完毕后的保温保湿养护时间应满足《铁路混凝土结构耐久性设计规范》(TB 10005—2010)的规定。承台混凝土保温保湿最短养护时间见表6-2-3-5。

承台混凝土保温保湿最短养护时间

表6-2-3-5

水 胶 比	大气潮湿(RH≥50%),无风,无阳光直射		大气干燥(20%≤RH<50%)有风,或阳光直射		大气极端干燥(RH<20%)大风,大温差	
	日平均气温 T(℃)	最短养护时间(d)	日平均气温 T(℃)	最短养护时间(d)	日平均气温 T(℃)	最短养护时间(d)
>0.45	$5 \leq T < 10$	21	$5 \leq T < 10$	28	$5 \leq T < 10$	56
	$10 \leq T < 20$	14	$10 \leq T < 20$	21	$10 \leq T < 20$	45
	$T \geq 20$	10	$T \geq 20$	14	$T \geq 20$	35
≤0.45	$5 \leq T < 10$	14	$5 \leq T < 10$	21	$5 \leq T < 10$	45
	$10 \leq T < 20$	10	$10 \leq T < 20$	14	$10 \leq T < 20$	35
	$T \geq 20$	7	$T \geq 20$	10	$T \geq 20$	28

为了准确测量、监控混凝土内部的温度,指导混凝土的养护,确保大体积混凝土的施工质量,在构件内合理布设温度测点。

①温度测点布置原则

a. 根据承台对称性的特点,选取承台的两侧和中间布置测点。

b. 根据温度场的分布规律,对分层高度方向的温度测点间距作了适当调整。

c. 充分考虑温控指标的测评。

②测点布置

a. 在承台中心沿铅垂方向布置一组测点,找出最高温度点。

b. 在顶表面、侧面混凝土体内布置测点了解外界气温对混凝土温度的影响,以指导养护和拆模。

c. 在冷却水管之间沿水平方向和竖直方向布置测点,以了解冷却水对周围混凝土的降温效果,据此调节冷却水管的进水水温和流量,以控制冷却水与混凝土之间的温差,温度测点位置适当避开冷却水管。以SR49号墩为例,承台温度测点布置如图6-2-3-7所示。

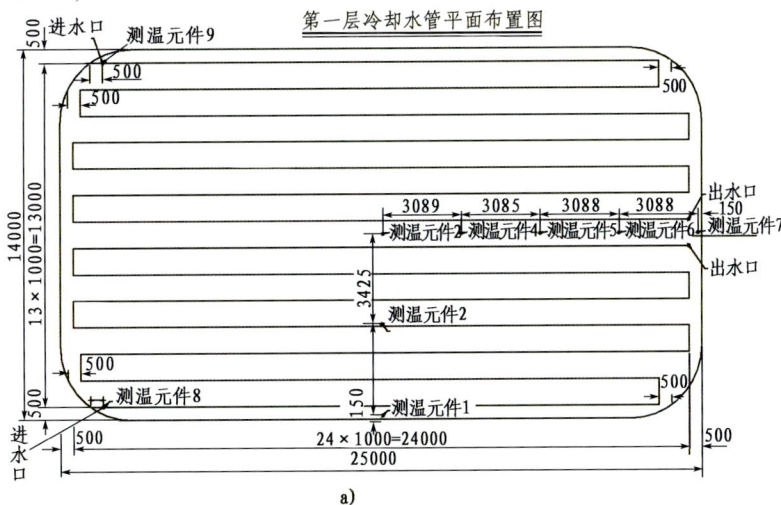

图 6-2-3-7

承台测温元件立面布置图

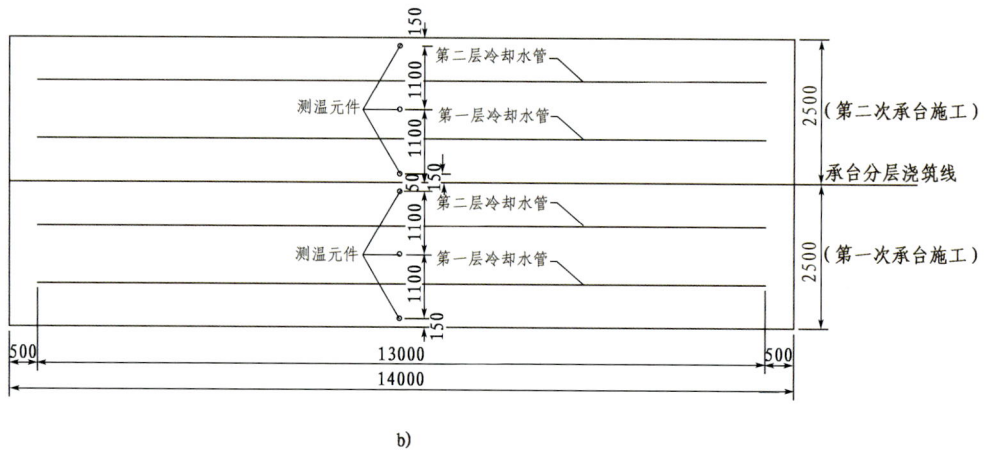

b)

图 6-2-3-7　承台温度测点布置图(尺寸单位:mm)

③测点埋设

按图中位置埋设测温元件,并将线路引出承台面并固定。

④监测时间安排

a.混凝土温度测量:混凝土浇筑完毕后至水化热升温阶段,每 4h 测量一次。水化热降温阶段每天选取气温典型变化时段进行测量,每天 2～4 次。

b.大气温度测量:与混凝土温度测量同步进行。

c.通水冷却过程温度测量与混凝土温度测量同步进行。

d.特殊情况下(如寒潮期间),适当加密测量次数。

e.承台混凝土全部浇筑完毕后,根据温度场及应力场的预测计算结果,结合与监测结果的对比分析,确定终止测量时间。

⑤温度控制注意事项

a.定期对仪器进行标定检查。

b.温度控制过程中,测试人员应及时测量,尽快提供测试结果。

c.每次测试的原始数据妥善保存,以备复查。

d.在施工过程中尽可能保护测点的引线及编号。

e.测试人员应及时反馈测试数据,发现异常及时报告有关部门。

f.施工监测工作需与施工同步进行,或紧跟施工进行。因此,施工监测必须与施工密切配合,抓住最佳时机,做到测量数据及时、快速、准确可靠,以满足安全控制和实时计算的需要。

(8)冷却水管压浆

承台混凝土停止通水养护后,将冷却水管伸出承台顶面的部分割除,剩余部分则压注水泥浆封孔。封孔前用高压空气将水管内的残余水压出,并吹干冷却水管,然后用压浆机向水管内压注水泥浆封闭管路。水泥浆的配合比经过试验确定,其强度不低于承台混凝土的设计强度。

2.3.5　承台混凝土施工质量通病及其防治措施

1)大体积混凝土表面龟裂

主要原因:收缩裂缝;温差裂缝;养护方法不当,养护不及时,养护时间不够;水泥稳定性差。

防治对策:合理布置冷却水管及控制冷却水循环的速度;加强混凝土养护和保温保湿,改善施工工艺,严格规范施工。

2)混凝土表面有蜂窝、麻面、气孔

主要原因:混凝土浇筑时局部漏振;围堰内侧板表面不光滑,板缝漏浆,脱模剂选用不当;混凝土振捣方法不当、过振,局部混凝土产生离析。

防治对策:合理控制振捣棒的插入间距、深度和振捣时间;表面振动器移位应能覆盖已振实部分;控制混凝土分层浇筑厚度;围堰侧板拼接紧密、板缝封堵严密,且选用性能良好的脱模剂。

3)混凝土漏浆、表面污染及平整度差

主要原因:模板整修不到位表面不平整,模板缝未做有效处理,混凝土坍落度过大。

防治措施:采用平整度、刚度符合要求的模板;处理好模板拼缝,采用合理的脱模剂;将围堰内侧板的榫槽嵌接紧密;严格控制混凝土水灰比。

2.4　墩身施工

2.4.1　设计概况

SR50~SR63、RC01~RC05、CX01、CX20~CX25、XD11、XD12 号墩为钢桁梁墩,铁路墩身采用门式框架空心墩,壁厚0.8m,横桥向总宽20.0m,每根铁路立柱横桥向宽6m,墩顶顺桥向宽6.5m,其断面为顺桥向变宽截面,坡率30∶1,立柱外侧倒半径150cm 圆角,铁路墩帽尺寸 7.0m×20.6m,四角倒半径150cm 的圆角,高2.0m。

SR49、SR64、CX02、CX19、CX26、XD10、XD13 号墩为钢桁梁与混凝土梁过渡墩,铁路墩身采用门式框架空心墩,壁厚0.8m,横桥向总宽21.8m,每根铁路立柱横桥向宽6m,墩顶顺桥向宽6.5m,其断面为顺桥向变宽截面,坡率30∶1,立柱外侧倒半径150cm 圆角,铁路墩帽尺寸 7.0m×22.4m,四角倒半径150cm 的圆角,高2.0m。深水高墩区简支钢桁梁桥墩身设计参数见表6-2-4-1。

墩 身 设 计 参 数　表 6-2-4-1

墩 号	墩身尺寸			墩身顶部高程（m）	墩身底部高程（m）	设计混凝土用量（m³）		
	长（m）	顶宽（m）	高（m）			C25	C45	C50
SR49	22.4	7	39.88	35.88	−4			2100.4
SR50	20.6	7	41.59	37.59	−4			2149.1
SR51	20.6	7	42.55	38.55	−4			2192.3
SR52	20.6	7	43.51	39.51	−4			2235.7
SR53	20.6	7	44.47	40.47	−4			2279.3
SR54	20.6	7	45.43	41.43	−4			2323.2
SR55	20.6	7	46.39	42.39	−4			2367.2
SR56	20.6	7	47.44	43.44	−4			2415.8
SR57	20.6	7	48.5	44.5	−4			2464.7
SR58	20.6	7	49.46	45.46	−4			2509.3
SR59	20.6	7	50.42	46.42	−4			2554.1
SR60	20.6	7	51.38	47.38	−4			2599.2
SR61	20.6	7	52.34	48.34	−4			2644.4
SR62	20.6	7	53.3	49.3	−4			2689.8

墩　号	墩 身 尺 寸			墩身顶部高程（m）	墩身底部高程（m）	设计混凝土用量（m³）		
	长（m）	顶宽（m）	高（m）			C25	C45	C50
SR63	20.6	7	54.26	50.26	−4			2735.4
SR64	22.4	7	54.47	50.47	−4			2773.2
RC01	6	7	61.868	57.868	−4			3103.7
RC02	6	7	61.868	57.868	−4			3103.7
RC03	6	7	61.868	57.868	−4			3103.7
RC04	6	7	61.868	57.868	−4			3103.7
RC05	6	7	61.868	57.868	−4			3103.7
CX01	20	7.0	58.868	57.868	−1.00	223		3388.2
CX02	21.8	7.0	58.617	58.617	−1.00	223		3428.9
CX19	21.8	7.0	49.068	51.068	+2.00			2518.6
CX20	20	7.0	54.359	50.359	−4.00			3024.4
CX21	20	7.0	53.4	49.399	−4.00			2978.8
CX22	20	7.0	52.44	48.439	−4.00			2933.3
CX23	20	7.0	51.583	47.583	−4.00			2893.0
CX24	20	7.0	51.112	47.112	−4.00			2870.8
CX25	20	7.0	51.068	47.068	−4.00			2868.8
CX26	21.8	7.0	50.317	46.317	−4.00			2886.6
XD10	21.8	7.0	60.996	56.996	−4.00			3398.4
XD11	20	7.0	61.789	57.789	−4.00			3384.3
XD12	20	7.0	61.868	57.868	−4.00			3384.3
XD13	21.8	7.0	61.617	57.617	−4.00			3428.9

2.4.2　总体施工工艺

（1）深水高墩区 SR49～SR64、RC01～RC05、CX01～CX02、CX19～CX26、XD10～XD13 号墩铁路桥墩为圆端型变截面空心薄壁门式墩。墩身采用厂制大块组合钢模板，按 9m/节（2.5m×4）组模，底部 2.5m 模板固定在已浇筑的墩身上，作为上部模板的支撑。墩身变截面采用组合模板调整。

（2）墩身外模及内模均采用组合钢模施工，模板设置对拉拉杆。利用吊机安装模板、钢筋，钢筋采用搭设支架平台进行现场绑扎，混凝土采用输送泵泵送。

（3）施工时在外模上安装外侧施工平台，对于空心墩在墩身空腔内设支架作为施工平台兼内支撑。施工时前组模板顶节是后组模板的支撑，下节混凝土浇筑完成后，施工上节模板。在下节混凝土强度达到 2.5MPa 后，开始凿毛，用清水清洗干净后再施工上节。

2.4.3　施工工艺流程

墩身主要施工流程：施工准备→测量放线→钢筋焊接绑扎→安装模板→模板调试检查→浇筑墩身混凝土→混凝土养护。

门式框架空心墩采用整体模板分节段施工，其中底部和顶部倒角段为非标准节段，非标准节段墩身施工外模及内模均采用整体钢模，底部非标准节段施工完成后，外模整体模板导入上节标准节段，同时采用整体节段钢内模配合钢外模进行标准节翻模施工。底部倒角非标准节段墩身施工流程如图 6-2-4-1 所示。标准节段翻模施工流程如图 6-2-4-2 所示。

```
                  ┌──────────────┐
                  │  墩身平面放样  │
                  └──────┬───────┘
                         ↓
                  ┌──────────────┐
                  │   基础顶凿毛   │
                  └──────┬───────┘
                         ↓
  ┌──────────┐    ┌──────────────┐
  │底垫层高度计算│→ │  模板底垫层施工 │
  └──────────┘    └──────┬───────┘
                         ↓
                  ┌──────────────┐      ┌──────────┐
                  │  钢筋定位架搭设 │      │  模板设计  │
                  └──────┬───────┘      └────┬─────┘
                         ↓                    ↓
  ┌──────────┐    ┌──────────────┐      ┌──────────┐
  │  钢筋加工  │→  │  墩身钢筋绑扎  │      │  模板精加工 │
  └──────────┘    └──────┬───────┘      └────┬─────┘
                         ↓                    ↓
                  ┌──────────────┐      ┌──────────┐
                  │  墩身模板安装  │←─────│  模板试拼  │
                  └──────┬───────┘      └──────────┘
                         ↓
                  ┌──────────────┐
                  │垂直度、平面位置检查│
                  └──────┬───────┘
                         ↓
  ┌──────────┐    ┌──────────────┐      ┌──────────┐
  │ 混凝土试件制作│→ │  混凝土浇筑   │←─────│  混凝土拌和 │
  └──────────┘    └──────┬───────┘      └──────────┘
                         ↓
                  ┌──────────────┐
                  │   混凝土养护   │
                  └──────┬───────┘
                         ↓
                  ┌──────────────┐
                  │   模板拆除    │
                  └──────────────┘
```

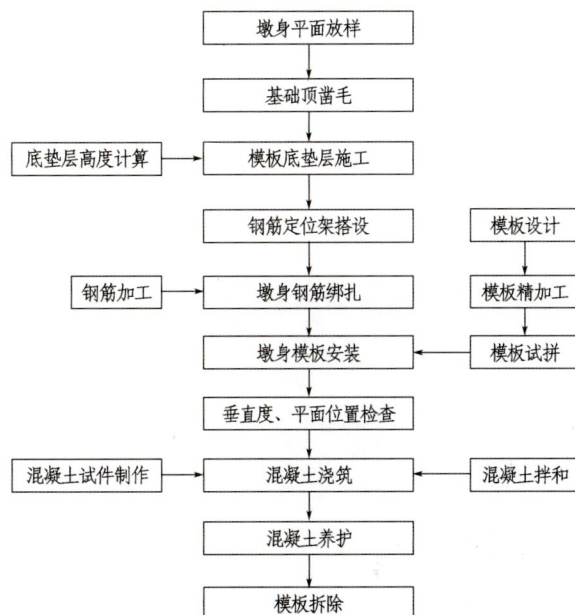

图 6-2-4-1　底部倒角节段墩身施工流程

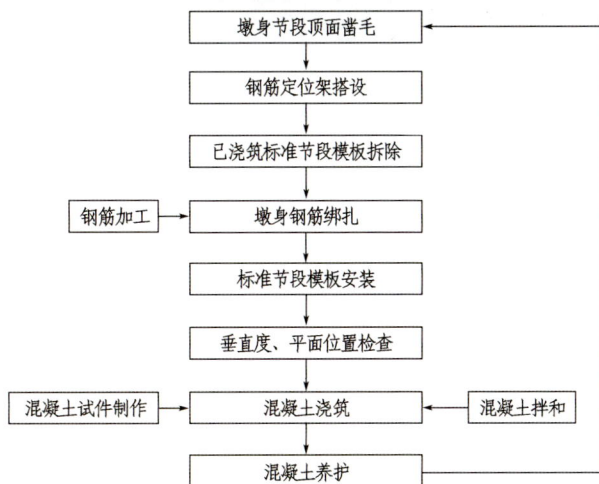

```
                  ┌──────────────┐←─────┐
                  │ 墩身节段顶面凿毛 │      │
                  └──────┬───────┘      │
                         ↓              │
                  ┌──────────────┐      │
                  │  钢筋定位架搭设 │      │
                  └──────┬───────┘      │
                         ↓              │
                  ┌────────────────┐    │
                  │已浇筑标准节段模板拆除│    │
                  └──────┬─────────┘    │
                         ↓              │
  ┌──────────┐    ┌──────────────┐      │
  │  钢筋加工  │→  │  墩身钢筋绑扎  │      │
  └──────────┘    └──────┬───────┘      │
                         ↓              │
                  ┌──────────────┐      │
                  │  标准节段模板安装│      │
                  └──────┬───────┘      │
                         ↓              │
                  ┌──────────────┐      │
                  │垂直度、平面位置检查│      │
                  └──────┬───────┘      │
                         ↓              │
  ┌──────────┐    ┌──────────────┐      ┌──────────┐
  │ 混凝土试件制作│→ │  混凝土浇筑   │←─────│  混凝土拌和 │
  └──────────┘    └──────┬───────┘      └──────────┘
                         ↓              │
                  ┌──────────────┐      │
                  │   混凝土养护   │──────┘
                  └──────────────┘
```

图 6-2-4-2　标准节段墩身翻模施工流程

2.4.4　施工准备

1）技术准备

组织技术人员对施工设计图纸及有关施工资料进行复核,组织相关人员培训、学习相关技术规范及施工细则、设计文件,做好墩身施工的技术准备工作。并且对技术、施工人员进行技术交底,交底内容包括施工方法、施工工艺、施工安全、人员及机械设备配备情况等。

2）其他准备

在承台上预埋件上施工塔式起重机基座,安装塔式起重机。进行混凝土配合比设计、检查模板尺寸、平整度、节缝错台宽度、垂直度是否满足要求。对每套模板进行编号,防止使用混乱。在墩身超出水面并且墩身防腐涂装经检测合格后,才能拆除围堰再进行下节墩身施工。

承台混凝土浇筑前,预埋墩身钢筋。墩身施工前将承台顶面(与墩台身接合部分)混凝土进行凿

59

毛,用淡水冲洗干净。精确测定墩中心线,并用墨线弹出墩身底面尺寸位置。

2.4.5　测量放线

在已完成的承台顶面按设计图纸,精确放出薄壁空心墩中心点和内外模边线,标定墩身十字中心线、墩身轮廓线,将轴线控制线延长至适当位置加以固定并妥善保护,用水准仪测量立模底面四周高程,如四周不在一水平面,采用砂浆将立模底面高程调整到同一高程,如图6-2-4-3所示。

图 6-2-4-3　墩身测角点量放线

2.4.6　钢筋制作与安装

(1)根据设计图纸,做出钢筋下料单,工班根据下料单加工、分类编号堆放。下料时要根据墩身钢筋编号和供应钢筋的尺寸,统筹安排,以减少钢筋的损耗。成型钢筋制作时,应按设计图纸或下料单在平台上放大样后再进行弯制。

(2)钢筋安装前应对预埋钢筋进行调直和除锈除污处理,对承台混凝土顶面应凿去浮浆,露出新鲜混凝土,并清洗干净。

(3)钢筋在加工场集中加工成型后运至现场进行绑扎安装,安装时严格控制钢筋间距。钢筋品种、级别、规格、间距、形状、连接接头位置及焊条、焊缝等,均应符合设计图纸和施工规范的有关要求。

(4)纵向受力钢筋的连接方式必须符合设计要求,同一断面接头数量不超过50%,且同一根钢筋上两个接头之间的距离必须符合规范要求不小于35d(d为钢筋直径)。所有直径不小于16mm的受力主筋接长均采用直螺纹套筒连接,接头性能等级按设计要求选择Ⅰ级,受力主筋在同一连接区段内,接头数量不超过总数的50%,接头处应保证两根钢筋丝口长度相等误差不大于2P(P=3mm 螺距);其余钢筋需要采用搭接焊时,必须保证焊缝厚度及焊缝长度(双面搭接焊不小于5d,单面搭接焊不小于10d)。主筋与箍筋之间采用扎丝绑扎,扎丝头不能侵占混凝土保护层厚度。

(5)钢筋的定位通过搭设定位钢管架的方式进行,如图6-2-4-4、图6-2-4-5所示。承台(扩大基础)施工完成后,首先对预埋墩身钢筋进行除锈等清理,再根据测量放样结果,对预埋钢筋逐根梳理,然后安装钢筋定位管架,钢筋定位管架根据墩身形式,分内外骨架,再通过横联,将内外管架连接成一个整体。

钢筋定位管架首先根据测量放样,安装内层管架,内层管架定位完成后,再进行外层管架安装。内外管架都定位完成后,根据钢筋的设计间距,在管架横杆上做好标记,然后开始进行竖筋的安装。将竖筋通过直螺纹接头连接完成后,将竖筋与对应管架标记位置靠帮在一起,使用扎丝固定。

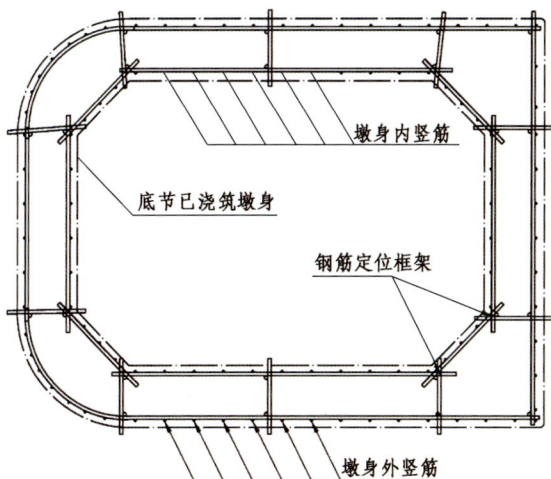

图 6-2-4-4　钢筋定位布置图

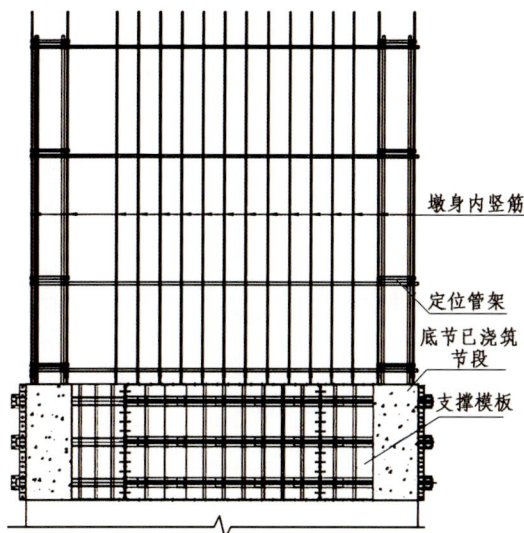

图 6-2-4-5　钢筋定位详图

当竖筋全部定位完成后,在竖筋上标识出箍筋等钢筋位置,将制备好的对应墩柱加劲箍按竖筋上标出的控制绑扎位置从下往上与竖筋绑扎紧密,要求绑扎后劲箍筋面水平。最后解除定位卡和水平定位筋,将管架整体吊出钢筋骨架,进行模板施工。

(6)每节钢筋安装时应先将露出混凝土面的预留钢筋进行箍筋绑扎,再接长钢筋,每接长一根钢筋应和其他钢筋在中部和顶部绑扎固定,避免钢筋弯曲和倾倒。

(7)为保证墩身钢筋的保护层厚度不小于 6cm,护面钢筋骨架与模板之间必须用不低于墩身混凝土强度的混凝土垫块支撑,垫块安装于箍筋上,垫块按每平方不小于 4 块均匀布置。墩身钢筋安装如图 6-2-4-6所示。

a)

b)

图 6-2-4-6　墩身钢筋安装

(8)拉筋的竖向及横向间距大致按 45cm 布置,竖向间距与相应的箍筋间距一致,拉筋端部设置135°的弯钩。

(9)所有通过进人孔或其他孔位的钢筋均需截断弯起,进人孔周边应对钢筋采取补强措施。

(10)按图纸设计安装防雷接地各项预埋件安装。

(11)施工至铁路墩墩帽时,按照设计图纸预理公路墩身钢筋。

(12)钢筋在加工厂按设计图纸下料后,由运输车运输到施工现场,用吊机将钢筋吊到工作面。

(13)钢筋加工及安装允许偏差和检验方法见表 6-2-4-2、表 6-2-4-3。

钢筋加工允许偏差和检验方法　　　　　表 6-2-4-2

序号	项　　目	允许偏差（mm）	检 验 方 法
1	受力钢筋全长	±10	尺量
2	箍筋内净尺寸	±3	

钢筋安装、钢筋保护层厚度允许偏差及检验方法　　　　　表 6-2-4-3

序号	项　　目	允许偏差（mm）	检 验 方 法
1	受力钢筋排距	±5	尺量两端、中间各 1 处
2	同一排中受力钢筋间距	±20	
3	分布钢筋间距	0 ~ −20	尺量连续 3 处
4	箍筋间距	0 ~ −20	
5	钢筋保护层厚度 C（$C \geqslant 30$mm）	0 ~ +5	尺量两端、中间各 2 处

注：表中钢筋保护层厚度的实测偏差不得超出允许偏差范围。

2.4.7　模板配置

模板配置见表 6-2-4-4，深水区墩身模板立面如图 6-2-4-7 所示。

模 板 配 置　　　　　表 6-2-4-4

墩　号	墩身高度 H（m）	底节高度 L_1（m）	标准节高度 L_2（m）	墩顶段 L_3（m）	标准节数量 n	备　　注
SR49	39.88	3.38	6.75	9.5	4	
SR50	41.59	5.09	6.75	9.5	4	
SR51	42.55	6.05	6.75	9.5	4	
SR52	43.51	0.26	6.75	9.5	5	
SR53	44.47	1.22	6.75	9.5	5	
SR54	45.43	2.18	6.75	9.5	5	
SR55	46.39	3.14	6.75	9.5	5	
SR56	47.44	4.19	6.75	9.5	5	
SR57	48.5	5.25	6.75	9.5	5	
SR58	49.46	6.21	6.75	9.5	5	
SR59	50.42	0.42	6.75	9.5	6	深水高墩区 SR49 ~ SR64、RC01 ~ RC05、CX01 ~ CX02、CX19 ~ CX26、XD10 ~ XD13 号墩身标准节高度为 6.75m，模板单块高度为 2.25m，为调节墩身的浇筑高度，部分墩身标准节段为 4.5m 或 2.25m
SR60	51.38	1.38	6.75	9.5	6	
SR61	52.34	2.34	6.75	9.5	6	
SR62	53.3	3.3	6.75	9.5	6	
SR63	54.26	4.26	6.75	9.5	6	
SR64	54.47	4.47	6.75	9.5	6	
RC01	61.868	5.118	6.75	9.5	7	
RC02	61.868	5.118	6.75	9.5	7	
RC03	61.868	5.118	6.75	9.5	7	
RC04	61.868	5.118	6.75	9.5	7	
RC05	61.868	5.118	6.75	9.5	7	
CX01	58.868	2.118	6.75	9.5	7	
CX02	58.617	1.868	6.75	9.5	7	

墩　号	墩身高度 H(m)	底节高度 L_1(m)	标准节高度 L_2(m)	墩顶段 L_3(m)	标准节数量 n	备　注
CX19	49.068	5.818	6.75	9.5	5	
CX20	54.359	4.359	6.75	9.5	6	
CX21	53.399	3.399	6.75	9.5	6	
CX22	52.439	2.439	6.75	9.5	6	
CX23	51.583	1.583	6.75	9.5	6	深水高墩区 SR49～SR64、RC01～RC05、CX01～
CX24	51.112	1.112	6.75	9.5	6	CX02、CX19～CX26、XD10～XD13 号墩身标准节高
CX25	51.068	1.068	6.75	9.5	6	度为6.75m，模板单块高度为2.25m，为调节墩身
CX26	50.317	0.317	6.75	9.5	6	的浇筑高度，部分墩身标准节段为4.5m或2.25m
XD10	60.996	4.246	6.75	9.5	7	
XD11	61.789	5.039	6.75	9.5	7	
XD12	61.868	5.118	6.75	9.5	7	
XD13	61.617	4.867	6.75	9.5	7	

2.4.8　模板安装

1）模板安装

深水区墩身施工采用塔式起重机安拆模板，如图6-2-4-8所示。

利用塔式起重机安装上节段匹配模板，安排工人对模板表面进行去污、涂油、清洁。提升过程中应有专人监视，防止模板与周边固定物碰撞。

将上层墩身混凝土面凿毛、清理后，用塔式起重机吊装提升，人工辅助对位，将模板安装到对应位置上，安装底口横向螺栓与下层模板连接，并以导链拉紧固定。

内模板同步安装就位后，及时与已安装好内外模板拉杆连接。

模板整体安装完成后，检查安装质量，调整中线水平，安装横带四角螺栓固定。

2）模板工作平台

模板工作平台采用[10自作的牛腿支撑，牛腿利用螺栓与外模板连接，每隔1.5m设置一个支撑牛腿，铺设用∠50×5作为横纵支撑，顶部用6mm花纹钢板组成的平台板。外端设置1.2m高栏杆，设置3道横档，同时用安全网将栏杆全部防护，防止高空吊物。模板工作平台主要作为工人操作平台以及振动棒等小型施工机械的安置平台。如图6-2-4-9所示。

3）模板安装要求

（1）模板在使用前应除锈，并涂刷脱模剂，以保证混凝土的外观质量。

（2）依据测量放样的纵横十字线用墨线打出模板边线。安装底节模板前，检查承台顶高程及外轮廓线，不符合要求时凿除或用砂浆找平处理，以确保墩身模板准确就位。承台顶面与模板接触平整，无缝隙，防止漏浆流。

（3）模板安装必须稳固牢靠，接缝严密，所有接缝均采用3～4mm厚双面胶带密封。模板使用精轧螺纹钢 ϕ25mm做拉杆，拉杆外套 ϕ35mm聚氯乙烯管（PVC管）。墩身上下节模板采用螺栓连接。

（4）模板吊装组拼时，不得发生碰撞，由专人指挥，按模板编号逐块起吊拼接。模板安装完毕四角各设计一道钢丝绳和紧线器作固定缆风绳，使其对位准确牢固，保证混凝土浇筑过程中不产生变形和位移。

墩身立面图

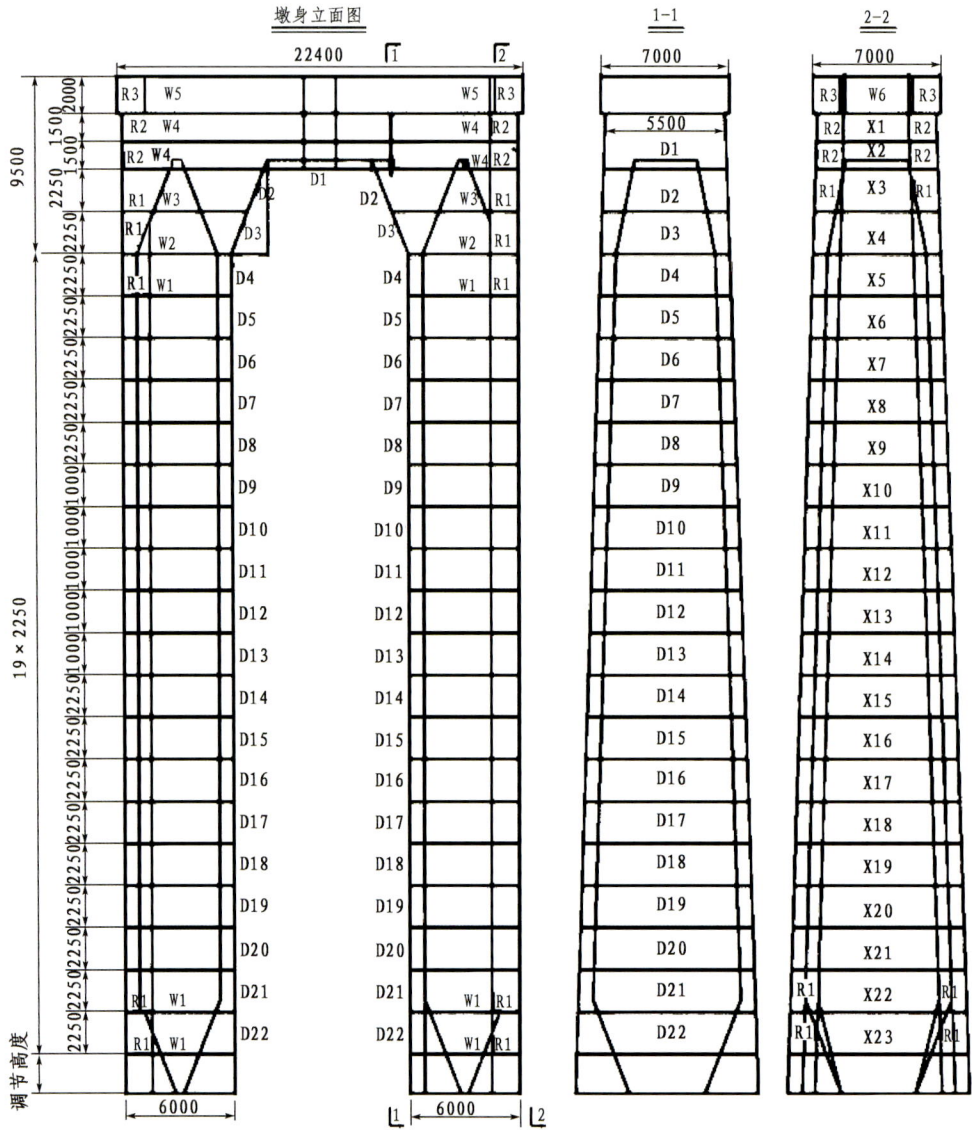

图 6-2-4-7　深水区墩身模板立面图(尺寸单位:mm)

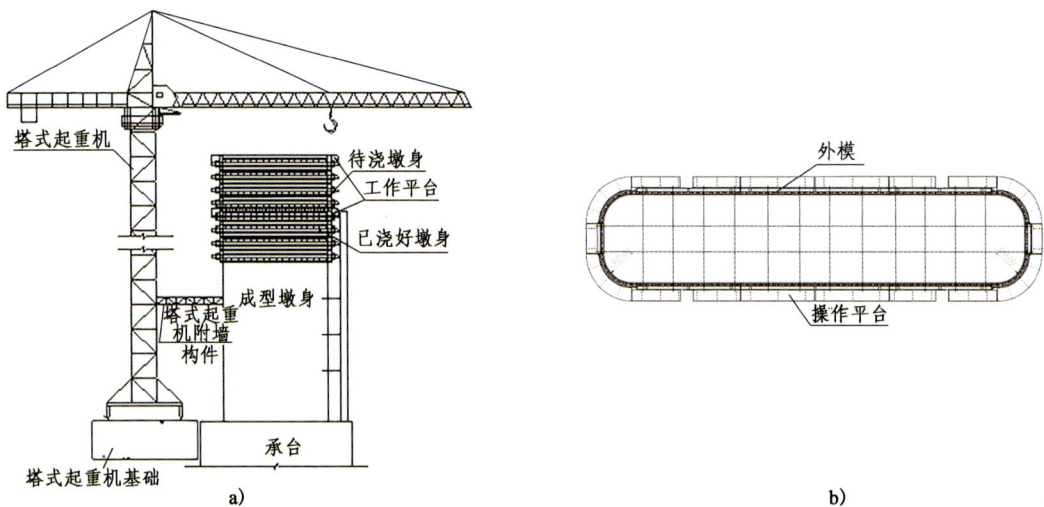

图 6-2-4-8　墩身模板安装示意图

（5）模板安装完成后，应对模板的垂直度、平整度、错台、拉杆和螺栓的连接牢固程度以及支架的稳定性等进行检验，并测定墩顶高程。墩身模板安装如图6-2-4-10所示。

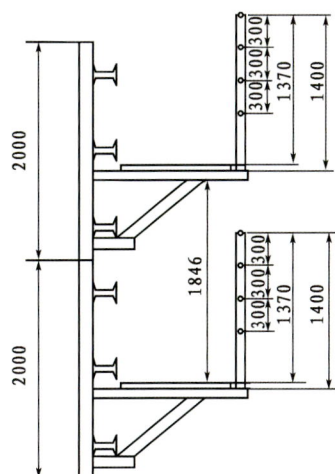

图6-2-4-9 模板工作平台断面图（尺寸单位：mm）

图6-2-4-10 墩身模板安装

（6）模板安装允许偏差及检验方法见表6-2-4-5。

墩身模板安装允许偏差和检验方法 表6-2-4-5

序号	项　目	允许偏差（mm）	检　验　方　法
1	前后、左右距中心线尺寸	±10	测量检查每边不少于2处
2	表面平整度	3	2m靠尺检查不小于5处
3	相邻模板错台	1	尺量检查不小于5处
4	空心墩壁厚	±3	尺量检查不小于5处
5	同一梁端两垫石高差	2	测量检查
6	预埋件和预留孔位置	5	

2.4.9　墩帽施工

深水高墩区墩顶外模采用无预埋支架方式，内模采用钢模。深水高墩区墩帽施工支架如图6-2-4-11所示。

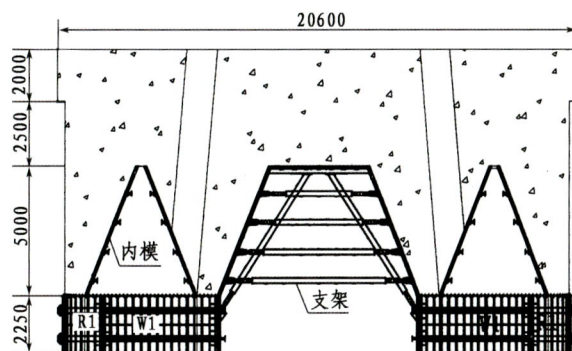

图6-2-4-11 深水高墩区墩帽施工示意图（尺寸单位：mm）

1）支架安装

在铁路墩身最后一个标准节段混凝土浇筑完成后,待混凝土强度达到要求后,拆除外模底下两节模板,顶部单节模板作为变节段模板的支撑构件,不拆除。同时,将内模全部拆除。

模板拆除后,开始安装中间支架体系,无预埋支架包括斜固定端、水平固定端、丝杆千斤、斜撑杆和水平撑杆杆,斜固定端和水平固定端一端分别支撑在模架上,另一端焊接着丝杆千斤,丝杆千斤上连接着斜支撑或者水平支撑,斜撑杆上部和墩顶模板底模通过螺栓连接,水平撑杆两端均连接着丝杆千斤。在竖直面方向,水平撑杆从上往下依次布置,斜撑杆左右对称倾斜布置,在水平面方向,水平撑杆与斜撑杆交替间隔布置,水平撑杆和斜撑杆在竖直面与水平面所布置的数量根据施工中的实际情况确定。

2）模板安装

支架安装完成后,根据测量放样,开始安装钢模,将内模板安装完成后利用支架平台进行钢筋绑扎,钢筋绑扎完成通过监理验收合格后,开始安装模板。外模采用钢模,按照模板编号,模板组拼完成并经测量复核满足要求后,将外支架区域内模板通过木楔将模板固定在外支架上,抄垫时注意同一点必须两边同时抄垫。全部模板通过监理验收合格后,才能开始混凝土浇筑施工。如图 6-2-4-12 所示。

a)　　　　　　　　　　　　　　　　b)

图 6-2-4-12　墩帽模板安装

3）模板、支架拆除

墩帽浇筑完成,混凝土达到拆模条件要求后,转动支撑杆件的丝杆对支架进行卸载,支架应力释放完成后,即可进行内支架的拆除。拆除支架时对所有杆件单根拆除,待所有支撑杆件拆除完成,才开始拆除支架两侧外模以及底模,然后其余外模按照从下到上的原则,逐步拆除,倒用至下一个墩身,循环作业,如图 6-2-4-13 所示。

2.4.10　浇筑混凝土

(1)墩身混凝土采用就近的拌和站集中供应,"海天号"搅拌船辅助供应。混凝土拌和严格按施工配合比配料,砂、石、水泥、水及外加剂等原材料必须经过质量检验并符合要求,计量要准确,严格控制混凝土的拌和时间,保证混凝土的和易性。

(2)采用泵车垂直运输时,混凝土坍落度应符合表 6-2-4-6 要求。

混凝土坍落度与泵送高度的关系

表 6-2-4-6

泵送高度(m)	30 以下	30 ~ 60	60 ~ 100
坍落度(mm)	100 ~ 140	140 ~ 160	160 ~ 180

　a)　　　　　　　　　　　　　　　　　b)

图 6-2-4-13　墩帽模板拆除

（3）混凝土下落高度大于 2m 时必须设置串筒。

（4）采用插入式振动棒捣固，混凝土分层摊铺，分层捣固，分层厚度为 30cm 左右，捣固的顺序为先四周后中间，相邻两个插入位置的距离不得大于振动棒作用半径的 1.5 倍，防止漏捣、重捣和捣固过量。不得随意加密振点或漏振，每点的振捣时间以混凝土不再沉落、表面呈现浮浆、不出现气泡为准，振捣延续时间宜为 20 ~ 30s，避免过振。

（5）混凝土强度达到 2.5MPa 后，开始进行人工凿除混凝土表面的水泥砂浆和松弱层，凿毛后露出的新鲜混凝土面积不低于墩底截面总面积的 75%。经凿毛处理后表面应用水冲洗干净，不得存有积水。

2.4.11　混凝土养护

针对该项目季风气候明显的特点，墩身混凝土养护方式采用有色养护液与洒水保护相结合的方式，防止墩身混凝土水分损失过快，而达不到墩身混凝土养护的要求。

墩身节段施工完成并达到拆模要求后，拆除底部三节非支撑模板，立即对墩身喷涂易于辨认的有色养护液进行养护，同时在顶节支撑模板施工平台 4 个面分别安置 4 个水箱，每隔 1d 对墩身混凝土进行洒水养护。

墩帽混凝土浇筑后，顶部外露面采用覆盖土工布喷水保湿养护。混凝土养护期间，混凝土的芯部温度与表面温度、表面温度与环境温度之间均不应大于 20℃。混凝土表面温度与养护水温度之差不得大于 15℃，混凝土芯部的温度不宜超过 60℃，最大不得超过 65℃，如图 6-2-4-14 所示。

　a)　　　　　　　　　　　　　　　　　b)

图 6-2-4-14　墩身养护

混凝土的自然养护期间,混凝土浇筑完毕后的保温保湿养护时间应满足《铁路混凝土结构耐久性设计规范》(TB 10005—2010)的规定。混凝土自然养护时间见表6-2-4-7。

混凝土保温保湿最短养护时间　　　　　　　表6-2-4-7

水胶比	大气潮湿(RH≥150%),无风,无阳光直射		大气干燥(20%≤RH<50%)有风,或阳光直射		大气极端干燥(RH<20%)大风,大温差	
	日平均气温 $T(℃)$	最短养护时间(d)	日平均气温 $T(℃)$	最短养护时间(d)	日平均气温 $T(℃)$	最短养护时间(d)
>0.45	$5≤T<10$	21	$5≤T<10$	28	$5≤T<10$	56
	$10≤T<20$	14	$10≤T<20$	21	$10≤T<20$	45
	$T≥20$	10	$T≥20$	14	$T≥20$	35
≤0.45	$5≤T<10$	14	$5≤T<10$	21	$5≤T<10$	45
	$10≤T<20$	10	$10≤T<20$	14	$10≤T<20$	35
	$T≥20$	7	$T≥20$	10	$T≥20$	28

2.4.12　拆模要求

墩身混凝土抗压强度达到2.5MPa前,不得使其承受人员、支架、模板及其他临时荷载。

拆模时,混凝土芯部与表面、表面与环境之间的温差不得大于20℃,混凝土芯部开始降温之前不得进行拆模作业。按照先装后拆、后装先拆的原则逐块拆除,拆的模板应及时修整、磨光并涂油。混凝土拆模强度应满足设计及规范要求,承重结构模板拆除应符合表6-2-4-8要求。

拆除承重模板时混凝土强度要求　　　　　　　表6-2-4-8

序号	结构类型	结构跨度(m)	达到混凝土设计强度的百分率(%)
1	板、拱	<2	≥50
		2~8	≥75
		>8	≥100
2	梁	≤8	≥75
		>8	≥100
3	悬臂梁(板)	≤2	≥75
		>2	≥100

非承重结构模板拆除时,混凝土强度应保证其表面及棱角不受损伤。

2.4.13　墩身防腐涂装

根据《平潭海峡公铁大桥混凝土结构耐久性技术实施细则》要求,对福平铁路 FPZQ-3 合同段平潭海峡公铁大桥海上浪溅区墩身(+9.5m 以下部分)硅烷浸渍施工。硅烷浸渍施工工程量统计见表6-2-4-9。铁路墩身防腐涂装如图6-2-4-15 所示。

硅烷浸渍施工工程数量统计表　　　　　　　表6-2-4-9

序号	区号	墩身(+9.5m 以下至承台顶部分)涂装面积(m²)	墩号
1	三区	13440.4	SR49~SR64
2	六区	4452.6	RC01~RC05
3	八区	1325.9	CX01~CX02
4	十区	3634.4	CX19~CX23
5		2479.5	CX24~CX26

序号	区 号	墩身(+9.5m以下至承台顶部分)涂装面积(m²)	墩 号
6	十五区	1729.0	XD10 ~ XD11
7	十七区	1731.5	XD12 ~ XD13
8	合计	29281.7	

a)   b)

图 6-2-4-15 铁路墩身防腐涂装

2.4.14 墩身预埋件

铁路墩预埋件形式、用途、预埋位置见表 6-2-4-10。

铁路墩预埋件统计表   表 6-2-4-10

铁路墩预埋件统计						
序号	墩号或梁号	墩型	预埋部位	名称	形式	用途
1		铁路墩身	墩身	通风孔	φ10cm 圆孔	通风、爬梯附墙、泵管固定
2		铁路墩身	墩顶	进人孔	带角方孔	进出
3		铁路墩身	墩内	下墩内检查爬梯	钢构件	—
4		铁路墩身	墩内	检查平台	钢构件	锚固
5	钢桁梁墩	铁路墩身	墩顶	检查设施围栏预埋	钢构件	锚固
6		铁路墩身	墩顶支座垫石	支座锚栓预留孔	圆孔	锚固
7		铁路墩身	墩身承台	接地钢筋	钢结构	接地
8		铁路墩身	墩顶	观测标	钢构件	观测
9		铁路墩身	墩身	塔式起重机预埋件	钢构件	锚固
10		铁路墩身	墩顶	双头接地端子	钢构件	接地

1）墩身预留通风孔

根据各个桥墩的施工图纸,确定该桥墩底排通风孔高程、通风孔间距、通风孔直径。在混凝土浇筑时,在相应位置预埋等直径的 PVC 管,PVC 管的长度必须与相应位置处墩身混凝土厚度一致,并用胶带裹紧两端管口,以防止混凝土进入管道。

2)墩身内部检查设施预埋件

在浇筑混凝土时,按照图纸要求预埋 U 形螺栓、钢筋及角钢,以便后续墩内检查设施的施工。

3)墩顶检查设施和下桥梯预埋件

墩顶检查设施的预埋件采用 $\phi50 \times 3mm$ 钢管,埋入墩顶以下 48mm,伸出墩顶 5mm,按图纸要求布置于墩顶四周,同时按图正确预埋下桥梯的预埋件。

4)预埋件外漏部分防腐措施

对所有预埋件必须进行热浸锌处理,最低干膜厚度 $80\mu m$,U 形螺栓最低干膜厚度 $50\mu m$。

2.4.15 综合接地

墩身内利用结构钢筋作为接地引上线分别引至铁路面墩顶和公路面墩顶支座边,并与接地端子焊接。每节墩身混凝土浇筑之前,接地钢筋必须做好标识。接地端子顶面高出混凝土面 1cm。作为接地钢筋的非预应力结构钢筋直径不小于 16mm,在有接头处必须加搭钢筋焊接。接地钢筋之间的连接均采用双面焊,焊缝长度不小于 100mm,焊缝高度不小于 8mm。

2.4.16 墩身施工上下通道

作业人员上下通道采用成品安全爬梯,该爬梯是由角钢和连接钢板焊接而成,主要构件由刚性框架、梯道、防护钢网、附墙组成。其中刚性框架保障了爬梯整体在三维空间的结构强度和整体稳定性,同时,该爬梯为节段组拼结构,避免了现场散件安装功效问题,缩短了安装时间,提高了爬梯使用效率。另外爬梯框架采用了钢板网防护,提高了爬梯的安全性能,成品安全爬梯如图 6-2-4-16 所示。

a)   b)

图 6-2-4-16　成品安全爬梯结构

爬梯每隔 5m 设置一道附墙杆件。附墙通过墩身预埋的 M36 爬锥,将附墙连接杆件与墩身锁死。附墙布置如图 6-2-4-17 所示。

由于在施工过程中,爬梯的高度随着墩身节段的施工逐渐升高,因此需要将爬梯顶节与墩身外模用型钢临时固结,作为临时附墙,待模板拆除施工下一节段墩身时,先解除模板与爬梯之间的临时附墙,才能拆除模板,继续向上进行墩身施工。

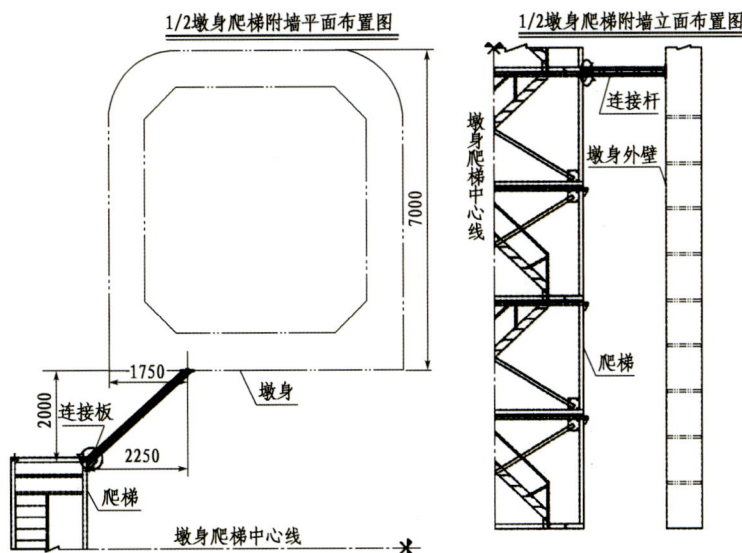

图6-2-4-17 附墙布置(尺寸单位:mm)

2.4.17 雨季施工

该工程所在地区雨季为3~6月和7~9月。为保证墩身施工不受雨季影响,拟采取以下措施确保工期目标。

(1)场区生产调度加强对气象、气候信息的收集,落实现场防雨措施和准备工作,减少雨期停工损失,雨后及时组织恢复生产。

(2)疏通既有排水系统,保证排水畅通。

(3)备齐备足排水物资和设备,减少损失,提前储备施工材料,保证雨期施工连续性。做好施工现场排水,防止生产材料、设备和临时设施被淹。危险区施工做好防雨应急措施。

(4)加强施工便道、施工场地维护,保证物资运输,减少雨季对施工进度的影响。

2.4.18 大风及台风季节施工

该桥施工区域由于强风和热带气旋影响较为频繁,为安全防风,尽可能地避免大风或台风对人员和设备造成伤害,为确保墩身施工顺利进行,结合现场实际,制定以下防风措施。

1)钢筋防风变形措施

在钢筋绑扎过程中突遇大风天气,必须增加钢筋与定位管架之间的连接,增大钢筋体系的刚度,同时对钢筋4个面进行缆风拉设,缆风拉设点为底层节段模板横肋。在大风过后,对钢筋位置进行复测,若存在变形,需在变形钢筋处理完成后再进行后续钢筋绑扎或模板施工。

2)模板防风安全措施

在模板施工过程中突遇大风天气,通过拉杆将内外模固定成整体,同时在内模设置缆风,缆风点为底层节段模板横肋。大风过后,对模板位置进行复测,如有位移,重新调整后,才可进行下一步施工。

3)塔式起重机防风安全措施

塔式起重机施工时严格按照塔式起重机安装说明书,根据说明书中塔式起重机附墙安装间距及安装角度进行安装。同时,根据现场地形,埋设缆风锚固基础。时刻关注气象预报,在得到大风或台风预警信息时,及时拉设缆风绳,进行塔式起重机锚固,如图6-2-4-18所示。

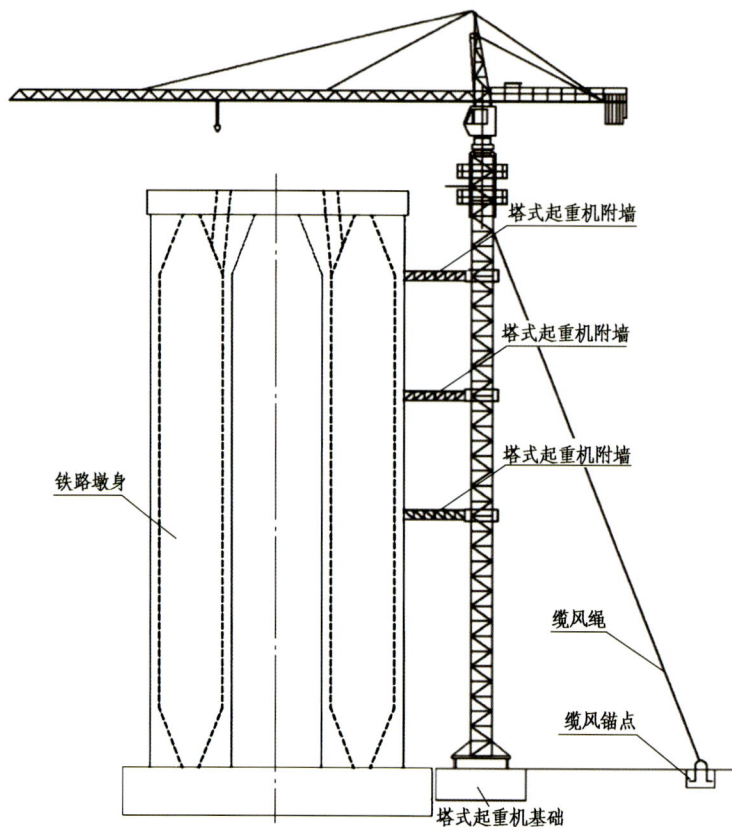

图 6-2-4-18 塔式起重机防风措施

4）船舶防风安全措施

各施工船舶应根据气象台的预报风力、风期长短以及船舶的抗风能力加固锚缆,绑扎易动构件,检查船上救生设备,选派专业人员昼夜值班,与指挥系统保持密切联系。

5）其他小型机具防风安全措施

在得到大风预警信息后,将施工区域内各小型机具全部统一堆存在平坦背风区域,集中存放,防止由于大风对小型机具损坏而形成的次生灾害。

2.4.19 质量通病及其防治措施

1）大体积混凝土表面龟裂

主要原因:收缩裂缝;温差裂缝;养护方法不当,养护不及时,养护时间不够。

防治对策:合理进行墩身施工组织管理,减少墩身每两个节段的施工间隔时间,防止新老混凝土由于收缩应力不同而产生的收缩裂缝;每一节段模板拆除后,防止大风过早将混凝土内水分带走,及时进行墩身混凝土的养护工作,降低由于混凝土内外水分不同而产生的干缩裂纹。

2）混凝土表面有蜂窝、麻面、气孔

主要原因:混凝土浇筑时局部漏振;模板表面不光滑,板缝漏浆,脱模剂选用不当;混凝土振捣方法不当、过振,局部混凝土产生离析;水灰比控制不当。

防治对策:合理控制振捣棒的插入间距、深度和振捣时间。控制混凝土分层浇筑厚度;模板拼接紧密、板缝封堵严密,且选用性能良好的脱模剂;控制水灰比,清除已离析混凝土。

3）混凝土漏浆、表面污染及平整度差

主要原因：模板整修不到位,表面不平整,模板刚度不够;模板缝未做有效处理;模板跑模;混凝土坍落度过大。

防治措施：采用平整度、刚度符合要求的模板;处理好模板拼缝,采用合理的脱模剂;将模板的榫槽嵌接紧密;严格控制混凝土水灰比。

4）钢筋间距不一、保护层厚度不足

主要原因：保护层垫块偏少或偏薄;保护层垫块固定不牢,在浇筑过程中走位或脱落。
防治措施：安装足够合格的保护层垫块并固定牢固。

2.4.20　墩身施工过程质量控制

1）凿毛

混凝土结构施工缝处必须进行凿毛处理,凿毛后露出的新鲜混凝土面积(带石子)应不低于总面积的75%,凿毛时混凝土强度须符合要求：人工凿毛不低于2.5MPa,机械凿毛不低于10MPa。

2）钢筋加工

钢筋加工时必须按照图纸及规范要求进行加工,弯曲角度、半径,弯勾长度必须满足要求。

3）钢筋连接

直螺纹套筒连接必须符合《钢筋机械连接技术规程》(JGJ 107—2016),对直螺纹接头及套筒采用通止规进行验收,拧紧扭矩须满足规范要求最小拧紧扭矩,单侧外漏螺纹不宜超过2P。焊接人员必须持证上岗,保证焊接质量,图纸有焊接要求的按图纸要求执行,图纸未说明的按单面搭接焊接长度不得小于10d(d为钢筋直径),并且需对钢筋焊接接头进行预弯。

4）保护层垫块

构件设计保护层决定垫块规格(方向),构件侧面和底面垫块数量不应少于4个/m²,并应均匀布置,通过扎丝安装牢固。

5）模板安装

模板安装前必须进行校正、打磨、涂刷隔离剂;安装尺寸偏差必须在容许偏差以内。固定模板的拉杆、支架必须按照要求预紧,并规范安装。安装后的模板须多次进行检查。保证受力安全。

6）混凝土浇筑

严格控制混凝土配合比,混凝土振捣不可漏振、过振,振捣时必须快插慢拔,控制振捣速度。

7）混凝土养护

对大体积混凝土控制内外温差,并对表面进行保温保湿养护,当气温低于5℃时禁止洒水。

2.5　简支钢桁梁海上整孔架设施工

2.5.1　架设方案比选

1）国外钢桁梁施工研究现状

国外全焊钢桁梁制造及架设施工起步较早,如2000年建成通车的厄勒海峡大桥——连接丹麦和瑞典的公铁两用跨海大桥是其典型代表。该桥引桥为钢桁—混凝土连续梁结构,通航孔桥为钢桁—混凝土结合斜拉桥结构,其钢桁主梁采取工厂大节段整体制造,并在工厂内同混凝土桥面板完成结合,然后利用"天鹅号"运架一体起重船整体运输至桥位进行整孔架设,落梁就位后再完成各大节段之间的焊接连接、环缝补涂、湿接缝浇筑。

2）国内钢桁梁施工研究现状

随着钢结构焊接技术和制造水平的发展,我国钢桁梁桥经历了从铆合梁向栓焊梁的发展,栓焊梁又从焊接程度较低的焊接杆件、散装节点向焊接程度更高的整体节点、整体桁片或整体小节段发展。

20 世纪 60 年代,我国开始了栓焊钢桁梁的研究和应用,钢桁梁采用杆件工厂焊接制造,散装杆件和节点在现场通过高栓连接安装成钢桁梁。

20 世纪 90 年代,我国首次在京九铁路孙口黄河大桥上应用了整体焊接节点栓焊钢桁梁,将杆件和节点在工厂进行整体焊接制造,然后将整体节点杆件在现场通过高栓进行连接形成钢桁梁。随后该种钢桁梁制造和架设方法在我国得到了广泛应用,到现在仍为我国钢桁梁桥主要制造和架设施工的方法之一。

进入 21 世纪后,随着我国桥梁技术飞速发展,钢桁梁桥制造及架设技术也出现了新的进步。武汉天兴洲长江大桥,在以往整体节点栓焊梁现场散拼的基础上,首次在铁路桥梁中采用了单节间整节段架设技术,将带整体焊接节点的杆件在工厂内通过高栓连接拼装成单节间的整体小节段,然后运输至桥位现场进行单节间整节段架设。随后修建的铜陵公铁两用长江大桥,采用两节间桁片整体全焊制造技术,将钢桁梁主桁片以两节间为一个单元在工厂内焊接制造,运输至现场进行栓接拼装。同时期在上海修建的闵浦二桥,上下层分别通行市政公路和城市轨道交通,采用全焊钢桁梁斜拉桥结构,钢主梁为三角形桁架,在工厂内采用小型整节段全焊制造,分节段运输至桥位后,利用起重船或架梁吊机进行小节段梁架设,并在现场完成节段之间焊接连接。

3）总体施工方案确定

平潭海峡公铁大桥简支钢桁梁采用全工厂化整孔全焊制造、海上整孔吊装架设施工。80m 钢桁梁质量 1360t,88m 钢桁梁质量 1550t,经分析研究,自有的 3600t 大桥海鸥号起重船能满足该桥所有的简支钢桁梁吊装要求,现场使用的最大吊重 2000t 起重船,受吊高影响,该起重船仅能吊装部分高程较低的钢桁梁,按最低吊装水位 −1.89m 考虑,只能吊装范围为 SR49～SR57 号墩之间的简支钢桁梁。如图 6-2-5-1、图 6-2-5-2 所示。

钢桁梁在钢桁梁制造厂制造并拼装成整体,验收合格后,运输至桥址墩位处或存放人屿岛码头存梁台座处,再利用 3600t 起重船整孔吊装至设计墩跨处。钢桁梁初始落梁平面位置误差控制在 1m 范围以内,需利用布置于墩顶的三向调整系统调整钢桁梁的平面位置及竖向高程,墩顶垫石周围利用混凝土垫块抄垫,抄垫宽度满足落梁偏差及三向调整系统布置要求,据此,墩顶如图 6-2-5-3 所示。钢桁梁调整至设计位置,安装钢桁梁支座,先利用全回转架板吊机架设上层公路预制混凝土板,公路桥面板与钢桁梁结合后再利用架桥机架设下层铁路槽梁。

2.5.2　作业条件研究

简支钢桁梁海上整孔架设施工作业条件详见第 5 篇第 4 章第 4.3 节。

2.5.3　施工准备

1）施工通道及安全防护

（1）人员上下通道安装

在待架钢桁梁对应的墩身旁安装爬梯作为人员上下通道。墩身通道安装布置如图 6-2-5-4 所示。

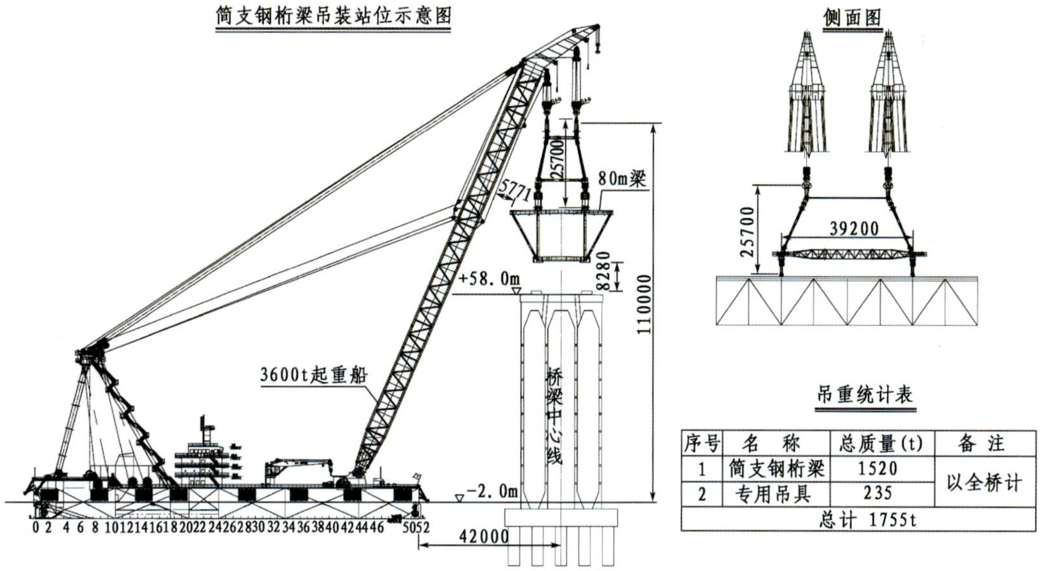

简支钢桁梁吊装站位示意图

侧面图

25700

5771

80m梁

8280

110000

+58.0m

3600t起重船

桥梁中心线

-2.0m

0 2 4 6 8 10 12 14 16 18 20 22 24 26 28 30 32 34 36 38 40 42 44 46 50 52

42000

39200

25700

吊重统计表

序号	名　　称	总质量(t)	备　注
1	简支钢桁梁	1520	以全桥计
2	专用吊具	235	
	总计 1755t		

图 6-2-5-1　大桥海鸥号吊装简支钢桁梁示意图(尺寸单位:mm)

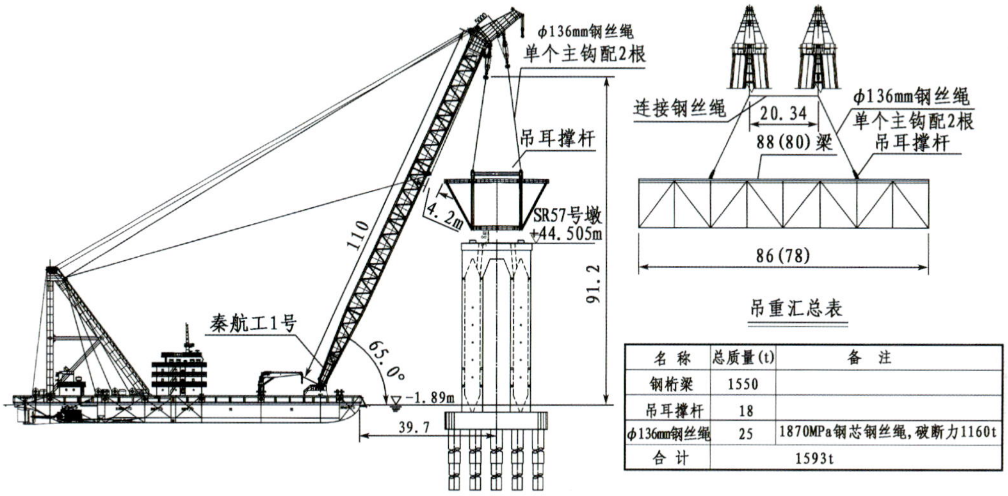

φ136mm钢丝绳单个主钩配2根

吊耳撑杆

4.2m

SR57号墩
+44.505m

110

91.2

秦航工1号

65.0°

-1.89m

39.7

连接钢丝绳

20.34

88(80)梁

φ136mm钢丝绳单个主钩配2根吊耳撑杆

86(78)

吊重汇总表

名称	总质量(t)	备　　注
钢桁梁	1550	
吊耳撑杆	18	
φ136mm钢丝绳	25	1870MPa钢芯钢丝绳,破断力1160t
合计	1593t	

图 6-2-5-2　2000t起重船吊装简支钢桁梁示意图(尺寸单位:m)

立面图

侧面图

纵桥向

E0/E8节点

垫块连接螺栓

落梁垫块

8cm厚橡胶垫

20mm钢垫板

垫块B

墩顶垫石

墩顶垫石

刚性抄垫密实

垫块B

刚性抄垫密实

1100

100

1100

100

20

1100　1900　100　1900　50　1100

50　6200

E0/E8节点

垫块连接螺栓

落梁垫块

三向调整系统

8cm厚橡胶垫

20mm厚钢垫板

垫块A

墩顶垫石

垫块A

支座

刚性抄垫密实

1100

100

20

1700　50　2400　50　1700

5900

桥梁中心线

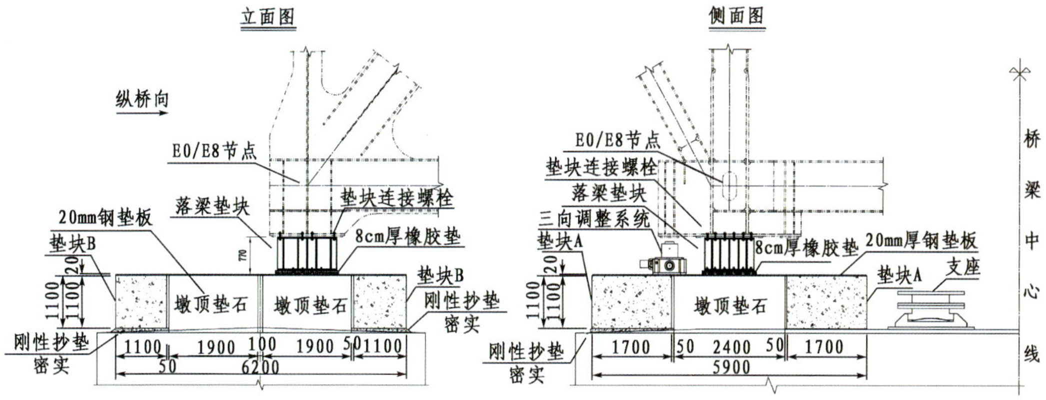

图 6-2-5-3　简支钢桁梁墩顶布置(尺寸单位:mm)

75

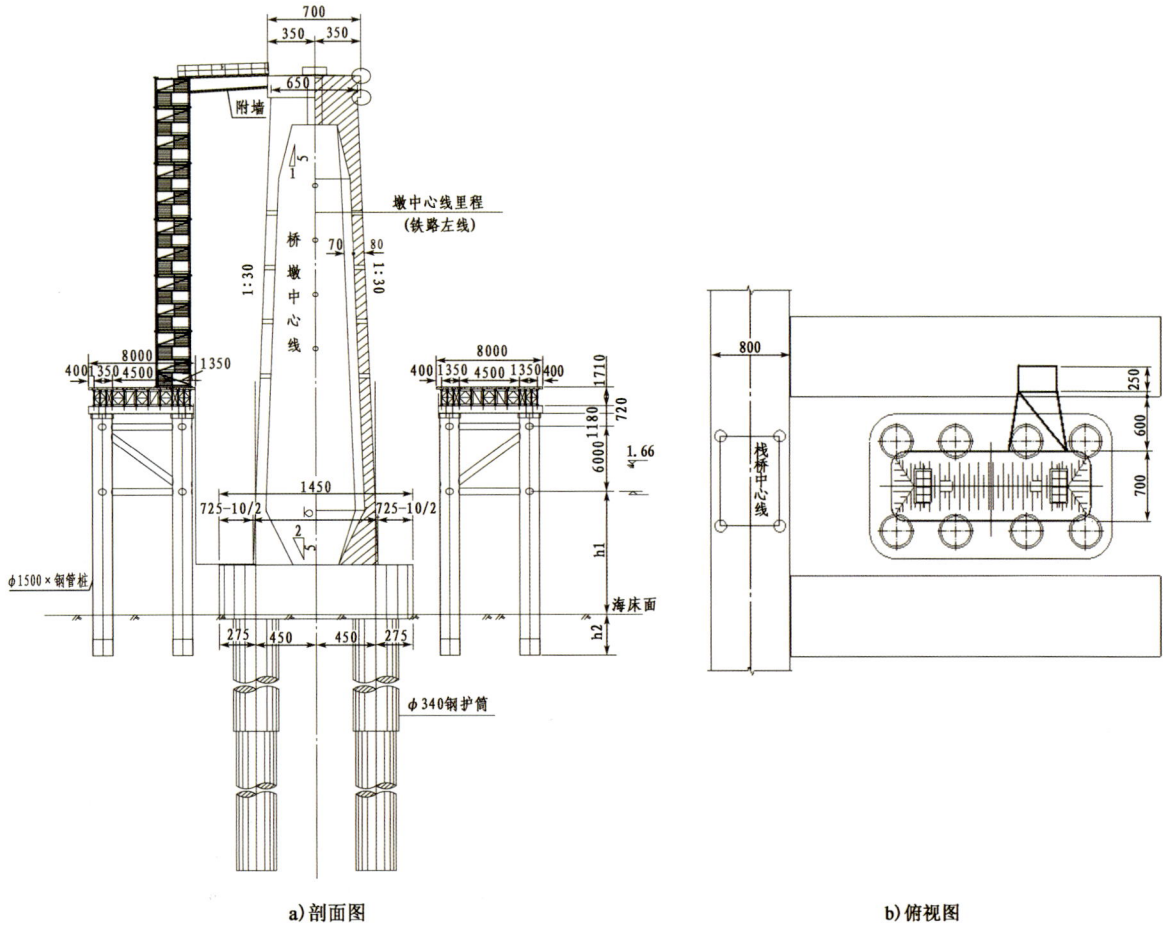

a) 剖面图　　　　　　　　　　　　　　　b) 俯视图

图 6-2-5-4　墩身通道安装布置(尺寸单位:cm)

（2）墩顶安全防护

在待架钢桁梁对应的墩顶周围安装墩顶围栏。墩顶围栏利用永久栏杆预埋件安装,防护栏杆高度为 1.2m,墩顶围栏及防护栏杆设计如图 6-2-5-5 所示。

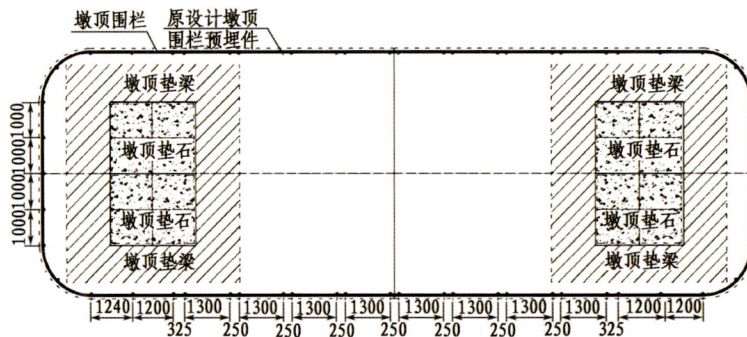

图 6-2-5-5　墩顶围栏及防护栏杆设计图(尺寸单位:mm)

2）墩顶布置

待架墩身施工完成混凝土强度达到设计要求后,为满足钢桁梁落梁在 1m 允许偏差范围内顺利落梁,并为精调三向千斤顶留出足够的安装空间,在墩顶垫石周围布置混凝土临时垫梁,以便钢桁梁的架设工作。

（1）按照图纸设计提前加工好分配梁和垫梁。在垫石周围按照设计图纸安装和固定垫梁，由于墩顶设有排水坡，垫梁调平后需在底部进行灌浆。垫梁高 1.1m，安装时墩顶垫石统一高程，垫梁顶部满铺 20mm 厚钢板。在墩顶垫梁安装完成后，须用水准仪测量控制垫梁顶高程，确保同一墩顶的墩顶垫梁高程在允许范围之内。墩顶垫梁布置如图 6-2-5-6、图 6-2-5-7 所示。

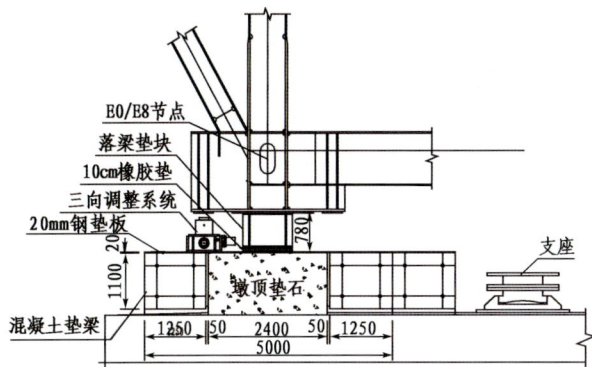

图 6-2-5-6　墩顶落梁垫块平面布置图(尺寸单位:mm)

图 6-2-5-7　墩顶落梁垫块立面布置实例

（2）墩顶混凝土垫梁顶部钢板满铺后，钢桁梁架设前，提前在钢板顶面划好落梁区域边线（按设计位置＋1.0m 划线），同时测量放线划出支座中心线，并用油漆做好标示标记。

（3）为防止简支钢桁梁整孔架设落梁时，梁体冲击墩顶而对钢桁梁结构及涂装造成损坏，在钢桁梁支点底部设置落梁垫块，落梁垫块由钢结构垫块和橡胶垫两部分组成，如图 6-2-5-8 所示。

（4）提前将钢桁梁支座和三向千斤顶安放在钢桁梁垫梁所处的空档内，并且注意支座和千斤顶不能高于钢垫梁，三向液压自动千斤顶结构如图 6-2-5-9 所示。

图 6-2-5-8　钢桁梁缓冲落梁垫块装置

图 6-2-5-9　三向液压自动千斤顶结构

（5）检查三向调整系统的油管、油泵和油嘴有无破损和漏油现象。若有破损迹象，需提前更换和修补，待检查没有问题后，并接好油路，油路不能放在钢垫梁上，防止被挤压破坏。

3）钢桁梁临时存放场地及存放

（1）存梁场地布置

为避免因天气原因而导致钢桁梁不能及时架设，根据总体施工组织安排在人屿岛、长屿岛、大小练岛各布置一处钢桁梁临时存放场地，以便钢桁梁临时存放用，在天气良好情况下，现场能及时供应钢桁梁，确保钢桁梁架设的需求。存梁场地剖面结构如图 6-2-5-10 所示。

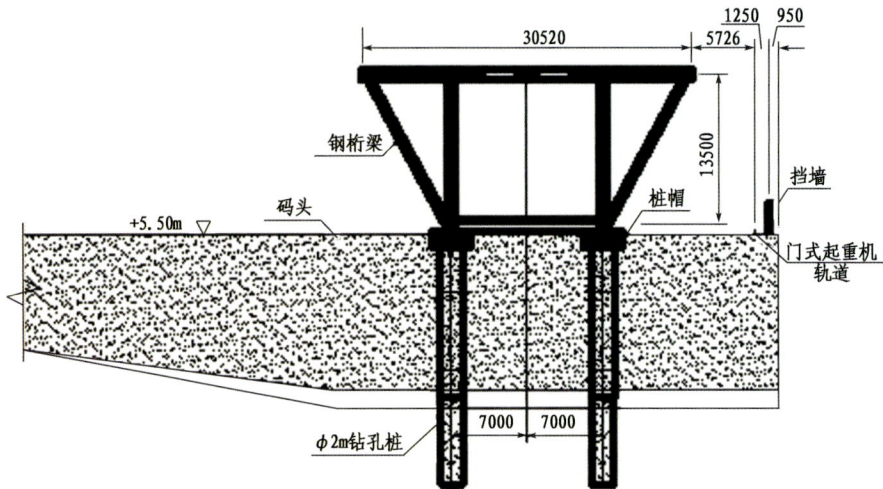

图 6-2-5-10　存梁场地结构(尺寸单位:mm)

2.5.4　专用吊具及配套吊耳

1）架梁吊具的制造

深水高墩区简支钢桁梁桥均采用大桥海鸥号(4 主钩吊重 3600t)起重船吊装架设,由于吊装节段质量大、种类多(考虑航道桥钢桁梁),吊点间距不一,为此设计了专用吊具。采用钢桁梁 3200t 吊具和 3600t 吊船进行吊装作业,单孔 80m 简支钢桁梁重约 1360t,单孔 88m 简支钢桁梁重约 1550t,为减轻吊具自重,吊具设计采用柔性索+刚性桁架撑杆结构,额定吊重 3200t。吊具分为上下两层,上层与起重船 4 个吊钩连接,并通过 4 根柔性索进行纵向和横向连接;下层设置纵、横向撑杆,纵向撑杆采用中间 14m 可拆除式桁架结构,横向撑杆采用中间 1m 可拆除式钢管结构,可实现 43.2m、42m、40m、39.2m、38m、28m、24m 共 7 种纵向吊距调节,并适应航道桥钢桁梁和简支钢桁梁不同的主桁间距,可满足全桥各类型钢桁梁架设需求。其中 80m 简支钢桁梁纵向吊距为 39.2m,88m 简支钢桁梁纵向吊距为 43.2m,横向吊距均为 14m。钢桁梁吊具结构如图 6-2-5-11 所示。

吊具底端采用绳圈与钢桁梁吊点连接,绳圈直接套入吊点绳槽中,再将绳槽上的锁闭装置关闭,防止绳圈滑出。吊点绳圈连接如图 6-2-5-12 所示。锁闭装置如图 6-2-5-13 所示。柔性索+刚性撑杆可调节多用途轻型吊具如图 6-2-5-14 所示。

简支钢桁梁吊装参数见表 6-2-5-1。

简支钢桁梁吊装参数　　　　　　　　　　表 6-2-5-1

桥位	大节段	吊点纵向距离(mm)	吊点横向距离(mm)	单吊吊重(t)	吊耳形式	吊数	图示(cm)
简支钢桁梁桥	80m 梁	3920	1400	1360	FD FD	26	
	88m 梁	4320	1400	1550	FD FD	8	

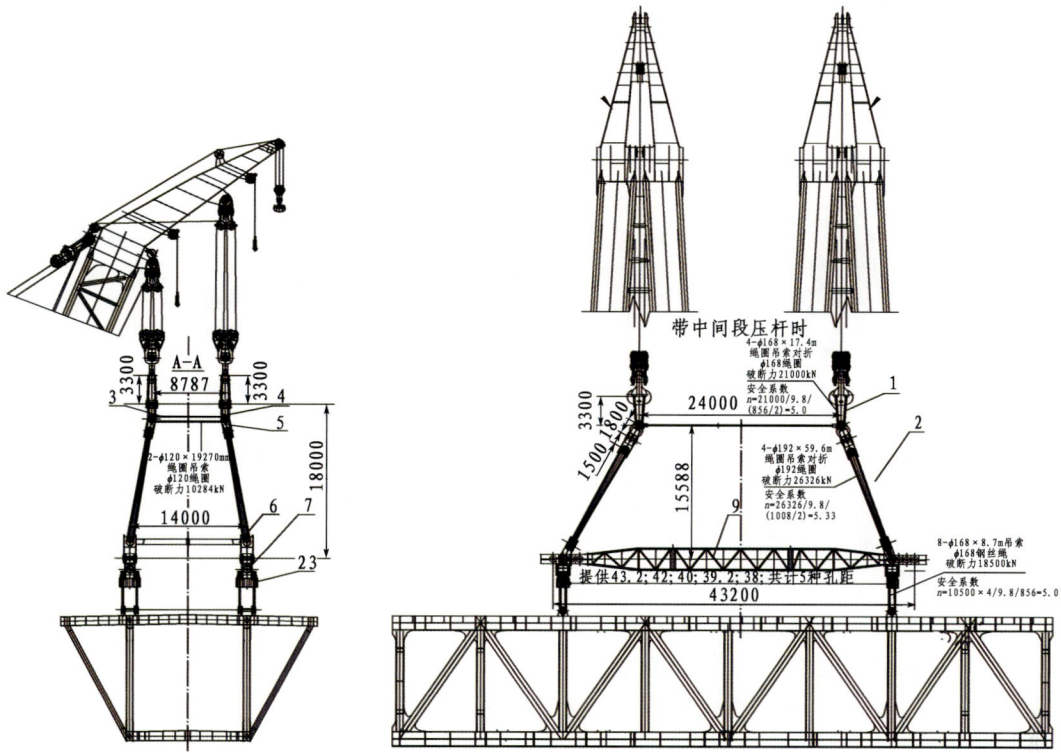

图 6-2-5-11 钢桁梁吊具结构(尺寸单位:mm)

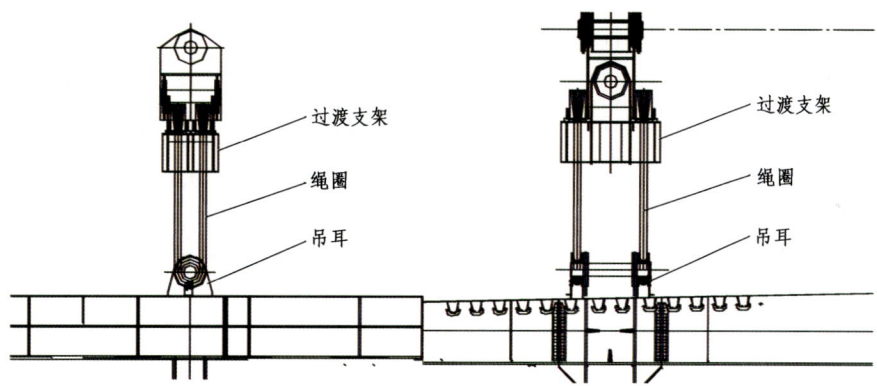

图 6-2-5-12 吊点绳圈连接示意图

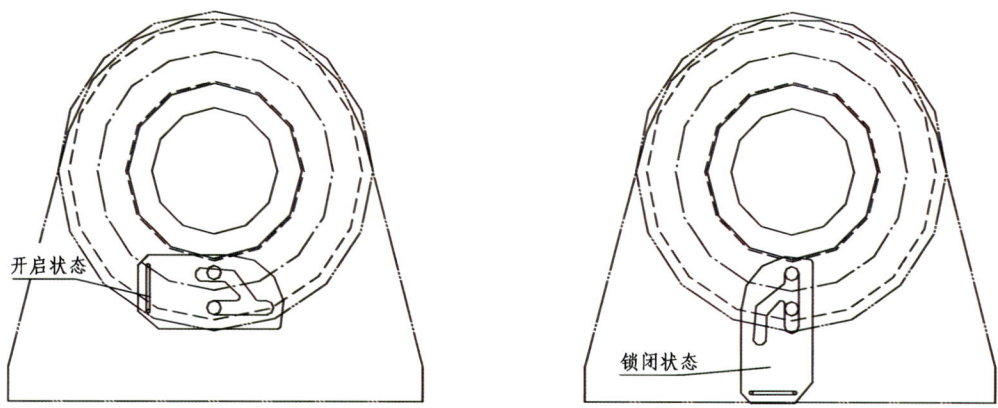

图 6-2-5-13 锁闭装置示意图

2）吊具验收及管理

钢桁梁3200t吊具制造完成后,经项目部组织验收合格后出厂运输至桥址处进行组拼成整体,再吊运至SR41~SR42号墩栈桥旁存放,钢桁梁吊具施工过程中的存放、维护及保养工作均在SR41~SR42号墩栈桥旁临时支架上进行,如图6-2-5-15所示。

图6-2-5-14　柔性索+刚性撑杆可调节
多用途轻型吊具

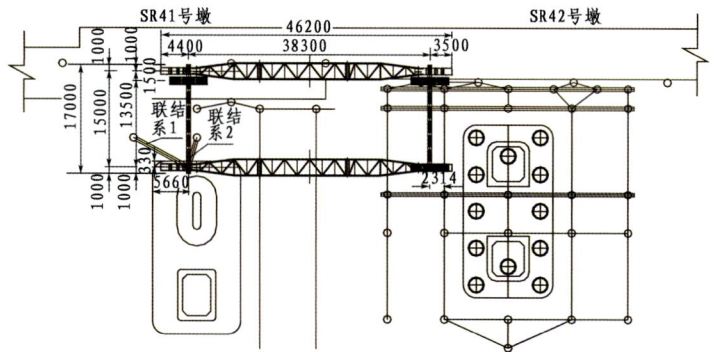

图6-2-5-15　钢桁梁吊具存放支架布置图(尺寸单位:mm)

成立吊具管理小组,由专人对吊具进行管理和维护保养,详见航道桥钢桁梁吊装章节,此处不再赘述。

3）备用吊具

专用吊具主要吊装航道桥钢桁梁,全桥钢桁梁节段多、型号多,专用吊具每次调整需要2~3d时间,因桥址区风浪对钢桁梁吊装的影响很大,施工窗口期较短,因此专门制造了一套备用吊具吊装简支钢桁梁,备用吊具相对专用吊具具有重量较轻、不需要调整就可以直接使用、挂钩方便等优点。

每孔简支钢桁梁增设4个FDY型吊点,新增吊点纵向间距分别为19.6m(80m)、20.8m(88m),横向间距均为14m。备用吊具由扁担梁、上下吊点、环形吊带、滑轮组、销轴等组成,分配梁为箱形梁,尺寸为1300mm×1000mm,由主墩围堰吊装扁担梁改制而成,如图6-2-5-16、图6-2-5-17所示。

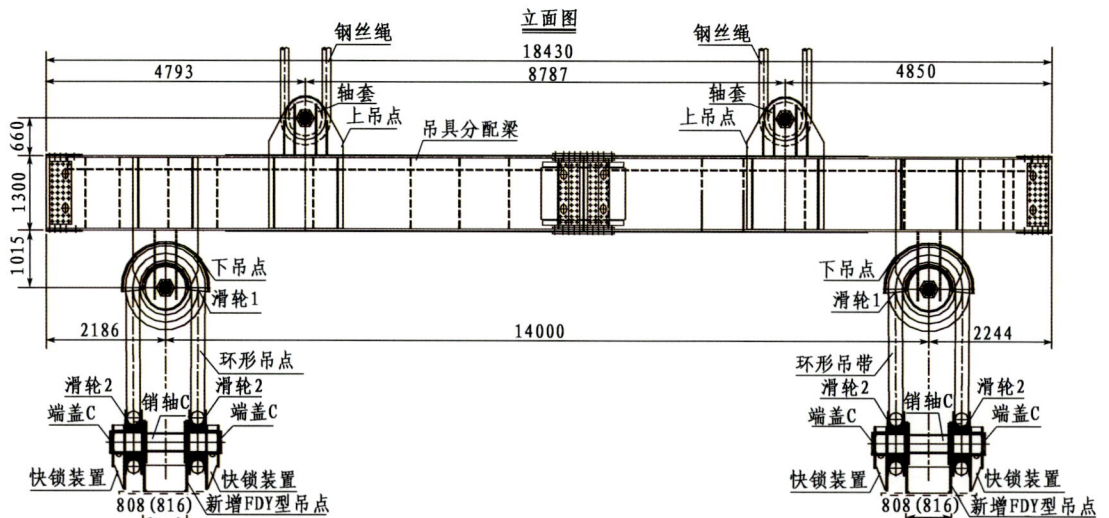

图6-2-5-16　简支钢桁梁备用吊具示意图(尺寸单位:mm)

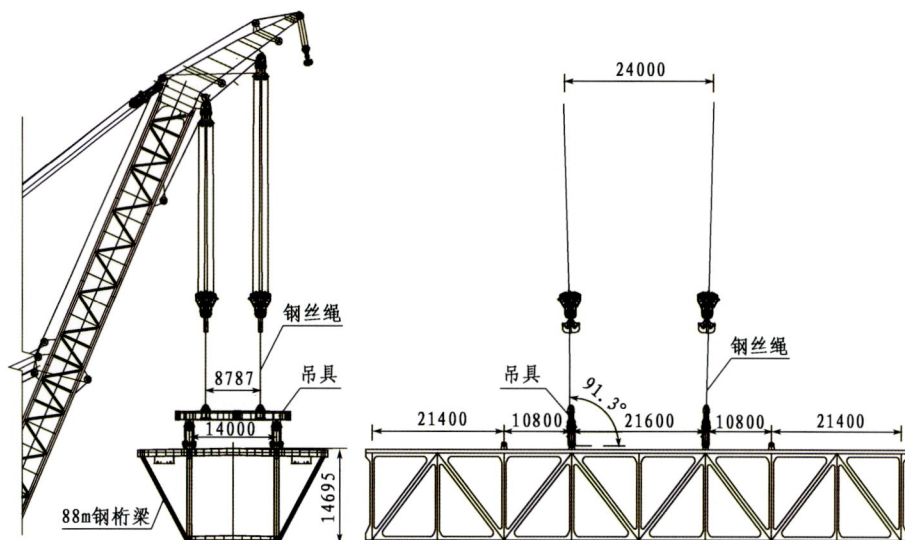

图 6-2-5-17　备用吊具吊装简支钢桁梁示意图（以 88m 为例）（尺寸单位：mm）

2.5.5　架设顺序及施工流程

1）架梁顺序

简支钢桁梁分布较分散，在全桥 6 个区段，根据整体施工方案和各区段实际情况，按如下架设顺序：

三区桁梁架设顺序为 SR50～SR63 号墩顺序架设，SR49～SR50 号墩、SR63～SR64 号墩简支钢桁梁均在相邻的铁路、公路混凝土箱梁完成后架设。

（1）六区钢桁梁架设顺序为 Z01～RC05→RC01～N06 号墩。

（2）八区钢桁梁架设顺序为 CX02→CX01→Z06 号墩。

（3）十区钢桁梁架设顺序为先架设 CX26→CX20 号墩顺序架设，最后架设 CX19～CX20 号墩。

（4）十五区钢桁梁架设顺序为 XD10→XD11→S01 号墩。

（5）十七区钢桁梁架设顺序为 XD13→XD12→S06 号墩。

2）特殊跨吊装方案

（1）三区：SR49～SR50 号墩、SR63～SR64 号墩简支钢桁梁均在相邻的铁路、公路箱梁完成后架设，属于纵向间隙有限的特殊跨，采用相邻两孔简支钢桁梁移位的办法留足吊装空间，梁体两端纵向最大间隙为 888mm。

（2）六区：N06～RC01 号墩为最后节段，由于 N06 墩顶节段在 N06～RC01 号墩简支钢桁梁之后架设，不存在间隙问题。

（3）八区：CX01～Z06 号墩，总体施工顺序为公路混凝土梁→简支钢桁梁→通航孔桥钢桁梁，不存在间隙问题。

（4）十区：CX19～CX20 号墩为最后节段，属于纵向间隙有限的特殊跨，采用相邻三孔简支钢桁梁移位的办法留足吊装空间，梁体两端纵向最大间隙为 1253mm。

（5）十五区：XD11～S01 号墩为特殊跨，相邻简支钢桁梁往 XD10 号墩混凝土梁移位，最大间隙为 443mm，需保证 S01 墩顶节段为自由状态，可提前预偏 1m。

（6）十七区：S06～XD12 号墩为最后节段，XD12～XD13 号跨需往大里程提前预偏 1m，XD13～XD14 号墩混凝土箱梁后浇。

3）工艺流程

简支钢桁梁架设主要施工流程:施工准备→3600t 起重船抛锚、定位→钢桁梁运输船就位→钢桁梁挂钩、起吊→钢桁梁初步安装就位→钢桁梁精调至设计平面位置→安装钢桁梁支座→钢桁梁落梁至设计高程→支座灌浆→公路桥面板安装及结合→铁路槽梁安装及结合。钢桁梁架设的施工流程如图 6-2-5-18 所示。

图 6-2-5-18　钢桁梁架设施工流程

2.5.6　钢桁梁海上运输

1）简支梁概况

全桥共 26 孔 80m 简支钢桁梁和 8 孔 88m 简支钢桁梁,总质量约 4.66 万 t,简支钢桁梁采用整孔发运方式。节段数量统计见表 6-2-5-2。

简支梁节段数量统计　　　　　　　　　　　　　　　　　　表 6-2-5-2

序号	名　　　称	节段数量	节段尺寸(长×高×宽,m×m×m)	节段质量(t)	备　　　注
1	80m 简支梁	26	80×35.5×15	1360	合计 34 段,总质量约 4.66 万t
2	88m 简支梁	8	88×35.5×15	1550	

2）运输路线

简支钢桁梁运输路线为中铁南方工程装备有限公司码头(中山基地)→平潭海峡公铁大桥桥址,运输距离桥位约 980km,航行时间约为 3d。中山基地码头为一内嵌式港池,港池主尺寸为(长)160m×(宽)55m×(水深)6m,港池配有的两台 2000t 门式起重机,吊机跨度 62m,起升高度 45m,两台门式起重机可联机同步作业,能够完成该桥简支梁整节段下水装船。运输路线图如图 6-2-5-19 所示。

3）运输船舶

(1)运输船舶选择

整孔简支钢桁梁具有尺寸较大(宽度为 35.5m,长度为 80m、88m)、单件质量较大(每件 1330～1520t)、运输周期较长、配合吊装作业的船舶定位难度大、工地架梁时间安排集中等特殊性,根据以上特点选用[《船舶与海上设施法定检验规则》(2014 年修改通报)]三艘运输船和两艘拖轮完成本桥整节段的运输,运输船:"星秀传奇"11570t、"航海之秀"8234t、"苏宁 58"7900t。驳船上的锚升级到 8t,并备用 2 个 14t 锚以备台风期间或定位过程浪涌过大使用。

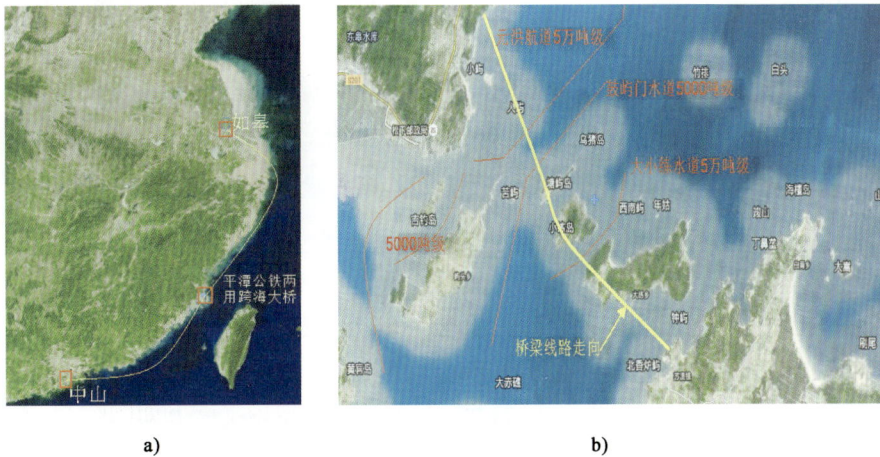

a)

b)

图 6-2-5-19 简支钢桁梁运输路线图

根据上述驳船外形尺寸、货物载质量并考虑海峡水情,依据 CCS《海上拖航指南 2011》进行阻力估算,阻力估算环境条件如下:

长屿岛以北海域 100 年一遇设计流速为 2.66m/s,10 年一遇流速 2.46m/s,流向为 42°和 222°。长屿岛至小练岛间海域 100 年一遇设计流速为 3.09m/s,10 年一遇流速 2.89m/s,流向为 51°和 231°。小练岛至大练岛间海域 100 年一遇设计流速为 2.23m/s,10 年一遇流速 2.03m/s,流向为 70°和 250°。

该桥址区平均海平面为 +0.25m,长屿岛以北海域 100 年一遇 $H_{1\%}$ 波高为 9.69m,周期 10.8s,浪向为 E 和 ENE 向。其中长屿岛以北海域 10 年一遇高水位 $H_{5\%}$ 波高为 5.44m;长屿岛以南海域 10 年一遇高水位 $H_{5\%}$ 波高为 2.58m。

根据阻力计算结果,选用 2 艘拖轮功率均为 6000hp,拖轮澄港拖 6001 和翎航拖 9。

根据钢桁梁结构特点,选取以下辅助设施:

①斯别克锚:4 只,每只锚重 5t;锚链 ϕ60mm;ϕ50mm 钢丝绳 4 根,500m。

②液压卷扬车:4 台,工作负荷 15t。

(2)运输船舶概况

运输船舶概况见表 6-2-5-3 ～ 表 6-2-5-7。

运输船舶一:驳船"星秀传奇"   表 6-2-5-3

建造年月	2015 年 12 月	
建造地	江苏	
船籍港	芜湖	
总长	115m	
型宽	35m	
型深	7.5m	
满载吃水	5.5m	
载质量	11570t	
甲板荷载	15t/m²	

运输船舶二：驳船"航海之秀"　　　　　　　　　表 6-2-5-4

建造年月	2016 年 4 月
建造地	江苏
船籍港	芜湖
总长	113.9m
型宽	27.3m
型深	7m
空载吃水	4m
载质量	8234t
甲板荷载	10t/m²

运输船舶三：驳船"苏宁 58"　　　　　　　　　表 6-2-5-5

建造年月	2011 年 2 月
建造地	芜湖
船籍港	芜湖
总长	108m
型宽	28m
型深	7.28m
空载吃水	5m
载质量	7900t
甲板荷载	11t/m²

拖轮一："澄港拖 6001"（拖轮）　　　　　　　表 6-2-5-6

建造年月	2015 年 11 月
建造地	张家港
船籍港	张家港
总长	47.6m
型宽	40.8m
型深	5.8m
空载吃水	3.58m
主机功率	6000HP

拖轮二："翎航拖 9"　　　　　　　　　　　　表 6-2-5-7

建造年月	2017 年 8 月
建造地	南通
船籍港	南通
总长	38.82m
型宽	30.7m
型深	5.39m
空载吃水	4m
主机功率	6000HP

4）钢桁梁装船和绑扎

（1）航行准备

为确保重点工程运输任务的安全实施，成立运输领导小组，建立健全安全监督机制，对海上运输全过程进行安全监督，保障该项目运输船舶及相关设备的良好运转，指挥船设在"澄港拖6001"轮，负责中铁南方工程装备有限公司码头和平潭海峡公铁大桥桥址间船舶就位、抛起锚、返航的指挥工作。

①检查装载和绑扎是否符合相关工艺规范的要求。

②申请船级社拖航检验及适拖证书签发。

③向海事申请离港计划及航警发布，办理出港签证。

④使船队处于适航状态，收集分析气象是否符合航行条件。

⑤保证运输船舶相关证书的有效性；提前配备开航燃料油及供应物品。

⑥开航前准备工作完成后，由项目部监理检查确认（书面）后才能离港。

⑦船队航行前，由指挥船长组织各相关船舶召开航次会，通报"方案"主要精神，布置安全工作，明确相关船舶和人员的职责，确保船队安全。

明确通信联系方式：船队内部各船为了防干扰，用专用高频；指挥船和海事交管中心通过规定海事频道保持不间断联系。

（2）离泊方案

开航前准备完成后，运输船调整吃水后准备出坞。主拖轮在连接好运输船龙须缆后，缓缓起拖，在不受力的状态下，解掉运输船与码头所有连接的缆绳，同时根据潮流拖轮调整拖向将驳船缓慢拖离港池。

（3）运输船队队形

运输船队6000HP马力常规拖轮采用侧跨式拖带驳船出港，航行至开阔水域采用拖头式拖带编队方式，连续往返运输。总宽度为41m左右，最大吃水3.6m（拖轮）；船队总长度在88~150m。

（4）运输船靠泊与码头连接

运输驳船在拖轮的协助下进靠定位，待驳船定位结束后，拖轮及协助撤出在外侧泊位等待。具体操作如下：

①每航次开航前查阅潮汐表，计算好涨落时间，并报交管同意后开航，选择在高平潮时间段到基地进行进坞作业。

②"澄港拖6001"轮船队到宽敞水域抛锚编队，运输船队由吊拖改绑拖，根据当时水流及风向情况将拖轮绑在船尾的右舷或左舷。

③船队在船坞码头外调整船身，顺着船坞的方向慢慢向坞口靠近，在距坞约10m处拖轮及时停车稳住驳船。

④在拖轮车舵缆绳配合驳船慢慢往坞里面进，驳船船尾进入防撞桩约20m左右后上钢缆，船头左右各出一根，拖轮解缆离开待命。

⑤用驳船上的绞缆机绞钢缆，驳船慢慢往坞里面进，驳船进入50m后解队撤出，拖轮在驳船船尾挂一根缆绳跟驳船进坞，前进速度太快时，倒车向后拉力。

⑥调整缆绳，加强系缆将驳船调整至适装的工况。

（5）吊装上船

对于整孔简支梁，采用门式起重机配合吊运整节段下水装船。吊运整节段时，运输船进入港池并与码头系结牢固，门式起重机与整节段重心对称就位，连接吊具和吊装吊耳，检查无误后垂直稳步提升到安全高度后，匀速行走至船舶正上方，缓慢将整节段下落，当距离船上支撑托架上方约200mm时，停止下落，微调整节段位置使之与托架中心准确对正，然后平稳落在运输船支撑托架上。

（6）梁段装船配合及支撑与绑扎固定

钢桁梁节段运输属于超长、超宽、超重的特种水上运输，受航道的弯曲、激流、季节的水文状况等诸多的影响，为保证梁段运输途中的安全，节段上船后必须进行有效的捆扎，经绑扎牢固后，运输船可以准备出航。

①全桥共运输 34 个整节段，单个节段最大质量约为 1520t，综合钢桁梁节段、驳船结构、运梁平车的多方特点考虑，在甲板上布设规格为直径 800mm×高 500mm 的钢支墩 40 个，钢支墩与船甲板相焊接，再用 200mm×400mm 钢板，将支墩与船甲板加固。

为防止梁段局部凹凸变形，支墩由两部分组成，即：

第一部分：钢墩，结构形式及规格按 100t 承载强度设计。

钢墩为 $\phi 600 \times 10$mm 圆钢，普通圆管 $\phi 600 \times 10$mm 最大承载力的计算。

圆管选用普通 Q235 钢，其屈服强度 $[\sigma] = 215$MPa。

普通圆管 $\phi 600 \times 10$mm 的净截面积 $A = 185.4$cm^2。

所以单只普通圆管 $\phi 600 \times 10$mm 最大承载压力为：

$N = [\sigma] \times A = 215 \times 10^{6}\text{Pa} \times 185.4 \times 10^{-4}\text{m}^2 = 3986100\text{N} = 398.61\text{t}$，取 N = 100t。

第二部分：梁段最大尺寸为：88m×35.5m×15.5m。运输船清理甲板妨碍影响装载所有物品，画出运输船甲板上装船位置。

第三部分：梁段支承钢墩的布置根据垫墩布置图，在甲板上画好垫墩位置线，用铲车将垫墩布置到相应位置，在垫墩上敷设枕木。支墩纵向（船长方向）布置在钢桁梁节段主桁架处，每个节段桁架下设 40 个支墩，分散节段的质量，以保证节段支承处不产生局部变形。支墩横向（船宽方向）布置在船舶甲板强横梁处，利于载荷向其他方向扩散，以提高甲板单位面积承载能力。

第四部分：转运根据梁段的长度及质量，采用 SPMT 或门式起重机将大节段转运到码头发运区，甲板驳船预先停靠到预拼装码头前沿在门式起重机起重范围内。

简支钢桁梁支墩布置如图 6-2-5-20 所示。

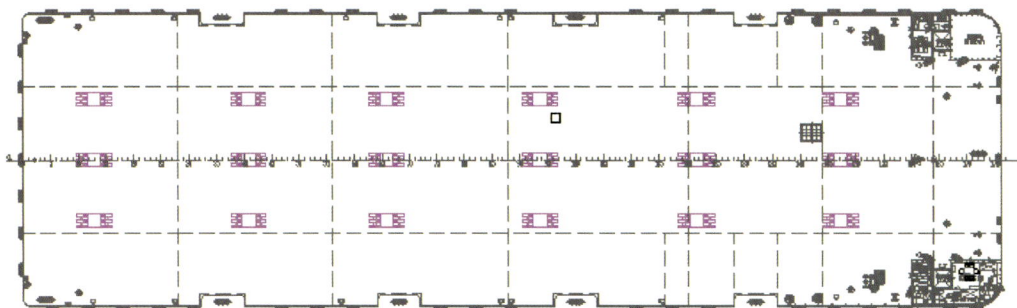

图 6-2-5-20　简支钢桁梁船上绑扎支墩示意图

图 6-2-5-21　简支钢桁梁装船实例

用液压平车将钢桁梁运至门式起重机下，两台门式起重机于大节段重心对称就位，稳步提升到安全高度后，匀速行走至船舶正上方，缓慢落梁，距离支墩上方约 200mm 时，微调钢桁梁位置使之与支墩中心准确对正，然后平稳落梁，如图 6-2-5-21 所示。

结合运输船和大节段特点，并考虑到运输船船体结构特点、利用大节段桁架相交处承受较大载荷。简支梁每航次装 1 块，共 34 航次。

钢桁梁绑扎在纵横向设硬绑扎，横向设置限位撑杆 10～20 根不等，纵向设置限位撑杆 8～12 根不等，以满足节段海上运输需要,绑扎件结构如图 6-2-5-22 所示。

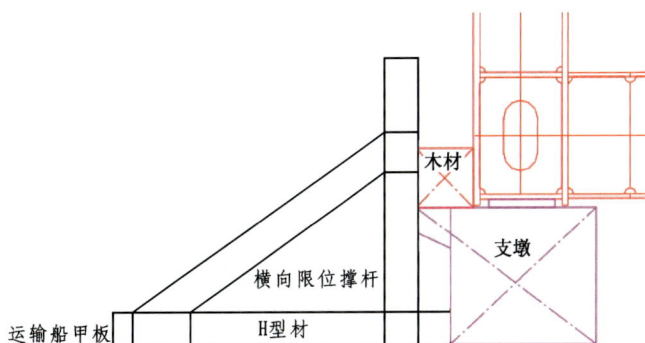

图 6-2-5-22 钢桁梁绑扎斜撑示意图

②装船配载及稳定分析。结合运输船和节段特点,并考虑到运输船上支墩的共用、利用钢桁梁节段桁架相交处承受较大载荷,初步确定配载方案,运输船装载钢桁梁整节段后,应具有足够稳性,以抵抗运输过程中风浪流联合作用影响。经过对运输船装载标准节段进行稳性分析计算,稳性计算依据中国船级社《船舶与海上设施法定检验规则》(2014 年修改通报)和运输船"星秀传奇"、《完工装载手册》相关要求和数据,计算环境条件为浦氏风级 8 级以下,风速(平均风速)17.2 ~ 20.7m/s,浪高 3m 以下,按沿海航区要求进行稳性计算,经计算稳性满足要求。

③绑扎固定。驳船上装载钢桁梁梁段后,应进行适当的绑扎,以确保梁段绑扎固定后无纵横向滑移及横向翻转,现按中国船级社《海上拖航指南2011》进行绑扎强度计算和设计,采取在纵横向设硬绑扎,纵横向设置限位撑杆8 ~ 32 根不等。衬垫系固工作全部完成经检查确认后,船舶才能编队出港,确保运输安全万无一失。钢桁梁绑扎如图 6-2-5-23 所示。

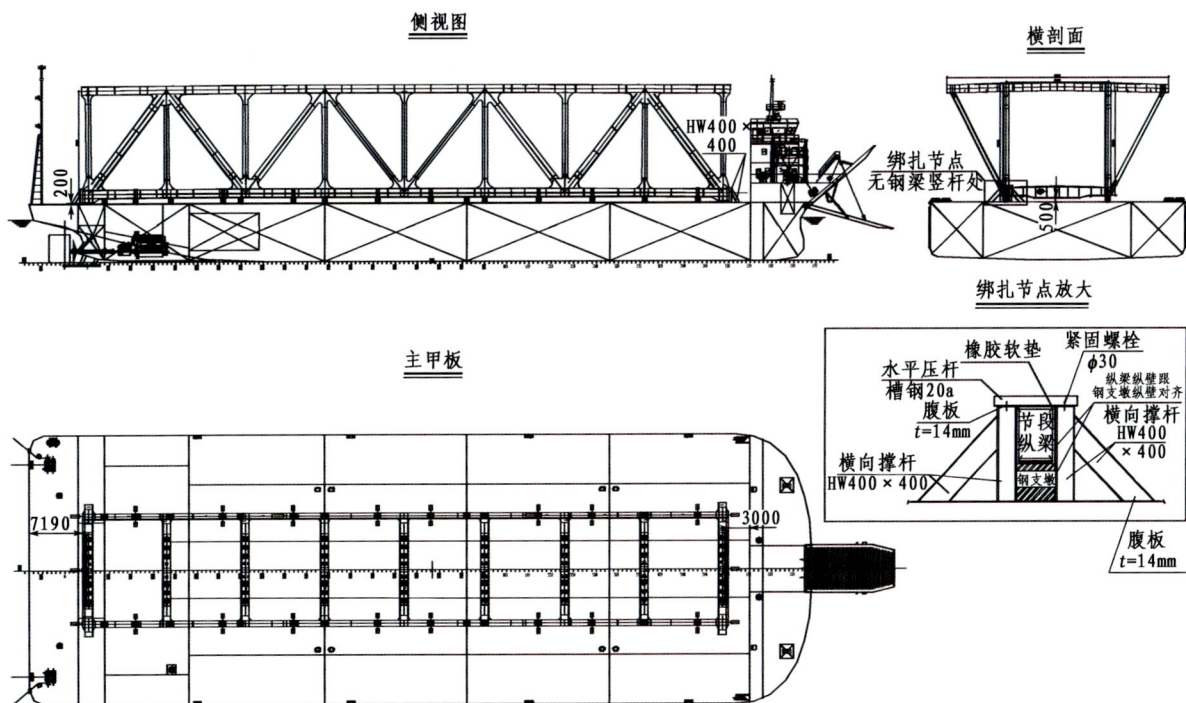

图 6-2-5-23 钢桁梁绑扎示意图(尺寸单位:mm)

5)海上运输

平潭海峡公铁大桥钢桁梁简支梁梁段运输路线为:中铁南方工程装备有限公司码头(中山市)→平

潭海峡公铁大桥桥址,如图 6-2-5-24、图 6-2-5-25 所示。

图 6-2-5-24　运输路线示意图

图 6-2-5-25　简支钢桁梁海上运输

（1）运输船队最大吃水在 3.8m 左右,从中山港至珠江口,船舶多航道复杂,加强瞭望。

（2）汕头南澳岛区域渔船较多且密集,夜晚灯光耀眼,船舶通过时注意渔船位置。9 月是开放渔期,此阶段加强瞭望,确保航行安全。

（3）南日岛进兴华水道,岛礁较多。

（4）兴华水道至海坛海峡,沿途航道水深满足本船舶航行要求。

（5）平潭外进入平潭大桥水域,加强瞭望。

（6）到达平潭航道附近,关注潮水水流及附近的浅区。

6）现场抛锚定位

（1）桥位处水文条件

平潭海峡公铁大桥桥址位于台湾海坛海峡水道,属于东海海域内海区。潮流为正规半日潮。涨潮历时平均为 5h30min,而落潮历时平均为 7h15min,通常来说,每天两涨两落,出现两次高潮,即一个全潮历时为 12h50min。阴历每月的初三、十八日左右为大潮,夏季,夜潮大于日潮;冬季,日潮大于夜潮。来潮时间和潮升随季节、月令而有所不同。

（2）现场船舶定位时潮流的选择

为配合起吊安装作业,必须使之驳船平行于大桥方向固定于作业点,与水流成横向进行锚泊定位。将驳船前后左右 4 个锚,按照施工的具体的经纬度抛下,把锚链绞紧受力。使之驳船平行于大桥方向固定于作业点,必要的情况下需使用拖轮慢车顶着驳船抵消水流流速或者拖轮慢车用拖缆拉着,以减小水流对驳船冲击的影响。同时,注意记录测量收集现场实测的相关数据,以便提高工程进度精度。

因运输驳船船身较长达 86.76m,吃水约 3.5m,顺流后的水阻力较大。考虑到高平潮或低平潮时水流流速较小,船舶需选择在低平潮前 2h 或高平潮时定位完毕,可将水阻力对船舶定位时操纵的不良影响降到最低。

（3）运输船的抛锚定位系泊设备配置

配备设备:斯别克锚,4 只,每只锚重 5t,锚链 φ60mm;液压卷扬车,4 台,工作负荷 15t,φ50mm 钢丝绳,容绳量 500m;400kW 发电机组,1 套。

（4）运输船桥位定位

梁段起吊安装时,承运驳船采用顺流方式锚泊定位。作业时需选择风力较小(不超过 7 级)的白天,由锚艇提前将定位锚设置在预定的锚点上;船组在低平潮前 2h 抵达锚位,采用先下游后上游方式与定位锚连接。拖轮协助船舶在低平潮时完成锚泊定位。为了减少水流阻力对驳船的影响,吊卸最好选在高平潮时进行。当梁段吊离运输船甲板 3m 以上高度时,承运船组即可通过锚泊系统退档离场。

船舶进退档具体方案细述如下:

①抛锚定位是关系梁段吊装成功的关键环节,所以运输前应到现场做抛锚定位试验,最终锚和卷扬机等需根据现场抛锚试验确定,锚抓力应满足指定水域船舶受力要求。提前与架设单位进行联系,进入现场后服从现场统一指挥,根据架设单位提供的详细位置进行作业。

吊机预先定位在桥墩下游,运输船选择低平潮时进入桥墩上游抛锚定位。选涨潮时,吊机挂钩,起吊。吊机预先在桥墩下游定位好后,保证吊机与桥墩之间的适当的安全距离。运输船由拖轮拖带运至桥墩上游500m处下锚。

②由锚艇按预先确定的锚位,将运输船上1号、2号、3号、4号锚预先抛好,并做好锚浮标标记。如图6-2-5-26所示。

③在低平潮时,由绑拖拖轮协助将船移至桥墩下游100m处,由拖轮将船稳住,分别将运输船上的锚缆用卸扣与5号、6号、7号、8号锚连接。如图6-2-5-27所示。

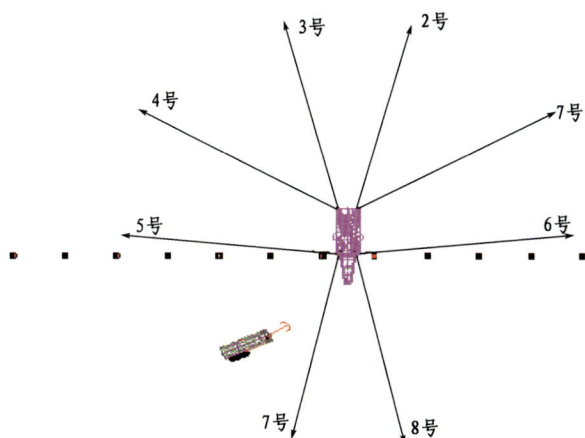

图6-2-5-26 预抛锚

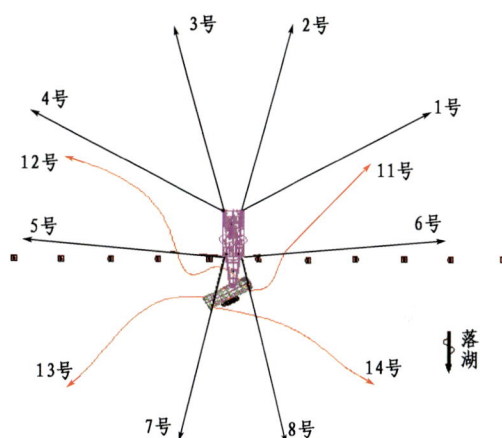

图6-2-5-27 用卸扣与锚连接

④运输船上4台锚缆机共同作用下,松紧缆绳,将船位在距桥墩上游处,垂直桥墩,拖轮继续绑在运输船上守护。

⑤运输船调整到位后,松开整节段绑扎锁紧装置,拖轮离开,开始起吊作业程序。作业前需经架设单位、监理人和承包人共同验收,合格方可起吊。

⑥整节段起吊前,在垂直于桥墩处,吊机挂钩、起吊。第二个整节段根据情况决定是否将运输船掉头或原位置起吊。

⑦节段起吊后,将运输船控制在垂直于桥墩100m处,拖轮进场,运输船起锚,在拖轮协助下,运输船离开吊装作业区域,由拖轮将运输船拖走,吊机开始架设作业,抛锚船起锚准备下一次抛锚定位作业。

钢桁梁架设航线及架设区域应提前进行扫海测量,三区钢桁梁运输及架设时,由外海进入桥区航线扫海宽度为200m,架桥区域为桥轴线上下游各500m范围,具体路线如图6-2-5-28所示。其余各架梁区域船舶均可由既有航道经过各区域主航道到达待架钢桁梁区域。待架钢桁梁区域已进行扫海测量,待架区域满足船舶吃水要求。

2.5.7 钢桁梁快速吊装

1)钢桁梁挂钩及吊装参数

大桥海鸥号3600t起重船(新打造起重船)单臂架额定起重量1800t,双臂架额定起重量2×1800t;每座臂架配置900t主钩2只,2个主钩和1个副钩呈纵向直线布置;距船首42m时,主钩起升高度110m(水线面),入水深度10m;副钩起升高度130m(水线面),入水深度10m,船舷外幅度为42m,前后主钩间距8.787m,左右主钩间距24m。起重船结构及参数如图6-2-5-29、表6-2-5-8和表6-2-5-9所示。单孔80m简支钢桁梁重约1360t,单孔88m简支钢桁梁重约1550t,采用专用吊具进行吊装作业,吊具自身质量为

235t。简支钢桁梁架设采用3600t起重船进行吊装作业,起重船吊高满足该桥所有钢桁梁吊装要求。

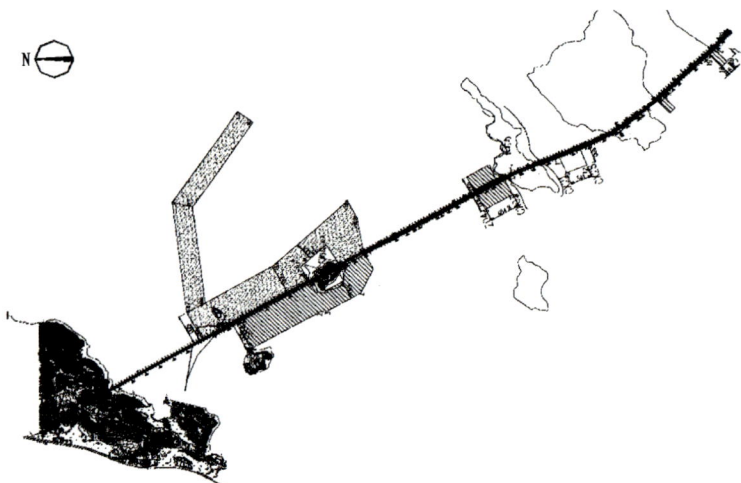

图 6-2-5-28　钢桁梁架设区域扫海平面布置

图 6-2-5-29　大桥海鸥号 3600t 起重船全景图

3600t 起重船主要参数　　　　　　　　　　　　　　　　　　　　　　　表 6-2-5-8

项　　目		单位	主钩	副钩	索具钩	稳索绞车	变　幅	
最大起重量		t	4×900	2×300	4×10	4×35		
变幅范围	臂架角度	°	39.17~68.35	39.17~68.36	39.17~68.37	39.17~68.38	工作	39.17~68.35
							通航	39.17~14
	离船舷前的幅度	m	38~90	48.2~104		38~90		
起升高度(水上/水下)		m	110/10	130/10	112/0			

3600t 起重船体尺寸参数　　　　　　　　　　　　　　　　　　　　　　　表 6-2-5-9

船长	114.4m
船宽	48m
型深	8.8m
设计吃水	4.8m
工作最大横倾	3°
工作最大纵倾	2°

根据起重船吊重参数选择满足起重船吊装作业的角度,3600t 起重船幅度和起重量关系见表 6-2-5-10。

3600t 起重船幅度和起重量的关系　　　　　　表 6-2-5-10

幅度(°)	38	42	47	50	55	60	65	70	75	80	85	90
起重量(t)	3600	3600	2800	2510	2140	1840	1600	1390	1210	1055	915	800

起重船吊装简支钢桁梁作业角度为 66.4°,吊重为 3600t,此时前后主钩间距 8.787m,左右主钩间距 24m,吊具设计参数与此时的吊钩间距为匹配设计,起重船与吊具连接后,钢桁梁吊装及下放时,不可随意变幅(理论吊装角度为 66.4°,吊装作业时拔杆角度仅允许 ±0.7° 的微小变幅,对应钢桁梁平面位置处的摆幅为 ±1500mm)。

2)船舶锚泊定位

(1)现场船舶定位时潮流的选择

钢桁梁架设前,应选择合适的天气,在待架墩位处进行 3600t 起重船和运输船锚泊定位(钢桁梁运输船待起重船抛锚定位后再就位、定位),起重船抛锚定位时垂直桥轴线方向(顺水作业),钢桁梁挂钩起吊时,运输船采用拖轮辅助作业,船舶平行于桥轴线抛锚定位(横水作业)。

提前在待架墩位处将 3600t 起重船抛锚定位好,待钢桁梁运输船到达桥址后,再进行运输船船舶的就位、定位。运输船与水流成横向进行锚泊定位时,将驳船前后左右 4 个锚,按照施工具体的经纬度抛下,把锚链绞紧受力,使之驳船平行于桥轴线方向固定于作业点,因平潭海峡复杂的海况条件,流速较大,必要的情况下需使用拖轮慢车顶着驳船抵消水流流速或者拖轮慢车用拖缆拉着,减小水流对驳船冲击的影响。

因运输驳船船身较长达 86.76m,吃水约 3.5m,顺流后的水阻力较大。考虑到高平潮或低平潮时水流流速较小,船舶需选择在低平潮前 2h 或高平潮时定位完毕,可将水阻力对船舶定位时操纵的不良影响降到最低。

(2)运输船的抛锚定位系泊设备配置

"星秀传奇"驳船:斯别克锚,4 只,每只锚重 5t;液压卷扬机,4 台,φ50mm 钢丝绳,容绳量 500m;400kW 发电机组,1 套。3600t 起重船:8 根 φ60mm 钢丝绳(锚绳),8 台卷扬机,每台卷扬机容绳量为 1200m。

(3)起重船及运输船桥位定位

钢桁梁吊装作业时,3600t 起重船垂直于桥轴线抛锚定位(顺水作业),运输船平行于桥轴线(横水作业),作业时需选择风力较小(不超过 7 级)的白天,起重船定位在预设锚泊位置,运输船在低平潮前 2h 抵达锚位,拖轮协助船舶在低平潮时完成锚泊定位。为了减少水流阻力对驳船的影响,吊卸最好选在高平潮时进行。

当钢桁梁吊离运输船甲板 3m 以上高度时,运输船(拖轮辅助)即可通过锚泊系统退档离场。

简支钢桁梁各区域起重船及运输船锚泊定位如下:

①SR49-SR64 号墩(三区)。

第一步:3600t 起重船抛锚定位。起重船在线路左侧(栈桥侧)完成抛锚定位,两前锚垂直于桥轴线方向穿过栈桥(两墩中间)进行抛锚,锚绳长度为 450 ~500m,两后锚平行于前锚抛锚 800m,边锚各抛两根长 600m 的锚绳,与船体夹角为 45° ~60°,各锚绳长度可视现场实际情况进行调整,起重船抛锚定位布置如图 6-2-5-30 所示。

第二步:运输船舶就位、定位。起重船就位后,放松两前锚的锚绳,运输船在拖轮辅助作业下,运行至起重船吊钩下方,进行抛锚定位,4 只锚绳长度为 200 ~250m,角度与船体呈 30° ~45° 夹角,有必要时,起重船 3600t 可通过绞锚后移留出运输船抛锚定位空间,运输船通过拖轮初定位后通过锚绳绞锚摆正定位至指定位置。船舶抛锚定位布置如图 6-2-5-31 所示。

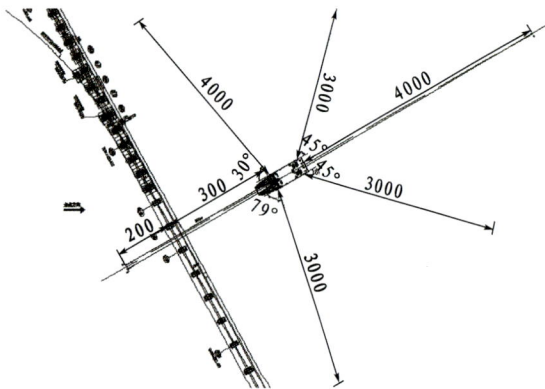

图 6-2-5-30   起重船抛锚定位布置示意图(尺寸单位:m)

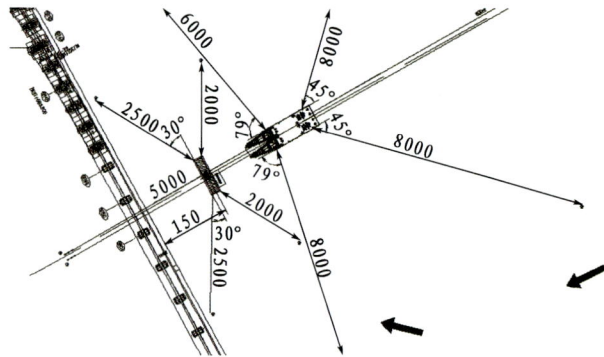

图 6-2-5-31   船舶抛锚定位布置示意图(尺寸单位:m)

第三步:挂钩起吊,运输船退场,起重船绞锚前移。起重船及运输船通过绞锚至指定位置时,起重船挂钩吊装钢桁梁,待钢桁梁起吊至运输船夹板 3.0m 高度时,运输船收锚并在拖轮辅助下离场,3600t 起重船通过绞锚缓慢前移至待架墩位处进行落梁、安装。起重船绞锚前移布置如图 6-2-5-32 所示。

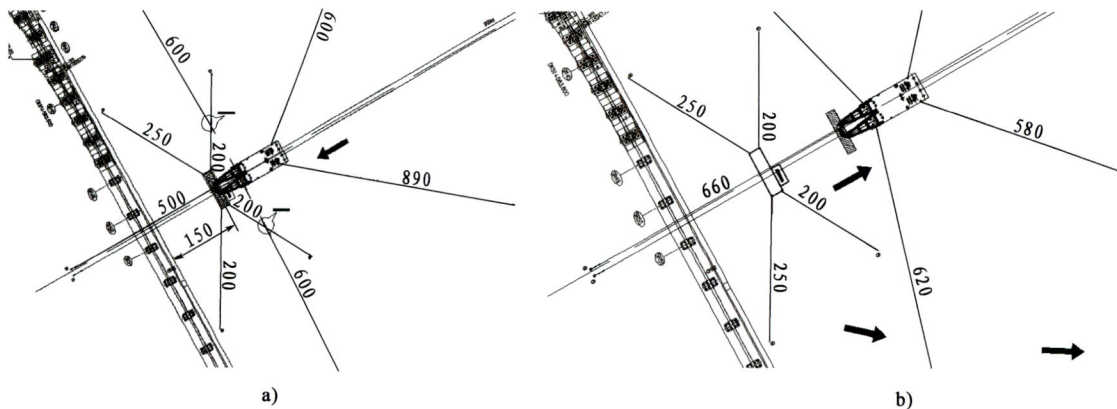

a)

b)

图 6-2-5-32   起重船绞锚前移布置示意图(尺寸单位:m)

②N06-Z01 号墩(六区)。

六区起重船抛锚定位布置大致可参照三区船舶锚泊定位方案,但由于海上生活平台及拌和站影响起重船前锚的抛设,故 RC01 ~ RC04 号墩跨钢桁梁起重船抛锚时,两前锚固定在待架墩跨的墩身上,其余步骤与三区船舶锚泊类似。具体如下:

3600t 起重船抛锚定位:起重船在线路右侧完成抛锚定位,两前锚锚固于待架墩跨墩身上,锚绳长约为 200m,两后锚抛锚长度约为 800m,两根前边锚抛锚长度约为 400m,两根后边锚抛 600m 的锚绳,锚绳与船体夹角均为 45° ~ 60°,各锚绳长度可视现场实际情况进行调整,起重船抛锚定位布置如图 6-2-5-33 所示。

③岛屿附近处起重船及船舶锚泊定位:Z06 ~ CX02 号墩(八区)、CX19 ~ CX26 号墩(十区)、XD10 ~ S01 号墩(十五区)及 S06 ~ XD13 号墩(十七区)。

岛屿附近钢桁梁架设时,船舶抛锚定位受岛屿影响,起重船两边前锚抛设距离较短,大约 200 ~ 400m,若有需要时,需提前在岛边上提前设置地锚,以满足船舶抛锚定位需求。起重船后锚及后边锚均不受影响,起重船及船舶锚泊方式与三区钢桁梁架设时类似,此处不详述。

3)钢桁梁吊装前的试吊

为确保钢桁梁吊装安全,钢桁梁吊装提升前利用专用吊具对钢桁梁架设前进行试吊工作,以检验钢桁梁吊具、绳索及起重船起重性能的安全性是否满足施工要求,根据现场实际情况,钢桁梁试吊主要分为静载试吊和动载试吊两部分。鉴于现场实际情况及海况条件的影响,且钢桁梁专用吊具是按3200t吊重荷载进行设计,简支钢桁梁自重为1550t/1360t,富余量较大,以下钢桁梁静载和动载试吊荷载均采用简支钢桁梁作为起重物进行试吊。

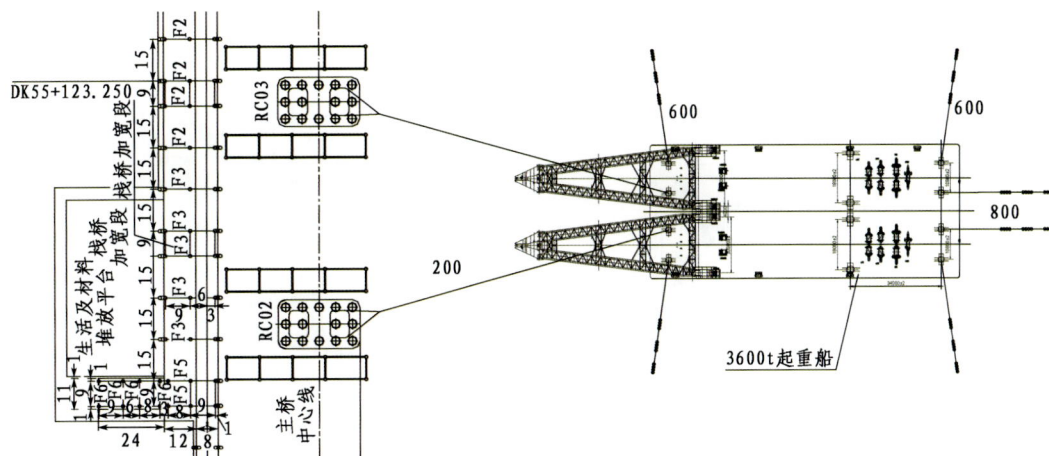

图6-2-5-33 起重船抛锚定位布置示意图(尺寸单位:m)

（1）静载试吊

钢桁梁脱离运输船时,通过微调4个吊钩确保其受力均匀(吊钩受力偏差控制在1%以内),同时利用水平尺观察钢桁梁起吊后钢桁梁的水平度(同时在墩顶上利用全站仪采用无棱镜测量方法进行复核),确保钢桁梁起吊后4个吊点处受力均匀。

钢桁梁起吊后,落梁垫块底部起升至离运输船舶甲板面10~20cm处,保持钢桁梁不动,悬空时间不得少于10min,由于钢桁梁起吊后不具备放回原位条件(原几十个抄垫点难以复原,难以保证支撑点的均匀受力),钢桁梁起吊静止10min后,检查钢桁梁的4个吊装吊点及吊点与钢桁梁吊具之间的连接是否可靠,若现场钢桁梁吊具及拉索均无异常情况,即认为静载试吊合格。

（2）动载试吊

动载试吊前,利用水平尺仔细检查钢桁梁的水平姿态(同时在墩顶上利用全站仪采用无棱镜测量方法进行复核),确保钢桁梁4个吊点处于同一水平面上。钢桁梁水平度调整后再整体提升钢桁梁,钢桁梁整体提升高度为1m左右时停止提升(此时落梁垫块底部局甲板面高度约为1.2m),静止1min后再整体下放钢桁梁至离运输船舶甲板顶面10~20cm处,静止10min后检查钢桁梁吊点及吊点与吊具的连接是否有异常,同时检查钢桁梁的水平度是否满足要求,钢桁梁整体提升及下放必须进行4个吊钩的联动,同步提升、下落。如此反复3次,各检查项目合格无异常视为动载试吊合格,可进行下一步钢桁梁吊装施工。

2.5.8 钢桁梁落梁调整和缓冲减振技术

简支钢桁梁落梁调整和缓冲减振技术与航道桥相同,详见第5篇第4章,此处不再赘述。

2.5.9 初步安装就位

1）吊装与就位

（1）用拖轮将起重船拖动使起重船和纵桥向方向垂直,并且位于两个墩位之间。然后抛锚定位。抛锚时起重船前后共8根锚绳,锚绳呈八字形抛锚定位,前后4根锚绳的抛锚长度为400~500m,便于前后移动3600t起重船,另外4根锚绳抛锚长度为200~300m即可。通过绞动锚绳使钢桁梁和桥梁纵向完全垂直,钢桁梁的下部落梁垫块和支座横向中心线的偏差不超过50cm。

（2）待钢桁梁稳定后,通过绞动前后锚绳将起重船沿垂直桥轴线方向缓慢移动,待钢桁梁位于桥墩正上方时停止移动。如果有相邻钢桁梁已架设,应注意在移梁过程中不要触碰到相邻钢桁梁,绞动锚绳微调,使钢桁梁落梁垫块正好位于墩顶垫梁正上方,偏差不超过1.0m。调节吊钩使钢桁梁处于水平状态。如图6-2-5-34、图6-2-5-35所示。

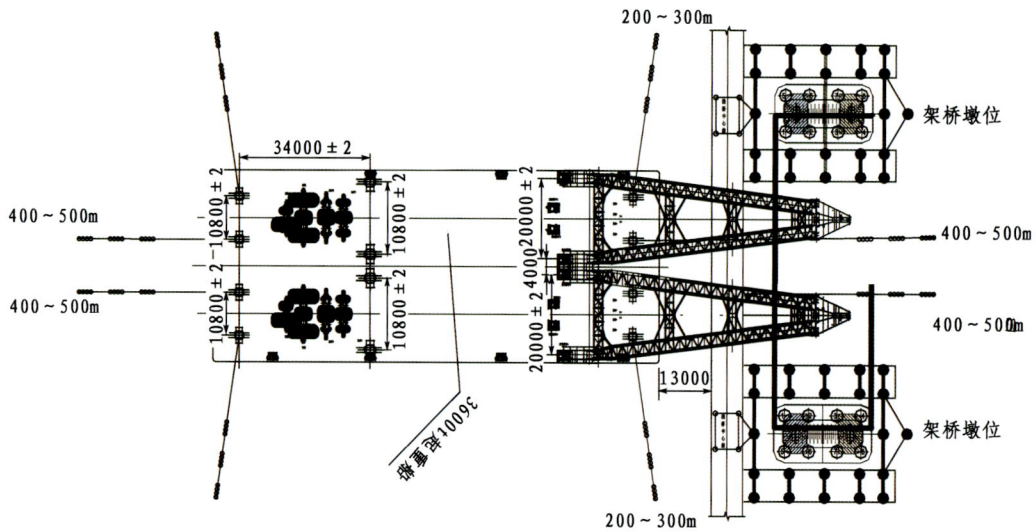

图6-2-5-34　墩位架梁平面示意图(尺寸单位:mm)

（3）钢桁梁架设应密切关注天气及海况情况,至少不少于连续3d的好天气,钢桁梁吊装前根据起重船吊挂钢桁梁吊具的摆动情况确定钢桁梁架设的天气。待钢桁梁晃动幅度减小满足落梁偏差后,在信号员的统一指挥下缓慢降落起重船钩绳,在降落过程中观察人员应时刻观察,并随时准备调节锚绳确保落梁垫块位于墩顶垫梁正上方,直至钢桁梁平稳落在墩顶混凝土垫座上。

（4）为确保墩顶垫石垫块不受钢桁梁冲击破坏,墩顶落梁垫座应满铺20mm钢板,并在垫块底部安装100mm橡胶垫块做缓冲装置,落梁后位置偏离中心轴线的最大距离不超过1.0m。如图6-2-5-36所示。

图6-2-5-35　简支钢桁梁架设实例

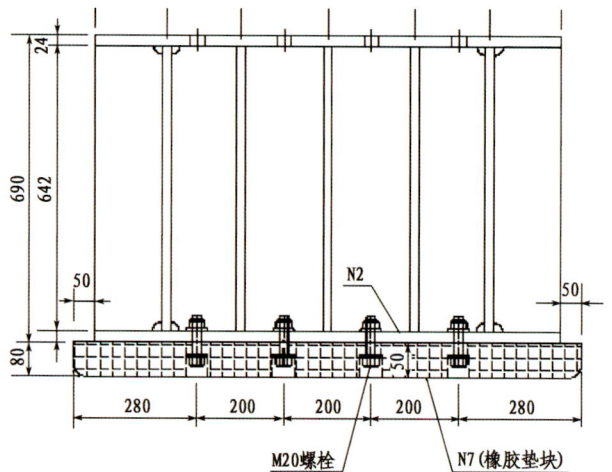

图6-2-5-36　落梁垫块下橡胶垫块示意图(尺寸单位:mm)

2）移梁

由于简支钢桁梁设计纵向净距只有20cm(上弦处),若将已架钢桁梁按设计位置就位后,其相邻孔位钢桁梁在架设过程中很难避免对已架钢桁梁造成碰撞破坏,所以在架梁时通常将相邻钢桁梁纵向预偏一段距离。为充分利用两段钢桁梁之间的间隙,通常先横向错开1.2m后,再完成纵移40cm。如图6-2-5-37所示。

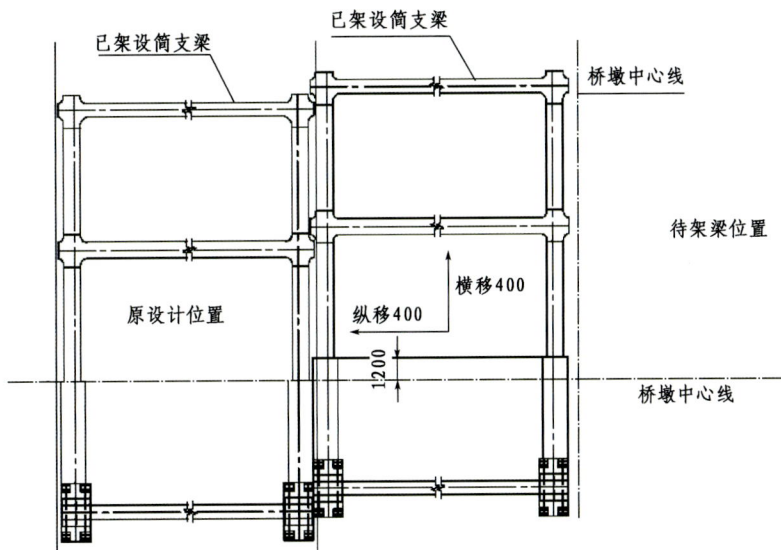

图 6-2-5-37　简支钢桁梁纵向预偏平面示意图(尺寸单位:mm)

3)特殊跨吊装

由于简支钢桁梁区两端通常与通航孔桥区或非通航孔桥混凝土梁区相接,如施工顺序安排在相邻区段混凝土梁体施工之后,则势必存在特殊跨吊装问题,各区特殊跨吊装方案如下:

三区:SR49～SR50 号跨、SR63～SR64 号跨简支钢桁梁均在相邻的铁路、公路箱梁完成后架设,属于纵向间隙有限的特殊跨,采用相邻三孔简支钢桁梁(SR50～SR53 号跨、SR60～SR63 号跨)移位的办法留足吊装空间,梁体两端纵向最大间隙为 1253mm。

2.5.10　简支钢桁梁架设施工小结

1)起重船作业条件

钢桁梁架设全过程应选择不少于连续 2d 的好天气(风力小于 7 级,浪高 2.0m,涌小于 0.6m)。

2)施工控制要点

(1)起重船吊装吊具控制:66.4°±0.7°。

(2)吊装吊点受力偏差控制在 10%(40t)以内。

(3)吊装前后钩高差控制在 20cm 以内。

3)作业时间安排及选择

(1)起重船取吊具时间需耗费一天时间,起重船起锚 2～3h,航行 1～2h,墩位处抛锚定位约 2h(低潮位挂前缆),吊具挂钩作业 2h。

(2)运输船就位至钢桁梁架设完成,起重船退场至避风锚地应考虑一天时间。

(3)起重船抛锚定位尽量选择在低潮位前 2h 进行,低平潮时进行运输船的抛锚定位,根据各工序时间安排,高平潮前后正好进行钢桁梁的落梁工作(一般情况下,钢桁梁运输船就位、挂钩、起吊至落梁阶段全程耗费约 6h,与高低平潮差时间较为吻合)。

(4)鉴于运输船锚泊系统较差,天气条件允许情况下,运输船必须提前到待架墩位附近处待命,避免海况不是很理想的天气架梁时,运输船因无法过航道而耽误钢桁梁的架设工作。

4）作业船舶

（1）船舶调配指挥系统需要有统一的指挥系统，要有约束机制，船舶统一管理、指挥。

（2）运输船的锚泊定位能力是钢桁梁架设窗口选择的关键，已成为决定钢桁梁与否的控制性因素（换船方案对钢桁梁的损伤较严重，后期修复难度大）。

（3）辅助船舶的统一指挥及调度问题，严格按海鸥号审批计划配足辅助船舶，确保钢桁梁架设顺利进行。

5）钢桁梁吊具

（1）吊具设计较为复杂，吊具吊点转换工序难度较大，需要辅助机械设备要求较高，不利于海上（船舶上）进行吊具的转换工作。

（2）架梁作业线路较长，往往需要跨越航道，吊具转换受转换地点限制，极大制约了吊具转换的效率，增加了吊具转换难度。

（3）因吊具转换地点受海况影响较大，转换支架因吊点位置影响几乎都要重新调整，每一次调整几乎都是不同的作业条件及要求，吊具转换方案往往需要根据实际情况临时设计、备料，施工准备时间较长，时间仓促，方案考虑也不够深入。

（4）后续增加了备用吊具解决了这一问题。

6）施工组织不足之处

（1）施工组织缺乏主动性，往往体现在船舶的调配及指挥上，因无明确的约束机制，加上船舶配合人员不足以及缺乏相应的专业知识，是造成船舶指挥不畅的主要原因，未及时对现场出现的问题进行调整、反馈，任其发展，反映了施工组织安排缺乏主动性，易造成工作进展比较被动局面。

（2）缺乏沟通，就吊具调整工作安排而言，提前跟主管部门沟通，明确指出吊具调整应做好哪些准备工作、存在的问题及吊具调整需要协调解决的事宜，早商量、早准备、早落实，统一思想，而不是任其发展，从而给后续工作增加了难度，同时也影响了现场生产。

（3）施工人员不足，随着钢桁梁吊具调整难度不断增加，吊具调整人员数量不足。此外，受天气影响控制，墩顶布置往往和吊具调整时间冲突，人员数量更显不足，临近年关，人员数量不足也给施工组织安排带来了一定的困难。

7）XD11-S01 号跨简支钢桁梁架设时间统计

XD11-S01 号简支钢桁梁于 2017 年 12 月 9 日架设完成（未精调就位），钢桁梁架设施工主要分为钢桁梁运输、钢桁梁吊具挂钩起吊和钢桁梁架设三部分。架设过程所使用机械情况见表 6-2-5-11 ~ 表 6-2-5-14。

钢 桁 梁 运 输

表 6-2-5-11

编号	机 械 名 称	开 始 时 间	结 束 时 间	耗 用 时 间	备　　注
1	利通 1 号运输船	2017 年 11 月 24 日	2017 年 12 月 7 日	10d	因风浪原因运输船在航行途中避风 2 次

吊 具 挂 钩 起 吊

表 6-2-5-12

编号	机 械 名 称	开 始 时 间	结 束 时 间	耗用时间（h）	备　　注
1	50t 汽车式起重机	2017 年 12 月 7 日 12:40	2017 年 12 月 7 日 16:40	4	2 台
2	50t 履带式起重机一台	2017 年 12 月 7 日 12:40	2017 年 12 月 7 日 20:40	8	1 台

续上表

编号	机械名称	开始时间	结束时间	耗用时间(h)	备注
3	海鸥号起重船	2017 年 12 月 7 日 9:00	2017 年 12 月 8 日 3:00	18	1 艘(移位至架梁区域)
4	澄港拖 6001(拖轮)	2017 年 12 月 7 日 9:00	2017 年 12 月 8 日 3:00	18	1 艘
5	苏启欣荣 11(锚艇)	2017 年 12 月 7 日 9:00	2017 年 12 月 8 日 3:00	18	1 艘
6	中南 878(锚艇)	2017 年 12 月 7 日 9:00	2017 年 12 月 8 日 3:00	18	1 艘
7	丰旺 26 号(运输船)	2017 年 12 月 7 日 9:00	2017 年 12 月 8 日 3:00	18	1 艘
8	运输船	2017 年 12 月 7 日 12:40	2017 年 12 月 8 日 20:40	8	1 艘

钢桁梁挂钩起吊(1)　　　　　　　　　　　　　　　　　　　表 6-2-5-13

编号	机械名称	开始时间	结束时间	耗用时间(h)	备注
1	海鸥号起重船	2017 年 12 月 8 日 6:30	2017 年 12 月 8 日 17:30	11	1 艘
2	澄港拖 6001(拖轮)	2017 年 12 月 8 日 6:30	2017 年 12 月 8 日 17:30	11	1 艘
3	利洋 9(锚艇)	2017 年 12 月 8 日 6:30	2017 年 12 月 8 日 17:30	11	1 艘
4	苏启欣荣 11(锚艇)	2017 年 12 月 8 日 6:30	2017 年 12 月 8 日 17:30	11	1 艘
5	中南 878(锚艇)	2017 年 12 月 8 日 6:30	2017 年 12 月 8 日 17:30	11	1 艘
6	利通 1 号	2017 年 12 月 8 日 6:30	2017 年 12 月 8 日 17:30	11	1 艘
7	丰旺 26 号(运输船)	2017 年 12 月 8 日 6:30	2017 年 12 月 8 日 17:30	11	1 艘
8	运输船	2017 年 12 月 8 日 6:30	2017 年 12 月 8 日 17:30	11	1 艘

因海鸥号 4 号锚绳与丰旺 26 运输船锚绳打绞至 17:30 松开,考虑到天黑后对视线不利,故未继续进行钢桁梁架设工作,次日进行架设。

钢桁梁挂钩起吊(2)　　　　　　　　　　　　　　　　　　　表 6-2-5-14

编号	机械名称	开始时间	结束时间	耗用时间(h)	备注
1	海鸥号起重船	2017 年 12 月 8 日 6:30	2017 年 12 月 8 日 19:00	13.5	1 艘
2	澄港拖 6001(拖轮)	2017 年 12 月 8 日 6:30	2017 年 12 月 8 日 19:00	13.5	1 艘
3	利洋 9(锚艇)	2017 年 12 月 8 日 6:30	2017 年 12 月 8 日 19:00	13.5	1 艘

编号	机械名称	开始时间	结束时间	耗用时间(h)	备注
4	苏启欣荣11(锚艇)	2017年12月8日 6:30	2017年12月8日 19:00	13.5	1艘
5	中南878(锚艇)	2017年12月8日 6:30	2017年12月8日 19:00	13.5	1艘
6	利通1号	2017年12月8日 6:30	2017年12月8日 19:00	13.5	1艘
7	交通船	2017年12月8日 6:30	2017年12月8日 19:00	13.5	1艘

2017年12月9日19:00钢桁梁吊装至墩顶架设完成,未进行精调(支座未安装),现场施工作业人员17人,管理人员8人。

8)部分简支钢桁梁架设工效统计

部分简支钢桁梁架设工效统计见表6-2-5-15。

部分简支钢桁梁架设工效统计表　　　　　　表6-2-5-15

梁跨编号	架设日期	风级	涌浪高(m)	架设前安全交底时间	挂钩完成时间	完成架设时间	用时
SR50～SR51	2017年8月20日	5～6级,阵风7～8级	0.6～1.2	7:30	9:35	12:40	3:05
XD11～S01	2017年12月9日	5～6级,阵风7～8级	1.0～2.0	9:40	11:30	13:50	2:20
SR51～SR52	2017年12月23日	4～5级,阵风6～7级	1.3～2.3	9:33	14:19	17:57	3:38
RC05～Z01	2018年3月29日	6～7级,阵风8～9级	2.0～3.0	19:32	22:24	2:47	4:23
SR52～SR53	2018年4月4日	4～5级	1.0～2.0	9:45	8:19	12:35	4:16
XD10～XD11	2018年4月12日	4～5级,阵风6～7级	1.0～2.0	16:51	20:31	0:50	4:19
S06～XD12	2018年4月19日	5～6级,阵风7～8级	1.0～2.0	13:08	15:15	18:59	3:44
SR53～SR54	2018年5月19日	3～4级	0.8～1.5	12:44	15:07	17:34	2:27
SR54～SR55	2018年6月6日	3～4级	1.0～2.0	8:00	9:57	12:14	2:17
XD12～XD13	2018年6月21日	6～7级,阵风8～9级	2.0～3.0	8:58	12:56	18:47	5:51
SR55～SR56	2018年6月30日	5～6级,阵风7级	1.0～2.0	9:41	12:26	15:09	2:43
RC04～RC05	2018年7月20日	6～7级,阵风8级	1.3～2.3	10:41	12:59	16:32	3:33
SR56～SR57	2018年7月27日	4～5级	1.0～2.0	9:32	10:23	13:48	3:25
SR57～SR58	2018年7月30日	4～5级,阵风6级	1.0～2.0	20:11	22:33	1:31	2:58
SR58～SR59	2018年8月17日	5～6级,阵风7级	1.0～2.0	12:10	12:48	14:50	2:02
SR59～SR60	2018年8月27日	6～7级,阵风8～9级	2.5～3.5	12:58	14:54	16:54	2:00

2.6　公路混凝土桥面板及铁路槽型梁预制

2.6.1　预制板结构

该项目预制桥面板施工范围包括简支钢桁梁公路桥面板、铁路道砟槽梁和通航孔桥边跨无索区公路混凝土桥面板。桥面板规格繁多,含铁路道砟槽梁总计37种规格,合计3280块桥面预制板,见

表6-2-6-1。其中铁路道砟槽梁为预应力混凝土结构,其余公路桥面板为普通混凝土结构。为减少混凝土收缩徐变对结构产生的不利影响,桥面板预制板存放时间不少于6个月。

预制板工程数量   表6-2-6-1

类　别	部　位	预制件编号	结构尺寸 长×宽(cm×cm)	数　量	单重 (t)
公路桥面板	航道桥	CS-A	900×262	192	17.871
	航道桥	CS-B	900×242	88	16.469
	航道桥	CS-A1	666×262	192	13.196
	航道桥	CS-B1	666×242	88	12.164
	80m 钢桁梁	B1	906×283	100	19.688
	80m 钢桁梁	B2/B3	925×283	312	19.425
	80m 钢桁梁	TB1	849×283	4	18.218
	80m 钢桁梁	A1	906×290	100	20.160
	80m 钢桁梁	A2/A3	925×290	312	19.845
	80m 钢桁梁	TA1	849×290	4	18.638
	80m 钢桁梁	C1	906×308	100	21.315
	80m 钢桁梁	C2/C3	925×308	312	21.000
	80m 钢桁梁	TC1	849×308	4	19.714
	80m 钢桁梁	D1/D1a	906×670	96	46.778
	80m 钢桁梁	D2/D2a/D3/D3a	925×670	300	45.833
	80m 钢桁梁	QD1	906×640	4	44.835
	80m 钢桁梁	QD2/QD3	925×640	12	44.258
	80m 钢桁梁	TD1	849×670	4	43.628
	88m 钢桁梁	B1	1006×283	26	21.735
	88m 钢桁梁	B2/B3	1025×283	96	21.446
	88m 钢桁梁	TB1	949×283	6	20.239
	88m 钢桁梁	A1	1006×290	26	22.234
	88m 钢桁梁	A2/A3	1025×290	96	21.945
	88m 钢桁梁	TA1	949×290	6	20.711
	88m 钢桁梁	C1	1006×308	26	23.520
	88m 钢桁梁	C2/C3	1025×308	96	23.205
	88m 钢桁梁	TC1	949×308	6	21.893
	88m 钢桁梁	D1/D1a	1006×670	18	50.978
	88m 钢桁梁	D2/D2a/D3/D3a	1025×670	60	50.873
	88m 钢桁梁	QD1	1006×640	8	49.061
	88m 钢桁梁	D2/D3	1025×640	36	48.983
	88m 钢桁梁	TD1	949×670	2	47.801
	88m 钢桁梁	QTD1	949×640	4	46.043
铁路道砟槽梁	80m 钢桁梁	CY1	866×485.5	104	55.125
	80m 钢桁梁	CY2	886×485.5	312	56.438
	88m 钢桁梁	CY1	966×485.5	32	61.425
	88m 钢桁梁	CY2	986×485.5	96	62.738

简支钢桁梁公路桥面板为钢筋混凝土结构,采用 C60 混凝土,标准桥面板厚 0.25m,在与钢梁结合处通过梗肋变厚至 0.35m,悬臂端桥面板厚 0.2m,根据尺寸差异情况,横桥向将桥面板分 A、B、C、D 四大类,其横向标准尺寸分别为 2.9m、2.83m、3.08m、6.7m,曲线段外侧 D 类预制板横向宽度为 6.4m。横桥向主筋直径为 22mm,纵桥向钢筋在支点附近 4 个节间板块采用直径 22mm 钢筋,中间 4 个节间板块钢筋直径为 16mm,钢筋均采用 HRB400 钢筋。航道桥公路混凝土桥面板采用 C60 混凝土,钢筋为 HRB400,纵向及横向直径均为 22mm。桥面板存放时间不少于 6 个月。简支钢桁梁断面图如图 6-2-6-1 所示。

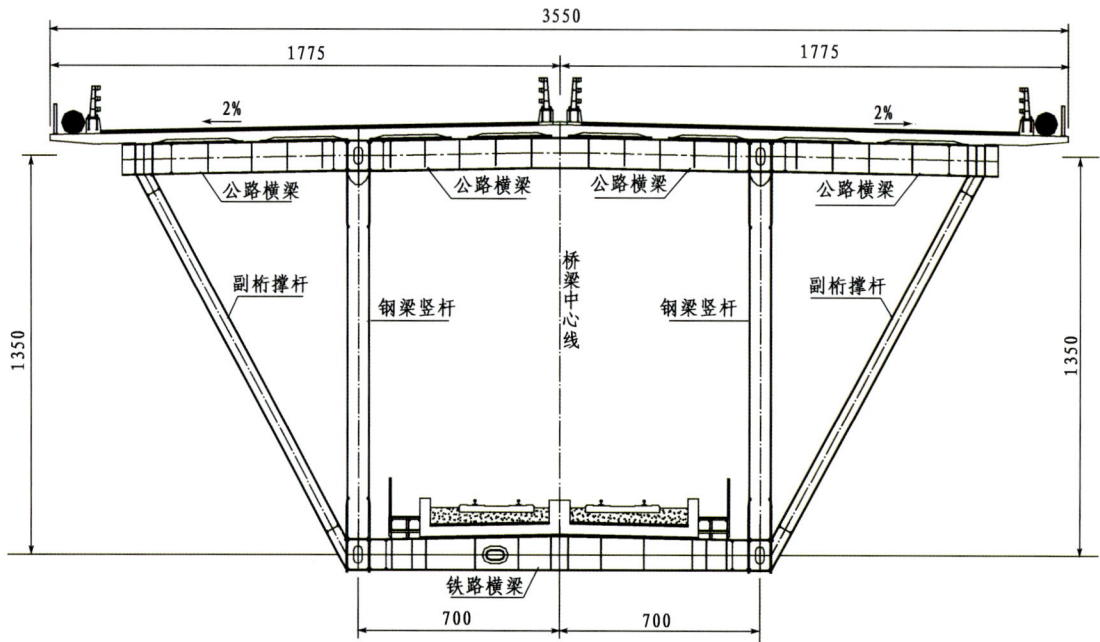

图 6-2-6-1　简支钢桁梁断面图(尺寸单位:cm)

铁路桥面采用双幅槽梁布置,槽梁采用 C60 混凝土,槽梁宽度为 4.855m,在两侧设置竖墙,靠近主桁侧竖墙高 1.3m,靠主梁中线处竖墙高 1.15m。槽梁竖墙厚 0.36m,底板厚 0.36m。槽梁内侧在竖墙底设置宽 0.25m 的倒角。槽梁按纵向长度分为两类,其长度分别为 8.66m、8.86m,纵向预应力钢束规格为 12-ϕ^s15.2mm 和 9-ϕ^s15.2mm,张拉龄期不小于 5d。钢束极限抗拉强度 1860MPa。所有钢筋采用 HRB400 普通钢筋,纵向主受力钢筋和竖墙箍筋采用直径 20mm 的钢筋,除横梁外底板底层横向钢筋直径 25mm,底板顶层钢筋直径 20mm,横梁处横向钢筋直径均为 20mm。通航孔桥钢梁断面图如图 6-2-6-2所示。

2.6.2　预制场地

预制板场位于连江县闽江口,原冠海船厂处,占地面积约为 120 亩(1 亩 ≈ 666.67m²),可采用船舶运输预制板至桥址处,行程约 70km,时长 8h。场区内布置有制板区、存板区、搅拌站、下海码头、钢筋加工厂、协力队伍生活区、职工生活及办公区和试验室等功能区,进行制(存)板施工。总体布置如图 6-2-6-3 所示。

2.6.3　总体预制方案及工艺

预制板采用成套钢模整体预制,钢筋骨架先在胎膜架上预制成型,整片吊装至预制板底模上,再安装侧模,进行混凝土浇筑,浇筑完成后利用自动喷淋设备进行养护,混凝土强度和龄期满足设计要求后进行铁路槽型梁张拉,利用运梁台车或门式起重机转移至存梁台座或下海码头,再利用 120t 门式起重机将预制板吊装至运输船,海运至施工区域,最后利用70t桥面吊机吊装、架设公路混凝土预制桥面板。公路桥面板安装完成后,再利用提架一体架桥机吊装及安装铁路槽型梁。

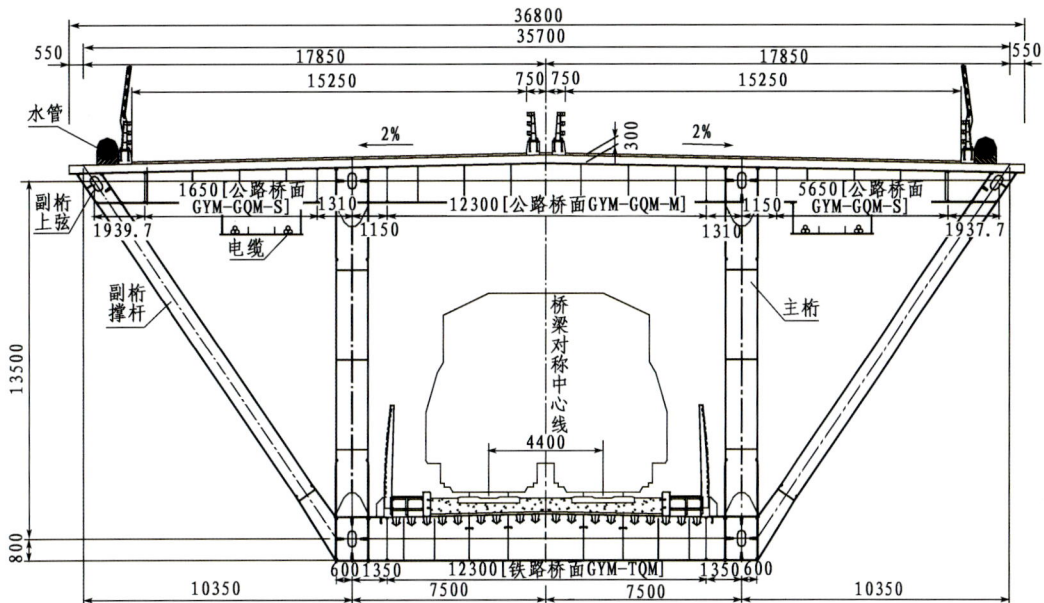

图 6-2-6-2　通航孔桥钢梁断面图(尺寸单位:mm)

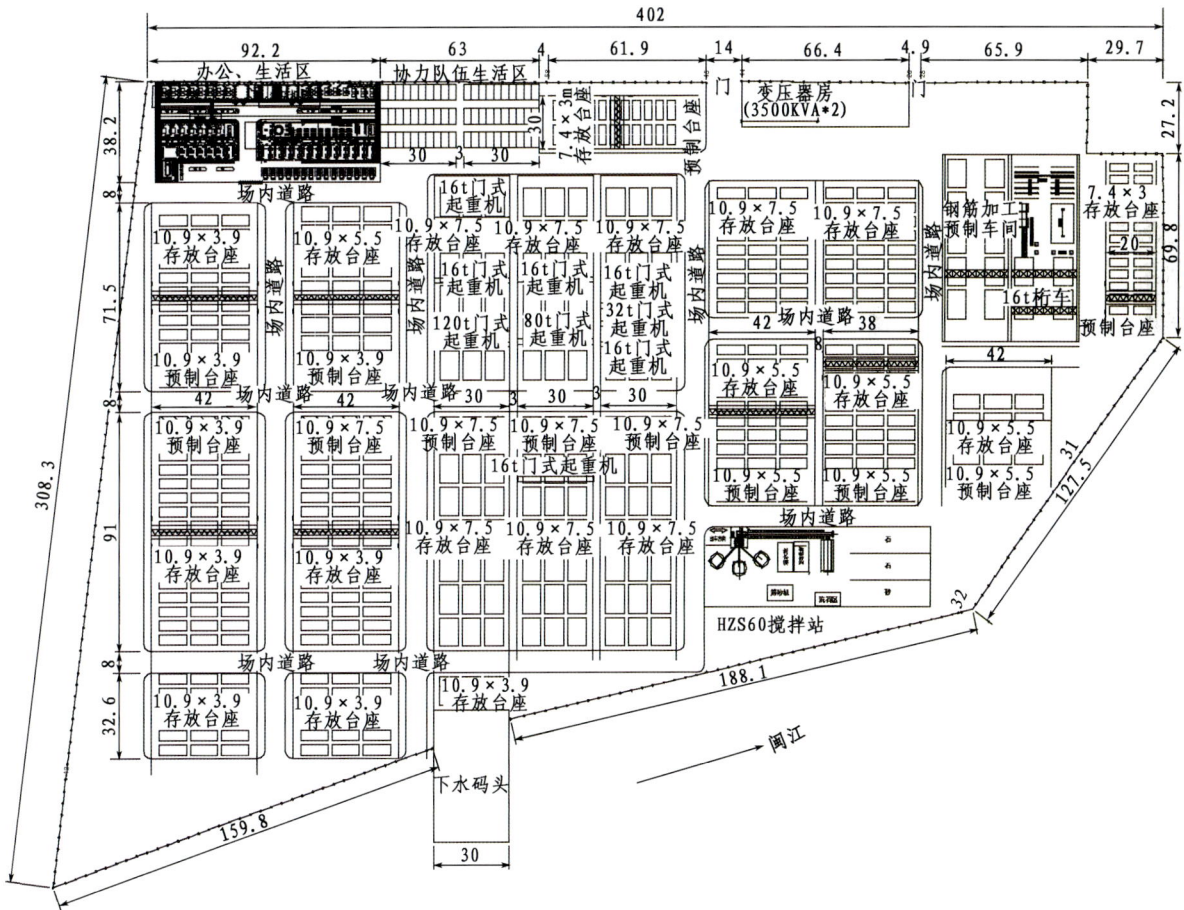

图 6-2-6-3　预制场总体布置(尺寸单位:m)

预制板生产施工工艺流程如图6-2-6-4所示。

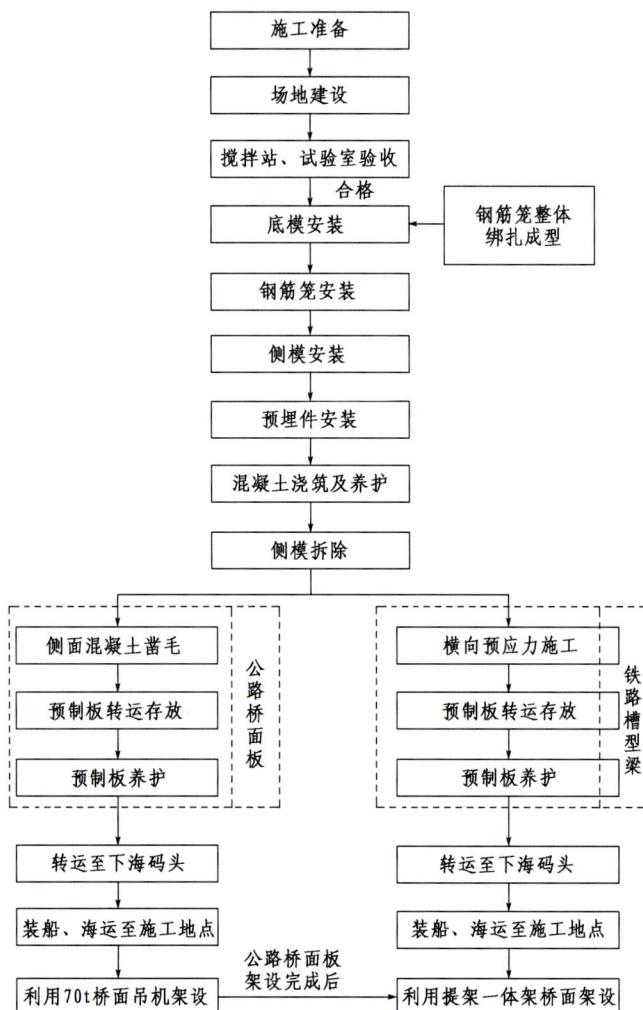

```
┌──────────────┐
│   施工准备   │
└──────┬───────┘
┌──────┴───────┐
│   场地建设   │
└──────┬───────┘
┌──────┴───────┐
│搅拌站、试验室验收│
│     合格     │
└──────┬───────┘                    ┌──────────────┐
┌──────┴───────┐◄───────────────────│ 钢筋笼整体   │
│   底模安装   │                    │ 绑扎成型     │
└──────┬───────┘                    └──────────────┘
┌──────┴───────┐
│   钢筋笼安装  │
└──────┬───────┘
┌──────┴───────┐
│   侧模安装   │
└──────┬───────┘
┌──────┴───────┐
│   预埋件安装  │
└──────┬───────┘
┌──────┴───────┐
│混凝土浇筑及养护│
└──────┬───────┘
┌──────┴───────┐
│   侧模拆除   │
└──────┬───────┘
```

公路桥面板	铁路槽型梁
侧面混凝土凿毛	横向预应力施工
预制板转运存放	预制板转运存放
预制板养护	预制板养护
转运至下海码头	转运至下海码头
装船、海运至施工地点	装船、海运至施工地点
利用70t桥面吊机架设	利用提架一体架桥面架设

公路桥面板架设完成后

图6-2-6-4　预制板生产施工工艺流程

2.6.4　预制模板施工

采用6mm面板、10号槽钢背肋作为底模,底模顶面平整度控制在2mm以内,彻底打磨除锈后均匀涂刷脱模剂定型产品即可使用。为便于桥面板环形钢筋的预留,侧模设计为整体插入式模板和挡板,并设置锯齿剪力槽,采用10mm和12mm厚钢板加工成型,底模侧模节段如图6-2-6-5所示。侧模与挡板之间、挡板模与底模之间采用螺栓连接,模板安装误差控制在2mm以内。

a)底模节段图(1)　　　　　　　　　　b)底模节段图(2)

图　6-2-6-5

c)侧模节段图

图 6-2-6-5　底模、侧模节段图

由于预留钢筋较多，容易出现钢筋与侧模顶紧的问题。侧模拆除时，应注意分段拆除，防止在侧模拆除过程中引起的侧模变形。同时，采取在侧模涂抹混凝土缓凝剂的形式，减小混凝土与侧模的黏结力，易于脱模。在进行底模调整节更换时，由于台位上没有更换空间，应对底模整体抬高支承后，再进行底模调整节的更换。

铁路道砟槽板模板设计采用底模平模和侧模斜模构造，实现铁路槽板的斜坡要求，如图 6-2-6-6 所示。其中，底模为固定整体钢底模，侧模为组合式钢模。底模采用 6mm 面板、10 号槽钢背肋，底模顶面平整度控制在 2mm 以内，彻底打磨除锈后均匀涂刷脱模剂定型产品即可使用；侧模面板采用 10mm 和 12mm 厚钢板，横肋采用 8 号槽钢，竖肋采用 10 号槽钢，间距 90cm 布置 ϕ24mm 螺纹拉杆。拉杆沿高度方向布置两道，均为体外拉杆。其中，底部拉杆孔设置在台座基础内，距离预制板底部高度为 5cm。

模板施工时，所有连接螺栓和拉杆螺母必须采用双螺母，防止在混凝土浇筑过程中螺母滑脱，模板的安装精度控制在 2mm 以内。

预制板规格种类繁多，达 37 种，其中，公路桥面 33 种，铁路道砟槽梁 4 种。生产台座共设计 32 个，为满足每一种类型桥面板的生产，对桥面板模板分断设计，设置标准段和调节段，标准段和不同调节段相互组合就能满足不同类型桥面板生产，节约模板数量和成本。

图 6-2-6-6　铁路槽梁模板结构

2.6.5　钢筋加工、绑扎与运输吊装

钢筋原材存放于有顶篷的原材料存放车间，以防钢筋锈蚀，如图 6-2-6-7 所示。钢筋加工前，先对钢筋表面的油污、浮锈等清理干净，对存在弯折的钢筋进行调直处理，使钢筋处于顺直、无局部弯折状态。

钢筋在钢筋加工厂集中下料生产，为了保证钢筋加工精度实现钢筋骨架安装尺寸误差要求，弯折钢筋和箍筋采用全自动数控钢筋弯曲下料机加工。（半）成品钢筋应按照钢筋类别编号、分类存放如图 6-2-6-8 所示。钢筋弯折时，对于受拉热轧光圆钢筋（HPB300）末端 180°弯钩，应满足弯曲半径 $R=$ 4cm、直线段长度 6cm 的图纸要求。对于受拉热轧带肋钢筋，末端直角形弯钩应满足弯曲半径 $R \geqslant 3.5$ 倍钢筋直径的规范要求，末端直线度长度应满足图纸的 10cm 要求。钢筋加工误差按照规范要求进行控制，其中受力钢筋全长允许偏差范围为 ±10mm；弯起钢筋弯折位置允许偏差范围为 20mm；箍筋内径尺寸允许偏差范围为 ±3mm。根据图纸设计要求，板块钢筋伸入现浇接缝后，在接缝内搭接，搭接钢筋需要在钢筋加工时预弯出一定角度,保证两搭接钢筋在一条直线上。考虑到环形钢筋预弯难度较大,为方便施工,相邻两块桥面板的纵横向预留钢筋相反方向平移半个钢筋直径,整体错开一个钢筋直径,并使绑扎连接长度满足规范要求。

图 6-2-6-7　板厂标准化钢筋加工车间

图 6-2-6-8　钢筋(半)成品存放

钢筋骨架采用台座外预制成型,整体吊装至生产台座的施工工艺。钢筋绑扎采用胎架法制作,胎架由骨架和钢筋定位卡两部分组成,通过两相邻直角边限位实现钢筋骨架的整体定位。钢筋骨架底面按照每平方米不小于 4 个保护层垫块进行高度方向的定位,钢筋安装时先安装环向钢筋,再安装分布钢筋,主筋与分部钢筋之间采用扎丝隔点扎接,扎丝扎接完成后丝头应扣向钢筋骨架内侧,防止扎丝露出浇筑混凝土外,形成腐蚀通道。钢筋间距偏差不得大于 ±5mm。

为了方便钢筋骨架安装成型以及钢筋骨架的稳固,应根据实际绑扎需求,按梅花形布置适当架立钢筋。钢筋骨架上下两层通过拉筋增强钢筋骨架的整体性,拉筋施工时,按照纵横向不大于 40cm 间距,梅花形布置。拉筋应勾在纵横向钢筋交叉点位置处,钢筋笼绑扎成型如图 6-2-6-9 所示。

图 6-2-6-9　钢筋笼绑扎成型实例

预制板预埋件种类包括梁端伸缩缝、泄水管及栏杆预留钢筋等。预埋件施工时,应安装图纸要求,进行详细列表(表 6-2-6-2),在预制板混凝土浇筑前对照列表进行逐一检查,确定无遗漏过后,才可进行混凝土浇筑施工。

桥面板预埋件统计表　　　　　　　　　　　　　　　　　　表 6-2-6-2

序号	类　别	名　称	结构形式	序号	类　别	名　称	结构形式
1	公路桥面板	公路伸缩缝	预埋件	6	公路桥面板	管道区栏杆	预埋件
2	公路桥面板	公路防撞栏杆	预留钢筋	7	公路桥面板	公路伸缩缝	预埋件
3	公路桥面板	泄水管	预埋件	8	铁路槽梁	泄水管	预埋件
4	公路桥面板	公路防撞栏杆	预留钢筋	9	铁路槽梁	梁端伸缩缝	预埋件
5	公路桥面板	泄水管	预埋件				

钢筋骨架在胎架上预制完成后,为了防止钢筋骨架在吊装过程中散架的问题,采用多吊点吊具进行吊装,吊具结构参照吊板吊具结构。吊装时,根据钢筋骨架的长度对称布置 13 个吊装点,两边各 5 个吊点,中间一排 3 个吊点,钢筋笼吊装如图 6-2-6-10、图 6-2-6-11 所示。

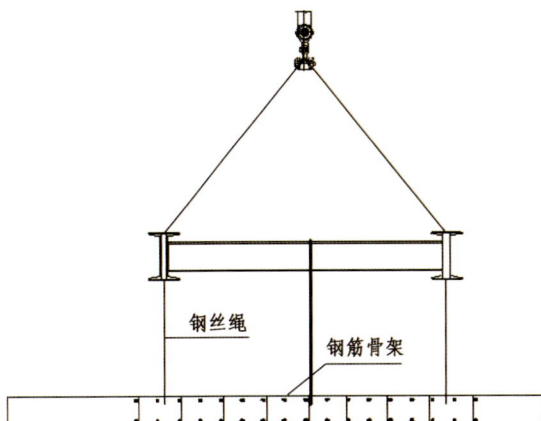

图 6-2-6-10 钢筋骨架吊装示意图

图 6-2-6-11 钢筋笼吊装现场实例

桥面板预留钢筋种类繁复、数量较多,包括现浇板预留钢筋、伸缩缝预留钢筋、防撞墙预留钢筋等,而且桥面板存放时间长,预制板浇筑完成后,需要对所有预留钢筋进行防锈处理。首先对预留钢筋表面锈质及污着物清理干净,然后用调制好的水泥浆涂刷,通过水泥浆的隔离作用,实现预留钢筋的防腐处理。根据预制板存放时间,对预留钢筋进行防腐检查,若水泥浆涂层出现开裂等情况,需要将预留钢筋重新清理干净,然后再涂刷水泥浆保护。

2.6.6 混凝土浇筑、凿毛及拉毛

混凝土由混凝土运输车运输至生产区后,先将混凝土倒入集料斗中,由门式起重机起吊料斗至台座上方进行混凝土浇筑,如图 6-2-6-12 所示。布料时必须控制布料速度,防止混凝土将钢筋和模板重力冲击变形;预制板平面尺寸较大,布料过程中要均匀布料,禁止通过振动棒驱赶布料的方式;铁路道砟槽梁布料时,为了防止槽梁壁墙的混凝土侧压力集中,两侧壁墙应对称均匀布料。布料过程中严禁将出料口对准预埋件布料。

混凝土振捣时,移动间距不大于振动棒作用半径的 1.5 倍(B50 振动棒,一般 45~60cm);振捣时插点均匀、成行或交错式移动,以免漏振;每一次振动时间约 20~30s,以免欠振或过振;振动完毕后,边振动边徐徐拔出振动棒。混凝土应振捣密实,混凝土密实的标志:混凝土不再下沉、不再冒气泡、表面开始泛浆。混凝土振捣过程中应注意以下事项:

(1)混凝土振捣时,振动棒不得碰撞模板,更不得撬住钢筋进行振捣。

(2)混凝土浇筑应连续进行,若因故必须间断时,其间断时间不得超过混凝土的初凝时间。

(3)混凝土浇筑期间,由专人检查预埋钢筋和其他预埋件的稳固情况,对松动、变形、移位等情况,及时将其复位并固定好。

侧模拆除后,要及时用高压水冲洗凿毛。在侧模面板上均匀涂刷缓凝剂,混凝土灌注终凝后,拆除模板用压力水冲洗,形成水洗毛面,如图 6-2-6-13 所示,具体做法如下:

(1)选择西卡胶凝状缓凝剂,西卡缓凝剂有胶体状和液体状两种,胶凝状效果较好,液体状效果较差。

(2)使用时直接从桶中舀出涂刷,不能兑水稀释。

(3)用辊刷均匀涂抹在模板表面,不宜过早涂刷,最好在模板安装前涂刷。

(4)混凝土灌注完成后,在气温较高的情况下 6~8h 即可拆除模板,拆完模板后用 2~3kg/cm² 压力

的水冲洗混凝土表面即可形成水洗毛面。

图 6-2-6-12 混凝土浇筑

图 6-2-6-13 水冲凿毛

(5)凿毛要轻微细致,深度控制在 10mm 即可达到要求效果,同时把混凝土表面浮浆及松软层全部剔除掉,大部分露出粗集料,集料外露 75% 即可。凿毛过程中尽量控制对粗集料的破损,施工中其根部干净无浮浆无积水,凿毛最大的减少对钢筋的扰动和破坏。

根据设计要求对混凝土桥面板表面在板场预制时进行拉毛,如图 6-2-6-14 所示。在混凝土收浆二次抹面后进行机械拉毛,采用拉毛机横向拉毛,深度控制在 1~2mm,拉毛一次进行中不得停留。拉毛外观要纹理顺畅美观且形成顺直的沟槽。拉毛时严格控制拉毛深度及桥面板表面平整度,做到既有拉毛效果又不损害桥面板表面保护层及应有的平整度。

a)

b)

图 6-2-6-14 桥面板拉毛

混凝土桥面板顶面按要求进行拉毛处理后,待混凝土终凝立即覆盖土工布洒水养护,土工布之间应相互搭接,每天洒水次数以能保持混凝土表面经常处于湿润状态为宜,养护时间不少于 14d。桥面板混凝土强度达到 2.5MPa 前,顶面不得承受行人、模板及其他材料等外部荷载。

制板场采用自能喷淋养护系统,喷淋养护效果明显提高。喷淋系统喷出覆盖混凝土养护面的水雾较为均匀,避免形成干湿循环,克服了以往混凝土洒水养护不均匀的弊病,较好解决了混凝土表面的开裂问题,具有施工操作灵活、方便、节水,每次喷洒时间为 2min,间隔为 30min,可根据现场天气情况的变化和养护效果任意调整喷淋时间等特点。并实现了全天候、全湿润的养护质量标准,养护质量及效果明显提高,解决了混凝土养护的弊病,提高了混凝土养护效率,节约用水量明显提升。自动喷淋养护系统可将水雾完全喷洒,增大了水雾与预制板混凝土的流水面积,避免了人工用水管养护时水柱太粗养护面积小的缺陷,较大节约了用水资源。并且自动喷淋养护系统是联网的,在任何地方可通过手机和计算机 App 随时控制。

"桥面板混凝土喷淋养护"工艺原理是通过三级沉淀蓄水池、高扬程水泵、时间继电器、输水管、喷淋管组成喷淋系统,沉淀池的蓄水量能够保证连续喷淋作业条件后,设定时间继电器的时间间隔和持续时间并开动喷淋系统电源,喷淋系统进入工作状态,单个制板台座喷淋装置如图6-2-6-15~图6-2-6-18所示。继电器到达指定的喷淋间隔时间后自动接通水泵开关,高扬程水泵从沉淀池内抽水送至输水管内,输水管连接环形喷淋管道,此时喷淋管喷头对预制板混凝土进行喷淋洒水,通过湿润的土工布经重力自流将水幕均匀地传递到需养护的桥面板混凝土面上,喷水时间达到预定的时间后,时间继电器关闭,水泵开关停止喷水。三级沉淀池的养护用水主要来自制板区通过水沟回收的雨水和养护流失的水经过三级沉淀后重复使用;当回收的水源不够时备用水源自来水。

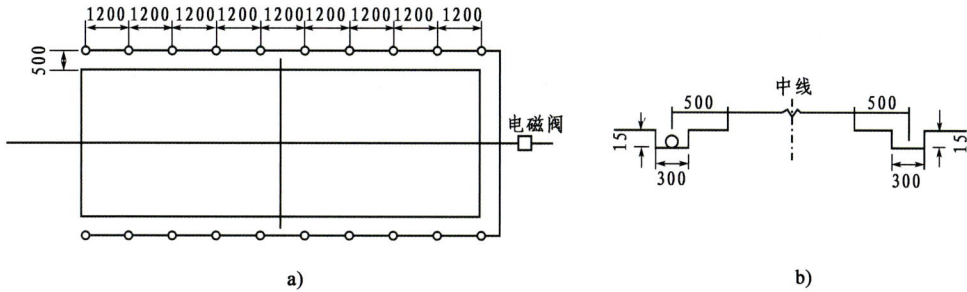

图 6-2-6-15　单个制板台座喷淋装置布置图(尺寸单位:mm)

图 6-2-6-16　自动喷淋装置现场

图 6-2-6-17　自动喷淋装置水池

a)

b)

图 6-2-6-18　存板区桥面板智能喷淋养护

2.7　公路混凝土桥面板及铁路槽型梁架设施工

2.7.1　公路桥面板架设

1）设计概况

（1）截面尺寸

①简支钢桁梁桥面板截面尺寸

简支钢桁梁公路桥面板为钢筋混凝土结构,采用 C60 混凝土。桥面板支撑在上弦杆副桁弦杆及纵、横梁的上翼缘。标准桥面板厚 0.25m,在与钢梁结合处通过梗肋变厚至 0.35m,悬臂端桥面板厚 0.2m。桥面板在钢横梁上翼缘板结合处底面宽 0.96m,梗肋水平长度为 0.5m。在上弦杆上翼缘板结合处底面宽 1.04m,梗肋水平长度为 0.35m。梁端沿桥纵向 2.54m 范围,桥面板全断面采用等厚板,板厚 0.35m,并在伸缩缝安装区间预留深 0.12m 的伸缩缝槽口。公路桥面板截面如图 6-2-7-1 所示。

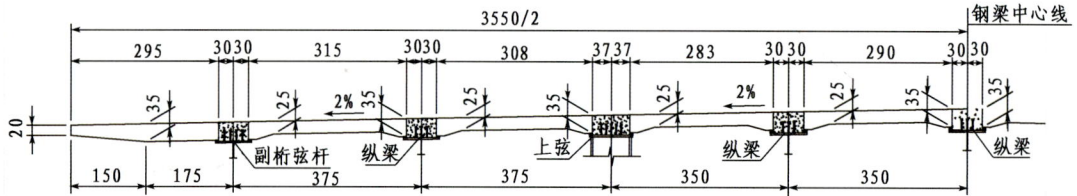

图 6-2-7-1　公路桥面板截面图（尺寸单位:cm）

桥面板在副桁弦杆处设置剪力钉预留槽,用于布置集束式剪力钉。预留槽横向尺寸为 60cm,纵向为 60cm。剪力槽净间距 0.4m。在横梁、纵梁和上弦杆顶面设置全桥通长的现浇缝,横梁接缝纵向宽 56cm,上弦处纵向接缝横向宽 74cm,纵梁处纵向接缝横向宽 60cm。桥面板现浇部分混凝土采用 C60 无收缩混凝土。

预制桥面板与钢梁之间设置垫层,垫层采用抗老化性好的橡胶止浆垫片,高度需保证压缩后能使桥面板顶高程满足设计要求,垫层与桥面板和钢梁均要密贴,避免出现浇筑湿接缝混凝土出现漏浆现象。

②航道桥边跨无索区钢桁梁桥面板截面尺寸

边跨混凝土桥面板厚 30cm,分为预制部分和现浇部分。预制部分采用 C60 混凝土,预制板均设有剪力键,横向剪力键突出 6cm,纵向剪力键突出 5cm。在钢梁支撑处边缘设置厚 5cm 的抗老化性好的橡胶止浆垫片,以防止现浇混凝土浆外溢。

（2）桥面板分块

简支钢桁梁桥面板根据公路弦杆和纵横梁的位置进行纵向和横向分块,单跨简支梁纵向共 9 道公路横梁,则预制桥面板纵向分为 8 块,由于梁端节间长度 9.6m,中间节间长度 9.8m,标准区段预制板纵向板块尺寸分 9.06m 和 9.25m 两种,而在与主桥相接的位置,因伸缩缝安装需要,梁端预制板纵向长度调整为 8.49m。全桥横向布置了 2 道上弦杆,2 道副桁弦杆,5 道纵梁。根据结构尺寸差异,横桥向将桥面板分 A、B、C、D 四大类,其横向标准尺寸分别为 2.9m、2.83m、3.08m、6.7m。公路桥面板总平面图如图 6-2-7-2 所示。

无索区钢桁梁公路桥面板根据公路弦杆和纵横梁的位置进行纵向和横向分块,全桥纵向共 24 道公路横梁,则预制桥面板纵向分为 26 块,横桥向将桥面板分 A、B 两大类,其横向标准尺寸分别为 9.0m 和 6.66m。无索区钢桁梁公路桥面板总平面图如图 6-2-7-3 所示。桥面板尺寸型号参数见表 6-2-7-1。

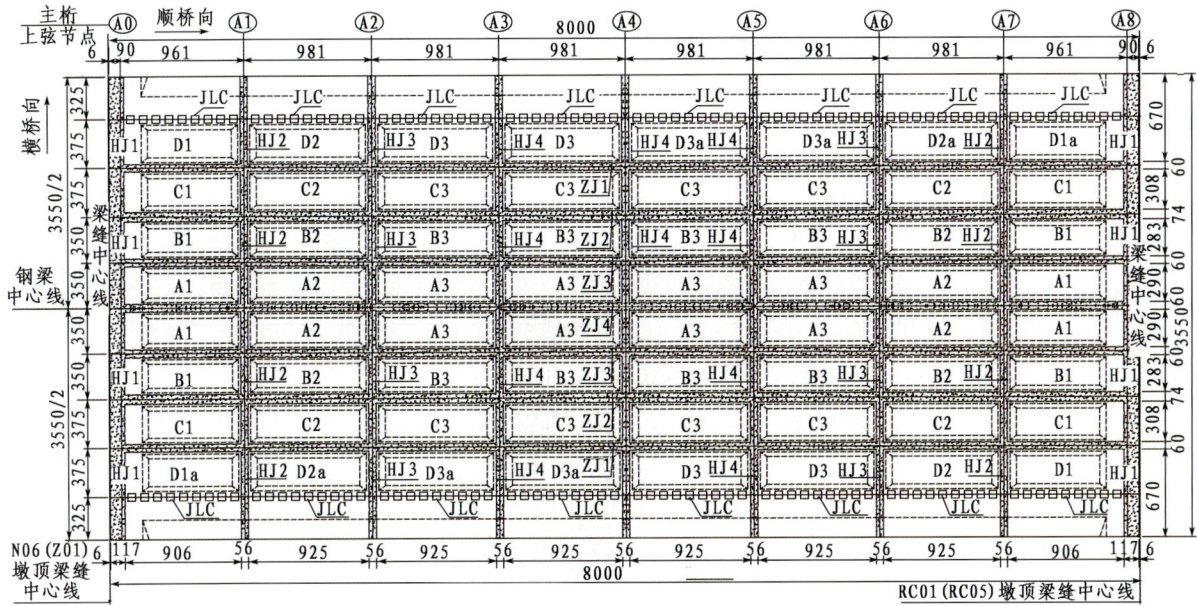

图 6-2-7-2 简支钢桁梁公路桥面板总平面图(尺寸单位:cm)

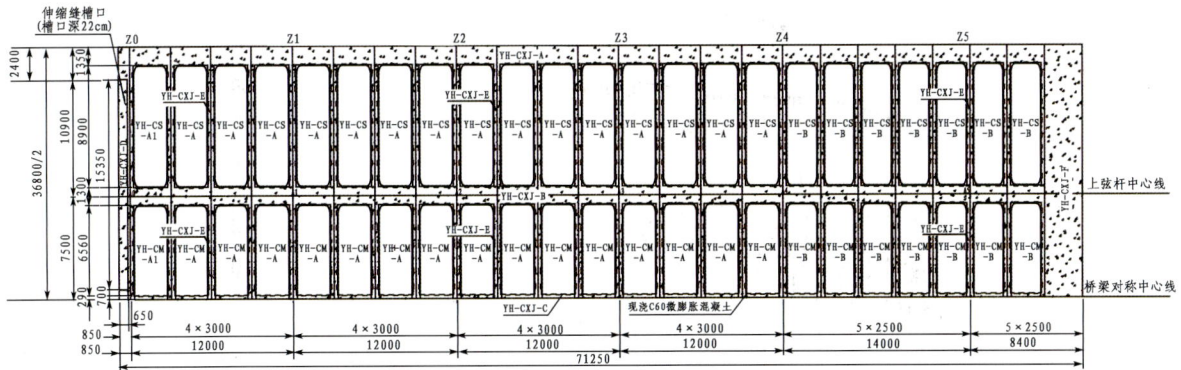

图 6-2-7-3 1/2 无索区钢桁梁公路桥面板总平面图(尺寸单位:mm)

桥面板尺寸型号参数 表 6-2-7-1

名 称	型 号	尺寸(cm)	单孔块数	总量	单块重(t)	备 注
80m 钢桁梁 (5孔)	A1	906×290	4	20	20.16	直线段钢梁
	A2	925×290	4	20	19.845	
	A3		8	40	19.845	
	B1	906×283	4	20	19.6875	
	B2	925×283	4	20	19.425	
	B3		8	40	19.425	
	C1	906×308	4	20	21.315	
	C2	925×308	4	20	21	
	C3		8	40	21	
	D1	906×670	2	8	46.7775	
	D1a		2	8	46.7775	
	D2	925×670	2	8	45.8325	
	D2a		2	8	45.8325	
	D3		4	16	45.8325	

109

续上表

名　称	型　号	尺寸(cm)	单孔块数	总量	单块重(t)	备　注
80m 钢桁梁（5孔）	D3a	925×670	4	16	45.8325	直线段钢梁
	QD1 系列	906×640	2	2	45.01	CX01～CX02
	QD1a 系列		2	2	45.01	
	QD2 系列	925×640	2	2	46.03	
	QD2a 系列		2	2	46.03	
	QD3 系列		4	4	46.03	
	QD3a 系列		4	4	46.03	
88m 钢桁梁(1孔)	A1	1006×290	4	4	22	曲线段钢梁
	A2	1025×290	4	4	22	
	A3		8	8	22	
	B1	1006×283	4	4	22	
	B2	1025×283	4	4	21	
	B3		8	8	21	
	C1	1006×308	4	4	24	
	C2	1025×308	4	4	23	
	C3		8	8	23	
	QD1 系列	1006×640	2	2	51	
	QD1a 系列		2	2	51	
	QD2 系列	1025×640	2	2	51	
	QD2a 系列		2	2	51	
	QD3 系列		4	4	51	
	QD3a 系列		4	4	51	
	QTD1	949×640	1	1	47.2	
	QTD1a		1	1	47.2	
	TA1	949×290	2	2	21.4	
	TB1	949×283	2	2	20.9	
	TC1	949×308	2	2	22.7	
边跨无索区钢桁梁	GYM-CS-A	900×262	46	46	19.6469	
	GYM-CS-A1	900×262	2	2	20.032	
	GYM-CS-B	900×242	4	4	18.1869	
	GYM-CM-A	666×262	46	46	14.4905	
	GYM-CM-A1	666×262	2	2	14.7761	
	GYM-CM-B	666×242	4	4	13.4163	

（3）钢筋布置

公路桥面板设计为钢筋混凝土结构,采用 HRB400 钢筋。横桥向钢筋纵向间距为 10cm,纵桥向钢筋横向间距为 12cm。横桥向主受力钢筋直径为 φ22mm。板块钢筋伸入现浇湿接缝后,在接缝内搭接,搭接钢筋需要在钢筋加工时进行预弯一定角度,保证两搭接钢筋轴线在一条直线上。

无索区钢桁梁预制现浇桥面板的纵向主筋均采用 φ22mm 钢筋,间距为 12cm;横向主筋均采用 C20 钢筋,间距为 15cm。

（4）剪力钉布置

剪力键采用圆柱头焊钉，材质为 ML15。剪力钉直径为 22mm，高 250mm。剪力钉布置在主桁和副桁弦杆及公路纵横梁上。在主桁弦杆和纵横梁上，剪力钉采用均匀布置，依剪力大小适当调整间距。在副桁弦杆，剪力钉采用集束式布置，纵向 5 排为 1 个钉群，钉群中心线之间的纵向距离为 1000mm，每束钉群中剪力钉纵向间距 100mm。无索区钢桁梁公路横梁上翼缘与混凝土桥面板的结合均采用 ϕ22mm 圆头焊钉，剪力钉均为工厂焊接。

2）总体施工工艺

公路桥面板采用 70t 架板机整体吊装及安装的施工方案。待公路桥面板在预制板厂制造完毕、钢桁梁支座安装完成后，利用运输船舶运输待架墩位，用 70t 架板吊机直接进行吊装及安装就位，公路桥面板安装到位后再进行湿接缝施工。

钢桁梁公路桥面板安装的主要施工流程：施工准备→桥面板倒运待架区域→桥面板吊装及安装→湿接缝施工。钢桁梁桥面板架设的施工流程如图 6-2-7-4 所示。

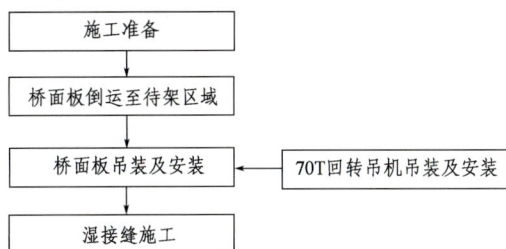

图 6-2-7-4　公路桥面板安装施工流程

3）桥面板运输

（1）运输船参数

兴洋 7 号运输船长 78m，宽 18m，最大吃水深度 3.25m，最大载重能力 3000t。兴洋 7 号甲板运输船舶的参数见表 6-2-7-2。

兴洋 7 号甲板运输船舶的参数　　　　表 6-2-7-2

序　号	名　称	尺　寸
1	总长	78m
2	垂线间长	75m
3	夏季载重水线长	76.24m
4	型宽	18m
5	型深	4.3m
6	夏季载重吃水线	3.25m
7	计算船长	73.95m
8	满载排水量	3985.6t

（2）运输船舶桥面板布置

兴洋 7 号甲板运输船满载排水量为 3985.6t，空船质量为 924.2t，甲板载质量为 2907.1t，装载货物的极限高度为 2m。根据甲板有限存放尺寸，单跨桥面板运输分 2 船运输。具体船舶桥面板布置如图 6-2-7-5、图 6-2-7-6 所示。

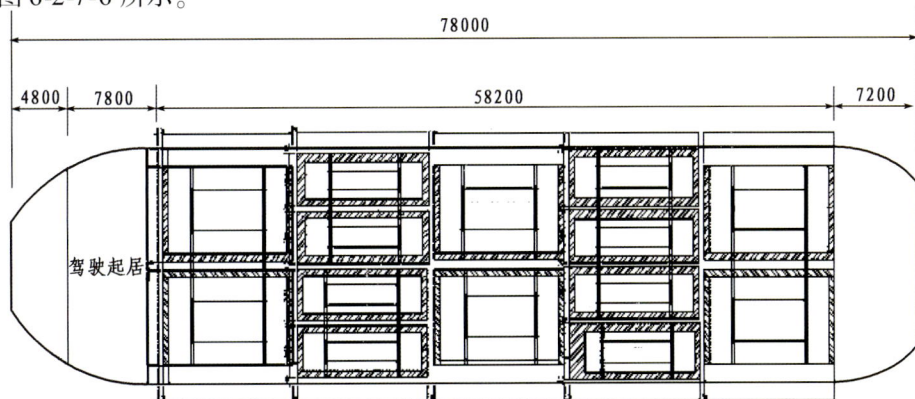

图 6-2-7-5　公路桥面板船舶装船平面图（第一船）（尺寸单位：mm）

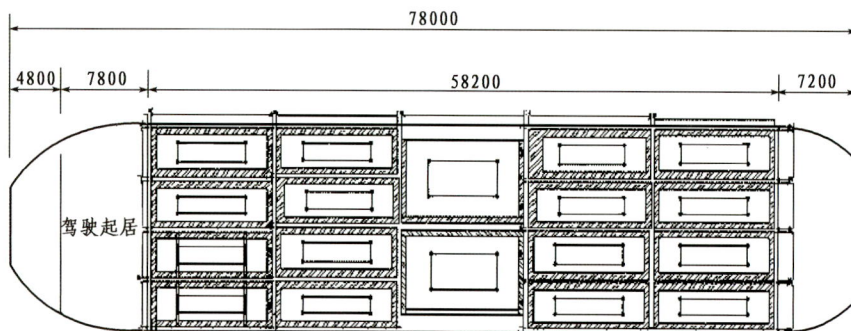

图 6-2-7-6　公路桥面板船舶装船平面图(第二船,尺寸单位:mm)

根据船舶公路桥面板布置图,第一船装 12 块 D 板 + 16 块中板,分两层布置,总重968t。第二船装 4 块 D 板 + 32 块中板,分两层布置,总重918t。

公路桥面板的装船顺序与最终架板的架设次序相关,先架设的后装船,后架设的先装船,先架设的先卸船,后架设的后卸船。

(3)桥面板运输船抛锚就位

桥面板运输船到达架板墩位处,调整船舶姿态,使其船舶纵轴线和栈桥左侧边线平行,分别从船头、船身、船尾牵引锚绳至指定位置进行船舶定位。简支钢桁梁桥面板及边跨无索区钢梁桥面板均不考虑存放由架扳机直接起吊至桥面进行架设施工。

4)架板机吊装及安装

架板机采用 WD70C 全回转吊机,吊机整机无需改造。架设系统由 WD70C 全回转吊机、走行轨道、分配梁及支撑垫块组成,其结构形式如图 6-2-7-7 所示。在吊装 70t 回转吊机之前,须提前将分配梁安装固定于钢梁上,然后将走行轨道和回转吊机作为整体架设于已安装好的分配梁上并固定。

(1)架板机分配梁安装

①钢桁梁顶操作平台布置及拆除

在钢桁梁安装分配梁两侧区域用钢脚手板搭设分配梁安装固定通道平台,通道平台外侧焊接临时栏杆。待 70t 回转吊机分配梁全部安装完成并和钢桁梁固定好之后,利用公路桥面50t 吊机逐块拆除原有通道平台,方便后续安装公路桥面板。

②安装 70t 回转吊机分配梁

70t 回转吊机分配梁为箱形结构,总共 4 根,长 17.08m,高 1.3m,宽 1.0m,单根重 2.7t。采用海鸥号起重船吊装。安装分配梁时,为避免和钢梁剪力钉冲突,在钢梁顶面分配梁支撑处通过垫块 K_1 来避让剪力钉,垫块 K_1 安装到钢梁顶面设计位置后(图 6-2-7-8),按照设计位置布置安装 4 根支撑分配梁,简支钢桁梁顶分配梁布置如图 6-2-7-9 所示。分配梁上相应轨道内侧提前设置限位挡块,方便回转吊机快速精确对位。分配梁安装好之后及时和钢桁梁主桁弦杆进行锚固。

③70t 回转吊机电源安装

70t 回转吊机整个动力驱动为电力驱动。电力驱动采用原墩顶横移钢桁梁所采用的电力系统,提前配备好电力电缆,满足架板吊机整跨施工。

(2)架板机吊装及安装

70t 回转吊机型号为 WD70C 全回转吊机,采用"海鸥 3600t"起重船整体吊装至待安装钢桁梁顶面。整体吊装如图 6-2-7-10 所示。

①"海鸥 3600t"起重船基本参数

"海鸥 3600t"起重船长 118.9m,宽 48.0m,主钩最大起重量 3600t,设计吃水深度 4.8m。

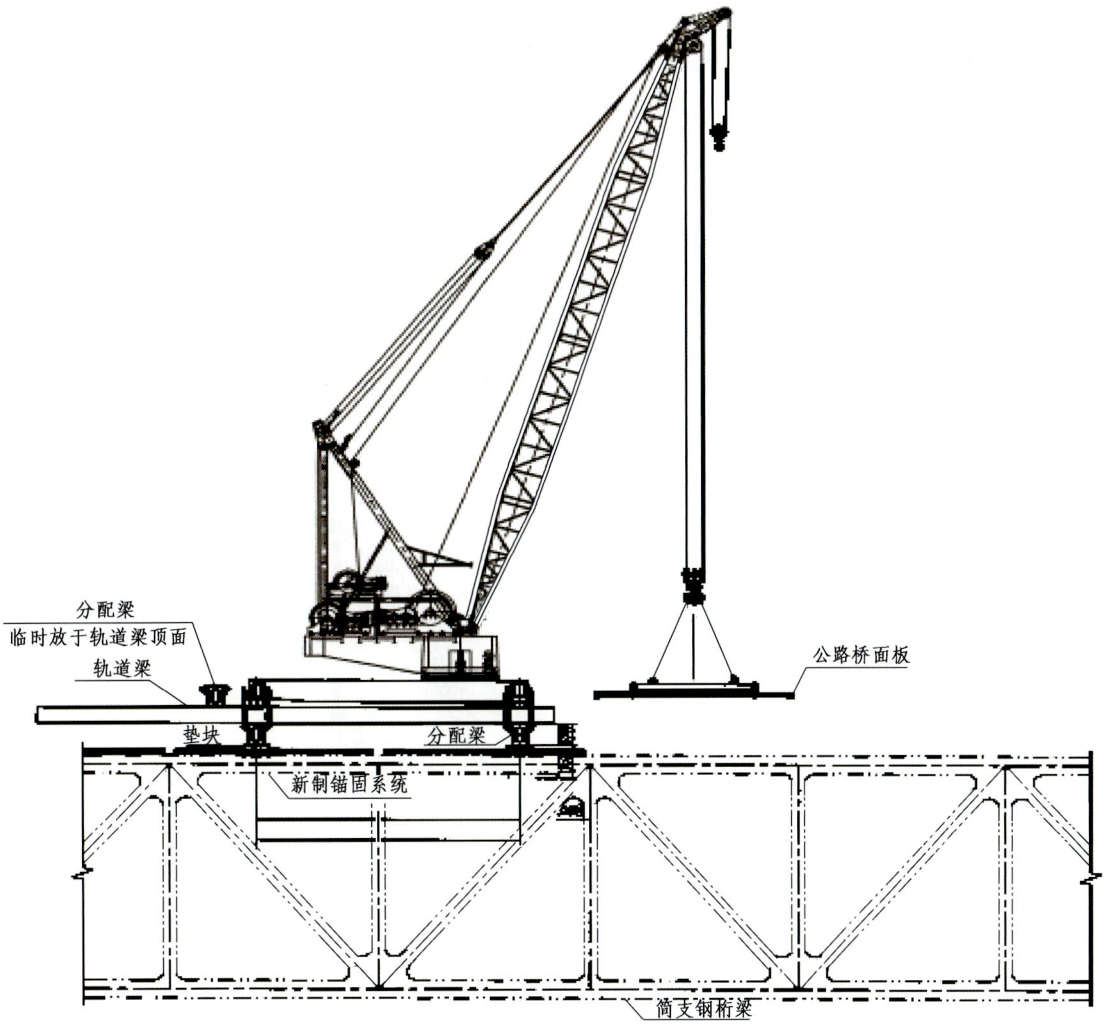

图 6-2-7-7　70t 回转吊机示意图

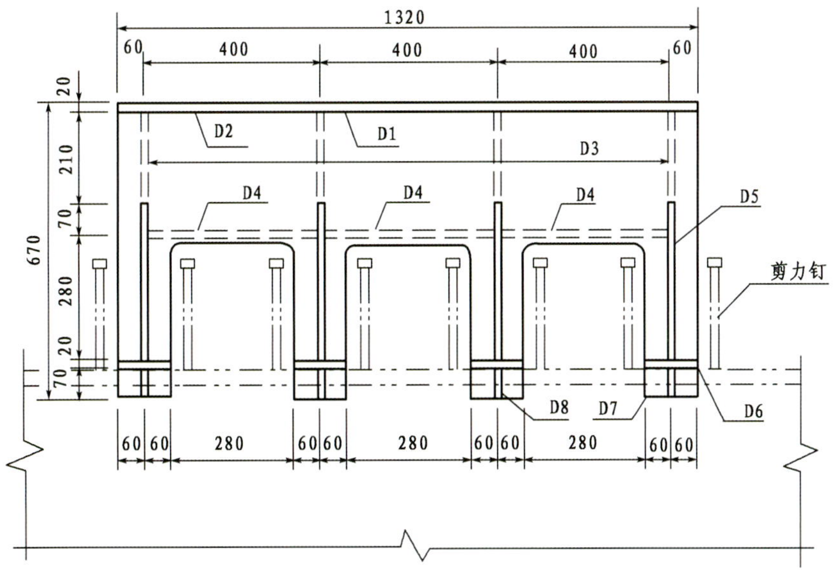

图 6-2-7-8　垫块 K_1 与钢桁梁剪力钉相对位置(尺寸单位:mm)

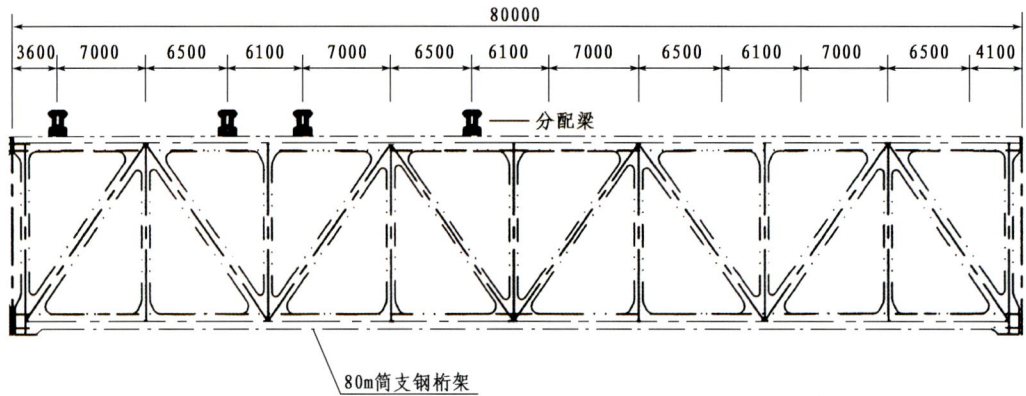

图 6-2-7-9　简支钢桁梁顶分配梁布置(尺寸单位:mm)

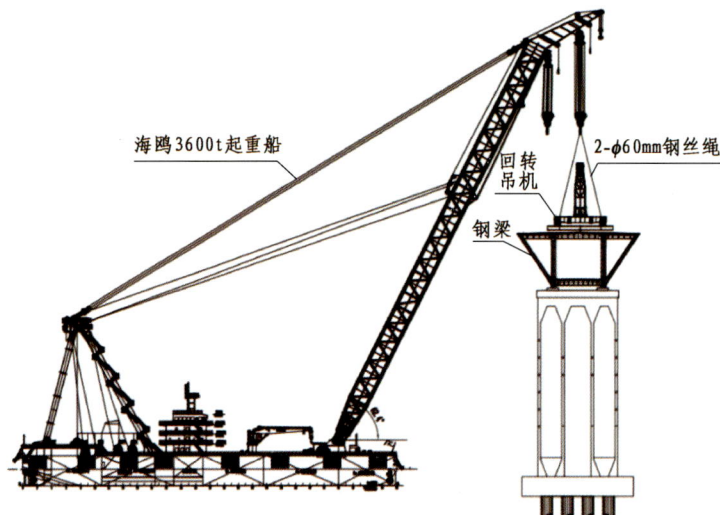

图 6-2-7-10　整体吊装示意图

②70t 回转吊机形态固定

70t 回转吊机整机质量195t,在其在扒杆起落的过程中,整机的重心也会随之移动。为保证起吊过程中吊机重心始终为同一位置,须使吊机的各机构呈固定状态,不随起吊错动相对位置。具体操作为:启动吊机的变幅机构,使之与水平角度呈33°夹角,按厂家要求采用槽钢或大直径钢管将吊臂同三角架临时焊接固定;将主钩、副钩固定在底盘上,将锚固机构捆扎固定在底盘上;将轨道梁同底盘结构焊接固定在一起。

吊装时,吊臂回转角度 $\alpha=0°$,前吊点反力71.5t,后吊点反力26.0t;满足吊装要求。

③70t 回转吊机吊装

a. 架扒机采用海鸥3600t 起重船由元洪航道桥转运至 CX22～CX23 号(CX02～CX01 号)墩栈桥左侧抛锚定位。海鸥3600t 起重船行走路线需满足其架设时吃水深度。架扒机吊装区域应提前进行扫海测量,施工海域已进行扫海测量,满足起重船吃水要求。

起吊前,将 4 个支点的油缸进行锁定,断开电源连接及电缆。事先将钢丝绳和吊机吊耳连接起来。

b. 在 70t 回转吊机底盘机构设置 4 个吊点,吊装钢丝绳采用 2-ϕ60mm 的钢丝绳,钢丝绳公称抗拉强度 1870MPa,最小破断力为 2400kN,钢丝绳走 2 道布置,起重船吊钩钢丝绳与吊耳之间采用 4 个 150t 卸扣连接。起重船吊装扒杆角度为 62°,为使吊装钢丝绳与吊机悬臂不冲突,吊点至起重船吊钩间垂直距离不小于 25m。70t 回转吊机吊装如图 6-2-7-11、图 6-2-7-12 所示。

114

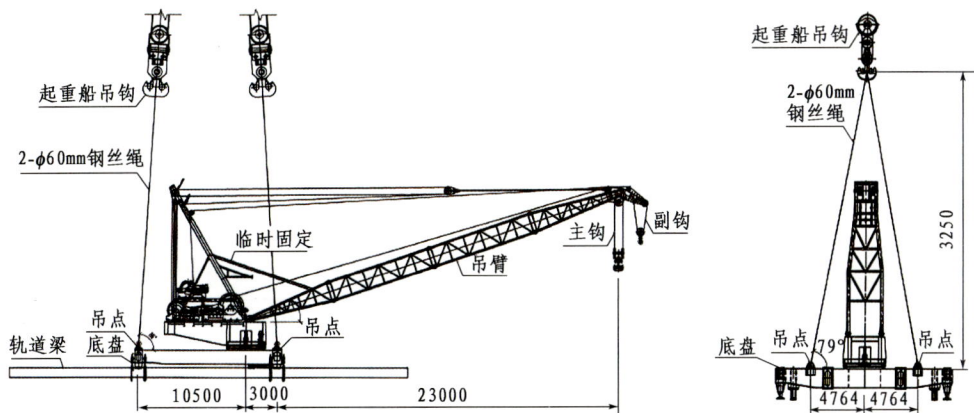

图6-2-7-11 70t回转吊机吊装示意图

c. 70t回转吊机安装就位。"海鸥3600t"起重船驶往CX22~CX23号(CX02~CX01号)墩位后,进行抛锚定位、调整姿态。然后整体缓慢落钩,待吊机底盘距离分配梁2m时,调整缓慢升起前方吊钩一定距离,使回转吊机倾斜,与钢桁梁顶面保持平行。观察摆幅情况,继续降钩直至吊机4个支点落至分配梁上,摘钩。

70t回转吊机的吊装及下放要求:良好的天气海况,浪高≤2.0m,流速≤1.5m/s,风力≤7级。吊机吊装及下放须有专人指挥,并多次调整姿态确保吊机水平,下放过程中测量人员随时跟踪测量。

回转吊机下放快到位时,须调整姿态使左侧走行

图6-2-7-12 70t回转吊机吊装实例

轨道和已设置的限位挡块紧贴,以满足吊机落到位后使其中轴线在设计位置上。

d. 接通吊机电源电力系统,解除轨道梁与底盘结构的焊接约束,解除锚固机构与底盘的连接,解除固定在底盘上的主钩与副钩,制动变幅机构,割除吊臂与三角架间的临时焊接。启动纵移油缸,移动纵移轨道至设计位置。

e. 70t全回转架板吊机使用前应做检查签证,附检查签证表,主要检查分配梁、锚固系统、垫块、轨道梁、架板吊机、吊具等内容。

5)桥面板吊装及安装

(1)桥面板吊具参数

公路桥面板的吊装、运输及架设安装都通过吊具来完成起吊。为满足不同种类桥面板的吊装作业,设计通用型吊具来吊装桥面板。吊具吊点孔间距从138~420cm不等,吊具两端增加两个活动横梁,这样可以满足A、B、C、D不同类型的桥面板及斜拉桥无索区桥面板(吊点孔间距不一样)的吊装。根据桥面板质量,吊具主梁采用双拼[36槽钢,撑杆采用I20工字钢,吊具布置5组撑杆,总重2.3t。吊杆采用直径25mm和30mm的PSB830精轧螺纹钢,穿过主梁吊装孔和桥面板吊点孔,利用垫板和螺母进行固定。吊装时,吊具顶部钢丝绳与吊具水平夹角不小于60°。吊具采用4点垂直吊装,可以增加桥面板吊装的稳定性。公路桥面板吊具和吊装示意分别如图6-2-7-13和图6-2-7-14所示。

序号	检 验 项 目	检 验 方 法	技 术 要 求
8	耐臭氧老化(40℃,48h,拉伸20%,200pphm)	GB/T 7762—2003	无龟裂
9	耐水性增重率	GB/T 1690—2010	≤4%

橡胶条厚度沿钢梁纵桥向方向一致,沿钢梁横桥向分别为2.5cm、3.0cm、5.9cm、7.3cm(曲线段外侧橡胶条有细微调整,具体尺寸详见相应施工图),如图6-2-7-17所示。橡胶条与钢梁顶面之间采用环氧树脂AB胶粘贴,粘贴时,橡胶条两端头带线进行校核,以保证线形顺直,橡胶条不得存在施工损伤及其他缺陷。在施工湿接缝混凝土前,须检查橡胶条与钢梁翼缘粘贴是否密实。

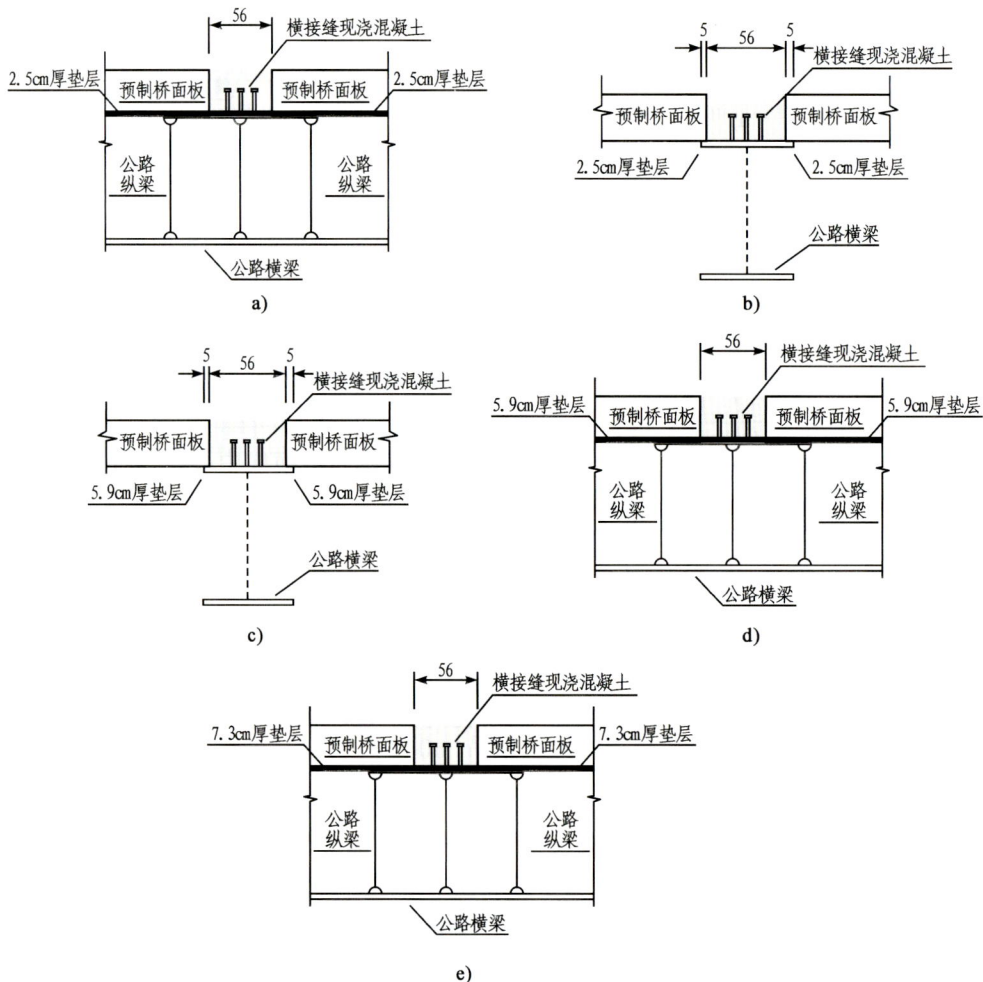

图6-2-7-17　钢桁梁混凝土桥面板横接缝处垫层设置示意图(尺寸单位:cm)

混凝土板安装后,在其自重作用下使橡胶条完全压密封闭,从而实现结合面的密封性,避免浇筑接缝混凝土出现漏浆现象。

(b)JN建筑结构胶

JN建筑结构胶由A、B两组改性环氧树脂类结构胶,其中,A组分由双酚A型环氧树脂、硅粉等组成;B组分由改性胺类固化剂组成。两个组分的比例为A:B=2:1,其性能符合《混凝土结构加固设计规范》(GB 50367—2006)及《公路桥梁加固设计规范》(JTG/T J22—2008)A级胶技术要求,通过国家标准90d湿热老化性能试验。

JN建筑结构胶性能参数见表6-2-7-4~表6-2-7-7。

建筑结构胶性能参数 表 6-2-7-4

性 能 项 目		性 能 指 标	试验方法标准
胶体性能	抗拉强度（MPa）	≥30	GB/T 2567—2008
	受拉弹性模量（MPa）	≥3.5×103	
	伸长率（%）	≥1.3	
	抗压强度（MPa）	≥65	
	抗弯强度（MPa）	≥45	
黏结性能	钢—钢拉伸抗剪强度标准值（MPa）	≥15	GB/T 7124
	钢—钢黏结抗拉强度（MPa）	≥33	GB/T 6329
	与混凝土正拉黏结强度（MPa）	≥2.5,且为混凝土内聚破坏	
耐湿热老化能力	与室温短期试验结果相比,抗剪强度降低率（%）	≤12	在50℃,90%HR环境中老化90d后,冷却至室温后进行钢对钢拉伸剪切试验
耐热老化能力	与同温度10min短期试验结果相比,抗剪强度降低率（%）	≤5	在（80±2）℃环境中老化30d后,同温度进行钢对钢拉伸剪切试验

环氧树脂指标要求 表 6-2-7-5

序号	检 测 项 目	指 标 要 求
1	环氧当量（g/Eq）	210~250
2	挥发分（110℃,3h）（%）	≤1

固化剂指标要求 表 6-2-7-6

序号	检 测 项 目	指 标 要 求
1	胺值（mgKOH/g）	200~700

环氧砂浆指标要求 表 6-2-7-7

序号	检 测 项 目	指 标 要 求
1	稠度（mm）	≥80
2	固化时间（h）	表干3h,实干24h
3	抗压强度（MPa）	≥65
4	抗拉强度（MPa）	≥10
5	抗折强度（MPa）	≥15
6	环氧砂浆对混凝土黏结抗拉强度（MPa）	≥2.5
7	快速老化试验	168h无明显变化

JN 建筑结构胶的拌制要求如下:

拌制前,准备好以下设备及工具:搅拌器、干净容器、抹刀等,并对 A、B 两组分材料分别进行充分上下搅拌,注意 A、B 搅拌器具不得混用。

建筑结构胶厂家按施工时每块涂抹区域的方量（翼缘板处每块约 0.014m³;小纵梁处约 0.004m³）,备置 A、B 两组分包装罐内的质量。施工时,将 1 罐 A 组分与 1 罐 B 组分混入搅拌,即可满足一块涂抹区域的涂抹方量。

将 A、B 两组分材料倒入干净容器中,使用搅拌器慢速搅拌（400~600r/min）,搅拌时间 3~5min 左右,直至颜色均匀且无混合不均匀的死角。

拌制好后,立即将材料涂抹于钢主梁上翼缘顶面,涂抹厚度为通长橡胶条初始厚度,剪力槽及湿接缝位置不予涂抹。并在固化时间内(约 1.5h),完成桥面板安装。

涂抹前,先在施工部位的边缘固定厚度标尺,然后再进行涂抹;施工时,要边涂抹边压实、找平,按先上后下的顺序涂抹。

(c)橡胶条安装及建筑结构胶涂抹施工方法

橡胶条安装:橡胶条采用环氧树脂胶粘贴;粘贴时,橡胶条两端头带线进行校核,以保证线形顺直。橡胶条不得存在施工损伤及其他缺陷。

单块桥面板施工方法:钢主梁上翼缘顶面建筑结构胶分块涂抹(仅涂抹桥面板实体部位),涂抹区域由纵向通长橡胶条及横向 25mm 的橡胶条封堵,横向橡胶条最外边缘距离为桥面板混凝土实体部分宽度。集束式剪力钉区域的胶皮布置如图 6-2-7-18 所示。

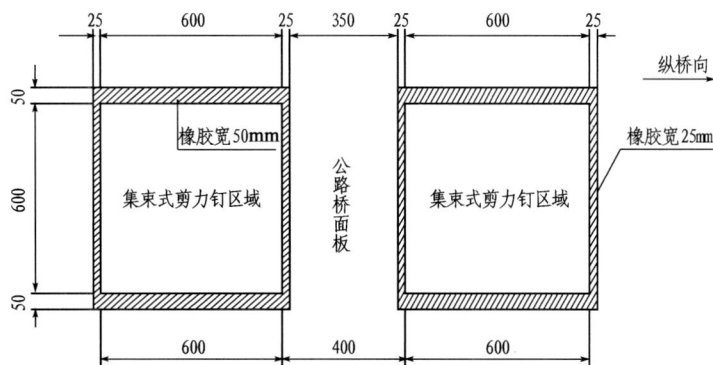

图 6-2-7-18　集束式剪力钉区域的胶皮布置(尺寸单位:mm)

施工时,建筑结构胶初始涂抹厚度与通长橡胶条初始厚度相同,安装桥面板后,通过桥面板自重,将通长橡胶条及建筑结构胶厚度压缩至设计要求厚度,多余的建筑结构胶从顺桥向缝隙中溢出,如图 6-2-7-19 所示。

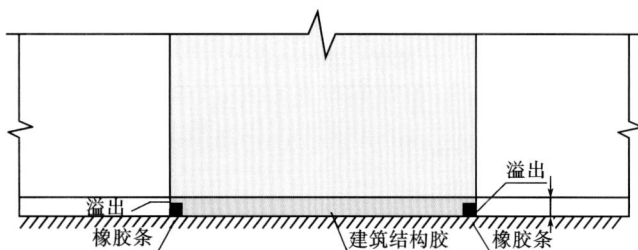

图 6-2-7-19　建筑结构胶溢出示意图

注意事项:每次建筑结构胶拌制时,必须随配随用,以免造成不必要的浪费;搅拌时,作业人员应穿工作服,戴橡胶(或塑料)手套,避免化学物质接触皮肤。如果粘到皮肤上,应立即用干布或纸巾擦掉,接触部位应立即用肥皂水清洗,切记不要用溶剂擦洗,溶剂可使有害物质渗入皮肤。

桥面板凿毛:安装前,将湿接缝两侧混凝土板的侧面应凿毛露出粗集料,清除混凝土碎渣并用水清洗干净。

②简支钢桁梁桥面板安装

桥面板安装整体顺序为从钢梁的一端安装到钢梁的另一端,桥面板安装后,在其自重作用下使橡胶条完全压密封闭,从而实现结合面的密封性。

桥面板安装前,在钢主梁上翼缘画线标记每块桥面板位置,从而避免桥面板安装时造成累计误差。

桥面板吊装吊具采用桥面板存放和转运的吊具。

a.单块桥面板的安装步骤

(a)在钢主梁上翼缘画线标记桥面板位置。

(b)涂抹建筑结构胶,粘贴橡胶条,环氧砂浆抹面。

(c)70t回转吊机起吊桥面板,移动到设计位置。

(d)精确调整桥面板平面位置。

(e)落板,在桥面板自重作用下使橡胶条完全压密封闭,实现结合面密封。

b.桥面板安装注意事项

(a)确认待安装桥面板类型,如联号、跨号、左右幅、板号,必须保证对应取板无误。

(b)70t回转吊机起吊使桥面板距离钢梁顶约1m后,停止起升,待回转移动到设计位置上方后,缓慢下放桥面板,在接近剪力钉时,停止下放,在精调桥面板位置后,缓慢落板于钢主梁上。

(c)桥面板安装前,放出桥面板顶面中线、底面中线及钢主梁上翼缘边线;桥面板调整位置时,以桥面板中心线与钢主梁中心线共线为标准。

(d)解除精轧螺纹钢时,先带力精轧螺纹钢后解除螺母,做好防范措施防止落入水中。

c.单孔桥面板架设顺序

单孔简支钢桁梁公路桥面板的架设安装共需要8个步骤。

步骤一:

利用桥面吊机侧面起吊桥面板至桥面(侧面起吊吊幅为23.9~30m),分别架设简直钢桁梁的E0~E2节间最外侧4块桥面板,桥面吊机吊幅为13.90~26.69m,如图6-2-7-20所示。

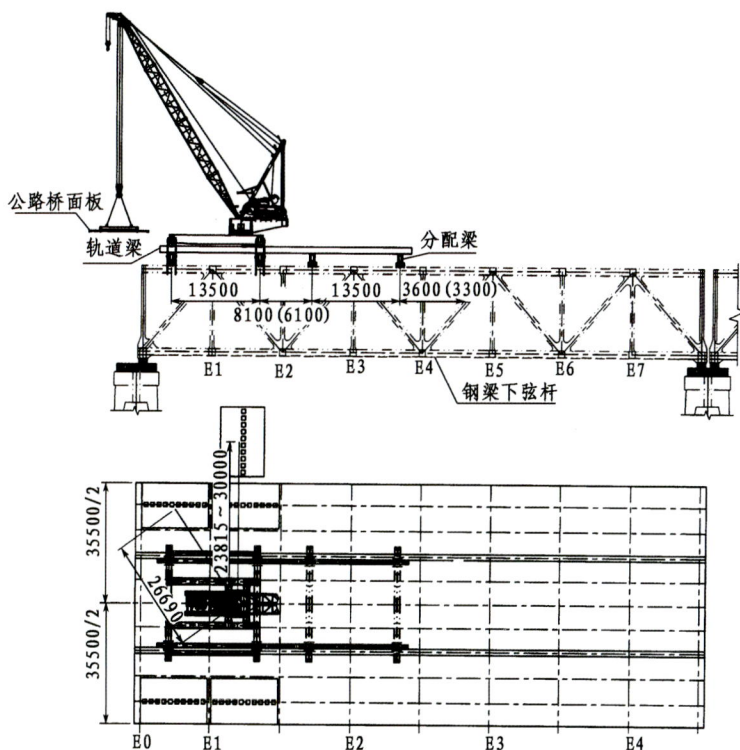

图 6-2-7-20 步骤一:架设 E0~E2 节间最外侧 4 块桥面板(尺寸单位:mm)

步骤二:

桥面吊机前移两个节间,吊机前后支顶油缸起顶,轨道前移,同时将前方分配梁吊至吊机下一次站位处。

吊机站位至E2~E4节间,然后侧面取板(侧面起吊吊幅为23.9~30m),架设E0~E2节间剩余12块桥面板及E2~E4节间最外侧4块桥面板,桥面吊机吊装幅度为13.90~32.44m,如图6-2-7-21所示。

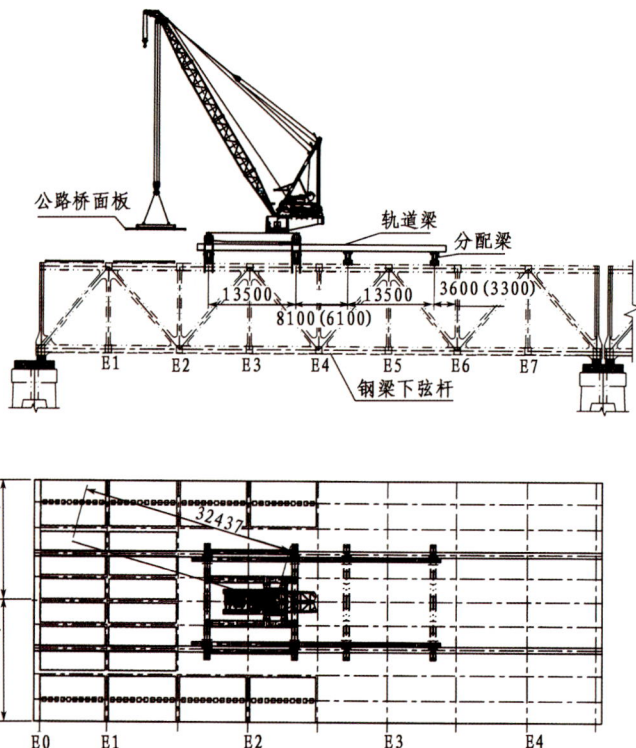

图 6-2-7-21　步骤二：架设 E0 ~ E2 节间剩余 12 块桥面板及 E2 ~ E4
节间最外侧 4 块桥面板(尺寸单位:mm)

步骤三：

重复步骤一和步骤二,直至调集走行至图示该孔简支钢桁梁 E6 ~ E8 节间处。

吊机站位至 E6 ~ E8 节间,然后侧面取板(侧面起吊吊幅为 23.9 ~ 30m),架设 E4 ~ E6 节间剩余 12 块桥面板及 E6 ~ E8 节间最外侧 4 块桥面板,桥面吊机吊装吊幅为 13.90 ~ 32.40m,如图6-2-7-22 所示。

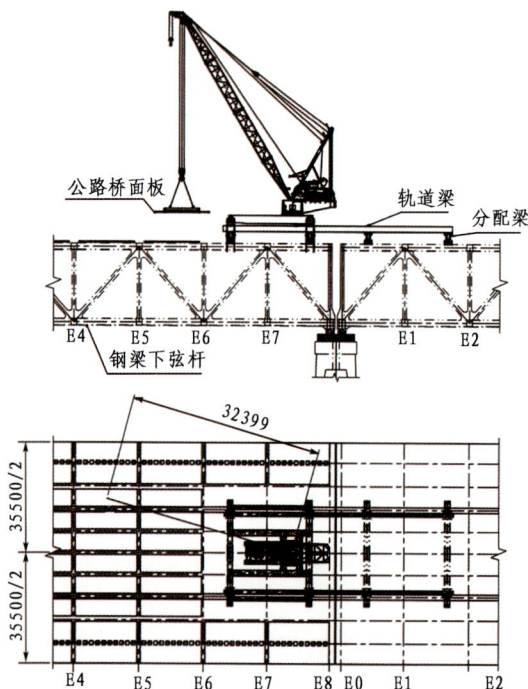

图 6-2-7-22　步骤三：架设 E4 ~ E6 节间剩余 12 块桥面板及
E6 ~ E8 节间最外侧 4 块桥面板(尺寸单位:mm)

步骤四:

桥面吊机前移两个节间,站位至下一孔简支钢桁梁 E0 ~ E2 节间,然后侧面取板(侧面起吊吊幅为 23.9 ~ 30m),架设上一孔 E6 ~ E8 节间剩余 12 块桥面板及该孔 E0 ~ E2 节间最外侧 4 块桥面板,桥面吊机吊装幅度为 13.90 ~ 33.92m,如图 6-2-7-23 所示。

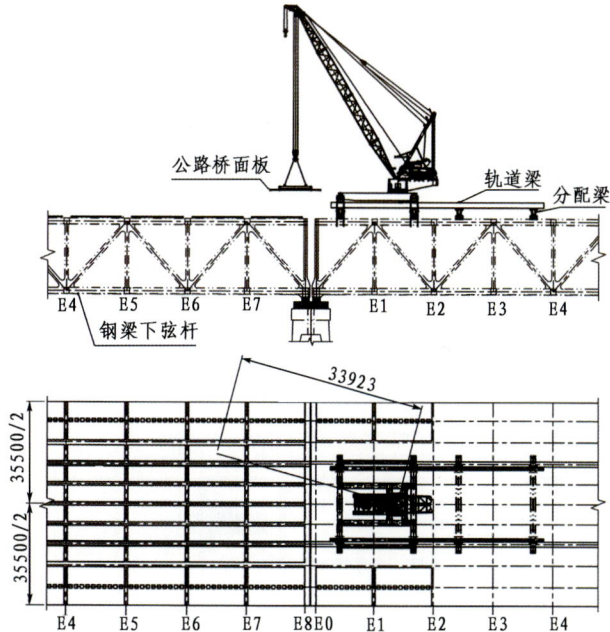

图 6-2-7-23　步骤四:架设上一孔 E6 ~ E8 节间剩余 12 块桥面板
及该孔 E0 ~ E2 节间最外侧 4 块桥面板(尺寸单位:mm)

步骤五(末孔钢桁梁架板 CX22-CX23):

重复步骤一和步骤二,直至桥面板架设至该区段末孔简支钢桁梁图示位置。吊机站位至 E4 ~ E6 节间,然后侧面取板(侧面起吊吊幅为 23.9 ~ 30m),架设 E2 ~ E4 节间剩余 12 块桥面板及 E4 ~ E6 节间最外侧 4 块桥面板,桥面吊机吊装吊幅为 13.90 ~ 32.42m,如图 6-2-7-24 所示。

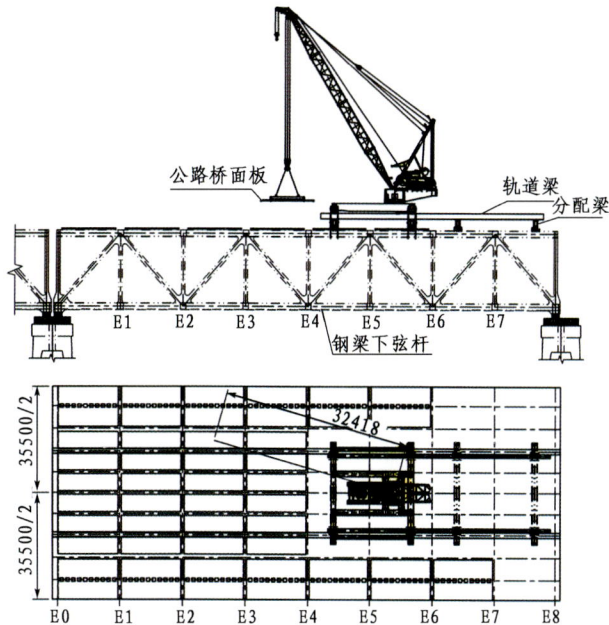

图 6-2-7-24　步骤五:架设末孔 E2 ~ E4 节间剩余 12 块桥面板及
E4 ~ E6 节间最外侧 4 块桥面板(尺寸单位:mm)

当钢桁梁桥面板架设安装至该区段最后一孔钢桁梁,桥面板架设步骤按照步骤六~步骤八进行。

步骤六(末孔钢桁梁架板):

吊机前后支顶油缸起顶,将轨道梁后移,同时利用吊机将分配梁吊至图示位置,如图 6-2-7-25 所示。

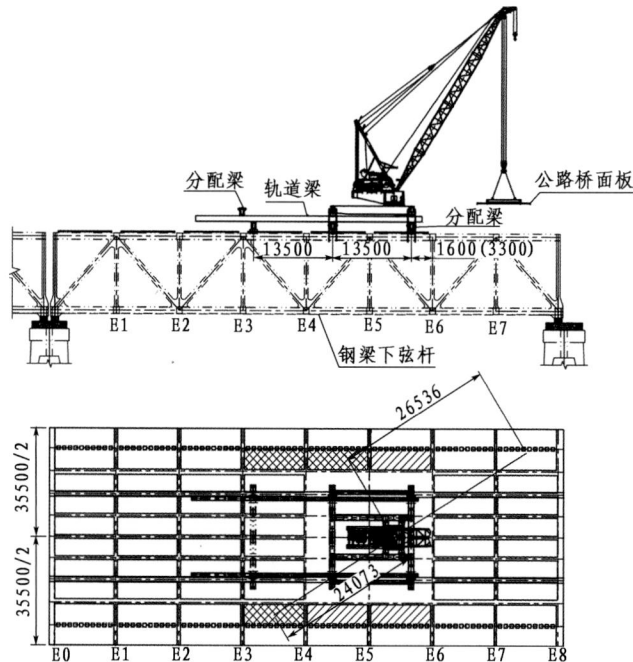

图 6-2-7-25　步骤六:架设末孔 E6~E8 节间桥面板(尺寸单位:mm)

桥面吊机架设 E6~E8 节间桥面板,桥面吊机吊装吊幅为 12.16~26.54m。

吊机将站位处的最后 12 块桥面板吊装至桥面,E4~E5 节间剩余 6 块桥面板放置在 E3~E5 节间外侧区域已架设桥面板上,E5~E6 节间剩余 6 块桥面板放置在 E4~E6 节间外侧区域已架设桥面板上。

步骤七(末孔钢桁梁架板):

吊机后移一个节间,此时后支点分配梁下方采用垫块 K_2,吊机后支点新制锚固系统无法安装,但吊机与分配梁间锚固仍需安装。

吊机站位至 E3~E5 节间,架设 E5~E6 节间剩余 6 块桥面板,根据计算,此工况吊机最小支点反力 50kN(压力),此时需将第四根分配梁放置在图示轨道梁上相应位置压重,如图 6-2-7-26 所示。此时吊机支点最大反力 1140kN(压力),最小反力 140kN(压力)。桥面吊机吊装吊幅为 13.36~19.49m。

此步骤下当吊机吊幅 13.36m 时,可允许回转角度为 $-73°$~$+73°$;当吊机吊幅为 19.49m 时,可允许回转角度为 $-41°$~$+41°$,如图 6-2-7-27 所示。

步骤八(末孔钢桁梁架板):

吊机后移一个节间,此时前、后支点分配梁下方均采用垫块 K_2,吊机前、后支点新制锚固系统无法安装,但吊机与分配梁间锚固仍需安装。

站位至 E3~E5 节间,架设 E4~E5 节间剩余 6 块桥面板,根据计算,此工况吊机最小支点反力 10kN(压力),此时需将分配梁放置在图示轨道梁上相应位置压重,如图 6-2-7-28 所示。此时吊机支点最大反力 1180kN(压力),最小反力 100kN(压力)。桥面吊机吊装吊幅为 14.38~21.59m。

此步骤下当吊机吊幅 14.38m 时,可允许回转角度为 $-63°$~$+63°$;当吊机吊幅为 21.59m 时,可允许回转角 $-36°$~$+36°$。

③航道桥边跨无索区公路桥面板架设

鼓屿门水道桥边跨无索公路混凝土桥面板架设安装步骤具体如下:

步骤一：

吊机由简支钢桁梁移位至边跨无索区 E1～E3 节间站位,利用桥面吊机侧面起吊桥面板至桥面(侧面起吊吊幅为 23.9～30m),分别架设钢桁梁的 E0～E1 节间桥面板,桥面吊机吊幅为 15.4～27.1m,如图 6-2-7-29 所示。

步骤二：

桥面吊机前移一个节间(12m),吊机前后支顶油缸起顶,轨道前移,同时将后方分配梁吊至吊机下一次站位处。

吊机站位至 E2～E4 节间,然后侧面取板(侧面起吊吊幅为 23.9～30m),架设 E1～E2 节间及 E2～E3 节间前 4 块桥面板,桥面吊机吊装幅度为 14.0～28.4m,如图 6-2-7-30 所示。

步骤三：

桥面吊机前移一个节间(12m),吊机前后支顶油缸起顶,轨道前移,同时将后方分配梁吊至吊机下一次站位处。

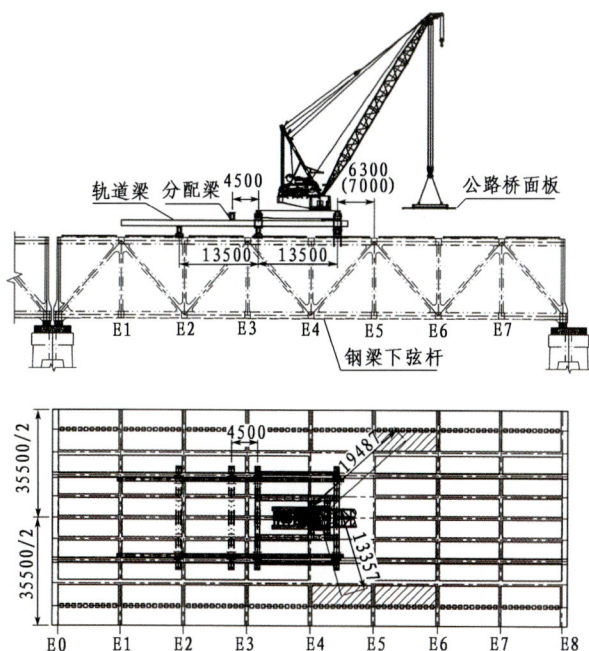

图 6-2-7-26　步骤七:架设末孔 E5～E6 节间剩余 6 块桥面板(尺寸单位:mm)

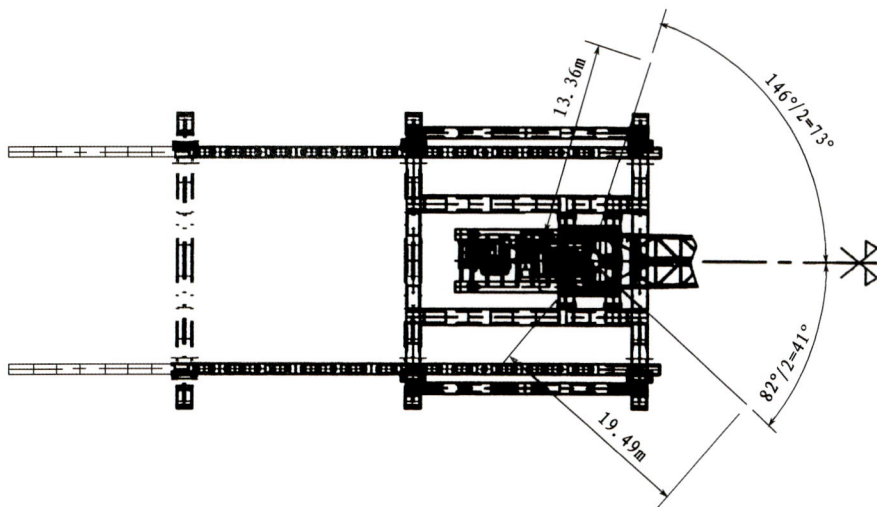

图 6-2-7-27　步骤七:吊机可允许回转角度

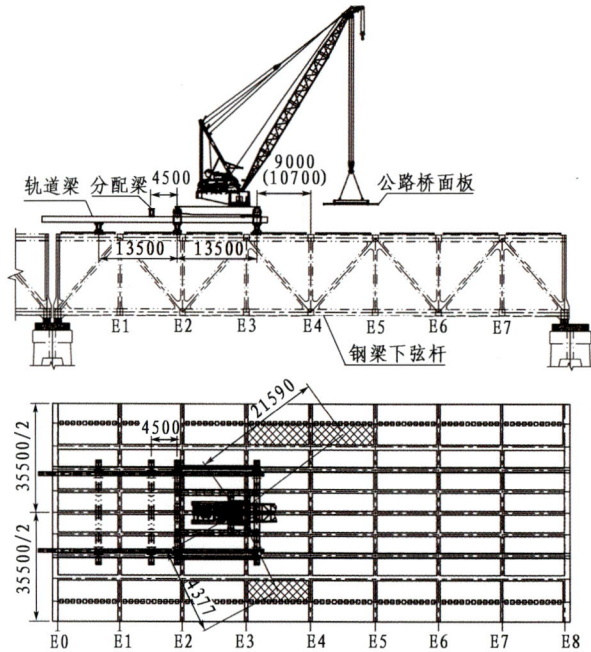

图 6-2-7-28　步骤八:架设末孔 E4～E5 节间剩余 6 块桥面板(尺寸单位:mm)

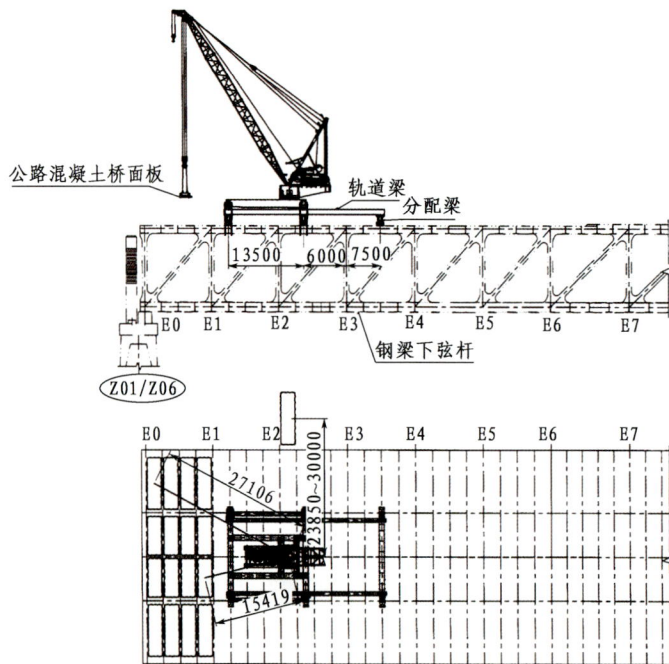

图 6-2-7-29　步骤一:架设 E0～E1 节间桥面板(尺寸单位:mm)

吊机站位至 E3～E5 节间,然后侧面取板(侧面起吊吊幅为 23.9～30m),架设 E2～E3 节间及 E3～E4 节间前 4 块桥面板,桥面吊机吊装吊幅为 15.4～27.1m,如图 6-2-7-31 所示。

步骤四:

吊机前后支顶油缸起顶,将轨道梁后移,同时将前方分配梁至轨道梁上。

侧面取板(侧面起吊吊幅为 23.9～30.0m),架设除吊机站位处及锚固系统安装以外的剩余所有桥面板,共计 32 块,桥面吊机吊装吊幅为 9.7～26.8m,如图 6-2-7-32 所示。

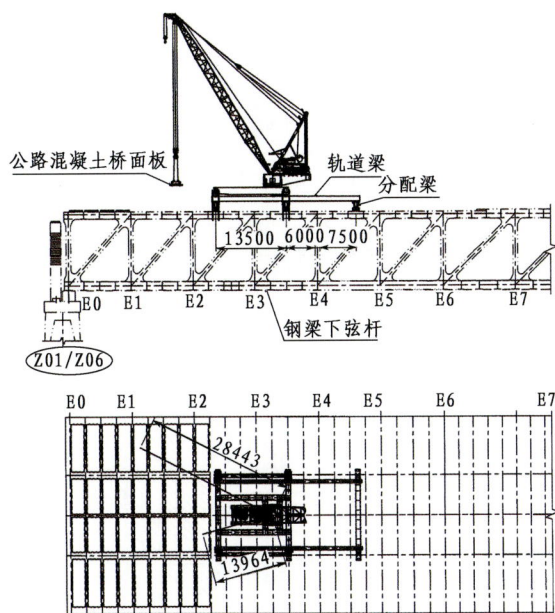

图 6-2-7-30 步骤二:架设 E1~E2 节间及 E2~E3
节间前 4 块桥面板(尺寸单位:mm)

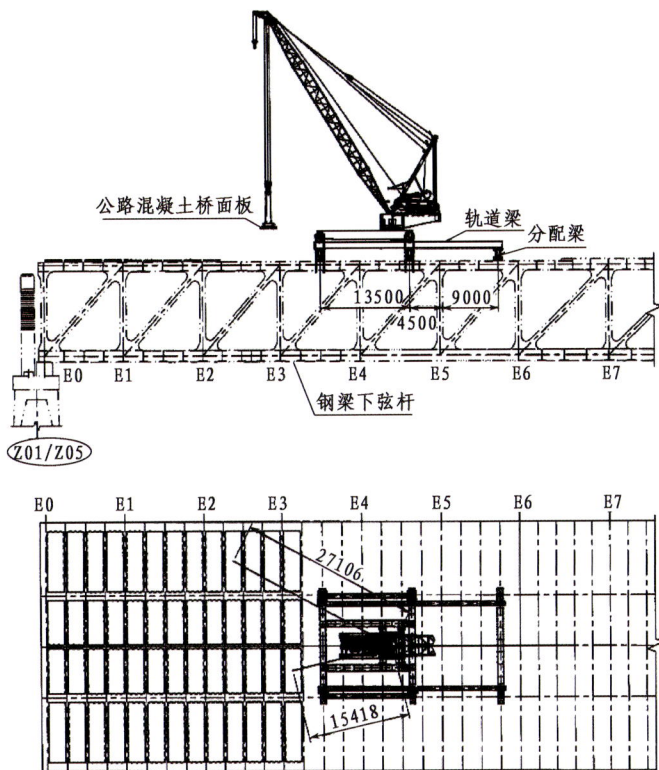

图 6-2-7-31 架设 E2~E3 节间及 E3~E4 节间前
4 块桥面板(尺寸单位:mm)

步骤五:

吊机将轨道梁上分配梁吊至图示位置,此时分配梁下方采用垫块 K_2,吊机前后支顶油缸起顶,轨道梁前移至图示位置,如图 6-2-7-33 所示。

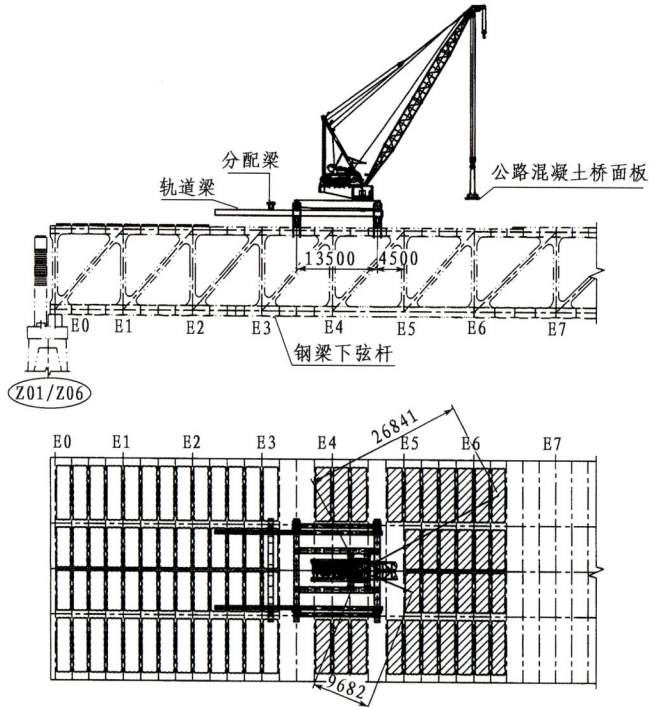

图 6-2-7-32　步骤四:架设除吊机站位处及锚固系统安装以外的
剩余所有桥面板(共计 32 块)(尺寸单位:mm)

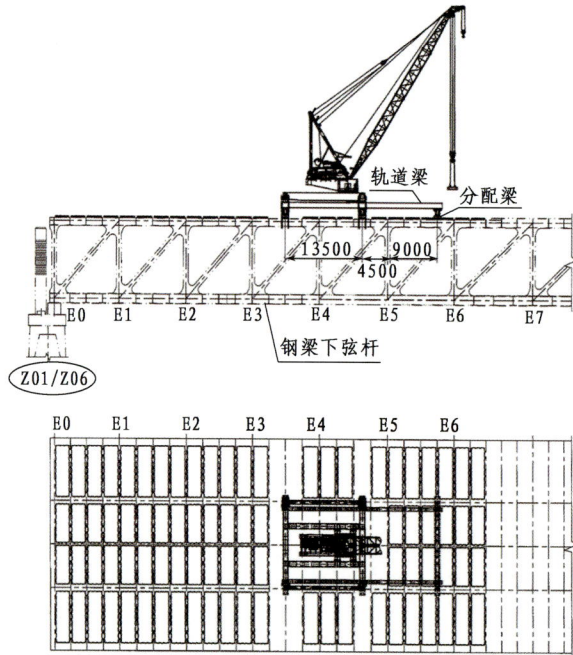

图 6-2-7-33　步骤五:轨道梁前移(尺寸单位:mm)

步骤六:

桥面吊机前移一个节间(13.5m),轨道梁前移,利用吊机将第三根轨道梁吊至图示位置压重(吊机反向起吊分配梁后,需将吊幅减至 9m 后方可回转吊臂),此时吊机前支点新制锚固系统无法安装,但吊机与分配梁间锚固仍需安装,前支点分配梁下放采用垫块 K_2。

吊机站位至 E4 ~ E6 节间,然后侧面取板(侧面起吊允许吊幅为 23.9 ~ 27.1m,允许回转角度为 $-90° ~ +90°$)架设 E4 ~ E5 节间中间剩余 4 块桥面板外的 14 块桥面板,根据计算,若不采用第三根分配梁压重时,吊机最小支点压力约4t,采用第三根分配梁放置在图示轨道梁上相应位置压重后,吊机支点最大反力69t(压力),最小反力17t(压力)。吊机吊装允许幅度为14.0~28.4m,允许回转角度为 $-26.3° ~ +26.3°$,如图6-2-7-34所示。

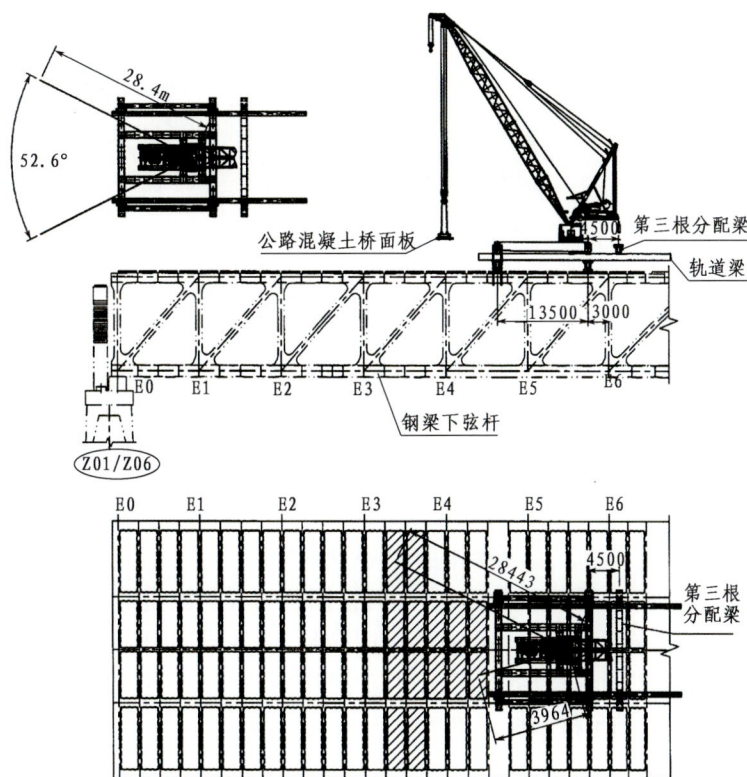

图 6-2-7-34　步骤六:架设 E4~E5 节间中间剩余 4 块
桥面板外的 14 块桥面板(尺寸单位:mm)

步骤七:

吊机将第三根分配梁吊离轨道梁顶面,轨道梁适当后移,再利用吊机将第三根分配梁吊至吊机下一轮站位处(吊机正向起吊分配梁,最大吊幅为17.5m,且不可回转吊臂),再适当前移轨道梁。

解除后支点新增锚固系统,吊机前移一个节间(12m),轨道梁前移,利用吊机将第三根轨道梁吊至图示位置压重(吊机反向起吊分配梁后,需将吊幅减至9m后方可回转吊臂),此前、后支点新制锚固系统均无法安装,但吊机与分配梁间锚固仍需安装,前后支点分配梁下方采用垫块 K_2。

吊机站位至 E5~E7 节间,然后侧面取板(侧面起吊允许吊幅为23.9~27.1m,允许回转角度为 $-90° ~ +90°$),架设 E4~E5 节间最后剩余6块桥面板,根据计算,若不采用第三根分配梁压重时,吊机最小支点压力约6t,采用第三根分配梁放置在图示轨道梁上相应位置压重后,吊机支点最大反力71t(压力),最小反力19t(压力)。吊机吊装允许吊幅为21.3~27.1m,允许回转角度为 $-90° ~ +90°$,如图6-2-7-35所示。

④桥面板安装注意事项

a. 安装前务必仔细核对,对号入座,防止差错。

b. 安装前应事先将防腐橡胶条牢固粘在钢梁上翼缘板的外边,桥面板安装后应检查橡胶条四周是否压紧,避免出现浇筑接缝混凝土漏浆现象。

c. 桥面板吊装过程中须采取有效措施保护好预留预埋件。桥面板吊装就位过程须准确、轻缓,不得损坏剪力钉,更不允许因对位不准确而切割钢筋或剪力钉。

d. 公路桥面板在预制场起吊装车时,在4个侧壁定出纵横中轴线;桥上作业人员定出每块桥面板在纵横梁上对应的理论中轴线,作为公路桥面板落梁就位的参照。

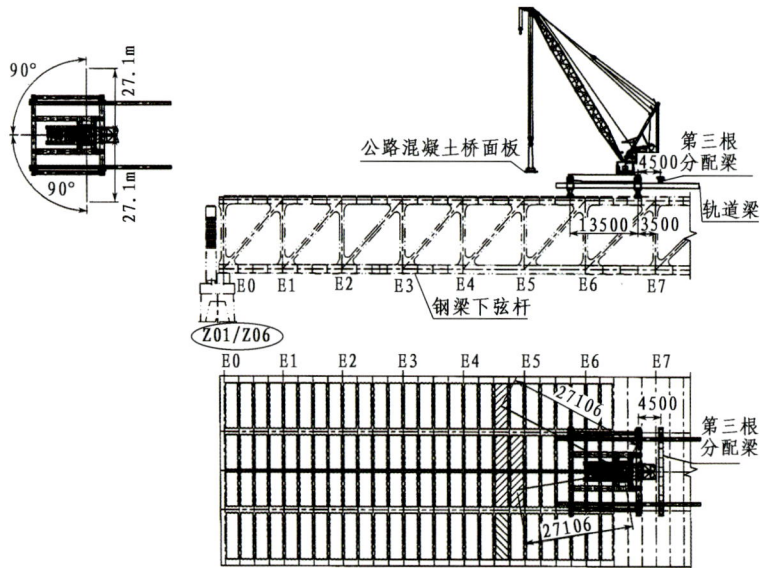

图 6-2-7-35　步骤七:吊机站位至 E5～E7 节间,架设 E4～E5
间剩余 6 块桥面板(尺寸单位:mm)

e. 为保证安装精度要求,在吊装距梁面 30cm 时根据桥面板与纵横梁上的纵横轴线进行粗调对位,粗调对位完成后,在纵横坡的低位侧现场设置临时限位导向,在导向限位下缓慢松钩 5cm,并利用三角钢板尺再次检查对位情况,核对纵横轴线对位、边缘与纵横梁重叠宽度情况,确认无误后逐步缓慢下落至松钩,确保吊装一次完成,满足桥面板安装精度要求。

f. 桥面板吊装就位过程须准确、轻缓,不得因碰撞损伤剪力钉、预埋件以及造成外露钢筋局部弯曲变形。

g. 最外侧的边板、中桁处两列桥面板安装时,还需注意防撞栏杆预埋件的线形,必要时通过压边重叠宽度微调,以保证预埋件在一条直线上。

6）湿接缝施工

公路桥面板湿接缝的施工,在公路桥面板精确定位后,安装湿接缝钢筋及接地钢筋,之后安装底模、端模和侧模,最后浇筑无收缩混凝土并进行养护施工。

（1）钢筋工程

公路桥面板的钢筋均为直径为 22 的 HRB400 钢筋,拉筋为直径为 8mm 的 HPB300 钢筋。简支钢桁梁湿接缝钢筋采用直径 22mm 和 16mm 的 HRB400 钢筋;无索区钢梁湿接缝钢筋采用直径 22mm 的 HRB400 钢筋和直径 8mm 的 HPB300 钢筋。

①钢筋进场

钢筋进场时,检查质量证明文件和钢筋外观质量,经检查合格的钢筋才能进场存放至钢筋加工车间内,钢筋按牌号、炉罐号、规格、检验状态分别标识存放;堆放要整齐,不得直接放在地上,离地面高度不少于 20cm。

钢筋进场后,按批(同一牌号、同一炉罐号、同一尺寸钢筋不超过 60t 为 1 批)抽取试件做屈服强度、抗拉强度、伸长率和冷弯试验。对于检验不合格的原材做退场处理,严禁使用。

②钢筋加工

钢筋加工在钢筋加工车间内完成,钢筋加工时,根据设计图纸,做出钢筋下料单,再将钢筋配料单与设计图复核,检查配料单是否有错误或遗漏,经复核无误后再按配料单放出实样,试制合格后方可成批制作。加工好的钢筋要分类编号和堆放整齐并挂牌。钢筋下料时要根据钢筋编号和供应钢筋的尺寸,统筹安排,以减少钢筋的损耗。

a.钢筋表面的油渍、漆污、水泥浆和用锤敲击能剥落的浮皮、铁锈等清除干净。

b.钢筋平直,无局部折曲。

c.钢筋的切断按钢筋配料单上规定的级别、直径、尺寸等进行。钢筋截断采用剪切机人工下料,切断后的钢筋断口平整,没有马蹄和起弯现象。钢筋表面有劈裂、夹心、缩颈、明显损伤或弯头者,进行切除。

d.钢筋切断时支撑部位用橡胶垫保护,严禁用气割或其他热力方法切断钢筋。

钢筋的弯制和末端的弯钩应符合以下要求:

a.钢筋弯曲由专业工人在弯曲机上弯曲成型,弯曲工必须经过相关培训,方可上岗。

b.HRB400 钢筋直角形弯钩,弯钩内侧半径不得小于 $3.5d$,直钩长度按照设计要求或规范标准制作,所有箍筋弯钩加工成 135°弯钩,安装时箍筋接头相互错开。

c.钢筋在常温状态下加工,严禁加热。弯制钢筋从中部开始,逐步弯向两端,应一次弯成,钢筋弯曲机的芯轴套上尼龙护套,平板面上铺纤维粘垫,避免与金属物的直接接触和挤压。

③简支钢桁梁及斜拉桥无索区桥面板湿接缝内钢筋安装顺序

a.简支钢桁梁(斜拉桥无索区)桥面板纵横(纵)湿接缝内底层钢筋在橡胶条粘贴后、预制桥面板吊装前提前摆放到位。预制板外露环形钢筋在制作时应预弯 1 个钢筋直径,保证与其他桥面板外露钢筋连接后,环形钢筋受力线通过钢筋的中心线。

b.简支钢桁梁预制桥面板安装就位后,安装纵向湿接缝内搭接钢筋 M1、M2(纵向湿接缝 ZJ2 内安装)和 M3、M4(纵向湿接缝 ZJ1、ZJ3、ZJ4 内安装);斜拉桥无索区预制桥面板安装就位后,安装纵向湿接缝顶层 N1 钢筋及横向湿接缝内搭接钢筋 N2(横向湿接缝 GYM-CXJ-D 类、GYM-CXJ-E 类)、横向湿接缝内 N3 钢筋及搭接钢筋 N4(横向湿接缝 GYM-CXJ-F 类)安装;该闭合钢筋环按照设计要求采用双面焊接,焊接长度符合规范要求,在加工车间内制造成型。闭合环钢筋与闭合环钢筋之间在纵向湿接缝内钢筋搭接范围内焊接。

c.将底层预先摆放的钢筋与外露钢筋及 M1 ～ M4、N1 ～ N4 钢筋绑扎,最后安装斜拉桥无索区湿接缝拉筋 L5 钢筋,防撞栏杆等预埋筋,安装预埋件。

④钢筋连接规定

a.绑扎扎丝采用包有胶套的特制扎丝。钢筋绑扎时,扎丝的朝向应背向模板一侧,防止浇筑混凝土后扎丝露出混凝土面而成为锈蚀源。

b.结构或构件拐角处的钢筋交叉点应全部绑扎,中间平直部分的交叉点可交错绑扎,绑扎须按照梅花形布置。

c.钢筋净保护层厚度 4cm,保护层垫块采用和浇筑混凝土等强相同,垫块按照每平方米不少于 4 个进行设置,并按照梅花形布置。垫块绑扎在钢筋十字交叉处以保证垫块绑扎后不会转动,在钢筋交接处等适当加密。混凝土垫块必须布置在外层钢筋外侧,且用扎丝将混凝土垫块与外层钢筋拧紧,保证牢固,混凝土垫块的扎丝不能伸入保护层,垫块尺寸应保证桥面板净保护层厚度。

d.混凝土垫块进场后,应对混凝土垫块的出厂资料、外观、外形尺寸和数量进行检查,合格后存放入仓库。垫块表面应洁净,不能受到油污污染,垫块颜色与结构混凝土颜色一致,强度不低于混凝土设计强度(C60)。

e.桥面板所有环状钢筋均采用双面焊接成型。钢筋焊接接头时应设置在受力较小处,并分散布置。在“同一连接区段”内,焊接接头在受弯构件的受拉区不得大于 50%。钢筋接头应避开钢筋弯曲处,距离曲点的距离不得小于 $10d$,在同一根钢筋上应少设接头。“同一连接区段”内,同一根钢筋上不得超过 1 个接头。钢筋接头错开距离为 $35d$ 且不小于 500mm。

f.钢筋焊接接头的接头搭接部位应预弯,搭接钢筋的轴线应位于同一条直线上。钢筋双面焊缝搭接焊焊缝的长度及焊缝质量要求如图 6-2-7-36 所示。

布覆盖。

（4）养护施工

混凝土浇筑完毕 1h 内对混凝土进行保温保湿养护，采用喷洒养护液进行养护。使之平整后再次覆盖，此时应注意覆盖物不要直接接触混凝土表面，直至混凝土终凝为止。自然养护期间，应重点加强混凝土的湿度和温度控制，养护龄期应符合表 6-2-7-9 的规定。

不同混凝土保温保湿养护的最低期限　　　　　　　　　　表 6-2-7-9

水胶比	大气潮湿（RH≥150%），无风，无阳光直射		大气干燥（20%≤RH<50%），有风，或阳光直射		大气极端干燥（RH<20%），大风，大温差	
	日平均气温 T（℃）	最短养护时间（d）	日平均气温 T（℃）	最短养护时间（d）	日平均气温 T（℃）	最短养护时间（d）
>0.45	$5≤T<10$	21	$5≤T<10$	28	$5≤T<10$	56
	$10≤T<20$	14	$10≤T<20$	21	$10≤T<20$	45
	$T≥20$	10	$T≥20$	14	$T≥20$	35
≤0.45	$5≤T<10$	14	$5≤T<10$	21	$5≤T<10$	45
	$10≤T<20$	10	$10≤T<20$	14	$10≤T<20$	35
	$T≥20$	7	$T≥20$	10	$T≥20$	28

①一般季节混凝土养护

养护工作指派专人负责，确保始终处于湿润状态，在养护时间内淋注于混凝土顶面和模板上的养护水与混凝土表面之间的温差不得大于 15℃。

②夏季施工的混凝土养护

当日平均气温高于 30℃ 时，必须采取夏季施工技术措施。夏季施工的养护措施主要有以下几个方面：

a. 夏季混凝土尽量避开高温时段进行浇筑。

b. 混凝土浇筑前对模板、钢筋和基底上洒水以降温，但在混凝土浇筑时不能有积水。

c. 桥面板洒水养护时间为 14d，应能满足混凝土硬化和强度增长的要求，使混凝土强度达到设计要求。采用土工布覆盖洒水方式养护，保证混凝土表面不形成干湿循环。混凝土收面后不得立即洒水，应当混凝土初凝后才进行洒水养护。

d. 养护作业人员必须保证 24h 不间断养护，桥面板养护时不得直接用水冲向混凝土表面，以免增大混凝土芯部和表面的温差；拆模后应用塑料薄膜保湿、土工布覆盖养护，不得使混凝土外露面长时间暴露在阳光下，以免混凝土产生干裂。

2.7.2　铁路槽型梁架设

1）设计概况

（1）截面尺寸

铁路桥面采用双幅槽梁布置，槽梁采用 C60 混凝土，桥纵向按预应力混凝土结构设计，横桥向按普通钢筋混凝土设计。单幅槽梁宽 4.85m，每道槽梁在两侧设置两道竖墙，靠近主桁侧竖墙高 1.3m，靠主梁中线处竖墙高 1.15m。槽梁竖墙厚 0.36m，底板厚 0.36m。槽梁内侧在竖墙底设置宽 0.25m 的倒角。左右线槽梁内侧竖墙净距为 2cm。铁路槽梁各方位图如图 6-2-7-38 ~ 图 6-2-7-40 所示。

（2）槽梁分块

铁路槽梁在纵向上按节间进行分块，横向现浇接缝设置在铁路横梁上。80m 跨简支钢桁梁每一线槽梁纵桥向分 8 块预制槽梁，按纵向尺寸分为两类，其纵向长度为 8.66m、8.86m，每线槽梁横向整体设计；88m 跨简支钢桁梁每一线槽梁纵向分 8 块预制槽梁，按纵向长度分为 9.66m、9.86m。槽梁在横梁上通过设置一道现浇带与铁路横梁结合,梁端横梁处现浇带纵桥向宽1.39m,中间横梁处现浇缝纵桥向宽0.94m。槽梁平面布置如图6-2-7-41所示。

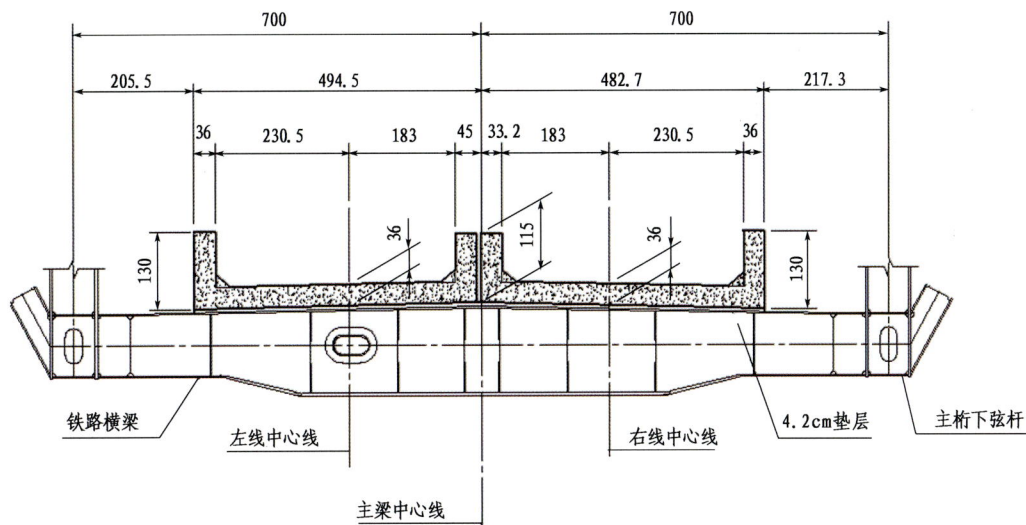

图 6-2-7-38　铁路槽梁截面尺寸断面图(尺寸单位:cm)

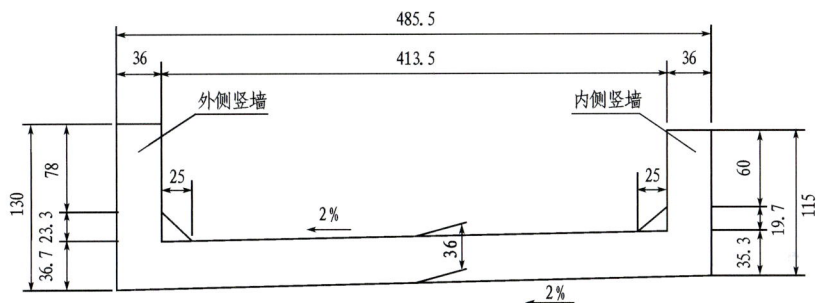

图 6-2-7-39　槽梁立面图(尺寸单位:cm)

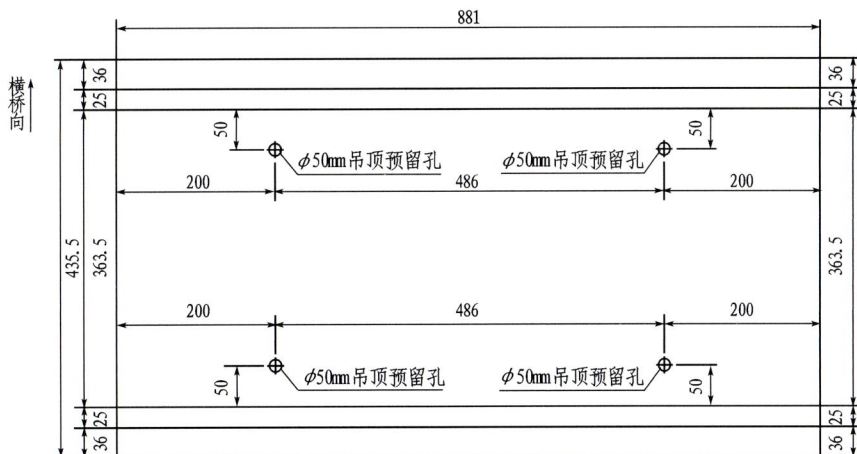

图 6-2-7-40　槽梁平面图(尺寸单位:cm)

1/2铁路槽梁平面布置图

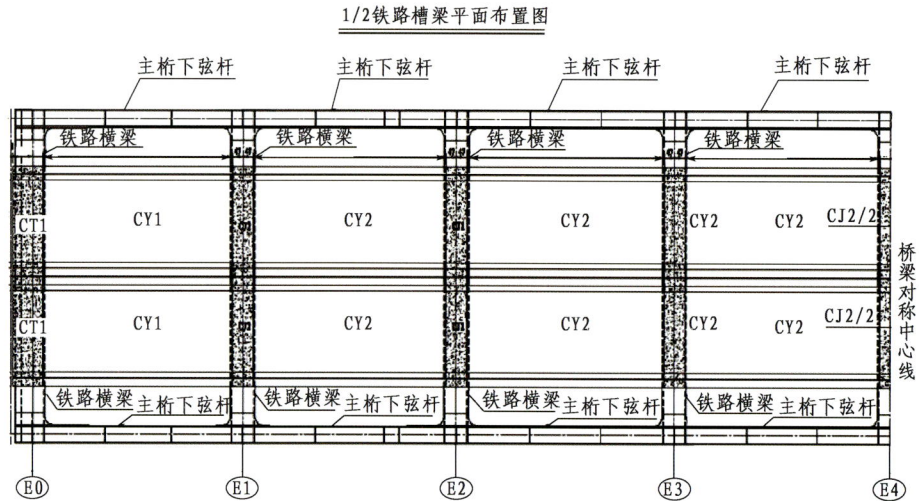

图 6-2-7-41　槽梁平面布置图

槽梁参数见表6-2-7-10。

铁 路 槽 梁 参 数　　　　　　　　表 6-2-7-10

桥面板编号	顺桥向长度(cm)	横桥向宽度(cm)	混凝土数量(m³)	质量(t)	每 跨 数 量	备　注
CY1	866	485.5	21	55.1	4	预制
CY2	886	485.5	21.5	56.4	12	
CJ1	139	485.5	3.4	8.9	4	现浇
CJ2	94	485.5	2.3	6	14	
CY1	966	485.5	23.4	61.5	4	预制
CY2	986	485.5	23.9	62.7	12	
CJ3	138.9	485.5	3.4	8.9	1	现浇
CJ3a	138.8	485.5	3.4	8.9	1	
CJ4	94	485.5	2.3	6	7	
CJ4a	94	485.5	2.3	6	7	
CJ5	139.1	485.5	3.4	8.9	1	
CJ5a	138.8	485.5	3.4	8.9	1	

（3）预应力钢束布置

铁路槽梁纵向按预应力混凝土结构设计。预应力钢束分长束和短束两类,长束通长布置于整跨铁路槽梁,短束布置于每块预制槽梁内。钢束规格为 12-ϕ^s15.2mm 和 9-ϕ^s15.2mm,钢束极限抗拉强度 1860MPa。

预埋预应力钢束管道采用镀锌金属波纹管,预应力采用两端张拉,预应力管道压浆采真空辅助压浆工艺。预应力短束在预制槽梁制作好,在运输和吊装前进行张拉,预应力长束在整跨槽梁连接为整体而未与钢梁结合前张拉。

（4）普通钢筋布置

槽梁横桥向按普通钢筋混凝土结构设计,所有钢筋采用 HRB400 普通钢筋,纵向主受力钢筋和竖墙箍筋采用直径 20mm 的钢筋,纵向钢筋间距 11cm,横向钢筋间距 10cm,除横梁外底板底层横向钢筋直径 25mm,底板顶层钢筋直径 20mm,横梁处横向钢筋直径均为 20mm。

（5）剪力钉布置

混凝土槽梁与铁路横梁之间通过布置于横梁顶板的剪力焊钉连接,剪力键采用圆柱头焊钉,材质为

ML15,直径22mm,高250mm。剪力钉布置在横梁顶板。剪力钉采用集束式布置,纵向4排为一个钉群,钉群中心线之间的纵向距离为1000mm。每束钉群中剪力钉横向间距125mm,纵向间距126mm。

2）总体施工工艺

铁路槽梁采用MG70t架槽机整体安装的施工方案,安装流程如图6-2-7-42所示。槽梁在冠海制板厂制造完成后,目前陆运至松下牛头湾存梁区存放,利用运输船舶将待架设槽梁运输至待架孔位钢梁正下方(或利用平板车将待架槽梁运输至待架孔位钢梁正下方的支栈桥上),架槽机拼装完成并调试通过后,架槽机从下弦纵横梁空隙将下方槽梁吊装到位。铁路槽梁与横梁的结合受预应力张拉的影响,将横向接缝分成两个区段,分两次浇筑混凝土,长束通过区段待槽梁吊装就位后浇筑混凝土,尽量减少浇筑混凝土与铁路横梁间的联系(混凝土浇筑前需在该区域铁路横梁顶面涂刷混凝土脱模剂)。待混凝土达到预应力钢束张拉要求后张拉通长钢束,再浇筑剩余接缝混凝土,与铁路横梁结合。

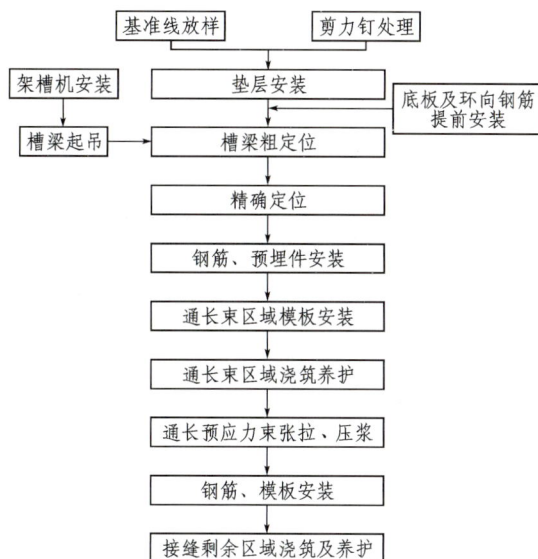

图6-2-7-42 铁路槽梁安装流程

十区简支钢桁梁铁路槽梁采用MG70t架槽机整体吊装,架槽机在CX19号墩钻孔平台大里程侧拼装,由桥面70t架板机分单元件吊装至桁内组拼成整体。架槽机安装在CX19号~CX20号跨,主要满足CX19号~CX23号墩4跨槽梁施工。

八区简支钢桁梁铁路桥面架槽机倒用十区架槽机,架槽机拆除后利用船舶运至CX01号~CX02号跨简支钢桁梁正下方,由70t架板机分单元件提升到桁内组拼成整体。计划CX19号~CX23号墩4跨槽梁施工完成后再施工CX01号~CX02号铁路槽梁。

3）垫层安装及准备工作

（1）内业准备

组织技术人员对施工设计图纸及有关施工资料进行复核,组织相关人员培训、学习相关技术规范及施工细则、设计文件,做好铁路槽梁安装的技术准备工作。并且对技术、施工人员进行技术交底,交底内容包括施工方法、施工工艺、质量标准、安全措施、人员组织、材料、机械设备参数及配备情况等。

（2）剪力钉处理

由于钢桁梁架设过程中碰撞等因素影响,部分剪力钉弯曲超标、缺失,需进行恢复处理。剪力钉弯曲不超过15°时,采取措施扶正即可;弯曲超过15°时,应割除重新补焊;缺失的剪力钉同样补焊。切割剪力钉的地方打磨平整,如遇底面金属有损伤的,应用焊条补焊后磨平、重新焊接剪力钉,并检查焊接质量。

此外,湿接缝内的剪力钉、杆件顶板前期施工期间附着的油漆、混凝土渣、油污等应彻底清除干净。

缺失的剪力钉需要补焊,剪力钉位置及大于 2 倍范围应打磨除锈,清理铁锈、氧化皮、油污等,使表面露出金属光泽,处理效果达到《涂装前钢梁表面的锈蚀等级和除锈等级》规定的 St3 级,表面粗糙度应达到 Rz30 ~ 70μm。焊接工作必须由经过剪力钉焊接培训考试合格的焊工担任,严格按照焊钉焊接工艺焊接,并应在每班开始正式焊接前先在试板(与钢梁材质相同)上施焊 2 个剪力钉,经过外观检查及35°弯曲试验合格方可进行正式焊接,由现场技术负责人协同实验室、安质部、工班组长一起进行检查签证,对试件进行编号并保留影像资料。

(3)基准线放样

根据钢梁中心线和桥跨中心线放样出槽梁横向中心线、纵向中心线,安装时根据纵、横向中心线进行精确调整,如图 6-2-7-43 所示。基准线放样完成后,为方便槽梁就位,可提前在纵向及横向单边安装限位板(具体样式由现场自行决定,但不可破坏钢梁表面油漆),槽梁沿着限位板缓慢下落达到精确定位的目的。

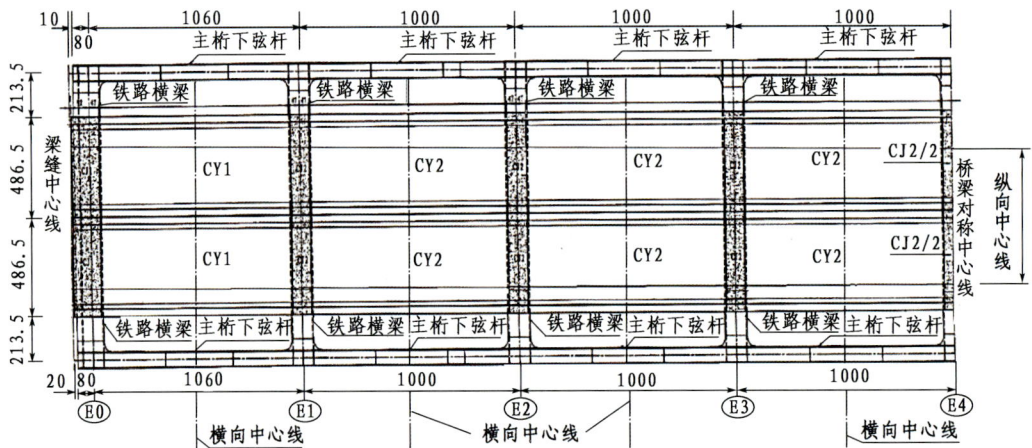

图 6-2-7-43　铁路槽梁基准线示意图(尺寸单位:mm)

(4)垫层安装

铁路槽梁垫层采用橡胶板上设聚四氟乙烯滑板的形式。橡胶板厚度为 42mm,槽梁与铁路横梁相交范围内橡胶条宽度为 82mm,湿接缝边缘橡胶条宽度为 50mm;四氟乙烯滑板厚度为 2mm,其平面布置为槽梁与铁路横梁相交范围外侧边线内 82mm 范围,先浇筑区段下涂混凝土脱模剂。铁路槽梁垫层布置如图 6-2-7-44 所示。

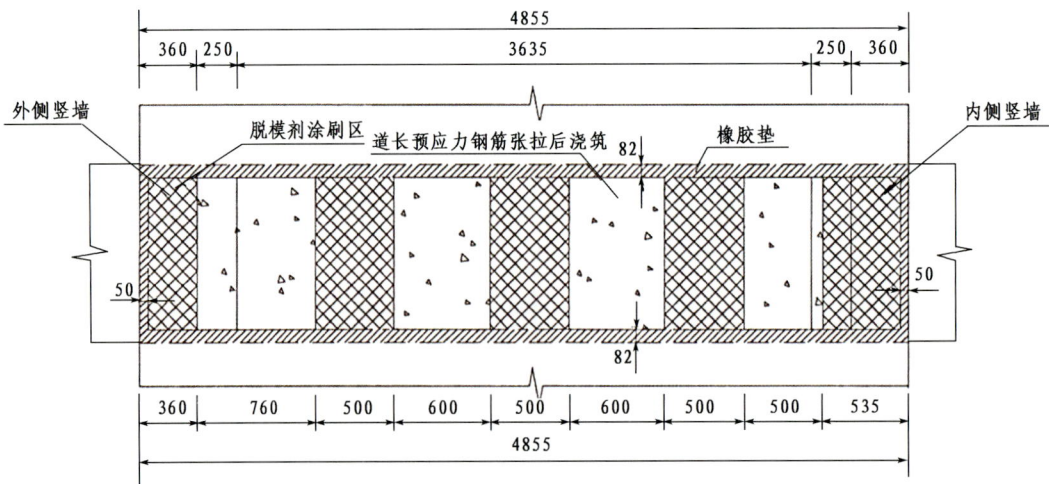

图 6-2-7-44　铁路槽梁垫层布置示意图(尺寸单位:mm)

①橡胶条粘贴

钢梁边缘四周粘贴可压缩的防腐橡胶条作为垫层,垫层厚度为 4.2cm(具体参数见设计图纸),橡胶条与钢梁顶面之间采用环氧树脂 AB 胶粘贴,并采用玻璃胶对橡胶条进行封堵。橡胶条粘贴完成后,须用少量清水测试橡胶条与钢梁翼缘粘贴是否密实。橡胶条性能指标见表 6-2-7-11,槽梁垫层示意如图 6-2-7-45 所示。

橡胶条性能指标 表 6-2-7-11

序号	检 验 项 目		检 验 方 法	技 术 要 求
1	硬度,Shore A		GB/T 531.1—2008	50 ± 5
2	拉断伸长率(%)		GB/T 528—2009	≥300
3	拉伸强度(MPa)			≥12
4	撕裂强度(直角型)(kN/m)		GB/T 529—2008	≥25
5	脆性温度(℃)		GB/T 82—1994	≤ −45
6	压缩永久变形(室温,24h)(%)		GB/T 7759—1996	≤20
7	热空气老化(70℃,168h)	硬度变化,Shore A	GB/T 3512—2001 GB/T 531.1—2008	− 5 ~ + 10
		扯断伸长变化率(%)	GB/T 528—2009	≤25
		拉伸强度变化率(%)	GB/T 528—2009	≤15
8	耐臭氧老化(40℃,48h,拉伸 20%,200pphm)		GB/T 7762—2003	无龟裂
9	耐水性增重率		GB/T 1690—2010	≤4%

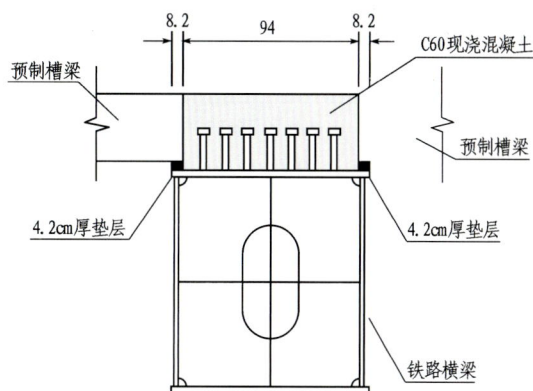

图 6-2-7-45 槽梁垫层示意图(尺寸单位:cm)

②C60 无收缩混凝土

混凝土现浇配合比由试验确定,水胶比为 0.31,砂率为 40%,坍落度为 200mm,混凝土参数见表 6-2-7-12。

混 凝 土 参 数 表 6-2-7-12

配合比选定结果								
理论配合比								水胶比
水泥:粉煤灰:矿粉:砂:石:减水剂:引气剂:膨胀剂:水 = 0.8:0.1:0.1:1.43:2.12:0.014:0.005:0.08:0.31								0.32
每方混凝土用料量(kg/m³)								
水泥	粉煤灰	矿粉	砂	石	减水剂	引气剂	膨胀剂	水
385	48	48	687	1021	6.73	2.41	38	149

八区及十区简支钢桁梁铁路槽梁湿接缝混凝土长屿岛 4 号拌和站生产供应,混凝土搅拌运输车运抵至施工现场,再通过地泵输送至桥面,在运输过程中同时对混凝土进行搅拌,防止离析。

（5）钢筋提前安装

分部认真审核图纸并结合相关联系单,对部分钢筋的安装顺序进行优化。在铁路槽梁湿接缝处,由于钢梁上预先焊接有外侧员工走道预焊件,N3 钢筋难以安装,因此需要将 N3 钢筋提前安装在铁路横梁上。槽梁两侧的环向箍筋 N6 和 N7 在联系单《关于钢桁梁公路桥面板及铁路槽型梁现场湿接缝钢筋冲突安装困难的事宜》中提到,建议对箍筋 N6 及 N7 分段加工,在现场安装到位后再采取单面搭接焊焊成整体。分部考虑到实际施工情况,此处钢筋过密,焊接作业难以完成,焊接后焊渣难以清除且焊接质量不容易保证。准备在槽梁起吊就位前,将 N6 及 N7 提前安装在槽梁上,绑扎其他钢筋前,调整 N6 及 N7 到设计位置。

4）铁路槽梁运输

槽梁在琯头冠海船厂预制,三区简支钢桁梁铁路槽梁按施工计划,张拉短束后,按照架设顺序装船并水运至人屿岛槽梁存放码头进行存放,如图 6-2-7-46 所示。存放场地尺寸为 86.4m×40.67m,可满足 12 孔钢梁铁路槽梁的存放。六区简支钢桁梁铁路槽梁按施工计划,张拉短束后,按照架设顺序装船并水运至海上平台靠船码头,采用 70t 全回转码头吊机卸船,并用平板车将槽梁倒运至已完成墩身施工的钻孔平台支栈桥上或砂石料平台上(靠近支栈桥侧)进行存放。

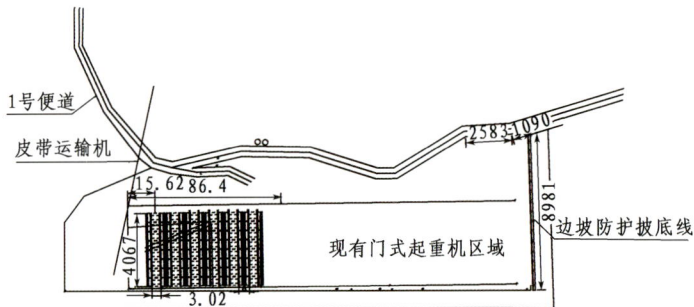

图 6-2-7-46　人屿岛码头铁路槽梁存放场地布置

待槽梁满足架设要求后,可以按照架设顺序装船并水运至现场待架位置停放,架槽机从钢梁底取梁吊装至铁路横梁上;也可以采用平板车将待架设槽梁倒运至简支钢桁梁相邻铁路横梁形成的孔洞在钻孔平台支栈桥上的投影区域内,架槽机从该处取梁吊装至铁路横梁上。

运输以及临时存放过程中铁路槽梁堆放 2 层,每层之间采用 $\phi196mm×4mm×1100mm$ 的 C60 钢管混凝土桩进行支垫,所有支承垫块顶、底部均用 1cm 厚橡胶垫进行抄垫。运输过程中须在槽梁两侧设置限位支架,以防止剧烈摇晃产生滑移。槽梁堆放如图 6-2-7-47 所示。

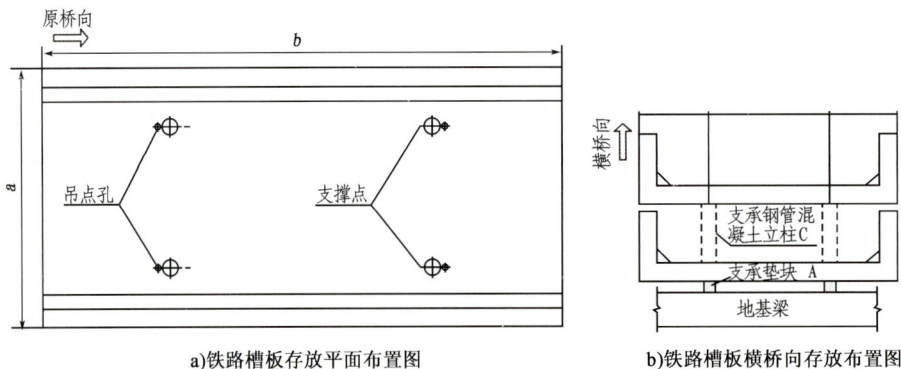

a)铁路槽板存放平面布置图　　b)铁路槽板横桥向存放布置图

图 6-2-7-47　槽梁堆放示意图

5）架槽机拼装

（1）架槽机结构

MG70t 架槽机由大车走行轨道、走行组件、支腿、端主梁、中间主梁、平联、小车轨道梁、撑杆及起重小车等组成,如图 6-2-7-48、图 6-2-7-49 所示。

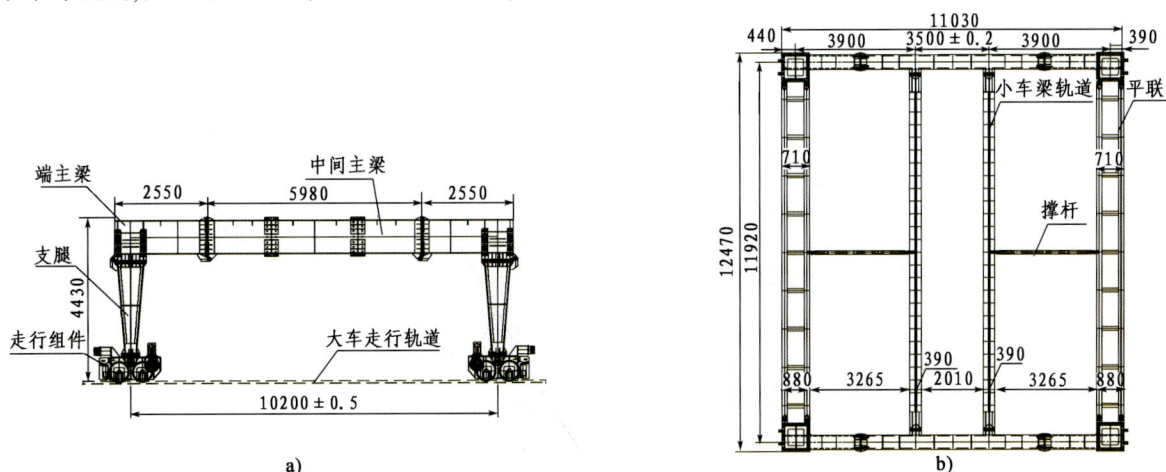

图 6-2-7-48　走行大车结构图(尺寸单位:mm)

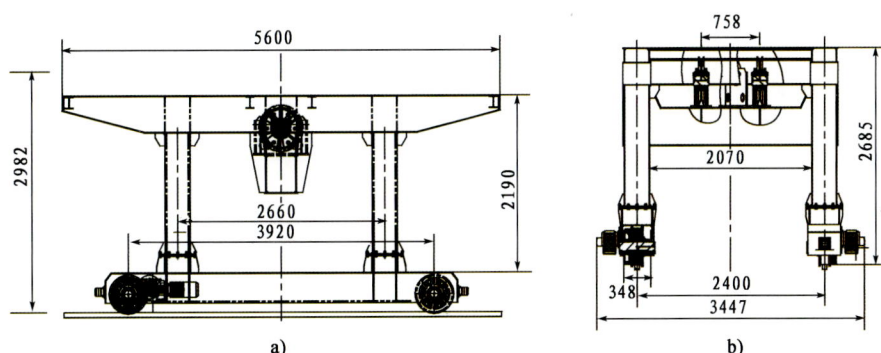

图 6-2-7-49　起重小车结构图(尺寸单位:mm)

（2）架槽机组拼

根据钢梁节间的大小现场安装实际情况,架槽机在 CX19 号钻孔平台大里程侧,分为 6 组进行分别拼装(详见架槽机拼装方案),利用架板机吊装组拼,最后在钢梁上进行组拼,架槽机的走行组件、支腿、平联为一组(共 2 组),端主梁和中间主梁为一组(共 2 组),小车梁轨道和大车走行轨道各为一组。安装组拼顺序如下:

a.安装大车走行轨道组件。

b.分别走行轨道上方的两组架槽机的走行组件、支腿、平联组件。

c.安装端主梁、中间主梁组件。

d.安装小车走行轨道和撑杆。

e.在小车走行轨道和平联间隙安装起重小车。

6）槽梁安装

铁路槽梁吊具由专业厂家设计制造。

吊具拆卸装置与吊具一起安装,槽梁安装到位后,拆除槽梁上方精轧螺纹钢筋螺母,使精轧螺纹从吊点孔内下落,再从槽梁侧面将精轧螺纹钢筋回收。吊具拆卸装置示意如图 6-2-7-50 所示。

起重小车每次架设一片槽梁,大车走行轨道可满足 4 个节间 7 片槽梁的架设,架设下片槽梁时,架槽机轨道梁需要前移。轨道梁前移时,顶升机构起顶,吊机支撑在顶升机构上,链条驱动装置通过链条带动轨道梁前移。

其架梁及走行过孔施工步骤如图 6-2-7-51 所示。

两点吊示意图

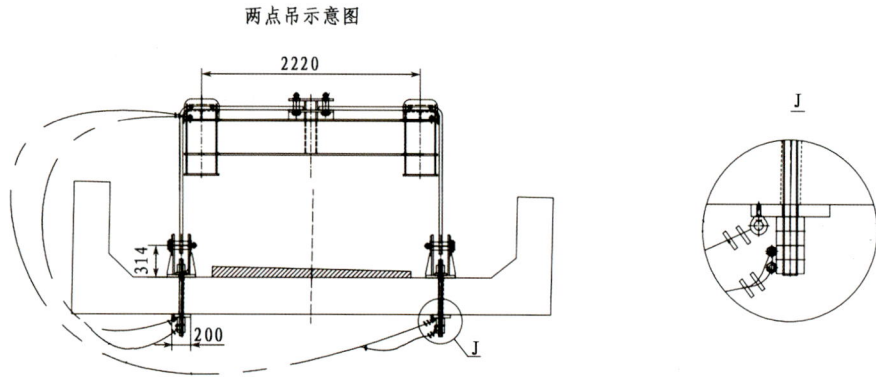

图 6-2-7-50　吊具拆卸装置示意图(尺寸单位:mm)

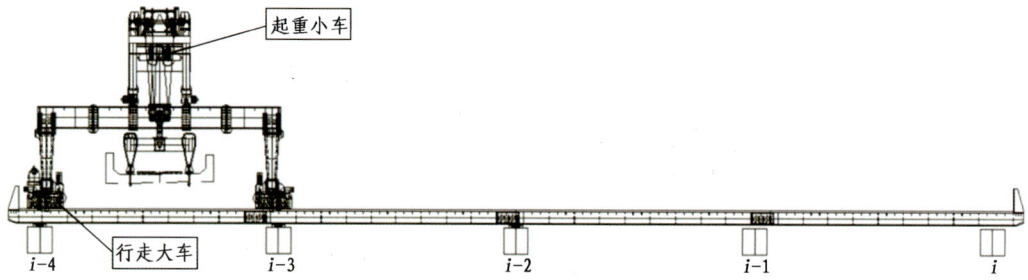

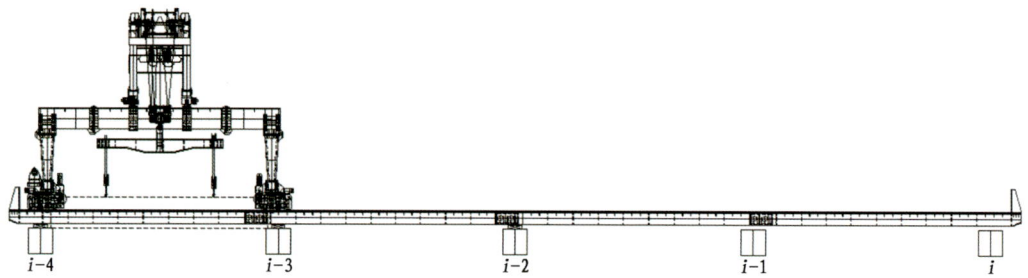

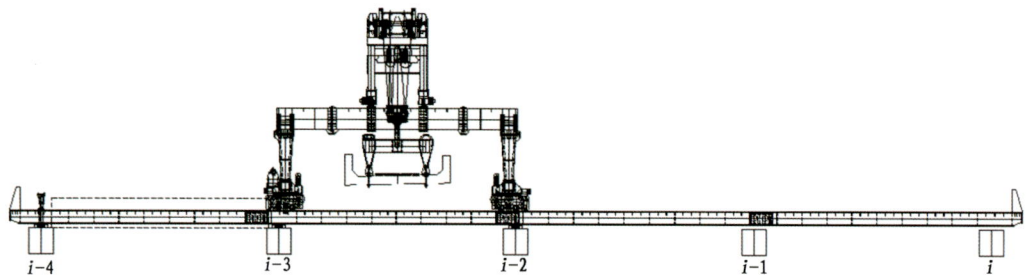

a)步骤①

b)步骤②

c)步骤③

图　6-2-7-51

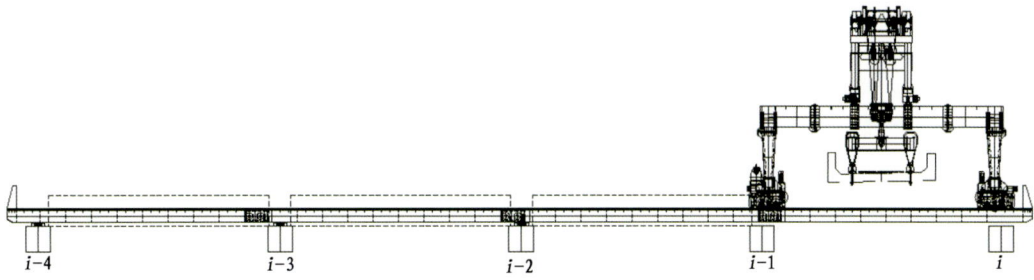

d) 步骤④

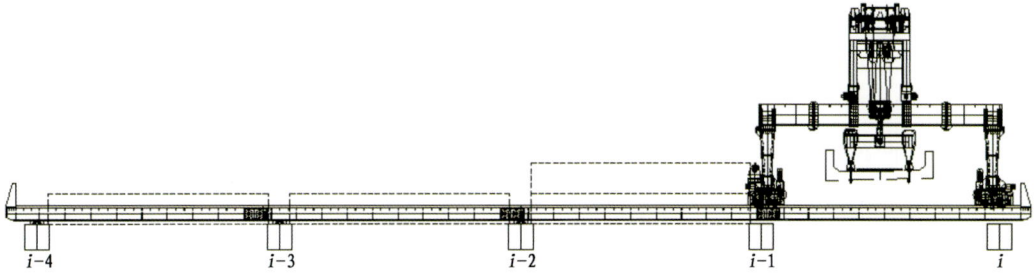

e) 步骤⑤

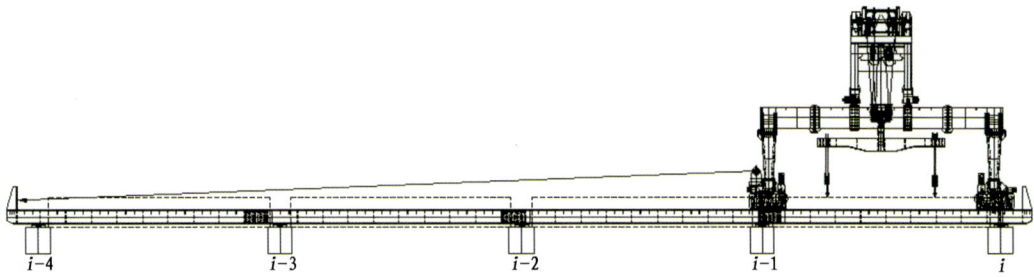

f) 步骤⑥

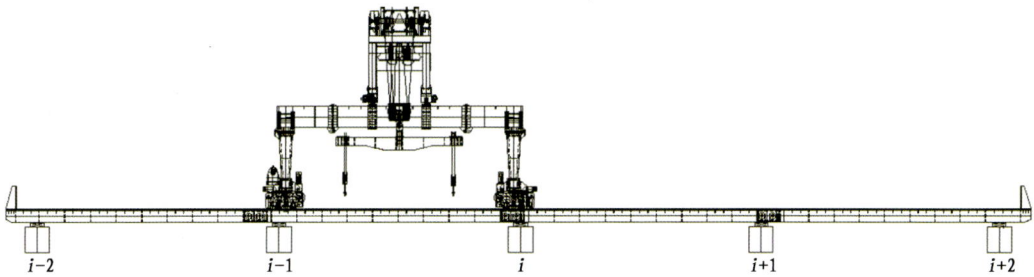

g) 步骤⑦

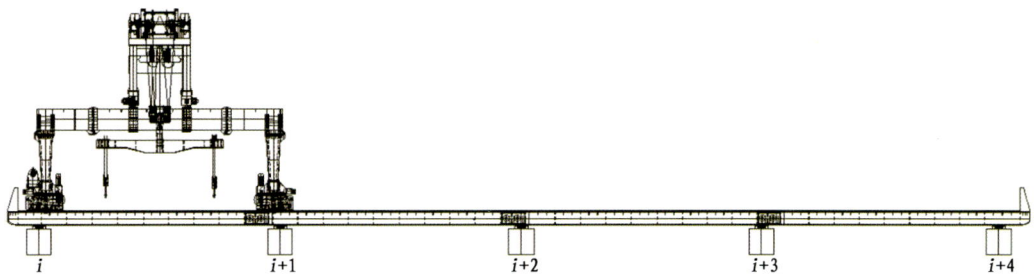

h) 步骤⑧

图 6-2-7-51 起重小车架梁及走行过孔施工步骤图

①架槽机安装完成后，准备架设左幅槽梁；架槽机吊具旋转 90°后，从桥底取梁，槽梁从横梁空隙穿过，提升至设计位置上方。

②下放槽梁至距钢梁面 0.5m 左右时，吊具反向旋转 90°，调整好槽梁的方向；起重小车横移，将左幅槽梁位置对准，下放吊具，完成左幅槽梁的架设。

③架槽机走行至 $i-3$ 号～$i-2$ 号跨取右幅槽梁（吊具旋转 90°），吊具反向旋转 90°调整好槽梁方向后，行走大车走行至 $i-4$ 号～$i-3$ 号跨，起重小车横移将右幅槽梁位置对准，下放吊具完成右幅槽梁的架设；重复上述步骤完成 $i-3$ 号～$i-2$ 号和 $i-2$ 号～$i-1$ 号跨槽梁架设。

④架槽机走行至 $i-1$ 号～i 号跨取右幅槽梁，将右幅槽梁存放至已架设梁面上。

⑤按前述步骤架设最后一跨左幅槽梁；取回存放的右幅槽梁，完成右幅槽梁架设。

⑥架槽机施工完最后一跨后，走行至图示位置，启动竖向顶升装置，将整机顶起至大车车轮脱离轨道 5～10mm 左右；防风锚固装置安装到位，解除轨道梁与钢梁间连接，保证处于自由状态，准备前移轨道梁。

⑦轨道梁前移两跨并锚固到位；解除架槽机的防风锚固装置，启动竖向顶升装置，将整机下落直至大车车轮落在轨道梁上。

⑧重复步骤⑥和⑦，完成架槽机过孔；整机进入下一个施工循环。

7）湿接缝施工

铁路槽型梁安装后，需浇筑铁路横梁上的湿接缝。分两次浇筑，先浇筑预应力通长束通过区混凝土，待预应力施工完毕后浇筑剩余区域。铁路槽梁湿接缝结构如图 6-2-7-52 所示。

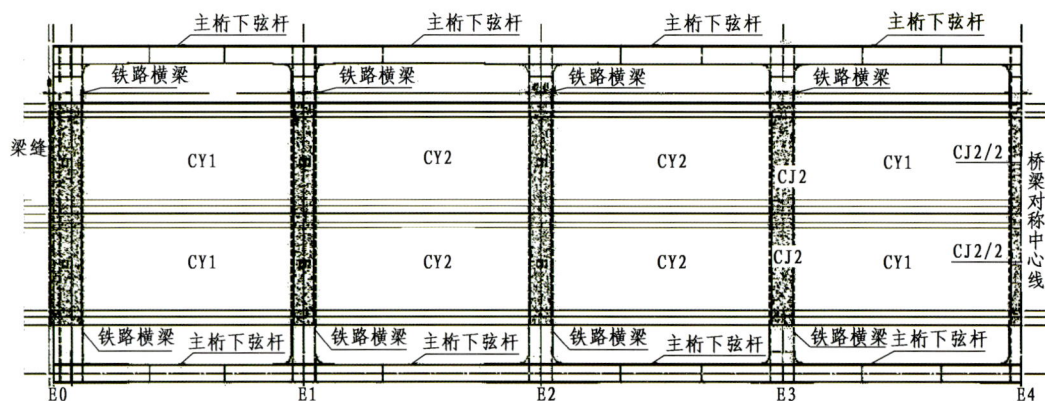

图 6-2-7-52　铁路槽型梁湿接缝结构图

（1）钢筋、预埋件安装

钢筋采用光圆钢筋 HPB300 和带肋钢筋 HRB400，其技术标准应符合《钢筋混凝土用钢筋　第 1 部分：热轧光圆钢筋》（GB 1499.1—2008）及《钢筋混凝土用钢筋第 2 部分：热轧带肋钢筋》（GB 1499.2—2007）、《铁路桥涵钢筋混凝土和预应力混凝土结构设计规范》（TB 10002.3—2005）的规定。

槽型梁湿接缝内钢筋安装要求如下：

①相邻两块槽板的纵向钢筋伸出预制板部分预弯一定角度，以错开一个钢筋直径后进行连接，竖墙内纵向钢筋采用双面焊接连接。

②槽型梁拉筋纵横向间距不宜大于 40cm，与预应力管道相碰时，可挪动拉筋位置，但不得遗漏。

③钢筋与预应力管道相碰时，适当挪动钢筋位置，但不得取消或截断。

梁端伸缩缝预埋件安装：伸缩缝由耐候钢型材、橡胶密封带、挡砟盖板、挡砟侧板、伸缩缝钢筋、定位钢管、定位钢筋及梁体预埋件组成，湿接缝浇筑时需安装梁体预埋件。梁体预埋件安装时，将预埋件与伸缩缝钢筋点焊固定，确保梁体预埋件位置准确。梁端伸缩缝预埋件结构如图 6-2-7-53 所示。

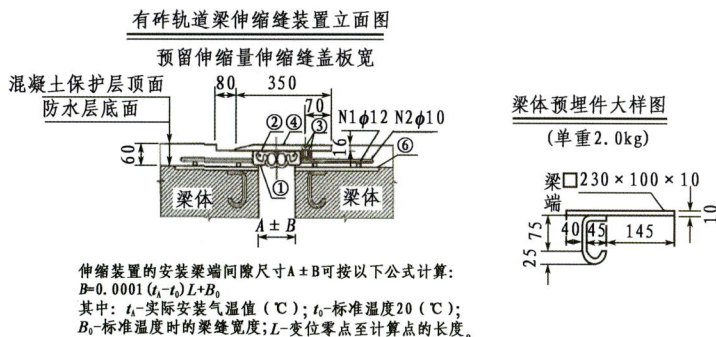

图 6-2-7-53　梁端伸缩缝预埋件结构图(尺寸单位:mm)

④梁端锚垫板安装,波纹管接长。各湿接缝段需接长槽梁通长束金属波纹管,金属波纹管接长时,接头处的连接管宜采用大一个直径级别的同材质管道,其长度宜为被连接管道内径的5~7倍,且不小于300mm,两端旋入长度应大致相等。连接时应不使接头处产生角度变化,在混凝土浇筑期间不应使管道发生转动或位移,并应缠裹紧密,防止漏浆。金属波纹管安装就位过程中,应防止电焊火花烧伤管壁。"井"字形φ10mm定位钢筋按间距0.5m布置且应与接缝钢筋绑扎牢固,以确保钢束按照设计线型固定。梁端预应力通长束张拉锚固端安装锚下螺旋筋和锚垫板,锚垫板应垂直于孔道中心线。

⑤预应力钢绞线在混凝土浇筑前先安装,预应力筋下料长度应经计算确定,计算时应考虑结构的孔道长度、锚夹具厚度、千斤顶长度、弹性回缩值、张拉伸长值和外露长度等因素。首次使用可先下一根钢束试穿,合适后方可成批下料。两端张拉的钢束,钢束下料时每端预留约85cm工作长度。下料用砂轮机切断,不得用电焊切断。切断钢绞线之前,先在切割线左右两端各3~5cm处扎丝一道,防止切断后散头。在预应力筋安装完成后,混凝土浇筑前,进行全面检查,修复管道损坏的部位。

(2)模板安装

模板面板采用15mm涂塑竹胶板。内外模面板采用5cm×10cm方木间距30cm顺桥向加劲,单排φ48mm钢管间距30cm,内外模设置φ16mm拉杆对拉固定。

模板根据混凝土浇筑顺序分两次安装,模板间拼缝贴双面胶带,竖墙内侧模板与倒角段模板接缝应严密防止漏浆。

模板安装前,模板混凝土接触表面刨光并保持平整,清理铁路横梁面,放出轴线、模板边线、水平控制高程,按照模板放样位置安装内外模。

模板安装完成后,白天由班组长及现场技术人员对模板安装及加固情况进行逐一检查确定,晚上可采用强光手电筒,对待浇筑区域进行检查,检查是否存在模板明显漏光情况,一旦发现说明该处模板不密贴,采用泡沫胶进行填堵缝隙。

(3)混凝土浇筑

湿接缝浇筑C60无收缩混凝土。接缝两侧混凝土板的侧面应凿毛露出集料,浇筑湿接缝混凝土时应清除残渣灰尘,并用水湿润后再浇筑混凝土。

湿接缝混凝土浇筑地泵接软管进行浇筑。混凝土采用水平分层方式浇筑,混凝土布料时禁止单点集中下料,保证下料平均匀顺。混凝土振捣采用φ50mm插入式振捣棒振捣,下棒间距50cm。振动棒要快插慢拔。振捣时插点均匀,成行或交错式前进,以免过振或漏振,振动棒振动时间约20~30s,每一次振动完毕后,边振动边徐徐拔出振动棒,不得将竖墙振捣棒放在拌合物内平拖。不得用振捣棒驱赶混凝土。以混凝土顶面不再下沉、无气泡冒出、表面泛浆为度。振捣时距离模板应有5~10cm,严禁碰到预埋件。浇筑过程中应安排专人进行检查,浇筑过程中,布料不应过快,振动棒不要猛烈撞击木模板。一旦出现漏浆情况,及时安排施工人员进行封堵,并立刻对漏浆污染部位采用水冲处理。浇筑完成后,由班组长及技术人员再次对此次浇筑的全部区域进行一次排查,确认没有漏浆情况后,才能结束浇筑。

按照设计图纸要求,应先浇筑通长束区域的混凝土,待其强度不小于设计强度的100%,龄期不小于5d,方可张拉预应力筋。张拉完毕后浇筑湿接缝剩余区域的混凝土。槽梁湿接缝结构如图6-2-7-54所示。

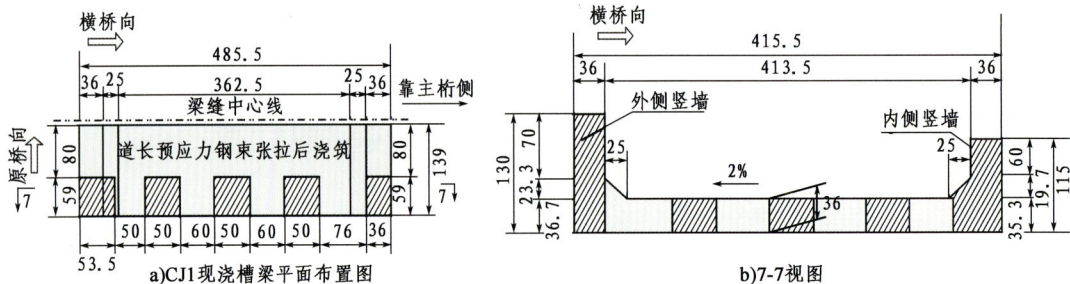

图 6-2-7-54　槽梁湿接缝结构图(尺寸单位:cm)

8)预应力张拉

槽梁采用高强度低松弛钢绞线,产品应符合现行国家标准《预应力混凝土用钢绞线》(GB/T 5224—2003)的规定。钢绞线公称直径为15.2mm,抗拉强度为1860MPa,弹性模量为 $E_p = 1.95 \times 10^5$ MPa;波纹管采用镀锌金属波纹管,真空灌浆工艺;预应力锚具、夹片和连接器应符合现行国家标准《预应力用锚具、夹片和连接器》(GB/T 14370—2007)以及铁道部《铁路工程预应力筋用锚具、夹片和连接器技术条件》(TB/T 3193—2008)的规定。

槽梁钢束型号为12-ϕ^s15.24(长束)和9-ϕ^s15.24(短束)两种。采用两端张拉,张拉时张拉力和伸长量双控,以张拉力为主,锚下控制应力1210MPa。预应力钢束参数见表6-2-7-13。

预应力钢束参数　　　　　　表6-2-7-13

钢束编号	钢 绞 线					波 纹 管			锚 具		伸 长 量		锚下控制应力	钢束位置
	钢束型号	束数	下料长度	钢束总长	钢束总重	波纹管规格	单根长度	管道总长	YJM 15-12	YJM 15-9	左端	右端		
			(cm)	(m)	(kg)	(mm)	(cm)	(m)	(套)	(套)	(cm)	(cm)	(MPa)	
WF1	12-ϕ^s15.2	1	8784.0	87.8	1160.5	JBG-85	8624	86.2	2	—	26	26	1210	外侧竖墙
WF2	12-ϕ^s15.2	1	8784.0	87.8	1160.5	JBG-85	8624	86.2	2	—	26	26	1210	外侧竖墙
WF3	9-ϕ^s15.2	2	1086.0	21.7	215.2	JBG-80	966	19.3	—	4	2.7	2.7	1300	外侧竖墙
WF4	9-ϕ^s15.2	6	1106.0	66.4	657.6	JBG-80	986	59.2	—	12	2.7	2.7	1300	外侧竖墙
NF1	12-ϕ^s15.2	1	8784.0	87.8	1160.5	JBG-85	8624	86.2	2	—	26	26	1210	内侧竖墙
NF2	12-ϕ^s15.2	1	8784.0	87.8	1160.5	JBG-85	8624	86.2	2	—	26	26	1210	内侧竖墙
NF3	9-ϕ^s15.2	2	1086.0	21.7	215.2	JBG-80	966	19.3	—	4	2.7	2.7	1300	内侧竖墙
NF4	9-ϕ^s15.2	6	1106.0	66.4	657.6	JBG-80	986	59.2	—	12	2.7	2.7	1300	内侧竖墙
B1	12-ϕ^s15.2	5	8784.0	439.2	5802.7	JBG-85	8624	431.2	10	—	26	26	1210	底板
B2	9-ϕ^s15.2	8	1086.0	86.9	860.9	JBG-80	966	77.3	—	16	2.7	2.7	1300	底板
B3	9-ϕ^s15.2	24	1106.0	265.4	2630.2	JBG-80	986	236.6	—	48	2.7	2.7	1300	底板
一线槽梁小计	钢绞线 15681.4kg					JBG-85:776m JBG-80:470.9m			18	96	—	—		
合计	全桥88m主梁共8跨,每跨两线槽梁,钢绞线250.9t,波纹管JBG-85 12416m,JBG-80 7534.4m;锚具YJM15-12 288套,YJM15-9 1536套													

槽梁在预制好后,运输和吊装之前进行短束预应力束张拉;长束在整跨槽梁连接为整体而未与钢梁结合前(要求通长束区域的混凝土强度不小于设计强度的100%,龄期不小于5d)进行张拉。截面预应

力布置如图 6-2-7-55 所示。

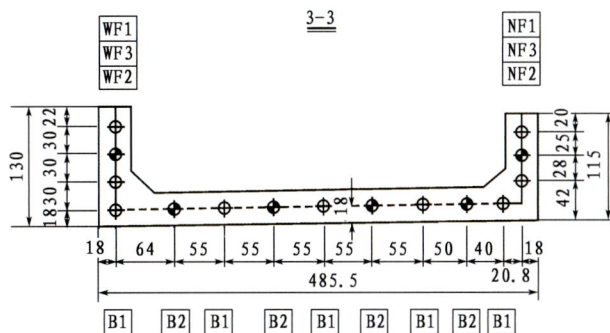

图 6-2-7-55　截面预应力筋位置示意图(尺寸单位:cm)

(1)工作锚、千斤顶和工具锚安装

对千斤顶油表进行校核,安装锚板和夹片,使钢绞线平行穿过锚孔,锚垫板与锚板中心对中。安装限位板、千斤顶和工具锚,要求工作锚、千斤顶、工具锚三者中心位于同一轴线上。

(2)预应力张拉

使用 4 台 300t 穿心式千斤顶,从槽梁中间向两侧对称张拉。张拉程序:0→10% 张拉控制应力(初始应力状态做伸长量标记)→分级张拉→控制应力 σ_k(测伸长值)→持荷 5min→补拉至 σ_k(测伸长值)→锚固。

锚固后两端钢绞线伸长量之和不得超过计算值的 ±6%,每端锚具回缩量不得大于 6mm。张拉完成后,在锚圈口处的钢绞线上作标记,以观察是否滑丝,每个张拉断面总断丝、滑丝不得超过该断面钢丝总数的 0.5%,也不得在同一侧,且每束钢绞线断丝、滑丝不得超过 1 根。经 24h 复查合格后,用砂轮切割机切断钢绞线头,切断处距锚具不小于 30mm。

(3)压浆、封锚

张拉后 24h 内进行管道压浆,采取真空辅助压浆法。管道压浆用砂浆要求采用无收缩水泥浆,砂浆强度等级为 M50。封锚混凝土采用 C60 无收缩混凝土,封锚前先将接口混凝土凿毛并清理,对锚具、锚垫板表面及外露钢绞线用聚氨酯防水涂料进行防水处理,浇筑湿接缝混凝土完成封锚。

松下岸

人屿岛

元洪航道桥

鼓屿门水道桥

平潭海峡公铁大桥
建造关键技术

06

第**3**章
浅水及陆地非通航孔桥施工

大小练岛水道桥
小练岛
大练岛
北东口水道桥
平潭岛

3.1 基础施工

3.1.1 工程概况

1）地质情况

（1）地质调查结合钻孔揭示，桥址区地层主要有：第四系人工填筑土层（Q_4^{ml}）、第四系全新统长乐组滨海相沉积层（Q_4^{cm}）、第四系晚更新统龙海组滨海相沉积层（Q_3^{lm}）、第四系坡积层（Q^{dl}）、残积层（Q^{el}）。基岩主要为白垩系石帽山群下组（K_1Sh_1）火山岩、燕山晚期（γ_5^3）侵入花岗岩，辉绿岩岩脉（$\beta\mu$）。受构造作用影响，局部发育构造角砾岩、构造角砾夹泥等。

（2）勘察范围内第四系覆盖层较简单；低丘陵及海岛区基岩多裸露，海域冲海积区以淤泥质土、黏性土、砂层为主，层厚 0 ~ 40m 不等。钻孔揭示的第四系地层主要有：②大层，第四系全新统长乐组滨海相沉积的淤泥质土及松散 ~ 稍密状的粉 ~ 中砂为主，最厚处约 25m；③大层，第四系晚更新统龙海组滨海相沉积的硬塑 ~ 软塑状黏性土、中密 ~ 密实状粉 ~ 中砂、细圆砾土层，最厚处约 20m；④和⑤大层，为坡残积层，层厚一般 3 ~ 15m。

（3）桥址区基岩主要为白垩系石帽山群组（K_1Sh_1）凝灰岩⑥层、火山角砾岩⑦层、英安岩⑧层、凝灰熔岩⑨层、流纹岩⑩层和燕山晚期（γ_5^3）花岗岩⑪层，前者主要分布于松下岸起点 ~ SR10 号墩，后者主要分布于 SR11 号墩 ~ 鼓屿门水道桥北塔墩（Z03 号墩）区段。后期侵入的辉绿岩岩脉（$\beta\mu$）和构造岩在全线基岩均有见及。基岩各风化带的埋深及厚度有所变化，全 ~ 强风化层整体上厚度不大，钻孔揭示厚度多为 5 ~ 20m，最厚处达 50m 以上；弱 ~ 微风化岩面起伏大，高程相差较大，岛屿上弱、微风化岩均有裸露,露头高程可达几米~数十米,海域弱微风化岩岩面可低至 −90m 以下;钻孔揭示弱风化岩厚度多为 1~8m,较厚处可达 15m 以上。

2)桩基工程量

平潭海峡公铁大桥非通航孔预应力混凝土箱梁桥基础采用桩基础和部分陆地扩大基础,桩基础采用 φ2.2m 和 φ2.0m 钻孔桩、小练岛铁路路基区 φ1.5m 挖孔桩以及 SR01~SR02 号、CX04 号、CX38~CX40 号、XD01~XD03 号以及 XD16~XD18 号墩位处 φ2.0m 挖孔桩,其中鼓屿门水道桥单位工程区 CX05 和 CX10 号墩采用扩大基础,共计 1283 根桩。其中 φ2.2m 钻孔桩 257 根,φ2.0m 钻孔桩 842 根,φ1.5m 挖孔桩 72 根,φ2.0m 挖孔桩 112 根。其中的水中区钻孔桩 799 根,陆地及近岸边区桩基 484 根,均采用水下 C40 混凝土。非通航孔预应力混凝土梁桥范围内桩基础参数见表 6-3-1-1。

非通航孔预应力混凝土梁桥范围内桩基概况一览表　　　　表 6-3-1-1

序号	桩墩号	根数	桩径（m）	桩底高程（m）	桩顶高程（m）	单根桩长（m）	墩位置	成孔方法
1	SR01	4	2.0	10.203	20.203	10.000	陆地	挖孔
2	SR02	10	2.0	−8.00	2.00	10.00	岸边	挖孔
3	SR03	12	2.0	−14.00	−2.00	12.00	岸边	钻孔
4	SR04	12	2.0	−14.00	−2.00	12.00	岸边	钻孔
5	SR05	12	2.0	−13.00	−2.00	11.00	岸边	钻孔
6	SR06	12	2.0	−14.00	−2.00	12.00	岸边	钻孔
7	SR07	12	2.0	−41.00	−2.00	39.00	水中	钻孔
8	SR08	12	2.0	−41.00	−2.00	39.00	水中	钻孔
9	SR09	12	2.0	−41.00	−2.00	39.00	水中	钻孔
10	SR10	12	2.0	−59.00	−2.00	57.00	水中	钻孔
11	SR11	12	2.0	−39.00	−2.00	37.00	水中	钻孔
12	SR12	12	2.0	−34.00	−2.00	32.00	水中	钻孔
13	SR13	12	2.0	−26.00	−2.00	24.00	水中	钻孔
14	SR14	12	2.0	−41.00	−2.00	39.00	水中	钻孔
15	SR15	12	2.0	−36.00	−2.00	34.00	水中	钻孔
16	SR16	12	2.0	−59.00	−2.00	57.00	水中	钻孔
17	SR17	12	2.0	−61.00	−2.00	59.00	水中	钻孔
18	SR18	12	2.0	−68.00	−2.00	66.00	水中	钻孔
19	SR19	12	2.0	−70.00	−2.00	68.00	水中	钻孔
20	SR20	12	2.0	−62.00	−2.00	60.00	水中	钻孔
21	SR21	12	2.0	−62.00	−2.00	60.00	水中	钻孔
22	SR22	12	2.0	−56.00	−2.00	54.00	水中	钻孔
23	SR23	12	2.0	−57.00	−2.00	55.00	水中	钻孔
24	SR24	12	2.0	−74.00	−2.00	72.00	水中	钻孔
25	SR25	12	2.0	−59.00	−2.00	57.00	水中	钻孔
26	SR26	12	2.0	−57.00	−2.00	55.00	水中	钻孔
27	SR27	12	2.0	−64.00	−2.00	62.00	水中	钻孔
28	SR28	12	2.0	−67.00	−2.00	65.00	水中	钻孔
29	SR29	12	2.0	−62.00	−2.00	60.00	水中	钻孔
30	SR30	12	2.0	−52.00	−2.00	50.00	水中	钻孔
31	SR31	12	2.0	−51.00	−2.00	49.00	水中	钻孔

续上表

序号	桩墩号	根 数	桩径 (m)	桩底高程 (m)	桩顶高程 (m)	单根桩长 (m)	墩 位 置	成孔方法
32	SR32	12	2.0	−42.00	−2.00	40.00	水中	钻孔
33	SR33	12	2.0	−38.00	−2.00	36.00	水中	钻孔
34	SR34	13	2.0	−36.00	−2.00	34.00	水中	钻孔
35	SR35	13	2.0	−25.00	−2.00	23.00	水中	钻孔
36	SR36	13	2.0	−22.00	−2.00	20.00	水中	钻孔
37	SR37	13	2.0	−23.00	−2.00	21.00	水中	钻孔
38	SR38	13	2.0	−28.00	−2.00	26.00	水中	钻孔
39	SR39	13	2.0	−20.00	−2.00	18.00	水中	钻孔
40	SR40	20	2.0	−23.00	−2.00	21.00	水中	钻孔
41	SR41	12	2.2	−28.00	−2.00	26.00	水中	钻孔
42	SR42	12	2.2	−28.00	−10.00	18.00	水中	钻孔
43	SR43	17	2.2	−31.00	−2.00	29.00	水中	钻孔
44	SR44	12	2.2	−31.00	−2.00	29.00	水中	钻孔
45	SR45	12	2.2	−31.00	−2.00	29.00	水中	钻孔
46	SR46	12	2.2	−31.00	−2.00	29.00	水中	钻孔
47	SR47	12	2.2	−31.00	−2.00	29.00	水中	钻孔
48	SR48	12	2.2	−31.00	−2.00	29.00	水中	钻孔
49	SR65	12	2.2	−33.00	−2.00	31.00	水中	钻孔
50	SR66	12	2.2	−30.00	−2.00	28.00	水中	钻孔
51	SR67	12	2.0	−20.00	−2.00	18.00	岸边	钻孔
52	SR68	12	2.0	2.00	20.00	18.00	陆地	钻孔
53	SR69	12	2.0	−6.0	19.0	25.00	陆地	钻孔
54	SR70	12	2.0	3.0	17.5	20.50	陆地	钻孔
55	SR71	12	2.0	−10.0	11.0	21.00	陆地	钻孔
56	SR72	12	2.0	3.00	20.00	17.00	陆地	钻孔
57	SR73	12	2.0	4.00	28.00	24.00	陆地	钻孔
58	SR74	12	2.0	10.00	28.00	18.00	陆地	钻孔
59	SR75	12	2.0	−4.00	21.00	25.00	陆地	钻孔
60	SR76	12	2.0	−16.00	−1.00	15.00	岸边	钻孔
61	SR77	12	2.2	−28.00	−2.00	26.00	水中	钻孔
62	CX03	10	2.0	−12.00	−2.00	10.00	水中	钻孔
63	CX04	10	2.0	−6.23	6.00	12.23	陆地	挖孔
64	CX06	10	2.0	6.24	22.00	15.76	陆地	钻孔
65	CX07	10	2.0	12.89	31.00	18.11	陆地	钻孔
66	CX08	10	2.0	18.44	40.00	21.56	陆地	钻孔
67	CX09	10	2.0	9.95	46.00	36.05	陆地	钻孔
68	CX11	10	2.0	28.98	43.00	14.02	陆地	钻孔
69	CX12	10	2.0	19.49	32.00	12.51	陆地	钻孔
70	CX13	10	2.0	10.00	20.00	10.00	陆地	钻孔

续上表

序号	桩墩号	根数	桩径（m）	桩底高程（m）	桩顶高程（m）	单根桩长（m）	墩位置	成孔方法
71	CX14	10	2.0	4.50	14.50	10.00	陆地	钻孔
72	CX15	10	2.0	−1.00	9.00	10.00	陆地	钻孔
73	CX16	10	2.0	−11.50	2.00	13.5	陆地	钻孔
74	CX17	10	2.0	−10.00	2.00	12.0	陆地	钻孔
75	CX18	10	2.0	−12.00	2.00	14.00	岸边	钻孔
76	CX27	12	2.2	−19.00	−2.00	17.0	水中	钻孔
77	CX28	12	2.2	−21.00	−2.00	19.0	水中	钻孔
78	CX29	12	2.2	−17.00	−2.00	15.0	水中	钻孔
79	CX30	12	2.2	−17.00	−0.20	16.8	水中	钻孔
80	CX31	12	2.2	−20.00	−0.20	19.8	水中	钻孔
81	CX32	12	2.2	−35.00	−0.20	34.8	水中	钻孔
82	CX33	12	2.2	−20.60	−0.20	20.4	水中	钻孔
83	CX34	12	2.2	−30.00	−0.20	29.8	水中	钻孔
84	CX35	12	2.2	−22.00	−0.20	21.8	水中	钻孔
85	CX36	12	2.2	−18.80	−0.20	18.6	岸边	钻孔
86	CX37	12	2.0	−12.00	−2.00	10.0	陆地	钻孔
87	CX38	10	2.0	−7.07	2.93	10.0	陆地	挖孔
88	CX39	10	2.0	−4.14	5.86	10.0	陆地	挖孔
89	CX40	10	2.0	−0.38	9.62	10.0	陆地	挖孔
90	CX41	10	2.0	3.80	17.00	13.2	陆地	挖孔
91	CX42	10	2.0	9.80	24.00	14.2	陆地	挖孔
92	CX43	10	2.0	25.00	37.00	12.0	陆地	挖孔
93	CX44	12(4+8)	2.0/1.5	35.776/36.276	45.776/46.276	10.0	陆地	挖孔
94	CX45	8	1.5	40.824	50.824	10.0	陆地	挖孔
95	CX46	8	1.5	41.189	51.189	10.0	陆地	挖孔
96	CX47	8	1.5	41.555	51.555	10.0	陆地	挖孔
97	CX48	8	1.5	41.920	51.920	10.0	陆地	挖孔
98	CX49	8	1.5	42.286	52.286	10.0	陆地	挖孔
99	CX50	8	1.5	42.651	52.651	10.0	陆地	挖孔
100	CX51	8	1.5	43.016	53.016	10.0	陆地	挖孔
101	XD01	12(4+8)	2.0/1.5	38.699/39.199	48.699/49.199	10.0	陆地	挖孔
102	XD02	10	2.0	27.645	37.645	10.0	陆地	挖孔
103	XD03	10	2.0	1.30	17.27	15.97	陆地	挖孔
104	XD04	10	2.0	−12.110	4.00	16.11	水中	钻孔
105	XD05	10	2.0	−13.430	2.00	15.43	水中	钻孔
106	XD06	10	2.0	−15.930	2.00	17.93	水中	钻孔
107	XD07	10	2.0	−11.87	4.00	15.87	水中	钻孔
108	XD08	10	2.0	−18.00	4.00	22.00	水中	钻孔
109	XD09	10	2.0	−18.00	1.00	19.00	水中	钻孔
110	XD14	10	2.0	−12.00	−2.00	10.00	水中	钻孔
111	XD15	10	2.0	−8.10	2.50	10.60	陆地	钻孔
112	XD16	10	2.0	−12.0	2.500	14.50	陆地	挖孔
113	XD17	10	2.0	−8.60	2.50	11.10	陆地	挖孔
114	XD18	10	2.0	2.50	10.17	7.67	陆地	挖孔

3.1.2 钻孔桩施工技术

1）钻孔桩施工概述

本项目三个单位工程的非通航孔预应力混凝土梁桥桩基础均采用 φ2.2m 和 φ2.0m 的嵌岩桩,共计 1099 根,其中水中区桩基础采用栈桥加平台钻孔施工,采用冲击钻成孔。钻孔桩施工主要工艺流程:施工准备→栈桥和平台施工→施工测量放样并报检→钢护筒埋设→泥浆循环系统设置→钻机就位找平并报检→钻进成孔并报检→清孔→吊放钢筋笼并报检→二次清孔→灌注混凝土。施工流程如图 6-3-1-1 所示。

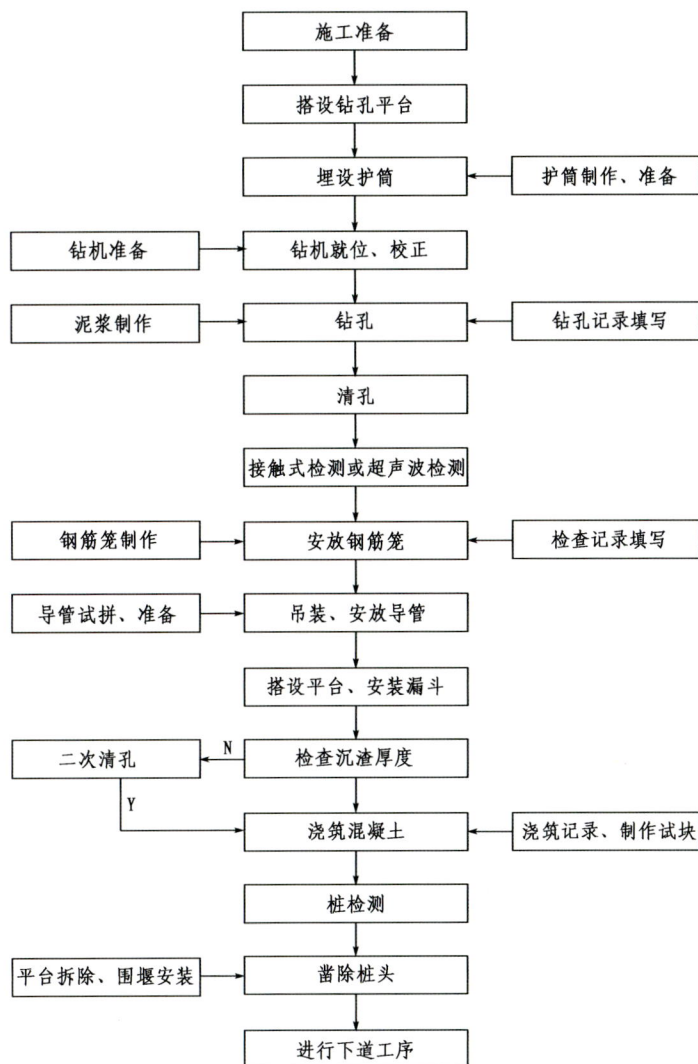

图 6-3-1-1　钻孔桩基础施工流程图

2）钻孔平台施工

水中区混凝土梁桥基础采用钻孔平台施工(图 6-3-1-2),为满足围堰下放要求和履带式起重机的通行,钻孔平台分为钻孔区域和两侧支栈桥区(履带式起重机通行区域)。支栈桥布置在钻孔区域两侧,与主栈桥垂直,宽度为 8m。为了便于履带式起重机及车辆通行,钻孔平台与栈桥顶面高程一致:1 ～ 6

号栈桥对应的钻孔平台桥面高程为 +11.27m,7~11 号栈桥对应的钻孔平台桥面高程为 +9.19m。近岛段钻孔平台采用扩大基础 + 钢管桩,水中钻孔平台则直接插打钢管桩;支栈桥桩顶宽度方向间距为 6m,桩顶横向设由两根 H 型钢组焊而成的箱形分配梁。钻孔区域禁止履带式起重机通行。

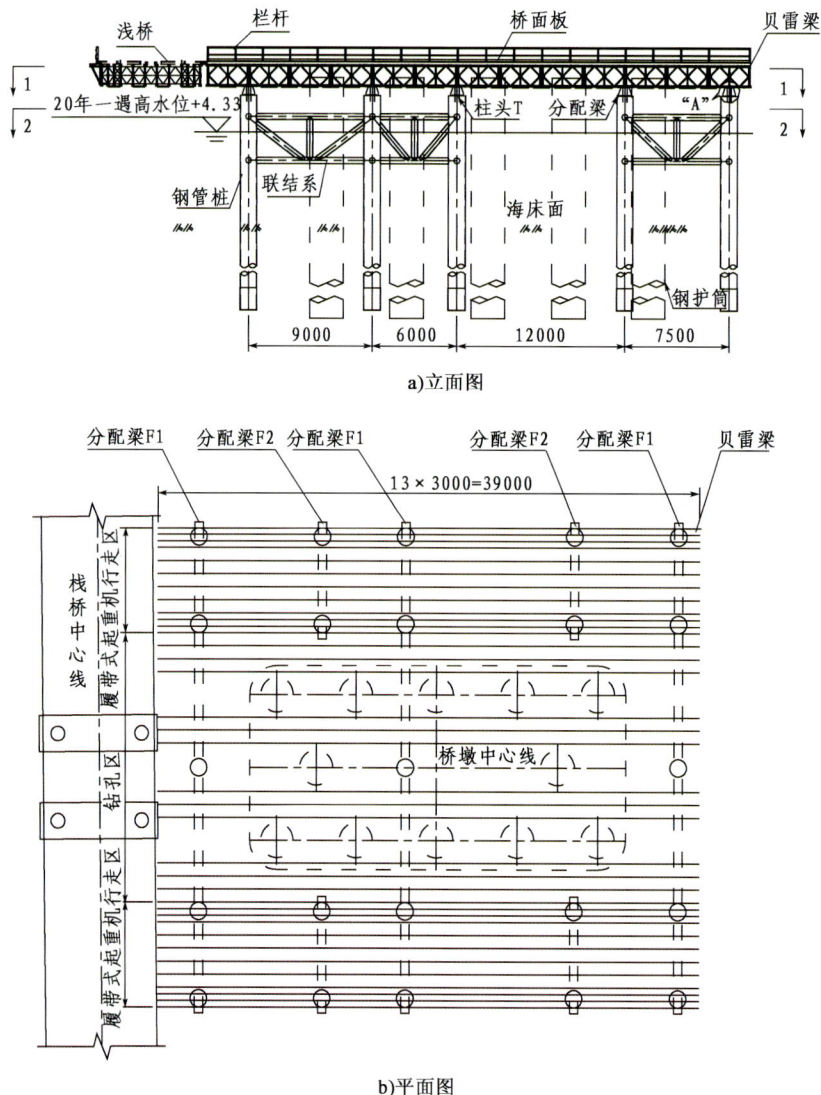

a)立面图

b)平面图

图 6-3-1-2　非通航孔桥钻孔平台布置图(尺寸单位:mm)

(1)下部结构施工。

①近岛段钻孔平台采用扩大基础 + 钢管桩,低潮位施工此桩位处扩大基础。待混凝土达到设计强度,利用起重机将钢管桩与预埋件焊接,完成平台钢管桩施工。

②浅(无)覆盖层、厚覆盖层区域钢管桩采用勇丰桩 2 号打桩船(图 6-3-1-3)或振动锤进行施工,打桩船性能如表 6-3-1-2 所示。打桩船在施工区域粗略抛锚定位后,桩驳靠打桩船,打桩船进行吊桩作业,待钢管桩吊起后,打桩船通过 GPS 定位系统利用锚缆移动打桩船至钢管桩设计位置处,然后进行沉桩作业。钢管桩下沉过程中,随时观察其贯入度,停锤标准以贯入度指标控制为主,停锤标准见表 6-3-1-3。

打 桩 船 性 能 表　　　　　　　　　　　　　表 6-3-1-2

船　　名	船型(m)	吃水(m)	桩架高度(m)	锚碇系统	所配锤型	可打桩长度(m)
勇丰桩 2 号	55×25×4	2.4	80	海军锚	D138 柴油锤	70 + 水深

图 6-3-1-3　勇丰桩 2 打桩船钢管桩插打

沉 桩 停 锤 标 准　　　　　　　　　　　　　　表 6-3-1-3

地 质 条 件	水深 h(m)	管桩直径(m)	入岩深度(m)	处 理 方 法
光板岩区	$h \leq 13.5$	1.2	≥ 1	可停锤
	$13.5 < h \leq 18$	1.2	≥ 2.7	可停锤
浅覆盖层区域	$13.5 < h \leq 18$	1.2	≥ 3.5	可停锤
浅(无)覆盖层区域	$18 < h \leq 23$	1.5	≥ 3.5	可停锤
	$23 < h \leq 35$	2.0	≥ 4.8	可停锤
		2.4	≥ 5	可停锤

③由于施工海域风大浪急且海床覆盖层浅或为裸露岩层,钢管桩入岩深度小。入岩深度不足的管桩极易发生倾覆,所以钢管桩插打完成后,需同步进行联结系安装。

④对入岩深度不足的钢管桩进行锚桩施工,锚桩应锚入钢管桩4m,锚入岩层深度根据岩层情况而定,见图6-3-1-4。

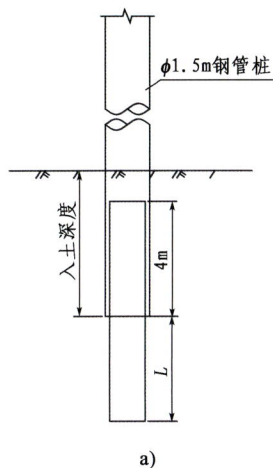

a)　　　　　　　　　　　　　　b)

图 6-3-1-4　锚桩施工

(2)上部结构:贝雷梁采用起重船或履带式起重机分榀吊装,桥面板采用起重船或履带式起重机分块吊装;栏杆制作成片,现场焊接。

3)钢护筒施工

(1)钻孔平台安装完成后,在平台上放样出护筒定位点,并焊接限位。

（2）钢护筒运至施工现场后，为保证钢护筒起吊时不变形，采用横吊梁顶端吊两点、底部吊一点的方法进行吊装。同时起吊顶部和底部吊点，使钢护筒离开船体约 2.0m，然后提升顶部吊点、底部吊点不动，使钢护筒由平卧变为斜吊，慢慢起吊至 90°后，拆除底部吊点，直起吊护筒入孔。钢护筒起吊方式见图 6-3-1-5。

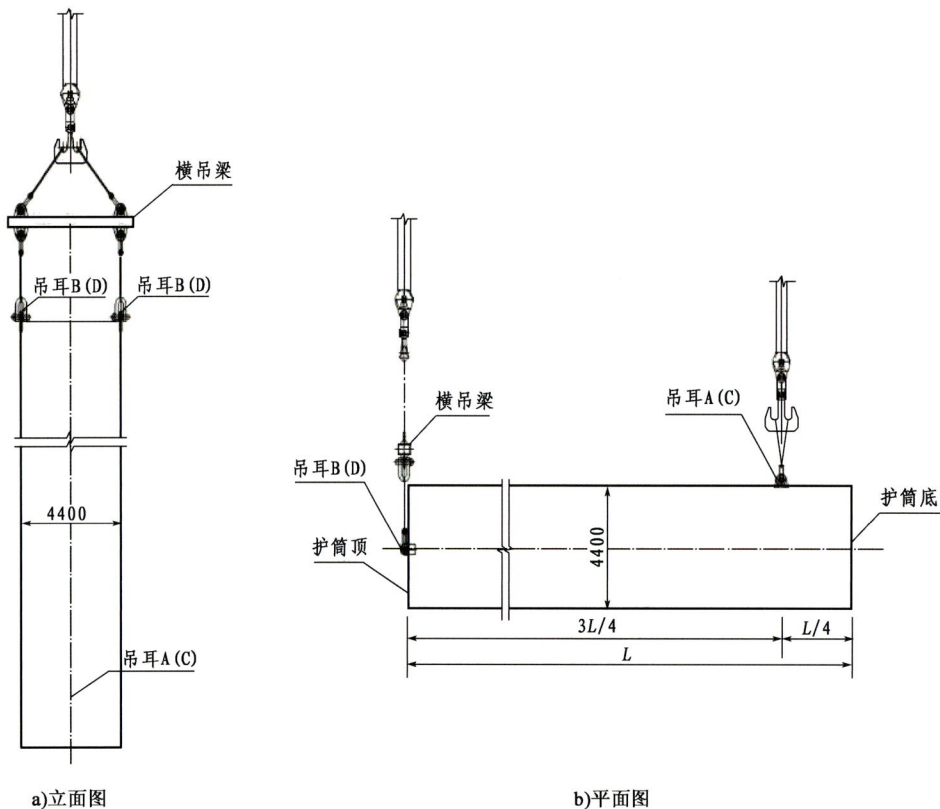

a)立面图　　　　　　　　　　　　b)平面图

图 6-3-1-5　钢护筒起吊

图 6-3-1-6　钢护筒插打

（3）钢护筒吊装到位后，用活动上导环调节护筒垂直度，同时利用两台全站仪观测钢护筒垂直度及平面位置，然后缓缓下放钢护筒插入海床，直至稳定。钢护筒采用 APE400 型振动锤、DZJ-300 型振动锤等性能相近的振动打桩锤进行插打，如图 6-3-1-6 所示。钢护筒插打过程中，严格控制钢护筒垂直度及平面位置，控制标准见表 6-3-1-4。由于施工海域覆盖层浅加之岩层硬度大，钢护筒入岩深度大多为 1m 左右，在后期钻孔过程中极易出现漏浆、护筒下沉等问题，所以在钢护筒插打完成后应及时焊接护筒限位及导向，平台以上钢护筒长度预留 1m，以防护筒下沉后发生倾斜、偏位。当钢护筒入岩不足时，在钻孔过程中应同步主动跟进接长。

钢护筒允许偏差　　　　　　　　　　　　　表 6-3-1-4

序号	项　　目	允　许　偏　差	检　验　方　法
1	护筒顶面位置	50mm	测量检查
2	护筒倾斜度	1%	测量检查

4）钻孔

单个承台桩基采用 3 台冲击钻机施工，按照相邻两孔不能同时进行钻进或灌注混凝土作业的原则安排钻孔顺序。钻机钻孔顺序及桩位编号见图6-3-1-7,图中第一个数字代表钻孔顺序,第二个数字代表桩位编号。由于钻孔平台施工区域有限,利用相邻钢护筒作为造浆孔、储浆孔,另外在平台上设置一个大型的沉淀池。钻孔时通过泥浆泵从储浆池将泥浆输送至孔底,泥浆携带浮渣回流至沉淀池,通过旋流除渣器,将泥浆与泥渣分离,泥浆通过泥浆泵输送到造浆池,完成一个循环。

(1)钻机就位

钢护筒护筒施工完成后摆放钻机到位,冲击钻机需摆放平稳,钻机底座用钢管支垫,钻机摆放就位后对机具及机座稳固性等进行全面检查,用水平尺检查钻机摆放是否水平,吊线检查钻机摆放是否正确,焊接护桩。钻孔机具主要有YCJF-25冲击钻、ZX-250泥浆分离器、空压机、数台泥浆泵等。

(2)冲击成孔

根据基桩的直径及工程地质情况,采用相应型号钻头。在钻机驱动钻锤冲击的同时,利用泥浆泵,向孔底输送泥浆(当钻进一个时期,检查孔内泥浆性能如果不符合要求时,必须根据不符情况采取不同的方法予以净化改善)。使孔底携带钻渣的泥浆上升,从孔口回流向沉淀池,形成排渣系统。冲进过程中,检查钻头直径和竖直度,注意地层变化,在地层变化处捞取渣样,判明后记入记录表中并与地质剖面图核对。在护筒下1m范围内,宜慢速冲进,对入岩深度不足的钢护筒应在护筒掉落前主动跟进,且前期泥浆相对密度应偏大,有助于护壁,防止漏浆。成孔后进行检孔。冲击钻钻孔施工如图6-3-1-8所示。

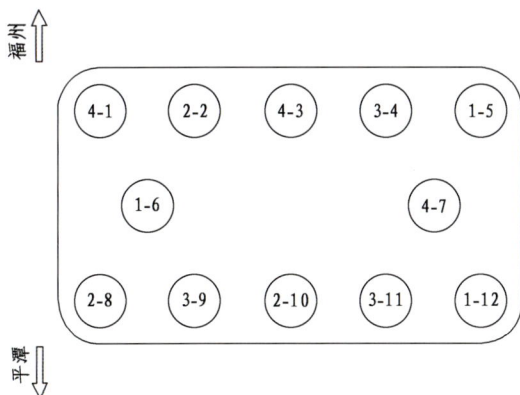

图6-3-1-7 钻孔顺序

图6-3-1-8 冲击钻钻孔施工

(3)一次清孔

终孔前1~2h,开始调整泥浆指标,终孔后,下钻继续向孔内注入泥浆,通过冲击锤低冲程的反复冲搅,利用泥浆循环方式使孔底沉渣随着泥浆排出孔外,使泥浆相对密度、泥浆中含钻渣量和孔壁厚度符合规范要求(图6-3-1-9)。随时测定进出浆口的泥浆指标,达到一清标准后(一般控制泥浆相对密度为1.2左右),提出冲击锤,进行检孔。具体指标见表6-3-1-5。

图6-3-1-9 清孔排渣

检 孔 技 术 指 标						表 6-3-1-5
项目	设备安装	孔位偏差	孔径偏差	孔深偏差	孔底沉渣厚度	孔倾斜度
内容	平稳固定三点一线	50mm	不小于设计桩径	不小于设计桩深	≤5cm	≤1%

5）钢筋笼制作及安装

（1）钢筋笼制作

桩基础钢筋笼主筋为 HRB400 级钢筋，以一节 12m 长制作运输。钢筋笼利用胎架长线法制作，运输、吊装均采用专用吊具，防止吊运时损坏或变形。分段钢筋笼纵向连接，纵向主筋采用滚轧直螺纹套筒连接接头。钢筋滚轧直螺纹加工工艺流程：钢筋验收→排放就位、准备就绪→滚轧螺纹头→螺纹头质量自检→带帽保护→螺纹头质量抽检→存放待用。加工完成后需对接头进行标记，并对节段进行编号，保证现场安装时能够按照工厂加工时的对接顺序进行有效对接。在钢筋笼内侧圆周布置 4 根声测管，各管路套丝后用管箍连接并加固焊牢，顶部接长至与施工平台平齐并封闭。

（2）钢筋笼下放

终孔完成检查验收合格后，进行钢筋笼下放（图 6-3-1-10），为防止吊装运输时损坏和变形，制作时在钢筋笼内口加焊临时加强钢筋和△形内支撑，在吊装入孔下放时解除。钢筋笼节段长 12m，钢筋笼的起吊竖立采用履带式起重机大小双钩起吊，先将履带式起重机大钩吊钢筋笼上端，小钩吊钢筋笼下端，将钢筋笼水平吊起后，大钩起、小钩落，使钢筋笼逐步竖立。桩钢筋笼对接时，底节钢筋笼使用 I20b 型钢固定于护筒口，套筒对接完成并检查合格后，安装箍筋并下放定位。在孔口处设两根"型钢扁担"，钢筋笼下放至孔内后，将 2 根定位吊挂钢筋与钢筋笼主筋连接，然后将定位吊挂钢筋顶部穿过型钢扁担，同时在钢筋笼外侧设置钢筋笼限位，控制钢筋笼的平面位置，然后整体下放至设计位置。

图 6-3-1-10　钢筋笼下放

6）混凝土灌注

（1）混凝土灌注前进行二次清孔。清孔方法为气举反循环法，压缩空气经风管向导管内送风，风管内的空气与泥浆混合物相对密度（约为 0.6）小于导管内泥浆相对密度（约为 1.1），形成负压区，在大气压的作用下，汽水混合物排出管外；孔底泥浆及沉淀物的混合物沿着导管上升，补充到负压区。二次清孔达到要求后，立即拆除清孔接头，进行水下混凝土灌注。

（2）首灌采用压球法进行混凝土灌注，导管下设后在导管内放置略小于导管内径的隔离球隔离泥浆与混凝土，然后在导管上设置一个灌注料斗，旁边设置一个储料斗，在灌注料斗内出口上放置一个盖板，在开始浇筑混凝土前将混凝土储料斗和灌注料斗装满（储料斗＋灌注料斗容积应满足导管内容积及封埋导管不小于 1m 深的体积），使导管底口一次埋入混凝土面以下 1.0m 以上，储料斗的混凝土储存量可按式 6-3-1-1 计算，实际情况如图 6-3-1-11 所示。

$$V \geqslant \frac{1.3}{4}\pi D^2(h_1 + h_2) + \frac{\pi}{4}d^2 H_b \qquad (6\text{-}3\text{-}1\text{-}1)$$

式中：V——灌注首批混凝土所需要体积（m^3）；

　　　D——桩孔直径（m）；

　　　h_1——桩孔底到导管底间距（m），一般为 0.3～0.5；

　　　h_2——导管初次埋入深度（m）；

　　　d——导管内径（m）；

1.3——为首灌混凝土方量放大系数;

H_b——桩孔内混凝土达到埋置深度 h_2 时,导管内混凝土柱平衡导管外(或泥浆)压力所需的高度(m)。

$$H_b = H \cdot \frac{\gamma_w}{\gamma_c} \qquad (6\text{-}3\text{-}1\text{-}2)$$

式中: H——桩孔内水或泥浆的深度(m);

γ_w——桩孔内水或泥浆的重度(kN/m^3);

γ_c——混凝土拌合物的重度(kN/m^3),取24。

通过以上公式计算得到 2m 桩灌注首批混凝土所需数量为 15.3m^3,当料斗内的混凝土量已满足初灌要求时,拔出灌注料斗内出口上的盖板,同时打开储料斗上的放料阀门,使混凝土连续进入导管,迅速地把隔水栓及管内泥浆压出导管,同时将桩孔旁的混凝土搅拌车内的混凝土连续的灌入桩孔内,当孔内浆液迅猛的溢出孔口时,证明混凝土已通过导管进入孔内;若导管内无泥浆返回,则开浇成功,此时应测量混凝土面的深度,确认导管埋深是否满足 1m 以上的要求。隔水球式导管法施工见图 6-3-1-12、图 6-3-1-13。

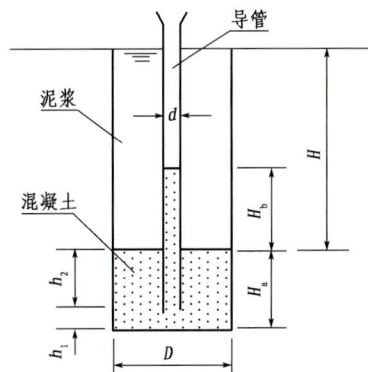

图 6-3-1-11　首灌混凝土数量计算

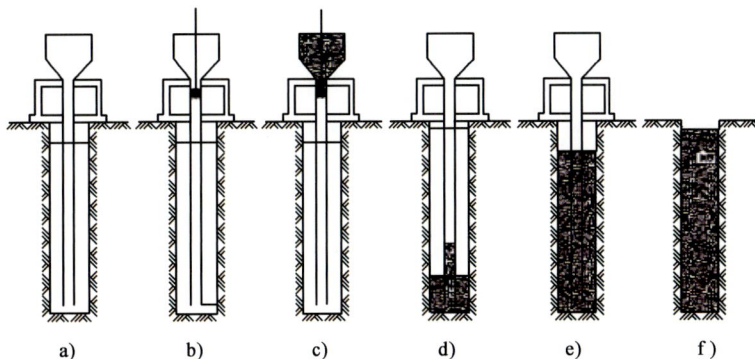

a)　　b)　　c)　　d)　　e)　　f)

图 6-3-1-12　隔水球式导管法施工示意

图 6-3-1-13　混凝土灌注现场

7)注意事项

(1)钻孔过程中防塌孔技术措施

风化岩、残积土等不良地质土质疏松不易成型、土粒移动性较大,在这样的地质条件下进行钻孔作业时极易发生坍孔现象。在施工的过程中根据不同的地质条件不间断地对孔内泥浆密度和黏稠度进行调整。增大泥浆密度,在原黏土泥浆中加入 5% 的膨润土,通过不断调整黏土及膨润土的掺量,保证其泥浆密度;钻孔过程中,添加千乙烯基聚合物,将聚合物慢慢地撒在泥浆泵的进口,泥浆泵将聚合物和泥浆的混合体压入钻孔坍孔处,依次循环 15～30min 后,泥浆黏度就会增加;提高泥浆稳定性、胶体率。可在泥浆中掺加 0.1kg/m 纯碱和 1kg/m 水泥,使泥浆的胶体率和稳定性大大提高,增强泥膜的韧性。

(2)安装钢筋笼时防坍孔技术措施

在前期的钻孔施工完成后,需要放置钢筋笼于孔内,此时也存在着坍孔威胁。由于前期钻孔虽然完成但是孔的内部还存在受力不均衡,如果在下放钢筋笼架时用力过猛、过大或者角度不合适都会有坍孔现象的发生。因此在放置钢筋笼架时应当轻缓进行,并根据成孔的具体形状和深度选择合适的角度进行放置,并在放置过程中观察孔中的情况,在出现坍孔的征兆时就要及时采取必要的防护措施防止坍孔现象的发生或者降低坍孔的程度。

(3)成孔灌注混凝土时防坍孔的措施

混凝土的灌注阶段不易受人为的控制,因此混凝土的灌注阶段也是坍孔的频发阶段。在具体的施工过程中应当特别注意护筒的入岩深度、消除钻孔灌注桩周围的振动源、时刻对孔内外的水压力进行监控。

(4)混凝土灌注过程中意外事故的预防

①优化混凝土配合比,混凝土需具有良好的流动性、不离析性,防止堵管。

②保证灌注的连续性,尽量缩短混凝土泵送的间歇时间,灌注开始后,应紧凑、连续地进行,严禁中途停工。

③导管不宜埋置过深,拆除导管应迅速及时,拆装一次时间一般不宜超过 15min,测量混凝土上升高度和导管理深要勤、要准,避免计算出错。

3.2　承台施工

3.2.1　承台工程概况

平潭海峡公铁大桥非通航孔预应力混凝土箱梁桥跨共计 116 个桥墩承台,其中浅水区水中墩承台为 SR07 ~ SR48 号、SR65 号、SR77 号、CX27 ~ CX36 号、XD14 号共计 54 个,采用先平台后围堰施工;陆地及近岸边墩承台为 SR01 ~ SR06 号、SR66 ~ SR76 号、CX03 ~ CX18 号、CX38 ~ CX51 号、XD01 ~ XD08 号、XD15 ~ XD18 号,共计 71 个,采用筑岛法或明挖法施工,采用 C40/C50 混凝土,其中 CX05 号、CX10 号墩基础为扩大基础。非通航孔预应力混凝土梁桥浅水区水中墩承台和陆地近岸边墩承台及围堰参数列表,见表 6-3-2-1、表 6-3-2-2。

非通航孔混凝土梁桥水中区承台及围堰参数表　　表 6-3-2-1

单位工程项目名称	墩　　号	围 堰 形 式	承台尺寸(长×宽×高) (m×m×高)	数量 (个)	承台顶高程(m)
元洪航道水道桥	SR07 ~ SR39	SR06 ~ SR08 套箱 SR11 ~ SR43 吊箱	20 × 11.8 × 4	33	2(个别岸边承台高程 2m)
	SR40 公铁承台		(20 × 11.8 + 11.8 × 11.8)× 4	1	
	SR41 ~ SR42		27 × 14 × 4	2	
	SR43		37 × 14 × 4	1	
	SR44 ~ SR48、SR65、SR77	SR44、SR77 号套箱其余吊箱	27 × 14 × 4	6	
大小练岛水道桥	CX27 ~ CX36	CX27 ~ CX28 吊箱其余套箱	27 × 14 × 4	10	
	XD14	吊箱	26.6 × 11.6 × 4	1	
合计		吊箱围堰 40 个,14 个套箱围堰		54	—

非通航孔混凝土梁桥陆地近岸边墩承台结构参数表　　表 6-3-2-2

单位工程项目名称	墩　　号	承台尺寸(长×宽×高) (m×m×m)	承台数量 (个)	承台顶高程 (m)
元洪航道 水道桥	SR01	11.6 × 10.6 × 3	1	23.203
	SR02 ~ SR06	20 × 11.8 × 4	5	6、2
	SR66	27 × 14 × 4	1	2
	SR67	26.6 × 13.6 × 4	1	2
	SR68 ~ SR75	26.6 × 11.6 × 4	8	24
	SR76	26.6 × 13.6 × 4	1	3

单位工程项目名称	墩　号	承台尺寸(长×宽×高) （m×m×m）	承台数量 （个）	承台顶高程 （m）
鼓屿门水道桥	CX03～CX18	26.6×11.6×4	16	2、7.77…
大小练岛 水道桥	CX38～CX43	26.6×11.6×4	5	6.93、9.86…
	CX44～XD01（公路左右承台）	6.5×5.5×2.5/3	18	53.324、53.689…
	CX44、XD01（铁路墩承台）	11.6×10.6×3	2	48.796、51.699…
	XD02～XD08	27×14×4	7	0.570、2…
	XD09XD15～XD18	26.6×11.6×4	5	3.967、3.807…
合计	—	—	71	—

注：表中未列出全部承台顶高程。

鼓屿门水道桥单位工程 CX05 和 CX10 号桥墩基础为扩大基础,采用 C40 混凝土,双层基础布置,下层基础平面尺寸 29.8m×13.6m×2m,上层基础平面尺寸为 25.8m×9.6m×3m,采用明挖法施工。下面首先介绍吊箱围堰、套箱围堰及钢板桩的施工技术总结,然后阐述水中区承台及陆地承台基坑明挖法施工技术总结。

3.2.2　承台施工技术概述

1）水中墩承台施工技术

钻孔桩施工完成后,拆除围堰区域钻孔平台,进行围堰安装、下放及封底等作业,待封底混凝土达到一定强度后,进行围堰抽水;然后进行承台钢筋骨架安装、绑扎承台钢筋、承台预埋件及墩身预埋筋安装,浇筑承台混凝土。待承台和底节墩身浇筑完成后,承台施工区域在浪溅区以上时,可拆除承台围堰。施工主要流程:施工准备→围堰拼装→围堰下放→安装吊挂系统→灌注封底混凝土→安装吊挂牛腿(吊箱围堰)→枕头凿除,承台底调平层找平→承台钢筋制安→冷却水管、预埋件及承台预埋钢筋安装→承台模板安装→浇筑承台混凝土→混凝土养护→拆模→冷却水管压浆→施工墩身底部两节→围堰拆除。

2）陆地墩承台

陆地承台及扩大基础采用明挖法施工,岸边近岛段采用筑岛法施工,钻孔桩完成后直接开挖或支护开挖。主要施工流程:施工准备→基坑开挖→桩头破除→浇筑垫层混凝土→钢筋绑扎→立模→混凝土浇筑→混凝土养护→基坑回填。

3.2.3　围堰施工

非通航孔混凝土梁桥承台围堰有吊箱、套箱和钢板桩围堰三种形式,其类型根据海床面高程划分,见表6-3-2-3。

围堰分类统计表　　　　　表6-3-2-3

序号	承台类型	围堰类型	围堰形式	海床面高程(m)	墩　　号	数量
1	单建段桥墩	A6	套箱	−5.97～−3.82	SR08～10	3
2		A7	吊箱	−8.7～−6.21	SR11～33	23
3		A1	吊箱	−9.62～−8.74	SR34～39、SR40 铁	7
4	分建段桥墩	A8	吊箱	−9.85	SR40 公	1

续上表

序号	承台类型	围堰类型	围堰形式	海床面高程(m)	墩　号	数量
5	E2z 型	A10	套箱	−5.55 ~ −1.75	SR44、SR77	2
6		A3	套箱	−4.83 ~ 1.7	CX29 ~ 36	8
7		A5	吊箱	−12.84 ~ −6.75	SR41 ~ 42、SR45 ~ 48、SR65	7
8		A4	吊箱	−7 ~ −6.4	CX27、CX28	2
9	分建段桥墩	A9	吊箱	−7.56	SR43	1
10	钢混交接墩	钢板桩围堰		−3.18 ~ −7.38	XD13	1
11	D4z1 型	A2	套箱	0 ~ −2.0	XD14	1

全桥共计 55 个围堰,其中吊箱围堰 40 个,套箱围堰 14 个,钢板桩围堰 1 个。

1)吊箱围堰施工技术

(1)吊箱围堰设计

①围堰设计高程

围堰顶设计高程:根据桥位所处海域高潮位统计资料,围堰顶面高程确定原则为 10 年一遇高水位 (+4.18m)+10 年一遇波高的一半(长屿岛以北 $H_{5\%}$ = 5.44m,长屿岛以南 $H_{5\%}$ = 2.58m)+1m 安全高度。即长屿岛以北围堰顶高程≥7.9m,长屿岛以南≥6.47m。

②围堰设计荷载

a.封底底板处高水位最大静水压力

长屿岛以北:10 年一遇高水位(4.18m)+1/2 波高(5.44/2)−围堰底高程。

长屿岛以南:10 年一遇高水位(4.18m)+1/2 波高(2.58/2)−围堰底高程。

b.封底底板处低水位最小静水压力

长屿岛以北:10 年一遇高水位(−3.59m)−1/2 波高(3.43/2)−围堰底高程。

长屿岛以北:10 年一遇高水位(−3.59m)−1/2 波高(2.3/2)−围堰底高程。

c.波浪力

计算水深按 10 年一遇高潮位计,墩位处波浪要素由国家海洋局第三海洋研究所提供,根据不同计算工况,波浪要素按 10 年一遇取值或波高 2.5m。

d.水流力

长屿岛至大练岛间海域 10 年一遇流速 2.89m/s,流向为 51°和 231°。水流力按《港口工程荷载规范》(JTS 144-1—2010)进行计算。

e.浮托力

高潮位时浮托力按 10 年一遇波浪力考虑,低潮位时浮托力为 0。

f.封底混凝土与钢护筒黏结力按 150kN/m² 计。

③围堰结构设计

墩位处海床面高程 −6m 以下非通航孔混凝土梁桥承台采用单壁+双壁钢吊围堰施工,承台底面以下为双壁结构,底部采用型钢整体加组合面板密封,侧板用钢板组合而成,在内支撑的位置形成圈梁,内支撑分两层分别采用型钢和钢管组合而成。吊箱围堰主要由龙骨、底板、侧板、内支撑、导向、吊挂系统、下放系统和封底混凝土组成。以下叙述以 A1 类吊箱围堰结构为例,如图 6-3-2-1、图 6-3-2-2 所示。

a.龙骨

龙骨主要采用 HM440×300 型钢焊接成为一个整体,如图 6-3-2-3 所示。主要用于承受底板上传来的封底混凝土和承台部分自重和围堰侧板的重量,并最传递给吊挂系统。

b.底板

底板安装在龙骨之上,平面布置如图 6-3-2-4 所示。主要采用 6mm 厚面板和∠63×6 等边角钢小肋组成,与护筒口匹配 DM8 的面板,则增加了一个弯制好的[20b 槽钢封边,并用角钢进行支撑。底板将围堰底部形成一个密封的整体,用于承受围堰封底混凝土的重量和后期浇筑的承台部分重量,传递给下方的龙骨。

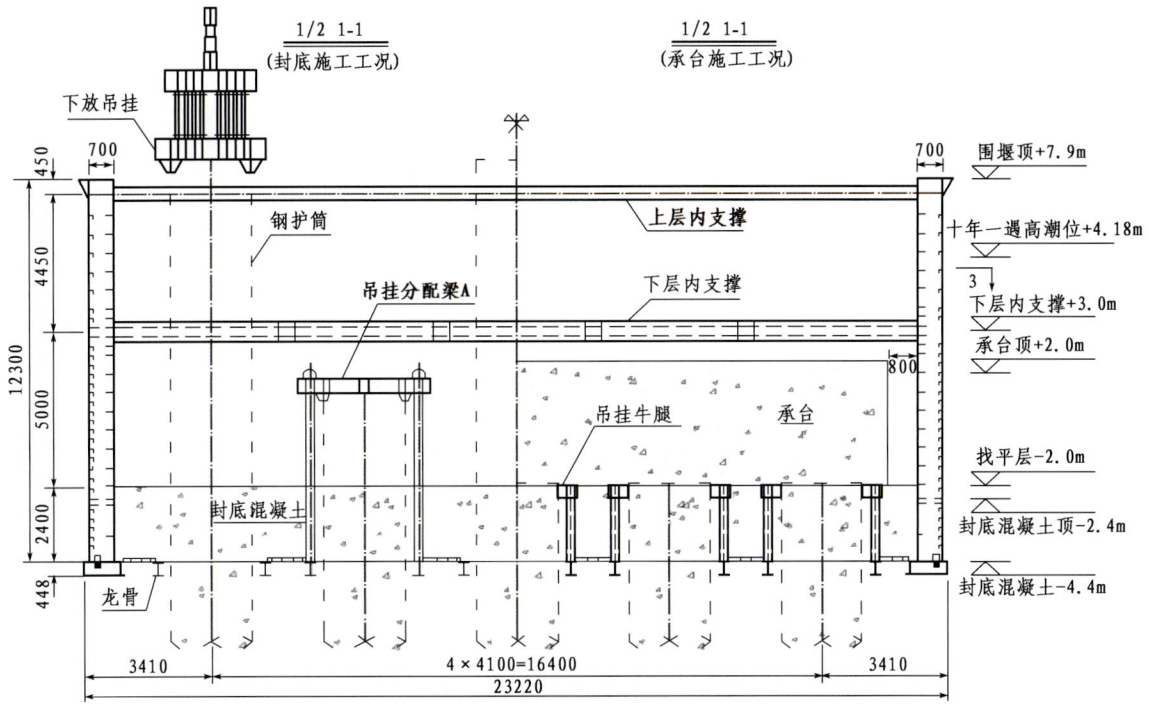

图 6-3-2-1　A1 类吊箱围堰结构立面图(尺寸单位:mm)

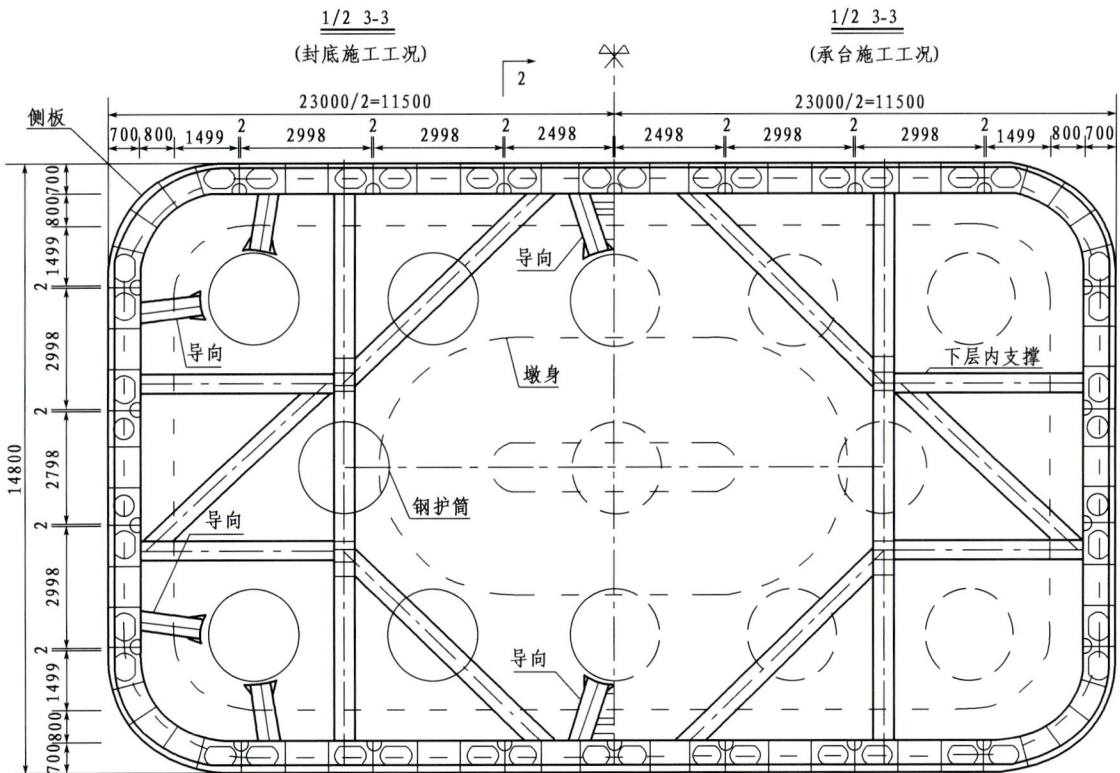

图 6-3-2-2　围堰结构平面图(尺寸单位:mm)

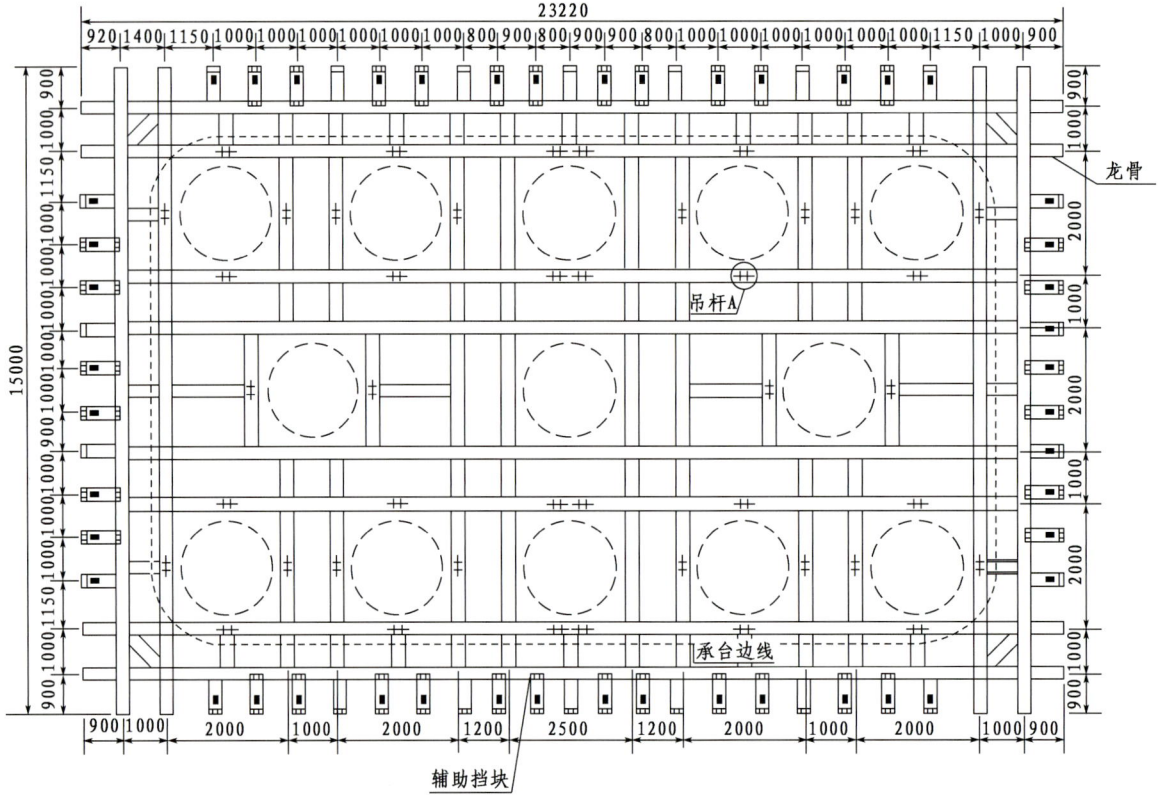

图 6-3-2-3　围堰结构平面图(尺寸单位:mm)

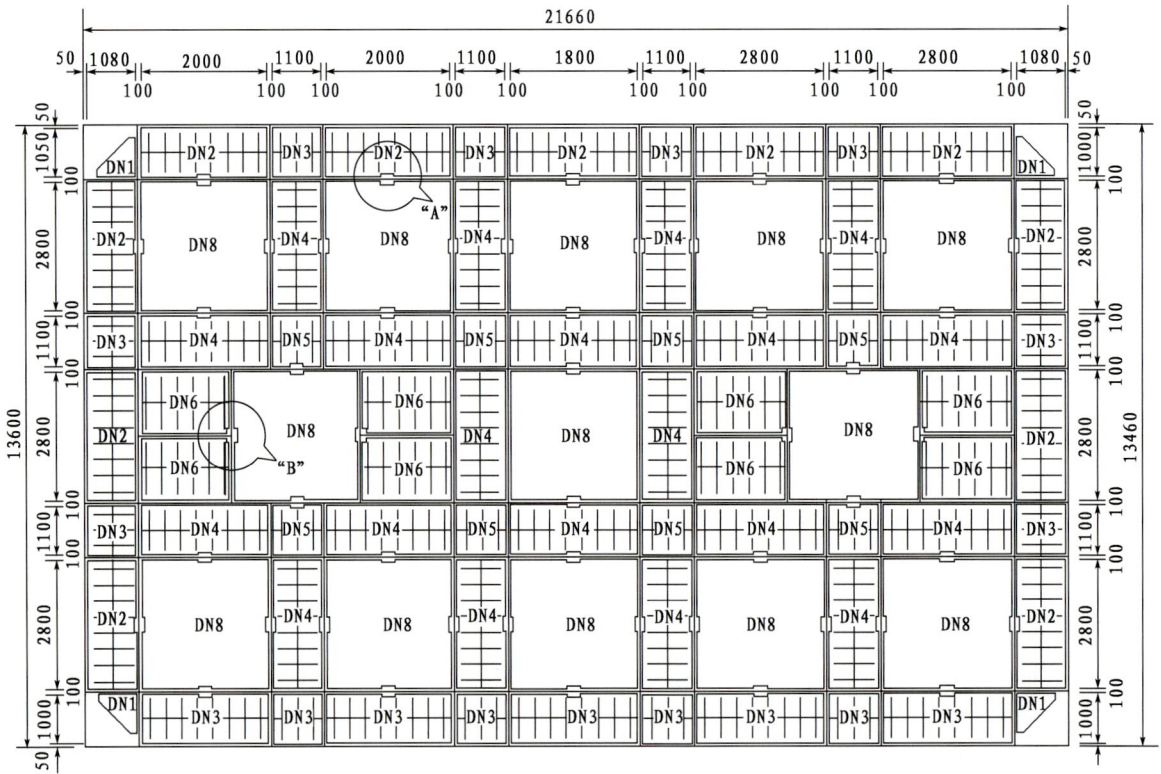

图 6-3-2-4　底板平面布置图(尺寸单位:mm)

c. 侧板

侧板安装在龙骨之上,通过18块直线侧板和4个圆弧倒角侧板形成一个密封圈,将承台和外界海水隔离开。侧板主要采用8mm厚钢板作为侧板外面板,12mm厚钢板作为侧板内面板(部分镂空),内部采用10mm、12mm厚钢板作为横隔板和竖隔板形成框架受力结构系统,面板上每300mm高度设计有一根∠100×10等边角钢作为加劲小肋,与竖隔板焊接,如图6-3-2-5、图6-3-2-6所示。

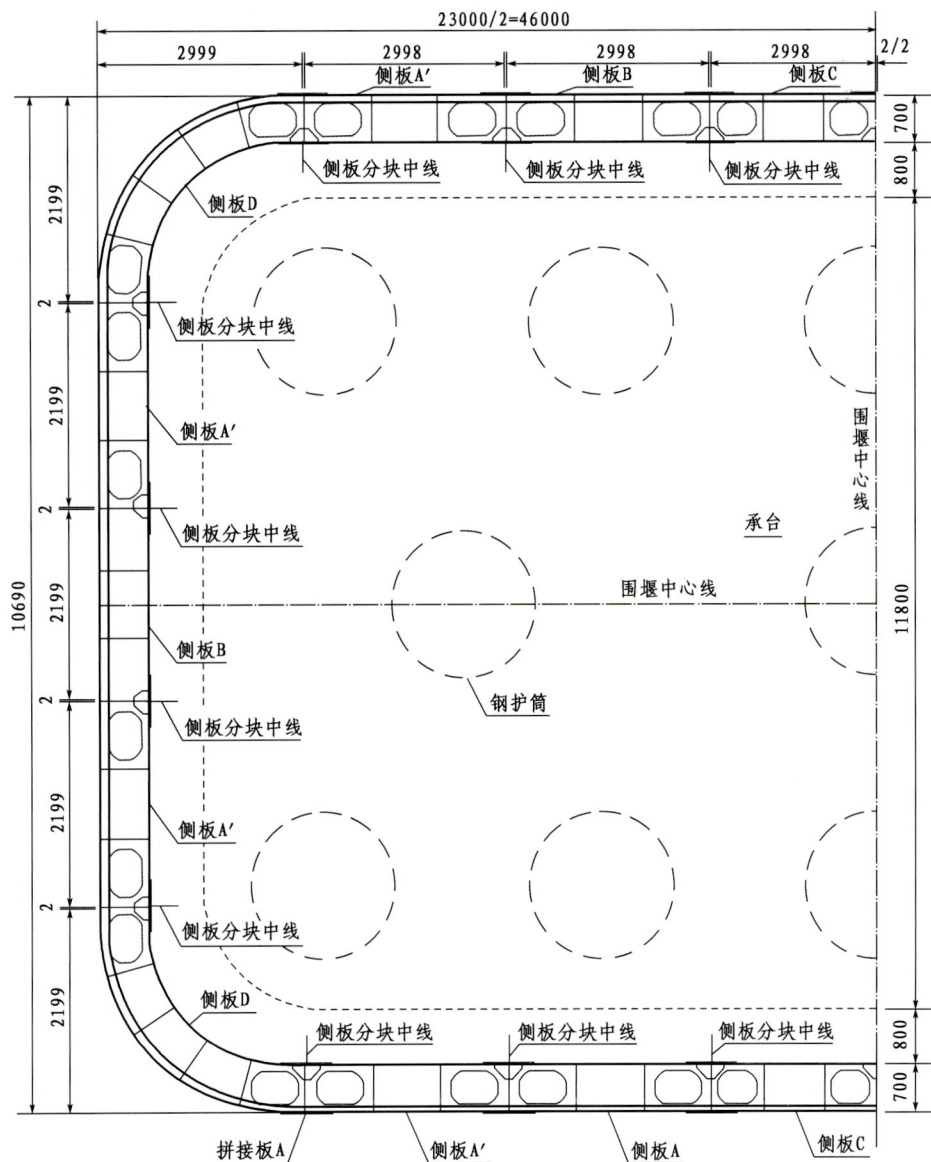

图 6-3-2-5　围堰侧板平面布置图(尺寸单位:mm)

d. 内支撑

围堰共有两层内支撑,下层内支撑在 +3.0m 高程,是侧板的主要横向支撑结构,采用2HW488×300型钢为主要杆件,构成横向桁架,与侧板之间采用螺栓连接。 +7.45m 高程设计有上层内支撑,结构与下层内支撑相似,采用 φ325×8mm 钢管构成,与侧板采用焊接。平面布置如图6-3-2-7所示。

e. 导向

导向用于围堰下放时控制围堰的偏位,安装下层内支撑相同的高程(+3.0m),采用2HW488×300型钢为主要杆件,与侧板之间采用螺栓连接。护筒口底板 DM8 兼做下层导向,故不另外设置下层导向装置。平面布置如图6-3-2-8所示。

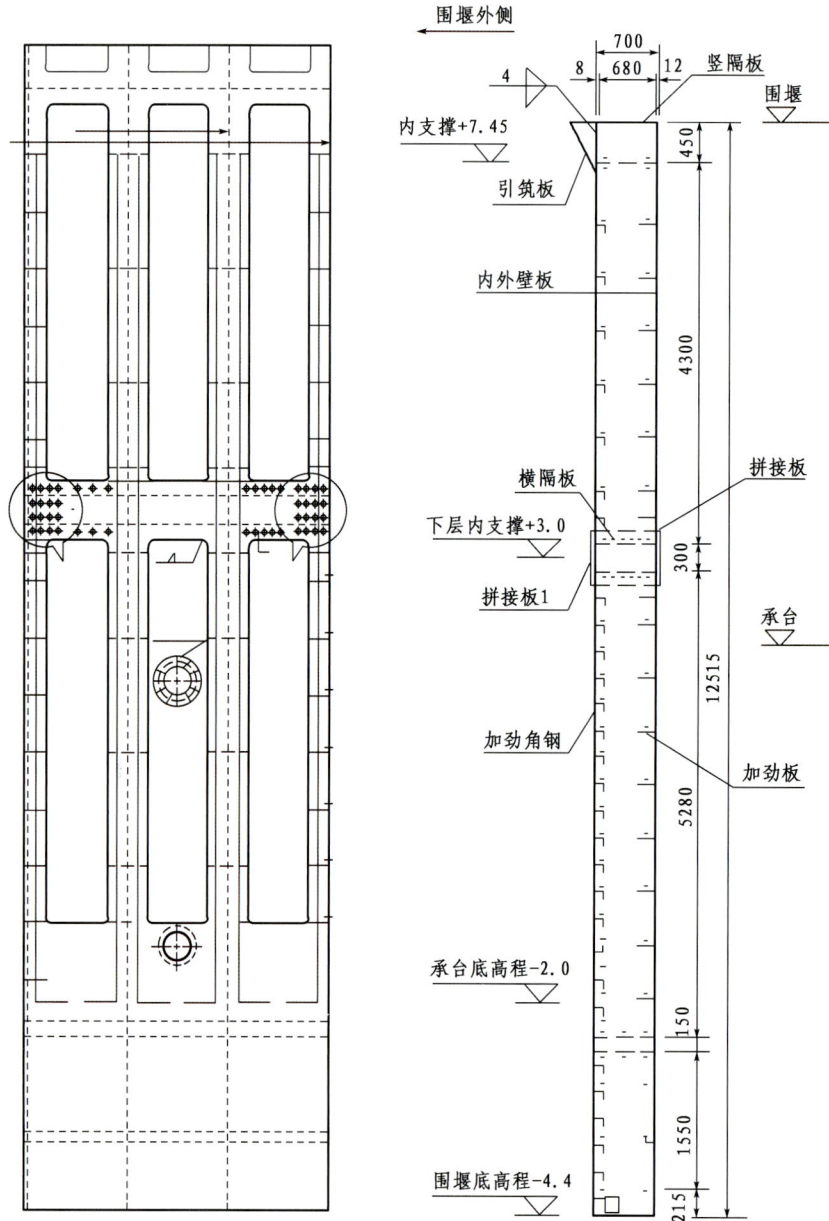

图 6-3-2-6　侧板内侧立面图(尺寸单位:mm,高程单位:m)

f. 吊挂系统

吊挂系统是龙骨在钢护筒上的支承系统,在钢护筒上安装吊挂分配梁和吊挂牛腿再通过吊杆把龙骨吊在钢护筒上,除中心 7 号桩位安装纵向挑梁外,其余 12 个钢护筒均安装"十"字形分配梁,如图 6-3-2-9所示。封底完成后,在承台顶面以下焊接吊挂牛腿,把吊杆固定在牛腿上,拆除与承台冲突的上层吊杆和吊挂分配梁。吊挂分配梁和吊挂牛腿采用钢板焊接成箱形梁,吊杆采用 HW200×200 型钢制作,如图 6-3-2-10 所示。

g. 下放系统

下放系统是用于将围堰从拼装位置下放至设计位置,先在四个角上的钢护筒接高一节,安装加劲柱头、垫梁、主梁、下放千斤顶、吊杆和接头转换的吊梁和扁担梁,主梁采用 4HN900×300 型钢制作,垫梁、扁担梁等采用 2HM588×300 型钢制作,吊件采用 φ36 精轧螺纹钢筋,如图 6-3-2-11 所示。

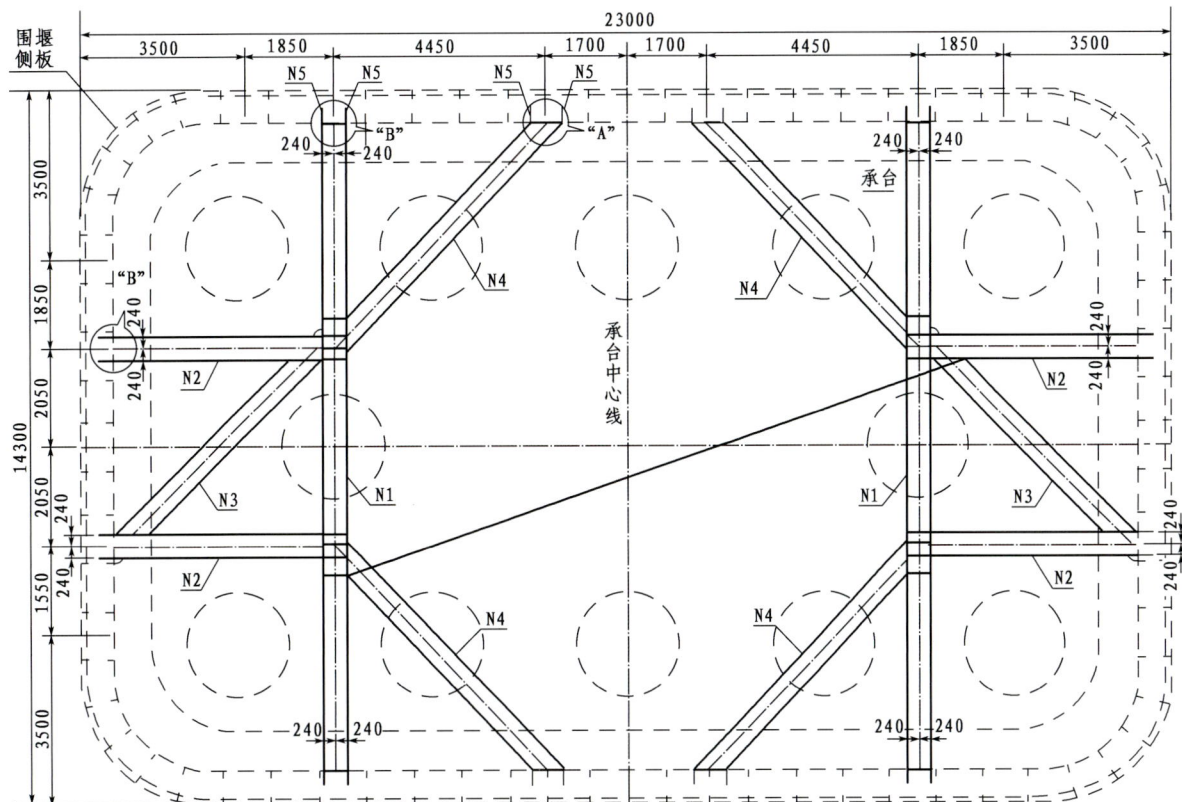

图 6-3-2-7　内支撑平面图

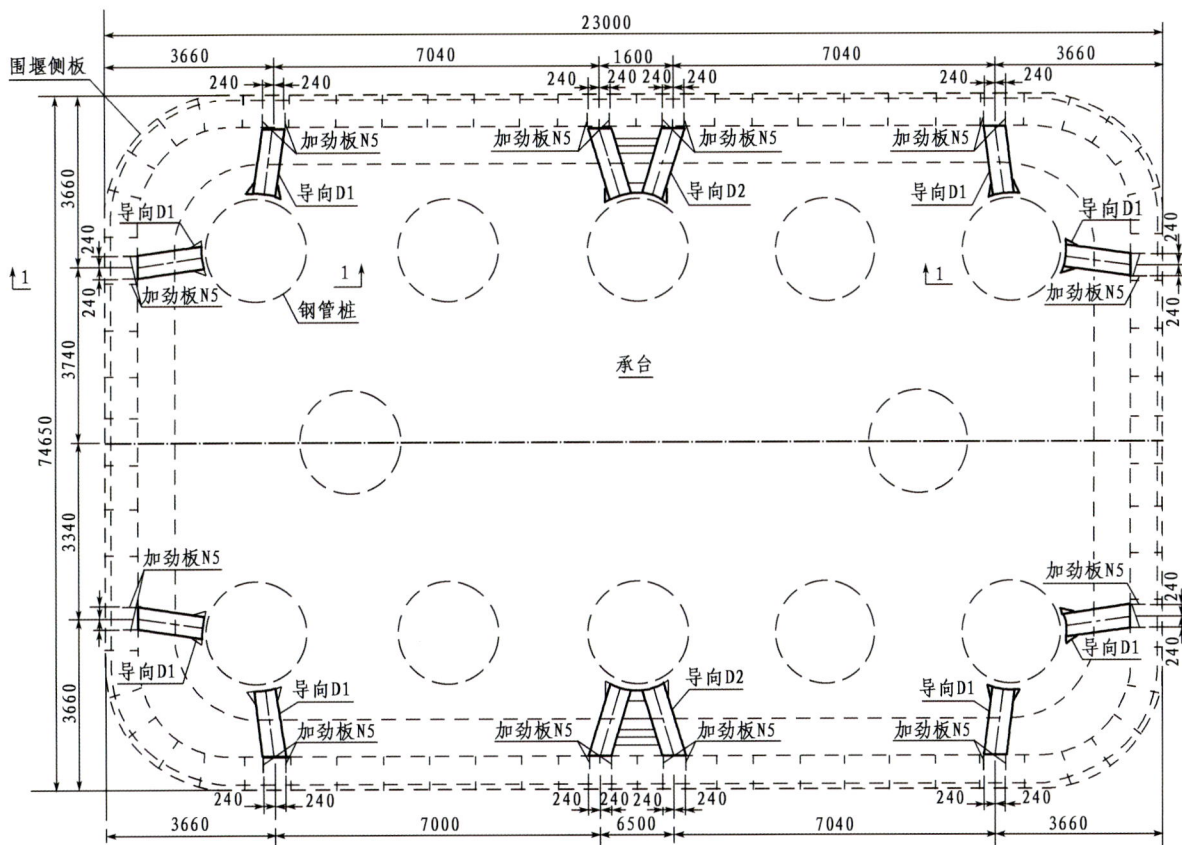

图 6-3-2-8　下放导向平面图(尺寸单位:mm)

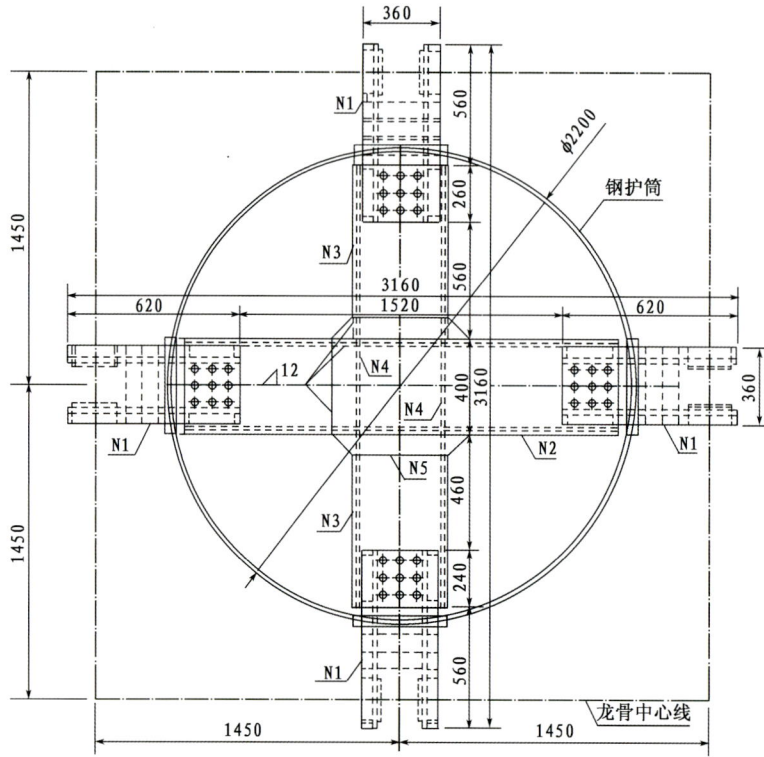

图 6-3-2-9　吊挂分配梁平面图(尺寸单位:mm)

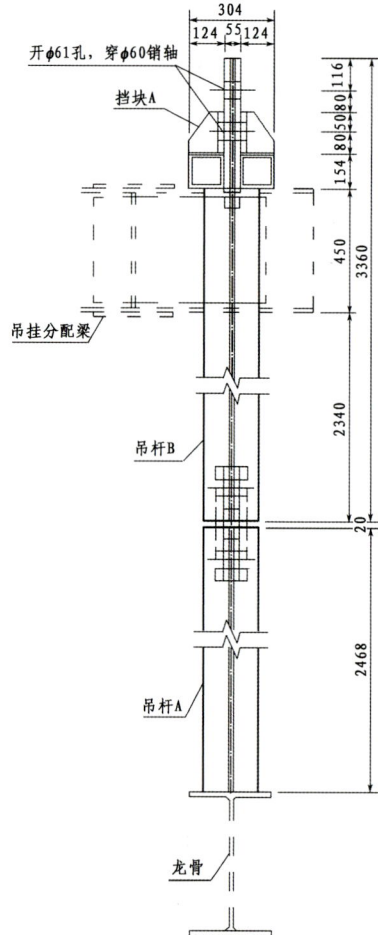

图 6-3-2-10　吊杆、龙骨连接图(尺寸单位:mm)

a)

b)

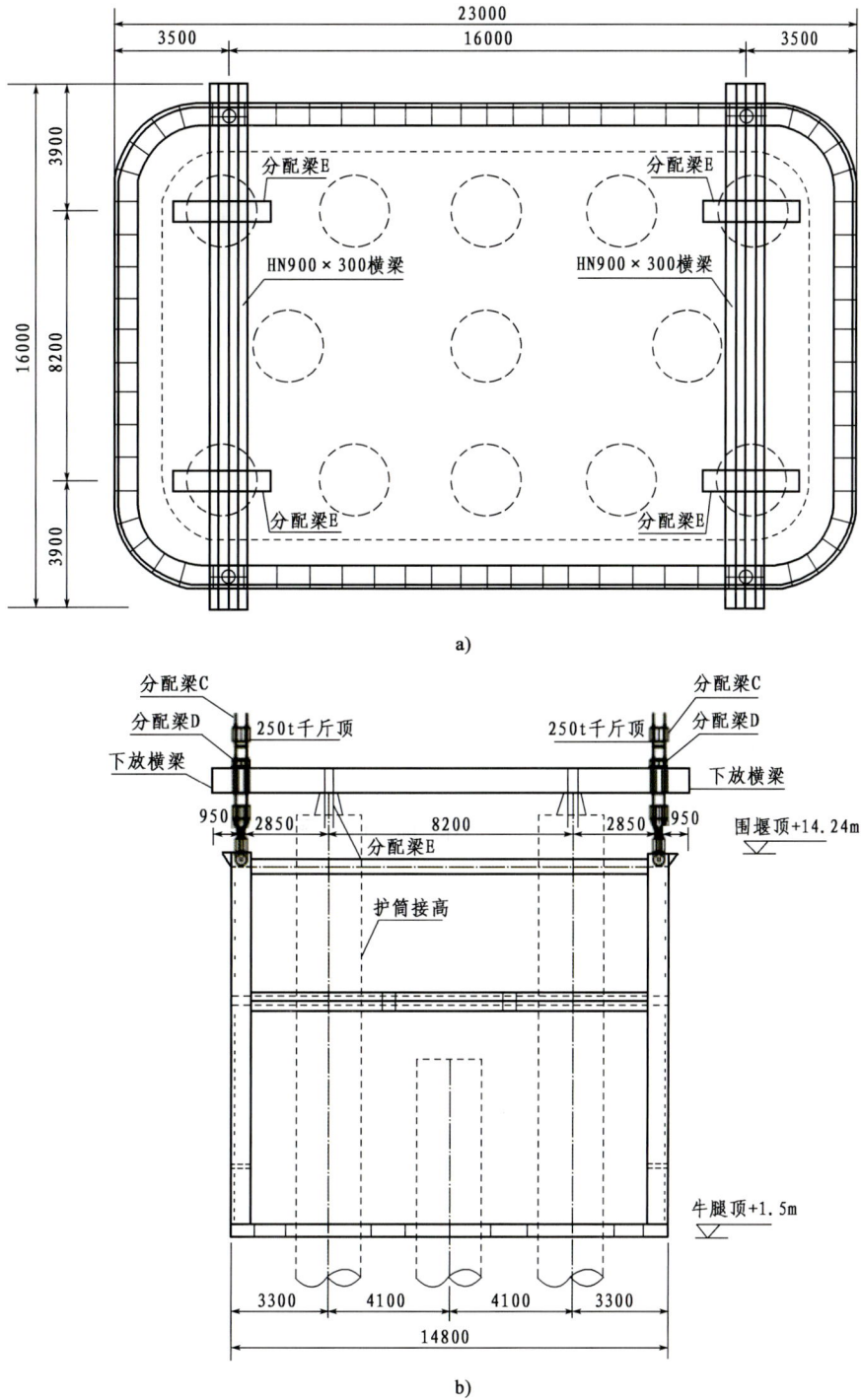

图 6-3-2-11 下放系统布置图(尺寸单位:mm)

（2）吊箱围堰施工

下面以 A1 类吊箱围堰(适用于元洪航道桥 SR11～SR43 号、SR45～SR48 号、SR65 号墩)施工为例介绍围堰原位拼装、下放施工。

钻孔桩施工完成后,拆除围堰区域钻孔平台,然后在 +1.0m 高程位置安装拼装牛腿,利用吊机组拼围堰分块单元,并接高四角钢护筒,在钢护筒顶安装围堰下放系统;围堰下放至设计高程后,安装封底吊挂分配梁及吊杆,将围堰底板系统吊挂在钢护筒上,进行封底施工;待封底混凝土达到一定强度后,对围堰进行抽水,在承台底面以下钢护筒上焊接吊挂牛腿并与吊杆连接。承台及墩身施工出水面后,分块拆除围堰。施工流程如图 6-3-2-12 所示。

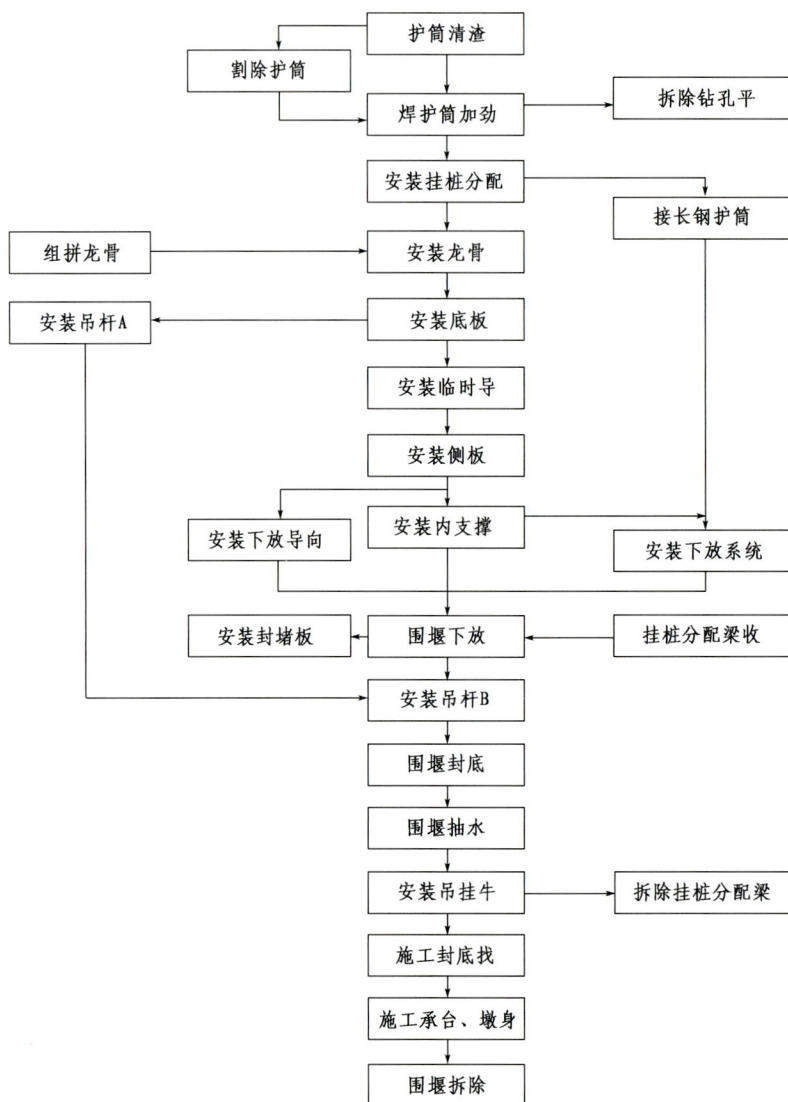

```
                        ┌──────────┐
                        │  护筒清渣  │◀─┐
                        └────┬─────┘  │
   ┌──────────┐              │        │
   │  割除护筒  │──────┐      ▼        │
   └──────────┘      ┌──────────┐      ┌──────────┐
                     │  焊护筒加劲 │─────▶│ 拆除钻孔平 │
                     └────┬─────┘      └──────────┘
                          ▼
                     ┌──────────┐
                     │ 安装挂桩分配 │
                     └────┬─────┘         ┌──────────┐
                          │               │ 接长钢护筒 │
   ┌──────────┐           ▼               └──────────┘
   │  组拼龙骨  │──────▶┌──────────┐
   └──────────┘        │  安装龙骨  │
                       └────┬─────┘
   ┌──────────┐            ▼
   │ 安装吊杆A  │◀─────┌──────────┐
   └──────────┘       │  安装底板  │
                      └────┬─────┘
                           ▼
                      ┌──────────┐
                      │ 安装临时导  │
                      └────┬─────┘
                           ▼
                      ┌──────────┐
                      │  安装侧板  │
                      └────┬─────┘
   ┌──────────┐           ▼             ┌──────────┐
   │ 安装下放导向 │◀─────┌──────────┐─────▶│ 安装下放系统 │
   └──────────┘       │  安装内支撑 │      └──────────┘
                      └────┬─────┘
   ┌──────────┐           ▼             ┌──────────┐
   │ 安装封堵板  │◀─────┌──────────┐◀─────│ 挂桩分配梁收 │
   └──────────┘       │  围堰下放  │      └──────────┘
                      └────┬─────┘
                           ▼
                      ┌──────────┐
                      │ 安装吊杆B  │
                      └────┬─────┘
                           ▼
                      ┌──────────┐
                      │  围堰封底  │
                      └────┬─────┘
                           ▼
                      ┌──────────┐
                      │  围堰抽水  │
                      └────┬─────┘
                           ▼             ┌──────────┐
                      ┌──────────┐─────▶│ 拆除挂桩分配梁 │
                      │ 安装吊挂牛  │      └──────────┘
                      └────┬─────┘
                           ▼
                      ┌──────────┐
                      │ 施工封底找  │
                      └────┬─────┘
                           ▼
                      ┌──────────┐
                      │施工承台、墩身│
                      └────┬─────┘
                           ▼
                      ┌──────────┐
                      │  围堰拆除  │
                      └──────────┘
```

图 6-3-2-12　吊箱围堰施工流程图

围堰拼装完成后进行下放作业,为了保证围堰下放顺利,密切关注天气和海浪变化,选择风浪较小的时间,进行围堰下放。下放之前在吊杆上作相应标记,以 10cm 为一个行程,保证围堰下放时的垂直度,围堰下放分以下几个步骤:

(a)围堰顶升,由指挥员下令,四台千斤顶一起操作,将围堰升起 10cm。

(b)将吊挂分配梁的端头收起,以便围堰下放。

(c)连续操作千斤顶进行围堰下放,四个千斤顶要操作同步,每 10cm 进行一次同步性调整,如图 6-3-2-13 所示。

(d)将围堰下放在设计位置,将护筒与底板抄垫好,安装护筒口封堵板。每个封堵板分为四块,采用螺栓连接,如图 6-3-2-14 所示。

利用围堰吊挂分配梁及钢护筒搭设封底平台,进行封底作业,待混凝土强度达到设计要求后,关闭联通孔抽水,并焊接抗浮牛腿,如图 6-3-2-15 所示。

图 6-3-2-13　千斤顶配精轧螺纹钢筋下放围堰

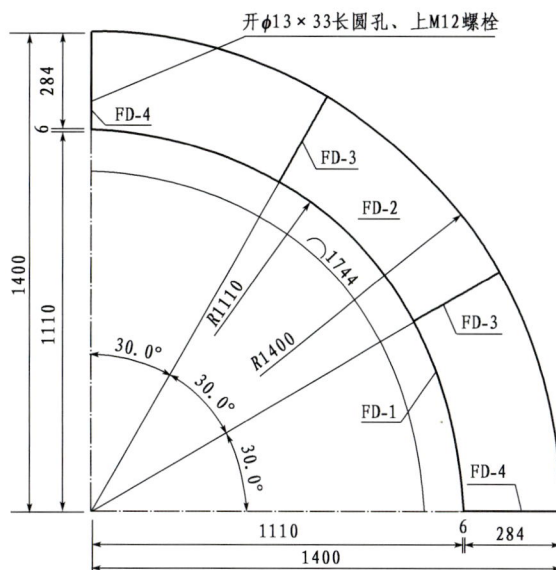

图 6-3-2-14　封堵板单块结构图(尺寸单位:mm)

图 6-3-2-15　吊挂牛腿焊接

2)套箱围堰施工技术

套箱围堰由侧板、内支撑、下放导向、下放系统和封底混凝土组成。墩位处海床面高程 - 6m 以上非通航孔混凝土梁桥承台采用单壁 + 双壁钢套围堰施工,承台顶面以下为双壁结构,围堰壁厚 0.7m。围堰内壁与承台边缘之间保留 0.8m 以上的涂装空间。围堰设计封底混凝土厚 2m(2.3m),围堰底高程 - 4.0m(- 4.3m),围堰内共设置两层内支撑,底层内支撑高程为 + 3.0m。为便于加工、运输及围堰侧板倒用,围堰侧板采用竖向分块设计,每块宽度为 3m,单块最大吊重约 15t,侧板各单元块之间采用螺栓连接,施工时,围堰在工厂内单块加工,运输至拼装场地拼装成整体,在波高 <2.5m、风力 <8 级的天气,围堰可采用起重船整体吊装下放,没有条件采用起重船整体下放的围堰,接高钢护筒,采用千斤顶 4 点下放。下面以 A2 类套箱围堰为例介绍套箱围堰施工技术,其整体结构如图 6-3-2-16、图 6-3-2-17 所示。

(1)围堰结构设计

①侧板

围堰侧板由 22 块直线段和 4 块圆弧倒角组成,与封底混凝土形成密封圈将承台和外界海水隔离开。侧板主要采用 8mm 厚钢板作为侧板外面板,12mm 厚钢板作为侧板内面板(部分镂空);内部采用

10mm 和 12mm 厚钢板作为横隔板和竖隔板形成框架受力结构系统,外侧、内侧面板上每隔一定高度分别设计有一根(块)∠80×8 等边角钢和口 20 钢板作为加劲小肋,与竖隔板焊接在一起,如图 6-3-2-18、图 6-3-2-19 所示。

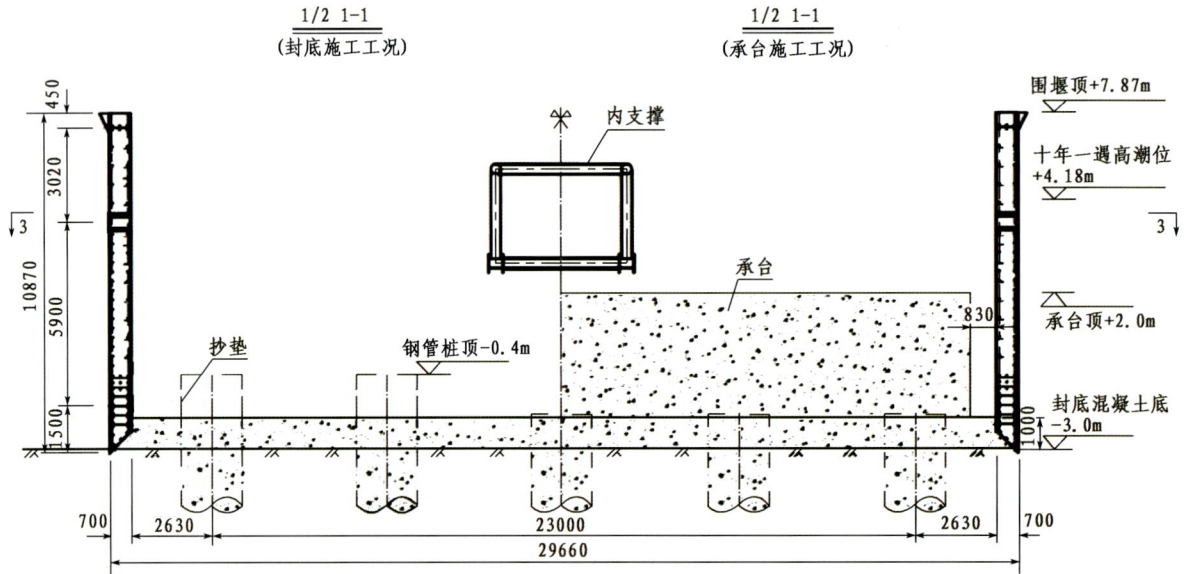

图 6-3-2-16　A2 类套箱围堰整体布置剖面图(尺寸单位:mm)

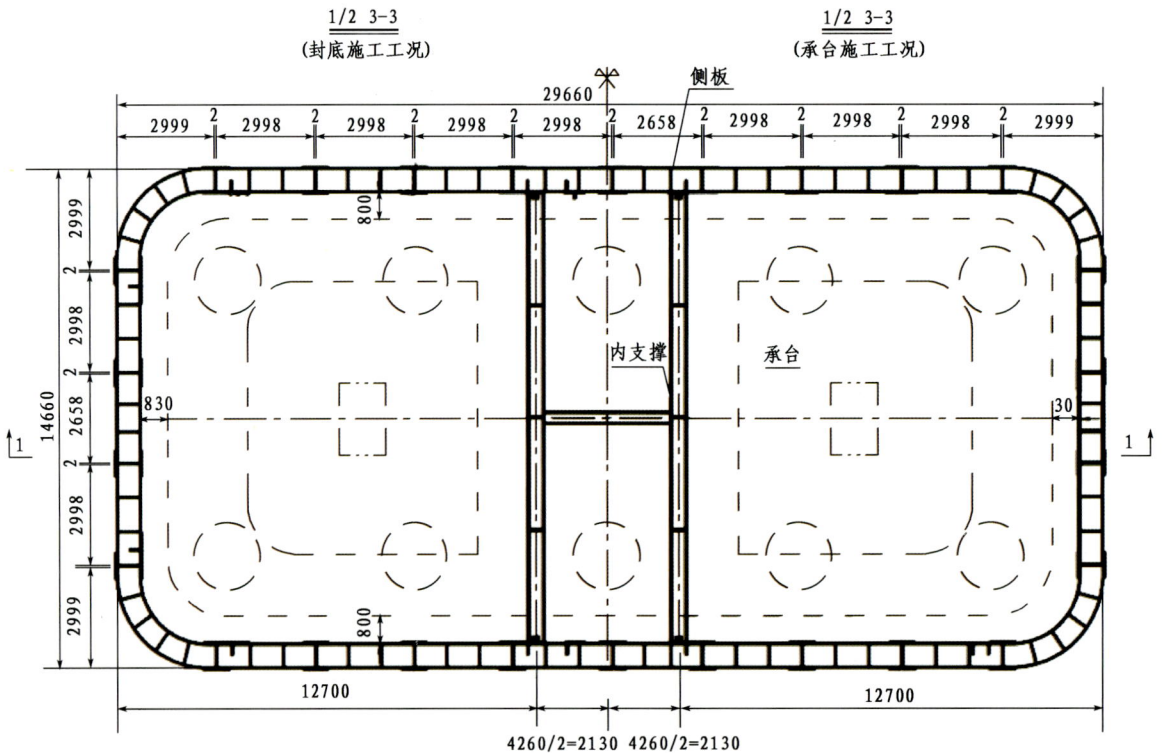

图 6-3-2-17　A2 类套箱围堰整体平面图(尺寸单位:mm)

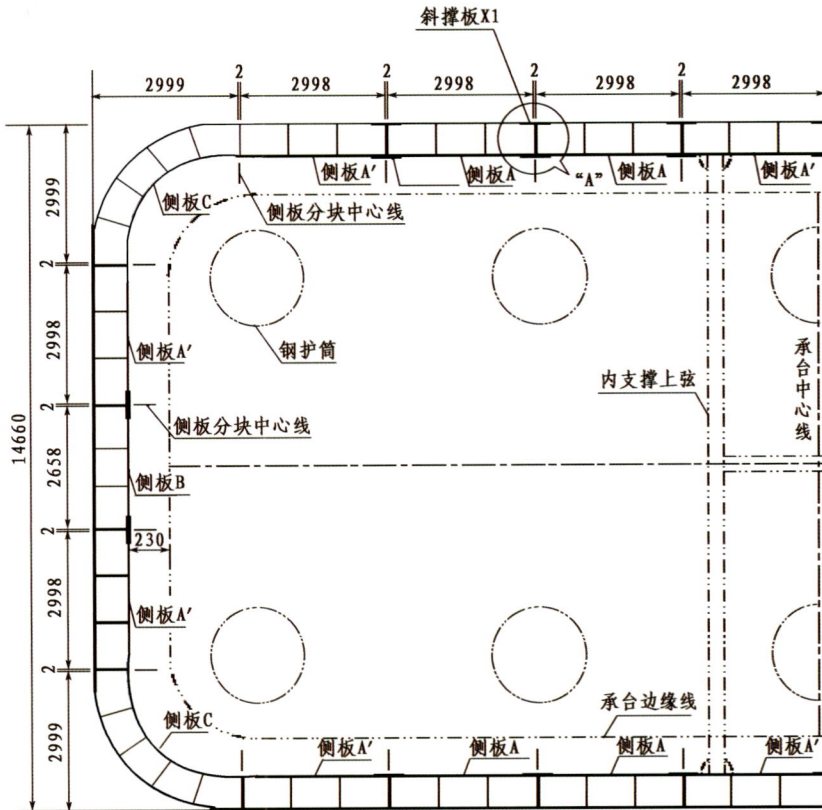

图 6-3-2-18 围堰侧板平面布置图(尺寸单位:mm)

②内支撑

围堰共有两层内支撑,侧板的主要横向支撑结构采用 2HW488×300 为主要杆件,构成横向桁架,与侧板之间采用螺栓连接。上层内支撑结构与下层内支撑相似,采用 ϕ325×8mm 钢管构成,与侧板焊接。内支撑布置如图 6-3-2-20 所示。

(2)套箱围堰施工技术

①施工准备

低潮位时,在桩基钢护筒上搭设挖掘机施工平台,挖掘机配镐头将海床面清理至设计高程,并填碎石进行调平。在钻孔平台钢管桩上焊接定位牛腿,如图 6-3-2-21 所示。

②下放

a.将拼装为整体的围堰采用起重船整体起吊,运输至墩位处。

b.起重船抛锚定位,围堰通过缆风绳来微调其平面位置,使围堰平稳精确沿定位牛腿落至海床面。

③围堰封底

a.在围堰外侧抛填碎石或沙袋至 -1m 高程,浇筑封底混凝土。

b.封底混凝土达到设计强度以后,封堵侧板连通孔,围堰抽水,保证围堰内无水,清理海床面至 -3m,割除承台底高程以上部分钢护筒,并凿除桩头,具体如图 6-3-2-22 所示。

3)钢板桩围堰施工技术

(1)方案选择

XD13 墩位于岸边浅水区,承台底高程为 -5m,根据前期钻孔桩施工情况及地质勘探资料,墩位处海床高程 -3.18～-7.38m,地层多为砾石覆盖层和碎石土。若采用套箱围堰,则需在围堰施工前大面积清理海床,工程量较大,遂采用钢板桩围堰施工承台。具体地质情况如表 6-3-2-4 所示。

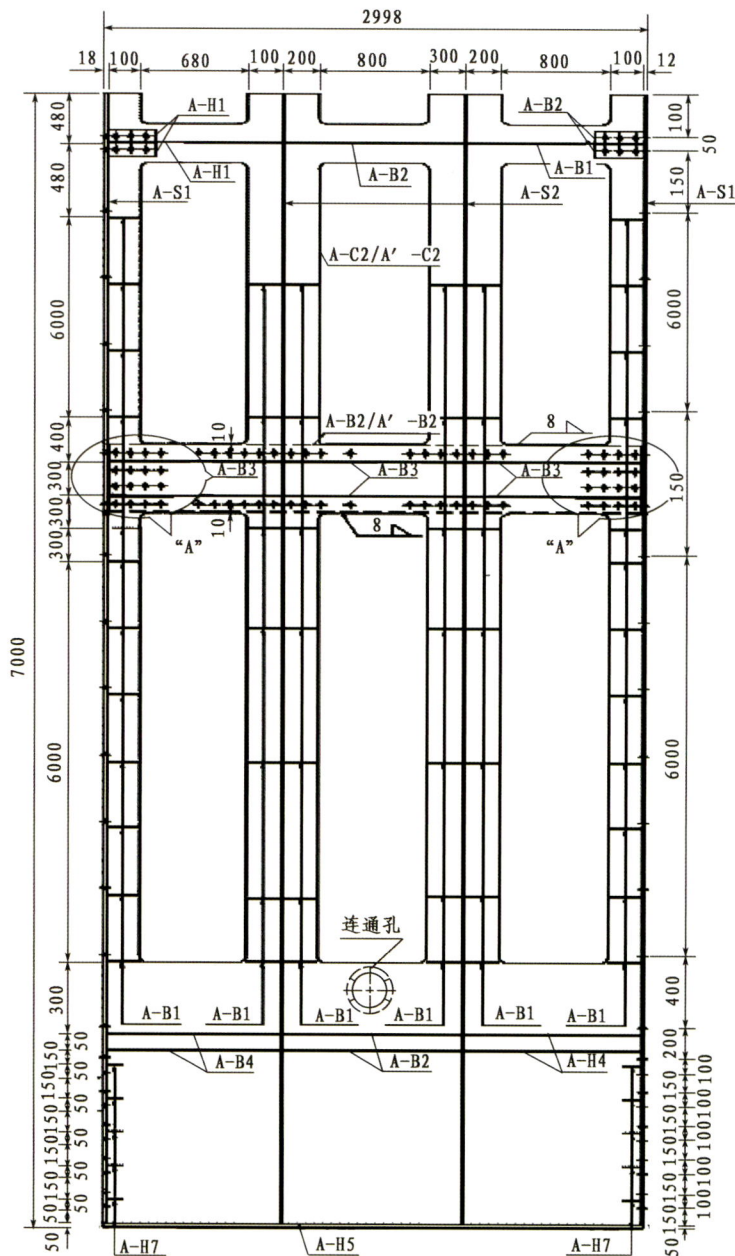

图 6-3-2-19 侧板内侧立面图(尺寸单位:mm)

XD13 墩位处地质情况

表 6-3-2-4

序号	地 层 名 称	地层厚度(m)	层底高程(m)	备 注
1	碎石土	3.65~6.10	-7.68~-12.88	
2	全风化凝灰岩	11.10	-18.84	
3	碎块状强风化凝灰岩	5.35~0.9	-12.11~-24.19	
4	碎块状强风化英安岩	1.5~12.5	-17.38~-20.18	
5	弱风化英安岩	3.70~4.75	-21.08~-20.18	
6	弱风化凝灰岩	4.5~4.4	-28.69~-24.11	

1/2内支撑平面图
(+6.02m处)

1/2内支撑平面图
(+3.0m处)

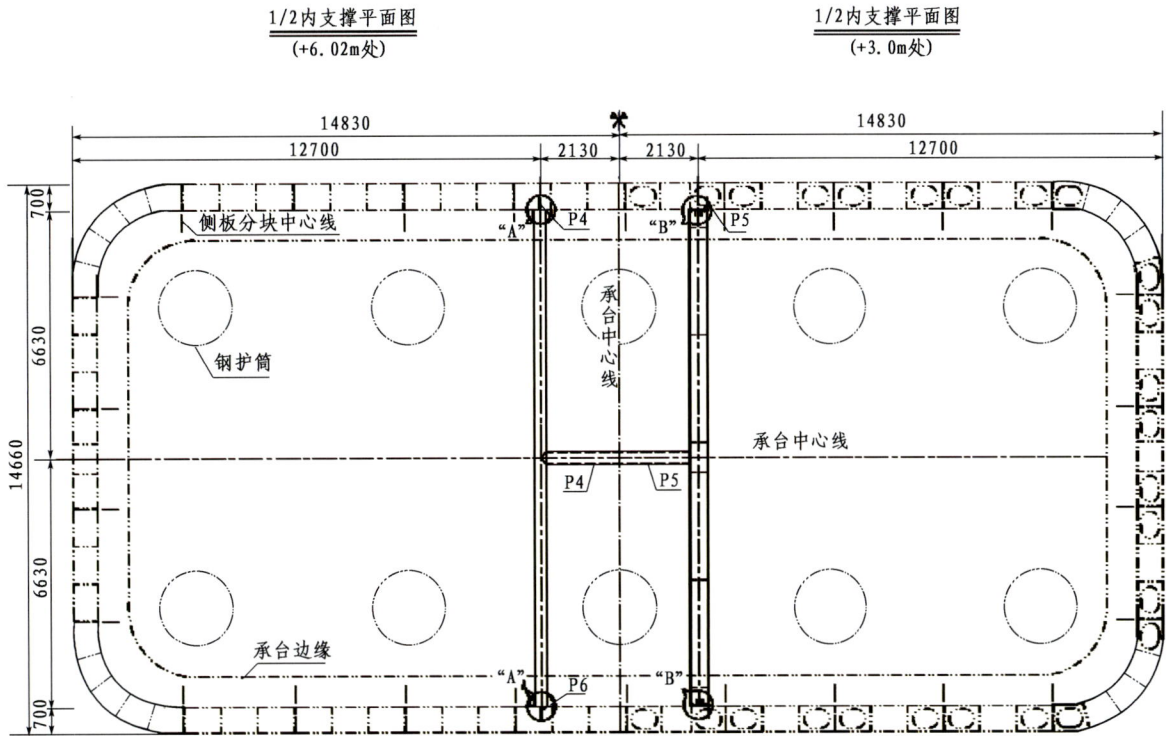

图 6-3-2-20　围堰内支撑布置图(尺寸单位:mm)

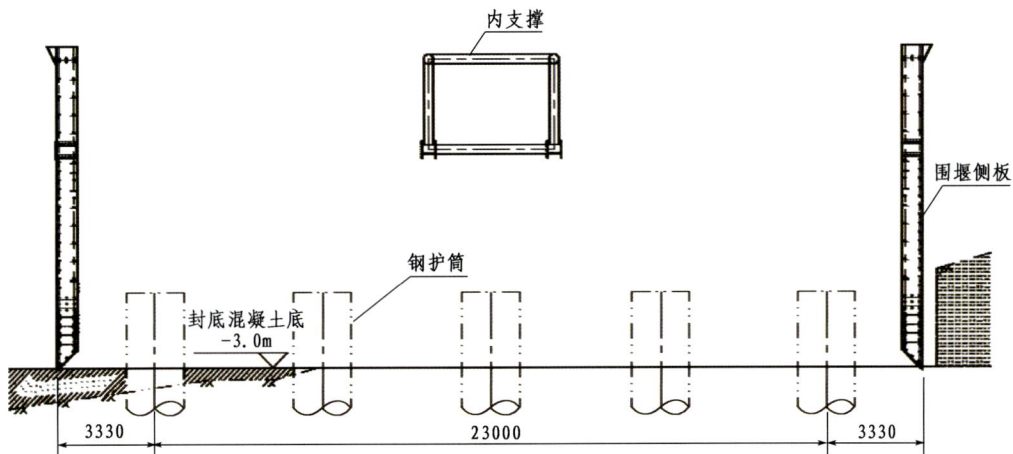

图 6-3-2-21　围堰下放示意图(尺寸单位:mm)

(2)钢板桩围堰设计

围堰设计标准为在 10 年一遇风荷载、波浪力、水流力作用下围堰结构具有可靠的安全度,100 年一遇台风应急工况下,围堰内外水位大致相等,结构不被破坏。平面尺寸为 18.5m×29.5m,采用 18m 拉森Ⅵ型钢板桩。共设两层内支撑兼做施工导向,内支撑由内、外圈梁、角撑及桁架式对称组成,传力明确,受力合理,且承台施工空间大。考虑到墩位处水域的潮汐特点,在顺桥向围堰侧壁上设连通孔。围堰布置如图 6-3-2-23 所示。

（3）钢板桩围堰施工

①钢板桩采用18m拉森Ⅵ型钢板桩，插打前首先通过焊接在钢护筒上的临时牛腿拼装围堰第一层内支撑内圈梁兼做施工导向。按照"插打正直，分散偏差，有偏即纠，调整合龙"的原则，逐块分阶段插打到位。在潮汐明显的海洋环境中进行钢板桩插打作业，采取从顺流侧面开始，根据水流方向插打上下游方向钢板桩，使钢板桩紧贴导向下插，并保证钢板桩垂直度。施工时首先插打第一根定位角桩，然后根据潮汐特点双向施工，在平潮位于顺流侧面合龙，如图6-3-2-24所示。

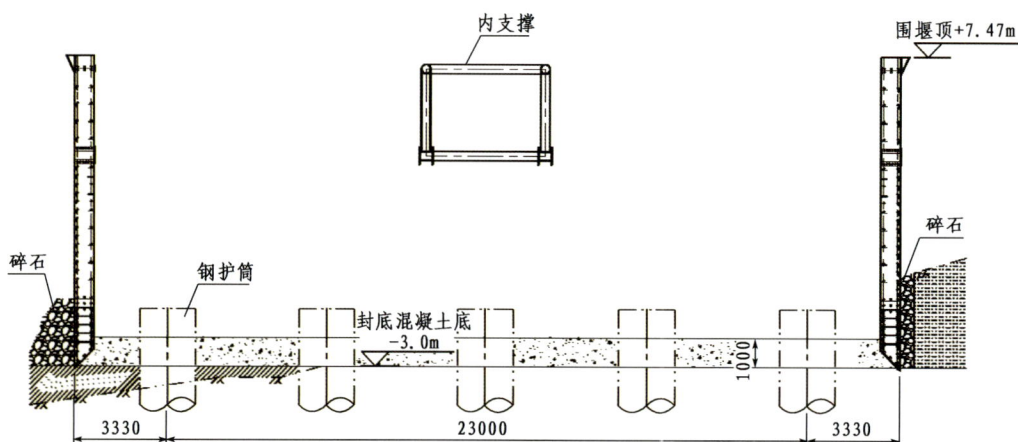

图6-3-2-22　围堰封底示意图(尺寸单位:mm)

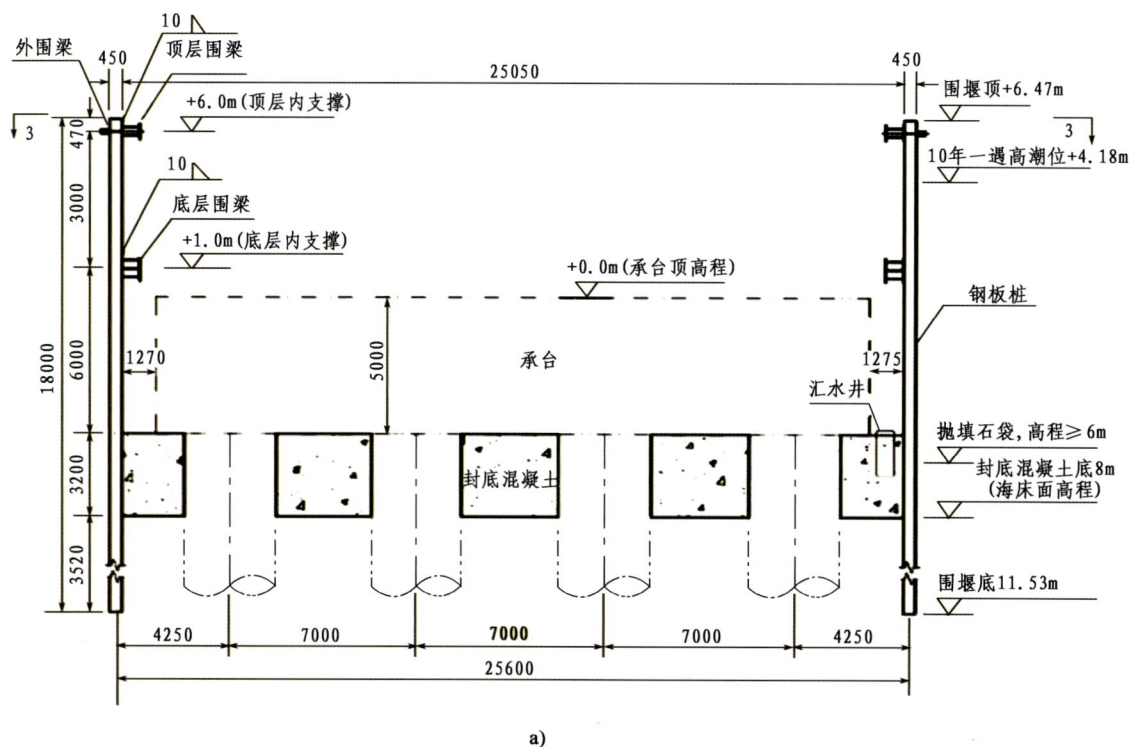

a)

图　6-3-2-23

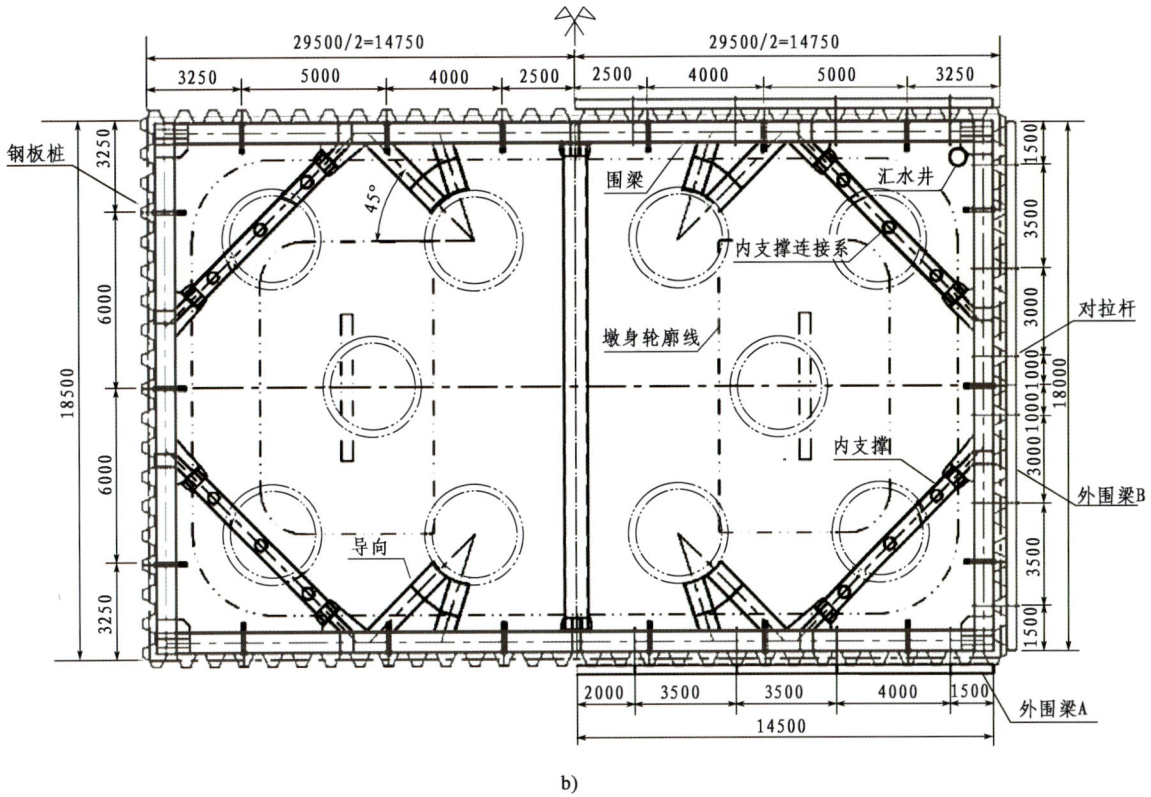

b)

图 6-3-2-23　钢板桩围堰(尺寸单位:mm)

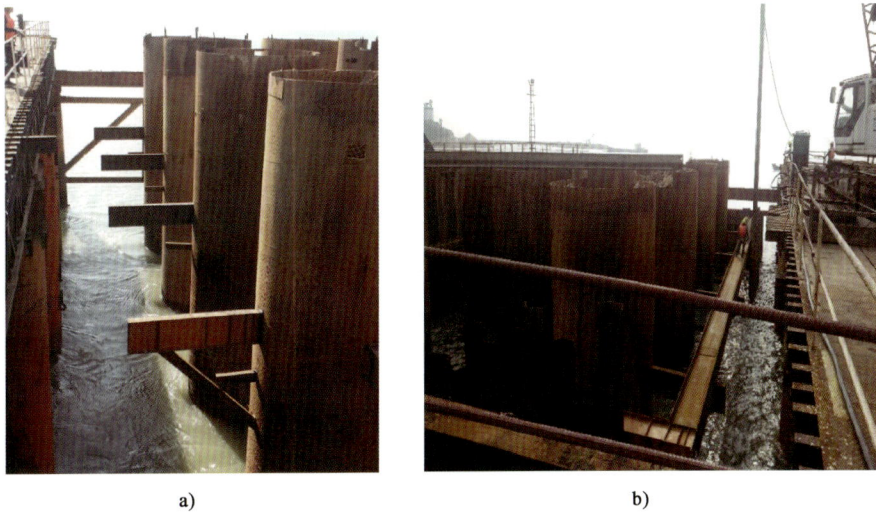

a) 　　　　　　　　　　　　　　b)

图 6-3-2-24　钢板桩插打施工

②内支撑内圈梁为双拼 HN700 型钢,外圈梁为双拼[28 槽钢,撑杆由 ϕ600mm、ϕ800mm 管桩组成。顶、底层内支撑高程分别为 +1.0m、+6.0m。钢板桩插打的同时预先制作内支撑各构件,以保证插打完成后围堰内支撑尽快安装到位,如图 6-3-2-25 所示。

(4)围堰封底

钢板桩围堰施工完成后进行清基,如图 6-3-2-26 所示。首先采用气举反循环进行表层清理,然后采用长臂挖机、抓斗等机械清理。但由于海床多为板结的碎石土,护筒间作业空间狭小,清基难度极大;加之海若围堰内清基深度过大,会导致围堰内外海床高差加大,围堰侧壁土压力增大,增大了围堰施工风险。

图 6-3-2-25　钢板桩围堰支撑系统

图 6-3-2-26　钢板桩围堰清基

考虑到以上原因,故适当减小了封底混凝土厚度(要求封底混凝土厚≥1.0m),设置了封底混凝土加强劲性骨架,并通过精轧螺纹钢锚杆锚固于岩层,以抵抗封底混凝土水压力。骨架采用∠63 等边角钢,锚杆采用 φ32mm PSB930 精轧螺纹钢,单根锚杆极限抗拔力 700kN。具体劲性骨架及锚杆布置如图 6-3-2-27 所示。施工步骤:围堰清基→劲性骨架安装→封底混凝土浇筑→锚杆施工→抽水→承台施工。

3.2.4　水中墩承台施工

(1)围堰封底混凝土强度达到 80% 后,由潜水员在水下封闭围堰侧板处联通孔(为了确保围堰结构安全,所有联通孔封闭作业均需要在一个潮水周期内完成)。联通孔封闭完成后,利用泥浆泵将围堰内积水抽干。抽水过程中,注意记录围堰内水位变化,并观察围堰内支撑、围堰壁板等受力情况。抽水完成后立即清理封底表面泥沙等沉淀物,并凿除超高的封底混凝土。在钢护筒上放样出找平层顶面高程(高程低于设计承台底高程 1cm),每个护筒各做 4 个高程控制点,浇筑混凝土作为承台找平层。

骨架及钻孔锚固平面布置图

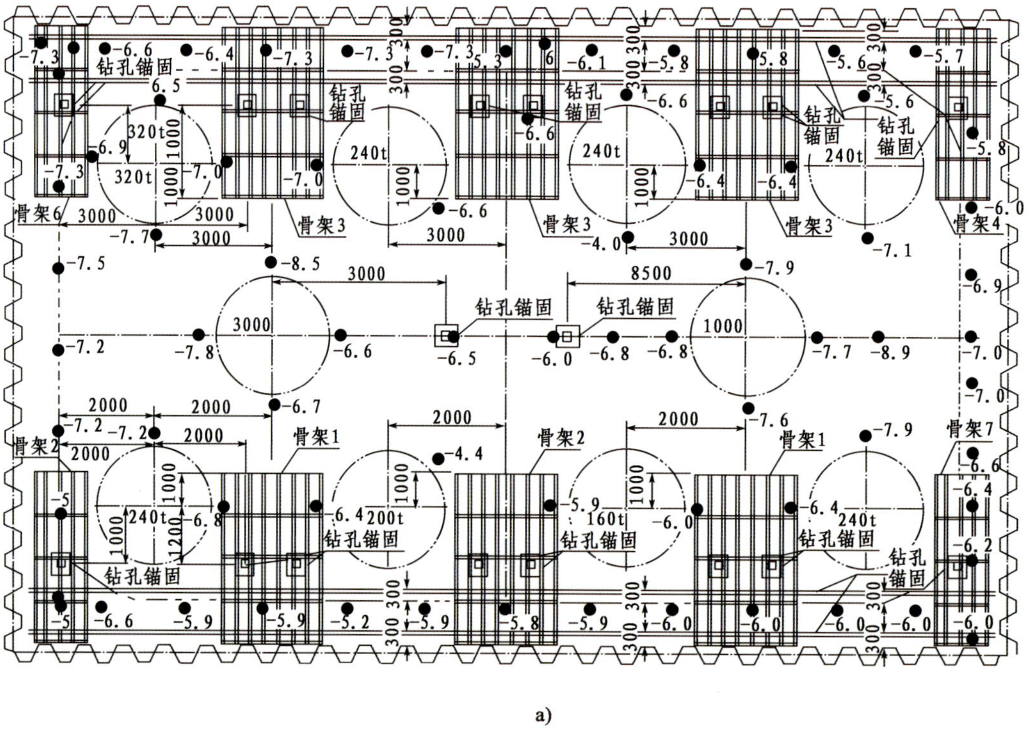

a)

图　6-3-2-27

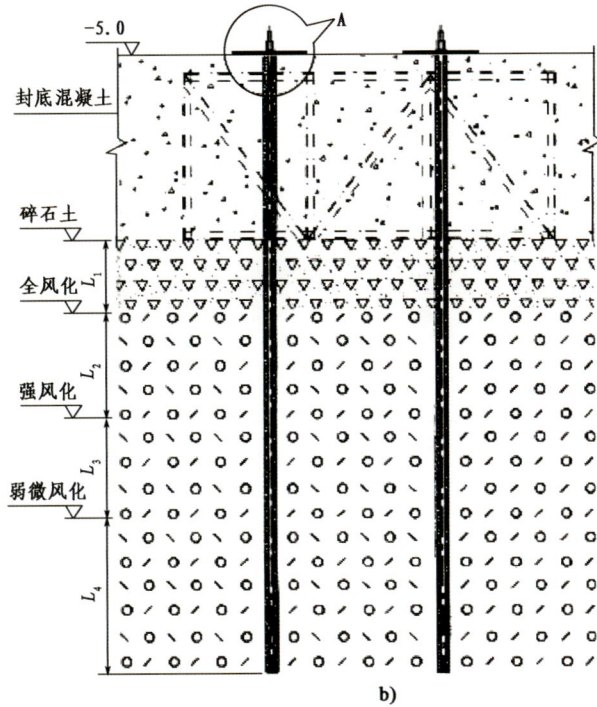

图 6-3-2-27　封底混凝土劲性骨架布置图(尺寸单位:mm)

（2）承台混凝土属大体积混凝土,为了降低大体积混凝土的水化热,避免水化热的早期集中释放,削减混凝土的温度峰值,减小温度梯度,避免混凝土产生早期的危害性收缩裂缝,需布置冷却水管。冷却水管采用 $\phi50$mm 钢管,进出水口集中布置,并编号标识清楚,以便统一管理;每根冷却水管进水口安置一个阀门,便于控制通水流量,在承台垂直方向上,设 3 层散热管,层距 1m,上下层距底面和表面 1m,散热管进出口均露出承台面 0.5m,水平方向管距 1m,每层设进水口,与出水口,每一层构成各自回路。冷却水管安装完成后进行试水,检查管道是否漏水、阻塞。冷却水管布置见图 6-3-2-28。

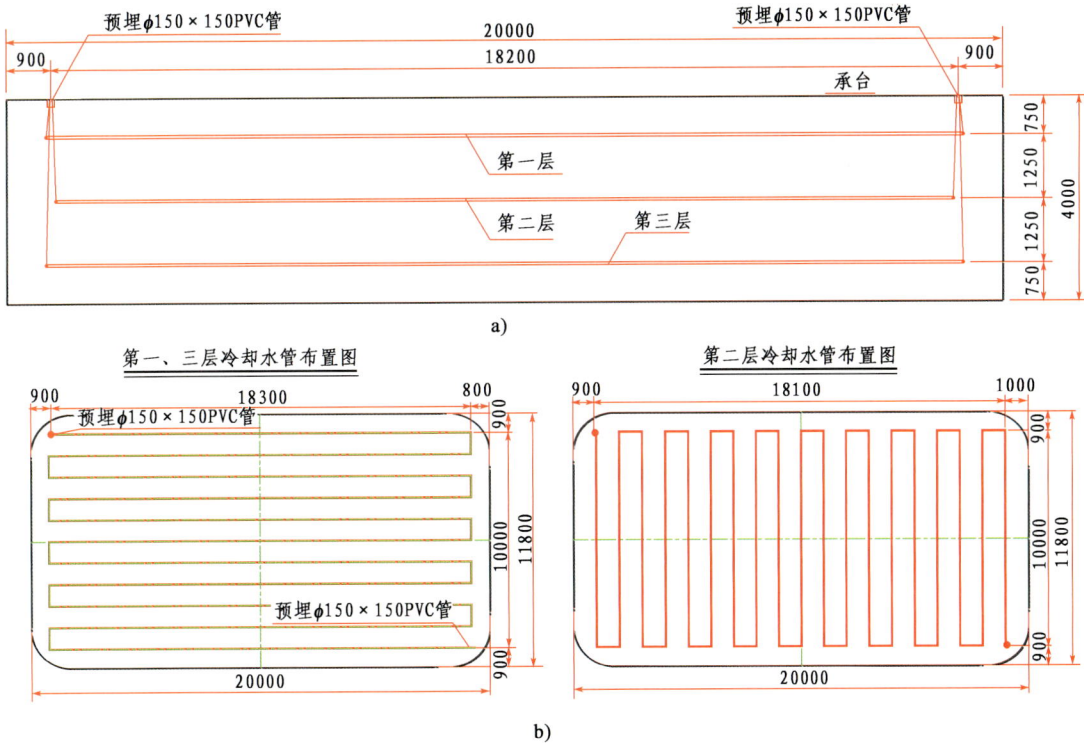

图 6-3-2-28　冷却水管布置图(尺寸单位:mm)

179

（3）模板采用组合钢模，模板安装必须稳固牢靠，接缝严密，不得漏浆。模板与混凝土的接触面必须清理干净并涂刷模板漆。浇筑混凝土前，承台内的积水和杂物应清理干净，模板拉杆采用锥形套筒连接。模板安装允许偏差及检验方法详见表 6-3-2-5。

模板安装允许偏差和检验方法　　　　　　　　　　　表 6-3-2-5

序号	项　目	允许偏差（mm）	检 验 方 法
1	轴线位置	15	尺量每边不少于 2 处
2	表面平整度	5	2m 靠尺和塞尺不少于 3 处
3	高程	±20	测量
4	相邻两板表面高低差	2	尺量
5	两模板内侧宽度	+10　－5	尺量不少于 3 处

（4）承台混凝土采用天泵泵送混凝土和滑槽施工作业相结合的浇筑方式。混凝土分层连续浇筑，分层厚度宜为 30cm 左右，分层间隔灌注时间不得超过试验所确定的混凝土初凝时间。大体积混凝土浇筑需严格控制混凝土面高差，杜绝混凝土浮浆聚集，振捣过程中不可漏振、过振。

3.2.5　陆地区承台及扩大基础施工技术

陆地区承台及扩大基础采用明挖法施工，钻孔桩完成后直接开挖或支护开挖。具体施工流程如图 6-3-2-29 所示。

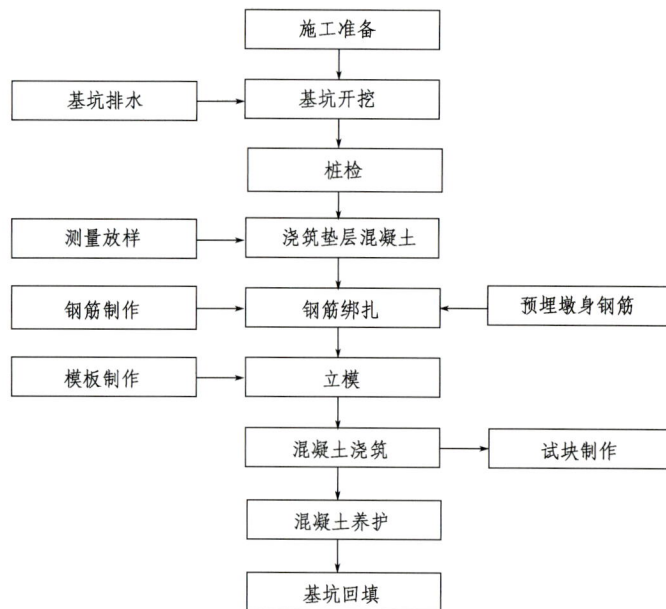

图 6-3-2-29　陆地区承台施工流程图

（1）对于陆地一般地段承台及扩大基础，覆盖层处采取人工配合机械施工，挖掘机放坡开挖（坡比 1:0.75），人工配合清底，最后凿除桩头。基坑边线放样完成后，采用挖掘机开挖基坑，基坑的边线比设计值放宽 50cm，便于设置排水沟、集水坑和安装模板。开挖至距基底 20～30cm 时，为防止挖掘机开挖扰动基底土层，改用人工开挖至设计高程并清理基底。开挖时基坑顶预留截水沟防止地表水流入基坑内；基坑底设置排水沟和集水井，基坑内积水经排水沟汇入集水井，然后通过水泵将水抽出基坑；基坑开挖完成后，破除桩头至设计高程，桩头高出承台底 10cm，桩头破除采用环切工艺，采用手持切割机在相应高程处沿桩顶环切一圈，切入深度为 3～5cm，避免桩头破除时桩顶破损；破除段桩头保护层及钢筋剥离后，采用钢楔一次性截断桩头，打钢楔时注意控制钢楔角度，避免出现"锅底"，基坑开挖如图 6-3-2-30

所示。最后浇筑承台垫层混凝土。

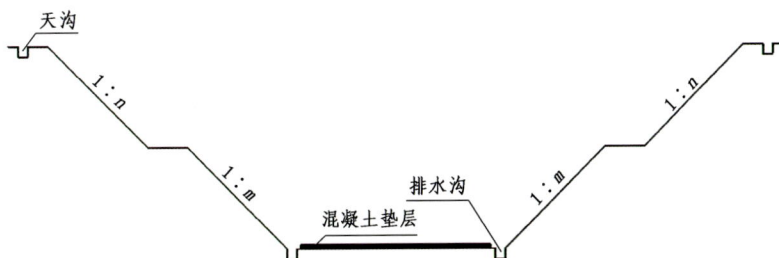

图 6-3-2-30　基坑开挖示意图

（2）模板采用大块定型组合钢模，模板要求有足够的强度和刚度，测量人员根据提供的导线点，放出承台的纵、横轴线，安装时要用线铊吊模板的垂直度，保证模板竖直。模板拼缝用双面胶粘贴，底部外周用砂浆填塞，以防漏浆。支撑方式为内拉外撑，内部采用拉杆，外部用槽钢、方木支撑在坑壁上，支撑方式见图 6-3-2-31。

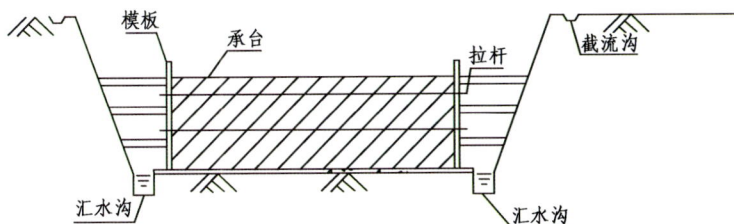

图 6-3-2-31　陆地承台模板支撑示意图

（3）在混凝土强度达到 2.5MPa 后即可拆模，拆模后及时回填。回填时基坑内不得积水，分层夯实。若无法排除基坑积水时，则应采用砂砾材料回填，并在水中分薄层铺筑，直到回填进展到该处的水全部被回填的砂砾材料所淹盖并达到能充分压实的程度时，再进行充分夯实，如在路基范围内，应按照路基施工要求进行回填。

3.3　墩身施工

3.3.1　工程概况

平潭海峡公铁大桥非通航孔预应力混凝土箱梁桥跨共计 116 个桥墩。非通航孔预应力混凝土箱梁桥桥墩数量统计见表 6-3-3-1。

非通航孔预应力混凝土箱梁桥桥墩数量统计　　　　　　　　　　　　　　表 6-3-3-1

部　位	墩　号	个数	备　注
浅水区引桥	SR01～SR48	48	单建铁路墩
浅水及陆地高墩区引桥	SR65～SR77、CX27～CX37	24	公铁合建段
陆地低墩区引桥	CX03～CX18、CX38～CX51、XD01～XD09、XD14～XD18	44	含铁路路基段

1）浅水及陆地高墩区引桥

浅水及陆地高墩区引桥桥墩设计为两种结构形式，分别为单建圆端型变截面空心墩和公铁合建铁路门式空心墩＋花瓶形公路板式墩。铁路墩身采用门式框架空心墩，壁厚 0.8m，横桥向总宽 21.8m，单侧铁路立柱横桥向宽 7.0m，墩顶顺桥向宽 4.5m，其断面为顺桥向变宽截面，坡率 30∶1，立柱外侧倒半径

150cm 圆角,铁路墩帽平面尺寸 5.0m×22.4m,四角倒半径 150cm 的圆角,高 2.0m;单建圆端型变截面铁墩墩帽采用圆端型,横桥向宽度 9.6m,纵桥向宽度 5.0m,厚 1.0m。墩身采用圆端型变宽变厚空心墩,墩顶横桥向宽度 9.0m,纵桥向宽度 4.4m,壁厚 0.8m,圆端型墩顶半径 2.2m,按坡率 30:1 向墩底双向放坡;公路桥墩为花瓶形,横桥向宽度由墩底的 4.0m 变为墩顶的 7.6m,顺桥向宽 2.6m,四倒角为半径 50cm 圆角。墩身结构见图 6-3-3-1 ~ 图 6-3-3-2。

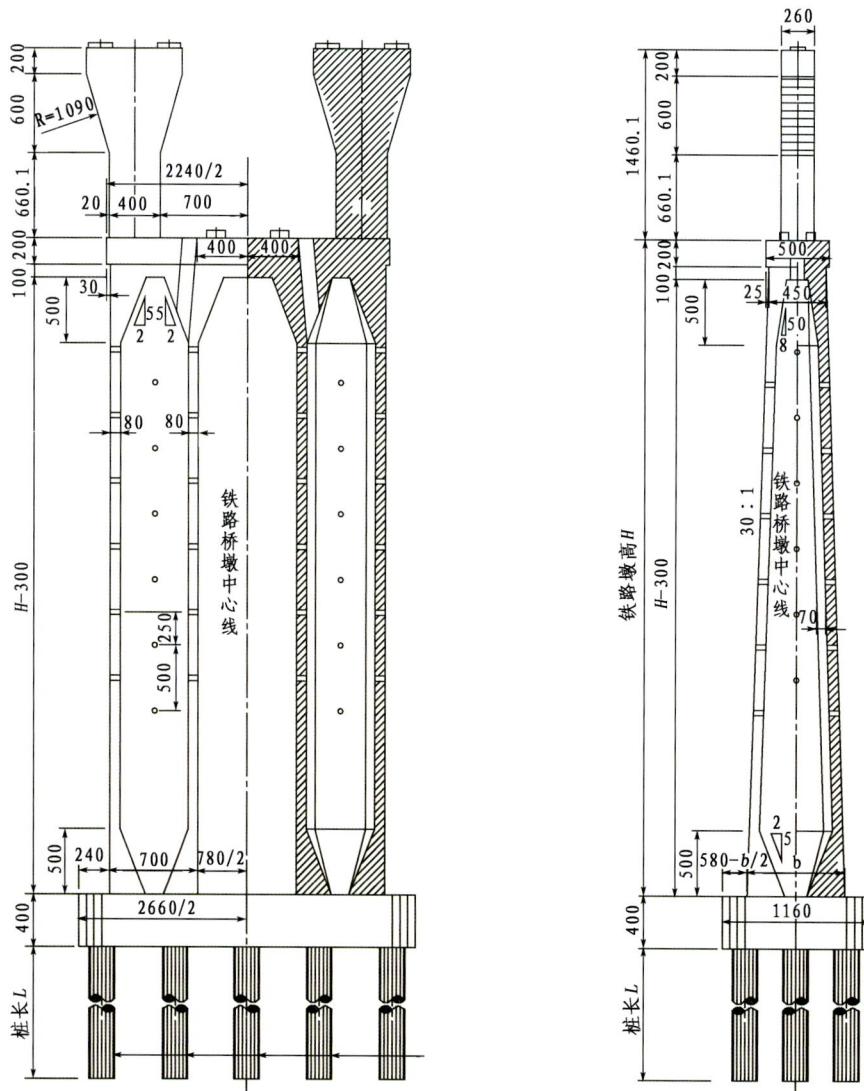

图 6-3-3-1　铁路门式框架空心墩 + 公路花瓶墩(尺寸单位:cm)

2)陆地低墩区引桥

陆地低墩区孔桥桥墩结构形式为铁路门式空心墩(圆端型变截面空心墩) + 花瓶形公路板式墩。其中 CX10 号铁路墩身为实心墩,墩身平面尺寸 4.5m×22.4m,四角设半径 150cm 的圆角,墩高 1.5m;CX03 ~ CX09 号、CX11 ~ CX18 号墩铁路桥墩为圆端型变截面空心墩;CX44 ~ XD01 号桥墩区段为小练岛铁路路基和公路桥梁,CX44、XD01 号墩分别包括铁路桥台和两个公路桥墩,台身为重力式桥台,台身长 6.45m,台高为 6.3m;公路桥墩为花瓶形,横桥向宽度由墩底的 3.8m 变为墩顶的 7.4m,顺桥向宽 2.4m,四角倒半径 50cm 圆角;CX38 ~ CX43 号、XD02 ~ XD09 号、XD14 ~ XD18 号墩桥墩结构形式为铁路门式墩 +2 花瓶形公路板式墩,铁路墩身采用门式框架空心墩,壁厚 0.8m,横桥向总宽 21.8m,每根铁路立柱横桥向宽 7.0m,墩顶顺桥向宽 4.0m,其断面为顺桥向变宽截面,坡率 30:1,立柱外侧倒半径 150cm 圆角,铁路墩帽平面尺寸 4.5m×22.4m,四角倒半径 1.5m 的圆角,高 2.0m。公路桥墩为花瓶形,横桥向宽度由墩底的 3.8m 变为墩顶的 7.4m,顺桥向宽 2.4m,四角倒半径 50cm 圆角。具体结构见图 6-3-3-3、图 6-3-3-4。

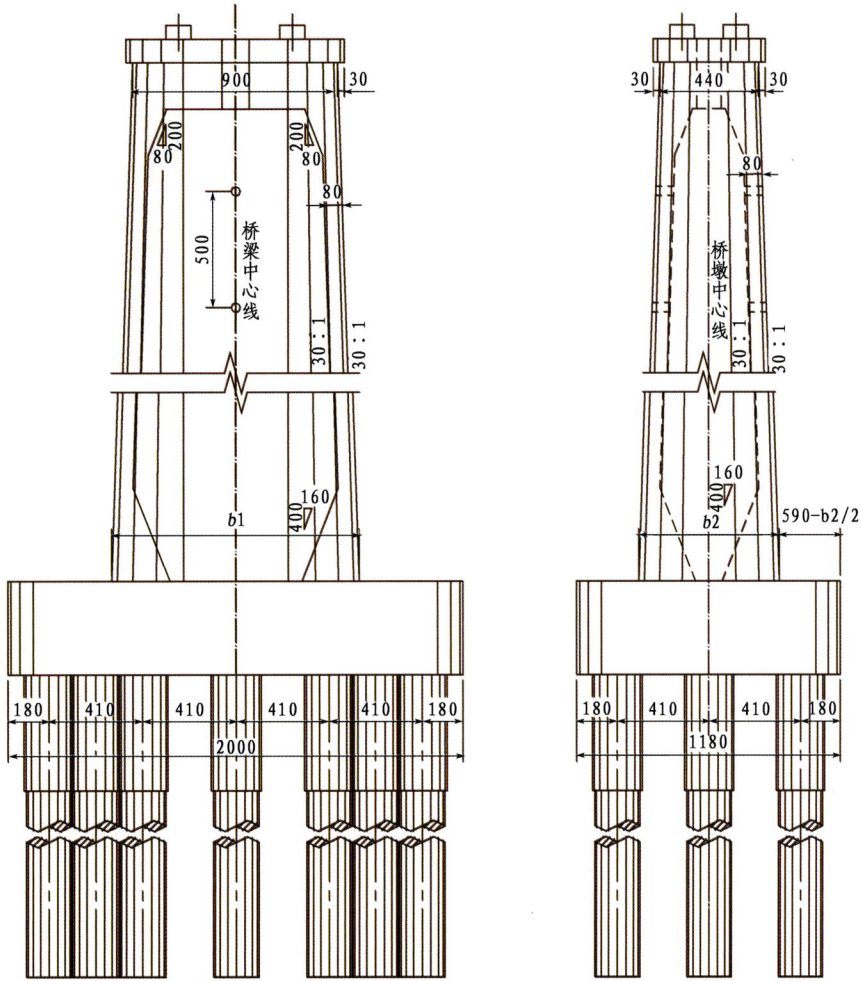

图 6-3-3-2　单建圆端型变截面铁路墩(尺寸单位:cm)

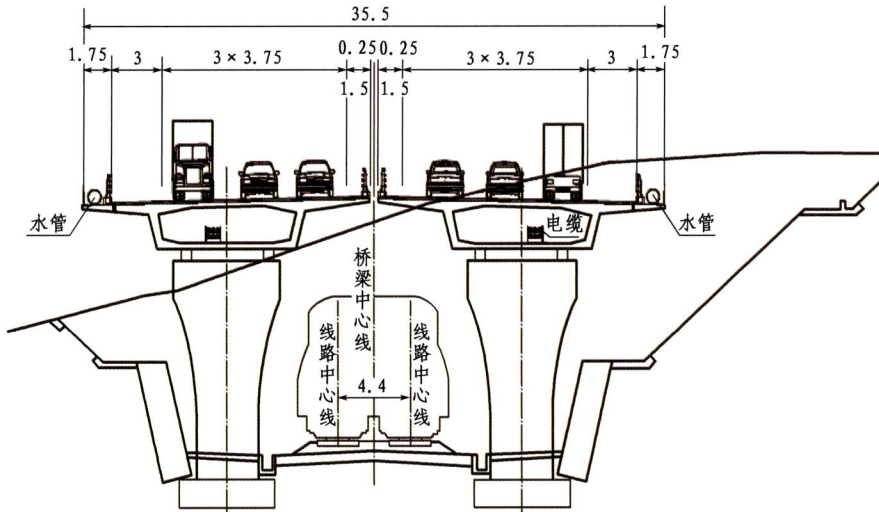

图 6-3-3-3　陆地低墩区引桥路基区公路单建墩结构图(尺寸单位:m)

半正面图　半背面图　　　　　　　　　　　侧面图

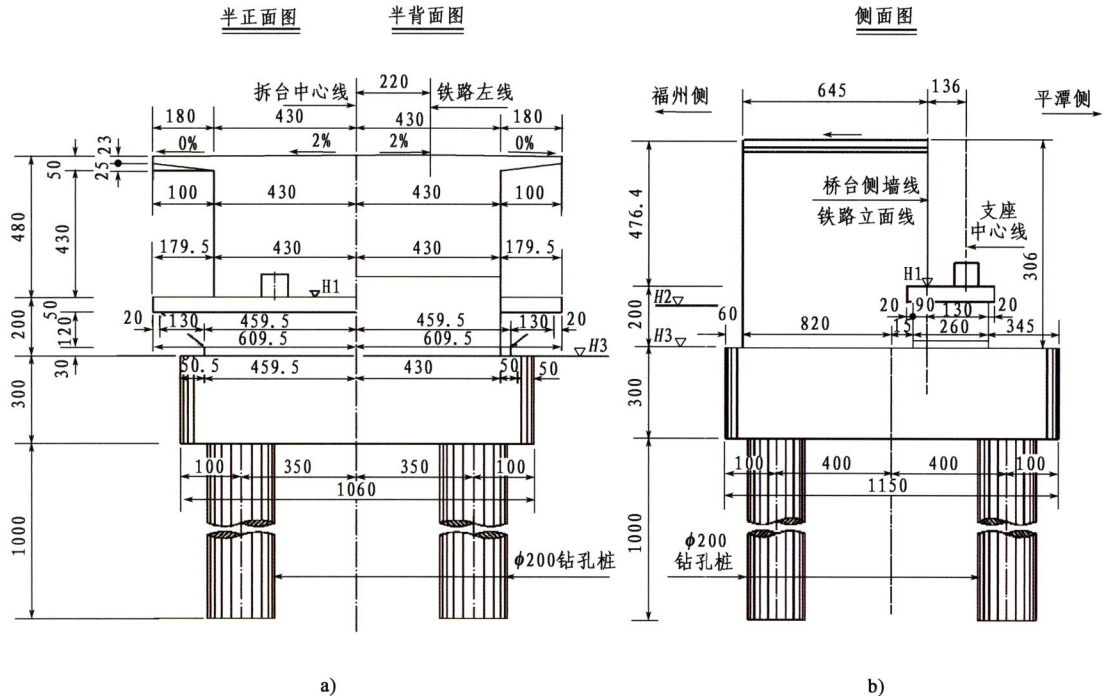

图 6-3-3-4　陆地低墩区引桥路基桥台结构图(尺寸单位:cm)

3.3.2　施工工艺

1)施工方案概述

(1)铁路门式框架墩和圆端型变截面空心墩施工方法相同,采用厂制定型整体模板、分段安装施工、两肢循环使用的翻模施工方法。铁路墩身模板底部设调高段,调节段以上为标准段,并配有随模板升高的工作平台。施工标准节段高 3×1.5m,循环施工,直至铁路桥墩盖梁底部。墩顶实体段及连接段通过在预埋牛腿上安装分配梁及桁架片形成平台施工,铁路帽梁采用钢模一次性浇筑施工。

(2)公路墩身分两节浇筑混凝土,首节浇筑直线段6.601m,第二节浇筑8m。外模采用大块钢模板,模板设置对拉拉杆。外模桁架肋作为外侧施工平台,首节施工墩身钢筋安装时,安装临时操作平台,待安装第一节模板后,再以外模桁架肋作为外侧施工平台。下节混凝土浇筑完成后,满足强度要求条件下,施工上节段模板、钢筋,再浇筑混凝土。

(3)重力式桥台和陆地区承台施工工艺大体相同,钢筋绑扎,台身支模,混凝土浇筑养护,完成附属结构施工。

2)施工工艺

此处仅介绍公路墩施工,铁路门式框架空心墩与简支钢桁梁区墩身施工工艺相同在此不再赘述。公路墩身主要施工流程:施工准备→测量放线→搭设临时操作平台→第一节钢筋安装→安装第一节外模板→模板检查、调试→浇筑墩身混凝土→混凝土养护→安装第二节外模板→第二节钢筋安装→第二节模板钢筋检查、调试→浇筑墩身混凝土→混凝土养护。施工工艺流程见图6-3-3-5。

(1)铁路墩帽施工时根据公路墩身底截面放样预埋公路墩第一节钢筋。公路墩身第一节施工时采用先钢筋后模板的施工顺序进行,第二节施工由于存在曲线段,为方便钢筋安装、保证安装精度,采用先模板后钢筋的施工顺序,如图6-3-3-6、图6-3-3-7所示。

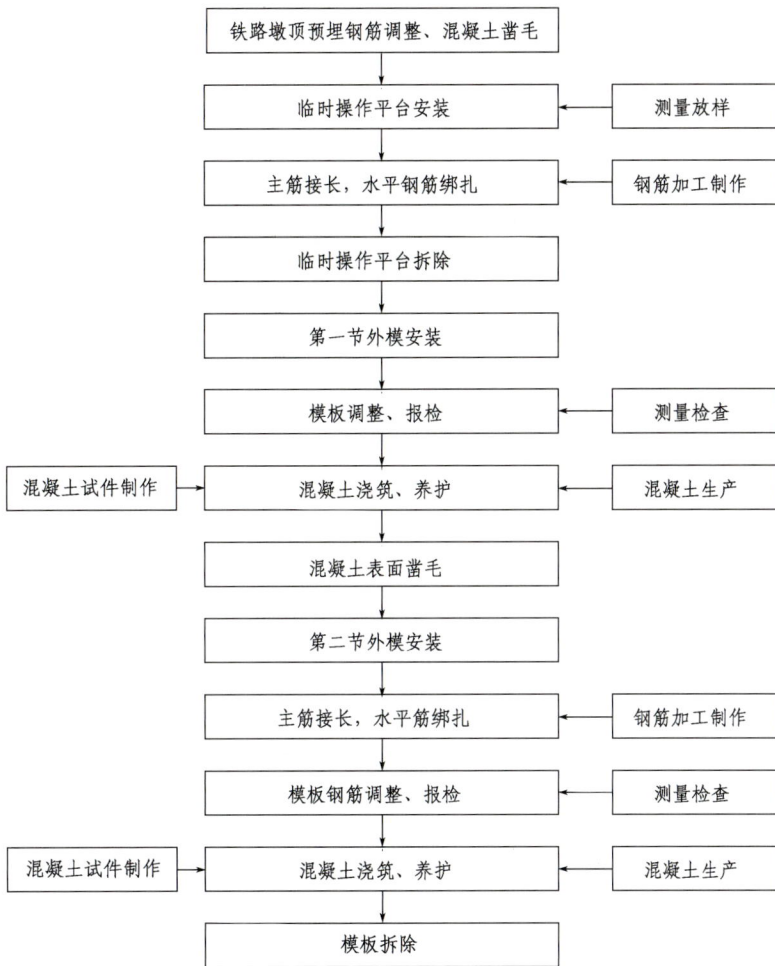

图 6-3-3-5　公路花瓶形板式实心墩施工流程图

图 6-3-3-6　公路墩钢筋预埋

图 6-3-3-7　公路墩第二节钢筋安装

（2）公路墩模板面板为 6mm 厚 Q235 钢板，采用∟100×12 角钢加劲，背带为双拼[20 槽钢，模板间法兰采用 M20 螺栓连接，模板拉杆采用 ϕ25mm 精轧螺纹钢，精轧螺纹钢两端加垫板，采用双螺母，拉杆外套 ϕ32mmPVC 管，如图 6-3-3-8 所示。模板安装过程中迎风面模板应设置缆风绳，待模板安装完成后方可解除。

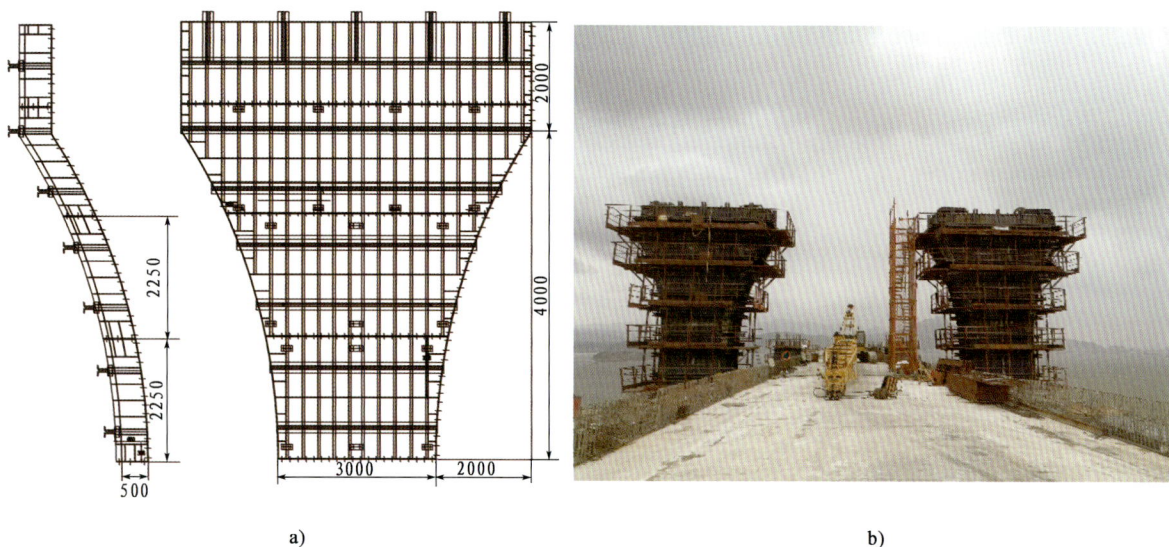

图6-3-3-8　公路墩模板(尺寸单位:mm)

(3)高墩区公路墩主要配备塔式起重机施工,混凝土采用地泵泵送到位,泵送高度达60m,混凝土拌和需严格按照施工配合比配料,原材料必须经过质量检验并符合要求,计量准确,保证混凝土具有良好的和易性。现场施工情况见图6-3-3-9、图6-3-3-10。

图6-3-3-9　公路墩混凝土施工

图6-3-3-10　公路墩施工全景

3.4　混凝土箱梁海上移动模架施工

3.4.1　公铁混凝土箱梁桥跨布置

平潭海峡公铁大桥非通航孔预应力混凝土箱梁桥跨分布于三个单位工程区段,如图6-3-4-1所示。

1)非通航孔混凝土铁路梁桥跨布置

(1)元洪航道桥单位工程:48孔49.2m箱梁(SR01~SR49号)浅水区孔桥、14孔49.2m箱梁(SR64~SR77~N01号)浅水及陆地高墩区孔桥。

(2)鼓屿门水道桥单位工程:17孔40.7m箱梁(CX02~CX19号)陆地低墩区孔桥。

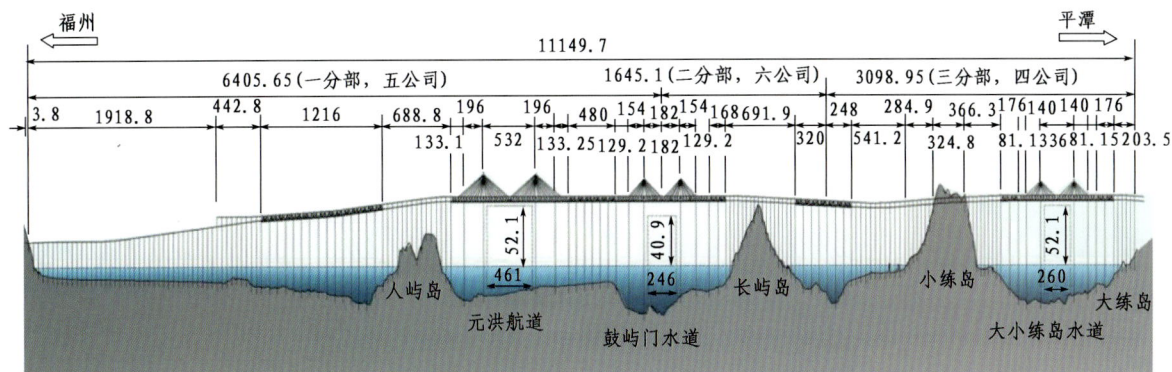

图 6-3-4-1　桥跨布置图(尺寸单位:m)

（3）大小练岛水道桥单位工程:11 孔 49.2m(CX26～CX37 号)浅水区孔桥、7 孔 40.7m 箱梁(CX37～CX44 号)陆地低墩区孔桥、9 孔 40.7m 箱梁(XD01～XD10 号)陆地低墩区孔桥、5 孔 40.7m 箱梁(XD13～XD18 号)陆地低墩区孔桥。

共有 49.2m 跨铁路箱梁 73 孔(单建段 39 孔,SR01～SR40 号),40.7m 跨铁路箱梁 38 孔,预应力混凝土铁路简支箱梁共计 111 孔。

2）非通航孔预应力混凝土公路箱梁桥跨布置

（1）元洪航道桥单位工程:3 孔 49.2m 单建段左幅公路箱梁(SR40～SR43 号)、6 孔 49.2m 合建段左右幅公路箱梁(SR43～SR49 号)、14 孔 49.2m 标准段左右幅公路箱梁(SR64～SR77～N01 号)。

（2）17 孔 40.7m 左右幅公路箱梁(CX02～CX19 号)、11 孔 49.2m 浅水区左右幅公路箱梁(CX26～CX37 号)。

（3）7 孔 40.7m 陆地低墩区左右幅公路箱梁(CX37～CX44 号)、8 孔 40.6m 铁路路基区左右幅公路箱梁(CX44～XD01 号)、9 孔 40.7m 陆地低墩区左右幅箱梁(XD01～XD10 号)、5 孔 40.7m 公路左右幅箱梁(XD13～XD18 号)。

共有 49.2m 跨公路箱梁左右幅 65 孔,40.7m(40.6m)跨公路箱梁左右幅 92 孔,预应力混凝土公路箱梁共计 157 孔连续梁。

3.4.2　混凝土箱梁工程概况

1）铁路简支箱梁

（1）跨径 49.2m 铁路箱梁

箱梁采用等高度直腹板预应力混凝土单箱单室结构,箱梁截面高为 4.0m,箱梁中心线处梁高为 4.086m。底板宽度为 6.4m。简支梁标准截面中心线处顶板厚 0.35m,底板厚 0.4m,腹板厚 0.6m,翼缘板厚 0.25～0.644m;支点处顶板厚 0.55m,底板厚 0.6m,腹板厚 0.85m。在梁端设横梁,横梁厚 1.5m。箱梁断面见图 6-3-4-2～图 6-3-4-3。

（2）跨径 40.7m 铁路箱梁

主梁采用等高度直腹板预应力混凝土单箱单室箱梁,箱梁截面高为 3.5m,桥面设 2% 横坡,箱梁中心线处梁高 3.586m,顶板宽度为 12.2m,底板宽度为 6.4m。简支梁标准截面中心线处顶板厚 0.35m,底板厚 0.3m,腹板厚 0.5m,翼缘板厚为 0.25m/0.622m;支点截面顶板厚度增至 0.55m,底板厚度增至 0.5m,腹板厚度增至 0.7m。在梁端设横梁,模梁厚度为 1.5m。单片箱梁含 C50 混凝土 459.6m^3,普通钢筋 83.9t,预应力筋 19.2t。主梁标准段断面图详见图 6-3-4-4。

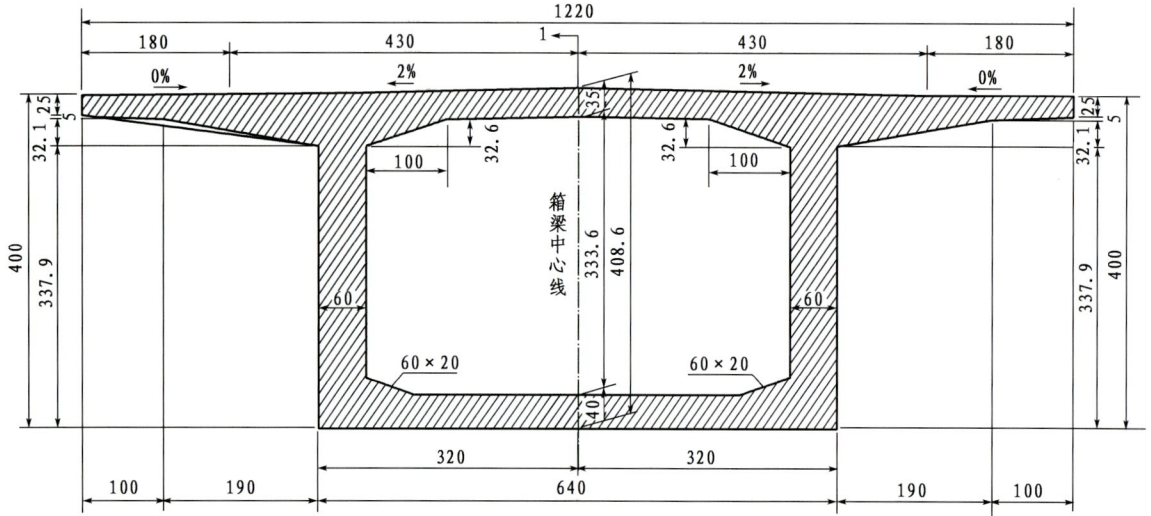

图6-3-4-2　49.2m跨铁路箱梁标准断面图(尺寸单位:cm)

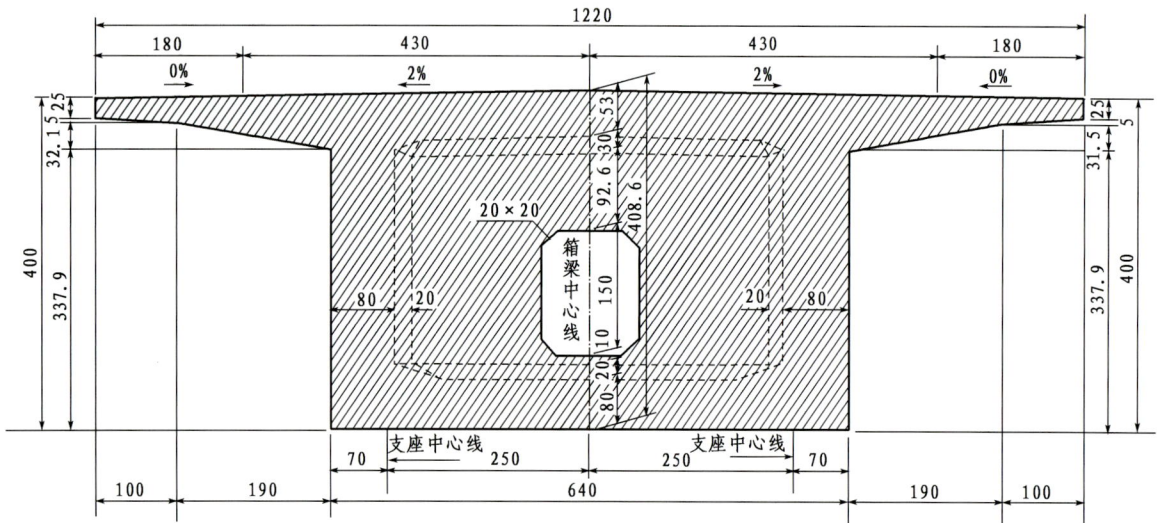

图6-3-4-3　49.2m跨铁路箱梁横梁处断面图(尺寸单位:cm)

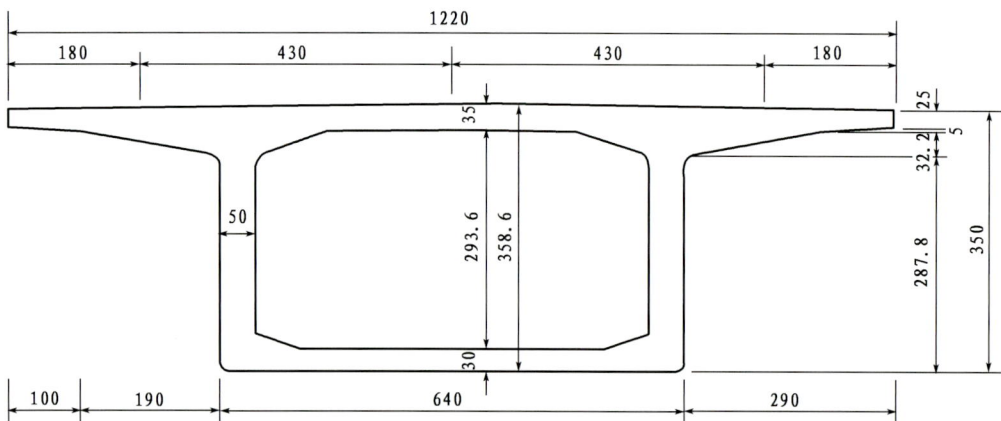

图6-3-4-4　跨铁路箱梁标准段断面图(尺寸单位:cm)

2）公路连续箱梁

（1）49.2m 跨公路混凝土箱梁

49.2m 跨单幅公路主梁为单箱单室截面，箱中心线梁高为 3.0m，顶板宽 17.5m，底板宽 8.5m，腹板采用斜腹板，两侧各悬臂长 4.0m，悬臂端部厚度 0.2m，根部厚度 0.6m。标准截面顶板厚 0.28m，底板厚 0.3m，墩顶附近区段设置倒角，进行了局部加厚。跨中范围内腹板厚 0.5m，支座附近 9m 范围内腹板厚 0.85m，两者之间设 4.2m 长过渡段，端横梁宽 1.5m，中横梁宽 2.0m，横梁上设有 1.25×1.6m 的人孔。桥面横坡由顶板旋转形成，底板面保持水平。一联单幅 4×49.2m 公路连续梁 C50 混凝土体积为 2745.1m³，预应力钢绞线 139070.4kg，普通钢筋 512899.6kg；一联单幅 3×49.2m 公路连续梁 C50 混凝土体积为 2064.0m³，预应力钢绞线 105029.5kg，普通钢筋 387761.3kg。主梁断面图详见图 6-3-4-5、图 6-3-4-6。

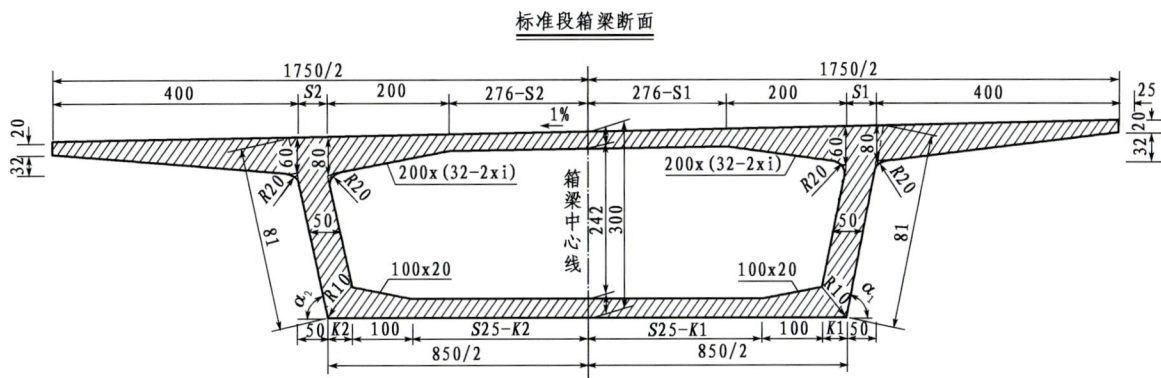

图 6-3-4-5　49.2m 跨公路箱梁标准段断面图（尺寸单位：cm）

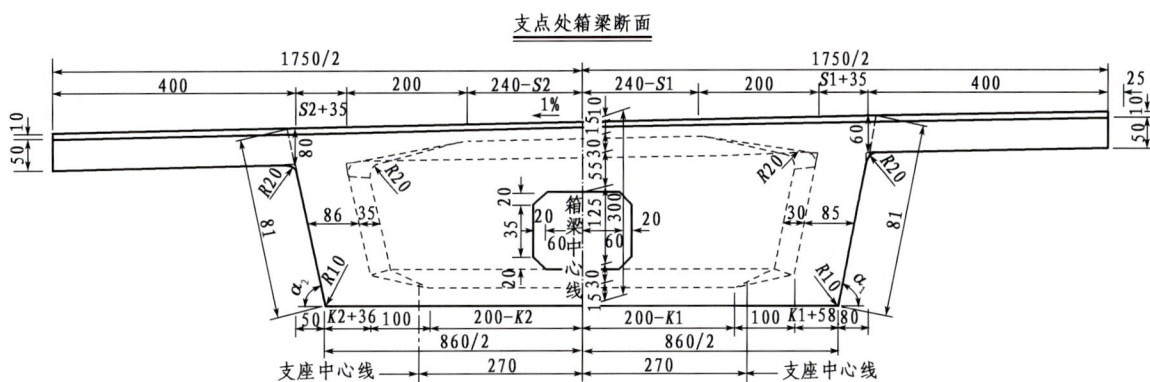

图 6-3-4-6　49.2m 跨公路箱梁支座处断面图（尺寸单位：cm）

（2）40.7m（40.6m）跨公路混凝土箱梁

40m 跨单幅公路主梁为单箱单室截面，箱梁中心线梁高为 2.5m，顶板宽 17.5m，底板宽 8.5m，腹板采用斜腹板，两侧各悬臂长 4.0m，悬臂端部厚度 0.2m，根部厚度 0.6m。标准截面顶板厚 0.28m，底板厚 0.3m，墩顶附近区段设置倒角，进行了局部加厚。跨中范围内腹板厚 0.5m，支座附近 7m 范围内腹板厚 0.8m，两者之间设 4.2m 长过渡段，端横梁宽 1.5m，中横梁宽 2.0m，横梁上设有 1.25m×1.6m 的人孔。桥面横坡由顶板旋转形成，底板面保持水平。一联单幅 4×40.7m 公路连续梁 C50 混凝土量为 2138.6m³，预应力钢绞线 103458.1kg，普通钢筋 407425.3kg；一联单幅 3×40.7m 公路连续梁 C50 混凝土量为 1606.2m³，预应力钢绞线 77927.4kg，普通钢筋 308386.9kg；一联单幅 4×40.6m 公路连续梁 C50 混凝土量为 2134.0m³，预应力钢绞线 103289.9kg，普通钢筋 406935.5kg。主梁断面见图 6-3-4-7、图 6-3-4-8。

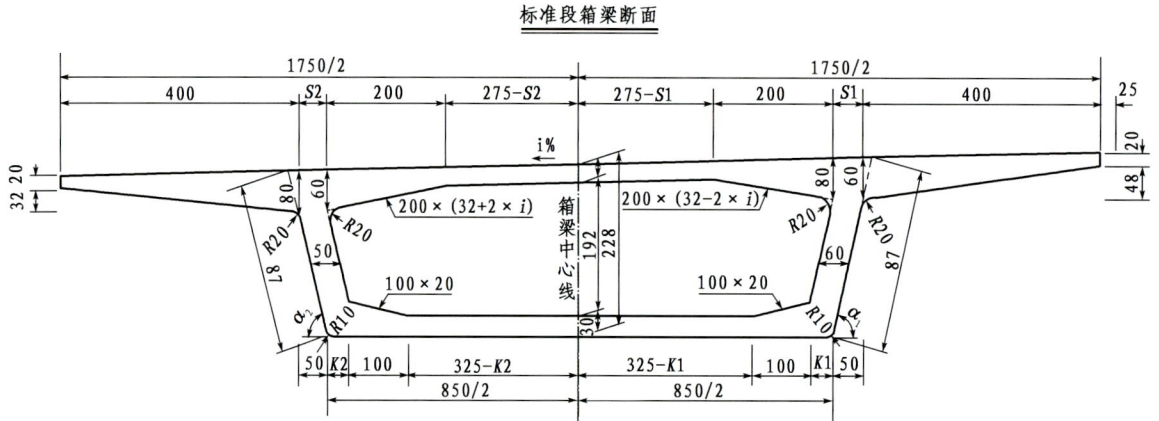

图 6-3-4-7　40m 跨公路箱梁标准段断面图(尺寸单位:cm)

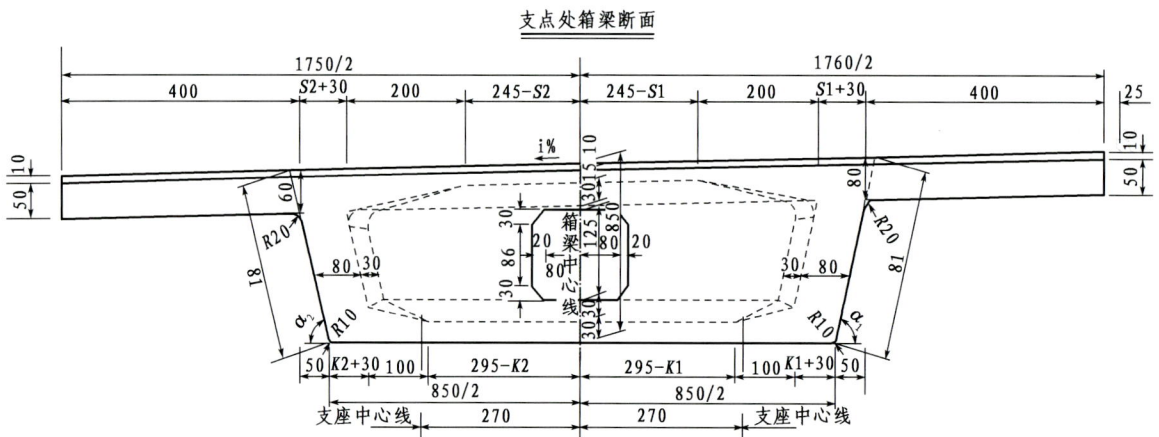

图 6-3-4-8　40m 跨公路箱梁支座处断面图(尺寸单位:cm)

3.4.3　混凝土箱梁施工方案

1)铁路混凝土箱梁施工方案概述

考虑到桥墩结构及所处工程施工环境,铁路混凝土简支箱梁除大小练岛水道桥 XD13~XD18 跨铁路箱梁采用现浇支架施工以外,其余均采用移动模架原位逐孔现浇施工。全桥共计采用 3 套上行式移动模架、2 套下行式移动模架和 5 跨现浇梁支架施工铁路箱梁,其中移动模架施工技术主要包括以下几个方面:移动模架首跨施工(拼装)、预压、箱梁施工(模板安装、钢筋制安、混凝土工程、预应力工程)、末跨施工、换向施工、变跨施工、模架拆除。铁路箱梁施工顺序和方式见表 6-3-4-1。

非通航孔预应力混凝土铁路箱梁施工统计表　　　　　　　　表 6-3-4-1

序号	区段布置	墩号区间	跨径/孔数	施工方向	施工方法
1	铁路单建段	SR01~SR39	49.2m/38 孔	正方向	1 号 MSS1600 型上行式移动模架
2		SR39~SR49	49.2m/10 孔	先 SR71~N01→SR71~SR64→SR49~SR39	2 号 MSS1600 型(新制)上行式移动模架
3	公铁合建段	SR64~N01	49.2m/14 孔		
4		CX02~CX19	40.7m/17 孔	先 CX10 向 CX02,后 CX10 至 19 号	3 号 DSZ40/1200 下行式移动模架

序号	区段布置	墩号区间	跨径/孔数	施工方向	施工方法
5	公铁合建段	CX26～CX30	49.2m/4 孔	正方向	5 号 DSZ40/1600 下行式移动模架
6		CX30～CX37	49.2m/7 孔	反方向	4 号 TM49.2 上行式移动模架
7		CX37～CX44	40.7m/7 孔		
8		XD01～XD10	40.7m/9 孔	正方向	
9		XD13～XD18	40.7m/5 孔	反方向	现浇支架

注:正方向指的是小里程向大里程,即福州→平潭方向;反方向反之。

2)公路箱梁施工概述

全桥共采用 8 套公路移动模架逐孔原位现浇施工,其中元洪航道桥采用 3 套 DSZ49/1700 型上行式移动模架,鼓屿门水道桥和大小练岛水道桥单位工程采用 5 套(2 套 DXZ40-1200/1800 型,3 套 TMS49.2/40.7)下行式移动模架。公路箱梁施工技术主要包含两大方面:移动模架施工:拼装、预压、标准跨过孔、首末跨施工、反向施工、变跨施工、横移施工、变幅施工、模架拆除;混凝土箱梁施工(钢筋工程、模板工程、混凝土施工、预应力施工)。非通航孔桥预应力混凝土公路箱梁采用 49.2m、40.7m 和 40.6m 跨三种类型连续箱梁,左右幅分离式布置,后两者跨度采用相同截面箱梁,采用移动模架和支架现浇原位施工,公路箱梁施工顺序和方式见表 6-3-4-2。

非通航孔预应力混凝土公路箱梁施工统计表 表 6-3-4-2

序号	区段布置	墩号区间	跨径布置	施工方向	施工方法
1	公铁分岔段	SR49～SR40(左幅)	三联 9 孔(一联 3×49.2m)	反方向(由大里程向小里程)	7 号 DSZ49/1700 上行式移动模架
		SR49～SR43(右幅)	两联 6 孔(一联 3×49.2m)		
2	公铁合建段	SR64～N01	单幅四联 14 孔(3+4+4+3)×49.2m		1 号(左幅)2 号(右幅)DSZ49/1700 上行式移动模架
3		CX02～CX19	单幅 5 联 17 孔(3+4+4+3+3)×40.7m		3 号(左幅)4 号(右幅)DXZ40/1800 下行式移动模架
4		CX26～CX37	单幅三联 11 孔(3+4+3)×49.2m	反方向(CX26～29 号正向)	5 号、6 号、8 号 TM49.2m/40.7m 下行式移动模架
5		CX37～CX44	单幅两联 7 孔(3+4)×40.7m	反方向	
6	铁路路基段	CX44～XD01	单幅两联 8 孔(4+4)×40.6m	反方向	5 号、6 号、8 号 TM49.2m/40.7m 下行式移动模架
7	公铁合建段	XD01～XD10	单幅两联 9 孔(3+3+3)×40.7m	反方向	
8		XD13～XD18	单幅一联 5×40.7m	反方向	支架现浇

3.4.4　移动模架简介

1）1号、2号MSS1600型铁路箱梁上行式移动模架

（1）简介

1号、2号铁路移动模架为MSS1600型上行式移动模架，主要由主梁、导梁、内外模板、模架及开模结构、挑梁、吊臂及吊杆、前中后支腿支撑机构等系统组成，如图6-3-4-9、图6-3-4-10所示。2号移动模架设置了双导梁具备双向行走功能。主梁采用双主梁结构形式，每根主梁由5节承重钢箱梁组成，各节间用高强螺栓连接，单节最大质量为32.3t，导梁由3节桁架梁组成，为辅助整机过孔的结构，导梁与主梁之间均以螺栓及节点板连接，导梁间以销轴连接；挑梁上端与钢箱梁铰接，下端与钢箱梁栓接，吊臂与挑梁销轴连接，挑梁上设有滑梁可向外滑移，吊臂下端通过可调撑杆、调节螺杆及小斜杆等调节机构吊挂侧模架，底模架分左右两组，两组之间采用高强螺栓连接；前支腿支承于主梁前端、施工跨的前墩处，中支腿支承于主梁后端、施工跨的后墩处，前、中支腿构造类似，主要由支腿立柱及垫块、横梁及纵梁、托辊轮箱、支承油缸、吊挂系统组成；后支腿位于主梁尾部，后支腿只用于辅助模架整机过孔，从上至下依次为球型铰座、支承千斤顶、垫座、分配梁、横移螺旋千斤顶、走行轮箱及轨道组成。

图6-3-4-9　1号移动模架

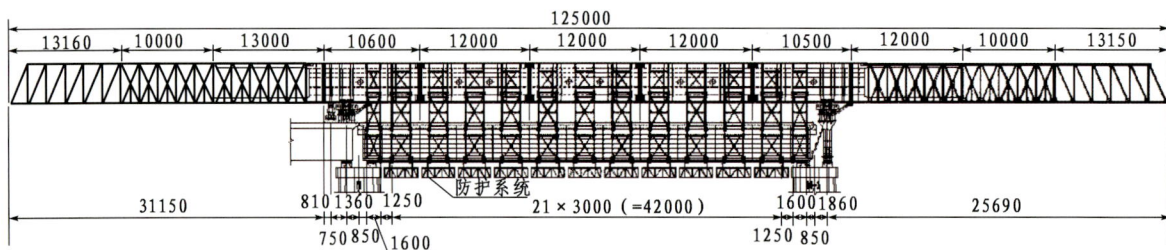

图6-3-4-10　2号移动模架立面布置图（尺寸单位：mm）

（2）主要结构

①主梁

本模架采用双主梁结构形式，每根钢主梁各节间以精制螺栓连接。钢箱梁采用Q345B钢制造，宽2200mm，高4200mm。单节最大质量为32.3t。钢箱梁内侧腹板上部设横联上弦连接法兰孔及加劲，下部设有中吊杆牛腿，牛腿侧面设横联下弦连接法兰。钢箱梁及横联结构如图6-3-4-11所示。

②导梁

导梁由3×12m的等宽变高度桁架梁组成，为辅助整机过孔的结构。导梁与主梁之间均以精制螺栓及节点板连接，导梁间以销轴连接。导梁截面见图6-3-4-12。

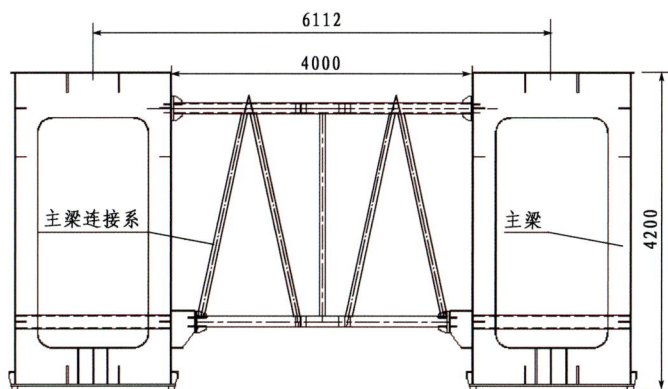

图 6-3-4-11　主梁及横联结构示意图(尺寸单位:mm)

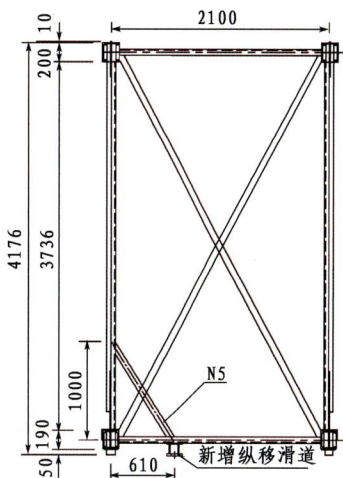

图 6-3-4-12　导梁截面图(尺寸单位:mm)

③横联

横联为两侧钢箱梁及导梁间的连接桁架,一套模架共设置 18 组横联,将钢箱梁及导梁组成一个整体框架,共同受力。钢箱梁间共设置 15 组横梁,导梁间共设置 3 组横联。

④前、中、后支腿

a.前支腿

支承于主梁前端、施工跨的前墩处,为整个移动模架的前端支点,主要包括支腿立柱、横梁及纵梁、托辊轮箱、支承油缸、吊挂系统等。移动模架工作时,竖向荷载通过钢箱梁牛腿依次传递至支承油缸、支腿横梁、支腿立柱、墩顶。前支腿立柱,结构见图 6-3-4-13。

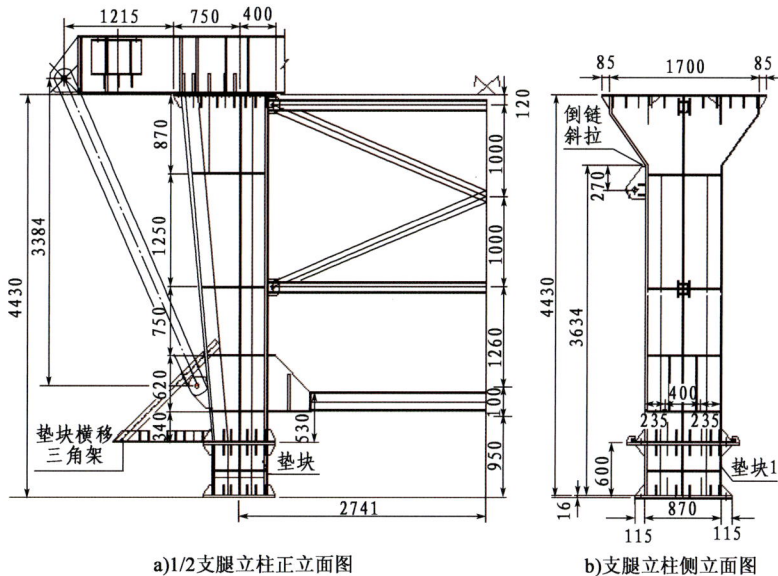

a)1/2支腿立柱正立面图　　　　　b)支腿立柱侧立面图

图 6-3-4-13　前支腿支腿立柱结构示意图(尺寸单位:mm)

支腿横梁为箱形结构,外形尺寸 9130mm × 1772mm × 624mm(长 × 宽 × 高)。横梁及纵梁结构见图 6-3-4-14。

托辊分配梁及轮箱共四组,通过铰座安装于支腿纵梁上。托辊结构见图 6-3-4-15。

支承油缸为混凝土浇筑施工时支承主梁的刚性支承部件。其结构形式有别于普通液压油缸,配有双向液压锁和机械锁(抱箍或螺旋顶),以保证主梁浇筑混凝土状态万无一失。工作时,它支承于主梁底和支腿横梁之间。支承油缸上法兰为球面结构,可绕球心转动 ±5°,以适应施工要求。支腿走行吊挂轮见图 6-3-4-16。

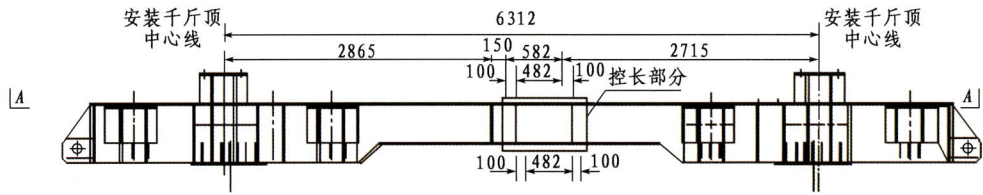

a)前支具横梁立面图

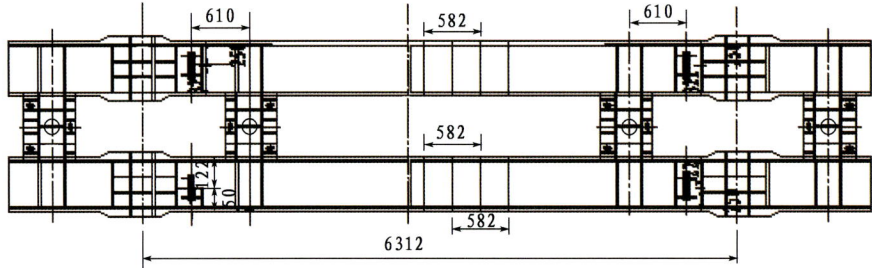

b)A-A视图

图6-3-4-14　前支腿横梁及纵梁结构示意图(尺寸单位:mm)

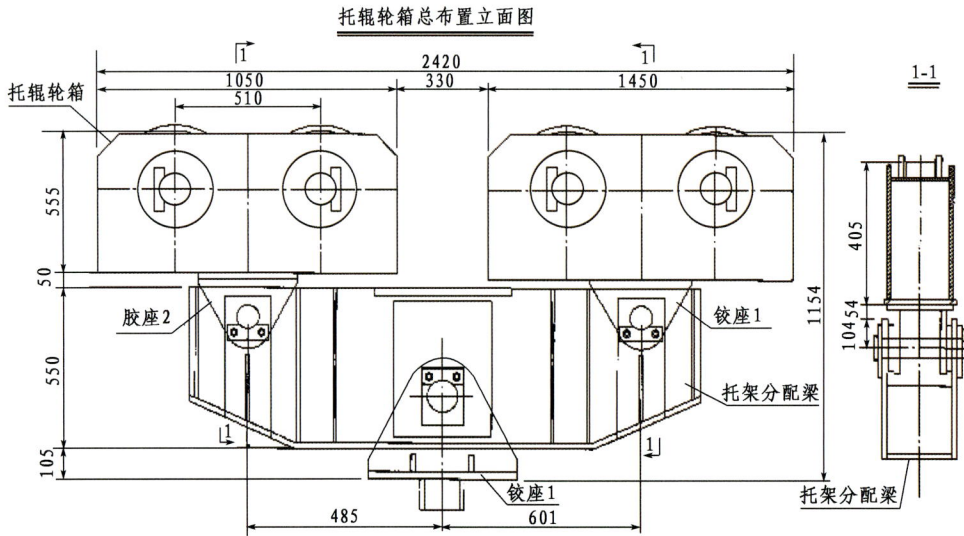

托辊轮箱总布置立面图

图6-3-4-15　托辊分配梁及轮箱结构示意图(尺寸单位:mm)

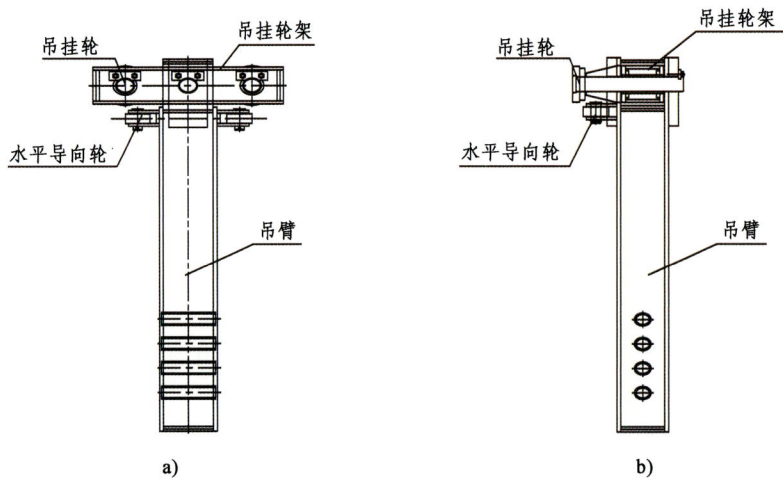

图6-3-4-16　支腿走行吊挂系统示意图

b. 中支腿

结构与前支腿基本相同。为整个移动模架的后端支点,主要包括支腿立柱及垫块、横梁及纵梁、托辊轮箱、支承油缸、吊挂系统等。中支腿配置有支腿立柱,仅在施工每联首跨混凝土梁时使用;其余用垫块支于已浇筑混凝土梁面上。中支腿各部分构件参见前支腿相应构件。

c. 后支腿

位于主梁尾部,后支腿只用于辅助移动模架整机过孔。从上至下依次为球型铰座、支承千斤顶、垫座、分配梁、横移螺旋千斤顶、走行轮箱及轨道。后支腿总布置见图6-3-4-17。

⑤挑梁、吊臂及滑梁(模架悬挂系统)

挑梁和吊臂是移动模架重要的传力结构,负责悬挂整机模架、模板等混凝土成型结构。过孔走行过程中,挑梁和吊臂悬挂所有外模板及模架;混凝土施工状态,为吊杆分担部分模架、模板和混凝土重量,并传递至移动模架主梁。吊臂、挑梁与滑梁位置详见图6-3-4-18。

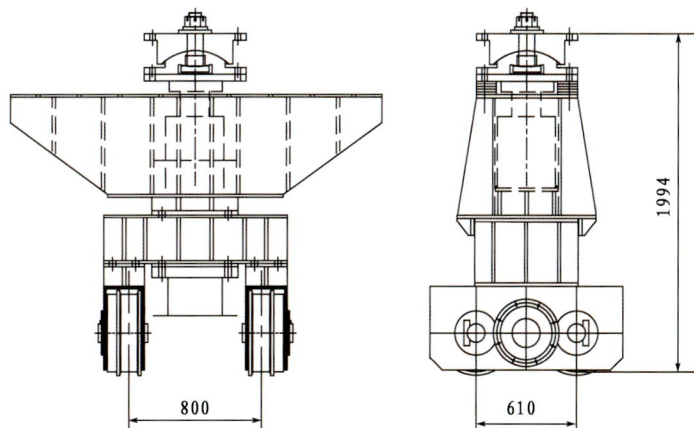

图6-3-4-17 后支腿总布置图(尺寸单位:mm)

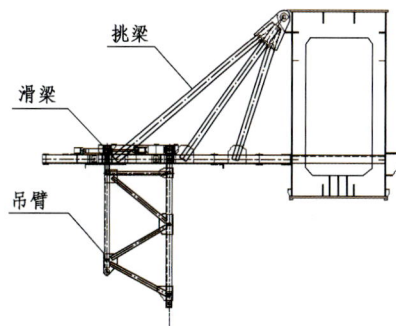

图6-3-4-18 模架悬挂系统示意图

挑梁为空间桁架结构,位于主梁的两侧,挑梁上端与钢箱梁之间采用销轴连接,下端采用螺栓连接。挑梁下弦设有滑梁,以实现模架整体横移。挑梁桁架左右各25片。挑梁竖向及水平联结系均为焊接桁架结构,与挑梁间焊连。挑梁结构见图6-3-4-19。

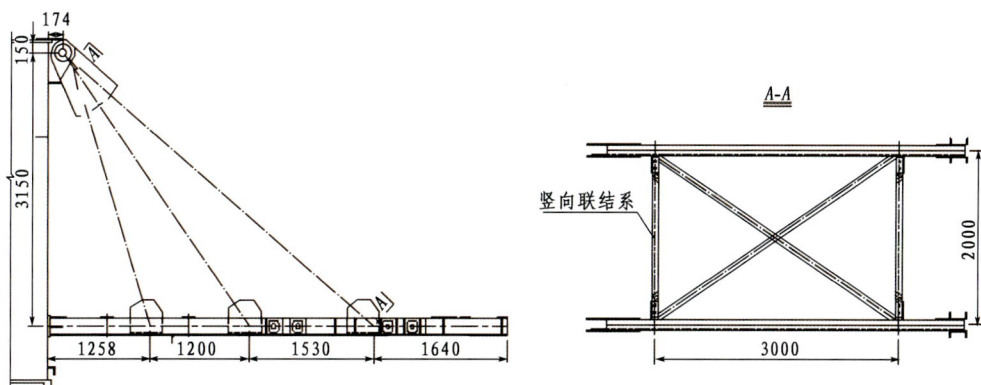

图6-3-4-19 挑梁结构结构示意图(尺寸单位:mm)

吊臂为焊接桁架结构,上下分别与挑梁及侧模架通过销轴连接。吊臂结构见图6-3-4-20。

滑梁位于挑梁与吊臂之间,与挑梁同时成对加工,并安装于挑梁下弦上。用于模架的开启与合拢。

⑥外模系统

整台移动模架的外模包括底模、底模架、吊杆、侧模架、墩顶散模、端模。底模架开启后的外模系统见图6-3-4-21。

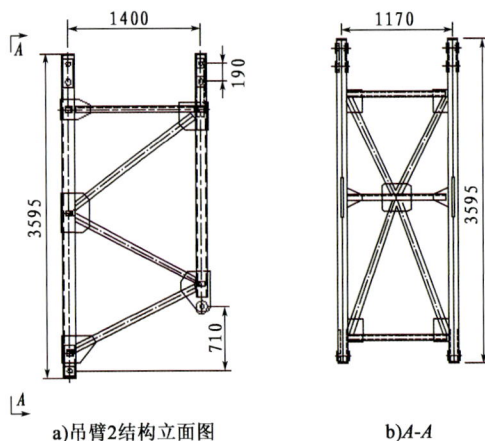

a)吊臂2结构立面图　　　　　　　　　　b)A-A

图 6-3-4-20　吊臂结构示意图(尺寸单位:mm)

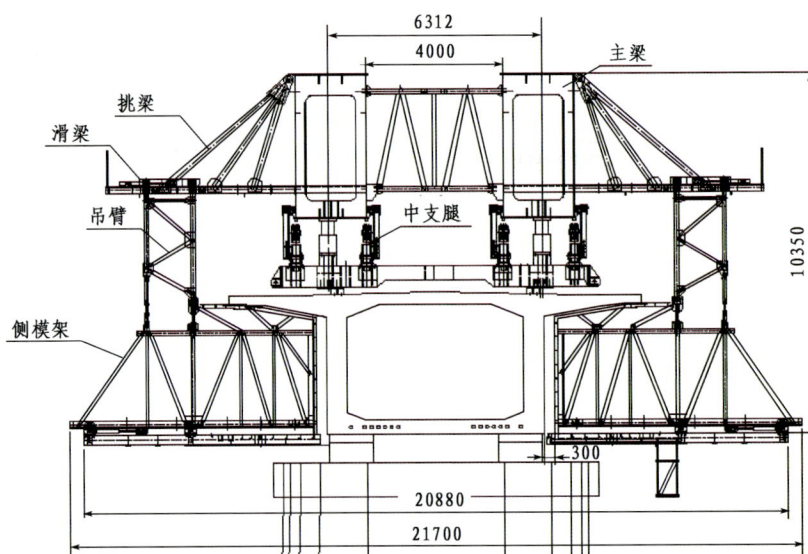

图 6-3-4-21　底模架开启后的外模系统(尺寸单位:mm)

⑦内模系统

内模采用临时支撑加木模板结构体系。内模系统见图 6-3-4-22。

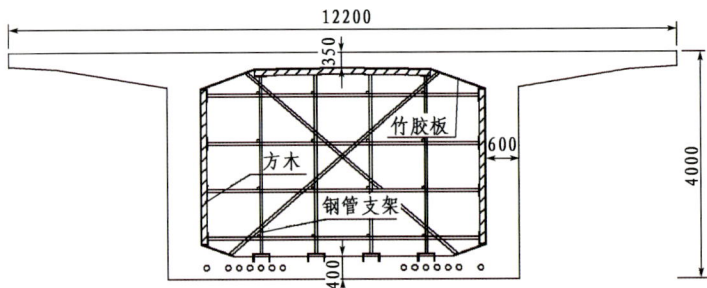

图 6-3-4-22　内模系统示意图(尺寸单位:mm)

⑧模架防护棚

根据需要,可在主梁两侧挑梁顶部设置防风、防雨、防晒的顶篷。能保证移动模架全天候工作,以提高模架的总体工作效率。

⑨爬梯及走道

为方便施工人员通行及操作,MSS1600 型移动模架在挑梁、侧模架等结构上设置了 8 条纵向通长的人行走道,并在前后两端通过若干爬梯及平台连通。按照安装部位的不同,可分为以下四种走道:

a. 挑梁走道:为方便施工人员检查移动模架主梁螺栓及挑梁连接情况,并进行维护,在挑梁下弦,靠近移动模架主梁腹板处设置两条走道,上下游各一条。

b. 吊臂走道:设置在吊臂下端,侧模架上弦,便于施工人员对模架调节机构进行操作。上下游各一条。

c. 侧模架走道:设置在侧模架下弦,便于施工人员对侧模架调节机构进行操作。上下游各一条。

d. 底模架走道:设置在底模架下弦,便于施工人员对底模架接头、吊杆下端螺母等机构进行操作。

(3)基本参数

1 号、2 号模架基本参数见表 6-3-4-3。

1 号、2 号移动模架基本参数   表 6-3-4-3

项 目			1 号、2 号移动模架	
移动模架结构组成	主梁(m)		1 号	箱形(宽×高×长) = 2.2 × 4.2 × (10 + 4 × 12)
			2 号	箱形(宽×高×长) = 2.2 × 4.2 × (2 × 10.5 + 3 × 12)
	导梁		桁架结构	
	前支腿		立柱式,分段设计	
	中支腿(固定中支腿)		立柱式,分段设计	
	后支腿(主中支腿)		包含纵移、横移、顶升机构	
	后走行机构		纵移时抗倾覆	
	外模系统		包含标准、非标准模板、支撑、栏杆	
	内模系统		1 号	木模
			2 号	钢模
浇筑状态	浇筑时容许最大风力		8 级风	
	对前墩身最大压力和(t)		1585	
	移动时容许最大风力(级)		7	
移位状态	对前墩身最大压力和(t)		820	
	模架纵移速度(m/min)		1	
	整机抗倾覆稳定系数		>1.5	
非工作状态	锚固时最大风力(级)		14	
整机性能参数	现浇梁最大质量(t)		1600	
	现浇梁最小曲线半径(m)		3500	
	现浇梁纵向最大坡度(%)		2	
	现浇梁横向最大坡度(%)		2	
	设计施工周期(d)		20 ~ 30	
	驱动方式		液压	

(4)主要特点

①采用主梁置于桥面上方结构,利用梁端、桥墩安装支腿,具有良好的稳定性;

②采用上行式移动模架能自行完成支腿过孔移位,机械化程度高,操作简单,安全可靠;

③主梁两侧挑梁顶部可设置防雨、防晒顶篷,能保证移动模架全天候工作,以提高移动模架总体工作效率,确保总工期的要求;

④2 号移动模架模架移动模架设置双导梁,具备双向行走功能。

2)3 号、5 号 DSZ40-1200/49-1600 型铁路箱梁下行式移动模架

(1)简介

3 号、5 号铁路移动模架为 DSZ40-1200/49-1600 型下行式移动模架,设置双向导梁,具备双向走向

功能,如图 6-3-4-23 所示。主要由主梁、前导梁、后导梁、墩顶支撑移位系统、底模、底模横移系统、内模、操作平台、电气系统、液压系统及门式起重机系统等组成,采用双主梁结构形式,每根主梁含 5 节承重钢箱梁组成,前后导梁各由 2 节等高截面桁架梁组成,为辅助整机过孔的结构;墩顶移位机构由主梁纵移机构和横移机构组成,以液压千斤顶为动力实现移位,纵移千斤顶上部支撑主梁下滑道,下部支撑于主梁横移滑座上,横移千斤顶上部支撑纵向顶推主梁支撑铰座,底部与预埋在墩顶的预埋件相连;底模由钢板和型钢组焊而成,底模横梁通过精轧螺纹钢吊杆吊挂在钢箱梁内侧腹板上的牛腿上,最外侧设置吊挂滚轮与主梁的腹板连接,实现底模架的横移开启,开启后将伸出主梁外侧的底模横梁向上翻转,避免与公路墩身预埋钢筋发生干涉,侧模和大部分翼模直接利用主梁钢箱箱体,宽出主梁箱体的翼模板通过牛腿支撑在主梁侧板上,支撑点采用销座连接,支撑斜杆可伸缩调整翼板的角度。

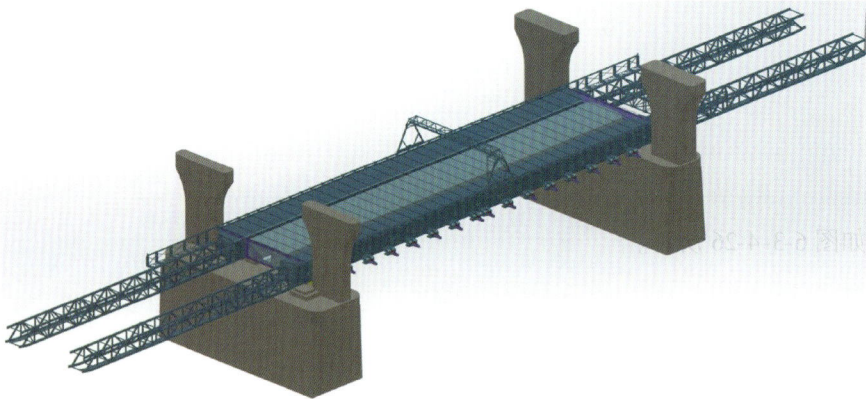

图 6-3-4-23　DSZ40-1200/49-1600 下行式移动模架

（2）主要构件

①主梁

本模架采用双主梁结构形式,钢箱梁接头、钢箱梁和导梁接头采用螺栓法兰联结,其钢箱梁之间 8 个接头的底部连接处用 M64×950 的高强度对拉螺栓,上盖板和左右腹板接头处用 10.9 级 M30 螺栓连接。钢箱梁采用 Q345B 钢制造,单节最大质量约为 25t。墩顶节段主梁底部设有两根 320mm 高工字钢轨道,轨道工钢中心距 1900mm,两根轨道间设 394mm 高钢箱组合梁一根,供整机纵移使用。主梁截面如图 6-3-4-24 所示。

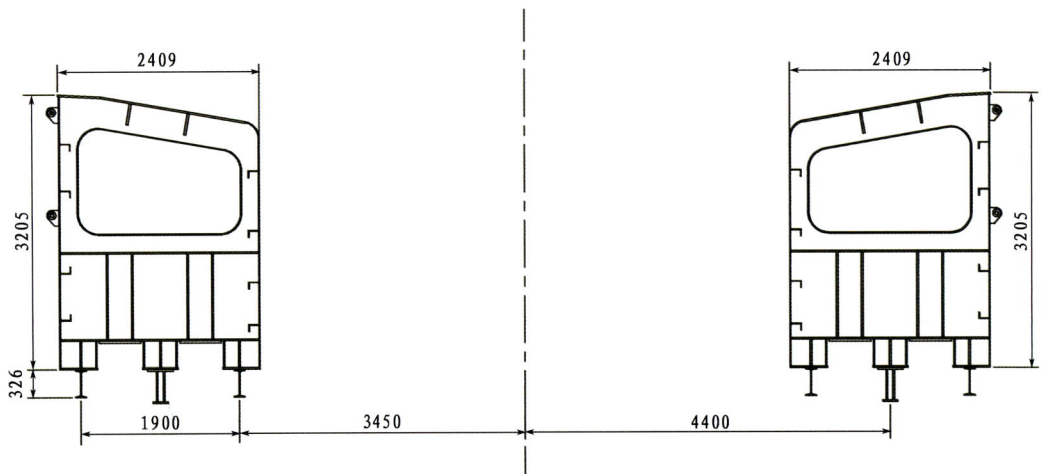

图 6-3-4-24　主梁截面(尺寸单位:mm)

②导梁

导梁由等高截面桁架梁组成,为辅助整机过孔的结构,本移动模架前后均设置导梁,且为对移布置。导梁与钢箱梁之间均以高强螺栓及节点板连接,导梁间也以销轴高强螺栓及节点板连接。导梁腹杆底焊有两根 320mm 高工字钢轨道,轨道工钢中心距 1900mm,供整机纵移使用;导梁内侧设有耳板及销眼,用以安装横联。导梁立面如图 6-3-4-25 所示。

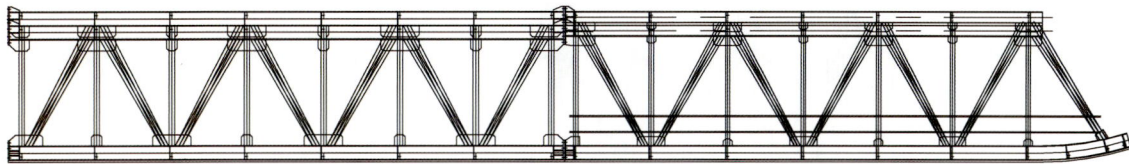

图 6-3-4-25 导梁立面

③横联

导梁之间设置横向联结系,横向联结系保证移动模架受力的均匀性及克服在走行过程中两侧千斤顶的不同步。导梁横联设计为桁架式结构,采用钢销与导梁相连,横联中心线处采用螺栓连接,主梁横移开启时,需拆开横联连接螺栓,在横联中心处加装一节活动节,待整机纵移到位后,再拆除此活动节。导梁横联结构如图 6-3-4-26 所示。

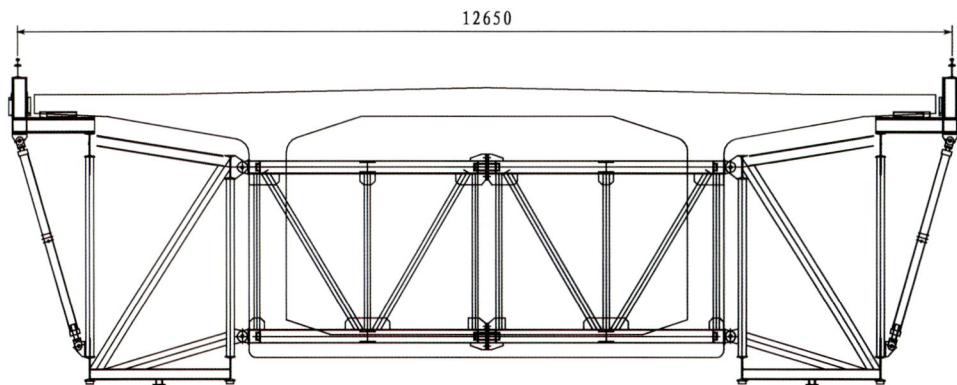

图 6-3-4-26 导梁横联立面(尺寸单位:mm)

④墩顶移位机构

墩顶移位机构主要分为两个部分,即整机纵移机构和主梁横移机构。移位机构均以液压千斤顶为动力,是整机实现自动化移位的操作机构,主要有如下几个构件:

a. 纵向顶推主梁支撑铰座:是一焊接而成的一个结构功能件,其上部支撑主梁下滑道,下部支撑于主梁横移滑座上,是模架过孔和主梁横移的重要部件。

b. 横移滑座:是一焊接而成的一个结构功能件,其上部支撑纵向顶推主梁支撑铰座,底部与预埋在墩顶的预埋件相连。

c. 千斤顶:单墩顶设横移千斤顶和纵移千斤顶各两台,作为模架过孔和主梁横移的主要动力。

墩顶移位机构如图 6-3-4-27 所示。

⑤模板系统

3 号移动模架的模板系统主要包括底模、侧模和翼模、内模、墩顶散模和端模。

a. 底模

底模是箱梁混凝土的直接支承及成型体系,由钢板和型钢焊而成,为适应施工需要及满足运输要求,底模在纵桥向和横桥向均与底模吊挂横梁对应分块制造。底模的横梁通过精轧螺纹钢吊杆吊挂在钢箱梁内侧腹板上的牛腿上,其最外侧两个节点设置有吊挂滚轮,吊挂滚轮与主梁的腹板连接,实现底模架的横移开启,底模横梁间采用高强螺栓连接。移动模架过孔时,底模对拉螺栓解除,拆除吊杆,底模以主梁下的底模横梁为依托通过液缸向外滑动,到达理想位置后与侧模架临时固定。底模横移机构详见图6-3-4-28底模横移机构。

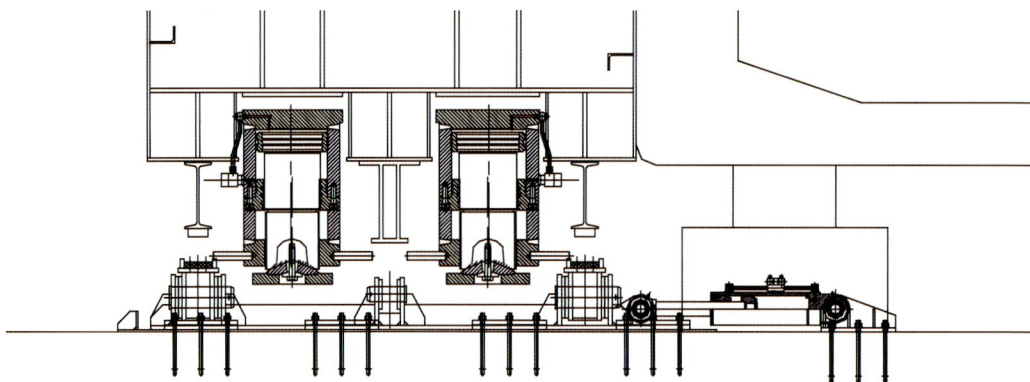

图 6-3-4-27 墩顶移位机构立面

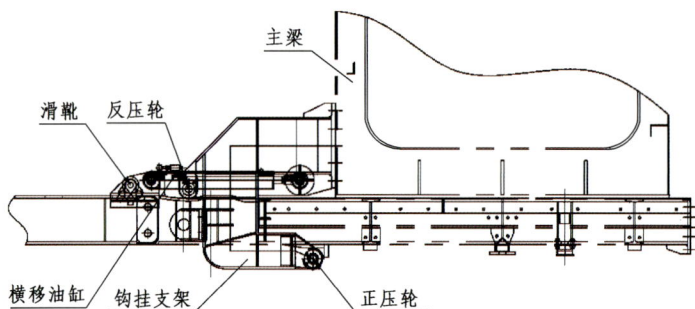

图 6-3-4-28 底模横移机构

底模横梁采用分段式设计,接头处采用铰接,底模开启后,可将伸出主梁外侧的底模横梁向上翻转,底模横梁向上翻转后,纵桥向与公路墩身预埋钢筋不发生干涉,可满足移动模架整机过孔要求。

b. 侧模和翼模

腹板模板和大部分翼板模板直接利用主梁钢箱箱体,宽出主梁箱体的翼板模板通过牛腿支撑在主梁侧板上,支撑点采用销座连接,支撑斜杆可伸缩调整翼板的角度。

c. 内模

内模采用分块式组合钢模,模板支撑采用可调撑杆组成的桁片结构支撑。

d. 墩顶散模、端模

墩顶散模采用木模支撑在铁路墩帽上,方便拆装。端模采用钢模,端模与外模连接方式为端模包外模,端模与内模连接方式为内模包端模。端模上设预应力孔道张拉锚坑。

⑥辅助设施

辅助设施包括爬梯、走道、操作平台、栏杆等。操作平台和爬梯是保证作业人员施工安全的基本要求。为了方便底模中间的连接螺栓的装拆和主梁下精轧螺纹钢筋大螺母的检查,特设置了底模操作平台,该平台两端可吊挂在梁面上的门式起重机移动,施工人员可站在该操作平台上装拆模架的中间连接螺栓;主梁外侧的走道方便翼模撑杆的安装;泵站操作平台放置在主梁双侧,与底模横移机构连接;另外导梁上设有竖直爬梯,方便人员从桥墩爬上主梁顶部。

⑦门式起重机系统

为方便小型机具、半成品材料转运以及内模、端模安装,在移动模架翼缘模板外侧及导梁外侧设门式起重机轨道,轨道上安装一台(5t+5t)简易门式起重机。门式起重机起升高度为桥面以上3.4m,跨距12.65m。门式起重机主梁总长12.87m,采用一刚一柔结构,柔腿侧上部铰座可转动,能适应移动模架横移开启后,门式起重机跨度的变化(跨度为12.65m+0.3m)。门式起重机配2台5t电葫芦,在跨内时可承载不超过10t起吊重物。为满足门式起重机抗风要求,门式起重机走行采用链条驱动,且台风来临时需进行锚固。门式起重机结构详见图6-3-4-29。

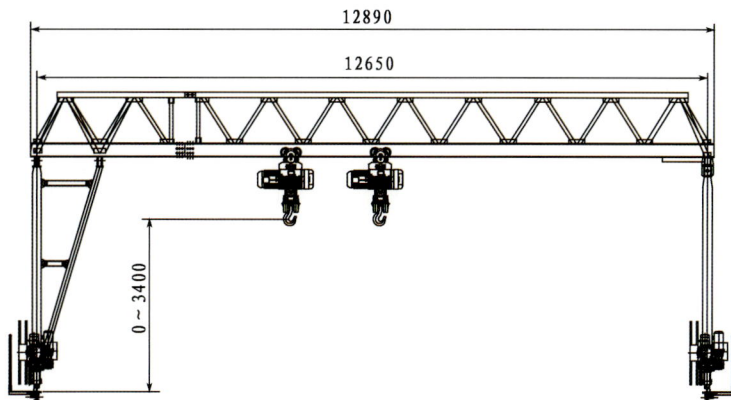

图6-3-4-29 梁面门式起重机结构(尺寸单位:mm)

⑧液压系统

移动模架整机液压系统共6套:纵移液压系统2套,该系统总共由2台四联阀泵站、4支纵移油缸、4支墩顶横移油缸和管路等组成,用来实现主梁纵移过孔和横向调整等动作,纵移油缸上装有双向液压锁,用来锁定油缸;主梁液压系统4套,该系统总共由4台三联阀泵站、8支主支撑油缸、24支底模开启油缸和管路等组成,用来实现主梁升降、底模横移等动作。系统所需液压油总量1280L,电机总功率为60kW,但所有电机不会同时工作。最大功率为2×15kW。

(3)基本参数

3号、5号移动模架基本参数见表6-3-4-4。

3号、5号移动模架基本参数 表6-3-4-4

序号	项目		3号、5号移动模架
1	设备型号	3号	DSZ40/1200
		5号	DSZ49/1600
2	施工使用方法		轴跨整孔原位浇筑
3	总体方案		桥面支撑,两根纵向主梁支撑模板系统
4	适用桥跨	3号	跨度≤40.7m,梁重小于1200t的简支预应力箱梁
		5号	跨度≤49.7m,梁重小于1600t的简支预应力箱梁
5	梁底最小操作高度(m)		≥0.75
6	适应纵坡(%)		1.5
7	适应曲线半径(m)		3500
8	环境风压要求		位移时≤7级,浇筑时≤8级,非工作时≤14级(需锚固)
9	自动化方式		竖向顶落用大吨位分离式千斤顶;纵向位移用液压缸完成;底模横向开合采用液压缸完成
10	整机使用总功率(kW)		约100
11	动力条件(Hz)		~4AC、380V、50
12	液压系统压力(MPa)		31.5
13	位移速度(m/min)		0~1.8
14	主梁挠度		小于$L/500$
15	过孔稳定系数K		>1.5
16	运输条件		最大单件质量小于25t,最大单件尺寸11.5m×2.6m×1.6m,满足铁路公路运输界线
17	设计施工周期(d/跨)		14

（4）主要特点

①外模系统与两侧承重主梁上合为一体，减少侧模及侧模架投入，结构简单。

②主梁系统支撑在铁路墩顶，在铁路墩顶设移位机构，便于移动模架调整主梁位置，以保证梁位的准确，且便于曲线过孔作业。

③过孔时底模系统横向开启并折叠至主梁底部和侧面以避开桥墩随主梁系统一起纵移过孔。过孔作业与公路墩身施工不发生干涉。

④具备双向行走功能。

3）4 号 TM49.2 上行式铁路移动模架

（1）简介

TMS49.2 上行式移动模架，具备双向走向功能，采用两跨布局，开模方式为底模平开＋中间段底模单独过孔；走行方式为前、主中支点支腿支撑走行，后支点梁面走行。主要由前辅助支腿、固定中支腿、主中支腿、后辅助支腿、主箱梁及横联、导梁、挑梁、吊挂、外模及其支撑系统、内模系统、底模工作车及其倒运装置、上小车、中小车、液压系统和电气系统等组成，采用双主梁结构形式；前辅助支腿的功能是在主框架纵移过程中对整机起到支承作用，在非工作状态下，利用倒腿小车将其吊装到超前墩上安装锚固好；固定中支腿是整个模床浇筑工况和倒运主中支腿时的一个主要支承，其上部与主箱梁栓接，下部安装有顶升油缸，支撑在墩顶处；主中支腿是整机浇筑状态和纵移状态的主要支承之一，支腿的台车上纵移过孔时，可以随着模架在梁面轨道上前移。挑梁为三角形桁架结构，内端安装于主箱梁的腹板外侧，外端用于承载吊挂系统。吊挂承受来自外模板的重量，其内设有底、侧、翼模撑杆的支座。底模开模和过孔分两步进行，所以底模横桥向分成三段，两侧底模横移开模，挂轮组反挂在吊挂上随整机过孔；中间段底模结构设置较强，单独成梁，由底模工作车、中小车和上小车三者配合吊运过孔。具体结构如图 6-3-4-30 和图 6-3-4-31 所示。

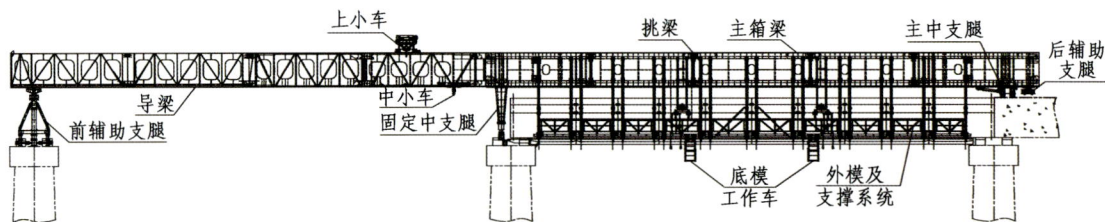

图 6-3-4-30　4 号 TMS49.2 上行式移动模架立面图

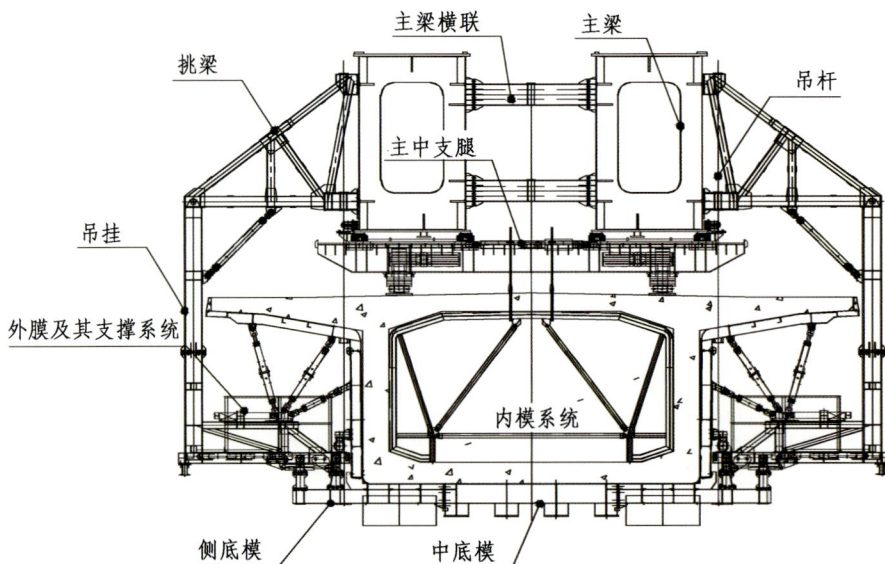

图 6-3-4-31　4 号铁路移动模架各部件结构示意图

（2）主要构件

①主梁

主箱梁为对称的两组钢箱梁，两侧主箱梁中心距为 4500mm，总长为 56400mm，两侧钢箱梁通过横联连接为一体形成主框架，是模架浇筑状态的主要受力部件。主梁单侧分五段，共十节，高为 3500mm，宽为 2200mm，其单节最大质量小于 35t，每节通过节点板用强度较高的承剪螺栓连接；主梁前后端都有导梁接口，导梁换向安装后整机能实现反向施工 49.2m 和 40.7m 跨混凝土梁。在主箱梁底部两边设有纵移轨道及纵移孔板，底部纵移轨道中心距为 2000mm。在浇筑状态时，保证纵移轨道底面距离混凝土梁顶面为 1200mm。纵移时，主中支腿的纵移液压缸顶推其纵移孔板，使其纵移轨道在支腿的 MGE 滑板上滑移，从而实现整机的纵移。

②前辅助支腿

前辅助支腿分上部、中部和下部三段，各段间用螺栓和销轴连接。前辅助支腿上部为铰接支撑座，是支撑滑动副，中部为连接立柱，下部为锚固底盘。

前辅助支腿的功能是在主框架纵移过程中对整机起到支承作用。在非工作状态下，利用倒腿小车将其吊装到超前墩上安装锚固好。结构如图 6-3-4-32 所示。

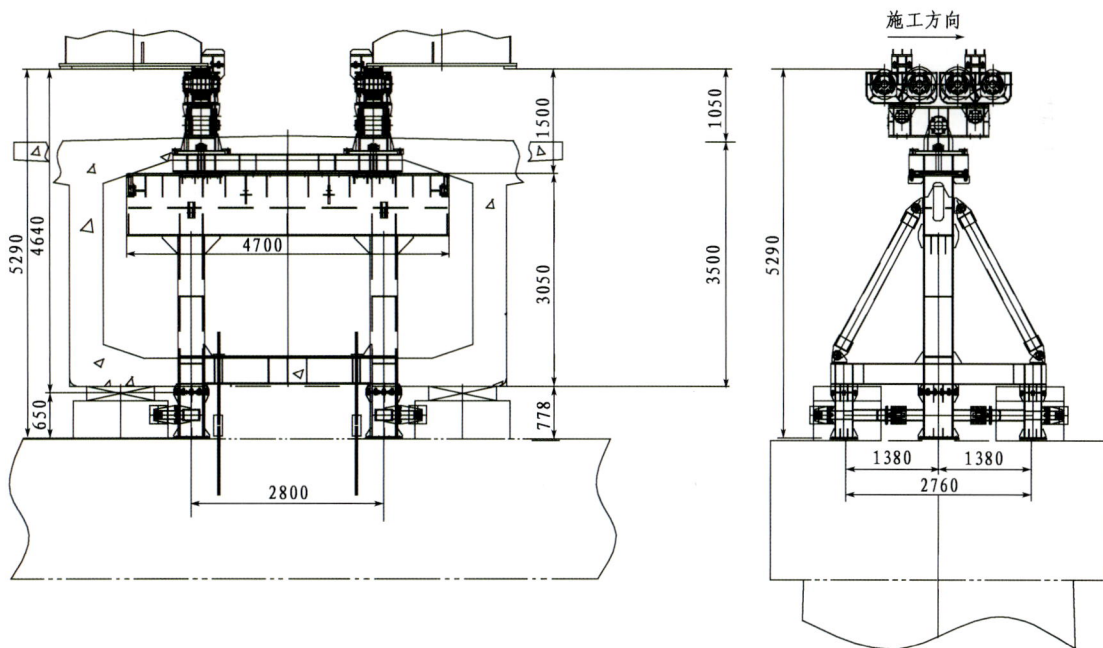

图 6-3-4-32　前辅助支腿结构示意图（尺寸单位：mm）

③固定中支腿

固定中支腿是整个模床浇筑工况和倒运主中支腿时的一个主要支承，其上部与主箱梁栓接，下部安装有顶升油缸，支撑在墩顶处。在浇筑状态时，通过顶升油缸将模架顶升，而在纵移时，需将顶升油缸完全收起以避开桥墩垫石。固定中支腿与主中支腿顶升油缸配合动作可完成整个模床的升降。

固定中支腿在末跨施工时，只需将顶升油缸和其上部连接，即可支撑在末跨已浇梁面上。

固定中支腿设计有两根交叉的斜撑杆，在浇筑工况时锁紧桥墩；在纵移过孔工况时，应将其拆除，以避开前辅助支腿。

固定中支腿安装位置整机共有 2 处。40.7m 正向施工时，安装在主梁节段 4 的前端；40.7m 反向施工和 49.2m 反向施工时，安装在主梁节段 1 的后端。固定中支腿结构如图 6-3-4-33 所示。

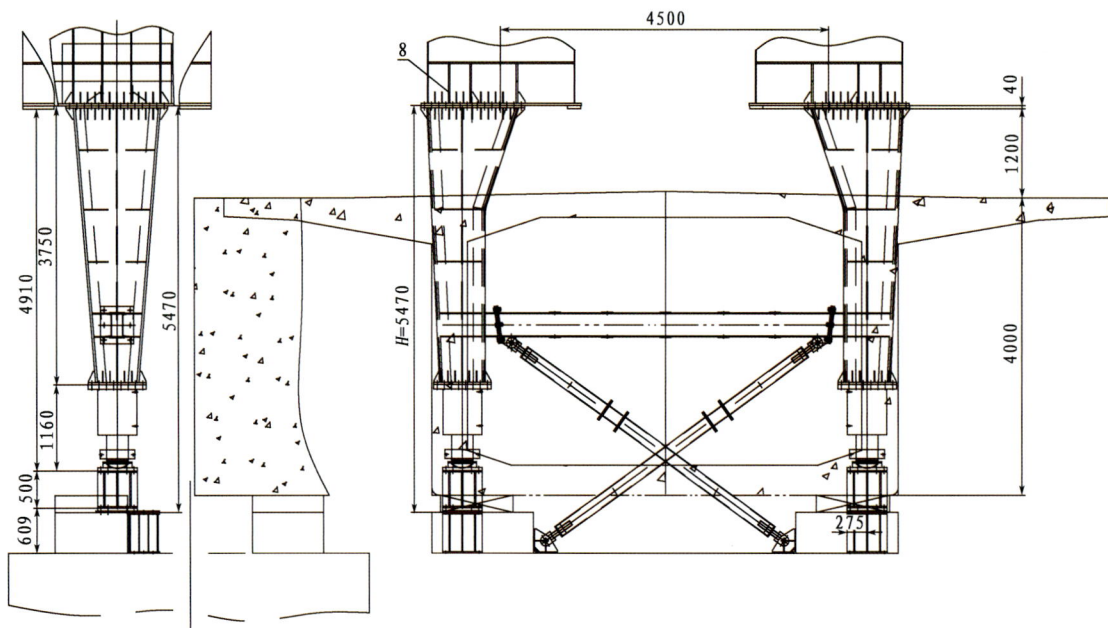

图 6-3-4-33 固定中支腿结构(尺寸单位:mm)

④主中支腿

主中支腿是整机浇筑状态和纵移状态的主要支承之一,包含纵移、横移及顶升三大功能。主中支腿的台车上设有纵移及横移机构。主框架纵移及主中支腿倒运时均使用纵移机构;而整机需要横移微调时,则采用台车上的横移机构。台车上方设有纵移滑板,台车座下方设有横向滑板。材料都为 MGE;在主中支腿的横梁下部设有四个顶升油缸,在浇筑状态时通过顶升油缸将模架顶升 200mm。在主框架纵移状态时,主中支腿与混凝土梁面间需临时进行锚固。主中支腿的台车上设置有挂轮及挂钩,其中挂轮的横向位置可以调节,在主中支腿倒运时,需将挂轮调整至合理位置,并用顶紧螺栓将其顶紧。主中支腿结构如图 6-3-4-34 所示。

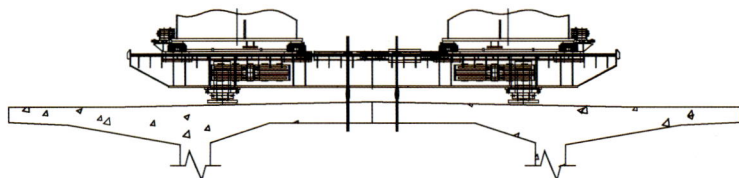

图 6-3-4-34 主中支腿结构

⑤后辅助支腿

后辅助支腿是主框架纵移工况和倒运主中支腿的主要支承之一。后辅助支腿上部与主箱梁底用法兰连接,下部安装有 φ450mm 的被动走行轮系。在模架纵移过孔时,可以随着模架在梁面轨道上前移。后辅助支腿安装位置整机共有 3 处。40.7m 正向施工时,安装在主梁节段 1 的前端;40.7m 反向施工时,安装在主梁节段 4 的后端;49.2m 反向施工时,安装在主梁节段 4 的前端。后辅助支腿结构如图 6-3-4-35所示。

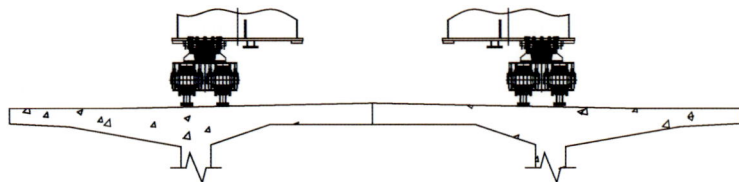

图 6-3-4-35 后辅助支腿结构图

⑥导梁

导梁是为模架纵移过孔及其前辅助支腿倒运提供支承点,从而完成整体模架的逐孔前移。导梁由4段组成,两边共8节,总长49m;导梁节段1和节段2结构形式为矩形组合梁,主副桁架为板拼工字型蜂窝梁,之间用杆件连接成矩形;导梁节段3和节段4的结构形式为三角形组合梁,主桁架为板拼工字形蜂窝梁,两个副桁架为型钢拼焊桁架。导梁与导梁之间及导梁与主梁之间均采用销轴或高强螺栓连接;在导梁底部设有纵移轨道,两侧轨道的中心距为2500mm,纵移时其轨道可在前辅助支腿的轮系上前移;在导梁上部设有倒腿小车的轨道及两个车挡,倒腿小车可在导梁上走行进行支腿倒运。导梁与主箱梁前后端能互换连接,使整机在主箱梁前后不对称互换的前提下能实现反向施工。

⑦挑梁

挑梁系统共10+2组,即10组双片挑梁,2组单片挑梁。挑梁为三角形桁架结构,内端安装于主箱梁的腹板外侧,外端用于承载吊挂系统。

挑梁空载时承受吊挂和外模系统的自重,浇筑施工时,还要通过吊杆承受混凝土梁和内模的大部分自重。

⑧吊挂

吊挂承受来自外模板的重量,其内侧设有底、侧、翼模撑杆的支撑座。吊挂分别对应挑梁分布。吊挂与挑梁铰接并用斜撑进行固定。开模与合模均利用安装在吊挂上的开模油缸伸缩来实现。吊杆采用ϕ32mm高强度精轧螺纹钢筋,每个单片吊挂均配套有3根吊杆。吊杆上端与挑梁及主箱梁横联连接,下端固定在底模板横筋上。在浇筑状态,吊杆承受来自底模上的混凝土梁重量,并将其重量通过挑梁和横联传递给主梁。在开模前,需拆除吊杆。主框架包括主箱梁和其横联。主箱梁为对称的两组钢箱梁。钢箱梁横断面为矩形截面,是模架主承重梁,采用Q345B材质。单侧主箱梁分为五节。每节通过节点板用高强螺栓连接。主梁腹板开孔,以减轻重量及梁内采光。主箱梁横联是将主箱梁连接成为一个大的整体。使其在移动模架动作时动作更加一致。另外,在横联底部设有纵向工字梁轨道供下小车走行。

⑨外模及其支撑系统

外模板包括非标模板、标准模板、支撑和栏杆等。其中非标模板位于两端,每段长6.65m;标准模板根据工作环境按每段长为4.25m和4.75m。模板骨架由I16、I20、I28工字钢及角钢组焊而成,其面板厚:底模板面板厚为8mm,侧翼模板面板厚为6mm。由于底模较宽,底模开模和过孔分两步进行,所以底模横桥向分成三段,两侧底模横移开模,挂轮组反挂在吊挂上随整机过孔;中间段底模结构设置较强,单独成梁,由底模工作车、中小车和上小车三者配合吊运过孔。外模系统在横向和纵向都有螺栓连接,为保证模板起拱时调节方便,在翼模的横桥向连接缝处留有2mm的伸缩缝,为防止此缝漏浆,两块模板之间嵌有10mm厚的橡胶板。开、合模工况时,模板是采用底侧模平开、侧翼模单独打开和底模中间段单独过孔的组合开合模方式。具体开模顺序为:整体落模,底侧模平开,侧翼模平开,底模中间段单独过孔。模板起拱线型按二次抛物线特征进行,其跨中最大值应根据桥梁设计方提供的数据来定。侧模和底模起拱必须是同一线型同一拱量。而支撑是用来支撑模板和调节模板,把模板承受的力传给主框结构。为保证施工中安全,模板上设有活动平台和栏杆。

⑩内模系统

内模系统为可拆装式散模。单块模板重量均有控制,以保证其在倒运过程中方便。内模系统的内部骨架由槽钢框架与撑杆组成。顶部横梁由双[10槽钢组成,侧边支撑框架由单[10槽钢组成,框架之间采用法兰连接。模板面板厚为4mm,单块标准模板的尺寸为1500mm×400mm。模板与内部支撑框架连接时采用钩头连接,便于脱模与安装。设计内模时为方便模板在40.7m跨与49.2m跨两种梁型之间共用,将模板设计成组合式结构。40.7m跨内模比49.2m矮400mm,短8.5m,在两种不同梁型中使用时,只需按总图相应的增加或者拆除对应的模板即可。在变跨施工时,只需拆掉或装上8.5m的标准段内模板即可实现40.7m与49.2m之间的变跨。

⑪底模工作车及其倒运装置

底模工作车主要有及其倒运装置主要由底模工作车、卷扬机牵引机构、走行机构、底模工作架及倒运临时固定装置组成。底模工作车在跨内走行由卷扬机牵引,工作车设计成可以折叠、旋转的结构形式,展开时可以作为工人拆装底模的工作平台,过孔时折叠并旋转以方便模架顺利过孔。底模工作架定位装配在主箱梁上,并在其上配有单挂式环链电动葫芦(2t),以供模架过孔时吊起底模工作车,随主箱梁一起纵移过孔。底模工作车主要作用:一是运送中间段模板过孔;二是底模工作拆除时作为工人的操作平台。底模工作车的正常工作载荷为20t。整机共装配两套底模工作车。

　　⑫上小车、中小车

　　上小车主要由大车走行机构、小车架、小车横移机构、吊具及两个 CD1 型 10t-9m 固定式电动葫芦组成。上小车可以在导梁及主箱梁上走行。上小车主要作用是模架纵移过孔时,倒运前辅助支腿、底模中间段及其他物件。CD1 型 10t-9m 固定式电动葫芦的起重量为 10t,最大起升高度为 9m。中小车的主要作用是模架纵移过孔时吊运底模中间段及其他物品。同时在 49.2m 跨施工时,辅助支撑底模中间段防止有很大的下挠。中小车配置有两台 CD1 型 10t-9m 固定式电动葫芦,其起重量为 10t,最大起升高度为 1.8m。如图 6-3-4-36、图 6-3-4-37 所示。

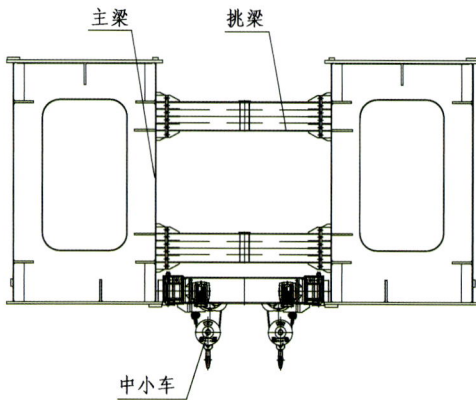

图 6-3-4-36　移动模架中小车示意图

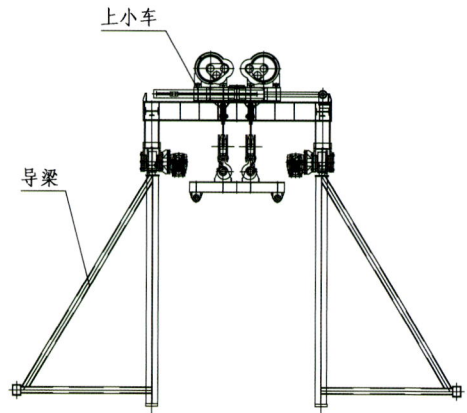

图 6-3-4-37　移动模架上小车示意图

　　⑬液压系统

　　根据移动模架的施工特点,液压系统按功能要求分为五个独立液压站,包括固定中支腿液压系统、主中支腿液压系统、前支腿液压系统、上小车液压系统、底模小车液压系统。每个液压站包括油箱、液压泵、电机、吸油滤清器、回油滤清器、溢流阀、压力表、油温液位计等。控制元件及管路包括手动换向阀、截止阀、单向阀及带快速接头的软管和连接用钢管。通过截止阀的开关和换向阀的换位,可分别使各执行元件动作。

　　(3)基本参数

　　4 号铁路移动模架基本参数见表 6-3-4-5。

4 号铁路移动模架基本参数表　　　　　　　　　　表 6-3-4-5

项　　目		4 号移动模架
移动模架结构组成	主梁(m)	箱形(宽×高×长)= 2.2 × 3.5 × (12.7 + 10.5 + 12 + 10.5 + 10.7)
	导梁	桁架结构
	前辅助支腿	立柱式,分段设计
	固定中支腿	立柱式,分段设计
	主中支腿	包含纵移、横移、顶升机构
	后辅助支腿	纵移时走行、抗倾覆
	外模系统	包含钢模板、支撑系统
	内模系统	钢模、撑杆

项　　目		4 号移动模架
移动模架防风设计等级	合模浇筑状态(级)	8
	纵移过孔状态(级)	7
	非工作状态(级)	14
整机性能参数	整机抗倾覆稳定系数	>1.5
	模架纵移速度(m/min)	1
	现浇梁最大重量(t)	1200/1600
	现浇梁最小曲线半径(m)	3500
	现浇梁纵向最大坡度(%)	2
	现浇梁横向最大坡度(%)	2
	设计施工周期(d)	20~30
	驱动方式	液压

(4)主要特点

①模架的整体布局采用两跨式,倒运前辅助支腿不占用主线工期,效率较高。

②模架的底模板采用较薄的结构方式,以适应开模后能够从桥墩上平面通过,其预拱调整来自于吊挂曲梁的上部,过孔作业与公路墩身施工不发生干涉。

③具备双向行走功能;

④可以变跨施工,适应 40.7m 和 49.2m 跨径施工。

4)1 号、2 号、7 号 DSZ49/1700 型公路移动模架

(1)简介

1 号、2 号、7 号公路移动模架为 DSZ49/1700 上行式移动模架,主要由双承重主梁、导梁及联结系、前主辅支腿、后主辅支腿、挑梁、外肋、吊杆、外侧模板及底模、拆装式内模、爬梯及走道结构、液压及电气系统等几部分组成,采用上行式双主梁结构,如图 6-3-4-38 所示。每根钢主梁含 6 节承重钢箱梁和 5 组接头,主梁之间均设置 16 组横向联结系,保证移动模架受力的均匀性及克服在走行过程中两部千斤顶的不同步。前后导梁由等高度截面桁架梁组成。前主支腿支承于公路移动模架前进方向公路墩墩顶处,为混凝土箱梁浇筑及过孔走行时的主要承重支腿;前辅支腿位于前导梁前端,为移动模架过孔走行过孔时的前端支点;后主支腿位于主梁尾部,为移动模架混凝土浇筑及过孔走行时的主要承重支腿。挑梁是移动模架重要的传力结构,负责悬挂吊挂外肋、模板等混凝土成型结构,将力传递至移动模架主梁,吊挂外肋是移动模架重要的传力结构,负责悬挂模板等混凝土成型结构,将力传递至移动模架挑梁,吊挂外肋左右各 13 组,上侧与挑梁采用销轴连接,连接处设置有开启机构,如图 6-3-4-38~图 6-3-4-40所示。

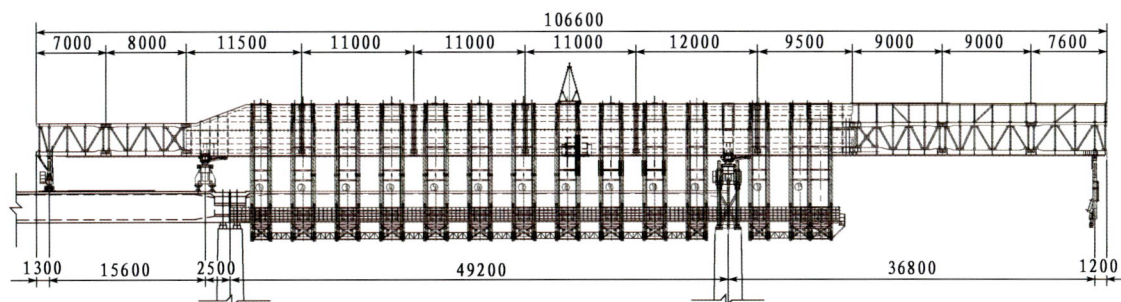

图 6-3-4-38　1 号 DSZ49/1700 型公路移动模架立面布置图(尺寸单位:mm)

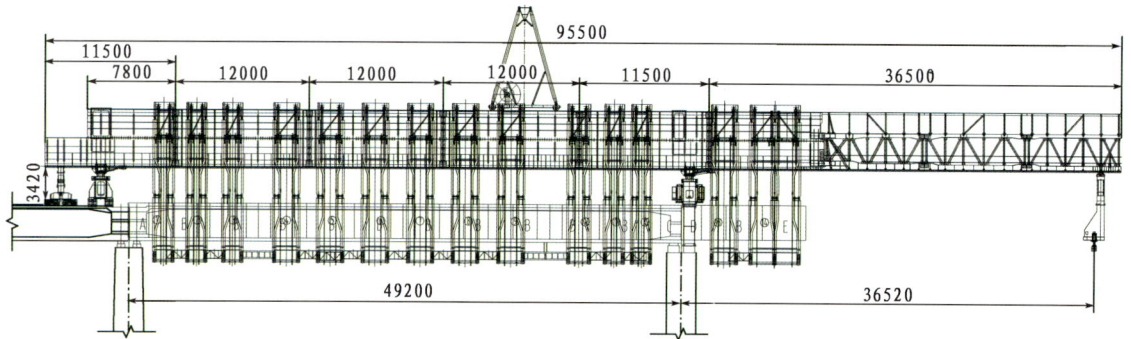

图 6-3-4-39　7 号 DSZ49/1700 型公路移动模架立面布置图(尺寸单位:mm)

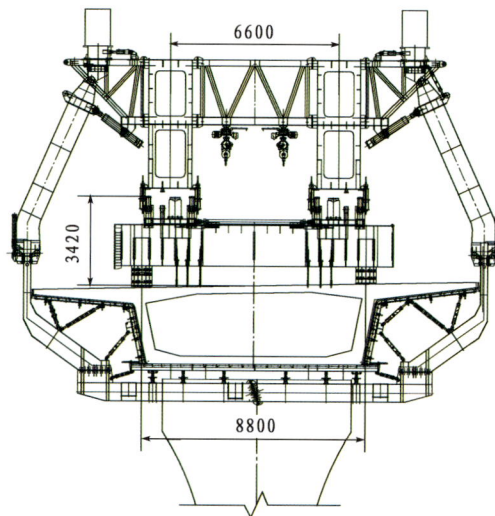

图 6-3-4-40　7 号 DSZ49/1700 型公路移动模架立面布置图(尺寸单位:mm)

(2)主要构件

①主梁

本模架采用双主梁结构形式,每根钢主梁含 6 节(11.5m + 3×11m + 12m + 9.5m)承重钢箱梁和 5 组接头,各节间以 10.9 级高强螺栓连接。移动模架主梁质量为 294t。钢箱梁采用 Q345B 钢制造,宽 1700mm,高 5000mm。单节最大质量为 15.4t。下翼缘设 2 根 140mm(宽)×40mm(高)轨道方钢,供整机纵移使用,轨道方钢中心距为 1700±2mm。钢箱梁内侧腹板设横联连接法兰孔。在移动模架工作时,移动模架主梁及其模架、模板、箱梁钢筋及混凝土等荷载均通过液压千斤顶传递至移动模架支腿,并通过支腿传递至墩身或混凝土箱梁顶面,主梁结构如图 6-3-4-41 所示。

②导梁

前导梁由 9m + 9m + 7.6m 的等高度截面桁架梁组成,后导梁由 7m + 8m 的等高度截面桁架梁组成,为辅助整机过孔的结构。后导梁与主梁以及导梁与导梁之间均采用高强螺栓及节点板连接,前导梁与主梁之间采用销轴连接,导梁间采用高强螺栓连接及节点板连接。导梁截面如图 6-3-4-42所示。

③横联

主梁之间均设置横向联结系,横向联结系保证移动模架受力的均匀性及克服在走行过程中两部千斤顶的不同步。主梁横联采用箱形结构和桁架结构。主梁横联共 16 组,主梁横联结构立面如图 6-3-4-43所示。

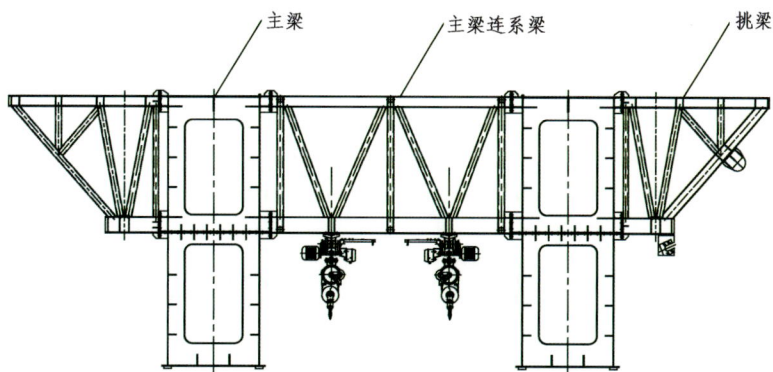

图 6-3-4-41 主梁结构示意图

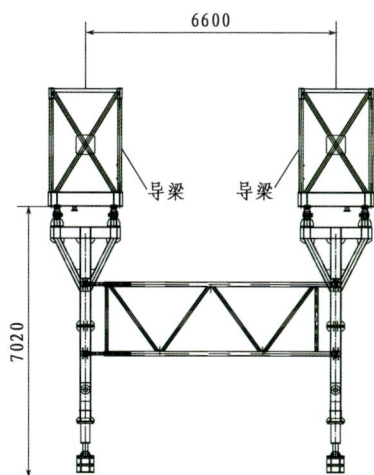

图 6-3-4-42 导梁截面图(尺寸单位:mm)

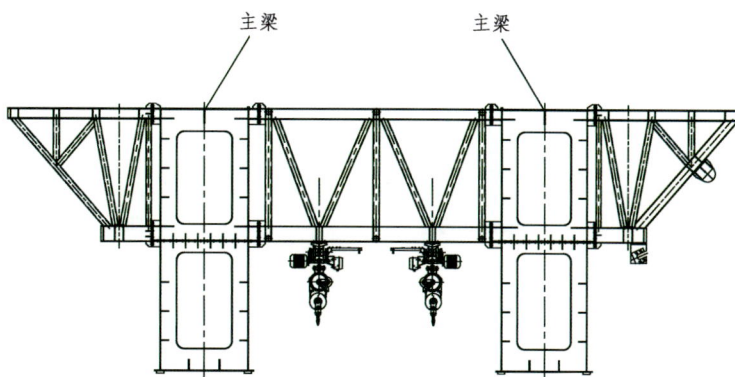

图 6-3-4-43 主梁横联立面图

④前、后支腿

a. 前主支腿

支承于公路移动模架前进方向公路墩墩顶处,为混凝土箱梁浇筑及过孔走行时的主要承重支腿,主要包括支腿立柱、横梁、移位台车、支承油缸、横移机构、纵移机构等。移动模架工作时,竖向荷载通过钢箱梁依次传递至支承油缸、移位台车、支腿横梁、支腿立柱、墩顶。前主支腿立柱安装于预埋钢管中,且预埋钢管与支腿横梁之间以高强螺栓及法兰盘连接。支腿横梁与墩顶预埋件之间采用 φ36mm 精轧螺纹钢锚固,且预埋螺纹钢筋锚固力不小于 350kN,支腿立柱结构如图 6-3-4-44 所示。

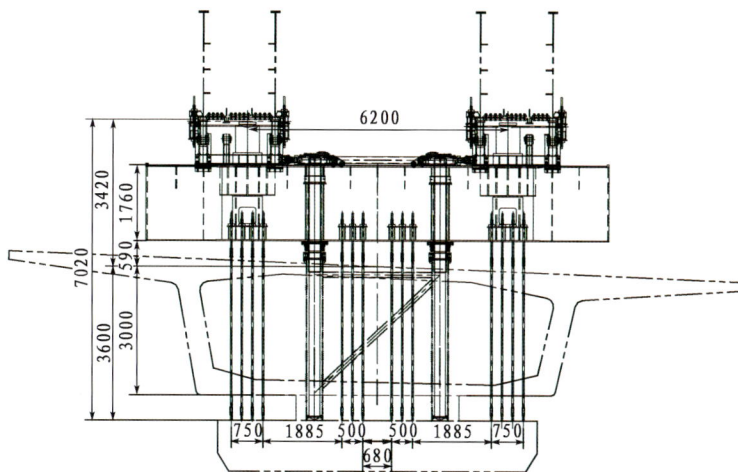

图 6-3-4-44 支腿立柱立面图(尺寸单位:mm)

支腿横梁为箱形结构,外形尺寸 1020mm × 2460mm × 1750mm(长 × 宽 × 高)。横梁结构的图 6-3-4-45 所示。

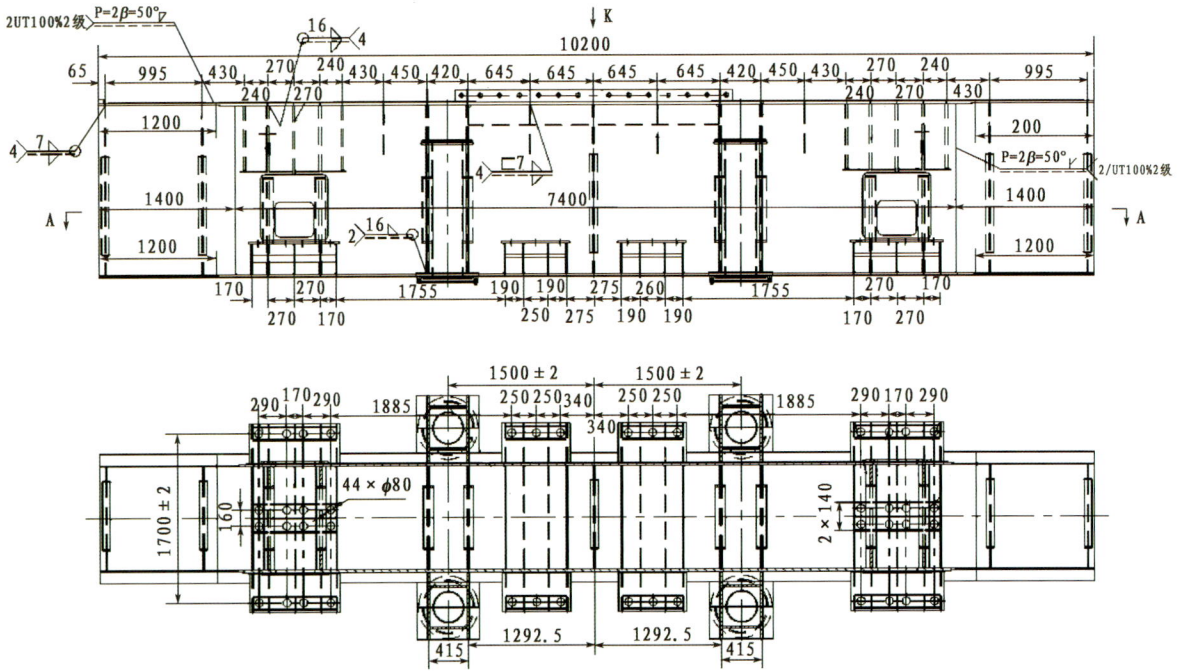

图 6-3-4-45 前支腿横梁结构示意图(尺寸单位:mm)

移位台车共两组,由托盘、挂钩等结构件构成,移位台车通过限位固定于支腿横梁上。移位台车结构如图 6-3-4-46 所示。

b. 前辅支腿

前辅支腿位于前导梁前端,为移动模架过孔走行过孔时的前端支点,主要包括上下绞座、上下立柱、增高节及其固定装置、顶升油缸、挂钩等。移动模架走行过程中,在前主支腿未到设计位置前,前辅支腿为移动模架前端的主要固定支腿。前辅支腿结构如图 6-3-4-47 所示。

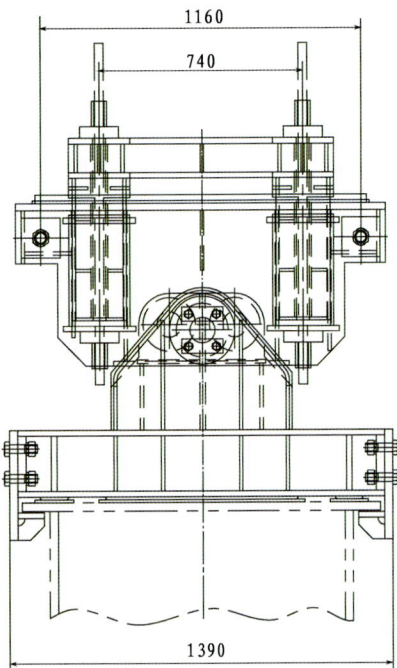

图 6-3-4-46 移位台车结构示意图(尺寸单位:mm)

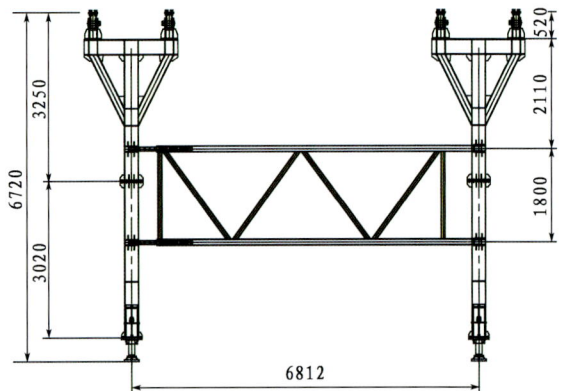

图 6-3-4-47 前辅支腿结构示意图(尺寸单位:mm)

c. 后主支腿

后主支腿位于主梁尾部,为移动模架混凝土浇筑及过孔走行时的主要承重支腿。主要包括支腿立柱、横梁、移位台车、支承油缸、横移机构、纵移机构等。移动模架工作时,竖向荷载通过钢箱梁依次传递至支承油缸、移位台车、支腿横梁、支腿立柱、梁面。后主支腿立柱支撑于梁面,支腿横梁与梁面预埋件之间采用 φ32mm 精轧螺纹钢锚固,且预埋螺纹钢筋锚固力不小于 200kN。后主支腿结构如图 6-3-4-48 所示。

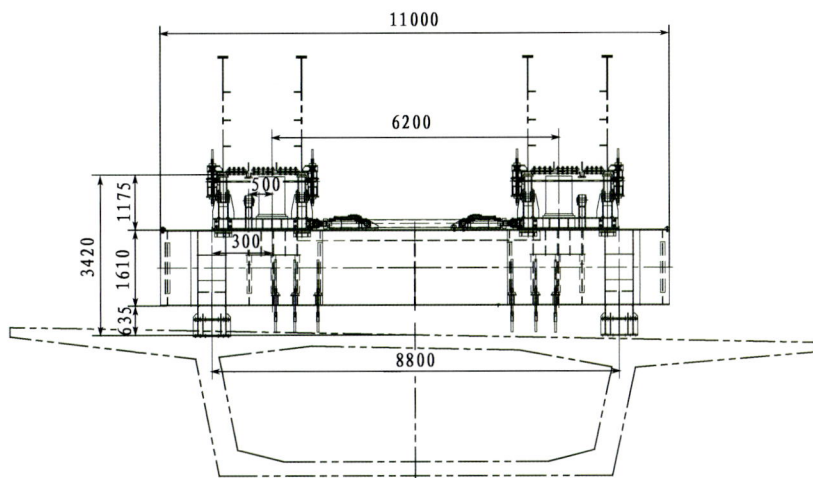

图 6-3-4-48 后主支腿结构示意图(尺寸单位:mm)

⑤挑梁

挑梁是移动模架重要的传力结构,负责悬挂吊挂外肋、模板等混凝土成型结构,将力传递至移动模架主梁。挑梁为空间桁架结构,位于主梁的两侧,挑梁与钢箱梁之间采用高强螺栓连接。挑梁桁架左右各 13 组,共计 26 组。挑梁结构如图 6-3-4-49 所示。

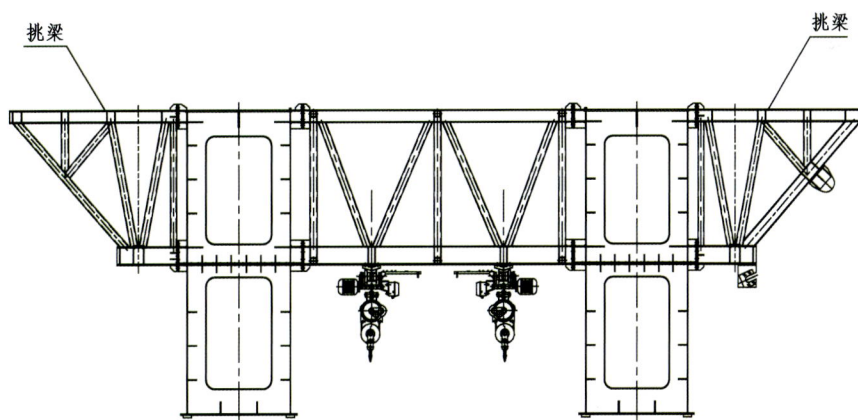

图 6-3-4-49 挑梁结构示意图

⑥吊挂外肋

吊挂外肋是移动模架重要的传力结构,负责悬挂模板等混凝土成型结构将力传递至移动模架挑梁。主要组成包括横肋梁、斜撑梁、下横梁、吊杆等。吊挂外肋左右各 13 组,左右两组之间通过 10.9 级高强螺栓对拉连接成整体,构成一个工作单元,上侧与挑梁采用销轴连接。吊杆采用 φ36mm 精轧螺纹钢筋,顶端与挑梁间用螺母锚固,下端与吊挂外肋下横梁螺母锚固。现场根据实际操作,可将吊杆进行分节,节间通过专用连接器连接。上下端配有双螺母。吊杆外设有塑料套管,以方便吊杆倒用。吊挂外肋结构如图 6-3-4-50 所示。

⑦外模系统

整台移动模架的外模包括底模、侧模、翼模、端头板、墩顶散模、端模、撑杆等。底模架开启后的外模系统如图 6-3-4-51 所示。

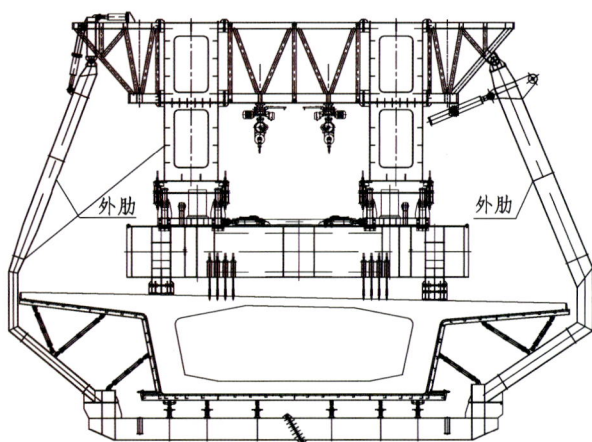

图 6-3-4-50　吊挂外肋结构示意图

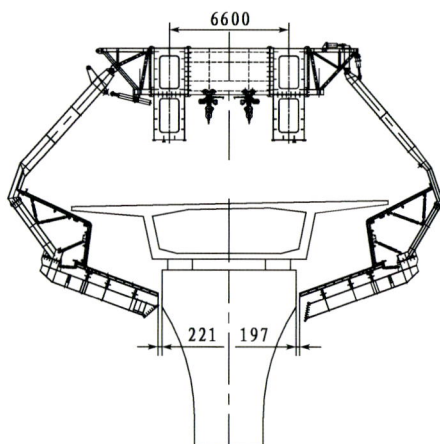

图 6-3-4-51　底模架开启后的外模系统示意图(尺寸单位:mm)

a. 底模、侧模及翼模

模板系统是箱梁混凝土的直接支承及成型体系,由 4mm 厚面板和型钢组焊而成。底模、侧模及翼模与吊挂外肋之间采用可调撑杆连接,底模、侧模及翼模在纵桥向和横桥向均与吊挂外肋对应分块拼装、制造。

b. 墩顶散模、端模

墩顶散模、端模采用木方、竹胶板制作,模架底模与墩顶模板之间、墩顶散模板与桥梁支座之间固定,支座锁定,以抵抗水平力。

(3)基本参数

DSZ49/1700 型公路移动模架基本参数见表 6-3-4-6。

DSZ49/1700 型公路移动模架基本参数表　表 6-3-4-6

项　　目		DSZ49/1700 型公路移动模架
移动模架结构组成	主梁(m)	箱形(宽×高×长)=1.7×5.0×(12+11.5+9.5+3×11)
	导梁	桁架结构
	前主支腿	立柱式,分段设计
	前辅支腿	立柱式,分段设计
	后主支腿	立柱式,分段设计
	后辅支腿	包含纵移、横移、顶升机构
	后走行机构	纵移时抗倾覆
	外模系统	包含标准、非标准模板、支撑、栏杆
	内模系统	钢模
浇筑状态	浇筑时容许最大风力(级)	8
	移动时容许最大风力(级)	7
移位状态	对前墩身最大压力和(kN)	6200
	模架纵移速度(m/min)	1
	整机抗倾覆稳定系数	>1.5
非工作状态	锚固时最大风力(级)	14

项　目		DSZ49/1700 型公路移动模架
整机性能参数	现浇梁最大质量(t)	2100
	现浇梁最小曲线半径(m)	700
	现浇梁纵向最大坡度(%)	4
	现浇梁横向最大坡度(%)	4
	设计施工周期(d)	20～30
	驱动方式	液压

(4)主要特点

1 号、2 号、7 号公路移动模架采用主梁置于桥面上方结构,利用梁端、桥墩安装支腿,具有良好的稳定性。其主要特点为:

①采用上行式移动模架能自行完成支腿过孔移位,机械化程度高,操作简单,安全可靠;

②主梁两侧挑梁顶部可设置防雨、防晒顶篷,能保证移动模架全天候工作,以提高移动模架总体工作效率,确保总工期的要求;

③当通过连续梁或连续刚构等桥间转场时,只需展开侧模架和底模,即可方便通过,减少整机拆除工作量,提高转场作业效率。

5)3 号、4 号 DXZ40/1800 型公路移动模架

(1)简介

3 号、4 号公路移动模架为 DXZ40-1800 下行式公路移动模架,利用铁路墩顶安装墩旁托架,具有良好的稳定性,且避免公路墩身开预留孔,满足首末跨施工、正反向施工和曲线施工等多种功能;而且同一断面范围内的铁路、公路移动模架前进和后退相互不影响。模架的主要部件包括有:主框架系统、墩旁托架、移位台车、前辅助支腿、中辅助支腿、后辅助支腿、外模系统、内模系统、辅助系统、液压系统及电气系统等。模架主框架部分由并列的 2 组纵梁组成,2 组纵梁之间有 11 道底模桁架梁连接。每组纵梁由 5 节钢箱梁及 3 节桁架导梁组成,如图 6-3-4-52 所示。

图 6-3-4-52　3 号、4 号公路移动模架

(2)主要结构

①主框架系统

DXZ40/1800 移动模架主框架部分由并列的 2 组纵梁组成,2 组纵梁之间有 11 道底模桁架梁连接。每组纵梁由 5 节(12m + 8m + 12m + 8m + 12m)钢箱梁及 3 节(12m + 12m + 10.5m)桁架导梁组成,全长86.5m。相邻两组纵梁之间中心距为 10.3m,如图 6-3-4-53 所示。

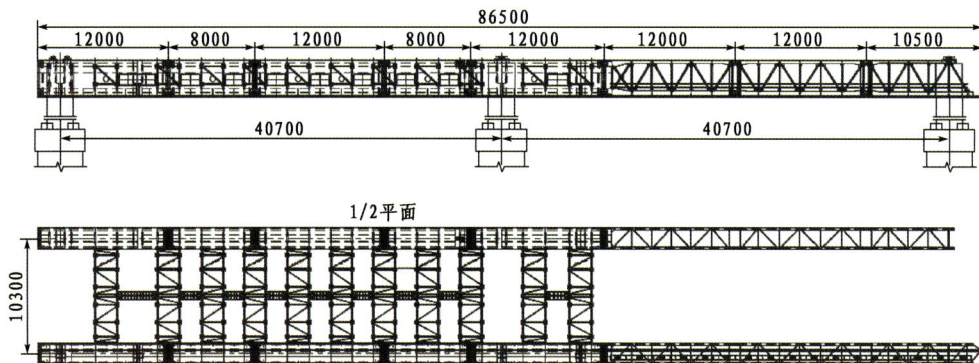

图 6-3-4-53　主框架结构示意图(尺寸单位:mm)

钢箱形梁采用等截面设计,梁高 3.2m,翼缘板宽 1.92m,腹板中心距 1.7m。钢箱梁接头采用螺栓节点板连接。两片主梁之间靠底模桁架梁进行连接,是移动模架的主要部件,用于承受制梁时的工作载荷,完成混凝土梁的浇筑。

钢箱梁上部焊有耳板,用于连接外侧模支撑螺杆;内侧焊有与底模横联相连的连接法兰;下部两侧为支承滑轨,脱模时支承在移位台车上,起纵向移位作用;钢箱梁内部焊有纵向及横向肋板,以保证箱梁的局部稳定性;在有底模桁架处的钢箱梁内腔都加有断面斜撑。单组主梁上设置有对称 4 处中辅助支腿吊挂位置;对称 4 处后辅助支腿连接铰座。

②墩旁托架

墩旁托架是模架的支撑基础,共设 2 套,每套墩旁托架由相同的左右两部分组成,为三角形结构,通过高强度精轧螺纹钢筋将墩旁托架与桥墩紧贴一起。下部通过支撑立柱支撑在铁路墩顶面上,以传递垂向力。每件托架横梁由两根焊接工字形梁组成,移位机构可沿托架横梁横移。托架横梁的长度满足钢梁携外模向外横移 4m 的要求。托架上下均设有卡墩机构,模架自移过孔时将纵桥向力传递给桥墩。

横梁端部 3.85m 段可平转打开,方便双幅交叉走行不受干扰的条件;支撑托架下方设有支撑立柱,以传递垂向力,立柱可利用电动倒链翻转,以避开铁路梁横移;中部设有墩身保护座在桥墩侧面,以传递水平力,如图 6-3-4-54 所示。

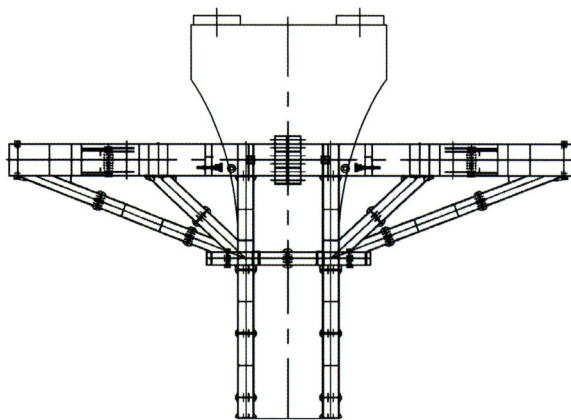

图 6-3-4-54　墩旁托架结构示意图

③移位台车

移位台车由托架、滑座总成、钩挂机构、横移机构、纵移机构及支撑油缸(前墩安装推力 8000kN 超高压油缸,后墩安装推力 5000kN 超高压油缸)、纵移油缸、横移油缸及勾挂油缸等组成,如图 6-3-4-55 所示。

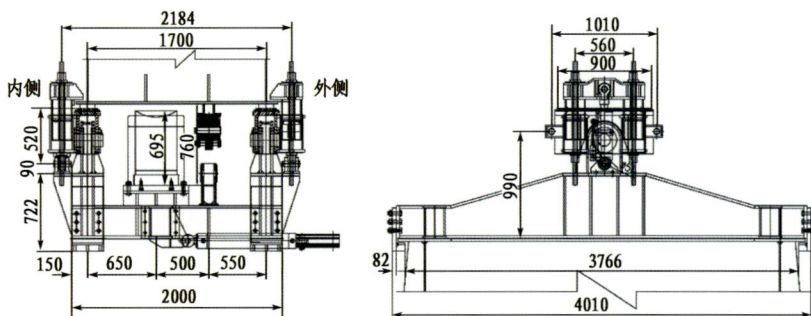

图 6-3-4-55 移位台车结构示意图(尺寸单位:mm)

移位台车在横移油缸的推拉作用下在支撑托架的横梁上横向移动。横移油缸的缸端与支撑装置销接,杆端利用插销与支撑托架的横梁连接,支撑托架横梁上等距设置若干插孔,以倒换插销位置的方式实现主梁在托架上移动。台车架下部还设有边梁托座,通过螺栓连接,其作用是模架在制梁和支腿过墩时起反勾保护。

纵移滑道与主梁腹板和导梁下弦腹板相对,纵移支座上设有减摩材料,以减少模架纵移过孔时的摩擦阻力。主梁下盖板和导梁下弦杆上设置纵移轨道,主梁下盖板中心附近设置纵移顶推轨道。纵移油缸缸端固定在纵移支座上,杆端利用插销与纵移顶推耳板连接,杆端利用插销与纵移顶推耳板连接,纵移油缸每次可以将移动模架向前推进 1m。

纵移机构为拨叉机构,根据机械杠杆机构原理,由其里面插销轴方向的位置不同而实现油缸推着移动模架钢箱梁向前或向后滑动。改变一次方向只需换插一次销轴的方向,不需要每次油缸推或拉时人工换销轴,从而极大地节省了劳动力。

④前辅助支腿

前辅助支腿设置在导梁前端并与导梁连接为一个整体,作为主支腿吊挂过孔时的临时支撑。前辅助支腿可以从中间剖分,以适应移动模架横向开启过孔作业的需要。前辅助支腿设置 2 台 50t 手动千斤顶,可以调整导梁前端的高度,以适应导梁上墩和主支腿前移安装的需要,如图 6-3-4-56 所示。

模架后退时,前辅助支腿支撑在已浇梁面,通过螺纹钢筋吊挂导梁前端;前辅助支腿的转移利用行走轮人工拖动实现。

⑤中辅助支腿

中辅助支腿主要由横梁、行走机构、支撑立柱、300t 张拉千斤顶(用户自备)2 台和 16 根 ϕ36mm 高强精轧螺纹钢组成。中辅助支腿工作状态依靠支撑立柱支撑在已成桥梁的悬臂端腹板中心处,利用 16 根 ϕ36mm 高强精轧螺纹钢将移动模架主梁吊挂。为让 16 根 ϕ36mm 高强精轧螺纹钢通过,需在已成梁翼缘上预留孔。中辅助腿的转移利用行走轮人工拖动实现。结构如图 6-3-4-57 所示。

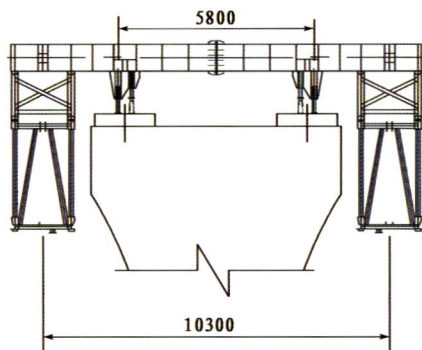

图 6-3-4-56 前辅助支腿结构示意图(尺寸单位:mm)

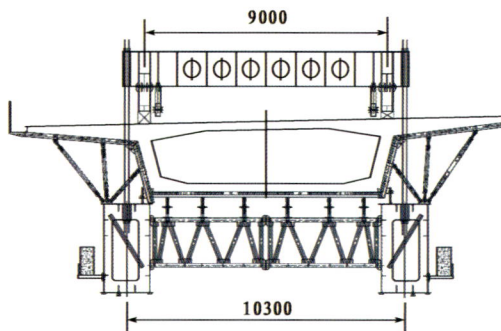

图 6-3-4-57 中辅助支腿结构示意图(尺寸单位:mm)

当混凝土浇筑剩余最后5m长时,先用撑杆把模板与已浇混凝土顶紧,然后将中辅助支腿作为后吊挂与主梁锚紧,用2台300t油缸顶升整个结构,以便与旧混凝土密贴,防止错台,使混凝土接缝良好。在墩旁托架倒腿状态,中辅助支腿吊挂在前墩旁托架处,作为墩旁托架吊挂过孔时的临时支撑。

⑥后辅助支腿

后辅助支腿由上横梁、立柱、滑道梁、吊挂、导杆、支撑油缸及横移油缸等组成。支腿下部设走形轮系,在铺设于桥面的QU120轨道上走行,在浇筑状态时轮组脱空。后辅助支腿结构如图6-3-4-58所示。

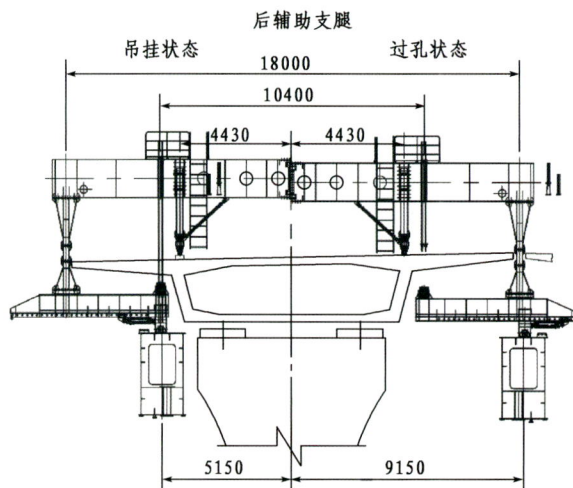

图6-3-4-58 后辅助支腿结构示意图(尺寸单位:mm)

后辅助支腿作用:

a. 在支腿自移工况下,后辅助支腿支撑在已浇筑好的梁面上,将模架的荷载传递到梁面上,实现后墩旁托架及移位台车的向前移位。

b. 在模架纵移工况下,后辅助支腿支撑于已浇筑好梁面上,先横向开合模架,然后两组模架分别单边纵移至新的墩位。

⑦外模系统

外模系统由底模、腹模、翼模、可调支撑系组成。底模通过可调支撑系支撑在底模桁架梁上,腹模、翼模通过可调支撑系支撑在承重钢箱梁上。模板由面板及骨架组焊而成,每块模板在横向和纵向都有螺栓连接。翼模和侧模之间有旋转铰,便于第二幅梁施工时,翼模向下旋转,以保证外模随钢梁一起横移开启的空间。墩柱处的底模现场使用散模组立并固定牢靠。

DXZ40/1800下承式移动模架方案中采用侧模加长,侧模包着底模,并在侧模外侧利用可调丝杆顶推。当混凝土梁横坡变化时,调整侧模有效长度,便可实现横坡梁的模板调整施工。

底模支撑杆与支撑桁架梁间采用横桥向长圆螺栓连接,底模站位可横桥向调整±30mm。可实现3500m曲线梁的调整。

混凝土梁张拉完成后,模板随主框架系统整体下降150mm,解除左右底模螺栓连接。模板随主框架通过移位台车上的横移油缸开启4m,第二幅梁施工时,翼模向下旋转,以保证外模随钢梁一起横移开启的空间。整体外模系统避开桥墩后准备纵移过孔程序。浇筑中间标准段40.7m及末段31.7m梁时,须把后端主梁与已浇梁吊挂锚固,或将外模后端与已浇梁悬臂段利用精轧螺纹钢筋锚固吊挂,以确保新旧梁间无错台,成形美观。外模系统结构如图6-3-4-59所示。

⑧内模系统

内模采用可拆卸模架、分块式钢模。内模板总长度40.7m+9m,由标准模板和变截面模板及支撑框架组成,在布设底腹板钢筋后进行内模安装作业。内模安装后,通过箱梁泄水孔位置与底模对拉,防止浇筑时上浮。内模系统结构如图6-3-4-60所示。

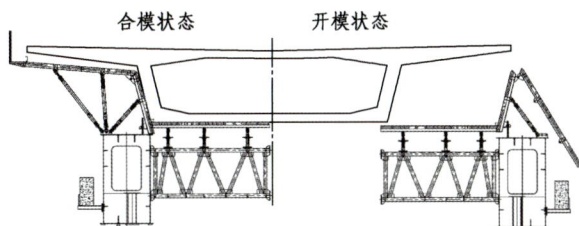

图 6-3-4-59 外模系统结构示意图

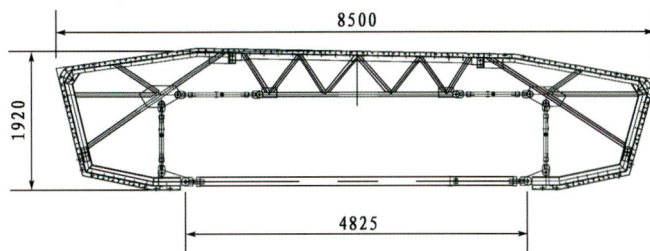

图 6-3-4-60 内模系统结构示意图(尺寸单位:mm)

内模系统利用人工拆卸、搬运及安装。单块钢模尺寸 54mm×300mm×1500mm,质量不大于 50kg。

⑨配重系统

主箱梁外侧设计有配重系统,以增加模架过孔时的横向稳定性。箱梁单边配重共 501kN,由 11 块混凝土块组成,单块混凝土长 3.3m、宽 0.6m、高 1m、重 45.54kN,两边整机配重共计 1002kN。主箱梁对应位置有配套螺栓孔,配重块支架与主箱梁通过螺栓连接,配重块放置在配重块支架上。主梁配重系统如图 6-3-4-61 所示。

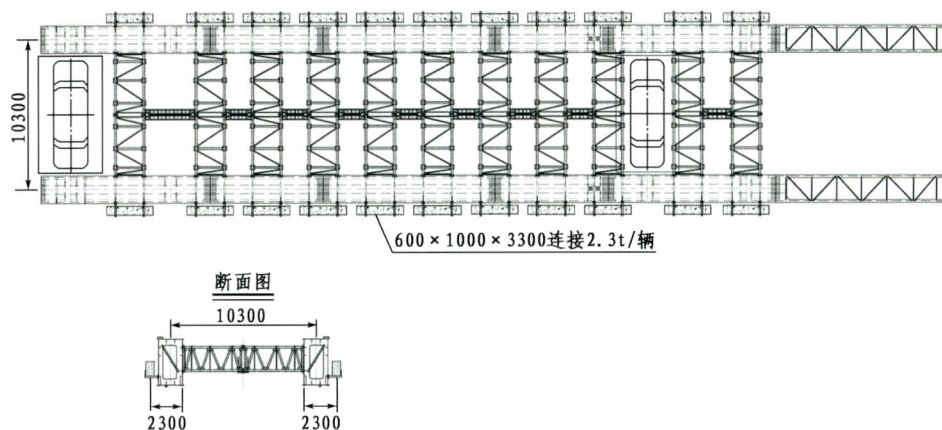

图 6-3-4-61 箱梁配重系统示意图(尺寸单位:mm)

⑩液压系统

DXZ40/1800 移动模架因整机机构分散,所以液压系统采用独立单元设计,系统简化和模块化,减少沿程损失和功率损耗,方便维修和搬运。墩旁托架液压系统 6(4+2)套,后辅助支腿液压系统 1 套。每套液压系统都由液压泵站、液压管路和油缸等组成。

⑪电气系统

DXZ40/1800 移动模架电气配置:主电气控制柜 1 台、液压站控制柜 7 台、金属卤化物灯 8 盏、风速风向仪 1 套。

（3）基本参数

DXZ40/1800 公路移动模架技术参数见表 6-3-4-7。

DXZ40/1800 公路移动模架技术参数　　　　　　　　表 6-3-4-7

序号	项　目	3 号、4 号公路移动模架
1	设备型号	DXZ40/1800 下承自行式移动模架
2	施工使用工法	逐跨整孔原位现浇
3	总体方案	桥面下支撑，两根纵向主梁支撑模板系统，自行倒腿
4	适用桥跨/梁重	跨度为 40.7m/梁重不大于 1800t（首跨 49.7m 梁长）
5	适应桥墩高（m）	≥5
6	适应纵坡/横坡（%）	2.0/2.0
7	适应曲线半径（m）	≥3500
8	风力条件	移位时≤8 级、浇筑时≤10 级、非工作状态 14 级（锚固）
9	自动化方式	竖向顶落用大吨位液压缸实现 纵向移位用液压缸完成 模架横向开、合采用液压缸完成
10	前墩旁托架最大支点反力（kN）	2×8000
11	后墩旁托架最大支点反力（kN）	2×5000
12	整机使用总功率（kW）	约 80
13	动力条件	～4AC、380V、50Hz
14	液压系统压力（MPa）	32/70
15	移位速度（m/min）	0～0.8
16	主梁挠度	小于 $L/550$
17	过孔稳定系数（K）	>1.5
18	运输条件	最大单件质量小于≤25t，最大单件尺寸小于 12m×1.92m×3.2m，满足铁路、公路运输限界
19	单台总质量（t）	约 790（不含墩顶散模、端模）

（4）主要特点

①DXZ40/1800 公路移动模架为下行式结构，利用铁路墩顶安装墩旁托架，具有良好的稳定性，且避免公路墩身开预留孔。

②满足首末跨施工、正反向施工和曲线施工等多种功能；而且同一断面范围内的铁路、公路移动模架前进和后退相互不影响。

③模架支腿支撑在铁路墩上，受力体系明确，采用精轧螺纹钢筋对拉连接，安装方便，较大的方便施工。

④外模与已浇悬臂段锚固，可有效避免接缝处出现错台；采用液压驱动使外模模板随主梁一同实现升降、横向开合和纵向三向移位，对位准确，动作平稳可靠。

6）5 号、6 号、8 号 TM49.2/40.7 型公路移动模架

（1）简介

5 号、6 号及 8 号公路移动模架为 TM49.2m/40.7m 下行式移动模架，具备双向走行施工和变跨施工功能，同一断面铁路、公路移动模架前进和后退相互不影响，采用两跨布局，后门架梁面走行的方式，效率较高，整机结构紧凑，重量轻。主要由墩旁托架、台车、前门架、中门架、后门架、钢箱梁、导梁、底模桁架、外模板及其撑杆系统、内模系统、配重系统、液压系统及电气系统等组成，采用双主梁结构形式，导

梁由 3 节等腰三角形截面组织,为模架前移过孔和支承倒腿提供支承点;墩旁支腿托架是三角形空间结构,托架上部设有横移滑道,台车在横移油缸作用下进行横移,支承台车是整机动作的执行部件,升模、落模由台车的顶升油缸完成,纵移及倒运支腿动作由台车的纵移油缸完成;前门架将左右两组前导梁连接成一体,为移动模架自动倒腿提供支承;中门架在过孔时为模架自动倒腿提供支点,承载主箱梁及支腿,在连续梁施工时用中门架减缓现浇梁与已浇梁之间的错台;后门架在浇筑工况时作为模架的后部主承载部件,为模架自动倒腿提供支点,后门架上设有横移油缸开模,在模架纵移过孔时,后门架承载钢箱梁,以梁面走行的方式使模架纵移过孔;底模桁架为底模的支撑架,中间用法兰连接,可通过旋转折叠以减少开模距离。如图 6-3-4-62、图 6-3-4-63 所示。

图 6-3-4-62　5 号/6 号公路移动模架

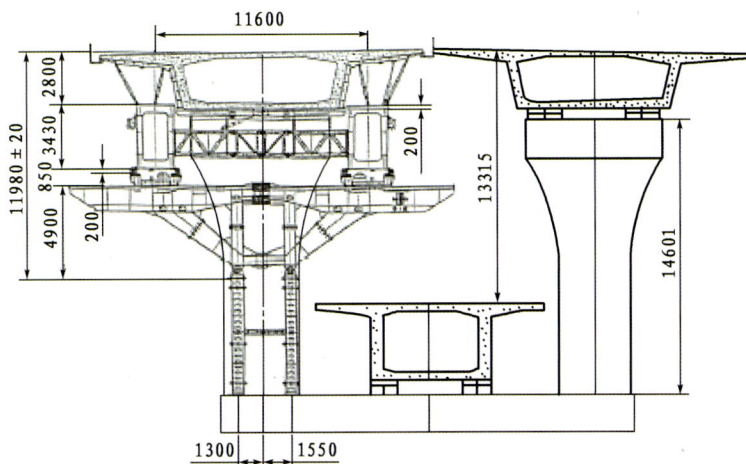

图 6-3-4-63　5 号、6 号、8 号公路移动模架横截面图(尺寸单位:mm)

(2)主要构件

①墩旁托架

墩旁托架是由箱形梁组拼成的三角形空间结构,通过高强度精轧螺纹钢筋将墩旁托架与桥墩紧贴一起,如图 6-3-4-64 所示。墩旁托架把模架承受的压力传递给桥墩。墩旁托架上部设有横移滑道,台车可在横移油缸的作用下在其上部作横移动作。墩旁托架上部设有顶紧座,在张拉精轧螺纹钢筋的作用下使墩旁托架抱紧桥墩。墩旁托架竖向荷载通过立柱传到铁路墩顶或承台上,托架立柱长度可调节,适应不同高度的公路墩。墩旁托架上部放垫木的位置可根据桥墩宽度的变化自行定位,但是需保证两侧放垫木的位置对称。

②台车

支承台车是整机动作的执行部件,如图 6-3-4-65 所示。升模、落模由台车的顶升油缸完成;纵移及倒运支腿动作由台车的纵移油缸完成;另外还有台车提升机构、横移机构和吊挂轮机构均作为倒运支腿

⑨外模及支撑系统

外模板系统由非标模板、标准模板、支撑和栏杆组成，其中标准模板根据工作环境按每段长为5m。每块模板在横向和纵向都有螺栓连接。为保证模板起拱时调节方便，在翼模的横桥向连接缝处留有2mm的伸缩缝。为防止伸缩缝漏浆，在两块模板之间嵌装10mm厚的橡胶板。支撑是用来支撑模板和调节模板，把模板承受的力传给主框架结构。为保证施工中安全，模板上设有活动平台和栏杆。因为桥为双幅桥，两桥间距仅500mm，所以将翼模做成折叠形式的，这样在开模时，模架模板就不会与另一台模架干涉了。同时底模也做成折叠式的，以减小开模的距离。实例如图6-3-4-73所示。

⑩内模系统

内模系统为可拆装式。单块模板重量均有控制，以保证倒运和安装方便。内模板系统由非标模板、标准模板、支撑组成，其中标准模板每段长为1m。每块模板在横向和纵向都有螺栓连接，其骨架由钢板筋肋与槽钢组焊而成。实例如图6-3-4-74所示。

图6-3-4-73　外模及支撑系统实例

图6-3-4-74　内模系统实例

⑪配重系统

主箱梁外侧设计有配重系统，以增加模架过孔时的横向稳定性。箱梁单边配重质量共28.1t，由9块混凝土块组成，单块混凝土长5m，宽0.5m，高0.55m，质量3.12t，两边整机配重质量共计56.2t，混凝土块利用两个卸扣与主梁连接板相连。主梁配重系统如图6-3-4-75所示。

图6-3-4-75　箱梁配重系统

⑫液压系统

液压系统包含固定后门架液压系统、中吊架液压、台车液压系统、开模液压系统。控制元件及管路包括手动换向阀、截止阀、单向阀及带快速接头的软管和连接用钢管。通过截止阀的开关和换向阀的换位,可分别使各执行元件动作。其各项参数及配置均见表6-3-4-8。

（3）基本参数

TM49.2m/40.7m公路移动模架技术参数见表6-3-4-8。

TM49.2m/40.7m 公路移动模架技术参数表

表 6-3-4-8

项 目		40.7m 模架	49.2m 模架
整机性能参数	施工方法	逐跨段原位现浇	逐跨段原位现浇
	适用范围	连续梁;悬臂9m	连续梁;悬臂11m
	支撑形式	下行式	下行式
	现浇混凝土梁最大质量(t)	1400 + 300	1750 + 400
	现浇混凝土梁最小曲线半径(m)	3500	3500
	现浇混凝土梁纵向最大坡度(%)	2	2
	现浇混凝土梁横向最大坡度(%)	2	2
	运输条件	满足公铁路限界	满足公铁路限界
	驱动方式	液压	液压
	设计施工周期(d)	12	13
	动力条件	AC,380V,50Hz	AC,380V,50Hz
	整机自重(t)	—	900
	钢箱梁挠跨比	—	≤1/700
	模板系统	纵向≤1/700 横向≤1/1000	纵向≤1/700 横向≤1/1000
	装机容量(kW)	约100	约100
	环境条件(℃)	-20 ~ +50	-20 ~ +50
浇筑状态	浇筑时容许最大风力(级)	8	8
	对前墩身最大压力和(kN)	14200	18200
	移动时容许最大风力(级)	7	7
移位状态	对前墩身最大压力和(kN)	7000	7000
	模架纵移速度(m/min)	1	1
	整机抗倾覆稳定系数	≥1.5	≥1.5
工作状态	锚固时最大风力(级)	14	14

（4）主要特点

①同一断面范围内的铁路、公路移动模架前进和后退相互不影响;

②模架采用两跨式布局,后门架梁面走行的方式,效率较高,整机结构紧凑,重量轻,移动模架在掉头后退时,可采用双后门架在已浇梁面倒运,节约后退工期;

③具备双向行走功能;

④可以变跨施工,适应40.7m和49.2m跨径施工。

3.4.5 各类型移动模架工作流程

1）上行式铁路移动模架过孔流程

下面以4号铁路移动模架为例对过孔流程进行介绍

（1）施工步骤一（图6-3-4-76）

①拆除内模及端模;

②张拉混凝土梁体,并养生;

③清理模架,解除所有影响模架竖向位移的约束;

④固定中支腿和主中支腿,支承油缸下落,模板落模约150mm;

⑤驱动底模工作车顶升油缸,支撑底模中间段并拆除连接螺栓等,将底模中间段下落并支承到墩,同时将两边的侧底模向外开模约100mm;

⑥上小车起吊底模中间段前端,底模工作车辅助,准备底模中间段过孔。

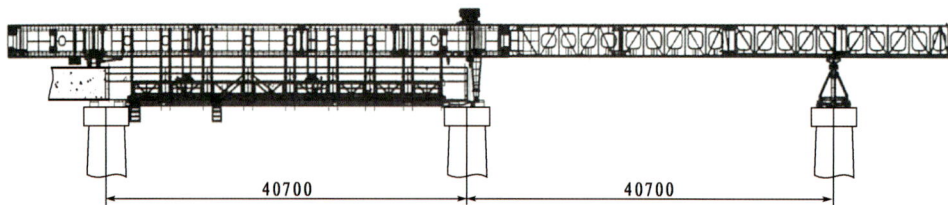

图6-3-4-76　施工步骤一(尺寸单位:mm)

(2)施工步骤二(图6-3-4-77)

①上小车与底模工作车同时支撑底模中间段往前进行倒运;

②当纵移约7m时,将底模中间段临时支承在前墩顶,上小车移位到底模中间段的前端吊点处起吊,与底模工作车一起倒运底模中间段继续过孔。

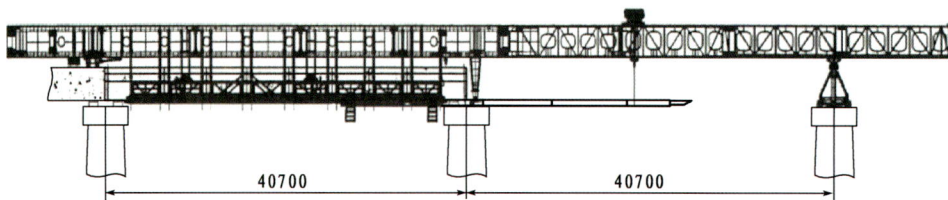

图6-3-4-77　施工步骤二(尺寸单位:mm)

(3)施工步骤三(图6-3-4-78)

当前端的底模工作车与上小车吊运底模中间段露出底模中间段尾部的吊装孔后,中小车起吊底模中间段,然后脱开底模中间段与底模工作车的连接。

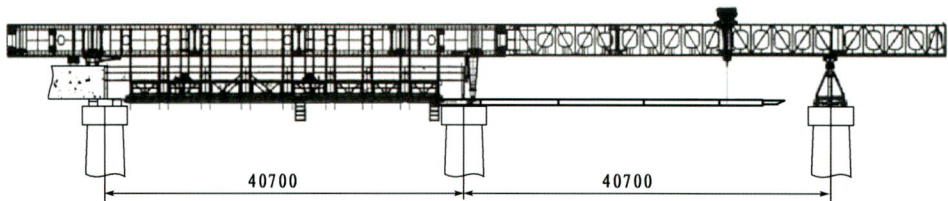

图6-3-4-78　施工步骤三(尺寸单位:mm)

(4)施工步骤四(图6-3-4-79)

中小车与上小车一起配合吊运底模中间段完成过孔,然后按照设计高程将底模中间段支承在桥墩墩顶。

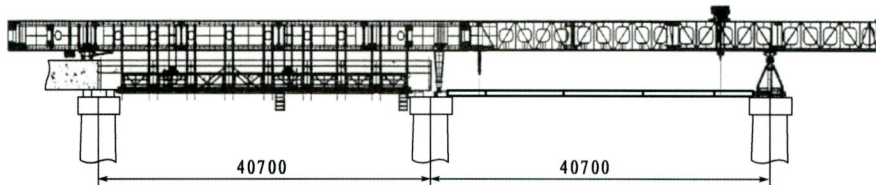

图6-3-4-79　施工步骤四(尺寸单位:mm)

（5）施工步骤五（图 6-3-4-80）

①上小车和中小车摘吊钩，后退到指定位置固定；

②底模工作车拆开折叠，并收起藏在外模板的翼模下面；

③侧底模向两侧开模就位，侧翼模向两侧开模 150mm 并就位锁定。

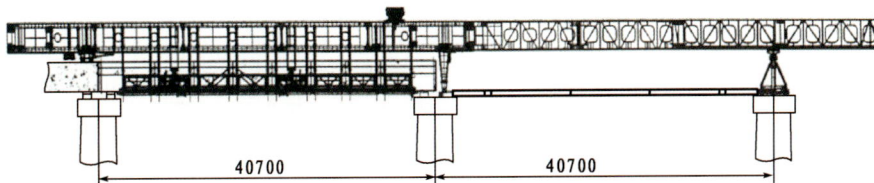

图 6-3-4-80　施工步骤五（尺寸单位：mm）

（6）施工步骤六（图 6-3-4-81）

①安装好辅助后支腿的走行轨道，主中支腿下降，自动倒腿到已浇筑跨混凝土梁前端就位；

②主中支腿顶升，支撑模架，然后固定中支腿下降并收起，保证导梁前端落在辅助前支腿上；

③过好模架过孔前准备工作。

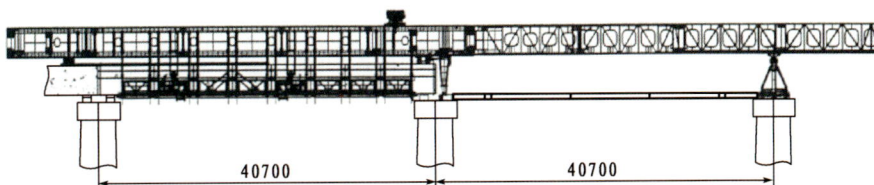

图 6-3-4-81　施工步骤六（尺寸单位：mm）

（7）施工步骤七（图 6-3-4-82）

主中支腿纵移油缸工作，整机前行约 23m 后，辅助后支腿完全脱开轨道面。

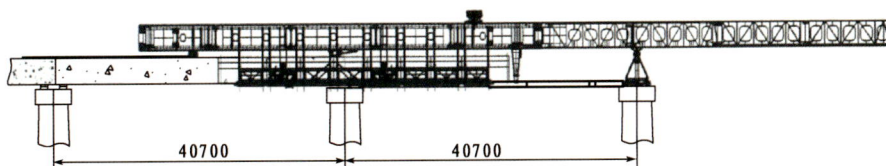

图 6-3-4-82　施工步骤七（尺寸单位：mm）

（8）施工步骤八（图 6-3-4-83）

①模架继续纵移到位；

②主中支腿和辅助前支腿横移机构工作，调整模架姿态，特别是调整模架的中心线达到施工要求。

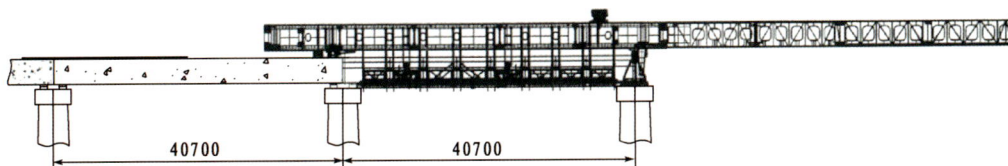

图 6-3-4-83　施工步骤八（尺寸单位：mm）

（9）施工步骤九（图 6-3-4-84）

①外侧的底模板横移就位，下放并安装底模工作车；

②利用底模工作车将底模连接螺栓安装并拧紧；

③安装所有外模板的连接螺栓，并调整模板的姿态使符合施工要求。

225

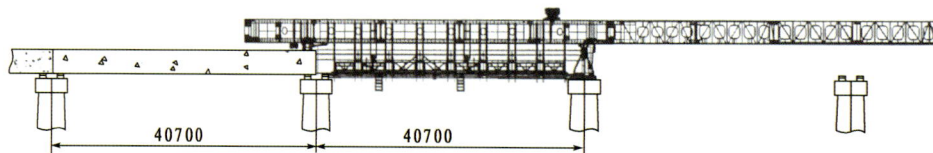

图 6-3-4-84　施工步骤九(尺寸单位:mm)

(10)施工步骤十(图 6-3-4-85)

①主中支腿、固定中支腿顶升,使导梁前端翘起,做好吊装前支腿到超前墩安装的准备工作;

②上小车将辅助前支腿吊运到超前墩并安装好;

③主中支腿、固定中支腿顶升,调整好模板的高程等,到达施工要求;

④将模架在各锚固点锚固起来,准备进行下一跨架的施工。

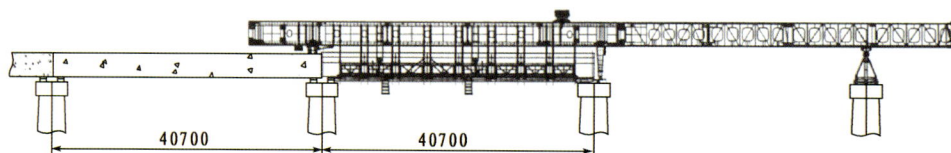

图 6-3-4-85　施工步骤十(尺寸单位:mm)

2)下行式铁路移动模架过孔流程

下面以 5 号铁路移动模架为例对过孔流程进行介绍。

(1)施工步骤一(图 6-3-4-86)

①安装并调试移动模架完成;绑扎底腹板钢筋,安装内模;

②绑扎顶板钢筋,安装锚固模板顶部对拉螺纹钢筋,浇筑混凝土;

③混凝土养生,拆除模板顶部横向对拉螺纹钢筋;

④张拉并准备模架脱模。

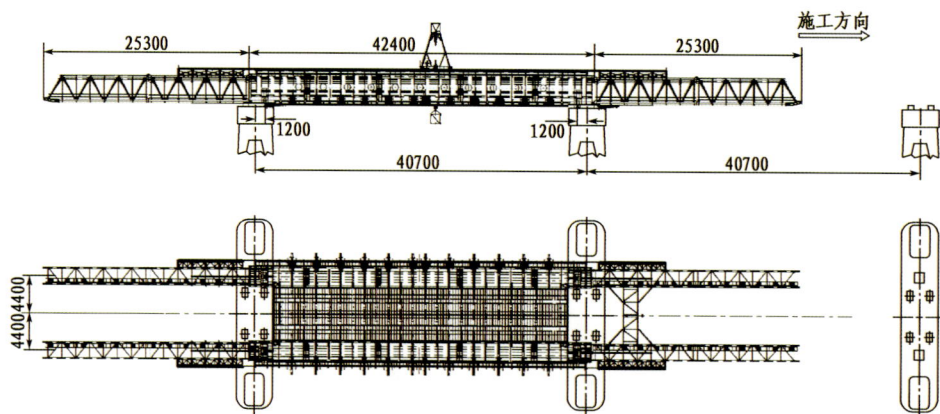

图 6-3-4-86　施工步骤一(尺寸单位:mm)

(2)施工步骤二(图 6-3-4-87)

①墩顶顶升油缸收缩,模架整体下落 120mm,完成脱模;

②底模板下葫芦提起操作平台,解除底模中间连接的螺栓;解除底模与主梁之间的锚固螺纹钢筋;

③下落操作平台,并放置在路基或船上,解除操作平台与起吊葫芦间连接,并将操作平台倒运至前跨;

④启动底模横移油缸,推动底模横移向外开启 3.2m;

⑤穿上底模与主梁间精轧螺纹钢筋,一块模板保证穿一根;

⑥启动墩顶横移油缸,两侧模架整体向外开移150mm;

⑦连接前导梁联系梁。

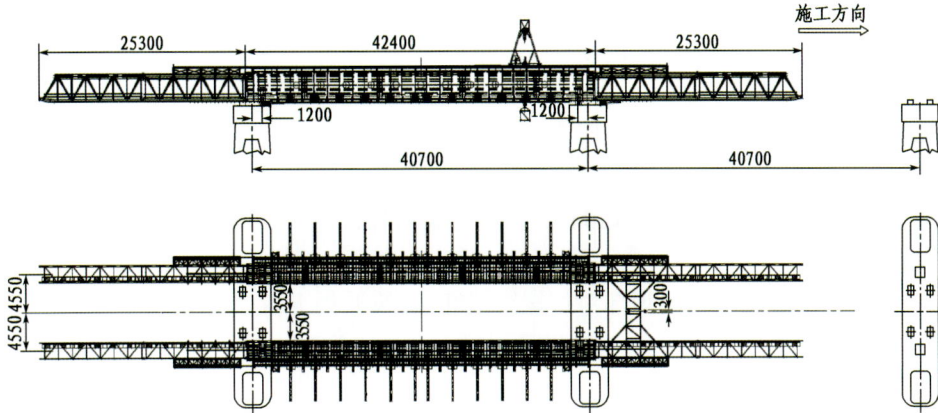

图 6-3-4-87　施工步骤二(尺寸单位:mm)

(3)施工步骤三(图6-3-4-88)

①纵移前检查过孔无障碍;

②启动墩顶纵移油缸,模架(除门式起重机外)整体前移18m,此时前导梁到达前墩顶滑座上。

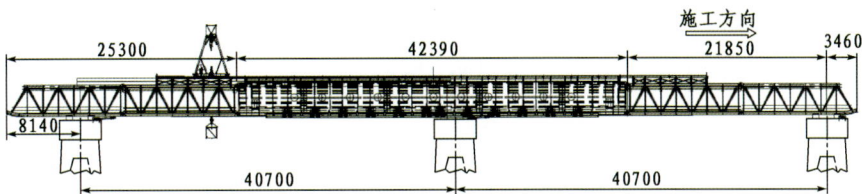

图 6-3-4-88　施工步骤三(尺寸单位:mm)

(4)施工步骤四(图6-3-4-89)

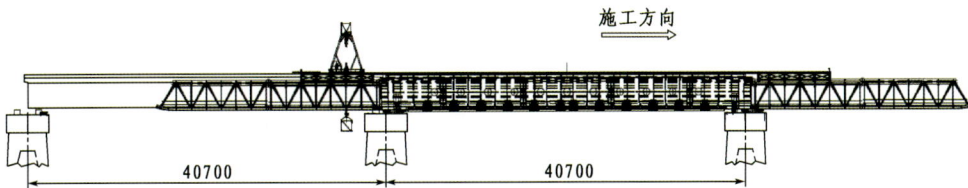

图 6-3-4-89　施工步骤四(尺寸单位:mm)

整机继续前移22.7m,过孔到位。

(5)施工步骤五(图6-3-4-90)

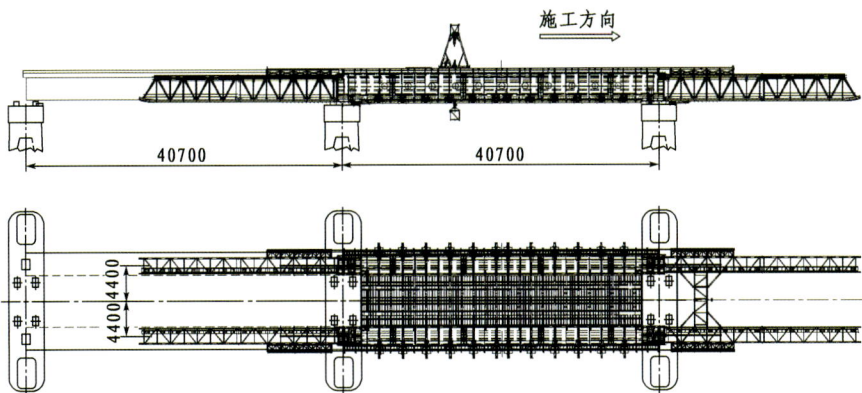

图 6-3-4-90　施工步骤五(尺寸单位:mm)

①拆除前导梁联结系 300mm 接长段；

②启动墩顶横移油缸,两侧模架向内横移 150mm；

③拆除底模与主梁间锁定；

④启动底模横移油缸,两侧底模向内横移 3200mm；

⑤底模板葫芦提起操作平台；

⑥安装底模与主梁之间的锚栓；安装底模中间连接螺栓。

（6）施工步骤六

①启动墩顶主油缸,模架整体提升 120mm,到达置梁高程；

②绑扎底腹板钢筋,安装内模；

③绑扎顶板钢筋,安装锚固模板顶部对拉螺纹钢筋,浇筑混凝土；

④混凝土养生,张拉。

重复步骤(1)～(6),进行下一阶段施工。

3）上行式公路移动模架过孔流程

下面以 4 号铁路移动模架为例对过孔流程进行介绍

（1）施工步骤一（图 6-3-4-91）

①模架拼装、预压完成；

②前、后主支腿承重油缸顶升模架就位并调整模板；

③绑扎底板、腹板钢筋、立内模、绑扎顶板钢筋、浇筑。

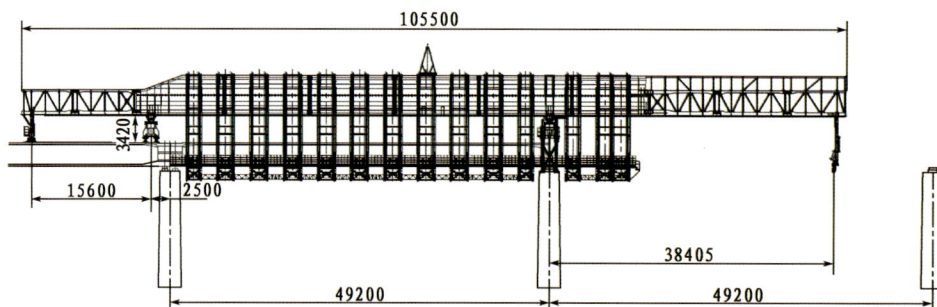

图 6-3-4-91　施工步骤一(尺寸单位:mm)

（2）施工步骤二（图 6-3-4-92）

①混凝土到达强度后,张拉,整机准备过孔；

②整机通过前后主支撑油缸将整机下落 260mm 左右将主梁落在移位台车纵移轨道上,让整机卸载,拆除精轧螺纹钢筋；

③拆除底模及外肋横向连接螺栓并打开 1 号外肋纵向连接螺栓；

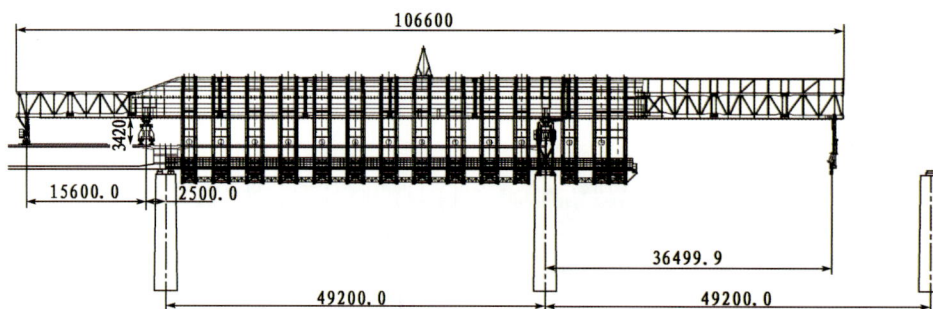

图 6-3-4-92　施工步骤二(尺寸单位:mm)

④通过开模油缸将外肋向外旋转打开;

⑤门式起重机运行到运行轨道最后端;

⑥为保证安全,在锚杆预埋力不能保证达到设计要求时,建议在整机一次过孔前,在前支腿横梁下端加临时支撑,支撑力不小于3000kN。

(3)施工步骤三(图6-3-4-93)

①此时后辅助支腿处在悬空状态;

②整机向前纵移13.92m;

③前辅助支腿到达前方墩顶并在墩顶支撑。

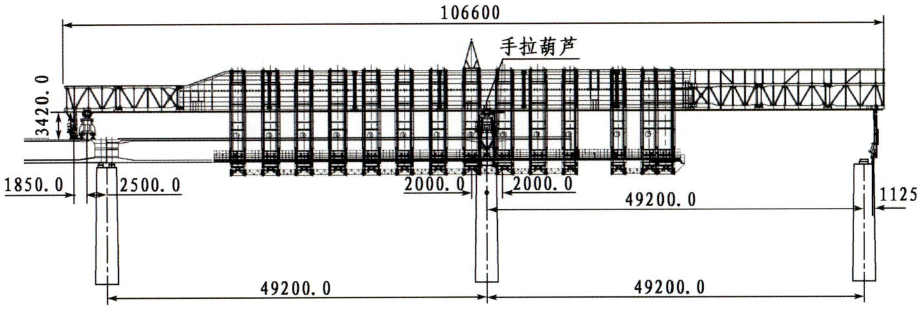

图 6-3-4-93　施工步骤三(尺寸单位:mm)

(4)施工步骤四(图6-3-4-94)

①拆除后支腿与桥面锚固;

②前支腿通过支撑油缸和后辅助支腿通过机械顶将整机顶起50mm,将后支腿悬空;

③在后支腿脱空后,将可调支撑旋起150mm,收起后辅助支腿机械顶让后辅助支腿走行轮落实;

④后支腿通过自身钩挂前移49.2m。

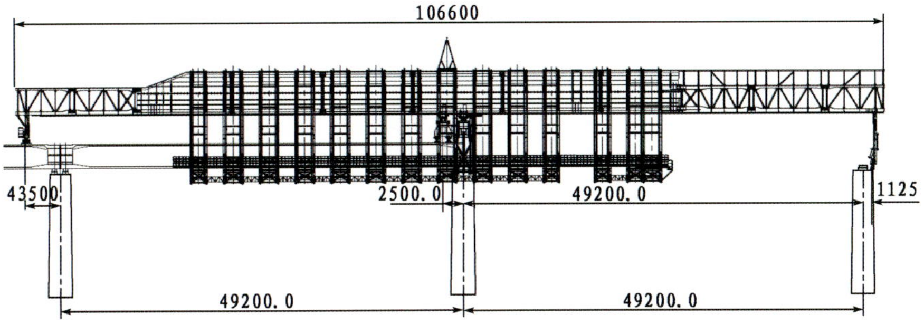

图6-3-4-94　施工步骤四(尺寸单位:mm)

(5)施工步骤五(图6-3-4-95)

①前支腿通过后支腿和后辅助支腿支撑油缸脱空并通过门式起重机将前支腿支撑柱从混凝上梁抽出并钩挂油缸前行49.2m到达前方墩顶支撑锚固并安装立柱框架撑;

②脱空前辅助支腿;

③铺设后辅助支腿走行轨道;

④整机降落50mm,让主梁及后辅助支腿走行轮落在轨道上;

(6)施工步骤六

①整机向前纵移35.28m,过孔到位;

②通过开模油缸将外模合拢并安装螺栓,1号、2号外肋不完全合拢,用吊杆将3号模板后方要与已浇筑梁锚固并预紧,预紧力350kN;

③前、后支腿顶起支撑油缸使外模处在浇筑状态;

④安装精轧螺纹钢筋;

⑤铺设钢筋安装内模,准备浇筑;

⑥完成一次施工流程循环。

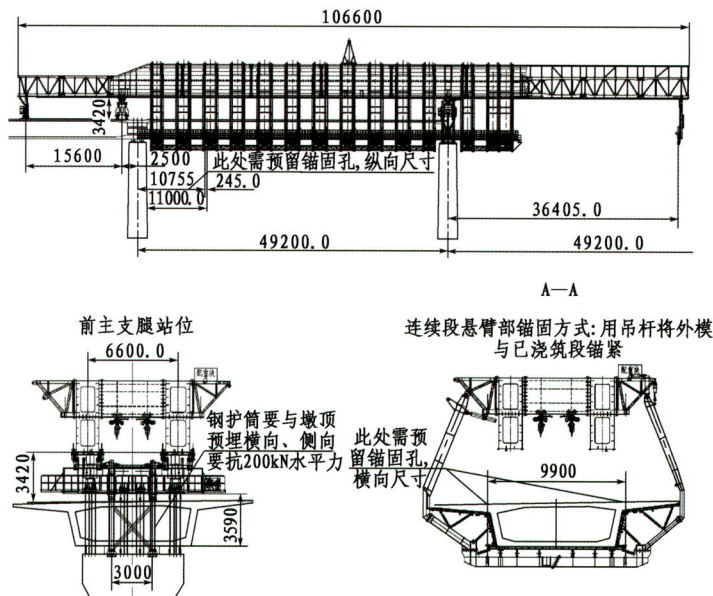

图 6-3-4-95　施工步骤五(尺寸单位:mm)

4)下行式公路移动模架过孔流程

(1)施工步骤一(图 6-3-4-96)

①模架拼装调试完毕后,调整底模、侧模位置及高程,设置预拱度;

②绑扎箱梁底腹板钢筋,安装内腔模板并调整位置及高程;

③绑扎箱梁顶板钢筋,安装端头模板,检查并签证;

④从前往后顺序浇筑首跨 40.7m+9m 混凝土;

⑤混凝土养生。

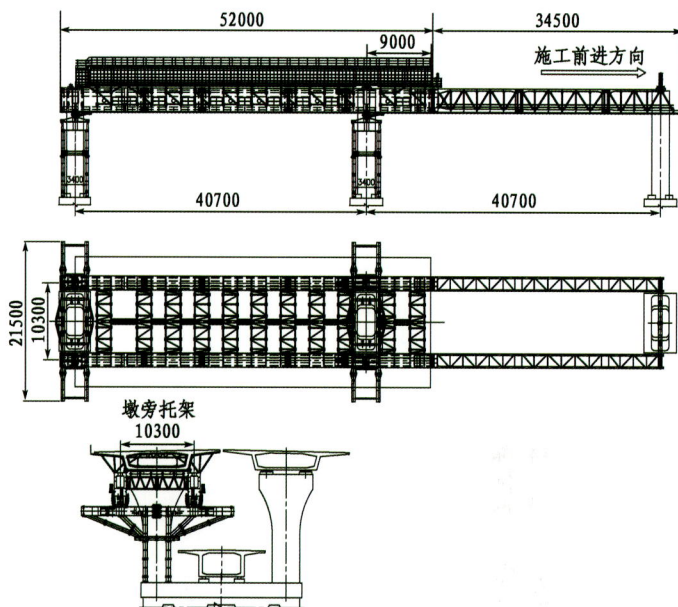

图 6-3-4-96　施工步骤一(尺寸单位:mm)

（2）施工步骤二（图6-3-4-97）

①回缩主支腿顶升油缸80mm，使模架脱离混凝土；

②安装中、后辅助支腿，吊挂起模架；

③解除墩旁托架左右连接，收缩钩挂油缸使托架脱空；

④启动横移油缸，使托架相对于台车向外横移，避开桥墩。

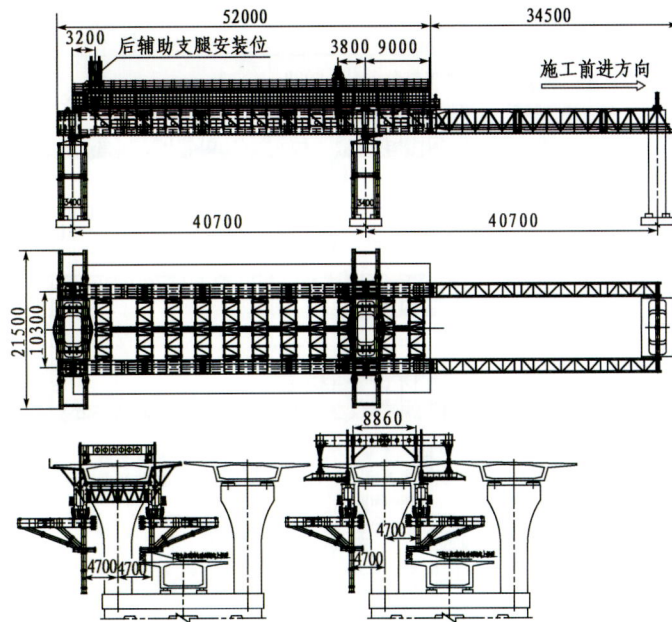

图6-3-4-97　施工步骤二（尺寸单位：mm）

（3）施工步骤三（图6-3-4-98）

①启动纵移油缸，使主支腿前移一跨；

②安装两主支腿。

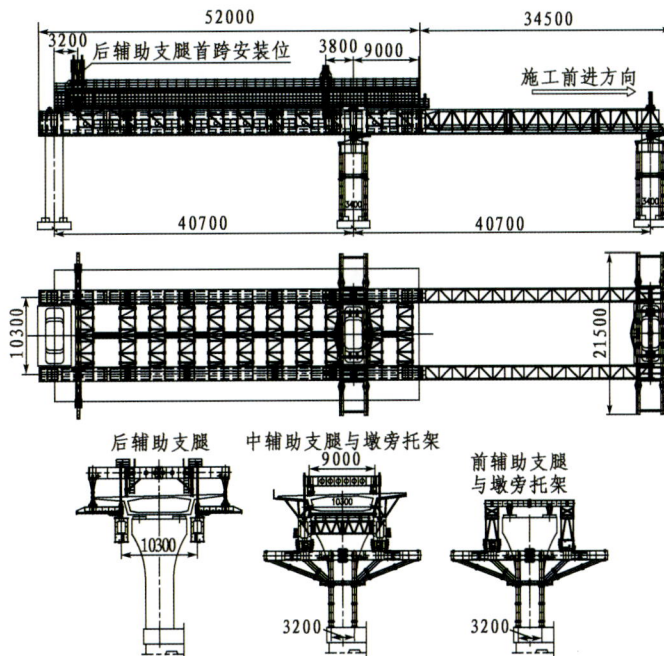

图6-3-4-98　施工步骤三（尺寸单位：mm）

（4）施工步骤四（图6-3-4-99）

①松开前辅助支腿支撑，解除中辅助支腿拉杆螺纹钢筋；

②前、后主支腿及后辅助支腿竖向油缸回缩，模架下落在移位台车滑道上；

③解除底模桁架、底模、前辅助支腿中部的连接螺栓；

④模架在前后主支腿及后辅助支腿横移油缸作用下，向两侧横移约4m开模；第二副梁施工时，内侧翼模下旋15°以避开已浇桥梁。

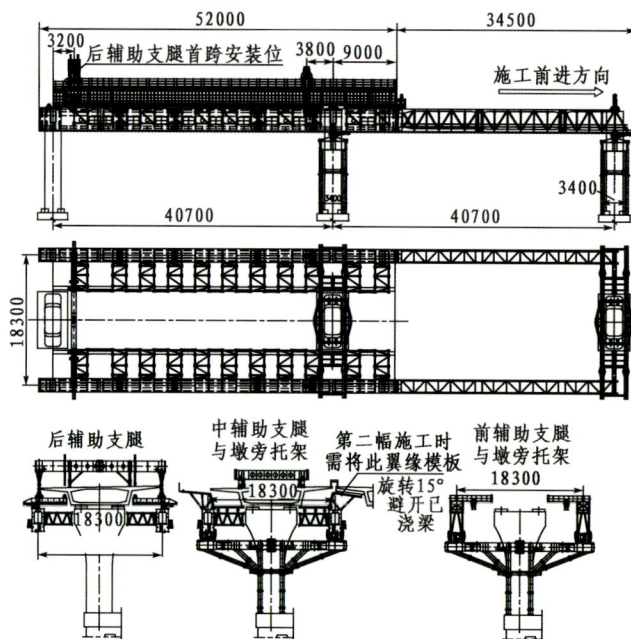

图6-3-4-99　施工步骤四（尺寸单位：mm）

（5）施工步骤五（图6-3-4-100）

①整机在主支腿纵移油缸作用下，前移40.7m；

②模架到达新的制梁位。

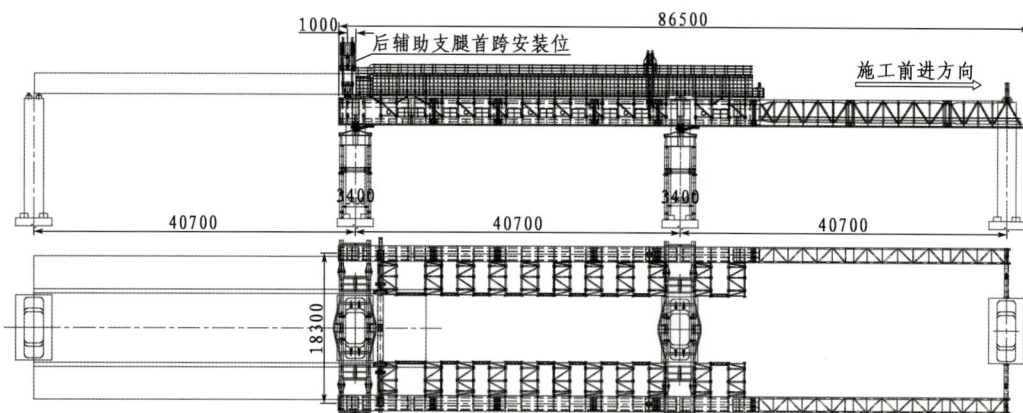

图6-3-4-100　施工步骤五（尺寸单位：mm）

（6）施工步骤六（图6-3-4-101）

①底模横梁及外模横移合拢就位；

②前、后主支腿承重油缸顶升模架就位并调整模板；

③施工缝后方1m处吊挂中辅助支腿，在边缘处将外模与已浇混凝土梁锚固；

④绑扎底、腹板钢筋，立内模、绑扎顶板钢筋、浇筑中间标准段40.7m混凝土；

⑤按照以上施工、过孔步骤,完成余下箱梁浇筑。

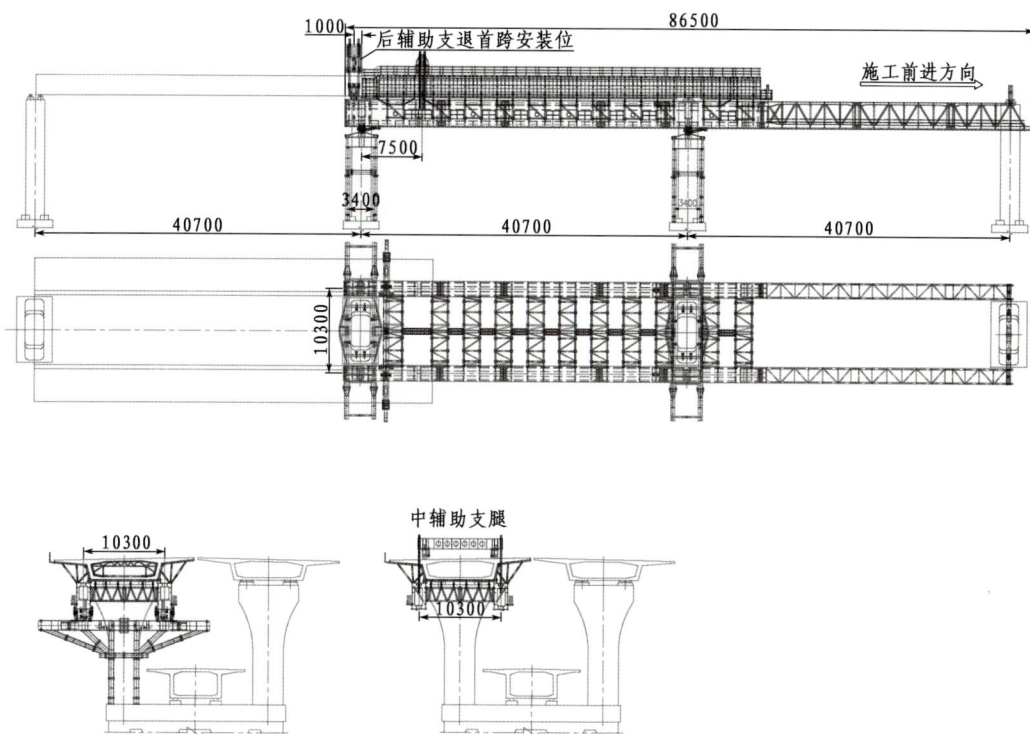

图 6-3-4-101   施工步骤六(尺寸单位:mm)

3.4.6 移动模架海上施工关键技术

平潭海峡公铁大桥地处风大、浪高、水深、流急、潮汐明显、季风周期长、台风频繁的复杂海峡环境,同内陆桥梁相比施工环境恶劣。针对恶劣施工环境并结合大桥预应力混凝土箱梁设计特点,上下层公铁混凝土箱梁同步施工要求,对移动模架施工进行了优化、创新以适应环境及施工要求。采用后场整体拼装、吊装技术,解决了海上大风环境高墩模架拼装安全风险大、工效低的难题;通过设计新结构、优化构件,使得同套模架可施工不同跨径箱形梁、具备双向行走功能等,解决移动模架掉头难的问题;研发移动模架新结构,使得移动模架具备横向移动的能力,大大增加了施工效率;采用倒"品"字形结构,墩旁托架拼拆式、铁路移动模架中底模先过孔及公路移动模架内侧翼缘可折叠技术,解决公铁合建箱梁模架施工空间受限这一难题,实现三套模架在同一截面过孔,确保施工进度;运用独特的设计,使得移动模架具备抗大风能力。各模架施工技术简介见表 6-3-4-9。

移动模架施工技术简介 表 6-3-4-9

移动模架类型		载　　重	优　　点
上行式	1 号、2 号铁路移动模架	约 1600t	采用上行式移动模架能自行完成支腿过孔移位,机械化程度高,操作简单,安全可靠;其中 2 号铁路移动模架具备双向走行功能
	4 号铁路移动模架	1200t/1600t(分别对应 49.2m/40.7m 跨径工况)	(1)模架的整体布局采用两跨式,倒运前辅助支腿不占用主线工期,效率较高; (2)模架的底模板采用较薄的结构方式,以适应开模后能够从桥墩上平面通过,其预拱调整来自于吊挂曲梁的上部,过孔作业与公路墩身施工不发生干涉; (3)具备双向行走功能; (4)可以变跨施工,适应 40.7m 和 49.2m 跨径施工

移动模架类型		载　重	优　点
上行式	1 号、2 号公路移动模架	约 2100t	（1）采用上行式移动模架造桥机能自行完成支腿过孔移位，机械化程度高，操作简单，安全可靠； （2）主梁两侧挑梁顶部可设置防雨、防晒顶篷，能保证移动模架造桥机全天候工作，以提高造桥机总体工作效率，确保总工期的要求； （3）当通过连续梁或连续刚构等桥间转场时，只需展开侧模板和底模，即可方便通过，减少整机拆除工作量，提高转场作业效率
	7 号公路移动模架	约 2100t	（1）其他优点同 1 号、2 号模架； （2）当通过连续梁或连续刚构等桥间转场时，只需展开侧模板和底模，即可方便通过，并具有独特的横移机构以实现模架整体墩顶横移，减少整机拆除工作量，提高转场作业效率
下行式	3 号、5 号铁路移动模架	1200t/1600t（分别对应 49.2m/40.7m 跨径工况）	（1）外模系统与两侧承重主梁合为一体，减少侧模及侧模架投入，结构简单； （2）主梁系统支撑在铁路墩顶，在铁路墩顶设移位机构，便于移动模架调整主梁位置，以保证梁位的准确，且便于曲线过孔作业； （3）过孔时底模系统横向开启并折叠至主梁底部和侧面以避开桥墩随主梁系统一起纵移过孔，过孔作业与公路墩身施工不发生干涉； （4）具备双向行走功能
	3 号、4 号公路移动模架	约 1800t	模架支腿支撑在铁路墩上，受力体系明确，采用精轧螺纹钢筋对拉连接，安装方便，较大的方便施工。外模与已浇悬臂段锚固，可有效避免接缝处出现错台；采用液压驱动使外模模板随主梁一同实现升降、横向开合和纵向三向移位，对位准确，动作平稳可靠
	5 号、6 号、8 号公路移动模架	1700t/2150t（分别对应 49.2m/40.7m 跨径工况）	（1）同一断面范围内的铁路、公路移动模架前进和后退相互不影响； （2）模架采用两跨式布局，后门架梁面走行的方式，效率较高，整机结构紧凑，重量轻，移动模架在掉头后退时，可采用双后门架在已浇梁面倒运，节约后退工期； （3）具备双向行走功能； （4）可以变跨施工，适应 40.7m 和 49.2m 跨径施工

1）深水、强风海域环境下移动模架拼装

（1）移动模架后场整体拼装、吊装

海洋环境下移动模架在墩位处的拼装，需要在海中搭设临时拼装平台，考虑到桥址恶劣的风浪环境及最大墩身高达 70m，海中支架搭设、拆除、模架拼装等安全风险极高，功效底，成本大，移动模架采用在码头拼装，起重船整体吊装安装技术。首先码头搭设移动模架拼装支架，在墩位搭设移动模架安装支架，公路移动模架安装支架支撑于铁路墩帽，铁路移动模架安装支架支撑于承台，分别于墩身锚固，模架结构在码头整体性拼装完成，利用大型起重船整体吊装、运输、安装在墩位，如图 6-3-4-102 所示。

（2）移动模架架顶推拼装

利用路基、桥台进行移动模架主梁、导梁拼装，主框架拼装完成后纵移到首跨施工桥位处，然后利用 100t 履带式起重机安装吊挂及外模系统。

a)
b)

图 6-3-4-102 移动模架整体吊装

2）移动模架双向行走

岛边混凝土箱梁移动模架施工，受水深、暗礁影响，大型起重船无法进行移动模架整体吊装，同时墩位拼装困难，采用移动模架双向走行技术，从岛上中间墩位拼装移动模架，向一个方向施工后反向走行，施工另外一侧箱梁。

（1）双导梁模架反向走行

主要通过解除前支腿与立柱连接，使用前支腿、中支腿、后支腿在已浇筑梁面行走。利用中支腿纵移千斤顶，纵移模架 33.2m，拆除前支腿与前支腿立柱位置的连接，纵移前支腿 49.2m，前支腿顶紧，再整机前移 16m，前支腿及后支腿作为支撑，纵移中支腿 49.2m，前中支腿作为支点，将后支腿吊装后端主梁安装，完成状态转换，在纵移至混凝土端时将中支腿与立柱螺栓连接，转为前支腿，此时移动模架与原来模架走行方式完全一致。

（2）双后门架双向走行

模架正向混凝土浇筑完成后，模架反向走行时，拆除前导梁，模架开模处于走行状态，借用另一副模架的后门架，使用两套后门架悬挂让整机在梁面上走行到未浇筑跨，然后合模、拼装导梁，正常跨施工。

（3）铁路移动模架反向后移

移动模架正向施工完成后，需反向经过铁路路基至施工墩位。模架经过简单的调整即可实现反向施工，移动模架的主箱梁支点是完全对称设计，在需要反向施工时，只需把导梁、固定中支腿和后走行机构对称到主箱梁的另一侧即可，模板系统拆除后单独倒运，其他施工工艺与标准跨完全相同。

3）移动模架横移工艺

为满足移动模架能够连续施工左右幅混凝土箱梁，在移动模架主梁间设置横移装置，移动模架横移装置由横移机构和横移梁构成，通过横移装置横向移动模架进行相邻部位的箱梁施工，如图 6-3-4-103 所示。

首先，利用油缸装置同步缓慢开启底模外肋，通过开模油缸将外肋向外旋转打开，模架开模时应分页开启，分页开启时，需将模板之间的横缝螺栓解除。将外肋开启到规定姿态，并锁定油缸；然后，同步缓慢收回前后支腿油缸，使主梁缓慢落在横移台车顶托上，利用横移机构油缸，将整个移动模架横向缓慢移动，横移过程中须确保前后主梁移动同步，横移模架到位后须立即锁定油缸固定模架，前后支腿缓慢顶起主梁，主梁脱空横移台车使前后支腿油缸受力。

4）移动模架变跨施工工艺

同套移动模架为适应不同混凝土箱梁跨度施工，主箱梁上同时设计有 40.7m 及 49.2m 跨的支点；保持前墩支点位置不变，更改后墩托架支点位置，并调整模板长度、高度，满足 49.2m 跨混凝土箱梁高度和长度施工。

5）移动模架错车施工设计

根据本桥设计特点，上层公路左右幅、下层铁路混凝土梁空间紧凑，公路左右幅箱梁内侧间距 50cm，公路墩身与铁路箱梁翼缘间距仅 90cm，通过优化移动模架结构，采用倒"品"字形结构，模架翼缘采用可折叠的结构，同一断面模架在施工过程中，铁路、公路移动模架前进和后退相互不影响，确保混凝土箱梁施工工期，现场梁同步施工情况如图 6-3-4-104、图 6-3-4-105 所示。

图 6-3-4-103   移动模架横移施工

图 6-3-4-104   上层公路左右幅、下层铁路混凝土梁同步施工

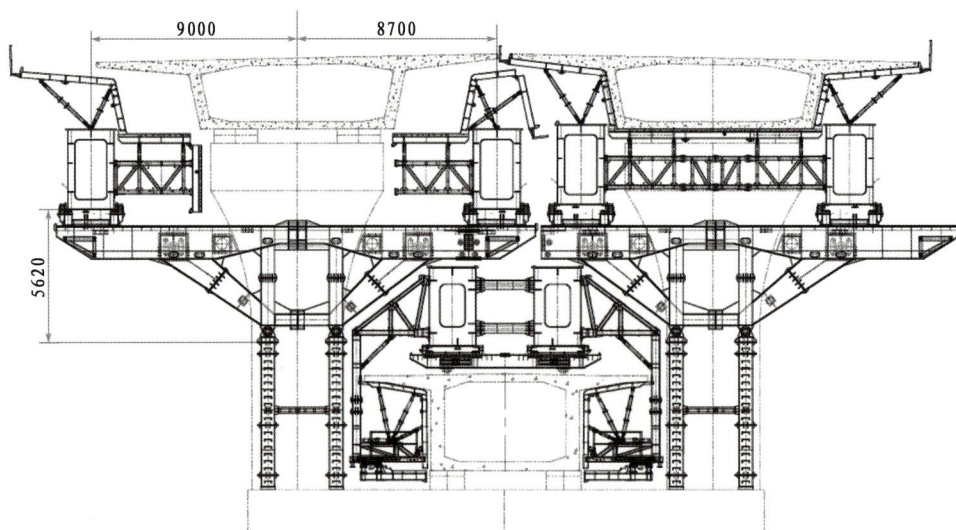

图 6-3-4-105   铁路、公路移动模架施工截面示意图(尺寸单位：mm)

6）复杂海域环境中移动模架抗风设计

根据施工环境移动模架施工需要抵抗季风期、台风期超常规风荷载，对移动模架的主梁系统、支腿系统、模板系统等进行加强设计，并增设部分抗风措施，使移动模架施工满足≤7 级风正常过孔，满足≤8 级风箱梁正常施工，台风工况时，采取将支腿、主梁与墩身、已浇梁进行锚固、抄垫，模板合模等措施，能抵抗 14 级台风，确保大风环境下混凝土箱梁施工的安全和质量。

3.4.7　混凝土箱梁移动模架法施工

1）移动模架拼装吊装

对于深水区混凝土箱梁施工,本项目针对复杂海域大风环境下移动模架拼装吊装难题,采用先在后场拼装、预压移动模架,再通过 2000t 起重船整体吊运至施工墩位处安装的方案,大大降低了施工风险,实现了移动模架快速精确安装。施工情况如图 6-3-4-106、图 6-3-4-107 所示。

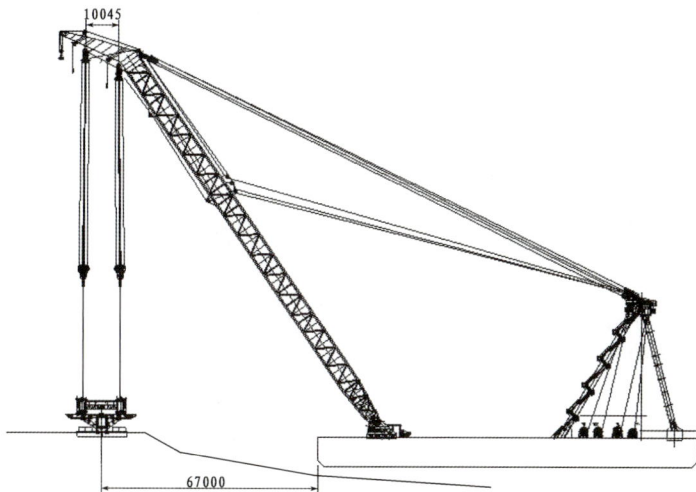

图 6-3-4-106　移动模架整体起吊示意图(尺寸单位:mm)

a)　　　　　　　　　　　　　　　　b)

图 6-3-4-107　移动模架吊运至墩位处

对于浅水区及陆地混凝土箱梁施工,采用在墩位处或者相邻墩位处地面进行拼装,利用塔式起重机吊装至墩顶,然后将移动模架纵移至首跨施工位置进行安装的方法。

具体拼装吊装流程以 8 号公路移动模架及 4 号铁路移动模架为例,见表 6-3-4-10。

移动模架拼装流程

表 6-3-4-10

工　艺	拼装方式	适用范围	模架名称	拼装流程	备注
移动模架拼装吊装	码头拼装	深水、高墩区	8 号公路移动模架	场地整平→搭设临时支架→拼装主梁、导梁结构→将主梁、导梁结构吊放至支架上→拼装吊臂、侧模架、侧模、底模→附属结构安装→液压系统、电气系统安装→起吊前检查验收、调试→预压→码头整体吊装→墩位处下放→微调至制梁状态	

续上表

工 艺	拼装方式	适 用 范 围	模 架 名 称	拼 装 流 程	备注
移动模架拼装吊装	墩位处拼装	浅水、陆地区	4号铁路移动模架	拼装场地布置→拼装主梁→固定、中支腿安装→拼装走行系统→主梁吊装→主梁横联安装→前后导梁安装→主中支腿液压系统安装→纵移至墩位处→前支腿、固结中支腿与墩顶固结→安装吊挂、外模及支撑系统、底模横梁、纵梁→安装液压电气系统→检查验收→预压	

2）移动模架预压

（1）预压目的

移动模架预压目的是消除移动模架支撑、主梁、模板等非弹性变形的影响；测量结构的弹性变形实际值，作为梁体模板系统设置预拱度的依据；同时检查移动模架的强度、刚度和受力稳定情况，确保箱梁现浇施工的安全性。

（2）预压一般规定和流程

①一般规定

首次拼装后应采用不小于1.2倍的施工总荷载进行预压，新拼装后应采用不小于1.1倍的施工总荷载进行预压。

预压应依据荷载分布情况，按总荷载的50%、80%、100%、110%或120%分级加载，禁止在局部堆载。每级加载完成后，都必须对焊缝和螺栓连接处等逐一进行检查，对关键部位进行应力和变形监测，卸载应分级进行。

②预压流程

模架预压流程：设置沉降观测点→分级加载预压→进行沉降观测→移动模架沉降稳定→分级卸载→预压成果分析→调整模架模板高程。预压流程如图6-3-4-108所示。

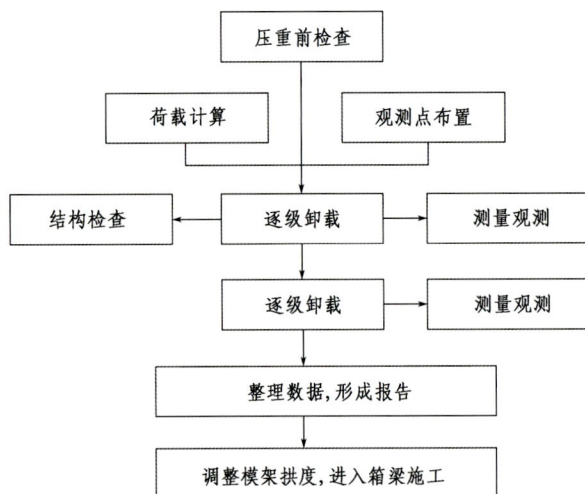

图 6-3-4-108　模架预压流程图

加载施工前，在观测点位置做好标记，并测量记录其高程。在整个加载过程中，每施加一级荷载，观测并记录一次。在加载过程中随时测量观测点的变化情况，防止出现意外。在箱梁跨度的0、$L/4$、$L/2$、$3L/4$、L位置对应的三排精轧螺纹钢筋上布置观测点。纵桥向共5个截面，共计15个观测点。40.7m跨观测点布置如图6-3-4-109所示。

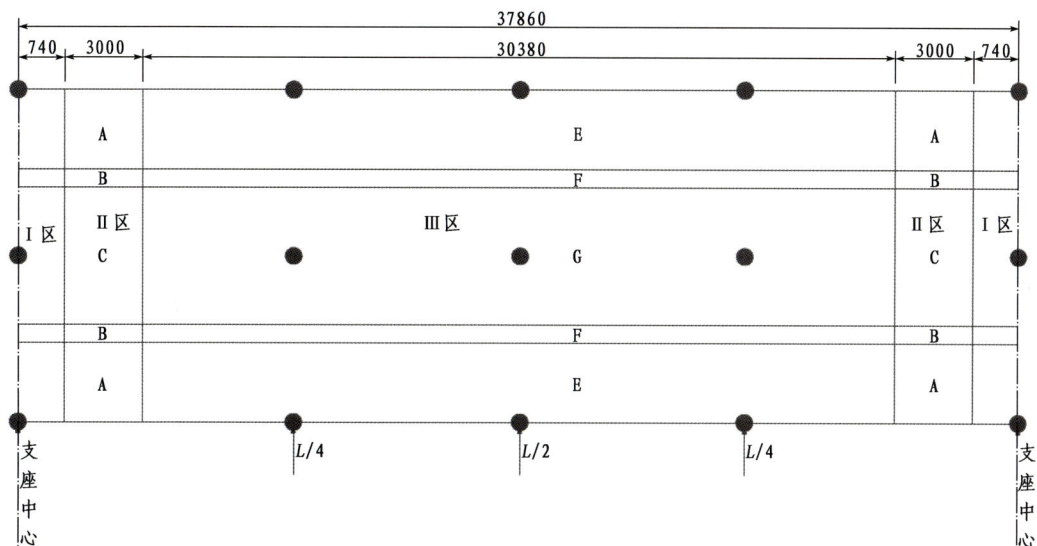

图 6-3-4-109　移动模架预压观测点布置示意图(尺寸单位:mm)

③荷载计算

以 40.7m 铁路箱梁为例,荷载计算以箱梁不同区段截面面积来计算每延米荷载,与区段距离相乘,就得到相应区段的荷载,并按翼缘板、腹板、底板区域来计算横截面积。40.7m 铁路箱梁单侧腹板加厚段荷载 6.42t/m、中间标准段荷载 4.58t/m,顶、底板加厚段荷载 11.84t/m、中间段荷载 10.24t/m,单侧翼缘混凝土重 3.04t/m、内模及内模支撑系统按 0.8t/m、施工临时荷载按 0.36t/m 计算。40.7m 梁各区段荷载分布值见表 6-3-4-11。

40.7m 梁各区段荷载分布值　　　　表 6-3-4-11

区　域		荷载值 (t/m)	区段总长 (m)	模板及支撑系统、 施工临时荷载(t/m)	压 重 系 数	各区荷载分布 (t)
Ⅰ 区			1.48	Ⅰ区位于墩顶,不进行压重		
Ⅱ 区	A	3.04	6.00	0.36	1.20	24.48
	B	6.42	6.00	0.36	1.20	48.8
	C	11.84	6.00	0.80	1.20	91.01
Ⅲ 区	E	3.04	30.38	0.36	1.20	123.95
	F	4.58	30.38	0.36	1.20	180.10
	G	10.24	30.38	0.80	1.20	402.47

④加载方法

选用砂袋或水袋作为加载物,首次拼装预压重量为梁体自重的 1.2 倍(40.7m 跨约 1440t,49.2m 跨约 1920t),砂袋逐袋称重,每袋重量应基本一致,要设专人称量,专人记录,称量好的砂袋一旦到位就采取防水措施,准备好防雨布。弧形底模先采用砂袋垫平,再将成捆钢筋布置在腹板位置。加载时采用履带式起重机逐袋(捆)将预压材料提升至箱梁底模上,分层堆码。压重示意图及现场实际情况如图 6-3-4-110 ~ 图 6-3-4-113 所示。

加载程序如下:

a.加载前,要将箱梁横断面相应部位的荷载换算为砂袋的数量。

b.堆载前,测出每一个测量观测点的初始高程值 H_1,并记录。

c.加载顺序为从支座向跨中依次进行,加载时按设计要求分级进行,前三级持荷时间不少于 2h,最后一级加载时间不小于 8h 每级加载后要进行测量记录,观测移动模架受力情况。

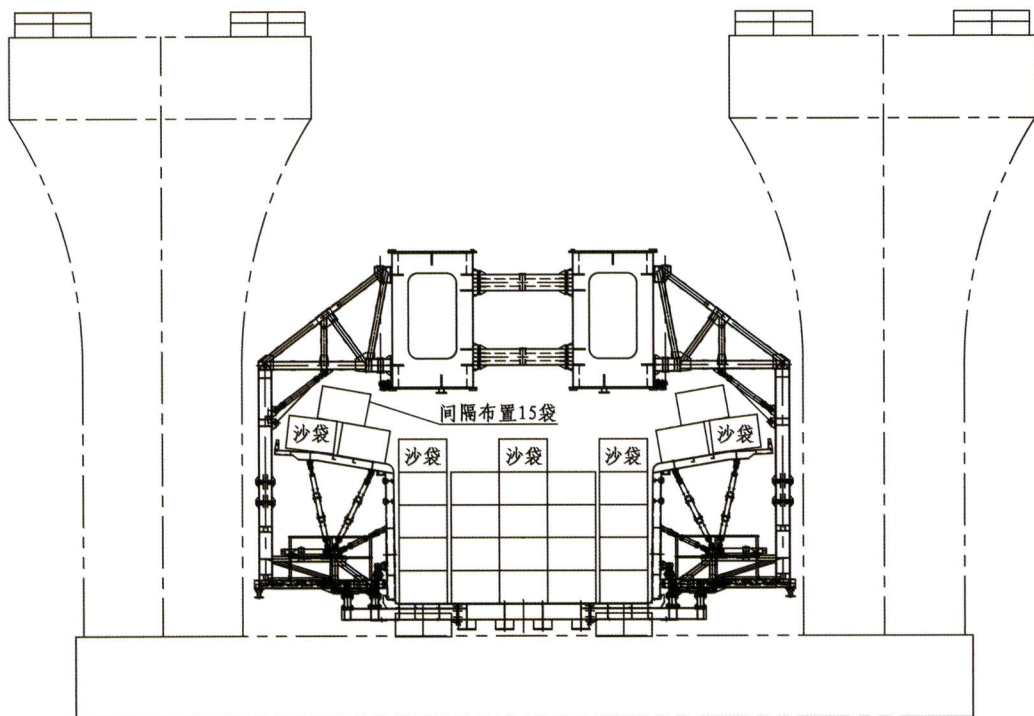

图 6-3-4-110　压重示意图

图 6-3-4-111　4 号移动模架砂袋预压现场

图 6-3-4-112　1 号移动模架砂袋预压现场

图 6-3-4-113　1 号移动模架吊挂水袋预压

d. 堆载结束后立即测量各观测点的高程值 H_2，并记录。

e. 堆载 24h 后，卸载前测量各测点的高程值 H_3，并记录。

f. 卸载后测量出各侧点的高程值 H_4，此时计算出各观测点的变形如下：

非弹性变形 $\Delta_1 = H_1 - H_4$。通过预压可以认为支腿、模板的非弹性变形已经消除。弹性变形 $\Delta_2 = H_4 - H_3$。

g. 注意事项：

（a）加载过程中各级压重荷载必须由专人负责，认真称量、计算和记录，当采用砂袋作为压物时，应采取防雨措施，防止砂袋吸水超重，造成模架超载，影响结构安全；所有压重荷载应提前准备至方便起吊运输的位置。

（b）加载过程中，要求详细记录加载时间及位置，要及时通知测量人员现场跟踪观测。未经观测记录不得进行下一级加载。每完成一级加载应暂停一段时间,进行观测并对模架进行检查,发现异常情况及时停止加载,及时分析,并采取相应措施。

(c)加载过程中加强施工现场安全保卫工作,确保各方面安全。

(d)加载全过程,要统一组织,统一指挥,要有专业技术人员及工点负责人在现场协调。

h. 卸载

卸载类似加载,是加载程序的逆过程,卸载过程要均匀依次卸载,防止突然释荷至冲击,并妥善放置重物以免影响正常施工。卸载时每级卸载均待观察完成,作好记录后在卸至下一级荷载,测量记录模架恢复情况。所有测量记录资料要求当天上报,现场发现异常情况要及时上报。

⑥测量方法

测量仪器采用高精度水准仪观测,测量步骤如下:

a. 底模上测量点设置,找强度较好直顺的细铁丝系 2kg 垂砣挂在观测点上,在铅垂丝上做好观测标记。地下设测站,对铅垂丝上标记进行高程测量,在加载前,测出各点的初始高程值并记录入表格,试验过程中注意对测点及铅垂丝的保护,必要时设专人看护。

b. 分级加(卸)载时,统一指挥,配备专门的荷载记录统计员,对各阶级测点均进行测量一次并有专人复测,确认无误后将计算的各测点的高程值记入表格中。

c. 整理上述各高程值,计算各测点的变形值,编制变形量成果表。

⑦预拱度设置

移动模架底模应设置预拱度,预拱度应计入主梁荷载作用后的弹性变形影响,弹性变形应根据混凝土实际容重计算并结合有关试验数据修正后确定。

拱度设置需考虑以下方面的影响:

a. 箱梁自重加载后的弹性变形:试压试验所测得的实际数据与混凝土实际容重加载后的理论计算结果对比,取修正后的弹性变形值。

b. 张拉、混凝土收缩及混凝土箱梁自重(含二期恒载,按设计图纸);

施工预拱度取:$a+b$;

预拱度按二次抛物线法分配,其公式为:

$$y = \frac{4\delta \cdot x \cdot (L-x)}{L^2}$$ (6-3-4-1)

3)混凝土箱梁施工

(1)支座安装

①支座安装前,必须检查支座品种、结构形式、规格尺寸及涂装质量,各项指标必须符合设计要求和相关产品标准的规定;固定支座及活动支座安装位置必须符合设计要求。

②支座安装前,先对混凝土垫石凿毛,在其上铺 3~4 个与垫石标号相同的砂浆垫块,砂浆垫块顶高程严格控制为支座底高程,然后立即将支座吊装就位,调整好高程后,拟采用支座灌浆料填满支座与垫石之间的空隙(拟定安装方案,待支座厂家确定后,共同确定安装方案后上报设计院进行确认)。

③待梁体混凝土灌注后、预应力筋张拉前,及时拆除各支座的上下板连接钢板及螺栓。

(2)预拱度设置及模板调整

移动模架主梁设计制造时考虑了预拱度,当移动模架过孔就位后,要调整好主梁的平面位置及高程,使模板体系处于浇筑混凝土时的正确位置,与此同时需检测预留拱度。各支点预拱度值由预压试验和张拉、混凝土收缩及混凝土箱梁自重影响而定。预拱的设置分两次完成,第一次指在移动模架制造时考虑主梁预留上拱度,第二次由底模间、主梁间螺杆通过丝扣调节来完成。

模板要求接缝严密,相邻模板接缝平整,接缝处用贴胶带密封,防止漏浆,并在模板混凝土面板上涂刷清漆和脱模剂,保证混凝土表面的粗糙度和平面度,以确保梁体外观质量。

（3）绑扎底板、腹板钢筋及预应力管道安装（图 6-3-4-114）

①钢筋绑扎基本顺序：梁体底板→腹板、横隔梁→顶板。底、顶、腹板均采用双层钢筋网，钢筋网片间的拉筋。

②施工缝处纵向钢筋接长，采用单面焊，焊缝长度不小于 10d，并且保证在不小于 60cm 的区段内，有焊接接头的钢筋截面面积不应超过总钢筋面积的 50% 。

③腹板竖向箍筋安装宜宁低勿高，以免造成桥面建筑高度超限。

④底（顶）板钢筋绑扎时，顶层钢筋应在纵向预应力筋安装后绑扎。

⑤钢筋网片间应设置拉钩，梅花形布置，与网片扎牢。

⑥保护层垫块采用混凝土垫块，应互相错开，分散布置，数量满足 4 个/m²。

⑦钢筋与预应力孔道波纹管相碰时，可调整钢筋的位置。

⑧安装支座预埋垫板，保证其位置准确，连接牢固。

⑨预应力孔道采用塑料波纹管，孔道内预先穿入预应力筋，端部的预埋锚垫板应垂直于孔道中心线。管道端部开口须密封以防止水或其他杂物进入，并对预应力筋和波纹管进行保护，防止波纹管被击穿或造成其他损坏。波纹管的接长连接采用塑料波纹管套接。接头装置避开孔道弯曲处，接头部分要用大一型号的波纹管套接，用胶带纸裹紧，避免混凝土浇筑时水泥浆渗入管内。

⑩箱梁设置纵向、横向预应力体系，预应力体系为高强度低松弛钢绞线。预应力管道采用金属波纹管、真空辅助压浆工艺。施工时根据设计图纸要求安装预应力筋，并待混凝土强度达到设计要求后进行张拉施工。

⑪管道的压浆孔设在锚垫板上，为避免混凝土浇筑时水泥浆进入锚垫板发生堵塞现象，锚垫板压浆孔要用海绵条堵塞严密，并位于上方，管道在模板内安装完毕后，将其端部盖好。

（4）内模安装（图 6-3-4-115）

内模采用分块组合钢模，预先在已浇梁段上分节拼装成整体后，用梁面门式起重机或人工进行安装。内模顶板适当位置设天窗，以便底板混凝土浇筑。内模支撑体系为型钢桁片，桁片设可调撑杆，便于内模的尺寸调整及拆除。内模体系利用底板卸水孔设支撑，支撑在底模上。

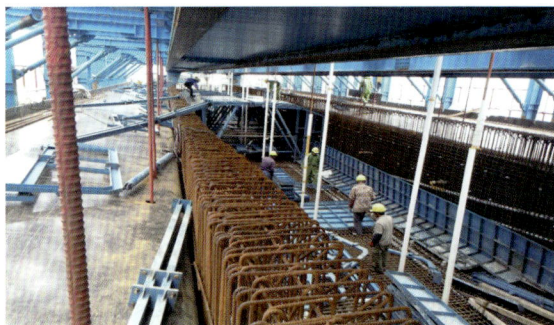

图 6-3-4-114　铁路箱梁钢筋绑扎、预应力管道安装　　　　图 6-3-4-115　铁路箱梁内模安装

（5）顶板钢筋绑扎、横向预应力管道安装

钢筋施工及预应力管道安装同（4）。道砟墙由于后浇筑，钢筋应准确定位，模板不需同时安装。钢筋绑扎时注意各种预埋件的安装。

（6）混凝土施工

①混凝土技术要求

箱梁 C50 混凝土，配合比：水灰比不大于 0.36，并满足耐久性要求，氯离子含量严格控制在 0.06% 的范围内。混凝土要满足施工所需的和易性、坍落度、含气量、温度等指标。

②混凝土供应及材料组织

为了保证混凝土供应量，考虑混凝土工厂及施工各个环节的工作效率，根据混凝土的浇筑方量，组织足够混凝土原材料储备,保证材料补充及时、迅速,满足施工要求,确保混凝土施工连续进行。浇筑前,紧密关注本地气象情况,选择无雨天气施工。混凝土采用混凝土搅拌车装运,再由两台超高压输送泵输送至移动模架布料机进行浇筑。

③混凝土浇筑

混凝土的浇筑顺序为:从跨中向两端按水平分层、斜向分段依次浇筑,先底板,后腹板,再顶板。

a.混凝土浇筑前,应对模板、钢筋、预埋件进行检查,符合要求后方可浇筑。模板内的杂物、积水和钢筋上的污垢须清理干净,并对模板支撑情况进行检查。经监理工程师检查合格后,进行混凝土浇筑。

b.采取措施控制混凝土入模温度,夏季施工时,混凝土的入模温度不宜高于气温且不宜超过30°。气温高时选择室外气温较低时浇筑混凝土,混凝土冬季最低入模温度5°,选择室外温度较高时浇筑混凝土。

c.在混凝土浇筑过程中,混凝土入模高度以不发生混凝土离析控制为度,控制混凝土自由倾倒高度不超过2m,控制出料口下面混凝土堆积高度不超过1m。

d.混凝土入模时要下料均匀,混凝土的振捣与下料要交替进行。梁体混凝土采用插入式的振捣器振捣,派有经验的混凝土工负责,操作插入式振捣器时宜快插慢拔,插入式振捣器移动间距不超过其作业半径的1.5倍,与模板应保持5~10cm的间距,插入下层混凝土5~10cm左右,振捣密实的标志是混凝土停止下沉,不再冒泡、表面呈现平坦、泛浆。振捣完成后,慢慢提出振捣棒,避免碰撞模板、钢筋、预应力管道和其他预埋件。

e.箱梁腹板混凝土下料按每层30cm分层,振捣时注意底板混凝土翻涌,如出现此类情况,及时将底板多余的混凝土清除,确保底板厚度符合设计要求。

f.混凝土浇筑过程中,及时清理箱梁内箱,内模下口边缘、泄水孔、通气孔等多处的多余混凝土,确保脱模方便。

④混凝土养护

混凝土浇筑后,顶部顶面、箱内底板顶面采用洒水养护,其他部位在拆模后,在混凝土箱梁表面覆盖土工布养护,如图6-3-4-116所示。

(7)预应力施工

引桥简支箱梁所有腹板钢束采用两端张拉,简支箱梁混凝土强度及弹性模量均达到设计值的60%以上时,拆除内模,在移动模架不移动的情况下,进行预应力筋预张拉;混凝土强度及弹性模量、龄期均达到设计要求的条件下,进行预应力筋终张拉。

①预应力张拉

a.张拉前的准备

图6-3-4-116　混凝土养护

千斤顶使用前,须先配套标定。千斤顶使用超过6个月或者200次,在使用过程中出现异常情况,以及千斤顶检修或更换配件后,应重新标定。锚具进场后应有检验证和质量证明,外观检查时锚环、夹片色泽一致,不得有伤痕、裂纹、锈蚀现象,尺寸符合要求,支承面有无倾斜。检查预应力筋(束)露出锚体的长度是否够长,并清除钢绞线表面上的污物,清除锚板上灰浆,以保证锚具与支承板密贴。

b.张拉要求

张拉前,工具锚和工作锚之间的各根预应力筋不得错位、扭绞。实施张拉时,千斤顶与预应力筋、锚具的中心线应位于同一轴线上。

预应力张拉时按"对称""均衡"的原则进行,先张拉腹板预应力,后张拉底板预应力。底板预应力张拉时应先张拉长束,后张拉短束。

所有预应力张拉均采用延伸量与张拉力双控,以张拉力为准,通过试验测定 E 值,校正设计延伸

量,要求实测延伸量与设计延伸量两者误差在 ±6% 以内,否则应暂时停张拉,待查明原因并采取措施予以调整后,方可继续张拉。测定延伸量要扣除非弹性变形引起的全部延伸量。对同一张拉截面,断丝率不得大于 1% ,每束钢绞线断丝、滑丝不得超过一根,不允许整根钢绞线拉断。

预应力钢束张拉、锚固过程中及锚固完成后,均不得大力敲击或振动锚具。钢绞线多余的长度应用切割机切割,切割后预应力筋的外露长度不应小于 30mm,且不应小于 1.5 倍预应力筋直径。

c.张拉工艺

张拉顺序严格按照施工图纸要求进行,按要求进行两端张拉,以张拉力控制为主,张拉力与伸长量双控。预应力张拉时,锚具垫板必须与钢绞线轴线垂直、垫板孔中心与管道中心一致。安装千斤顶时必须保证锚圈孔与垫板孔严格对中,防止滑丝、断丝现象的发生。

②管道压浆、封锚

在工地试验室对压浆材料加水进行试配,各种材料的称量应精确到 ±1% 。经试配的浆液各项性能指标均满足设计要求后方可用于正式压浆。

应对孔道进行清洁处理,对孔道内可能存在的杂物等,用水稀释后进行冲洗,冲洗后用不含油的压缩空气将孔道内的积水吹出。应对压浆设备进行清洗,清洗后的设备内不应有残渣和积水。预应力管道在张拉后 24h 内进行管道压浆,采用真空辅助压浆工艺进行孔道注浆并封锚。

3.5　钢管立柱式支架混凝土现浇梁施工技术

3.5.1　施工方案概述

大小练岛水道桥单位工程 XD13 ~ XD18 跨铁路简支箱梁和公路连续箱梁采用支架现浇法施工。现浇箱梁先施工下层铁路梁,铁路梁施工完成后支架卸载,继续拼装公路现浇支架(部分支架支撑于铁路箱梁),再施工公路混凝土梁。下面仅介绍支架现浇施工,支架预压和箱梁施工参照铁路混凝土箱梁所述。

施工顺序:XD17 ~ XD18、XD16 ~ XD17、XD15 ~ XD16 铁路梁→ZXD18 ~ ZXD16 公路梁→YXD18 ~ YXD16 公路梁→XD15 ~ XD14 铁路梁→ZXD16 ~ ZXD15 公路梁、YXD16 ~ YXD15 公路梁→XD14 ~ XD13 铁路梁→ZXD15 ~ ZXD13 公路梁→YXD15 ~ YXD13 公路梁,见图6-3-5-1。

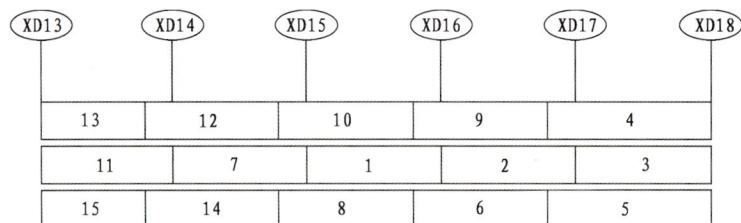

XD13	XD14	XD15	XD16	XD17	XD18

13	12	10	9	4
11	7	1	2	3
15	14	8	6	5

图 6-3-5-1　混凝土梁支架现浇施工顺序图

3.5.2　现浇支架设计

1)现浇梁支架设计概况

现浇支架采用钢管立柱 + 贝雷梁主梁的结构形式,为梁式支架。钢管立柱采用 $\phi1200 \times 14$mm 钢管,立柱联结系采用 $\phi600 \times 8$mm 钢管和 $\phi400 \times 8$mm 钢管。为方便拼装,钢管立柱采用 15m 标准节,标准节间采用法兰对接,管桩法兰长线法匹配制造,联结系钢管组焊成整体后现场焊接。

根据现场地质情况,现浇支架下部结构采用桩基础 + 钢管立柱形式。为保证支架整体稳定性,在

+32.617m高程处设置一道水平联结系与墩身连成整体。XD13～XD16 号墩现浇支架总体布置见图 6-3-5-2、图 6-3-5-3。

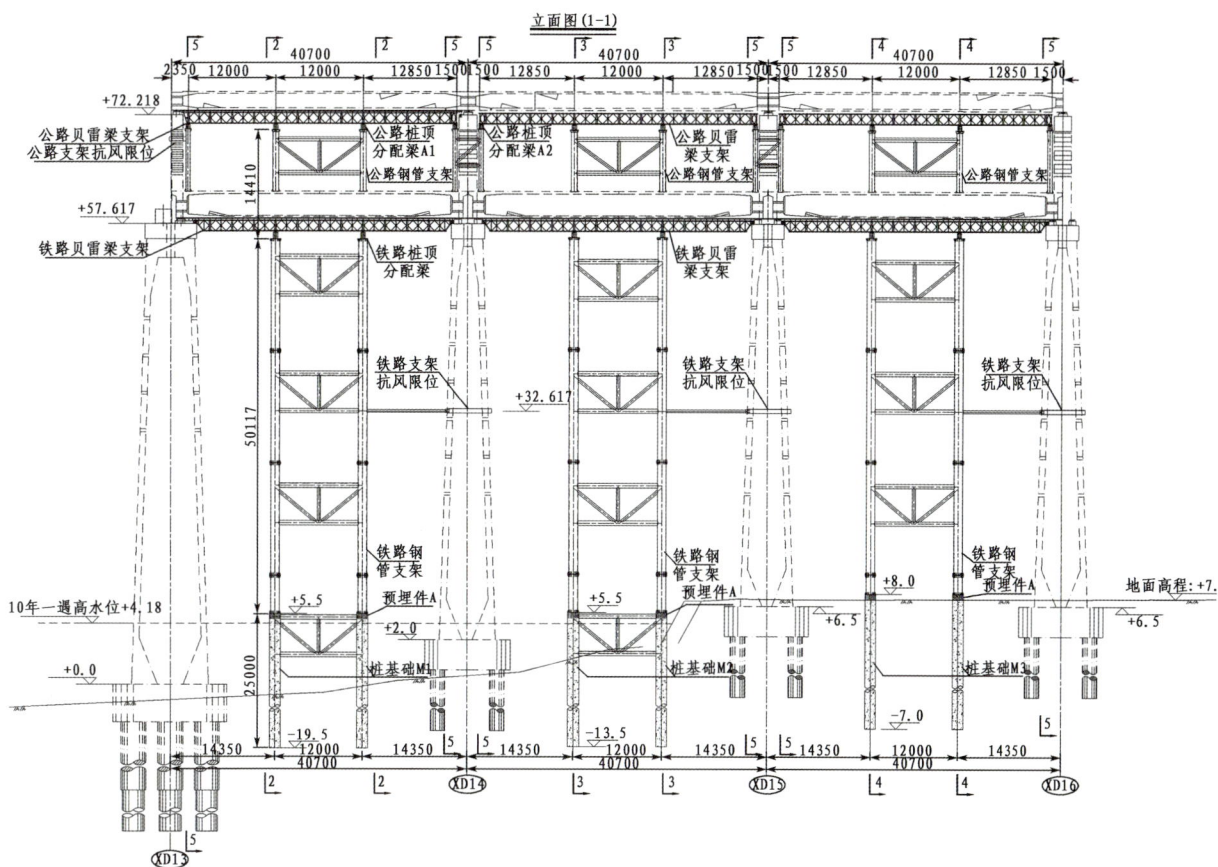

图 6-3-5-2　XD13～XD16 墩现浇支架立面布置图(尺寸单位:mm,高程单位:m)

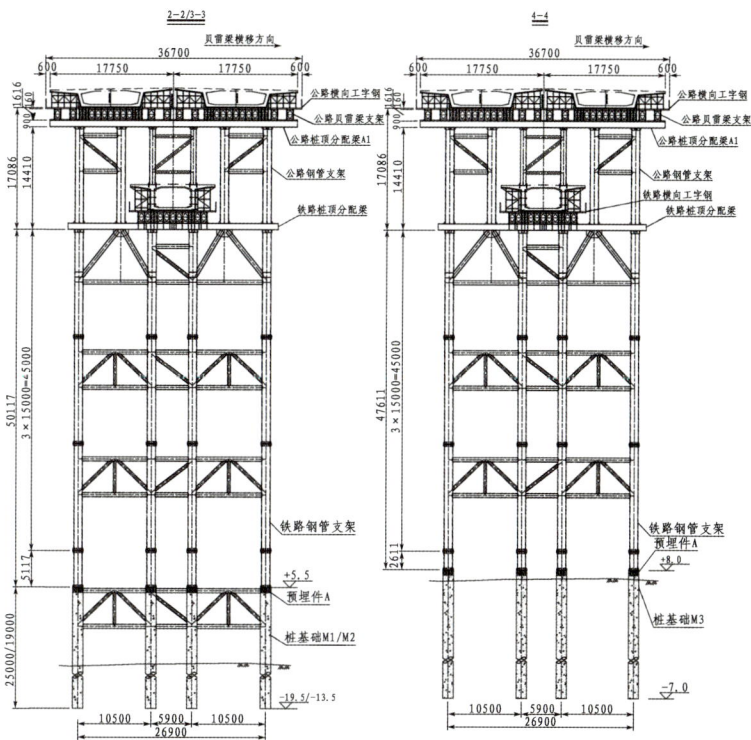

图 6-3-5-3　XD13～XD16 墩现浇支架断面布置图(尺寸单位:mm,高程单位:m)

支架上部结构采用分配梁＋贝雷梁形式,铁路支架贝雷梁跨度为 12.35m＋12m＋12.35m,公路支架贝雷梁跨度为 12.85m＋12m＋12.85m。贝雷梁中间为标准型贝雷片,两端各设一片异形贝雷片。

铁路支架横桥向共布置 14 榀贝雷梁,公路支架单幅横桥向布置 22 榀贝雷梁,铁路箱梁和公路箱梁现浇施工所用的外侧模板采用整体式钢模板,底模和内模板采用木模板,内外模间设置拉杆。铁路混凝土梁和公路混凝土梁外侧模板设置为可调式结构,可通用。具体见图 6-3-5-4、图 6-3-5-5。

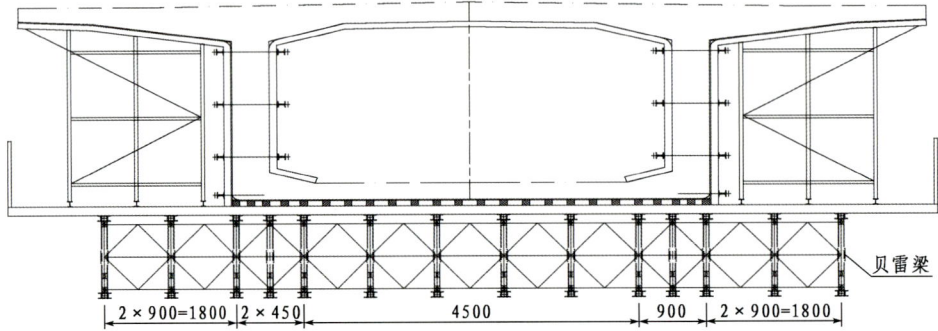

图 6-3-5-4　XD13～XD18 号墩铁路箱梁外模板及贝雷梁断面布置图(单位:mm)

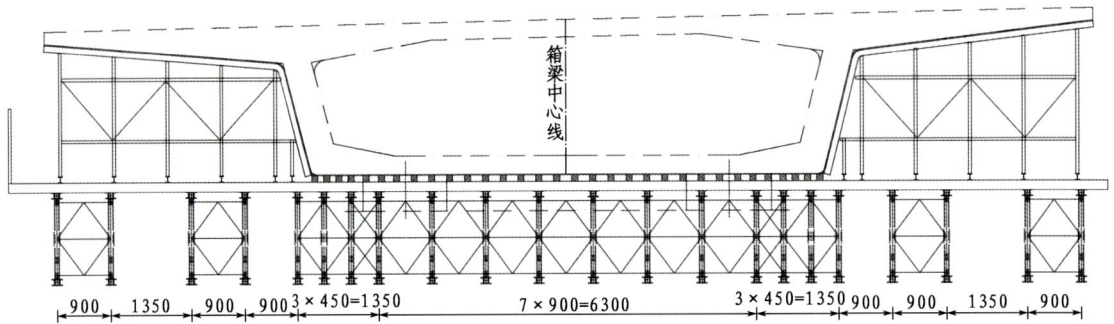

图 6-3-5-5　XD13～XD18 号墩公路箱梁外模板及贝雷梁断面布置图(单位:mm)

2)现浇梁支架设计计算

(1)荷载组合

支架安装过程中,立柱未与墩身预埋件连成整体时,考虑可能经历台风,此工况下进行支架抗台验算。支架工作状态风速按 8 级风考虑,水流力及波浪力仅作用于 XD13～XD14 号墩支架,其余孔跨的支架均在岛上。支架工作状态最大风荷载按 8 级风考虑,非工作状态风荷载按 10 年一遇台风考虑,风速分别为:20.7m/s、45.4m/s。现浇支架计算荷载组合见表 6-3-5-1。

现浇支架计算荷载组合表　　　　　　　　表 6-3-5-1

工况	设 计 状 态	荷 载 组 合	
		主力	附加力
Ⅰ	支架施工非工作状态	结构自重	10 年一遇水流荷载＋10 年一遇波浪荷载＋台风荷载
Ⅱ	支架工作状态	结构自重	10 年一遇水流荷载＋10 年一遇波浪荷载＋8 级风荷载
		主梁自重	
		施工临时荷载	
Ⅲ	支架非工作状态(主梁未施工)	结构自重	10 年一遇水流荷载＋10 年一遇波浪荷载＋台风风荷载
		模板荷载	
Ⅳ	支架非工作状态(主梁已浇筑预应力未张拉)	结构自重	10 年一遇水流荷载＋10 年一遇波浪荷载＋台风风荷载
		主梁自重	
		模板荷载	

（2）现浇支架计算

利用 MIDAS Civil 软件建立支架有限元模型，钢管立柱、分配梁和贝雷梁及支撑架均采用梁单元。施工时先施工铁路梁，铁路现浇支架贝雷梁脱架后再施工公路梁。故铁路及公路现浇支架分别建模计算，模型如图 6-3-5-6、图 6-3-5-7 所示，计算结果见表 6-3-5-2。

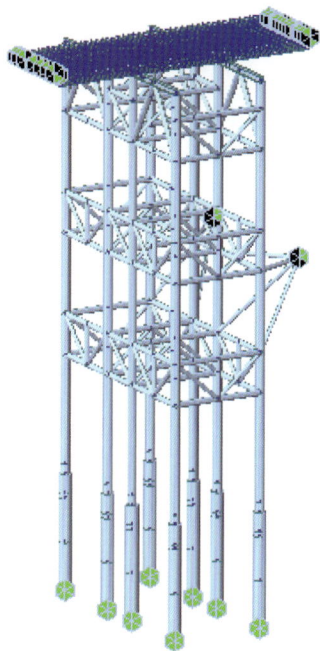

图 6-3-5-6　XD13～XD14 号铁路现浇梁支架模型图　　　　图 6-3-5-7　XD13～XD14 号公路现浇梁支架模型

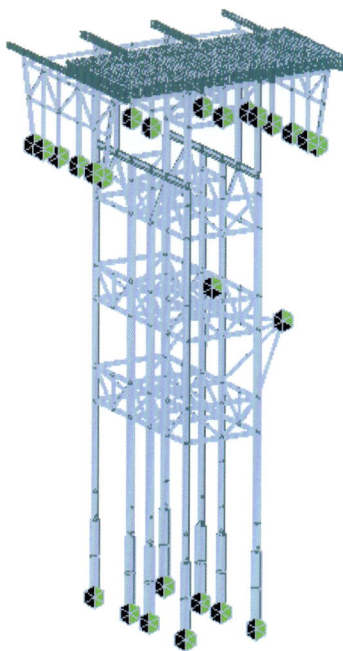

有限元计算结果　　　　　　　　　　　　　　　　　　　表 6-3-5-2

工况		I	II			III		IV		
设计状态		支架施工非工作状态	支架工作状态			支架非工作状态（主梁未施工）		支架非工作状态（主梁已浇筑预应力未张拉）		
荷载组合	主力	结构自重	结构自重	主梁自重	施工临时荷载	结构自重	模板荷载	结构自重	主梁自重	模板荷载
	附加力	10 年一遇水流荷载 + 10 年一遇波浪荷载 + 台风荷载	10 年一遇水流荷载 + 10 年一遇波浪荷载 + 8 级风荷载			10 年一遇水流荷载 + 10 年一遇波浪荷载 + 台风风荷载		10 年一遇水流荷载 + 10 年一遇波浪荷载 + 台风风荷载		
铁路梁支架受力结果	钢管支架	$\sigma = 62\text{MPa} < 1.2[\sigma] = 204\text{MPa}$	$\sigma = 53\text{MPa} < 1.2[\sigma] = 204\text{MPa}$			$\sigma = 120\text{MPa} < 1.2[\sigma] = 204\text{MPa}$		$\sigma = 53\text{MPa} < 1.2[\sigma] = 204\text{MPa}$		
	桩顶分配梁		$\sigma = 64\text{MPa} < 1.2[\sigma] = 204\text{MPa}$，$\tau = 53\text{MPa} < [\tau] = 100\text{MPa}$，折算应力 $111.9\text{MPa} < 1.1[\sigma] = 187\text{MPa}$，变形 $f = 3\text{mm} < 15\text{mm}$			小于工况 II		小于工况 II		
	I16 分配梁		$\sigma = 39\text{MPa} < 1.2[\sigma] = 204\text{MPa}$			小于工况 II		小于工况 II		
	贝雷梁		弦杆 243kN < 560kN，竖杆 204kN < 210kN，斜杆 127kN < 170kN			小于工况 II		小于工况 II		

续上表

工况		I	II	III	IV
铁路梁支架受力结果	墩身预埋件		拉力 160kN,剪力 120kN	拉力 450kN,剪力 330kN	小于工况 II
	抗倾覆计算		$M_{倾}=30247.44\mathrm{kN\cdot m}$; $M_{抗}=416202.15\mathrm{kN\cdot m}$; 抗倾覆系数 $K=13.8>1.3$	$M_{倾}=86788.91\mathrm{kN\cdot m}$; $M_{抗}=254855.95\mathrm{kN\cdot m}$; 抗倾覆系数 $K=2.9>1.3$	$M_{倾}=86788.91\mathrm{kN\cdot m}$; $M_{抗}=416202.15\mathrm{kN\cdot m}$; 抗倾覆系数 $K=4.8>1.3$
公路梁支架受力结果	钢管支架		$\sigma=127\mathrm{MPa}<1.2[\sigma]=204\mathrm{MPa}$	$\sigma=161\mathrm{MPa}<1.2[\sigma]=204\mathrm{MPa}$	
	桩顶分配梁 A		$\sigma=108\mathrm{MPa}<1.2[\sigma]=204\mathrm{MPa}$,$\tau=56\mathrm{MPa}<[\tau]=100\mathrm{MPa}$,折算应力 $144\mathrm{MPa}<1.1[\sigma]=187\mathrm{MPa}$	小于工况 II	
	桩顶分配梁 B		$\sigma=108\mathrm{MPa}<1.2[\sigma]=204\mathrm{MPa}$,$\tau=41\mathrm{MPa}<[\tau]=100\mathrm{MPa}$,折算应力 $129.3\mathrm{MPa}<1.1[\sigma]=187\mathrm{MPa}$	小于工况 II	
	I16 分配梁		$\sigma=132\mathrm{MPa}<1.2[\sigma]=204\mathrm{MPa}$	小于工况 II	
	贝雷梁		弦杆 196kN<560kN,竖杆 155kN<210kN,斜杆 105kN<170kN	小于工况 II	
	墩身预埋件		拉力 60kN,剪力 50kN	拉力 200kN,剪力 160kN	
	抗倾覆计算		$M_{倾}=36175.08\mathrm{kN\cdot m}$; $M_{抗}=363916.58\mathrm{kN\cdot m}$,抗倾覆系数 $K=10.0>1.3$	$M_{倾}=11501.574\mathrm{kN\cdot m}$; $M_{抗}=302106.08\mathrm{kN\cdot m}$; 抗倾覆系数 $K=2.6>1.3$	$M_{倾}=115015.74\mathrm{kN\cdot m}$; $M_{抗}=363916.58\mathrm{kN\cdot m}$; 抗倾覆系数 $K=3.2>1.3$

根据计算结果,贝雷梁、支撑架、分配梁、钢管立柱受力均满足要求。

3.5.3 支架抗风措施

1)铁路梁支架抗风

铁路梁支架搭设过程中,在铁路墩身高程 +32.617m 处设置一道附墙,附墙采用抱箍形式与墩身抄垫顶紧,抱箍与墩身加橡胶块,附墙联结系与铁路墩身上的抱箍框架连接如图 6-3-5-8 所示。根据计算书计算结果(抗风限位计算)在最不利工况下设置一道附墙已满足稳定性要求。

2)公路梁支架抗风设计

公路梁支架与墩身采用框架连接,搭设过程中及时安装抗风限位将墩顶支架与公路墩身抄垫顶紧形成抱箍。具体如图 6-3-5-9、图 6-3-5-10 所示,T1 为 $\phi400\times8\mathrm{mm}$ 钢管,T2 主要材料则为 2[20b 槽钢,T2 与公路墩身间抄垫顶紧后焊接固定。

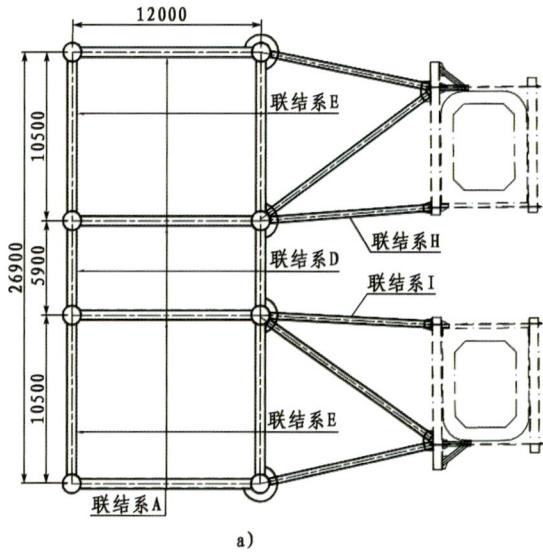

图 6-3-5-8　铁路墩身附墙断面布置图(尺寸单位:mm)

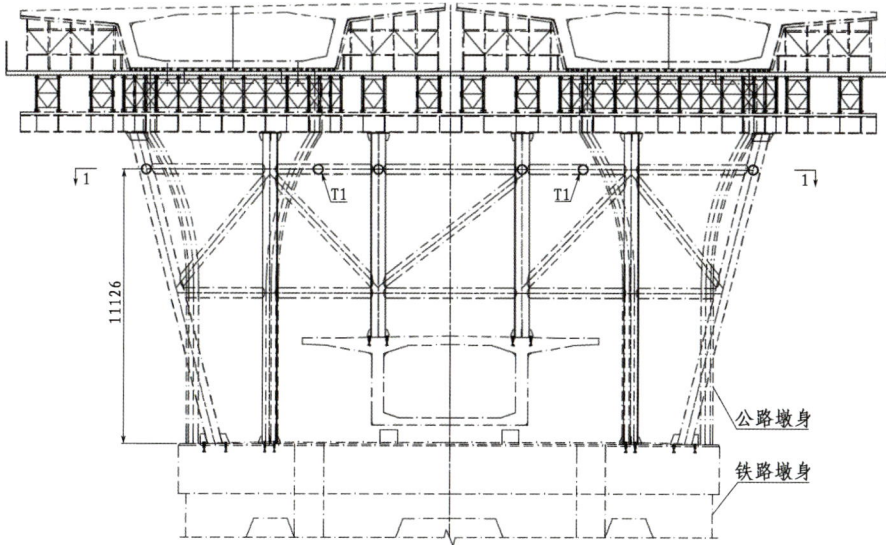

图 6-3-5-9　公路墩身抗风限位立面布置图(尺寸单位:mm)

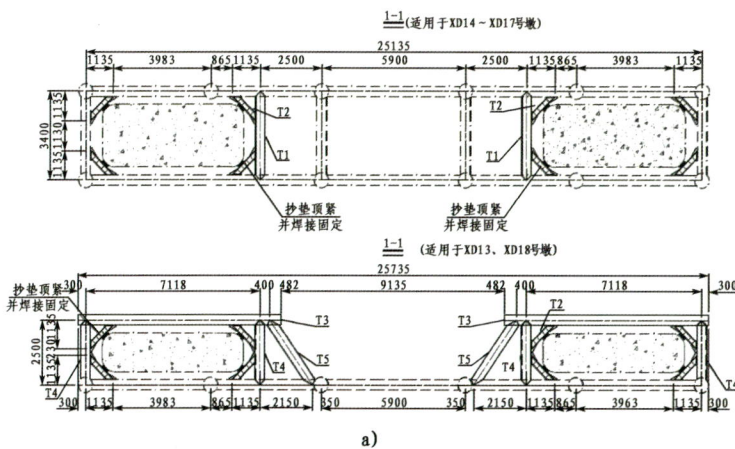

图 6-3-5-10　公路墩身抗风限位断面布置图(尺寸单位:mm)

249

3）贝雷梁抗风设计

贝雷梁组在钢管柱顶分配梁处设置限位件固定。贝雷梁顶底模分配梁采用骑马螺栓固定。具体结构如图6-3-5-11～图6-3-5-14所示。

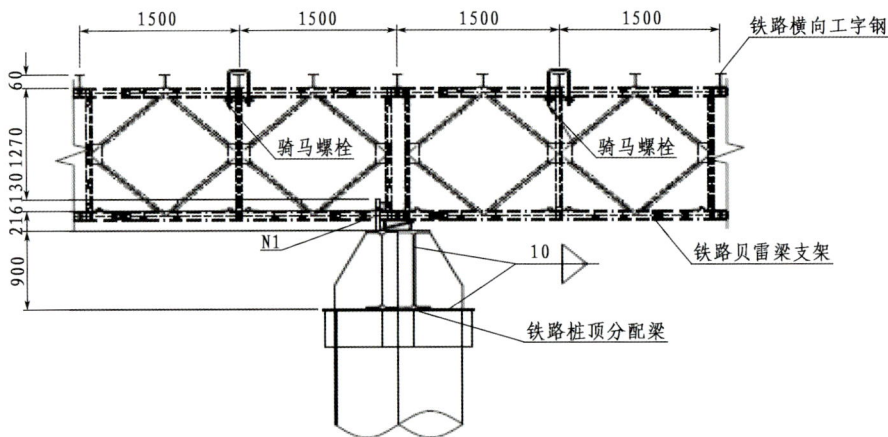

图 6-3-5-11　铁路支架贝雷梁抗风限位立面布置图（尺寸单位：mm）

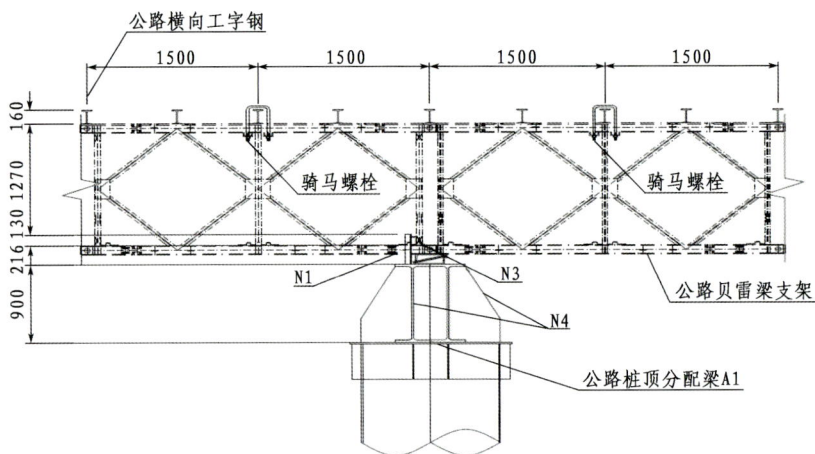

图 6-3-5-12　公路支架贝雷梁抗风限位立面布置图（单幅）（尺寸单位：mm）

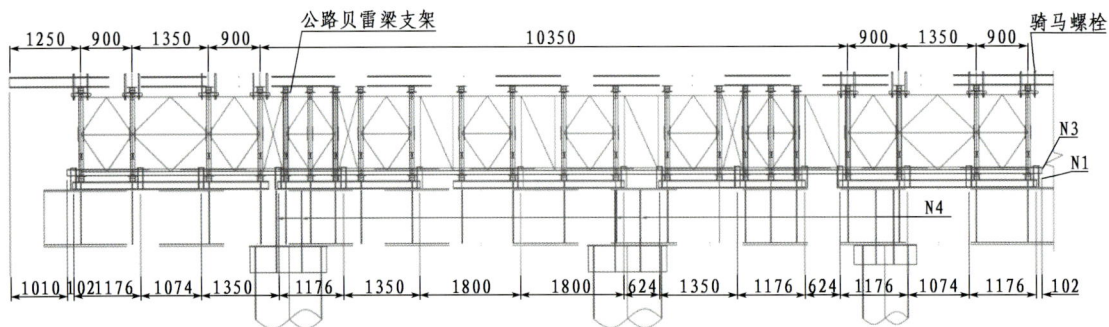

图 6-3-5-13　公路支架贝雷梁抗风限位断面布置图（单幅）（尺寸单位：mm）

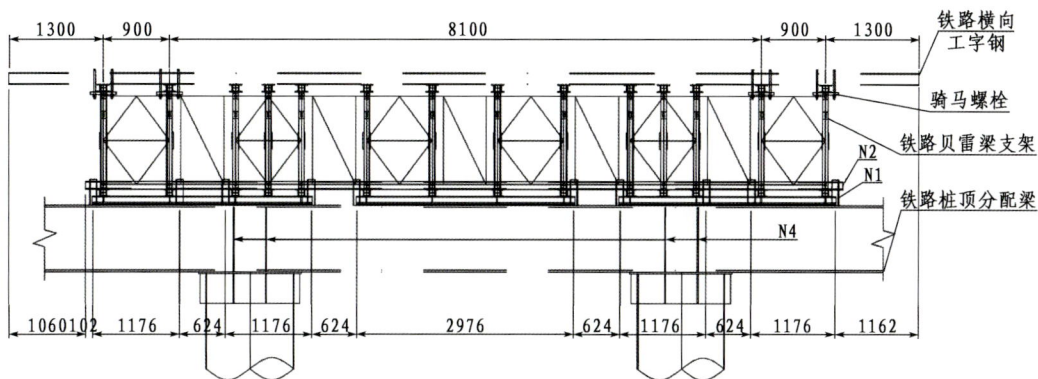

图 6-3-5-14　铁路支架贝雷梁抗风限位断面布置图(尺寸单位:mm)

4）模板抗风设计

模板采用支架支撑,侧板用钢模和底板用木模,支架下部用螺旋丝杆与支撑连接,如图 6-3-5-15 ~ 图 6-3-5-17 所示。

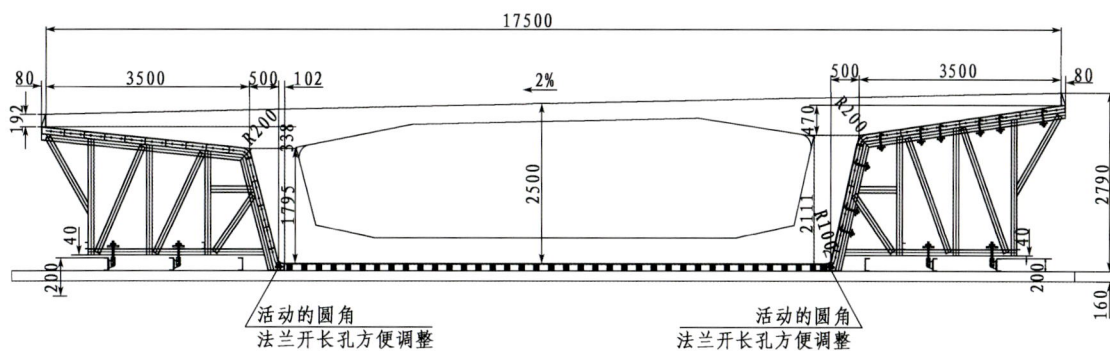

图 6-3-5-15　公路箱梁模板抗风限位断面布置图(尺寸单位:mm)

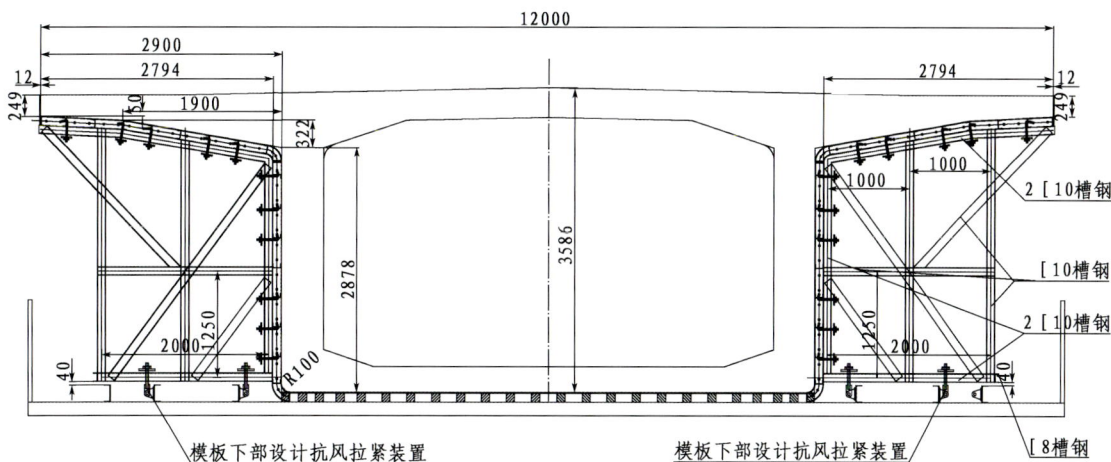

图 6-3-5-16　铁路箱梁模板抗风限位断面布置图(尺寸单位:mm)

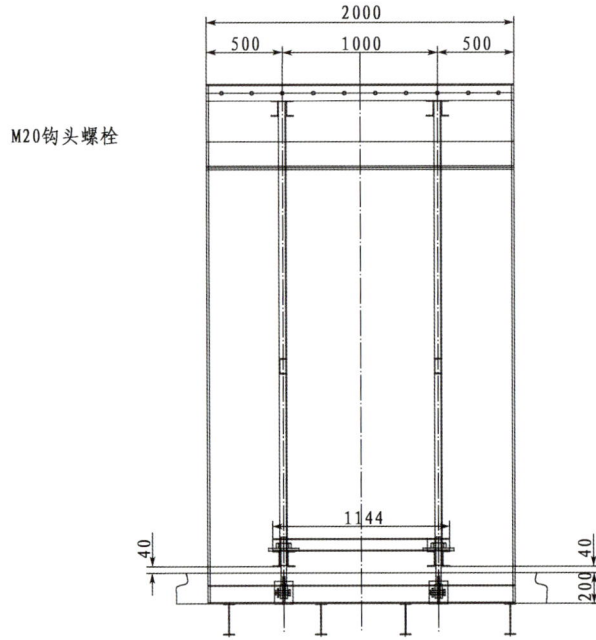

图 6-3-5-17　模板抗风限位立面布置图(尺寸单位:mm)

3.5.4　支架安装施工

现浇支架总体施工流程如图 6-3-5-18 所示。

1)基础施工

XD13～XD18 号墩支架基础均采用桩基础,其中 XD15～XD18 号墩之间桩基础采用人工挖孔成桩,XD13～XD15 号墩之间桩基础利用已有平台,采用冲击钻机成孔的方式施工,桩径均为 1.5m,钻孔桩和挖孔桩施工工艺同第 2 节桩基础施工所述。

2)现浇梁支架施工

(1)桩基顶预埋件

桩基础经检查满足设计要求后将桩头混凝土清理至设计桩顶高程,清洗干净,补齐桩头处箍筋,安装预埋件要求位置准确,偏位不超过 1cm。且要有固定措施防止浇筑混凝土时预埋件位置偏移。桩基混凝土强度等级为 C30,浇筑时用振动棒振捣,确保预埋件下混凝土密实,无空洞。桩顶预埋布置如图 6-3-5-19 所示。

(2)墩身与铁路箱梁预埋件

墩身施工过程中,适时在墩顶安装贝雷梁限位及支架立柱等预埋件,以及在铁路箱梁施工过程中安装公路支架立柱预埋。部分预埋如图 6-3-5-20～图 6-3-5-22 所示。

(3)钢管立柱及联结系制作与安装

钢管立柱在长线台座上全长匹配制作,分节长度为 15m,每节需标注编号、方向,节间法兰连接,安装时需严格按照制作时的编号以及方向连接。

现浇支架立柱采用履带式起重机与塔式起重机相结合的方式吊装,立柱单节最大高度 15m,最大质量 6.2t,立柱上下节采用法兰对接固定。在吊装过程中,立柱接长,上下节之间临时固定,起重机不松钩,从立柱的顶端下放铅垂线,现场安排人员选取两处测量铅锤线与立柱间的距离,若距离一致说明立柱基本垂直,期间可通过缆风绳调整竖直度,调直后再拧紧螺栓。铁路箱梁支架立柱超出塔式起重机起吊范围的采用履带式起重机安装,立柱安装后及时安装立柱间联结系,单立柱最大自由高度为一节。在附墙未安装前,已安装立柱需用抗台缆风与墩身连接。在附墙安装后,柱顶分配梁安装前,若遇台风则将附墙以上的立柱采用抗台缆风绳与墩身连接。

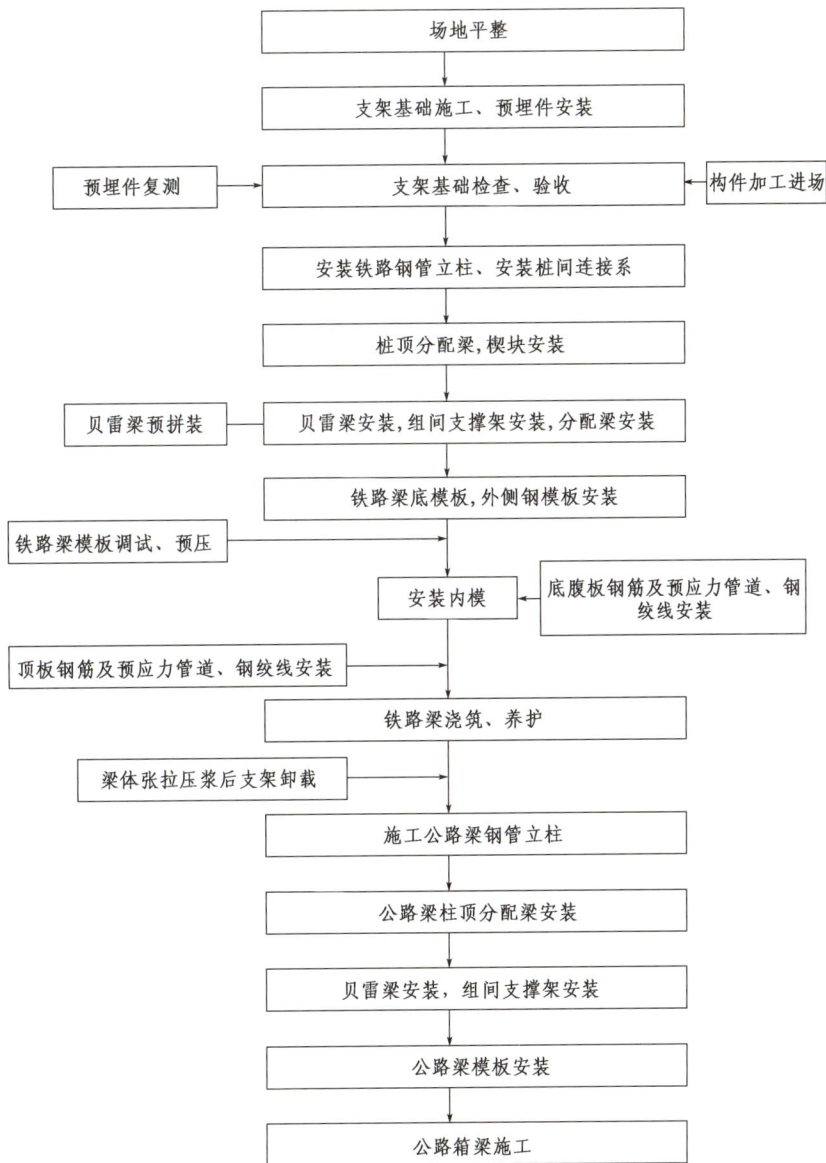

```
场地平整
  ↓
支架基础施工、预埋件安装
  ↓
预埋件复测 → 支架基础检查、验收 ← 构件加工进场
  ↓
安装铁路钢管立柱、安装桩间连接系
  ↓
桩顶分配梁,楔块安装
  ↓
贝雷梁预拼装 → 贝雷梁安装,组间支撑架安装,分配梁安装
  ↓
铁路梁底模板,外侧钢模板安装
  ↓
铁路梁模板调试、预压
  ↓
安装内模 ← 底腹板钢筋及预应力管道、钢绞线安装
  ↓
顶板钢筋及预应力管道、钢绞线安装 →
  ↓
铁路梁浇筑、养护
  ↓
梁体张拉压浆后支架卸载 →
  ↓
施工公路梁钢管立柱
  ↓
公路梁柱顶分配梁安装
  ↓
贝雷梁安装,组间支撑架安装
  ↓
公路梁模板安装
  ↓
公路箱梁施工
```

图 6-3-5-18 支架现浇施工总流程图

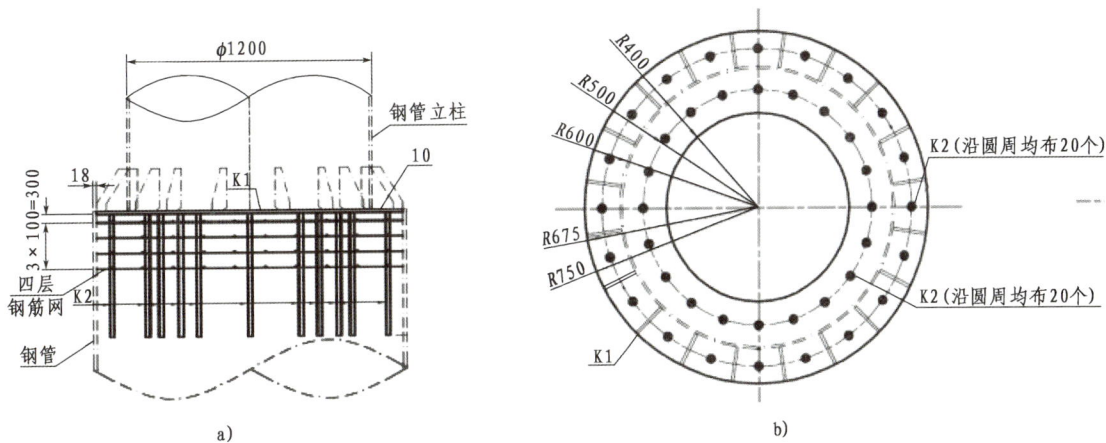

图 6-3-5-19 桩顶预埋布置立面图(尺寸单位:mm)

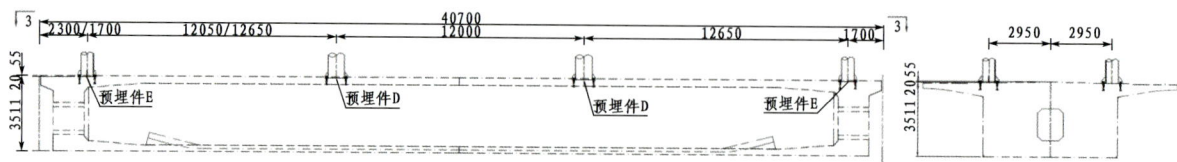

图 6-3-5-20　铁路箱梁顶面预埋布置图(尺寸单位:mm)

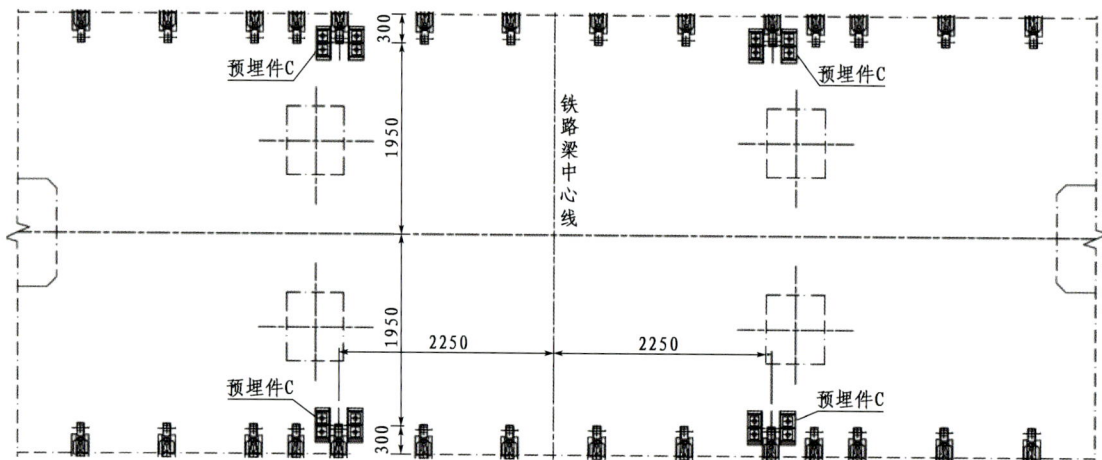

图 6-3-5-21　铁路墩墩顶预埋布置图(尺寸单位:mm)

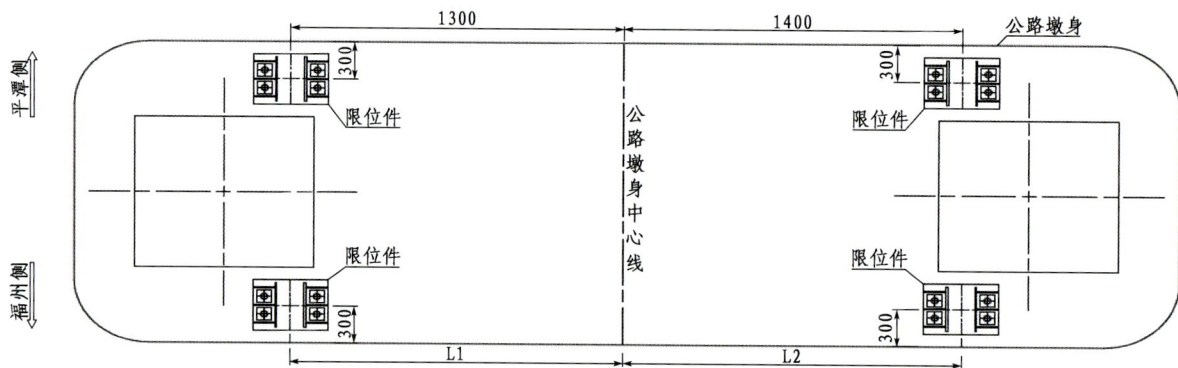

图 6-3-5-22　公路墩墩顶预埋布置图(尺寸单位:mm)

立柱间联结系采用钢管加工而成,其中水平支撑采用 $\phi600\times8mm$ 钢管,斜向支撑采用 $\phi400\times8mm$ 钢管。为提高施工效率,联结系在现场拼装场地按照设计尺寸预先连成整体并在一端设置套管,再吊运至安装点焊接固定,焊接按一级质量等级标准执行。管桩及联结系安装如图 6-3-5-23 所示。

(4)支架柱顶分配梁安装

铁路梁支架跨中柱顶分配梁采用双拼 HN700×300 型钢。柱顶分配梁运送至施工现场后,先经过测量组放线确定位置,再吊运至立柱顶安装固定。柱顶分配梁分节方便现场安装并尽量设置在内力较小处。公路梁支架墩顶处分配梁采用双拼 I45b 型钢,跨中处分配梁同铁路梁支架,吊装流程同铁路梁支架。分配梁安装如图 6-3-5-24 所示。

(5)落梁设备安装

为了便于支架的拆除,需在柱顶分配梁与贝雷梁之间安装垫梁,安装到指定位置后,在垫梁沿横梁方向加装加劲板限位,防止施工过程中偏位滑动。立面布置如图 6-3-5-25 所示。

(6)贝雷梁安装

贝雷梁采用后场预拼装 + 现场安装的方式施工,单组贝雷梁长度根据立柱跨度确定,榀数根据现场吊装能力确定,经过测量组放线确认位置,在确保安全的情况下减少吊运次数,减少施工工期,榀间贝雷梁通过支撑架连接成一个整体。

a)

b)

图 6-3-5-23　管桩及联结系安装

图 6-3-5-24　分配梁吊装

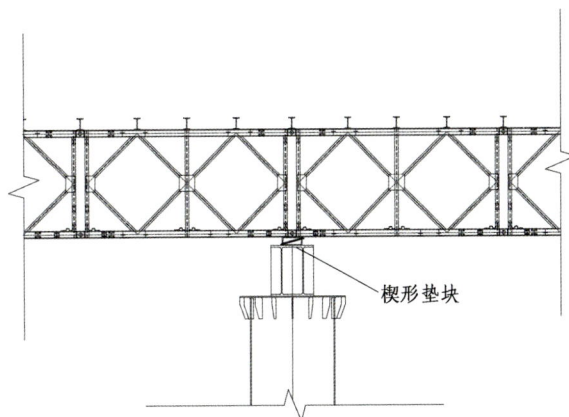

图 6-3-5-25　分配梁与贝雷梁间楔形垫梁立面布置图

　　贝雷梁在地面先分组拼装,拼装时相应支撑架、销轴及保险销应全部安装到位,检查合格后分组整体吊装。吊装到位后,及时将组间支撑架安装到位。

　　铁路梁支架上贝雷梁整跨横向分组,采用塔式起重机和履带式起重机吊装就位,吊装过程中,需要安装缆风绳,以便随时调整其水平位置,防止其在空中摇晃,保证平稳落放在分配梁上,然后通过倒链拖拉到安装位置。

　　在铁路箱梁施工完成并且模板拆除后,方可搭设公路箱梁支架,公路梁支架贝雷梁因高度较大无法抬吊需分段分组,通过塔式起重机吊装,分段设置在柱顶处,同时左右幅采取倒链葫芦拖拉倒用以减少安装工作量。

　　异形贝雷片须严格按照设计制作,经质检员,监理现场验收后方可组装使用。

　　(7)横向 I16 分配梁安装

　　I16 工字钢为横向分配梁,在贝雷梁安装完成后,经过测量组放线确认位置通过履带式起重机或塔式起重机整捆吊运至贝雷梁顶,贝雷梁顶横向 I16 分配梁应为通长,其间距应严格按图纸要求控制,分配梁两端与贝雷梁焊接。

　　(8)模板系统安装

　　公路、铁路梁模板均分为底模、外模内模及端模等部分,其中底模、内模为木模,外模、端模为钢模。

图 6-3-5-26　XD13～XD18 号墩现浇梁支架

根据箱梁模板编号,依次将各模板吊运至 I16 工字钢顶部,模板间连接安装调试。外模由加工场分段加工完成后运到现场,用起重机起吊至支架上组装。模板安装顺序为:先底模后外模,待箱梁底板和腹板钢筋绑扎完成再安装内模。图 6-3-5-26 为现浇梁支架示意。

3.5.5　支架拆除施工

支架及模板的拆除按照"纵桥向对称均衡、横桥向基本同步"的原则分阶段进行,具体拆除施工工艺流程见图 6-3-5-27。

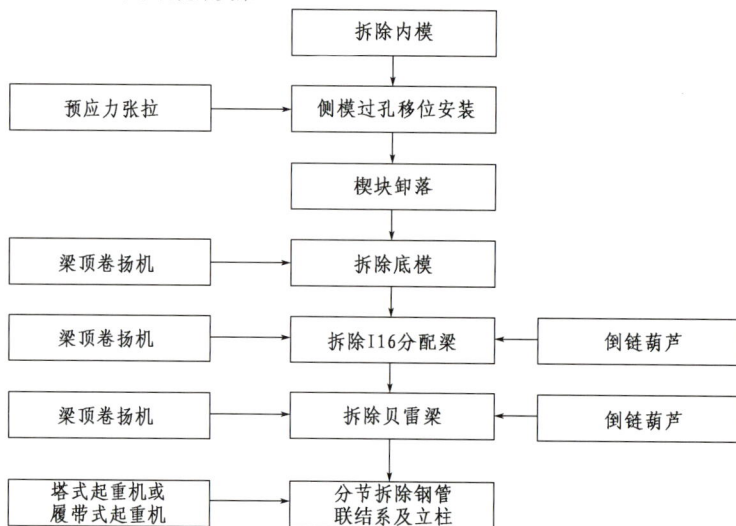

```
                              ┌──────────┐
                              │  拆除内模  │
                              └────┬─────┘
┌──────────┐            ┌────────┴────────┐
│ 预应力张拉  │───────────▶│  侧模过孔移位安装  │
└──────────┘            └────────┬────────┘
                              ┌────┴─────┐
                              │  楔块卸落  │
                              └────┬─────┘
┌──────────┐            ┌────────┴────────┐
│ 梁顶卷扬机  │───────────▶│     拆除底模     │
└──────────┘            └────────┬────────┘
┌──────────┐            ┌────────┴────────┐   ┌──────────┐
│ 梁顶卷扬机  │───────────▶│  拆除I16分配梁   │◀──│ 倒链葫芦  │
└──────────┘            └────────┬────────┘   └──────────┘
┌──────────┐            ┌────────┴────────┐   ┌──────────┐
│ 梁顶卷扬机  │───────────▶│    拆除贝雷梁    │◀──│ 倒链葫芦  │
└──────────┘            └────────┬────────┘   └──────────┘
┌──────────┐            ┌────────┴────────┐
│塔式起重机或 │───────────▶│  分节拆除钢管     │
│履带式起重机 │            │  联结系及立柱    │
└──────────┘            └─────────────────┘
```

图 6-3-5-27　支架拆除施工工艺流程

1）拆除模板

(1)公路、铁路箱梁施工完成后,拆除内模,通过梁端进人洞将每块模板运送至梁顶,再通过塔式起重机下放至地面存放。

(2)在落梁前,松开侧模竖向撑杆,松开侧模横向连接螺栓,在分配梁顶拆除抗风限位及拆除抄垫,用倒链向梁体外侧拉出 20cm,使其下落在[20 槽钢导轨上,依次将墩顶两侧外模过孔到下一孔位安装,或利用塔式起重机运送至地面存放。

(3)在梁体混凝土张拉压浆完成后进行落梁。首先安装下放系统将贝雷梁与梁体暂时固定在一起,然后按照对称缓慢分级卸载原则,卸落垫梁,再下落贝雷梁 10cm,使底模系统与梁体脱离。若个别模板自然脱落不下,采用倒链葫芦将其拉下,严禁重击或硬撬模板,避免造成模板局部变形或损坏混凝土棱角。

(4)通过贝雷梁顶 I16 分配梁,将底模平移至 I16 工字钢外侧部位,通过起重机运送至地面。

2）贝雷梁、I16 分配梁拆除

模板拆除完成后,拆除贝雷梁(I16 分配梁)与横梁及其他构件的连接;通过塔式起重机与履带式起重机配合吊运,首先将 I16 分配梁成捆吊运至地面,靠近梁内侧的 I16 分配梁,可通过倒链葫芦平移至梁端,调运到地面。

将贝雷梁每两片(间距 900mm)或 3 片(间距 450mm)划分为一组,解除每组贝雷梁之间的横向支撑架,然后利用从泄水孔穿出的钢丝绳临时拉住贝雷梁组(做保险绳用,防止贝雷梁拖拉过程中出现倾倒),

再用倒链将每组贝雷梁缓慢拉至分配梁梁端,为防止梁片拖拉过程中的摆动,注意两端同时拖拉,拖拉过程中要加强观测。将每组贝雷拉至分配梁梁端后,先挂上吊绳,然后再解除保险绳,最后下放贝雷梁,为方便拆除,在分配梁梁端用钢板接长 1m,使得贝雷梁组拖拉出箱梁翼端。具体施工示意见图 6-3-5-28。

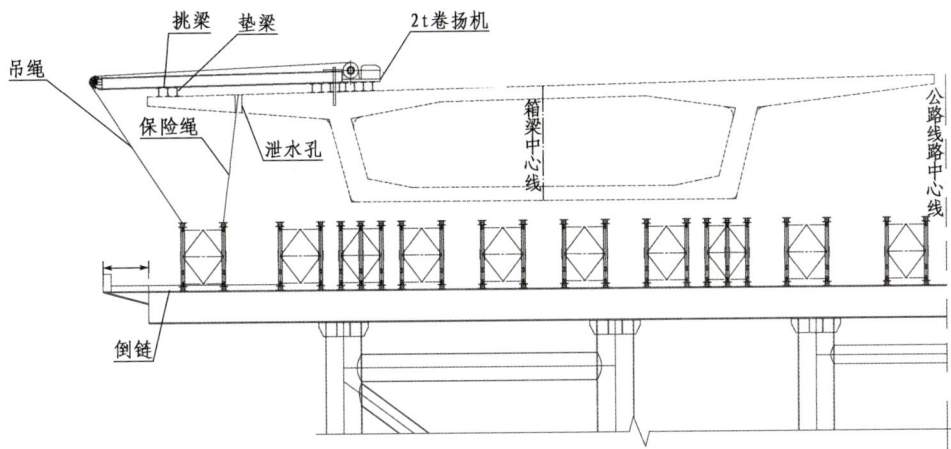

图 6-3-5-28 贝雷梁拆除施工示意图

3)分配梁拆除

分配梁拆除前,首先拆除桩顶限位装置,后在分配梁外侧加工吊装孔,通过塔式起重机与履带式起重机配合将分配梁横向滑移出墩顶并运送至地面。为防止分配梁滑移摆幅过大,可在尾部安装缆风绳。安装高度超出履带式起重机或吊重超出塔式起重机范围的通过在已浇筑铁路箱梁顶放置汽车式起重机配合拆除,如图 6-3-5-29 所示。

4)立柱拆除

拆除过程塔式起重机与履带式起重机配合施工,对于超过履带式起重机吊幅的立柱采用塔式起重机单节单根进行拆除,拆除时,先将钢管之间联结系从焊接处割开,整体拆除吊运到地面,然后将吊绳吊挂到要拆除的立柱上,法兰螺栓拆除,在立柱下端及下部立柱上拉设倒链葫芦,缓慢松开链条,直至立柱竖直,方可解开倒链葫芦与立柱的连接,并下放立柱。

对于履带式起重机可吊范围内的立柱,其拆除按照分节分组原则进行,将同高度前后四根钢管作为整体进行拆除。起重机吊挂到要拆除的立柱上,将节段法兰螺栓全部拆除,最后割除与其他立柱的连接,将拆除的立柱与其他立柱分离,如图 6-3-5-30 所示。

图 6-3-5-29 分配梁拆除施工现场

图 6-3-5-30 管桩拆除施工图

本篇参考文献

［1］ 罗扣,王东晖,张强.港珠澳大桥浅水区非通航孔桥组合梁设计［J］.桥梁建设,2013,43(03):99-102.

［2］ 陈山亭.港珠澳大桥浅水区非通航孔桥下部结构施工关键技术［J］.桥梁建设,2016,46(01):6-11.

［3］ 王东辉.平潭海峡公铁两用大桥非通航孔引桥围堰设计与施工［J］.桥梁建设,2016,46(03):1-5.

［4］ 王东辉,胡雄伟.平潭海峡公铁两用大桥深水区栈桥下部结构设计［J］.铁道标准设计,2015,59(10):76-80.

［5］ 王东辉.平潭海峡公铁两用大桥简支钢桁梁制造关键技术［J］.桥梁建设,2018,48(03):1-4.

［6］ 王东辉.平潭海峡公铁两用大桥非通航孔引桥围堰设计与施工［J］.桥梁建设,2016,46(03):1-5.

［7］ 王东辉,张立超.平潭海峡公铁两用大桥栈桥设计［J］.桥梁建设,2015,45(04):1-6.

［8］ 康晋,段雪炜,徐伟.平潭海峡公铁两用大桥主桥整节段全焊钢桁梁设计［J］.桥梁建设,2015,45(05):1-6.

［9］ 孙英杰,徐伟.平潭海峡公铁两用大桥双层结合全焊钢桁梁设计［J］.桥梁建设,2016,46(01):1-5.

［10］ 马晓东.平潭海峡公铁两用大桥总体施工方案［J］.桥梁建设,2017,47(2):1-6.

［11］ 马晓东.跨海大桥施工结构设计要点［J］.交通科技,2018(02):41-44.

［12］ 沈大才,马晓东.平潭海峡公铁两用大桥钢梁架设关键技术［J］.桥梁建设,2018(4):6-11.

平潭海峡公铁大桥

建造关键技术

KEY TECHNOLOGY FOR
THE CONSTRUCTION
OF PINGTAN STRAIT HIGHWAY AND RAILWAY BRIDGE

Part Seven

第7篇

钢梁加工与制造

松下岸

人屿岛

元洪航道桥

鼓屿门水道桥

平潭海峡公铁大桥
建造关键技术

07

小练岛

大小练岛水道桥

大练岛

北东口水道桥

平潭岛

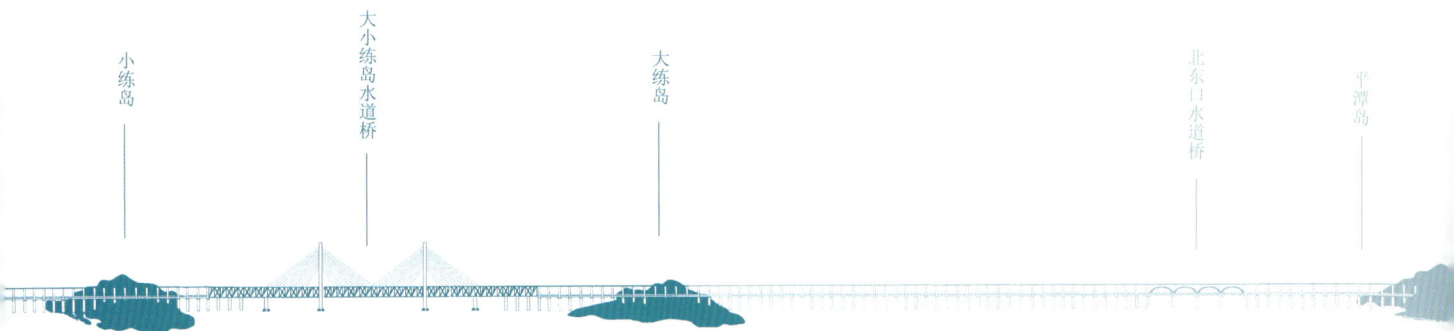

1.1 钢桥发展概况

1.1.1 国外钢桥发展概况

纵观世界钢桥的发展史,钢桥的发展离不开钢材和制造技术的进步。在材料方面,钢桥经历了铸铁、锻铁、普通钢、高强钢的发展过程;在制造方面,钢桥经历了穿孔式连接、销钉或普通螺栓连接、铆接、栓焊、全焊的演变。

18 世纪末,铁桥开始在欧洲出现,铸铁、锻铁逐步取代石材、木材等传统建筑材料,并在随后长达一个世纪的时间里,成为桥梁建造的主要材料。这一时期,人们修建了大量的铁桥,并在世界范围内涌现了一批著名铁桥,但受冶金和制造水平的限制,组成铁桥的构件主要为小型铸件,连接形式由最初的穿孔式连接、销接逐步发展到铆接。此外,这一时期桥梁建造仍主要依赖于经验,加之铸铁、锻铁抗拉强度的先天缺陷,发生了大量铁桥损毁事故,这促使人们逐步重视桥梁设计和施工的专业化,并寻求更高强度的金属建筑材料。

19 世纪后期,随着冶金技术的突破,钢材的大规模工业化生产得以实现,钢材造价的大幅降低,使用其进行桥梁建造成为可能。1874 年建成的圣路易斯密西西比河伊兹桥,首次大规模采用了钢材这一性能更为优良的新型金属材料。从此,钢材逐步被广泛应用于桥梁建设,造就了诸如福斯湾铁路桥、魁北克大桥、乔治华盛顿大桥、麦哈顿大桥、地狱门大桥、金门大桥、澳大利亚悉尼港桥等一个又一个桥梁建筑奇迹,不断刷新人们对桥梁跨度极限的认知。无论是 19 世纪末的福斯湾铁路桥,还是 20 世纪 30 年代的金门大桥,均由型钢构件通过铆接连接构成。

大规模和大型的钢桥建设加快了构件加工的工厂化和拼装架设的机械化,也促使高级钢在桥梁上得以应用。同时,桥梁构件的加工工厂化和拼装机械化又影响了钢梁的结构形式。这一变化导致施工单元的加大,并要求桥跨结构的材料集中和结构形式的简化。

同铆接连接相比,焊接连接具有明显的优势(构件中没有铆钉孔的削弱;有可能采用最合理形式的构件截面;简化构件的制造和拼装;减少劳动量的快速施工),其用钢量和造价可减少20%～30%。

20 世纪 20 年代,部分国家已开始了钢结构焊接连接的试验研究,并试建了少量焊接钢桥。第二次世界大战中,欧洲许多钢桥遭到破坏,战后修复时引进了焊接技术,焊接连接不断发展成熟,逐步代替杆件内部的铆接连接,但现场安装时杆件之间的连接依然采用铆接,构成铆焊钢桥。

20 世纪 50 年代又引进了高强螺栓连接,而高强螺栓最早出现时间是 1938 年。1951 年美国旧金山金门桥加固时,首次正式使用高强度螺栓代替铆钉,后来各国都将其应用在新建桥梁中,栓焊钢桥逐步取代铆焊钢桥。

21 世纪,随着制造水平和安装设备的发展,钢桥施工朝着大型化、装配化发展,全焊结构已成为现代钢桥的发展趋势,于 2000 年建成通车的厄勒海峡大桥(图 7-1-1-1)——连接丹麦和瑞典的公铁两用跨海大桥是典型代表。该桥引桥为钢桁—混凝土连续梁结构,通航孔桥为钢桁—混凝土结合斜拉桥结构,其钢桁主梁采取工厂大节段整体制造,并在工厂内同混凝土桥面板完成结合,然后利用"天鹅号"运架一体起重船整体运输至桥位进行整孔架设,落梁就位后再完成各大节段之间的焊接连接、环缝补涂、湿接缝浇筑。

此外,作为钢桥王国的日本,钢铁工业发达,其焊接技术发展很快,钢桥制造自动化程度高,于 20 世纪 70 年代便开始了全焊钢桁梁梁桥的研究,修建了大量焊接程度较高的钢桁架桥梁。其中,于 2014 年建成的东京临海大桥(图 7-1-1-2),因其外形酷似恐龙,常被称为"恐龙桥",整座大桥由四组大型钢桁架构成,每组钢桁架均采用工厂全焊制造,最大质量约 6000t,制造完成后利用 3 台大型起重船进行整体抬吊安装,代表了日本全焊钢桁梁桥制造的高水平。

图 7-1-1-1　厄勒海峡大桥全焊钢桁梁　　　　图 7-1-1-2　东京临海大桥全焊钢桁梁

1.1.2　我国钢桥发展概况

由于历史原因,近代中国钢桥发展极为缓慢,且大部分是由外国人设计建造的,如唐山至青各庄的蓟运河桥、哈尔滨松花江桥、济南泺口黄河老桥、兰州黄河铁桥等,当时全国主跨超过 100m 的钢桥仅有两座,分别为主跨 128.7m 的陇海线黑石关伊洛河桥和主跨 164.7m 的津浦线泺口黄河桥。

我国自行设计、施工钢桥是从 1894 年詹天佑修建京张铁路开始的,共建钢桥 121 座,但最大跨度仅为 33.5m,绝大部分是跨度 6.1m 的工字形型钢梁桥。1937 年,茅以升主持建成了钱塘江大桥,我国才有了第一座自主建造的现代钢桥,但其最大跨度亦仅为 65.84m。

直到1957年中国人民在苏联专家的帮助下,在万里长江上,建成了新中国第一座现代化钢桥——武汉长江大桥(图7-1-1-3),并很快由"建成学会"发展为"自力更生",陆续建成了南京长江大桥、枝城长江大桥、重庆白沙沱大桥、重庆嘉陵江大桥等多座钢桁梁桥,拉开了我国现代钢桥快速发展的序幕。

图7-1-1-3　武汉长江大桥

同国外一样,我国钢桁梁桥亦经历了从铆接梁向栓焊梁的发展,栓焊梁又从焊接程度较低的焊接杆件、散装节点向焊接程度更高的整体节点、整体桁片或整体节段发展,总体呈现"多焊少栓、以焊代栓"的趋势。

早期的如武汉长江大桥、南京长江大桥(图7-1-1-4)等均采用铆接钢桁梁结构。枝城长江大桥(图7-1-1-5)虽曾考虑采用高强螺栓连接栓焊钢桁梁结构,但终因技术不成熟,仍采用了当时认为较为可靠的铆接钢桁梁。

图7-1-1-4　南京长江大桥

图7-1-1-5　枝城长江大桥

20世纪60年代,我国开始了栓焊钢桁梁的研究和应用,在建成雒容桥和浪江桥两座试验桥后,成昆铁路线上进行了栓焊钢桁梁的推广使用,成昆线迎水河桥(图7-1-1-6)为我国栓焊钢桁梁的设计、制造和施工积累丰富、宝贵的经验。随后于1976年始建的九江长江大桥(图7-1-1-7),采用M27的大直径高强螺栓,扭矩法施工,标志着我国栓焊钢桁梁桥建造技术成熟。但这一阶段栓焊钢桁梁焊接程度仍较低,采用杆件工厂焊接制造,散装杆件和节点在现场通过高强螺栓连接安装成钢桁梁。

20世纪90年代,我国首次在京九铁路孙口黄河大桥(图7-1-1-8)上应用了整体焊接节点栓焊钢桁梁,将杆件和节点在工厂进行整体焊接制造,然后将整体节点杆件在现场通过高强螺栓进行连接形成钢桁梁。随后该种钢桁梁制造和架设方法在芜湖长江大桥(图7-1-1-9)中进一步取得成熟应用,并迅速在我国推广,到现在仍为我国钢桁梁桥主要制造和架设施工的方法之一。

图 7-1-1-6　成昆线迎水河桥

图 7-1-1-7　九江长江大桥

图 7-1-1-8　京九铁路孙口黄河桥

图 7-1-1-9　芜湖长江大桥

　　进入 21 世纪后,随着我国桥梁技术飞速发展,钢桁梁桥制造及架设技术也出现了新的进步。武汉天兴洲长江大桥(图 7-1-1-10),在以往整体节点栓焊梁现场散拼的基础上,首次在铁路桥梁中采用了单节间整节段架设技术,将带整体焊接节点的杆件在工厂内通过高强螺栓连接拼装成单节间的整体小节段,然后运输至桥位现场进行单节间整节段架设。随后修建的铜陵公铁两用长江大桥(图 7-1-1-11),采用两节间桁片整体全焊制造技术,将钢桁梁主桁片以两节间为一个单元在工厂内焊接制造,运输至现场进行栓接拼装。

图 7-1-1-10　天兴洲长江大桥

图 7-1-1-11　铜陵公铁长江大桥

1.2　平潭海峡公铁大桥钢桁梁制造特点及创新

1.2.1　总体概况

1）规模

平潭海峡公铁大桥是我国第一座跨海公铁两用大桥,桥址海域气象、水文、地质条件极其复杂,水中基础施工难度极大。为减小水中基础施工,同时适应公铁行车和承载需要,3 座通航孔斜拉桥和占全桥总长 25% 的深水区非通航孔桥均采用了跨越能力大、承载能力强、抗风性能好的钢桁梁结构,设计总用钢量达 13.9 万 t。

其中元洪航道桥为跨径(132m + 196m + 532m + 196m + 132m)的钢桁梁斜拉桥,设计质量约 3.93 万 t;鼓屿门水道桥为跨径(128m + 154m + 364m + 154m + 128m)的钢桁梁斜拉桥,设计质量约 2.96 万 t;大小练岛水道桥为跨径(80m + 140m + 336m + 140m + 80m)的钢桁梁斜拉桥,设计质量约 2.39 万 t;26 孔 80m 简支钢桁梁与 8 孔 88m 简支钢桁梁,设计总质量约 4.66 万 t。

2）钢材

斜拉桥钢桁梁主结构采用 Q370qD、Q370qD-Z35 钢,最大板厚 60mm,其中斜拉索锚拉板与副桁上弦连接的顶板连接区段、主桁下弦杆节点板要求达到 Z 向性能 Z35 级或与此相当的性能要求。具有 Z 向性能要求的钢板符合《厚度方向性能钢板》(GB/T 5313—2010)规定,厚度方向断面收缩率≥35%。

简支钢桁梁主结构采用 Q370qD,最大板厚 56mm,铁路横梁顶板采用 40mm 厚 Q370qD + 3mm316L 不锈钢复合钢板。

3）结构

斜拉桥钢桁梁和简支钢桁梁均采用带副桁的倒梯形截面。斜拉桥钢桁梁采用 N 形桁架,整节段全焊设计,标准节段包括 2 个节间,标准节段长 28m,单个节段最大设计质量为 1250t(图 7-1-2-1)。

简支钢桁梁采用华伦式桁架,整孔全焊设计(图 7-1-2-2),单孔梁包括 8 个节间,端部节间长 10.6m (9.6m),中间节间长 10.8m(9.8m)。80m 梁标准直线段单孔质量约 1330t,88m 梁标准直线段单孔质量约 1520t。

图 7-1-2-1　斜拉桥钢桁梁标准节段

图 7-1-2-2　整孔简支钢桁梁

4）防腐涂装体系

针对平潭海峡特殊的海洋重度腐蚀环境,为确保桥梁钢结构耐久性,在传统铁路桥梁钢结构第 7 防腐体系基础上,研制了新型海洋长效防腐体系,包括 $2 \times 40 \mu m$ 特制环氧富锌底漆、$2 \times 40 \mu m$ 环氧云铁中间漆、$2 \times 35 \mu m$ 氟碳面漆。其中特制环氧富锌底漆较传统环氧富锌底漆的锌含量由 80% 提高到 82%,氟碳面漆氟含量(主剂)由传统的 22% 提高到 24%,且采用 LUMIFULON 超耐候型氟树脂作为主剂。斜拉桥钢桁梁摩擦面采用无机富锌防锈防滑涂料。

1.2.2　制造技术特点及创新

平潭海峡公铁大桥桥址海况恶劣,施工作业条件差,有效作业时间短,施工安全风险高,为提高海上施工工效,降低海上施工风险,"工厂化、标准化、大型化和装配化"施工无疑是很好的选择。为此,平潭海峡公铁大桥斜拉桥钢桁梁和简支钢桁梁均采用了全工厂化全焊制造,斜拉桥钢桁梁为整节段全焊制造,简支钢桁梁为整孔全焊制造,均为国内首次,主要具有以下特点及创新:

(1)首次实现了斜拉桥钢桁梁整节段全焊制造和简支钢桁梁整孔全焊制造,解决了大型钢桁梁全焊制造焊接变形控制难、焊接残余应力控制难度大、组装精度控制要求高等技术难题,突破了传统钢桁梁以单根杆件、桁片为制造单元的加工制造模式,推动了我国钢桁梁制造技术的发展。

(2)钢桁梁工厂化全焊制造,减少了高强螺栓及拼接板数量,有效节省了材料,成倍减少了工厂栓孔开钻施工,减轻了结构自重、减少了后期维护工作量,同时规避了现场高强度螺栓施工质量不易控制的因素,提高了结构安全可靠度,经济效益显著。

(3)简支钢桁梁制造时首次研发并采用了平行钢丝索预压主桁上弦减小主桁与桥面系共同作用技术;创造性地采用了铁路横梁顶面不锈钢复合钢板复层植焊剪力钉技术。

(4)钢桁梁全焊制造时,采用了全自动钢板预处理生产线、空气等离子数控切割机、数控坡口联合铣床、焊接机器人、双龙门三维数控钻床等多种自动化设备,工厂化、自动化程度及生产效率高,钢梁制造精度、焊接质量控制效果好。

平 潭 海 峡 公 铁 大 桥

建造关键技术

KEY TECHNOLOGY FOR
THE CONSTRUCTION
OF PINGTAN STRAIT HIGHWAY AND RAILWAY BRIDGE

松下岸

人屿岛

元洪航道桥

鼓屿门水道桥

平 潭 海 峡 公 铁 大 桥
建 造 关 键 技 术

07

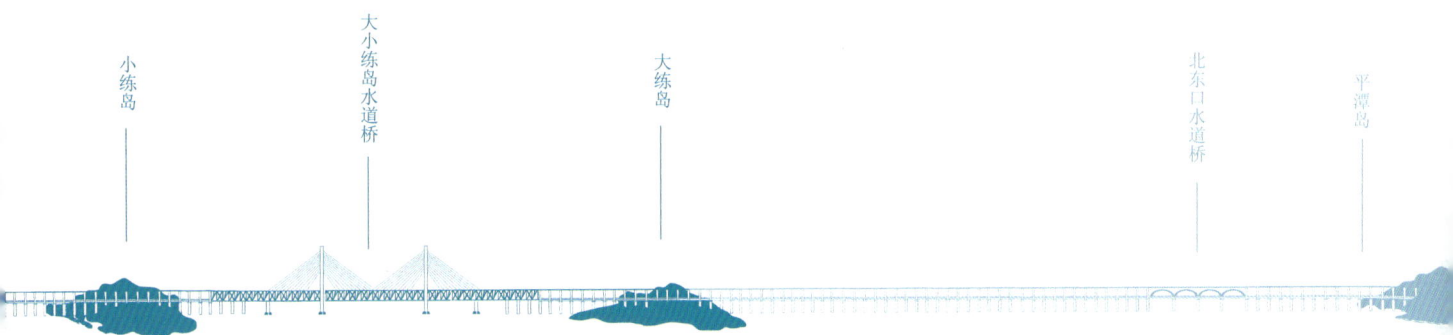

第**2**章

焊接工艺评定试验

2.1 工艺试验概况

平潭海峡公铁大桥钢桁梁采用 Q370qD 钢板,全桥钢结构总质量约 14 万 t。简支钢桁梁的铁路横梁上盖板采用 Q370qD + 022Cr17Ni12Mo2(316L)复合钢板,剪力钉需植焊于不锈钢复合钢板复层之上,这在国内尚属首次,由于复合钢板复层与剪力钉焊接为异种钢材焊接,且不锈钢复层厚度仅为 3mm,如何既保证不锈钢复合钢板与剪力钉的可靠焊接,又不影响复合钢板的防腐性能,是该技术需解决的一大难点。根据本桥接头形式、焊接方法、焊接位置等,确定了 53 组接头进行焊接工艺评定试验,其中对接焊缝 25 组,熔透角焊缝 7 组,坡口角焊缝 11 组,T 形角焊缝 6 组,圆柱头焊钉 4 组。

2.2 试验材料及焊接设备

2.2.1 母材

焊接工艺评定试验用钢板包括板厚 8mm、16mm、24mm、32mm、36mm、40mm 的 Q370qD 钢板、板厚 50mm 的 Q370qD-Z35 钢板和板厚 36 + 3mm 的复合钢板等共 8 种规格,除了板厚 8mm 的 Q370qD 钢板采用热机械轧制(TMCP)外,其他 Q370qD 钢板均采用热机械轧制(TMCP) + 回火(T)工艺轧制,钢板的化学成分和力学性能见表 7-2-2-1、表 7-2-2-2,均符合《平潭海峡公铁大桥工程用 Q370qD、Q370qD-Z35 钢板供货技术条件》要求。厚度≥32mm 的钢板及有 Z 向性能要求的钢板采用超声波探伤复验,符合《厚钢板超声波检验方法》(GB/T 2970—2004)Ⅱ级要求。

板厚(36 + 3)mm 的 Q370qD + 022Cr17Ni12Mo2(316L)复合钢板的化学成分和力学性能见表 7-2-2-3、表 7-2-2-4,符合《不锈钢复合板和钢带》(GB/T 8165—2008)要求。

表 7-2-2-1

试板化学成分（单位：%）

材质	板厚	批号	C	Si	Mn	P	S	Cu	Ni	Cr	Nb	Ti	Mo	V	Al	B	CEV	Pcm	数据来源
Q370qD	—	—	≤0.13	0.15~0.40	1.20~1.60	≤0.020	≤0.010	≤0.30	≤0.30	≤0.30	0.015~0.050	0.005~0.025	—	—	0.015~0.050	≤0.0005	≤0.40	≤0.20	标准
Q370qD	8	B5A4149200（沙钢）	0.07	0.24	1.52	0.011	0.002	0.01	0.12	0.28	0.018	0.01	—	—	0.038	0.0001	0.39	0.17	质保书
			0.06	0.23	1.45	0.011	0.002	0.02	0.12	0.26	0.017	0.015	—	—	0.035	—	0.37	0.16	复验
Q370qD	16	15108358130 111（南钢）	0.10	0.21	1.33	0.013	0.001	0.01	0.12	0.12	0.037	0.014	0.004	0.001	0.032	0.0003	0.36	0.18	质保书
			0.10	0.20	1.28	0.011	0.001	0.02	0.12	0.11	0.033	0.012	—	—	0.030	—	0.34	0.18	复验
Q370qD	24	15108357020 111（南钢）	0.10	0.20	1.34	0.013	0.003	0.01	0.10	0.14	0.032	0.014	0.003	0.001	0.034	0.0003	0.36	0.18	质保书
			0.10	0.17	1.29	0.012	0.002	0.02	0.11	0.13	0.029	0.011	—	—	0.025	—	0.35	0.18	复验
Q370qD	32	GB541263（舞阳）	0.08	0.35	1.53	0.011	0.001	0.02	0.12	0.13	0.022	0.015	0.003	0.003	0.034	—	0.37	0.18	质保书
			0.09	0.34	1.50	0.009	0.001	0.03	0.12	0.12	0.022	0.016	—	—	0.031	—	0.37	0.19	复验
Q370qD	36	GB540873（舞阳）	0.08	0.35	1.53	0.011	0.001	0.02	0.12	0.13	0.022	0.015	0.003	0.003	0.034	—	0.37	0.18	质保书
			0.10	0.36	1.52	0.010	0.003	0.02	0.13	0.12	0.023	0.014	—	—	0.026	—	0.39	0.20	复验
Q370qD	40	15207956110 111（南钢）	0.10	0.23	1.32	0.013	0.003	0.01	0.11	0.12	0.034	0.016	0.004	0.001	0.045	0.0003	0.35	0.18	质保书
			0.09	0.21	1.28	0.012	0.002	0.02	0.12	0.11	0.030	0.015	—	—	0.036	—	0.34	0.17	复验
Q370 qD-Z35	50	HA5A7300 3200（沙钢）	0.08	0.26	1.54	0.011	0.002	0.01	0.15	0.28	0.020	0.01	—	—	0.036	0.0002	0.40	0.18	质保书
			0.08	0.26	1.46	0.008	0.001	0.02	0.14	0.26	0.017	0.014	—	—	0.034		0.38	0.18	复验

注：CEV 为碳当量，Pcm 为焊接敏感性，以下同。

试 板 力 学 性 能

表7-2-2

材质	板厚 (mm)	批 号	横 向 拉 伸				纵 向 拉 伸				弯曲 180°	$-20℃\ KV_2$ (J)	轧制状态	数据来源
			R_{eL} (MPa)	R_m (MPa)	A (%)	屈强比	R_{eL} (MPa)	R_m (MPa)	A (%)	屈强比				
Q370qD	≤16	—	≥370	≥510	≥20	≤0.85	≥370	≥510	≥20	≤0.85	$d=2a$ 完好	≥120	—	标准
Q370qD	8	B5A4514920011 (沙钢)	468	567	23	0.83	443	539	32	0.82	完好	315,320,315(317)	TMCP	质保书
			452	566	26	0.80	445	555	26	0.80	完好	256,280,246(130)	—	复验
Q370qD	16	1510835813011 1 (南钢)	462	562	23.5	0.82	476	570	28.5	0.84	完好	305,280,340(308)	TMCP+T	质保书
			455	559	28	0.81	470	570	27	0.82	完好	205,198,198(200)	—	复验
Q370qD	>16~50	—	≥370	≥510	≥20	≤0.85	≥370	≥510	≥20	≤0.85	$d=3a$ 完好	≥120	—	标准
Q370qD	24	1510835702011 1 (南钢)	462	548	24.5	0.84	480	579	26.0	0.83	完好	274,264,259(266)	TMCP+T	质保书
			432	536	27	0.80	449	554	26	0.81	完好	297,218,272(262)	—	复验
Q370qD	32	GB541263 (舞阳)	473	600	26.5	0.79	472	603	25	0.78	完好	267,248,259(258)	TMCP+T	质保书
			491	611	26	0.80	460	573	29	0.80	完好	323,315,325(321)	—	复验
Q370qD	36	GB540873 (舞阳)	450	556	25	0.81	450	567	25	0.79	完好	286,286,260(277)	TMCP+T	质保书
			436	557	32	0.78	435	551	31	0.79	完好	326,328,326(327)	—	复验
Q370qD	40	1520795611011 1 (南钢)	426	527	26.5	0.81	423	540	23.0	0.78	完好	282,264,259(268)	TMCP+T	质保书
			425	534	28	0.80	421	528	28	0.80	完好	223,235,198(219)	—	复验
Q370qD -Z35	50	HA5A73003200 (沙钢)	474	586	25	0.81	465	577	26	0.81	完好	314,319,311(315)	TMCP+T	质保书
			482	591	25	0.82	479	581	26	0.82	完好	307,250,297(285)	—	复验

注：1. 8mm厚钢板冲击试验为小试样，表中为折算10mm×10mm×55mm标准试样。
2. 50mm厚Z35钢钢板断面收缩率：质保书73.0,72.0,73.0(72.7)，复验73.0,74.0,73.0(73.0)。
3. d为弯轴直径（mm），a为试样厚度（mm），R_{eL}为屈服强度（MPa），R_m为抗拉强度（MPa），A为延伸率（%），KV_2为冲击功（J），以下同。

273

表 7-2-3

复合钢板化学成分（单位：%）

材质	板厚	炉/批号	C	Si	Mn	P	S	Cu	Ni	Cr	Nb	Ti	Mo	V	Al	B	CEV	Pcm	数据来源
—	—	—	≤0.13	0.15～0.40	1.20～1.60	≤0.020	≤0.010	≤0.30	≤0.30	≤0.30	0.015～0.050	0.005～0.025	—	—	0.015～0.050	≤0.0005	≤0.40	≤0.20	平潭海峡公铁大桥钢板条件
复合钢板基材 Q370qD	36	15209184400101	0.09	0.26	1.49	0.009	0.004	0.01	0.01	0.11	0.031	0.015	0.003	0.001	0.041	0.0003	0.36	0.18	质保书
			0.10	0.26	1.50	0.010	0.003	—	—	—	0.03	0.02	—	—	0.035	—	0.37	0.18	复验
—	—	—	≤0.030	≤1.00	≤2.00	≤0.045	≤0.030	—	10.00～14.00	16.00～18.00	—	—	2.00～3.00	—	—	—	—	—	《不锈钢和耐热钢牌号及化学成分》（GB/T 20878—2007）
不锈钢层 00Cr17Ni14Mo2	3	15209184400101	0.016	0.58	1.22	0.032	0.001	0.044	10.15	16.56	—	—	2.08	—	—	—	—	—	质保书
			0.020	0.52	1.16	0.027	0.001	—	10.10	16.81	—	—	2.02	—	—	—	—	—	复验

表 7-2-4

复合钢板力学性能

材质	板厚	炉/批号	横向拉伸				复合层剪切强度 τ_b (MPa)	弯曲 180°		-20℃ KV_2 (J)	轧制状态	数据来源
			R_{eL} (MPa)	R_m (MPa)	A (%)	屈强比		外弯	内弯			
—	—	—	≥370	≥510	≥20	≤0.85	≥210	$d=3a$	$d=3a$	≥120	—	平潭海峡公铁大桥钢板条件和《不锈钢复合板和钢带》（GB/T 8165—2008）
复合钢板	36＋3	15209184400101	445	554	27.5	0.80	408	完好	完好	180 207 201（196）	TMCP＋T	质保书
			437	554	26	0.79	517,484	完好	完好	238 312 275（275）	—	复验

2.2.2　焊接材料

1）埋弧自动焊

（1）钢板对接接料焊缝采用 H08Mn2E（$\phi5$ 或 $\phi2.0$）焊丝 + SJ101q 焊剂焊接；箱形、工形杆件主角焊缝及其加劲肋角焊缝采用 H08MnA（$\phi5$）焊丝 + SJ101q 焊剂焊接。

（2）工地桥面板单元对接焊缝采用埋弧自动焊填充盖面，焊接材料为 H08Mn2E（$\phi5$ 或 $\phi2.0$）焊丝 + SJ101q 焊剂。

2）气体保护焊

（1）钢板对接接料焊缝的打底焊道、箱形杆件及开坡口工形杆件的打底焊道、工地桥面板单元对接焊缝的打底和填充焊道采用实心焊丝 ER50-6（$\phi1.2$）焊接。

（2）不锈钢复合板与 Q370qD 钢板对接焊缝的不锈钢过渡及盖面焊道，采用药芯焊丝 GFS-309L（$\phi1.2$）焊接。

（3）板单元 U 形肋、板肋角焊缝采用药芯焊丝 E501T-1（$\phi1.2$）焊接，机器人采用 E500T-1（$\phi1.4$）焊接。

（4）弦杆横梁接头板、副桁斜撑接头板、腹杆接头板、斜拉桥锚拉板与副桁上弦杆水平板、斜拉索锚拉板等部位的熔透及坡口角焊缝，平位采用实心焊丝 ER50-6（$\phi1.2$）焊接，立位采用药芯焊丝 E501T-1（$\phi1.2$）焊接。

（5）斜拉桥主桁上弦杆吊耳处节点板与顶板、下弦杆节点处上下水平板与节点板、简支梁节点处下弦杆上水平板与内侧竖板间熔透角焊缝采用实心焊丝 ER50-6（$\phi1.2$）焊接。

（6）横隔板角焊缝、横纵梁间角焊缝等平位采用实心焊丝 ER50-6（$\phi1.2$）焊接，立位、仰位采用药芯焊丝 E501T-1（$\phi1.2$）焊接。

（7）弦杆节点板与腹杆盖板间对接焊缝，简支梁弦杆间立位对接焊缝，U 肋嵌补段对接焊缝等，采用药芯焊丝 E501T-1（$\phi1.2$）焊接。

3）定位焊

定位焊采用 ER50-6、E501T-1 焊丝气保护焊或 J507 焊条电弧焊。焊丝、焊剂的化学成分和力学性能见表 7-2-2-5，焊剂按规定烘干后使用，CO_2 气体纯度大于 99.5%。

4）焊接衬垫

桥面板对接焊缝采用 TG-2.0Z 型陶质衬垫，大间隙时采用 TG-2.02M 型陶质衬垫。腹杆、腹板嵌补段对接焊缝采用 TG-1.30S 型陶质衬垫。简支梁主桁杆件上水平板嵌补段对接焊缝采用钢衬垫。

2.2.3　焊接设备

（1）单丝埋弧自动焊采用 ZD5（D）-1250 直流电源配 A2 焊机；双细丝埋弧自动焊采用 ZD5-1250E 电源配 MZC-1250N 焊机。

（2）板单元 U 肋、板肋角焊缝采用焊接机器人或角焊缝跟踪器。

（3）气体保护焊采用 KR$_{II}$500 等焊机。

（4）焊条电弧焊采用 ZX7-500 等焊机。

以上焊接电源均为直流反极性接法。焊接设备如图 7-2-2-1 所示。

焊材的化学成分和力学性能

表 7-2-5

焊材	牌号	批号	规格	化学成分（%） C	Si	Mn	P	S	Ni	Cr	力学性能 R_{eL} (MPa)	R_m (MPa)	A (%)	KV_2 (J)	数据来源
埋弧焊丝	H08Mn2E	—	—	≤0.10	≤0.07	1.30~1.90	≤0.015	≤0.010	0.20~0.50	—	—	—	—	—	标准
		15-710	φ5.0	0.07	0.037	1.66	0.0096	0.0042	0.31	—	—	—	—	—	质保书
				0.08	<0.07	1.67	0.013	0.007	0.30	—	—	—	—	—	复验
		06219822	φ2.0	0.076	0.054	1.71	0.014	0.006	0.293	—	—	—	—	—	质保书
				0.08	<0.07	1.66	0.008	0.007	0.30	—	—	—	—	—	复验
	H08MnA	—	—	≤0.10	≤0.07	0.80~1.10	≤0.030	≤0.030	≤0.030	—	—	—	—	—	标准
		15-709	φ5.0	0.059	0.030	0.91	0.018	0.012	0.020	—	—	—	—	—	质保书
				0.06	<0.07	0.90	0.015	0.013	—	—	—	—	—	—	复验
埋弧焊剂	SJ101q	—	—	—	—	—	≤0.060	≤0.030	—	—	≥400	≥500	≥24	-40℃时≥27	标准
		41128B137		—	—	—	0.030	0.013	—	—	480	585	28	88,90,112	质保书
				—	—	—	0.026	0.016	—	—	654	748	24.5	112,101,115	复验
气体保护焊丝	实心 ER50-6	—	—	0.06~0.15	0.80~1.15	1.40~1.85	≤0.025	≤0.035	—	—	≥420	≥500	≥22	-30℃时≥27	标准
		11024075	φ1.2	0.077	0.87	1.47	0.016	0.004	—	—	440	545	29.0	71,74,76	质保书
				0.09	0.83	1.48	0.012	0.007	—	—	536	630	29.5	80,62,66	复验
	药芯 E501T-1	—	—	≤0.10	≤0.90	≤1.75	≤0.030	≤0.030	≤0.50	—	≥400	≥480	≥22	-20℃时≥27	标准
		15101579	φ1.2	0.047	0.33	1.41	0.010	0.009	—	—	549	471	28.0	135,128,136	质保书
				0.04	0.35	1.42	0.010	0.004	—	—	568	618	27.0	150,135,155	复验
	E500T-1	—	—	≤0.18	≤0.90	≤1.75	≤0.03	≤0.03	≤0.50	—	≥400	≥480	≥22	-20℃时≥27	标准
		Q3430	φ1.4	0.05	0.65	1.52	0.012	0.013	0.02	—	558	630	23	66,65,63	质保书
		113989		0.06	0.67	1.63	0.009	0.011	0.01	—	562	642	26	93,98,88	复验
	药芯 GFS-309L	—	—	≤0.04	≤1.0	0.5~2.5	≤0.04	≤0.03	12.0~14.0	22.0~25.0	—	≥520	≥25	—	标准
		58K174G	φ1.2	0.016	0.59	1.33	0.013	0.004	12.4	24.3	—	601	34	—	质保书
				0.02	0.70	1.42	0.013	0.001	12.13	24.49	—	555	38.5	—	复验

注：1. 实心焊丝和药芯焊丝气体保护焊均采用 CO_2 气体保护。

　　2. 焊剂 SJ101q 的力学性能是配 H08Mn2E 焊丝的数值。

a)板单元组装、定位焊机器人

b)气体保护焊机

c)板单元焊接机器人

d)焊条电弧焊机

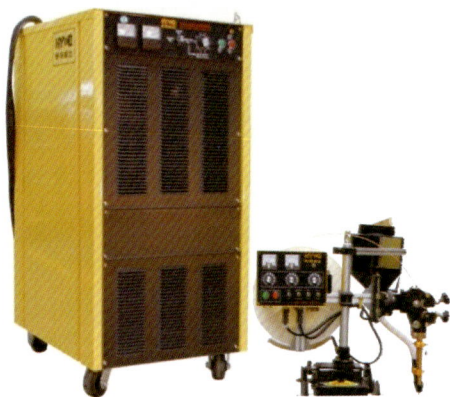

e)单丝埋弧焊机

f)双细丝埋弧焊机

图 7-2-2-1　焊接设备

2.3　焊接工艺评定试验

2.3.1　焊缝形式编号及控制温度

焊接工艺评定试验共计 53 组,其中对接焊缝 25 组,熔透角焊缝 7 组,坡口角焊缝 11 组,T 形角焊缝 6 组,圆柱头焊钉 4 组。试验项目所对应的焊缝如图 7-2-3-1 ～图 7-2-3-11 所示。

整板与节点板对接焊缝，编号：PD2、PD3、PD5、PD6

加劲肋角焊缝，编号：PP3，PT1，PT2

横隔板角焊缝，编号：PR1，PR2，PR4，PP5，PP6，PT3，PT4

主桁上弦杆吊机吊耳等范围熔透角焊缝，编号：PR3

横梁接头板熔透角焊缝，编号：PR1、PR2

横梁接头板坡口角焊缝，编号：PP5

弦杆主角焊缝，编号：PP1、PP2

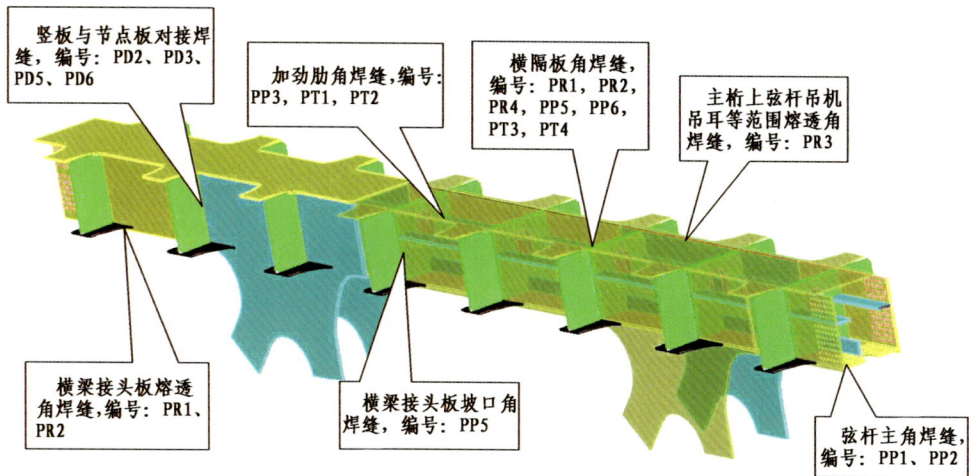

图 7-2-3-1　主桁上弦杆主要焊缝形式及对应试件编号

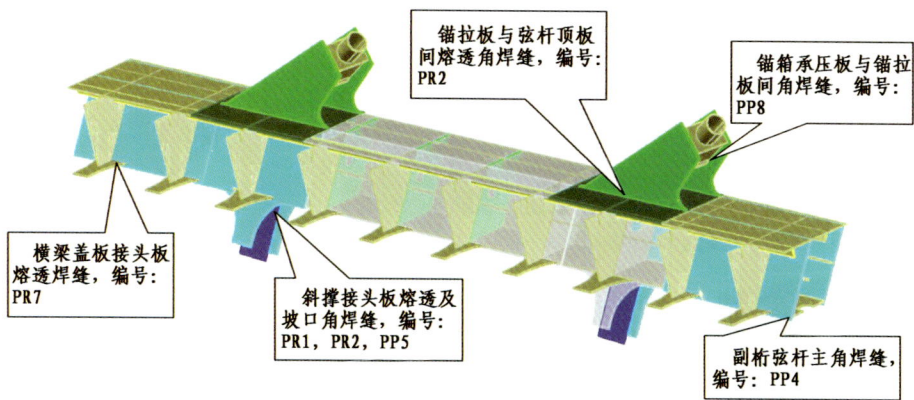

锚拉板与弦杆顶板间熔透角焊缝，编号：PR2

锚箱承压板与锚拉板间角焊缝，编号：PP8

横梁盖板接头板熔透焊缝，编号：PR7

斜撑接头板熔透及坡口角焊缝，编号：PR1，PR2，PP5

副桁弦杆主角焊缝，编号：PP4

图 7-2-3-2　副桁上弦杆主要焊缝形式及对应试件编号

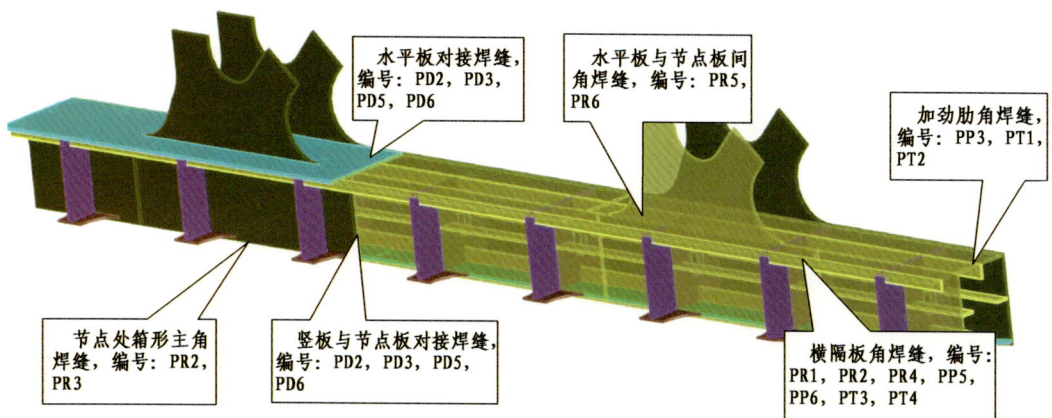

水平板对接焊缝，编号：PD2，PD3，PD5，PD6

水平板与节点板间角焊缝，编号：PR5，PR6

加劲肋角焊缝，编号：PP3，PT1，PT2

节点处箱形主角焊缝，编号：PR2，PR3

竖板与节点板对接焊缝，编号：PD2，PD3，PD5，PD6

横隔板角焊缝，编号：PR1，PR2，PR4，PP5，PP6，PT3，PT4

图 7-2-3-3　下弦杆主要焊缝形式及对应试件编号

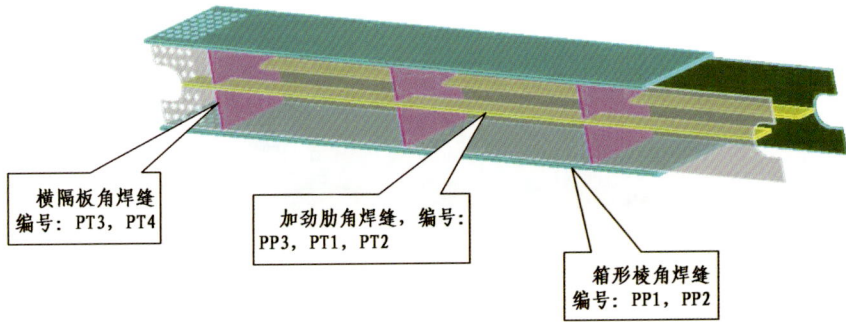

横隔板角焊缝
编号：PT3，PT4

加劲肋角焊缝，编号：
PP3，PT1，PT2

箱形棱角焊缝
编号：PP1，PP2

图 7-2-3-4　箱形腹杆主要焊缝形式及对应试件编号

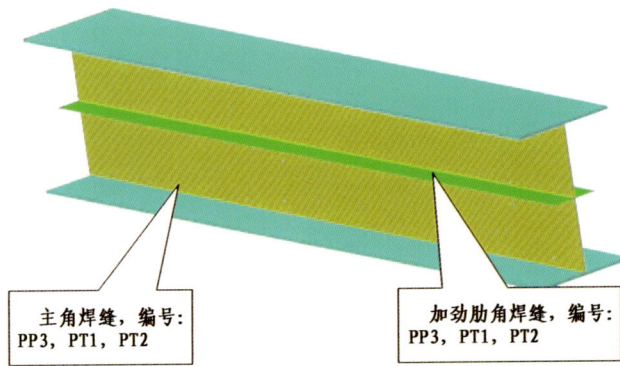

主角焊缝，编号：
PP3，PT1，PT2

加劲肋角焊缝，编号：
PP3，PT1，PT2

图 7-2-3-5　工形腹杆主要焊缝形式及对应试件编号

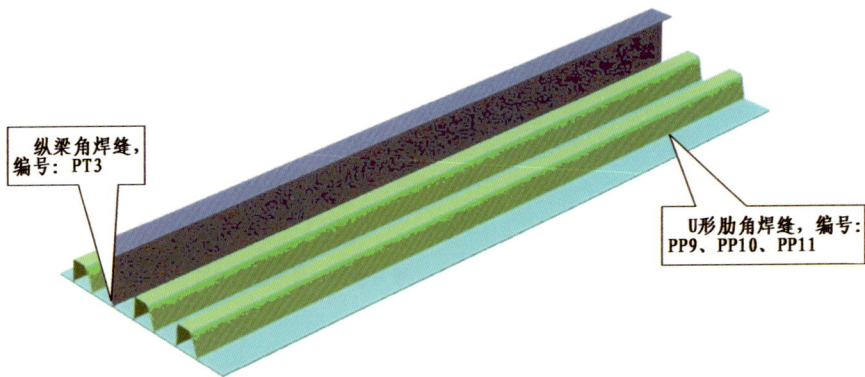

纵梁角焊缝，
编号：PT3

U形肋角焊缝，编号：
PP9、PP10、PP11

图 7-2-3-6　板单元主要焊缝形式及对应试件编号

复合钢板与普通钢板
对接缝，编号：PD7

箱形主角焊缝，编号：
PP1，PP2，PP5

图 7-2-3-7　简支梁铁路横梁主要焊缝形式及对应试件编号

腹杆腹板与节点板角焊缝，编号：PP5，PP7

腹杆腹板嵌补段对接焊缝，编号：PD15，PD17

腹杆盖板与节点板对接焊缝，编号：PD8，PD9

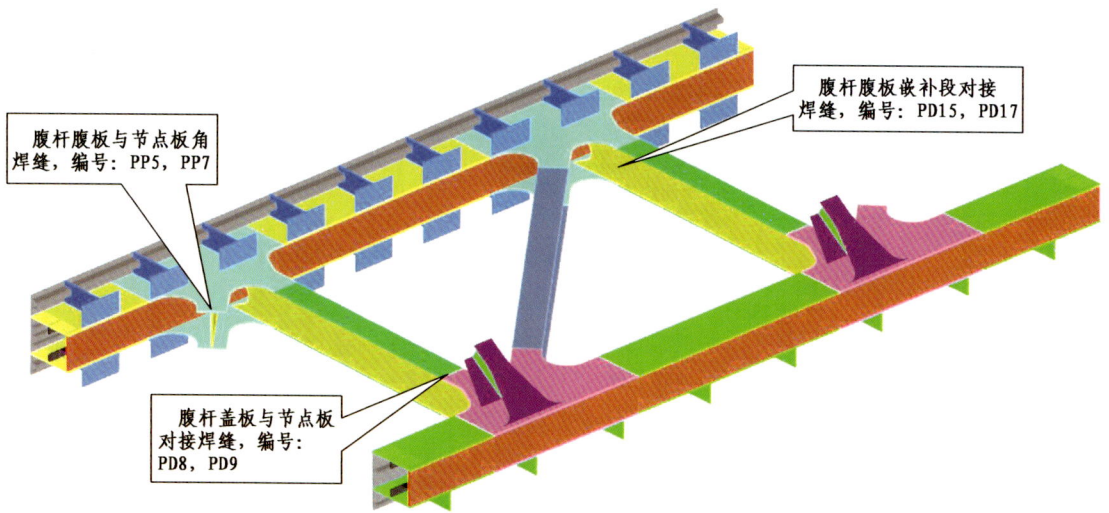

图7-2-3-8　腹杆主要焊缝形式及对应试件编号

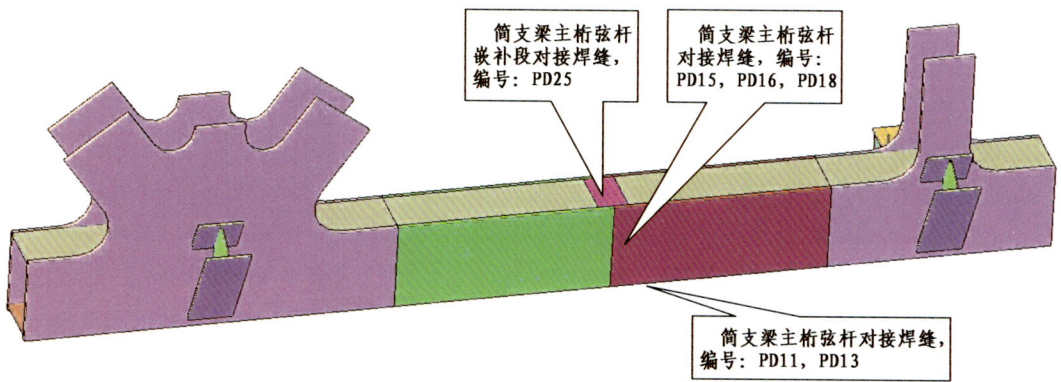

简支梁主桁弦杆嵌补段对接焊缝，编号：PD25

简支梁主桁弦杆对接焊缝，编号：PD15，PD16，PD18

简支梁主桁弦杆对接焊缝，编号：PD11，PD13

图7-2-3-9　主桁桁片主要焊缝形式及对应试件编号

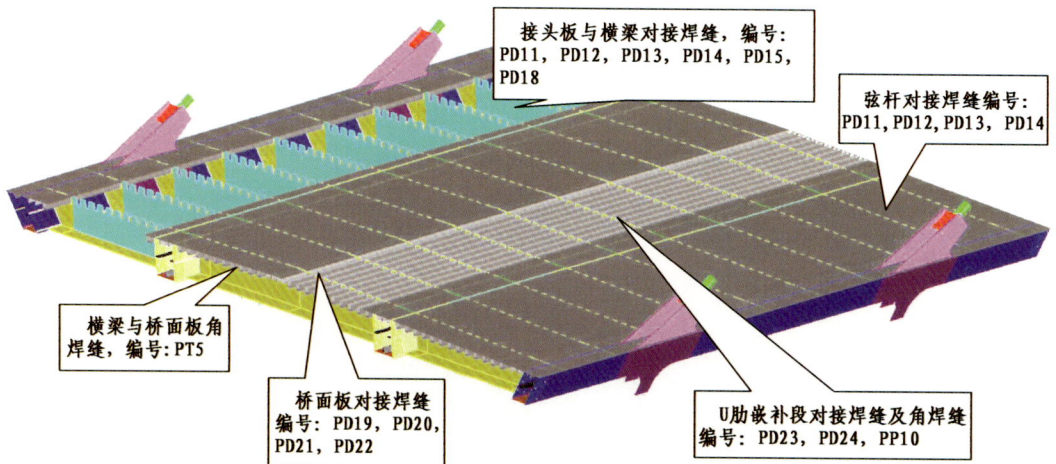

接头板与横梁对接焊缝，编号：PD11，PD12，PD13，PD14，PD15，PD18

弦杆对接焊缝编号：PD11，PD12，PD13，PD14

横梁与桥面板角焊缝，编号：PT5

桥面板对接焊缝编号：PD19，PD20，PD21，PD22

U肋嵌补段对接焊缝及角焊缝编号：PD23，PD24，PP10

图7-2-3-10　桥面板块主要焊缝形式及对应试件编号

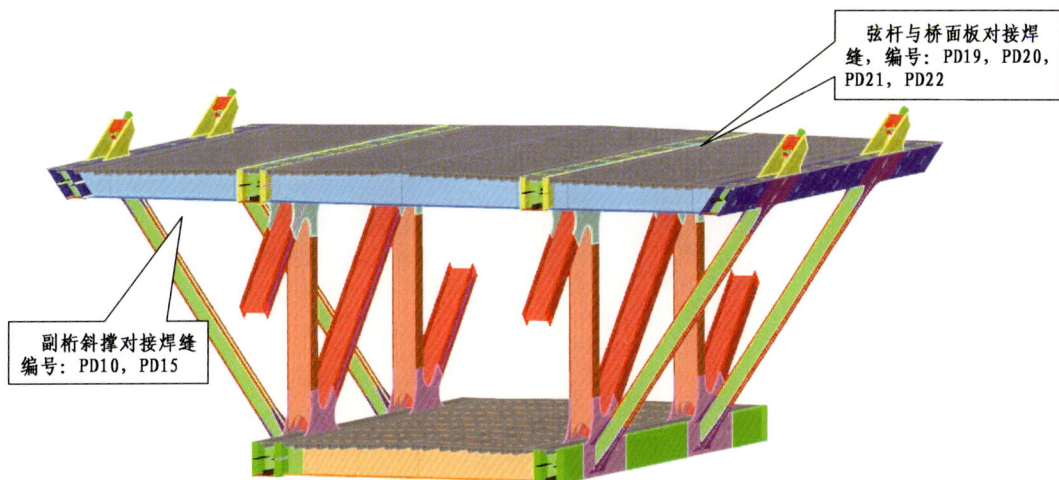

弦杆与桥面板对接焊缝，编号：PD19，PD20，PD21，PD22

副桁斜撑对接焊缝 编号：PD10，PD15

图 7-2-3-11　节段拼装主要焊缝形式及对应试件编号

焊接预热温度及道间温度应按照表 7-2-3-1 中的规定执行。

焊接预热温度及道间温度　　　　　　　　　　表 7-2-3-1

材　　质	板厚（mm）	预热温度（℃）		预热范围（mm）	道间温度（℃）	
		定位焊、手弧焊、气体保护焊	埋弧焊		手弧焊、气体保护焊	埋弧焊
Q370qD	≤28	≥5	≥5	—	5～200	5～200
	>28～40	60～100	≥5	≥100	60～200	25～200
	>40～60	80～120	≥5	≥100	80～200	25～200
复合板不锈钢覆层		≥5	—	—	5～100	—

2.3.2　对接焊缝焊接工艺评定试验

1）对接焊缝坡口尺寸、焊接方法及代表焊缝

焊接对接试板 25 组，试板材质、接头板厚组合、坡口尺寸、焊接方法、焊接材料及代表焊缝见表 7-2-3-2。

对接焊缝坡口尺寸、焊接方法及代表焊缝　　　　　　　表 7-2-3-2

序　号	板厚组合（材质）（mm）	坡口形式（mm）	焊接位置	焊接方法及焊接材料	代 表 焊 缝
PD1	16＋16（Q370qD）	试板尺寸：16×250×700（2件）　8　8　16　2	平位	实心焊丝气保护半自动焊打底＋埋弧自动焊，ER50-6（φ1.2），H08Mn2E（φ2.0）＋SJ101q	厚度（薄板）为8～24mm的钢板对接焊缝
PD2	32＋40（Q370qD）	试板尺寸：40（32）×250×700（各1件）　40　12　10　2　32	平位	实心焊丝气保护半自动焊打底＋埋弧自动焊，ER50-6（φ1.2），H08Mn2E（φ2.0）＋SJ101q	厚度（薄板）为24～40mm的钢板对接接料

续上表

序　号	板厚组合 （材质） （mm）	坡口形式 （mm）	焊接 位置	焊接方法及焊接材料	代 表 焊 缝
PD3	50 + 50 （Q370qD- Z35）	试板尺寸：50×250×700（2件） 14　14 50 2	平位	实心焊丝气保护半自动焊打底 + 埋弧自动焊，ER50-6（φ1.2）， H08Mn2E（φ2.0）+ SJ101q	厚度（薄板）为 38～65mm 的钢板 对接焊缝
PD4	16 + 16 （Q370qD）	试板尺寸：16×250×700（2件） 8　8 16 2	平位	实心焊丝气保护半自动焊打底 + 埋弧自动焊，ER50-6（φ1.2）， H08Mn2E（φ5.0）+ SJ101q	厚度（薄板）为 8～24mm 的钢板对 接焊缝
PD5	32 + 40 （Q370qD）	尺寸：40（32）×250×700（各1件） 12　10 40　32 2	平位	实心焊丝气保护半自动焊打底 + 埋弧自动焊，ER50-6（φ1.2）， H08Mn2E（φ5.0）+ SJ101q	厚度（薄板）为 24～40mm 的钢板 对接接料
PD6	50 + 50 （Q370qD -Z35）	试板尺寸：50×250×700（2件） 14　14 2　50	平位	实心焊丝气保护半自动焊打底 + 埋弧自动焊，ER50-6（φ1.2）， H08Mn2E（φ5.0）+ SJ101q	厚度（薄板）为 38～65mm 的钢板 对接焊缝
PD7	36 + 39 （Q370qD + 复合钢板）	试板尺寸：36（39）× 250×700（各1件） 12　14 3 36　36 2	平位	实心气体保护焊打底 + 埋弧自动 焊 + 药芯气体保护焊 ER50-6、 GFS-309L（φ1.2）， H08Mn2E（φ2.0）+ SJ101q	Q370qD 与复合 钢板对接焊缝
PD8	32 + 40 （Q370qD）	试板尺寸：32（40）× 250×700（各1件） 9　10 32　40 0～3　2	平位 + 仰位	药芯焊丝气体保护半自动焊 E501T-1（φ1.2）	腹杆盖板与弦 杆节点板对接 焊缝

续上表

序　号	板厚组合 （材质） （mm）	坡口形式 （mm）	焊接 位置	焊接方法及焊接材料	代 表 焊 缝
PD9	40＋50 （Q370qD＋ Q370qD －Z35）	试板尺寸:40(50)×250 ×700(各1件)	平位＋ 仰位	药芯焊丝气体保护半自动焊 E501T-1(φ1.2)	腹杆盖板与弦 杆节点板工地对 接焊缝
PD10	24＋32 （Q370qD）	试板尺寸:24(32)×250× 700(各1件)	横位	药芯焊丝气体保护半自动焊 E501T－1(φ1.2)	副桁斜撑与弦 杆节点间、斜撑接 头板间对接焊缝
PD11	24＋24 （Q370qD）	试板尺寸:24×200×700(2件)	平位	实心焊丝气保护半自动焊,背 面衬 TG-2.0Z 陶质衬垫,ER50-6 (φ1.2)	弦杆对接、横梁 盖板对接焊缝
PD12	24＋24 （Q370qD）	试板尺寸:24×200×700(2件)	平位	实心焊丝气保护半自动焊背面 衬 TG-2.02M 陶质衬垫 ER50-6 (φ1.2)	弦杆对接、横梁 盖板对接焊缝(大 间隙)
PD13	40＋40 （Q370qD）	试板尺寸:40×200×700(2件)	平位	实心焊丝气保护半自动焊背面 衬 TG-2.0Z 陶质衬垫 ER50-6 (φ1.2)	弦杆对接、横梁 盖板工地对接 焊缝
PD14	40＋40 （Q370qD）	试板尺寸:40×250×700(2件)	平位	实心焊丝气保护半自动焊背面 衬 TG-2.02M 陶质衬垫 ER50-6 (φ1.2)	弦杆对接、横梁 盖板对接焊缝(大 间隙)

续上表

序　号	板厚组合（材质）（mm）	坡口形式（mm）	焊接位置	焊接方法及焊接材料	代 表 焊 缝
PD15	24+24（Q370qD）	试板尺寸:24×250×700(2件) 40° 5 24	立位	药芯焊丝气体保护半自动焊,背面衬 TG-2.0Z 陶质衬垫,E501T-1(φ1.2)	简支梁弦杆间对接焊缝、横梁腹板及副桁撑杆工地对接焊缝、腹杆腹板嵌补段对接焊缝
PD16	40+40（Q370qD）	试板尺寸:40×250×700(2件) 40° 5 40	立位	药芯焊丝气体保护半自动焊 E501T-1(φ1.2)	简支梁弦杆间对接焊缝
PD17	40+40（Q370qD）	试板尺寸:40×250×700(2件) 40° 6 40	立位	药芯焊丝气体保护半自动焊背面衬 TG-1.30S 陶质衬垫 E501T-1(φ1.2)	腹杆腹板嵌补段对接焊缝
PD18	24+24（Q370qD）	试板尺寸:24×250×700(2件) 40° 25 24	立位	药芯焊丝气保护半自动焊背面衬 TG-2.02M 陶质衬垫 E501T-1(φ1.2)	横梁腹板、副桁撑杆、腹杆腹板嵌补段对接焊缝(大间隙)
PD19	16+16（Q370qD）	试板尺寸:16×250×700(2件) 40° 5 16	平位	实心焊丝气体保护半自动焊+埋弧自动焊,背面衬 TG-2.0Z 陶质衬垫,ER50-6(φ1.2),H08Mn2E(φ2.0)+SJ101q	弦杆与桥面板、桥面板块对接焊缝
PD20	16+16（Q370qD）	试板尺寸:16×250×700(2件) 40° 25 16	平位	实心焊丝气体保护半自动焊+埋弧自动焊,背面衬 TG-2.02M 陶质衬垫 ER50-6(φ1.2),H08Mn2E(φ2.0)+SJ101q	弦杆与桥面板、桥面板块大间隙对接焊缝等

序　号	板厚组合（材质）（mm）	坡口形式（mm）	焊接位置	焊接方法及焊接材料	代表焊缝
PD21	16+16（Q37F0qD）	试板尺寸：16×250×700（2件）40°　5　16	平位	实心焊丝气保护半自动焊+埋弧自动焊，背面衬 TG-2.0Z 陶质衬垫，ER50-6（φ1.2），H08Mn2E（φ5.0）+SJ101q	弦杆与桥面板、桥面板块对接焊缝
PD22	16+16（Q370qD）	试板尺寸：16×250×700（2件）40°　25　16	平位	实心焊丝气保护半自动焊+埋弧自动焊，背面衬 TG-2.02M 陶质衬垫 ER50-6（φ1.2）、H08Mn2E（φ5.0）+SJ101q	弦杆与桥面板、桥面板块大间隙对接焊缝等
PD23	8+8（Q370qD）	试板尺寸：8×250×700（2件）35°　5　8	立位	药芯焊丝气保护半自动焊 E501T-1（φ1.2）背面衬钢衬垫	U 肋嵌补段立位对接焊缝
PD24	8+8（Q370qD）	试板尺寸：8×250×700（2件）5　8　35°	仰位	药芯焊丝气保护半自动焊 E501T-1（φ1.2）背面衬钢衬垫	U 肋嵌补段仰位对接焊缝
PD25	36+36（Q370qD）	试板尺寸：36×250×700（2件）40°　5　36	平位	实心焊丝气保护半自动焊背面衬钢衬垫 ER50-6（φ1.2）	简支梁主桁杆件对接，水平板嵌补段对接焊缝

注：试板尺寸标注中带下划线者为钢板轧制方向。

2）对接接头施焊状况及焊缝检验

对接接头施焊状况见表 7-2-3-3，焊后进行焊缝外观检查，表面质量符合技术要求。焊接 24h 后对 U 形肋对接焊缝进行磁粉探伤，焊缝质量满足《无损检测　焊缝磁粉检测》（JB/T 6061—2007）2X 级；对不锈钢复合板进行 X 射线探伤，内部质量满足《铁路钢桥制造规范》（Q/CR 9211—2015）Ⅱ级；对其他对接焊缝进行超声波探伤，内部质量满足《铁路钢桥制造规范》（Q/CR 9211—2015）Ⅰ级。

对接接头施焊状况　　　　　　　　　　　表 7-2-3-3

编号	熔敷简图	焊道	道间温度（℃）	电流（A）	电压（V）	焊速（m/h）	热输入（kJ/cm）	焊接方法	备注
PD1		1	—	240~260	28~30	31	8.4	135（φ1.2）	温度:9℃；湿度:24%；背面清根；平位焊接；CO_2流量:15~20L/min
		2	100	260~280	28~30	22	12.8		
		3	110	650~680	34~37	31	27.4	123（φ2.0）	
		4,5	120,130	650~680	34~37	33	25.8		
		6	130	680~710	34~37	31	28.7	—	
PD2		1,2	60,120	240~260	30~32	22,17	12.7,16.4	135（φ1.2）	温度:10℃；湿度:40%；背面清根；平位焊接；CO_2流量:15~20L/min；预热60℃
		3	100	650~680	32~36	31	26.3		
		4,5	90,120	650~680	32~36	31	26.3	123（φ2.0）	
		6	110	650~680	32~36	31	26.3		
		7,8	130,135	650~680	32~36	31	26.3		
		9,10	120,110	680~710	32~36	31	26.3		
PD3		1,2	80,120	240~260	30~32	24,16	11.6,17.4	135（φ1.2）	温度:9℃；湿度:28%；背面清根；平位焊接；CO_2流量:15~20L/min；预热80℃
		3~8	90~130	650~680	34~37	30~33	25.8~28.3		
		9,10	90,130	680~710	34~37	31	28.7	123（φ2.0）	
		11	120	620~650	34~37	31	26.2		
		12~19	100~140	650~680	34~37	31	27.4		
		20,21	140,140	680~710	34~37	31	28.7		
PD4		1	—	240~260	28~30	35	7.5	135（φ1.2）	温度:9℃；湿度:24%；背面清根；平位焊接；CO_2流量:15~20L/min
		2	120	260~280	30~32	24	12.6		
		3	80	620~650	30~32	21	33.7	121（φ5）	
		4,5	120,150	650~680	32~34	21	37.6		
		6	140	620~650	30~32	19	37.3		
PD5		1,2	60,120	240~260	28~30	24,16	10.9,16.3	135（φ1.2）	温度:9℃；湿度:24%；背面清根；平位焊接；CO_2流量:15~20L/min；预热60℃
		3	60	650~680	30~32	23	32.3	121（φ5）	
		4,5	90,140	660~690	30~32	24	31.4		
		6	100	600~630	30~32	24	28.6		
		7,8	120,115	660~690	30~32	24	31.4		
		9,10	120,100	660~690	30~32	26	29.0		
PD6		1,2	80	240~260	30~32	21,17	13.3,16.4	135（φ1.2）	温度:9℃；湿度:24%；背面清根；平位焊接；CO_2流量:15~20L/min；预热80℃
		3~5	100~140	680~710	30~32	22	35.3	121（φ5）	
		6,7	130,130	680~710	30~32	22	35.3		
		8	80	640~670	30~32	22	33.7		
		9~12	120~140	680~710	30~32	22	35.3		
		13,14	150,150	680~710	30~32	22	35.3		

编号	熔 敷 简 图	焊道	道间温度(℃)	电流(A)	电压(V)	焊速(m/h)	热输入(kJ/cm)	焊接方法	备 注
PD7		1,2	60,120	240~260	30~32	22,19	12.7,14.8	135(φ1.2)	温度:8℃;湿度:42%;背面清根;平位焊接;CO_2流量:15~20L/min;预热60℃
		3~5	90~140	650~680	34~37	32~33	25.8~26.6	121(φ5)	
		6,7	130,130	680~710	34~37	33	26.9		
		8	100	650~680	34~37	33	25.8		
		9~12	65~115	680~710	34~37	33	26.9		
		13,14	80,100	160~180	24~26	36,27	4.3,5.7	136(φ1.2)	
		15~18	90~100	160~180	24~26	19~25	6.1~8.1		
PD8		1	60	180~200	26~28	23	8	136(φ1.2)	温度:12℃;湿度:40%;背面清根;平位+仰位焊接;CO_2流量:15~20L/min;预热60℃
		2,3	80,100	180~200	26~28	10,8	18.5,23.1		
		4,5	120,150	200~220	26~28	11	18.6		
		6	80	240~260	28~30	20	13.1		
		7~10	100~140	260~280	30~32	14~22	13.7~21.5		
		11,12	150,150	260~280	30~32	17,15	17.7,20.1		
PD9		1	80	180~200	26~28	22	8.4	136(φ1.2)	温度:10℃;湿度:40%;背面清根;平位+仰位焊接;CO_2流量:15~20L/min;预热80℃
		2~5	90~130	180~200	26~28	5~10	18.5~37.0		
		6	100	220~240	28~30	25	9.6		
		7~12	110~140	260~280	30~32	13~21	14.3~23.2		
		13,14	130,120	260~280	30~32	10,16	18.8,30.1		
PD10		1	60	220~240	26~28	24	9.3	136(φ1.2)	温度:10℃;湿度:30%;背面清根;横位焊接;CO_2流量:15~20L/min;预热60℃
		2,3	120,140	220~240	26~28	32,30	7.0,7.5		
		4~6	120~140	180~200	26~28	17~23	8.0~10.9		
		7	110	180~200	26~28	32	5.8		
		8,9	120,125	220~240	26~28	20,18	11.2,12.4		
		10~13	105~140	220~240	26~28	15~32	7.0~15.0		
PD11		1	—	200~220	28~30	8	27.4	135(φ1.2)	温度:10℃;湿度:26%;背面衬陶质衬垫;平位焊接;CO_2流量:15~20L/min
		2	130	240~260	30~32	10	27.9		
		3~8	80~160	260~280	30~32	13~23	13.1~23.2		
		9,10	145,150	260~280	30~32	16,13	18.9,23.2		
PD12		1	—	140~160	26~28	2	72.9	135(φ1.2)	温度:9℃;湿度:24%;背面衬陶质衬垫;平位焊接;CO_2流量:15~20L/min
		2~9	60~160	240~260	28~30	21~29	9~12.4		
		10~17	100~160	260~280	30~32	14~26	11.6~21.5		
		18~21	130~160	260~280	30~32	16~19	15.9~18.9		
PD13		1	60	180~200	28~30	8	24.8	135(φ1.2)	温度:9℃;湿度:24%;背面衬陶质衬垫;平位焊接;CO_2流量:15~20L/min;预热60℃
		2,3	110,110	240~260	30~32	14,11	20.0,25.3		
		4~17	70~160	260~280	32~34	14~25	12.8~23.0		
		18~21	120~160	260~280	32~34	17~20	16.0~18.9		

续上表

编号	熔 敷 简 图	焊道	道间温度 （℃）	电流 （A）	电压 （V）	焊速 （m/h）	热输入 （kJ/cm）	焊接 方法	备　注
PD14		1	60	160～180	26～28	2	82.6	135 （φ1.2）	温度：9℃； 湿度：24%； 背面衬陶质衬垫； 平位焊接； CO₂流量： 15～20L/min； 预热60℃
		2～5	100～130	240～260	30～32	24～32	8.7～11.6		
		6～31	80～160	260～280	30～32	11～26	11.6～27.4		
		32～37	80～160	260～280	30～32	15～19	15.9～20.1		
PD15		1	—	140～160	22～24	5	24.8	136 （φ1.2）	温度：9℃； 湿度：24%； 背面衬陶质衬垫； 立位焊接； CO₂流量： 15～20L/min
		2～5	80～160	160～180	24～26	5～6	25.5～30.6		
		6,7	80,105	160～180	24～26	5,6	25.5,30.6		
PD16		1	60	140～160	24～26	5	27	136 （φ1.2）	温度：10℃； 湿度：25%； 背面衬陶质衬垫； 立位焊接； CO₂流量： 15～20L/min； 预热60℃
		2～6	100～130	140～160	24～26	5～6	22.5～27		
		7～10	80～160	160～180	26～28	6～7	23.6～27.5		
		11,12	80～160	160～180	26～28	5	33.0		
PD17		1	60	140～160	22～24	5	24.8	136 （φ1.2）	温度：10℃； 湿度：30%； 背面衬陶质衬垫； 立位焊接； CO₂流量： 15～20L/min； 预热60℃
		2～4	80～130	160～180	24～26	5～6	25.5～30.6		
		5,6	100,130	160～180	24～26	7,6	21.9～25.5		
		7	140	140～160	22～24	5	24.8		
		8～10	150～160	160～180	24～26	6～7	21.9～25.5		
		11,12	140,160	160～180	24～26	7,6	21.9,25.5		
PD18		1	—	140～160	20～22	1.5	75.6	136 （φ1.2）	温度：6℃； 湿度：40%； 背面衬陶质衬垫； 立位焊接； CO₂流量： 15～20L/min
		2～5	95～120	160～180	24～26	6	25.5		
		6～9	115～135	160～180	26～28	5～6	27.5～33.0		
PD19		1	—	180～200	28～30	7	28.3	135 （φ1.2）	温度：6℃； 湿度：40%； 背面衬陶质衬垫； 平位焊接； CO₂流量： 15～20L/min
		2～4	85～160	240～260	30～32	13～29	9.6～21.5		
		5,6	100,130	600～650	34～37	33	24.2	123 （φ2.0）	
PD20		1	—	140～160	26～28	2	72.9	135 （φ1.2）	温度：10℃； 湿度：40%； 背面衬陶质衬垫； 平位焊接； CO₂流量： 15～20L/min
		2～9	80～150	260～280	30～32	19～34	8.9～15.9		
		10,11	120,135	700～720	34～37	31	29.3	123 （φ2.0）	

编号	熔敷简图	焊道	道间温度（℃）	电流（A）	电压（V）	焊速（m/h）	热输入（kJ/cm）	焊接方法	备注
PD21		1	—	200~220	28~30	7	31.3	135（φ1.2）	温度:10℃；湿度:24%；背面衬陶质衬垫；平位焊接；CO_2流量：15~20L/min
		2~4	100~150	240~260	30~32	12~23	12.1~23.3		
		5,6	80,140	620~650	30~32	22	32.2	121（φ5）	
PD22		1	—	140~160	26~28	2	72.9	135（φ1.2）	温度:10℃；湿度:24%；背面衬陶质衬垫；平位焊接；CO_2流量：15~20L/min
		2~5	130~160	260~280	30~32	24~30	10~12.6		
		6~13	100~160	260~280	30~32	16~32	9.4~18.8		
		14,15	100,100	630~660	30~32	19,22	32.7~37.9	121（φ5）	
PD23		1	—	160~180	20~22	5	25.7	136（φ1.2）	温度:9℃；湿度:28%；背面衬钢衬垫；立位焊接；CO_2流量：15~20L/min
		2	120	160~180	22~24	6	23.5		
PD24		1	—	180~200	24~26	7	24.4	136（φ1.2）	温度:10℃；湿度:40%；背面衬钢衬垫；仰位焊接；CO_2流量：15~20L/min
		2	120	180~200	24~26	6	28.5		
PD25		1	60	200~220	28~30	8	27.4	135（φ1.2）	温度:10℃；湿度:30%；背面衬钢衬垫；平位焊接；CO_2流量：15~20L/min；预热60℃
		2,3	110,100	240~260	30~32	13,12	21.5~23.3		
		4~15	95~150	240~260	30~32	14~26	10.7~20.0		
		16~19	130~145	240~260	30~32	16~19	14.7~17.4		

注：焊接方法标注中，121 表示单丝埋弧自动焊；123 表示双细丝埋弧自动焊；135 表示实心焊丝 CO_2 气体保护焊；136 表示药芯焊丝 CO_2 气体保护焊。

3）对接接头试验结果

对接接头分别进行了焊缝金属拉伸、接头拉伸、弯曲、低温冲击、断面酸蚀和接头硬度试验，力学性能试验结果见表 7-2-3-4。

对接接头力学性能试验结果

表 7-2-3-4

编号	材质	板厚组合(mm)	焊材	焊接位置	焊缝拉棒 R_{eL}(MPa)	焊缝拉棒 R_m(MPa)	焊缝拉棒 A(%)	接头拉板 R_m(MPa)	接头拉板 断口位置	侧弯180°	$-10℃\ KV_2$(J) 焊缝金属	$-10℃\ KV_2$(J) 热影响区	备注
PD1	Q370qD	16+16	ER50-6 H08Mn2E+SJ101q	平位	492	591	32	573	母材	d=2a 完好	90,90,96(92)	205,200,240(215)	
PD2	Q370qD	32+40	ER50-6 H08Mn2E+SJ101q	平位	553	619	32	555	母材	d=3a 完好	95,104,84(94)	290,305,205(267)	
PD3	Q370qD-Z35	50+50	ER50-6 H08Mn2E+SJ101q	平位	496	588	30	580	母材	d=3a 完好	100,114,126(113)	215,180,300(232)	
PD4	Q370qD	16+16	ER50-6 H08Mn2E+SJ101q	平位	481	595	30	565	母材	d=2a 完好	115,120,135(123)	180,170,140(163)	
PD5	Q370qD	32+40	ER50-6 H08Mn2E+SJ101q	平位	557	633	30	542	母材	d=3a 完好	125,46,115(95)	265,270,230(255)	
PD6	Q370qD-Z35	50+50	ER50-6 H08Mn2E+SJ101q	平位	552	608	30	590	母材	d=3a 完好	120,150,150(140)	220,200,192(204)	
PD7	Q370qD+复合钢板	36+39	ER50-6 H08Mn2E+SJ101q GFS-309L	平位	631	695	24	569 / 571	母材 / 母材	d=3a 完好	115,120,110(115)	184,190,140(171)	
PD8	Q370qD	32+40	E501T-1	平位+仰位	612	663	26	536	母材	d=3a 完好	155,160,150(155)	240,240,265(248)	
PD9	Q370qD+Q370qD-Z35	40+50	E501T-1	平位+仰位	431	525	28	535	母材	d=3a 完好	48,102,76(75)	185,255,116(185)	
PD10	Q370qD	24+32	E501T-1	横位	537	597	28	548	母材	d=3a 完好	111,92,115(106)	240,260,190(230)	
PD11	Q370qD	24+24	ER50-6	平位	502	588	30	561	母材	d=3a 完好	96,100,112(103)	220,165,260(215)	
PD12	Q370qD	24+24	ER50-6	平位	478	575	29	567	母材	d=3a 完好	105,70,140(105)	280,180,265(242)	

续上表

编号	材质	板厚组合(mm)	焊材	焊接位置	焊缝拉棒			接头拉板		侧弯180°	−10℃ KV₂(J)		备注
					R_{eL}(MPa)	R_m(MPa)	A(%)	R_m(MPa)	断口位置		焊缝金属	热影响区	
PD13	Q370qD	40+40	ER50-6	平位	449	548	32	526	母材	d=3a 完好	79,90,107(92)	160,110,110(127)	
PD14	Q370qD	40+40	ER50-6	平位	428	531	34	524	母材	d=3a 完好	96,105,68(90)	310,165,205(227)	
PD15	Q370qD	24+24	E501T-1	立位	506	568	26	538	母材	d=3a 完好	170,175,155(167)	255,245,215(238)	
PD16	Q370qD	40+40	E501T-1	立位	480	570	28	518	母材	d=3a 完好	165,180,75(140)	300,240,310(283)	
PD17	Q370qD	40+40	E501T-1	立位	541	609	28	519	母材	d=3a 完好	130,130,140(133)	280,140,230(217)	
PD18	Q370qD	24+24	E501T-1	立位	468	545	32	544	母材	d=3a 完好	136,111,66(104)	305,260,320(295)	
PD19	Q370qD	16+16	ER50-6 H08Mn2E+SJ101q	平位	474	568	28	556	母材	d=2a 完好	132,124,124(127)	235,310,290(278)	
PD20	Q370qD	16+16	ER50-6 H08Mn2E+SJ101q	平位	410	522	32	562	母材	d=2a 完好	102,93,115(103)	115,135,295(182)	
PD21	Q370qD	16+16	ER50-6 H08Mn2E+SJ101q	平位	450	557	30	561	母材	d=2a 完好	73,81,66(73)	180,215,210(202)	
PD22	Q370qD	16+16	ER50-6 H08Mn2E+SJ101q	平位	397	519	33	528	焊缝	d=2a 完好	104,102,110(105)	300,250,280(277)	
PD23	Q370qD	8+8	E501T-1	立位	—	—	—	533	母材	d=2a 面弯、背弯完好	172,200,172(181)	236,214,220(223)	
PD24	Q370qD	8+8	E501T-1	仰位	—	—	—	569	母材	d=2a 面弯、背弯完好	172,160,180(171)	244,176,162(194)	
PD25	Q370qD	36+36	ER50-6	平位	462	558	28	556	母材	d=3a 完好	75,90,111(92)	200,185,252(212)	

注:8mm+8mm 板对接焊缝冲击试件为 5mm×10mm×55mm 的小试件,表中为折算 10mm×10mm×55mm 标准试件的冲击功。

2.3.3 熔透角焊缝焊接工艺评定试验

1）熔透角焊缝坡口尺寸、焊接方法及代表焊缝

焊接熔透角焊缝 7 组,试板材质、接头板厚组合、坡口尺寸、焊接方法、焊接材料及代表焊缝见表 7-2-3-5。

熔透角焊缝坡口尺寸、焊接方法及代表焊缝   表 7-2-3-5

序号	板厚组合（材质）（mm）	坡口形式（mm）	焊接位置	焊接方法及焊接材料	代表焊缝
PR1	24＋40（Q370qD）	试板尺寸:24(40)×350×500(各1件)	平位	实心焊丝气保护半自动焊 ER50-6（ϕ1.2）	接头板熔透角焊缝
PR2	32＋40（Q370qD）	试板尺寸:32(40)×350×500(各1件)	平位	实心焊丝气保护半自动焊 ER50-6（ϕ1.2）	接头板熔透角焊缝、锚拉板与副桁间熔透角焊缝、下弦杆节点处熔透焊缝
PR3	40＋16（Q370qD）	试板尺寸:40(16)×350×500(各1件)	平位	实心焊丝气保护半自动焊 ER50-6（ϕ1.2）	主桁上弦杆节点板与顶板间熔透角焊缝,下弦杆节点处熔透焊缝
PR4	24＋40（Q370qD）	试板尺寸:24(40)×350×500(各1件)	立位	药芯焊丝气体保护半自动焊 E501T-1（ϕ1.2）	箱内隔板熔透角焊缝、竖杆腹板与下弦杆盖板间熔透角焊缝等

序号	板厚组合（材质）（mm）	坡口形式（mm）	焊接位置	焊接方法及焊接材料	代表焊缝
PR5	24 + 32 (Q370qD)	试板尺寸:32×350×600(1件) 24×200×600(2件)	平位	实心焊丝气保护半自动焊 ER50-6(φ1.2)	下弦杆节点板穿出上水平板熔透角焊缝
PR6	40 + 40 (Q370qD)	试板尺寸:40×350×600(1件) 40×200×600(2件)	平位	实心焊丝气保护半自动焊 ER50-6 (φ1.2)	下弦杆节点板穿出上水平板熔透角焊缝
PR7	24 + 32 (Q370qD)	试板尺寸:24(32)×350×500(各1件)	平位	实心焊丝气保护半自动焊 ER50-6 (φ1.2)	拉索处副桁上弦杆节点板与顶板、副桁斜撑与下弦杆竖板间熔透角焊缝

2）熔透角焊缝施焊状况及焊缝检验

施焊状况见表 7-2-3-6,焊后进行外观检查,焊缝外观及焊角尺寸符合技术要求。焊接 24h 后对焊缝进行超声波探伤,内部质量满足《铁路钢桥制造规范》(Q/CR 9211—2015) I 级要求。

熔透角焊缝施焊状况　　　　　　　　表 7-2-3-6

编号	熔敷简图	焊道	道间温度（℃）	电流（A）	电压（V）	焊速（m/h）	热输入（kJ/cm）	焊接方法	备注
PR1		1	60	240~260	28~30	18	14.5	135 (φ1.2)	温度:10℃; 湿度:30%; 背面清根; 平位焊接; CO₂流量: 15~20L/min; 预热60℃
		2	110	260~280	30~32	12	25.1		
		3,4	130,110	260~280	30~32	23,19	13.1,15.9		
		5	80	240~260	28~30	16	16.3		
		6~9	135~150	260~280	30~32	11~22	13.7~27.4		

续上表

编号	熔敷简图	焊道	道间温度(℃)	电流(A)	电压(V)	焊速(m/h)	热输入(kJ/cm)	焊接方法	备　注
PR2		1	60	220~240	28~30	20	12.0	135(φ1.2)	温度:9℃;湿度:24%;背面清根;平位焊接;CO_2流量:15~20L/min;预热60℃
		2	130	240~260	30~32	11	25.4		
		3~5	110~140	260~280	30~32	17~26	11.6~17.7		
		6	80	220~240	28~30	15	17.4		
		7	150	240~260	30~32	11	25.4		
		8~13	110~150	260~280	30~32	11~28	10.8~27.4		
PR3		1	60	240~260	28~30	15	17.4	135(φ1.2)	温度:10℃;湿度:30%;背面清根;平位焊接;CO_2流量:15~20L/min;预热60℃
		2~4	110~140	240~260	30~32	13~24	11.6~21.5		
		5~8	130~160	260~280	30~32	16~32	9.4~18.8		
		9	120	240~260	28~30	16	16.3		
		10~13	80~160	240~260	30~32	11~18	15.5~25.4		
		14~16	110~140	260~280	30~32	11~23	13.1~27.4		
PR4		1	60	160~180	24~26	7	21.9	136(φ1.2)	温度:9℃;湿度:26%;背面清根;立位焊接;CO_2流量:15~20L/min;预热60℃
		2	80	160~180	24~26	5	30.6		
		3	60	140~160	24~26	6	22.5		
		4	80	160~180	24~26	6	25.5		
		5	100	160~180	24~26	5	30.6		
PR5		1	60	240~260	28~30	23	11.3	135(φ1.2)	温度:10℃;湿度:38%;背面清根;平位焊接;CO_2流量:15~20L/min;预热60℃
		2,3	100~130	260~280	30~32	23~25	12.1~13.1		
		4	100	240~260	28~30	17	15.4		
		5~9	100~160	260~280	30~32	11~27	11.2~27.4		
		10,11	150,160	260~280	30~32	13,16	18.8,23.2		
PR6		1	60	240~260	28~30	17	15.4	135(φ1.2)	温度:10℃;湿度:38%;背面清根;平位焊接;CO_2流量:15~20L/min;预热60℃
		2~5	130~140	260~280	30~32	14~23	13.1~21.5		
		6,7	90,130	240~260	28~30	13,12	20.1,21.8		
		8	100	240~260	28~30	20	13.1		
		9~13	110~140	260~280	30~32	12~28	10.8~25.1		
		14,15	80,120	240~260	28~30	14,12	21.8,21.8		
PR7		1	60	220~240	28~30	28	8.6	135(φ1.2)	温度:10℃;湿度:38%;背面清根;平位焊接;CO_2流量:15~20L/min;预热60℃
		2	120	240~260	30~32	18	15.5		
		3	100	220~240	28~30	18	13.3		
		4~6	140~160	260~280	30~32	13~35	8.6~23.2		
		7~11	100~160	260~280	30~32	15~39	7.7~20.1		

续上表

3）熔透角焊缝试验结果

对试件分别进行焊缝金属拉伸、低温冲击、断面酸蚀和接头硬度试验，力学性能试验结果见表7-2-3-7。

熔透角焊缝力学性能试验结果　　　　　表7-2-3-7

编号	材　质	板厚组合（mm）	焊　材	焊接位置	R_{eL}（MPa）	R_m（MPa）	A（%）	-10℃ KV_2 焊缝金属	-10℃ KV_2 热影响区
PR1	Q370qD	24+40	ER50-6	平位	520	607	28	80,88,92(87)	215,260,280(252)
PR2	Q370qD	32+40	ER50-6	平位	526	608	30	124,110,114(116)	300,250,305(285)
PR3	Q370qD	40+16	ER50-6	平位	547	620	28	—	—
PR4	Q370qD	24+40	E501T-1	立位	604	657	30	160,120,130(137)	180,270,220(223)
PR5	Q370qD	24+32	ER50-6	平位	563	656	25	145,118,160(141)	130,270,84(161)
PR6	Q370qD	40+40	ER50-6	平位	605	676	28	40,60,60(53)	280,80,92(151)
PR7	Q370qD	24+32	ER50-6	平位	499	592	30	50,70,80(67)	62,305,230(199)

注：PR5十字接头拉伸试验 R_m 为554MPa，断母材；PR6十字接头拉伸试验 R_m 为538MPa，断母材。

2.3.4　坡口角焊缝焊接工艺评定试验

1）坡口角焊缝坡口尺寸、焊接方法及代表焊缝

焊接坡口角焊缝11组，试板材质、接头板厚组合、坡口尺寸、焊接方法、焊接材料及代表焊缝见表7-2-3-8。

坡口角焊缝坡口尺寸、焊接方法及代表焊缝　　　　　表7-2-3-8

序号	板厚组合（材质）（mm）	坡口形式（mm）	焊接位置	焊接方法及焊接材料	代表焊缝
PP1	24+32（Q370qD）	试板尺寸：24(32)×350×600（各1件） 15　15　24　32	平位	实心焊丝气保护半自动焊打底＋埋弧自动焊ER50-6（φ1.2）、H08MnA（φ5.0）＋SJ101q	箱形杆件主角焊缝等
PP2	40+40（Q370qD）	试板尺寸：40×350×600（2件） 19　19　40　40	平位	实心焊丝气保护半自动焊打底＋埋弧自动焊ER50-6（φ1.2）H08MnA（φ5.0）＋SJ101q	箱形杆件主角焊缝等

续上表

序号	板厚组合 （材质） （mm）	坡口形式 （mm）	焊接 位置	焊接方法及焊接材料	代 表 焊 缝
PP3	32 + 40 （Q370qD）	试板尺寸:32(40)×350×600(2件) 	平位 + 船位	实心焊丝气保护半自动焊打底 + 埋弧自动焊 ER50-6（φ1.2），H08MnA（φ5.0）+ SJ101q	工形杆件主角焊缝、工形箱形杆件加劲肋角焊缝等
PP4	24 + 24 （Q370qD）	试板尺寸:24×350×500(2件) 	平位	实心焊丝气保护半自动焊 ER50-6（φ1.2）	副桁上弦杆主角焊缝
PP5	24 + 32 （Q370qD）	试板尺寸:24(32)×350×500(各1件) 	平位	实心焊丝气保护半自动焊 ER50-6（φ1.2）	箱形隔板角焊缝、腹杆腹板与节点板角焊缝等
PP6	24 + 32 （Q370qD）	试板尺寸:24(32)×350×500(各1件) 	立位	药芯焊丝气体保护半自动焊 E501T-1（φ1.2）	箱形隔板角焊缝等
PP7	24 + 32 （Q370qD）	试板尺寸:24(32)×350×500(各1件) 	仰位	药芯焊丝气体保护半自动焊 E501T-1（φ1.2）	腹杆腹板与节点板角焊缝等

序号	板厚组合（材质）（mm）	坡口形式（mm）	焊接位置	焊接方法及焊接材料	代表焊缝
PP8	40 + 40（Q370qD）	试板尺寸:40×350×500(2件) 30° 40 R6 28 3 2 40	平位	实心焊丝气保护半自动焊 ER50-6（φ1.2）	锚箱承压板与锚拉板间坡口角焊缝
PP9	8 + 16（Q370qD）	试板尺寸:8(16)×350×500(各1件) 53° 8 16 1.5 78° 25°	船位	药芯焊丝气体保护半自动焊（小车）E501T-1（φ1.2）	U肋与桥面板坡口角焊缝
PP10	8 + 16（Q370qD）	试板尺寸:8(16)×350×500(各1件) 1.5 16 78° 53° 8	仰位	药芯焊丝气体保护半自动焊 E501T-1（φ1.2）	桥面板上U形肋嵌补段角焊缝等
PP11	8 + 16（Q370qD）	试板尺寸:8(16)×350×600(各1件) 53° 8 16 1.5 78° 38°	平位 + 船位	药芯焊丝气体保护自动焊（机器人）E500T-1（φ1.4）	U肋与桥面板坡口角焊缝

2）坡口角焊缝施焊状况及焊缝检验

坡口角焊缝施焊状况见表 7-2-3-9,焊后进行外观检查,焊缝外观及焊脚尺寸符合技术要求。试件焊接 24h 后对 U 肋角焊缝试件进行磁粉探伤,焊缝质量满足《无损检测 焊缝磁粉检测》(JB/T 6061—2007)2X 级;对其他坡口角焊缝进行超声波探伤,内部质量满足《铁路钢桥制造规范》(Q/CR 9211—2015)Ⅱ级要求。

3）坡口角焊缝试验结果

对 3 组 U 肋坡口角焊缝进行了断面酸蚀和接头硬度试验,对其他坡口角焊缝分别进行了焊缝金属拉伸、低温冲击、断面酸蚀和接头硬度试验,力学性能试验结果见表 7-2-3-10,其中 U 形肋坡口角焊缝的熔透深度不小于 U 肋板厚的 80%。

坡口角焊缝施焊状况 表 7-2-3-9

编号	熔敷简图	焊道	道间温度 （℃）	电流 （A）	电压 （V）	焊速 （m/h）	热输入 （kJ/cm）	焊接 方法	备　注
PP1		1	60	240～260	30～32	17	16.4	135 （φ1.2）	温度：10℃； 湿度：30%； 平位焊接； CO_2 流量： 15～20L/min； 预热60℃
		2	80	700～730	30～32	20	39.9	121 （φ5）	
		3	120	660～690	28～30	23	30.6		
		4	130	660～690	28～30	23	30.6		
PP2		1	60	240～260	30～32	15	18.6	135 （φ1.2）	温度：10℃； 湿度：30%； 平位焊接； CO_2 流量： 15～20L/min； 预热60℃
		2	80	700～730	30～32	20	39.9	121 （φ5）	
		3	110	700～730	30～32	20	39.9		
		4,5	140,140	660～690	28～30	23	30.6		
PP3		1,2	60,130	240～260	30～32	15	18.6	135 （φ1.2）	温度：8℃； 湿度：24%； 平位＋船位； 焊接； CO_2 流量： 15～20L/min； 预热60℃
		3,4	80,140	700～730	30～32	17	46.9	121 （φ5）	
		5,6	140,145	700～730	30～32	17	46.9		
PP4		1	60	260～280	30～32	18	16.7	135 （φ1.2）	温度：9℃； 湿度：25%； 平位焊接； CO_2 流量： 15～20L/min； 预热60℃
		2,3	110,130	240～260	28～30	29,15	9.0～17.4		
		4,5	120,140	260～280	30～32	17,23	13.1,17.7		
PP5		1	60	240～260	28～30	17	15.4	135 （φ1.2）	温度：12℃； 湿度：30%； 平位焊接； CO_2 流量： 15～20L/min； 预热60℃
		2	110	240～260	28～30	16	16.3		
		3,4	120,120	260～280	30～32	22,23	13.1,13.7		
		5,6	130,150	260～280	30～32	15,18	16.7,20.1		
PP6		1	60	140～160	24～26	8	16.9	136 （φ1.2）	温度：8℃； 湿度：24%； 立位焊接； CO_2 流量： 15～20L/min； 预热60℃
		2	100	160～180	24～26	6	25.5		
		3	120	160～180	24～26	6	25.5		
		4	120	160～180	24～26	6	25.5		

续上表

编号	熔敷简图	焊道	道间温度(℃)	电流(A)	电压(V)	焊速(m/h)	热输入(kJ/cm)	焊接方法	备 注
PP7		1	60	180~200	26~28	20	9.2	136 (φ1.2)	温度:10℃; 湿度:40%; 仰位焊接; CO_2流量: 15~20L/min; 预热60℃
		2	70	180~200	26~28	19	9.7		
		3,4	100,120	180~200	26~28	31,19	6.0~9.7		
		5	120	180~200	26~28	20	9.2		
		6	130	180~200	26~28	17	10.9		
		7,8	140,135	180~200	26~28	25,17	7.4,10.9		
PP8		1	60	220~240	28~30	15	16.0	135 (φ1.2)	温度:10℃; 湿度:35%; 平位焊接; CO_2流量: 15~20L/min; 预热60℃
		2,3	100,110	240~260	28~30	14,15	17.4,18.6		
		4~11	80~150	260~280	30~32	16~25	12.1~18.8		
		12~16	120~160	260~280	30~32	14~25	12.1~21.5		
PP9		1	—	260~280	30~32	25	12.1	136 (φ1.2)	温度:9℃; 湿度:28%; 船位焊接; CO_2流量: 15~20L/min
		2	80	280~300	32~34	20	17.2		
PP10		1	—	180~200	26~28	18	10.3	136 (φ1.2)	温度:10℃; 湿度:36%; 仰位焊接; CO_2流量: 15~20L/min
		2	80	180~200	26~28	26	7.1		
		3	120	180~200	26~28	21	8.8		
PP11		1	—	270~280	30~31	30	10	136 (φ1.4)	温度:8℃; 湿度:36%; 第1道平位 第2道船位焊接; CO_2流量: 20~25L/min
		2	90	320~330	33~34	24	16.3		

坡口角焊缝力学性能试验结果　　　　　　　　　　表7-2-3-10

编号	材 质	板厚组合(mm)	焊材	焊接位置	R_{eL}(MPa)	R_m(MPa)	A(%)	-10℃ KV_2 焊缝金属	-10℃ KV_2 热影响区
PP1	Q370qD	24+32	ER50-6 H08MnA + SJ101q	平位	475	554	26	44,70, 62(59)	240,250, 265(252)
PP2	Q370qD	40+40	ER50-6H08MnA + SJ101q	平位	475	557	28	94,75, 102(90)	220,210, 215(215)

续上表

编号	材 质	板厚组合 （mm）	焊材	焊接 位置	R_{eL} （MPa）	R_m （MPa）	A （%）	−10℃ KV_2	
								焊缝金属	热影响区
PP3	Q370qD	32 + 40	ER50-6H08MnA + SJ101q	平位 + 船位	462	557	28	58,70, 66(65)	130,96, 260(162)
PP4	Q370qD	24 + 24	ER50-6	平位	554	623	26	124,126, 110(120)	130,205, 250(195)
PP5	Q370qD	24 + 32	ER50-6	平位	512	600	30	50,94, 104(83)	180,200, 185(188)
PP6	Q370qD	24 + 32	E501T-1	立位	498	597	30	120,86, 82(96)	260,210, 118(196)
PP7	Q370qD	24 + 32	E501T-1	仰位	631	677	24	140,210, 140(163)	210,270, 185(222)
PP8	Q370qD	40 + 40	ER50-6	平位	535	622	27	75,70, 56(67)	200,160, 170(177)

2.3.5　T形角焊缝焊接工艺评定试验

1）T形角焊缝试板尺寸、焊接方法及代表焊缝

共焊接试板 6 组，试板材质、接头板厚组合、焊角尺寸、焊接方法、焊接材料及代表焊缝见表 7-2-3-11。

T形角焊缝焊角尺寸、焊接方法及代表焊缝　　　　　表 7-2-3-11

序号	板厚组合 （材质） （mm）	坡口形式 （mm）	焊接位置	焊接方法及焊接材料	代 表 焊 缝
PT1	16 + 24 （Q370qD） $K = 10$	试板尺寸：16（24）×350×600（各1件） 16 $K=10$ 24	船位	埋弧自动焊 H08MnA （φ5.0）+ SJ101q	工形杆件主角焊缝、加劲肋角焊缝等
PT2	24 + 40 （Q370qD） $K = 12$	试板尺寸：24（40）×350×600（各1件） 24 $K=12$ 40	船位	埋弧自动焊 H08MnA （φ5.0）+ SJ101q	工形杆件主角焊缝、加劲肋角焊缝等

续上表

序号	板厚组合（材质）（mm）	坡口形式（mm）	焊接位置	焊接方法及焊接材料	代表焊缝
PT3	16+24（Q370qD）K=10	试板尺寸:16(24)×350×500(各1件) 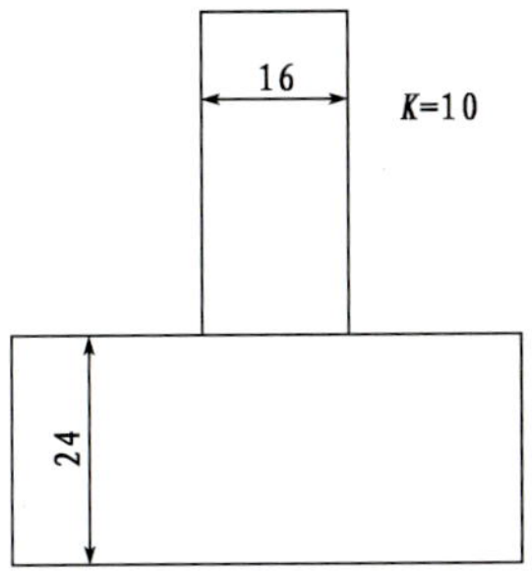 16 K=10 24	平位	实心焊丝气保护半自动焊 ER50-6(φ1.2)	隔板角焊缝、加劲肋角焊缝、接头板角焊缝等
PT4	16+24（Q370qD）K=10	试板尺寸:16(24)×350×500(各1件) 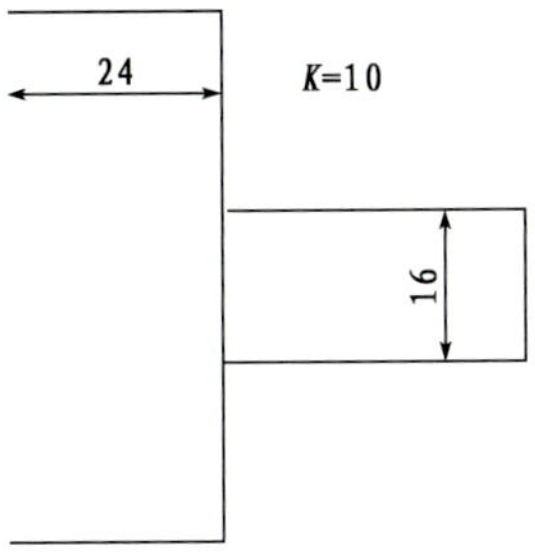 24 K=10 16	立位	药芯焊丝气体保护半自动焊 E501T-1(φ1.2)	隔板角焊缝、加劲肋角焊缝、接头板角焊缝等
PT5	16+24（Q370qD）K=8	试板尺寸:16(24)×350×500(各1件) 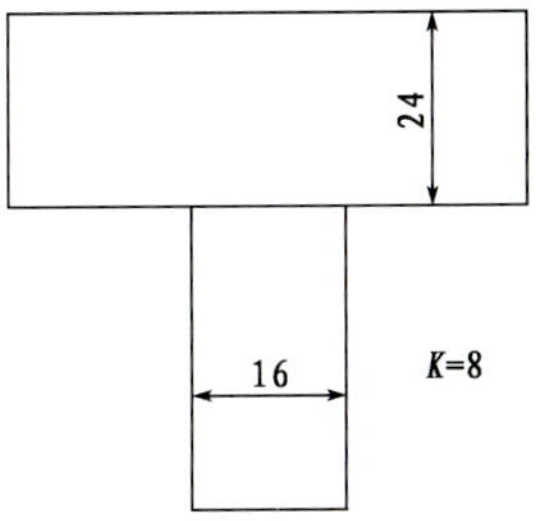 24 16 K=8	仰位	药芯焊丝气体保护半自动焊 E501T-1 (φ1.2)	横、纵梁腹板与桥面板角焊缝等
PT6	16+24（Q370qD）K=8、10	试板尺寸:16(24)×350×500(各1件) 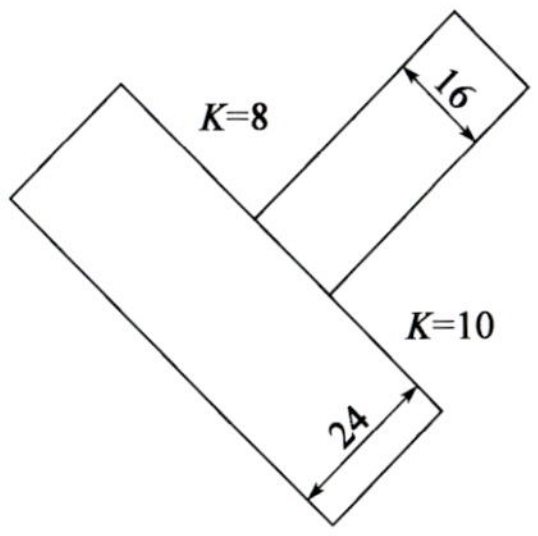 K=8 16 K=10 24	船位	药芯焊丝气体保护半自动焊 E500T-1(φ1.4)	桥面板单元板肋角焊缝(机器人)

注:K 为角焊缝焊脚尺寸(mm)。

2）T 形角焊缝施焊状况及焊缝检验

施焊状况见表 7-2-3-12,焊后进行外观检查,焊缝外观及焊角尺寸符合技术要求。焊接 24h 后对焊缝进行超声波探伤,内部质量满足《铁路钢桥制造规范》(Q/CR 9211—2015)Ⅱ级要求。

T 形角焊缝施焊状况　　　　　　　　　　表 7-2-3-12

编号	熔 敷 简 图	焊道	道间温度（℃）	电流（A）	电压（V）	焊速（m/h）	热输入（kJ/cm）	焊接方法	备　注
PT1		1	—	700~730	31~33	20	41.2	121（$\phi5$）	温度:13℃；湿度:17%；船位焊接
		2	140	700~730	31~33	20	41.2		
PT2		1	—	780~800	32~34	17	53.5	121（$\phi5$）	温度:13℃；湿度:17%；船位焊接
		2	140	780~800	32~34	17	53.5		
PT3		1	—	260~280	30~32	23	13.1	135（$\phi1.2$）	温度:10℃；湿度:26%；平位焊接；CO_2 流量:15~20L/min
		2	80	260~280	30~32	25	12.1		
		3,4	120,130	260~280	30~32	20,21	14.3~15.1		
		5,6	160,140	260~280	30~32	26,22	11.6~13.7		
PT4		1	—	140~160	24~26	10	13.5	136（$\phi1.2$）	温度:13℃；湿度:20%；立位焊接；CO_2 流量:15~20L/min
		2	70	160~180	26~28	6	27.5		
		3	100	140~160	24~26	10	13.5		
		4	140	160~180	26~28	6	27.5		
PT5		1	—	180~200	24~26	26	6.6	136（$\phi1.2$）	温度:13℃；湿度:20%；仰位焊接；CO_2 流量:15~20L/min
		2	70	180~200	24~26	26	6.6		
		3,4	100	200~220	26~28	21,19	9.7,10.7		
		5,6	140	200~220	26~28	22,19	9.3,10.7		
PT6		1	—	340~360	34~35	21	20.7	136（$\phi1.4$）	温度:8℃；湿度:36%；船位焊接；CO_2 流量:20~25L/min
		2	85	340~360	34~35	17.4	25		

3）T形角焊缝试验结果

对 6 组试件分别进行焊缝金属拉伸、低温冲击、断面酸蚀和接头硬度试验。力学性能试验结果见表 7-2-3-13，接头硬度试验结果见表 7-2-3-14，接头断面照片如图 7-2-3-12 所示，接头熔合良好。

T 形角焊缝力学性能试验结果 表 7-2-3-13

编号	材 质	板厚组合（mm）	焊材	焊接位置	R_{eL}（MPa）	R_m（MPa）	A（%）	-10℃ KV_2 焊缝金属	-10℃ KV_2 热影响区
PT1	Q370qD	16+24	H08MnA+SJ101q	船位	449	539	30	320,290,310(307)	300,305,295(300)
PT2	Q370qD	24+40	H08MnA+SJ101q	船位	456	541	30	290,310,165(255)	290,300,310(300)
PT3	Q370qD	16+24	ER50-6	平位	492	593	28	300,290,305(298)	300,300,265(288)
PT4	Q370qD	16+24	E501T-1	立位	456	537	30	270,265,295(277)	270,240,300(270)
PT5	Q370qD	16+24	E501T-1	仰位	496	569	30	270,270,290(277)	290,275,200(255)
PT6	Q370qD	16+24	E500T-1	船位	555	649	28	290,300,280(290)	300,320,320(313)

接头硬度试验结果（HV10） 表 7-2-3-14

编号	材质	板厚组合（mm）	焊 材	焊接位置	焊缝金属	热影响区	母材	最高硬度
PD1	Q370qD	16+16	ER50-6 H08Mn2E+SJ101q	平位	196~232	183~213	190~198	232
PD2	Q370qD	32+40	ER50-6 H08Mn2E+SJ101q	平位	200~231	217~248	163~196	248
PD3	Q370qD-Z35	50+50	ER50-6 H08Mn2E+SJ101q	平位	202~216	217~256	210~230	256
PD4	Q370qD	16+16	ER50-6 H08Mn2E+SJ101q	平位	208~222	200~210	183~199	222
PD5	Q370qD	32+40	ER50-6 H08Mn2E+SJ101q	平位	220~237	231~242	169~204	242
PD6	Q370qD-Z35	50+50	ER50-6 H08Mn2E+SJ101q	平位	226~240	218~241	193~218	241
PD7	Q370qD 复合钢板	36+39	ER50-6 H08Mn2E+SJ101q / GFS-309L	平位基材 / 复层	229~254 / 218~228	196~250 / 214~234	172~214 / 220~223	254 / 234
PD8	Q370qD	32+40	E501T-1	平位 仰位	235~246	219~309	166~212	309
PD9	Q370qD+ Q370qD-Z35	40+50	E501T-1	平位 仰位	207~241	223~309	178~208	309
PD10	Q370qD	24+32	E501T-1	横位	211~217	240~328	174~270	328
PD11	Q370qD	24+24	ER50-6	平位	203~215	209~254	184~194	254

编号	材质	板厚组合 （mm）	焊　　材	焊接位置	焊缝金属	热影响区	母材	最高硬度
PD12	Q370qD	24 + 24	ER50-6	平位	199 ~ 222	204 ~ 255	172 ~ 199	255
PD13	Q370qD	40 + 40	ER50-6	平位	180 ~ 181	176 ~ 251	171 ~ 182	251
PD14	Q370qD	40 + 40	ER50-6	平位	195 ~ 208	232 ~ 266	180 ~ 206	266
PD15	Q370qD	24 + 24	E501T-1	立位	185 ~ 195	197 ~ 244	180 ~ 183	244
PD16	Q370qD	40 + 40	E501T-1	立位	202 ~ 222	218 ~ 229	161 ~ 179	229
PD17	Q370qD	40 + 40	E501T-1	立位	200 ~ 234	208 ~ 244	164 ~ 174	244
PD18	Q370qD	24 + 24	E501T-1	立位	180 ~ 187	287 ~ 211	177 ~ 186	211
PD19	Q370qD	16 + 16	ER50-6 H08Mn2E + SJ101q	平位	197 ~ 216	211 ~ 230	183 ~ 201	230
PD20	Q370qD	16 + 16	ER50-6 H08Mn2E + SJ101q	平位	191 ~ 195	185 ~ 222	196 ~ 212	222
PD21	Q370qD	16 + 16	ER50-6 H08Mn2E + SJ101q	平位	187 ~ 210	186 ~ 226	189 ~ 196	226
PD22	Q370qD	16 + 16	ER50-6 H08Mn2E + SJ101q	平位	169 ~ 179	188 ~ 215	185 ~ 191	215
PD23	Q370qD	8 + 8	E501T-1	立位	186 ~ 207	189 ~ 193	187 ~ 195	207
PD24	Q370qD	8 + 8	E501T-1	仰位	215 ~ 220	186 ~ 207	186 ~ 199	220
PD25	Q370qD	36 + 36	ER50-6	平位	203 ~ 217	216 ~ 244	183 ~ 194	244
PR1	Q370qD	24 + 40	ER50-6	平位	208 ~ 223	220 ~ 263	180 ~ 185	263
PR2	Q370qD	32 + 40	ER50-6	平位	219 ~ 240	220 ~ 299	206 ~ 216	299
PR3	Q370qD	40 + 16	ER50-6	平位	216 ~ 237	204 ~ 300	176 ~ 209	300
PR4	Q370qD	24 + 40	E501T-1	立位	234 ~ 237	234 ~ 254	167 ~ 173	254
PR5	Q370qD	24 + 32	ER50-6	平位	207 ~ 219	211 ~ 300	170 ~ 198	300
PR6	Q370qD	40 + 40	ER50-6	平位	208 ~ 237	255 ~ 280	171 ~ 174	280
PR7	Q370qD	24 + 32	ER50-6	平位	233 ~ 247	246 ~ 303	177 ~ 207	303
PP1	Q370qD	24 + 32	ER50-6 H08MnA + SJ101q	平位	205 ~ 221	201 ~ 267	187 ~ 226	267
PP2	Q370qD	40 + 40	ER50-6 H08MnA + SJ101q	平位	212 ~ 219	221 ~ 239	182 ~ 236	239
PP3	Q370qD	32 + 40	ER50-6 H08MnA + SJ101q	平位 船位	208 ~ 211	225 ~ 262	172 ~ 199	262
PP4	Q370qD	24 + 24	ER50-6	平位	224 ~ 245	251 ~ 274	180 ~ 199	274
PP5	Q370qD	24 + 32	ER50-6	平位	229 ~ 250	241 ~ 287	179 ~ 210	287
PP6	Q370qD	24 + 32	E501T-1	立位	208 ~ 221	225 ~ 304	181 ~ 207	304
PP7	Q370qD	24 + 32	E501T-1	仰位	242 ~ 263	242 ~ 306	192 ~ 207	306
PP8	Q370qD	40 + 40	ER50-6	平位	192 ~ 199	246 ~ 286	180 ~ 193	286
PP9	Q370qD	8 + 16	E501T-1	船位	219 ~ 261	215 ~ 255	188 ~ 194	261
PP10	Q370qD	8 + 16	E501T-1	仰位	252 ~ 253	213 ~ 271	182 ~ 190	271
PP11	Q370qD	8 + 16	E500T-1	船位	222 ~ 223	204 ~ 225	174 ~ 182	225
PT1	Q370qD	16 + 24	H08MnA + SJ101q	船位	211 ~ 225	210 ~ 247	184 ~ 196	247

续上表

编号	材质	板厚组合 （mm）	焊　材	焊接位置	焊缝金属	热影响区	母材	最高硬度
PT2	Q370qD	24＋40	H08MnA＋SJ101q	船位	206～208	210～220	167～183	220
PT3	Q370qD	16＋24	ER50-6	平位	229～230	239～278	173～191	278
PT4	Q370qD	16＋24	E501T-1	立位	226～232	224～257	196～209	257
PT5	Q370qD	16＋24	E501T-1	仰位	255～258	283～319	180～203	319
PT6	Q370qD	16＋24	E500T-1	船位	260～261	230～252	173～182	261

PD1（δ16+16）

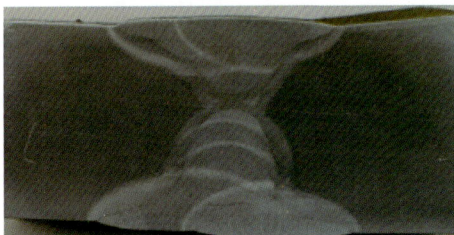

PD2（δ32+40）

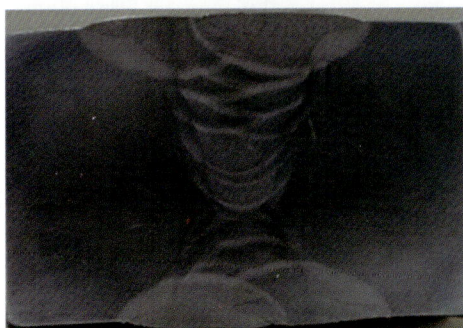

PD3（δ50+50）

PD4（δ16+16）

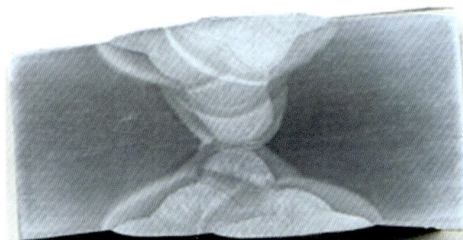

PD5（δ32+40）

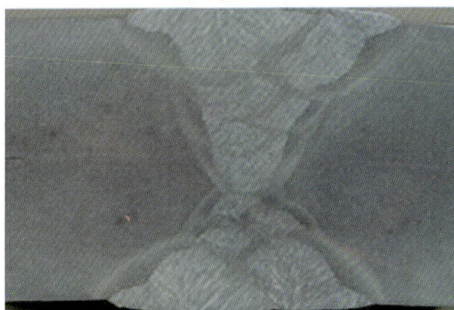

PD6（δ50+50）

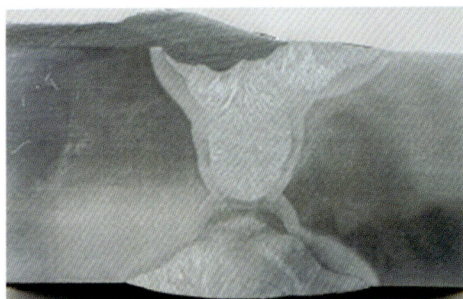

PD7（δ36+39）

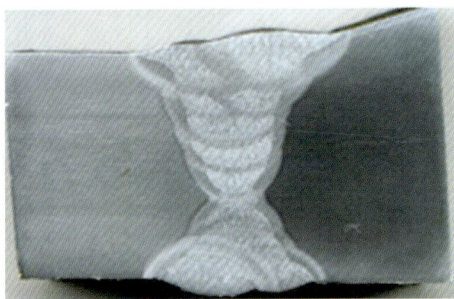

PD8（δ32+40）

图　7-2-3-12

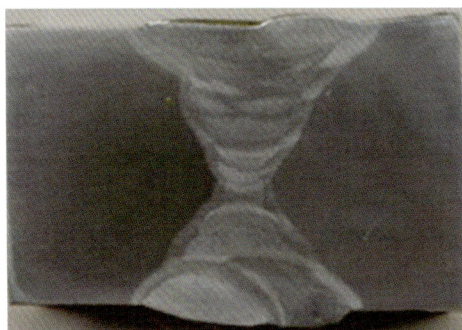
PD9（δ40+50）

PD10（δ24+32）

PD11（δ24+32）

PD12（δ24+24）

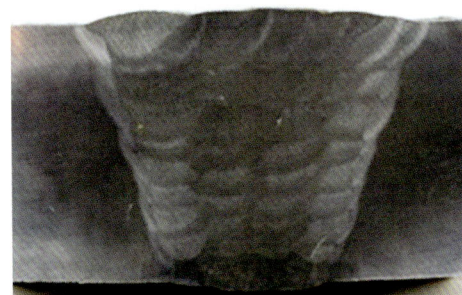
PD13（δ40+40）

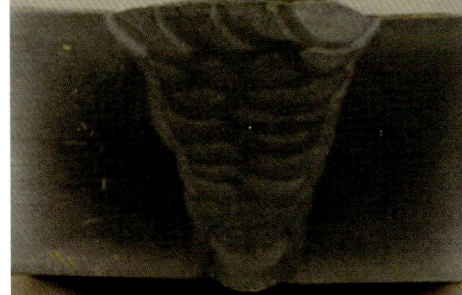
PD14（δ40+40）

PD15（δ24+24）

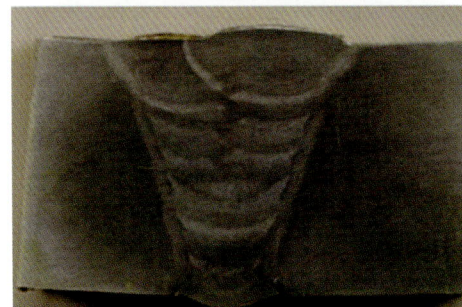
PD16（δ40+40）

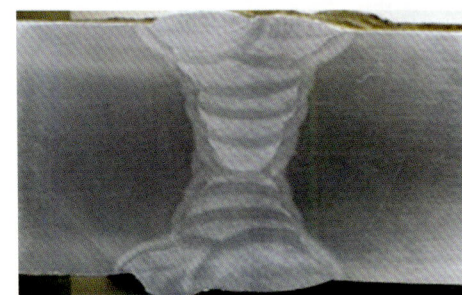
PD17（δ40+40）

PD18（δ24+24）

图　7-2-3-12

PD19(δ16+16)

PD20(δ16+16)

PD21(δ16+16)

PD22(δ16+16)

PD23(δ8+8)

PD24(δ8+8)

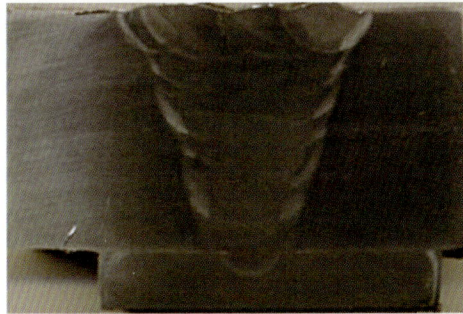

PD25(δ36+36)

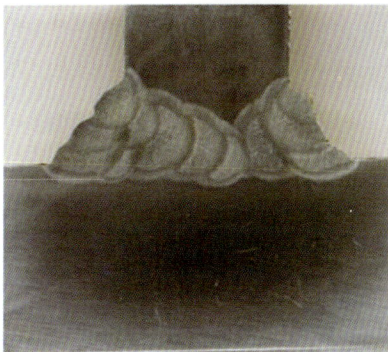

PR1(δ24+40)

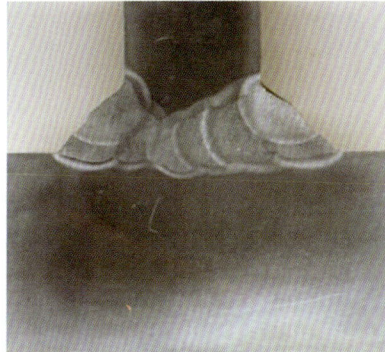

PR2(δ32+40)

PR3(δ40+16)

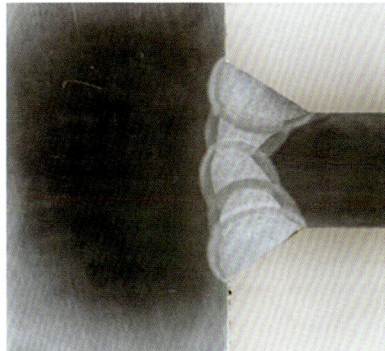

PR4(δ24+40)

图 7-2-3-12

307

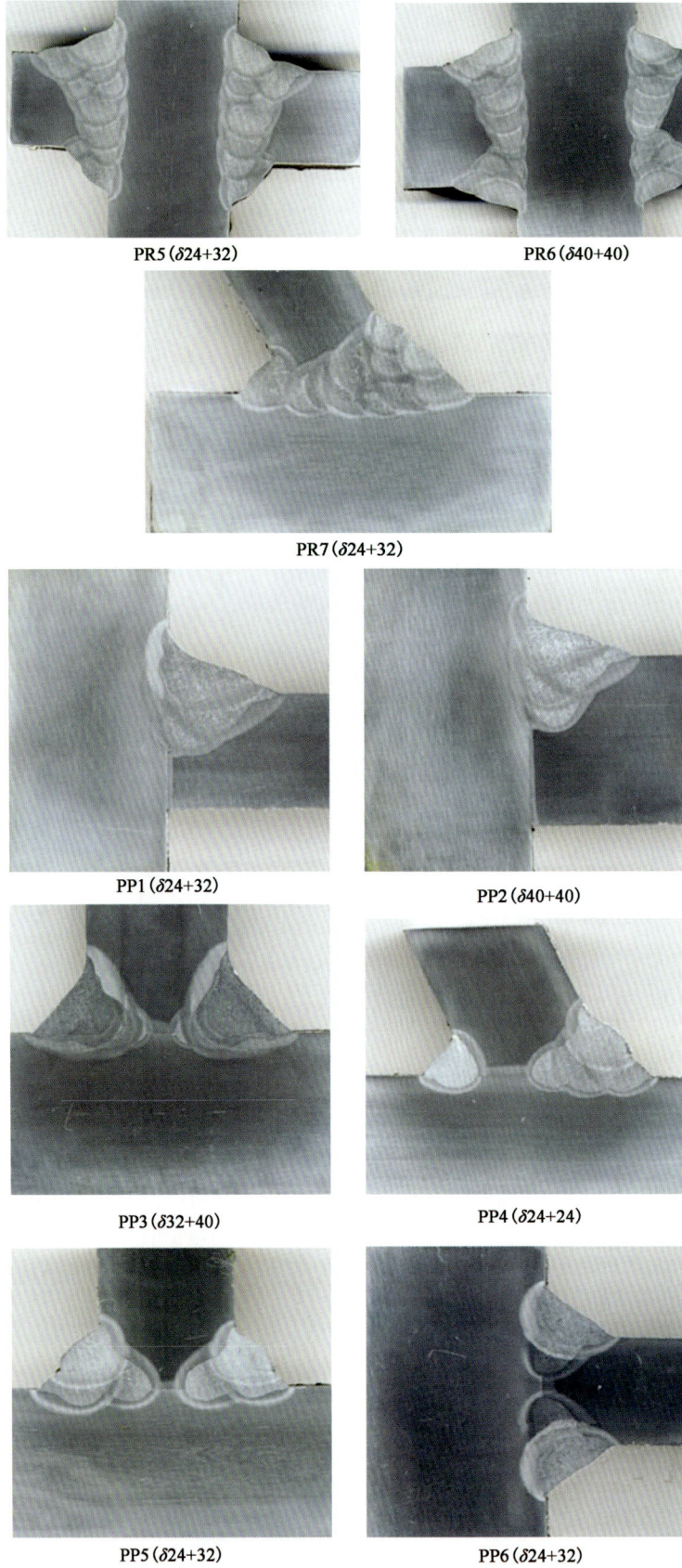

PR5(δ24+32)　　　　　　　　PR6(δ40+40)

PR7(δ24+32)

PP1(δ24+32)　　　　　　　　PP2(δ40+40)

PP3(δ32+40)　　　　　　　　PP4(δ24+24)

PP5(δ24+32)　　　　　　　　PP6(δ24+32)

图　7-2-3-12

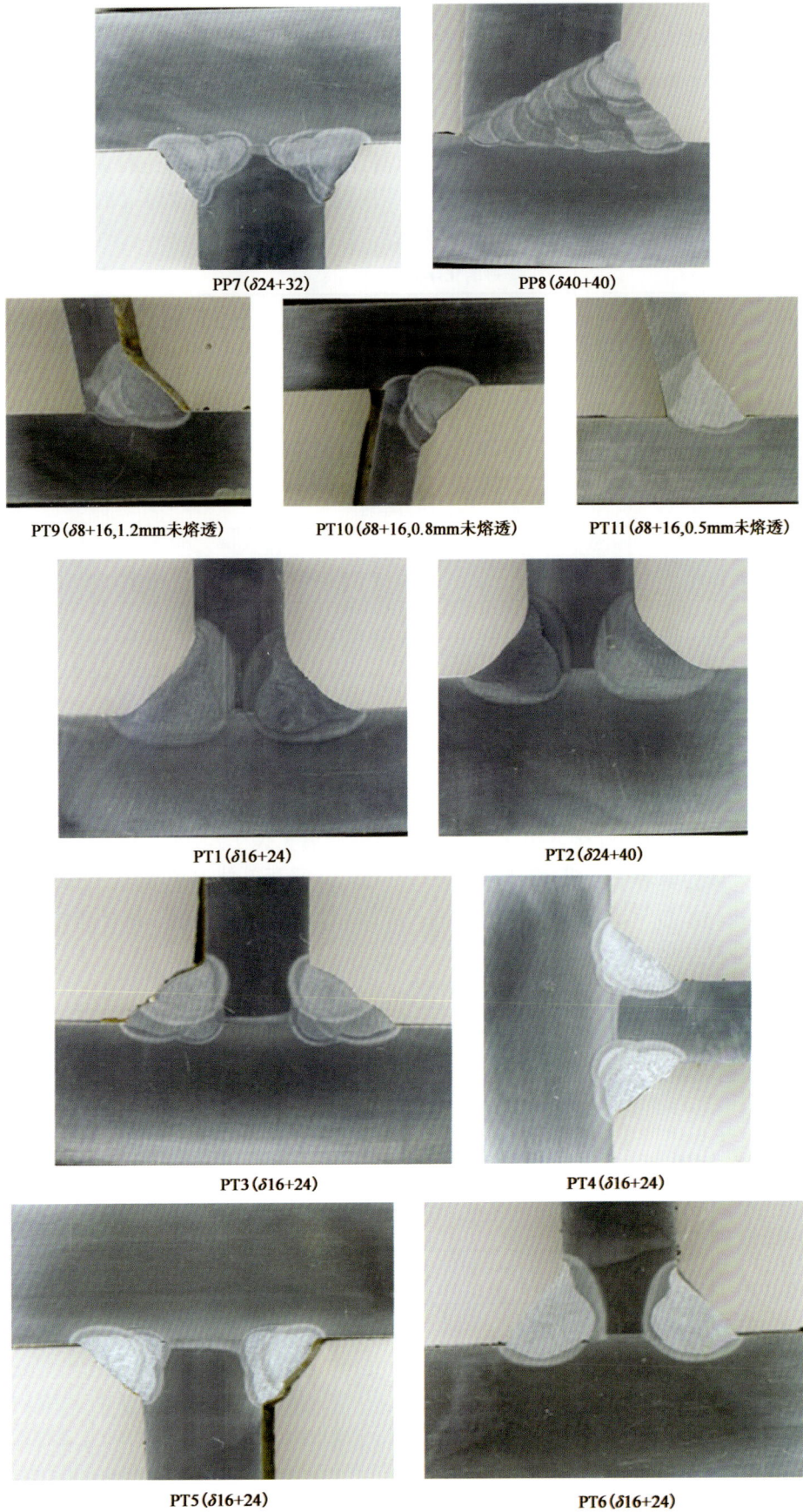

PP7（δ24+32）

PP8（δ40+40）

PT9（δ8+16,1.2mm未熔透）　　PT10（δ8+16,0.8mm未熔透）　　PT11（δ8+16,0.5mm未熔透）

PT1（δ16+24）

PT2（δ24+40）

PT3（δ16+24）

PT4（δ16+24）

PT5（δ16+24）

PT6（δ16+24）

图 7-2-3-12　接头宏观断面照片

2.3.6 圆柱头焊钉焊接工艺评定试验

1）圆柱头焊钉化学成分和力学性能

对规格 $\phi22\times180$mm,材质为 ML15Al 的圆柱头焊钉(以下简称"焊钉")进行焊接工艺评定试验,焊钉的化学成分和力学性能见表 7-2-3-15、表 7-2-3-16。钢板分别采用板厚 24mm 的 Q370qD 钢和(36 + 3)mm 的 Q370qD + 022Cr17Ni12Mo2(316L)复合钢板。

焊钉的化学成分(单位:%)   表 7-2-3-15

材质	规格 (mm)	批号	C	Si	Mn	P	S	Al	数据 来源
ML15Al	—	—	0.13 ~ 0.18	≤0.10	0.30 ~ 0.60	≤0.035	≤0.035	≥0.020	标准
	$\phi22$	J1150 1285	0.16	0.02	0.45	0.012	0.007	0.030	质保书
			0.17	0.02	0.43	0.012	0.004	0.020	复验

焊钉的力学性能   表 7-2-3-16

材 质	规格 (mm)	批 号	R_{eL} (MPa)	R_m (MPa)	A (%)	数 据 来 源
ML15Al	—	—	≥320	≥400	≥14	标准
	$\phi22$	J1150 1285	370	465	19.5	质保书
			360	475	18.5	复验

2）圆柱头焊钉焊接方法及代表焊缝

按照《铁路钢桥制造规范》(Q/CR 9211—2015)的规定,对圆柱头焊钉进行了焊接工艺评定试验,共进行了 4 组试验,试板材质、焊接方法、焊接材料及代表焊缝见表 7-2-3-17,其中 J1、J2A 采用螺柱焊,焊接设备为 RZN-2500C 型螺柱焊机,直流正极性接法;J3、J4 采用气体保护焊,是针对少量焊钉不能采用螺柱焊时,加工坡口进行焊接的试验,J3 采用药芯焊丝 GFS-309L 焊丝焊接,J4 采用药芯焊丝 E501T-1 焊丝焊接,直流反极性接法。

圆柱头焊钉焊接方法及代表焊缝   表 7-2-3-17

编号	板厚组合 (材质) (mm)	坡口形式 (mm)	焊接 位置	焊接方法 及焊接材料	代 表 焊 缝
J1	$\phi22 + \delta24$ (ML15Al + Q370qD)		平位	螺柱焊 采用瓷环保护	$\phi22$ 的圆柱头 焊钉焊接
J2A	$\phi22 + \delta39$ (ML15Al + Q370qD 复合板)		平位	螺柱焊 采用瓷环保护	$\phi22$ 的圆柱头 焊钉焊接
J3	$\phi22 + \delta39$ (ML15Al + Q370qD 复合板)		平位	药芯焊丝气保护 半自动焊 GFS-309L($\phi1.2$)	$\phi22$ 的圆柱头 焊钉焊接
J4	$\phi22 + \delta24$ (ML15Al + Q370qD)		平位	药芯焊丝气体 保护半自动焊 E501T-1($\phi1.2$)	$\phi22$ 的圆柱头 焊钉焊接

3）施焊状况及焊缝检验

圆柱头焊钉施焊状况见表7-2-3-18,焊接完成后进行外观检查,焊缝周边有连续焊脚,外观质量符合技术要求。

圆柱头焊钉施焊状况　　　　　　　　　　　　　　　　　表 7-2-3-18

熔敷简图	编号	伸出长度（mm）	提升高度（mm）	焊接时间（s）	焊接电流（A）	备 注
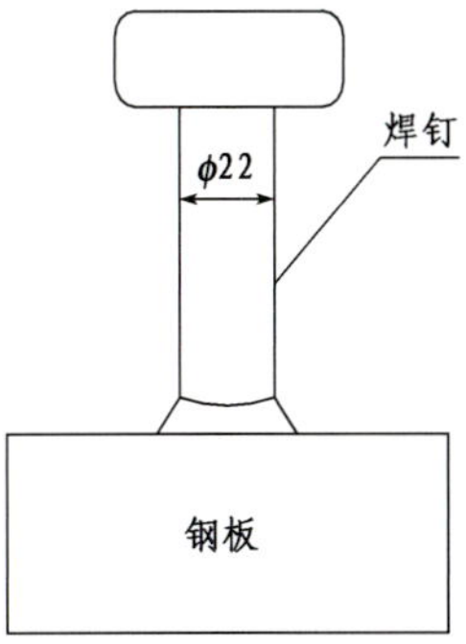	J1	5～6	3～4	1.1	1900	温度:8℃;湿度:35%;平位焊接螺柱焊
	J2A	5～6	3～4	1.2	2100	温度:7℃;湿度:33%;平位焊接螺柱焊;预热80℃

熔敷简图	编号	焊道	电流(A)	电压(V)	CO_2气体流量	备 注
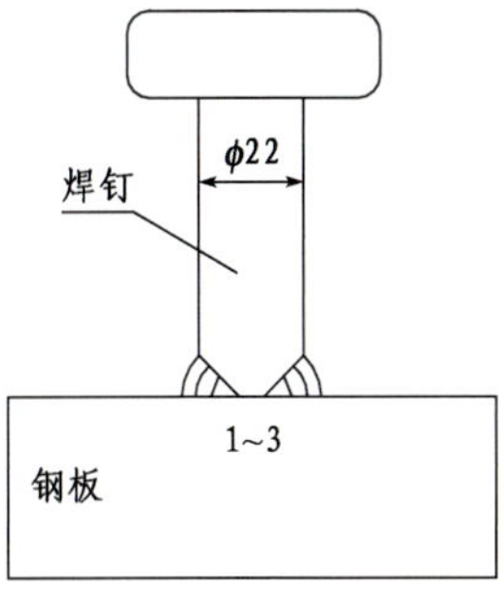	J3、J4	1～3	180～200	26～28	20L/min	温度:7℃;湿度:40%;平位焊接;气体保护焊

4）圆柱头焊钉试验结果

按照《铁路钢桥制造规范》(Q/CR 9211—2015)的规定,对每组焊接圆柱头焊钉,分别进行锤击30°弯曲试验和接头拉伸试验,试验结果见表7-2-3-19。拉伸和锤击弯曲试件照片如图7-2-3-13～图7-2-3-16所示。

焊钉接头力学性能试验结果　　　　　　　　　　　　　表 7-2-3-19

编号	材 质	板厚组合（mm）	焊 接 方 法	拉伸试验		锤击30°弯曲试验
				拉力载荷(kN)	断口位置	
J1	$\phi22+\delta24$（ML15Al+Q370qD）	$\phi22+24$	螺柱焊	161.8	断焊钉	无肉眼可见裂纹
				163.2	断焊钉	
				166.3	断焊钉	
J2A	$\phi22+\delta39$（ML15Al+Q370qD复合板）	$\phi22+39$	螺柱焊	168.6	断焊钉	无肉眼可见裂纹
				167.9	断焊钉	
				172.9	断焊钉	
J3	$\phi22+\delta39$（ML15Al+Q370qD复合板）	$\phi22+39$	CO_2气体保护焊	165.7	断焊钉	无肉眼可见裂纹
				162.2	断焊钉	
				166.4	断焊钉	

编号	材　质	板厚组合（mm）	焊接方法	拉伸试验		锤击30°弯曲试验
				拉力载荷(kN)	断口位置	
J4	$\phi22+\delta24$（ML15Al + Q370qD）	$\phi22+24$	CO_2气体保护焊	170.2	断焊钉	无肉眼可见裂纹
				169.3	断焊钉	
				164.6	断焊钉	
标准				≥159.6	非焊缝及热影响区	焊脚不出现肉眼可见裂纹

（1）采用螺柱焊和气体保护焊,在 Q370qD 钢板上进行的圆柱头焊钉焊接试验,接头锤击 30°弯曲试验和接头拉伸试验均合格。

（2）采用螺柱焊和气体保护焊,在复合钢板的不锈钢面上进行的圆柱头焊钉焊接试验,接头锤击 30°弯曲试验和接头拉伸试验均合格。

a)　　　　　　　　　　　b)

图 7-2-3-13　J1 焊钉(螺柱焊)拉伸和锤击弯曲试件照片

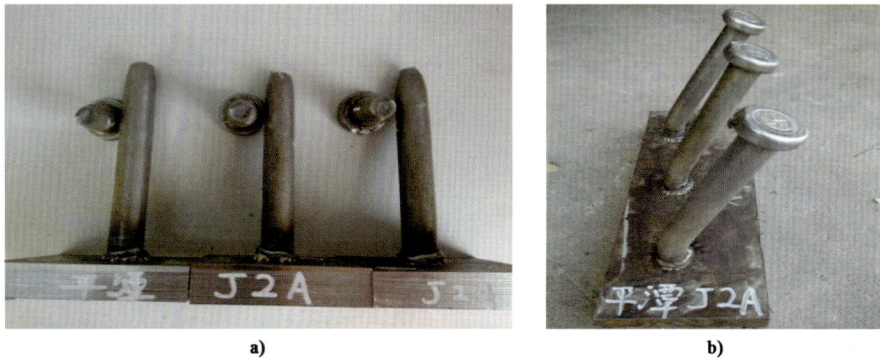

a)　　　　　　　　　　　b)

图 7-2-3-14　J2A 焊钉(螺柱焊)拉伸和锤击弯曲试件照片

a)　　　　　　　　　　　b)

图 7-2-3-15　J3 焊钉(CO_2焊)拉伸和锤击弯曲试件照片

a)   b)

图 7-2-3-16　J4 焊钉(CO_2 焊)拉伸和锤击弯曲试件照片

2.4　结论

（1）对接焊缝、熔透角焊缝、坡口角焊缝和 T 形角焊缝焊接工艺评定试验结果表明，焊缝外观质量和无损探伤合格，接头力学性能满足标准要求。

（2）直径 22mm 的圆柱头焊钉焊接工艺评定试验结果表明，焊缝外观质量合格，接头力学性能满足标准要求。

（3）焊接工艺评定试验中所用焊接工艺参数可作为编制新建福州至平潭铁路平潭海峡公铁大桥钢桁梁制造焊接工艺规程的依据。

松下岸 ——

人屿岛 ——

元洪航道桥 ——

鼓屿门水道桥 ——

平潭海峡公铁大桥
建造关键技术

07

第**3**章

斜拉桥钢桁梁整节段全焊制造

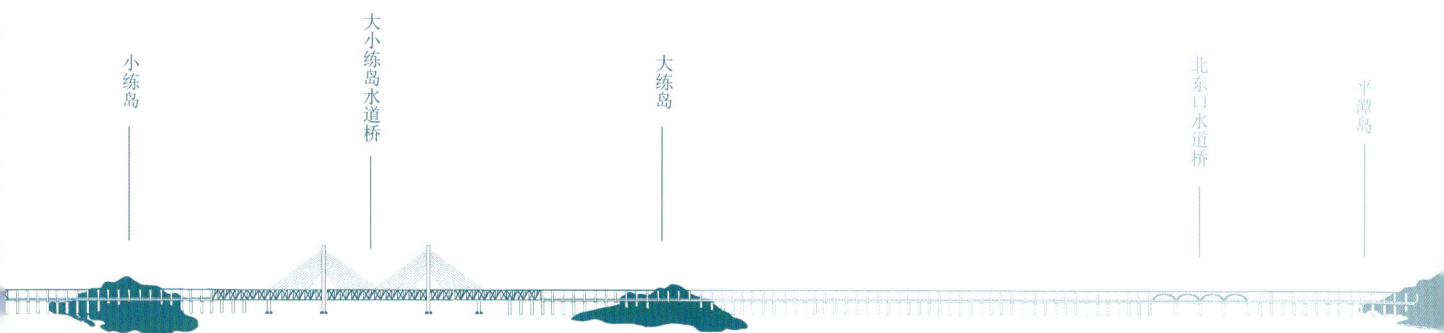

小练岛

大小练岛水道桥

大练岛

北东口水道桥

平潭岛

3.1 结构概况

全桥三座通航孔斜拉桥钢桁梁均采用整节段全焊设计,标准节段包含 2 个节间,单个节段设计最大重量为 1250t,共计 85 个节段,其中元洪航道桥 42 个节段,鼓屿门水道桥 24 个节段,大小练水道桥 19 个节段。节段主要由主桁片、副桁、桥面板块及副桁撑(拉)杆构成,节段内各构件均采用焊接连接,节段间杆件采用高强螺栓连接,桥面板采用焊接连接。有索区钢桁梁节段公路和铁路桥面均采用正交异性钢桥面板,无索区钢桁梁节段公路桥面采用纵横梁+混凝土板结合桥面,铁路桥面采用正交异性钢桥面板。有索区、无索区钢桁梁整节段如图 7-3-1-1 所示。

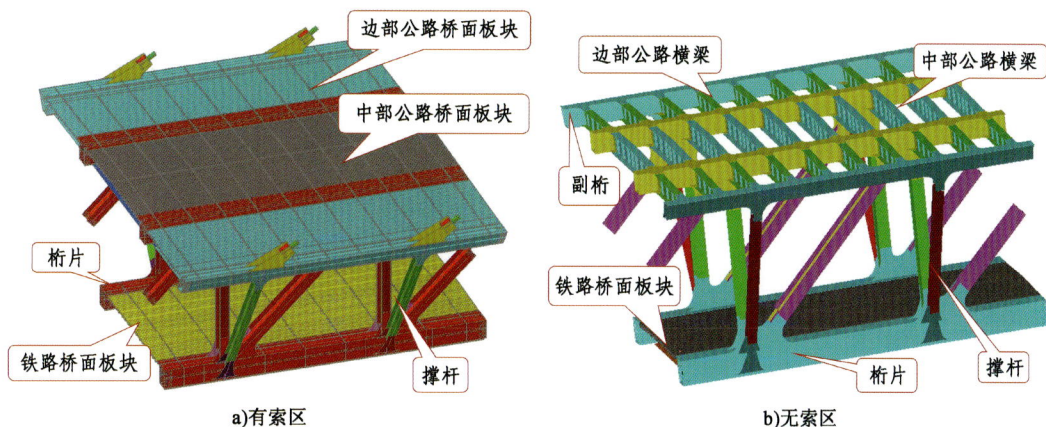

a)有索区

b)无索区

图 7-3-1-1 钢桁梁整体节段空间示意图

1）主桁与副桁

全桥桁架基本为 N 形桁式,主塔支点及跨中处两个节间范围内为带竖杆的华伦桁式。主桁中心距 15.0m,桁高 13.5m,节间长 14.0m 及 12.0m。副桁架上弦杆顶板底面中心线间距 35.7m,其倾角为 55.3232°。桁架杆件最大板厚 50mm,节点板最大厚度 60mm。

主桁上弦杆(公路桥面为正交异性板区段)为箱形截面,两竖板及底板上各设 1 条加劲肋,顶板上设 3 条加劲肋,杆件内高 1600mm,内宽为 1200mm,板厚 16~36mm。上弦杆顶板板厚为 16mm;主桁上弦杆(公路桥面为混凝土板区段)为箱形截面,两竖板及底板上各设 1 条加劲肋,杆件内高 1292mm,内宽为 1200mm,板厚 24~40mm,顶板板厚为 24mm。

主桁下弦杆为箱形截面,杆件内高 1600mm,内宽为 1200mm,板厚 24~50mm。顶底板及竖板均设 1 条加劲肋。顶板加宽 750mm,与桥面顶板不等厚对接。

腹杆有箱形和 H 形两种截面形式。箱形腹杆翼缘高 1250mm、1150mm、900mm,内宽 1200mm,水平板上设 1 条加劲肋板,厚 20~50mm;H 形腹杆为腹板带肋截面,翼缘高 900mm,内宽 1200mm,厚 16~36mm。

副桁上弦为平行四边形截面,顶底板内宽 900mm,倾角 55.3232°。其中公路桥面为正交异性板区段的副桁上弦顶板及腹板均设 1 条加劲肋,截面中心内高 1393mm;公路桥面为混凝土板区段的副桁上弦腹板设 1 条加劲肋,截面中心内高 1089mm。

在下弦杆节点板与副桁上弦节点间设副桁拉(或撑)杆,拉(或撑)杆为 H 形截面,翼板宽 700mm,板厚 28mm,腹板宽 750mm,板厚 20mm,撑杆翼板分别与副桁上弦节点板及下弦杆顶底板对齐。

主桁采用全焊接的整体节点构造,腹杆与节点板的连接均采用焊接。

2）下层铁路桥面结构

铁路桥面采用正交异性板整体桥面板,由横梁及带 U 形加劲肋的钢桥面面板组成,并在轨道下方对应位置沿纵向设置 4 道纵梁。钢桥面结构的横梁与面板,和主桁的下弦杆焊接在一起形成板桁组合结构。

桥面板厚 16mm,设 2.0% 双向排水坡,采用间距 600mm 的 U 形肋加劲。在每条线路的轨道之下设置高 600mm 的倒 T 形纵梁。U 肋和纵梁全桥连续,遇横梁的腹板时开孔穿越。

横梁为倒 T 形结构,顺桥向按间距 3.5m(或 3m)设置,节点处横梁的跨中高度为 1.779m,腹板厚 20mm,底板宽 720mm,厚 40mm。节间内横梁的跨中高度为 1.771m,腹板厚 16mm,底板宽 580mm,厚 32mm。在支撑节点及压重区段内对相应横梁进行加强。横梁与主桁、桥面板焊接连接。

在钢桁梁 E7—E13 节间范围设压重段。压重结构采用钢板封闭桥面底板,形成封闭的箱室。箱室处的横梁底腹板设置纵横向加劲肋进行加强。

3）上层公路桥面结构

公路桥面包括有索区结构的正交异性钢桥面结构和边跨无索区的钢混结合板结构。

正交异性钢桥面结构的桥面板厚 16mm,设 2.0% 的双向排水坡,采用间距 600mm 的 U 形肋加劲。在桥梁中心线附近采用板肋对桥面板加劲。U 肋和板肋全桥连续,遇横梁的腹板时开孔穿越。T 形横梁顺桥向按间距 2.8m 设置,节点处横梁的跨中高度为 1.798m,腹板厚 20mm,底板宽 720mm,厚 32mm;节间内横梁的跨中高度为 1.794m,腹板厚 16mm,底板宽 560mm,厚 28mm。横梁与主桁架上弦杆及副桁架上弦杆、桥面板焊接连接。

钢混结合板结构由钢横梁及混凝土桥面板组合而成。顺桥向每隔 2.8m(3m)设一道横梁,钢横梁为工形截面,顶板宽均为 600mm,厚均为 24mm。节点处横梁的跨中高度为 1.498m,腹板厚 20mm,底板宽 720mm,厚 32mm;节间内横梁的跨中高度为 1.494m,腹板厚 16mm,底板宽 560mm,厚 28mm。

4）联结系及锚固结构

在边墩、辅助墩及桥塔处主桁架的竖杆上布置板式桥门架。

索梁锚固结构为焊接在副桁架上弦节点顶板上的锚拉板,锚拉板与副桁架上弦节点腹板内侧对齐。

5）剪力钉

桁架两端结合板区域上弦杆、公路横梁上翼缘与混凝土桥面板的结合均采用 φ22mm 圆柱头焊钉,圆柱头焊钉材质为 ML15,符合《电弧螺柱焊用圆柱头焊钉》(GB/T 10433—2002)要求。

3.2 整节段制造重点及难点

平潭海峡公铁大桥斜拉桥钢桁梁采用两节间整节段全焊制造,为国内首次,同以往的整体节点杆件、整体桁片制造模式不同,整体节段全焊制造对制造工艺、制造设备都提出了更高要求:

(1)本桥一大特点是采用整节段设计,制造厂内完成整节段的制作。标准整节段采用两节段全焊结构,连接焊缝均要求熔透,焊接量大,焊接不易控制,从而造成整节段外形尺寸精度不易控制。

(2)整节段之间采用多拼口的高强度螺栓连接,而整节段的全焊设计又造成焊接变形的不易控制,因此,制孔方案要充分考虑到焊接变形、设备能力、生产工效等综合因素,确定合理方案保证连接精度。

(3)桁架为带副桁的倒梯形结构,副桁横向悬臂长度达 10.35m,副桁撑杆斜度大,增加了桁段空间组装难度,且副桁弦杆为大角度平行四边形截面,杆件制造精度控制难度高。

(4)整节段规格大、吊重大,其制造必须考虑大吨位起重设备、工装以及地基承载力等,而且结合架设特点,必须配备足够面积的整节段存放场;部分边跨、辅助跨需在场内将标准整节段总拼成整孔大节段,整孔最大吊重 3147t,为此,需解决整节段场内转运、下水装船等难题。

(5)由于本工程总吨位大,斜拉桥和简支梁相互交替供梁,需做好合理的生产安排满足桥址供梁计划。

3.3 制造规则

(1)《平潭海峡公铁大桥钢桁梁钢桁梁制造规则》。

(2)《铁路钢桥制造规范》(Q/CR 9211—2015)。

(3)平潭海峡公铁大桥焊接工艺评定试验成果。

(4)招标文件及其设计文件相关要求。

3.4 整节段全焊制造工艺

3.4.1 总体制造方案及流程

为确保制造精度和质量,整个钢桁梁节段以自动化设备制造为主,并采用分级制造、分级组拼、分级控制的制造思路,大体分为杆件制造、桁片制造及节段总拼等三个主要环节,总体制造流程如图 7-3-4-1 所示。

钢材预处理按照赶平→抛丸除锈→吸尘→喷漆→烘干的顺序进行，赶平可消除钢板的残余变形和扩散轧制内应力，减少了制造过程中的变形，是保证板件平面度的必要工序

钢板赶平　钢板预处理

零件尺寸主要通过数控火焰切割机、等离子切割机和机加工来保证，对于重要零件的边缘或焊接边缘应进行机加工，以保证零件的尺寸精度。拼接板等板件采用数控钻床或卡机械样板钻孔

等离子切割下料　边缘机加工

所有杆件均采用胎型或平台组装，杆件焊接可采用自动化焊接设备，优先采用埋弧焊。杆件制孔采用双龙门三维数控钻床钻孔。节段拼装按照片体拼装、节段拼装的顺序进行，采用连续匹配拼装的方案

数控制孔　桁片拼装

施工准备

钢板赶平、预处理

零件切割下料

机加工、拼板钻孔

单元件制作

杆件组装、焊接及修整

| 杆、横联杆 | 整体节点弦杆 | 顶底板单元 | 桥面横纵梁 |

杆件钻孔、箱内涂装

钻孔包括主桁上下弦杆、整节段间连接腹杆

桁片、桥面拼装及涂装

| 主桁桁片拼装 | 层桥面拼装 | 路钢箱拼装 |

节段拼装及涂装

图 7-3-4-1　斜拉桥钢桁梁整节段制造总体方案流程

3.4.2　杆件制作

1）普通杆件制作

普通杆件主要包括主桁腹杆、斜撑杆、钢混段公路横纵梁（含剪力钉）等工形、箱形杆件以及拼接板，其中节段内的腹杆与其他杆件焊接连接，整节段间的斜腹杆与相邻整节段栓接连接，其制作工艺及控制措施如图 7-3-4-2 所示。

无孔工形杆件制作工艺流程

```
钢板赶平、预处理
      ↓
切割下料、矫平
      ↓
腹板机加工
┊      ↓
┊ ★ 腹板根据盖板厚度公差配
┊   刨，以控制工形高度公差
┊      ↓
┊ 在平台上组装；焊接
┊ 采用船位焊；修整
      ↓
划线焰切两头
及对接坡口
      ↓
专用倒棱机倒棱
（横梁焊接剪力钉）
```

有孔工形腹杆制作工艺流程

钢板

```
钢板赶平、预处理
      ↓
切割下料、矫平
      ↓
腹板机加工
┊      ↓
┊ ★ 腹板根据盖板厚度公差配
┊   刨，以控制工形高度公差
┊      ↓
┊ 在平台上组装；焊接
┊ 采用船位焊；修整
      ↓
数控快速钻床钻孔
      ↓
划线焰切两头
及对接坡口
      ↓
专用倒棱机倒棱
```

箱形杆件制作工艺流程

```
钢板赶平、预处理
      ↓
切割下料、矫平
      ↓
腹板及隔板机加工
┊      ↓
┊ ★ 腹板根据盖板厚度公差配
┊   刨；隔板机加工四边确保垂直度
┊   公差，以控制扭曲变形
┊      ↓
┊ 组装、焊接、修整
┊      ↓
┊ ★ 在平台上 组焊槽形→扣盖
┊   成箱形→焊接机器人焊接→
┊   修整的顺序进行
      ↓
专用倒棱机倒棱
      ↓
表面处理及涂装
```

拼接板制作工艺流程

```
钢板赶平、预处理
      ↓
精密切割下料、矫平
      ↓
板件钻孔
      ↓
涂装
```

★ 板件钻孔可采用平板数控钻床钻制，亦可采用卡机械样板钻孔，一般是在同类拼接板成批量时采用卡机械样板钻孔的方法，能够大大提高钻孔效率

a)工形杆件

普通箱形杆件

b)箱形杆件

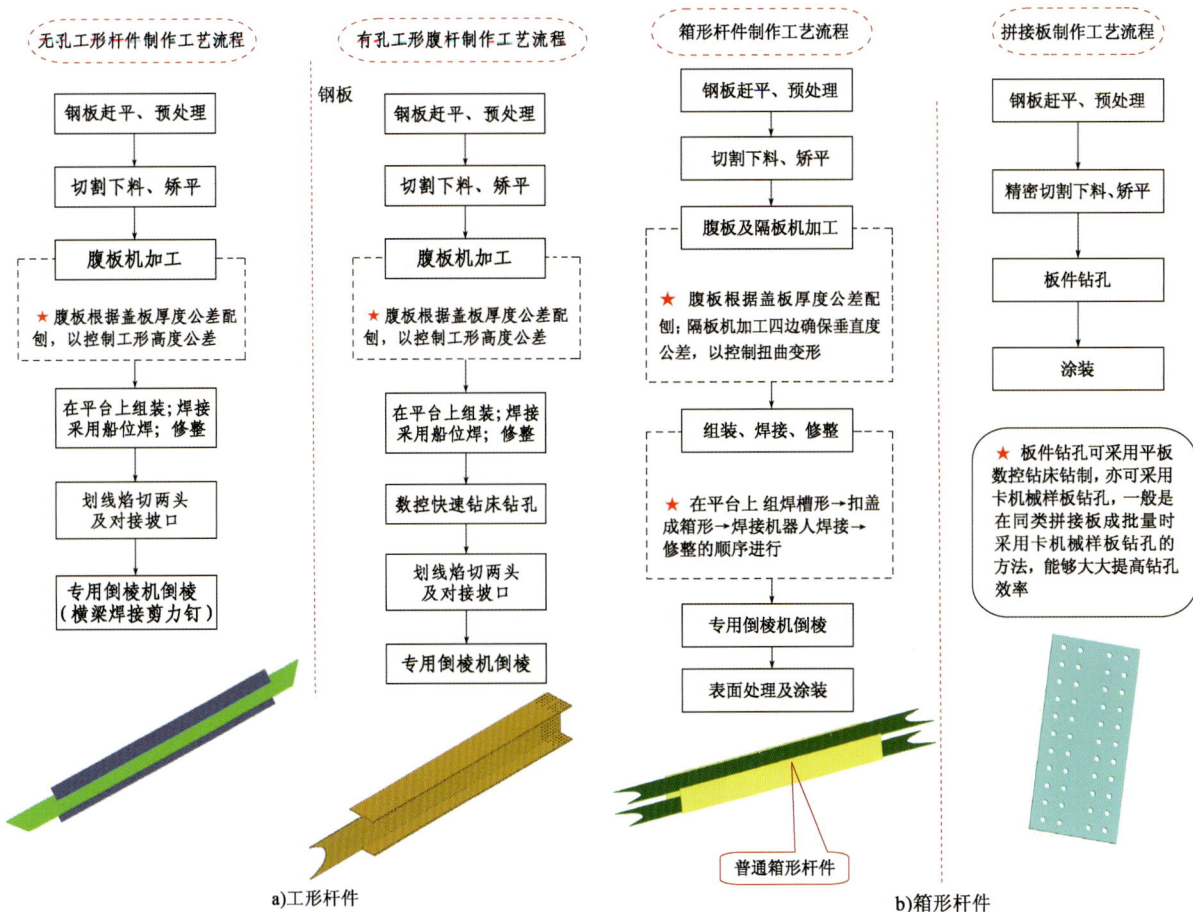

图7-3-4-2　普通杆件制作流程图

2）上弦杆制作

标准上弦杆为双节点结构，杆件横向与上层桥面板块焊接，下方与腹杆焊接。上弦杆主要由上下水平板、竖板、隔板、节点板、肋板、横梁接头板、腹杆接头板等组成，如图7-3-4-3所示。

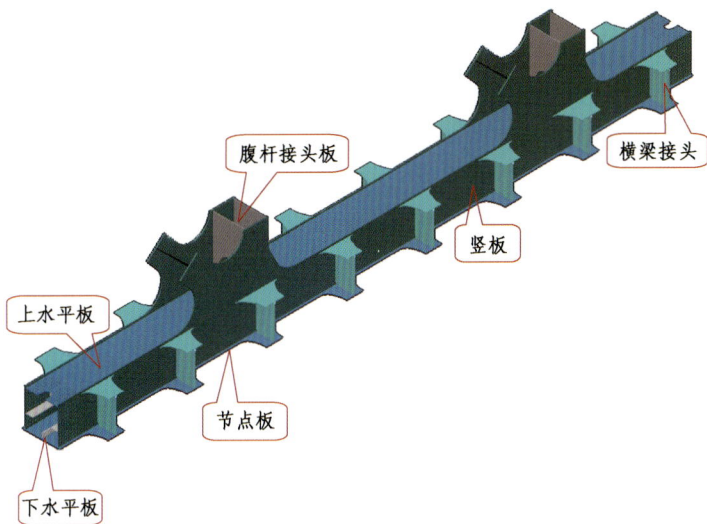

腹杆接头板　　横梁接头　　竖板　　上水平板　　节点板　　下水平板

图7-3-4-3　上弦杆模型图

（1）上弦杆制造工艺流程

上弦杆按照单元件制作→箱体制作→组焊横梁接头板→栓孔钻制的工艺顺序进行制造，如图7-3-4-4所示。

下水平板单元

$b/2+\delta$　$b/2+\delta$

工艺：精密切割→矫平

工艺：组肋板→焊接→修整

上水平板单元

工艺：精密切割→矫平

工艺：组肋板→焊接→修整

竖板单元

b_1　b_2　$L+\delta$

工艺：数控切割→矫平→划线→铣斜坡、对接边缘及坡口

工艺：接料→探伤→矫平→铣顶边及坡口

工艺：组肋板→焊接→修整

工艺：置上水平板→组隔板→组两侧竖板单元成槽形→焊接槽形→修整

工艺：组箱形→焊接、探伤、修整→焊接、探伤→修整→组接头板→数控钻孔

工艺：熔切腹杆接头及其坡口→切手孔→倒棱

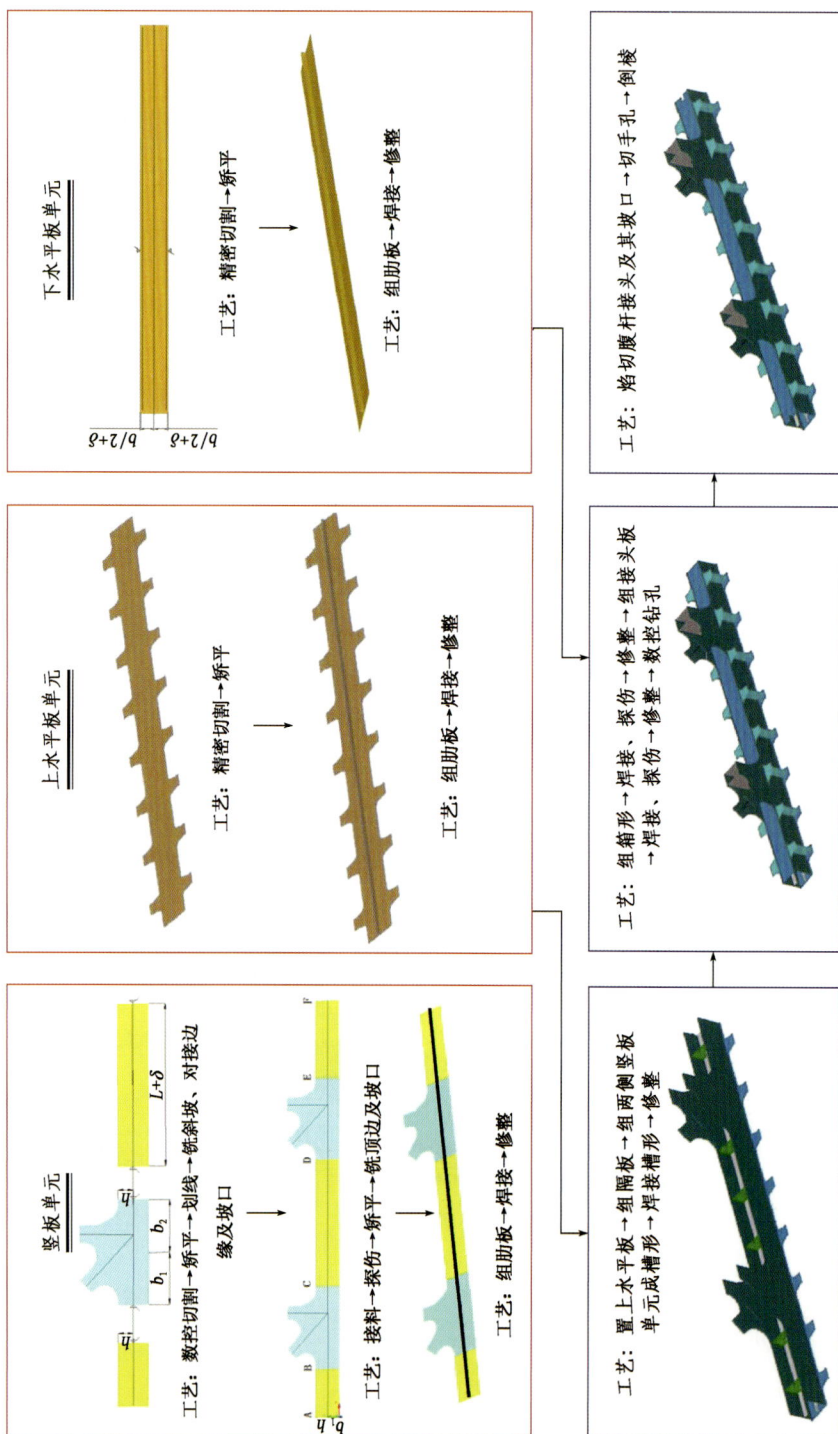

图 7-3-4-4　上弦杆制造工艺流程图

（2）上弦杆制造工艺

①隔板单元制作

如图7-3-4-5所示,隔板是控制杆件断面尺寸、防止扭曲变形的重要零件,相当于弦杆组焊内胎,其加工精度必须严格控制。

机加工周边严格控制宽度、高度,尤其要保证垂直度。以槽口为基准用样板划线机加工四边,以保证槽口位置。同杆件的隔板同时加工,在同一边缘做标记。

②竖板单元制作

图7-3-4-5　隔板单元制作

如图7-3-4-6所示,竖板单元由节点板、竖板及纵肋组成,其制作按照零件下料机加工→接料→组焊纵肋三个步骤进行,其控制关键在于节点板精度控制与接料直度控制。

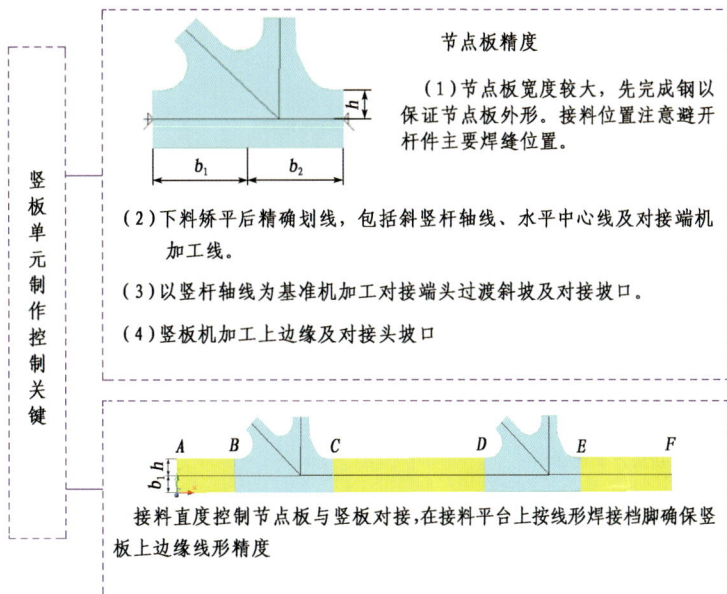

竖板单元制作控制关键

节点板精度

（1）节点板宽度较大,先完成钢以保证节点板外形。接料位置注意避开杆件主要焊缝位置。

（2）下料矫平后精确划线,包括斜竖杆轴线、水平中心线及对接端机加工线。

（3）以竖杆轴线为基准机加工对接端头过渡斜坡及对接坡口。

（4）竖板机加工上边缘及对接头坡口

接料直度控制节点板与竖板对接,在接料平台上按线形焊接档脚确保竖板上边缘线形精度

图7-3-4-6　竖板单元制作

③水平板单元制作

如图7-3-4-7所示,杆件的上水平板、下水平板均设置有一道箱内板肋,根据箱体结构特点,将上、下水平板及其箱内纵肋分别制作成上、下水平板单元,而箱外横梁腹板接头待杆件主焊缝焊接完成后再单独组装、焊接,这样有利于箱体主焊缝的顺利施焊,并方便横梁接头板的组装。

④箱体制作

如图7-3-4-8所示,箱体采用胎型正位组装。即将上水平板单元放在胎型平台上,依次组装隔板及竖板单元件成槽形。焊接修整后,组装下水平板成箱形。在组装过程中需重点控制扭曲变形:保证上水平板与胎型密贴;组装槽形时要求竖板与隔板密贴;在两侧竖板上吊铅垂,随时监控竖板铅垂度;组装成箱体后,确保两端箱口对角线差值满足要求;严格按照焊接工艺要求的焊接顺序焊接。

⑤栓孔钻作

上弦杆焊接成型并整修后,采用三维数控双龙门钻床一次性钻制箱体所有栓孔(图7-3-4-9),保证两竖板栓孔的同心度及杆件极边孔距的精度。杆件钻孔后,分别划线焰切手孔及预留二切量。

3）下弦杆制作

标准下弦杆同上弦杆一样为双节点结构,内侧横梁接头板和桥面板横梁焊接,外侧撑杆接头板与撑杆连接,节点上方与直腹杆、斜腹板焊接,相邻节段弦杆间竖板及下水平板采用高强度螺栓连接,上水平板采用焊接连接。下弦杆主要由上下水平板、竖板、隔板、节点板、横梁接头板、外侧撑杆接头板等组成,如图7-3-4-10所示。

零件精度控制

（1）上水平板精切下料，下料时长度预留切割量。

（2）下水平板精切下料，时宽度、长度均预留切割量。划线加工两边的不等厚对接斜坡，划斜坡线时注意宽度预留的切割量。

$b/2+\delta$　$b/2+\delta$

（3）箱内有孔纵肋精切下料后，卡钻孔样板钻制两端栓孔，板边孔距要合理预留焊接收缩量。

板单元组焊

（1）组焊肋板并修整。

（2）焊接时注意反变形控制，焊后修平

平板单元与下水平板单元制作控制关键

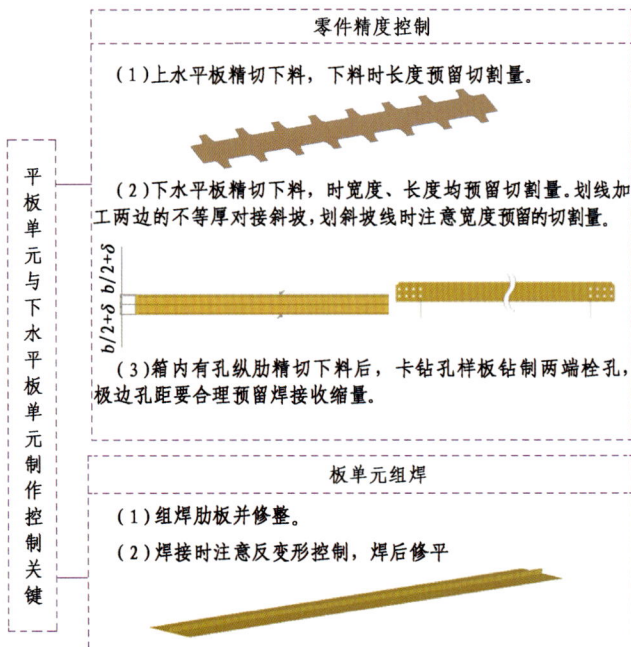

图 7-3-4-7　水平板单元制作

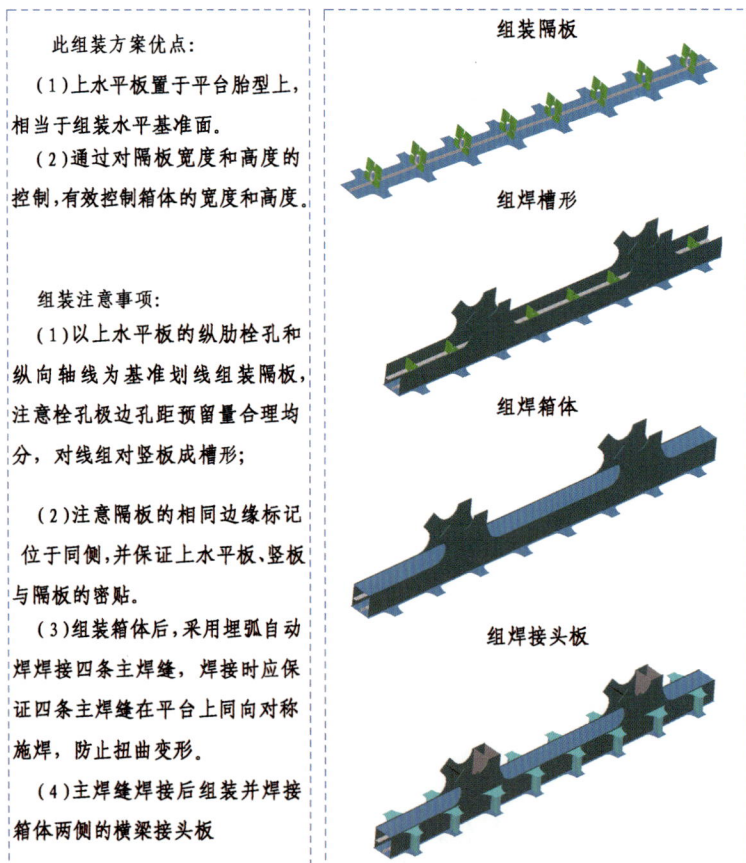

此组装方案优点：

（1）上水平板置于平台胎型上，相当于组装水平基准面。

（2）通过对隔板宽度和高度的控制，有效控制箱体的宽度和高度。

组装注意事项：

（1）以上水平板的纵肋栓孔和纵向轴线为基准划线组装隔板，注意栓孔板边孔距预留量合理均分，对线组对竖板成槽形；

（2）注意隔板的相同边缘标记位于同侧，并保证上水平板、竖板与隔板的密贴。

（3）组装箱体后，采用埋弧自动焊焊接四条主焊缝，焊接时应保证四条主焊缝在平台上同向对称施焊，防止扭曲变形。

（4）主焊缝焊接后组装并焊接箱体两侧的横梁接头板

组装隔板

组焊槽形

组焊箱体

组焊接头板

图 7-3-4-8　箱体制作

图 7-3-4-9 三维数控双龙门钻床

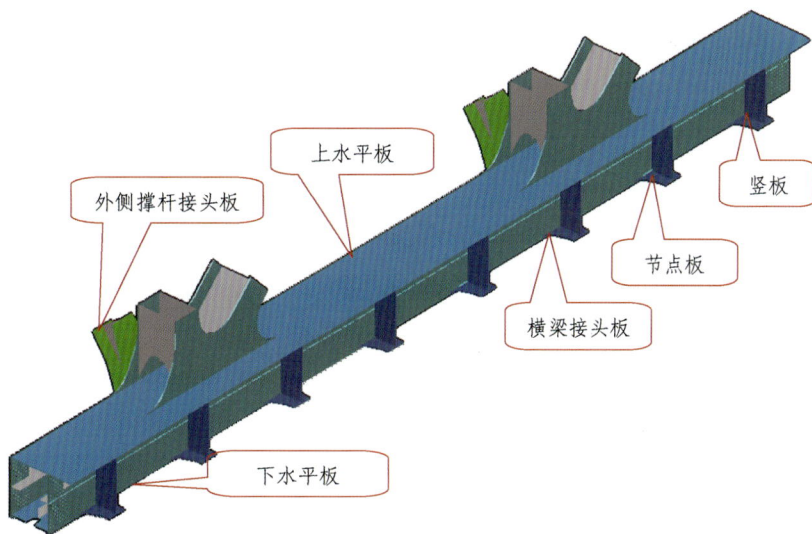

图 7-3-4-10 下弦杆模型

制造总体流程如图 7-3-4-11 所示,将外侧竖板单元放在胎型平台上,依次组装隔板、下水平板、内侧竖板单元件成槽形。焊接修整后,组装上水平板单元件成箱形。除箱体组装顺序外,下弦杆其余单元件制作、栓孔钻制等工艺控制基本同上弦杆。

4）副桁上弦杆制作

副桁上弦杆是斜拉桥钢桁梁各杆件中结构最为复杂的杆件,采用平行四边形截面,杆件横向与上层桥面板块焊接,下方与腹杆焊接,两个节点上方分别设有锚箱。副桁上弦杆主要由上下水平板、竖板、隔板、节点板、横梁接头板、锚箱等组成,如图 7-3-4-12 所示。

（1）制作工艺流程

制造总体流程按照单元件制作→组焊横梁接头板→箱体制作→组焊锚箱→栓孔钻制的工艺顺序进行,副桁弦杆制造工艺流程如图 7-3-4-13 所示。

组装注意事项如下：

（1）以竖板的节点中心线为基准划横基线，以横纵向轴线为基准划线组装隔板，注意隔板间距预留焊接收缩量，对线组对竖板成槽形。

（2）注意隔板的相同边缘标记位于同侧，并保证上下水平板、竖板与隔板的密贴。

（3）组装箱体后，采用埋弧自动焊焊接四条主焊缝，焊接时应保证四条主焊缝在平台上同向对称施焊，防止扭曲变形。

（4）箱体组焊完成以横纵基线为准组装并焊接横梁接头板。

（5）修整后先以横纵基线为准龙门数控出竖板孔，然后卡槽形样板出下水平板孔。

（6）竖板、下水平板钻制过程中，杆件需要翻身。

（7）杆件钻孔后，以孔为基准组装并焊接外侧撑杆接头板。

（8）划线焰切手孔、预留二切量划线焰切

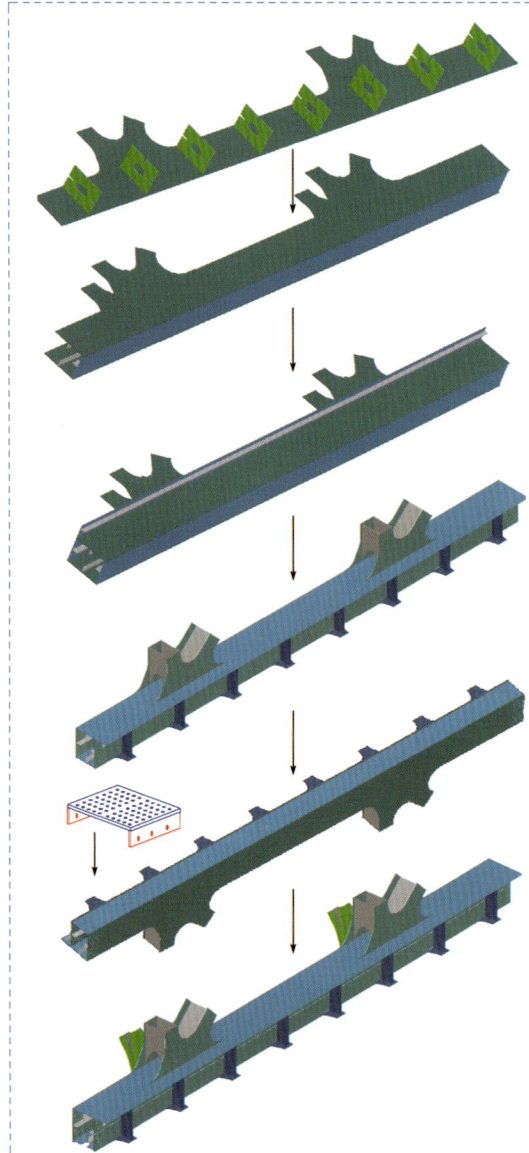

图 7-3-4-11　下弦杆制作工艺流程图

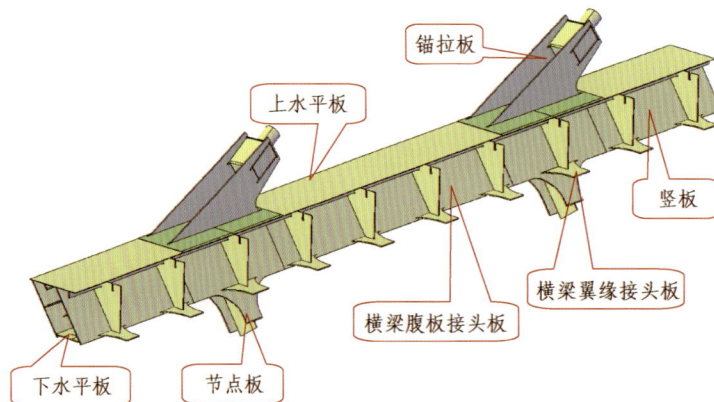

图 7-3-4-12　副桁上弦杆结构直观图

下水平板单元

工艺：精密切割→矫平→铣两边及坡口

上水平板单元

工艺：精密切割→矫平→划线→铣斜坡、对接边缘及坡口

工艺：接料→焊接→探伤→修整→加工两边坡口

工艺：组肋板→焊接→修整

竖板单元

$L+\delta$

b_1、b_2

工艺：数控切割→矫平→划线→铣斜坡、对接边缘及坡口

工艺：接料→探伤→矫平→铣顶边及坡口

工艺：组肋板→焊接→修整

工艺：组锚箱→焊接、修整→熔切腹杆接头及其坡口→切手孔→倒棱

工艺：组外侧竖板成槽形焊接→组下水平板成箱形→修整→探伤→焊接→划线卡机械样板钻孔→组装副桁撑杆接头板

工艺：置上水平板→组横梁接头隔板→组内侧竖板+箱内隔板

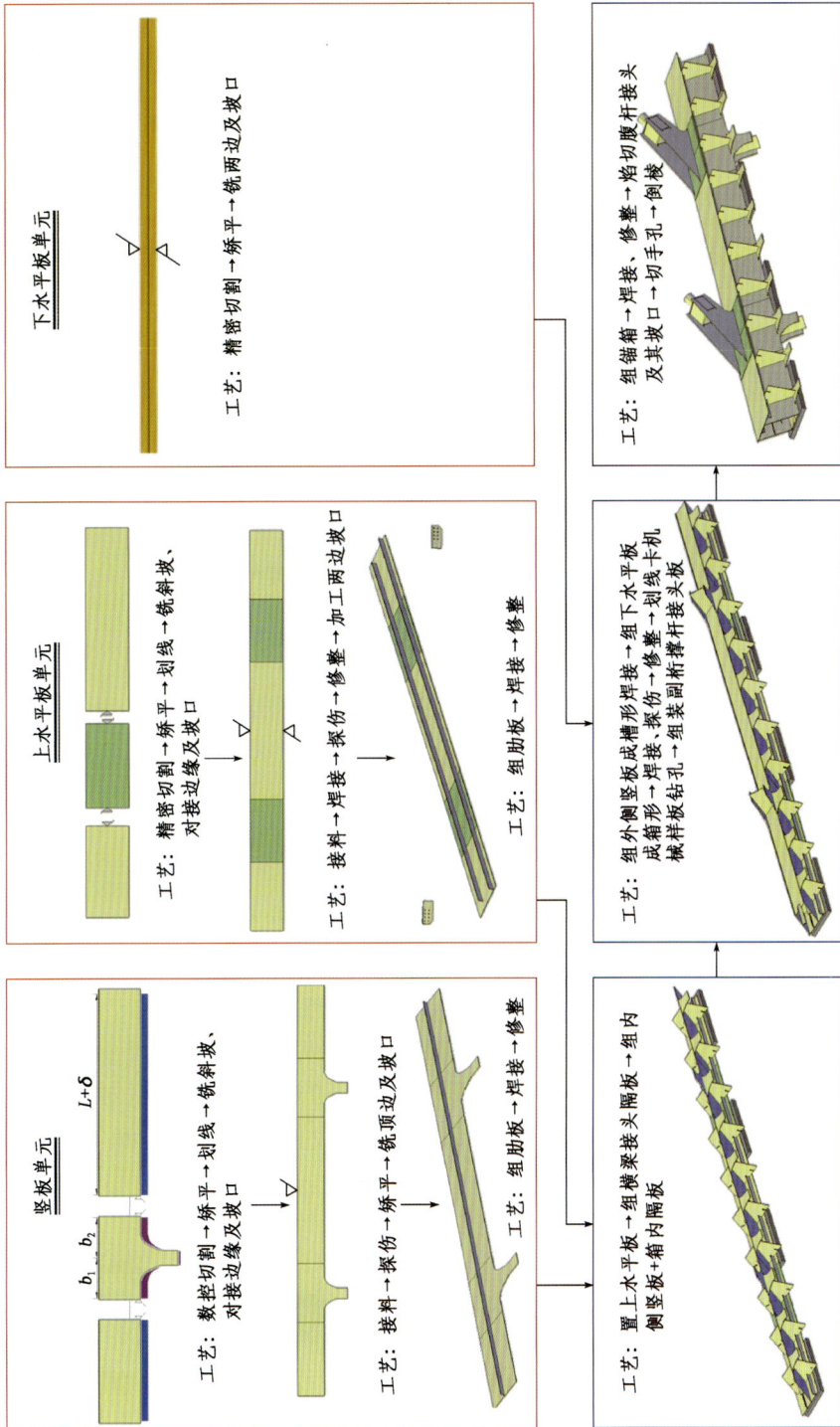

图 7-3-4-13 副桁上弦杆制造工艺流程图

（2）工艺技术措施

①隔板精度控制

隔板是控制杆件断面尺寸、防止扭曲变形的重要零件，相当于弦杆组焊内胎，其加工精度必须严格控制，如图 7-3-4-14 所示。

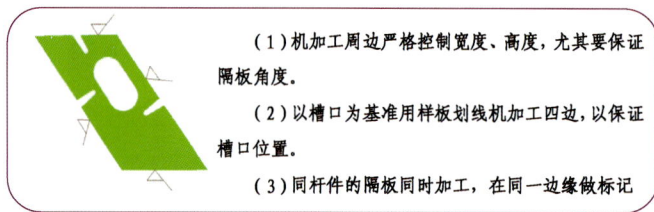

（1）机加工周边严格控制宽度、高度，尤其要保证隔板角度。

（2）以槽口为基准用样板划线机加工四边，以保证槽口位置。

（3）同杆件的隔板同时加工，在同一边缘做标记

图 7-3-4-14　隔板精度控制

②竖板单元制作

竖板单元由节点板、竖板及纵肋组成，其制作按照零件下料机加工→接料→组焊纵肋三个步骤进行，其控制关键在于节点板精度控制与接料直度控制，如图 7-3-4-15 所示。

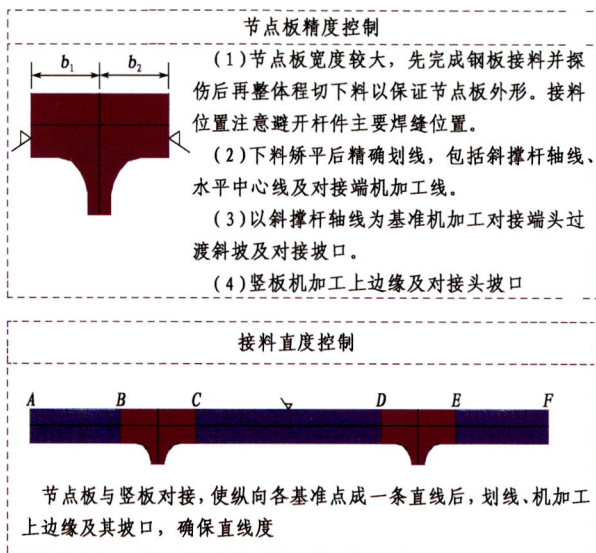

节点板精度控制

（1）节点板宽度较大，先完成钢板接料并探伤后再整体程切下料以保证节点板外形。接料位置注意避开杆件主要焊缝位置。

（2）下料矫平后精确划线，包括斜撑杆轴线、水平中心线及对接端机加工线。

（3）以斜撑杆轴线为基准机加工对接端头过渡斜坡及对接坡口。

（4）竖板机加工上边缘及对接头坡口

接料直度控制

节点板与竖板对接，使纵向各基准点成一条直线后，划线、机加工上边缘及其坡口，确保直线度

图 7-3-4-15　竖板单元制作控制关键

上水平板单元由 5 块 16mm、28mm 的不等厚钢板对接后纵肋组成，上水平板一边与钢桥面板在整节段拼装时需纵向对接焊为一个整体，纵肋分为箱内纵肋和箱外纵肋，其中箱内纵肋两端设置 $\phi26mm$ 高强度螺栓孔，如图 7-3-4-16 所示，为确保栓孔位置，将该纵肋两端设置 500mm 长嵌补段，箱外纵肋留嵌补段在桥上焊接连接。

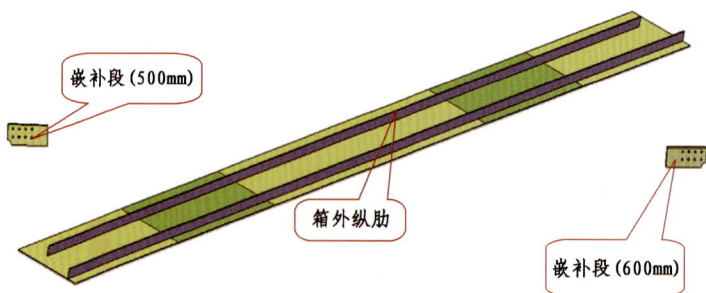

嵌补段（500mm）

箱外纵肋

嵌补段（600mm）

图 7-3-4-16　上水平板单元制作

（3）箱体制作

箱体采用胎型倒位组装。因副桁弦杆箱形为平行四边形,如先组装箱体,则横梁接头板无法安装到位,故组装顺序为:将上水平板单元放在胎型平台上,先组装横梁接头板,然后依次组装内侧竖板单元、箱内隔板、外侧竖板成槽形,如图7-3-4-17所示。焊接修整后,组装上水平板成箱形,在完成箱体钻孔后再组焊锚箱零件。

图 7-3-4-17　副桁弦杆箱体组装

（4）组焊锚拉板、箱体栓孔钻制

组焊箱体完成后划箱体系统线,锚拉板系统线与上水平板交点,以此为横基线组焊锚拉板。组焊锚拉板时,重点控制锚拉板在上水平板上的方向及其位置,由于拉索中心线在横向和纵向都有角度,为保证锚拉板与上水平板的角度,制作工艺板以确保锚拉板横向角度,如图7-3-4-18所示。锚拉板组焊完成后进行箱体栓孔钻制,以横基线为准划线钻孔,副桁上弦杆箱体两端高强度螺栓孔采用精确划线卡小型机械样板进行钻制。

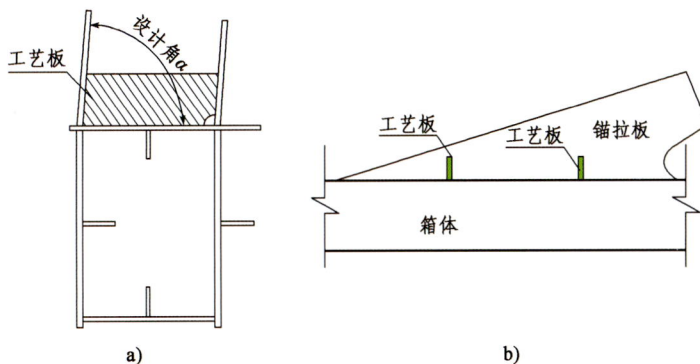

图 7-3-4-18　副桁上弦杆组焊锚拉板

（5）锚箱单元制作

副桁上弦杆设置有锚固装置,其中锚拉板与上弦杆先行焊为一体,内部锚箱作为一个单元件组焊为一体,待副桁上弦杆栓孔钻制后再以孔为基准定位组焊。如图7-3-4-19所示,锚垫板采用双弧面构造,由一凹形弧面板和一凸形弧面板组成;凹形锚垫板组焊在两块承力板上,两块承力板两端与锚拉板焊接,其内部设两块隔板,外部各设两端加劲板。

注意在焊接过程由于焊剂填充量大,为了确保锚箱的尺寸精度,应采用边焊接边修整的工艺,以防止由于熔透焊多层熔敷造成承压板与内隔板角变形过大。

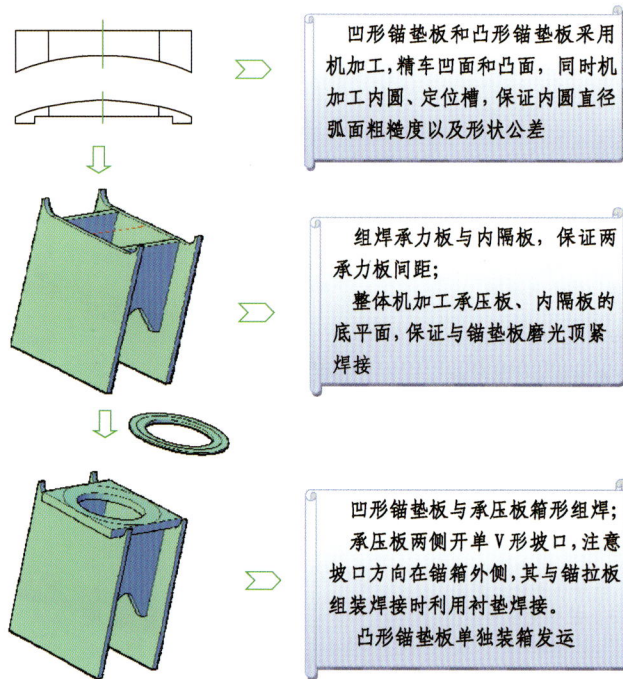

凹形锚垫板和凸形锚垫板采用机加工,精车凹面和凸面,同时机加工内圆、定位槽,保证内圆直径弧面粗糙度以及形状公差

组焊承力板与内隔板,保证两承力板间距;
整体机加工承压板、内隔板的底平面,保证与锚垫板磨光顶紧焊接

凹形锚垫板与承压板箱形组焊;承压板两侧开单V形坡口,注意坡口方向在锚箱外侧,其与锚拉板组装焊接时利用衬垫焊接。
凸形锚垫板单独装箱发运

图7-3-4-19　锚箱构造示意图

5)钢桥面T形横梁制作

横梁为T形结构,腹板上部设U形肋穿过孔,两端与主、副桁的横梁接头板焊接,其制造工艺流程如图7-3-4-20所示。

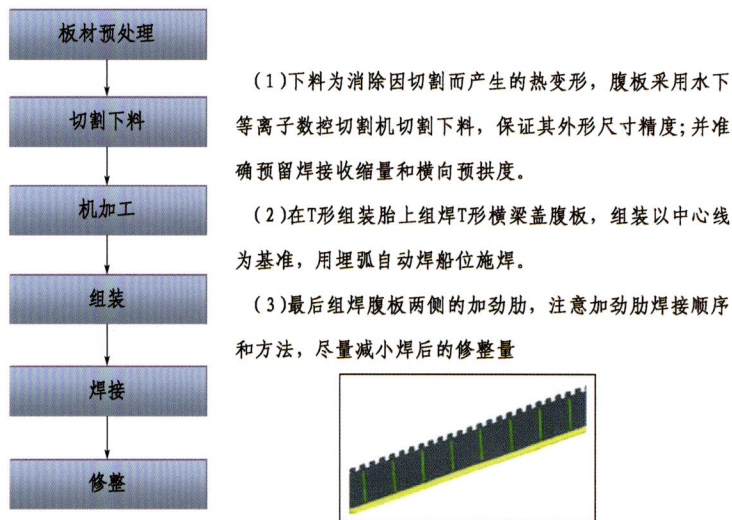

（1）下料为消除因切割而产生的热变形,腹板采用水下等离子数控切割机切割下料,保证其外形尺寸精度;并准确预留焊接收缩量和横向预拱度。

（2）在T形组装胎上组焊T形横梁盖腹板,组装以中心线为基准,用埋弧自动焊船位施焊。

（3）最后组焊腹板两侧的加劲肋,注意加劲肋焊接顺序和方法,尽量减小焊后的修整量

图7-3-4-20　钢桥面T形横梁制作流程

6)钢桥面板单元制作

桥面板单元由面板与U形肋组成,U形肋端部内侧设置U形垫板用于桥上整节段间U形肋对接。U形肋、板肋板单元采用机器人焊接技术。U形肋板单元的主要制造工艺流程如图7-3-4-21所示。

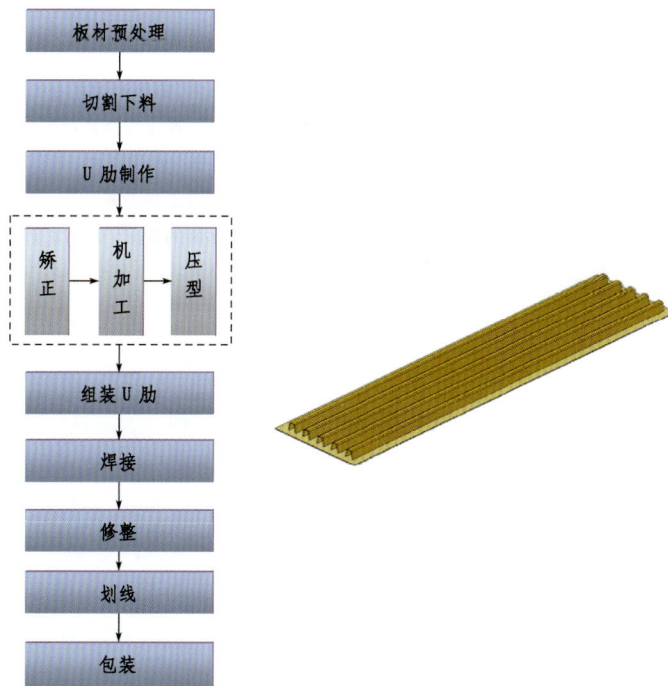

图7-3-4-21　U形肋板单元制造工艺流程图

（1）面板一端、两边在下料时一并切出坡口，另一端预留二切量。

（2）U形肋在与桥面板组装前组焊U形肋垫板。

（3）用板单元自动组装机床组装，打磨、除尘、组装定位焊均为自动化，如图7-3-4-22所示；组装时将纵、横基线返到面板上，并打上样冲眼。

（4）板单元焊接采用焊接机器人配合反变形船位焊接，采用电弧跟踪技术，如图7-3-4-23所示。

（5）焊后上平台进行修整检验，以保证顶板平面度。

（6）将板单元的纵、横基线返到无肋板面，打样冲眼，以备梁段组装用。

图7-3-4-22　U形肋数控折弯机床

图7-3-4-23　板单元反变形焊接机器机床

3.4.3　主桁及桥面块体拼装

1）主桁片拼装

主桁整体桁片由上、下弦杆以及斜、竖杆组成，每2个节间为一个标准桁片，如图7-3-4-24所示；桁片内部弦杆与斜竖杆之间为焊接连接，相邻两个桁片之间弦杆采用高强度螺栓连接，桁片间斜杆在中部划分为两根,亦采用高强度螺栓连接。

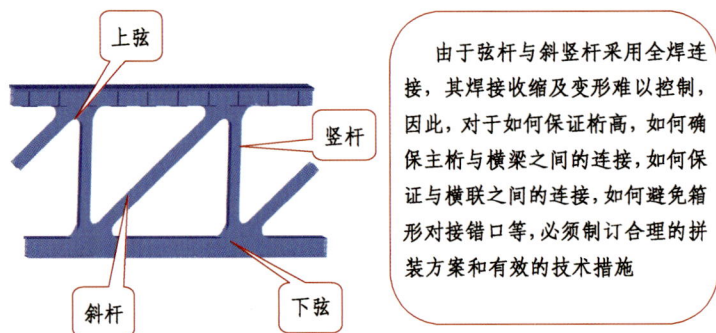

由于弦杆与斜竖杆采用全焊连接,其焊接收缩及变形难以控制,因此,对于如何保证桁高,如何确保主桁与横梁之间的连接,如何保证与横联之间的连接,如何避免箱形对接错口等,必须制订合理的拼装方案和有效的技术措施

图 7-3-4-24　标准整体桁片构造示意图

（1）拼装方案

桁片拼装采用多节段连续匹配卧拼方案,即桁片拼装与试拼装同时进行的方案,要求每一轮不小于 3 个节段（6 个节间）,在上一轮拼装完成后留下一段作为下一轮的母段参与拼装,从而保证了相邻桁片之间的顺利连接;其拼装顺序为定位上下弦杆→拼装腹杆→焊接腹杆与上弦节点之间焊缝→焊接腹杆与下弦节点之间焊缝,要求焊接使用高级焊工,保证一次探伤合格率,首轮焊缝收缩测量等。

（2）拼装胎架

综合考虑了工期、拼装方案及工艺等各方面因素,桁片拼装要在大型专用拼装胎架上完成,在胎架上除设置弦杆定位墩和斜杆定位墩外,需加设临时支墩和限位挡角,桁片卧拼胎架总体布置如图 7-3-4-25 所示。桁片拼装后采用天车吊装下胎。根据弦杆板厚不同,胎架整体支墩高程布置按照技术部下发的高程文件为准。

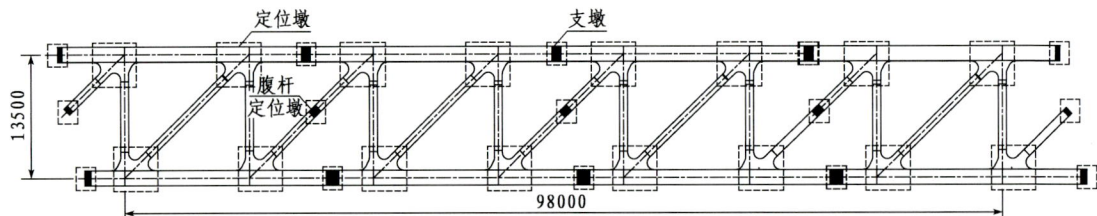

图 7-3-4-25　桁片拼装胎架布置（尺寸单位:mm）

胎架设计应满足:

①为确保拼装过程中不发生沉降,胎架基础必须有足够的承载力,确保在使用过程中不发生沉降。胎架要有足够的刚度,避免在使用过程中变形。

②胎架应考虑拱度设置;线形必须进行测平。

③胎架设置定位装置（定位墩）,用以控制弦杆位置。定位墩间预留焊接收缩量,焊接前取出连接冲钉,另外定位装置应充分考虑温度变化的影响。

④在胎架上设置纵、横基线和基准点,形成统一的测量控制网,控制拼装的整体构件的位置,以确保各部尺寸。胎架外设立不受其他因素影响的水准控制网、标志塔,用来对制造过程中胎架上所有测量点进行监测,确保胎架测量系统的准确。

⑤在胎架制造前先根据做好的平面控制网放样胎架的横、纵向中心线,所有基于中心线对称的尺寸均要以此中心线为基准放线,根据中线放样支墩的准确位置。利用水准控制点测量胎架制造线形,保证整个胎架制造几何尺寸精度随时处于监测之中。

⑥胎架制造完成后,在胎架支墩上设置沉降监测点,做好标记,记录好与水准点的高差,在整节段拼装过程中随时监测随着拼装重量的增加,胎架是否发生沉降或变形,为拼装质量提供真实、准确的监测数据。

⑦每轮次桁片下胎后,应重新对胎架进行检测,做好检测记录,确认合格后方可进行下一轮次的组拼。

(3)拼装工艺

①弦杆定位

将上、下弦杆置于拼装胎架上,使其符合拱度线形,调整使各方位尺寸符合规范要求,检测合格后,采用临时定位措施定位,如图7-3-4-26所示。

图7-3-4-26 上下弦杆定位图

②拼装腹杆

如图7-3-4-27所示,依次拼装腹杆。就位时用顶镐配合,不可随意切割腹杆腹板,或强拉硬拽勉强就位,相邻节段的上下弦杆及斜腹杆的中心线匹配偏差控制在≤±0.5mm,同一节段的两片整体桁片桁高偏差方向一致,且在允许偏差范围内。检测各部尺寸合格要求后严格按工艺完成相关焊缝的焊接。

图7-3-4-27 拼装腹杆示意图

斜竖腹杆与上下弦杆节点之间的焊缝分为两次进行,即先焊接上弦杆侧,再焊接下弦杆侧,对焊接收缩进行多次跟踪,并将信息整理反馈,作为精确预留下弦杆侧对接焊的焊接收缩量的依据,通过合理的焊接顺序和工艺参数,尽可能采用线能量小的焊接方法,避免部分焊接收缩对桁高的影响。桁片在制造过程中不进行翻身,其下方竖板与节点板焊缝采用对称双面焊缝,箱形腹杆的腹板可预留嵌补段从而保证下部焊缝焊接施工空间。若焊缝焊接变形较大,可通过预设部分反变形配合少量火焰修整进行消除。对桁片拼装的斜竖杆与弦杆节点的对接焊缝,均要求焊接使用高级焊工,保证一次探伤合格率。

③检测、解体

焊接修整后检测、记录,作为后续单元件预留收缩量的依据。检查合格后,解体为单桁片,留下一段作为下一轮的母段参与拼装,如图7-3-4-28所示。

图7-3-4-28 节段解体示意图

④注意事项

露天作业桁片定位组装及测量要在日出之前,避开日照的影响。桁片组装时腹杆与上弦杆用限位挡角限位不要点焊,待腹杆与下弦杆焊缝完成后再定位焊接,使之在下弦节点焊接时腹杆在长度方向上有自由伸缩的空间,减少焊接收缩对桁高的影响。日照下焊接时要考虑胎型与桁片线膨胀系数影响,以防胎型变形影响尺寸精度。

2)正交异性钢桥面板块拼装

正交异性钢桥面板包括上层公路桥面和下层铁路桥面结构,上层公路桥面板划分包括两边桥面板和中部桥面板,由桥面板单元和T形横梁组成;下层铁路桥面由纵梁、横梁及桥面板单元组成。正交异性钢桥面板块构造如图7-3-4-29所示。

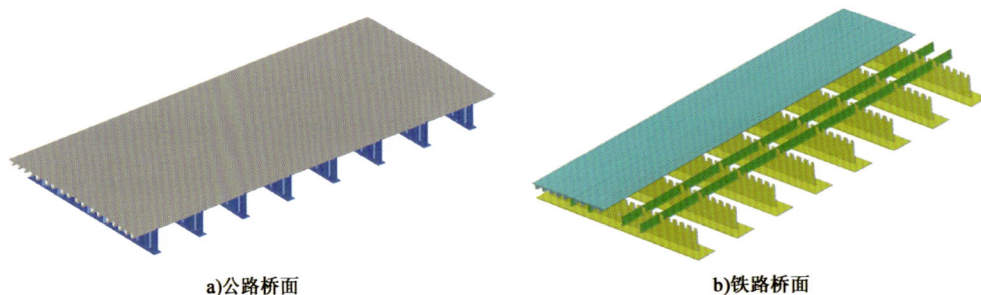

a)公路桥面　　　　　　　　　　　　　b)铁路桥面

图7-3-4-29　正交异性桥面板块体构造示意图

（1）拼装方案

正交异性桥面板的制造按照单元件制造、板块组拼的顺序进行,钢桥面组拼采用连续匹配组焊及试拼装并行的工艺方案,每轮组拼3个节段(6个节间),在上一轮拼装完成后留下一段作为下一轮的母段参与拼装。钢桥面板块体总体制造流程如图7-3-4-30所示。

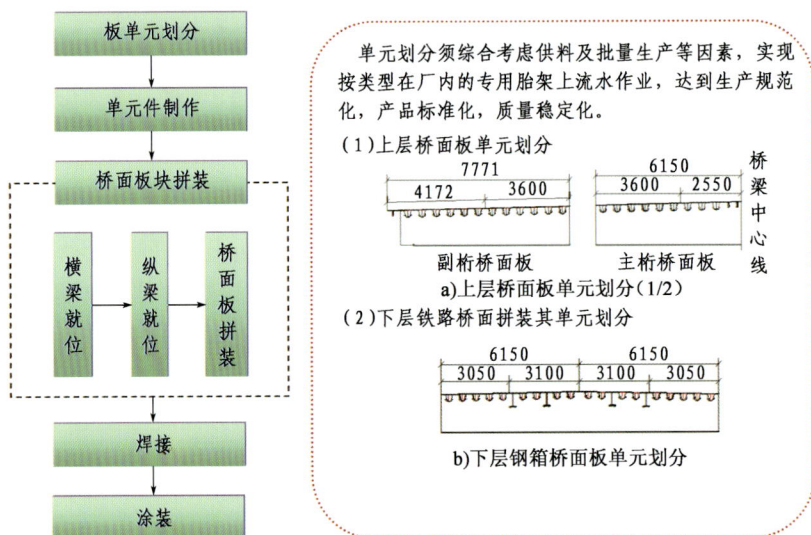

图7-3-4-30　钢桥面板块体总体制造流程图(尺寸单位:mm)

（2）拼装工艺

由于正交异性钢桥面制作过程相同,现以一块上层中间公路钢桥面板块制作为例,介绍正交异性板制造,拼装在胎架上进行,拼装胎架采用框架形式,设置于横梁两端。胎架设横纵梁连接,并与地基要连接牢固,顶部布置牙板,通过调整牙板高度保证桥面板块的线形。拼装组焊流程如图7-3-4-31所示。

（3）拼装控制

①正交异性钢桥面的制造采用连续匹配组焊及试拼装并行的工艺方案,以有效地保证U肋各接口、桥面板间的接口匹配精度,便于工地的安装。

②为保证桥面板与主桁弦杆水平板的接口匹配精度,在正交异性钢桥面拼焊完成后,划线切割两边工艺预留量,控制桥面宽度。

③顶板单元定位后检查桥面高程、横向坡度等符合要求后进行焊接工作,焊接顺序时,先焊接桥面纵向焊缝,然后再焊接横向焊缝,最后焊接横梁与桥面焊缝,最大限度地减小构件内应力,保证拼装质量。

④每轮次整节段下胎后,应重新对胎架进行检测,做好检测记录,确认合格后方可进行下一轮次的组拼。

⑤板单元制造时,在规定位置设置横、纵基线,作为梁段定位基线,在桥面板拼装时,以基准端为基准由中间向两边依次定位顶板单元,组装时保证顶板单元基准端与胎架定位线的精确度。

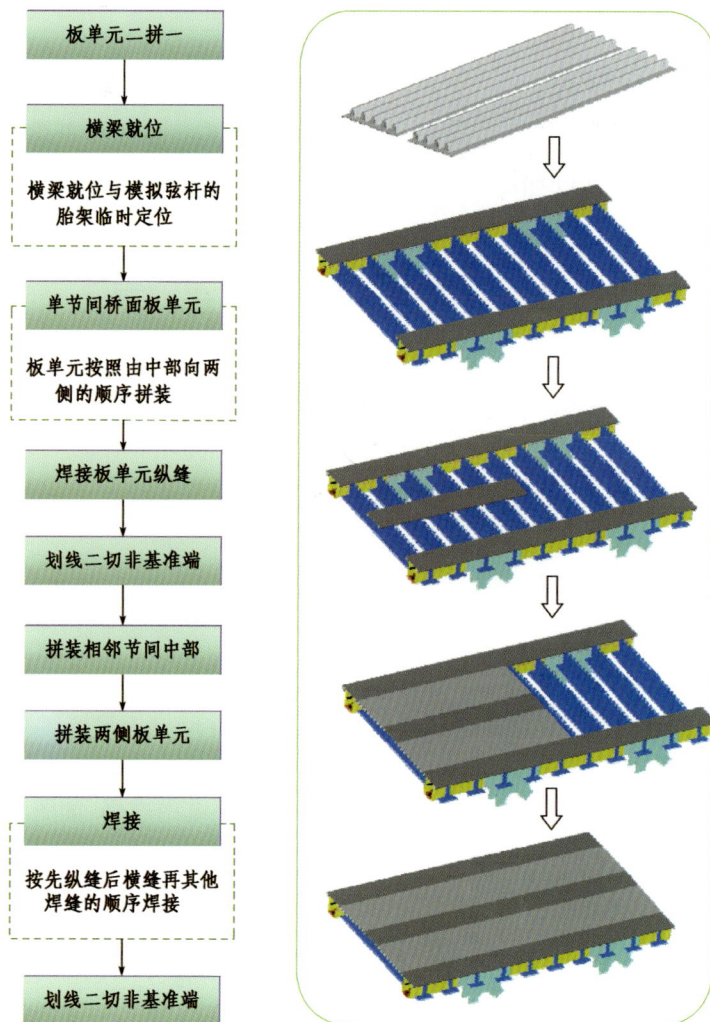

板单元二拼一

横梁就位

横梁就位与模拟弦杆的胎架临时定位

单节间桥面板单元

板单元按照由中部向两侧的顺序拼装

焊接板单元纵缝

划线二切非基准端

拼装相邻节间中部

拼装两侧板单元

焊接

按先纵缝后横缝再其他焊缝的顺序焊接

划线二切非基准端

图7-3-4-31　桥面板块体组拼工艺流程图

3.4.4　整节段拼装

钢桁梁主桁、公路桥面、铁路桥面分别制造完成后,在整节段总拼胎架上采用"2+1"或"3+1"模式进行多节段连续匹配总拼,要求每一轮不小于3个节段,每一轮次拼装完成后,留下一个节段作为下一轮次总拼的母段,参与下一次轮子的节段总拼。

1)胎架设计

为便于保证质量与工期,每座桥的节段拼装胎架按长度120m设置,主要由固定支墩和可动支墩组成,墩高1.5m,胎架布置如图7-3-4-32所示。

胎架应满足以下要求:

(1)拼装的主桁桁片、整体节段的重量大,其胎架支墩接触面应有足够的面积,且应布置在杆件局部强度足够的位置,确保杆件不发生局部变形(位置选为桁片杆件主桁的隔板处为优)。

(2)胎架设置定位措施,避免拼装过程中移位,要求固定支墩与地面混凝土连接牢固不松动。

a) 总拼胎架平面布置图（尺寸单位：mm）

b) 总拼胎架立面布置图（尺寸单位：mm）

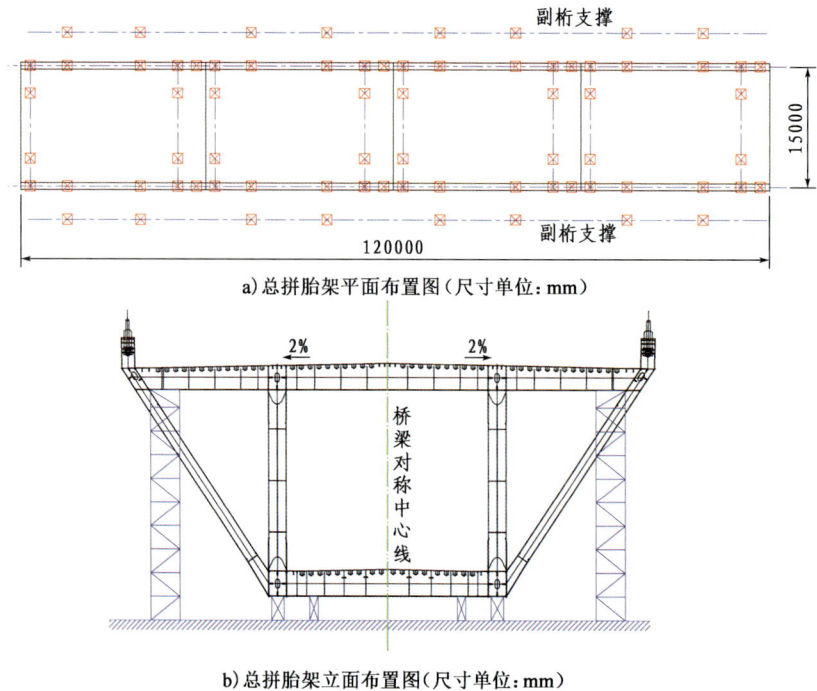

图 7-3-4-32　节段总拼胎架布置示意图

（3）节段拼装胎架的纵向各点高程按考虑拱度设置设计。在胎架上设置纵、横基线和基准点，以控制拼装的整体构件的位置，确保各部尺寸。胎架外设立不受其他因素影响的水准控制网、标志塔，用来对制造过程中胎架上所有测量点进行随时监测，确保胎架测量系统的准确，如图 7-3-4-33 所示。

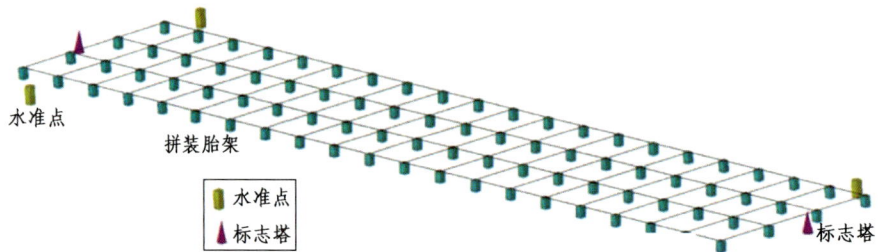

图 7-3-4-33　拼装测量控制网示意图

（4）节段拼装胎架设四列支墩，所有支墩按布置好的网络中心线对称的尺寸为基准放置。胎架安装完成后，在胎架支墩上设置沉降监测点，做好标记，记录好与水准点的高差，在整体节段拼装过程中随时监测随着拼装重量的增加，胎架是否发生沉降或变形，为拼装质量提供真实、准确的监测数据。

（5）轮次节段下胎后，应重新对胎架高程、位置精度进行检测，做好检测记录，确认合格后方可进行下一轮次的组拼。

（6）节段拼装胎架应满足转运平车的进出，以能够实现节段的场内转运。

2）桁片平立位转换方案

节段拼装前，主桁片连续拼装时为平位状态，节段拼装时需要由平位转为立位状态，主桁片在上弦顶面设置吊耳，下弦外侧设置辅助翻身吊耳，配合大型门式起重机完成空中桁片平立位转换，节省翻身场地和门式起重机吊重行走距离，避免桁片翻身时杆件与工装接触部位涂层的破坏。翻身吊耳布置如图 7-3-4-34 所示，桁片平立位翻身转换如图 7-3-4-35 所示。

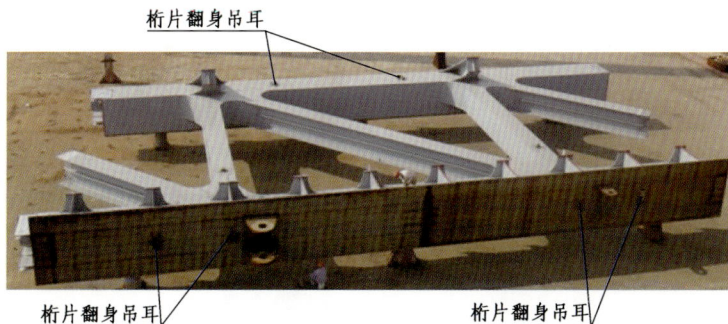

图 7-3-4-34　平立位转换吊耳布置

a)　　　　　　　　　　　　　　　　　　b)

图 7-3-4-35　桁片平立位转换

3）整节段拼装工艺

斜拉桥钢桁梁的节段拼装采用"2＋1"或"3＋1"多节段连续匹配拼装与焊接方案,首段按照下层桥面板块就位→两侧桁片拼装→中部上层桥面板块拼装→副桁拼装→两侧上层副桁桥面板块拼装顺序进行,后续节段按照两侧桁片就位→下层桥面板块拼装→中部上层桥面板块拼装→撑杆拼装→两侧上层副桁桥面板块依次拼装推进,并在节段拼装过程中设置三次质量控制点,实现对拼装全方位的监控。钢桁梁整节段连续匹配总拼工艺流程如图 7-3-4-36 所示。

4）节段拼装精度控制

整体节段内部主桁与上下桥面连接均为焊接,因此在各个大型构件安装过程必须设置临时固定调整装置,确保拼装安全以及可调整,以便于控制拼装精度,尤其是首段拼装主桁桁片的临时固定。

整节段拼装精度控制措施:

(1)片体、块体拼装检查合格后方可进入整体节段拼装,按照胎架上定位基线依次定位拼装下层铁路桥面板块及两侧桁片,如图 7-3-4-37 所示,安装方位调整装置、定位连接件、马板等,关键控制桁片间距、两边桁垂直度(横断面对角线差)、主桁中心距和桁片的连接孔在同一直线上并与轴线垂直。通过方位调整装置可调整边桁垂直度,通过定位连接件实现桁片与铁路桥面的临时定位连接,并进行它们之间的定位焊接。注意定位桁片时预留焊缝收缩量,同一整体节段的两片桁片桁高偏差方向一致,且在允许偏差范围内,随着拼装的进行,要随时监测各控制点的高程,并及时调整。

(2)拼装上层公路中部桥面板块,并安装临时定位连接,最后进行整体焊接,如图 7-3-4-38 所示。关键控制横断面及上水平面对角线差、主桁中心距等项目。

(3)拼装副桁撑杆,控制副桁的角度、两副桁之间、副桁与主桁之间的间距,如图 7-3-4-39 所示。此时只完成副桁与下弦杆副桁节点板之间的定位工作,待上层公路两侧桥面板块安装就位后再进行焊接。

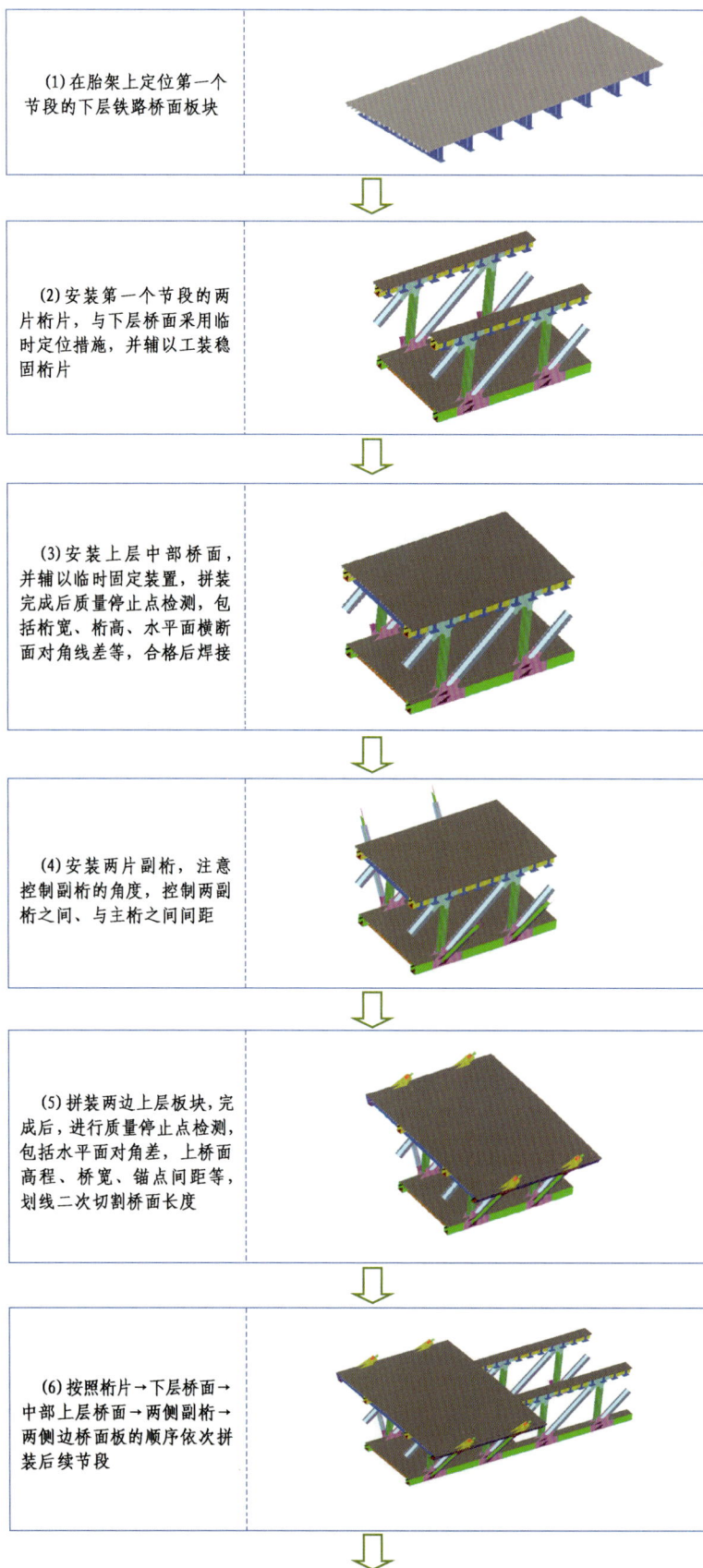

(1) 在胎架上定位第一个节段的下层铁路桥面板块

⇩

(2) 安装第一个节段的两片桁片，与下层桥面采用临时定位措施，并辅以工装稳固桁片

⇩

(3) 安装上层中部桥面，并辅以临时固定装置，拼装完成后质量停止点检测，包括桁宽、桁高、水平面横断面对角线差等，合格后焊接

⇩

(4) 安装两片副桁，注意控制副桁的角度，控制两副桁之间、与主桁之间间距

⇩

(5) 拼装两边上层板块，完成后，进行质量停止点检测，包括水平面对角差，上桥面高程、桥宽、锚点间距等，划线二次切割桥面长度

⇩

(6) 按照桁片→下层桥面→中部上层桥面→两侧副桁→两侧边桥面板的顺序依次拼装后续节段

⇩

图   7-3-4-36

(7)拼装焊接完成后,进行质量停止点检测,包括总长、旁弯、桁宽、对角线差、拱度、锚点间距等,合格后解体下胎转运,留下母段参与下轮次整节段拼装

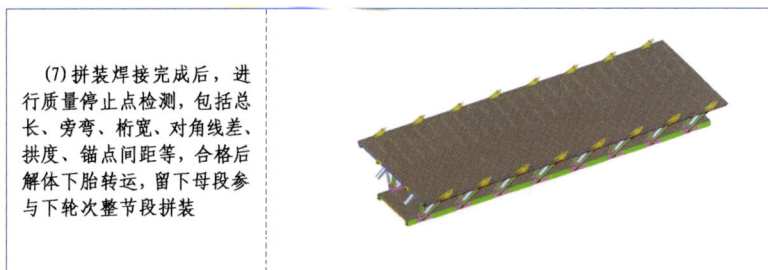

图 7-3-4-36　钢桁梁节段连续匹配总拼流程图

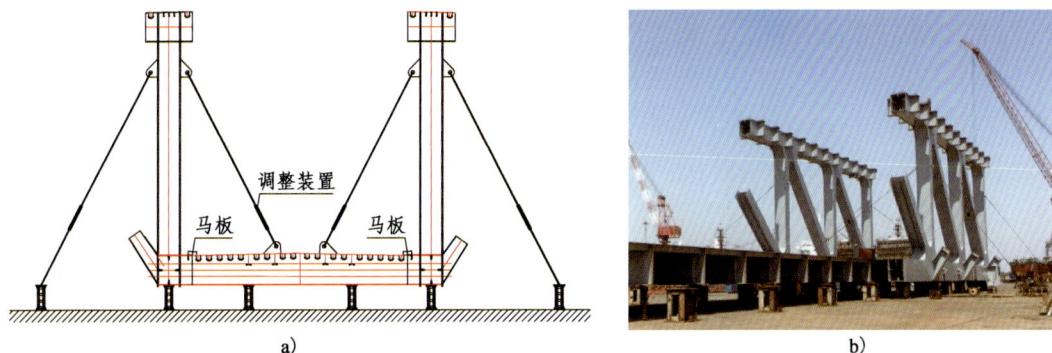

a)

b)

图 7-3-4-37　铁路桥面及两侧主桁定位拼装

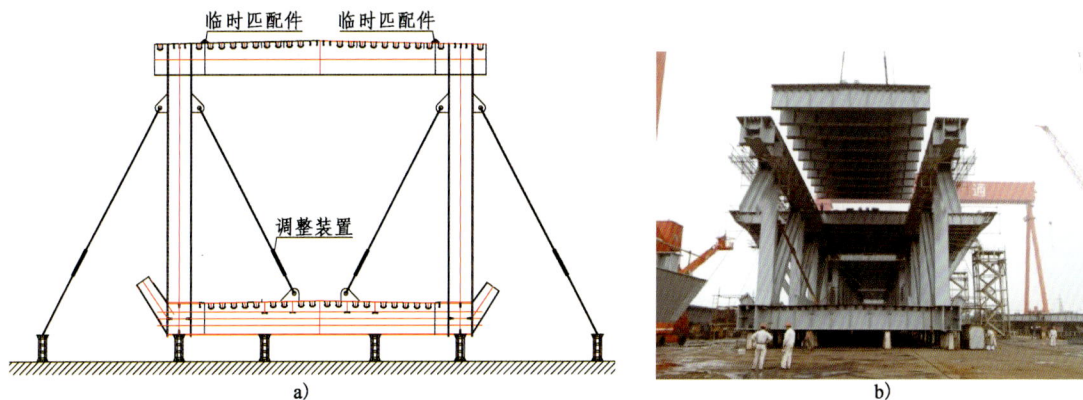

a)

b)

图 7-3-4-38　上层公路中部桥面板块拼装

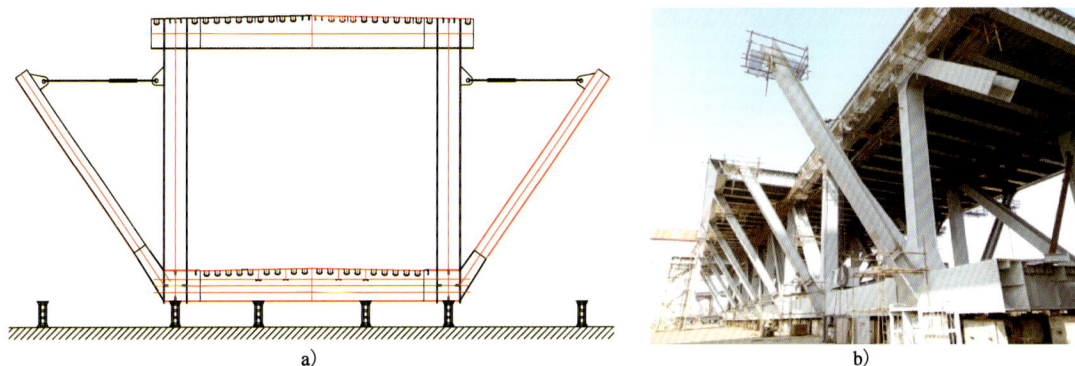

a)

b)

图 7-3-4-39　副桁撑(拉)杆拼装

(4)拼装上层公路两侧桥面板块,控制桥面板块的高程、副桁之间的间距、锚点间距、对角线差等,如图 7-3-4-40 所示。

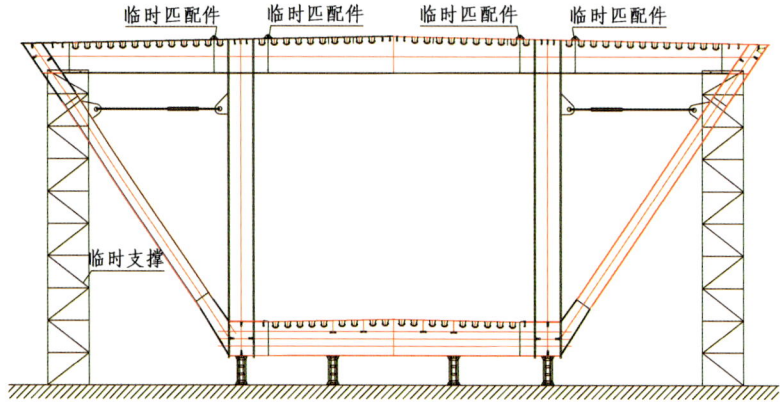

图7-3-4-40　边桁公路桥面板块拼装

（5）然后依次拼装后续整体节段，如图7-3-4-41所示。钢桁梁节段连续匹配总拼时，需严格控制主桁中心距，以上一整体节段的偏差进行调整，避免因焊接收缩造成主桁中心距累计偏差，同时对焊缝收缩进行跟踪，并对极边孔距预留量进行相应调整。此外，还需严格控制节段间连接栓孔重合率，以确保钢桁梁节段匹配精度和总拼线形。整体节段拼装允许偏差应符合表7-3-4-1的规定。

图7-3-4-41　钢桁梁节段连续匹配总拼

节段制造允许偏差（单位：mm）　　　　　　表7-3-4-1

序号	项　目	允许偏差	备　注
1	桁高 H	±2.0	相邻节段桁高差≤2
2	极边孔距 L	±1.0	—
3	主桁中心线直线度（旁弯）	≤3.0	中心线与两端中心连线的偏差，测节点处
4	各桁片之间纵向相对位置偏差 Δ	≤1.0	测量主、副桁上弦杆两端极边孔中心位置
5	桁宽	B：±3	节点处两端的主桁上（下）弦杆中心距
		B1：±3	节点处两端的主桁上弦杆与副桁上弦杆中心距
		B2：±7	节点处两端副桁上弦杆中心距
6	锚点间距	±5	同一节点编号处副桁锚点的横桥向距离

序号	项　　目	允许偏差	备　　注
7	下层桥面高程	±5.0	桥面板四角有横梁位置
8	上层桥面高程	±6.0	主、副桁上弦杆两端
9	桁片垂直度	≤7.0	上、下弦杆中心线横向偏移

序号1~2附图　　　　序号3~4附图　　　　序号5、6附图

3.4.5　整孔大节段船位组拼

为适应鼓屿门水道桥和大小练岛水道桥边跨、辅助跨钢桁梁大节段整跨架设方案，考虑厂内吊装能力，相应钢桁梁两节间整节段制造完成后，需在厂内港池运输驳船上进行整孔大节段组拼，6.5 节间或 7 节间为一整跨大节段，如图 7-3-4-42 所示。船位总拼步骤及要点如下：

图 7-3-4-42　钢桁梁大节段船位总拼

（1）船位节段拼装时，支墩上设置斜木调整线形，斜木尺寸 300mm×(80＋220)mm×800mm，节段吊装前，按线形布置好斜木，首节段起吊落位至斜木上方 300mm 后，辅以手拉葫芦，千斤顶完成节段定位。

（2）首个节段定位完成后，受节段重量影响，船体首尾方向会有倾斜，为保证下一个节段的顺利吊装定位，需要对船体先调平。

（3）船体水平调好后，吊装下一节段，吊装到位后，首先进行下弦杆的连接，为保证大节段整体拱度，连接时使用足尺冲钉，冲钉数量不少于螺栓孔总数的 30%；根据设计要求，待高强度螺栓施拧完毕后，再进行相应节段间环缝的焊接工作。

(4)重复步骤(2)~(3)完成剩余节段的组拼。

(5)节段施拧、焊接完成后,对焊缝及涂层破损部位、高强栓外露面进行补涂,对节段进行绑扎、加固工作后可发运至桥位。

3.5 跨中合龙段匹配制造

根据钢桁梁整体施工方案,三座航道桥钢桁梁均设置合龙段,合龙段为单节间,分别为 YH-SE42′、GYM-SE33′、DXL-SE28 节段。为确保合龙精度,保证现场整节段合龙的顺利实施,在进行合龙段制造时需预先将其与相邻钢桁梁节段在工厂进行匹配制造。三座航道桥合龙段制造工艺基本相同,现在以元洪航道桥钢桁梁合龙段制造工艺为例进行说明。

3.5.1 杆件制作

1)上弦杆制作

上弦杆按设计理论尺寸制作。

2)下弦杆制作

下弦杆制作按桁片匹配进行误差修正,合龙段前后 E42—E43、E40′—E41′桁片拼装完成后,按设计线形定位(无应力状态),测量各对角线,A43—E43 断面差 $L1$,A41′—E41′断面差 $L2$,如图 7-3-5-1 所示。

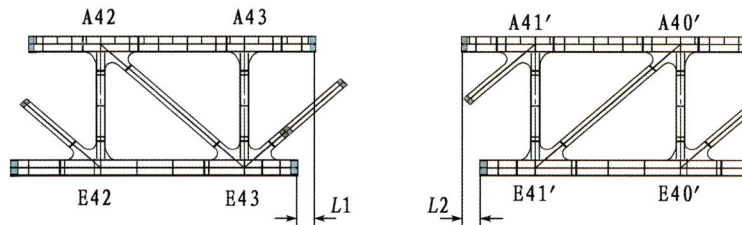

图 7-3-5-1 合龙段桁片上下弦杆断面偏差匹配示意图

下弦杆误差修正值的确定见表 7-3-5-1。

元洪航道桥合龙段 **E42′**下弦杆误差修正值(单位:mm) 表 7-3-5-1

项 目	A43—E43 断面差 $L1$	A41′—E41′断面差 $L2$	E42′下弦杆修正值 Δ
右幅(Y)	$L1(Z)$	$L2(Z)$	$\Delta(Z)$
左幅(Z)	$L1(Y)$	$L2(Y)$	$\Delta(Y)$

$$\Delta(Z) = [L1(Z) - 桁片\ Z42—Z43\ 断面差标准值] + [L2(Z) - A41′—E41′断面差标准值]$$

$$\Delta(Y) = [L1(Y) - 桁片\ Z42—Z43\ 断面差标准值] + [L2(Y) - A41′—E41′断面差标准值]$$

3)副桁杆件制作

待节段总拼拼装至 SE40—SE41、SE38′—SE39′(焊接完成),测量 E39′端口上弦杆与副桁断面差值 λ,为了防止杆件制造累计误差的出现,复测以下杆件制造数据,如有误差,计入修正值 λ。

(1)复测副桁弦杆 Z42—Z43、Z40′—Z41′的极边孔距,复测上弦杆 A42—Z43、A40′—A41′的极边孔距。

(2)最终确定副桁弦杆修正值见表 7-3-5-2。

左右幅按小里程到大里程方向,左侧为左,右侧为右。将以上拼装厂匹配拼装杆件误差修正值数据返至杆件加工车间,下发相应的图纸,按此进行杆件制作。

合龙段 E42′副桁弦杆误差修正值(单位:mm)　　　　　　　　　表 7-3-5-2

项　　目	A39′上弦杆与副桁断面差值	A41 上弦杆与副桁断面差值	E42′副桁弦杆修正值 λ
右幅(Y)	A1	B1	λ(Y)
左幅(Z)	A2	B2	λ(Z)

注:$λ(Y) = A1 + B1$,$λ(Z) = A2 + B2$。

3.5.2　主桁片拼装

1)主桁片制作工艺流程

桁片拼装采用 3 节段连续匹配拼装的方案。元洪航道桥合龙段 E42′桁片拼装时,以两侧 E42—E43,E40′—E41′为母梁,共 3 三个节段为一个轮次连续匹配拼装,确定合龙段匹配精度,从而保证了相邻桁片之间的顺利连接。其拼装顺序为定位下弦杆→上弦杆→拼装腹杆→焊接腹杆与下弦杆节点之间的焊缝→焊接腹杆与上弦杆节点之间焊缝,焊接需保证一次性探伤检测合格,以便控制焊缝焊接收缩变形量。

2)弦杆定位

整体节段拼装胎架的纵向各点高程按设计拱度设置,弦杆尺寸根据桥址已架设钢桁梁测量数据进行横、纵向定位,采用多阶段连续匹配。拼装根据胎架拼装方向,将下弦杆放在支墩上,测量上表面高程,测量位置在弦杆两端孔群和节点处,平面度不符合要求时用薄钢板进行高度调整。

以下弦杆为基准定位上弦杆,控制桁高、对角线及上下弦杆的相对位置尺寸,定位时预留焊接收缩量,相邻弦杆件匹配口错边量≤1.5mm。

弦杆之间采用螺栓和冲钉固定,定位时应该先用尖头冲钉定位,然后打入标准冲钉,冲钉直径为 32.8mm,冲钉和工具螺栓的总数量不得少于孔眼总数的 1/3,其中冲钉数量应占 2/3 以上,孔眼较少部位冲钉和工具螺栓数量不得少于 6 个。

弦杆定位后用试孔器检查螺栓孔,主桁间连接的螺栓孔应 100% 自由通过较设计孔径小 0.75mm 的试孔器。

3)组装腹杆

依次交替组装竖杆和斜杆,通过上下弦杆节点板竖杆系统线与竖杆上下盖板系统线对线组装,然后用水平仪对竖杆平面度进行检测,完成竖杆定位,如图 7-3-5-2 所示。

图 7-3-5-2　组装腹杆实例

无孔斜杆组装定位时,通过上下弦杆节点板斜杆中心线与斜杆上下盖板中心线对线组装;有孔 1/2 斜杆组装定位时,需与相邻的另一桁片有孔 1/2 斜杆匹配组装,保证桁片环口顺利对接,组装两个 1/2 斜杆时,冲钉必须使用标准冲钉,数量满足规范要求。

3.5.3　桥面板块拼装

1）整体原则

公路和铁路桥面板块按原设计尺寸尽心拼装,板单元二切量待节段总拼时配切,边桁板块拼装时采用连续匹配拼装,待节段总拼拼装至 SE40—SE41、SE38′—SE39′时,测量 E39′和 E41 端口上弦杆与副桁断面差值 λ,并测量 SE42—Z43、SE40′—SE41′副桁弦杆和上弦杆极边孔距,以此作为合龙段 SE42′副桁杆件制作修正。

2）制作工艺流程

钢桥面组拼每轮组拼 4 个节段(8 个节间)。中部公路桥面板块、铁路桥块在车间内组装,边部公路桥面板块在 32t 门式起重机下组装。

拼装时胎架外设立不受其他因素影响的水准控制网、标志塔、地样线,用来对制造过程中胎架上的所有测量点进行检测,确保胎架测量系统的准确。

边部桥面板块定位及检验时应在无日照影响的条件下进行。

由于焊后无收缩变形的影响,胎架制作高程预留 10～15mm 的反变形。

横梁(纵梁)定位时横(纵)向以基线为准,纵向以腹板板厚中心线为准;桥面板定位时以横纵基线为准。

3.5.4　合龙段整体拼装

合龙段节段拼装采用 1100t 门式起重机,与合龙段前后连续相邻 2 个节段进行 5 节段连续匹配拼装。以元洪航道桥合龙段拼装为例,其连续匹配拼装顺序如图 7-3-5-3 所示。控制要点如下:

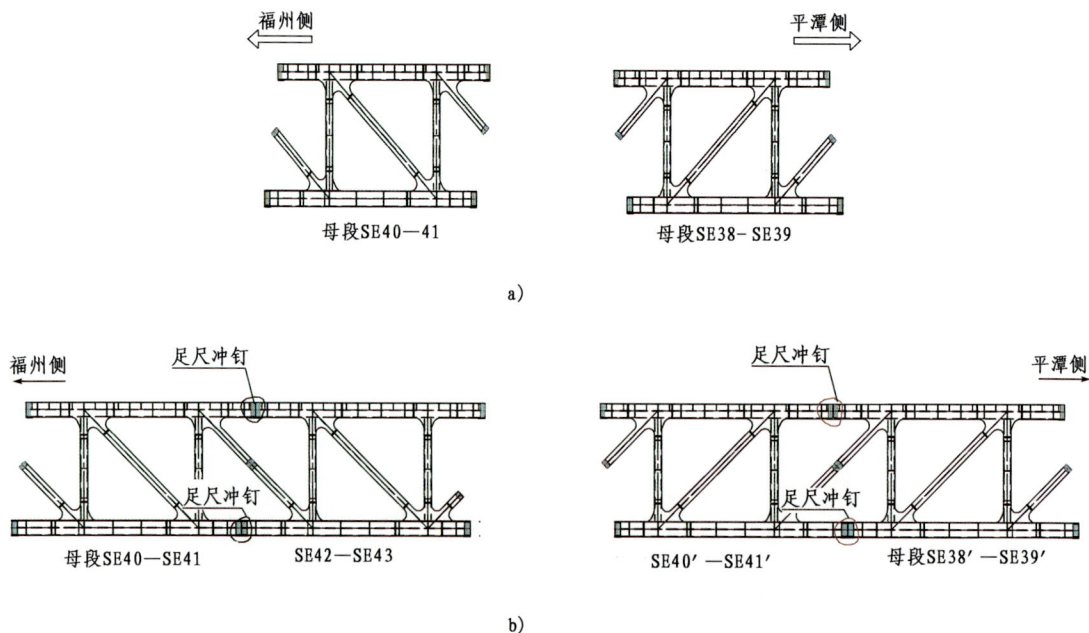

图　7-3-5-3

c)

d)

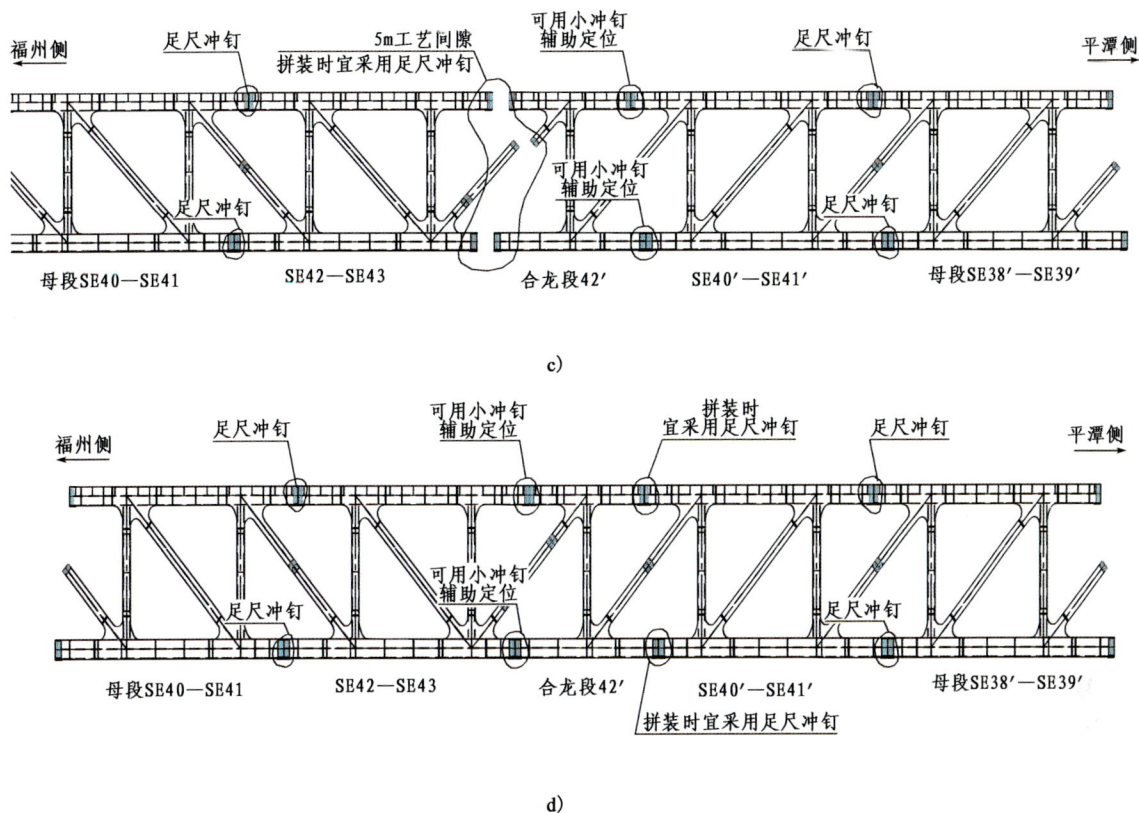

图 7-3-5-3　节段拼装工艺流程

（1）分别以福州侧 SE40—SE41，平潭侧 SE38′—SE39′为母梁向中跨侧拼装，合龙段 SE42′与福州侧 SE42—SE43 之间留出一定的 5m 工艺间隙，以保证 SE42′桁片的顺利吊装。

（2）福州侧 SE42—SE43 与 SE40—SE41 匹配拼装，及平潭侧 SE40′—SE41′与 SE38′—SE39′匹配拼装时在弦杆部位打入标准冲钉、工具螺栓拧紧后焊接。

（3）合龙段 SE42′首先完成与平潭侧 SE40′—SE41′节段的初定位工作，可先使用尖头冲钉定位（此时福州侧 SE42—SE43 节段与合龙段 SE42′尚未连接），以方便 SE42′福州侧 SE42—SE43 间的连接工作。

（4）合龙段 SE42′与福州侧 SE42—SE43 节段连接时采用标准冲钉，可根据现场拼装情况配置部分拼接板，SE42′节段焊接前需与两侧 SE42—SE43、SE40′—SE41′节段连接好。

节段拼装总体流程按照：吊装定位铁路桥面板块→两侧桁片及桥门→中部公路桥面板块→焊接→斜撑→副桁桥面块体→焊接，合龙段厂内总拼时，公路桥面板与主桁及副桁杆件连接焊缝从杆件端部向内（合龙销轴孔一侧）预留 1m 长度范围不焊接。

3.6　钢桁梁焊接

3.6.1　焊接方法、焊接材料及焊接设备

1）钢桁梁材料

钢桁梁主要采用 Q370qD、Q370qD-Z35 钢，其技术标准应符合《桥梁用结构钢》（GB/T 714—2008）的要求外，力学性能还应满足设计要求。

2）焊接材料

（1）根据钢板选择与母材相匹配的焊接材料，焊接材料符合表7-3-6-1的规定。

焊 接 材 料 表7-3-6-1

名　称	标准名称	标准编号
气保护焊实心焊丝	《气体保护电弧焊用碳钢、低合金钢焊丝》	GB/T 8110—2008
气保护焊药芯焊丝	《碳钢药芯焊丝》	GB/T 10045—2001
焊条	《非合金钢及细晶粒钢焊条》	GB/T 5117—2012
埋弧焊丝	《埋弧焊用碳钢焊丝和焊剂》	GB/T 5293—1999
埋弧焊剂	《埋弧焊用碳钢焊丝和焊剂》	GB/T 5293—1999

（2）用于试验的钢材和焊材质量证明书应齐全、数据合格，并按规定取样复验合格，方可用于焊接试验。

3）焊接方法与设备

（1）钢板对接接料焊缝采用埋弧自动焊。

（2）箱形弦杆、腹杆，开坡口的工形杆件主角焊缝的打底焊道等采用气体保护半自动焊，填充、盖面焊道采用埋弧自动焊。

（3）隔板与弦杆、腹杆等角焊缝采用气体保护半自动焊。

（4）桥面板单元等采用 CO_2 气体保护自动焊，采用多头式焊接机器人＋自动液压反变形胎架船位焊接。

（5）腹杆接头板、横梁接头板等熔透角焊缝，腹杆与节点板间对接焊缝采用 CO_2 气体保护焊。

（6）桥面板对接焊缝、弦杆与桥面块体对接焊缝的打底、填充焊道采用 CO_2 气体保护半自动焊，盖面焊道采用埋弧自动焊。

（7）横梁与弦杆间对接焊缝、弦杆间桥位对接焊缝等采用 CO_2 气体保护半自动焊。

（8）其他焊缝优先采用自动焊，不能采用自动焊的采用气保护半自动焊。

（9）气体保护半自动焊使用 YD-500FR1 数字逆变 CO_2/MAG 焊机和第三代焊接数据管理系统，通过焊接数据管理系统对焊机的工作状态进行实时监控，提高焊接质量和管理水平，如图7-3-6-1、图7-3-6-2所示。

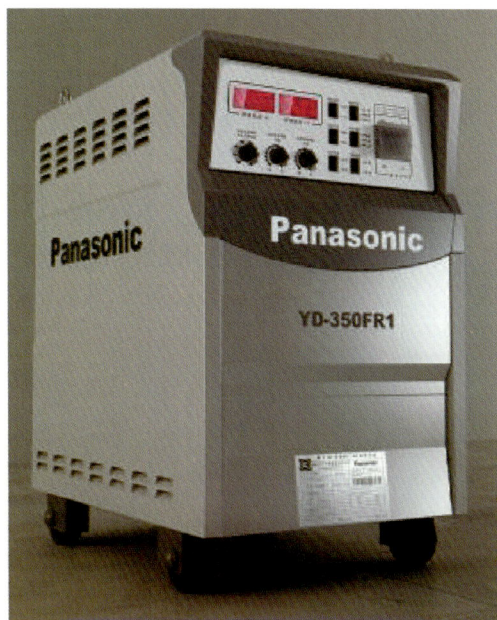

图7-3-6-1　数字逆变 CO_2/MAG 焊机

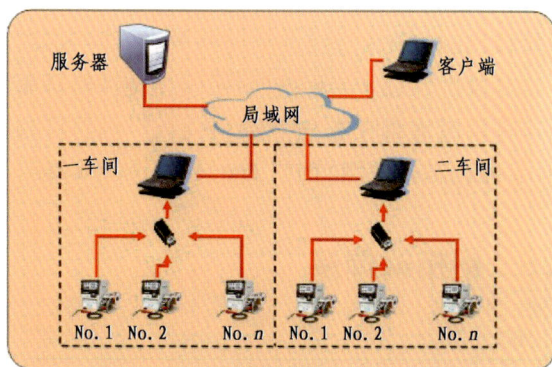

图7-3-6-2　焊接数据管理系统示意

3.6.2 焊接顺序

1）上弦杆的焊接

（1）首先进行下水平板对接接料，竖板与节点板对接接料。

（2）在已经焊完 U 肋和板肋的上水平板单元上组装隔板及两侧竖板成槽形，采用 CO_2 气体保护焊焊接隔板与水平板及加劲肋间角焊缝，隔板与竖板间角焊缝。焊接竖板与上水平板间坡口角焊缝 1、2 的箱形内侧贴角焊缝及节点板处熔透角焊缝的内侧坡口角焊缝。上弦杆主角焊缝焊接如图 7-3-6-3 所示。

（3）组装上弦杆下水平板成箱形后，采用 CO_2 气体保护焊焊接隔板与下水平板间角焊缝。焊接箱形四条主角焊缝。采用 CO_2 气体保护焊焊接下水平板与竖板间坡口角焊缝③④的根部打底焊道，埋弧自动焊焊接其余焊缝。

（4）采用 CO_2 气体保护焊焊接竖板与上水平板间坡口角焊缝①、②的箱形外侧坡口角焊缝，节点板处熔透角焊缝焊接前先从箱形外侧坡口处采用碳弧气刨清根，并用砂轮打磨光滑匀顺后采用 CO_2 气体保护焊焊接。

（5）对杆件修整完毕后，组装横梁的盖（腹）板接头板，焊接接头板熔透及坡口角焊缝。

（6）焊接其他焊缝。

（7）按超声锤击工艺规程的要求，对横梁盖板接头板角焊缝进行超声锤击。

注：主角焊缝必须同向施焊，上水平板侧两条坡口角焊缝尽可能对称施焊。焊接过程中，注意节点板的焊接变形，配合火焰修整，保证杆件焊接质量和杆件尺寸精度。

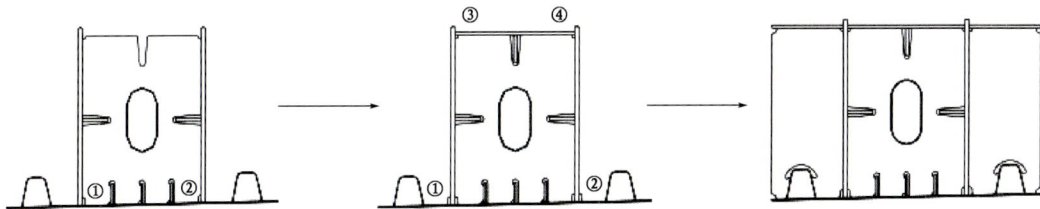

图 7-3-6-3 上弦杆主角焊缝焊接示意图

2）下弦杆的焊接

下弦杆拼装焊接顺序如图 7-3-6-4 所示。

（1）首先进行水平板对接接料，竖板与节点板对接接料。

（2）组装并焊接竖板、水平板上纵向加劲肋角焊缝，然后板件修平。

（3）在外侧竖板上依次组装隔板、上水平板、内侧竖板、下水平板成箱形。

（4）焊接隔板与水平板、竖板间角焊缝。杆件翻转，焊接竖板与下水平板间箱内贴角焊缝（焊缝①、②的内侧贴角焊缝）及节点处熔透角焊缝的内侧坡口焊缝。

（5）杆件翻转 180°，焊接上水平板与竖板间箱形内侧贴角焊缝（焊缝③、④的内侧贴角焊缝）及节点处上水平板与外侧竖板间熔透角焊缝的箱内坡口焊缝；焊接节点板端部熔透角焊缝箱形内侧坡口焊缝（约 200mm 长 +150mm 过渡段）；焊接坡口角焊缝④的外侧根部打底焊道，约 200mm 长熔透段焊前清根；焊接上水平板与节点板间熔透角焊缝背面贴角焊缝（水平板开单侧坡口的情况，焊角尺寸 10 ~ 12mm，保证从坡口侧清根不漏）或内侧坡口焊缝（水平板开双侧坡口的情况）。此部位焊缝为隐蔽工程焊缝，因此在焊接时应保证焊接质量，每焊完一道，对焊缝应认真检查，道间认真打磨清理，确保熔合良好。

（6）采用 CO_2 气体保护焊焊接坡口角焊缝①、②、④的根部打底焊道，节点处水平板与竖板熔透角焊缝焊接前先从坡口侧采用碳弧气刨清根,并用砂轮打磨光滑匀顺。埋弧自动焊焊接坡口角焊缝①②,以及其余焊缝。

(7)杆件翻转90°,采用埋弧自动焊焊接坡口角焊缝④的其他焊道。

(8)杆件翻转90°,采用CO_2气体保护焊焊接坡口角焊缝④打底焊缝,采用埋弧自动焊焊接坡口角焊缝③的其他焊道。

注:四条主角焊缝必须同向施焊,下水平板侧两条角焊缝尽可能对称施焊。整体节点处棱角焊缝焊接过程中,注意整体节点板的焊接变形,应预制反变形。

(9)采用CO_2气体保护焊对称焊接水平板与节点板熔透角焊缝。焊接前先从坡口侧采用碳弧气刨清根,并用砂轮打磨光滑匀顺。对内侧出檐水平板进行火焰修整,并预制3°~4°的反变形,背面焊接定位板,然后焊接坡口侧焊缝。注意保证焊接质量,每焊完一道,对焊缝应认真检查,道间认真打磨清理,确保熔合良好,与箱形棱角焊缝过渡处焊缝匀顺过渡。

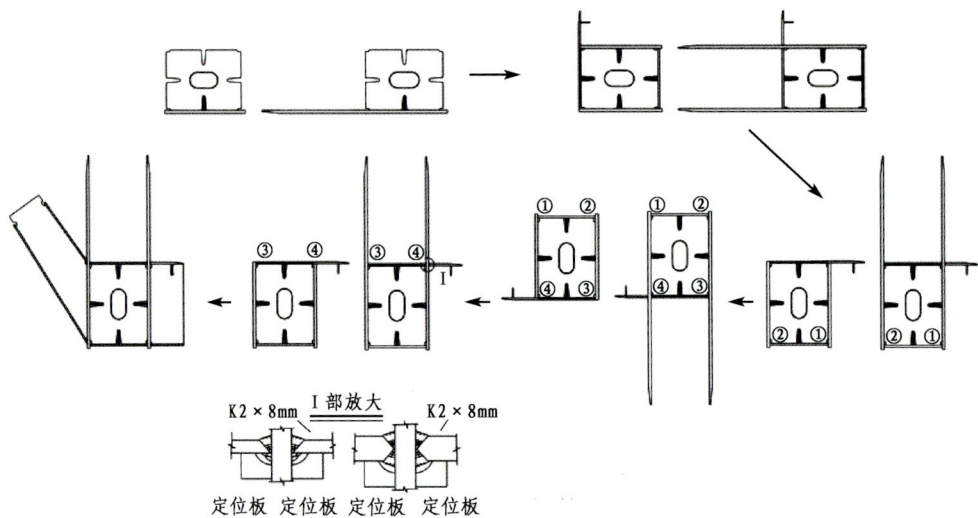

图 7-3-6-4   下弦杆焊接示意图

3)桁片的焊接

腹杆与上下弦杆接头形式分为嵌补段式、插入式两种,为控制焊接收缩量、保证桁片制造精度,同时保证焊接质量,桁片焊接时遵照以下原则:

(1)焊接时首先焊接插入式接头,然后焊接嵌补段式接头。

(2)插入式接头焊接时,首先焊接腹板与上下盖板的角焊缝,然后焊接上下盖板的对接焊缝,如图 7-3-6-5 所示。

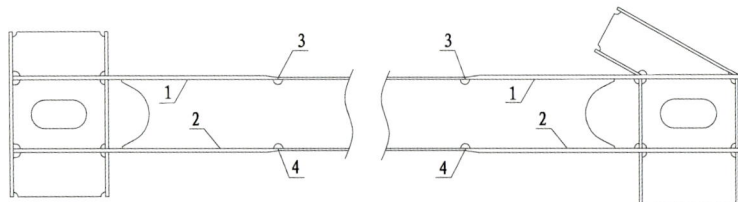

图 7-3-6-5   桁片插入式接头焊接顺序
1~4-焊接顺序

(3)嵌补段式接头焊接时,首先焊接上下盖板的对接焊缝,然后焊接嵌补段与上下盖板的角焊缝,最后焊接嵌补段与腹板的对接焊缝,如图 7-3-6-6 所示。

4）桥面板块的焊接

（1）按照单节间先组装中部两块桥面板单元，焊接其纵向对接缝，其次焊接桥面板与横梁间的角焊缝。

（2）组装两侧板单元，对称焊接纵向对接缝，其次焊接桥面板与横梁间的角焊缝。

（3）按照上述顺序依次拼装焊接相邻节间板单元纵向对接焊缝及角焊缝。

（4）焊接相邻两节间板单元横向对接焊缝、U肋嵌补段焊缝。

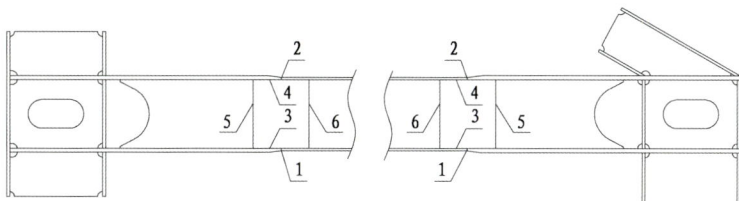

图 7-3-6-6　桁片嵌补段式接头焊接顺序
1～6-焊接顺序

5）节段的焊接

（1）节段焊接遵循对称施焊、由下到上、同向施焊的原则。

（2）首先对称施焊下弦杆与铁路桥面板块间的对接焊缝，将两侧桁片与铁路桥面板块焊接成整体。

（3）依次施焊一侧上弦杆与公路横梁间的对接焊缝，然后焊接另一侧对接焊缝，完成整孔主桁构件的焊接。

依次施焊一侧公路边部桥面板块与上弦杆间的对接焊缝，撑杆与桁片、公路边部桥面板块的对接焊缝；然后焊接另一侧焊缝。

（4）焊接过程中应注意以下几点：

①焊接坡口面焊缝时，应按照对称、同向施焊原则，同一整体节点板两侧的熔透角焊缝必须对称焊接。

②焊接端部圆弧转角焊缝时，应连续施焊，避免在此处熄弧，起、熄弧应在直焊缝段。

③起、熄弧处必须相互错开，避免在同一处多次起、熄弧。

④起、熄弧处必须打磨、补焊，并修磨匀顺后再进行焊接。

⑤多层多道焊时，应将前道焊缝的熔渣清除干净，并检查无裂纹等焊接缺陷后再继续施焊。

⑥端部能够连接引、熄弧板的，应连接引板。

⑦注意焊前预热和焊接过程中道间温度的控制。

⑧焊接过程中注意两整体节点板和水平板的焊接变形，必要时配合火焰修整。

⑨对杆件修整完毕后，组装横梁的盖（腹）板接头板、副桁斜撑的盖（腹）板接头板，焊接接头板熔透及坡口角焊缝。

⑩焊接其他焊缝。

⑪按超声锤击工艺规程的要求，对横梁接头板焊缝、整体节点板穿出上水平板围焊缝进行超声锤击。

3.6.3　焊接收缩量及焊接变形控制

由于桁片内上下弦杆与斜、竖杆采用焊接连接，其焊缝为一级熔透焊缝，其焊接收缩及变形难以控制。桁片的拼装在室内进行，有效避免了日照、雨雪天气的影响，改善焊接环境，保证焊接时的温度、湿度满足要求。

1）对接环口焊接收缩量控制

为保证主桥片桁高和螺栓孔连接精度,在主桁片体定位时桁高方向预留3mm焊接收缩量,即每个对接环口预留1.5mm焊接收缩量。考虑到焊接收缩,桁片与支墩间可加橡胶板或四氟板,以利于其相对滑动。焊接过程中,随时、定时进行测量,焊接完成后再测量各环检查线间距,详细记录各对接环口焊接收缩量,为后续主桁片拼装预留焊接收缩量做依据。

2）焊接变形控制

整体桁片在拼装过程中,焊缝为一级熔透焊缝,容易产生变形,而一经焊成整体桁片后刚度又很大,变形极难修整。尤其是扭曲变形,矫正十分棘手。对变形的控制,主要是制订合理的焊接方法,控制焊接顺序,焊接过程严格按照焊接工艺规定的焊接参数进行焊接,选用持有从业资格证书并且经验丰富的优秀焊工进行主桁片拼装焊接工作。对变形杆件采用火焰矫正时,矫正过程要控制好温度。在使用吊具吊杆件时,保证杆件在起吊、翻身、打调时平稳、安全,防止因吊运、翻转不当造成永久变形。

3）设置反拱

为避免焊接主焊缝过程中,上下盖板伸出沿焊接变形,影响杆件平整度,减少火焰修整量,在焊接主焊缝过程中,预设置反变形。

3.6.4　焊接过程检验

（1）预热和层间温度控制见表7-3-6-2。

预热和层间温度控制指标　　　　　　　　　　　　　表 7-3-6-2

材　　质	板厚（mm）	预热温度（℃）		预热范围（mm）	道间温度（℃）	
		定位焊、手弧焊、气体保护焊	埋弧焊		手弧焊、气体保护焊	埋弧焊
Q370qD	≤28	≥5	≥5	—	5~200	5~200
	>28~40	60~100	≥5	≥80	60~200	25~200
	>40~60	80~120	≥5	≥80	80~200	25~200

（2）钢板对接接料埋弧自动焊焊接规范参数见表7-3-6-3。

（3）主桁下弦杆棱角焊缝,上弦杆下水平板与竖板间棱角焊缝,腹杆箱形杆件主角焊缝等焊接规范参数见表7-3-6-4。

（4）上弦杆竖板与上水平板间坡口（熔透）角焊缝,节点处下弦顶板与外竖板、底板与两侧竖板间熔透角焊缝焊接规范参数见表7-3-6-5。

钢板对接接料埋弧自动焊焊接规范参数　　　　　　　　表 7-3-6-3

熔　敷　简　图	板厚（mm）	焊接材料	焊道	电流（A）	电压（V）	焊速（m/h）
盖面　填充	16~18	ER50-6（φ1.2）	打底	240±30	30±2	—
		H08Mn2E（φ5）+SJ101q	1	650±30	31±2	22±2
			填充	680±30	31±2	22±2
			盖面	680±30	32±2	24±2
			1′	680±30	32±2	24±2

续上表

熔 敷 简 图	板厚（mm）	焊接材料	焊道	电流（A）	电压（V）	焊速（m/h）
盖面 填充 打底 盖面	20～24	ER50-6（ϕ1.2）	打底	240±30	30±2	—
		H08Mn2E（ϕ5）+SJ101q	1	650±30	31±2	22±2
			填充	680±30	31±2	22±2
			盖面	680±30	32±2	24±2
			1′	680±30	32±2	24±2
			盖面	680±30	32±2	24±2
盖面 填充 1′ 打底 填充 盖面	26～60	ER50-6（ϕ1.2）	打底	240±30	30±2	—
		H08Mn2E（ϕ5）+SJ101q	1	650±30	29±2	22±2
			1′	650±30	29±2	22±2
			填充	680±30	31±2	22±2
			盖面	680±30	32±2	24±2

注：1. CO_2 气体流量 15～20L/min。

2. 背面焊接前气刨清根，并打磨干净后焊接。

腹杆箱形杆件主角焊缝等焊接规范参数　　　　表 7-3-6-4

熔 敷 简 图	板厚（mm）	焊接材料	焊道	电流（A）	电压（V）	焊速（m/h）
盖面 填充 δ 1	20～60	ER50-6（ϕ1.2）	打底	240±20	30±3	—
			其他	260±30	30±3	—
		H08MnA（ϕ5）+SJ101q	1	700±30	29±3	22±2
			填充	700±30	29±3	22±2
			盖面	660±30	28±3	24±2

注：坡口根部采用 CO_2 气体保护焊打底；气体流量 15～20L/min，其余焊道为埋弧自动焊。

节点处下弦顶板与外竖板角焊缝焊接规范参数　　　　表 7-3-6-5

熔 敷 简 图	焊接材料	焊接位置	焊道	电流（A）	电压（V）	CO_2 流量（L/min）
δ 盖面 填充 1	ER50-6（ϕ1.2）	平位	打底	240±20	30±3	15～20

续上表

熔 敷 简 图	焊接材料	焊接位置	焊道	电流（A）	电压（V）	CO_2 流量（L/min）
δ　其他　其他　打底　打底	ER50-6（φ1.2）	平位	其他	260±30	30±3	15～20

注:1.节点处熔透角焊缝先焊接箱形内侧坡口焊缝,从箱形外侧气刨清根并打磨干净后焊接。

（5）下弦杆上水平板与整体节点板熔透角焊缝 CO_2 焊焊接规范参数见表7-3-6-6。

熔透角焊缝 CO_2 焊焊接规范参数　　　　　　表7-3-6-6

熔 敷 简 图	焊接材料	焊接位置	焊道	电流（A）	电压（V）	CO_2 流量（L/min）
1～3　其他　1～3	ER50-6（φ1.2）	平位	1～3	240±30	30±3	15～20
			其他	260±30	32±3	15～20
δ　其他　其他　打底　打底　其他　其他	ER50-6（φ1.2）	平位	打底	240±30	30±3	15～20
			其他	260±30	32±3	15～20

注:单侧坡口熔透焊缝先焊接背面焊脚尺寸10～12mm的角焊缝;然后从坡口侧清根,注意不要清漏,打磨干净后进行焊接,坡口焊满后,盖板侧匀顺焊接不小于8mm焊角。

图7-3-6-7　现场锤击图片

3.6.5　超声锤击

为减小焊接残余应力对钢桁梁疲劳性能的影响,对某些应力集中大的焊缝需进行超声波锤击,如图7-3-6-7所示。

锤击的焊缝包括:

（1）主桁上、下弦杆,副桁上弦杆横梁盖板接头板与弦杆竖板间熔透角焊缝端部150mm范围内,如图7-3-6-8所示。

（2）副桁斜撑盖板接头板与弦杆竖板间熔透或坡口角焊缝端

部 150mm 范围内,如图 7-3-6-9 所示。

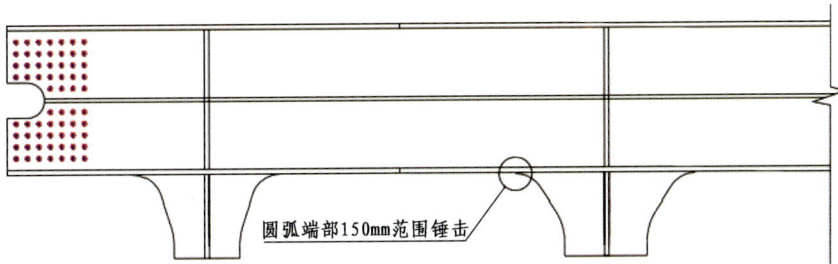

图 7-3-6-8　横梁盖板接头板与弦杆竖板间熔透角焊缝端部

(3)下弦杆节点板穿出上水平板围焊缝端部 150mm 范围内,如图 7-3-6-10 所示。

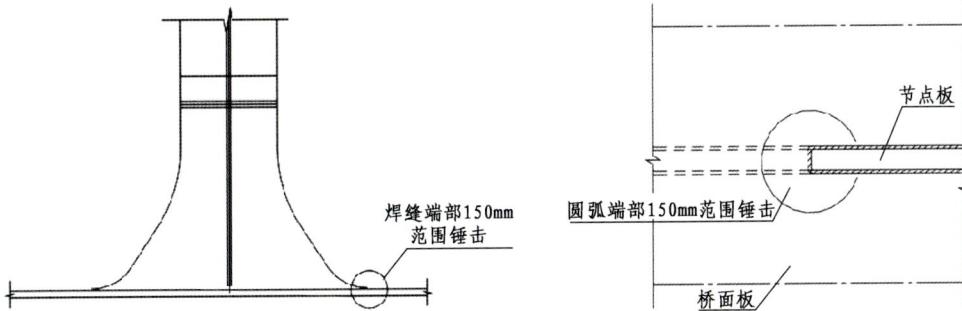

图 7-3-6-9　副桁斜撑盖板接头板与弦杆竖板间
熔透或坡口角焊缝端部

图 7-3-6-10　下弦杆节点板穿出上
水平板围焊缝端部

(4)锚拉板与上弦杆上水平板间熔透角焊缝端部 150mm 范围内,如图 7-3-6-11 所示。

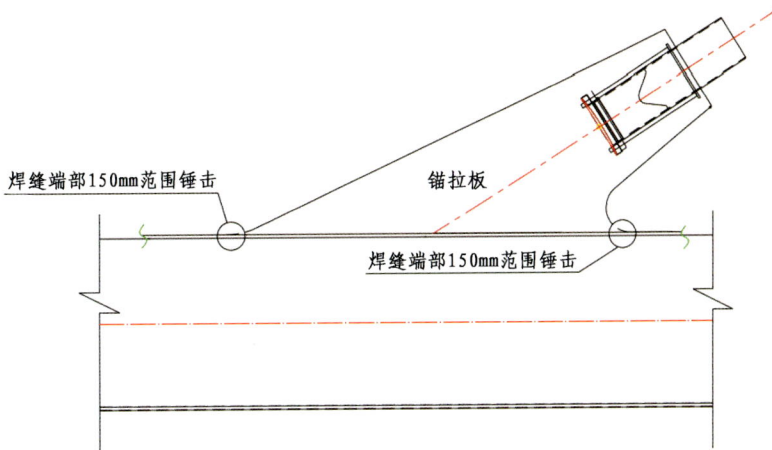

图 7-3-6-11　锚拉板与上弦杆上水平板间熔透角焊缝端部

(5)承压板与锚拉板间角焊缝端部 150mm 范围内,如图 7-3-6-12 所示。

(6)腹杆腹板与弦杆节点板间角焊缝端部 150mm 范围内,如图 7-3-6-13 所示。

锤击部位为焊道之间内凹部位及其两侧焊趾,注意端部圆弧部位锤击区域应沿中间焊缝锤击区域向端部均匀过渡,如图 7-3-6-14 所示。

根据锤击部位不同,分别将锤头对准焊趾线、焊道间内凹沟槽线、端部板厚方向涂抹颜色部位。锤头与水平板面夹角为 60°～70°,如图 7-3-6-15 所示。

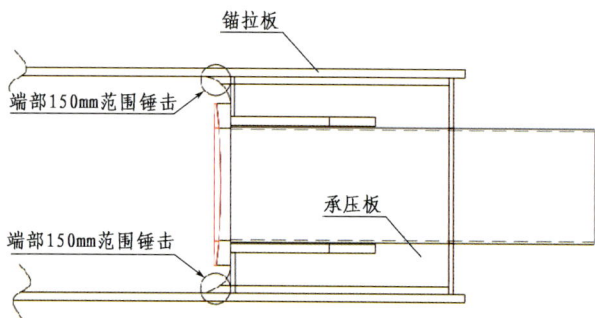

图 7-3-6-12 锤击枪角度

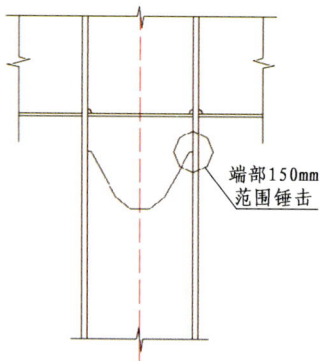

图 7-3-6-13 腹杆腹板与弦杆节点板间角焊缝端部

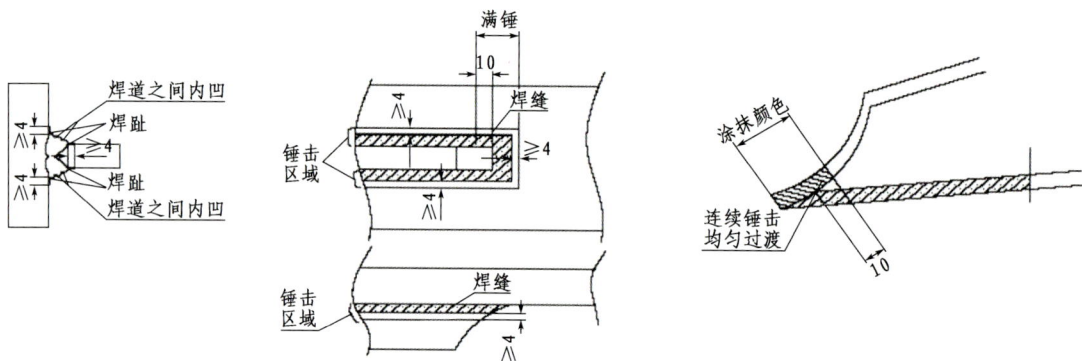

图 7-3-6-14 锤击部位示意图(尺寸单位:mm)

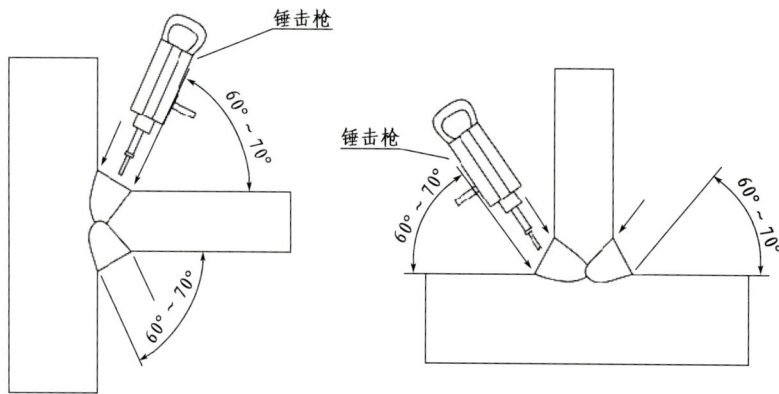

图 7-3-6-15 锤击枪角度

3.7 涂装施工

斜拉桥钢桁梁构件密封内表面采用气密性防腐,构件外表面采用防腐涂装防腐,涂装体系详见第 2 篇第 8 章第 8.3.4 节。鉴于斜拉桥钢桁梁与深水高墩区非通航孔桥简支钢桁梁涂装体系及涂装施工工序、工艺基本相同,本节仅对涂装总体施工原则进行介绍,具体涂装施工工序和工艺可参见第 7 篇第 4 章第 4.7 节相应内容。

据平潭海峡公铁大桥气象专题研究成果,桥址处每年 6 级以上大风天数为超过 300d,大风天气对于现场涂装带来很大影响,难以保证涂装质量。因此鉴于桥址所处的恶劣的海洋环境,同时考虑钢梁的结构特点(主航道斜拉桥采用大节段整体架设,简支钢桁梁桥采用整孔制造、整体架设),钢桁梁底漆、中间漆及面漆整体均在工厂涂装完成,结构局部现场补涂(主梁拼接点、局部损伤处)。要求钢梁节段在运输和吊装过程中,采取特殊措施,尽可能减少对涂层的损伤和表面污染。对于主梁拼接点,应局部搭设防风棚,改善现场施工作业条件,确保按照涂装体系的技术和工艺要求完成现场涂装。

由于钢桁梁整体节段尺寸规模较大,现有涂装车间无法满足整节段车间涂装施工要求,故在工厂进行钢桁梁涂装施工时,根据节段总拼单元划分进行涂装施工(图7-3-7-1),即以桁片、桥面板块等单元作为涂装单元进行车间涂装,各单元连接部位在总拼完成后于总拼胎架进行局部补涂。

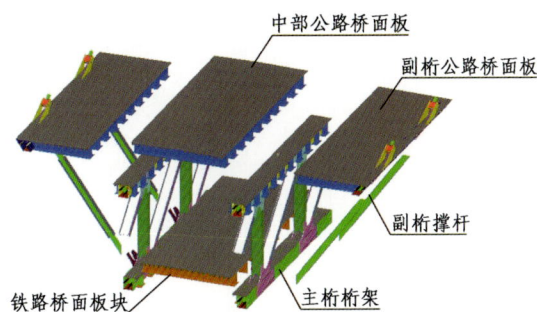

图7-3-7-1　钢桁梁总拼及涂装单元划分示意图

松下岸

人屿岛

元洪航道桥

鼓屿门水道桥

七屿岛

平潭海峡公铁大桥
建造关键技术

07

第4章
简支钢桁梁整孔全焊制造

4.1 结构概况

平潭海峡公铁大桥共计34孔深水高墩区非通航孔桥,分为80(88)m两种跨径,均采用双层钢—混结合简支钢桁梁结构。钢主梁为带副桁、倒梯形截面的简支钢桁梁,采用整孔全焊设计,由主桁、公路纵梁与横梁、铁路横梁、副桁弦杆与撑杆、桥门架等构件组成,如图7-4-1-1所示。主桁采用华伦式桁架,桁高13.5 m,主桁中心间距14 m,单孔梁包括8个节间,端部节间长9.6(10.6)m,中间标准节间长9.8(10.8)m。主桁弦杆及铁路横梁采用箱形截面;腹杆以箱形截面为主,部分采用H形截面;公路纵梁与横梁、副桁弦杆与撑杆均采用H形截面。全焊简支钢桁梁详细结构设计参数见第2篇第4章第4.1.2节。

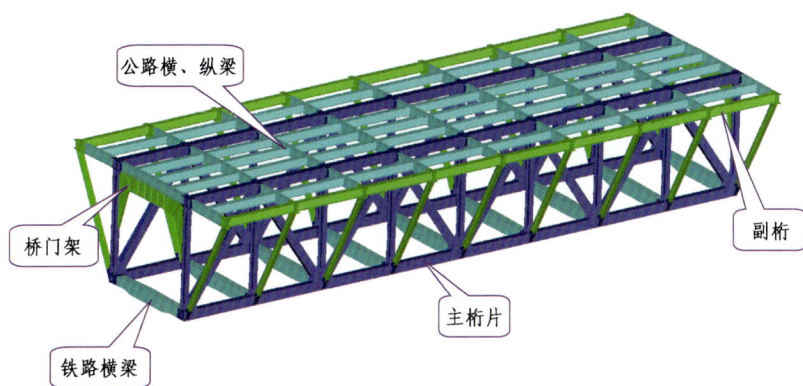

图7-4-1-1 整孔全焊简支钢桁梁空间结构示意图

4.2　技术重难点及特点

简支钢桁梁采用工厂整孔全焊制造,为国内首次,主要具有以下技术难点及特点:

(1)80(88)m 简支钢桁梁由上下弦杆、竖杆、斜杆、横梁、纵梁、斜撑组成,各构件及节段采用焊接连接,钢梁体量大、焊接量大,焊接变形、焊接残余应力、结构尺寸及线形控制难度极大。此外,钢桁梁采用带副桁的倒梯形截面,副桁桥面悬臂长度及副桁撑杆斜度均较大,组焊施工困难,增加了钢梁制造难度。

(2)简支钢桁梁铁路下横梁(Q370qD 钢)顶面采用剪力钉(圆柱头焊钉,ML15)与不锈钢复合钢板[022Cr17Ni12Mo2(316L)钢材]焊接,3 种材质不同钢材共同焊接,在国内、外均属首次。如何既保证不锈钢复合钢板与剪力钉的可靠焊接,又不影响不锈钢复合钢板的防腐性能,是钢桁梁制造施工需要解决的一大难题。

(3)在公路桥面的钢桁梁与混凝土桥面结合前,由于钢桁梁及混凝土桥面板自重作用,上弦杆受压缩短,与之连接的横梁将随节点移动。横梁(其面外刚度较小)因与纵梁相连,其移动将受到纵梁牵制,横梁因受到面外力而旁弯,从而产生面向弯曲应力,对横梁受力不利。在钢桁梁制造中,需采取措施减小主桁和桥面系的共同作用对横梁的不利影响,这也是钢桁梁制造的难点之一。

4.3　制造规则

鉴于平潭海峡公铁大桥简支钢桁梁首次采用整孔全焊设计的特点,其制造除需遵循既有相关规范、招标文件及设计要求外,还需结合结构特点及制造关键重难点研究制订具有针对性的制造规则。

2016 年 3 月,中铁大桥勘测设计院有限公司、中铁大桥局集团有限公司、中铁山桥集团有限公司以《铁路钢桥制造规范》(Q/CR 9211—2015)及平潭海峡公铁大桥 80m(88m)简支钢桁梁钢桁梁制造招标文件及其设计文件为依据,吸收了我国多年来铁路钢桥制造的成功经验和科研成果,参考了国内一些大桥的制造标准并结合本桥的结构特点,共同编制完成了《平潭海峡公铁大桥钢桁梁制造规则》,发往有关单位征求意见,并召开评审会,会议通过了《平潭海峡公铁大桥钢桁梁制造规则》,并用以指导和规范平潭海峡公铁大桥钢桁梁制造施工。

4.4　制造工艺

4.4.1　制造总体方案

简支钢桁梁整孔全焊制造,主要包括钢板自动预处理、数控切割下料、零件下精密加工、杆件制造、桁片制造拼装、节段总拼以及涂装等 7 个施工环节,均在工厂内完成。其中钢板预处理、零件下料及精密加工、杆件制造、构件涂装均在车间采用数控智能化设备进行流水线加工生产,桁片制造拼装、整孔总拼则在工厂露天专用拼装胎架完成,从而实现整孔简支钢桁梁的全工厂化焊接制造。

4.4.2　杆件制造

简支钢桁梁杆件主要采用箱形和工形,弦杆采用焊接整体节点结构。为便于杆件车间制造,根据节间长度及拼装方案对弦杆进行合理划分,划分为双节点及三节点杆件,上下弦杆划分如图 7-4-4-1 所示。

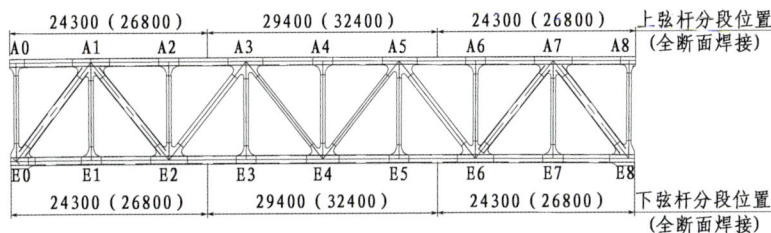

图 7-4-4-1 上下弦杆划分示意图(尺寸单位:mm)

1)普通杆件制作

普通杆件主要包括主桁腹杆、斜撑、横梁等工形(箱形)杆件,其中腹杆(斜腹杆)与上下弦杆连接,撑杆与主桁下弦杆、副桁上弦杆连接,其制作工艺及控制措施如图 7-4-4-2 所示。

图 7-4-4-2 普通杆件制作工艺及控制流程

2)下弦杆制作

下弦杆为带整体节点的箱形杆件,主要由上下水平板、竖板、隔板、节点板、横梁接头板、副桁斜撑接头板组成(图 7-4-4-3、图 7-4-4-4)。

下弦杆采用倒装法组装,上水平板放于平台上,依次组隔板、竖板、下水平板、接头板,最后二次切头及坡口,制造工艺流程如图 7-4-4-5 所示。

下弦杆制造过程中,需对隔板加工精度、竖板单元节点板精度及接料精度进行严格控制。下弦杆箱体采用侧位组装,组装顺序如图 7-4-4-6 所示:将竖板单元放在胎型平台上,先组装箱内隔板,然后依次对线组上水平板单元和竖板单元成槽形。焊接修整后,组下水平板单元,在完成箱体焊接后再组焊横梁、斜撑接头。

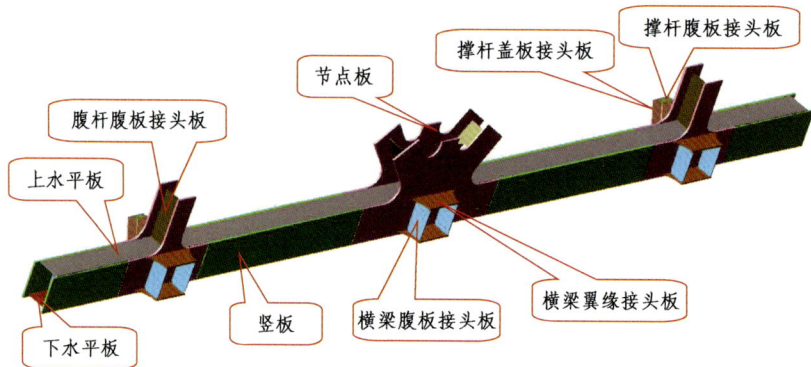

图 7-4-4-3　中间节段下弦杆结构直观图

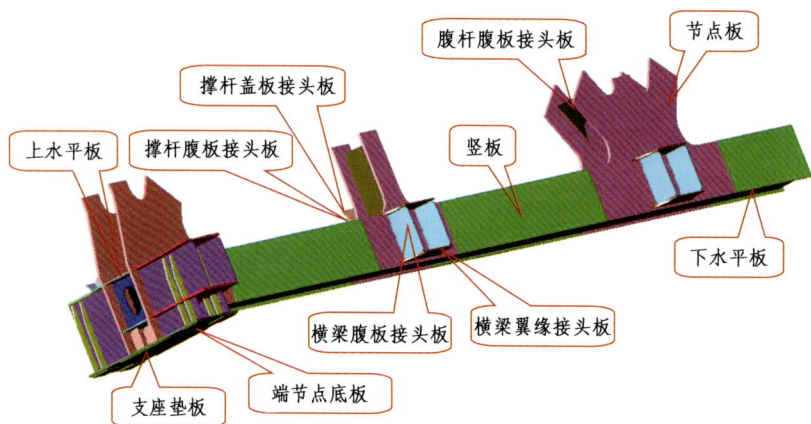

图 7-4-4-4　端节段下弦杆结构直观图

3）上弦杆制作

上弦杆主要由上下水平板、竖板、隔板、节点板、横梁接头板、副桁斜撑接头板组成（图 7-4-4-7、图 7-4-4-8）。

上弦杆与下弦杆除箱体组装顺序外其余制造工艺流程及关键控制点相似，上弦杆的箱体组装顺序如图 7-4-4-9 所示。

为适应钢桁梁整孔吊装架设，上弦杆 A2 和 A6 节点顶面设置有整体吊装架设用吊耳，吊耳构造如图 7-4-4-10 所示。吊耳镗孔完成后，在胎架上焊接成整体后，再与主桁焊接。组装过程中通过角式样板控制吊耳耳板垂直度，利用水平仪穿孔控制吊耳孔的同心度，最后通过试孔器来检验组装精度。

吊耳制造精度要求在同一吊点处两个吊耳的同心度偏差为 3mm。为保证钢桁梁吊耳制造精度，确保吊具销轴能顺利穿过吊耳销孔，钢桁梁吊耳制造时需严格进行同一吊点处两吊耳的同心度检测，除采用经纬仪等测量仪器进行同心度测量外，还应采用对应匹配销轴或模拟销轴进行试穿检测。为减小试穿销轴的重量，便于厂内吊耳同心度试穿检测，采用无缝钢管内填混凝土做成模拟销轴作为试穿检测销轴。如图 7-4-4-11 所示，将 N1（无缝钢管，材质为 Q235）与 N2（厚 20mm，材质为 Q235 钢板）焊接，N2 与 N3（厚 20mm，材质为 Q235 钢板）焊接，内填 C20 混凝土，销轴中心 50mm 半径范围内中空。在 N3 端部设置张拉杆用于销轴张拉穿行，张拉杆直径根据需要选取，其一端与 N3 采用角焊缝围焊（张拉杆可做成分节拆装的形式）。N1 与 N2 对接焊缝需打磨光滑平顺，盖面与 N1 表面平齐。吊耳焊接完成，使用吊耳同心度检测试穿销轴检查（图 7-4-4-12），若能顺利通过则证明合格，否则需要修整。

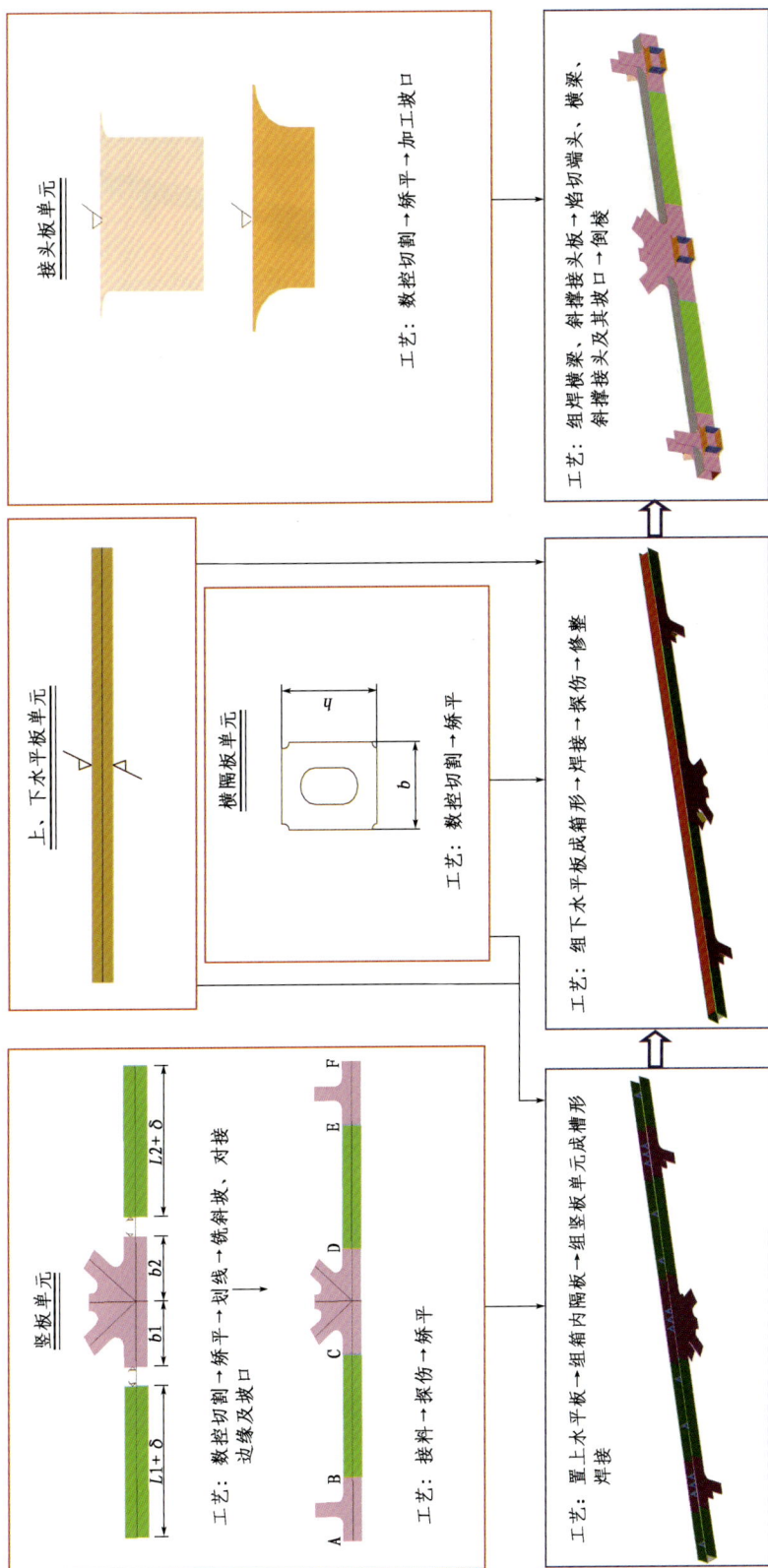

图7-4-5 下弦杆制造工艺流程图

接头板单元

工艺：数控切割→矫平→熔切端头、横梁、斜撑接头口及其坡口→倒棱

工艺：组焊横梁、斜撑接头板、斜撑接头口及其坡口→加工坡口

上、下水平板单元

横隔板单元

工艺：数控切割→矫平

工艺：组下水平板成箱形→焊接→探伤→修整

竖板单元

工艺：数控切割→矫平→划线→铣斜坡、对接边缘及其坡口

工艺：接料→探伤→矫平

工艺：置上水平板→组箱内隔板→组竖板单元成槽形→焊接

组装注意事项：

(1) 在平台上以节点中心为基准划横接线，以设计系统线为纵基线，用横纵基线划内隔板组装线和节点中心线，均返到外侧，隔板间距预留焊接收缩量。

(2) 组槽形时注意保证两竖板节点中心的同心度，槽口公差为正。

(3) 组对时保证尺寸公差，对角线差，主角焊缝同向对称施焊，组焊过程中边焊边修，控制箱口对角线差、旁弯、扭曲度。

(4) 以内侧竖板节点中心和纵向轴线为基准划线组装横梁、斜撑接头。

(5) 箱体在平台上修整，尺寸合格后，划线焰切箱口两端及与弦杆的对接坡口

置上水平单元，组装箱内隔板

组两侧竖板成槽形焊接

组腹杆接头板

组下水平板成箱形

组铁路横梁接头板

组副桁撑杆接头板、二次切头及坡口

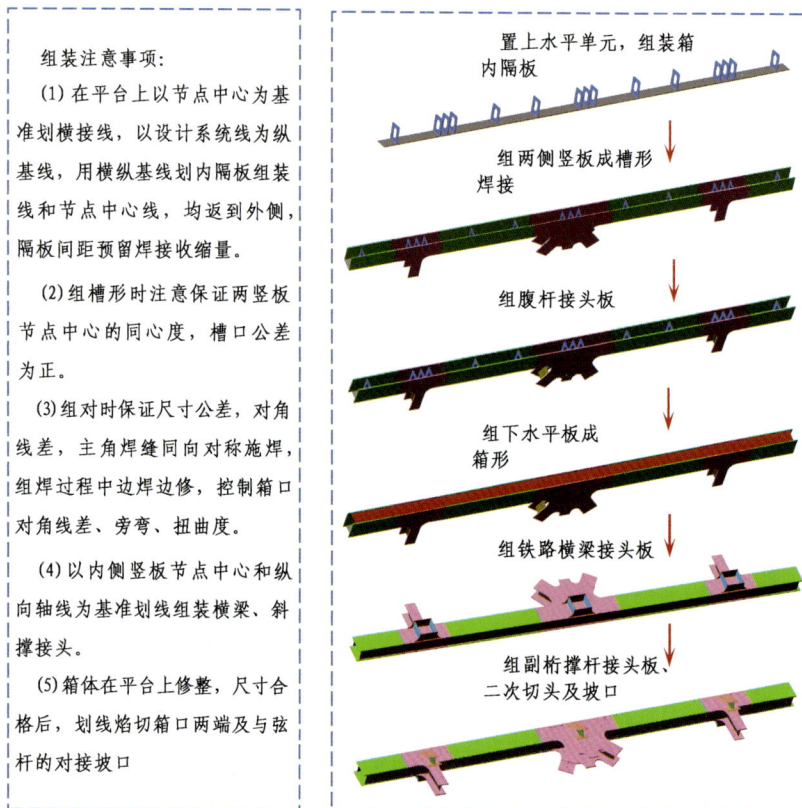

图 7-4-4-6　下弦杆箱体组装顺序

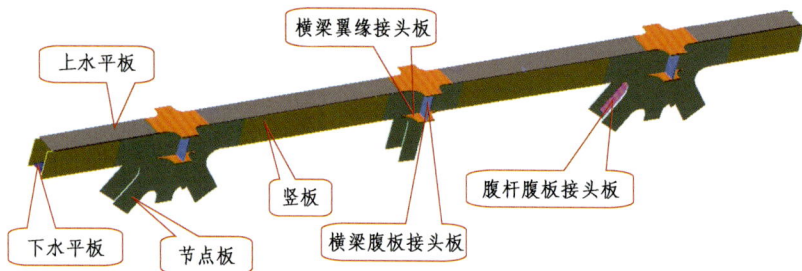

图 7-4-4-7　中间节段上弦杆结构直观图

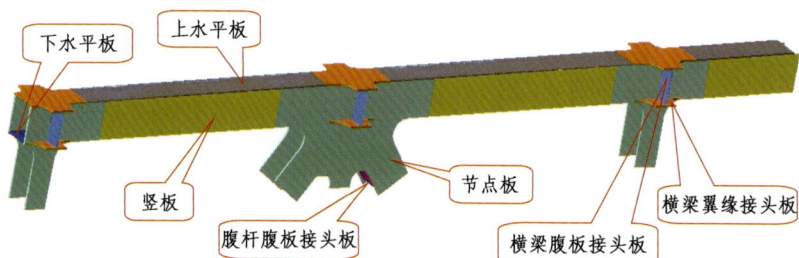

图 7-4-4-8　端节段上弦杆结构直观图

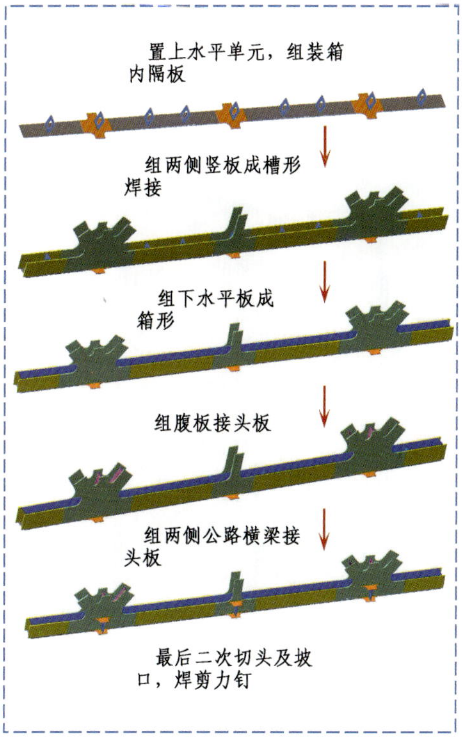

置上水平单元，组装箱内隔板

组两侧竖板成槽形焊接

组下水平板成箱形

组腹板接头板

组两侧公路横梁接头板

最后二次切头及坡口，焊剪力钉

组装注意事项：

（1）在平台上以节点中心为基准划横接线，以设计系统线为纵基线，用横纵基线划内隔板组装线和节点中心线，均返到外侧，隔板间距预留焊接收缩量。

（2）组槽形时注意保证两竖板节点中心的同心度，槽口公差为正。

（3）组对时保证尺寸公差，对角线差，主角焊缝同向对称施焊，组焊过程中边焊边修，控制箱口对角线差、旁弯、扭曲度。

（4）以内侧竖板节点中心和纵向轴线为基准划线组装横梁、斜撑接头。

（5）箱体在平台上修整，尺寸合格后，划线焰切箱口两端及与弦杆的对接坡口。

图7-4-4-9 上弦杆箱体组装顺序

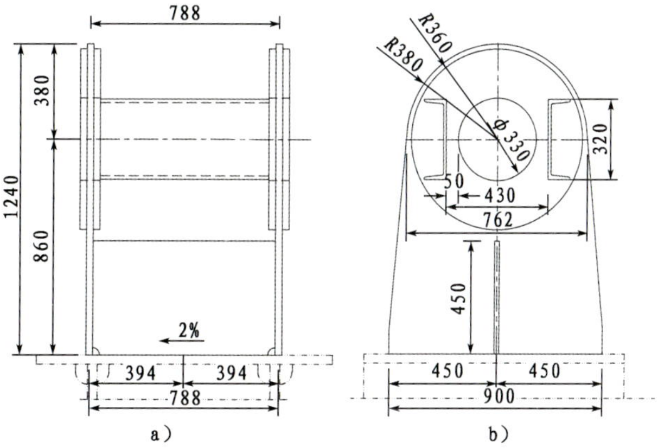

图7-4-4-10 简支钢桁梁吊耳构造图（尺寸单位：mm）

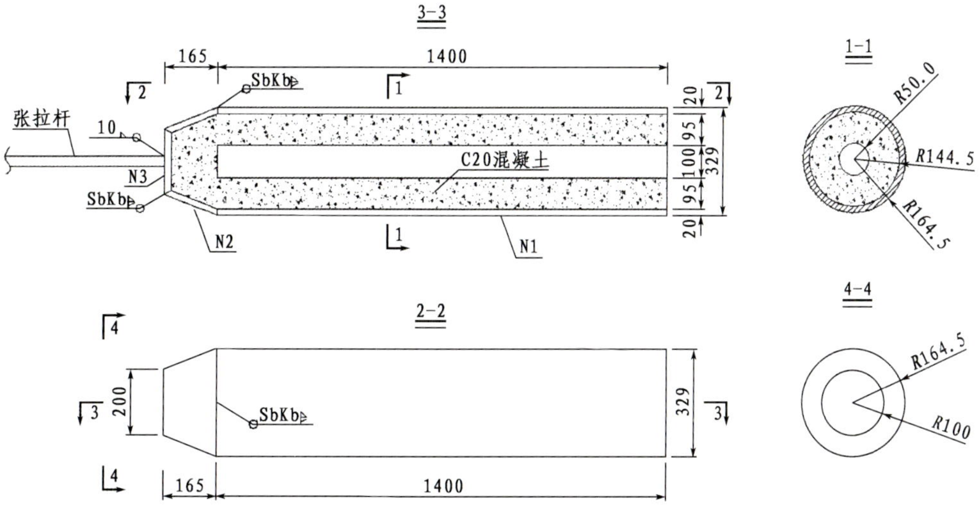

图7-4-4-11 吊耳同心度检测试穿销轴（尺寸单位：mm）

361

图 7-4-4-12　试穿销轴检测吊耳同心度

4）铁路横梁制作

铁路横梁为箱形截面。横梁截面内高由主桁连接处 1008mm 变化至跨中处 1428.8mm，截面内宽 1000mm。除顶板外均采用 Q370qD 桥梁钢板，底板厚（36mm）40mm，腹板厚 28mm。顶板在梁中线两侧各 5.0m 范围内采用不锈钢复合钢板，其中基板为（36mm）40mm 厚的 Q370qD 钢板，面板为厚 3.0mm 的不锈钢钢板，材质为 022Cr17Ni12Mo2（316L），顶面焊接 $\phi 22 \times 250$mm 剪力钉。铁路横梁构造如图 7-4-4-13 所示。

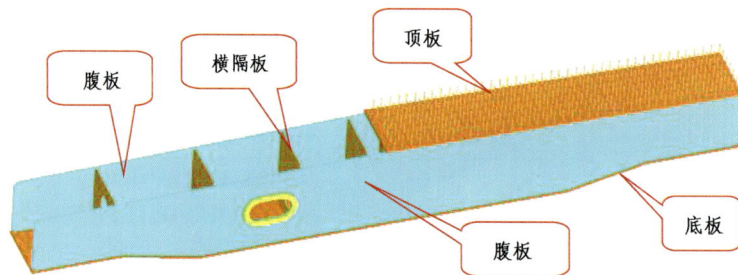

图 7-4-4-13　铁路横梁构造示意图

（1）制作工艺流程

制造总体流程按照单元件制作→箱体制作→焊接剪力钉的工艺顺序进行，如图 7-4-4-14 所示。

（2）工艺技术措施

①零件精度控制

a. 顶板、底板均采用数控切割一次成型，长度两端预留切割量，在顶板、底板上划出隔板、腹板位置线。

b. 腹板则机加工两边确保宽度精度，以控制梁高。

c. 隔板机加工四边以控制高度、宽度及四角垂直度，同箱体的隔板同时加工，并在同一边缘做标记。

②箱体精度控制

铁路横梁箱体组装及控制要点如图 7-4-4-15 所示。

顶板

工艺：精密切割→矫平

腹板单元

工艺：精密切割→矫平→机加工两边

工艺：划线→组人孔→焊接→修整

工艺：数控切割→矫平→组人孔护圈→焊接→修整

工艺：组箱形→焊接、探伤→修整→划线→焰切箱口两端及坡口

工艺：焊接剪力钉→倒棱

底板单元

工艺：数控切割→矫平→划线

工艺：压弯→修整

工艺：置底板单元→组两侧板→组隔板→组两侧竖板单元成槽形→焊接隔板→修整

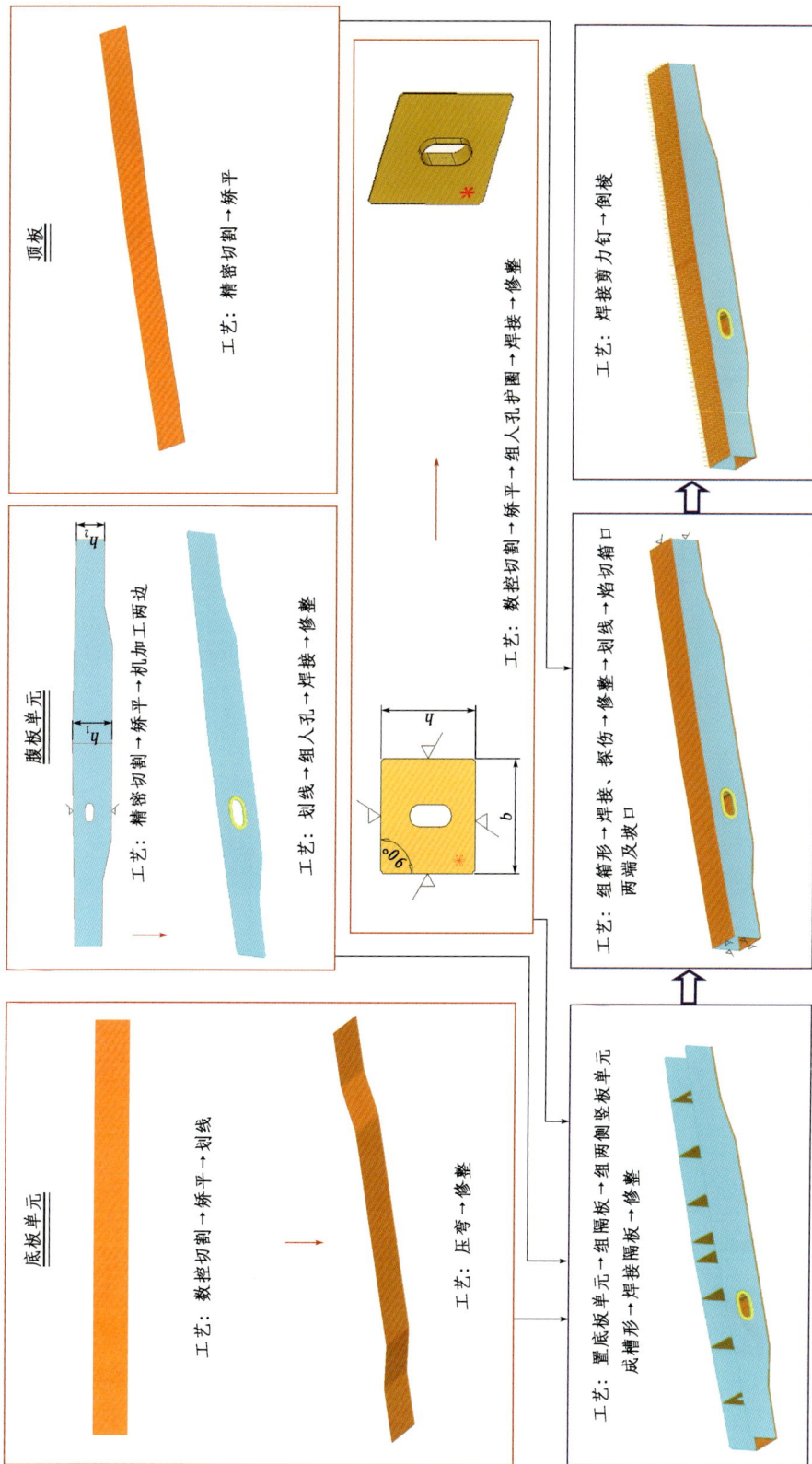

图7-4-4-14 横梁制造工艺流程图

（1）底板置于平台，平台上按顺箱体方向 2% 垫起，底板上划出隔板位置线。

（2）隔板按线竖直组装于底板上，通过对隔板宽度和高度的控制，有效控制箱体的宽度和高度。

（3）注意隔板的相同边缘标记位于同侧，并保证底板、竖板与隔板的密贴。

（4）组装箱体后，焊接四条主焊缝，焊接时应保证四条主焊缝在平台上同向对称施焊，防止扭曲变形。

（5）箱体在平台上修整，尺寸合格后，划线焰切箱口两端及与弦杆的对接坡口。

（6）划线焊接顶板剪力钉，采用圆柱头焊钉专用焊枪完成施焊，并按要求抽取剪力钉做弯曲实验。

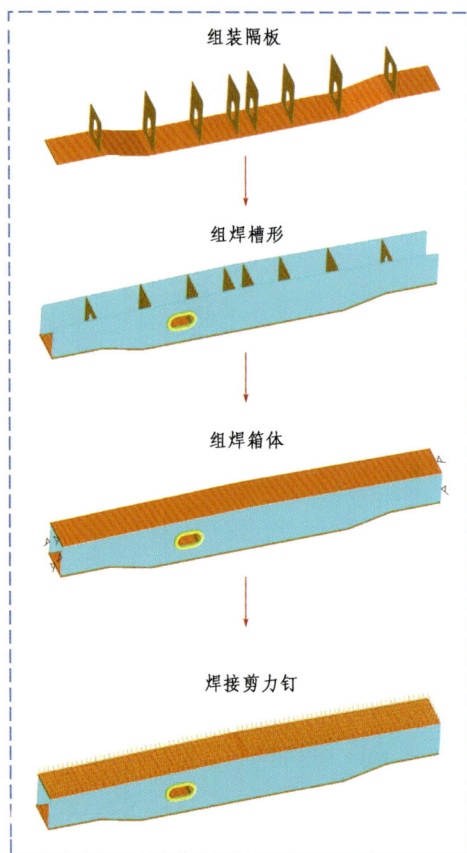

图 7-4-4-15　铁路横梁箱体组装

4.4.3　桁片制造

1）桁片划分

为了便于质量控制及工期保证，将每孔钢桁梁主桁分为 3 个桁片单元进行匹配制造，如图 7-4-4-16 所示。

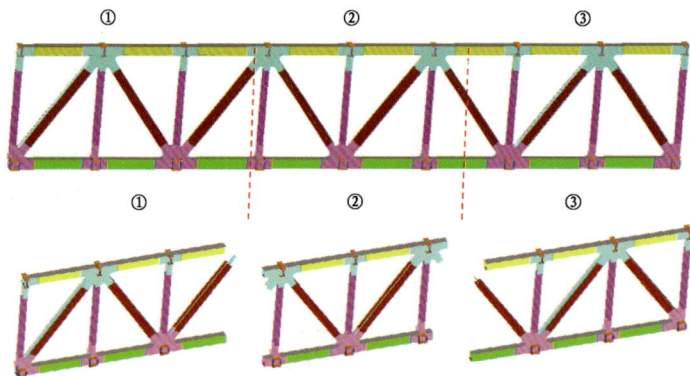

图 7-4-4-16　桁片匹配制造单元划分

2）桁片拼装

主桁整体桁片由上、下弦杆以及斜、竖杆组成,每 2.5～3 个节间为一个桁片;桁片内部弦杆与斜竖杆之间、弦杆与弦杆之间均为焊接连接,如图 7-4-4-17 所示。

①拼装方案

由于弦杆与斜竖杆采用全焊连接,其焊接收缩及变形难以控制,为保证桁高,确保主桁与横梁之间的连接,避免箱形对接错口等等,必须制订合理的拼装方案和有效的技术措施。桁片拼装采用整孔连续匹配拼装的方案,即桁片拼装与试拼装同时进行的,整孔桁片拼装完毕解体下胎的方案。其拼装顺序为定位下弦杆→拼装腹杆、斜腹杆→定位上弦杆→焊接腹杆与上弦节点之间焊缝→焊接腹杆与下弦节点之间焊缝,要求焊接使用高级焊工,保证一次探伤合格率,首轮焊缝收缩测量等。

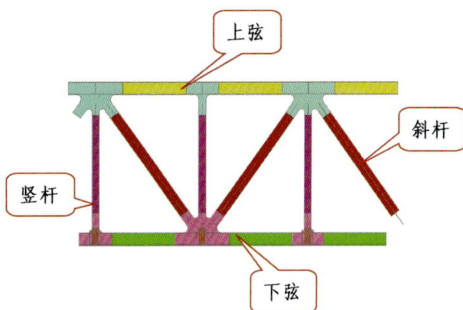

图 7-4-4-17　桁片单元构造示意图

②拼装胎架

综合考虑工期、拼装方案及工艺等各方面因素,桁片拼装在大型专用拼装胎架上完成,胎架上除设置弦杆定位墩和斜杆定位墩外,需加设临时支墩和限位挡角。桁片拼装胎架平面布置如图 7-4-4-18 所示。

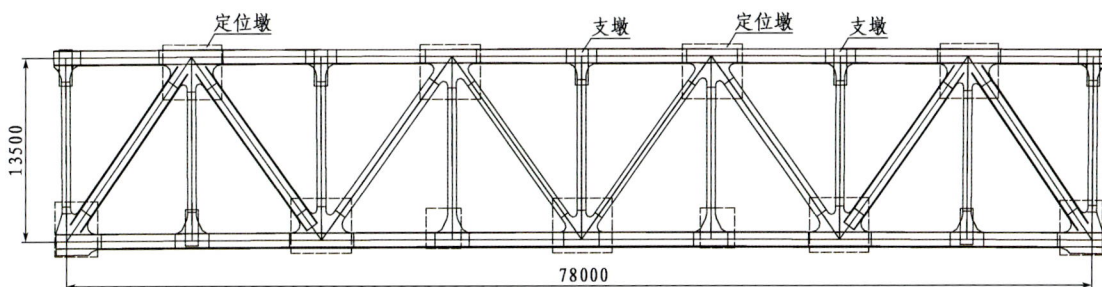

图 7-4-4-18　桁片拼装胎架平面布置图(尺寸单位:mm)

胎架设计应满足:

a. 胎架基础必须有足够的承载力,确保在使用过程中不发生沉降。胎架要有足够的刚度,避免在使用过程中变形。

b. 胎架应考虑拱度设置;高程必须进行测平。

c. 胎架设置定位装置(定位墩),用以控制弦杆位置。定位墩间预留焊接收缩量。

d. 在胎架上设置纵、横基线和基准点,以确保各部尺寸。胎架外设置独立的基线、基点,以便随时对胎架进行检测。

e. 每孔桁片下胎后,应重新对胎架进行检测,做好检测记录,确认合格后方可进行下一轮次的组拼。

③拼装工艺

桁片连续匹配拼装制造过程如图 7-4-4-19 所示。

在斜竖杆插入上下弦杆过程中,部分斜竖杆受尺寸限制难以就位,定位下弦杆后,在定位上弦杆时采用两次定位的方法:初次定位时上下弦杆间距 +Δ,斜竖杆定位后进行上弦杆的终定位。

3）拼装控制

①桁片拼装采用连续匹配拼装的方案保证了相邻桁片之间的顺利连接。

②按照摆放上下弦杆(间距 +Δ)→定位下弦杆→初定位上弦杆→定位腹杆、斜腹杆→精定位上弦杆→焊接斜竖杆与下弦节点之间焊缝→焊接腹杆与上弦节点之间焊缝的顺序进行拼装焊接。

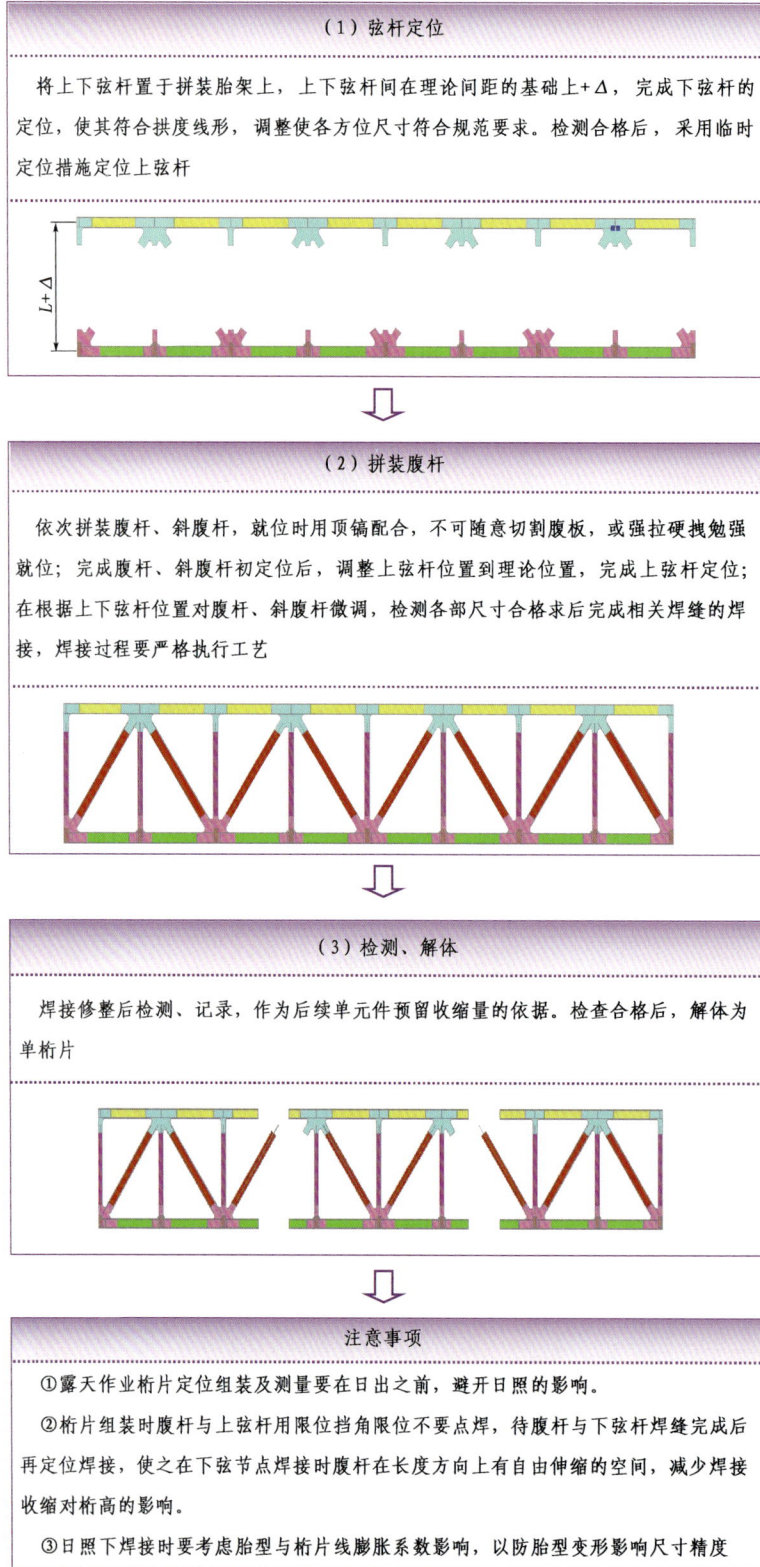

（1）弦杆定位

将上下弦杆置于拼装胎架上，上下弦杆间在理论间距的基础上+Δ，完成下弦杆的定位，使其符合拱度线形，调整使各方位尺寸符合规范要求。检测合格后，采用临时定位措施定位上弦杆

$L+\Delta$

⇩

（2）拼装腹杆

依次拼装腹杆、斜腹杆，就位时用顶镐配合，不可随意切割腹板，或强拉硬拽勉强就位；完成腹杆、斜腹杆初定位后，调整上弦杆位置到理论位置，完成上弦杆定位；在根据上下弦杆位置对腹杆、斜腹杆微调，检测各部尺寸合格求后完成相关焊缝的焊接，焊接过程要严格执行工艺

⇩

（3）检测、解体

焊接修整后检测、记录，作为后续单元件预留收缩量的依据。检查合格后，解体为单桁片

⇩

注意事项

①露天作业桁片定位组装及测量要在日出之前，避开日照的影响。

②桁片组装时腹杆与上弦杆用限位挡角限位不要点焊，待腹杆与下弦杆焊缝完成后再定位焊接，使之在下弦节点焊接时腹杆在长度方向上有自由伸缩的空间，减少焊接收缩对桁高的影响。

③日照下焊接时要考虑胎型与桁片线膨胀系数影响，以防胎型变形影响尺寸精度

图 7-4-4-19　桁片连续匹配制造工艺流程

　　③斜竖杆与上下弦杆节点之间的焊缝分为两次进行，即先焊接下弦杆侧，再焊接上弦杆侧，避免了部分焊接收缩对桁高的影响。

　　④对焊接收缩进行多次跟踪，并将信息整理反馈，作为精确预留下弦杆侧对接焊的焊接收缩量

的依据;对桁片拼装的斜竖杆与弦杆节点的对接焊缝,均要求焊接使用高级焊工,保证·次探伤合格率。

⑤相邻节段的上下弦杆及斜腹杆的中心线匹配偏差控制在±0.5mm以内。

⑥采用合理的焊接顺序和工艺参数,并尽可能采用线能量小的焊接方法。

⑦桁片在制造过程中不进行翻身,其下方竖板与节点板焊缝采用不对称双面焊缝或单面焊缝,箱形腹杆的腹板可预留嵌补段从而保证下部焊缝焊接施工空间。焊缝焊接变形较大,可通过预制部分反变形配合少量火焰修整进行消除。

⑧控制同一节段的两片整体桁片桁高偏差方向一致,且在允许偏差范围内。

4.4.4 整孔总拼

简支钢桁梁杆件、桁片等单元构件制作完成后,于总拼胎架上进行整孔钢桁梁总拼施工,如图7-4-4-20所示。为适应减小公路桥面系与主桁共同作用的技术工艺要求,整孔总拼分两阶段实施:第一阶段,于总拼胎架上配合2000t门式起重机进行主桁架体的组拼(包括主桁、铁路横梁、主桁间公路纵横梁);第二阶段,主桁架体总拼完成后,利用运梁台车转运至预压台座,进行主桁上弦预压,并组拼剩余副桁及副桁区公路纵横梁杆件。本节对整孔总拼的整体工序及工艺进行介绍,关于主桁预压的详细技术原理及措施详见本章第4.5节。

a)第一阶段主桁架体总拼

b)第二阶段预压台座总拼

图7-4-4-20 简支钢桁梁整孔总拼

1)拼装胎架设计

第一阶段整体拼装胎架根据简支梁长度进行设置(80m简支梁胎架长80m,88m简支梁胎架长88m)。胎架由支墩组成,墩高1.6m,铁路横梁位置墩高1.3m,整体拼装胎架的纵向各点高程按制造拱度设置,通过液压千斤顶调整实现。整体拼装胎架设四列支墩,用于桁片及铁路横梁定位,其中支墩对应位置地基做加固处理(采用混凝土基础及铺地钢板进行加固处理)。在2000t门式起重机下完成简支梁的拼装后,可采用两种方案进行转运。方案一:使用2000t门式起重机吊装到平车上进行转运;方案二:使用运梁平车直接进行转运。拼装胎架平装及立体布置如图7-4-4-21、图7-4-4-22所示。

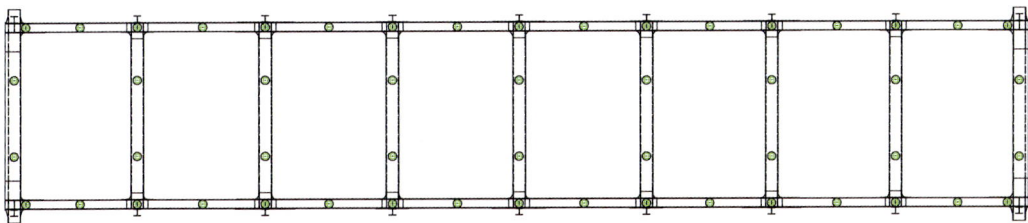

图7-4-4-21 拼装胎架平面布置示意图

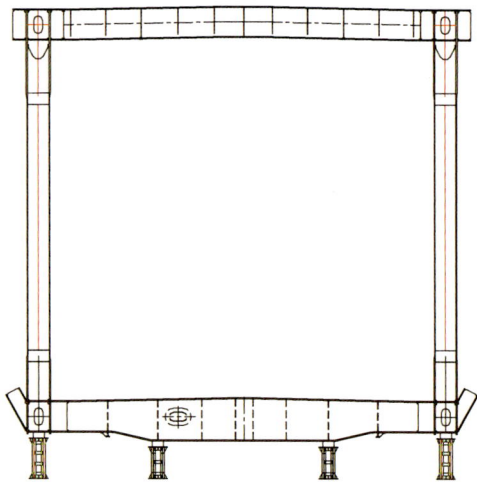

图 7-4-4-22　拼装胎架立面布置示意图

2）总拼工艺

（1）拼装顺序

简支钢整孔拼装按照以下顺序依次进行：定位单侧桁片→组装铁路横梁→定位另一侧桁片→铁路横梁精确定位→组装桥门架及主桁间公路横梁→跨中桁片纵向刚性固定后对称焊接弦杆对接环缝→解除跨中桁片刚性固定约束，对称焊接一侧铁路横梁、公路横梁与弦杆之间的焊缝，然后对称焊接另外一侧→组装主桁间公路纵梁仅焊接纵梁跨中端与横梁之间的焊缝（边跨端暂不焊）→转运至预压台座组焊斜撑、边横梁→第一次压缩→组焊第一和第八节间副桁及与公路纵梁（包括焊接主桁间公路纵梁边跨端）→第二次压缩→组焊剩余副桁、公路纵梁→补焊剪力钉→整体检测验收。整体拼装过程示意图见图 7-4-4-23。

注：

①拼装过程严格控制桁宽、对角线差等关键项目。

②铁路横梁定位分两步，初定位和两侧桁片定位完成后的精确定位。

③桁片定位时，先定位中间桁片，并与胎架纵向刚性固定，然后对称定位两端桁片，此过程重点控制支座间距及支座对角线尺寸。

④整体出胎时平车起升约 100～400mm，工装制造时应考虑该起升高度，尽量不影响出胎。

⑤压缩分两次完成（第一次完成第一节间及第八节间的压缩，第二次完成其余节间的压缩），并在每阶段压缩完成后完成副桁、公路纵梁的安装。

（2）厂内转运

方案一：主桁片上设置有整体桥位架设时吊装吊耳，2000t 门式起重机下完成简支梁的拼装后使用 2000t 门式起重机将简支梁吊装到运梁平车上进行转运，平车上垫木布置于主桁片。

方案二：使用 6 台 14 轴运梁平车（平车轴线可根据实际情况进行调整）联动进行转运。平车横向对称布置于铁路横梁下，平车上铺设钢垫梁，确保铁路横梁受力均匀。

平车横向及纵向布置如图 7-4-4-24、图 7-4-4-25 所示。

（3）焊接顺序

采用合理的焊接顺序和工艺参数，对焊接收缩进行跟踪，并将信息整理反馈，作为精确预留焊接收缩量的依据。首次整体拼装时，桁片间横向（两主桁之间横向间距）、纵向（同侧桁片与桁片之间）均预留 4mm 焊接收缩量，并根据首轮实际的收缩量对后续定位数据进行调整。

①单侧桁片焊接成一个整体桁片：中间桁片与两侧桁片上、下弦杆间对接环缝对称施焊。

②焊接铁路横梁及公路横梁：统一焊接一侧公路横梁、铁路横梁与弦杆横梁接头板间焊缝，然后再焊接另外一侧；桥门焊接时先焊接桥门与横梁间仰位角焊缝，然后再焊接桥门与桁片间立位角焊缝。

③公路纵梁焊接：主桁间公路纵梁组装后先焊接每道纵梁的跨中端与公路横梁之间的焊缝，边跨端与公路纵梁焊缝暂不焊，待压缩完成后焊接。

④对称施焊边横梁（斜撑）与弦杆接头板（斜撑接头板）间焊缝。

⑤第一阶段压缩完成，依次对称完成第一、八节间副桁与边横梁间焊缝、副桁与斜撑间焊缝、公路纵梁与横梁间焊缝。

⑥第二阶段压缩完成后，根据第一阶段的焊接顺序，焊接其余杆件。

注：所有位置施焊时必须先焊接腹板间对接焊缝，然后再焊接顶、底板间对接焊缝。

（1）定位单侧桁片。以胎架线为基准，进行横向、纵向、高程定位。桁片临时固定，桁片之间预留4mm焊接收缩量	
（2）定位另外一侧桁片。采用临时固定措施，注意预留焊接收缩量。重点控制两片主桁间距、错位量、桁片垂直度以及支座对角线尺寸。两侧桁片间定位3道公路横梁，确保安全	
（3）组装主桁间公路纵梁，焊接纵梁跨中端与横梁之间的焊缝，边跨端保持自由（采用工装临时连接）	
（4）将简支梁转运至预压台座。组焊斜撑、边横梁，边横梁下采用辅助工装支撑，斜撑与边横梁间采用工装连接固定。辅助工装固定支撑	
（5）第一次压缩后，组焊第一和第八节间的副桁及公路纵梁（包括焊接主桁间公路纵梁另一端）	
（6）第二次压缩后组焊剩余副桁、公路纵梁，补焊剪力钉后进行整体检测验收	

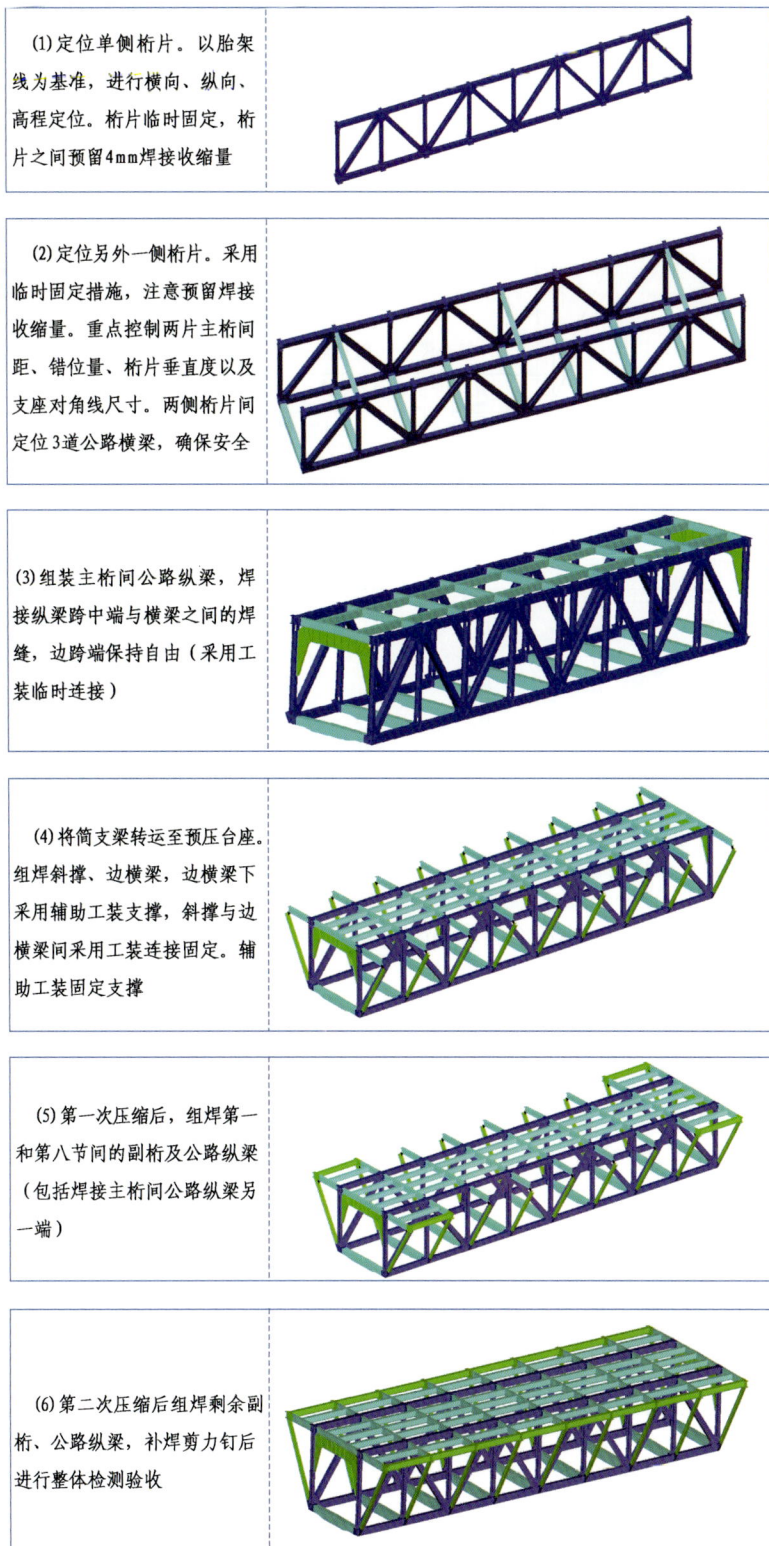

图7-4-4-23　整拼顺序示意图

（4）质量控制

简支梁整体均采用焊接连接，且杆件规格及重量比较大，因此在各杆件安装过程必须设置临时固定调整装置，既能确保拼装安全又可以调整杆件定位尺寸。尤其是主桁桁片的临时固定，以下根据拼装过程，说明整体拼装精度控制重点。

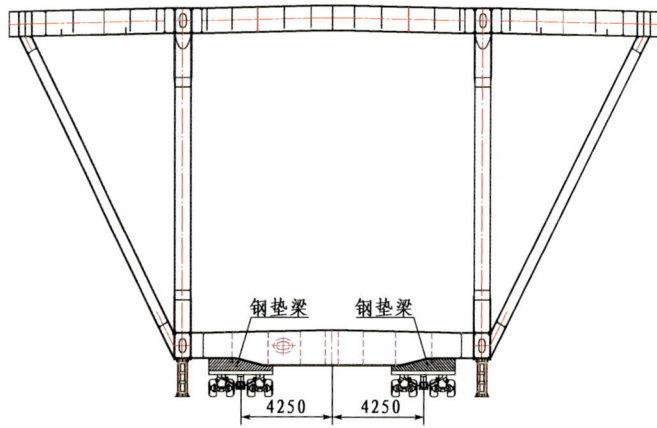

图7-4-4-24 平车横向布置图(尺寸单位:mm)

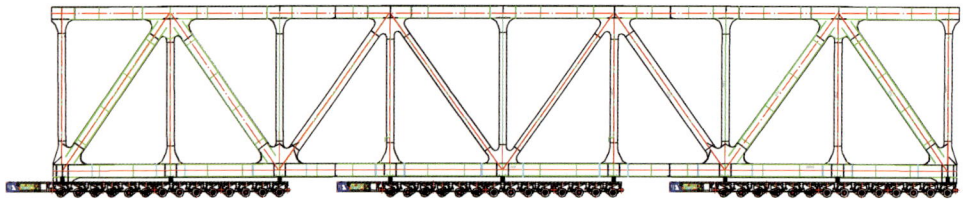

图7-4-4-25 平车纵向布置图

①整体拼装的杆件及桁片必须是经检测合格的产品。根据胎架线形及定位基线,依次拼装铁路横梁及主桁片,安装定位调整装置及定位连接件,如图7-4-4-26所示。桁片拼装控制重点为桁片线形、垂直度、桁片间相对尺寸以及支座位置精度。

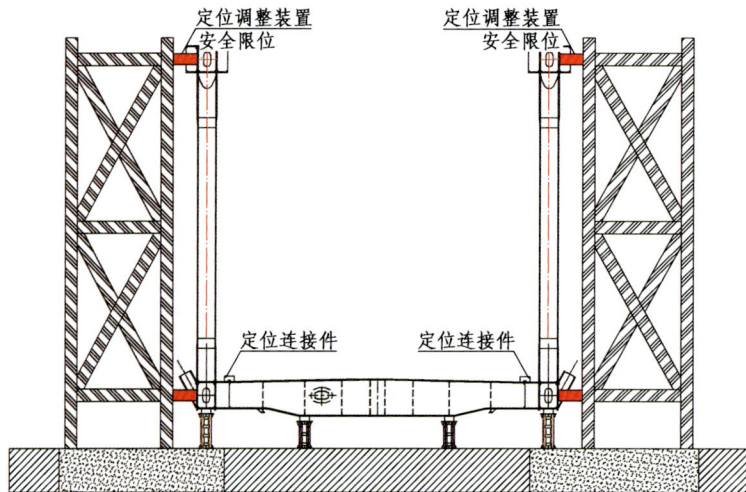

图7-4-4-26 拼装桁片精度控制

②安装主桁间公路横梁。公路横梁拼装前先设置限位挡板,定位完成后进行锚固,如图7-4-4-27所示。此时关键控制点为公路横梁中线与桥中线的重合度、两主桁片之间桁宽及主桁上平面对角线。

③安装副桁斜撑及公路边横梁。设置限位挡块及临时支撑,定位完成后进行锚固焊接,如图7-4-4-28所示。此时关键控制点为公路横梁坡度、副桁斜撑的倾角。

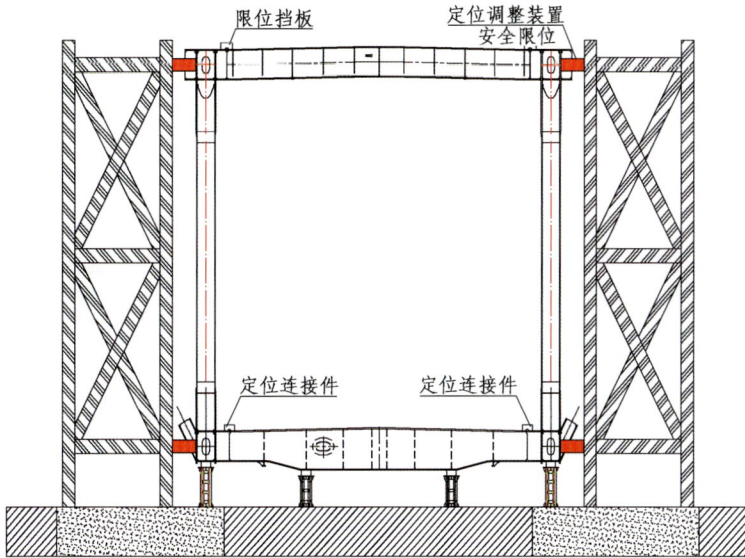

图 7-4-4-27　公路横梁精度控制

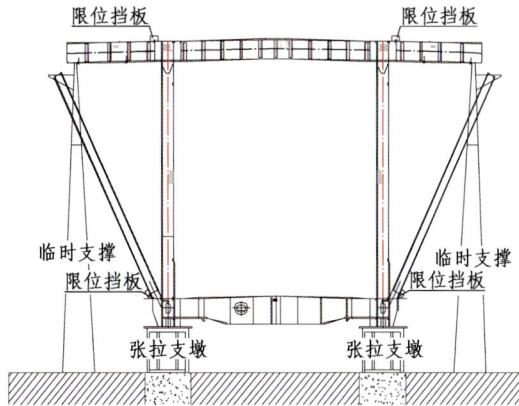

图 7-4-4-28　副桁斜撑及公路边横梁精度控制

④安装副桁。安装限位板,定位完成后进行锚固及焊接,根据副桁与下弦杆接头板的间距对副桁斜撑进行配切。此时关键控制点为副桁高度、桥面整体宽度、桥面坡度等见图7-4-4-29。

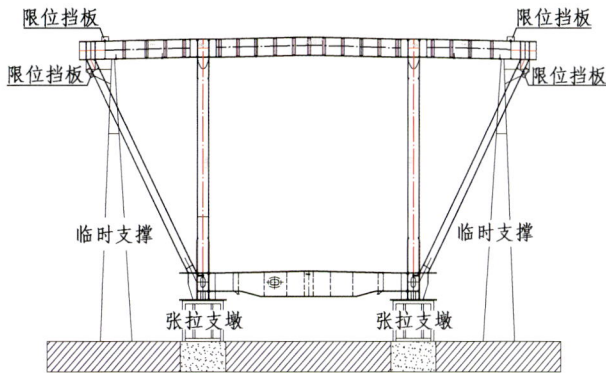

图 7-4-4-29　副桁精度控制

⑤每一轮次整体拼装前,检测胎架高程使其符合设计拱度线形;以胎架外基点检测纵横基线位置精度。

---

⑥本桥钢桁梁制造及检测必须使用经计量检定合格的计量器具，并应按有关规定进行操作。

（5）精度检测

整孔的组装尺寸允许偏差应符合表7-4-4-1的要求，对各项目进行检测，详细记录检测数据，以便与整体焊接完成后的检测数据进行对比。各项尺寸检测合格后，方可进行焊接。

检测各项尺寸满足本桥《钢梁制造》要求后完成相关焊缝的焊接，焊接过程严格执行本桥焊接工艺规程。

简支梁整孔组装允许偏差（单位：mm）　　　表7-4-4-1

序号	项　目	允许偏差		备　注
1	整孔长度 L	+8.0 +4.0		两端支座连接孔间距
2	节段对接处相邻两节点中心间距 $L9$	+3.0 +1.0		—
3	旁弯	≤10.0		实际中心线与理论中心线的偏差（测节点处）
4	桁片纵向偏移	±2		两桁片支座连接孔纵向偏移量
5	平面对角线差	$\lvert L1-L2\rvert$ ≤7		拼装全长范围，两主桁之间
		$\lvert L3-L4\rvert$ ≤7		拼装全长范围，两副桁之间
		$\lvert L5-L6\rvert$ ≤3		两片主桁两节间对角线
		$\lvert L7-L8\rvert$ ≤3		两片副桁两节间对角线

序号 1～5 附图

6	桁高 H	±2.0		主、副桁上弦杆相对节点中心高度差
7	桁宽	B	+4.0 +2.0	节点处两端的主桁上（下）弦杆中心距
		$B1$	+3.0 +1.0	节点处两端的主桁上弦杆与副桁上弦杆中心距
8	端面对角线差	$\lvert L1-L2\rvert$ ≤5.0		两端横断面，主桁与副桁
		$\lvert L3-L4\rvert$ ≤3.0		两端横断面，主桁之间
9	节点中心高度差	±3		主、副桁上弦杆相对节点中心高度差

续上表

序　号	项　　目	允许偏差	备　注
	序号6~9附图		

10	拱度	$\pm 5f/100$	f 为计算拱度
11	桁片垂直度	≤ 5.0	上弦杆、下弦杆中心线横向偏移
12	支座处桥门顺桥向位置偏移量	≤ 2.0	支座处桥门与竖杆中心线的偏移量

（6）注意事项

①露天作业整体定位组装及测量要在日出之前，避开日照的影响。

②日照下焊接时要考虑胎型与桁片、杆件的线膨胀系数影响，以防胎型变形影响尺寸精度。

③焊接过程中应做好防护，严格执行《平潭桥简支钢桁梁整体拼装焊接工艺规程》（GY/PTQ-29）。

④圆柱头焊钉的焊接应严格执行《平潭桥钢桁梁制造圆柱头焊钉焊接工艺规程》（GY/PTQ-13）。

⑤钢桁梁成品应进行全面检查，合格后报监理工程师确认，填发产品合格证。

4.5　预压主桁减小桥面系与主桁的共同作用

4.5.1　桥面系与主桁共同作用

对于采用纵横梁桥面系的钢桁梁，荷载作用下，纵梁与主桁弦杆变形不同步，导致纵梁产生轴力，横梁产生面外弯矩，称为桥面系与主桁的共同作用，其作用效应随共同作用跨度增大而增大。根据《铁路桥梁钢结构设计规范》（TB 10091—2017）的相关规定，跨度大于80 m的简支钢桁梁需考虑桥面系与主桁共同作用的影响。

平潭海峡公铁大桥深水区非通航孔桥所采用的双层钢—混结合简支钢桁梁结构，其公路桥面系由公路纵、横梁及混凝土桥面板结合而成（公路板桁组合桥面系），可通过较大刚度的混凝土桥面板实现主桁与桥面系的协同受力，解决后期恒载（铁路道砟槽型梁自重）及公铁活载引起的桥面系与主桁的共同作用。但在钢桁梁架设并铺设公路混凝土桥面板后，两者尚未结合之前，由于混凝土桥面板及钢桁梁自重，仍然存在纵横梁桥面系与主桁共同作用对横梁产生较大的面外弯曲（图7-4-5-1）和应力的问题。计算分析显示，由于桥面系与主桁共同作用效应，88m梁公路横梁面外弯矩产生的应力达195MPa，截面组合应力达到297MPa，远超规范规定，须采取措施。

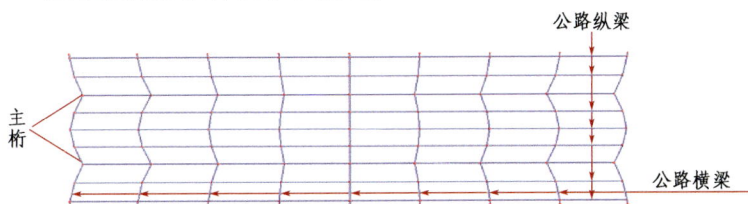

图7-4-5-1　简支钢桁梁及公路混凝土桥面板自重作用下的公路横梁面外弯曲变形

在长期的桥梁建设过程中,为解决钢桁梁桥面系与主桁共同作用,工程师们根据不同的设计和施工条件,采取了不同形式的技术措施,归结起来主要有两大类:

一是考虑纵梁仅传递竖向荷载,不参与梁体整体纵向受力和变形,释放纵横梁的纵桥向相互约束,常采用设置跨间不连续纵梁或纵横梁空间异面,释放纵梁的纵向变形,从而减小横梁因与主桁弦杆协调变形对纵梁产生的轴力,同时减小横梁因主桁弦杆和纵梁对其相反方向的反作用力而产生的面外弯曲。武汉长江大桥、南京长江大桥及九江公铁两用长江大桥将纵横梁分上下层布置,纵梁每四个节间设置一道断缝,四节间一连续,每一连续正中间纵梁与横梁固定,两边横梁顶部可滑动,释放纵横梁的纵桥向约束,有效解决了共同作用效应;芜湖公铁两用长江大桥和武汉天兴洲公铁两用大桥,下层铁路桥面系采用纵横梁体系,通过设置伸缩纵梁,有效解决了桥面系与主桁共同作用的不利影响。

二是将桥面系做大做强,增强桥面系纵、横梁体系自身的刚度(如钢—混板桁组合桥面系,纵、横梁正交异性整体钢桥面以及整体钢箱桥面系等),使其有效参与梁体的整体纵向变形,并具有足够抵抗因共同作用产生的应力。芜湖公铁两用长江大桥公路桥面系及天兴洲公铁两用长江大桥部分公路桥面系,采用钢混组合板桁结构,解决了桥面系与主桁共同作用的问题;京沪高铁济南黄河大桥,采用了大横梁、大纵梁的正交异性整体钢桥面系,实现了桥面系与主桁的协同受力和变形;黄冈公铁两用长江大桥采用密横梁、小纵梁正交异性整体钢桥面系,减小了单根纵梁的轴力,降低了横梁的面外弯矩;铜陵公铁两用长江大桥,首次采用整体钢箱结构桥面系,有效解决了桥面系与主桁共同作用的不利影响。

第一类技术措施在一定程度上牺牲了梁体的整体性,增大了主桁受力;若细节处理不当,桥梁在长期运营过程中,断缝处纵梁公路横梁腹板易出现病害;且公路纵梁因腐蚀也将难以伸缩、滑动,使得桥面系仍然参与主桁受力。第二类技术措施用钢量较大,构造复杂,加工制造难度大;且钢—混板桁组合桥面系仍需解决组合前结构自重产生的共同作用。

鉴于两类传统方案在减小桥面系与主桁共同作用方面的不足,提出了主桁预压方案:预先压缩主桁上弦,迫使滞后安装的副桁弦杆及公路纵梁实际长度比主桁弦杆缩短 2～4 mm,预压力释放后在横梁预先形成反向面外变形(图7-4-5-2),以减少主桁正式受载时横梁的面外变形。计算分析结果显示,预压主桁方案,可使端横梁应力降低 60%。

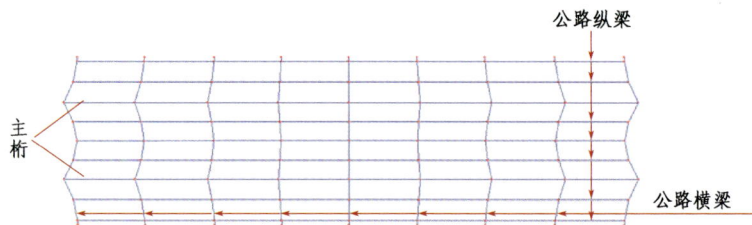

图 7-4-5-2　预压力释放后公路横梁的面外预反变形

4.5.2　预压方案比选

为对主桁上弦实施预压,主要有 3 种预压方案可供选择:①利用工装直接在主桁上弦两端施加预压力,可采用梁端张拉钢索的方式实现上弦预压;②通过简支梁跨配重堆载使梁体竖向挠曲,使上弦受压,即桥面板等效荷载配重法;③利用横向对接焊缝收缩实现对主桁预压。

对 3 种预压方案分析可知:方案 2 虽施工过程控制较为简单,但需要大量配重块和较大的堆载空间,由于钢桁梁预压时桥面系仅有纵、横梁,且顶面满布剪力钉,无足够的堆载空间,故无法进行堆载;方案 3 由于影响焊缝收缩的不确定性较多,难以有效控制和实现;方案 1 需每桁配置 4 根平行钢丝索,设置专用张拉锚箱,工装设备一次性投入较大,但考虑到成套工装可重复使用,可满足多孔钢梁的预压施工,总体成本仍然可控;同时目前平行钢丝索张拉工艺比较成熟,可操作性较强。

综合比选后,选择预压方案1,即采用平行钢丝索预压主桁上弦,以减小简支钢桁梁土桁与桥面系的共同作用。

4.5.3 主桁预压实施总体方案

钢桁梁在总拼台座完成主桁、主桁间横梁拼装形成主桁架体后,利用运梁台车将主桁架体转运至预压台座,主桁架体处于四点简支状态;在主桁上弦两端设置张拉锚箱,张拉锚箱间设置平行钢丝索,通过梁端对称张拉钢索的方式对主桁上弦进行预压,如图7-4-5-3所示。为简化施工,忽略主桁受竖向荷载时上弦压缩的非线性,将端部节间与中间节间压缩分别简化为线性压缩,考虑端部节间和中间节间的压缩量不同,整个预压过程分两个阶段实施。第一阶段进行端部节间预压,并完成端部节间纵梁组焊;第二阶段进行中间剩余节间预压,并完成中间节间纵梁组焊。纵梁组焊后,放张平行钢丝索,完成预压施工;并在公路横梁形成与后期恒载作用下相反的面外预反变形。

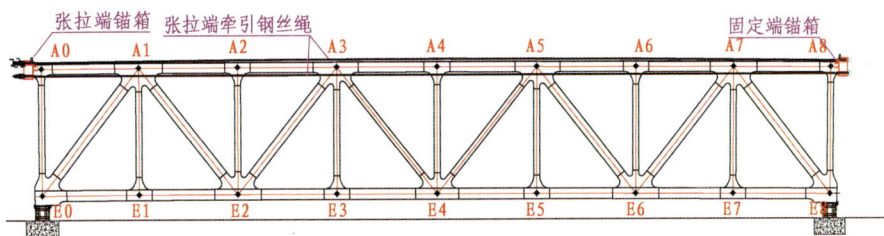

图7-4-5-3　简支钢桁梁主桁上弦预压总体布置示意图

其中80m钢桁梁制造时须将上弦杆压缩25.2mm,88m钢桁梁制造时须将上弦杆压缩28mm。压缩完成后焊接副桁上弦杆与斜撑、副桁上弦杆与公路横梁、公路纵梁自由端的焊缝,完成整个节段拼装。节段压缩量见表7-4-5-1,节段压缩以压力为主(根据设计单位给定的应力),压缩量为辅。

简支钢桁梁各孔压缩量表　　　　　　　　　　　　　　　　　　表7-4-5-1

节段号	节间位置	压缩量（mm）	总压缩量（mm）	节段号	节间位置	压缩量（mm）	总压缩量（mm）
80m 直线段	A0—A1	2.2	25.2	88m 直线段	A0—A1	2	28
	A1—A2	20.8			A1—A2	24	
	A2—A3				A2—A3		
	A3—A4				A3—A4		
	A4—A5				A4—A5		
	A5—A6				A5—A6		
	A6—A7				A6—A7		
	A7—A8	2.2			A7—A8	2	

4.5.4 预压台座布置

钢桁梁主桁上弦预压需在专用预压台座上进行,预压台座采用桩基础+钢支墩布置,台座布置4个支点(图7-4-5-4),分别对应钢梁4个支座位置。钢支墩的地基做硬化处理,其顶面设置四氟滑板,以适应梁体预压时的变形伸缩。桩基础采用预制预应力高强混凝土管桩基础,最大承载力6000kN。

4.5.5 压缩设备及工装

经计算,并考虑张拉损失,80 m简支梁压缩共需7500 kN的压力,88 m简支梁压缩共需9000kN的压力。可选用直径为7mm的平行钢丝索[索体为PES7-85单PE护层平行钢丝成品索,每根钢丝抗拉强度为1670MPa,为安全考虑,每根按照27kN拉力计算,控制应力为0.42R(R为抗拉强度),最大不超过45kN];选用PESM7-85冷铸锚,锚杯外直径为205mm,固定端长度325mm,张拉端610mm,锚圈外径270mm,每束包含平行钢丝85根,每根平行钢丝张拉力按27kN计,合计每束张拉力为2300kN,每个桁片安装4束平行钢丝束即可形成9200kN的张拉力(85×27×4=9200kN),最大可达10000kN,预留超过50%的安全余量,保证施工的顺利进行。80m简支梁张拉选用OVM公司YCW250B型号的千斤顶,工作能力范围为0~2500kN,行程范围为200mm;88m简支梁张拉选用OVM公司YCW3000C/50-200型号的千斤顶,工作能力范围0~3000kN,行程范围为200mm。达到2300kN拉力时候,88m节段平行钢丝伸长约为325mm,80m节段平行钢丝伸长约为296mm。根据张拉锚箱间距离、锚具厚度、千斤顶尺寸等计算,88m节段张拉时平行钢丝束长度不短于89.5m,80m节段张拉时平行钢丝束长度不短于81.5m。设备型号及数量见表7-4-5-2、表7-4-5-3。

图 7-4-5-4 预压台座支点

设备型号与能力　　　　　　　　　　　　　　　　　　　　　　　　　表 7-4-5-2

锚具	型号	锚杯		备　注		
		ϕE(外径)×F(长度)				
	PESM7-85	ϕ205mm×325(410)mm		平行钢丝束分布在ϕ83mm范围内		
千斤顶	型号	公称油压(MPa)	张拉力(kN)	张拉行程(mm)	穿心孔径(mm)	回程油压(≤MPa)	张拉面积(m^2)	外形尺寸
	YCW250B	52	2500	200	Φ172	20	7.607×10^{-2}	ϕ435mm×396mm
	YCW3000C/50-200	50	3015	200	ϕ138	—	—	ϕ364mm×374mm

张拉施工基本设备所需数量　　　　　　　　　　　　　　　　　　　表 7-4-5-3

名称	锚具	千斤顶(配套油泵)	平行钢丝
型号	PESM7-85	YCW250B(每2台配一个油泵)、YCW3000C/50-200(每4台配一个油泵)	PES(H)7-085,抗拉强度为1670MPa
所需数量	32个	各8台	约需116280m,重约35.1t
备注	全桥使用	全桥使用	全桥使用

　　为适应平行钢丝索及千斤顶布置,需在两侧主桁上弦端部设置张拉锚箱和操作平台等工装,如图7-4-5-5、图7-4-5-6所示。

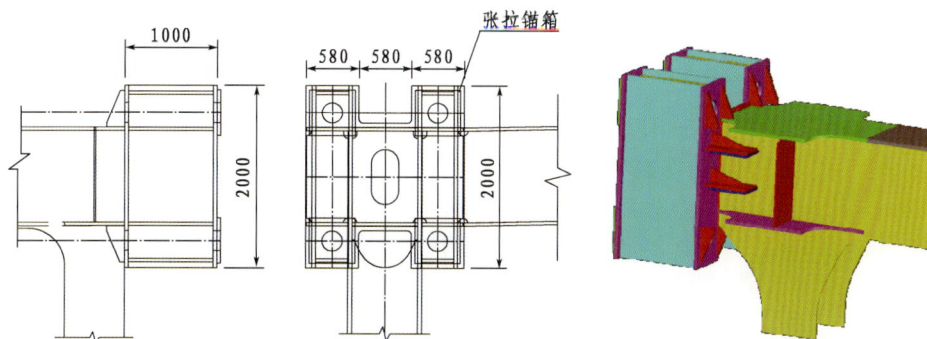

图7-4-5-5 张拉锚箱构造示意图(尺寸单位:mm)

a)

b)

图7-4-5-6 张拉锚箱及操作平台实物

4.5.6 预压前准备工作

(1)设置测量基准线、基准点,测量主桁架体初始位形参数。在主桁架体总拼胎架上完成主桁、主桁间横梁及主桁间公路纵梁(纵梁一端与公路横梁焊接,另一端保持自由)组拼形成主桁架体后,设置好测量基准线(节段中心线)、基准点(图7-4-5-7),利用钢尺、水准仪测量初始节间长度、拱度值并记录。

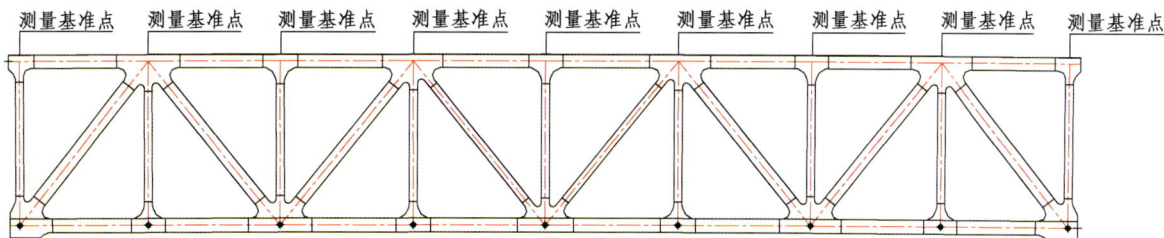

图7-4-5-7 拱度测量基准点布置示意图

(2)主桁架体整体转运至预压台座,置于简支状态,如图7-4-5-8所示。在平车运输节段就位后应注意观测支墩与钢桁梁底板的间距,缓慢下落,保证两侧支墩均匀受力,同时保证底板中心与支墩中心对齐。在梁段的一端,梁段底板与支撑支墩之间放置聚四氟乙烯板,保证在压缩施工过程中梁段能自由伸缩;梁段另一端与支墩相对固定。

(3)斜撑、副桁及副桁区公路纵横梁组装。主桁架体转运至预压台座后,组焊斜撑以及上弦杆与副桁弦杆之间的横梁,组装公路纵梁。公路纵梁与公路横梁只焊接一端,另一端保持自由,以便于预压时纵梁可自由伸缩。

图7-4-5-8 主桁架体整体转运至预压台座

（4）张拉锚箱安装。主桁架体转运至预压台座后，利用汽车式起重机进行张拉锚箱安装。安装时，首先将张拉锚箱上的定位劲板穿过端封板上槽口后，完成初定位；调整张拉锚箱连接板与上弦杆腹板连接板之间的定位孔位置，两者孔对齐后，通过销钉与螺栓连接，完成张拉锚箱的精定位，如图7-4-5-9所示。锚箱定位时重点监控桁片两端锚箱平行钢丝束开孔的同轴度、两端锚箱开孔位置的水平高度、单个锚箱中心线与上弦杆中心线的重合度，避免张拉过程中产生偏载。

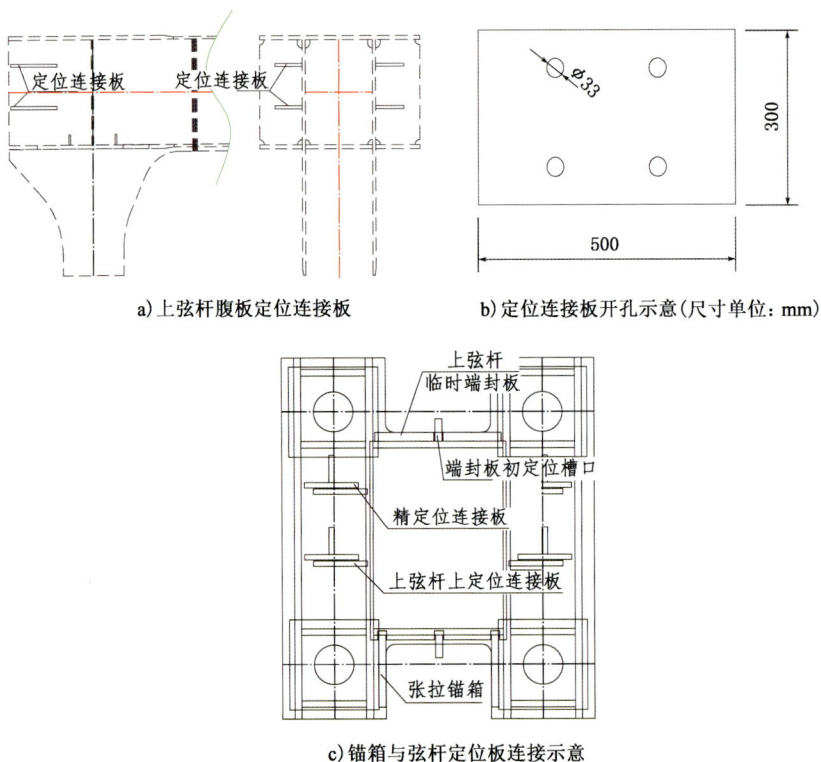

a）上弦杆腹板定位连接板   b）定位连接板开孔示意（尺寸单位：mm）

c）锚箱与弦杆定位板连接示意

图7-4-5-9 张拉锚箱安装定位示意图

（5）平行钢丝索安装（图7-4-5-10）。将张拉索放置于A4～A5节间地面；起吊张拉索的固定端，逐个节间喂索至A8节点锚箱并固定好锚固螺母；起吊张拉索的张拉端，并挂设牵引头钢丝绳；钢丝绳穿过张拉端锚箱滑车和地面转向滑车，连接至张拉端侧汽车式起重机挂钩，起升挂钩牵引。

（6）张拉设备安装及预张拉。平行钢丝索安装后，在张拉端安装张拉杆，然后安装张拉撑脚并调平；安装千斤顶并调平（千斤顶使用安装前，需按规范要求与油压表进行配套标定），进行10%预张拉（消除梁端、锚箱及张拉设备间隙等非弹性变形）。

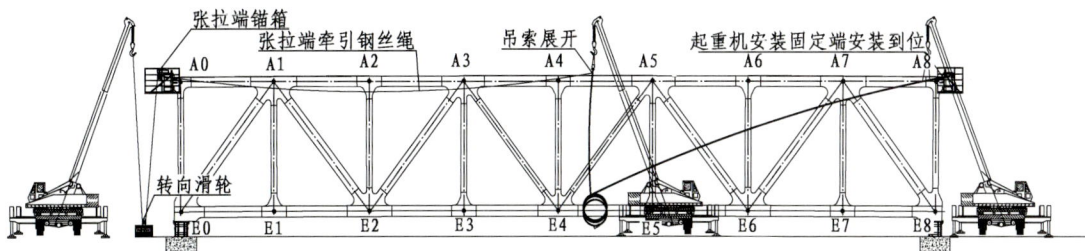

图 7-4-5-10 平行钢丝索安装示意图

4.5.7 压缩施工

预压准备工作完成后,即可进行主桁预压施工,如图 7-4-5-11 所示。

a)   b)

图 7-4-5-11 简支钢桁梁上弦预压张拉施工

整个预压过程分两阶段实施,预压施工工艺流程如图 7-4-5-12 所示。

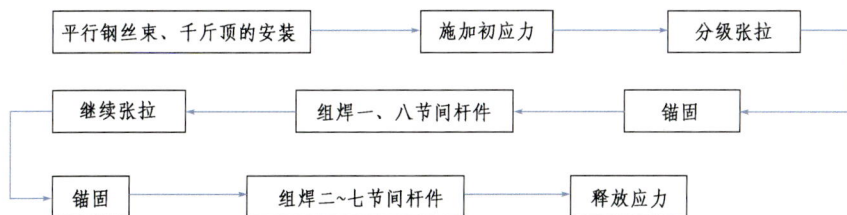

图 7-4-5-12 主桁预压工艺流程图

第一阶段张拉预压:两侧主桁张拉端 8 台千斤顶对称、同步、分级张拉(分 3 级张拉,张拉力分别为 3000kN、5000kN、6500kN)平行钢丝索;待平行钢丝索达到预定张拉力、主桁端部节间上弦压缩值达到规定值(80m 梁为 2.2mm,88m 梁为 2 mm)时,暂停张拉并锚固;组焊第 1 节间和第 8 节间公路纵梁。纵梁对接焊接时,横桥向由中间向两边对称组焊,首先焊接工形纵梁的腹板对接焊缝;然后分别焊接工形纵梁的上、下翼缘板对接焊缝。

待端部节间公路纵梁组焊后,实施第二阶段预压:继续分级张拉千斤顶(80m 梁采用一级张拉,继续张拉至 7500kN;88m 梁继续分二级张拉,二级张拉力分别为 7500kN、9000kN)平行钢丝索;待平行钢丝索达到预定张拉力、主桁中间节间上弦压缩值达到规定值(80m 梁为 20.2mm,88m 梁为 24mm),停止张拉并锚固;组焊剩余中间节间公路纵梁。组焊时,纵向由跨中向两端、横向由中间向两边对称、同步组焊。

在张拉完成并将所有杆件组焊完成后,组织进行卸载,在锚头螺母上做好标记,每根弦杆安排 4 人同时进行施工,卸载时 4 人同时进行(两个弦杆张拉工位同时进行卸载),螺母松扣应一致,保证平稳、同步卸载。

4.5.8　压缩量测量

1)张拉测量设备

张拉测量设备包括:全站仪、水准仪、钢尺(配合弹簧秤)、盒尺、钢板尺、塔尺、千分尺等。

2)张拉之前的测量

张拉之前测量在所有杆件安装并焊接完成之后进行,测量项目为上弦杆拱度、上弦杆总长、下弦杆拱度、下弦杆总长。测量工具为全站仪、水准仪,上弦杆测量点为节点位置上弦杆上表面,下弦杆测量点为节点位置下弦杆腹板最下缘。

3)第二次张拉的测量

第二次张拉的测量在第二次张拉完成之后、焊接之前进行,测量项目同样为上弦杆拱度、上弦杆总长、下弦杆拱度、下弦杆总长。

4)撤除应力后的测量

撤除应力后的测量在撤除张拉力之后进行,测量项目除上弦杆拱度、上弦杆总长、下弦杆拱度、下弦杆总长外,增加公路横梁旁弯的测量。公路横梁旁弯的测量工具为水准仪(可用全站仪代替),测量点为两主桁之间的公路横梁与纵梁中心线交点(如与剪力钉冲突可在附近另选择测量点)。

4.5.9　主桁预压测试

为验证钢桁梁结构在预压过程中及预压释放后的实际受力状态,对预压的实际效果进行评估,选取一孔简支钢桁梁主桁预压的结构响应进行了系统测试。实测结果与梁体数值模拟结果吻合度较好,验证了主桁预压工艺的可靠性。详细测试方案、过程及结果见二维码。

4.6　不锈钢复合钢板焊接

4.6.1　复合钢板应用概况

平潭海峡公铁大桥处于严酷的海洋腐蚀环境,为确保铁路横梁顶板钢—混接合界面的防腐性能,铁路横梁顶板在梁中线两侧各 5.0m 范围内采用不锈钢复合钢板,其中基板为 36mm 厚的 Q370qD 钢板,面板为厚 3.0mm 的不锈钢板,材质为 022Cr17Ni12Mo2(316L),包括 1104mm × 10002mm 和 1352mm × 10002mm 两种规格。不锈钢复合钢板上设置 ML15 圆柱头螺钉,如图 7-4-6-1 所示。

全桥不锈钢复合钢板设计用量共计 1112.3t,其相应技术条件符合《平潭海峡公铁大桥用 316L + Q370qD 复合钢板技术条件》。

4.6.2　焊接工艺试验情况

2016 年 1 月,于中铁山桥山海关产业园分别对南钢、首钢、宝钢、山东鲍德、太钢、洛阳双瑞 6 家生

产的复合钢板进行评定试验,试验项目包括复合钢板检验、对接焊缝工艺评定试验和圆柱头焊钉焊接试验,并得到如下结论:

(1)6家钢厂生产的板厚(36+3)mm的 Q370qD+022Cr17Ni12Mo2(316L)复合钢板进行化学成分、力学性能试验,检验结果均符合《桥梁用结构钢》(GB/T 714—2008)、《不锈钢和耐热钢牌号及化学成分》(GB/T 20878—2007)、《不锈钢复合钢板和钢带》(GB/T8165—2008)要求。

(2)6家钢厂所产板厚(36+3)mm的 Q370qD+022Cr17Ni12Mo2(316L)复合钢板进行对接焊缝焊接工艺评定试验,焊缝外观质量、内部质量和接头力学性能均满足《铁路钢桥制造规范》(Q/CR 9211—2015)要求。

(3)6家钢厂所产板厚(36+3)mm的 Q370qD+022Cr17Ni12Mo2(316L)复合钢板进行直径22mm的圆柱头焊钉焊接工艺评定试验,气体保护焊接头力学性能合格;经过预热80℃后采用螺柱焊的接头锤击30°弯曲试验合格,拉伸试验多数断口在焊钉,少量断口在焊缝,除山东鲍德厂的焊钉螺柱焊试验不合格外,其他厂家焊钉试件拉力载荷均大于标准值,符合《钢结构焊接规范》(GB 50661—2011)的规定。

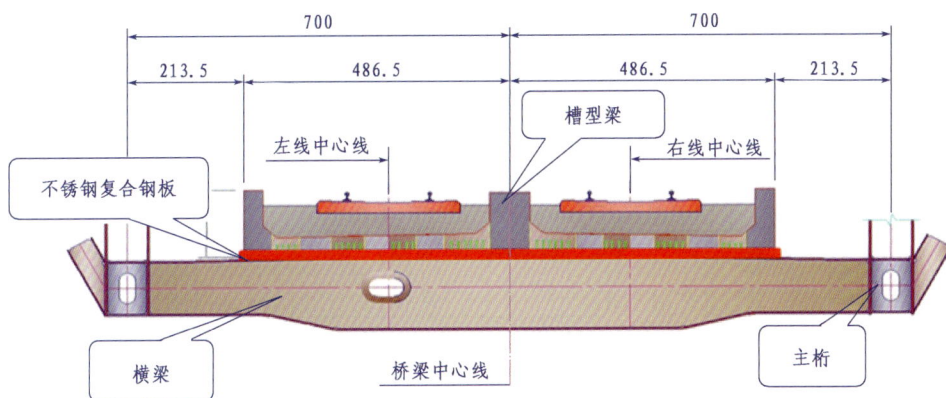

图 7-4-6-1 简支钢桁梁下层铁路桥面横断面(尺寸单位:cm)

根据2016年1月28日焊接工艺评定专家评审意见,后对焊钉的螺柱焊又进行了补充试验(预热焊接),分别对南钢、洛阳双瑞、首钢的复合钢板进行试验,焊钉接头锤击弯曲试验全部合格;11根焊钉接头拉伸试验,其中有2根断在焊缝,拉力载荷高于标准值(159.6kN),这符合《钢结构焊接规范》(GB 50661—2011)对焊钉拉伸试验的规定,即拉力载荷不小于规定下限值,不论断在何处都合格;其他焊钉接头拉伸试验均合格。相关焊接工艺评定参数详见第7篇第2章。

4.6.3 关键工艺参数

1)不锈钢复合钢板与 Q370qD 钢板对接焊缝

根据焊接工艺评定试验结果,确定了铁路横梁水平顶板不锈钢复合钢板与 Q370qD 钢板对接焊缝的焊接规范参数,见表 7-4-6-1。

2)复合钢板复层植焊剪力钉

根据焊接工艺评定结果,剪力钉焊接采用植钉枪进行螺柱焊为主,局部螺柱焊不变实施位置采用匹配的不锈钢专用焊丝进行 CO_2 气体保护焊。复合板上焊接剪力钉时,需对钢板及焊钉进行预热,预热温度 80~120℃。焊接规范参数详见表 7-4-6-2、表 7-4-6-3。

不锈钢复合钢板与 Q370qD 钢板对接焊缝规范参数　　　表 7-4-6-1

熔 敷 简 图	板厚	焊接材料	焊道	电流（A）	电压（V）	焊速（m/h）
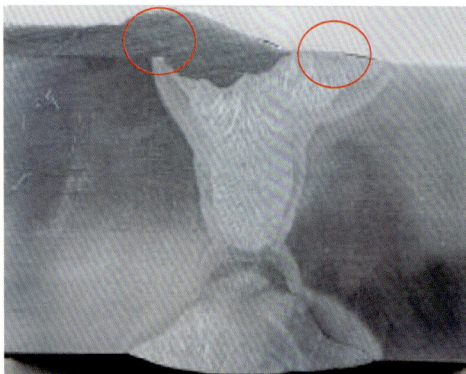	36 + 39 40 + 43	ER50-6(φ1.2)	打底	240 ± 30	30 ± 3	–
		H08Mn2E(φ2) + SJ101q	1	700 ± 30	34 ± 3	33 ± 3
			填充	700 ± 30	34 ± 3	33 ± 3
			1′	660 ± 30	33 ± 3	33 ± 3
			盖面	700 ± 30	34 ± 3	33 ± 3
			盖面 1	700 ± 30	34 ± 3	33 ± 3
		GFS – 309L (φ1.2)	过渡盖面 2	200 ± 20	28 ± 2	19 ~ 36

注：1. CO_2 气体流量为 15 ~ 20L/min。

　　2. 背面焊接前气刨清根，并打磨干净后焊接。

　　3. 复合层侧基材焊接时，距离覆层还差 2 ~ 3mm 深时，采用 GFS-309L 药芯焊丝焊接，严禁非不锈钢焊丝与不锈钢复合层焊接。

　　4. GFS-309L 药芯焊丝焊接时，严禁摆动施焊。

专用螺柱焊机焊接规范参数　　　表 7-4-6-2

剪力钉直径	剪力钉伸出长度	剪力钉提升高度	焊 接 时 间	焊 接 电 流
22mm	5 ~ 6mm	2.0 ~ 3.0mm	1.0 ~ 1.2s	2000 ~ 2200A

注：焊接时间应根据实际施焊成型状况作适当调整。

气体保护焊焊接规范参数　　　表 7-4-6-3

钢板材质	焊接位置	焊接材料	焊丝直径(mm)	电流(A)	电压(V)	CO_2 气流量(L/min)
复合钢板	平位	GFS – 309L	1.2	180 ± 20	28 ± 2	15 ~ 20

4.6.4　施工过程遇到问题

（1）铁路横梁顶板不锈钢复合钢板和 Q370qD 钢板对接焊缝，在不锈钢复层盖面两侧易出现"黑线"，如图 7-4-6-2 所示。初步进行分析原因：不锈钢复层表面采用药芯焊丝 CO_2 气体保护焊（氧化性气体），由于焊缝表面有药皮保护，中间焊缝白亮，两侧焊趾处药皮薄，保护效果弱，焊趾及热影响区过热被氧化会出现"发黑"现象，如果焊缝两侧焊趾处有咬边，焊缝打磨时，焊趾发黑的痕迹打磨不掉，呈现"黑线"痕迹。对于已出现的"黑线"，采用打磨光滑消除，以免影响焊缝外观质量。为避免"黑线"出现，需严格按照焊接工艺规范参数进行施焊。

a) PD7 (δ 36+39)　　　　　　　　　　　　b)

图 7-4-6-2　复合钢板对接焊缝边缘"黑线"

（2）复合钢板的不锈钢面上焊接圆柱头焊钉，目前没有评定试验标准，《铁路钢桥制造规范》（Q/CR 9211—2015）规定接头拉伸试验断口在焊钉且拉力载荷不低于最小规定值，而《钢结构焊接规范》（GB 50661—2011）规定接头拉伸试验拉力载荷不小于规定下限值，不论断在何处都合格。需针对不锈钢复合钢板复层植焊剪力钉制定专门评定标准。

（3）关于不锈钢复合钢板上植焊剪力钉，不锈钢复层仅 3mm，而采用用植钉枪的工艺进行 $\phi22mm$ 钉植焊，其最大熔深 5~7mm，实际上复层已被穿透，该焊接实际涉及 3 种异种钢材的焊接，其对不锈钢防腐性能有何影响，尚缺乏进一步的评估。

（4）鉴于不锈钢复合钢板复层植焊 ML 钢材质的圆柱头螺钉涉及异种钢材焊接问题，可否考虑后续类似工程将圆柱头螺钉材质与不锈钢复层材质统一。

4.7 涂装

4.7.1 涂装体系

简支梁涂装体系情况见表 7-4-7-1。

简支梁涂装体系

表 7-4-7-1

部　　位	涂装用料	厚　　度	
钢桁梁外表面、未密封的内表面	表面喷砂处理（工厂）	Sa3 级、Rz40~60μm	
	无机硅酸锌车间底漆（工厂）	1 道	20~25μm
	二次表面喷砂处理（工厂）	Sa3 级、Rz40~60μm	
	特制环氧富锌防锈底漆（工厂）	2 道	2×40μm
	环氧云铁中间漆（工厂）	2 道	2×40μm
	氟碳面漆（工厂）	2 道	2×35μm
上弦及公路桥面系顶板顶面	表面喷砂处理（工厂）	Sa3 级、Rz40~60μm	
	无机硅酸锌车间底漆（工厂）	1 道	20~25μm
	二次表面喷砂处理（工厂）	Sa3 级、Rz40~60μm	
	特制环氧富锌防锈底漆（工厂）	1 道	40μm
	环氧沥青涂料（工厂）	1 道	100μm

4.7.2 涂装施工安排

根据该桥结构特点及施工安排，将涂装施工划分为三个阶段，具体见表 7-4-7-2。

涂装施工安排

表 7-4-7-2

施工阶段	工作内容	
第一阶段	车间底漆	钢板下料前预涂无机硅酸锌车间底漆
第二阶段	车间涂装	工厂内涂装
第三阶段	补涂装及桥位涂装	桥位补涂

4.7.3 涂装技术及质量要求

1）涂装材料要求

（1）压缩空气的要求

压缩空气的质量对表面处理的质量有重要的影响，空压机出口的压缩空气经冷却和油水分离及过滤处理,以保证施工所用的压缩空气干燥(不含水)、清洁(不含油及杂物)。

(2)喷砂用磨料要求

①根据喷砂除锈不同的工况选择不同的磨料,兼顾质量、成本等因素,各种条件下选择不同的磨料种类。

②喷砂除锈所用磨料为钢砂或铜矿渣。

③磨料应清洁(不含油、杂物)、干燥(不含水),质量符合规定的要求。磨料进厂后,要提供质保书,经监理工程师认可后再投入使用。施工过程中经常检查磨料的运行情况,并及时进行补充和调整。无论何种磨料的表面都必须清洁、干燥、无油污、无可溶性盐类等,如果受潮,则应停止使用,更换新砂或干燥达到要求后再使用。

④根据设计要求,考虑到施工场地环境不同,磨料的种类及配比需满足清洁度及粗糙度的要求。

⑤在厂房内喷砂期间,因磨料反复使用,磨料会受到灰尘污染,钢砂也会有所破碎。为保证经喷砂处理的表面具有符合要求的粗糙度和清洁度,使用过程中应定期对磨料进行检查。钢砂破碎较多时要及时补充新砂以保证喷砂表面粗糙度的要求;不定期地对所使用的钢砂进行筛砂处理,除去钢砂中混杂的灰尘、杂物和破碎的钢砂末,以保证喷砂表面清洁度的要求。

(3)涂层材料要求

①参与平潭海峡公铁大桥建设的涂料供货企业,必须持有近两年内由国内权威机构所检定的相关涂料产品质量合格的形式检验报告。应具有同类桥梁涂料供货的业绩,要求不少于三座大型桥梁,其中至少有一座建成使用不少于三年。

②根据建设单位福平公司下发的《钢结构防护涂层材料性能指标和实施细则》,氟碳面漆采用三氟烯烃/乙烯基醚(酯)共聚的氟碳树脂制备,即氟碳面漆采用超耐候性 LUMIFLON 氟树脂生产。且氟碳面漆相应组分配方中,LUMIFLON 氟树脂含量应不低于(质量比)63%。为从源头上进行控制,涂料企业应提供与原材料供应商签订的针对本项目的供货协议。结算时我公司将对涂料企业进行主要原材料数量核定,涂料企业需提供主要原材料采购合同、供货清单、发票及本工程使用记录等证明。

③特制环氧富锌防锈底漆相应组分配方中(金属锌)锌粉含量应不低于82%。

④云铁环氧中间漆由环氧树脂、棕红片状云母氧化铁粉等组成,颜色为棕红色,面漆颜色的色卡标准及色卡编号另行确定。

⑤底漆、中间漆产品湿样中,有害物质重金属含量应满足如下要求:铅含量 $Pb \leqslant 1000mg/kg$、六价铬含量 $Cr^{6+} \leqslant 1000mg/kg$、镉含量 $Cd \leqslant 100mg/kg$、汞含量 $Hg \leqslant 1000mg/kg$。其含量指标及检测方法参考《汽车涂料中有害物质限量》(GB 24409—2009)执行。

⑥对涂料生产企业供应的涂料产品,会指定国内权威机构进行及时、不定期、合理频次的形式检验的抽检,检测费用由涂料供应商负责。

⑦特制环氧富锌防锈底漆、环氧云铁中间漆和氟碳面漆的技术要求详见第2篇第8章相关内容。

2)涂装环境要求

(1)涂装施工环境要求见表7-4-7-3。

涂装施工环境要求 表7-4-7-3

控 制 项 目	控 制 要 求	检 测 方 法
环境温度	5~38℃,环氧类漆不允许在10℃以下施工	温度计测量
空气相对湿度	≤80%	干湿球温度计测量再查表换算,或直接用仪器测量空气湿度
钢板表面温度	≥空气露点温度+3℃	钢板温度仪测量
空气露点	—	露点仪测量

注:1. 杆件组成桁片后进行整体打砂涂装。

2. 如环境要求与涂料产品说明书冲突,按涂料产品说明书执行。

（2）涂装施工气温和相对湿度应严格遵守涂料产品说明书的规定，雨天、雾天或风沙场合不允许露天施工。涂装4h内避免淋雨。

（3）焊缝处理、破损部位修复、高强螺栓头涂装、高强螺栓摩擦面外露面、铁路桥面道砟槽部位的涂装在桥址现场成桥过程中以及成桥后实施。因在露天环境下施工，应严格监视天气变化，严格控制在要求的环境下施工。

3）表面清理要求

表面清理包括表面缺陷修补、打磨，表面油污的检查及清除，粉尘记号、油漆、不胶带等表面附着物及杂物的清除。严格按照表7-4-7-4要求进行。

表 面 清 理 要 求

表7-4-7-4

序　号	部　位	焊缝及缺陷部位的打磨标准	评 定 方 法
1	自由边	用砂轮机磨锐边、棱角等部位打磨成圆角。（自由边最小曲率半径为2mm）不得出现凹凸平面的角落	目测
2	飞溅	1. 用工具除去可见的飞溅物 （1）用刮刀铲除； （2）用砂轮机磨钝 2. 钝角飞溅物可不打磨	目测
3	焊缝咬边	采取补焊或打磨进行修复	目测
4	表面损伤	采取补焊或打磨匀顺进行修复	目测
5	割边表面	打磨匀顺	目测
6	可见油污	有机溶剂清洗	目测

4）喷砂除锈技术要求

在表面清理检验合格且表面干燥后即可进入喷砂作业工序。

（1）设备要求

采用高效喷砂机进行喷砂作业，其压缩空气经过滤、冷却、油水分离达到清洁、干燥的要求。

（2）喷砂操作要求

磨料喷射方向与工件的夹角为70°~80°，喷枪距工作面的距离为150~200mm，当喷嘴直径增大20%时将更换喷嘴。

（3）清洁表面的保护

进入喷砂处理过表面，须穿戴专用工作服及鞋套、手套，防止污染清洁表面。

5）喷漆技术要求

（1）喷漆作业高压无气喷涂法，刷涂或滚涂只在预涂和补涂时采用（无机富锌防锈防滑涂料采用空气喷涂）。

（2）表面喷砂处理后在4h内完成第一道底漆喷涂。不管停留时间多长，只要出现返锈现象，均需重新除锈。

（3）各道油漆之间的最小涂装间隔时间和最长间隔时间应满足油漆说明书要求。

（4）喷底漆前，将预涂所有焊缝，边角及所有不易喷涂的部位，以保证这些部位有足够的膜厚，预涂采用刷涂。

（5）喷漆严格控制施工工艺，做到涂层分布均匀，不产生流挂、漏喷、干喷、龟裂等缺陷。

6）焊缝部位不涂装区域的保护

（1）现场焊接接缝处需作必要保护，对接焊缝每侧留出4×板厚+50mm宽不涂装区域，角焊缝每

385

侧留出 50mm 宽不涂装区域。

（2）工地焊接接缝处，待现场焊接完毕，方可进行涂装。

（3）涂装单位必须配置工地施工相应设备。

4.7.4　涂装施工

1）车间预处理

（1）所有钢板应进行车间预处理。

（2）车间预处理均采用预处理车间流水线进行抛丸除锈、喷漆预处理涂装施工。

（3）无机硅酸锌车间底漆干膜厚度 20～25μm。

2）涂装首制段工艺试验

涂装作业开始前。按钢桁梁防腐涂装体系进行各工序工艺试验，工艺试验按相关要求进行涂装施工工艺试验。从涂料配备、工艺选用、质量检测进行全方位的测评，工艺试验达到标准后、大面积施工前，完善涂装工艺规程，方可正式施工。

3）构件外表面涂装

杆件组成桁片后开始涂装，外表面包括：构件外表面、未封闭的内表面。

（1）二次表面喷砂处理

采用压力式喷砂进行喷砂除锈，除去表面全部锈蚀产物和焊渣等溅射物，达到清洁度 Sa3 级，表面粗糙度 Rz40～60μm。喷砂完毕后清除磨料，吹净表面灰尘。喷砂质量标准和检验方法见表 7-4-7-5。

喷砂质量标准和检验方法

表 7-4-7-5

检 验 项 目	质 量 要 求	检 验 标 准	检 验 方 法
清洁度	Sa3 级	《涂装前钢材表面锈蚀等级和除锈等级》（GB 8923）；检查频率 100%	目视法检验，标准清洁度对照图谱、样板对照
粗糙度	Rz40～60μm	（GB/T 13288.1—2008）或（GB 6062—1985）。粗糙度仪：每段检查 3 点，取平均值	比较样块及粗糙度仪检验

（2）环氧富锌防锈底漆涂装

检测施工环境合格后，在合适的施工条件下，对已喷砂合格的钢桁梁杆件外表面、未密封内表面及桥面顶底面外露部分进行涂装环氧富锌防锈底漆。

对焊缝、边角、孔隙及所有不易喷涂等部位先进行预涂，较小表面采用刷涂方法进行涂装，大表面采用高压无气喷涂方法喷涂底漆，施工中按喷漆工艺进行操作，随时用湿膜卡检测湿膜厚度，使涂层干膜厚度达到 80μm。

（3）环氧云铁中间漆

检测施工环境合格后，在合适的施工条件下，对前道涂层进行缺陷修补，检查预留焊缝位置防护措施有效，涂装环氧云铁中间漆。

对焊缝、边角、孔隙及所有不易喷涂等部位先进行预涂，较小表面采用刷涂方法进行涂装，大表面采用高压无气喷涂方法喷涂中间漆。施工中按喷漆工艺进行操作，随时用湿膜卡检测湿膜厚度，使涂层干膜厚度达到 80μm。

（4）厂内面漆涂装

检测施工环境合格后，在合适的施工条件下，对前道涂层进行缺陷修补，检查预留焊缝位置防护措施有效，清除表面污物和灰尘后涂装氟碳面漆。

对焊缝、边角、孔隙及所有不易喷涂等部位先进行预涂，较小表面采用刷涂方法进行涂装，大表面采用高压无气喷涂方法喷涂面漆。

施工中按喷漆工艺操作,随时用湿膜卡检测湿膜厚度,单道干膜厚度 $35\mu m$。

(5)喷漆涂层质量要求(表7-4-7-6)

喷漆涂层质量标准及检验方法　　表7-4-7-6

检测项目	检验手段	检验要求	检测数量	检验标准
外观	目测	涂层表面均匀一致,无漏涂、起皮、气孔、鼓泡、大熔滴、松散粒子、裂纹、返锈等缺陷	100%	—
干膜厚度	磁性测厚仪	环氧富锌底漆干膜厚度 $80\mu m$; 环氧云铁中间漆,干膜 $80\mu m$,累计 $160\mu m$; 氟碳面漆两道,干膜 $70\mu m$,累计 $230\mu m$	根据涂层工作量,每个检验批的厚度测点15个、附着力测点9个	GB/T 4956 —2003
结合力	拉开法	≥5MPa(富锌底漆涂层); ≥4MPa(防滑涂料涂层); ≥3MPa(涂层体系);		GB/T 5210 —2006

注:厚度检测每10个测点中有9个达到了设计厚度,其余1个不低于设计厚度的90%,可判定为涂层厚度合格。附着力检测每3个测点中2个达到了技术条件要求,其余1个不低于设计要求的90%,可判定为附着力合格。检测结果全部合格,判为整批合格。若有一项技术要求不合格时,应双倍抽样检验该项目,若仍不合格,则判整批不合格。

(6)施工工艺流程图(图7-4-7-1)

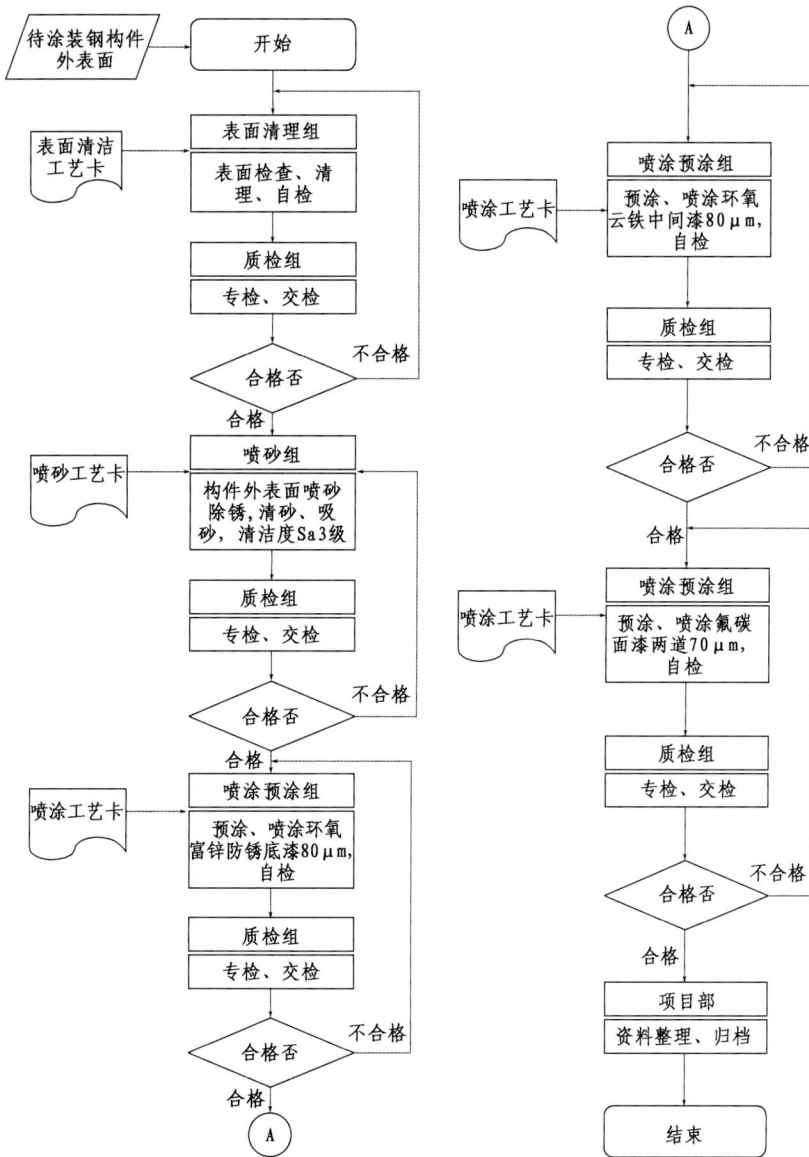

图7-4-7-1　涂装施工工艺流程图

4）上弦及公路桥面系顶板顶面

（1）二次表面喷砂处理

采用压力式喷砂进行喷砂除锈，除去表面全部锈蚀产物和焊渣等溅射物，达到清洁度 Sa3 级，表面粗糙度 Rz40～60μm。喷砂完毕后清除磨料，吹净表面灰尘。

（2）环氧富锌底漆涂装

检测施工环境合格后，在合适的施工条件下，对已喷砂合格的顶板道砟槽部位及现浇混凝土部位涂装环氧富锌底漆。

采用高压无气喷涂方法喷涂底漆。使涂层干膜厚度达到 40μm。

（3）环氧沥青涂料涂装

检测施工环境合格后，在合适的施工条件下，对前道涂层进行缺陷修补，检查预留焊缝位置防护措施有效，涂装环氧沥青涂料。

采用高压无气喷涂方法喷涂，施工中按喷漆工艺进行操作，随时用湿膜卡检测湿膜厚度，使涂层干膜厚度达到 100μm。

（4）喷漆涂层质量要求（表 7-4-7-7）

喷漆涂层质量标准及检验方法 　　　　　　　　　　　　　　　表 7-4-7-7

检测项目	检验手段	检验要求	检测数量	检验标准
外观	目测	表面均匀一致，无漏涂、起皮、气孔、鼓泡、大熔滴、松散粒子、裂纹、返锈等缺陷	100%	—
干膜厚度	磁性测厚仪	环氧富锌底漆，干膜厚度 40μm；环氧沥青涂料，干膜 100μm，累计 140μm	根据涂层工作量，每个检验批的厚度测点 15 个、附着力测点 9 个	GB/T 4956—2003
结合力	拉开法	≥5MPa（富锌底漆涂层）；≥4MPa（防滑涂料涂层）；≥3MPa（涂层体系）		GB/T 5210—2006

注：厚度检测每 10 个测点中有 9 个达到了设计厚度，其余 1 个不低于设计厚度的 90%，可判定为涂层厚度合格。附着力检测每 3 个测点中 2 个达到了技术条件要求，其余 1 个不低于设计要求的 90%，可判定为附着力合格。检测结果全部合格，判为整批合格。若有一项技术要求不合格时，应双倍抽样检验该项目，若仍不合格，则判整批不合格。

5）焊缝及破损处修补施工

钢构件运至现场后进行检查，如发现有大面积损伤或损伤至底材的部位，应及时进行修复，以免造成质量隐患。同时在焊缝涂装过程中应进行全面检查，并及时完成修复，并在面漆施工前确保无缺陷。

对钢构件表面焊缝部分应采用与非焊缝部分相同的防腐蚀方法、检验标准和检验方法进行焊缝处理。破损处修补及箱室内焊缝在桥已成型后，喷砂除锈可用机械打磨代替（Sa3），涂装方案均与原涂装方案一致，以保证钢结构防腐蚀涂层的完整性。在焊缝处理前，应对焊缝周围已完成防腐施工的表面要保护好，可以采用帆布或其他阻挡方法保护已涂装表面不受损。

（1）未损伤至底材的部位损伤面修复

未损伤至底材的部位，应采用机械打磨和砂纸相结合的方式将周边涂层打磨至阶梯形坡状，除尘清洁后，按该部位相应的涂装体系完成各道涂层。每道工序须经自检、互检、专检，检验合格后，进行下一工序。

（2）损伤至底材的部位损伤面修复

如有损伤至底材且损伤面积较大的损伤面，应采用喷砂除锈的方式进行表面处理，且对周边涂层采用机械打磨和砂纸相结合的方式打磨至阶梯形坡状，除尘清洁后，按该部位相应的涂装体系完成各道涂层。每道工序须经自检、互检、专检，检验合格后，进行下一工序。

如有损伤至底材且损伤面积较小的损伤面，应采用机械打磨和砂纸相结合的方式将周边涂层打磨至阶梯形坡状，除尘清洁后，按该部位相应的涂装体系完成各道涂层。换墩后的墩位及桥址磕损部位涂装施工方案同此方案。

本篇参考文献

[1] 史永吉.面向21世纪焊接钢桥的发展[J].中国铁道科学,2001.5.

[2] 钱冬生,夏建国.铁路钢桥设计和制造[M].成都:西南交通大学出版社,1994.12.

[3] 吴冲.现代钢桥[M].北京:人民交通出版社,2006.

[4] E.E.吉勃施曼.公路钢桥[M].同济大学钢结构教研组,译.上海:龙门联合书局,1953.

[5] 汉斯,富尔梅治.现代公路钢桥设计[M].胡春农,译.人民交通出版社,1982.

[6] 钟用达.普通钢桥[M].北京:人民铁道出版社,1957.

[7] 万明坤,项海帆,秦顺全,等.桥梁漫笔[M].北京:人民铁道出版社,2015.

[8] 戴公连,宋旭明.漫话桥梁[M].北京:人民铁道出版社,2009.

[9] 成昆铁路技术总结委员会.成昆铁路 第4册 桥梁[M].北京:人民铁道出版社,1981.

[10] 潘际炎.栓焊钢桥的研究[M].北京:中国铁道出版社,1983.

[11] 同济大学.桥梁设计 第3分册 钢桥设计[M].北京:人民交通出版社,1961.

[12] 向中富.特大跨钢桁拱桥建造技术[M].北京:人民交通出版社,2014.

[13] 康晋,段雪炜,徐伟.平潭海峡公铁两用大桥主桥整节段全焊钢桁梁设计[J].桥梁建设,2015,45(05):1-6.

[14] 罗扣,王东晖,张强.港珠澳大桥浅水区非通航孔桥组合梁设计[J].桥梁建设,2013,43(03):99-102.

[15] 陈山亭.港珠澳大桥浅水区非通航孔桥下部结构施工关键技术[J].桥梁建设,2016,46(01):6-11.

[16] 孙英杰,徐伟.平潭海峡公铁两用大桥双层结合全焊钢桁梁设计[J].桥梁建设,2016,46(01):1-5.

[17] 王元良,陈辉.我国焊接钢桥及其发展[J].钢结构,2009(05):6-12+17.

[18] 徐向军.桥梁钢结构焊接自动化技术的应用与发展[J].金属加工(热加工),2015(22):13-17.

[19] 鄢怀斌,郑自元,黄行裕.铜陵公铁两用长江大桥钢桁梁全焊桁片制造技术[J].桥梁建设,2014,44(1).

[20] 徐国平,张喜刚,刘玉擎.混合梁斜拉桥[M].人民交通出版社,2013.

Part Eight

第8篇

附属工程施工

松下岸 人屿岛 元洪航道桥 鼓屿门水道桥

平潭海峡公铁大桥
建造关键技术

08

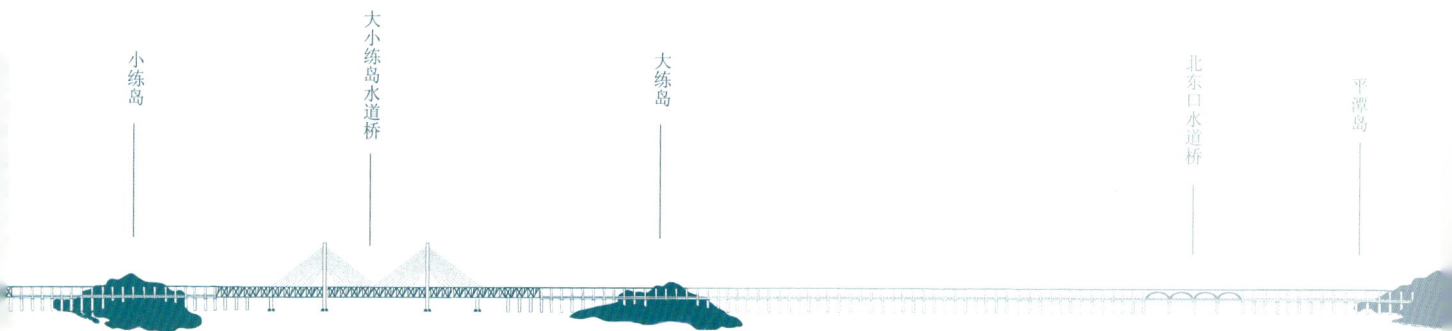

平潭海峡公铁大桥设计里程 DK59 +415.000 ~ DK +564.700,全长 11149.7m。其中公铁合建段长度 9227.1m,单建铁路长度 1922.6m。桥梁孔跨布置依次为:48 孔 49.2m 混凝土箱梁(浅水区非通航孔桥)+ [(6 孔 80m) + (2 孔 88m) + (7 孔 80m)]简支钢桁梁(深水高墩区非通航孔桥)+14 孔 49.2m 混凝土箱梁(浅水及陆地高墩区非通航孔桥)+ (133.1m + 196m + 532m + 196m + 133.25m)钢桁结合梁斜拉桥(元洪航道桥)+(6 孔 80m)简支钢桁梁(深水高墩区非通航孔桥)+(129.1m + 154m + 364m + 154m + 129.2m)钢桁结合梁斜拉桥(鼓屿门水道桥)+ [(1 孔 88m) + (1 孔 80m)]简支钢桁梁(深水高墩区非通航孔桥)+17 孔 40.7m 混凝土箱梁(陆地低墩区非通航孔桥)+ [(4 孔 80m) + (1 孔 88m) + (2 孔 80m)]简支钢桁梁(深水高墩区非通航孔桥)+11 孔 49.2m 混凝土箱梁(浅水区非通航孔桥)+7 孔 40.7m 混凝土箱梁(陆地低墩区非通航孔桥)+ [上层公路为 8 孔 40.6m 混凝土箱梁,下层铁路为 324.8m 铁路路基] +9 孔 40.7m 混凝土箱梁(陆地低墩区非通航孔桥)+(2 孔 88m)简支钢桁梁(深水高墩区非通航孔桥)+(81.1m + 140m + 336m + 140m + 81.15m)钢桁结合梁斜拉桥(大小练岛水道桥)+(2 孔 88m)简支钢桁梁(深水高墩区非通航孔桥)+5 孔 40.7m 混凝土箱梁(陆地低墩区非通航孔桥)。

铁路附属设施主要包括铁路桥梁支座、支座垫石及垫板、防落梁挡块、斜拉桥纵向阻尼装置、主塔检查设施、钢梁检查小车、伸缩装置、桥面防水层、保护层及泄水管、人行道、挡砟墙、竖墙、遮板、桥面下墩顶梯道、桥墩围栏及检查设施、铁路风屏障、声屏障、接触网基础、铁路桥综合接地、桥上照明及配电系统等。

公路附属设施主要包括公路桥梁支座、垫石及垫板、防落梁挡块、伸缩缝、桥面铺装、公路桥面防水、防撞护栏、中央分隔带紧急通道护栏、公路风屏障、公路桥防雷接地、分岔段防抛网等、电力通道等。

附属设施钢结构防腐分类如下:A 类防腐结构包括斜拉桥铁路桥面挡砟墙、员工走道、竖直检查梯、风水管路、铁路伸缩装置、检查车轨道、阻尼设施、抗风牛腿、接触网连接件等;简支钢桁梁的员工走道、避车台、竖直检查梯、风水管路、接触网连接件、检查车轨道等。B 类防腐包括斜拉桥主塔横梁栏杆、主塔检查通道门、公路防撞护栏、布索区栏杆、电缆过轨通道、墩顶检查设施等;简支钢桁梁和混凝土箱梁的电缆过轨通道、公路防撞护栏、水管区栏杆、防抛网、支座预埋板、防落梁构件、墩顶检查设施;塔顶避雷针座板等。C 类防腐结构包括主塔内部检查设施、桥墩内部检查设施等。D 类防腐结构包括所有附属钢结构的非高强度连接螺栓、预埋在混凝土主体结构中的预埋板、预埋套筒、预埋螺栓和地脚螺栓等。E 类防腐结构包括检查车结构。F 类防腐结构包括箱梁接触网基础、高强度螺栓等。

平 潭 海 峡 公 铁 大 桥
建造关键技术

KEY TECHNOLOGY FOR
THE CONSTRUCTION
OF PINGTAN STRAIT HIGHWAY AND RAILWAY BRIDGE

松下岸

人屿岛

元洪航道桥

鼓屿门水道桥

平潭海峡公铁大桥
建造关键技术

08

第**2**章

铁路桥面防水保护层施工

2.1 设计概况

平潭海峡公铁大桥铁路桥面构造共有三种类型:普通混凝土箱梁桥面、简支钢桁梁混凝土槽型梁桥面、斜拉桥钢桁梁钢桥面。为提高铁路钢桥面的耐久性和抗腐蚀性能,在全桥铁路桥面均设置防水保护层。

2.1.1 铁路混凝土箱梁桥面防水设计

铁路混凝土箱梁桥面总宽度12.2m,考虑本桥的建设环境、施工条件及有砟桥面等特点,设计采用高聚物改性沥青防水卷材和聚氨酯防水涂料结合的防水体系,其桥面防水示意如图 8-2-1-1 所示。

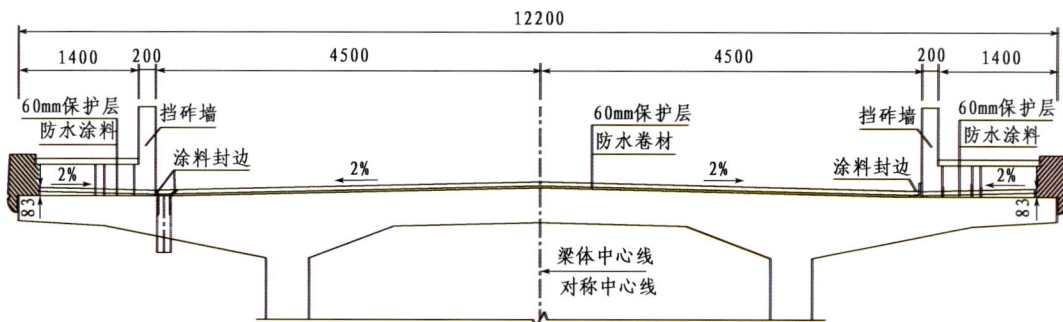

图 8-2-1-1 普通箱梁铁路桥面防水示意图(尺寸单位:mm)

桥面挡砟墙内自梁体中心线两侧设置双向2%人字排水横坡,挡砟墙根部预埋聚氯乙烯(PVC)泄水管,泄水管内径160mm、长度600mm、PVC管泄水孔纵向间距4m。挡砟墙外部电缆通信槽道从外向内设置2%排水坡,在竖墙B内预留100mm×100mm过水孔,挡砟墙上预埋250mm×200mm×10mm管篦,过水孔及管篦位置同泄水孔对齐,将水槽道内水引至泄水孔。铁路箱梁桥面泄水管平面布置如图8-2-1-2所示。

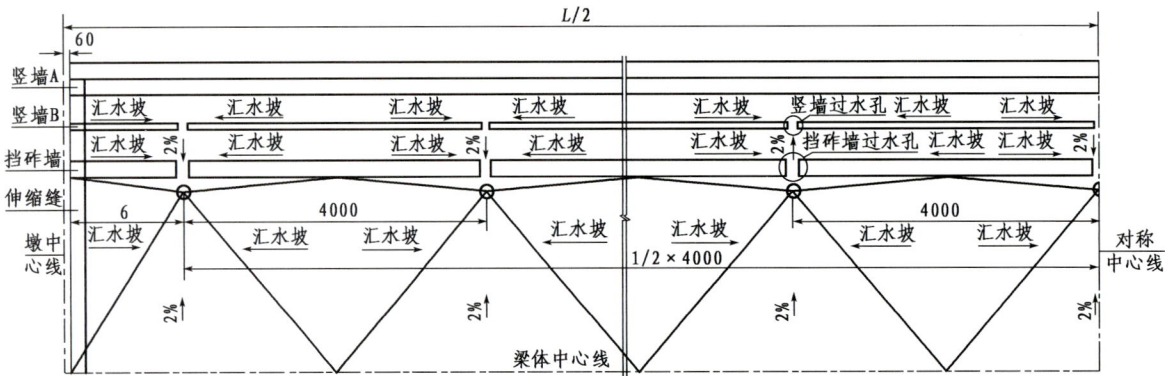

图 8-2-1-2　1/4 铁路箱梁桥面泄水管平面布置示意图(尺寸单位:mm)

混凝土箱梁铁路桥面挡砟墙内侧防水采用高聚物改性沥青防水卷材,平行轨道中心线进行铺设,卷材宽度为1m。挡砟墙外电缆通信槽道内采用聚氨酯防水涂料。防水层上浇筑60mm厚C40细石聚丙烯腈纤维混凝土保护层,纵向沿桥梁中心线、横桥向每隔4m预留一道断缝,断缝宽10mm,深10~20mm,当保护层混凝土达到50%以上时,使用聚氨酯防水涂料将断缝填实。

2.1.2　简支钢桁梁铁路混凝土槽梁桥面防水设计

简支钢桁梁铁路设计为槽型梁结构,同样考虑本桥的建设环境和施工条件,设计采用高聚物改性沥青防水卷材和聚氨酯防水涂料结合使用的防水体系。其桥面防水示意如图8-2-1-3所示。

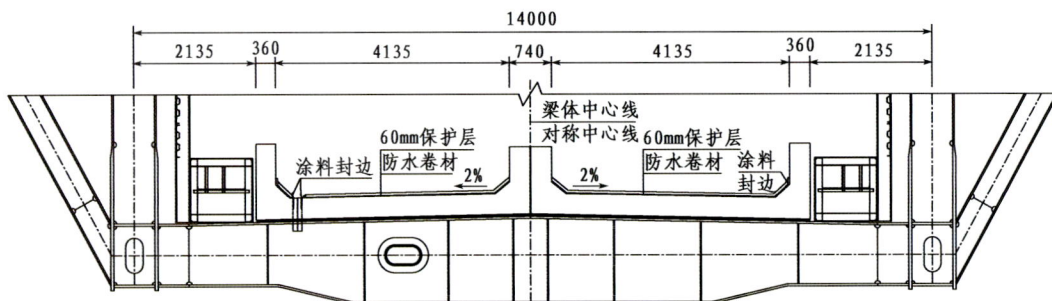

图 8-2-1-3　简支钢桁梁槽梁桥面防水示意图(尺寸单位:mm)

简支钢桁槽型梁桥面沿桥梁中心线为双向2%排水坡,防水构造及梁面铺装同铁路混凝土箱梁挡砟墙内侧体系。简支钢桁梁铁路桥面泄水管平面布置示意如图8-2-1-4所示。

2.1.3　航道桥钢桁梁铁路桥面防水设计

通航孔斜拉桥钢桁梁铁路桥面为正交异性钢桥面,为提高铁路钢桥面的耐久性和抗腐蚀性能,防水层设计采用弹性环氧聚氨酯防水体系,其铺装及防水示意如图8-2-1-5所示。道砟槽内排水孔设置在挡砟墙侧面,纵向间距7m,桥面泄水孔设置在主桁中心线内侧1350mm处,排水管采用外径100mm、长300mm的钢铸管,泄水孔顶部设置铸钢栅盖与桥面板采用6mm角焊围焊,横向间距12.3m,纵向间距7m。

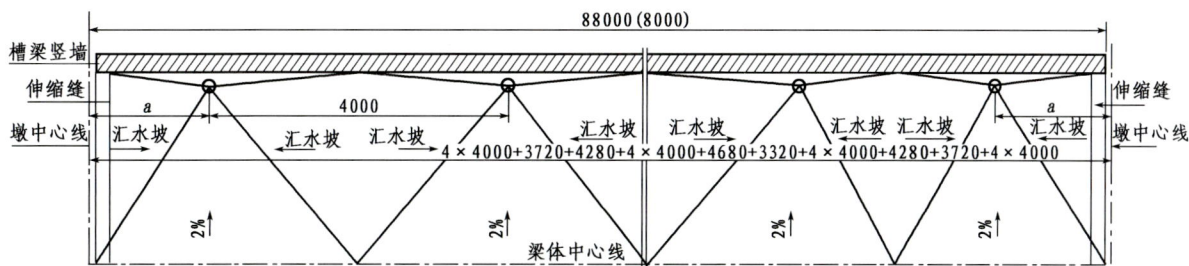

图 8-2-1-4 1/2 简支钢桁梁铁路桥面泄水管平面布置示意图(尺寸单位:mm)

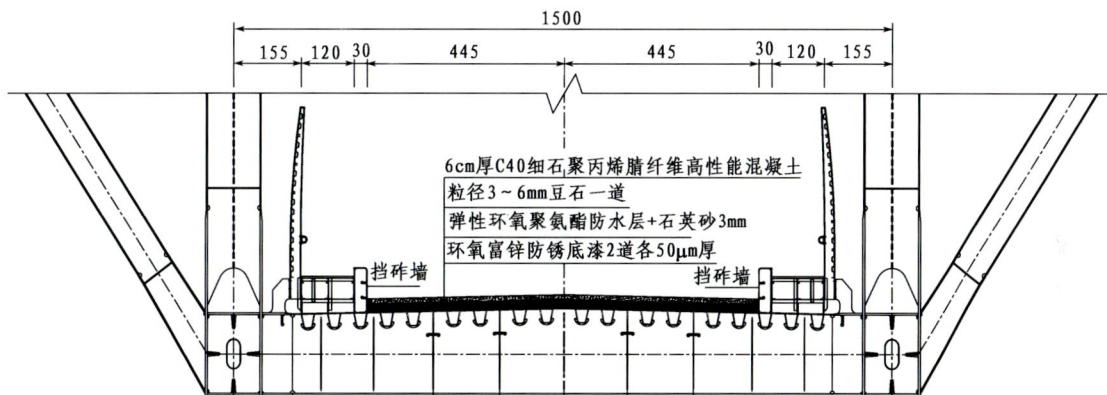

图 8-2-1-5 斜拉桥铁路钢桥面防水示意图(尺寸单位:cm)

桥面铺装为钢桥面板表面清理达 Sa2.5 级后,涂环氧富锌防锈底漆 2 道厚度为 $2 \times 50\mu m$,上设弹性环氧聚氨酯防水层 +3mm 厚石英砂,再铺设粒径 3～6mm 豆石一道(连接层),最后铺设 60mm 厚 C40 细石聚丙烯腈纤维高性能混凝土保护层。

2.2 铁路桥面防水层的规格及技术要求

2.2.1 高聚物改性沥青防水卷材规格指标

高聚物改性沥青防水卷材采用厚度为 4.5mm 的卷材,卷材内的胎基为长纤聚酯纤维毡,胎基应置于距卷材下表面的三分之二厚度位置,胎基应浸透,不应有未浸渍的条纹。高聚物改性沥青防水卷材双面附砂,细砂的颜色和粒度应均匀一致,并紧密地黏附于卷材表面。每卷卷材应连续整长,不得有接头。其规格及技术要求见表 8-2-2-1。

高聚物改性沥青防水卷材的规格及技术要求   表 8-2-2-1

序　号	项　　目	指　　标
1	厚度(mm)	4.5
2	宽度(mm)	1000
3	长度(m)	≤2.3
4	可溶物含量(g/m²)	4.5mm 厚,≥3100

399

续上表

序　号	项　目		指　标
5	耐热度(℃)		≥115
6	拉力(纵横向)(N/cm)		≥210
7	最大拉力时延伸率(纵横向)(%)		≥50
8	撕裂强度拉力(N)		≥450
9	低温弯折性		-30℃,无裂纹
10	不透水性(0.4MPa,2h)		不透水
11	抗穿孔性		不渗水
12	剪切状态下的黏合性(N/cm)		≥10.0 或卷材破坏
13	保护层混凝土与防水卷材黏结强度(MPa)		≥0.1
14	热处理尺寸变化率(纵横向)(%)		±0.5
15	热老化处理	外观质量	无起泡、裂纹、黏结与孔洞
		最大峰拉力变化率(纵横向)(%)	±20
		断裂时延伸率变化率(纵横向)(%)	±20
		低温弯折性	-25℃,无裂纹
16	人工气候加速老化	最大峰拉力变化率(纵横向)(%)	720h,±20
		断裂时延伸率变化率(纵横向)(%)	720h,±20
		低温弯折性	720h,-25℃,无裂纹
17	耐化学侵蚀	最大峰拉力变化率(纵横向)(%)	±20
		断裂时延伸率变化率(纵横向)(%)	±20
		低温弯折性	-25℃,无裂纹

铺设高聚物改性沥青防水卷材前需喷涂一道高聚物改性沥青基层处理剂,其物理力学性能指标见表 8-2-2-2。

高聚物改性沥青基层处理剂的物理力学性能指标　　表 8-2-2-2

序　号	项　目	指　标
1	固体含量(%)	≥30
2	干燥时间(h)	≤2
3	耐热性(80℃,5h)	无流淌、鼓泡、滑动
4	低温柔性(-5℃,φ10mm 棒)	无裂纹
5	黏结强度(MPa,20℃)	≥0.8

2.2.2　聚氨酯防水涂料规格指标

直接用于防水层的聚氨酯防水涂料物理力学性能指标见表 8-2-2-3。

直接用于防水层的聚氨酯防水涂料物理力学性能指标　　表 8-2-2-3

序　号	项　目	指　标
1	拉伸强度(MPa)	≥6.0
2	拉伸强度保持率(%)	加热处理≥100
		碱处理≥70
		酸处理≥80

序 号	项 目	指 标
3	断裂伸长率(%)	无处理≥450
		加热处理≥450
		碱处理≥450
		酸处理≥450
4	低温弯折性	无处理 –35℃,无裂纹
		加热处理 –35℃,无裂纹
		碱处理 –35℃,无裂纹
		酸处理 –35℃,无裂纹
5	涂膜表干时间(h)	≤4
6	涂膜实干时间(h)	≤24
7	不透水性(0.4MPa,2h)	不透水
8	加热伸缩率(%)	≥ –4.0,≤1.0
9	耐碱性,饱和 $Ca(OH)_2$ 溶液,500h	无开裂,无起皮剥离
10	固体含量(%)	≥98
11	潮湿基面黏结强度(MPa)	≥0.6
12	与混凝土黏结强度(MPa)	≥2.5
13	保护层混凝土与固化聚氨酯防水涂料黏结强度(MPa)	≥1.0
14	撕裂强度(N/mm)	≥35.0
15	与混凝土剥离强度(N/mm)	≥3.5

2.2.3 弹性环氧聚氨酯防水涂料规格指标

环氧富锌底漆由环氧树脂、锌粉组成,其应用性能指标见表8-2-2-4。

弹性环氧聚氨酯防水涂料应用性能指标 表8-2-2-4

序 号	项 目		指 标
1	漆膜颜色及外观		锌灰色,漆膜平整,允许略有刷痕
2	流出时间(6 号杯)(s)		≥30,<60
3	不挥发物含量(%)		≥80
4	细度(μm)		≤90
5	密度(g/cm³)		≥2.73
6	干燥时间	表干(h)	≤2
7		实干(h)	≤24
8	弯曲性能(mm)		≤2
9	耐冲击性(cm)		≥50
10	附着力(拉开法)(MPa)		≥50
11	耐盐雾性(h)		≥2000,样板表面无红锈,可以有轻微起泡,划痕处24h无红锈
12	适用期(h)		≥2
13	施工性能		喷涂及刷涂无不良影响,每道干膜厚度不小于40μm

弹性环氧聚氨酯防水涂料应具有良好的黏着性能、耐机械冲击性、抗振动性、耐化学腐蚀性和高度弹性性能。其物理力学性能指标见表 8-2-2-5。

弹性环氧聚氨酯防水涂料物理力学性能指标　　　　表 8-2-2-5

序　号	项　　目	指　标
1	拉伸强度（MPa）	≥6.0
2	拉伸强度保持率（%）	加热处理≥100
		碱处理≥70
		酸处理≥80
3	断裂延伸率（%）	>20
4	低温弯折性	无处理 −35℃，无裂纹
		加热处理 −35℃，无裂纹
		碱处理 −35℃，无裂纹
		酸处理 −35℃，无裂纹
5	涂膜表干时间（h）	≤4
6	涂膜实干时间（h）	≤24
7	不透水性（0.4MPa,2h）	不透水
8	加热伸缩率（%）	≥ −4.0,≤1.0
9	耐碱性,饱和 $Ca(OH)_2$ 溶液,500h	无开裂,无起皮剥离
10	固体含量（%）	100
11	与钢板黏结强度（MPa）	23℃,≥5.0
12	撕裂强度（N/mm）	≥35.0
13	邵氏硬度 A	>90
14	耐温性（℃）	−35~250

2.3　总体施工方案

铁路箱梁混凝土桥面及简支钢桁梁槽型梁桥面排水及铺装,需先清理梁面,安装泄水管,挡砟墙内侧铺设高聚物改性沥青防水卷材,电缆通信槽道内侧涂聚氨酯防水涂料,再施工 60mm 厚 C40 细石聚丙烯腈纤维高性能混凝土保护层。具体施工流程如图 8-2-3-1 所示。

通航孔钢桁梁铁路桥面道砟槽内排水及铺装,应先安装泄水管,在桥面板清理达 Sa2.5 级后,涂环氧富锌防锈底漆两道,厚度为 $2 \times 50\mu m$,再施工弹性环氧聚氨酯防水层 +3mm 厚石英砂,然后铺设粒径 3~6mm 豆石一道（连接层）,最后浇筑 60mm 厚 C40 细石聚丙烯腈高性能混凝土保护层。具体施工流程如图 8-2-3-2 所示。

主要施工装备、设备、材料规格及数量根据混凝土梁区钢桁梁区进行配置,每 200m² 施工配置见表 8-2-3-1。

```
┌──────────────┐
│   施工准备    │
└──────┬───────┘
       ↓
┌──────────────┐
│   测量放样    │
└──────┬───────┘
       ↓
┌──────────────┐
│  基层检查及处理 │
└──────┬───────┘
   ┌───┴────────────────┐
   ↓                    ↓
┌──────────┐      ┌──────────────┐
│  配制涂料  │      │  涂刷基层处理剂 │
└────┬─────┘      └──────┬───────┘
     ↓                   ↓
┌────────────┐    ┌──────────────┐
│涂刷聚氨脂防水涂料│    │  铺贴防水卷材  │
└────┬───────┘    └──────┬───────┘
     ↓                   ↓
┌──────────────┐         │
│铺设电缆槽内贯通地线│         │
└────┬─────────┘         │
     ↓                   ↓
┌──────────────┐  ┌──────────────┐
│浇筑纤维混凝土保护层│  │ 浇筑细石混凝土保护层 │
└────┬─────────┘  └──────┬───────┘
     └─────────┬──────────┘
               ↓
        ┌──────────────┐
        │   保护层养护   │
        └──────┬───────┘
               ↓
        ┌──────────────┐
        │ 防水涂料封边处理 │
        └──────────────┘
```

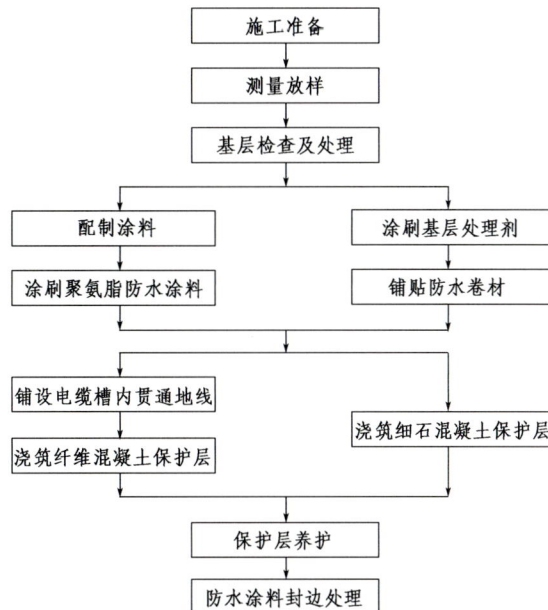

图 8-2-3-1　混凝土梁和简支钢桁梁铁路桥面铺装工艺流程图

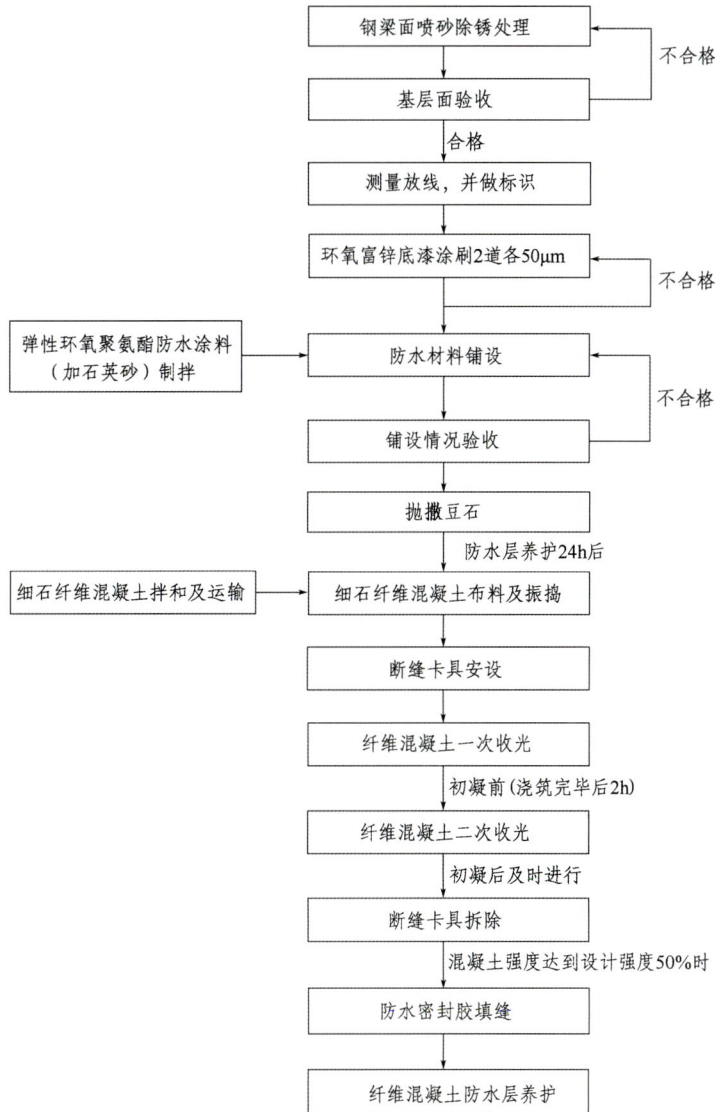

```
┌──────────────┐
│ 钢梁面喷砂除锈处理 │←──── 不合格
└──────┬───────┘
       ↓
┌──────────────┐
│   基层面验收   │
└──────┬───────┘
      合格
       ↓
┌──────────────┐
│ 测量放线，并做标识 │
└──────┬───────┘
       ↓
┌──────────────────┐
│环氧富锌底漆涂刷2道各50μm│←──── 不合格
└──────┬───────────┘
       ↓
┌──────────────┐      ┌──────────────┐
│弹性环氧聚氨酯防水涂料│─────→│  防水材料铺设  │←──── 不合格
│ （加石英砂）制拌  │      └──────┬───────┘
└──────────────┘             ↓
                      ┌──────────────┐
                      │   铺设情况验收  │
                      └──────┬───────┘
                             ↓
                      ┌──────────────┐
                      │    抛撒豆石    │
                      └──────┬───────┘
                         防水层养护24h后
                             ↓
┌──────────────┐      ┌──────────────┐
│细石纤维混凝土拌和及运输│─────→│细石纤维混凝土布料及振捣│
└──────────────┘      └──────┬───────┘
                             ↓
                      ┌──────────────┐
                      │   断缝卡具安设  │
                      └──────┬───────┘
                             ↓
                      ┌──────────────┐
                      │ 纤维混凝土一次收光 │
                      └──────┬───────┘
                      初凝前（浇筑完毕后2h）
                             ↓
                      ┌──────────────┐
                      │ 纤维混凝土二次收光 │
                      └──────┬───────┘
                        初凝后及时进行
                             ↓
                      ┌──────────────┐
                      │   断缝卡具拆除  │
                      └──────┬───────┘
                   混凝土强度达到设计强度50%时
                             ↓
                      ┌──────────────┐
                      │  防水密封胶填缝  │
                      └──────┬───────┘
                             ↓
                      ┌──────────────┐
                      │ 纤维混凝土防水层养护 │
                      └──────────────┘
```

图 8-2-3-2　斜拉桥钢桁梁铁路桥面铺装工艺流程图

403

每 200m² 施工配置表　　　　　　　　　　　表 8-2-3-1

项　目		数　量	项　目		数　量
机械设备	打磨机	2	材料	高聚物改性沥青防水卷材（m²）	200
	角磨机	2		基层处理剂（m²）	200
	卷材摊铺机简易卷材摊铺机（热熔法专用单头喷枪）	2		防水卷材附加层（m²）	10
	抛丸除锈机	1		聚氨酯涂料	—
	手提式吹风机	2		环氧弹性聚氨酯涂料	—
	风力清扫机	2		环氧富锌防锈底漆	—
	电镐	2		石英砂	—
	混凝土运输车	2		豆石（6~8mm）	—
	平板振动器	1		土工布（m²）	200
	简易混凝土整平设备	2	工具	美纹纸（50m/卷）	12
	混凝土切割机	1		双面胶带（50m/卷）	20
	高压泵及水枪	1		搅拌桶（20L）	5
劳保用品	护膝	6		手提式搅拌机	2
	手套	20		短毛滚筒（9寸）	10
	防护服	6		滚筒把（9寸）	4
	护目镜	4		中毛小滚筒（4寸）	12
	安全帽	6		滚筒把（4寸）	3
测量仪器	全站仪	1		消泡滚筒	2
	水平仪	1		猪鬃毛刷	5
	电子台秤	1		8×8mm 锯齿镘刀	3
	温湿度计	1		刮板	4
	清洁度比照图谱	1		剪刀	2
	1m 靠尺	1		铁锹	4
	漆膜检测仪	1		扫帚	4
	附着力检测仪	1		苫布	—
				墨斗	1
				对讲机	4

注：1 寸 ≈ 3.3cm。

2.4　混凝土桥面铺装及排水施工

2.4.1　桥面基面处理

防水层施工前应先对基层面进行验收，测量桥面高程，基层应做到平整、无尖锐异物，不起砂、不起皮及无凹凸不平整现象，如图 8-2-4-1 所示。

对基层面和墙趾进行除尘、除污和找平处理，基面平整度用 1m 长靠尺测量，空隙不大于 3mm，空隙只允许平缓变化，每米不应超过 1 处。基面无酥松、起砂、起皮等现象，并采用高压水枪冲洗干净，无明水，应干燥基面并经验收合格后，方可进行防水施工。

图 8-2-4-1　基面清理施工

对因养护不够等原因造成的强度不足、起砂等现象必须采用合适的打磨机磨粗,直至露出坚硬的基面,对于过于光滑的基面宜用打磨机磨粗,若基层表面高低不平或凹坑较大时,应使用1:1.25的水泥砂浆找平。

挡砟墙墙趾处应无蜂窝、无麻面,若存在则先清除蜂窝、麻面中松散层、浮渣、浮灰、油污等,填补时均应在水泥砂浆中添加水溶性胶黏剂以增强水泥砂浆、净浆与基地的连接。经处理后的基面应坚实、平整、无孔洞、无浮灰、无明水,且无外露钢筋。

基面清理完成后安装桥面 PVC 泄水管,泄水管外径 160mm、长 600mm,布置如图 8-2-4-2、图 8-2-4-3 所示,泄水孔处细部处理如图 8-2-4-4 所示。

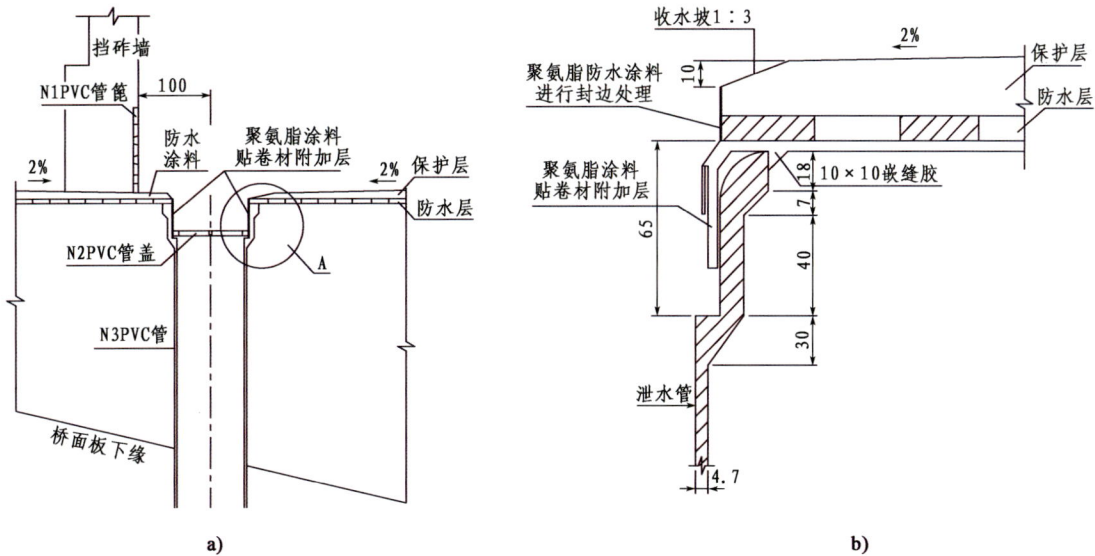

图 8-2-4-2　铁路混凝土箱梁泄水管安装示意图(尺寸单位:mm)

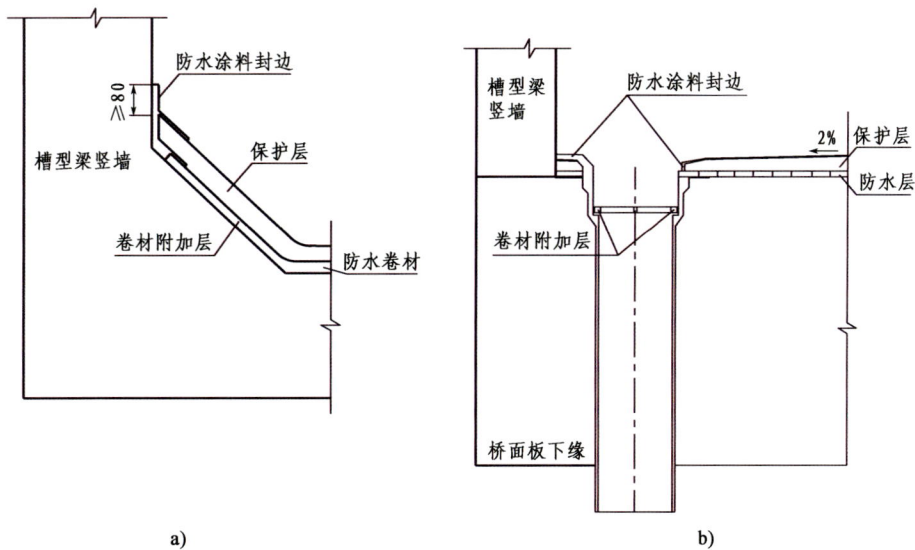

图 8-2-4-3　简支钢桁梁槽型梁泄水管安装示意图(尺寸单位:mm)

2.4.2　涂刷基层处理剂

在基层上涂刷高聚物改性沥青基层处理剂,如图 8-2-4-5 所示。用量不少于 0.4kg/m²,应涂刷均匀、不露底面、不堆积,当基层处理剂干燥不粘手时,方可进行卷材铺设。

图 8-2-4-4　泄水孔处细部处理

图 8-2-4-5　涂刷基层处理剂

2.4.3　高聚物改性沥青防水卷材铺设

1）施工工艺

铁路混凝土箱梁挡砟墙内侧及简支钢桁梁槽型梁梁面采用高聚物改性沥青防水卷材。铺设前先在已涂刷基层处理剂且干燥的基层表面留出搭接缝的尺寸,搭接缝纵横向均按不小于10cm设置,将铺贴卷材的基准线弹好。铺贴时先沿桥面挡砟墙内侧开始,横桥向由低到高顺序铺设。卷材纵向整长铺设,尽量减少接头,搭接时先进行纵向搭接,再进行横向搭接,纵向搭接接头应相互错开,铺贴环境温度不得低于－20℃。防水卷材铺设后对泄水孔及挡砟墙根部等部位采用聚氨酯防水涂料封边,封边高度大于8cm,涂刷厚度不小于1.5mm,泄水孔处防水涂料涂刷密实,防止与卷材交界处渗水。高聚物改性沥青防水卷材铺设如图8-2-4-6所示。

图 8-2-4-6　高聚物改性沥青防水卷材铺设

采用机械烘烤设备,均匀烘烤卷材底面沥青层及基层上的处理剂,将卷材底面的沥青层熔化后,即可向前滚铺。卷材热熔贴过程中,一边铺贴一边滚压排气粘合,滚压钢辊的质量不应小于15kg,直径为15cm。卷材底面熔化以沥青接近流淌、呈亮黑色为宜,防止过度加热烧穿卷材。卷材搭接处的上层和下层卷材应完全热熔粘合,保证搭接处粘贴牢固,搭接缝处应有自然溢出的热熔沥青。铺贴至梁体周边时,滚压后自然溢出的熔融沥青采用刮板密封抹平密封收口。

2）注意事项

（1）采用机械烘烤设备热熔铺贴卷材,也可采用多台喷灯同时烘烤热熔铺贴卷材。

（2）防水卷材纵、横向的搭接长度均不得小于100mm。在已涂刷基层处理剂并干燥的基层表面，留出搭接缝尺寸，将铺贴卷材的基准线弹好，以便按此基线进行卷材铺贴施工。

（3）卷材铺贴应从一端开始，桥面横向由低向高顺序进行，点燃喷灯，烘烤卷材底面的沥青层及基层上的处理剂，烘烤要均匀，将卷材底面沥青层融化后，即可向前滚铺。为确保卷材和基层的黏结，卷材热熔铺贴过程中，应边铺贴边滚压排气粘合。

（4）卷材底面融化以沥青接近流淌、呈黑亮为宜，不得过度加热或烧穿卷材。

（5）卷材搭接处的上层和下层应完全热熔粘合，以保证搭接处粘贴牢固，搭接缝处应有自然溢出的热熔沥青。

（6）卷材铺贴到梁体周边收口部位时，滚压后应有自然溢出的热熔沥青。采用刮板抹平密封收口。

（7）防水层铺贴完成30min后，即可浇筑保护层。

（8）制作防水层时不得因流溅或其他原因而污染梁体。

（9）防水卷材应在桥面铺设至挡砟墙根部。

（10）其他要求同《铁路桥梁混凝土桥面防水层》（TB/T 2965—2018）的相关要求。

2.4.4 聚氨酯防水涂料涂刷

1）施工工艺

铁路混凝土箱梁挡砟墙外侧电缆通信槽采用聚氨酯防水涂料防水层，基面处理完成后经检查合格，按设计要求高出保护层面不小于8cm，在竖墙上弹出墨线，进行聚氨酯防水涂料拌制和涂刷，如图8-2-4-7所示。

施工相关要求如下：

（1）基层需平整、无油渍浮灰、无尖锐异物、不起砂、不起皮、无突破平整度要求的凹凸不平现象。

（2）涂料主剂（A组分）、固化剂（B组分）按产品说明进行配制，每种组分的称量偏差不大于±2%。配制好的涂料应在20min内用完，随配随用。

图8-2-4-7 聚氨酯防水涂料涂刷

（3）聚氨酯防水涂料采用喷涂或刮涂的方式施工，分为两次喷涂，做到喷涂均匀，喷涂后随即洒砂一层，砂粒直径20～40目为宜。

（4）对挡砟墙、电缆槽竖墙等垂直部位使用手刷或锟子先行涂刷，平面部位在其后涂刷。

（5）施工时气温不得低于5℃，喷涂4h或涂刷后12h内防止雨淋及暴晒。防水层完全干固后，方可浇筑保护层。

（6）电缆槽内贯通地线应敷设在通信信号槽下方的保护层内，即在防水涂料涂刷后敷设贯通地线，贯通地线与接地端子连接后再进行保护层施工。

2）注意事项

（1）聚氨酯防水涂料总厚度不应小于2.0mm，用量不少于2.4kg/m²。

（2）基层应做到平整、无油渍浮灰、无尖锐异物、不起砂、不起皮、无突破平整度要求的凹凸不平现象。

（3）聚氨酯防水涂料可选用喷涂或刮涂的方式施工，厚度2.0mm，应分为两次喷涂，应做到喷涂均匀，喷涂后应随即洒砂一层，砂粒直径20～40目为宜。

（4）配制好的涂料应在 20min 内用完,随配随用。

（5）对挡砟墙、电缆槽竖墙等垂直部位使用手刷或锟子先行涂刷,平面部位在其后涂刷。

（6）喷涂 4h 或涂刷后 12h 内防止霜冻、雨淋及暴晒。

（7）防水层完全干固后,方可浇筑保护层。

（8）气温高于 35℃ 或低于 5℃ 不得施工。

（9）质量检查:上述各项的检查除可用肉眼观察检查的项目外,还可用衡器检查防水涂料的配合比,用橡胶测厚仪检查涂层切片样品的厚度。

（10）其他要求同《铁路桥梁混凝土桥面防水层》(TB/T 2965—2018)的相关要求。

2.4.5　纤维混凝土保护层施工

保护层设计为 60mm 厚 C40 细石聚丙烯腈纤维高性能混凝土,配合比为水泥:粉煤灰:矿粉:砂:碎石:聚丙烯腈纤维:减水剂:引气剂:拌和用水 = 225:135:90:664:1083:0.9:6.3:1.35:153,胶材总量 450,水胶比 0.34。保护层混凝土采用搅拌站集中拌和,搅拌时间不少于 3min。

运输车运输至待浇筑桥位下方,水中墩位运至栈桥或支栈桥处,采用泵送上梁面。

施工保护层前,按照设计要求,测量人员在竖墙上放出涂料顶高程、混凝土保护层顶高程、接缝处封边高程,并弹出墨线。

施工保护层时,采用分段浇筑保护层,即单孔铁路箱梁保护层分两次浇筑成型,便于现场养护施工作业,具体做法如下:

（1）采用角钢立模,保护层混凝土左右幅分两次施工,按要求用板条沿纵向在中间设置一道断缝(缝宽:10mm,深度:10 ~ 20mm)。

（2）待第一次混凝土强度达到设计要求后,再进行第二次混凝土浇筑,新老混凝土接触面利用角钢肢做好纵向的断缝设置。当保护层混凝土强度达到设计强度(C40)的 50% 以上时,用聚氨酯防水涂料将断缝填实、填满,不应污染保护层及梁体。

纤维混凝土保护层现场施工如图 8-2-4-8 所示。

纤维混凝土应均匀铺在梁体的防水层上,用平板振捣器振实,在拉动平板振捣器时速度应控制在 3m/min,使纤维混凝土的振捣时间达到 20s 左右,无可见空洞为止。混凝土接近初凝时进行一次抹面,抹面应光滑以免带出纤维,抹面时不得加水,初凝后及时进行二次抹面。

施工时需严格控制纤维混凝土的坍落度,若坍落度过大会造成混凝土的离散从而降低纤维混凝土的强度,反之坍落度过小会影响混凝土的和易性不便于平板振动器的振捣。

混凝土浇筑完成后,采用洒水养护,覆盖土工布洒水保湿养护,洒水次数按保持混凝土表面充分潮湿为标准,自然养护应不少于 14d,防止保护层表面出现裂缝,如图 8-2-4-9 所示。保护层表面应平整、流水畅通,除按设计设置 2% 横向排水坡外,根据泄水孔位置设置一定的汇水坡。

图 8-2-4-8　纤维混凝土保护层现场施工　　　　　图 8-2-4-9　保护层混凝土养护

2.5 斜拉桥钢桁梁梁面铺装及排水施工

2.5.1 钢桥面清理

斜拉桥钢桁梁架设完成后,即可开始铁路桥面铺装及排水施工,斜拉桥铁路桥面泄水管安装如图 8-2-5-1 所示。

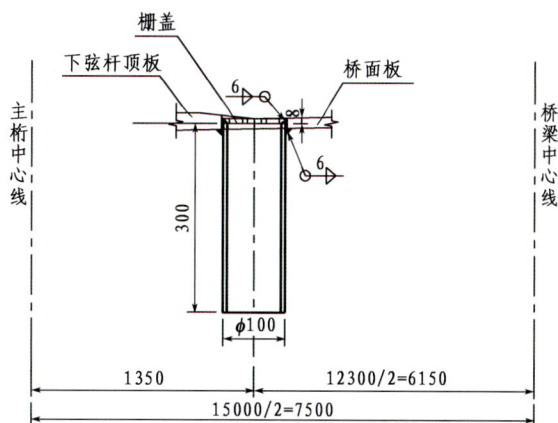

图 8-2-5-1 斜拉桥铁路桥面泄水管安装示意图(尺寸单位:mm)

施工前应清理钢桁梁面杂物,除油、除锈、清除盐分水分和任何污染物,所有的粗糙焊缝和尖锐边缘必须处理圆滑,消除所有的焊花飞溅物,表面喷砂除锈处理至 Sa2.5 级标准,粗糙度 40 ~ 60μm。

泄水管采用 100mm × 10mm × 300mm 可焊接铸钢,沿桥纵向间距 7m,顶部设置栅盖现场采用 6mm 角焊缝与铁路桥面板及主桁下弦杆顶板间围焊,焊接完成后再对焊缝做防腐处理,钢桥面清理及喷砂除锈如图 8-2-5-2 所示。

图 8-2-5-2 钢桥面清理及喷砂除锈

2.5.2 环氧富锌底漆涂刷

钢桁梁铁路桥面清理达到 Sa2.5 级后,尽快(宜 4h 内)涂环氧富锌防锈底漆一道,随后再涂第二道,每道各 50μm,防止钢桁梁面再次生锈或者其他污染。

环氧富锌防锈漆采用机械搅拌,将涂料两组分按产品说明比例混合并搅拌均匀,并按用量配置,现配现用,用量 0.3kg/m²。甲组分开桶后搅拌均匀,按配合比要求将乙组分倒入甲组分中,充分混合均匀,静置、熟化 30min 后,加适量稀释剂,调至施工黏度。底漆熟化及混合后使用时间、干燥时间、复涂时间间隔分别见表 8-2-5-1 ~ 表 8-2-5-3。

熟化及混合后使用时间　　　　　　　　　　　　　　表 8-2-5-1

温度（℃）	熟化时间（min）	混合后可使用时间（h）
5～15	40	16
15～25	30	8
25～30	15	6

干　燥　时　间　　　　　　　　　　　　　　表 8-2-5-2

温度（℃）	表干（min）	实干（h）	完全固化（d）
10	50	48	20
15	40	32	15
25	30	24	7
30	15	12	5

复 涂 时 间 间 隔　　　　　　　　　　　　　表 8-2-5-3

底材温度（℃）	5～10	15～20	25～30
最短间隔（h）	48	24	12
最长间隔（d）	20	15	7

图 8-2-5-3　环氧富锌底漆涂刷

使用过程中,应边施工边搅拌以免沉淀。底材温度须高于露点 3℃ 以上,相对湿度不大于 85%,防止水分凝结。超过最长复涂、间隔时间或在海洋性气候的环境中,富锌漆膜表面可能产生白锈(锌盐),则应在涂装后道漆之前,采用清扫机喷砂或用动力工具、砂纸等对涂层进行表面处理,除尽所有的锌盐和污物,环氧富锌底漆涂刷如图 8-2-5-3 所示。

2.5.3　弹性环氧聚氨酯防水层涂刷

斜拉桥铁路钢桥面设计为弹性环氧聚氨酯 + 石英砂 3mm 防水体系,铁路钢桥面基面处理完成后,即可施工防水层。

1）施工工艺

弹性环氧聚氨酯防水涂层采用机械搅拌,材料总用量 4.3kg/m²,搅拌时间 3min,再加入等于防水材料 0.8～1 倍质量的石英砂(粒径 3mm),再搅拌 3min。涂刷分两遍进行,将搅拌后的防水材料用镘刀施工在做有防腐底涂的钢桥面表面,厚度一致且确保防水涂料在基面的渗透和黏结。第一道涂层表干后则可进行第二道涂刮,第二道涂料的涂刮方向与第一道涂刮方向垂直。防水层涂完后立即抛洒豆石(3～6mm),材料用量 3.5kg/m²。

防水层施工温度为 12～40℃,涂膜尚未固化前,应注意保护,禁止踩踏和堆放重物及尖锐物体,养护 24h 后,可以施工聚丙烯腈纤维混凝土保护层。弹性环氧聚氨酯防水层涂刷如图 8-2-5-4 所示。

2）注意事项

(1)铁路钢桥面喷砂处理至 Sa2.5 级,机械搅拌防腐底漆(环氧富锌防锈漆 2 道,每道厚 50μm),用刷子、滚筒和喷涂底漆至刚做完喷砂处理的钢材表面,用量 0.3kg/m²。

(2)机械搅拌防水层 3min,再加入等于防水材料 0.8～1 倍质量的石英砂,再搅拌 3min。将搅拌后的防水材料用镘刀施工在做有防腐底涂的钢材表面。

(3)防水材料总用量:4.3 kg/m²。施工防水层后立即抛撒豆石,材料用量 3.5 kg/m²。

(4)防水层可施工温度:12~40℃。

(5)在防水层养护24h后,可以施工混凝土保护层。

2.5.4 纤维混凝土保护层施工

斜拉桥钢桁梁铁路钢桥面保护层同样采用C40细石聚丙烯腈纤维混凝土,施工工艺同混凝土桥面。纤维混凝土保护层施工如图8-2-5-5所示。

图8-2-5-4 弹性环氧聚氨酯防水层涂刷

图8-2-5-5 纤维混凝土保护层施工

平潭海峡公铁大桥
建造关键技术

08

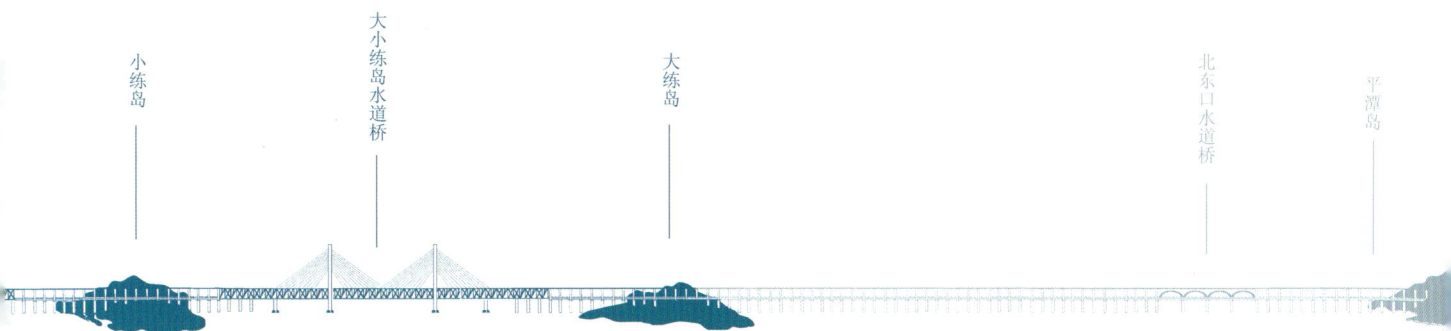

小练岛

大小练岛水道桥

大练岛

北东口水道桥

平潭岛

3.1 下部结构附属结构

3.1.1 通航孔桥主塔及下部结构的附属结构

1）通航孔桥支座及垫石

通航孔桥在边墩（1号、6号）、辅助墩（2号、5号）、桥塔（3号、4号）处均设置有竖向支撑和横向支撑，在3号桥塔处还设有纵向支撑，在4号桥塔位置处设置纵向阻尼器。通航孔桥的竖向支座及横向抗风支座采用耐海洋环境腐蚀的球形铸钢支座。元洪航道桥和鼓屿门水道桥在边墩各设一个TQZ-35000ZX支座和一个TQA-35000DX支座。在辅助墩各设置一个TQZ-5000DX支座；大小练岛水道桥在边墩设置一个TQZ-25000ZX支座和一个TQZ-25000DX支座，在辅助墩设置一个TQZ-40000ZX支座和一个TQZ-40000DX支座；三座通航孔桥在3号桥塔各设置一个TQZ-40000GD支座、一个TQZ-40000HX支座和两个KFQZ-17500DX横向抗风支座，在4号桥塔各设置一个TQZ-40000ZX支座、一个TQZ-40000DX支座和两个KFQZ-17500DX横向抗风支座。

2）塔内检修走道及横梁内外梯道

为方便检修人员上下主塔，在每个主塔的两个塔内均设有爬梯和休息平台。同时，在下横梁内设有爬梯，供检修人员到达相关区域作业。检修通道可经公路桥面处人孔进入塔内，往下可到达塔柱底，往上可到达塔柱顶，塔柱在上横梁处开过人孔，可通过此人孔到达上横梁顶。在公路桥面进人孔设安全门，在主塔上下横梁人孔处设置盖板。

3）主塔观测标

每个主塔在下横梁顶处设有 4 个主塔观测标。

4）下横梁、边墩及辅助墩顶检查设施栏杆

在每个边墩及辅助墩墩顶外缘处设有安全围栏,利用角钢与钢筋沿墩帽顶面周边设置。

5）防雷接地

主塔塔身利用圆钢 $\phi16$ 作为接地引上线,塔身每隔 10m 左右利用结构箍筋作为水平均压环。每根塔柱顶部设置一座避雷针。有多根接地引上线,其下与基础接地极连接,上与主塔顶避雷针连接;边墩及辅助墩防雷接地设置与非通航区桥墩相同。主塔接地系统如图 8-3-1-1 所示。

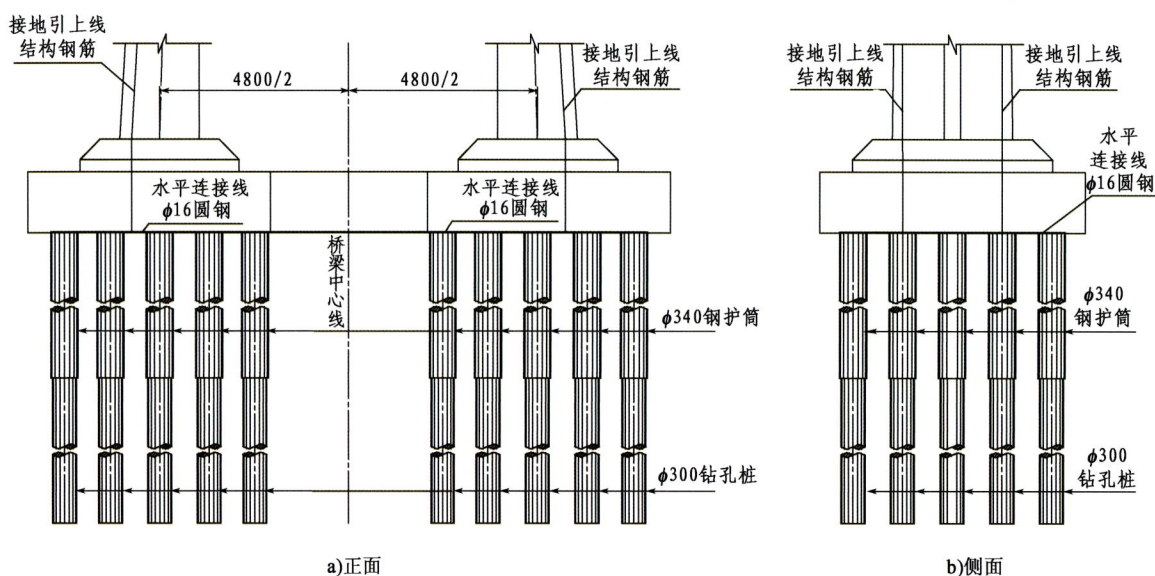

图 8-3-1-1　主塔接地系统(尺寸单位:mm)

其中接地极是利用桩基竖向结构主筋,每根桩至少有一根垂直钢筋作为接地钢筋,该根钢筋在节段处必须采用搭接焊以保证全长电气导通;承台内利用 $\phi16$ 圆钢将所有外围桩基竖向主筋和钢护筒水平连接,再利用圆钢引上;所有接地钢筋之间的交叉连接均采用 $\phi16$ 圆钢 L 形焊接;接地钢筋之间的连接均采用双面焊,焊缝长度不小于 100mm,焊缝高度至少 8mm。

6）桥塔其他附属

塔内在每层平台上方约 2.2m 处安装一盏 23W 节能灯,并设插座可供临时增设的塔内照明或小型电工工具使用;塔上设有航标灯和航空障碍灯,塔顶设置避雷设施。

3.1.2　非通航孔桥下部结构附属

1）支座及垫石

非通航孔桥均采用耐海洋环境腐蚀的球形钢支座,箱梁施工时应根据采用的支座类型预埋相应的支座预埋板,并在墩顶支座垫石施工时根据支座类型预留锚栓孔。公路箱梁及铁路简支梁支座参数分别见表 8-3-1-1、表 8-3-1-2。

公路箱梁支座参数 表 8-3-1-1

支座序号	支座规格	套数	上座板尺寸(mm)		下座板尺寸(mm)		支座高度(mm)
			横桥向	纵桥向	横桥向	纵桥向	
1	TQZ-Ⅳ-6000DX±100	52	640	960	810	610	195
2	TQZ-Ⅳ-6000ZX±100	52	760	1040	1000	610	195
3	TQZ-Ⅳ-8000DX±100	38	740	960	910	710	220
4	TQZ-Ⅳ-8000ZX±100	38	880	1140	1160	710	220
5	TQZ-Ⅳ-12500DX±100	40	920	1140	1090	890	250
6	TQZ-Ⅳ-12500ZX±100	40	1100	1390	1460	890	250
7	TQZ-Ⅳ-12500HX±10	26	920	1460	1310	890	250
8	TQZ-Ⅳ-12500GD	26	1070	1270	1430	890	250
9	TQZ-Ⅳ-15000DX±100	27	1000	1250	1200	970	265
10	TQZ-Ⅳ-15000ZX±100	27	1200	1460	1580	970	265
11	TQZ-Ⅳ-15000HX±10	19	1000	1580	1400	970	265
12	TQZ-Ⅳ-15000GD	19	1170	1380	1550	970	265

铁路简支梁支座参数 表 8-3-1-2

支座序号	支座规格	套数	上座板尺寸(mm)		下座板尺寸(mm)		支座高度(mm)
			横桥向	纵桥向	横桥向	纵桥向	
1	TQZ-Ⅳ-7000HX±10	38	700	1090	980	670	210
2	TQZ-Ⅳ-7000GD	38	810	950	1070	670	210
3	TQZ-Ⅳ-7000DX±100	38	700	920	870	670	210
4	TQZ-Ⅳ-7000ZX±100	38	830	1090	1090	670	210
5	TQZ-Ⅳ-10000HX±100	73	820	1300	1160	790	230
6	TQZ-Ⅳ-10000GD	73	960	1130	1280	790	230
7	TQZ-Ⅳ-10000ZX±100	73	820	1040	990	790	230
8	TQZ-Ⅳ-10000HX±100	73	980	1250	1300	790	230
9	TQZ-Ⅳ-27500HX±20	34	1440	1440	1430	1630	490
10	TQZ-Ⅳ-27500GD	34	1440	1440	1870	1630	490
11	TQZ-Ⅳ-27500DX±100	34	1440	1440	1370	1630	490
12	TQZ-Ⅳ-27500ZX±100	34	1440	1440	2020	1630	490

2）防落梁挡块

铁路箱梁防落梁设施采用栓接于梁底的工字钢,沿横桥向对称设置在垫石内侧,与垫石之间空隙 3cm;简支钢桁梁采用支座抗水平力设计来保证防落梁;公路箱梁在每道横梁梁底横向对称布置两道混凝土抗振挡块,挡块纵向长 1m、横向宽 0.5m、竖向高 0.45m。

3）墩顶围栏

非通航孔桥铁路梁桥墩墩顶外缘处设有安全围栏,利用角钢与钢筋沿墩帽顶周边设置。

4）空心墩内检查设施

非通航孔桥空心墩墩顶设置有 120cm×110cm 检查进人孔,在墩内设置检查体和检查平台。门式框架空心墩内表面周边布置检查平台,平台竖向间距 12m,采用角钢支架、钢筋加花纹板的形式。平台间设置爬梯,爬梯由角钢和钢筋组成;圆形和矩形空心墩墩内沿横桥向设置宽 2.6m 检查平台,平台竖向间距 5m,采用角钢支架加钢筋的形式,平台间设置爬梯。

5)防雷接地

桥墩接地装置由接地极、水平连接线、接地引上线、接地端子等部分组成。

对于钢筋混凝土桩基,利用其中一根通长结构钢筋作为接地极,在桩基的每节段处必须采用搭接钢筋双面焊接以保证全长电气导通,另需将所有桩基竖向主筋通过 $\phi16$ 圆钢连接在一起,共同作为接地极;对于扩大基础,利用基底底面结构钢筋设置一层钢筋网片作为水平连接线,水平连接线布满基底底面,钢筋网格按 $1m \times 1m$ 设置,中部"十字"交叉的两根钢筋上的网格节点以 L 形焊接,外围钢筋闭合焊接,其他节点绑扎,水平连接线钢筋网格外缘距承台混凝土底面不大于 70mm。

每墩至少设有两根接地引上线引至铁路和公路梁底。接地引上线下端与承台内环接地极的钢筋连接,上端与接地端子连接或留接地引上线便于和桥面接地线连接。桥墩基础接地装置如图 8-3-1-2 所示。

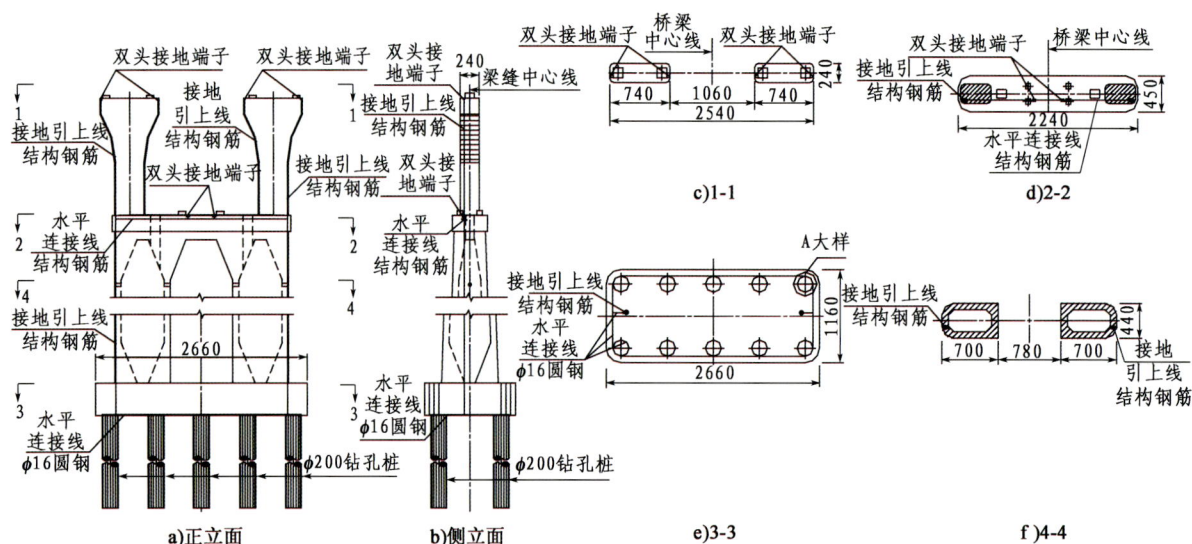

图 8-3-1-2　桥墩基础接地装置示意图(尺寸单位:cm)

3.2　钢梁附属结构

3.2.1　附属结构设计

附属结构主要包括电力通道、检查车轨道、检查车、公路防撞护栏、防抛网、公路桥面水管区栏杆、铁路员工走道及避车台、桥面风水管路、下墩顶检查梯、竖杆竖直爬梯、桥面排水管、伸缩缝、风屏障等。钢梁电力通道及附属结构布置如图 8-3-2-1 所示。

1)检查车轨道

为了提高检查车使用率、降低配置成本,在充分考虑各检查车使用频率、工作效率以及所能覆盖里程范围的基础上,对原设计方案中 39 台检查车的配置方案及技术要求进行了优化,主要包括如下内容:

(1)上弦检查车车体采用三级伸缩方式,覆盖横桥向所需检查的范围。一级车体长度(全部收回时的最短长度)满足在不需要旋转的情况下,能够在副桁内纵向走行。

(2)航道桥上弦检查车按每座航道桥 2 台的标准配置。

（3）下弦检查车按每个钢梁区段（全桥共4个区段）设置1台的原则考虑，简支钢桁梁与同区段航道桥共用1台，但由于航道桥N03、Z03及S03号墩不具备过墩条件，以N03、Z03及S03号墩为界，相应增设3台下弦检查车。由于航道桥钢桁梁检查车轨道（36a工字钢、轨距10m）与简支钢桁梁检查车轨道（25a工字钢、轨距9.3m）的材料与间距均不相同，需在N06、Z01、Z06、S01、S06等5个简支钢桁梁与航道桥钢桁梁交接墩处设置转换轨道（25a工字钢，长10.06m，与原轨道水平夹角1.98°）。同时，下弦检查车采用活动龙门的方式，在车体纵向起行时，龙门可通过手摇轮操作水平移动，实现在9.3m、10m两种轨距间转换。此外，通过使用四氟板和聚甲醛板摩擦副降低摩擦力，减少操作强度；通过采用齿轮齿条啮合的方式来达到两侧龙门同步移动变轨。

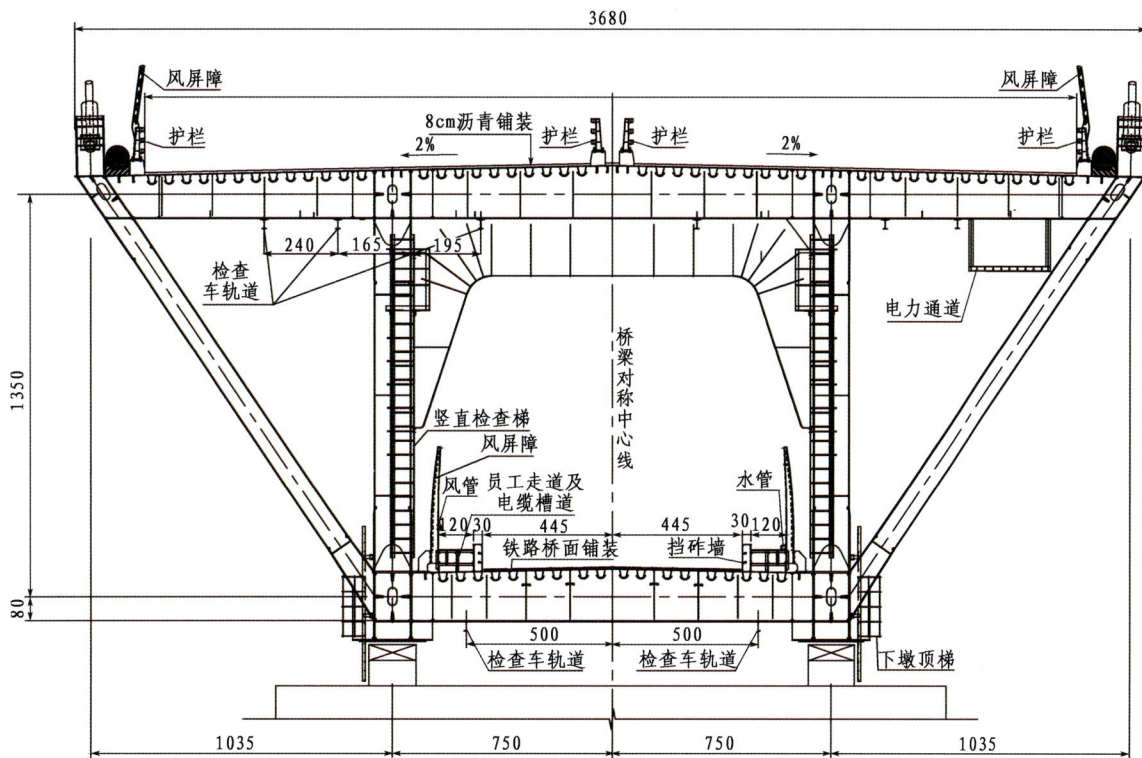

图8-3-2-1　钢梁电力通道及附属结构布置示意图（尺寸单位：cm）

按上述方案优化后，全桥钢梁检查车数量由原来的39台减少至25台，具体情况见表8-3-2-1。

全桥钢梁检查车数量　　　　　　　　　　　　　表8-3-2-1

名　称	位　置	上弦检查车	下弦检查车
简支钢桁梁	6个区段	2台/区段，共12台	同区段共用，共7台
航道桥钢桁梁	3座	2台/座，共6台	
合计		18台	7台

2）电力通道及平台

电力通道全桥通长布置于线路右侧，在钢桁梁区段布置在主桁外侧公路横梁下方。

（1）通航孔桥钢桁梁电力通道及平台

通航孔斜拉桥电力通道由高压电缆吊架、高压电缆平台及钢梁检修平台三部分组成，其沿斜拉桥布置形式为（图8-3-2-2）：高压电缆吊架设置在通航孔桥钢梁主桁与副桁间公路桥面的下方，全桥通长布置；高压电缆平台布置于斜拉桥钢桁梁端。

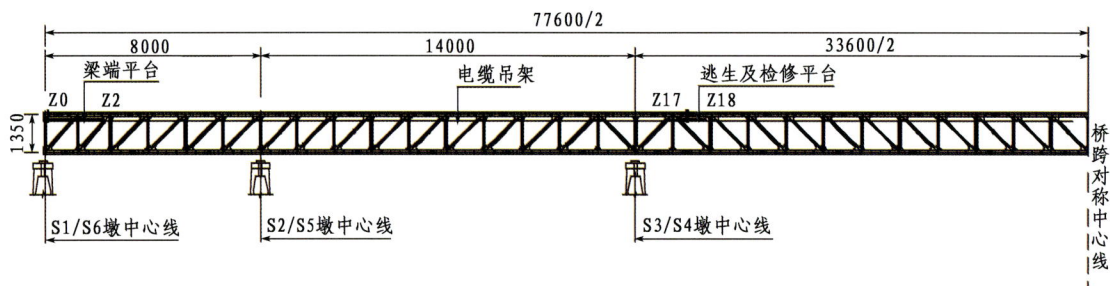

图 8-3-2-2　通航孔桥钢梁高压电缆吊架及平台总体布置示意图(尺寸单位:cm)

高压电缆吊架通过高强螺栓与公路桥面横梁下翼缘连接,吊架吊柱横向距离桥梁主桁架中心4.65m及7.29m,吊架通道顶板距离公路桥面节点横梁下翼缘底面1.5m。吊架通道周围设有护栏及扶手,并设有挡板。通航孔桥钢梁电力通道最大分段尺寸2800mm×8400mm,最大质量5.70t,具体布置示意如图8-3-2-3 所示。

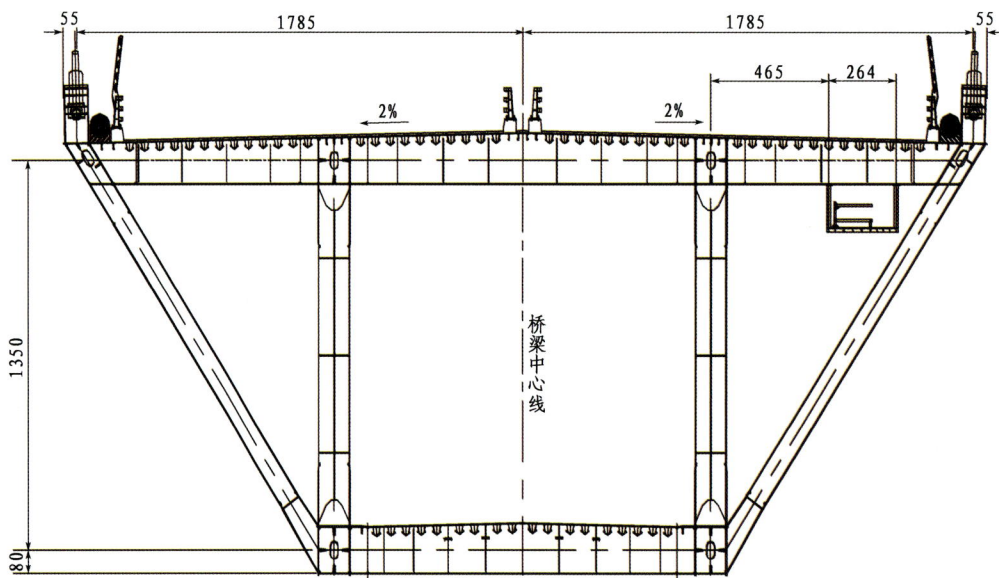

图 8-3-2-3　斜拉桥钢桁梁高压电缆吊架布置示意图(尺寸单位:cm)

吊架上设有电缆支架预焊钢板,钢板分为 A、B、C 三种规格,预焊钢板上设有 M16 内螺纹螺栓孔,电缆支架通过 M16 的螺栓与吊架连接固定,如图8-3-2-4 所示。

在主桥梁端处设置梁端平台,并设逃生爬梯至公路桥面。该平台为电缆吊架的扩大结构,尺寸顺桥向长度 22m 左右,横桥方向向内(桥梁中心线方向)延伸至钢梁竖杆,向外伸至公路面外1.5m,平台周围设有栏杆及扶手,并设有挡板。

在桥塔附近设置逃生及检修平台,并设置逃生爬梯至公路桥面。该平台为电缆吊架的扩大结构,尺寸顺桥向长度 10m 左右,横桥方向向内无须扩大,向外伸至公路面外设置爬梯,平台周围设有栏杆及扶手,逃生及检修平台对应位置为:航道桥主塔处均设置在主跨侧。如图8-3-2-5、图8-3-2-6 所示。

(2)简支钢桁梁电力通道及平台

简支钢桁梁段电力通道内侧立柱通过高强螺栓与设置在纵梁外侧竖向加劲肋板上的牛腿连接,为了连接外侧立柱,在公路纵梁和副桁弦杆之间的竖向加劲肋上增设一道横向小梁,立柱与横向小梁之间采用高强螺栓连接。为了增加通道横向刚度,在通道最外侧纵梁过副桁斜撑位置设置牛腿,牛腿与通道外侧纵梁及副桁斜撑均通过高强螺栓连接,通道周围设有护栏及扶手。简支钢桁梁电力通道最大分段尺寸2800mm×6081mm,最大质量4.22t。如图8-3-2-7、图8-3-2-8 所示。

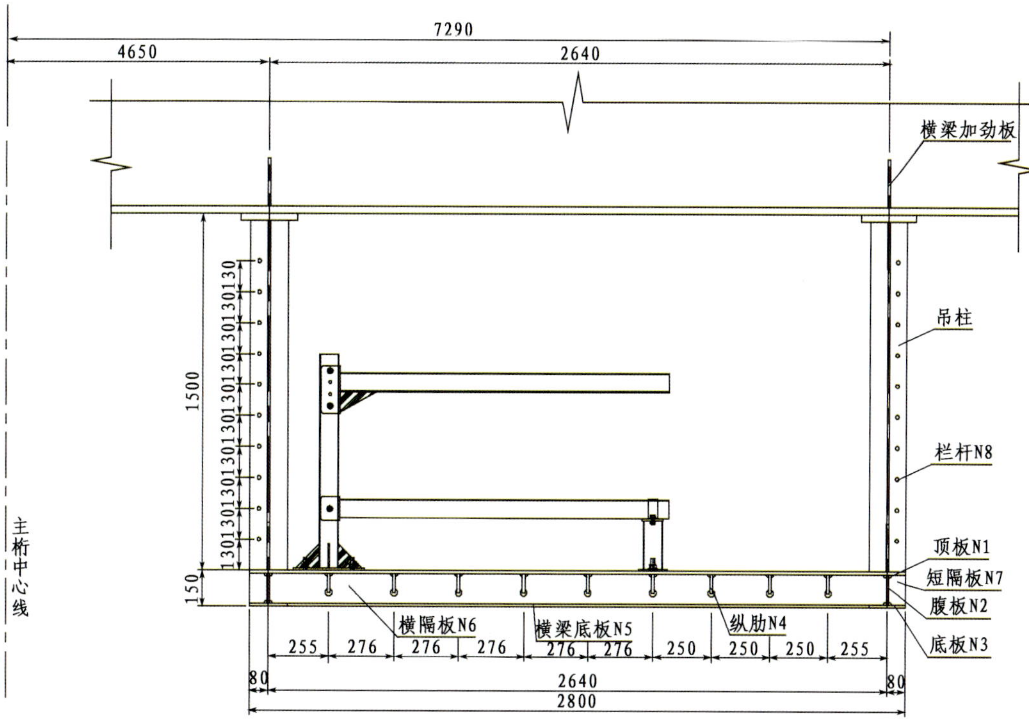

图 8-3-2-4　斜拉桥钢桁梁高压电缆吊架标准断面示意图(尺寸单位:cm)

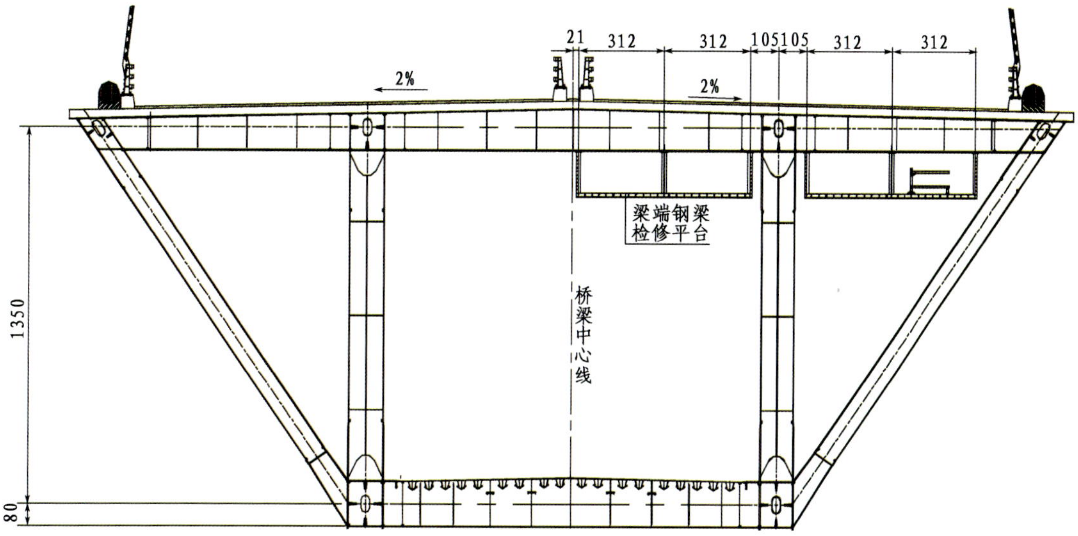

图 8-3-2-5　通航孔桥钢梁梁端平台断面示意图(尺寸单位:cm)

在简支钢桁梁与混凝土箱梁交界处的一个节间,设置钢筋混凝土对接平台,平台外侧设置逃生爬梯至公路桥面。该平台为电缆通道的扩展结构,尺寸顺桥布置整个节间,横桥方向向内(桥梁中心线方向)延伸至钢梁竖杆,向外伸至公路桥面 1.5m,平台横向总宽 11m,平台靠近主桁一侧吊柱通过高强螺栓与增设在两道公路横梁之间的小纵梁进行连接,平台周围设有护栏及扶手、投料平台,并考虑逃生爬梯至公路桥面。该平台为电缆通道的扩大结构,尺寸顺桥向布置一个节间,横桥方向向内无须扩展,向外伸至公路面外 1.5m,平台周围设有护栏及扶手。简支钢桁梁钢筋混凝土对接处平台截面如图 8-3-2-9所示,简支钢桁梁投料平台截面如图 8-3-2-10 所示。

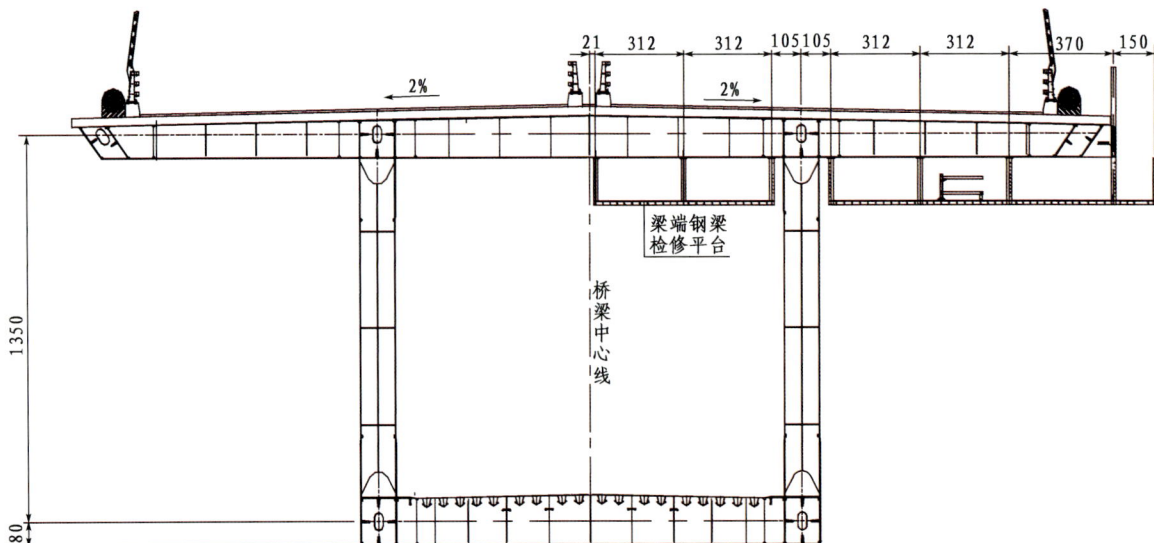

图 8-3-2-6　通航孔桥钢梁梁端平台爬梯处断面示意图(尺寸单位:cm)

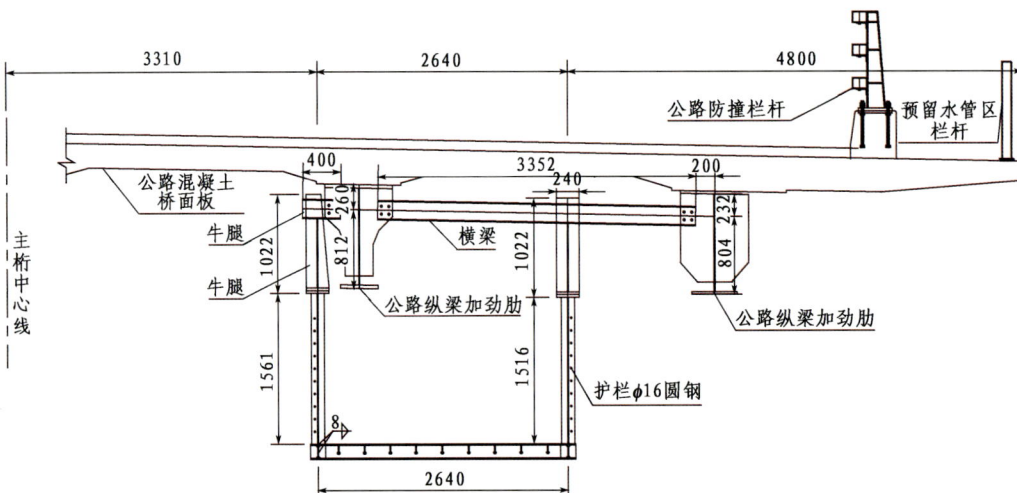

图 8-3-2-7　简支钢桁梁电力通道结构示意图(一)(标准段,尺寸单位:mm)

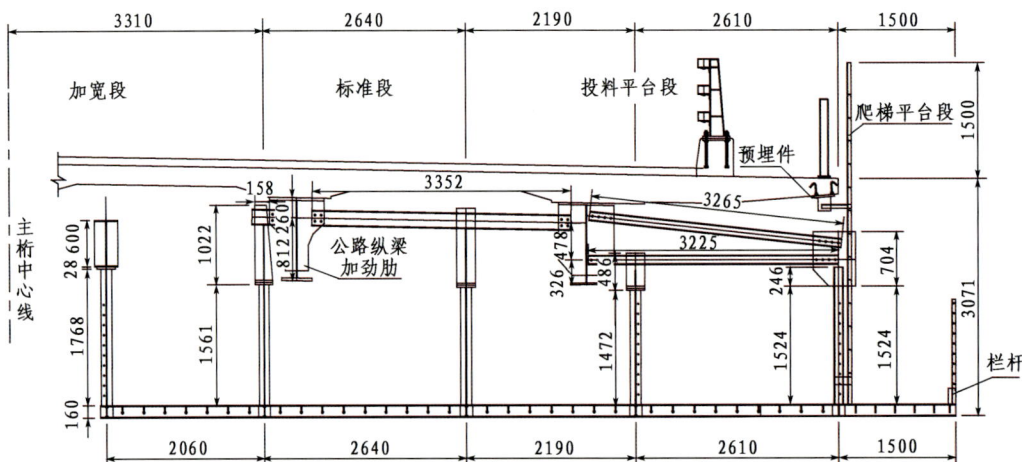

图 8-3-2-8　简支钢桁梁电力通道结构示意图(二)(加宽段及投料平台,尺寸单位:mm)

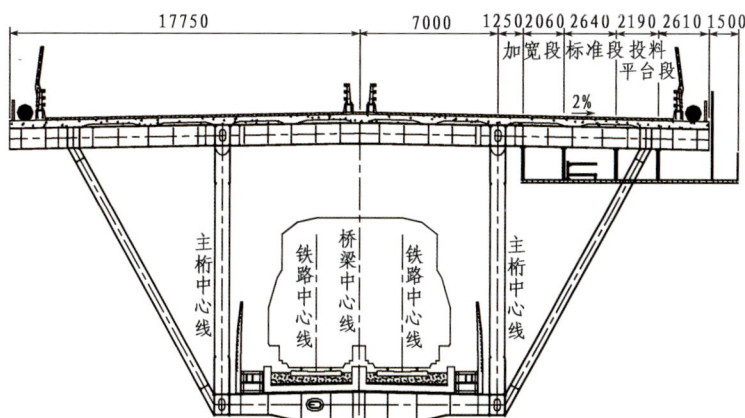

图 8-3-2-9 简支钢桁梁钢混对接处平台截面示意图(尺寸单位:mm)

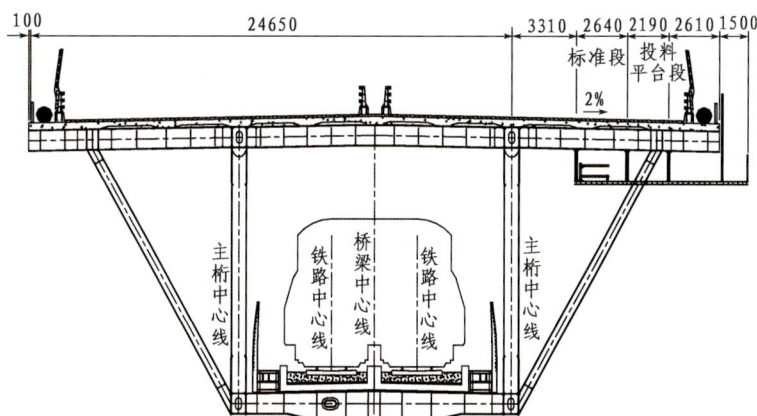

图 8-3-2-10 简支钢桁梁投料平台截面示意图(尺寸单位:mm)

3）公路防撞护栏

（1）通航孔桥公路防撞护栏

公路防撞护栏采用梁柱式钢防撞栏杆,防撞等级 SS 级。钢桥面区段基座采用钢制基座,混凝土基座采用 C50 混凝土,钢立柱、钢横梁及钢挡板采用 Q345C 材质,防撞护栏结构如图 8-3-2-11 所示。

（2）简支钢桁梁公路防撞护栏

公路桥面防撞栏杆采用梁柱式钢防撞栏杆,混凝土基座,防撞等级 SS 级,护栏立柱标准间距为 1.5m,钢立柱、钢横梁及钢挡板采用 Q345C,基座采用 C50 混凝土。钢立柱与混凝土底座通过预埋 M30 锚栓连接,防撞护栏结构如图 8-3-2-12 所示。

4）公路桥面栏杆

（1）公路桥面水管区栏杆

公路桥面水管区栏杆布置对称于桥跨中心线,本桥所用栏杆立柱设计的竖向荷载为 1.2kN/m,水平向外荷载为 2.5kN/m。全桥栏杆按照 9m 节段进行拼接,若端部布置 9m,根据实际需要进行调整。栏杆布置标准段立面如图 8-3-2-13 所示。

421

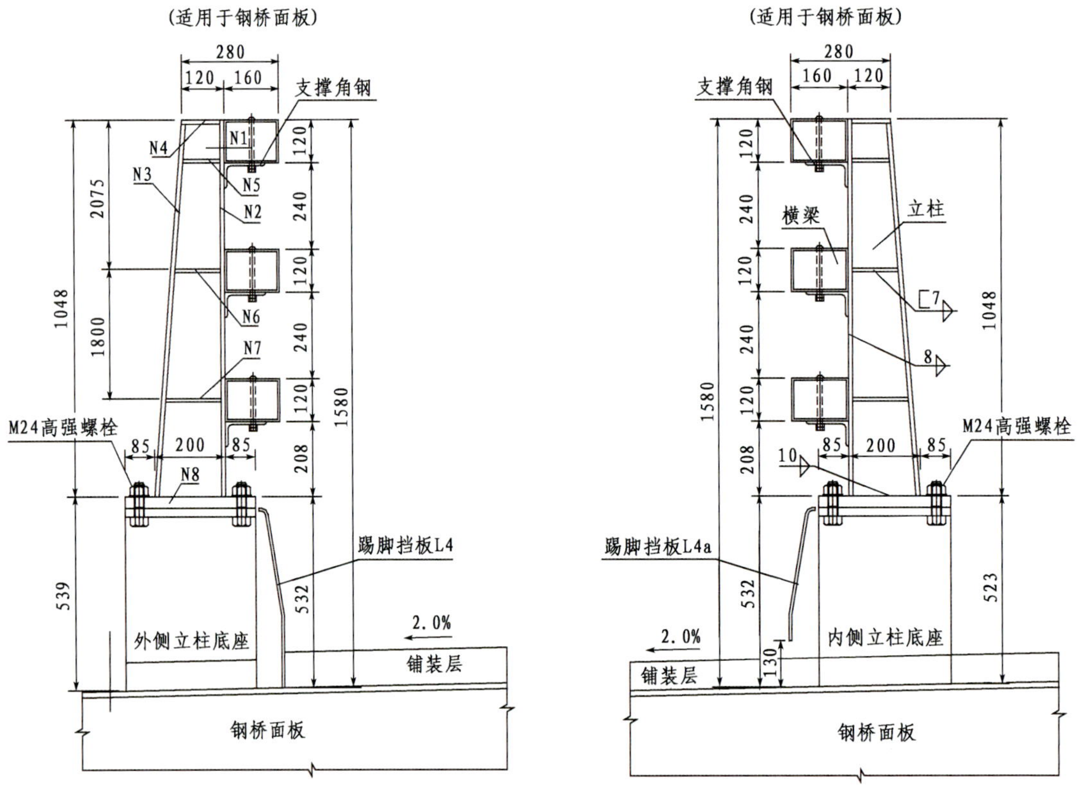

a)外侧护栏立面　　b)内侧护栏立面

图 8-3-2-11　通航孔桥防撞护栏结构示意图(尺寸单位:mm)

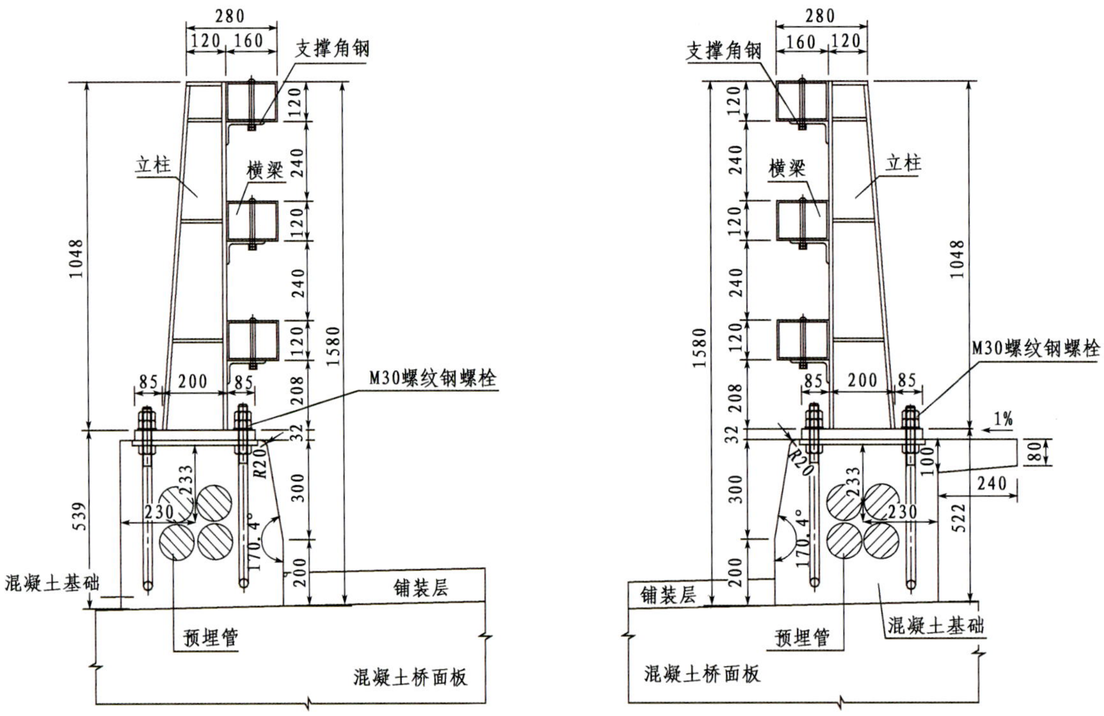

a)外侧立面　　b)内侧立面

图 8-3-2-12　简支钢桁梁防撞护栏结构示意图(尺寸单位:mm)

图 8-3-2-13　栏杆布置标准段立面示意图(尺寸单位:mm)

（2）通航孔桥公路桥面布索区栏杆

在公路防撞护栏外侧设置布索区栏杆,栏杆高 1215mm,栏杆基座在工厂焊接,现场与栏杆立柱用螺栓连接。布索区栏杆立柱如图 8-3-2-14 所示。

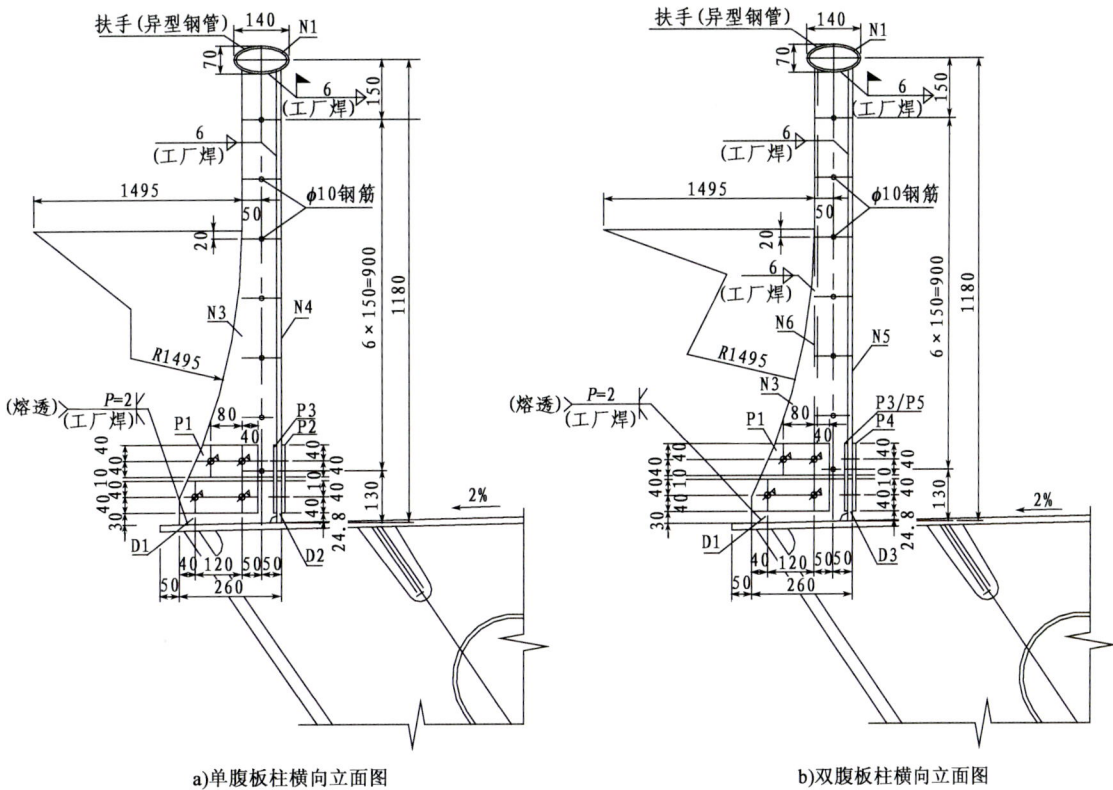

a)单腹板柱横向立面图　　　　b)双腹板柱横向立面图

图 8-3-2-14　布索区栏杆立柱立面示意图(尺寸单位:mm)

（3）通航孔桥公路掉头区护栏

公路掉头区位于边跨无索区混凝土桥面板区域。掉头区护栏立柱示意如图 8-3-2-15 所示。

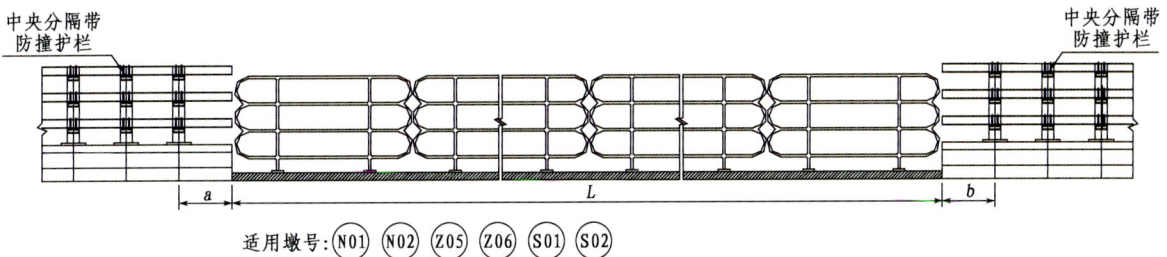

图 8-3-2-15　掉头区护栏立柱立面示意图

5）铁路员工走道及避车台

本桥为双线铁路,员工走道作为铁路桥面的日常维护和检修的通道,全桥共两条。

（1）简支钢桁梁铁路员工走道及避车台

简支钢桁梁区段,铁路员工走道宽 1.1m,布置于槽型梁外侧的桁架纵梁上,桁架纵梁采用角钢焊接而成,纵梁由两片桁架组成,主桁间距 1.1m、高 1.1m,节间长度分 1.6m、1.8m、2.0m 三种。上下弦采用 $\angle 125mm \times 14mm$ 角钢,斜杆采用 $\angle 75mm \times 50mm \times 8mm$ 不等肢角钢,竖杆为 T 形杆件,便于风屏障立柱的连接。两桁片间在节点横向通过槽钢连接。桁架纵梁简支于每节间的铁路横梁上,并通过螺栓固定。

桁架纵梁顶铺高 3.2cm 的镀锌钢格栅板,用卡具与型钢结构栓连,供员工及养护设备通行。

简支钢桁梁区段电缆槽布置于桁架纵梁内,设置三道通信电缆槽道,分别铺设通信屏、电力及照明检修的电缆。走道外侧设风屏障,同时兼作为员工走道的栏杆。横梁顶处风屏障立柱与主桁竖杆间采用工字钢连接。简支钢桁梁员工走道布置如图 8-3-2-16 所示。

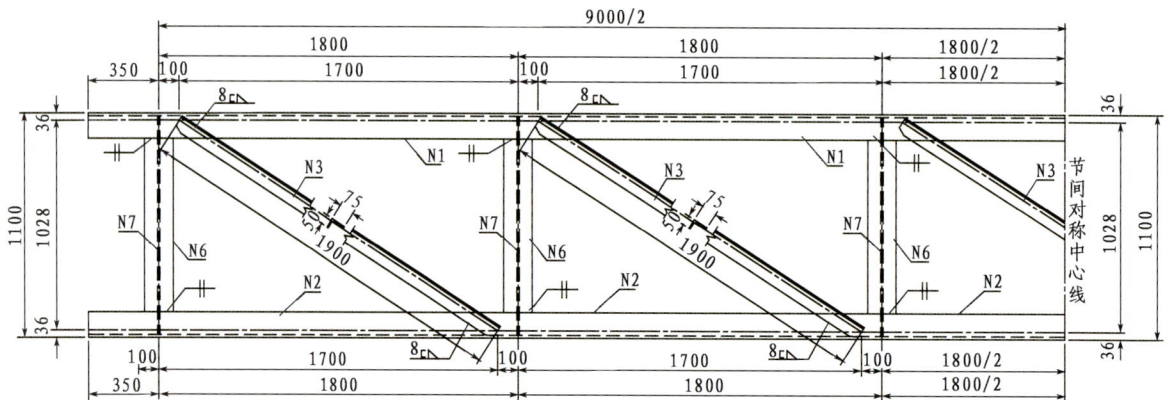

图 8-3-2-16 简支钢桁梁员工走道布置示意图（尺寸单位:mm）

（2）通航孔桥铁路员工走道及避车台

通航孔桥铁路员工走道分列于道砟槽的两侧,每条走道宽 1.2m,走道结构由 Q235B 型钢焊接而成,走道顶面距离钢桥面板 73.4cm,为两层结构。上层走道顶面铺高 3.2cm 的镀锌钢格栅板。下层为架空的电缆槽道,每条走道下各分成 3 个隔仓,分别铺设通信、电力及照明检修的电缆。走道外侧设风屏障,同时兼作为员工走道的栏杆。沿着走道每间隔约 28m 设置一处 0.7m×3.5m 的避车台。通航孔桥钢桁梁员工走道断面布置如图 8-3-2-17 所示。

避车台设置于员工走道外侧,避车台平面及栏杆框架采用 $\angle 50mm \times 6mm$ 角钢焊接,平台底部斜撑杆采用 $\angle 70mm \times 8mm$ 角钢,栏杆高度方向设有三层 $\phi 20$ 圆钢横挡。

6）桥面风、水管路

根据维修养护的需要,按照福平铁路有限责任公司《关于福平铁路高峰山隧道进出口边仰坡危岩落石、平潭海峡公铁大桥避车台及墩顶检查梯现场踏勘处理的会议纪要（二百〇八）》的相关要求,全桥范围（除大练岛 XD13—XD18 区段）均布置风、水管路。风管和水管分别挂在铁路桥面两侧风屏障立柱上（风管左侧,水管右侧）。

7）桥面排水管

（1）公路桥面排水管

公路桥面排水采用分散直排方式,公路桥面横坡小于 1% 时,泄水管道纵桥向间距约 2.0m;大于

1%时,纵向间距4.0m。泄水孔设置在低侧的护栏基座内。泄水管道横桥向沿桥面中心线对称布置。简支钢桁梁公路桥面排水布置如图8-3-2-18所示。

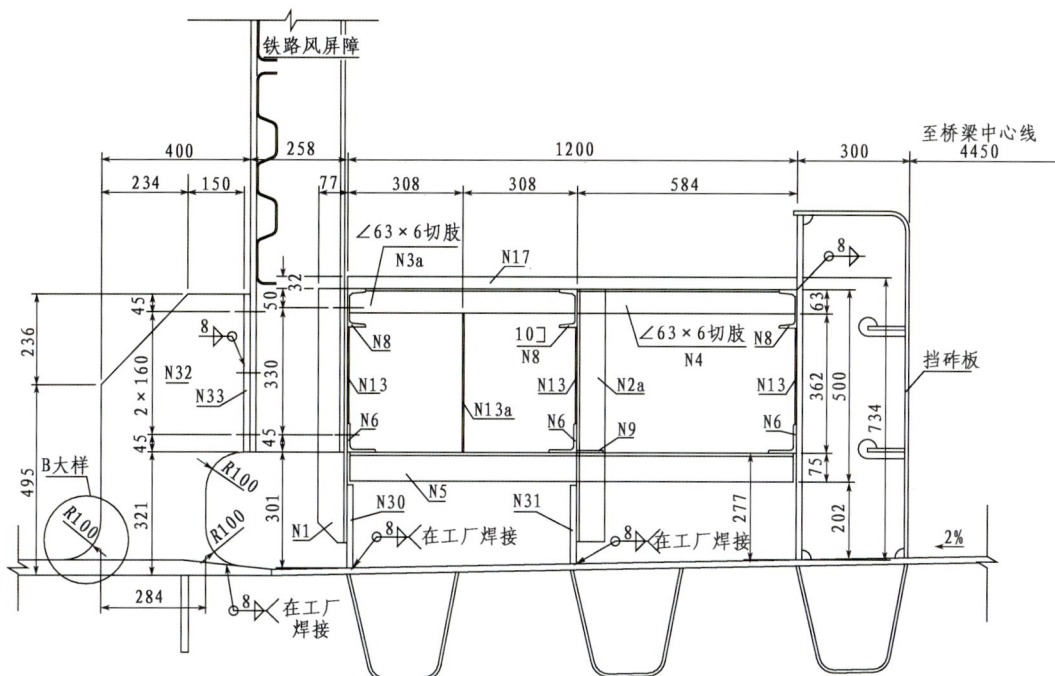

图 8-3-2-17 通航孔桥钢桁梁员工走道断面布置示意图(尺寸单位:mm)

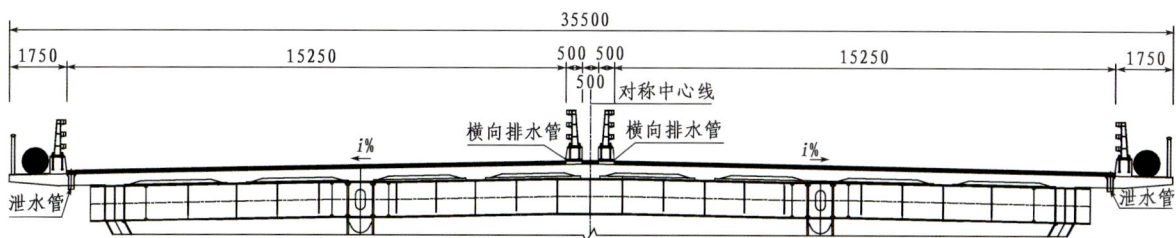

图 8-3-2-18 简支钢桁梁公路桥面排水布置示意图(尺寸单位:mm)

在曲线段主梁处采用左侧集中排水;单桥面横坡变为单向坡时,超高一侧主梁在中央护栏一侧设置排水管,并在梁底设置纵向集水管,将桥面排水集中后通过集水管和设置于桥墩的排水管排出。

简支钢桁梁泄水管入口采用内径160mm的铸铁管,泄水管入口呈喇叭形设计,泄水管盖为铸铁格栅盖。泄水钢管采用内径201.9mm的无缝钢管加工,管壁上开设长圆形泄水孔。

通航孔桥钢桁梁公路桥面排水采用分散直排方式,14节间内泄水管道间距为3.8m和3.2m交错设置,12节间内泄水管道间距为3m。泄水孔设置在防撞立柱之间的路缘挡板外侧,通过路缘挡板的横向泄水管导入。泄水管道横向沿桥面中心线对称布置,泄水管道采用铸钢管,内径110mm,通过与防撞护栏底座及桥面板焊接进行固定。中央分隔带内的水流通过在内侧护栏挡板开孔横向排出,横向排水口间距7m(14m间距)和6m(12m节间)。泄水管采用椭圆形截面的铸钢管,管盖为铸钢格栅盖。通航孔桥钢桁梁公路桥面排水布置如图8-3-2-19所示。

(2)铁路桥面泄水管

简支钢桁梁排水管采用外径100mm的铸钢管,通航孔桥钢桁梁排水管采用外径100mm的铸钢管。

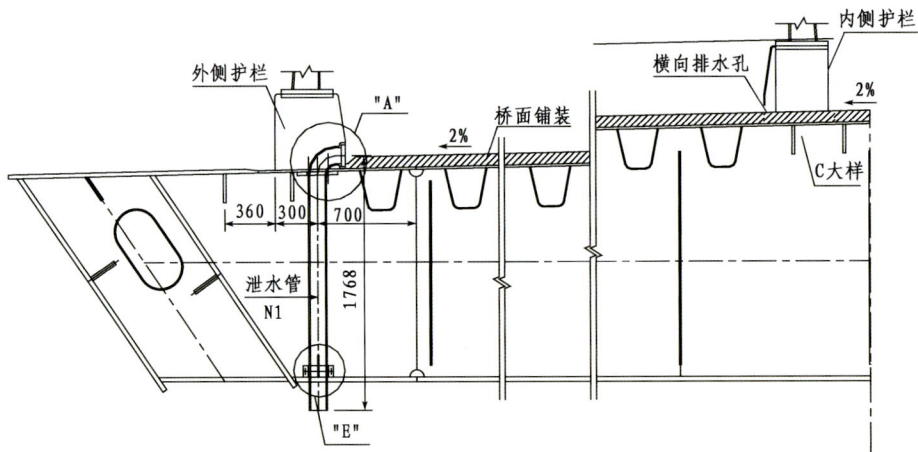

图 8-3-2-19　通航孔桥钢桁梁公路桥面排水布置示意图(尺寸单位:mm)

8）伸缩缝

伸缩缝包含简支钢桁梁伸缩缝、通航孔桥钢桁梁伸缩缝。公路伸缩缝包括行车道伸缩缝、水管区伸缩缝。伸缩缝分类统计见表 8-3-2-2。

伸缩缝分类统计表　　　　　　　　　　　　　　　表 8-3-2-2

序号	材 料 名 称		规 格 型 号	备 注
1	简支钢桁梁铁路伸缩缝		TSSF-100 型	A 类防腐
2	简支钢桁梁公路车行道伸缩缝		伸缩量为 ±80mm，单道长 15.35m	两侧钢桁梁伸缩缝
3	简支钢桁梁公路水管区伸缩缝	N3	HRB400 ϕ 16 钢筋，$L=160$mm	两侧钢桁梁伸缩缝，B 类防腐
4		M1 钢滑板	Q235，□16×470×1250	
5		M2 钢滑板	Q235，□16×345×1250	
6		M3 钢滑板	Q235，□16×25×1250	
7	简支钢桁梁公路车行道伸缩缝		伸缩量为 ±80mm，单道长 15.35m	单侧钢桁梁伸缩缝
8	简支钢桁梁公路水管区伸缩缝	N3	HRB400 ϕ 16 钢筋，$L=160$mm	单侧钢桁梁伸缩缝 B 类防腐
9		M1 钢滑板	Q235，□16×450×1250	
10		M2 钢滑板	Q235，□16×345×1250	
11		M3 钢滑板	Q235，□16×25×1250	
12	S01 铁路伸缩缝		TSSF800 型	A 类防腐
13	S01 公路伸缩缝		SSF720 型，单道长 15.35m	
14	S06 铁路伸缩缝		TSSF960 型	A 类防腐
15	S06 公路伸缩缝		SSF800 型，单道长 15.35m	

简支钢桁梁铁路桥面梁端伸缩装置为 TSSF800/960 型,具体构造如图 8-3-2-20 所示。

9）黏滞阻尼器

平潭海峡公铁大桥安装了共计 24 个 FVD2500/±500-3000-0.3 型阻尼器,其中元洪航道桥 N04 号塔、鼓屿门水道桥 Z04 号塔、大小练岛桥 S04 号塔,各塔处设置 8 台阻尼器。本设备为抑制大桥主梁水平振动的非线性大吨位阻尼器,通过相应连接杆,阻尼器一端与主塔下横梁连接,另一端与钢梁连接。黏滞阻尼器布置如图 8-3-2-21 所示。

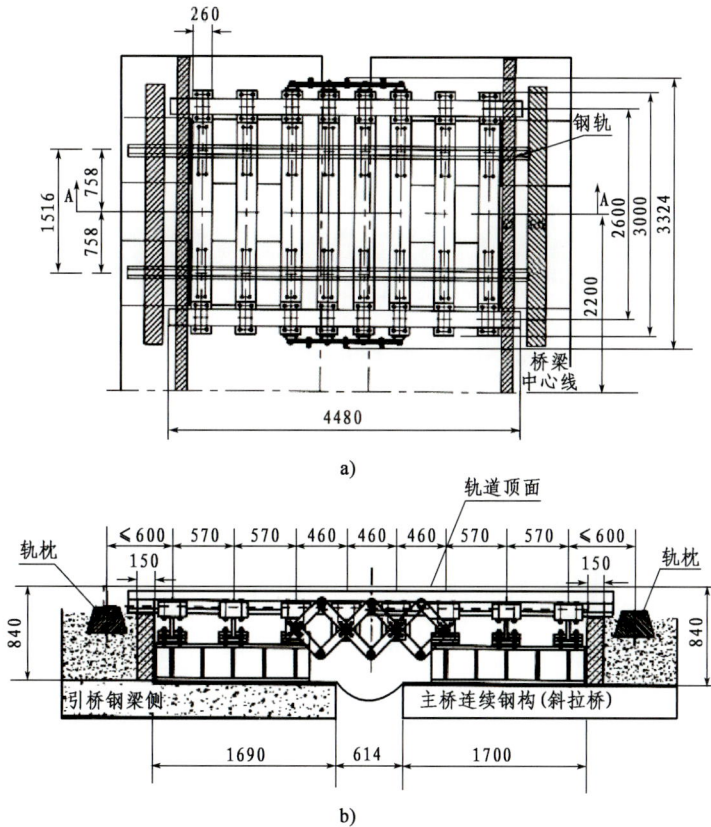

图 8-3-2-20　伸缩装置构造示意图(尺寸单位:mm)

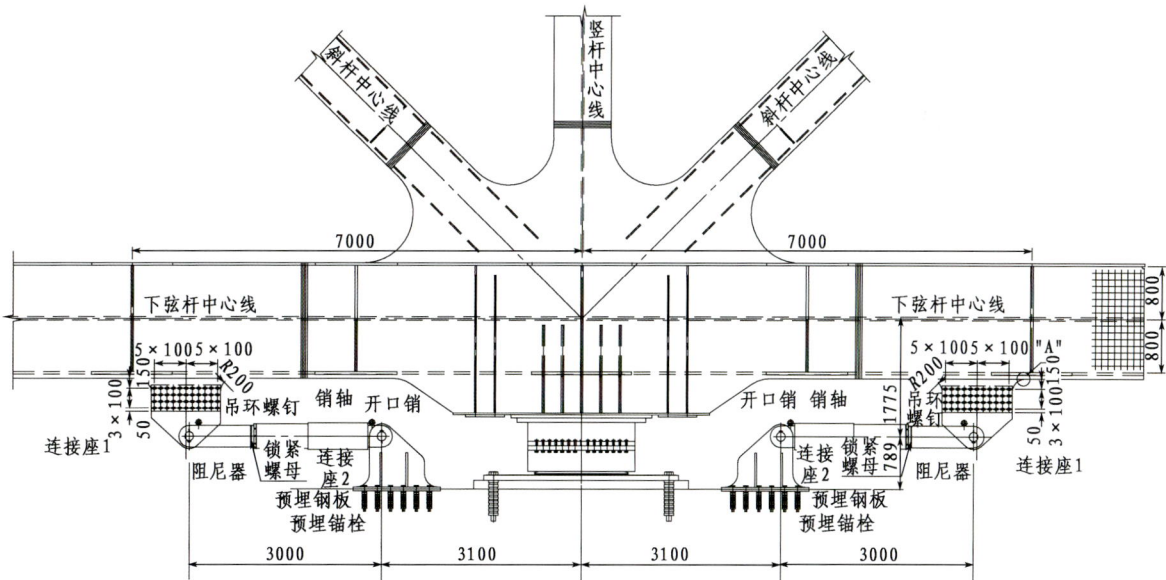

图 8-3-2-21　黏滞阻尼器布置示意图(尺寸单位:mm)

(1)主要构造

黏滞阻尼器主要构造如图 8-3-2-22 所示,系统包括预埋件、上支座(连接支座 1)、下支座(连接支座 2)、阻尼器以及销轴等。

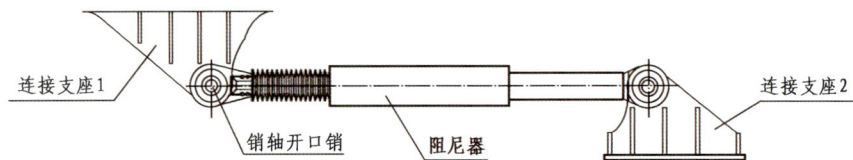

a)结构图

b)实物图

图 8-3-2-22　黏滞阻尼器构造

（2）黏滞阻尼器技术参数（表 8-3-2-3）

黏滞阻尼器技术参数　　　　　　　　　　　表 8-3-2-3

项　　目	名　　称	参　数　值
动力阻尼参数	力与速度函数	$F = C\nu^{\alpha}$
	阻尼系数 $C[\,kN(s/m)^{\alpha}\,]$	3000
	非线性指数 α	0.3
	最大反应速度（m/s）	0.545
	阻尼力（kN）	2500
	最大冲程（mm）	$+500/-500$
	阻尼力最小安全系数	1.5
	阻尼器连接件销轴中心距（mm）	3930
几何尺寸要求	两端固定构造纵向转角（°）	±15
	两端固定构造横向转角（°）	±6
质量（kg）		2000

3.2.2　附属结构施工

1）通航孔桥钢桁梁上弦检查车轨道安装

（1）总体方案

主桁外侧上弦检查车轨道在工厂分段制造完成并验收合格后，使用平板车运输至待安装区域，采用130t 履带式起重机吊装至铁路梁面存放，再使用 10t 叉车送至钢梁主桁外侧 3t 电动葫芦下方，使用 5t 电动葫芦提升轨道至安装平台滚轮上，推送至安装位置正下方，采用 2 台 1t 手动葫芦提升并微调轨道至与钢梁螺栓孔对位，安装连接螺栓，完成轨道安装。

（2）工艺流程

主桁外侧上弦检查车轨道安装工艺流程如图 8-3-2-23 所示。

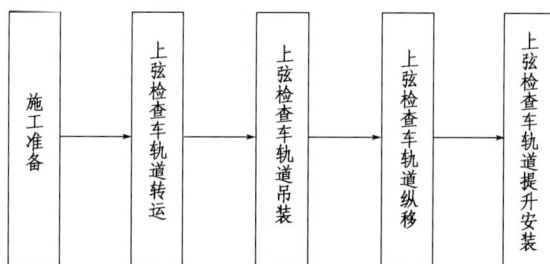

图 8-3-2-23　安装工艺流程图

（3）施工步骤

①内业准备。

组织技术人员对施工设计图纸及有关施工资料进行复核,组织相关人员培训、学习相关技术规范及施工细则、设计文件,做好附属结构施工的技术准备。并且对技术、施工人员进行技术交底,交底内容包括施工方法、施工工艺、质量标准、安全措施、人员组织、材料、机械设备参数及配备情况等。

②施工平台安装。

a. 分别搭设轨道安装爬梯 1、轨道安装爬梯 2,利用手动葫芦在爬梯上将连续 2 节间上弦检查车轨道安装到位,如图 8-3-2-24 所示。

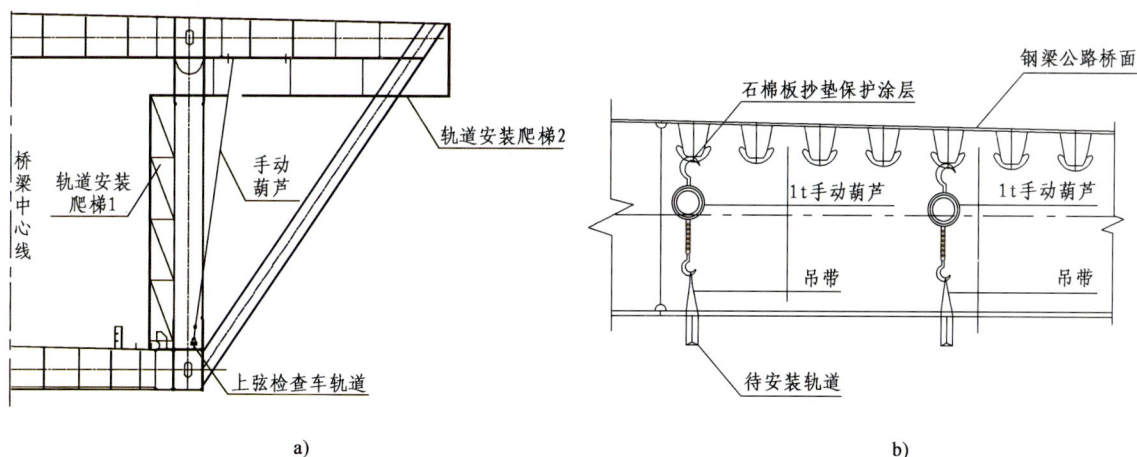

图 8-3-2-24　首节轨道安装示意图

b. 使用 4 台 1t 电动葫芦提升安装 2 台 5t 电动葫芦至公路横梁上,如图 8-3-2-25 所示。

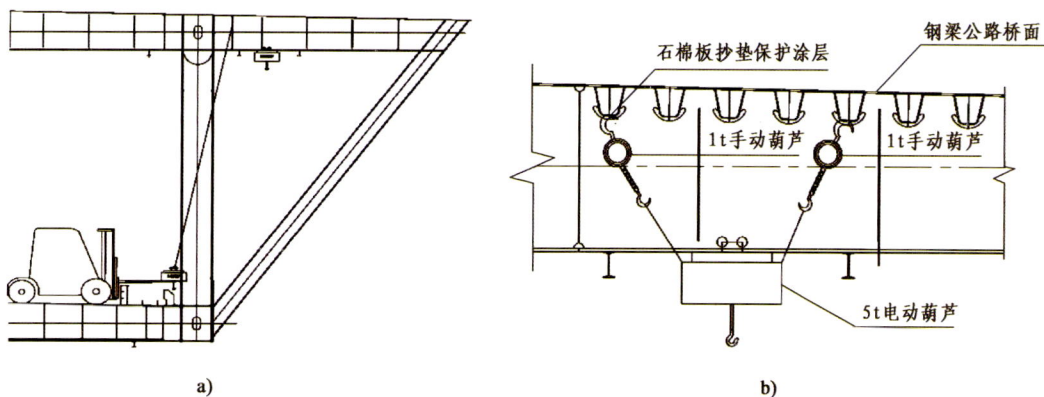

图 8-3-2-25　电动葫芦安装示意图

c. 使用 2 台 1t 手动葫芦提升安装 3t 电动葫芦至内侧上弦检查车轨道上,如图 8-3-2-26 所示。

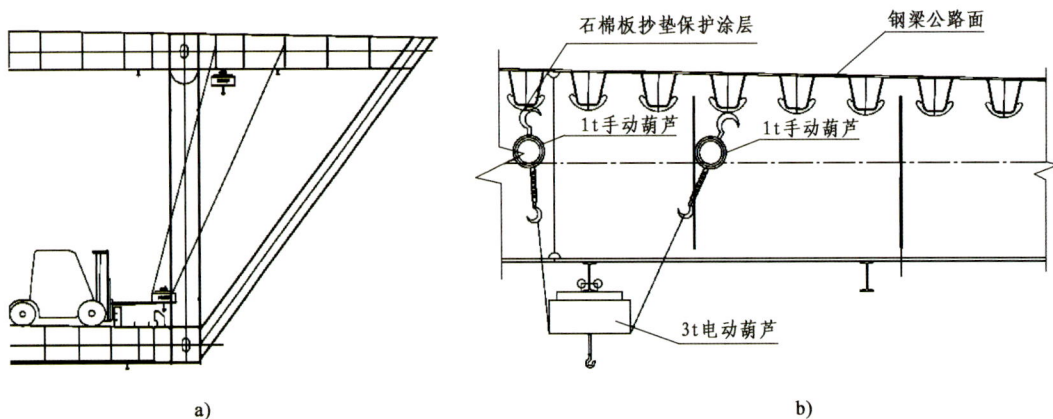

a)　　　　　　　　　　　　　　　b)

图 8-3-2-26　电动葫芦安装示意图

d. 使用 5t 电动葫芦从主栈桥上提升活动平台,再使用 4 台 1t 手动葫芦将活动平台精调安装至检查车轨道上,如图 8-3-2-27 所示。

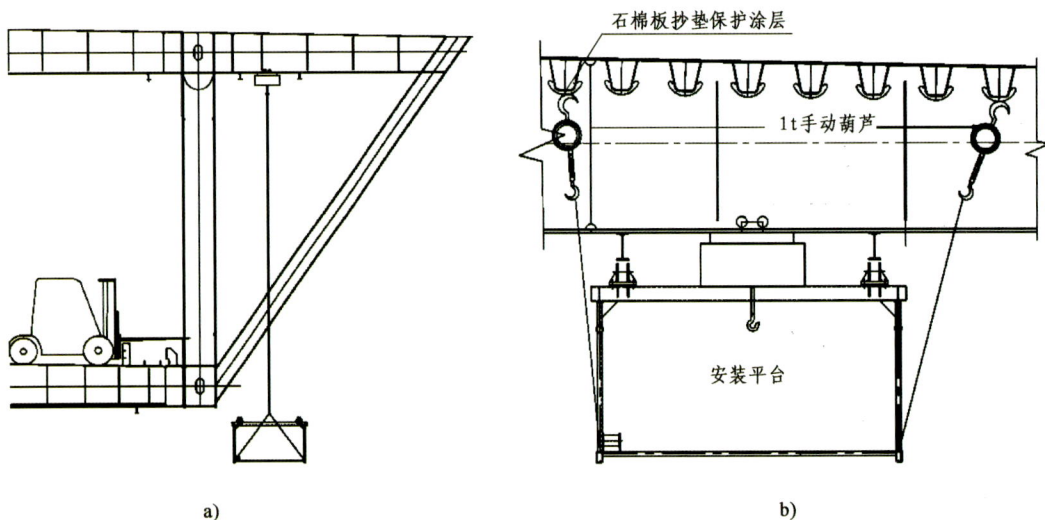

a)　　　　　　　　　　　　　　　b)

图 8-3-2-27　活动平台安装示意图

3t 电动葫芦及活动平台安装至检查车轨道后,将活动平台纵移至待安装轨道区域下方。到位后,用楔块楔紧走行轮,然后用钢丝绳对平台悬臂端进行临时锚固,如图 8-3-2-28、图 8-3-2-29 所示。

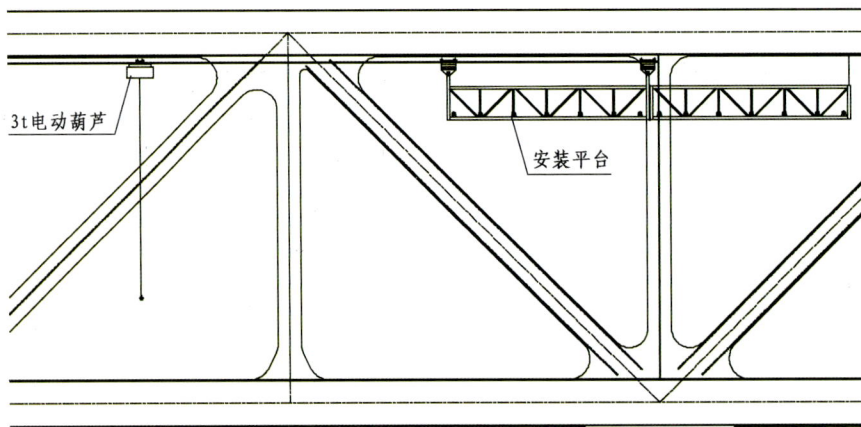

图 8-3-2-28　安装平台布置示意图

图 8-3-2-29 安装平台实物图

③上弦检查车轨道转运。

上弦检查车轨道运输至栈桥上后,采用130t履带式起重机吊装至铁路梁面,再使用10t叉车将待安装节段检查车轨道送至主桁外侧的3t电动葫芦正下方,准备上弦检查车轨道的吊装。

④上弦检查车轨道吊装。

使用3t电动葫芦吊装并提升检查车轨道并将其下放至安装平台滚轮上,下放到位后,摘除电动葫芦吊钩,准备纵移轨道,如图8-3-2-30所示。

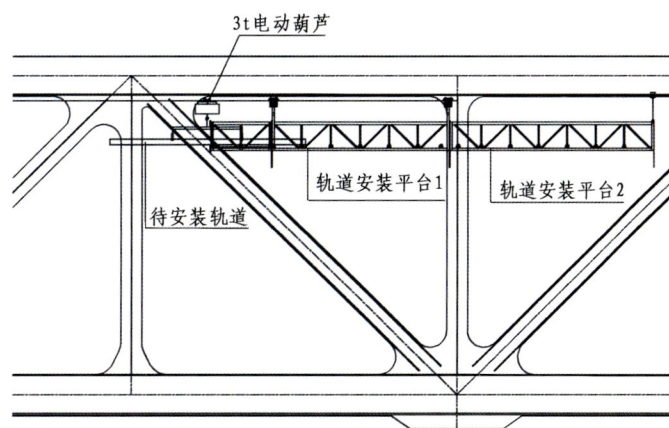

图 8-3-2-30 主桁外侧上弦检查车轨道吊装

⑤上弦检查车轨道纵移。

待上弦检查车轨道稳定后,将其缓慢推送至安装位置正下放,准备提升安装轨道,如图8-3-2-31所示。

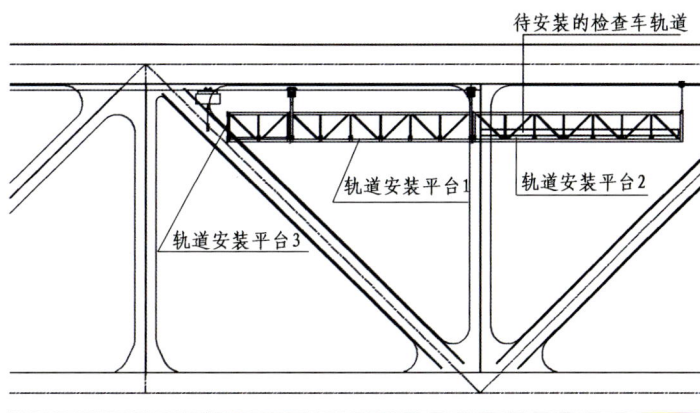

图 8-3-2-31 主桁外侧上弦检查车轨道纵移

⑥上弦检查车轨道提升安装。

采用手动葫芦将轨道提升并微调至设计位置,安装连接螺栓,完成轨道安装。解除安装平台临时锚固及走行轮限位,安装平台及 3t 电动葫芦前移,进行下一节轨道安装,如图 8-3-2-32 所示。

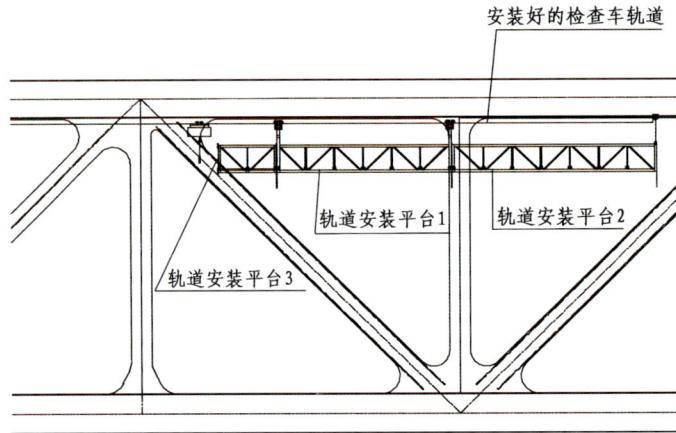

图 8-3-2-32 主桁外侧上弦检查车轨道提升安装

主桁内侧上弦检查车轨道采用在铁路梁面安装 2 台 1t 卷扬机,公路梁 U 形肋处设置 2 个定滑轮提升轨道,安装人员通过主桁外侧活动平台及临时平台走行至轨道安装位置,安装连接螺栓,如图 8-3-2-33 所示。

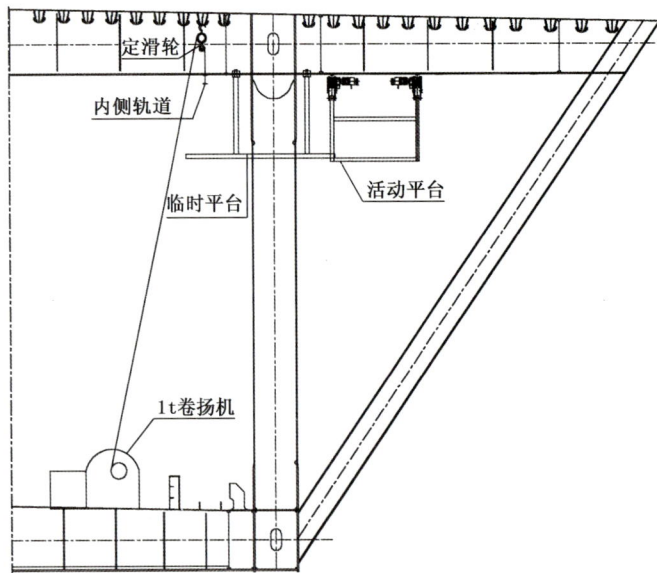

图 8-3-2-33 主桁内侧上弦检查车轨道安装示意图

2)简支钢桁梁上弦检查车轨道安装

简支钢桁梁上弦检查车轨道采用 70t 架板机进行安装,安装步骤如下:

(1)公路桥面板 E0—E2 两节间边板架设完成,架板机前移至 E2—E4 节间,吊装 E0—E2 节间 12 根轨道及 8 根横联,如图 8-3-2-34 所示。

(2)公路桥面板 E2—E4 两节间边板架设完成,架板机前移至 E4—E6 节间,吊装 E2—E4 节间 12 根轨道及 8 根横联,如图 8-3-2-35 所示。

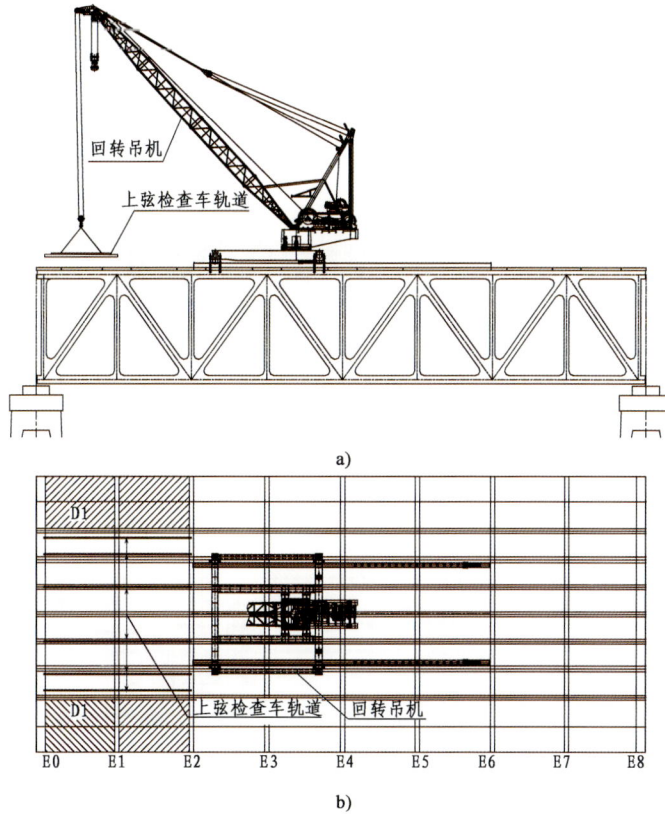

a)

b)

图 8-3-2-34　安装示意图(一)

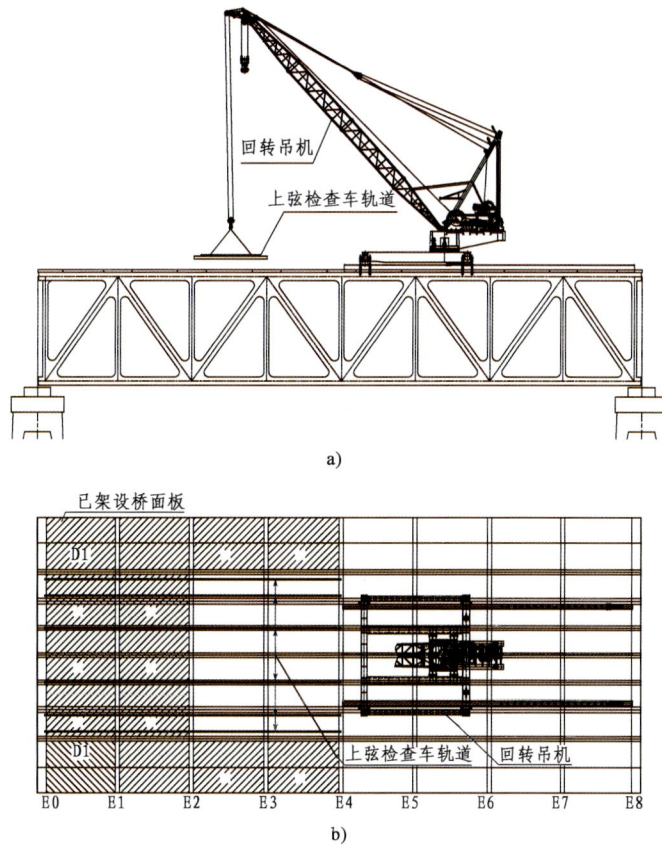

a)

b)

图 8-3-2-35　安装示意图(二)

（3）公路桥面板 E4—E6 两节间边板架设完成，架板机前移至 E6—E8 节间，吊装 E4—E6 节间 12 根轨道及 8 根横联，如图 8-3-2-36 所示。

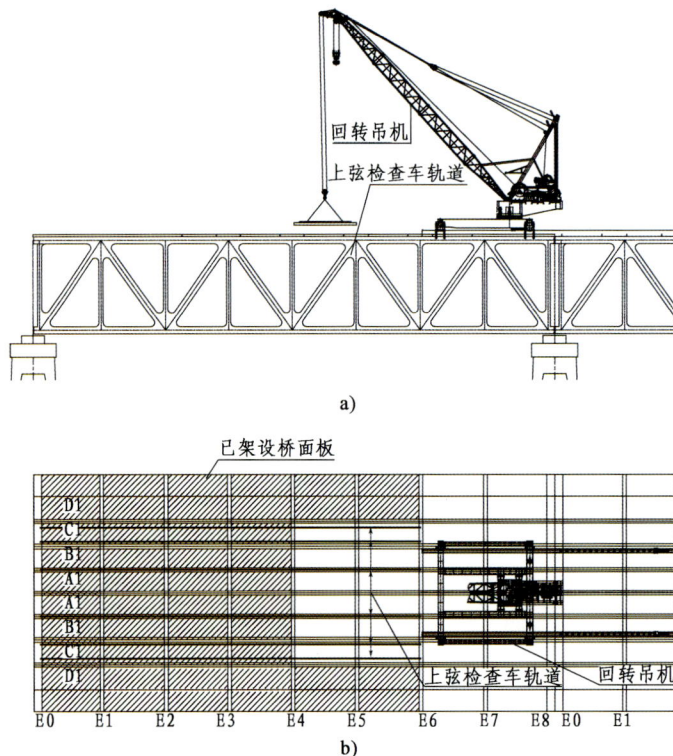

图 8-3-2-36　安装示意图（三）

（4）公路桥面板 E6—E8 两节间边板架设完成，架板机前移至下一孔梁 E0—E2 节间，吊装 E6—E8 节间 12 根轨道及 8 根横联，如图 8-3-2-37 所示。

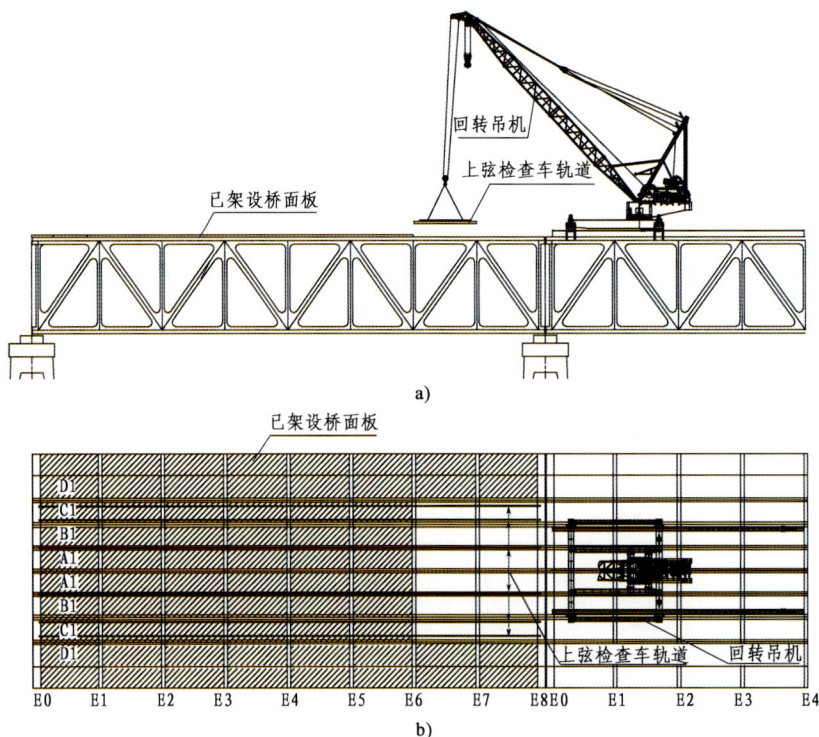

图 8-3-2-37　安装示意图（四）

（5）重复步骤 1～4，完成剩余轨道及横联安装，如图 8-3-2-38 所示。

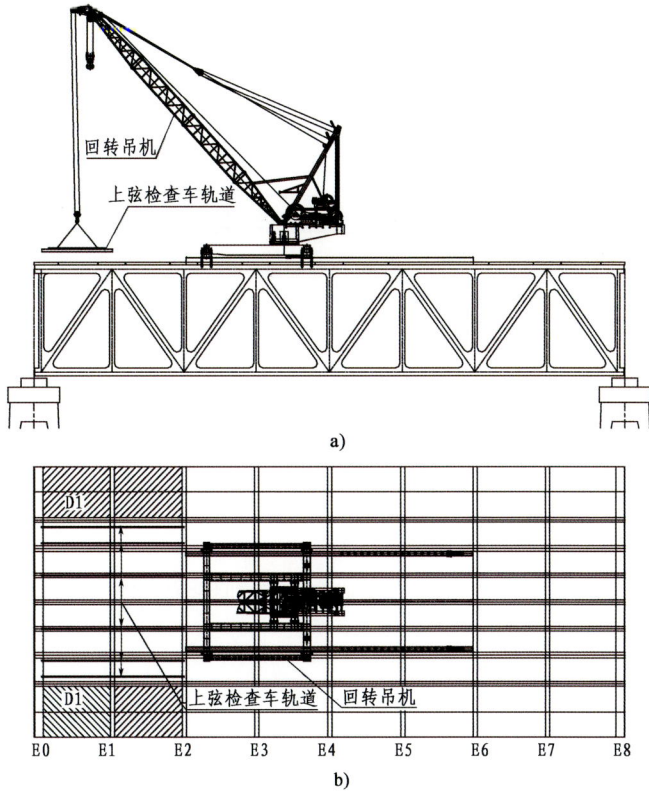

图 8-3-2-38　安装示意图（五）

3）简支钢桁梁下弦检查车轨道安装

简支钢桁梁下弦检查车轨道采用 4 个爬梯平台及 4 台 1t 卷扬机进行安装，安装步骤如下：

（1）待槽型梁湿接缝施工完成后，在槽型梁上采用 1 台 10t 汽车式起重机吊装 4 个爬梯至铁路横梁上，如图 8-3-2-39 所示。

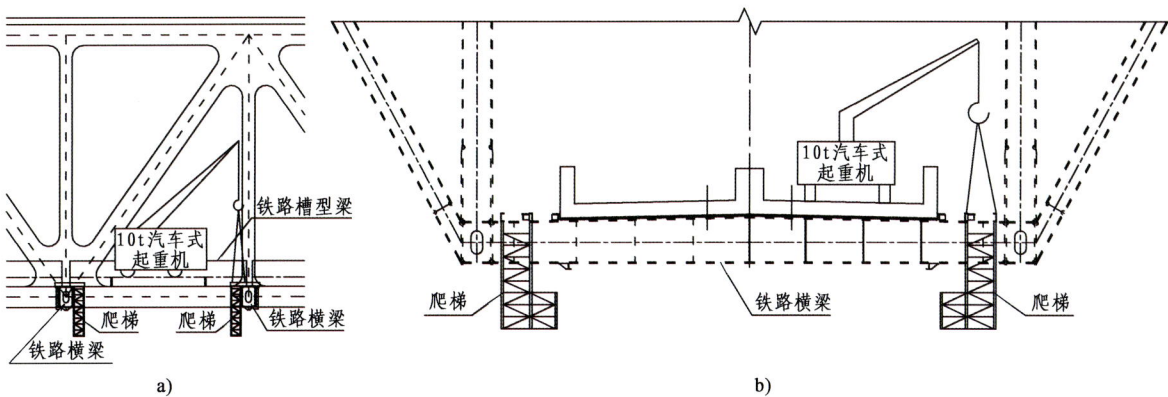

图 8-3-2-39　安装爬梯布置示意图

（2）在铁路槽型梁上安装 4 台 1t 卷扬机，4 台卷扬机钢丝绳分别穿过槽型梁吊杆孔；在支栈桥上将 1 个节间轨道及横联组成整体，采用 4 根钢丝绳四点缓慢同步起吊轨道，直至轨道底面高于爬梯悬挑端顶面，如图 8-3-2-40 所示。

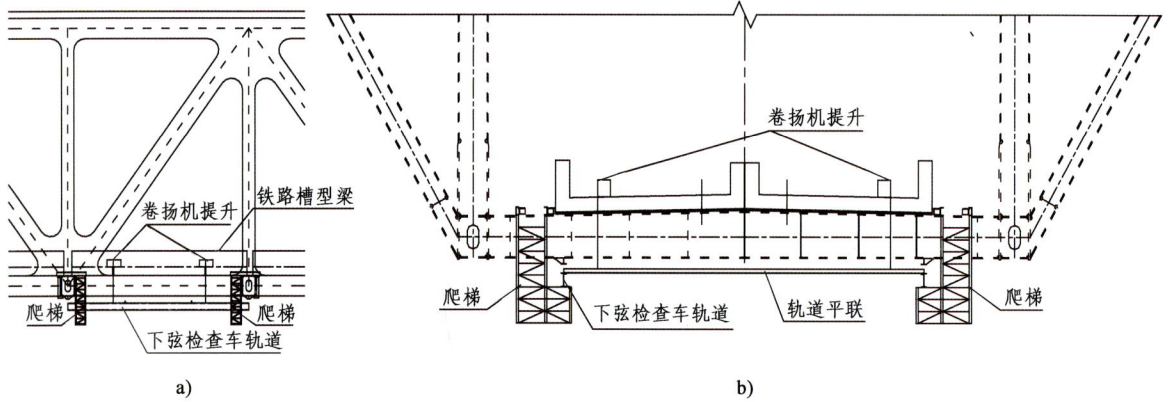

图 8-3-2-40　轨道吊装至高于爬梯顶面

（3）爬梯横移至轨道下方,缓慢下放轨道至爬梯悬臂端平台上,再使用 4 台 1t 手动葫芦精调轨道至安装位置,安装连接螺栓,解除卷扬机钢丝绳,完成轨道安装。

4）钢梁电力通道安装

电缆吊架及电缆平台在工厂分单元制作完成后运送至现场,依照安装顺序摆放至铁路梁面,以备安装使用。

（1）工艺流程

组拼吊挂步履式自行提升机,安装高压电缆吊架第一个单元,利用提升机及汽车式起重机安装第二个单元,同时人工辅助安装第一个单元的吊架支架,随后提升机向前走行并安装下一单元(同时人工辅助安装第二单元的吊架支架),依次循环往复,直至全部电力通道设施安装完成。电力通道安装施工流程如图 8-3-2-41 所示。

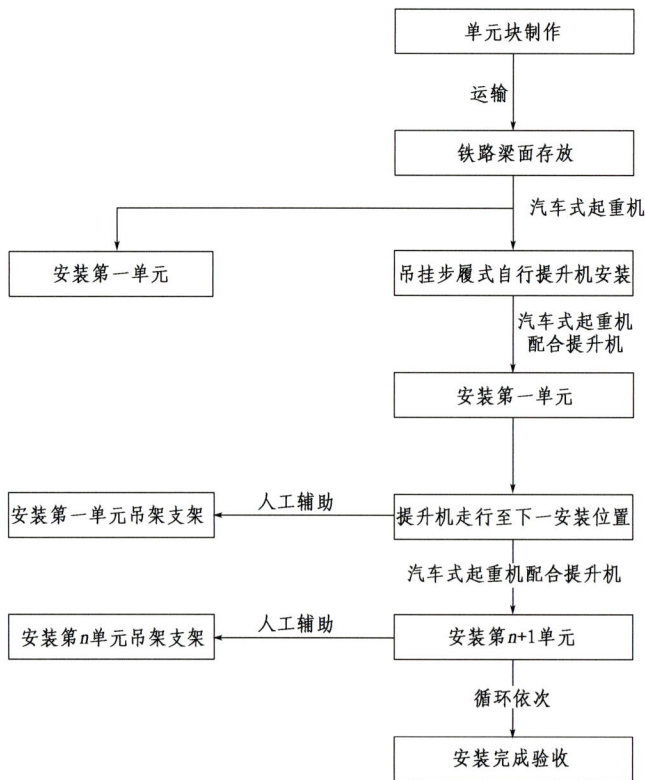

图 8-3-2-41　安装工艺流程图

436

（2）施工步骤

①施工准备。

a.内业准备。

组织技术人员对施工设计图纸及有关施工资料进行复核,组织相关人员培训、学习相关技术规范及施工细则、设计文件,对临时结构及主体结构进行出厂前检查签证,做好电力通道安装的准备工作。并且对技术、施工人员进行技术交底,交底内容包括:施工方法、施工工艺、质量标准、安全措施、人员组织、材料、机械设备参数及配备情况等。

b.施工设备安装。

使用已安装的5t电动葫芦从主栈桥上提升吊挂步履式自行提升机,再使用4台1t手动葫芦将其精调安装至检查车轨道上。反挂走行装置一方面将提升机固定于钢梁顶部横梁翼缘,起到吊挂主结构的作用,另一方面又通过自带的纵移走行轮实现提升机在横梁翼缘纵向移位;纵移轨道为提升机移位及电动葫芦走行的导轨;电动葫芦为电缆吊架起吊安装的动力机构。提升机结构如图8-3-2-42所示。

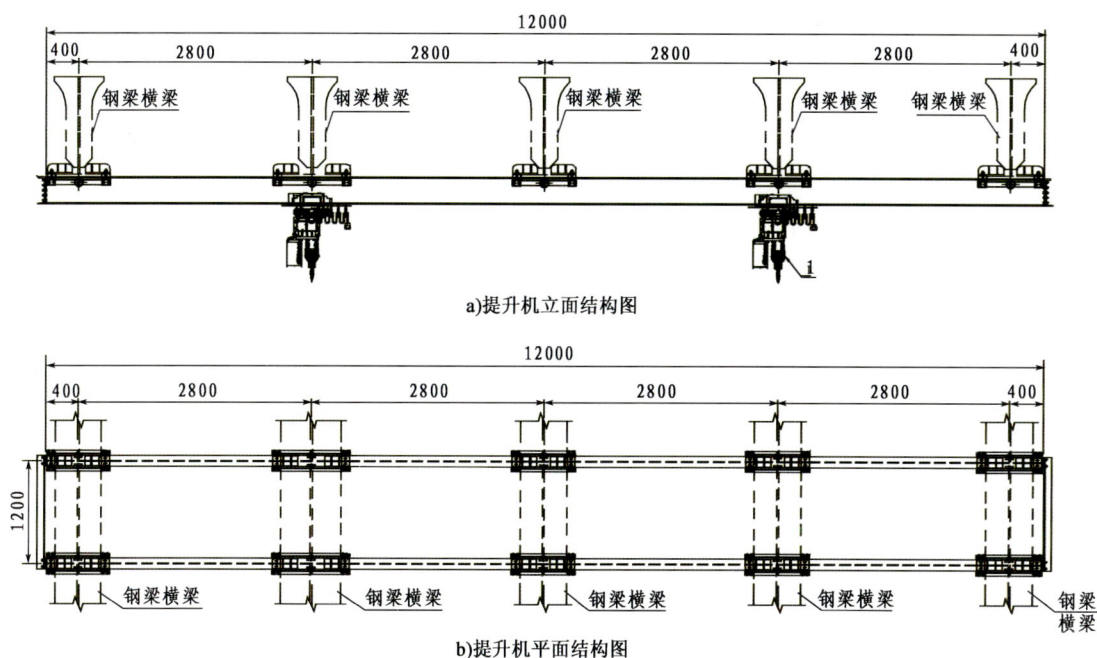

a)提升机立面结构图

b)提升机平面结构图

图8-3-2-42 吊挂步履式自行提升机结构(尺寸单位:mm)

提升机初次安装位置为斜拉桥紧邻钢桥面板的无索区处,安装工作应在无索区混凝土桥面板架设前进行,首先将提升机的反挂装置安装至钢梁横梁下翼缘,然后再通过公路桥面的汽车式起重机安装提升机的走行轨道,最后安装提升机的电动葫芦。提升机安装完成并验收合格后,方可投入使用,如图8-3-2-43所示。

②电力通道设施分单元制作。

高压电缆吊架共分为A~D四种规格,每种规格单元划分如图8-3-2-44所示,各单元节段间接缝距离为40mm。

高压电缆平台参照C型通道进行单元划分制作。单元件制作完成后运送至铁路桥面对应安装位置

图8-3-2-43 安装设备实物图

存放。

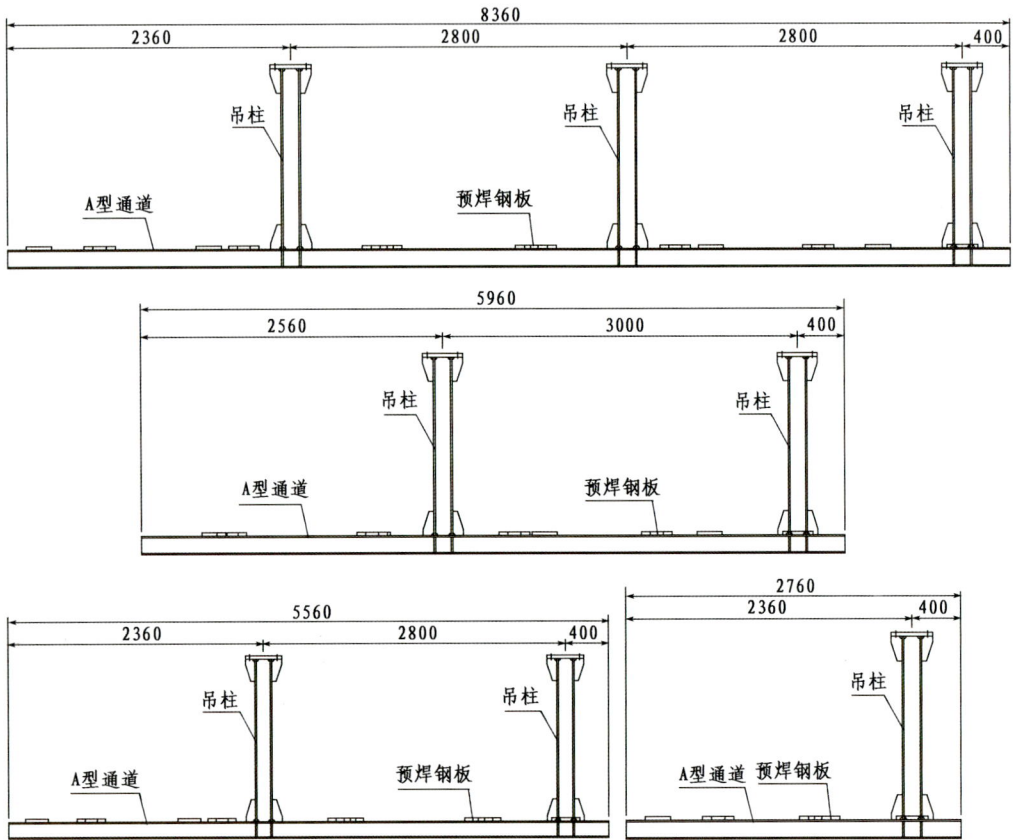

图 8-3-2-44　高压电缆吊架单元划分布置示意图(尺寸单位:mm)

③电力通道设施单元件安装。

电动葫芦下放吊钩至铁路桥面,利用桥面汽车式起重机辅助将吊架平台从钢梁主桁片斜杆下方间隙平移至安装轨道正下方,电动葫芦起升至一定高度,并沿轨道纵向移动至平台设计位置,安装平台吊柱螺栓,完成一个节段吊架平台的安装,如图 8-3-2-45、图 8-3-2-46 所示。

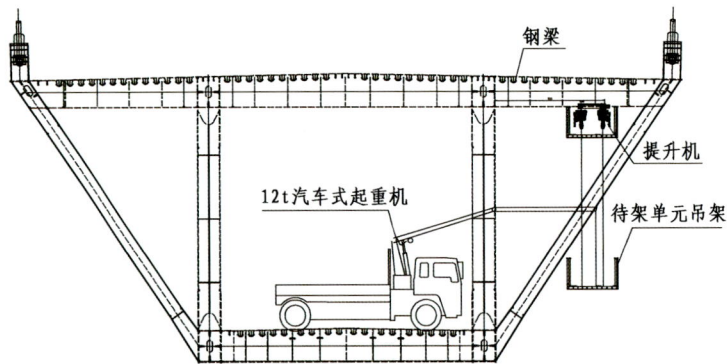

图 8-3-2-45　电缆吊架安装立面示意图(一)

④吊挂步履式自行提升机移位。

单元吊架安装完成后,需将提升机移位至下一安装位置,首先在已安装的电缆吊架上拆除最后端走行,并利用提升机反挂结构将提升机向前移位一个横梁间距,然后将拆除的走行装置安装至提升机前端,照此依次循环前行,直至提升机走行至下一安装位置。在对提升机检查后方可进行下一单元吊架的安装。提升机走行示意如图 8-3-2-47 所示。

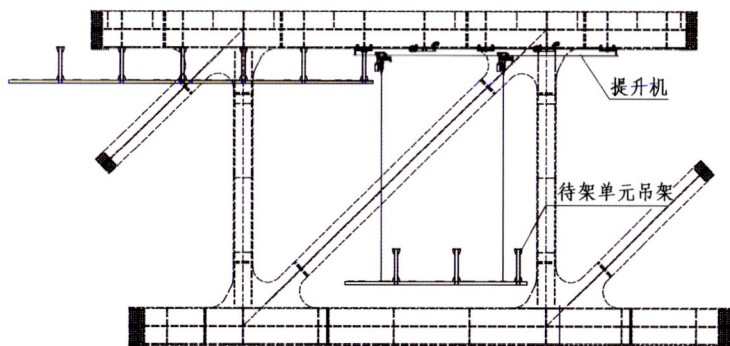

图 8-3-2-46 电缆吊架安装立面示意图(二)

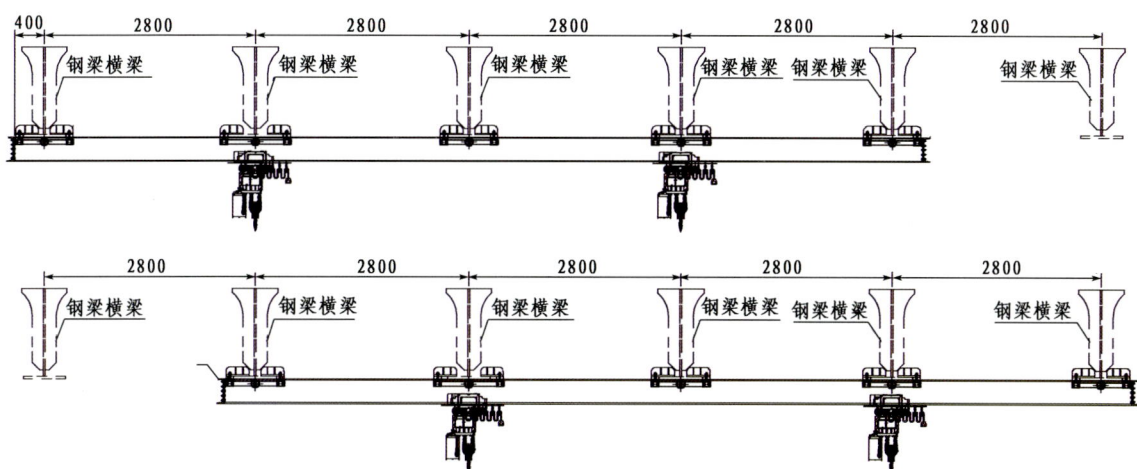

图 8-3-2-47 提升机移位示意图(尺寸单位:mm)

5)公路伸缩缝安装

(1)总体方案

待公路桥面铺装施工完成后,切挖伸缩缝区混凝土预留槽直至设计安装深度,将组装好的"U"形螺栓组装好并焊接安装至预埋钢筋上,安装橡胶止水带,在预留槽内浇筑 C50 钢纤维混凝土,调平并安装跨缝板和固定梳形钢板,养护混凝土至设计强度。

(2)工艺流程

公路伸缩缝施工工艺流程如图 8-3-2-48 所示。

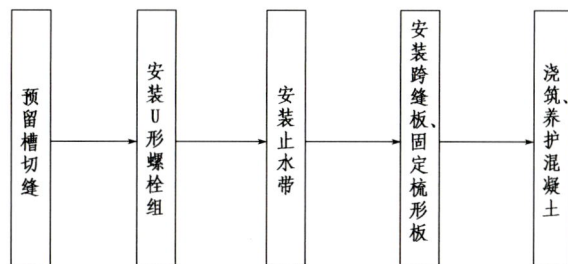

图 8-3-2-48 公路伸缩缝施工工艺流程图

(3)施工步骤

①预留槽切缝。

施工安装前,应按照设计图纸提供的尺寸,核对梁、板端部及桥台处安装伸缩装置的预留槽的尺寸,并应详细阅读安装注意事项及产品说明书。根据安装时实际温度经计算调整后的伸缩缝所需宽度在桥

439

梁两端准确标出缝区边沿位置。切挖缝区混凝土预留槽直至设计安装深度。开挖时不得破坏桥梁主体,不得将缝区以外的沥青路面或水泥混凝土路面破坏。

②安装 U 形螺栓组。

将组装好的 U 形螺栓组吊装就位,就位应考虑便于安装伸缩止水胶带,并根据梁端缝隙,调整 U 形螺栓组的直线度后定位。根据桥面高程,调整 U 形螺栓组平整度和安装高程,如不符合设计要求应及时调整,并用固定钢筋将托架与预埋钢筋点焊定位。经检查符合要求后,将 U 形螺栓组与预埋筋焊接牢固,当 U 形螺栓组无法与锚筋连接时,应与桥面铺装钢筋焊牢并植筋与其焊接,以确保连接牢固。

③安装止水带。

使用有关材料将梁板缝间间隙塞满,并采取相应临时固定措施。焊接安装止水胶带托架的角钢。安装伸缩橡胶止水带。

④安装跨缝板、固定梳形板。

吊装固定梳形板就位,通过螺栓将梳形板与"U"形螺栓组连成一体,螺母用加力杆一次性拧紧。

在缝区控制座上安装带有多向变位铰的活动跨缝板,通过螺栓与槽区预留钢筋焊死,并由专人复检螺栓是否拧紧,不能有漏拧或松动现象。

⑤浇筑、养护混凝土。

将缝区两侧 1m 范围内的路面清扫干净,并用塑料薄膜或其他材料覆盖,防止浇混凝土时污染路面,并在浇筑混凝土前喷洒适量水,以保证新老混凝土能很好地结合。在混凝土预留槽内,浇筑 C50 钢纤维混凝土填充捣实,并用铝合金尺将混凝土面刮平,使混凝土面与两侧路面接平。清理施工现场,洒水覆盖养护混凝土。用固定销钉紧固上部螺母并灌入环氧树脂。

⑥伸缩缝安装注意事项。

伸缩装置的安装,应防止产生梳齿不平、扭曲及其他的变形,严格控制由于伸缩方向的误差及横向伸缩等原因造成梳齿之间的间隙偏差。在最高温度时,梳齿间横向间隙不应小于 2mm,齿板间隙不应小于 15mm。

伸缩装置两侧预留槽混凝土强度在未达到设计要求前不得开放交通。

3.3 铁路箱梁附属结构

3.3.1 铁路箱梁附属结构设计

1)铁路混凝土箱梁结构主要尺寸

铁路混凝土箱梁跨径为 49.2m 和 40.7m。箱梁采用等高度直腹板预应力混凝土单箱单室结构,顶板宽度为 12.2m ,桥面设 2% 横坡。简支梁标准截面中心线处顶板厚 0.35m,腹板厚 0.6m,翼缘板厚 0.25～0.644m。支点截面顶板厚度增至 0.55m,腹板厚度增至 0.80m。箱梁标准断面见图 8-3-3-1。

2)排水及铺装层

铁路桥面防排水系统由防水层、保护层、PVC 泄水管等组成。桥面采用双侧排水坡,简支钢桁梁通过铁路横梁顶设置双向 2% 的横坡形成铁路桥面双向排水坡。混凝土箱梁在挡砟墙内设置 2% 人字排水坡,挡砟墙外侧电缆槽从外到内设置 2% 排水坡。考虑本桥的建设环境、施工条件及有砟桥面等特点,防水层采用高聚物改性沥青防水卷材和聚氨酯防水涂料结合使用的防水体系。铁路箱梁桥面铺装平面如图 8-3-3-2 所示。

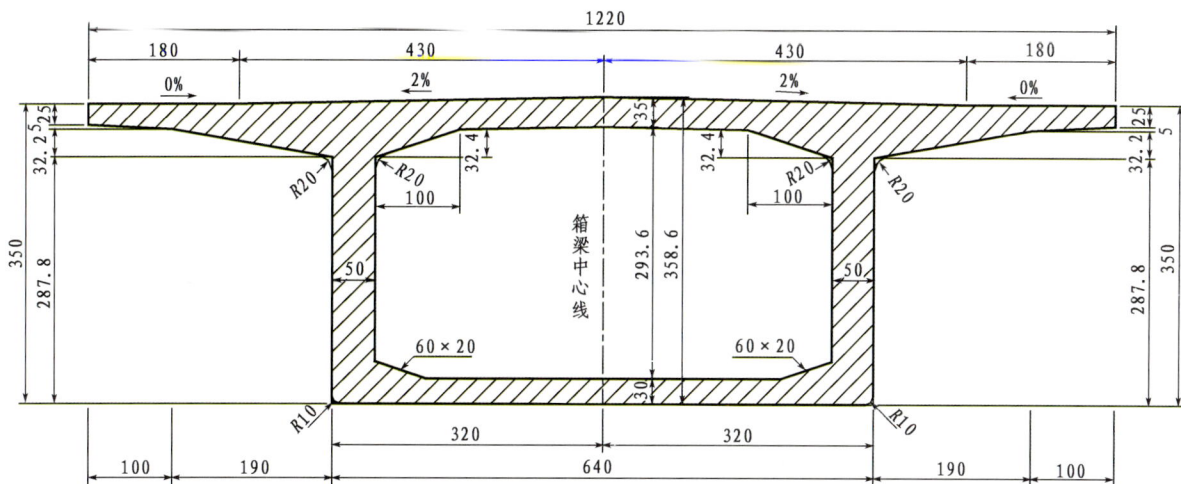

图 8-3-3-1 铁路箱梁标准断面示意图(尺寸单位:mm)

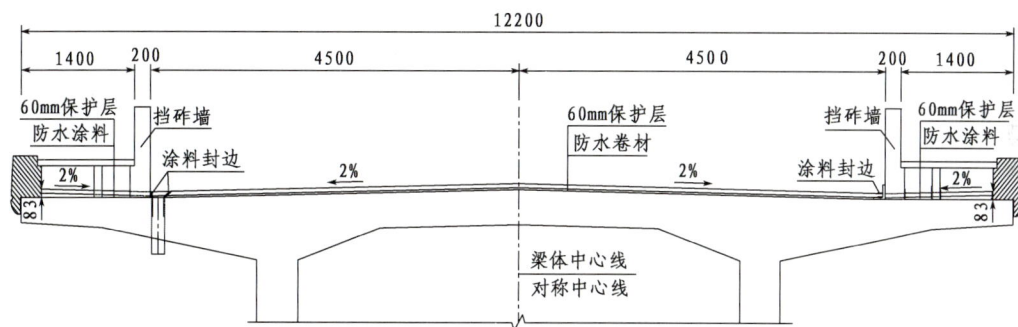

图 8-3-3-2 铁路箱梁桥面铺装平面示意图(尺寸单位:mm)

3) 人行道竖墙、接触网和风屏障基础

(1) 人行道竖墙

铁路混凝土箱梁人行道竖墙包含竖墙 A、竖墙 B、挡砟墙 C、接触网基础及下锚拉线基础。挡砟墙 C 分为 C1、C2 和 C3,竖墙 A 分为 A1、A2 和 A3,竖墙 B 分为 B1、B2 和 B3。人行道竖墙平面布置如图 8-3-3-3 所示。

挡砟墙 C 在混凝土梁区段,采用 C40 的混凝土进行浇筑,在距离梁中轴线 4.5m 的位置设置。直线段处挡砟墙 C 高度取 900mm,在曲线段处外侧的挡砟墙 C 高度取 1080mm,内侧的挡砟墙 C 高度取 900mm。挡砟墙混凝土在梁体施工完后现场浇筑,梁体施工时在相应部位预埋挡砟墙钢筋,以确保挡砟墙和梁体的整体性。挡砟墙每 2m 设 10mm 挡砟墙断缝,并以油毡填塞,在挡砟墙根部每隔 4m 设置一个 150mm×150mm(宽×高)的过水孔,挡砟墙下端每隔 4m 设泄水孔并进行防水处理,泄水孔底部将电缆槽内保护层顺坡过渡到挡砟墙内侧。挡砟墙 C 断面布置如图 8-3-3-4 所示。

人行道竖墙 A、B 亦采用 C40 混凝土设置。其中竖墙 A 宽 500mm、高 415mm,竖墙 B 宽 140mm、高 315mm。人行道竖墙原设计每隔 2m 设置一道 10mm 宽断缝,在实际施工中与风屏障基础以及接触网支柱基础相冲突,后期变更为竖墙长度可适当调整,对长度较短的竖墙可适当进行合并,但长度最大不超过 2.6m,并以油毡填塞。在挡砟墙底部每隔 4m 设置一个 150mm×150mm(宽×高)的过水孔,竖墙 B 底部每隔 4m 设置一个 100mm×100mm(宽×高)的过水孔。

(2) 接触网基础

接触网基础及下锚拉线基础和竖墙 A 设置在一起,一般在每孔梁小里程往大里程 8m 处设置接触网基础、1.1m处设置下锚拉线基础,其中接触网支柱基础构造见图8-3-3-5;铁路混凝土箱梁含A、B、C三类支柱,其中A类预埋钢板大样见图8-3-3-6,B类预埋钢板大样见图8-3-3-7,C类支柱预埋钢板大样见图8-3-3-8。下锚拉线基础构造见图8-3-3-9,预埋钢板大样见图8-3-3-10。接触网基础尺寸为1000mm×800mm×415mm(长×宽×高),见图8-3-3-11。下锚拉线基础尺寸为500mm×700mm×415mm(长×宽×高),其断面布置见图8-3-3-12。

a)40.7m混凝土箱梁人行道竖墙平面布置图

b)40.7m混凝土箱梁人行道盖板平面布置图

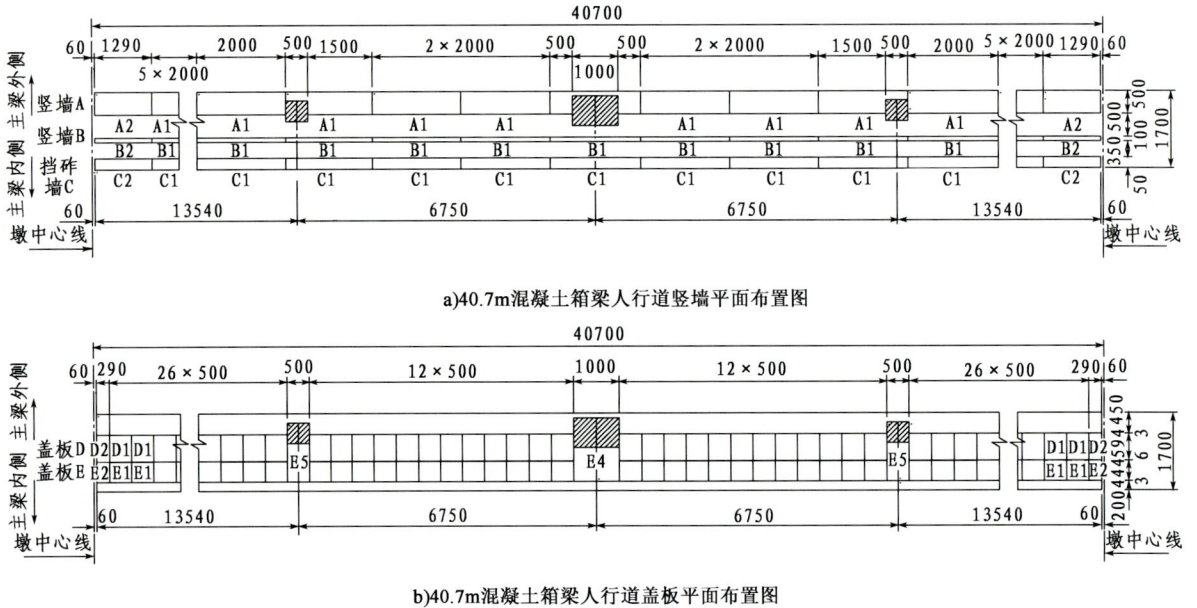

图8-3-3-3　人行道竖墙平面布置示意图(尺寸单位:mm)

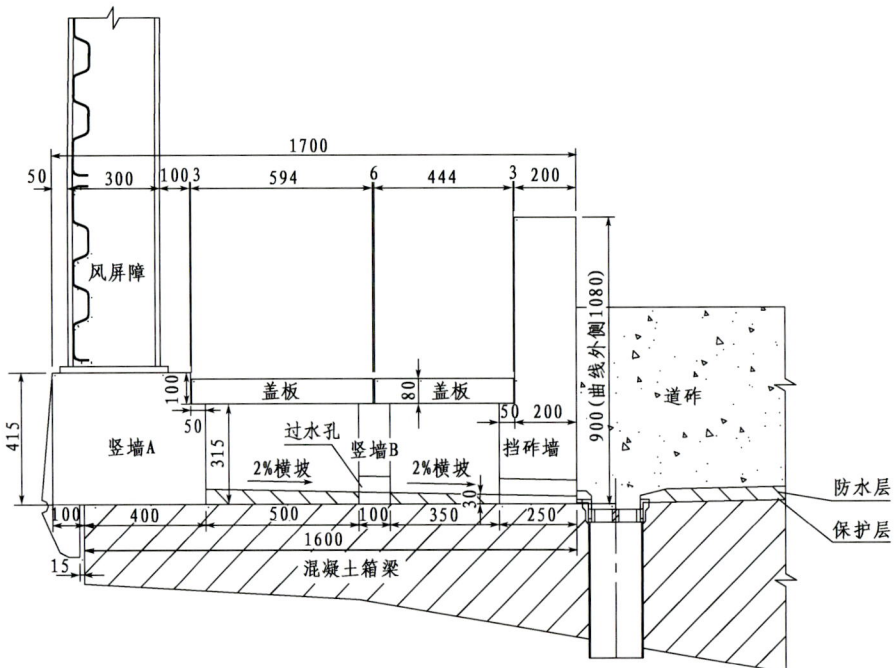

图8-3-3-4　竖墙断面示意图(尺寸单位:mm)

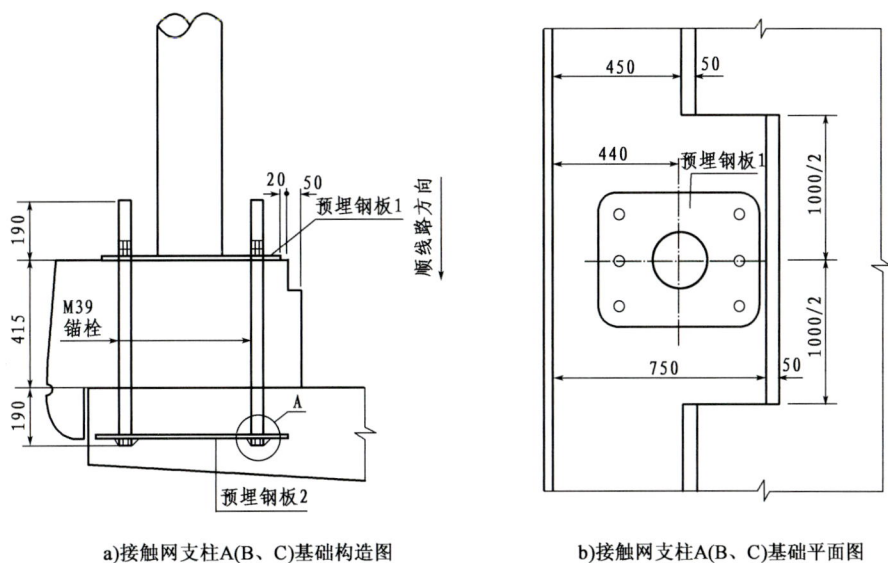

a)接触网支柱A(B、C)基础构造图   b)接触网支柱A(B、C)基础平面图

图 8-3-3-5　接触网支柱基础构造示意图(尺寸单位:mm)

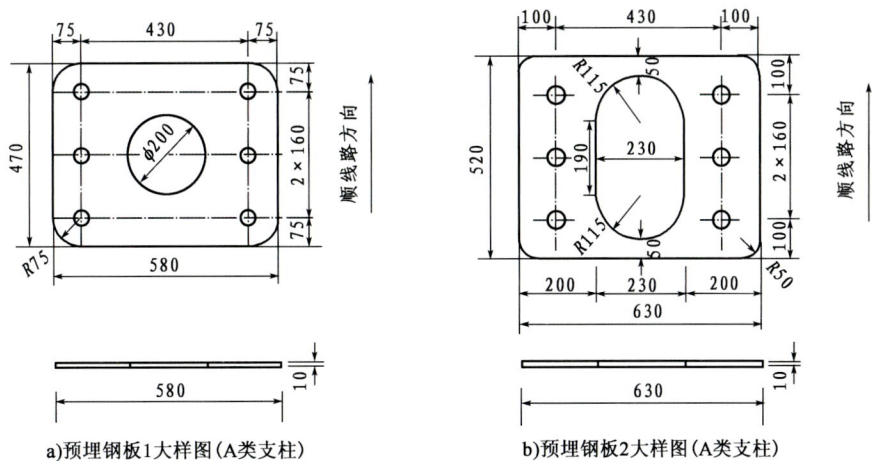

a)预埋钢板1大样图(A类支柱)   b)预埋钢板2大样图(A类支柱)

图 8-3-3-6　A 类预埋钢板大样示意图(尺寸单位:mm)

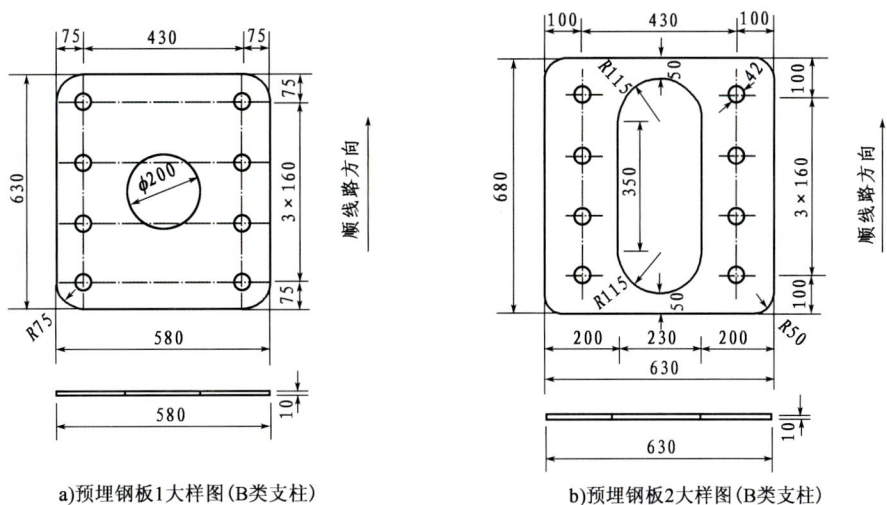

a)预埋钢板1大样图(B类支柱)   b)预埋钢板2大样图(B类支柱)

图 8-3-3-7　B 类预埋钢板大样示意图(尺寸单位:mm)

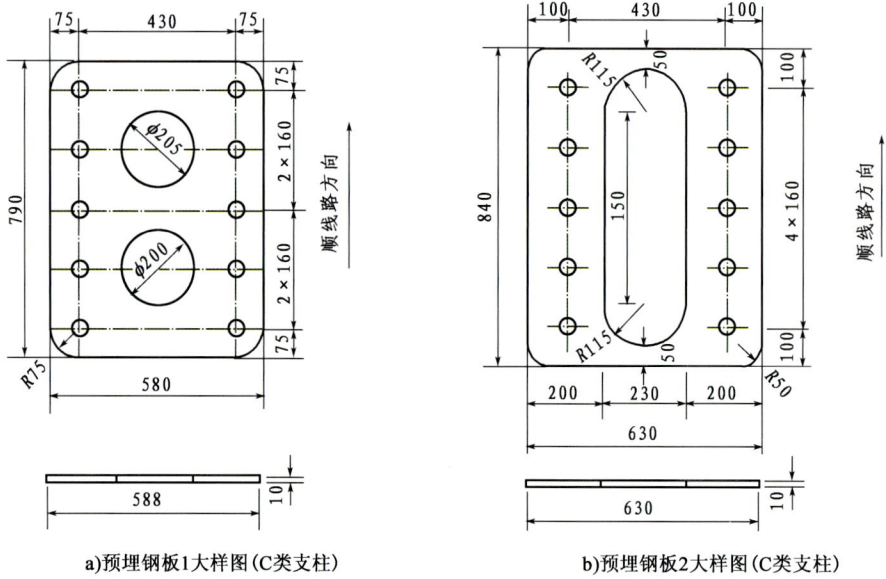

a)预埋钢板1大样图(C类支柱)　　　　b)预埋钢板2大样图(C类支柱)

图8-3-3-8　C类预埋钢板大样示意图(尺寸单位:mm)

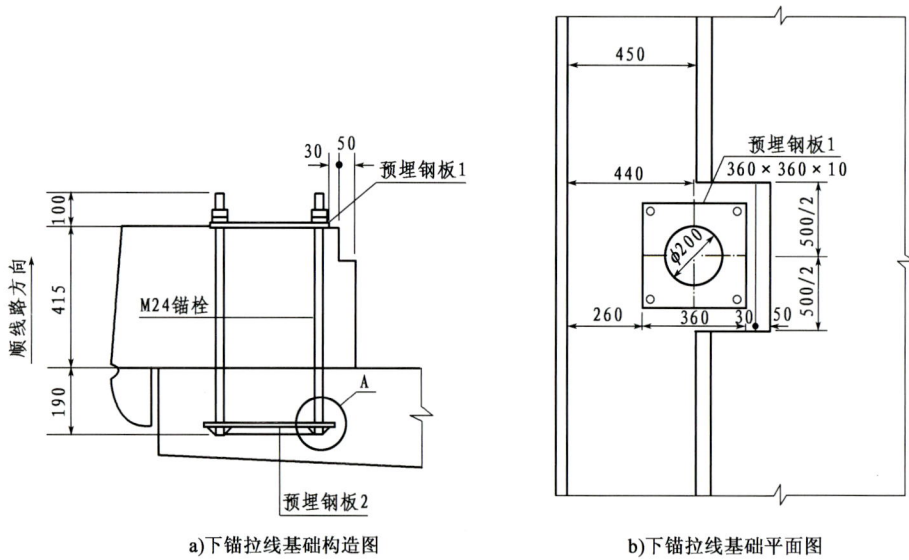

a)下锚拉线基础构造图　　　　b)下锚拉线基础平面图

图8-3-3-9　下锚拉线基础构造示意图(尺寸单位:mm)

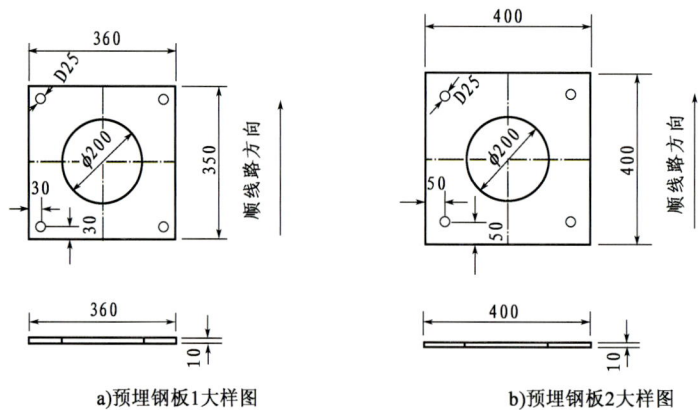

a)预埋钢板1大样图　　　　b)预埋钢板2大样图

图8-3-3-10　预埋钢板大样示意图(尺寸单位:mm)

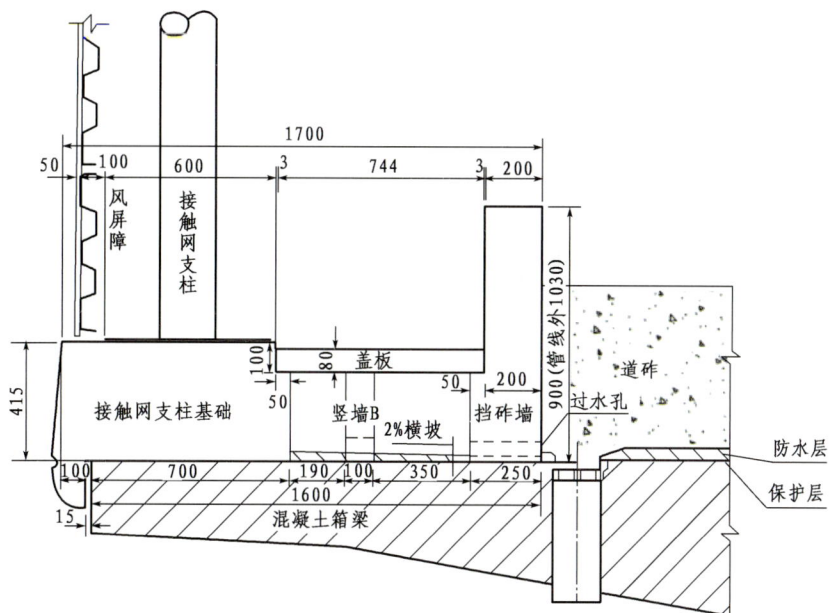

图 8-3-3-11 接触网支柱基础断面示意图（尺寸单位：mm）

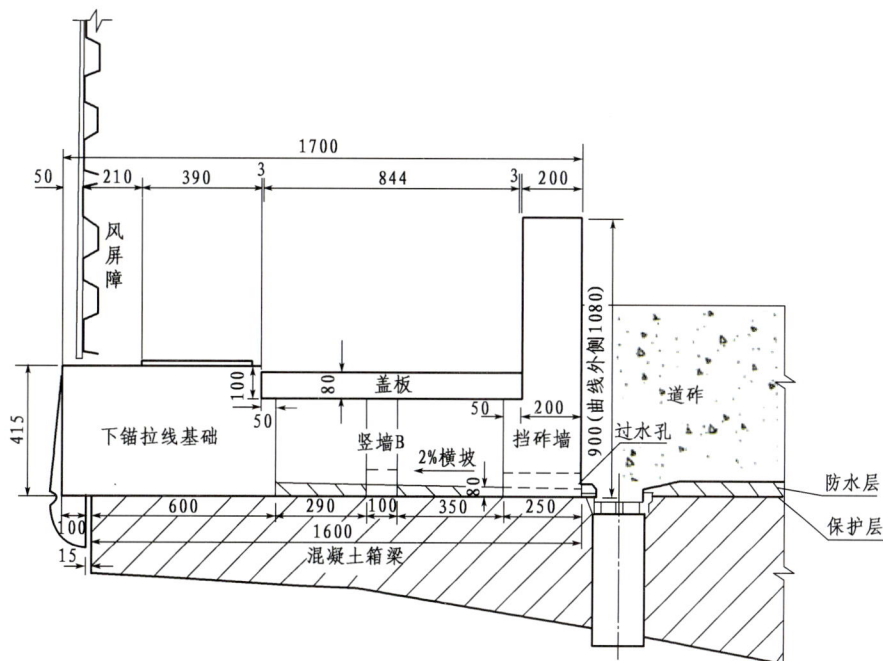

图 8-3-3-12 下锚拉线基础断面示意图（尺寸单位：mm）

（3）风屏障基础

风屏障基础设置在铁路混凝土箱梁竖墙 A 上，断面见图 8-3-3-13。风屏障基础由预埋件 F7、F8、锚栓、螺母及垫片组成。风屏障立柱平面布置见图 8-3-3-14、图 8-3-3-15。

4）人行道竖墙盖板

人行道盖板为预制混凝土板，厚度为 80mm，钢筋保护层厚度为 25mm。盖板布置如图 8-3-3-16 所示。

5）梁端伸缩缝

铁路混凝土箱梁梁端设置 ±80mm 的伸缩缝。伸缩缝由耐候钢材，橡胶密封带、挡砟盖板、挡砟侧板、伸缩锚固钢筋、定位钢管、定位钢筋及梁体预埋件等组成。桥面伸缩缝布置如图 8-3-3-17 所示。

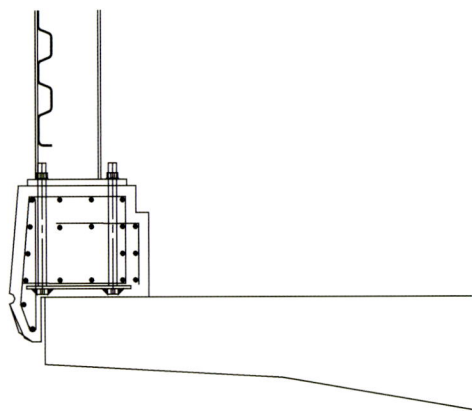

图 8-3-3-13　风屏障基础立面示意图

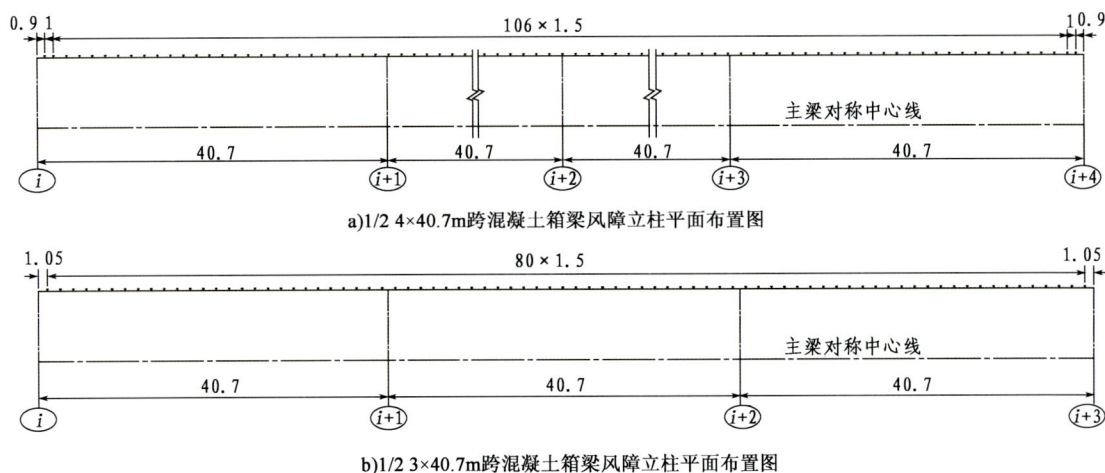

a)1/2 4×40.7m跨混凝土箱梁风屏障立柱平面布置图

b)1/2 3×40.7m跨混凝土箱梁风屏障立柱平面布置图

图 8-3-3-14　风屏障立柱平面布置示意图(一)(尺寸单位:mm)

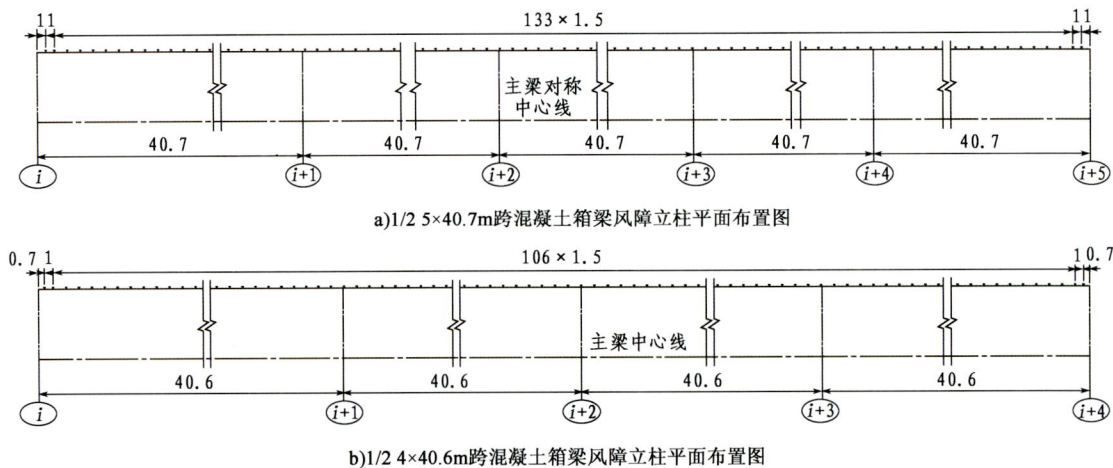

a)1/2 5×40.7m跨混凝土箱梁风屏障立柱平面布置图

b)1/2 4×40.6m跨混凝土箱梁风屏障立柱平面布置图

图 8-3-3-15　风屏障立柱平面布置示意图(二)(尺寸单位:mm)

3.3.2　附属结构施工

1)总体施工方案

人行道竖墙采用定型钢模分段拼装整体浇筑的施工方法,当铁路混凝土箱梁施工完成,并达到设计强度后,进行人行道竖墙施工,施工主要工艺流程有箱梁顶部凿毛、模板安装及人行道竖墙结构施工。

单孔人行道竖墙分两次施工,先施工单侧竖墙,按竖墙 A→竖墙 B→挡砟墙 C 顺序依次进行混凝土浇筑,达到强度后,拆除模板,倒运至另一侧进行竖墙施工,两侧竖墙匀一次浇筑完成。竖墙施工完毕后,铺装桥面排水铺装层,安装梁端伸缩缝,最后依次安装人行道盖板。

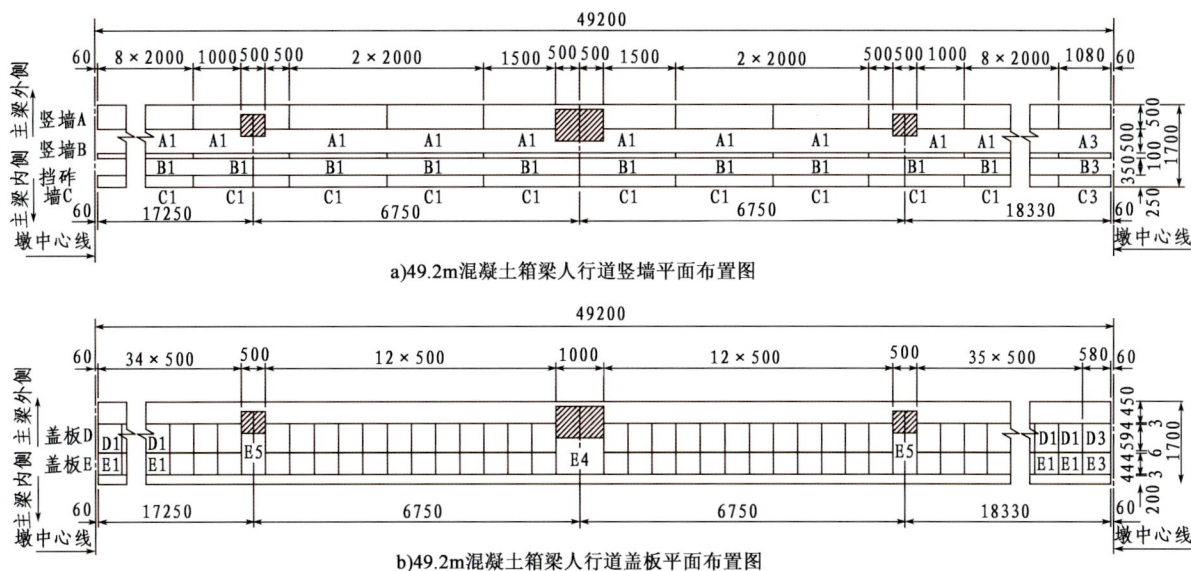

图 8-3-3-16　人行道盖板布置示意图(尺寸单位:mm)

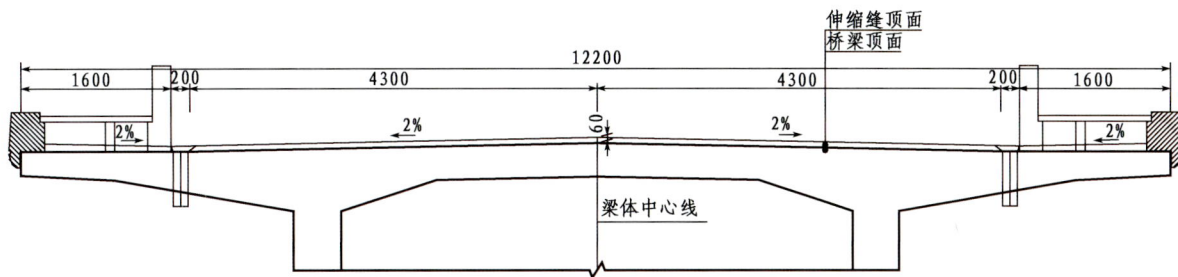

图 8-3-3-17　桥面伸缩缝布置示意图(尺寸单位:mm)

2)竖墙 A、接触网基础及风屏障基础

(1)施工流程

风屏障基础、接触网基础和拉线基础设置在竖墙 A 上,并与竖墙 A 同步施工,竖墙 A 施工工艺流程如图 8-3-3-18 所示。

(2)施工步骤

①施工准备。

a.进行模板试拼,检查尺寸、平整度、接缝错台宽度、垂直度是否满足要求。对模板进行编号,防止使用混乱。人行道竖墙施工前,对竖墙预埋钢筋进行调直、除锈、除污。

b.人行道竖墙施工前,在箱梁上安装专用施工台车,台车上配置有起吊设备、外伸爬梯及吊篮。采用施工台车可实现车体在箱梁顶面行走的同时,作业人员能通过起吊设备和爬梯进行箱梁外侧施工,提高施工效率和安全性。施工台车投入使用前应对车身配重、起吊设备安全性及台车整体稳定性进行验算,保证有足够的安全系数。

②混凝土凿毛、找平。

施工台车安装完成后,将人行道竖墙底部对应的箱梁顶面混凝土进行凿毛,露出新鲜的混凝土,并用淡水冲洗干净,然后进行混凝土顶面找平。

447

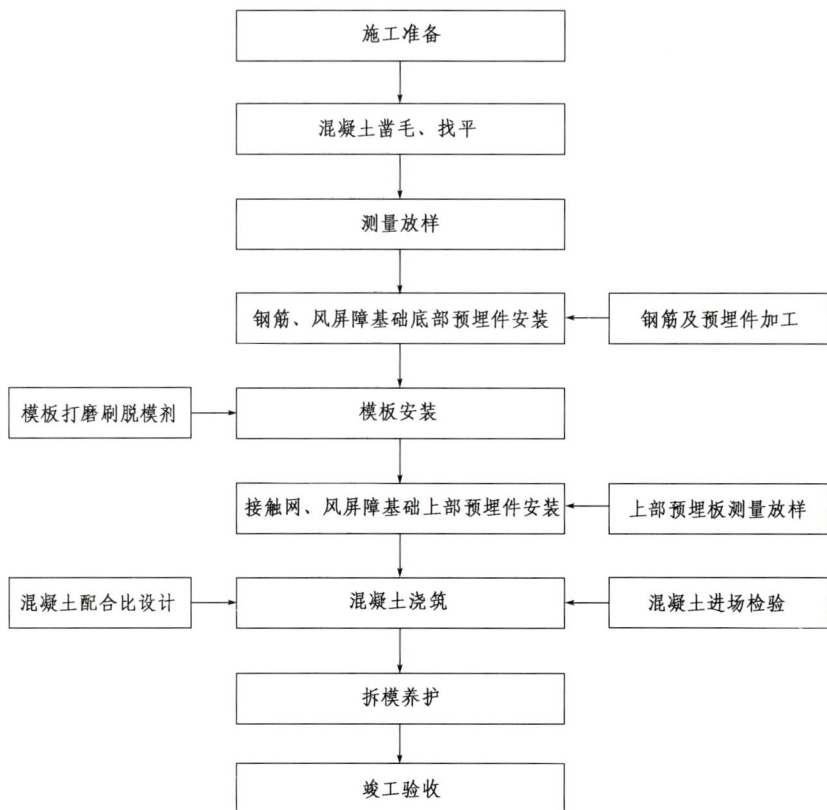

图 8-3-3-18　竖墙 A 施工工艺流程图

③测量放样。

箱梁上的竖墙 A、B、C 及风屏障坐标里程点采用同一控制点控制,偏距控制点统一设在挡砟墙 C 内侧。竖墙 A、B 偏距值从挡砟墙断缝处引出,按照 4m 间距布置一个偏距点来放样。箱梁两端竖墙 A、B 间设有里程及高程控制点,施工时在竖墙 A 内侧根部放样风屏障基础首个里程点和最后一个里程点,并做上记号,然后使用 50m 钢卷尺分别标记出每个风屏障基础的里程点。高程采用水准仪在风屏障基础预埋点旁边的钢筋上做好高差标记。在竖墙 A 两端的混凝土梁面上放样模板边线点,并用 50m 的墨线弹出模板边线。

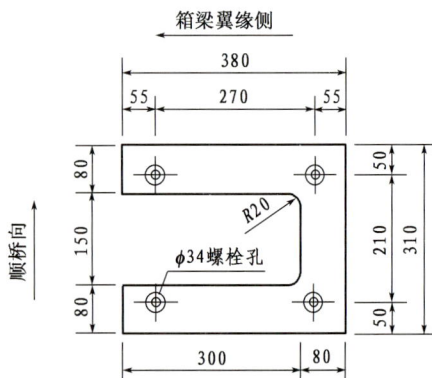

图 8-3-3-19　风屏障预埋件底部预埋板结构
示意图(尺寸单位:mm)

④安装风屏障底部预埋板及螺杆。

风屏障基座下端预埋板调整为带槽口的板件,如图 8-3-3-19 所示,并在预埋板位置适当调整预埋钢筋位置,使至少 2 根预埋钢筋通过预埋板槽口伸入挡墙。预埋板加工完后,将其穿上 4 个锚栓螺杆。为保证锚栓和预埋板垂直,在锚栓根部与预埋板焊接牢固,完成风屏障基础预安装前的拼装。

a. 风屏障基础预埋件底部预埋板及螺杆的安装应在钢筋安装之前进行。根据测量放样点来安装预埋底板,若安装预埋件底板的位置与预埋钢筋相冲突,可酌情割开受影响的钢筋,在预埋件安装完毕后,须对割开钢筋的部位局部补强,其补强措施是采用规格 C16 的 N01 钢筋与受影响割开的 N3 钢筋连接固定,长 1m 的 C25 钢筋纵向布置在风屏障基础底部预埋板上方。图 8-3-3-20 所示为风屏障预埋件钢筋补强示意图。但是底部预埋板必须有 2 条预埋钢筋通过预埋板槽口伸入挡墙。为保证预埋板位置的准确性和稳固性,预埋板可与预埋钢筋焊接固定。

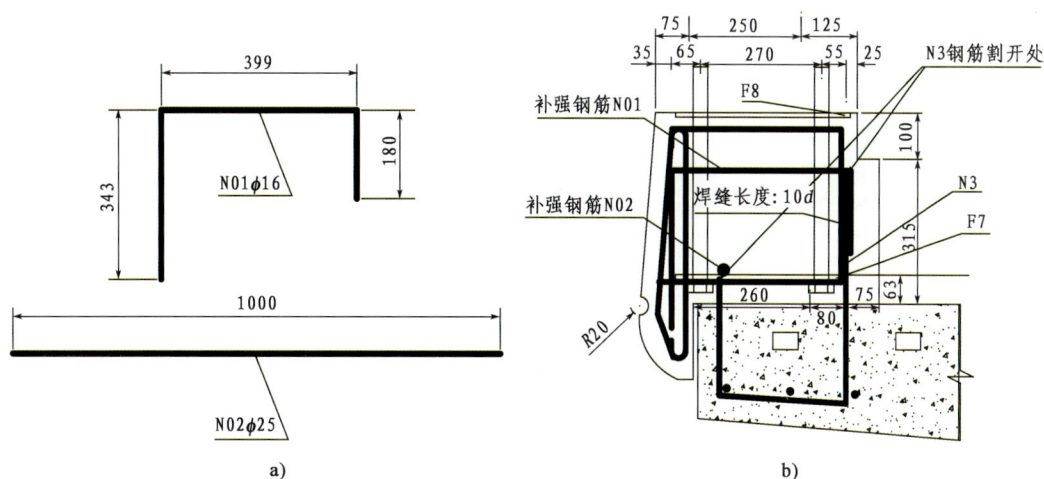

图 8-3-3-20　风屏障预埋件位置钢筋示意图及钢筋补强示意图(尺寸单位:mm)

b.预埋件施工时应严格按设计图施工,每一个预埋件均由测量人员放出准确位置后,然后安装并加固牢靠,防止在混凝土浇筑过程中发生移位。

c.为防止各种预埋件成为永久结构物的腐蚀通道,螺杆与垫板采用不锈钢材质。

⑤钢筋安装。

a.铁路箱梁人行走道竖墙及盖板钢筋图中闭合钢筋端部弯钩长度均改为12cm,接触网支柱及拉线基础钢筋布置图中闭合钢筋端部弯钩长度均改为12cm。已预理完成部分,需在钢筋弯钩接头部位焊接短钢筋 N0 补强,焊接须满足规范要求。N0 短钢筋大样如图 8-3-3-21 所示。

铁路箱梁接触网支柱及拉线基础钢筋布置图中 N2 钢筋与预埋板冲突,修改后 N2 钢筋大样见图 8-3-3-22。

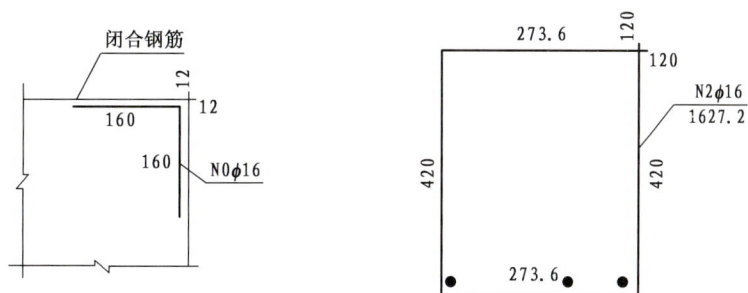

图 8-3-3-21　N0 短钢筋大样示意图(尺寸单位:mm)　　图 8-3-3-22　修改后 N2 钢筋大样示意图

b.按图纸设计要求安装防雷接地装置,防雷接地装置布置见图 8-3-3-23。

⑥模板安装。

竖墙 A、B 及挡砟墙 C 采用整体定型组合钢模,将模板分块组装成整体。竖墙 A 模板断面布置见图 8-3-3-24。

a.模板在使用前应除锈、涂刷模板漆,以保证混凝土的外观质量。

b.依据测量放样的标记点用墨线打出模板内边线。安装模板前,检查箱梁顶高程及外轮廓线,不符合要求时凿除或用砂浆找平处理,以确保模板准确就位及箱梁顶面与模板接触平整,无缝隙,防止漏浆。

c.模板吊装组拼时,不得发生碰撞,由专人指挥,按模板编号逐块起吊拼接。模板安装必须稳固牢靠,接缝严密。模板使用 ϕ16mm 拉杆,拉杆外套 ϕ20mmPVC 管,相邻模板采用 M14 螺栓连接。模板安装完毕后四角各设计一道钢丝绳和紧线器作固定缆风绳,中间段模板采用撑杆顶紧,使其对位准确牢固,保证混凝土浇筑过程中不产生位移。

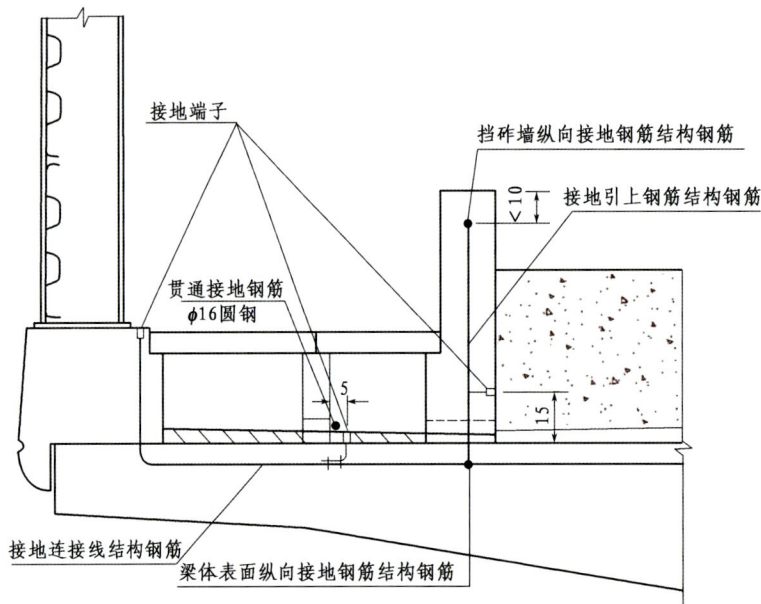

图 8-3-3-23　防雷接地装置(单侧)(尺寸单位:nm)

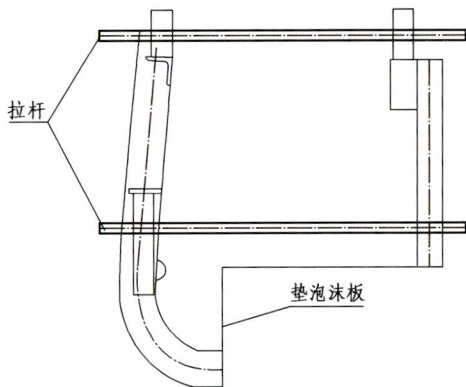

图 8-3-3-24　竖墙 A 模板拼装断面示意图

d. 人行道竖墙 10mm 的设计断缝施工采用隔板隔开,隔板由三块钢板组成,中间钢板厚 4mm,两边各厚 3mm,中间钢板比两侧钢板高,钢板之间涂刷黄油便于脱模,脱模时用链条葫芦抽出中间钢板,再取出两侧钢板,不损坏混凝土,以保证断缝标准。

e. 竖墙 A 两侧模板由 A20 拉杆连接,固定水平位置。每段模板需在竖墙 A 中间竖立 A48 钢管,顶端用钢管与两侧模板顶 A48 钢管通过扣件连接,以固定模板竖向位置。竖墙内的钢管套上 PVC 管,待拆模后灌注混凝土修复孔洞。

f. 模板安装完成后,应对模板的垂直度、平整度、错台、拉杆和螺栓的连接牢固程度以及整体的稳定性等进行检验,并测定模板平面尺寸和顶高程。若不符合要求可采用手动葫芦进行调整,直至符合标准后再进行下道工序施工。

g. 模板安装允许偏差及检验方法见表 8-3-3-1。

模板安装允许偏差和检验方法　　　　表 8-3-3-1

序号	项　目		允许偏差(mm)	检 验 方 法
1	轴线位置		5	测量检查每边不少于 2 处
2	表面平整度		5	2m 靠尺检查不小于 3 处
3	高程		±5	测量
4	两模板内侧宽度		+10 −5	尺量检查不小于 3 处
5	相邻模板表面高低差		2	尺量
6	预埋件和预留孔洞	中心位置	3	尺量
		外露长度	+10 0	

⑦上部预埋件测量放样。

在模板安装完毕后,测量复核模板的垂直度及偏位。复核确认无任何问题后,在两侧模板内边上逐个放样风屏障预埋件上部预埋板的里程点、偏位点及高程点,模板两侧的里程点形成一条中轴线,偏位点的控制以风屏障预埋件的中轴线控制,高程点必须在模板两侧放样,便于控制预埋板平整度。

⑧安装上部预埋板。

接触网、风屏障和拉线基础上部预埋板事先做好中轴线标记。将预埋板套入预埋件的螺杆内之后,将预埋板横向轴线和模板上的里程标记点重合,纵向轴线与内侧模板之间距离控制准确。预埋板安装至指定高程,将预埋板和钢筋临时固定。固定好预埋件后调整锚栓丝口外露长度为10cm,并调整锚栓的线型,使用配套的垫片与螺母固定。风屏障基础安装断面如图8-3-3-25所示。

锚栓外露丝口涂上黄油再使用透明胶包裹好,以免丝口的锈蚀和混凝土的溅落,对成品进行保护。基础浇筑完成后,应对外露地脚螺栓涂防腐油防腐,并包扎保护物防止螺纹被破坏。

⑨测量复核。

风屏障预埋件的测量复核主要复核每个预埋板的高程和垂直度,预埋件的高程控制以水准仪来控制,垂直度由靠尺来测量。若检查存在问题,需要重新安装固定再进行复核。若检查没有问题,将上部预埋板和螺杆焊接,防止偏移和倾斜。

预埋件基础安装完毕,经测量复核满足设计要求。接触网、风屏障基础预埋件外形尺寸允许偏差及检验方法见表8-3-3-2。

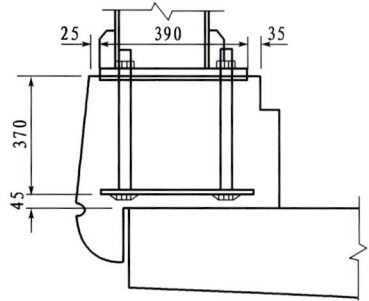

图 8-3-3-25 风屏障基础安装断面示意图（尺寸单位:mm）

小型预制构件结构外形尺寸允许偏差及检验方法 表 8-3-3-2

序号	项 目		允 许 偏 差	检 验 方 法
1	表面平整度(mm)		2	1m靠尺检查
2	长、宽(mm)		±3	尺量
3	厚度(mm)		±2	
4	预留孔洞	中心位置(mm)	15	
5		尺寸(mm)	+15 / 0	
6	预埋板	中心位置(mm)	3	
		外露长度(mm)	±3	
		螺栓间距(mm)	±3	
7	预埋板	高程(mm)	±5	
8	螺杆垂直度(%)		2	经纬仪
9	外露螺杆长度(mm)		±3	尺量
10	螺栓纵、横向位置(mm)		2	

⑩混凝土浇筑。

混凝土为C40混凝土,坍落度控制在160~200mm,浇筑时按照每个节间浇筑,并充分振捣,最后进行二次收浆。浇筑完成后立即在混凝土表面覆盖土工布并洒水养护,养护期间须记录现场温度。

a.人行道竖墙混凝土分别由搅拌站集中供应,通过混凝土搅拌运输车运至施工现场,采用天泵进行浇筑。混凝土搅和严格按施工配合比配料,砂、石、水泥、水及外加剂等原材料必须经过质量检验并符合要求,计量要准确,严格控制混凝土的拌和时间,保证混凝土的和易性。

b.人行道竖墙浇筑时采用水平分层法从一端向另一端逐步推进。浇筑时下料应均匀缓慢,尽量减少混凝土冲击模板和溅落到桥面上,溅落在桥面上的混凝土应及时清理干净。

c. 采用插入式振动棒捣固,混凝土分层摊铺,分层捣固,分层厚度为30cm左右,捣固的顺序为先四周后中间,相邻两个插入位置的距离不得大于振动棒作用半径的1.5倍,防止漏捣、重捣和捣固过量。不得随意加密振点或漏振,每点的振捣时间以混凝土不再沉落、表面呈现浮浆、不出现气泡为准,振捣延续时间宜为20~30s,避免过振。

d. 混凝土振捣完成后,以模板上的高程线为基准先初步抹平,然后用塑料抹子搓面提浆,在混凝土初凝前用铁抹子抹面收光。

⑪拆模养护。

a. 混凝土浇筑后,顶部外露面采用覆盖土工布洒水养护。

b. 拆除模板后采用喷洒养护液或土工布包裹洒水的方式养护。

c. 对混凝土结构工程中各混凝土强度等级均应留置同条件养护试件,同一强度等级混凝土留置不少于三组同条件养护试件。同条件养护试件应在达到等效养护龄期时,进行强度试验。等效养护龄期应根据同条件养护试件强度与在标准养护条件下28d龄期试件强度相等的原则确定。

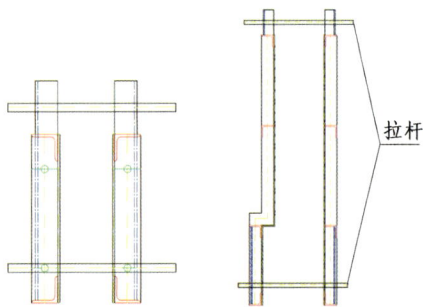

图 8-3-3-26　模板示意图

3)竖墙 B、挡砟墙 C

竖墙 B、挡砟墙 C 与竖墙 A 施工流程一致,但需要注意以下几点:

①竖墙 B、C 模板面板为 6mm 钢板,材质 Q235。模板上下用 A20 拉杆加固支撑,连接螺栓为 M16,如图 8-3-3-26 所示。

②人行道竖墙过水孔模具与模板同时安装,过水孔处的模具采用木模方盒,安装时用双面胶粘贴后与模板密贴,拆模后直接凿除。

③竖墙浇筑时要留出伸缩缝安装空间。

3.4　公路箱梁附属结构

3.4.1　公路箱梁附属结构设计

1)防撞护栏

公路桥面防撞栏杆采用梁柱式钢防撞栏杆、混凝土基座、防撞等级 SS 级,护栏立柱标准间距为1.5m,伸缩缝处立柱间距根据需要做局部调整。立柱与混凝土基座间通过 U 形螺栓固定连接板焊接,横梁与立柱间采用螺栓连接。

混凝土箱梁区段基座采用 C50 混凝土,中央分隔带处的两道护栏基座在顶部向桥梁中线挑出厚8~10cm 的混凝土板,形成两幅桥之间的盖板,两侧盖板之间预留宽2cm 的缝隙,并用油毛毡填塞。公路桥面防撞护栏结构示意如图 8-3-4-1 所示。

2)水管区栏杆

水管区栏杆位于公路桥面外侧混凝土外侧对称与桥跨中心线布置,栏杆标准段为9m,立柱间距为3m,立柱与桥面预埋板采用焊接连接,如图 8-3-4-2 所示。

3)公路梁端伸缩缝

为适应主梁伸缩,公路梁端设置伸缩量为 ±80mm 的伸缩缝。伸缩缝应符合行业标准《单元式多向变为梳形板桥梁伸缩缝装置》(JT/T 723—2008)的相关要求,如图 8-3-4-3 所示。

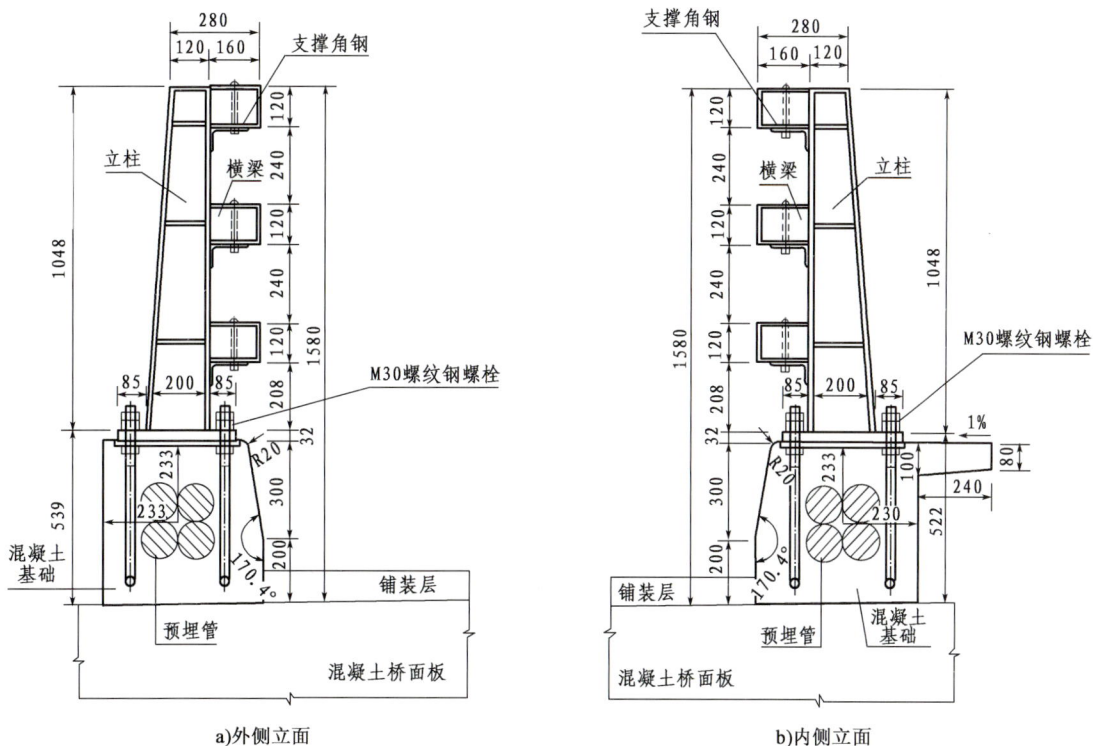

a)外侧立面   b)内侧立面

图 8-3-4-1　公路桥面防撞护栏结构示意图(尺寸单位:mm)

图 8-3-4-2　水管区栏杆结构示意图(尺寸单位:mm)

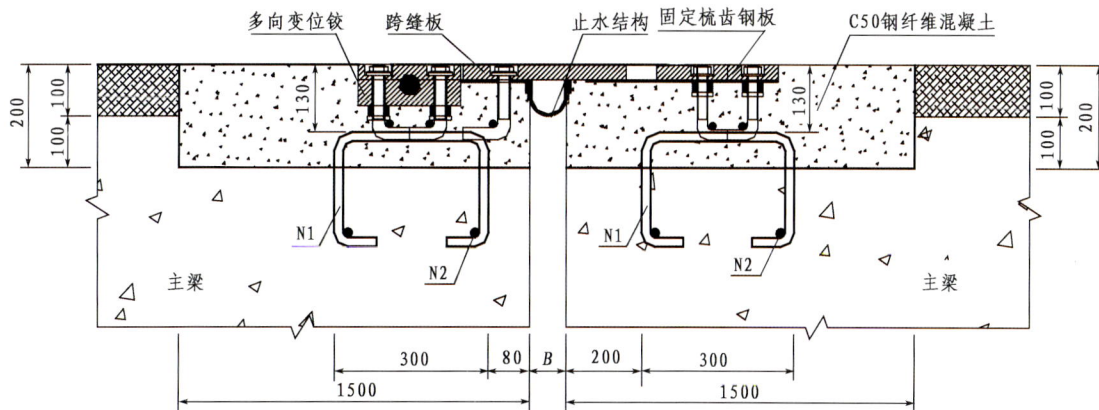

图 8-3-4-3　公路梁端伸缩缝示意图(尺寸单位:mm)

4）公路箱梁桥面排水

公路箱梁桥面排水采用分散直排方式，当桥面横坡小于 1% 时，泄水管纵桥向间距为 2m；当大于 1% 时，总线间距 4m。泄水孔设置在低侧的护栏基座内侧。泄水管道横向沿桥面中心线对称布置，泄水管道采用铸钢管，内径 160mm。在曲线段主梁，单桥面横坡变为单向坡时，超高一侧主梁在中央护栏一侧设置排水管，并在梁底设置纵向集水管道，将桥面排水集中后通过给水管和设置于桥墩的排水管排出，如图 8-3-4-4 所示。

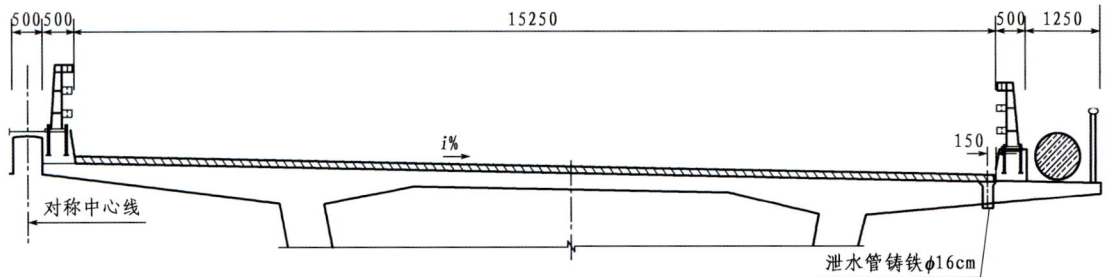

图 8-3-4-4　公路桥面排水示意图（尺寸单位：mm）

3.4.2　附属结构施工

公路防撞护栏基座施工叙述如下。

防撞护栏基座采用定型钢模分段拼装整体浇筑的施工方法，当公路混凝土箱梁施工完成，并达到设计强度后，进行公路桥面防撞护栏基座施工。施工主要工艺流程包括箱梁顶部凿毛、钢筋模板安装及基座混凝土施工。每跨防撞护栏底座内外侧同时施工，混凝土浇筑达到强度后，拆除模板，倒运至下一跨进行基座施工。

（1）施工工艺流程（图 8-3-4-5）

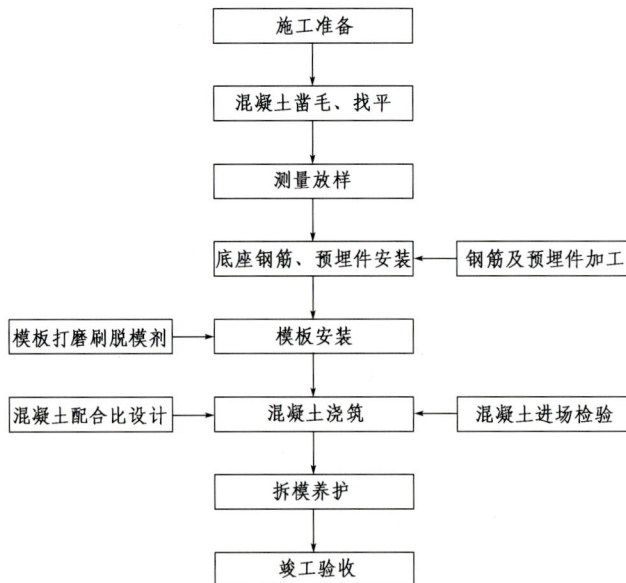

图 8-3-4-5　施工工艺流程图

（2）施工流程

①施工准备。

a.技术准备。

组织技术人员对施工设计图纸及有关施工资料进行复核,组织相关人员培训、学习相关技术规范及施工细则、设计文件,做好施工的技术准备工作。并且对技术、施工人员进行技术交底,交底内容包括施工方法、施工工艺、施工安全、人员及机械设备配备情况等。

b.其他准备。

进行模板试拼,检查尺寸、平整度、接缝错台宽度、垂直度是否满足要求。对模板进行编号,防止使用混乱。防撞护栏底座施工前,对预埋钢筋进行调直、除锈、除污。

②箱梁混凝土凿毛、找平。

将防撞护栏底座对应的箱梁顶面混凝土进行凿毛,露出新鲜的混凝土,并用淡水冲洗干净,然后进行混凝土顶面找平。

③测量放样。

箱梁上的防撞护栏偏距控制点设在基座内侧,防撞护栏基座设里程及高程控制点,施工时在底座内侧根部放样首个里程点和最后一个里程点并做上记号,然后使用50m钢卷尺分别标记出每个底座预埋件的里程点。高程采用水准仪在底座预埋点旁边的钢筋上做好高差标记。在防撞护栏底座两端混凝土梁面上放样模板边线点,并用50m的墨线弹出模板边线。

④预埋件安装。

公路防撞护栏底座需要预埋的构件包括预埋板、M30螺纹螺栓、综合接地预埋件、电力通信预埋管和监控安全设施预埋件。

所有附属钢结构的非高强连接螺栓、预埋在混凝土主体结构中的预埋板、预埋套筒、预埋螺栓和地脚螺栓等属于D类防腐结构,D类防腐结构均采用不锈钢材质,牌号为$022Cr_{17}Ni_{12}Mo_2$(316L)。预埋件数量见表8-3-4-1。

预 埋 件 数 量 表 表8-3-4-1

项　　目		材　　质
防撞护栏基础	M30锚固螺栓	不锈钢(316L)
	预埋板	不锈钢(316L)
电力通信管道预埋件数量表	电力管	UPV-C,硬聚氯乙烯管材
	电力接头盒	不锈钢(316L)
	通信管	UPV-C
	通信接头盒	不锈钢(316L)
	通信管堵头	不锈钢(316L)
监控、通信设施门架型标示基础预埋件	法兰盘	不锈钢(316L)
	锚板	不锈钢(316L)
	地脚螺栓	不锈钢(316L)
	螺母	不锈钢(316L)
	垫片	不锈钢(316L)
	镀锌扁钢	
综合接地	镀锌扁钢	

a.电力通信管道。

防撞护栏外侧预埋UPV-C电力管,内侧预埋多孔高强度栅格地下通信管。防撞护栏外侧预埋的UPV-C管为硬聚氯乙烯管材,共四根,公称外径90mm,壁厚3.0~3.5mm。材料验收标准应符合《建筑排水用硬聚氯乙烯(PVC-U)管材》(GB/T 5836.1—2018)的要求。防撞护栏内侧预埋的多孔高强度栅格式通信管道,材质为UPV-C,共一根,型号为BF8-33。材料验收标准符合《地下通行管道通用塑料管》

（ YD/T 841—2008 ）的要求。

电力接头盒按纵向 30m 间距预埋于外侧防撞护栏内;通信接头盒按纵向 50m 间距预埋于内侧防撞护栏内。通信接头盒在监控设施处也需要预埋设置。预埋管道需采用钢筋固定其位置,以免在浇筑混凝土时移位。浇筑混凝土时,应保证四根 ϕ90mm PVC-U 管之间填充混凝土,不能有空洞。防撞护栏底座电力、通信管道示意如图 8-3-4-6 所示。

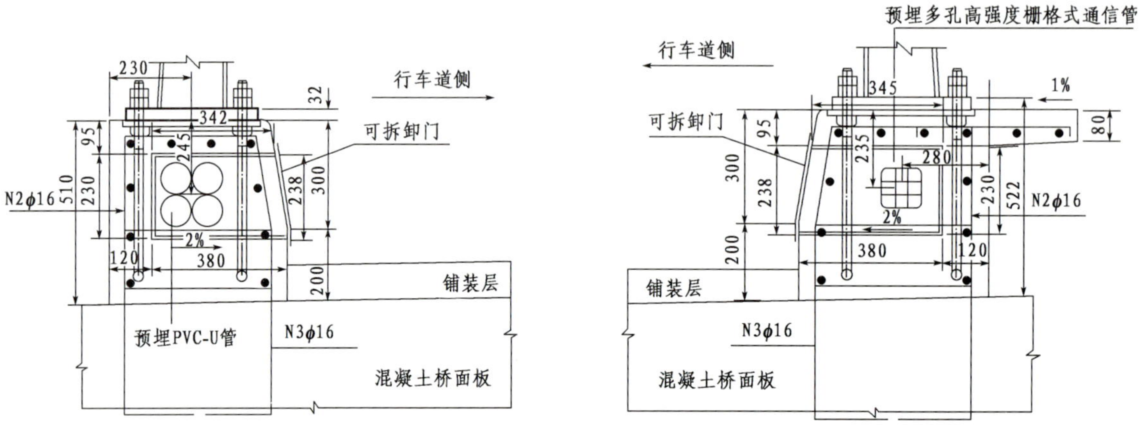

图 8-3-4-6　防撞护栏底座电力、通信管道示意图(尺寸单位:mm)

b. 监控、通信以及安全设施预埋件。

监控、通信设施预埋全桥共 9 处门架式设备基础,公路左幅 4 处,右幅 5 处。安全设施标注预埋共 3 处门架式设备基础,公路左幅 1 处,右幅 2 处。监控、通信及安全设施预埋位置见表 8-3-4-2。

监控、通信及安全设施预埋位置表　　表 8-3-4-2

线路	左线		右线	
里程桩号	铁路左线里程	公路对应桩号	铁路左线里程	公路对应桩号
监控、通信门架	DK62 + 017.15	GK62 + 017.15	DK61 + 857.15	GK61 + 857.15
	DK62 + 833.15	GK62 + 833.15	DK62 + 993.15	GK62 + 993.15
	DK62 + 913.15	GK62 + 913.15	DK62 + 913.15	GK62 + 913.15
	DK66 + 370.35	GK66 + 370.35	DK66 + 370.35	GK66 + 370.35
	DK67 + 630.50	GK67 + 630.50	DK67 + 630.50	GK67 + 630.50
	—	—	DK69 + 403.45	GK69 + 403.45
	DK69 + 488.05	GK69 + 488.05	DK69 + 488.05	GK69 + 488.05
	DK70 + 104.05	GK70 + 104.05	DK70 + 104.05	GK70 + 104.05
安全设施标志门架预留	大练互通 1500m 出口预告		DK69 + 315.45	YK69 + 315.45
	大练互通 500m 出口预告		DK70 + 269.70	YK70 + 269.70

门架立柱与内侧公路防撞护栏及外侧防撞护栏和风屏障立柱改为整体式立柱,通过法兰连接,桥门架布置如图 8-3-4-7 所示。

c. 防撞护栏预埋螺栓。

预埋钢板与 M30 螺纹钢螺栓上部连接。预埋件与钢筋冲突时,适当移动钢筋以保证预埋件位置准确。为保证锚栓和预埋板垂直,在锚栓底部与底座预埋钢筋焊接固定。防撞护栏底座预埋板结构如图 8-3-4-8 所示。

d. 综合接地。

公路面小里程侧的梁底设置接地端子,采用软连接线与墩帽处接地端子连接。利用梁体内的结构钢筋作为接地引上线。接地引出线在护栏处与贯通接地扁钢连接,公路桥面综合接地示意如图8-3-4-9所示。

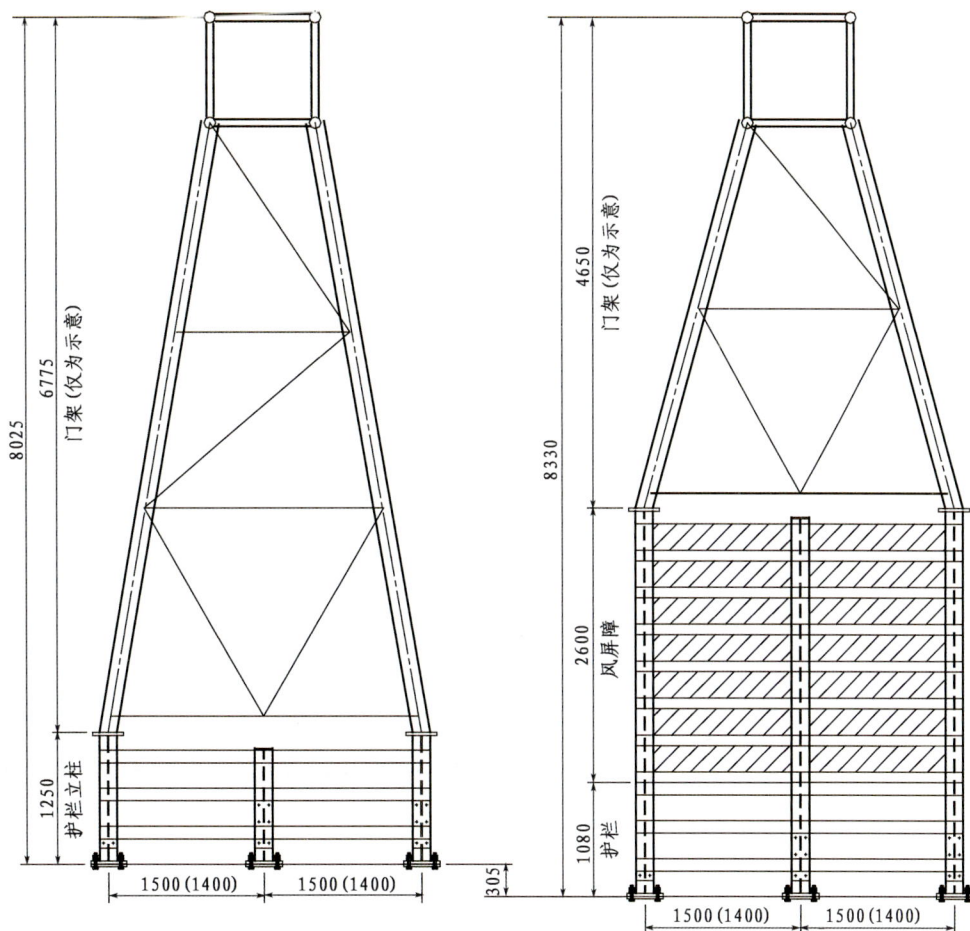

图 8-3-4-7 门架结构示意图(尺寸单位:mm)

公路外侧防撞护栏基座内预埋镀锌扁钢和接地引出线,梁面接地引出线应与贯通接地线及护栏基础可靠连接。

注意事项:预埋件施工时应严格按设计图施工,每个预埋件均由测量人员放出准确位置后,然后安装并加固牢靠,防止在混凝土浇筑过程中发生移位。

预埋件的品种、型号、质量、防腐层厚度应符合设计要求和国家现行标准的规定。预埋螺栓无弯曲变形、螺纹损坏、防腐层破坏。

检测数量:施工单位全部检查,监理单位见证检验。预埋件每种规格抽查10%。

检验方法:施工单位全部检查质量证明文件,按批抽样测量预埋件外形尺寸、测厚仪检查防腐层厚度;监理单位全部检查质量证明文件、试验报告。

⑤钢筋施工。

防撞护栏底座钢筋为Φ16,在钢筋加工车间内加工成半成品后,每种钢筋分类堆放并编号,运输至墩位处,利用公路桥面吊机吊起并放置于箱梁上,然后进行底座钢筋安装。

a.根据设计图纸,做出钢筋下料单,工班根据下料单加工、分类编号堆放。下料时要根据钢筋编号和供应钢筋的尺寸,统筹安排,以减少钢筋的损耗。成型钢筋制作时,应按设计图纸或下料单在平台上放大样后再进行弯制。

b.底座钢筋在钢筋加工车间集中加工成型后运至现场进行安装,安装时严格控制钢筋间距。钢筋品种、级别、规格、间距、形状、连接接头位置及焊条、焊缝等均应符合设计图纸和施工规范的有关要求。

a)外侧立面　　　　b)内侧立面

c)预埋件大样　　　　d)1-1

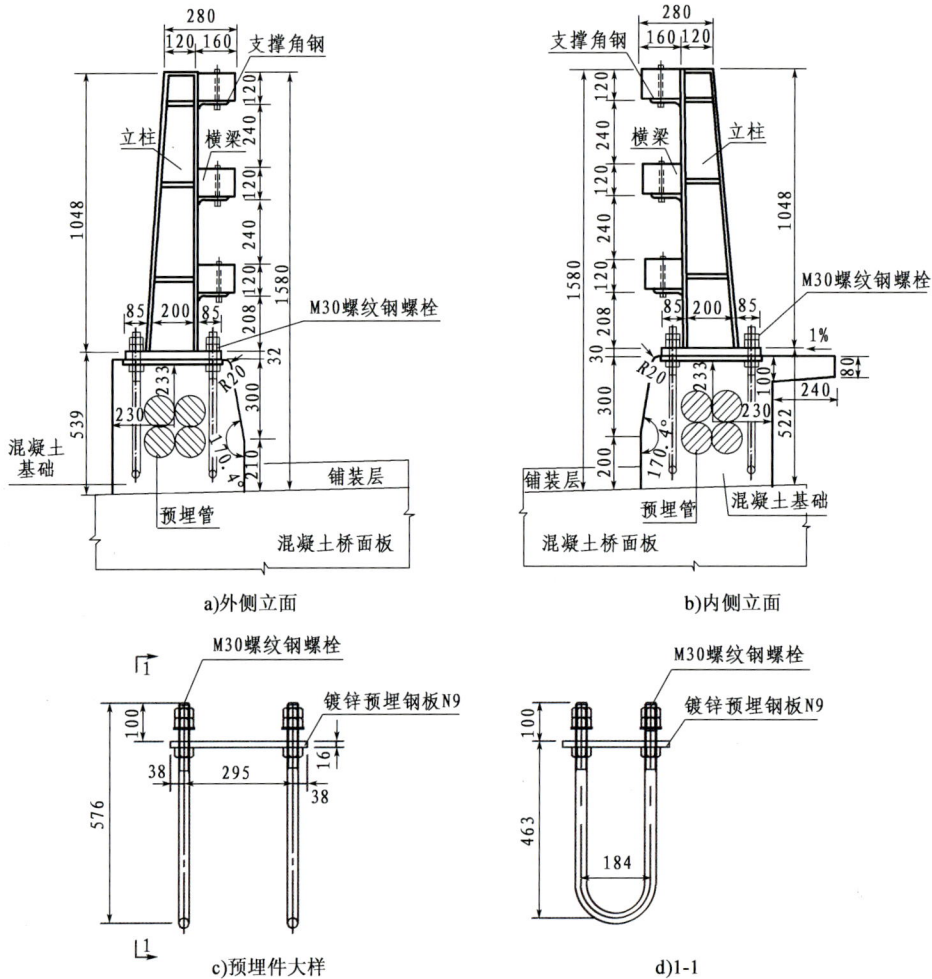

图 8-3-4-8　防撞护栏底座预埋板结构示意图(尺寸单位:mm)

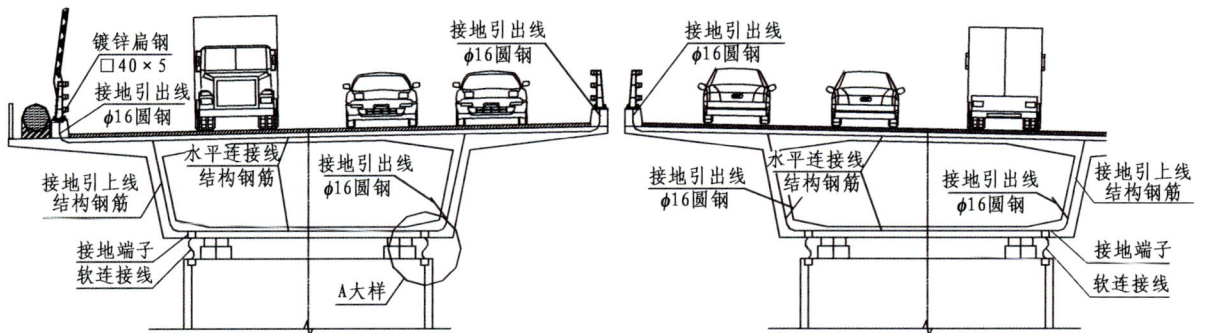

图 8-3-4-9　公路桥面综合接地示意图

c. 钢筋下料时钢筋轴线和切割机刀口要成垂线,并严格执行操作规程,确保安全。严禁用气割或热加工的方法下料。钢筋端面应平整并与钢筋轴线垂直,不得有马蹄形或扭曲,否则应采用砂轮机切平。

d. 按照图纸设计和要求安装钢筋,钢筋之间的间距、钢筋与模板间的保护层厚度、钢筋的绑扎都应严格按照设计文件和规范要求操作。当安装的普通钢筋和预埋件位置有冲突时,优先保证预埋件位置的准确性,适当挪动钢筋位置。混凝土基础在伸缩缝及变形缝处设置变形缝,缝宽 2cm,其间填充沥青麻絮。

e. 钢筋加工及安装允许偏差见表 8-3-4-3。

钢筋加工及安装允许偏差

表 8-3-4-3

序 号	项 目		允许偏差（mm）
1	受力钢筋间距		±5
2	箍筋、横向水平钢筋间距		±10
3	钢筋骨架尺寸	长	±10
4		宽、高或直径	±5
5	弯起钢筋的弯折位置		±20
6	绑扎钢筋网尺寸	长、宽	±10
7		网眼尺寸	±20
8	钢筋保护层		+5 / 0

注：表中钢筋保护层厚度的实测偏差不得超出允许偏差范围。

⑥模板安装。

底座采用整体定型组合钢模，将模板分块组装成整体。每段模板长度为5m，每跨箱梁防撞护栏基座搭设模板后同时浇筑。伸缩缝宽2cm，浇筑时，在每段模板伸缩缝位置设置隔离板，钢板两侧刷脱模剂，拆模后拆除钢板并填充沥青麻絮。分段处端模为钢板，使用螺栓与侧模固定连接。分段隔离措施如图8-3-4-10所示。

公路中央防撞护栏施工时，侧异形模板在桥面上即可拆除，另一侧需对异形模板进行改制，防止已浇筑基座悬出翼缘阻碍模板安装；异形模板拆除时，先从基座缝隙用钢丝绳连接模板，拆除拉杆后用手动葫芦缓慢下放钢丝绳，模板下放至铁路桥面后回收。

a. 模板在使用前应除锈、涂刷模板漆，以保证混凝土的外观质量。

b. 依据测量放样的标记点用墨线打出模板内边线。安装模板前，检查箱梁顶高程及外轮廓线，不符合要求时凿除或用砂浆找平处理，以确保模板准确就位及箱梁顶面与模板接触平整，无缝隙，防止漏浆。

c. 模板吊装组拼时，不得发生碰撞，由专人指挥，按模板编号逐块起吊拼接。模板安装必须稳固牢靠，接缝严密。模板使用 φ20mm 拉杆，拉杆外套 φ25mmPVC 管，相邻模板采用螺栓连接。模板安装完毕后四角各设计一道钢丝绳和紧线器作固定缆风绳，中间段模板采用撑杆顶紧，使其对位准确牢固，保证混凝土浇筑过程中不产生位移。

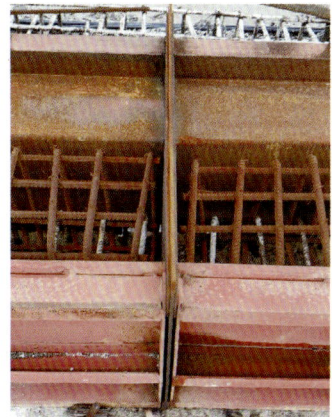

图 8-3-4-10 分段隔离措施

d. 模板安装完成后，应对模板的垂直度、平整度、错台、拉杆和螺栓的连接牢固程度以及整体的稳定性等进行检验，并测定模板平面尺寸和顶高程。若不符合要求，可采用手动葫芦进行调整，直至符合标准后再进行下道工序施工。

e. 混凝土基座及护栏允许偏差见表8-3-4-4。

混凝土基座及栏杆允许偏差

表 8-3-4-4

序 号	项 目		允许偏差（mm）
1	混凝土基座	平面偏位	<4
2		断面尺寸	±5
3		竖直度	<4
4		预埋件位置	<5

续上表

序　号	项　目		允许偏差（mm）
5	栏杆	栏杆平面偏位	<4
6		扶手高度	±10
7		柱顶高差	<4
8		接缝两侧扶手高差	<3
9		竖杆或纵、横向竖直度	<4

⑦测量复核。

底座预埋件的测量复核主要复核每个预埋板的高程和垂直度，预埋件的高程以水准仪来控制，垂直度由靠尺来测量。检查存在问题，需要重新安装固定再进行复核。

预埋件基础安装完毕，经测量复核满足设计要求，见表8-3-4-5。

预埋件允许偏差　　　　　　　　　　　　　　　　　　　　　　表8-3-4-5

序号	项　目		允许偏差（mm）	检 验 方 法
1	预埋件中心位置	预埋板	10	尺量
2		预埋螺栓	5	尺量
3		预埋管	5	尺量
4		其他	10	尺量
5	预埋件水平高差		+3,0	塞尺量测

⑧混凝土浇筑。

混凝土浇筑前，每孔箱梁防撞护栏底座预埋件的安装检查执行"三检制"，严格按图施工，做好施工质量的"事前控制"，做到制造安装前交底到位、验收到位，安装过程监控到位，安装后验收到位。必须经各工区总工程师、现场副经理、现场技术人员及测量人员签字复核、确认，否则不得进入下一步施工作业（混凝土浇筑）。

公路防撞护栏基座采用C50混凝土，坍落度控制在160~200mm，浇筑时按照每个节间浇筑，并充分振捣，最后进行二次收浆。浇筑完成后立即在混凝土表面覆盖土工布并洒水养护，养护期间须记录现场温度。

a.混凝土分别由搅拌站集中供应，使用车载泵站位于便道将混凝土泵送至公路桥面料斗内，桥面吊机将料斗吊至待浇筑位置进行浇筑。

b.混凝土拌和严格按施工配合比配料，砂、石、水泥、水及外加剂等原材料必须经过质量检验并符合要求，计量要准确，严格控制混凝土的拌和时间，保证混凝土的和易性。

c.浇筑时采用水平分层法，从一端向另一端逐步推进。浇筑时下料应均匀缓慢，尽量减少混凝土冲击模板或溅落到桥面上，溅落在桥面上的混凝土应及时清理干净。

d.采用插入式振动棒捣固，混凝土分层摊铺，分层捣固，分层厚度为30cm左右，捣固的顺序为先四周后中间，相邻两个插入位置的距离不得大于振动棒作用半径的1.5倍，防止漏捣、重捣和捣固过量。不得随意加密振点或漏振，每点的振捣时间以混凝土不再沉落、表面呈现浮浆、不出气泡为准，振捣延续时间宜为20~30s，避免过振。

e.混凝土振捣完成后，以模板上的高程线为基准先初步抹平，然后用塑料抹子搓面提浆，在混凝土初凝前用铁抹子抹面收光。

⑨混凝土养护。

a.混凝土浇筑后,顶部外露面采用覆盖土工布洒水养护。

b.拆除模板后采用喷洒养护液或土工布包裹洒水的方式养护。

c.对混凝土结构工程中各混凝土强度等级均应留置同条件养护试件,同一强度等级混凝土留置不少于三组同条件养护试件。同条件养护试件应在达到等效养护龄期时,进行强度试验。等效养护龄期应根据同条件养护试件强度与在标准养护条件下28d龄期试件强度相等的原则确定。

⑩模板拆除。

a.拆模时混凝土强度宜达到设计值的50%,拆模后应加强成品保护,防止磕碰损伤。

b.拆模时,混凝土芯部与表面、表面与环境之间的温差不得大于20℃,混凝土芯部开始降温之前不得进行拆模作业。按照先装后拆、后装先拆的原则逐块拆除,拆除的模板应及时修整、磨光并涂脱模剂。

3.5　全桥风、声屏障

风屏障设计相关内容详见第2篇第7章风屏障设计研究。

3.5.1　声屏障设计

声屏障仅在长屿岛上 DK66+750.10~DK66+998.80 范围内铁路桥面布置,声屏障区段不另设风屏障,铁路声屏障结构如图8-3-5-1所示。

(1)设计原则

①结构形式:采用 H 型钢插板、直立式形式。

②声屏障高度:声屏障高度为2.15m,立柱高3.94m,高出部分布置风屏障障条。

③声屏障材质:采用铝合金复合吸声板金属声屏障。

④桥梁声屏障基础:声屏障 H 型钢底板与基础预埋钢板采用螺栓连接。

⑤金属声屏障标准单元板尺寸:1960mm×430mm×140mm。

⑥设计使用年限:正常使用条件下,H 型钢、螺栓、钢筋混凝土预制板设计使用寿命均为50年;声屏障吸隔音材料设计使用寿命不小于25年。

(2)设计指标

①声屏障单元板必须能够抵抗7.0kPa的表面压力。

②在最不利荷载组合下,H 型钢最大挠度不超过 $L/100$。

(3)材料特性

①金属声屏障单元板。

金属单元板采用铝合金复合吸声板,背板及面板采用标号不低于5A03的铝合金材料,背板及面板厚度不小于1.5mm,并需要进行铬酸钝化或类似处理。

②其他材料与声屏障相同。

3.5.2　铁路风屏障立柱横向拉力破坏试验

1)实验目的

为了做好平潭海峡公铁大桥风屏障施工质量管控,验证风屏障强度是否满足大桥特殊的大风环境,

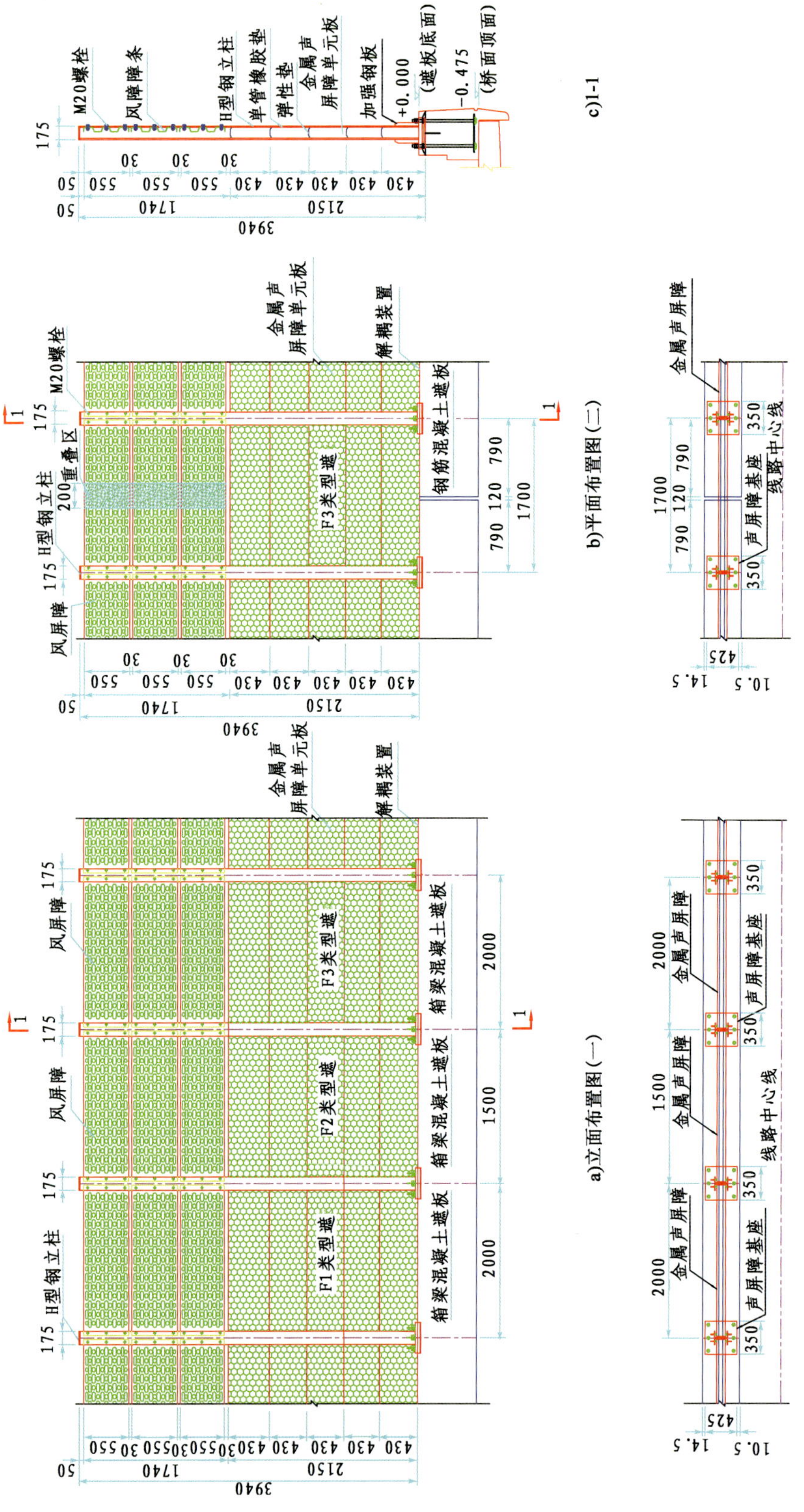

图8-3-5-1　铁路声屏障结构示意图（尺寸单位：mm）

a)立面布置图（一）

b)平面布置图（二）

c)1-1

d)平面布置图（一）

e)平面布置图（二）

保证大桥运营期间安全,项目部进行了风屏障立柱(包括基础预埋件)横向拉力破坏试验。风屏障立柱及基础结构如图 8-3-5-2 所示。

2)试验材料及设备

(1)张拉精密压力表 2 个,油泵车及 250t 千斤顶各 1 台。校验报告、校准证书如图 8-3-5-3 所示。

(2)钢绞线与工作夹片若干。

(3)电缆若干。

3)试验方法

通过对风屏障立柱及基础结构的分析,结合现场施工实际情况,共设置 6 组具有不同工况的试样样本,试验布置形式如图 8-3-5-4 所示。

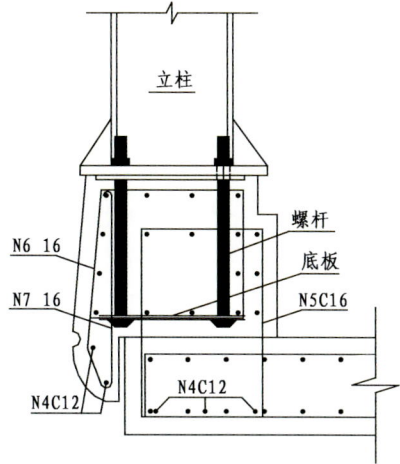

图 8-3-5-2　风屏障立柱及基础结构示意图

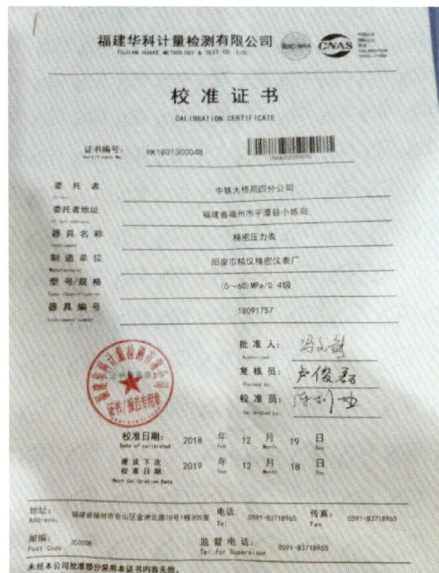

图 8-3-5-3　校验报告、校准证书

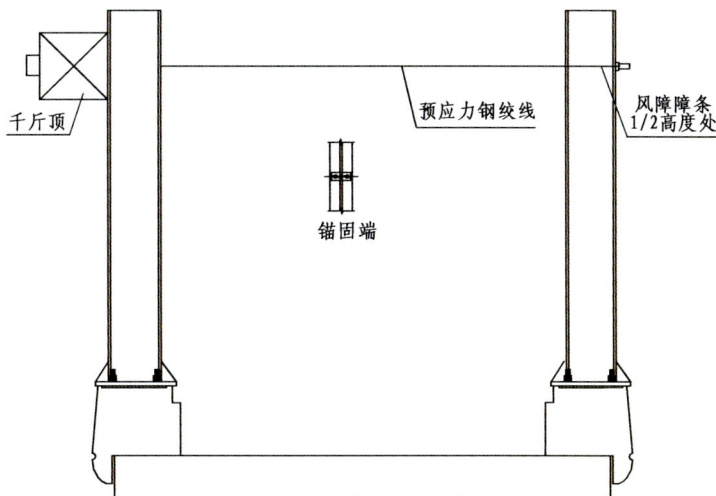

图 8-3-5-4　风屏障横向拉力破坏试验布置形式

（1）前期准备

①浇筑混凝土基座。基座尺寸为 $3m \times 2m \times 0.25m$。为模拟现场施工的实际情况，又将基座分为 6 种不同形式。

a. 标准形式：基座配筋与铁路混凝土箱梁顶板的配筋相同，竖墙 A、风屏障基础预埋件的布置也与设计相同。因现场无设计所用钢立柱，所以用横向刚度更大的普工 32c 代替，其余五种工况做相同方式处理。标准形式试验布置如图 8-3-5-5 所示。

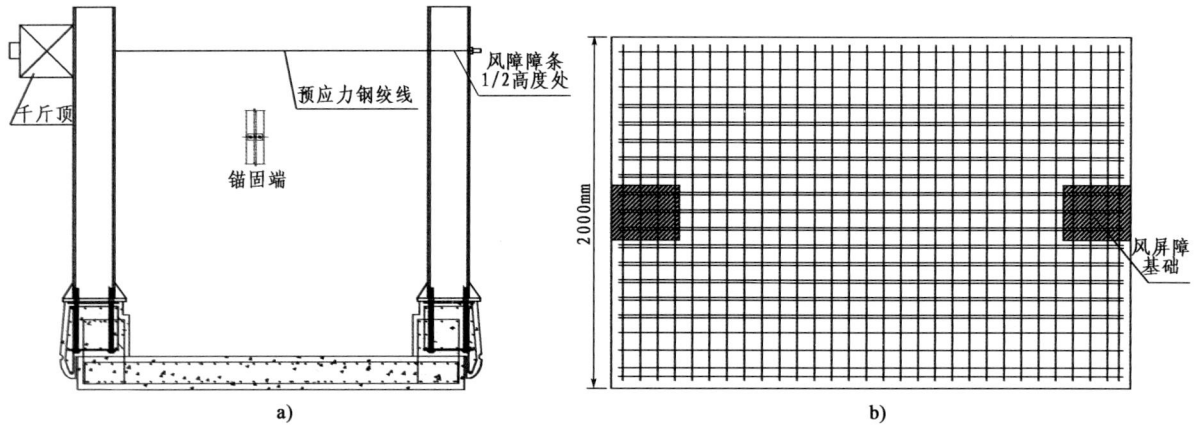

图 8-3-5-5　标准形式试验布置示意图

b. 少底板：配筋与标准工况相同，缺少预埋板 F7，无预埋板 F7 试验布置如图 8-3-5-6 所示。

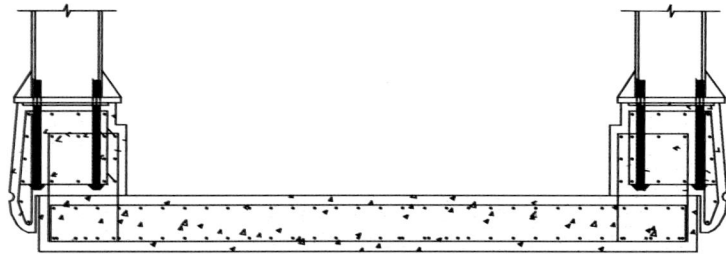

图 8-3-5-6　无预埋板 F7 试验布置示意图

c. 少预埋钢筋：基座钢筋与标准配筋相同，预埋件配置也与标准状况相同，两侧竖墙 A 中与预埋板 F7 相冲突的 8 根 N5 钢筋不用布置。缺少钢筋 N5 试验布置如图 8-3-5-7 所示。

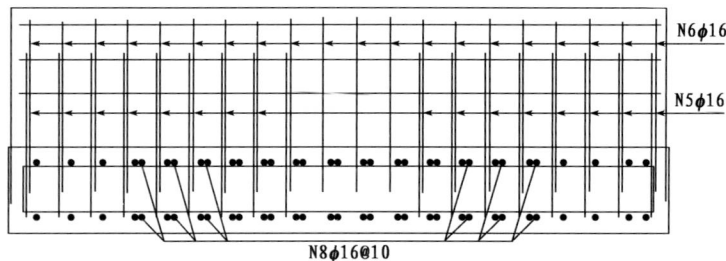

图 8-3-5-7　缺少钢筋 N5 试验布置示意图

d. 少底板及预埋筋：缺少预埋板 F7 以及与 F7 相冲突的 8 根 N5 钢筋，其余与标准配筋相同。

e. 单边少预埋钢筋：单边配置风屏障立柱基础，对面布置张拉基座，单边缺少预埋钢筋试验布置如图 8-3-5-8 所示。

f. 单边偏位：配筋与情况 5 相同，张拉基座与风屏障立柱基础向一侧偏移 50cm，偏移 50cm 试验布置如图 8-3-5-9 所示。

a)

b)

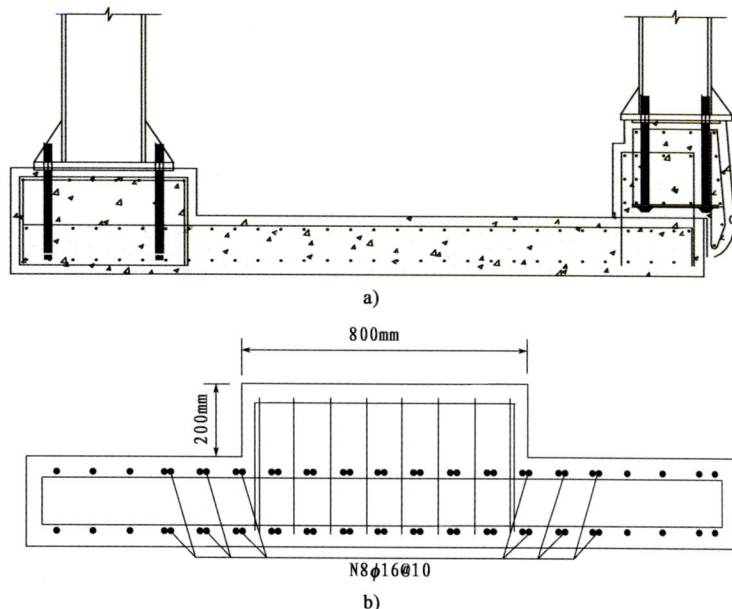

图 8-3-5-8　单边缺少预埋钢筋试验布置示意图

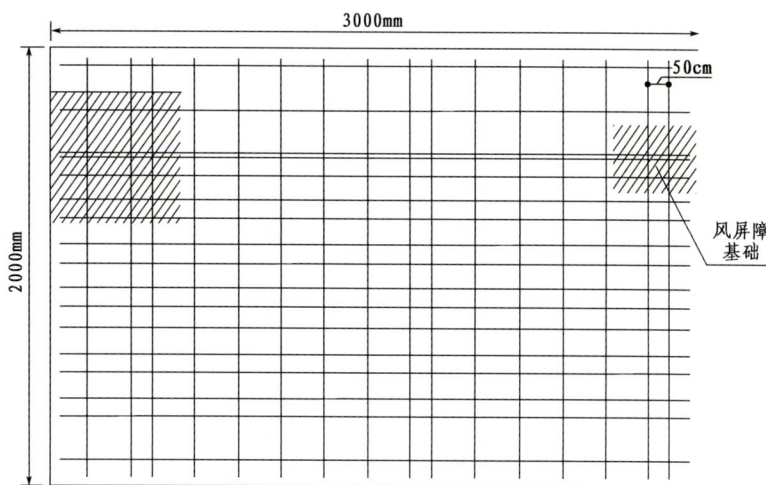

图 8-3-5-9　偏移 50cm 试验布置示意图

②试压两次浇筑风屏障基座混凝土的预留试块。其中基座混凝土强度为 64.2MPa,风屏障立柱基础混凝土为 52.8MPa,混凝土强度报告如图 8-3-5-10 所示。

（2）实验步骤

①试验在路基段 CX47—CX48 之间已浇筑混凝土基座上进行。将已经准备好的普工 45 代替钢立柱分别安装在 6 种不同工况下的风屏障立柱基础上。

②检查各试验仪器是否正常工作,电缆有无破损,并安装试验仪器。

③试验仪器安装就位后,所有试验人员均退到安全距离外。

④开始采集拉力数据,对钢立柱以均匀缓慢速度施加荷载。同时观察钢立柱、预埋螺栓以及基座混凝土,当任意一个产生破坏后,试验终止,关闭油泵车,记下油表读数。

⑤重复步骤③～④,依次对其余工况进行试验。

（3）试验数据记录

对风屏障基础破坏性试验破坏前的临界荷载进行了数据采集,具体情况如下。

①标准形式:基座配筋与铁路混凝土箱梁顶板的配筋相同,竖墙 A、风屏障基础预埋件的布置也与

设计相同。

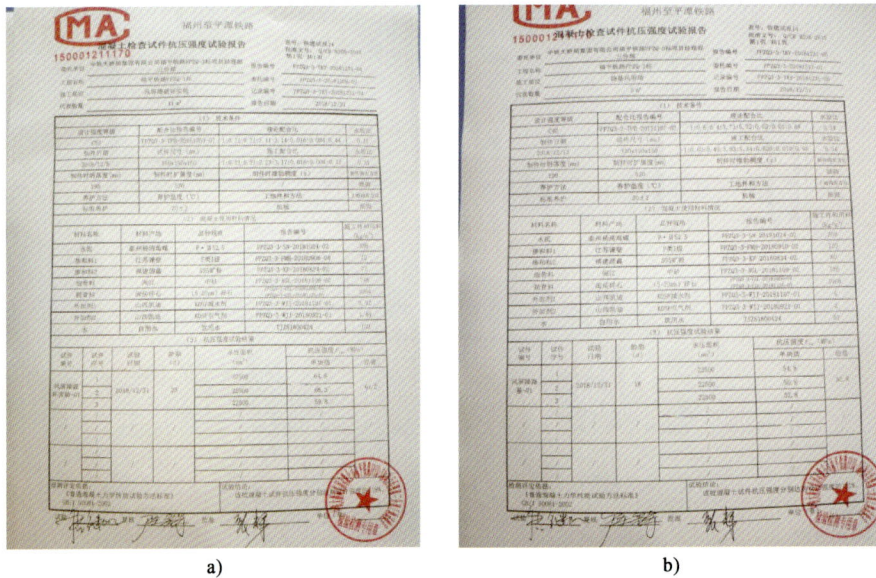

图 8-3-5-10　混凝土强度报告

a. 破坏形式:当油压表加载到 15MPa 时,张拉端对面布置的风屏障立柱基础混凝土外侧部位开始出现裂纹,见图 8-3-5-11,裂缝长 0.8m,裂缝最大宽 2mm。张拉端风屏障立柱基础混凝土无破坏千斤顶痕迹。

图 8-3-5-11　标准形式风屏障立柱基础混凝土外侧部位的裂纹

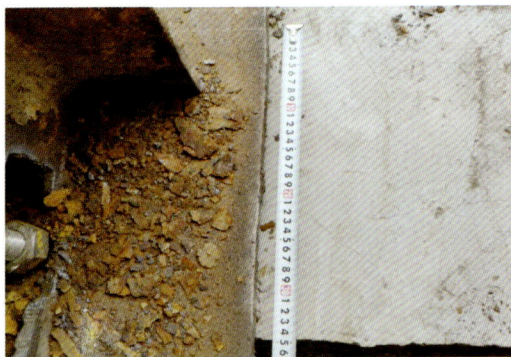

图 8-3-5-12　钢立柱底部支撑点距外侧螺杆 0.35m

b. 张拉力:根据千斤顶的校验报告,线性回归方程张拉力为 71.3kN。荷载作用点距立柱底部 1.87m,钢立柱底部支撑点距外侧螺杆 0.35m,如图 8-3-5-12 所示。单根螺杆所受荷载为:

$$F = 71.3 \times 1.87 \div 0.35 \div 2 = 190.5 (\text{kN})$$

②少底板:配筋与标准工况相同,缺少预埋板 F7,见图 8-3-5-13。

a. 破坏形式:当油压表加载到 27MPa 时,两侧的风屏障立柱基础混凝土外侧部位开始出现裂纹。

张拉端:风屏障立柱基础混凝土裂缝长度 1.2m,最大裂缝宽度 3mm。

对称端:风屏障立柱基础混凝土裂缝长度1.4m,最大裂缝宽度5mm。

b.张拉力:根据千斤顶的校验报告,线性回归方程张拉力为129kN。荷载作用点距立柱底部1.87m,钢立柱底部支撑点距外侧螺杆0.35m。单根螺杆所受荷载为:

$$F = 129 \times 1.87 \div 0.35 \div 2 = 344.6 (kN)$$

图8-3-5-13 缺少预埋板F7风屏障立柱基础混凝破坏

③少预埋钢筋:基座钢筋与标准配筋相同,预埋件配置也与标准状况相同,两侧竖墙A中与预埋板F7相冲突的8根N5钢筋不用布置。

a.破坏形式:当油压表加载到25MPa时两侧的风屏障立柱基础混凝土外侧部位开始出现裂纹,见图8-3-5-14。

张拉端:风屏障立柱基础混凝土裂缝长度1.2m,最大裂缝宽度5mm。

对称端:风屏障立柱基础混凝土裂缝长度1.4m。

b.张拉力:根据千斤顶的校验报告,线性回归方程张拉力为119.4kN。荷载作用点距立柱底部1.87m,钢立柱底部支撑点距外侧螺杆0.35m。单根螺杆所受荷载为:

$$F = 119.4 \times 1.87 \div 0.35 \div 2 = 318.9 (kN)$$

④少底板及预埋筋:缺少预埋板F7以及与F7相冲突的8根N5钢筋,其余与标准配筋相同。

a.破坏形式:当油压表加载到17MPa时,两侧的风屏障立柱基础混凝土外侧部位开始出现裂纹,见图8-3-5-15。

图8-3-5-14 缺少N5钢筋风屏障立柱基础混凝土

图8-3-5-15 缺少预埋板F7及N5钢筋风屏障立柱基础混凝破坏

张拉端:风屏障立柱基础混凝土裂缝长度1.03m,最大裂缝宽度2mm。

对称端:风屏障立柱基础混凝土裂缝长度1.4m,最大裂缝宽度2mm。

b. 张拉力:根据千斤顶的校验报告,线性回归方程张拉力为 80.9kN。荷载作用点距立柱底部 1.87m,钢立柱底部支撑点距外侧螺杆 0.36m。单根螺杆所受荷载为:

$$F = 80.9 \times 1.87 \div 0.36 \div 2 = 210.2(kN)$$

⑤单边少预埋钢筋:单边配置风屏障立柱基础,对面布置张拉基座。

a. 破坏形式:当油压表加载到 23MPa 时,风屏障基础混凝土开始出现裂纹,张拉基座混凝土无破坏痕迹,风屏障立柱基础混凝土裂缝长度 1.2m,最大裂缝宽度 4mm。

b. 张拉力:根据千斤顶的校验报告,线性回归方程张拉力为 109.8kN。荷载作用点距立柱底部 1.87m,钢立柱底部支撑点距外侧螺杆 0.36m。单根螺杆所受荷载为:

$$F = 109.8 \times 1.87 \div 0.35 \div 2 = 293.2(kN)$$

⑥单边偏位:配筋与情况 5 相同,张拉基座与风屏障立柱基础向一侧偏移 50cm。

a. 破坏形式:当油压表加载到 25MPa 时,风屏障立柱基础混凝土开始出现裂纹,张拉基座混凝土无破坏痕迹,风屏障立柱基础混凝土裂缝长度 1.18m,最大裂缝宽度 5mm。

b. 张拉力:根据千斤顶的校验报告,线性回归方程张拉力为 119.4kN。荷载作用点距立柱底部 1.87m,钢立柱底部支撑点距外侧螺杆 0.35m。单根螺杆所受荷载为:

$$F = 119.4 \times 1.87 \div 0.35 \div 2 = 318.9(kN)$$

4)试验分析

①风荷载的计算。

计算围护结构时,按下式计算:

$$\omega_k = \beta_{gz}\mu_{sl}\mu_z\omega_0 \tag{8-3-5-1}$$

式中:ω_k——风荷载标准值(kN/m^2);

β_{gz}——高度 z 处的阵风系数,取风障障条 1/2 高度处距海平面的高度为 60m,查《建筑结构荷载规范》(GB 50008—2012)表 8.6.1 得:$\beta_{gz} = 1.48$;

μ_{sl}——风荷载局部体型系数,根据《建筑结构荷载规范》(GB 50008—2012)8.3.3 条,取 1.25 倍独立墙壁及围墙的风载体型系数,即:$\mu_{sl} = 1.25 \times 1.3 = 1.625$;

μ_z——风压高度变化系数,查《建筑结构荷载规范》(GB 50008—2012)表 8.2.1,A 类地面,高度取 60m 得:$\mu_z = 1.97$;

ω_0——基本风压(kN/m^2),查《建筑结构荷载规范》(GB 50008—2012)续表 E.5,得平潭在 32.4m 处的一百年重现期的风压为:$\omega = 1.6kN/m^2$,则平潭在标准高度处的风压为 $\omega_0 = 1.21kN/m^2$。

经计算,风障障条 1/2 高度处风荷载标准值为:

$$\omega_k = 5.73(kN/m^2)$$

在透风率为 36.5% 的情况下,一个 2m 标准节段所受的风荷载为:

$$F = \omega_k A = 5.73 \times 3.5 \times 0.635 \times 2 = 25.47(kN)$$

②结果判定。

试验测出不同条件下风屏障基础破坏前的临界荷载,并与百年一遇的风荷载相比较。若临界荷载大于风荷载,则说明现场施工的风屏障基础满足平潭海峡公铁大桥的使用要求。为进一步确定铁路风屏障基础的破坏形式,在工况三以及工况六已经达到临界荷载的基础上,依次对两种工况下的钢立柱持续加载直至混凝土出现明显破坏现象,见图 8-3-5-16。

终止试验后,凿除风屏障基座处的松散混凝土,发现外侧的两根预埋螺杆明显被拉长,混凝土破坏位置为螺杆的丝杆与光杆交界处,被破坏的混凝土为基础保护层素混凝土,配有钢筋的混凝土均未发现明显破坏,所以风屏障立柱基础破坏形式为:随着试验荷载增大,预埋螺杆钢材受拉屈服后发生较大塑性变形,与预埋螺杆丝杆包裹的基础保护层混凝土超过其抗拉强度从而发生破坏。

图 8-3-5-16　风屏障立柱基础混凝破坏

5）试验结论

由试验数据可知工况一风屏障基础破坏前的临界荷载最小为 71.3kN，与百年一遇的风荷载 25.47kN 相比较。临界荷载大于风荷载，现场施工的风屏障基础满足平潭海峡公铁大桥的使用要求。

6）试验建议

建议在风屏障预埋螺杆丝杆处增设 PVC 套管，避免基础保护层素混凝土与螺杆丝杆发生接触，从而约束螺杆丝杆变形、被迫参与受力，导致其产生裂纹，并充分发挥预埋螺杆及其底部预埋板的抗拉拔作用。

3.5.3　风/声屏障安装

1）预埋件测量

风屏障安装对预埋件的精度要求极高，预埋件施工精度要求见表 8-3-5-1，基座施工完成后应对预埋板间距及水平度、螺栓间距及垂直度、螺栓外露长度等进行测量。对螺栓垂直度及外露长度不足的基础进行调整处理，将所有预埋件实测间距进行辨识，与生产厂家对接，按照现场实际情况调整障条及拉索长度，确保现场安装时风屏障各构件相互匹配。

预埋构件允许偏差及检验方法　　　　　　　　　　　　　表 8-3-5-1

序　　号	项　　　　目	允许偏差	检　验　方　法
1	预埋钢板顶面高程(mm)	±5	水准仪
2	锚栓垂直度(‰)	2	经纬仪
3	外露锚栓长度(100mm)(mm)	±3	尺量
4	锚栓纵、横向位置(mm)	2	

2）风/声屏障立柱安装

（1）铁路混凝土箱梁风屏障立柱安装

混凝土梁区风屏障立柱安装于铁路混凝土 A 墙上方，单根风屏障立柱通过与预埋在 A 墙内的 4 根 M32 不锈钢螺栓连接固定，风屏障立柱安装时采用叉车配合倒运，并利用软吊带及叉车插齿配合将风

图 8-3-5-17 立柱安装现场

屏障立柱吊装并插入已预埋在混凝土 A 墙内的螺杆上,在螺杆上安装单垫片、双螺母将风屏障立柱固定,立柱安装时,应采取在插齿上包裹土工布或薄膜等措施,防止立柱与插齿磕碰造成立柱防腐涂层损伤。对立柱防腐涂层破坏区域按规范及设计要求进行补涂。

在接触网、下拉锚线等处安装一组异形立柱,避开接触网及拉线立柱安装空间,异形立柱 3 根为一组,一组立柱由 2 根等截面立柱 1 和 1 根弯折立柱 2 组成,安装时立柱 2 贴近接触网、下拉线锚线基础安装,立柱 1 对称安装于立柱 2 两侧。立柱安装现场见图 8-3-5-17。

(2)简支钢桁梁铁路风屏障立柱安装

简支钢桁梁立柱安装于员工走道侧面,单根立柱与员工走道间采用 10 个 M20 的不锈钢螺栓连接固定,在钢桁梁竖杆处,风屏障立柱除采用螺栓连接外还与钢桁梁竖杆侧面的预焊型钢焊接固定增加风屏障立柱整体刚度,简支钢梁区铁路风屏障立柱安装立面布置见图 8-3-5-18。立柱安装前应先在安装区域钢桁梁与员工走道铺设操作平台,简支钢梁区风屏障立柱安装参照混凝土梁区立柱的安装方式进行安装。

(3)航道桥铁路桥面风屏障立柱安装

航道桥钢梁风屏障立柱一侧与员工走道侧面采用 M16 螺栓连接,另一侧与钢梁预焊件连接采用 M24 螺栓连接,航道桥区铁路风屏障安装立面布置见图 8-3-5-19,安装方式同简支钢桁梁立柱。

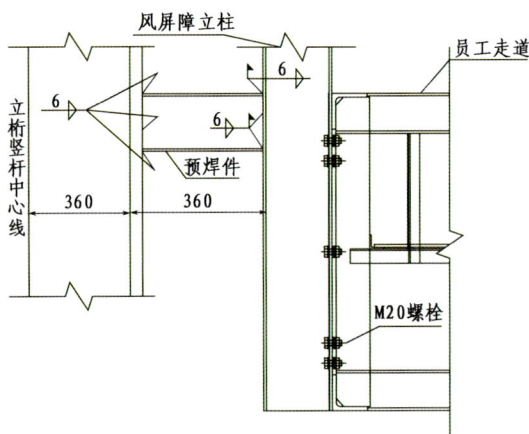

图 8-3-5-18 简支钢梁区风屏障立柱安装立面布置示意图(尺寸单位:mm)

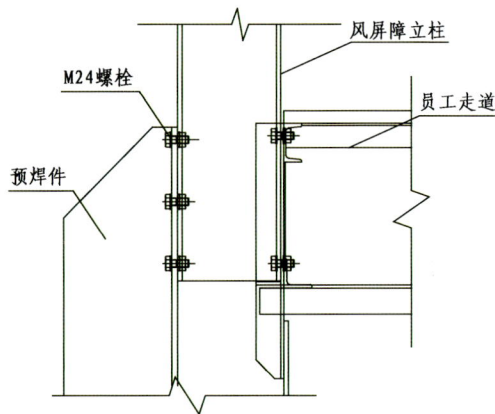

图 8-3-5-19 航道桥区铁路风屏障安装立面布置示意图

(4)公路风屏障立柱安装

公路风屏障立柱安装于公路防撞护栏立柱上方,护栏立柱与风屏障立柱间通过 10 个 M20 螺栓连接固定,公路防撞护栏安装完成并验收合格后,开始进行公路风屏障安装,风屏障立柱采用叉车配合安装在公路防撞护栏立柱侧面,立柱安装时应采取有效措施防止风屏障立柱与护栏磕碰,避免护栏及风屏障立柱防腐涂层损伤,立柱吊装到位后按设计要求安装单垫片 + 双螺母(最底下一排安装单弹垫 + 单螺母)并施拧到位,且螺栓方向应统一。

公路及铁路风屏障立柱安装完成后,应及时对立柱垂直度及线型偏差等进行测量,同时检测风屏障立柱连接螺栓、垫圈、螺母等构件按规范要求进行检查,风屏障立柱高差等偏差应符合设计及规范要求,见表 8-3-5-2。

钢立柱安装允许偏差及检验方法　　　　　　　表 8-3-5-2

序　号	项　　目	允 许 偏 差	检 验 方 法
1	立柱高程（mm）	±5	水准仪
2	相邻立柱高差（mm）	±2	尺量
3	立柱及螺杆垂直度（‰）	2	经纬仪
4	纵、横向位置（mm）	5	尺量
5	立柱轴线偏差（mm）	±1	经纬仪
6	螺杆外露长度（mm）	±3	尺量

（5）铁路声屏障立柱安装

声屏障立柱高为 3.94m，立柱采用 HW175×175×7.5×11 型钢，单根立柱重约 203.4t，通过与预埋在 A 墙内的 6 根 M32 不锈钢螺栓连接固定。立柱底座与预埋钢板之间存在 3cm 调平间隙，调整立柱高程、垂直度后，通过立柱底座预留的注浆孔，使用强度为 C40 流动砂浆进行重力式灌浆。铁路声屏障及其立柱基座立面布置见图 8-3-5-20。

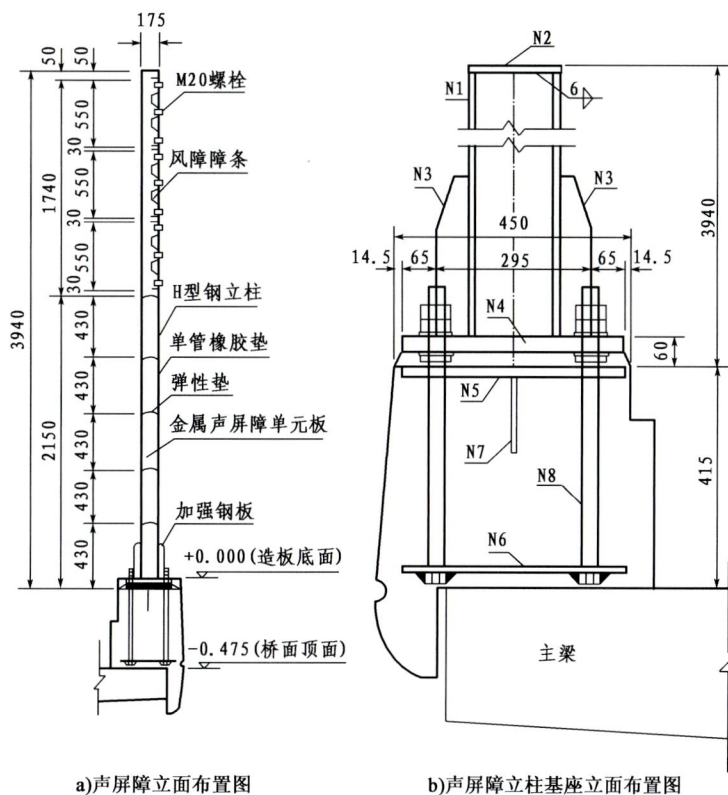

a）声屏障立面布置图　　　　　b）声屏障立柱基座立面布置图

图 8-3-5-20　铁路声屏障及其立柱基座立面布置图（尺寸单位：mm，高程单位：m）

3）风屏障障条及拉索安装

（1）风屏障障条安装

公/铁路风屏障立柱安装完成并验收合格后，安装风屏障障条，风屏障障条展开宽度为 304m，成型宽度 250mm，障条长度跟随立柱节间距变化，见图 8-3-5-21，安装时单根风屏障障条两端各通过 2 颗 M12 的螺栓与风屏障立柱连接，螺栓两端各安装一个平垫圈，为防止障条与立柱间摩擦造成障条防腐涂层损伤，在立柱与障条间垫三元乙丙橡胶垫圈，风屏障障条立柱底部距梁面 1.5m 区域采用人工直接安装，1.5m 至立柱顶部区域风屏障障条采用脚手架配合施工人员安装到位，见图 8-3-5-22。

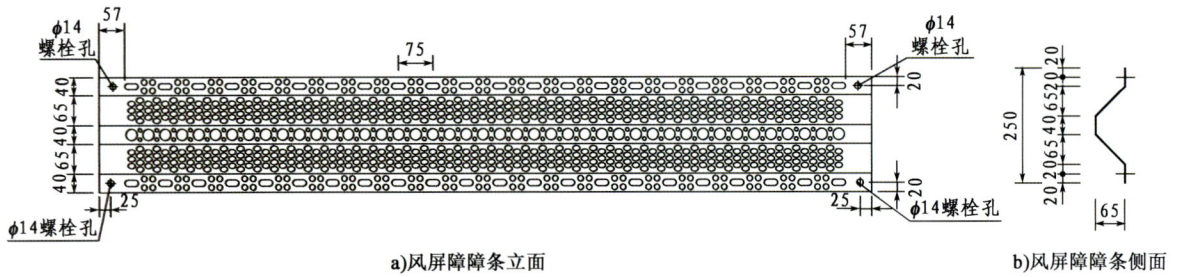

a)风屏障障条立面　　　　　　　　　　b)风屏障障条侧面

图 8-3-5-21　风屏障障条结构示意图(尺寸单位:mm)

图 8-3-5-22　脚手架配合工人安装风屏障障条

风屏障障条安装过程中应对安装精度进行检查,安装偏差应符合设计及规范要求,见表 8-3-5-3。

风屏障障条安装精度偏差及检验方法　　　　　　　　　　　　　表 8-3-5-3

序　　号	项　　目	允许偏差/验收标准(mm)	检 验 方 法
1	相邻板单元高程	±2	水准仪
2	相邻上下板错缝	±1	尺量
3	风屏障条、橡胶垫安装	压贴紧密、固定牢固	观察、晃动

(2)风屏障拉索安装

公/铁路风屏障障条安装的同时进行拉索安装,参照风屏障障条安装步骤完成,梁端拉索与风屏障立柱间采用螺栓进行连接固定,拉索安装时应采取措施对拉索梁端头丝口进行保护,确保连接螺母及锚杆能自由旋合。立柱间拉索采用连接套连接成整体,连接套长 40mm,连接时应预先在拉索端头丝口做好标记,连接套两端旋入丝杆长度应一致,确保连接套施工质量,拉索连接方式见图 8-3-5-23、图 8-3-5-24。

(3)声屏障障条安装

声屏障单元板宽度均为 430mm,长度跟随立柱节间距变化,定尺加工制造;由于单元板为插板式安装,每块单元板均需从 H 型立柱顶部插入安装,先安装最低层单元板,安装至设计位置后,在声屏障单元板两侧与 H 型立柱翼缘间隙位置安装整根立柱高长度的单管橡胶垫,如图 8-3-5-25 所示,上一块单元板及单管橡胶垫安装到位后,继续安装下一块单元板,并在上下两者之间安装三元乙丙橡胶垫。

待声屏障安装完成并验收合格后,开始其上部风屏障障条及拉索施工,该区域声屏障施工与风屏障区施工工艺相同。

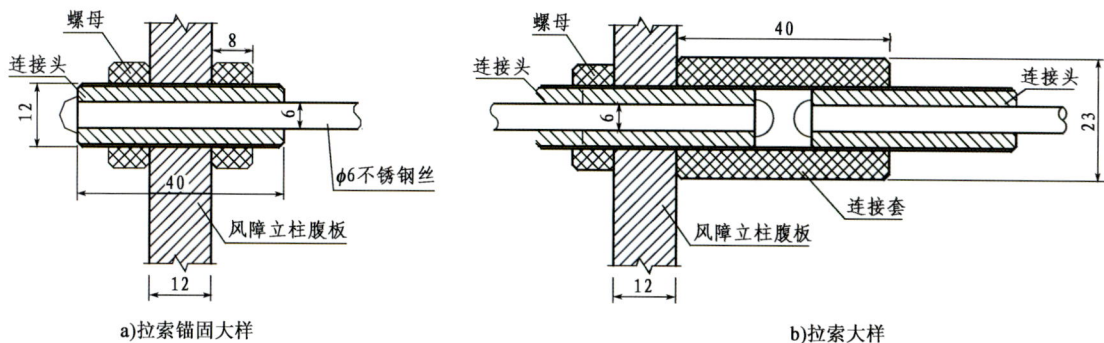

a)拉索锚固大样

b)拉索大样

图 8-3-5-23 拉索连接示意图(尺寸单位:mm)

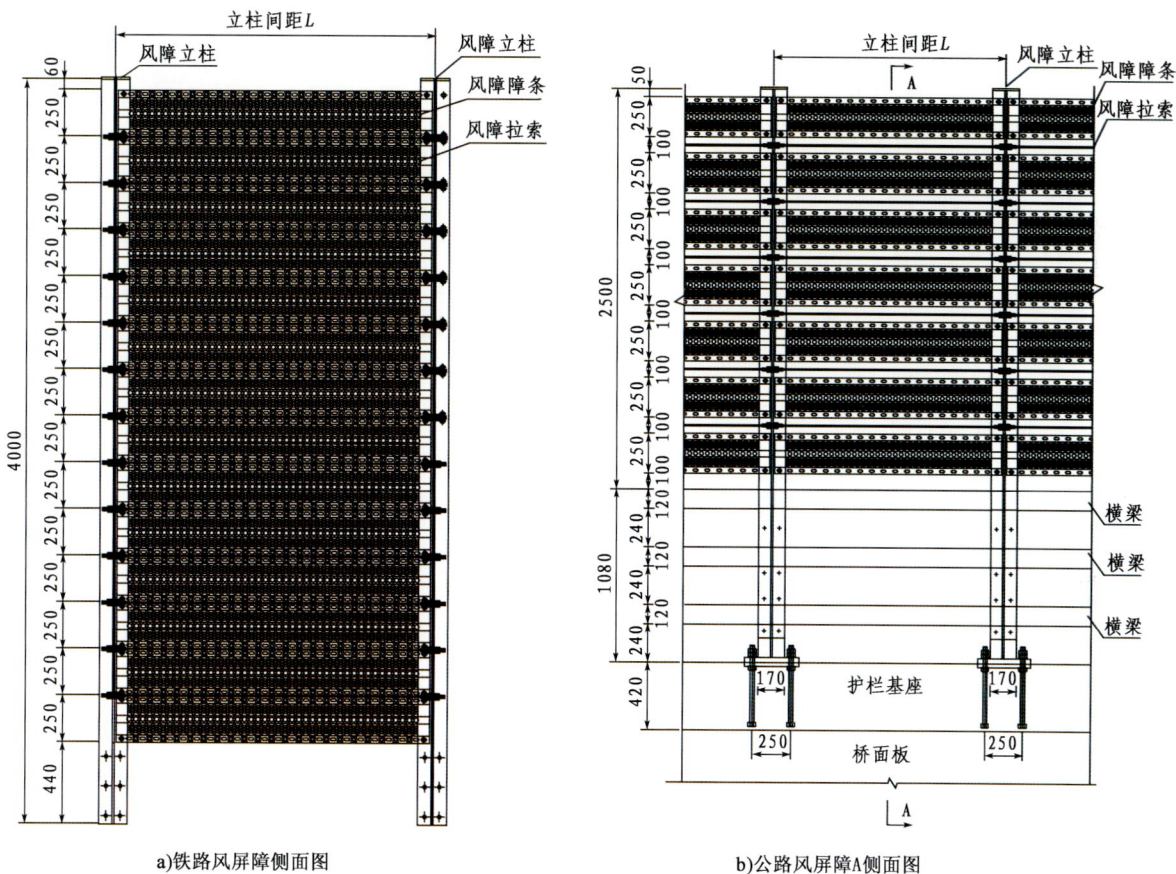

a)铁路风屏障侧面图

b)公路风屏障A侧面图

图 8-3-5-24 风屏障安装立面布置示意图(尺寸单位:mm)

3.5.4 日常维护、检修

（1）应对风/声屏障进行日常巡检,如发现螺栓松动、风屏障表面出现裂痕,风障障条之间、风障条和 H 型之间出现松动应及时维修。

（2）所有钢构件防腐寿命接近年限时都应及时进行防腐处理,风/声屏障障条接近年限时应及时更换。

（3）相关管理部门日常维护中应重点检查风/声屏障根部和风/声屏障障条连接螺栓松动以及污染,发现问题应及时处理。

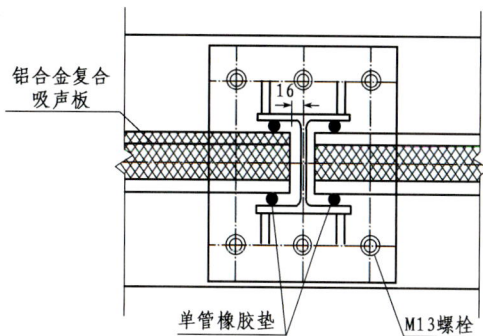

图 8-3-5-25 声屏障单元板安装示意图

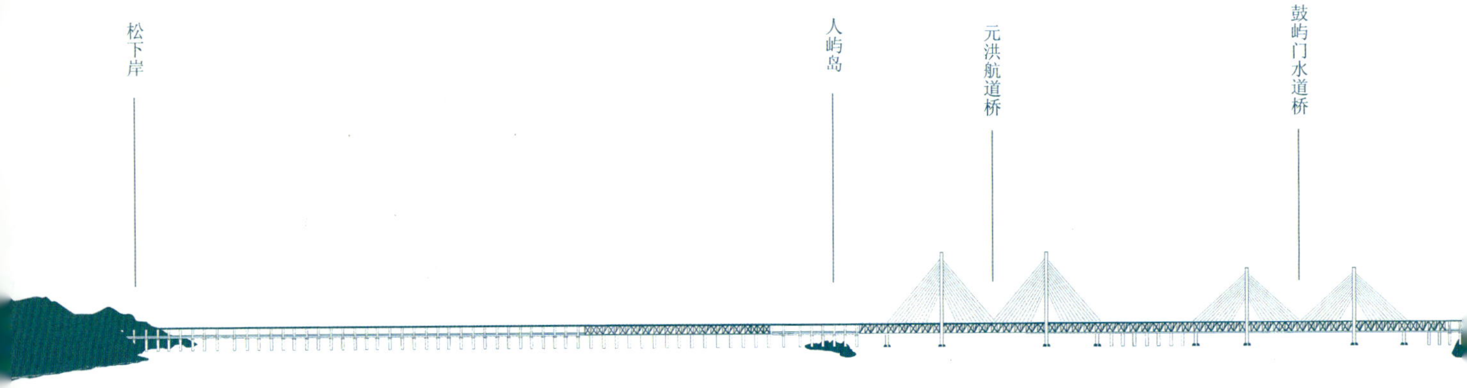

平潭海峡公铁大桥

建造关键技术

08

松下岸

人屿岛

元洪航道桥

鼓屿门水道桥

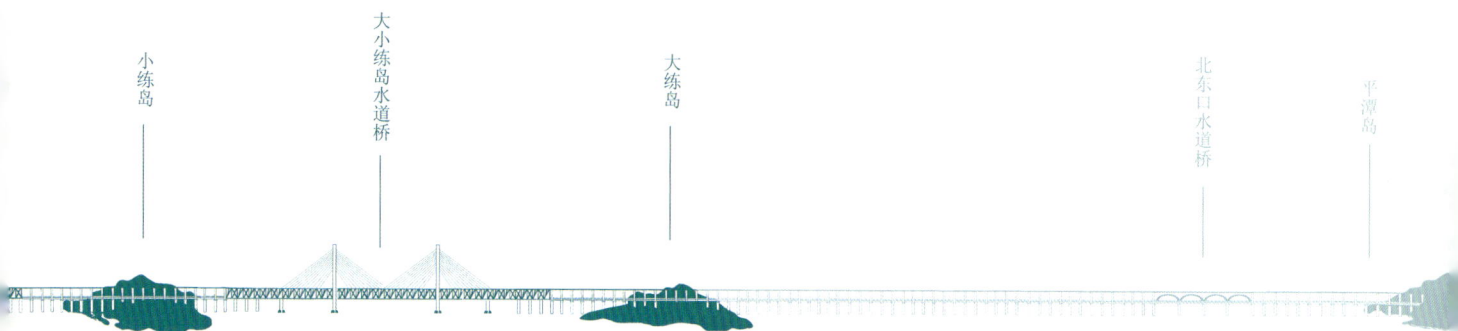

第4章

BIM技术在附属工程的应用实践

当前,全球进入信息化的步伐日益加快,信息技术及其应用已成为国家实现发展战略的助推器。以大数据、云计算和物联网为代表的新型技术,正基于当前信息采集、移动通信和计算机等软硬件技术的发展而得到迅速推广普及,这为开展工业化与信息化融合提供了技术支撑。建筑信息模型技术(Building Information Modeling,BIM)作为创建并利用数字化模型对建设工程项目的设计、建造和运维全过程进行管理和优化的过程、方法和技术,属于土木行业两化融合的技术手段。

在桥梁工程中,BIM技术将结构信息和在线采集数据引入三维的结构模型,创建包含完整建筑工程信息的三维数字模型,实现对桥梁几何、结构参数和运维信息的可视化高效管理。通过BIM技术的应用,可将桥梁设计、运营和管理工作予以协调和整合,使工程技术人员和管理系统对桥梁的各种信息作出正确理解和高效应对,使得设计、运营、养护和工程管理、交通管理等部门高效协同工作。在施工阶段使用BIM技术,使得复杂构造可视化,提前发现碰撞问题;施工模拟可视化,提前解决施工问题。针对项目提出的不同施工方案建立相应动画,施工三维技术交底与传统的文字加口述来描述施工方案相比,以动画的形式或交互平台的方式,方案对比更明显,更容易展示技术实力,同时逐步形成相类似项目的三维动画施工数据库,为后期的投标和项目运作提供数据支持。

平潭海峡公铁大桥作为国内首座跨海公铁大桥设计复杂,传统的二维图纸检测往往很难有效发现结构设计中的问题;其次平潭海峡公铁大桥施工难度大,施工环境复杂恶劣,附属设施种类繁多,数量庞大。如混凝土梁电力通道内就有近三千根电缆支架、两千多根不同槽道支架、一万多米电缆槽道、近三千套减振连接件。整个施工过程困难繁杂,传统的工程管理手段很难满足全生命期管理的需求。因此针对平潭海峡公铁大桥结构自身施工特点,为顺应时代发展的大潮,在本项目中采用了BIM技术,实现了节约造价,缩短工期,加快信息化建设的步伐,并推动桥梁设施运维管理水平的提升。其BIM技术应用成果主要如下。

(1)建立了全长11.34km的全桥模型,并基于全桥BIM模型进行了以下工作:

①效果展示。真实呈现平潭海峡公铁大桥实际工作空间状态。

②图纸审查。减少设计差错漏项、复杂安装和维修空间的预先检查。

③碰撞检查。提前发现结构设计及施工空间的冲突点,有效避免建设过程中的返工。

④优化设计。模拟不同设计方案,进行方案比选。

⑤可视化交底。根据三维模型,加工预制构件。

⑥参数化建模。对于标准的节点和构件进行参数化设计,形成参数化节点和参数化零件。

⑦模型轻量化。对竣工模型进行轻量化处理,完成平潭海峡公铁大桥 BIM 运营模型。

⑧建模软件二次开发。在建模过程中,针对平潭海峡公铁大桥附属构件复杂、规模巨大、零件数量多、建模工作量大的问题,进一步开发了基于 Revit 软件的族管理系统以及设备层(MEP)批量建模等程序。

(2)开发基于 BIM 的平潭海峡公铁大桥附属设施运营维护管理平台。通过技术集成、系统集成和应用集成等方式建立运营维护管理平台,实现了如下四个功能系统:

①文件管理系统:针对施工现场质量、进度、安全、文明管理所产生的各类文档资料进行管控。实现对工程内容进行集中收集和管理;对文件进行版本控制,使得资料在过程中受控;及时沟通的消息系统,文件访问历史记录,节点修改记录;对文档进行权限设置,以保证文档的安全性。

②施工动态管理系统:基于 BIM 技术对施工进度与质量实现跟踪和控制。实时跟踪工程项目的实际进度,并通过计划进度与实际进度进行比较,及时分析偏差对工期的影响程度以及产生的原因,采取有效措施,实现对项目进度的控制,保证项目能按时竣工。

③运维查询管控:通过运维查询管控模块可以方便地查看设备的基础信息,以及追溯设备的历史资料,为后期的运维提供帮助。

④用户个人中心:主要是提供系统公告、工程动态浏览等功能。

4.1 建立 BIM 三维模型

平潭海峡公铁大桥 BIM 模型以设计图纸为依据,按照桥梁的成桥状态进行建模。钢结构部分建模按照设计图纸中板件、构件、螺栓建立精细模型。本章介绍其建模软件、协同工作方式、建模深度、模型编号等。全桥 BIM 模型如图 8-4-1-1 所示。

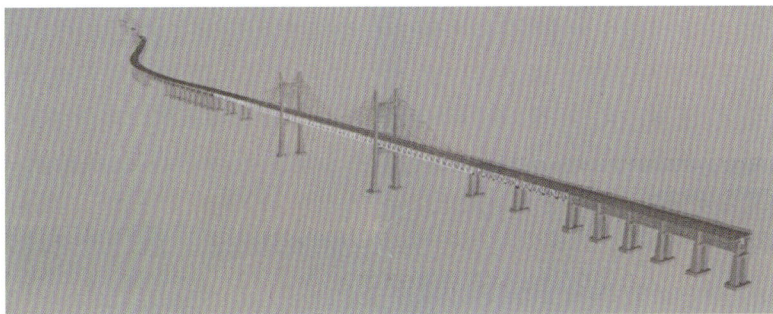

图 8-4-1-1 平潭海峡公铁大桥 11.34km 全桥 BIM 模型

4.1.1 建模软件

1)建模软件

桥梁主体结构(包括钢结构、混凝土结构)主要使用 Revit 进行核心建模,斜拉桥采用 Dynamo 进行参数化建模,提高建模的精度与速度。

2）模型整合软件

由于项目模型过大,整合项目模型时软件采用 Autodesk Navisworks,便于查看。

3）渲染漫游软件

三维渲染和漫游视频在 Lumion 软件中进行。

4.1.2　协同工作方式

本项目在建模阶段采用并行工作方式,首先根据桥梁结构的特点,建立目标区域的桥轴线,然后根据桥跨布置和节段划分,确定基准轴网。在工作详细分解之后,各参与人员以各区段为基础进行建模,从而保证构件空间位置的准确性。

根据桥梁结构的特点将结构分为主体结构、附属结构。

1）主体结构

根据桥梁的结构主要分为混凝土梁段、钢桁梁段。

2）附属结构

按各附属构件进行划分,分为电力搭载平台、员工走道、栏杆、风屏障与声屏障、爬梯、风水管路、检查车轨道与公路防撞栏杆等。

4.1.3　建模深度

建筑业界常用 LOD(Level of Development)表示模型的细致程度和交付标准,通常定义有 5 个等级,见表 8-4-1-1。

模 型 等 级 表　　　　　　　　　表 8-4-1-1

等　级	说　明
LOD 100	等同于概念设计
LOD 200	等同于方案设计或扩初设计,通常用于系统分析以及一般性表现目的
LOD 300	等同于传统施工图和深化施工图层次,已经能很好地用于成本估算以及施工协调,包括碰撞检查、施工进度计划以及可视化
LOD 400	包含加工和安装信息,多被专门的承包商和制造商用于加工和制造项目的构件
LOD 500	包含项目竣工时的信息,常被作为中心数据库整合到建筑运营和维护系统中去

本项目结合实际情况采用 LOD 200 和 LOD 300 的建模深度。其具体内容见表 8-4-1-2。

项目建模深度表　　　　　　　　　表 8-4-1-2

等　级	钢　结　构	混凝土结构
LOD 200	包含构件的截面信息和板厚信息,不包括构件之间的连接信息	包含混凝土结构的几何信息
LOD 300	包含构件的精确的几何信息,如截面信息、板件形状和厚度、构件之间的连接以及螺栓等细部构造	包含混凝土内部的普通钢筋及预应力钢筋信息。其中,主塔、部分墩身、混凝土桥面结构还包含施工节段划分及钢筋连接信息

根据施工图纸文件内容,结合投资方的需求及施工进展情况,本桥各组成部分的交付建模深度见表 8-4-1-3 。

项目各部分建模深度表 表 8-4-1-3

部 位				等 级
主体结构	混凝土梁段	铁路混凝土梁	40.7m/49.2m	LOD 300
		公路混凝土梁	40.6m/40.7m/49.2m	LOD 300
	钢桁梁段	简支钢桁梁段	80m 简支钢桁梁段	LOD 300
			88m 简支钢桁梁段	LOD 300
		航道桥钢桁梁		LOD 300
附属结构	电力搭载工程			LOD 300
	员工走道			LOD 300
	公路桥面布索区栏杆			LOD 300
	风屏障与声屏障			LOD 300
	墩顶钢梁竖杆爬梯			LOD 300
	风水管路			LOD 300
	检查车轨道			LOD 300
	公路防撞栏杆			LOD 300
	混凝土梁人行走道及槽道盖板			LOD 300
	混凝土梁电力通道			LOD 300

4.1.4 模型编号

为了模型便于共享、可识别和使用,同时便于追溯和进行版本的有效控制,便于识别同一部件模型的不同状态。平潭海峡公铁大桥建模之前对模型进行有序编号。

首先把大桥先划分为十八个区段,以字母来区别不同的区段,如以 N 代表元洪航道段。每个区段再划分为主体结构与附属结构。每个结构在建模时候再划分为多个构件,最后再根据多个构件进行组装成结构。构件以数字来编号,从设计起点福州方向 01 开始,依次编号。具体桥墩编号见表 8-4-1-4。

项 目 编 号 表 8-4-1-4

部 位	编 号	部 位	编 号
一区段(单建铁路段)	SR01 ~ SR40	十区段	CX19 ~ CX26
二区段	SR40 ~ SR49	十一区段	CX26 ~ CX37
三区段	SR49 ~ SR64	十二区段	CX37 ~ CX44
四区段	SR64 ~ N01	十三区段	CX44 ~ XD01
元洪航道段	N01 ~ N06	十四区段	XD01 ~ XD10
六区段	N06 ~ Z01	十五区段	XD10 ~ S01
鼓屿门水道段	Z01 ~ Z06	大小练岛水道段	S01 ~ S06
八区段	Z06 ~ CX02	十七区段	S06 ~ XD13
九区段	CX02 ~ CX19	十八区段	XD13 ~ XD18

4.2 BIM 模型成果展示

4.2.1 主体结构模型

1)一区段

本区段采用 LOD 300 等级建模,模型主要包括桥墩(38 个,SR03 ~ SR39)、39 跨 49.2m 混凝土箱梁、风屏障、围栏、螺栓、螺母等。该模型包含的信息有主要构件精确的几何尺寸、材料类型等。建模数量见表8-4-2-1,模型如图8-4-2-1~图8-4-2-5所示。

一区建模数量(单位:个) 表8-4-2-1

构 件 名 称	数 量	构 件 名 称	数 量
桥墩	38	风屏障立柱	2106
1.5m 风屏障	556	Y 柱坠砼限制架	2
2m 风屏障	1472	围栏	38

图 8-4-2-1　一区段模型渲染图

图 8-4-2-2　一区段总体模型

图 8-4-2-3　一区段围栏

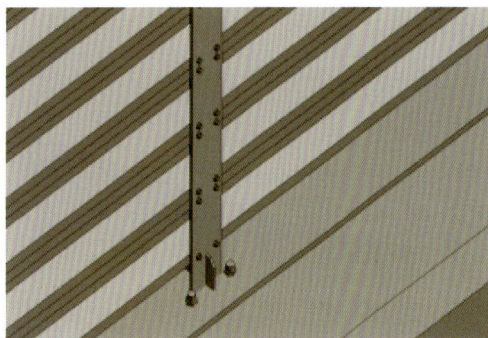

图 8-4-2-4　一区段风屏障立柱、螺栓

2)二区段

本区段模型主要包括桥墩(SR40~SR49)、9 跨 49.2m 混凝土箱梁、风屏障、防护围栏、螺栓、螺母等。该模型包含的信息有主要构件精确的几何尺寸、材料类型等。本区段采用 LOD 300 等级建模。建模数量见表8-4-2-2,模型如图8-4-2-6~图8-4-2-13所示。

图 8-4-2-5　一区段 49.2m 混凝土箱梁

二区建模数量(单位:个)　　　　　　　　　　　　　　　　表 8-4-2-2

构 件 名 称	数　量	构 件 名 称	数　量
桥墩	8	风屏障立柱	966
1m 风屏障	5	水管外侧栏杆	231
1.5m 风屏障	606	公路防撞栏	1020
2m 风屏障	342		

图 8-4-2-6　二区段模型上部渲染图

图 8-4-2-7　二区段模型下部渲染图

图 8-4-2-8　二区段总体模型

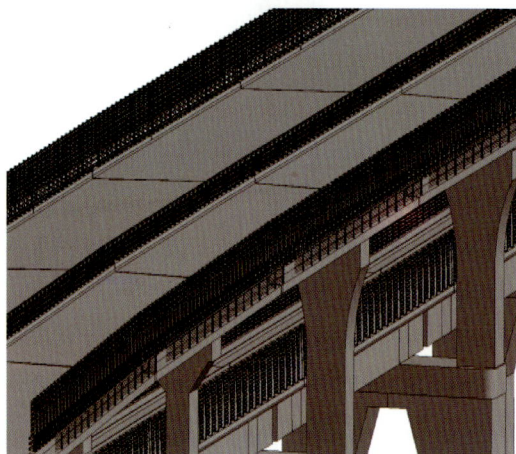

图 8-4-2-9　二区段模型局部

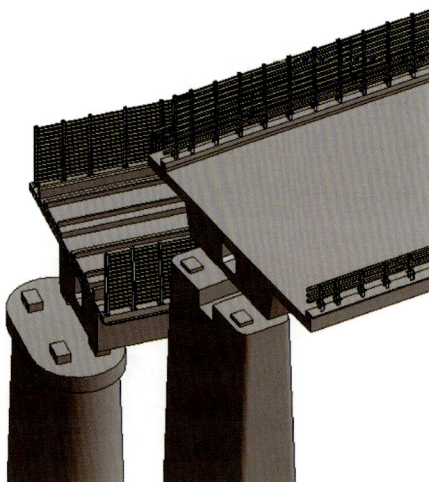

图 8-4-2-10　二区段桥墩局部

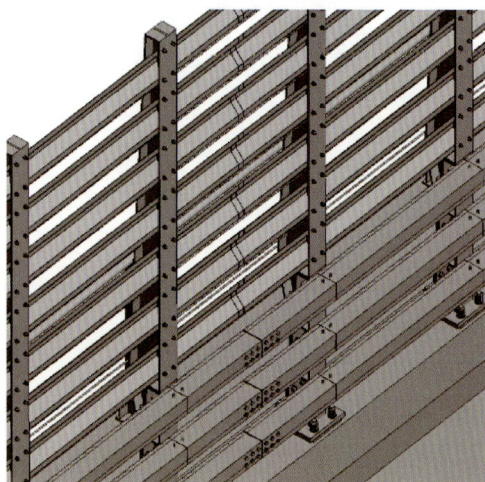

图 8-4-2-11　二区段风屏障、防护围栏

图 8-4-2-12　二区段公路局部

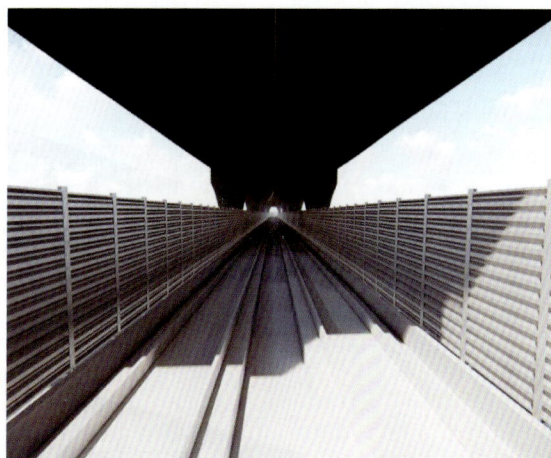

图 8-4-2-13　二区段铁路局部

3）三区段

本区段模型主要包括电力支架、桥墩（SR49～SR64）、80m 简支钢桁组合梁（6＋7 跨）、88m 简支钢桁组合梁（8 跨）、风屏障、防护围栏、螺栓、螺母等。该模型包含的信息有主要构件精确的几何尺寸、材料类型等。本区段采用 LOD 300 等级建模。建模数量见表 8-4-2-3 和表 8-4-2-4，模型如图 8-4-2-14 和图 8-4-2-15 所示。

三区段附属电力支架建模数量（单位：个）　　　　　　　　表 8-4-2-3

构 件 名 称	数 量	构 件 名 称	数 量
公路防撞栏	202	Ⅰ型电缆支架 A 型	95
1m 风屏障	2	Ⅰ型电缆支架 B-1 型	1
1.5m 风屏障	96	Ⅰ型电缆支架 C 型	4
风屏障立柱	99	Ⅰ型电缆支架 D-2 型	2
水管外侧栏杆	48	Ⅰ型电缆支架 E 型	9
Ⅰ型电缆支架 D-1 型	6	Ⅱ型电缆支架	8

三区段建模数量（单位：个）　　　　　　　　表 8-4-2-4

构 件 名 称	数 量	构 件 名 称	数 量
桥墩	16	铁路面	15
0.8m 风屏障	210	简钢桁梁数直爬梯	4
1m 风屏障	56	员工通道	272
1.5m 风屏障	1584	员工通道基座	540
1.6m 风屏障	52	栅格网	30
1.8m 风屏障	996	风管支架	2776
2m 风屏障	342	水管	30
风屏障立柱	3080	钢梁面板	45
水管外侧栏杆	231	副桁撑杆	257
公路防撞栏	1020	腹杆	521
铁路横梁	137	下悬杆	30
80m 钢梁	13	钢节点	540
88m 钢梁	2	公路横梁	330
防振挡块	64	公路纵梁	137

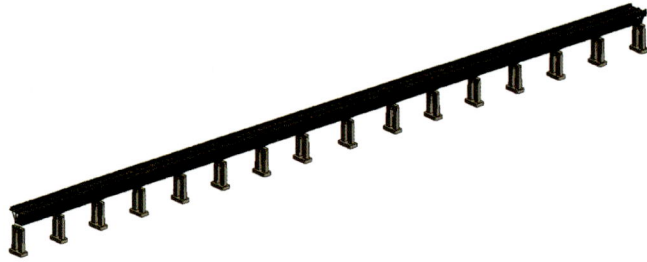

图 8-4-2-14 三区段总体模型

图 8-4-2-15 三区段模型局部

4）四区段

本区段模型包括电力支架、风屏障、14 跨 49.2m 混凝土箱梁、桥墩（SR64～N01），采用 LOD 300 等级建模，该模型包含的信息有主要构件精确的几何尺寸、材料类型等。四区段建模数量见表 8-4-2-5，模型如图 8-4-2-16 所示。

四区段建模数量（单位：个）　　　　　　　　　　　　　　　　　　表 8-4-2-5

构 件 名 称	数 量	构 件 名 称	数 量
桥墩	15	风屏障立柱	53
1m 风屏障	8	水管外侧栏杆	474
1.5m 风屏障	1102	公路防撞栏	1836
2m 风屏障	532		

图 8-4-2-16 四区段总体模型

5）元洪航道段

本区段桥跨布置为：（132＋196＋532＋196＋132）m，结构形式为钢桁混合梁斜拉桥结构。建模采用 LOD 300 等级。模型包括电力支架、风屏障、简支钢桁组合梁、桥墩（N01～N06）。该模型包含的信息有主要构件精确的几何尺寸、材料类型等。元洪航道段模型如图 8-4-2-17 和图 8-4-2-18 所示。

6）六区段

本区段建模采用 LOD 300 等级。模型包括 80m 简支钢桁组合梁（6 跨）电力支架、风屏障、简支钢桁组合梁、桥墩（N06～Z01）。该模型包含的信息有主要构件精确的几何尺寸、材料类型等。六区段模型如图 8-4-2-19 和图 8-4-2-20 所示。

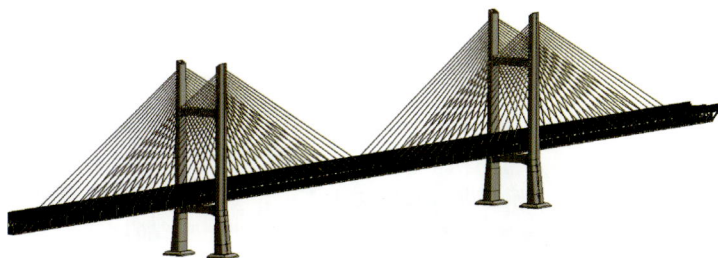

图 8-4-2-17 元洪航道段总体模型

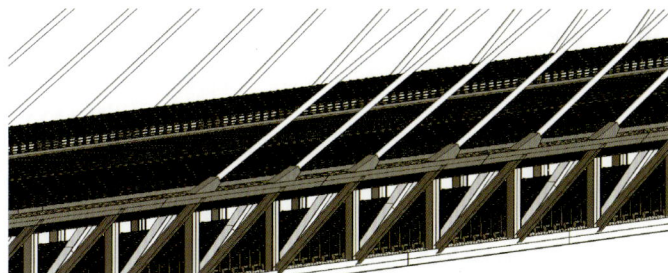

图 8-4-2-18 元洪航道段局部

图 8-4-2-19 六区段总体模型

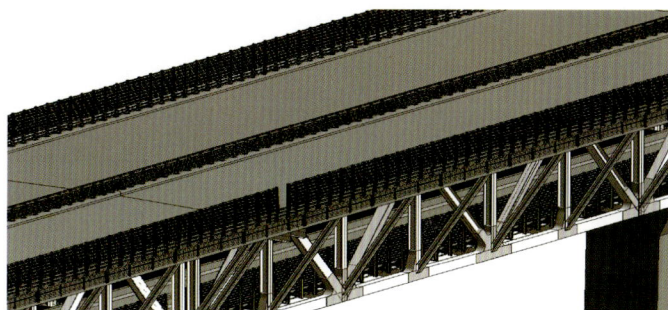

图 8-4-2-20 六区段简支钢桁组合梁局部

7）鼓屿门水道段

本区段结构为钢桁混合梁斜拉桥结构,桥跨布置为:（128 + 154 + 364 + 154 + 128）m。建模采用 LOD 300 等级。模型包括电力支架、风屏障、简支钢桁组合梁、桥墩（Z01 ~ Z06）。该模型包含的信息有主要构件精确的几何尺寸、材料类型等。鼓屿门水道段模型如图 8-4-2-21 和图 8-4-2-22 所示。

8）八区段

本区段建模采用 LOD 300 等级模型包括80m 简支钢桁组合梁、88m 简支钢桁组合梁、电力支架、风屏障、简支钢桁组合梁、桥墩（Z06 ~ CX02）。该模型包含的信息有主要构件精确的几何尺寸、材料类型等。八区段模型如图 8-4-2-23 ~ 图 8-4-2-26 所示。

图 8-4-2-21　鼓屿门水道段总体模型

图 8-4-2-22　鼓屿门水道段模型局部

图 8-4-2-23　八区段模型上部渲染图

图 8-4-2-24　八区段模型下部渲染图

图 8-4-2-25　八区段总体模型

图 8-4-2-26　八区段模型局部

9）九区段

本区段建模采用 LOD 300 等级,模型包括桥墩(CX02～CX19)、40.7m 混凝土箱梁(17 跨)、风屏障、防护围栏、螺栓、螺母等。该模型包含的信息有主要构件精确的几何尺寸、材料类型等。模型如图 8-4-2-27～图 8-4-2-31 所示,九区段 40.7m 箱梁段建模数量见表 8-4-2-6。

40.7m 箱梁建模数量(单位:个)　　　　　　　　　　　　　表 8-4-2-6

构 件 名 称	数　量	构 件 名 称	数　量
1m 风屏障	2	水管外侧栏杆	54
1.5m 风屏障	106	公路防撞栏	220
风屏障立柱	109		

图 8-4-2-27　九区段模型渲染图

图 8-4-2-28 九区段模型下部渲染图

图 8-4-2-29 九区段总体模型

图 8-4-2-30 九区段模型局部

图 8-4-2-31 九区段风屏障、防护围栏局部

10）十区段

本区段建模采用 LOD 300 等级,模型包括 80m 简支钢桁组合梁(4 + 2 跨)、88m 简支钢桁组合梁、电力支架、风屏障、简支钢桁组合梁、桥墩(N06 ~ Z01)。该模型包含的信息有主要构件精确的几何尺寸、材料类型等。十区段模型如图 8-4-2-32 和图 8-4-2-33 所示。

图 8-4-2-32　十区段总体模型

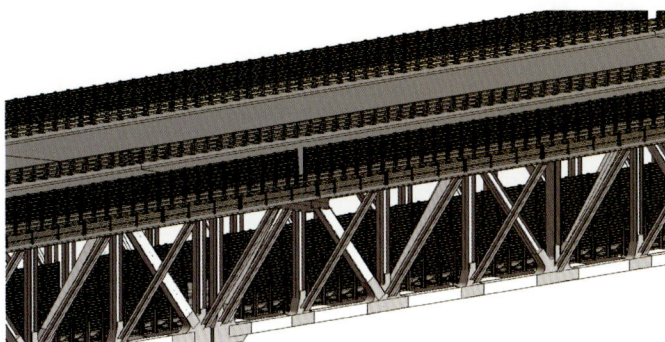

图 8-4-2-33　十区段模型局部

11）十一区段至十四区段

本区段建模采用 LOD 300 等级,模型主要包括桥墩(CX26 ~ XD10)、49.2m 混凝土箱梁(11 跨)、40.7m混凝土箱梁(7 + 9 跨)、40.6m 混凝土箱梁(8 跨)、风屏障、防护围栏、螺栓、螺母等。该模型包含的信息有主要构件精确的几何尺寸、材料类型等。本区段模型如图 8-4-2-34 和图 8-4-2-35 所示。

图 8-4-2-34　十一区段至十四区段总体模型

图 8-4-2-35　十一区段至十四区段模型局部

12）十五区段

本区段建模采用 LOD 300 等级，模型包括 88m 简支钢桁组合梁（2 跨）、电力支架、风屏障、简支钢桁组合梁、桥墩（XD10～S01）。该模型包含的信息有主要构件精确的几何尺寸、材料类型等。十五区段模型如图 8-4-2-36 所示。

图 8-4-2-36　十五区段总体模型

13）大小练岛水道段

本区段结构为钢桁混合梁斜拉桥结构，桥跨布置为：(80＋140＋336＋140＋80)m。建模采用 LOD 300 等级，模型包括电力支架、风屏障、简支钢桁组合梁、桥墩（S01～S06）。该模型包含的信息有主要构件精确的几何尺寸、材料类型等。大小练岛水道段模型如图 8-4-2-37～图 8-4-2-43 所示。

图 8-4-2-37　大小练岛水道段总体模型渲染图（阴）

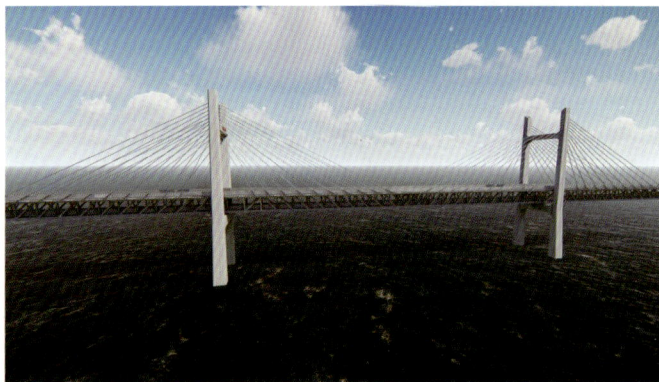

图 8-4-2-38　大小练岛水道段总体模型渲染图（晴）

图 8-4-2-39　大小练岛水道段模型斜拉桥局部渲染图

图 8-4-2-40　大小练岛水道段模型上部渲染图

图 8-4-2-41　大小练岛水道段模型下部渲染图

图 8-4-2-42　大小练岛水道段总体模型

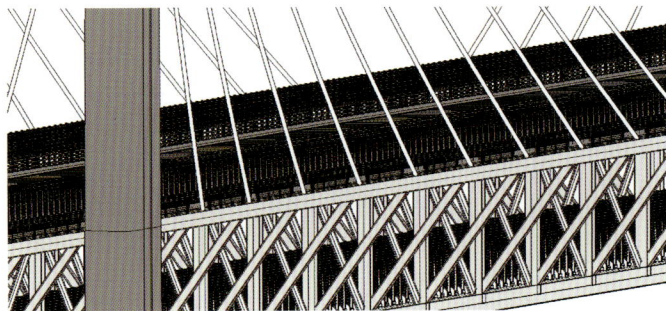

图 8-4-2-43 大小练岛水道段模型局部

14）十七区段

本区段建模采用 LOD 300 等级,模型包括 88m 简支钢桁组合梁（2 跨）、电力支架、风屏障、简支钢桁组合梁、桥墩（S06~XD13）。该模型包含的信息有主要构件精确的几何尺寸、材料类型等。十七区段总体模型如图 8-4-2-44 所示。

图 8-4-2-44 十七区段总体模型

15）十八区段

本区段建模采用 LOD 300 等级,模型主要包括桥墩（XD13~XD18）、40.7m 混凝土箱梁（5 跨）、风屏障、防护围栏、螺栓、螺母等。该模型包含的信息有主要构件精确的几何尺寸、材料类型等。十八区段总体模型如图 8-4-2-45 所示。

图 8-4-2-45 十八区段总体模型

4.2.2 附属结构模型

附属结构模型如图 8-4-2-46~图 8-4-2-56 所示。

图 8-4-2-46 铁路附属结构

图 8-4-2-47 公路附属结构

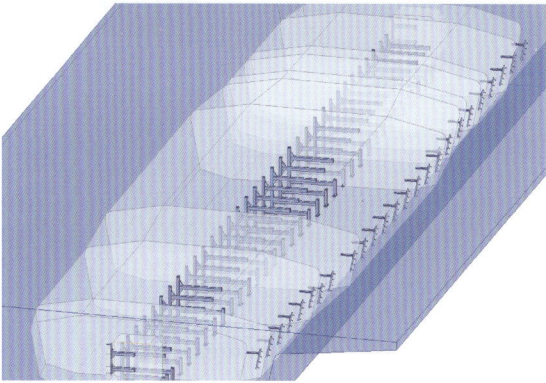

图 8-4-2-48 电力支架

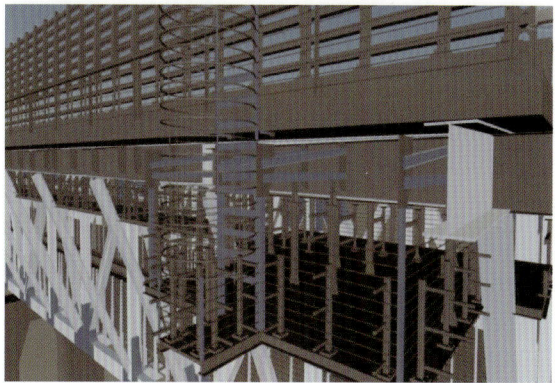

图 8-4-2-49 电力平台

　　风屏障工程包括铁路风屏障和公路风屏障。其中铁路风屏障包括主航道桥铁路风屏障、80m（88m）钢桁梁铁路风屏障、40.7m（49.2m）混凝土箱梁铁路风屏障。

图 8-4-2-50 风屏障

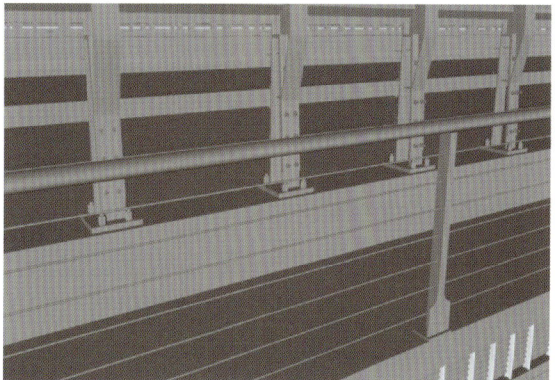

图 8-4-2-51 防撞栏与水管外侧栏杆

图 8-4-2-52 内侧水管

图 8-4-2-53 栅格板

a)

b)

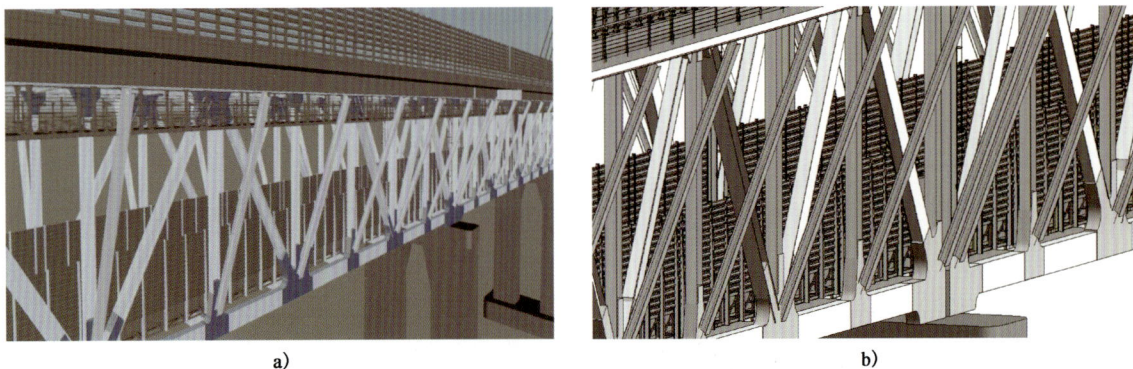

图 8-4-2-54　钢梁段

图 8-4-2-55　上检查车轨道

图 8-4-2-56　下检查车轨道

4.3　基于 BIM 模型的应用

4.3.1　碰撞问题

1）风屏障立柱开孔位置

对铁路风屏障与预埋螺栓位置进行模拟。建模后，检查发现铁路风屏障与螺母存在相碰，如图 8-4-3-1 所示。为错开碰撞点，按照模型，将立柱整体平移 15mm，且对后背板侧 F9 加劲板进行加宽 20mm 处理。调整后方案如图 8-4-3-2 所示。

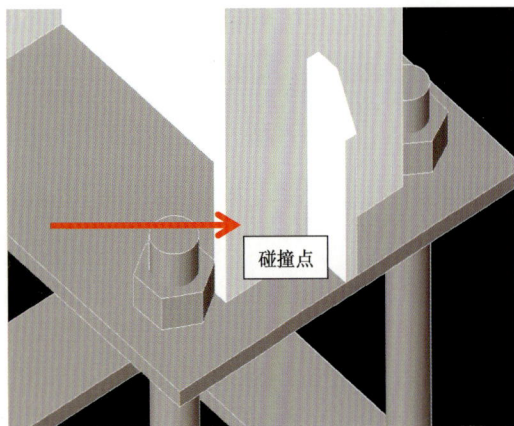

碰撞点

图 8-4-3-1　铁路风屏障与螺母存在相碰

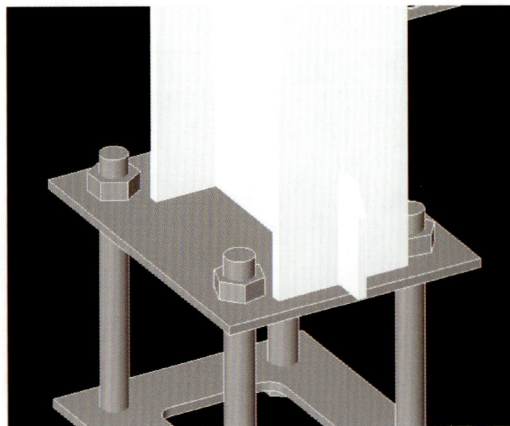

图 8-4-3-2　调整后铁路风屏障基座

2）风水管定位螺栓

风水管定位 U 形螺栓背面与障条冲突,如图 8-4-3-3 所示。后改为牛腿支承,调整后的方案如图 8-4-3-4所示。

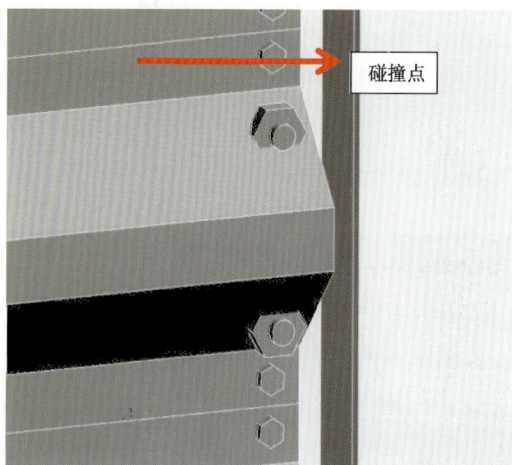

图 8-4-3-3　调整前 U 形螺栓与障条冲突

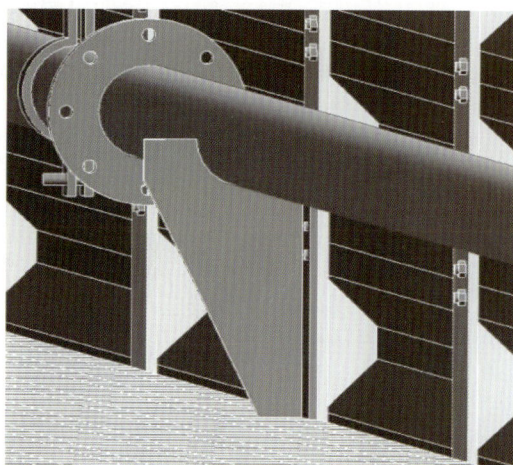

图 8-4-3-4　调整后采用牛腿支承

3）接触网拉线立柱冲突

通过接触网拉线立柱、下拉锚线坠砣、隔离开关操作箱等与铁路风屏障位置模拟,结果显示三者存在一定冲突,如图 8-4-3-5 所示。后调整该处模型,冲突部位设置三个异形风屏障立柱,通过障条外置的方式,避让一定的平面和立面空间,如图 8-4-3-6 所示。

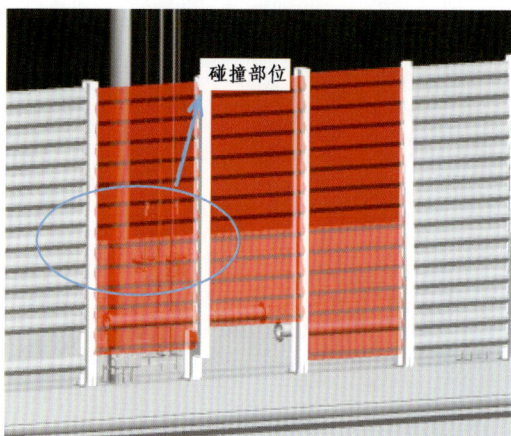

图 8-4-3-5　接触网拉线立柱与风屏障等冲突

图 8-4-3-6　调整后接触网拉线立柱与风屏障

4）钢梁接触网立柱碰撞问题

通过模拟钢梁接触网立柱与其他构件位置关系,发现端头槽钢与员工走道之间发生碰撞,如图 8-4-3-7 所示。经对模型进行调整,如图 8-4-3-8 所示。

5）公路防撞栏与风屏障

通过公路防撞栏与风屏障安装位置模拟,发现标准螺栓无法安装,如图 8-4-3-9 所示。需调整其安装方式,最终采取开孔位置不变,将螺栓改为"弹簧垫圈 + 单螺母"形式,改变螺杆长度来达到安装要求。并利用可视化交底,预制构件。调整后如图 8-4-3-10 所示。

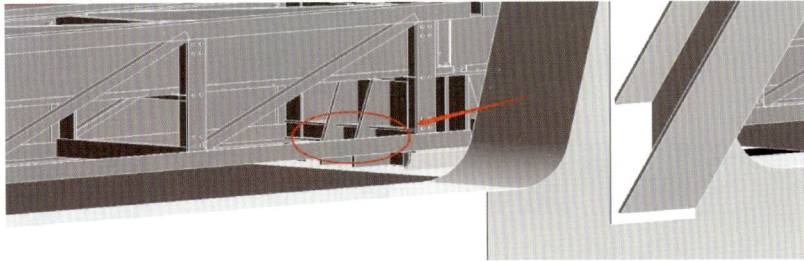

图 8-4-3-7   接触网立柱与员工走道相冲突

a)

b)

图 8-4-3-8   调整后接触网立柱与员工走道放样

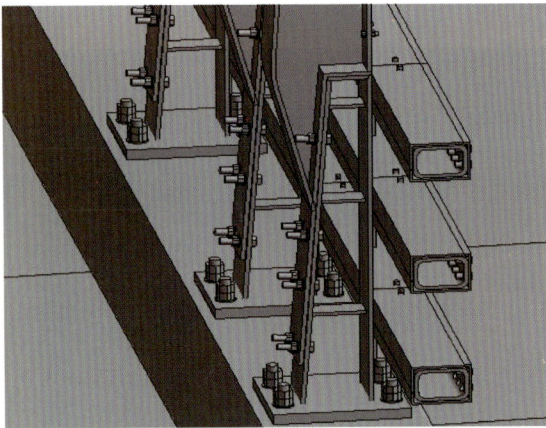

图 8-4-3-9   公路防撞栏与风屏障放样

图 8-4-3-10   调整后公路防撞栏与风屏障实体

4.3.2   空间检查

利用 BIM 模型除了进行结构间以及管线等构件之间的相互碰撞检查,同时也可对安装和维修空间预先检查,判断空间是否合理。

1)混凝土箱梁检测空间

三标混凝土箱梁左侧设置有三层槽道支架,槽道层高净空间 15cm,距离腹板侧壁 12.3cm。通过二维图纸(图 8-4-3-11)不易发现问题。

通过 BIM 模型模拟,检测箱梁电缆支架两侧的检修空间、人孔处空间是否满足检修人员的行走要求,如图 8-4-3-12 ~ 图 8-4-3-14 所示。

2）电力管道上人爬梯空间检查

通过 BIM 模型模拟,发现上人爬梯预留空间难以通行,后调整为将第二节爬梯删除,检修人员可从此空间穿行,如图 8-4-3-15 和图 8-4-3-16 所示。

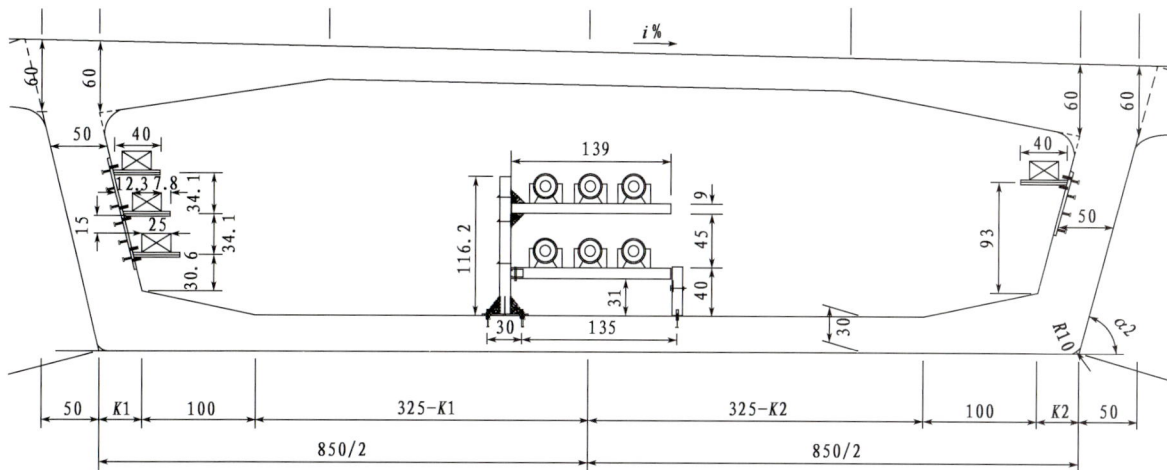

图 8-4-3-11　三标混凝土箱梁内管线布置示意图(尺寸单位:mm)

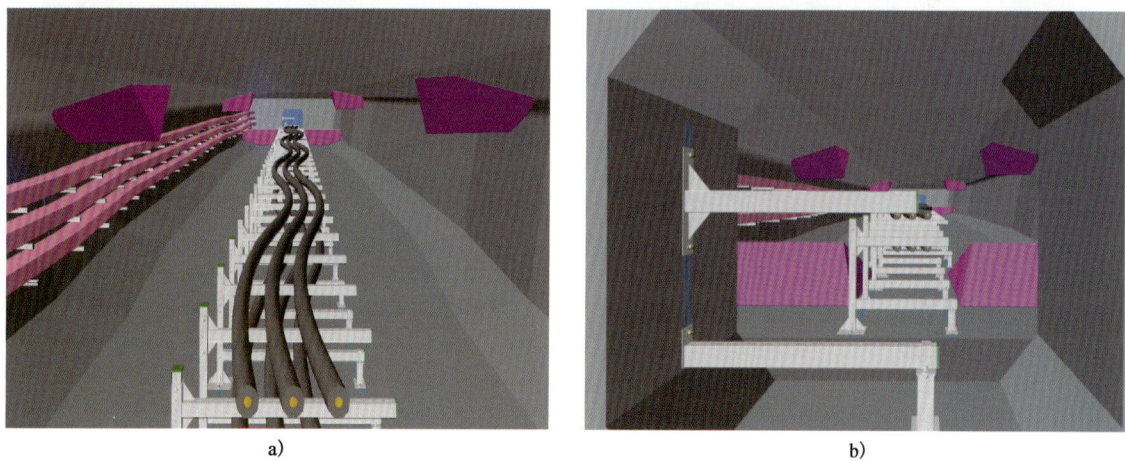

图 8-4-3-12　箱梁电力电缆布置

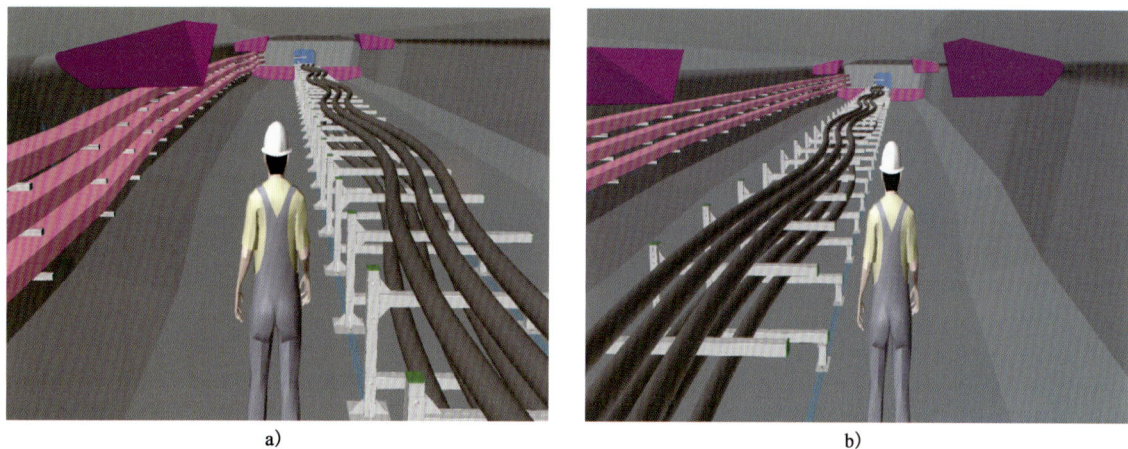

图 8-4-3-13　箱梁两侧人员碰撞示意图

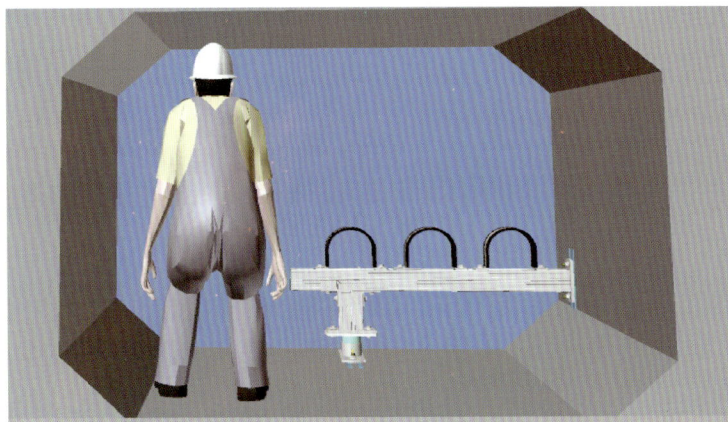

图 8-4-3-14　隔板入口人员碰撞示意图

图 8-4-3-15　上人爬梯预留空间难以通行

图 8-4-3-16　调整后上人爬梯

4.3.3　方案优化

1）优化声屏障区水管布置方案

声屏障区水管布置原方案：采用与钢梁区同高度的 U 形锚栓进行固定，全桥顺接，如图 8-4-3-17 所示。

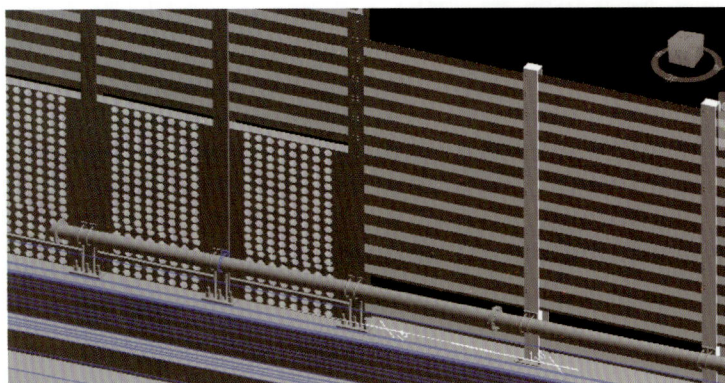

图 8-4-3-17　声屏障区水管布置方案原方案

根据原方案,利用 BIM 模型模拟,发现如下问题,并做了优化:

(1)交接位置风屏障立柱与声屏障立柱平面存在 1.0cm 左右的空隙,需垫板填充。风屏障立柱处 U 形锚栓垫板需增厚调整,如图 8-4-3-18 所示。

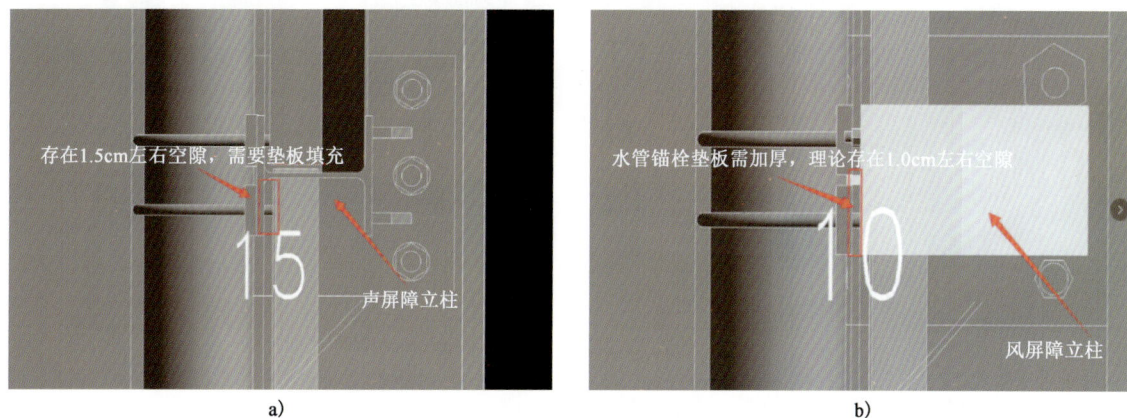

图 8-4-3-18 U 形锚栓垫板增厚调整

(2)交界处声屏障立柱根部加劲板与第一条障条位置冲突,建议不装。10cm 的障板与水管法兰有 6mm 间隙,如图 8-4-3-19 所示。

(3)交接处声屏障立柱要对应开始风屏障障条孔位,如图 8-4-3-20 所示。

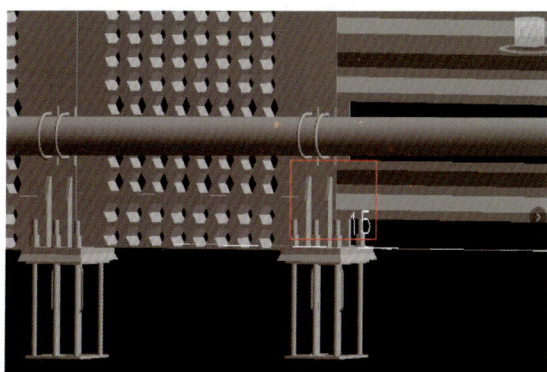

图 8-4-3-19 位置冲突

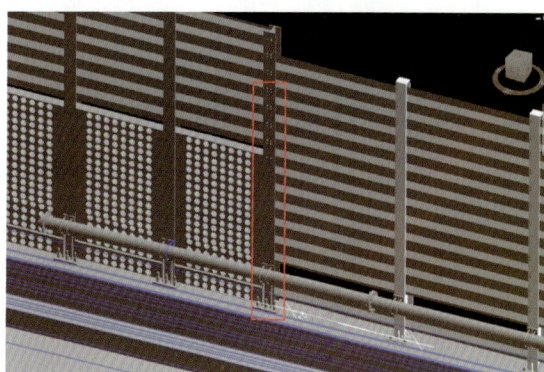

图 8-4-3-20 障条孔位不对应

(4)需对底层两个障条进行调整,调整后为:(高 200mm、厚 140mm)+(高 430mm、厚 100mm)+(高 230mm、厚 140mm);同时接缝处应设置"阴阳头",如图 8-4-3-21 所示。

(5)建议在锚栓与障条接触位置增加胶条密贴,起减振和限位作用。根据 BIM 模型,从而进一步优化了风屏障的设计。

2)优化风水管路的布设

根据 BIM 模型,发现全桥风水管路原设计仅在钢梁区段布设风水管路,全桥没有连续,水源和风源难以独立解决,如图 8-4-3-22 所示。

根据 BIM 模型对混凝土梁区段补充布设风水管路,全桥拉通风水管。对复杂节点进行放样模拟,并且预判了连接口的位置及风屏障开口位置。如图 8-4-3-23 和图 8-4-3-24 所示。

最终新增风水管路的区段为 SR01～SR49、SR64～SR77～NO1、CX02～CX19、CX26～CX51～XD01～XD10(含小练岛路基区段),共在 73 孔 49.2m 混凝土梁、33 孔 40.7m 混凝土梁、1 处 324.8m 路基段增设风水管路,合计长度 5259.5m。将风管和水管分别挂在两侧风屏障立柱上(风管左侧,水管右侧)。取消底部第二层障条,在其对应的位置布设风水管,通过 U 形锚栓连接。

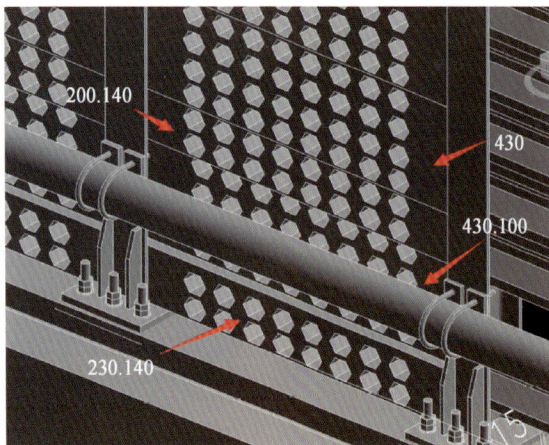

图 8-4-3-21 底层障条应进行调整

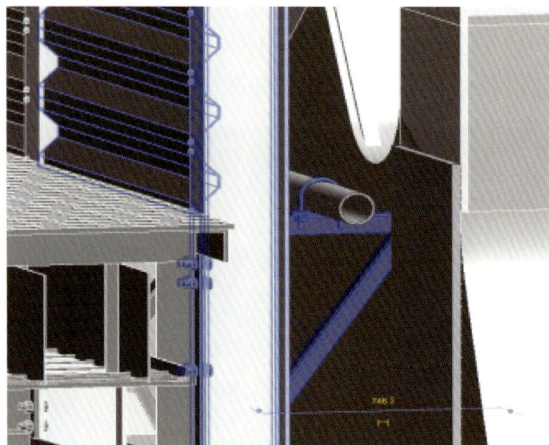

图 8-4-3-22 风水管路不连续

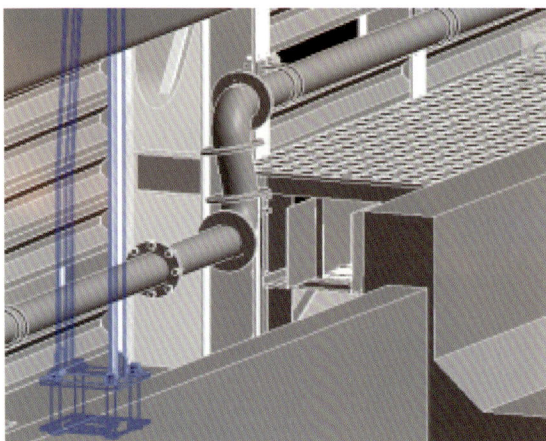

图 8-4-3-23 钢梁区段到混凝土区梁端布设放样

图 8-4-3-24 连接口的位置及风屏障开口位置

3）修改混凝土梁区段下墩爬梯方案

通过 BIM 模型模拟，发现混凝土梁区段的下墩爬梯与避车台相邻，均位于风屏障外侧，在避车台取消的情况下，难以从桥面直接到达爬梯。因此需完善梁端进人孔之间的检修通道及下墩爬梯，对初步方案进行位置模拟。工作人员可通过各混凝土区段的两端进入箱梁内部，在箱梁内通行，通过走道平台跨越梁缝，下墩步梯到达墩顶，如图 8-4-3-25 所示。

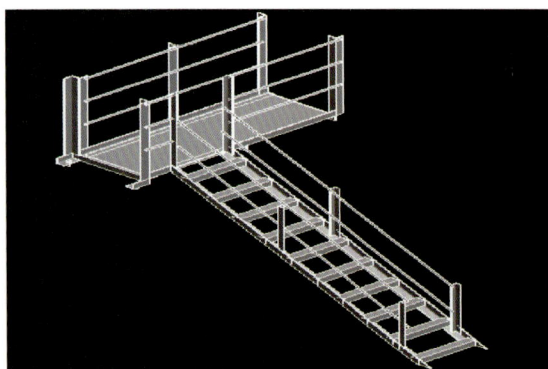

a)

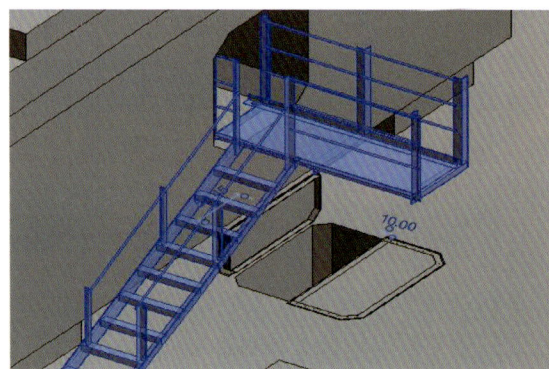

b)

图 8-4-3-25 混凝土梁区段下墩爬梯方案修改

借助 BIM 模型可查看构件的体积、质量等信息，因此，通过查看不同方案的体积、质量，可选择更轻便的方案，以满足承载力，如图 8-4-3-26 所示。

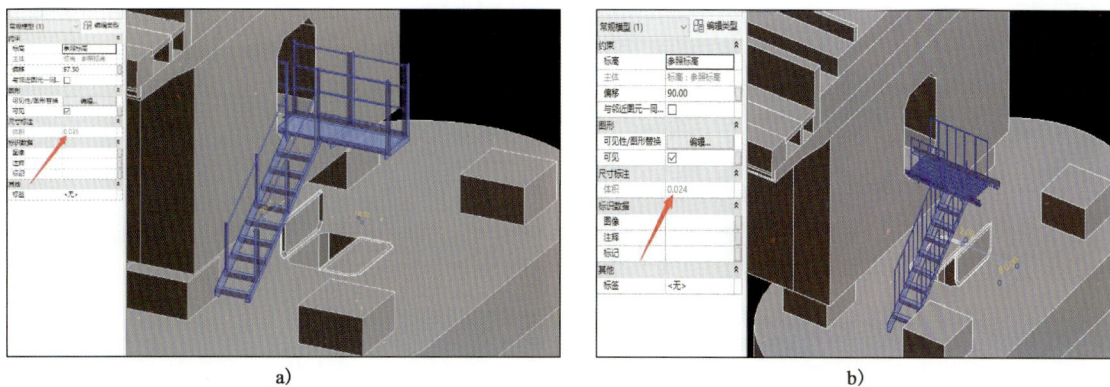

图 8-4-3-26　不同方案查看体积等信息

4）确定逃生通道方案

在 BIM 模型基础上，各方协同讨论，确定了逃生通道的设计方案，如图 8-4-3-27 所示。

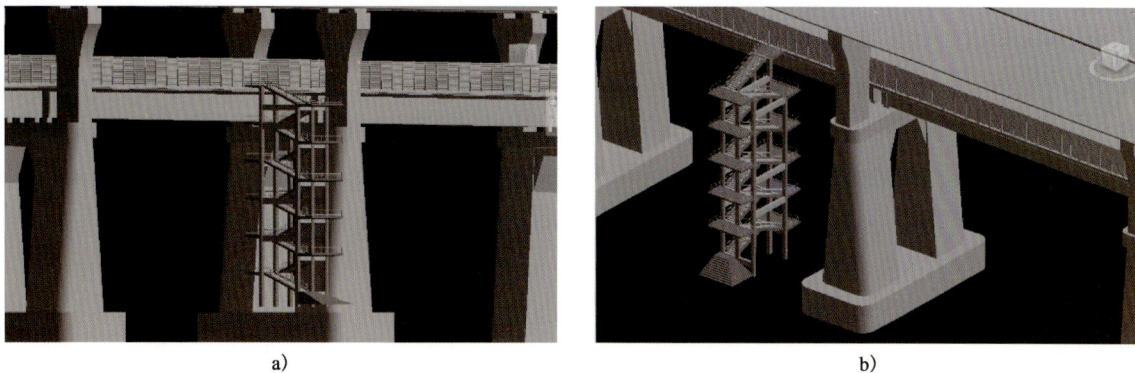

图 8-4-3-27　逃生通道放样模型

BIM 模型除了用于优化方案外，同时为其他方案的比选起到了参考辅助作用。如图 8-4-3-28 ~ 图 8-4-3-30 所示，原设计方案中设计了避车台，用 BIM 模拟了风屏障与避车台的位置关系后发现由于平潭海峡公铁大桥全桥范围内均设有风屏障，而避车台设于风屏障外侧，导致避车台被风屏障隔离；因此，进一步模拟了风屏障增开门情况，发现避车台开门会带来一定的安全隐患。最终，依据相关规范，参考 BIM 模型，最终取消了避车台，增设三处救援疏散门（可兼做检修门）：①人屿岛 SR73 墩附近线路右侧；②长屿岛 CX10 墩附近线路左侧；③小练岛路基区段线路右侧。救援疏散门采用自铁路线路侧向外打开的方式。救援疏散门的门锁由内侧（线路侧）可通过旋转把手自由打开，以便于人员及时撤离；外侧需工作人员使用钥匙方可开门，以防止无关人员进入。

图 8-4-3-28　避车台初始方案

图 8-4-3-29　避车台设置门方案 A

图 8-4-3-30　避车台设置门方案 B

4.4　基于 Revit 软件的二次开发

4.4.1　BIM 族库管理系统

企业的 BIM 资源一般是指企业在 BIM 应用过程中研发、积累并经过深化处理,在形式上可重复使用的 BIM 模型及其构件的总称。对 BIM 资源的有效利用,能够降低企业在 BIM 中的应用成本,促进企业内部的资源和数据共享。企业在应用 BIM 的过程中,BIM 资源一般以"库"的形式体现,BIM 模型有别于传统的三维模型,不但有模型的轮廓,还有所针对模型的相关信息,称之为"族",所以我们习惯称之为"BIM 族库"。随着 BIM 的发展,BIM 族库将成为企业信息资源的核心组成部分。BIM 资源的利用涉及模型及其构件的产生、获取、处理、存储、传输和使用等多个环节。随着 BIM 的普及应用,BIM 族库规模的增长将极为迅速。因此,BIM 资源管理的核心工作包括 BIM 族库管理系统建设。

本项目基于 Revit 软件提供的应用程序接口(API)研发了族库管理系统。系统安装在 Revit 软件基础上,提供了一个所有参与项目的单位之间信息和模型共享的平台。软件需要用户注册登录才可以使用,因而保证了存储数据的安全性,同时提供上传和下载功能,极大地方便了 BIM 族库管理,为以后的投标和项目运作提供数据支持。

1）系统软件安装

系统采用了 C# 编制,运行环境为:Windows 10 & Revit-2016;处理器:Intel（R）I5 及以上;内存:4G-RAM;硬盘:100GB 以上硬盘可用空间;开发环境:Microsoft Visual Studio 2017;处理器:Intel（R）I5-7300HQ。

安装本系统需要把编译出来的动态运行库文件 DLL 加载到 Revit 的附加模块里面生成对应的 Add-In 文件。再把第一步生成的 DLL 文件放到 AddIn 文件里,然后把 AddIn 文件放到对应 Revit 版本的文件夹下面,如图 8-4-4-1 和图 8-4-4-2 所示。

2）软件功能

（1）登录功能

为了保证存储数据的安全性,软件需要用户注册登录才可以使用。新用户需要注册,老用户直接登录即可进入系统。登录界面如图 8-4-4-3 所示。

（2）下载功能

系统提供了搜索已上传的族文件、下载已上传的族文件和上传用户自己的族文件功能。搜索功能界面如图 8-4-4-4 所示。

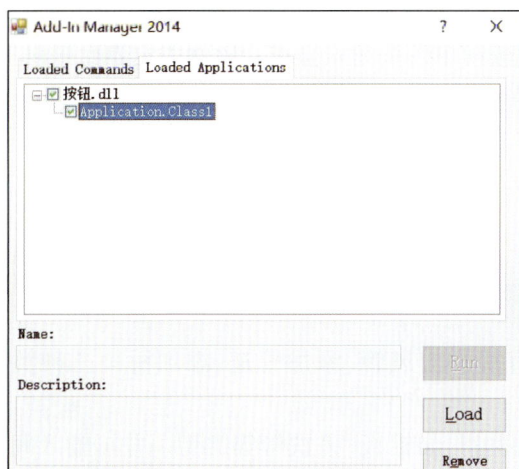

图 8-4-4-1　动态运行库文件 DLL 界面

图 8-4-4-2　AddIn 文件界面

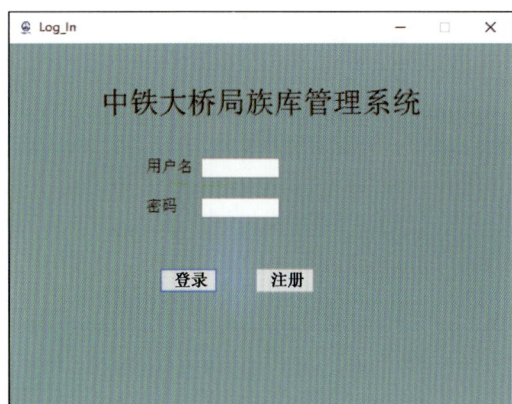

图 8-4-4-3　登录界面

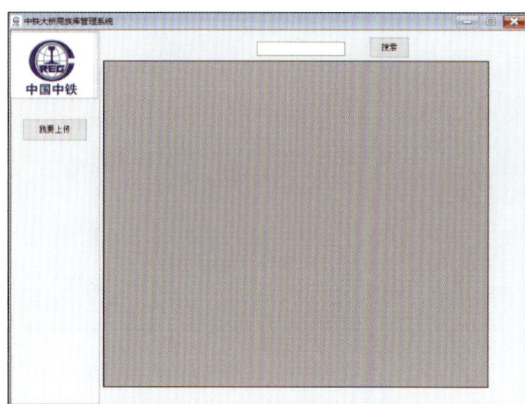

图 8-4-4-4　搜索功能界面

（3）上传功能

此界面是供用户上传新的族文件的界面,用户在上传族的时候需要填写族名称、族类型以及上传时间。然后点击选择文件按钮,选择一个本地的 ＊.rfa 类型的族文件,即可上传新的族文件,便于使用者搜索到相应的族。上传功能界面如图 8-4-4-5 所示。

为规范 BIM 族库入库及更新,系统下一步将添加审核功能,对于任何 BIM 模型及构件的入库操作,都应经过仔细的审核方可进行。设计人员不能直接将 BIM 模型及构件导入企业 BIM 族库中,一般应对需要入库的模型及构件先在本专业内部进行校审,再提交 BIM 族库管理员进行审查及规范化处理,整理模型并清除未使用项后,由 BIM 族库管理员完成入库操作。对于需要更新的 BIM 模型及构件,也应采用类似审核方式进行,或提出更新申请,由 BIM 族库管理员进行更新。

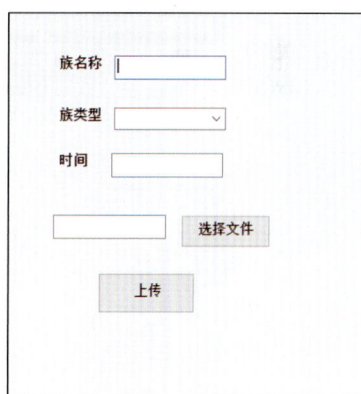

图 8-4-4-5　上传功能界面

4.4.2　批量创建 MEP 建模程序

平潭海峡公铁大桥附属构件复杂、规模巨大、零件数众多、建模工作量大,而用 Revit 建立机电模型时因管道、风管和桥架等机电设备类型复杂、数量众多而导致在建模的时候效率低下、建模不准确的问题,进一步开发了基于 Revit 软件的 MEP 批量建模程序。

批量创建 MEP 系统调用 Revit 官方提供的 API,可以获取样板文件中已经存在的管道、桥架、风管

501

类型供用户在创建的时候一步就可以编辑距离、系统类型、构件类型。软件中考虑到用户会误操作的情况,利用微软的 Winform 可视化操作界面技术,提供比较简单的按钮式操作。软件的主界面提供用户选择创建的 MEP、删除已经编辑的 MEP 类型或添加任意数量的 MEP 构件等功能。

1）软件安装

软件安装同 4.4.1BIM 族库管理系统要求。

2）软件功能

（1）创建功能

打开批量创建 MEP 的软件,出现添加界面,可直接添加风管、添加管道、添加桥架三种类型,如图 8-4-4-6所示。

点击对应的添加按钮,可在表格里直接选择系统类型,如铝板、铸铁管等类型。并可输入间距、管径,如图 8-4-4-7 所示。

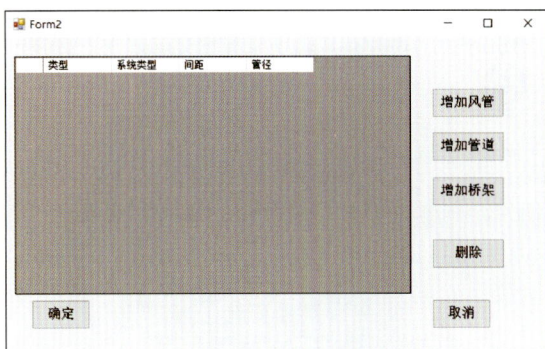

图 8-4-4-6　添加界面　　　　　　　　　　图 8-4-4-7　填写参数界面

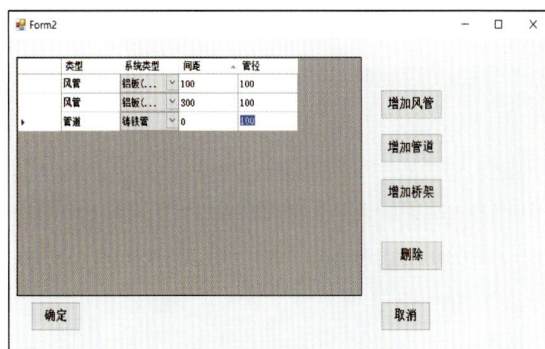

再按"确定"后,在二维视图中点击两个点作为构件的起始位置和结束位置,系统随即批量生成 MEP,如图 8-4-4-8 所示。

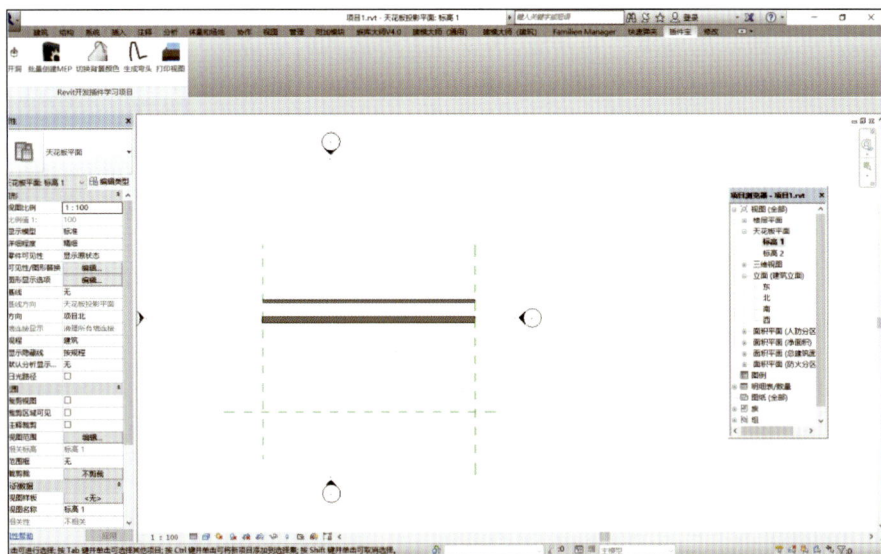

图 8-4-4-8　选择位置界面

（2）编辑功能

系统提供了删除、取消功能。选中想要删除的行,再点击删除即可删除此行的创建信息,如

图 8-4-4-9 所示。

本软件采用模态窗口,即在没有关闭此窗口的情况下可以同时操作 Revit 的其他视图,但是考虑用户有取消的需求,所以也加了一个取消的按钮。取消操作只要点击取消即可退出软件的操作界面,如图 8-4-4-10 所示。

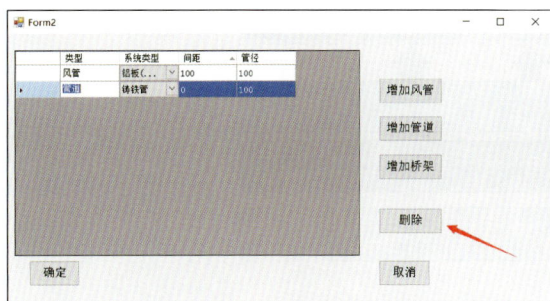

图 8-4-4-9 删除信息界面

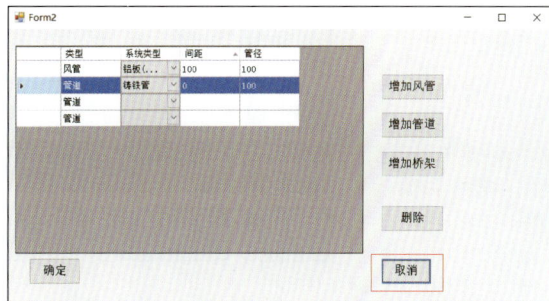

图 8-4-4-10 退出界面

4.5 附属设施运维管控平台

传统的工程管理主要存在以下几个方面的问题:

(1)在日常管理中存在参与方之间信息沟通不及时、不顺畅,传达的信息不真实、不对称现象。

(2)传统的建设管理方式,各参与方大多依靠传统手工方式编制项目报表,缺乏有效手段实时获取工程进展的全面信息。

(3)工程建设的全生命期中存在信息孤岛现象,上一阶段的信息难以传递到下一阶段,如工程竣工移交的资料缺乏有效关联性,不能在运行阶段被直接使用。

平潭海峡公铁大桥附属设施种类繁多、数量庞大,如混凝土梁电力通道内有 2805 套 I 型电缆支架、196 根 II 型电缆支架、1196 根槽道支架 A 和 B、1023 根槽道支架 C 和 D、13708m 的电缆槽道、2805 套减振连接件 A。整个施工过程复杂,传统的工程管理手段很难满足全生命期管理的需求。

故项目开发了基于 BIM 技术的附属设施运维管控平台,可以为项目建设提供创新的管理工具,有助于解决上述问题。整个平台包括文档管理、施工管理、运维查询、个人中心等功能,对桥梁附属设施进行从施工到运维的全方位管理。项目管理平台可为集团、业主公司、大经理部、项目部、监理等各参与方提供项目管理功能。同时,基于统一的底层平台,项目管理平台对各阶段数据进行统一的管理,有助于解决信息孤岛的现象,有助于解决各参与方之间信息沟通不及时、不顺畅,传达的信息不真实、不对称的现象。

4.5.1 平台架构

平台设计主要分为三个层面:数据层、应用层、客户端。除了 BIM 专业的 Revit、Dynamo、Navisworks、Lumion 等软件技术之外,平台前端采用 HTML、CSS、JS 等计算机技术来实现对网页格式进行设计、美化、统一,后端采用 Hypertext Preprocessor(PHP)超文本预处理器录入文本,然后基于 B/S 结构,运用 MySQL 关系型数据库管理系统进行数据存储。PHP 文本处理器在网站平台建设方面具有较好的可移植性、可靠性以及较高的运行效率。B/S 结构则统一了客户端,将系统功能实现的核心部分集中到服务器上,客户端上只需要安装一个浏览器。MySQL 数据库能够将数据保存在不同的表中,而不是将所有数据放在一个大仓库内,这样就增加了速度并提高了灵活性。使用此系统用户无须安装任何软件,可以随时随地的直接使用 Web 浏览器访问系统相关功能,应用十分便利。应用平台示意如图 8-4-5-1 所示,系统体系架构如图8-4-5-2所示。

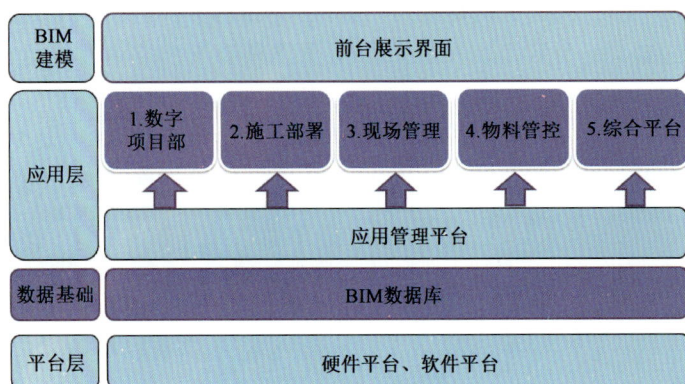

图8-4-5-1　应用平台示意图

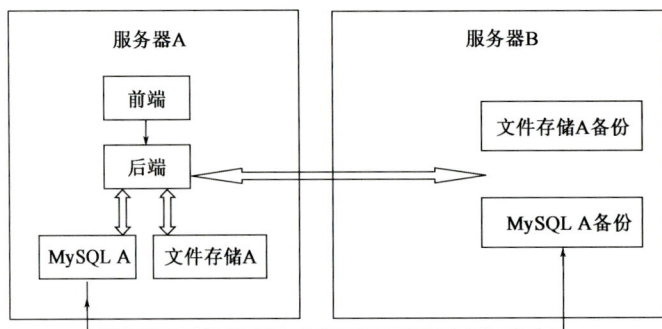

图8-4-5-2　平台体系架构

4.5.2　平台功能

1)文档管理

(1)附属设施构件管理

根据大桥附属工程的结构特点将此模块分为整体模型、通航孔桥附属设施、非通航孔桥附属设施、全桥风屏障及声屏障、桥梁综合接地设施、桥梁供电及照明设施、健康监测系统预留件、修改记录等模块。通过整理分类每一模块附属工程的工程数量表等文件,将各附属构件编号分类,将其模型文件和施工图文件录入系统,方便工作人员查找、管理、修改。

(2)附属设施文档管理

此模块通过BIM协同工作模式建立一个多阶段、多参与方的文档协同管理平台,向规划设计单位、构件深化加工单位、施工建设单位等不同专业提供涵盖工程项目整个周期的各类文档信息,并使这些信息具备联动、实时更新、动态可视化、共享、互查互检的特点。

针对施工现场质量、进度、安全、文明管理所产生的各类文档资料进行管控,实现对工程内容进行集中收集和管理;对文件进行版本控制,使得资料在过程中受控;及时沟通的消息系统,文件访问历史记录,节点修改记录;对文档进行权限设置,以保证目录、文档的安全性。

2)施工管理

(1)进度管理

基于BIM技术对施工进度可实现跟踪和控制,动态地分配各种施工资源和场地,实时跟踪工程项目的实际进度,并通过计划进度与实际进度进行比较,及时分析偏差对工期的影响程度以及产生的原因,进而采取有效措施,实现对项目进度的控制,保证项目能够按时竣工。进度管理各子模块功能简介见表8-4-5-1。

进度管理子模块功能简介表　　　　　　　　　　　　　　表8-4-5-1

子　模　块	功　能　简　介
偏差分析	通过计划进度信息模型与实际进度信息模型施工时间属性的对比,可视化展示计划进度与实际进度的偏差状态分析,即以三维模型构件颜色表示进度提前或滞后的偏差状态,同时查询构件的前置与后置计划任务,以及量化偏差状态查询
进度数据统计	按照分部、分项工程定制进度报表的形象进度指标,通过自由选择时间节点,自动生成计划与实际完成的工程量形象进度报表。支持年度、季度、月度、周等自然周期统计及累计统计

（2）质量管理

通过 BIM 数据库提供的服务,用户可对质量验收情况、施工机具质量管理记录、质量问题进行汇总和展示。此外,需要以此为基础建立设施运行隐患排查和整改作业流程化管理的机制,及时处理可能生成显性故障或事故的隐患,为各类专业项目的隐患处理提供统一的事务处理流程机制,按照质量和安全运维,规范建立和调度流程环节,将每个环节纳入作业调配、作业资源管理和质检评估机制的完整控制之下,使每项隐患都能够得到显性的处置和备案,进而高效处理短期故障和长期性隐患,保障桥梁的稳定性与安全性。质量管理子模块功能简介见表8-4-5-2。

质量管理子模块功能简介表　　　　　　　　　　　　　　表8-4-5-2

子　模　块	功　能　简　介
质量资料管理	按照模型结构树,对质量检验资料进行分类归档管理

3）运维查询

通过运维查询管控模块可以方便地查看设备的基础信息,以及追溯设备的历史资料,为后期的运维提供帮助。用户可快速获取工程实体的完整过程信息,支持验收移交阶段相关业务应用。通过建立运维数据库能够方便快捷地实现对大桥附属设施系统能耗进行管控,同时预留附属设施健康监测管理系统。

4）个人中心

用户个人中心模块一方面能够满足用户个人自行录入、修改、删减个人信息和站内人员信息交流的需求,减少管理人员工作量,同时用户也能一目了然地了解系统公告、工程动态等;另一方面从平台使用角度来说,既方便用户依据自己的使用习惯对可个性设置模块进行"定制",增强平台使用舒适感,提高工作效率,又同时具有账号安全保护的功能,防止外部人员侵入扰乱施工进程。

4.5.3　系统操作手册

1）系统登录

在 Internet 浏览器输入网址,并在登录界面输入正确的用户名和密码后即可进入系统。用户登录界面如图8-4-5-3所示。

2）系统主界面

系统主界面主要由结构模型主视图、系统主菜单栏、系统公告栏、搜索栏组成。

图 8-4-5-3 用户登录界面

系统主菜单栏包括附属设施构件、附属设施文档、施工动态、运维管控、个人中心等,界面如图 8-4-5-4 所示。

图 8-4-5-4 系统主界面

3）附属设施构件

功能介绍:依据附属设施施工图将其分为若干模块。点击进入各模块,查看各部分结构的附属设施。各模块构件通过"二维 CAD 图纸→三维 Revit 模型"的方式进行展示。即用户通过平面图纸定位到所需部位,再通过三维文件来浏览(不同角度、不同剖面)。每个构件的板块都支持文件修改、上传更新功能,同时历史文件将汇总到"修改记录"板块中。

操作路径:左侧菜单区→附属设施构件→具体模块构件信息。

附属设施构件模块界面如图 8-4-5-5 所示。

图 8-4-5-5 附属设施构件模块界面

4）附属设施文档

功能介绍:此模块汇总附属工程所有文档,每一板块又按照各个不同空间结构来分类。

操作路径:左侧菜单区→附属设施文档→具体模块构件文档。

附属设施文档模块界面,如图8-4-5-6所示。

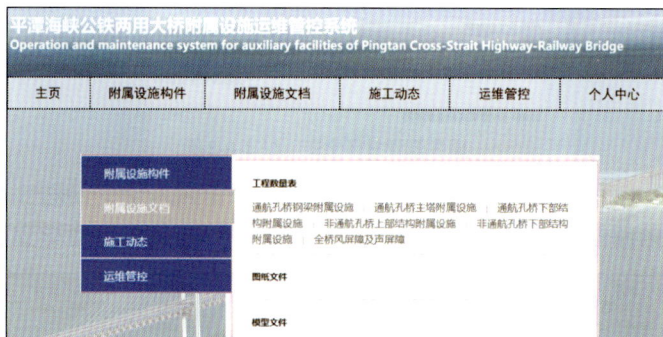

图8-4-5-6　附属设施文档模块界面

5）施工动态

此模块则可体现附属设施施工过程的所有信息,包括整体及局部施工进度、参建人员信息、个人所在部门负责的施工进程、施工过程中安全管理信息、动态决策信息等。

施工动态模块界面如图8-4-5-7所示。

图8-4-5-7　施工动态模块界面

（1）施工流程

功能介绍:通过流程图或其他图表来体现施工流程,同时具备线上修改(删减、添加)施工流程的功能。

操作路径:左侧菜单区→施工动态→施工流程。

施工流程界面如图8-4-5-8所示。

（2）施工进度管理

功能介绍:通过在模型图上对不同部分进行颜色标注来显示施工进度、对比及改进部分。例如:完成部分用绿色标注,未完成部分用红色标注,点击可查看详细部位细节图。

操作路径:左侧菜单区→施工动态→施工进度管理。

施工进度管理界面如图8-4-5-9所示。

（3）参建人员信息

功能介绍:将本项目所有管理及作业人员信息录入系统,具有人员资格审查、新增、变更、离岗及查询等功能。

仪器损耗情况、系统健康监测各项数据记录、分析等。建立基于BIM的运维管控系统,与安全要素指标在线采集技术融合,随时掌握桥梁结构的内力状态及损伤情况,尽早发现桥梁结构面临的危险状况,为桥梁结构的养护维护提供依据,同时对桥梁的日常管理养护等工作进行管理,可实现管养工作制度化、管养技术现代化与管养决策科学化。对桥梁附属结构进行结构安全、构件安全和运营安全综合评估,设定与安全相关的指标阈值,当桥梁遭遇风险事件或性能退化时,给出预警或报警信息,通过多部门、多终端信息共享,实现联动式协同工作。

操作路径:左侧菜单区→运维管控→具体功能模块。

运维管控模块界面如图8-4-5-14所示。

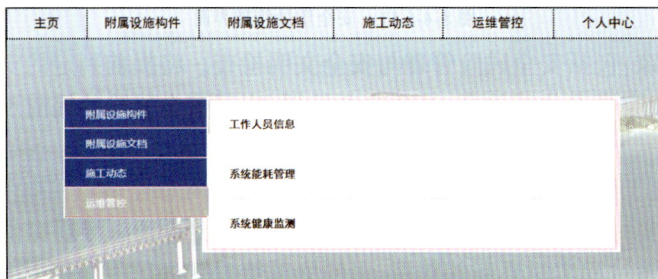

图8-4-5-14 运维管控模块界面

（1）工作人员信息

采集运维系统工作人员信息,通过BIM数据库将人员信息与设备信息、大桥运维信息串联起来,使每个工作人员责任落实到位,同时也能减少工作人员不必要的重复劳动,减轻工作负担、提高工作效率。

（2）系统耗能管理（预留模块）

对大桥附属设施工程的设备进行大量不同生命周期、不同类型和用途的数据采集,实时分析设备状态信息,通过BIM技术的应用,将大桥耗能管理予以协调和整合,使工程技术人员和管理系统对大桥的各种耗能信息做出正确理解和高效应对。

（3）系统健康监测（预留模块）

采用数字化手段掌握大桥的结构信息、历史运维信息,通过运维安全指标的在线采集,实现桥梁安全状态监测、风险事件预警,保障桥梁结构安全。同时,经过采集、筛选和归档的数据,可为同类大型桥梁结构运维管理提供参考,积累经验。

7）个人中心

功能介绍:主要提供系统公告、工程动态浏览功能;基础的用户信息录入、修改、查看功能;用户根据个人喜好进行平台使用设置的功能;账号、密码安全等功能。

操作路径:左侧菜单区→用户中心→具体功能模块。

用户中心模块界面如图8-4-5-15所示。

图8-4-5-15 用户中心模块界面

（1）系统公告：用户可直接查看系统公告，了解近期通知事项。

（2）账号安全：用户可浏览近期工程动态，对附属设施施工进展过程中的事项了然于胸。

（3）基本信息：包括用户姓名、性别、职称、所属部门、岗位等信息的填写、修改。

（4）通用设置：包括系统字体、背景颜色、网页模式等用户网页使用习惯设置。

（5）账号安全：包括用户账号绑定、密码修改、密码找回、异地登录等。

4.6 BIM 应用成效与不足

4.6.1 BIM 应用成效

本项目 BIM 技术应用于施工各个阶段，为项目各参与方提供了一个信息协同的交流平台，达到了有效节约成本、提高工程质量、节约工期、提高项目安全性的作用。一般情况下，BIM 技术产生的影响包括在实施过程中对项目带来的效益，以及对项目参与者产生的影响，即产生的经济和社会的直接效益和间接效益。本项目采用 BIM 在施工管理的应用，除了通过预先进行结构碰撞、复杂安装和维修空间的预先检查、方案优化等应用，节省了施工返工修复的费用；此外，同时实现了间接效益，更大地发挥 BIM 在大跨度桥梁施工管理中的优势，在协同工作、动态决策、数据深层应用等方面均获得有价值的结果。

1）直接效益

本项目利用 BIM 三维模型进行了：①实体冲突即构件几何重叠检查；②功能性冲突检查即系统功能是否受影响；③施工空间冲突即安装空间是否受局限；④维修与操作空间冲突即维修与操作空间是否预留不足；⑤方案优化等应用。从而减少了设计差错漏项，提前发现结构设计及施工空间的冲突点，有效避免建设过程中的返工。

本项目共计发现：①实体冲突：铁路风屏障与预埋螺栓位置碰撞，风水管定位 U 形螺栓背面与障条冲突，接触网拉线立柱、下拉锚线坠砣、隔离开关操作箱等与铁路风屏障位置冲突，端头槽钢与员工走道发生碰撞、公路防撞栏与风屏障冲突五个结构碰撞问题；②功能性冲突：电力管道上人爬梯两处结构空间不足问题；③优化方案：优化了声屏障区水管布置、风水管路的布设、混凝土梁区段下墩爬梯、逃生通道 4 个方案，同时为其他方案的比选起到了参考辅助作用。

2）间接效益

（1）建立 BIM 族库为以后的投标和项目运作提供数据支持

随着 BIM 的发展，BIM 族库将成为企业信息资源的核心组成部分。BIM 资源的利用涉及模型及其构件的产生、获取、处理、存储、传输和使用等多个环节。随着 BIM 的普及应用，BIM 族库规模的增长将极为迅速。因此，BIM 资源管理的核心工作包括 BIM 族库管理系统建设。本项目基于 Revit 软件提供的 API 来研发了族库管理系统。系统安装在 Revit 软件的基础之上，提供一个所有参与项目的单位之间信息和模型共享的一个平台。软件需要用户注册登录才可以使用，因而保证了存储数据的安全性，同时提供上传和下载功能。极大方便了 BIM 族库管理，形成标准化的数据资产。为集团以后的投标和项目运作提供数据支持。

（2）协同工作提高工作效率

通过基于 BIM 模型，协同设计单位一起对图纸问题进行整理和处理，将影响工程施工进度的根本问题解决在萌芽状态。同时，三维可视化交底可确保施工班组对图纸理解到位，避免返工，确保工程进度。三维技术审查可提高项目部的对部分问题的决策速度。

（3）有效控制施工进度

基于 BIM 技术对施工进度可实现精确计划、跟踪和控制，动态地分配各种施工资源和场地，实时跟踪工程项目的实际进度,并通过计划进度与实际进度进行比较,及时分析偏差对工期的影响程度以及产生的原因,采取有效措施,实现对项目进度的控制,保证项目能按时竣工。

(4)可视化交底提高工程质量

通过可视化交底改变了项目管理人员与劳务人员传统的书面交底模式,使得交底更具有针对性、观摩性,达到更好地去模仿、创新。同时与预制厂的交底加工预制构件,更加有效直观,确保了工程质量。

(5)加速多参与方之间信息流转

各参与方之间交换的文件、数据报表等,都是信息流的主要内容。以往项目建设中主要通过纸质文件在各部门间或者上下级传递,这种信息传递方式有以下几个弊端:一是传递的时间很长,大部分的时间都浪费在传递的过程中;二是人工传递需要耗费大量纸张,导致办公成本直接提高;最后是人手处理依赖于人的业务水平,很容易发生错误和遗漏。因此,基管理平台的电子化、自动化的信息流是更好的解决方法,它具有传递速度快、费用低、可跟踪、可控制的优点。快捷的管理功能促进信息流在多参与方之间快捷、无损地传递,并可以对信息流转进行控制和追踪。

(6)数据的深层次应用

在项目建设过程中,要形成标准化的数据资产,而数据资产如果只是存放在服务器中,并不能产生价值。因此,平台需要从多方面对数据资产进行利用,从而充分发挥数据的价值。由于项目复杂性高、综合性强、项目数据量巨大,对于决策者来说进行管理和决策需要消耗大量的时间和精力去梳理项目现状。而本项目的管理平台通过对数据进行多维度的分析,实时得到项目建设过程中的关键指标,为各层领导提供获取最新深层次项目信息的快捷渠道。

(7)实现基于动态数据的科学决策与管控

项目建设完成后将进入长期的运维阶段,在运维过程中需要获取项目模型的各种数据。项目管理平台可以为后期运维系统提供数据来源,比如快捷查看设备的基础信息、追溯设备的历史资料等,从而充分利用前期积累的数据。平潭海峡公铁大桥项目复杂性高、综合性强,通过传统手段要实时掌握项目建设方方面面信息是比较困难的,对纷乱庞杂的数据进行分析和梳理也需要消耗大量的时间和精力,不利于项目管理者掌握项目实时情况,做出科学合理的决策。因此,本项目基于 BIM 管理平台,为各层领导提供获取最新深层次项目信息的快捷渠道,为建设管理提供决策辅助工具,实现基于动态数据的科学决策与管控。

4.6.2　存在问题及建议

平潭海峡公铁大桥作为国内首座跨海公铁两用桥,顺应时代发展的大潮,以 BIM 技术的实施和应用为抓手,节约造价、缩短工期,加快了信息化建设的步伐,推动桥梁设施运维管理水平的提升。但在本次 BIM 应用也存在如下困难与问题。

1)大模型带来的软硬件压力依然突出

桥梁结构复杂,通过 Revit 构建的模型过大,在模型的上传、显示以及流畅度方面都存在困难。其中桥梁自身规模巨大,零件数众大是主要原因;建模软件没有发挥多核中央处理器(CPU)的作用是另一个客观原因。

2)围绕建模软件进行二次开发是推进 BIM 应用的关键

三维数字模型是该平台的操作基础,但在各设计专业间及各功能软件间的互操作性仍存在一定不足,需要进一步研究。特别是钢筋混凝土结构现有的建模软件都不是很快捷方便,二次开发很有必要。对于像平潭海峡公铁大桥这样比较庞大和复杂的项目,根据其具体项目的要求进行二次开发,通过程序编写来实现批量管理或者复杂功能的简化,能够为施工管理工作带来事半功倍的效果。

3）加深施工协同方面的研究十分必要

桥梁附属设施施工工序烦琐,在施工动态模块如何进行施工动态实时展示、施工流程管控以及现场质量安全追踪等方面均具有一定难度,还需要在当前基础上继续深入优化。

国内对于 BIM 在施工协同方面的研究比较初步,不如设计施工协同即施工前施工模拟的研究成熟,因此在实际应用中也比较复杂一些。但是考虑到施工现场的复杂环境,特别是对于大型复杂工程,施工现场情况的统计是很大的工作量,如何提高施工中施工模拟的效率,并对施工中施工模拟进行实际项目验证是我们要加强的方面。

4）大桥结构的复杂性给平台文档的录入带来困难

桥梁附属设施构件繁多,相应文档繁杂,整理、上传过程费时费力。例如,由于平台后端采用 PHP 录入文本,需将各施工图中的工程数量表汇总、并转为 excel 格式文件,再上传数据库,才能在网页端显示出来。平台每一类数据的录入主要是通过字段形式,这就需要对大量字段进行确定、统计、录入,是一个庞大的工作量。

5）平台功能还在进一步开发中

该平台方案目前仅进行了初步的功能测试,还未在实际项目中进行完全测试,其有效性还有待于进一步探索,因此,未来的研究将重点应关注本平台的应用实践和有效性分析,即针对目前的技术难点、存在的问题以及初步的平台设计方案,还需在结合工程实际需求以及各方面安排来进行优化、增减、升级。

4.6.3 下一步工作建议

建议进一步开发完善管理平台,建立大桥健康检测系统并且与平台结合起来,建立基于 BIM 技术的工程健康监测管理平台。充分借助地理信息系统(GIS)技术、智能识别技术以及网络技术等在现代工程中的巨大作用,将智能信息化产品和技术手段融入桥梁运维系统工程中,实现桥梁运营和管理的智能信息化、标准化、规范化。应用 4D 建模、多源异构数据集成及移动互联技术,建立桥建养一体化平台,实现建养全过程的信息共享和动态模拟,进行桥梁运维的准确评估、快速预警和高效决策。以 BIM +物联网监测数据库为基础,实现 GIS 展示、BIM 展示、综合监控、报警应急、设备管理、人员管理、运维管理等全方位可视化、数据化、智能化的智慧管理。针对车辆、强风、地震、波浪、水流、撞船、火灾等多灾害作用下集群工程发生的灾害行为及后果,采用并发采集技术和远程高效传输系统,建立多灾变诱因下的集群工程实时感知分析系统,建立高效的桥梁监测实时并发数据采集软件和实时数据库系统,感知结构响应、预测灾变行为,及时"感知桥梁",在结构危险萌芽阶段发出预警。

本篇参考文献

［1］中铁大桥勘测设计院集团有限公司.平潭海峡公铁两用大桥施工图设计［Z］.武汉,2013.

［2］马晓东.平潭海峡公铁两用大桥总体施工方案［J］.桥梁建设,2017,47(2):1-6.

［3］彭月燊.我国铁路钢桥新技术的发展现状［J］.桥梁建设,1994(04):63-69.

［4］周外男.铜陵公铁两用长江大桥主桥施工关键技术［J］.桥梁建设,2014,44(4):1-8.

［5］国家铁路局.铁路桥梁混凝土桥面防水层:TB/T 2965—2018［S］.北京:中国铁道出版社,2018.

［6］郭帅.浅析铁路混凝土桥面防水层施工工艺［J］.西部交通科技,2014(12):76-78,94.

［7］铁道部大桥工程局.九江长江大桥技术总结［M］.武汉:武汉测绘科技大学出版社,1996.

［8］黄融.跨海大桥施工与设计:东海大桥［M］.北京:人民交通出版社,2009.

［9］中华人民共和国铁道部.铁路声屏障工程施工质量验收标准:TB 10428—2012［S］.北京:中国铁道出版社,2012.

［10］骆红所.BIM 技术在现代建筑工程项目管理中的应用分析［J］.建筑技术开发,2020,47(3):99-101.

［11］王堃.建筑设计、项目施工及管理中的 BIM 技术应用分析［J］.住宅与房地产,2019(36):154.

［12］倪进涛.BIM 在建筑工程管理中的应用［J］.居舍,2019(35):139.

［13］徐欢.BIM 技术在工程项目管理中的应用研究［J］.建材与装饰,2019(34):180-181.

［14］吴海文,邹其博,姜宇轩.BIM 技术在现代建筑工程项目管理中的应用解析［J］.住宅与房地产,2020(3):120.

平 潭 海 峡 公 铁 大 桥

建造关键技术

KEY TECHNOLOGY FOR
THE CONSTRUCTION
OF PINGTAN STRAIT HIGHWAY AND RAILWAY BRIDGE

Part Nine

第 9 篇

风浪监测与施工控制

松下岸

人屿岛

元洪航道桥

鼓屿门水道桥

长屿岛

平 潭 海 峡 公 铁 大 桥
建 造 关 键 技 术

09

第1章

桥址处风、浪、流监测研究及应用

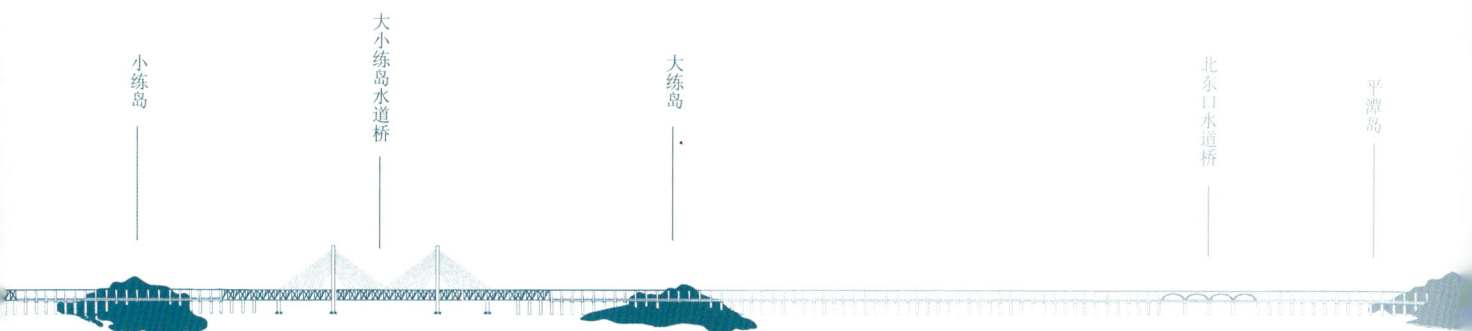

1.1 概述

平潭海峡公铁大桥桥址处风大、浪高、水深、流急。风、浪、流等环境要素给桥梁结构施工的顺利开展带来了极大的不便。为掌握平潭海峡公铁大桥施工海域的环境要素特征,在桥址处选择了一定数量的特征点,布置风速仪、波浪仪、海流计等设备,对桥址处的风、浪、流环境要素进行实时监测,并利用统计学方法研究其随时间的分布规律,找出环境因素特征,为科学合理安排施工计划提供支撑。

现场沿桥梁轴线布置风速仪 5 台、波浪仪 2 台(分别为固定式波浪仪、移动式波浪仪)、海流计 1 台。桥址处仪器布置平面图如图 9-1-1-1 所示,各类仪器的详细布置在后续章节中详细叙述。

1.2 实测风速数据研究

1.2.1 现场风速仪布置

平潭海峡公铁大桥整个标段由 3 个分部组成。一分部承建范围自 SR01 至 Z03(鼓屿门水道桥跨中),里程 DK59 +415 ~ DK65 +820.65;二分部承建范围自 Z04 至 CX23,里程 DK65 +820.65 ~ DK67 +465.75;三分部承建范围为 CX24 至 XD18,里程 DK67 +465.75 ~ DK70 +564.7。

一分部承建范围布置 3 台风速风向仪,分别在 4 号变电站平台(DK61 +048.8,SR34 附近)、6 号变电站平台(DK62 +82.7)、元洪航道与鼓屿门水道之间的 13 号变电站平台(DK64 +875.75)。承建范围二分部布置在 Z04(DK66 +62.8)处。三分部承建范围布置 1 台风速仪,布置在 S04(DK69 +964.05)处。风速仪布置如图 9-1-2-1 所示。

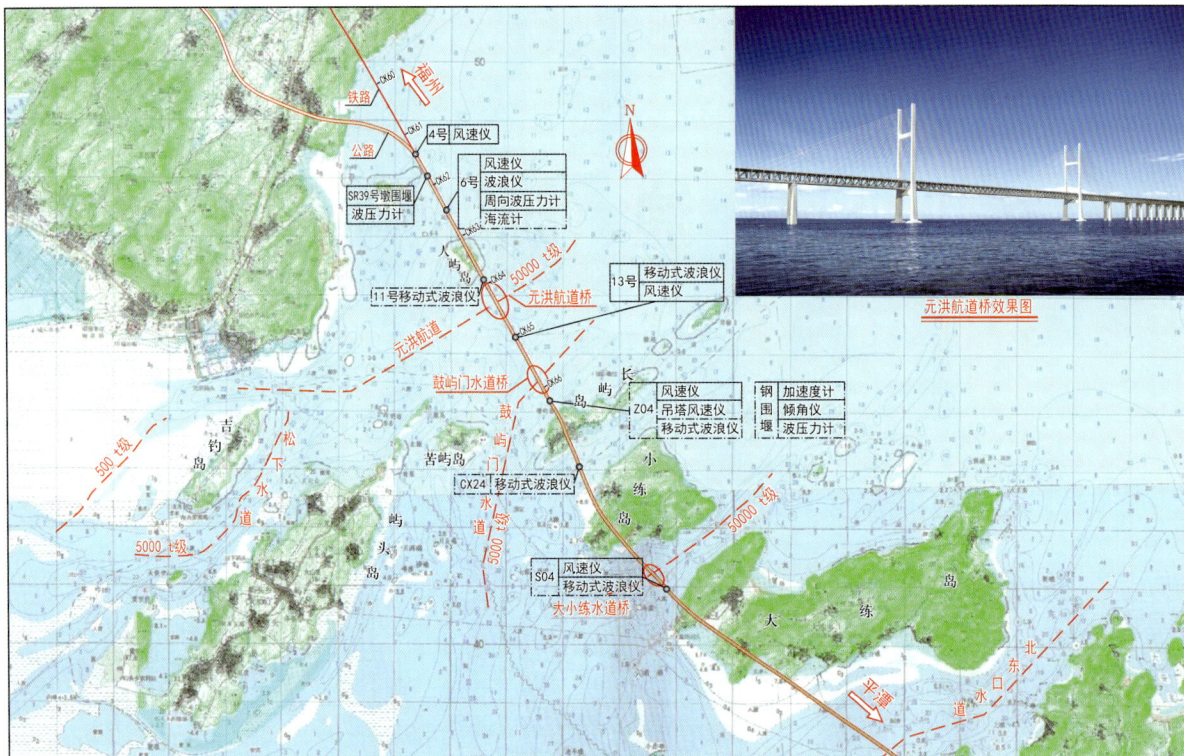

图 9-1-1-1 现场仪器布置示意图

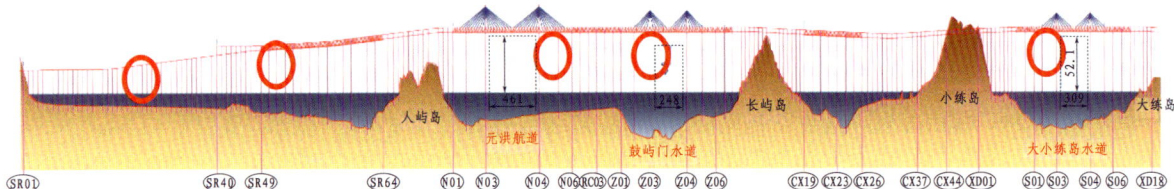

图 9-1-2-1 风速仪布置示意图(红圈为风速仪位置)(尺寸单位:m)

测试仪器采用 WindSoinc 超声风速风向仪,如图 9-1-2-2 所示,特征参数见表 9-1-2-1。

图 9-1-2-2 WindSonic 超声风速风向仪

WindSonic 超声风速风向仪特征参数　　　　　　　　　　　　　　　　表 9-1-2-1

输出频率 (Hz)	采样频率 (Hz)	风速测量 范围 (m/s)	风速分辨率 (m/s)	风速精度 (m/s)	风向范围 (°)	风向分辨率 (°)	风向精度 (m/s)	工作温度 (℃)	相对湿度	电源
1~4	32	0~60	0.01	±2%@12	0~359.9	1	±3°@12	-35~ +70	<5%~ 100% RH	9~30V 直流电源

风速仪布置高程为 20.25m = 0.25m(平均海平面) + 20m(风速仪距平均海平面距离)。现场风速仪布置如图 9-1-2-3 所示。

| a)6号变电站平台 | b)4号变电站平台 | c)13号变电站平台 | d)Z04平台 | e)S04平台 |

图 9-1-2-3　各测点风速仪布置图

除在沿线上布置 5 台风速仪之外,还在 6 个塔处沿高度设置若干个风速仪。具体布置为:元洪航道、鼓屿门航道和大小练岛航道共计 6 个斜拉桥主塔,每个主塔的塔式起重机顶部布置一个监测点,随塔式起重机同步升高,共计 6 个测点,详见图 9-1-2-4。

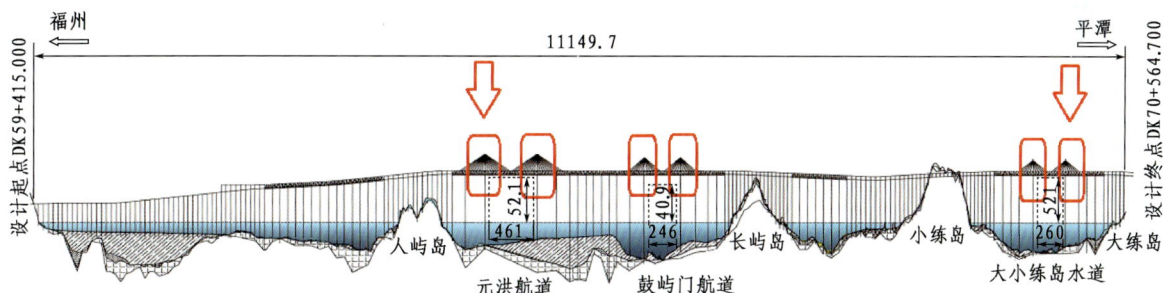

图 9-1-2-4　斜拉桥主塔位置安装示意图(尺寸大小:m)

主塔风环境监测站布置在 6 个斜拉桥主塔墩位置,纵断面布置分为塔式起重机顶监测站和竖向分布监测站两种类型,具体布置方式如下。

(1)塔式起重机顶监测站

元洪航道、鼓屿门航道和大小练岛水道共计 6 个斜拉桥主塔,每个主塔的塔式起重机顶部布置一个监测点,随塔式起重机同步升高,共计 6 个测点。

(2)竖向分布监测点

元洪航道主塔,鼓屿门航道主塔,大小练岛水道主塔除塔式起重机顶部监测站之外,各主塔每 40m 或 20m 布置一个监测点,共计 40 个,其中 +140m 以下采用 WindSonic 风速仪,最大量程为 60m/s, +140m 以上采用 WindObserver 风速仪,最大量程 90m/s。具体布置方案如下。

①元洪航道 N03、N04 主塔新增监测点

N03 主塔:高程为 +40m、+60m、+80m、+100m、+120m、+140m、+160m、+180m、+200m,共计 9 个。

N04 主塔:高程为 +40m、+80m、+120m、+160m、+200m,共计 5 个。

②鼓屿门航道 Z03、Z04 主塔新增监测点

Z03 主塔:高程为 +40m、+60m、+80m、+100m、+120m、+140m,共计 6 个。

Z04 主塔:高程为 +40m、+80m、+120m、+140m,共计 4 个。

③大小练岛水道 S03、S04 主塔新增监测点

S03 主塔:高程为 +40m、60m、80m、100m、120m、140m,共计 6 个。

S04 主塔:高程为 +40m、80m、120m、140m,共计 4 个。

所有监测站将监测数据实时同步发送到远程服务器,经过分析处理后通过展示网页同步显示,且在每个主塔附近安装显示设备,实时显示检测数据。

1.2.2　现场实测数据处理方法

风场实测数据主要监测风速的两个部分:平均风(风速运动周期在 10min 以上的长周期部分)和脉动风(风速运动周期在 10s 左右的短周期部分)。

对于平均风的研究,主要包括平均风速、风向及风剖面三个部分。

由仪器测得的原始数据输出量依次为:编号,时间,风向角(β),风速(U)。首先将经过去的"野点"后的风速处理为笛卡尔坐标系下的两组风速序列 $u_x(t)$,$u_y(t)$,再以 10min 为时距,计算顺风向脉动风速分量 $u(t)$,β 为仪器测量得到的风向角,U 为仪器测得的风速,U_m 选择为 10min 时距的平均风速,β_m 为 10min 时距的平均风向,具体计算公式见式(9-1-2-1)。

$$u_x(t) = U\cos\beta$$
$$u_y(t) = U\sin\beta$$
$$u(t) = u_x(t)\cos\beta_m + u_y(t)\sin\beta_m - U_m \tag{9-1-2-1}$$
$$v(t) = -u_x(t)\sin\overline{\beta} + u_y(t)\cos\overline{\beta}$$

式中:β——仪器测量得到的风向角(°);

　$u_x(t)$——笛卡尔坐标系下的 x 轴风速序列(m/s);

　$u_y(t)$——笛卡尔坐标系下的 y 轴风速序列(m/s);

　$u(t)$——顺风向脉动风速分量(m/s);

　　U——仪器测得的风速(m/s);

　U_m——10min 时距的平均风速(m/s);

　β_m——10min 时距的平均风向(°)。

平均风特性主要用平均风速、风向、风剖面等指标来描述。

1)平均风速与风向

根据《地面气象观测规范　风向和风速》(GB/T 35227—2017)规定,对于瞬时风速的测定,是指在自动气象观测中某时刻前 3s 风速的平均值;而对平均风速的观测包括 1min、2min、10min 的平均风速等。风向与风速处理原则类似,直接按所分析时间段内平均即可。

2)风剖面

对于与地表垂直的工程结构而言,获取风速沿高度方向的变化规律意义重大。由于地表相对空气存在地表摩阻力,故风速随高度的增加而增加,当到达一定高度(梯度风高度)后,风速基本不再受地表阻力影响而保持不变。前人对这一风速变化规律做了大量的研究,常见的规律模型有指数律、Ekman 螺线律、对数律及复合律等。新修订的桥梁抗风规范《公路桥梁抗风设计规范》(JTG/T 3360-01—2018)仍然采用最常见的指数律来描述,具体公式见式(9-1-2-2)。

$$U_d = k_f \left(\frac{Z}{10}\right)^{\alpha_0} U_{s10} \tag{9-1-2-2}$$

式中:U_d——桥梁或构件基准高度 Z 处的设计基准风速(m/s);

α_0——桥址处的地表粗糙度系数；

k_f——抗风风险系数，是一项安全系数，随着基本风速增加而增加，取 $1 \sim 1.05$ 之间的数，本节研究均取为 1；

U_{s10}——10m 高程处的平均风速（m/s）；

Z——桥梁或构件高程。

脉动风特性主要用湍流强度、阵风因子、峰值因子、湍流积分尺度、脉动风功率谱密度等指标来描述，脉动风参数的取值对大跨度桥梁的风致振动（如常见的限幅振动：抖振等）研究至关重要。

3）湍流强度

湍流强度是用来衡量脉动风强度的物理指标，它的定义为时距 10min 的脉动风速的均方根与水平平均风速大小 U_m 的比值。计算公式见式（9-1-2-3）。

$$I_u = \frac{\sigma_u}{U_m}, I_v = \frac{\sigma_v}{U_m} \tag{9-1-2-3}$$

式中：$\sigma_i (i = u, v)$——分别表示脉动风速 $u(t)$ 与 $v(t)$ 的均方根（m/s），计算结果分别为顺风向、横风向的湍流强度。

4）阵风因子

阵风因子可以直观地表示脉动风的阵风特点，一般可以通过平均风速与阵风风速的比值直接得到，例如 3s 时距的阵风风速。阵风因子的计算公式见式（9-1-2-4）。

$$G_u = 1 + \frac{\overline{u(t_g)}}{U_m}, G_v = \frac{\overline{v(t_g)}}{U_m} \tag{9-1-2-4}$$

式中：$\overline{u(t_g)}$——时距为 3s 的顺风向瞬时风速；

$v(t_g)$——时距为 3s 的横风向顺时风速；

G_u——顺风向的阵风因子（m/s）；

G_v——横风向的阵风因子（m/s）。

5）峰值因子

峰值因子的概念与阵风因子相类似，但具体的计算公式又不完全相同，阵风因子的计算公式见式（9-1-2-4），瞬时极大风速的计算公式见式（9-1-2-5），从中可以看出峰值因子的物理意义。

$$\hat{U} = U_m + g\sigma_u \tag{9-1-2-5}$$

式中：$\hat{U}$——顺时极大风速；

g——峰值因子，规范推荐为 3.5 左右。

另外，通过对比阵风因子与瞬时极大风速之间的公式关系就可以得到峰值因子与阵风系数的一般关系，见式（9-1-2-6）。

$$G_u = 1 + \frac{g \cdot \sigma_u}{U_m} \tag{9-1-2-6}$$

6）瞬时极大风速

本文所指瞬时极大风速特定为时距 10min 内 3s 瞬时的最大瞬时风速，由前文对湍流强度、阵风因子及峰值因子的定义可知，瞬时极大风速可由平均风速与湍流强度或阵风因子得到，具体计算公式见式（9-1-2-7）、式（9-1-2-8）。

$$\hat{U} = G_u U_m \tag{9-1-2-7}$$

$$\hat{U} = (1 + gI_u) U_m \tag{9-1-2-8}$$

7）湍流积分尺度

湍流积分尺度是空气在湍流中涡旋的平均尺度量度,湍流积分尺度的大小直接决定了对结构作用的影响范围,而此参数的计算结果往往取决于计算数据的长度和平稳性,并且不同方法之间计算结果也存在较大差异。本文采用泰勒(Taylor)假设,依靠单点测量数据的自相关函数来代替多点测量的空间相关函数。具体计算公式见式(9-1-2-9)、式(9-1-2-10)。

$$L_u^x = \frac{U}{\sigma_u^2}\int_0^\infty R_u(\tau)\,\mathrm{d}\tau \tag{9-1-2-9}$$

$$L_v^x = \frac{U}{\sigma_v^2}\int_0^\infty R_v(\tau)\,\mathrm{d}\tau \tag{9-1-2-10}$$

式中:$R_u(\tau)$——实测脉动风速的自相关函数,当 τ 为 0 时,此值为 σ_u;

$\quad\quad L_u^x$——顺风向的湍流积分尺度;

$\quad\quad L_v^x$——横风向的湍流积分尺度。

8）脉动风功率谱密度

为了求得桥梁结构在风荷载下的动力响应,就需要知道脉动风中各个频域上的能量贡献值大小,即所要求得的脉动风功率谱密度。由于本次风速仪测量仅是二维的风速仪测量,而且经过大量观测研究,竖向的脉动分量对结构的响应影响很小,故下文对于功率谱密度函数的求解也仅限于水平的两个方向。

统计脉动风功率谱的方法一般有两种。一种直接法,是将所测的台风数据经过超低频滤波即进行离散傅里叶变化;另一种方法间接法,是将风场实测数据经过相关分析得到自相关函数之后再进行傅里叶变化。风谱的形式多样,目前较为广泛采用的是根据 Kolmogrov 理论推导而来的统一形式的功率谱密度函数 $S(z,n)$ 来表示,见式(9-1-2-11)。

$$\frac{nS(z,n)}{u_*^2} = \frac{Af^\gamma}{(1 + Bf^\alpha)^\beta} \tag{9-1-2-11}$$

式中：n——风的脉动频率(Hz);

$\quad\quad u_*$——平均速度(m/s);

$\quad\quad f$——无量纲莫宁坐标;

B、α、β、γ——相关的系数及谱的幂指数,后三个幂指数关系还需要满足 $\gamma - \alpha \cdot \beta = -2/3$。

新修订的桥梁抗风规范推荐了水平顺风向的功率谱密度函数,见式(9-1-2-12)。

$$\frac{nS_u(n)}{u_*^2} = \frac{200f}{(1 + 50f)^{5/3}}$$

$$f = \frac{nZ}{U(Z)}$$

$$u_* = \frac{KU(Z)}{\ln\dfrac{Z - z_\mathrm{d}}{z_0}} \tag{9-1-2-12}$$

$$z_\mathrm{d} = \overline{H} - z_0/K$$

式中:$S_u(n)$——顺风向的脉动风功率谱密度;

$\quad\quad K$——无量纲常数,约等于 0.4;

$\quad\quad U(Z)$——高度 Z 处的平均风速(m/s);

$\quad\quad \overline{H}$——周围建筑物的平均高度(m);

$\quad\quad z_0$——地表粗糙度。

本节采用直接法和改进的直接法对所测得的台风数据进行相应的功率谱密度函数分析,利用

Matlab 中的三个自带信号函数求解功率谱密度函数,分别是:periodogram 函数、fft 函数以及 pwelch 函数。其中 fft 函数、periodogram 函数采用直接法原理进行计算,而 pwelch 函数由于增加了重叠部分改进了 periodogram 函数,故也可理解为采用了改进的直接法原理。三种函数对应的 Matlab 基本格式见式(9-1-2-13)。

$$\text{pwelch 法} \qquad \text{pwelch}(x, windows, noverlap, f, f_s)$$
$$\text{periodogram 法} \qquad \text{periodogram}(x, windows, f, f_s) \qquad (9\text{-}1\text{-}2\text{-}13)$$
$$\text{fft 法} \qquad \text{fft}(x, n)$$

式中: x——需要分析的数列;

windows——窗口形式;

noverlap——重叠设置;

$f、n$——各自的关于采样数据长度的取值;

f_s——采样频率。

1.2.3　实测风速统计

以每日最大风速为研究对象,将 2015 年 6 月至 2018 年 12 月风速统计绘于图 9-1-2-5。

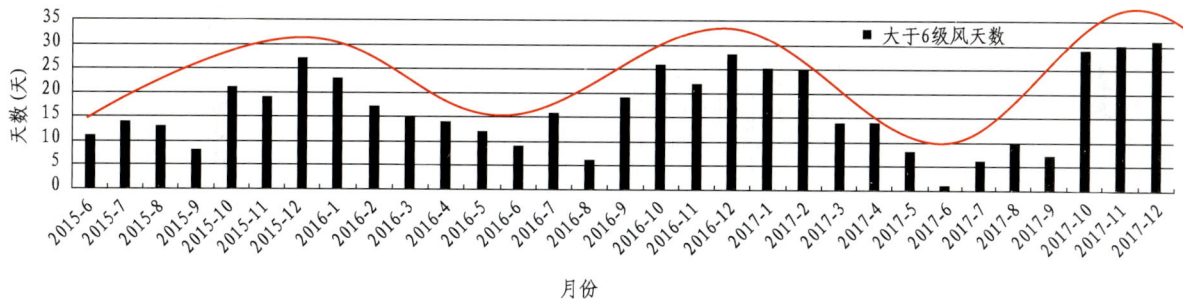

图 9-1-2-5　桥址处实测风速统计

从图中可以发现,桥址处每个月的大风天数全年呈现中间少,两端多的特点;全年 7 级的大风天气为 200~207 天,占比全年天数的 55%~57%;从监测数据的统计分析来看,每年的 4~5 月份是较为理想的施工窗口期,风速条件均较好;而每年 11 月、12 月、1 月均是风速条件较差的月份,重要施工工序应尽量避免在此 3 个月开展。

将桥址处历次经过的台风情况汇总于表 9-1-2-2。通过表可以发现:桥址处最大瞬时风速发生在 2016 年台风"鲇鱼"期间,其值为 45.2m/s,最大平均风速发生在 2015 年台风"苏迪罗"期间,其值为 32.2m/s;历次台风的阵风系数在 1.21~1.34 之间;台风期间桥址处最大波高为 5.1m,发生在台风"鲇鱼"期间。

桥址处历次台风统计(2015—2018 年) 　　　　表 9-1-2-2

台　风	时　间	最大瞬时风速(m/s)	平均风速(m/s)	阵 风 系 数	最大波高(m)
苏迪罗	2015-8-8	43.9	32.2	1.34	4.2
杜鹃	2015-9-29	41.2	29.5	1.34	4.5
莫兰蒂	2016-9-14	34.9	29.0	1.18	4.4
鲇鱼	2016-9-27	45.2	32.0	1.31	5.1
纳沙	2017-7-30	31.9	25.7	1.24	3.8
海棠	2017-7-31	24.2	20.0	1.21	2.6
玛利亚	2018-7-11	34.4	27.3	1.26	3.4

1.2.4　实测平均风特性研究

1）平均风速

图 9-1-2-6 给出了 4 号观测站点 2015 年 1 月到 2017 年 12 月以来的速度历程［包括月平均风速、月极大风速(3s 时距)和各月最大风速(10min 时距与 1h 时距)］。从图中可以看出极大风速和最大风速一般出现在 8 月—10 月，月极大风速最大为 43.45m/s(强台风)，最大风速(10min)为 33.7m/s(台风)；各月平均风速最大为 10.41m/s，10 月至次年 1 月份偏大。图 9-1-2-7～图 9-1-2-10 为其他测点的风速历程，可见其余测点风速变化规律与 4 号测点类似，不再赘述。

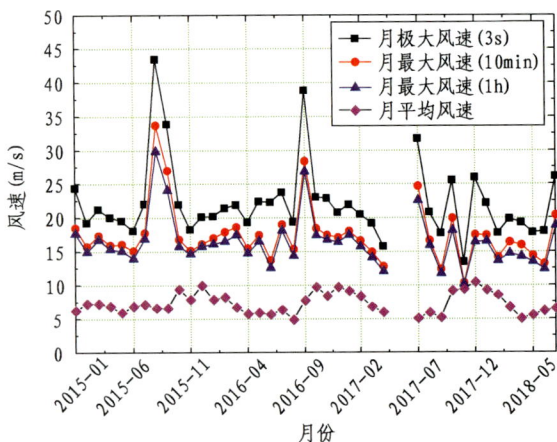

图 9-1-2-6　4 号测点观察期间各月计算风速

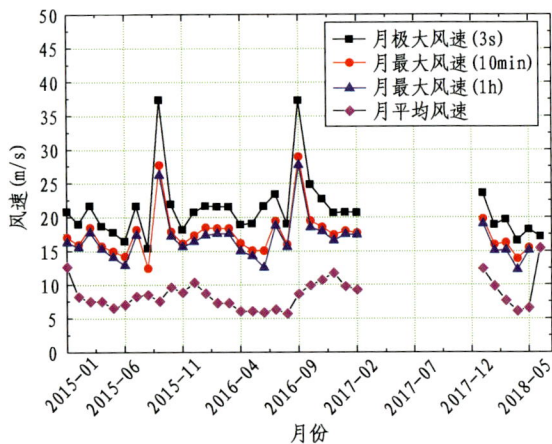

图 9-1-2-7　6 号测点观察期间各月计算风速

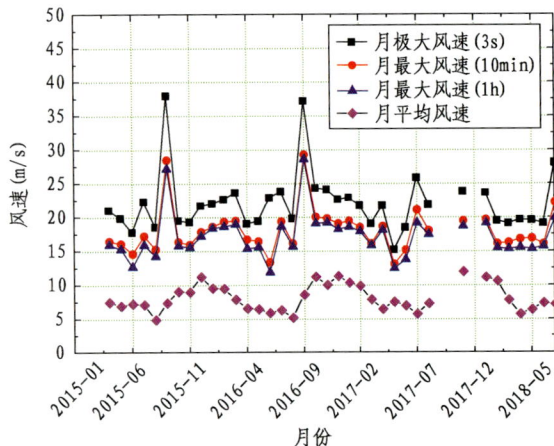

图 9-1-2-8　13 号测点观察期间各月计算风速

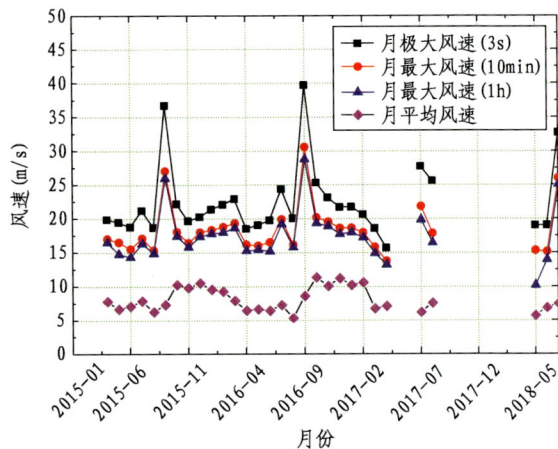

图 9-1-2-9　Z04 号测点观察期间各月计算风速

平潭地区属于亚热带季风气候，季风现象显著，图 9-1-2-11～图 9-1-2-14 给出了四种风速指标的变化曲线。以 2015 年 4 月到 9 月(夏半年)及 2016 年 10 月到 2017 年 3 月(冬半年)为例进行季风风速比较。可以看出各月极大风速、最大风速变化趋势相同，台风均出现在夏半年的 8、9 月份，但月平均风速变化趋势则较为平缓，且冬半年的风速均值大于夏半年的风速均值，这与当地气象资料中大风日主要集中在 10 月—次年 3 月非常吻合；可见台风虽是桥梁安全的隐患，但对提高月平均风速方面贡献甚小。对于测点风速的比较，由于风向及地形的不同，S04 号测点的平均风速在冬半年风速偏高，在夏半年该测点所测风速较其他测点偏低；而其他测点相互之间没有太过明显的规律。造成 S04 号测点这一明显规律的原因在于该测点位处大小练岛之间，冬夏不同方向季风条件下有类似峡谷风效应，冬季风向下两座岛屿对该测点风速有加速效应，夏季则减弱。

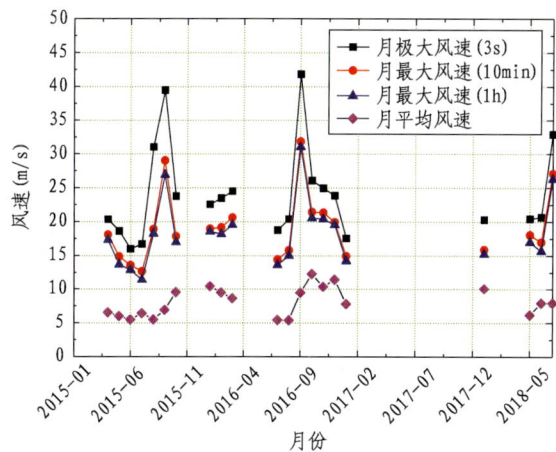

图9-1-2-10 S04号测点观察期间各月计算风速

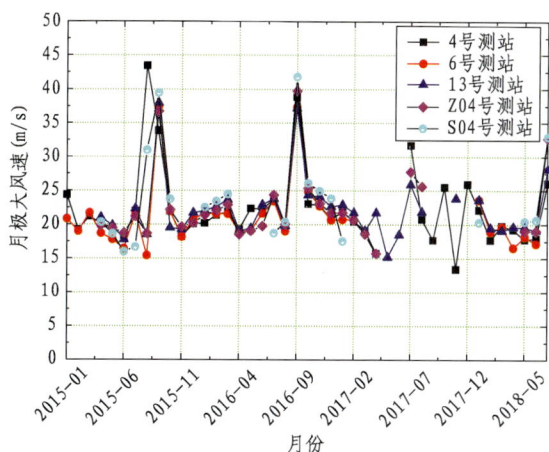

图9-1-2-11 各测点各月极大风速

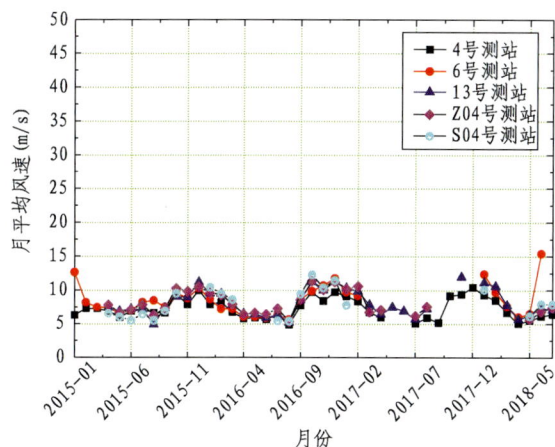

图9-1-2-12 各测点各月平均风速

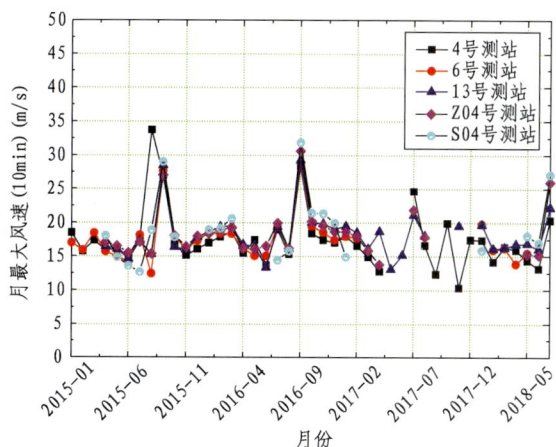

图9-1-2-13 各测点各月最大风速(10min)

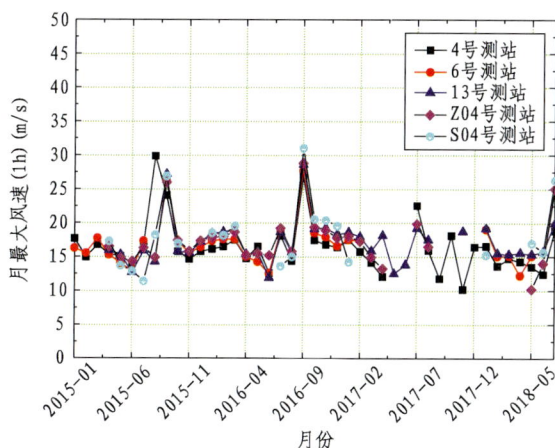

图9-1-2-14 各测点各月最大风速(1h)

2）平均风向角

表9-1-2-3给出了关于顺桥向五个测点的各月风向玫瑰图以及总的风向玫瑰图。根据五个测点风向数据分析,平潭海峡公铁大桥桥址区域常年风向以东北偏北风(风向角30°)为主,频率约为0.16,风向角20°和风向角40°的频率约在0.12,再其次的集中在西南方向。根据各月的数据观测,西南风主要在每年的6月—8月,其余月份风向都以西北风为主。

表 9-1-2-3

月 风 向 玫 瑰 图

月份	4 号测点	6 号测点	13 号测点	Z04 号测点	S04 号测点
2015 年 1 月	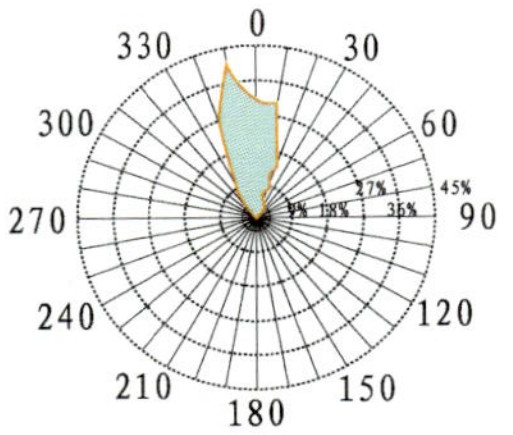	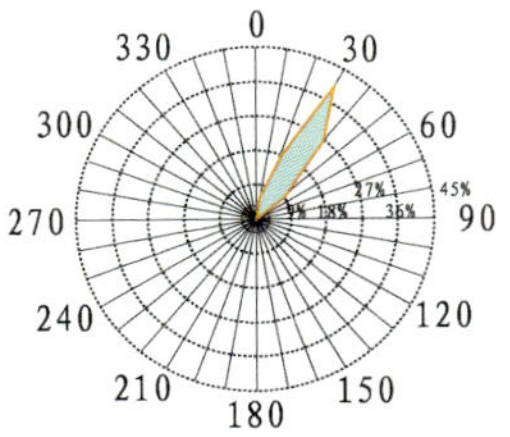	—	—	—
2015 年 2 月	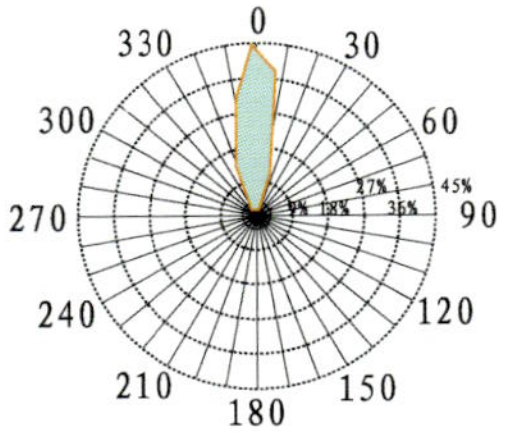	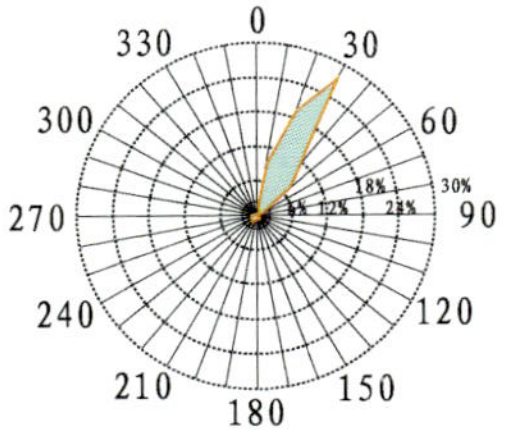	—	—	—
2015 年 3 月	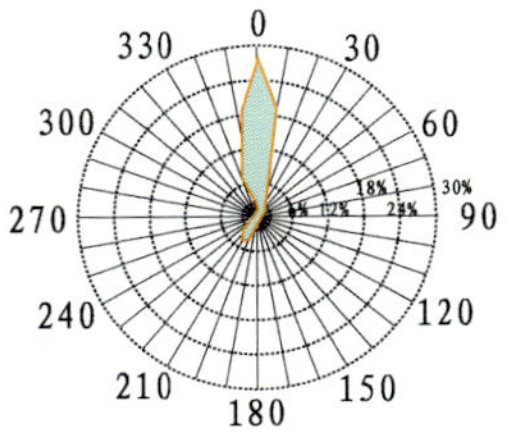	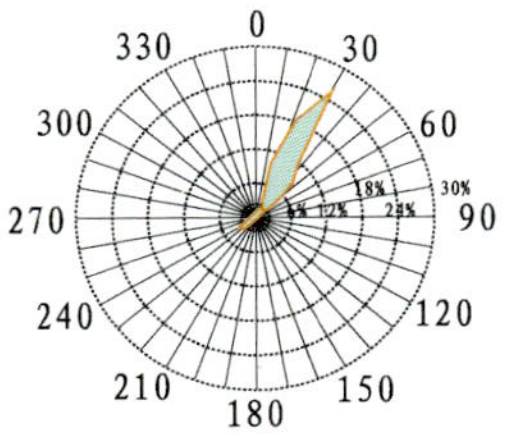	—	—	—
2015 年 4 月	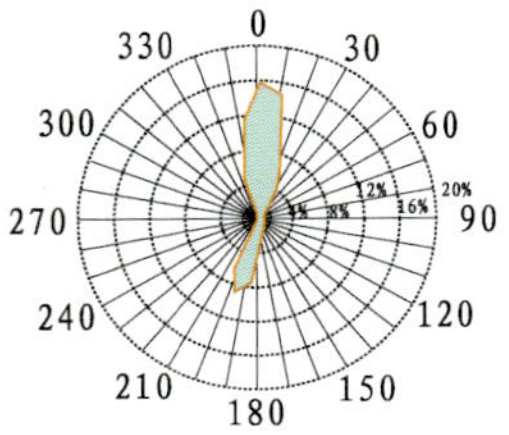	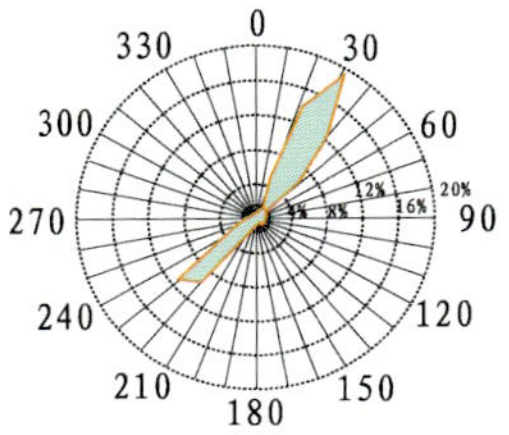	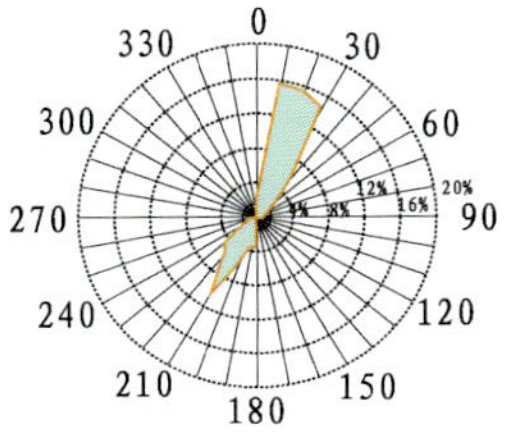	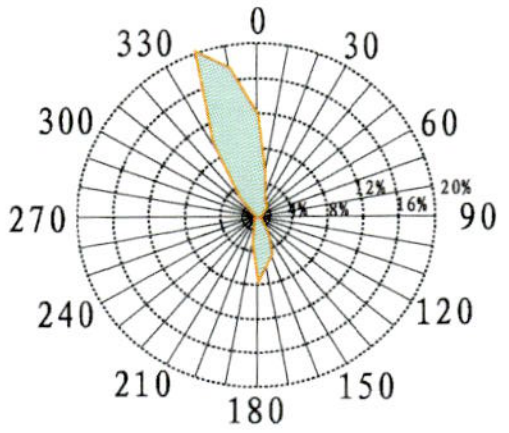	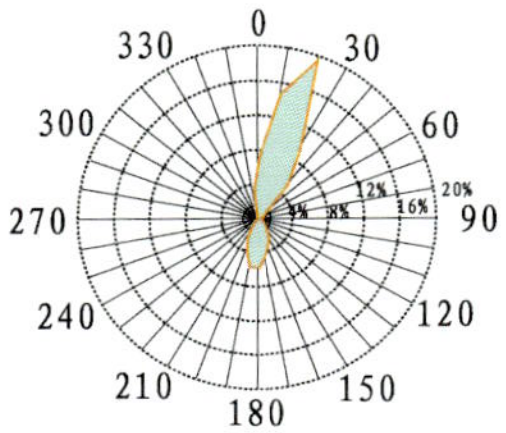

续上表

月份	4 号测点	6 号测点	13 号测点	Z04 号测点	S04 号测点
2015 年 5 月					
2015 年 6 月					
2015 年 7 月					
2015 年 8 月					

续上表

月份	4 号测点	6 号测点	13 号测点	Z04 号测点	S04 号测点
2015 年 9 月					
2015 年 10 月					
2015 年 11 月					—
2015 年 12 月					—

续上表

月份	4 号测点	6 号测点	13 号测点	Z04 号测点	S04 号测点
2016 年 1 月					
2016 年 2 月					
2016 年 3 月					
2016 年 4 月					—

续上表

月份	4 号测点	6 号测点	13 号测点	Z04 号测点	S04 号测点
2016 年 5 月					—
2016 年 6 月					—
2016 年 7 月					
2016 年 8 月					

续上表

月份	4 号测点	6 号测点	13 号测点	Z04 号测点	S04 号测点
2016 年 9 月					
2016 年 10 月				—	—
2016 年 11 月				—	—
2016 年 12 月				—	—

续上表

月份	4 号测点	6 号测点	13 号测点	Z04 号测点	S04 号测点
2017 年 1 月					
2017 年 2 月					—
2017 年 3 月		—			—
2017 年 4 月		—			—

续上表

月份	4 号测点	6 号测点	13 号测点	Z04 号测点	S04 号测点
2017 年 5 月	—	—		—	—
2017 年 6 月	—	—		—	—
2017 年 7 月		—			—
2017 年 8 月		—			—

续上表

月份	4 号测点	6 号测点	13 号测点	Z04 号测点	S04 号测点
2017 年 9 月		—	—	—	—
2017 年 10 月		—	—	—	—
2017 年 11 月		—	—	—	—
2017 年 12 月		—	—	—	—

续上表

月份	4 号测点	6 号测点	13 号测点	Z04 号测点	S04 号测点
2018 年 1 月	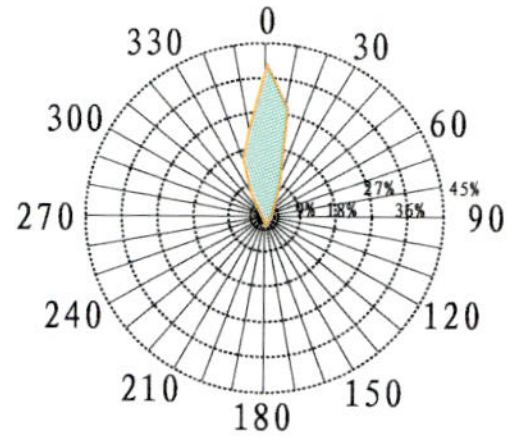	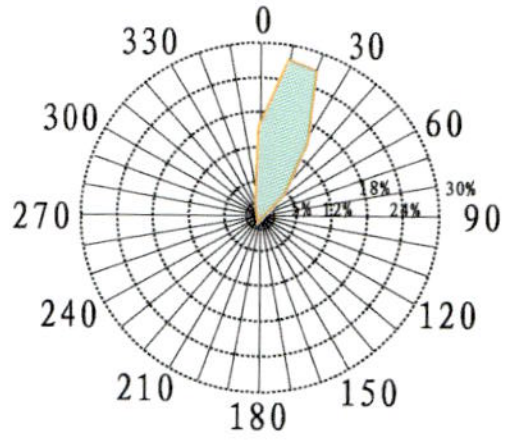	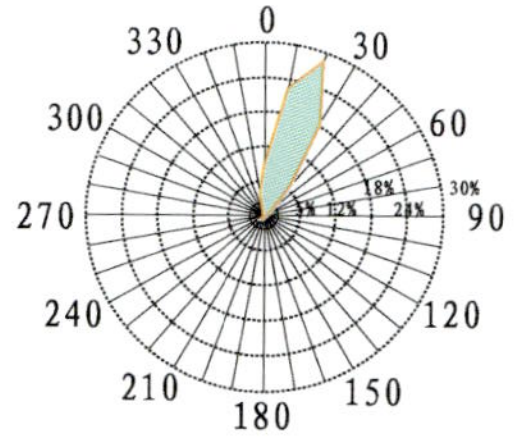	—	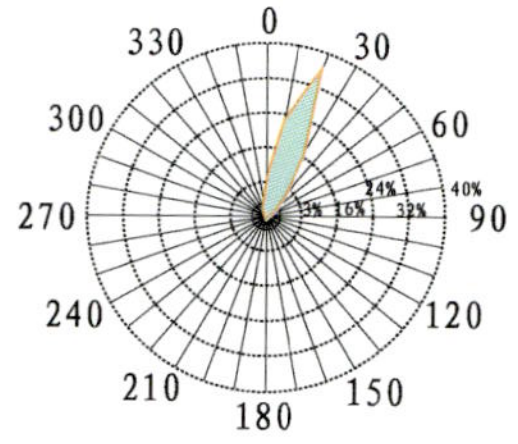
2018 年 2 月	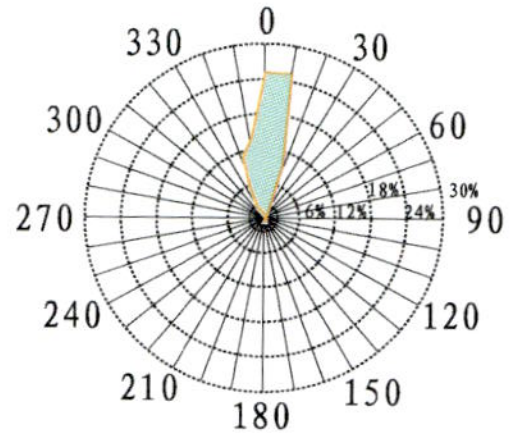	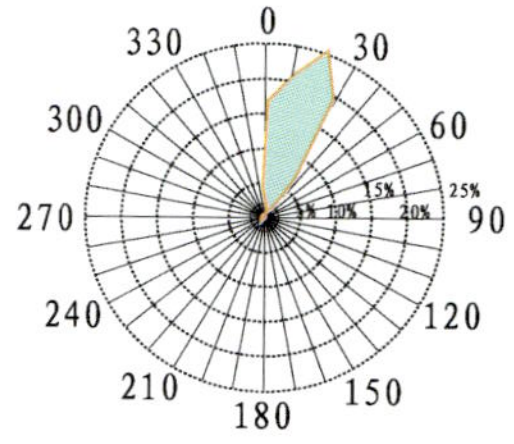	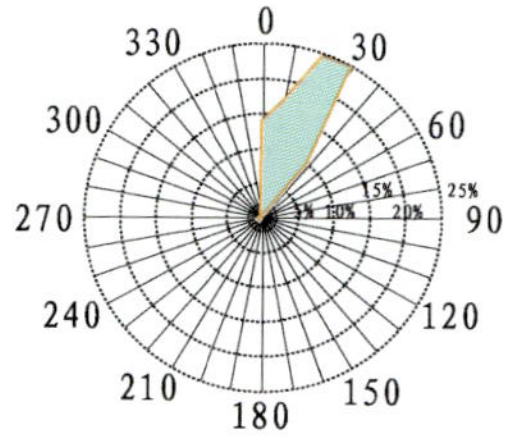	—	—
2018 年 3 月	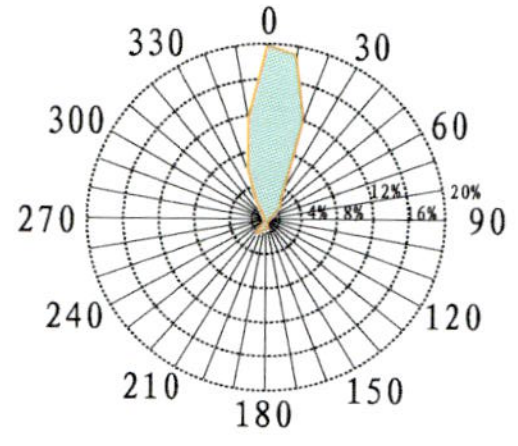	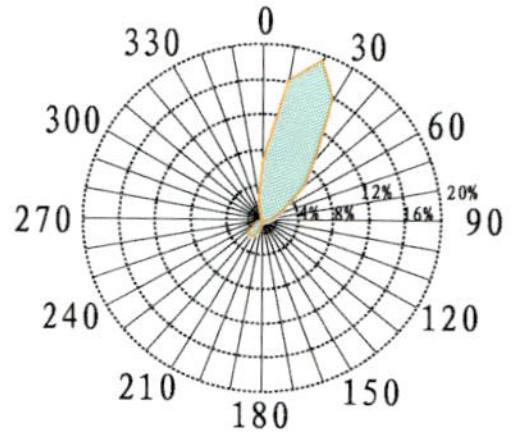	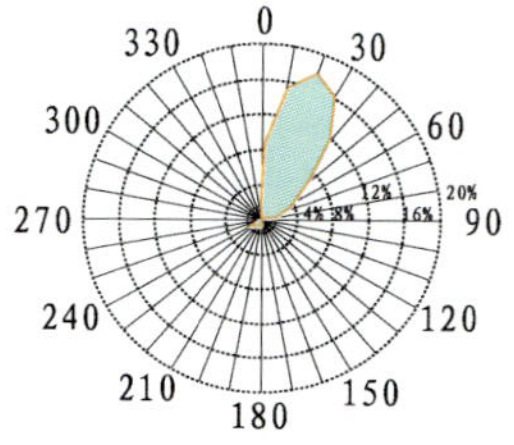	—	—
2018 年 4 月	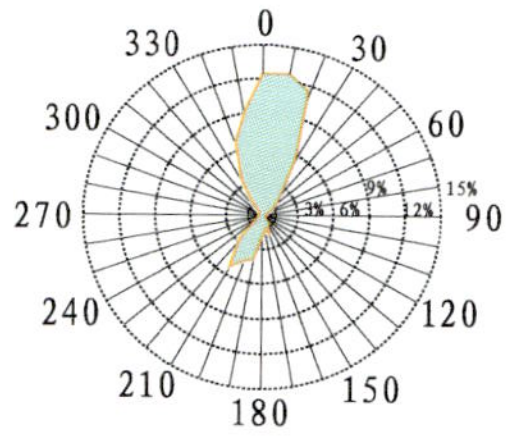	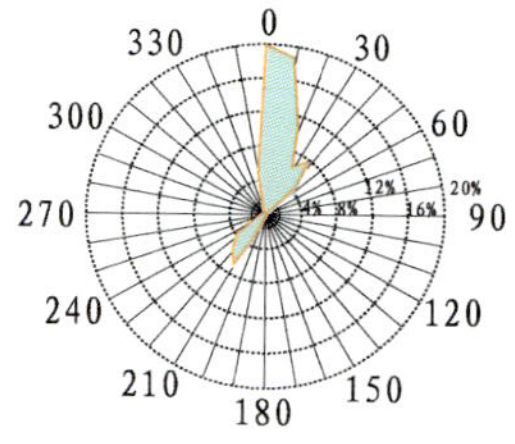	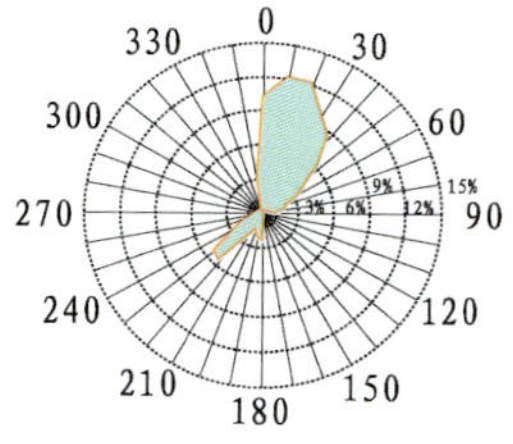	—	—

537

续上表

月份	4 号测点	6 号测点	13 号测点	Z04 号测点	S04 号测点
2018 年 5 月					
2018 年 6 月					
2018 年 7 月		—			

3）平均风剖面

由于所选计算区域为 10km×10km 范围内的海域,根据《公路桥梁抗风设计规范》(JTG/T 3360-01—2018)规定,测点属于 A 类地形。地表粗糙度系数 α_0 为 0.12,地表粗糙高度 z_0 为 0.01,对应的梯度风高度 δ_0 为 300m。

对于平均风剖面的分析,选择了六座桥塔在 2018 年 7 月份所测风速数据进行分析,并按照风速等级进行统计。N03 塔、S03 塔选取 7 月 1 日到 10 日风速数据,N04 塔、S04 塔、Z03 塔选取 7 月 10 日到 20 日风速数据。

对于 N03 塔,观测期间 3、4、5 级风速对应的指数风剖面如图 9-1-2-15 所示,实测数据为标准时距下剖面曲线相关系数大于 0.5 时对应的数组均值。

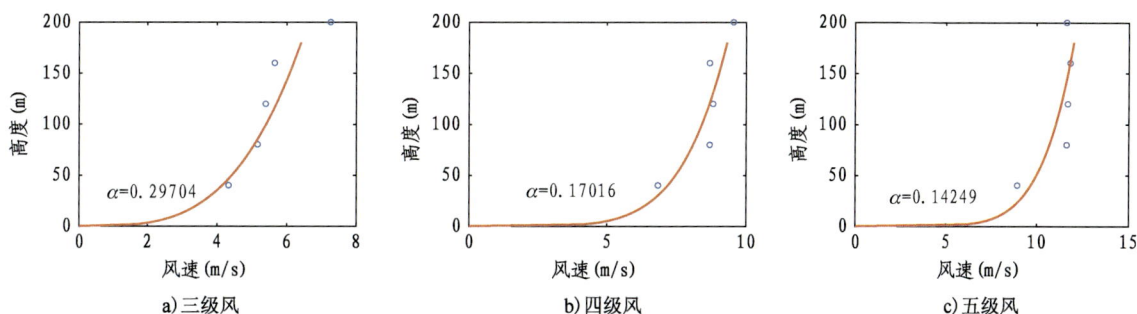

图 9-1-2-15 N03 塔风速剖面图

对于 N04 塔,观测期间 3、4、5 级风速对应的指数风剖面如图 9-1-2-16 所示,实测数据选取原则同 N03 塔。

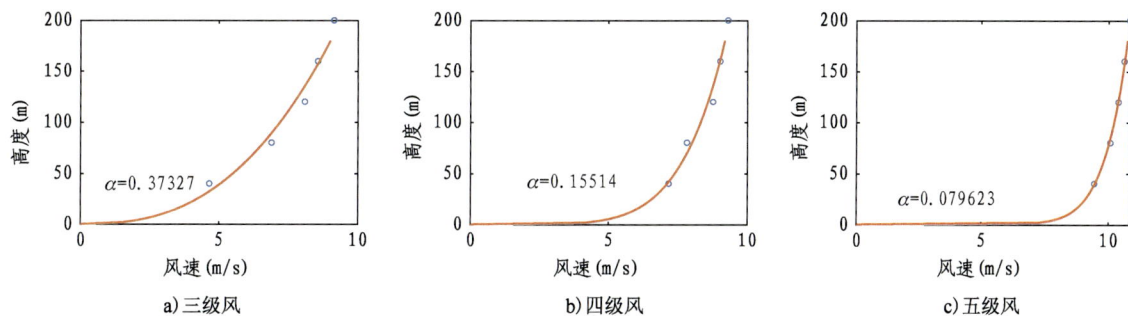

图 9-1-2-16 N04 塔风速剖面图

对于 S03 塔,观测期间 3、4、5 级风速对应的指数风剖面如图 9-1-2-17 所示,实测数据选取原则同 N03 塔。

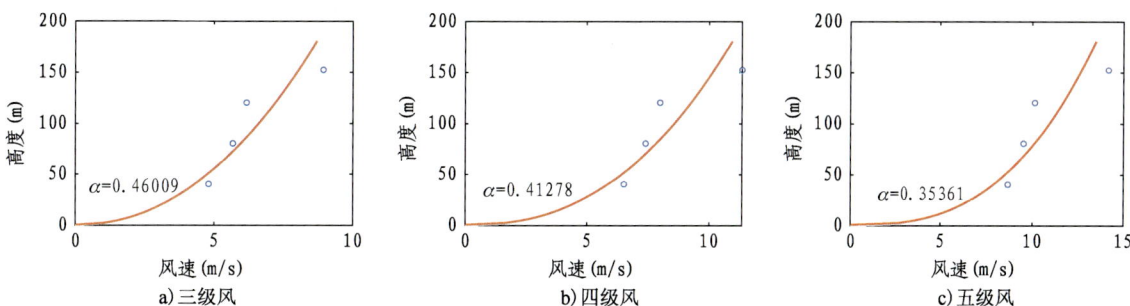

图 9-1-2-17 S03 塔风速剖面图

对于 S04 塔,观测期间 3、4、5 级风速对应的指数风剖面如图 9-1-2-18 所示,实测数据选取原则同 N03 塔。

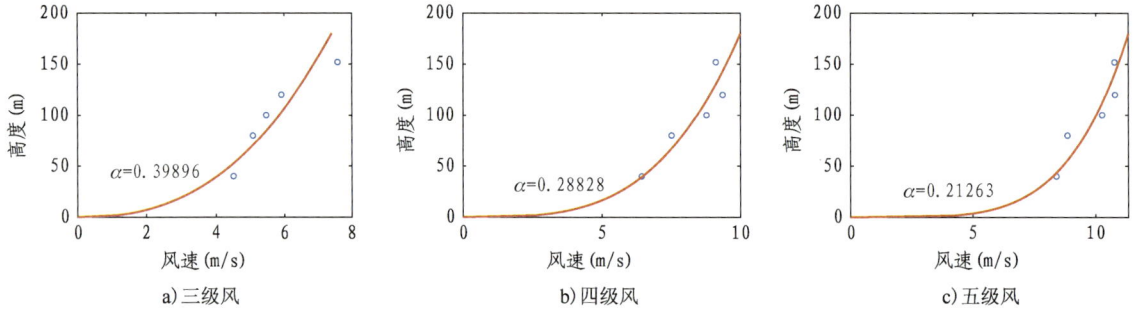

a)三级风   b)四级风   c)五级风

图9-1-2-18 S04 塔风速剖面图

表9-1-2-4 为基于各塔实测风速的指数风剖面拟合系数,可以看出,一般情况下,随着风速的增大,风剖面指数有减小的趋势,这是由于风速越大,地表对其的黏滞效果就越小,从而导致拟合的风剖面指数较小。另外,对于不同桥塔,N03,N04 拟合得到的风剖面指数较小,与规范推荐的 A 类地形对应的指数 0.12 相接近。

桥塔风剖面指数(各级风速)   表9-1-2-4

塔号	各级风风剖面指数(10m 为基准)								平均值
	3	4	5	6	7	8	9	10	
N03	0.174	0.146	0.071	0.055					0.112
N04	0.520	0.110	0.074	0.08	0.135	0.265	0.213	0.186	0.1979
S03	0.448	0.414	0.354	0.311					0.3817
S04	0.360	0.263	0.213						0.2787
Z03	2.557	1.092	0.050	0.206	0.508	0.547	0.408	0.312	0.71
Z04	0.108	0.024							

4)平均风极值

中国桥梁抗风规范采用的基本风速是在开阔平坦地貌条件下,地面以上 10m 高度处,100 年重现期的 10min 平均年最大风速(附录中可查看对应 10 年、50 年和 100 年重现期的风速)。平潭地区的 50 年一遇风速 41.9m/s,该值可从公路桥梁抗风设计规范中获取。规范利用平潭地区对应的基本台站对其所记录的从 1961 年至 1995 年的风速资料进行统计。采用广义极值分布(Generalized Extreme Value)进行拟合,该概率分布模型见式(9-1-2-14)。

$$f(x) = \frac{1}{\alpha}e^{-(1-k)y-e^{-y}}$$

$$F(x) = e^{-e^{-y}}$$

$$y = -\frac{1}{k}\ln\left(1 - k\frac{x-\xi}{\alpha}\right) \qquad (k \neq 0)$$

(9-1-2-14)

式中,规范拟合标准差为 3.02,模型系数 ξ、α、k 分别为 20.24、3.18、0.38。

为了不与规范方法重复且此次观测数据较规范的数据量较少,故此次预测风速极值方法不再采用广义极值分布方法。

虽然此次观测试验测到了 4 次显著的台风,但数据仍然较少,对于预测极值风速需要采用相应的小样本数量跨阈值方法,与越界峰值方法关联的概率分布模型一般采用广义帕累托分布(Generalized

Pareto Distribution，GPD）模型，见式（9-1-2-15）。

$$G(x) = 1 - \left[\frac{1 + h(x - u)}{c}\right]^{-\frac{1}{h}}$$ （9-1-2-15）

式中：u——设定的阈值；

h——形状参数；

c——尺度参数，需满足以下条件：

$$\begin{cases} c > 0 \\ 1 + \dfrac{h(x - x_d)}{c} > 0 \end{cases}$$

跨阈值采样法在于确定适当的阈值。确定原则就是在满足跨越阈值次数服从泊松分布的前提下保留尽可能多的独立子样个体。对于给定阈值 u 的合理范围，GPD 具有跨阈分布的稳定性，以此为准则可确定 GPD 的分布参数，亦可由变量 $y = x - u$ 的矩阵确定 GPD 分布的其他参数估计值，见式（9-1-2-16）。

$$h = \frac{1}{2}E(Y)\left\{1 + \left[\frac{E(Y)}{s(Y)}\right]^2\right\}, c = \frac{1}{2}\left\{1 - \left[\frac{E(Y)}{s(Y)}\right]^2\right\}$$ （9-1-2-16）

若计算重现期 T 内的极值风速 x，首先要确定相应极值风速分布的分位点概率，见式（9-1-2-17）。

$$G(x) = 1 - \frac{1}{[\lambda(u)T]}$$ （9-1-2-17）

式中：$\lambda(u)$——台风风速每年平均跨越阈值率。

一般情况下，$\lambda(u)$ 可表达为

$$\lambda(u) = \frac{\mu_0 n(u)}{N}$$ （9-1-2-18）

式中：μ_0——台风平均每年发生率；

$n(u)$——超越阈值 u 的台风极值风速平均发生次数；

N——模拟的台风平均风速次数。

将式（9-1-2-17）和式（9-1-2-18）合并可得

$$x_m = u - c\frac{\left\{1 - \left[\dfrac{\mu_0 n(u)T}{N}\right]^h\right\}}{h}$$ （9-1-2-19）

由此可确定相应重现期 T 的工程区域极值风速 x_m。

根据上述计算流程对测试得到的数据进行分析，取 6 号测点 2016 年 9 月份的大风数据进行分析，阈值风速为 20m/s，共 80001 个样本，超过阈值风速的数据共 56529 个，求得超过阈值风速的期望和均方差为 24.56m/s 和 3.02m/s，进而解得形状参数和尺度参数分别为 -32.6 和 825.8。台风风速每年平均跨越阈值率取为 0.07，以 50 年为重现期，解得最终极值风速为 45.31m/s，采用此种方法相比于规范预测的 50 年一遇极值风速 41.9m/s 偏大。

1.2.5 脉动风特性分析

1）4号测点四次台风脉动特性分析

平潭风场观测期间，经历过数次台风。分别是 2015 年 8 月 8 日的台风"苏迪罗"、2015 年 9 月 29 日的台风"杜鹃"、2016 年 9 月 27 日的台风"鲇鱼"和 2017 年 7 月 30 日的台风"纳沙"。四次台风的登陆路径及风速风向时程曲线如图 9-1-2-19 所示，四次台风风速时程如图 9-1-2-20 ~ 图 9-1-2-23 所示。

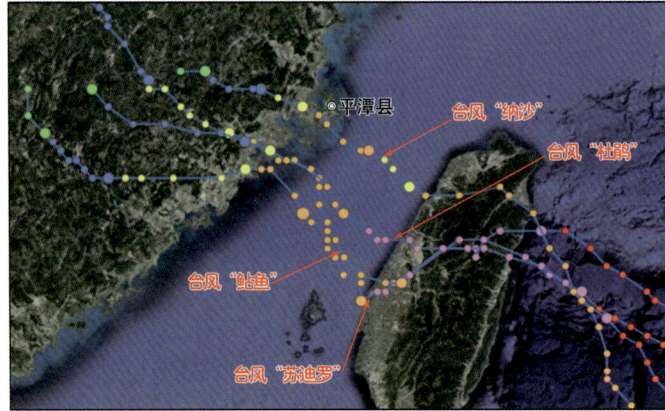

图 9-1-2-19　四次台风登陆路径图

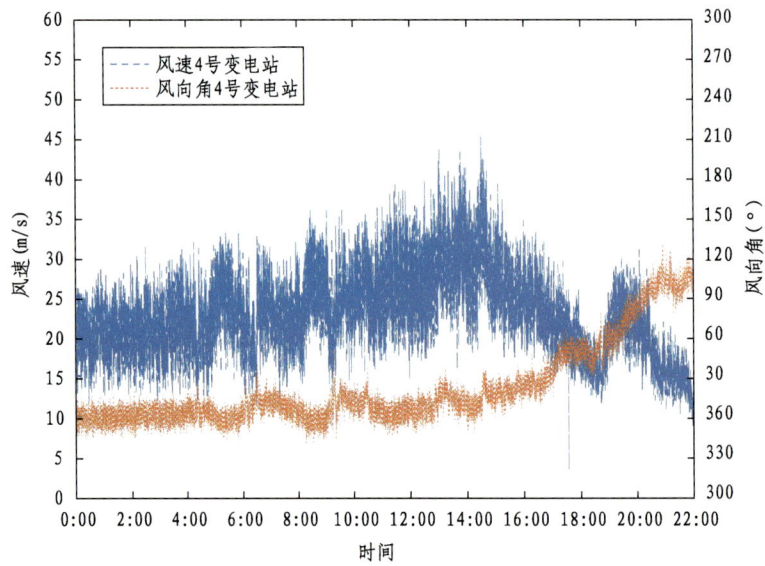

图 9-1-2-20　2015 年 8 月 8 日（台风"苏迪罗"）风速、风向时程曲线

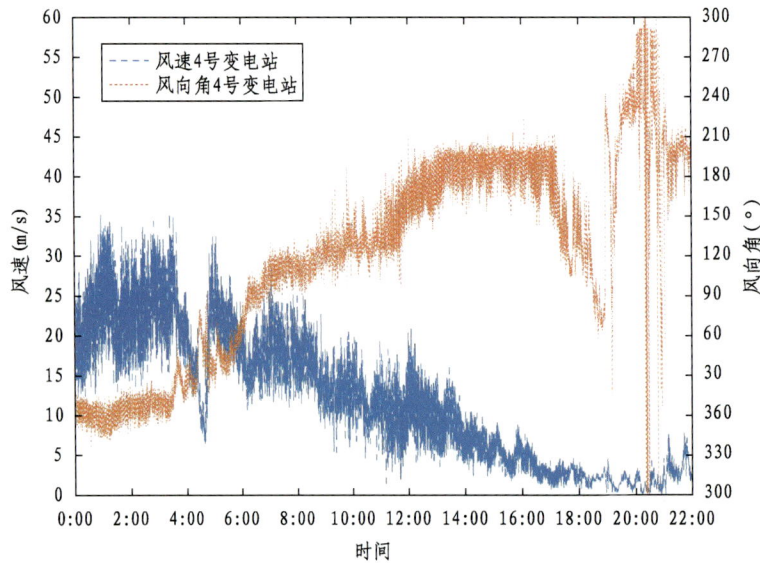

图 9-1-2-21　2015 年 9 月 29 日（台风"杜鹃"）风速、风向时程曲线

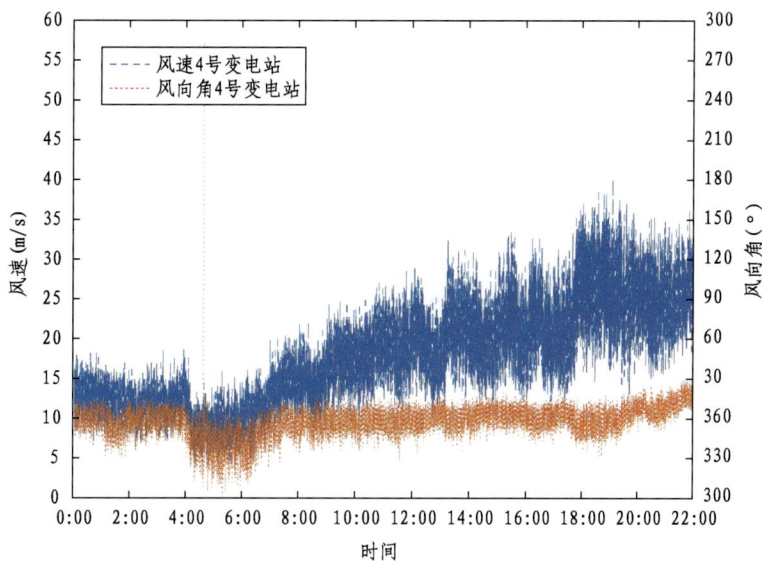

图 9-1-2-22　2016 年 9 月 27 日(台风"鲇鱼")风速、风向时程曲线

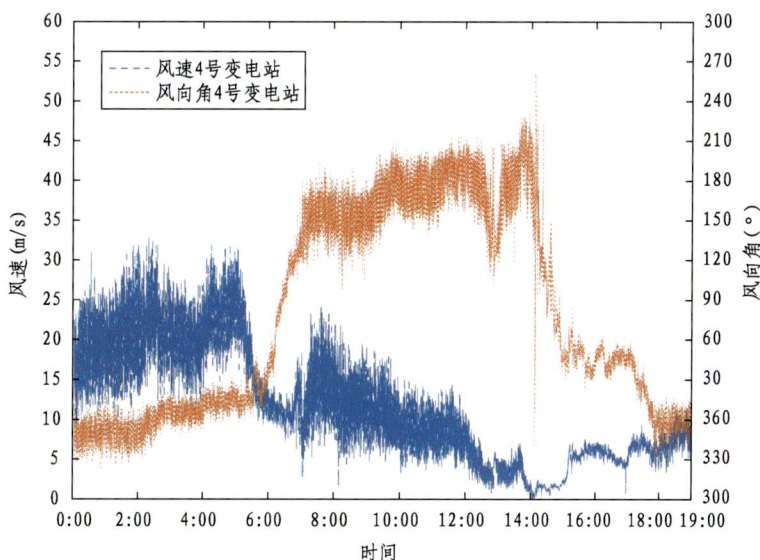

图 9-1-2-23　2017 年 7 月 30 日(台风"纳沙")风速、风向时程曲线

对于四次台风登陆过程,分别选取了对应的 24 h 脉动风样本进行脉动风场特征分析,分别为 2015 年 8 月 8 日(00:00:00—24:00:00)和 2015 年 9 月 29 日(00:00:00—24:00:00)、2016 年 9 月 27 日(00: 00:00—24:00:00)和 2017 年 7 月 30 日(00:00:00—24:00:00)。

首先分析了湍流强度与阵风因子的相关性,计算统计得到四次台风顺风向湍流强度 I_u 与顺风向阵风因子 G_u、横风向湍流强度 I_v 与横风向阵风因子 G_v 的分布,并分析其相关性,实测数据分布及拟合公式如图 9-1-2-24 ~ 图 9-1-2-27 所示,从图中可以看出,顺风向湍流强度 I_u 与顺风向阵风因子 G_u、横风向湍流强度 I_v 与横风向阵风因子 G_v 的分布存在着较强的相关性,相关系数 R 在 0.75 ~ 0.93 之间取值。台风湍流强度及阵风因子实测值虽分布范围较大,但均与以往研究的沿海地区风参数较吻合。

另外研究了这四次台风登陆过程峰值因子的分布,顺风向脉动风速分量及峰值因子分布如图 9-1-2-28 ~ 图 9-1-2-31 所示。可以看出,顺风向脉动分量大致符合高斯分布,4 次台风峰值因子高斯分布 95 分位处的值均在 3.5 左右,依次为 3.52,3.56,3.42,3.41。

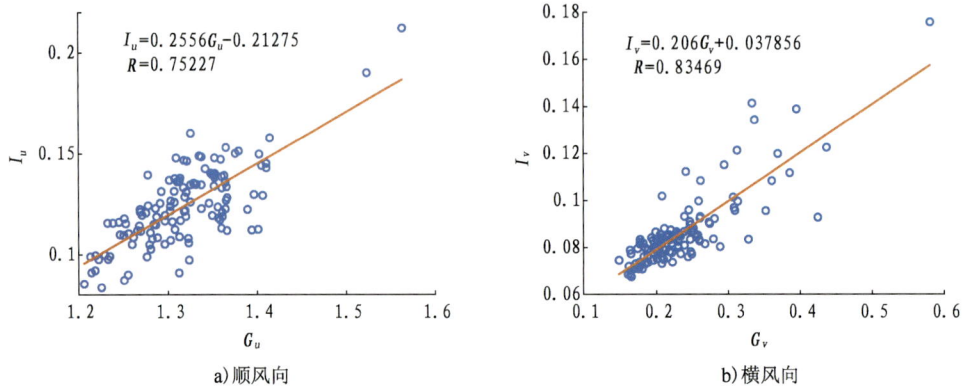

a) 顺风向

b) 横风向

图 9-1-2-24 2015 年 8 月 8 日相关方程图

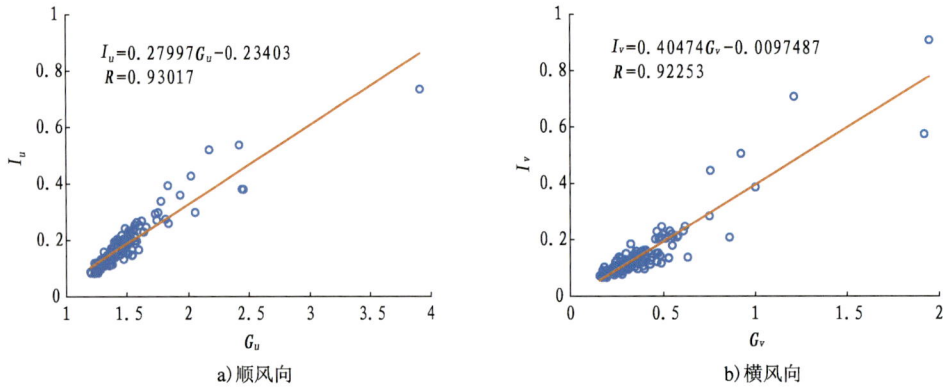

a) 顺风向

b) 横风向

图 9-1-2-25 2015 年 9 月 29 日相关方程图

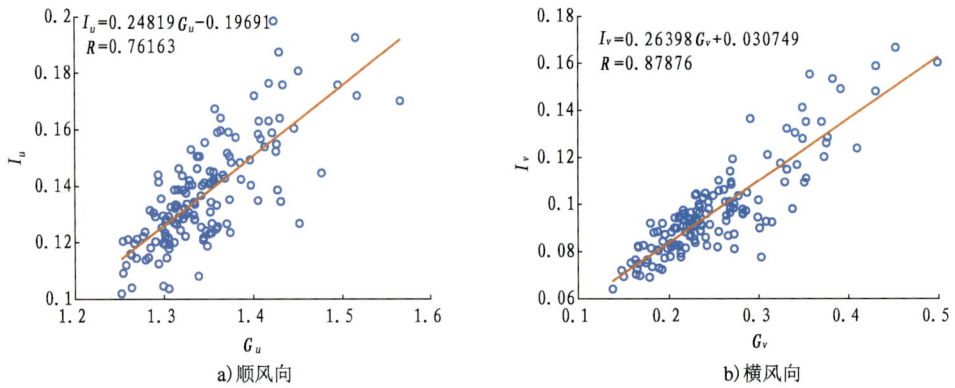

a) 顺风向

b) 横风向

图 9-1-2-26 2016 年 9 月 27 日相关方程图

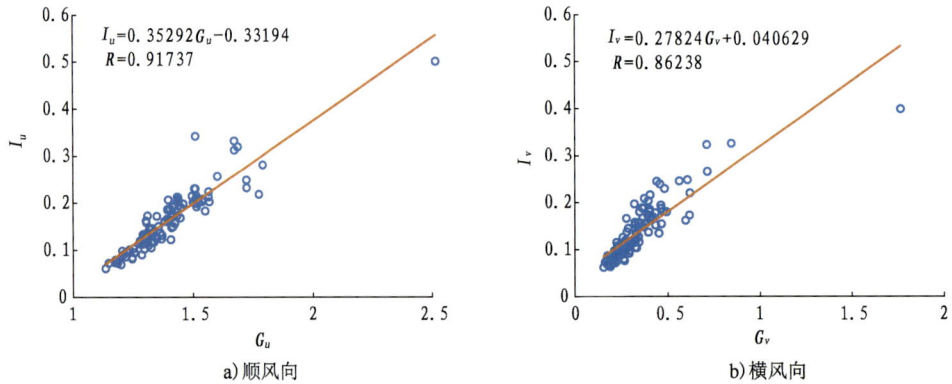

a) 顺风向

b) 横风向

图 9-1-2-27 2017 年 7 月 30 日相关方程图

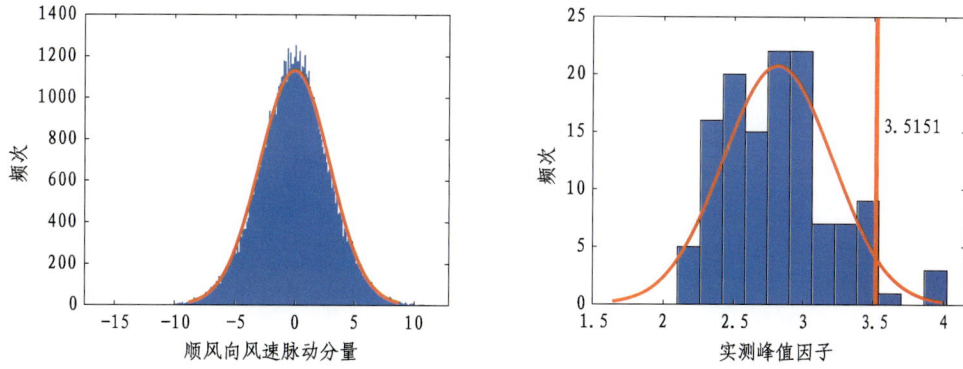

图 9-1-2-28　2015 年 8 月 8 日期间顺风向脉动风速及峰值因子展示（分位值为 3.52）

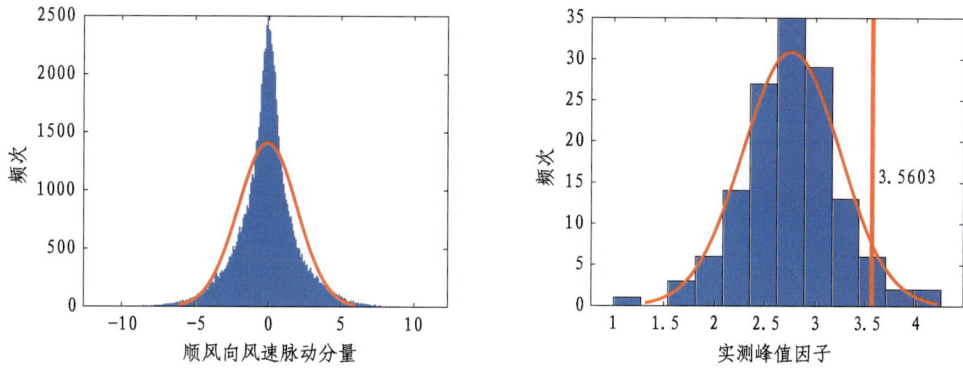

图 9-1-2-29　2015 年 9 月 29 日期间顺风向脉动风速及峰值因子展示（分位值为 3.56）

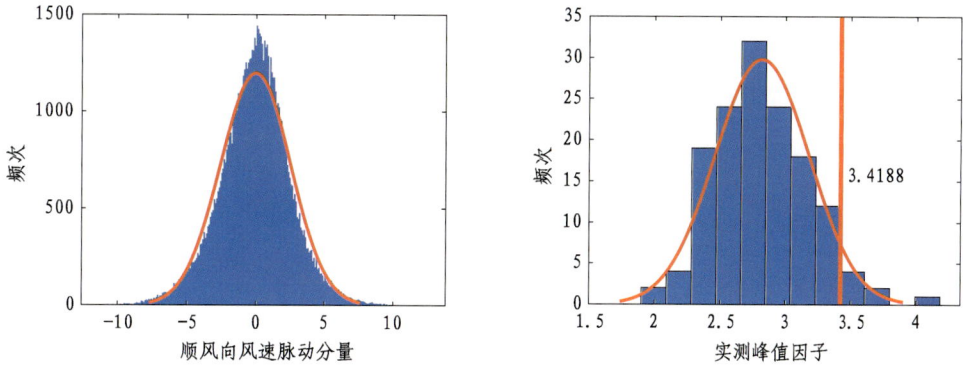

图 9-1-2-30　2016 年 9 月 27 日期间顺风向脉动风速及峰值因子展示（分位值为 3.42）

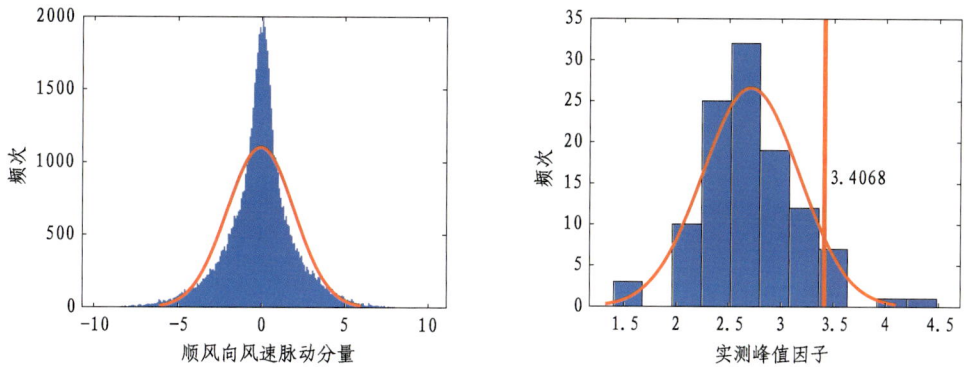

图 9-1-2-31　2017 年 7 月 30 日期间顺风向脉动风速及峰值因子展示（分位值为 3.41）

所选时段的湍流积分尺度概率分布如图 9-1-2-32 ~ 图 9-1-2-35 所示。可以看出,平潭海峡公铁大桥桥址处四次台风的湍流积分尺度普遍偏大,所测得的最大值与最小值差异较大,但顺风向与横风向湍流积分尺度相差不大,均比规范值 70m 高 2 倍左右。

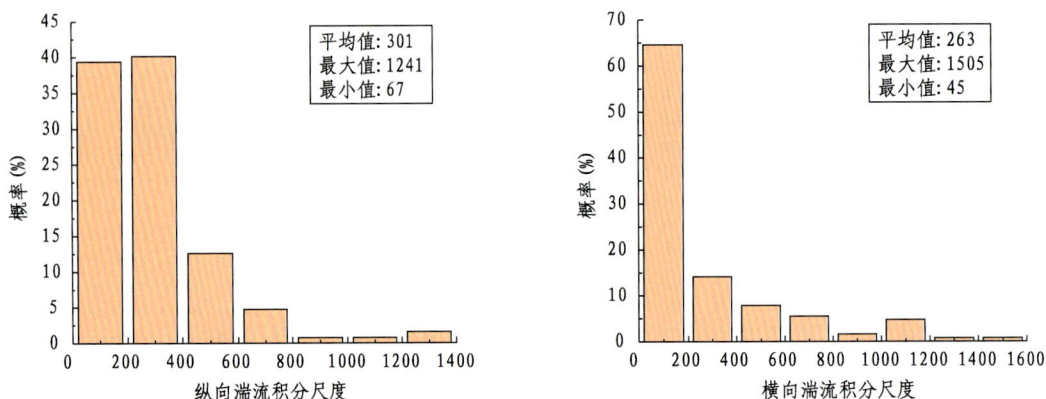

图 9-1-2-32　2015 年 8 月 8 日湍流积分尺度分布

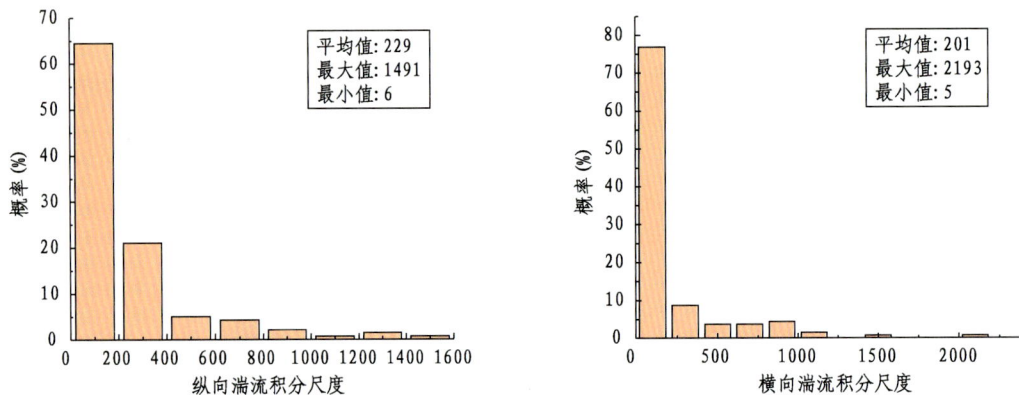

图 9-1-2-33　2015 年 9 月 29 日湍流积分尺度分布

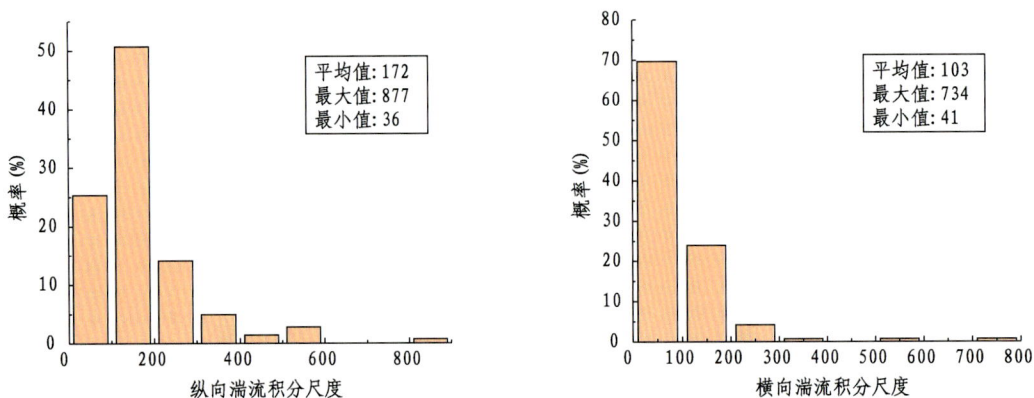

图 9-1-2-34　2016 年 9 月 27 日湍流积分尺度分布

分别选取了四次台风登陆过程中的一段风速样本(1000s)进行分析,分别利用快速傅里叶变换(fft),周期图法(periodogram),平均功率谱法(pwelch)计算脉动风功率谱,并将三种方法计算得到的功率谱与规范推荐的西缪谱(Simiu 谱)进行对比,对比结果如图 9-1-2-36 ~ 图 9-1-2-39 所示。

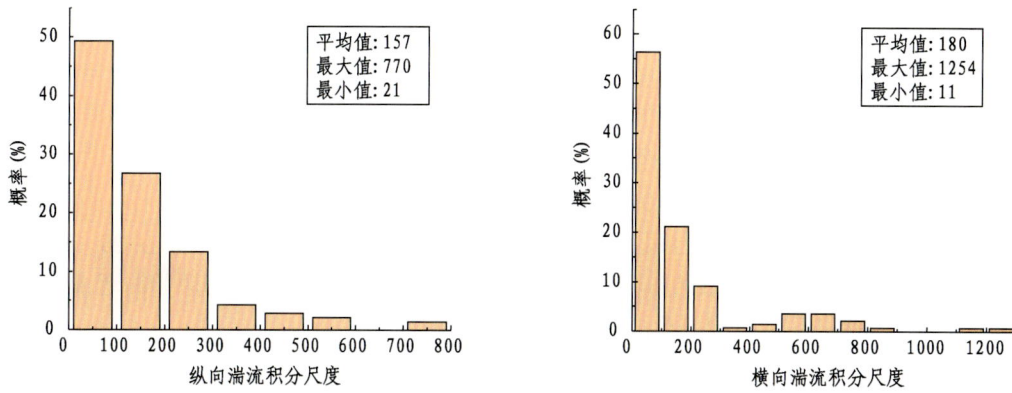

图 9-1-2-35　2017 年 7 月 30 日湍流积分尺度分布

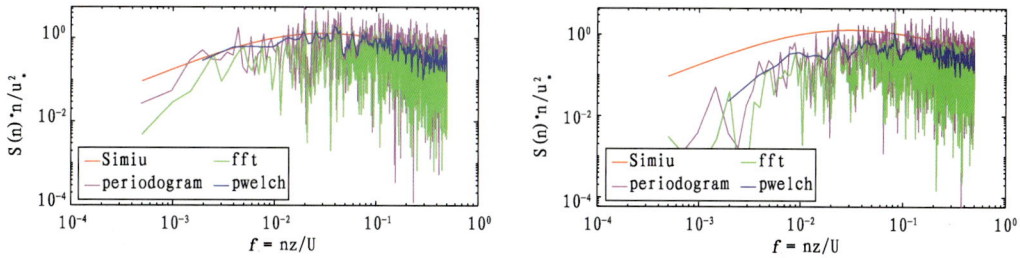

图 9-1-2-36　2015 年 8 月 8 日纵向与横向功率谱密度分布

$S(n)^* n/n^2$-脉动风无量纲功率谱值；$f = nz/u$-约化频率；以下同

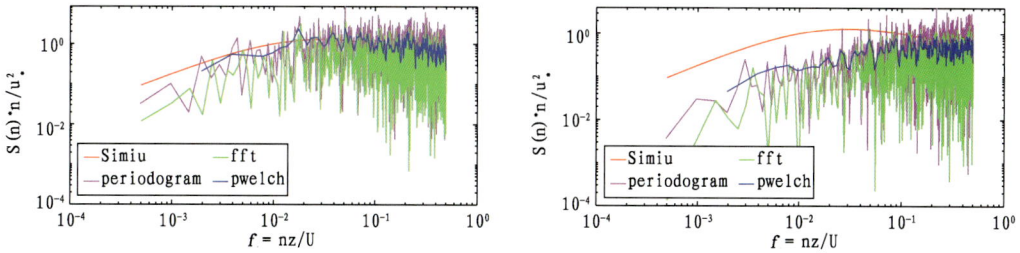

图 9-1-2-37　2015 年 9 月 29 日纵向与横向功率谱密度分布

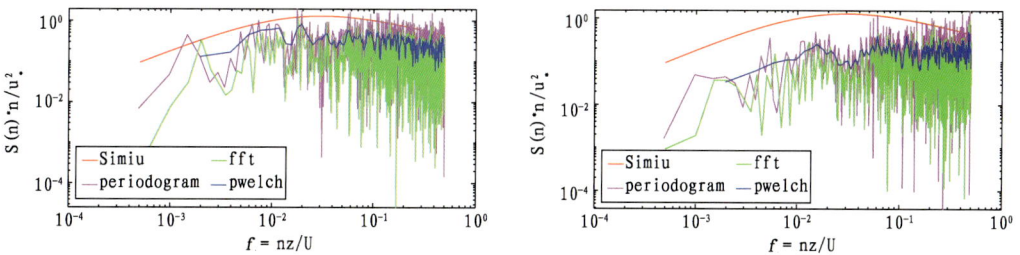

图 9-1-2-38　2016 年 9 月 27 日纵向与横向功率谱密度分布

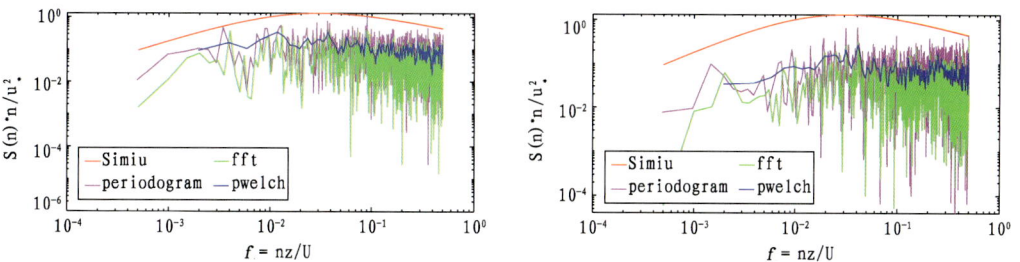

图 9-1-2-39　2017 年 7 月 30 日纵向与横向功率谱密度分布

2）5 个测点两次台风脉动特性分析

分别分析了台风"杜鹃"（2015 年 9 月 28 日 16 时—2015 年 9 月 29 日 12 时）和台风"鲇鱼"（2016 年 9 月 27 日 9 时—2016 年 9 月 28 日 6 时）的脉动特性。对于台风"杜鹃"路径而言，5 个测点距离台风风眼的距离大概为 80km，所测得的瞬时最大风速为 s04 号站点所测得的 39.44m/s。对于台风"鲇鱼"路径而言，五个测点距离台风风眼的距离大概为 110km，所测得的瞬时最大风速为 s04 号站点所测得的 41.79m/s。

图 9-1-2-21 展示了 4 号观测点台风"杜鹃"的原始时程曲线，可以看出风速在 29 日凌晨大都在 20m/s 以上，风向变化幅度较大。图 9-1-2-22 展示了 4 号观测点台风"鲇鱼"的原始时程曲线，可以看出 27 日晚风速均在 20m/s 以上，风向变化幅度不大。

对于台风"杜鹃"湍流度统计，顺风向湍流度主要集中在 0.110 ~ 0.185 之间，与规范推荐值 0.14 相符合较好，纵横向湍流强度比主要集中在 0.73 ~ 0.88 之间，略小于规范推荐值 0.88；对于台风"鲇鱼"湍流度统计，顺风向湍流度主要集中在 0.103 ~ 0.155 之间，与规范推荐之 0.14 相符合较好，纵横向湍流强度比主要集中在 0.68 ~ 0.96，也是在规范推荐值 0.88 左右波动。湍流度和阵风因子都是表达脉动特征的参数，表 9-1-2-5、表 9-1-2-6 对两次台风数据进行了统计，并给出了平潭海峡大桥风速观测系统对于台风"杜鹃"和台风"鲇鱼"的统计信息，图 9-1-2-40 ~ 图 9-1-2-42 给出了 6 号测点台风湍流度分布情况，可以看出，对于台风"杜鹃"湍流积分尺度的统计，顺风向湍流积分尺度的平均值主要集中在 213 ~ 273m 之间，大于规范推荐值 70m，横向湍流积分尺度与顺风向近似；对于台风"鲇鱼"湍流积分尺度的统计（表 9-1-2-7），顺风向湍流积分尺度主要集中在 183 ~ 278m 之间，大于规范推荐值 70m，横向湍流积分尺度略小于顺风向湍流积分尺度。

统计台风风场下湍流强度

表 9-1-2-5

台　　风	湍流强度	4 号	6 号	13 号	Z04 号	S04 号
杜鹃	平均值	0.140	0.110	0.141	0.130	0.185
	$I_u : I_v$	1 : 0.73	1 : 0.83	1 : 0.75	1 : 0.87	1 : 0.88
鲇鱼	平均值	0.130	0.103	0.106	0.113	0.155
	$I_u : I_v$	1 : 0.71	1 : 0.74	1 : 0.68	1 : 0.76	1 : 0.96

统计台风风场下阵风因子

表 9-1-2-6

台　　风	阵风因子	4 号	6 号	13 号	Z04 号	S04 号
杜鹃	平均值	1.360	1.294	1.366	1.338	1.498
	$G_u : G_v$	1 : 0.21	1 : 0.19	1 : 0.2	1 : 0.23	1 : 0.3
鲇鱼	平均值	1.331	1.261	1.271	1.287	1.432
	$G_u : G_v$	1 : 0.18	1 : 0.16	1 : 0.15	1 : 0.18	1 : 0.28

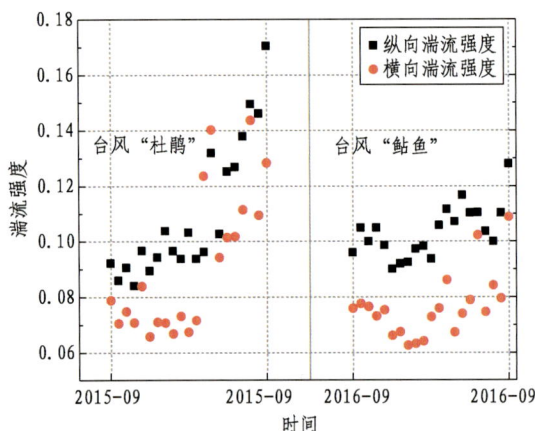

图 9-1-2-40　6 号测点台风湍流强度分布

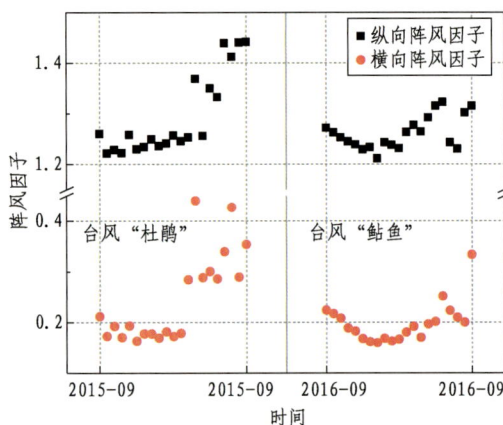

图 9-1-2-41　6 号测点台风阵风因子分布

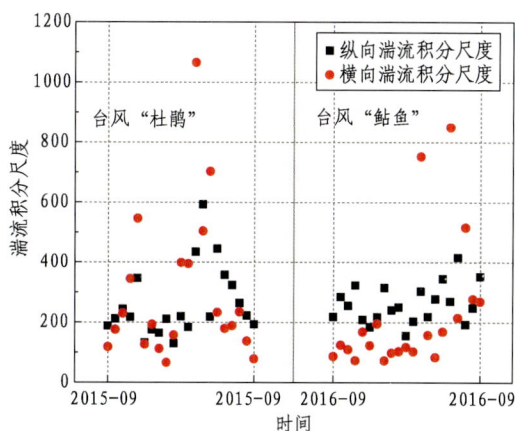

图 9-1-2-42　6 号测点台风湍流积分尺度分布

统计台风风场下湍流积分尺度　　　　　　　　　　　　　　表 9-1-2-7

台　　　风	湍流积分尺度	4 号	6 号	13 号	Z04 号	S04 号
杜鹃	平均值	246m	261m	253m	273m	213m
	$L_u : L_v$	1 : 0.99	1 : 1.13	1 : 1	1 : 1.07	1 : 0.96
鲇鱼	平均值	233m	261m	243m	278m	183m
	$L_u : L_v$	1 : 0.84	1 : 0.85	1 : 0.74	1 : 0.83	1 : 0.94

　　另外 5 个测点所测得的脉动参数并未出现竖向测点存在的明显指数规律。五个测点的平均脉动参数如图 9-1-2-43 所示（为方便比较，图中所示湍流长度为实际值除以 100）。可以看出，对于附近岛屿较多的 s04 测点，其地表粗糙类别较高，故计算得到的湍流强度也较大，但是湍流积分尺度却明显偏小。

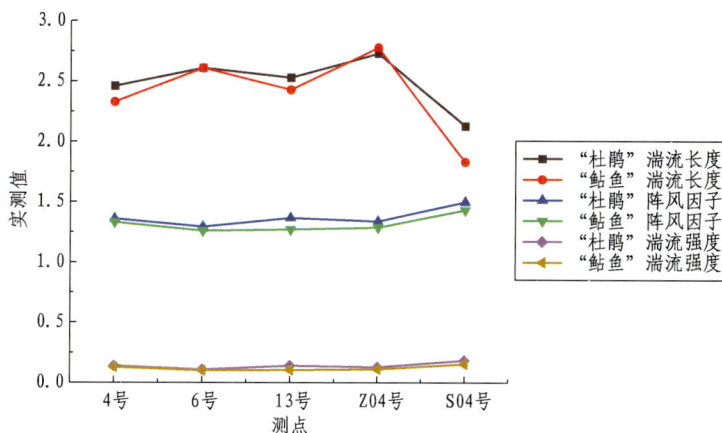

图 9-1-2-43　5 个测点脉动风参数统计

　　以下依次为台风"杜鹃"和台风"鲇鱼"对应 5 个测点 3h 的顺横向功率谱，经过实测数据的功率谱分析，发现采用 pwelch 方法拟合的功率谱与规范推荐的水平方向的功率谱密度函数最为接近，按照 Simiu 谱的格式进行拟合，见式（9-1-2-20）。拟合系数见表 9-1-2-8 ~ 表 9-1-2-12，实测功率谱与规范 Simiu 谱对比如图 9-1-2-44 所示。

$$\frac{nS_u(n)}{(u_*)^2} = \frac{Af}{(1 + Bf)^{5/3}} \tag{9-1-2-20}$$

式中符号含义同前。

549

台风杜鹃顺风向拟合参数　　　　　　　　　　　　　　　表 9-1-2-8

参　　　数	4 号		6 号		13 号		Z04 号		S04 号	
时间	7—9 时	21—23 时	7—9 时	21—23 时	7—9 时	21—23 时	7—9 时	21—23 时	7—9 时	21—23 时
A	300	238	300	200	300	163.6	300	195	300	122
B	67	62	75	75	11.31	75	27	75	8	17

台风杜鹃横风向拟合参数　　　　　　　　　　　　　　　表 9-1-2-9

参　　　数	4 号		6 号		13 号		Z04 号		S04 号	
时间	7—9 时	21—23 时	7—9 时	21—23 时	7—9 时	21—23 时	7—9 时	21—23 时	7—9 时	21—23 时
A	165	56	173	24	293	40	300	18	300	133
B	75	70	75	22	47.13	75	30	26	7	20

台风鲇鱼顺风向拟合参数　　　　　　　　　　　　　　　表 9-1-2-10

参　　　数	4 号		6 号		13 号		Z04 号		S04 号	
时间	16—18 时	3—5 时	16—18 时	3—5 时	16—18 时	3—5 时	16—18 时	3—5 时	16—18 时	3—5 时
A	300	219	189.4	256	176.4	279.2	180	300	87	300
B	63	63	75	75	75	56	68	49	23	5

台风鲇鱼横风向拟合参数　　　　　　　　　　　　　　　表 9-1-2-11

参　　　数	4 号		6 号		13 号		Z04 号		S04 号	
时间	16—18 时	3—5 时	16—18 时	3—5 时	16—18 时	3—5 时	16—18 时	3—5 时	16—18 时	3—5 时
A	46	94	25	98	25	111	43	293	56	300
B	34	75	29	75	29	75	75	60	15	4

台风整体拟合参数　　　　　　　　　　　　　　　表 9-1-2-12

参　　　数	杜鹃"顺风向"	鲇鱼"顺风向"	杜鹃"横风向"	鲇鱼"横风向"
A	242	229	150	109
B	49	55	45	47

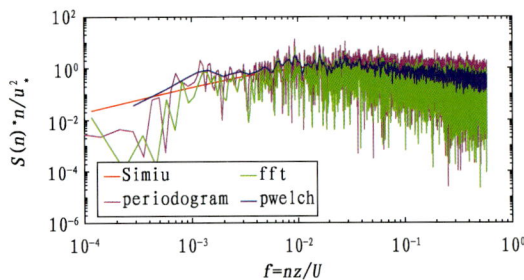

a) 4 号测点杜鹃789顺风向功率谱　　　　　b) 4 号测点杜鹃789横风向功率谱

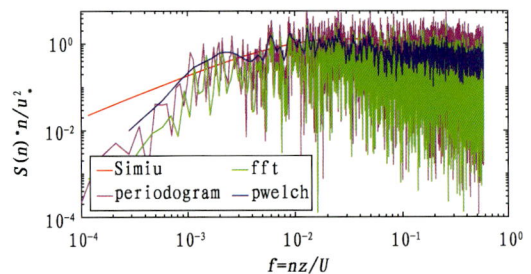

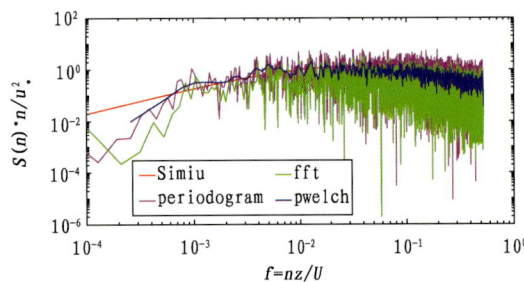

c) 4 号测点鲇鱼161718顺风向功率谱　　　　d) 4 号测点鲇鱼161718横风向功率谱

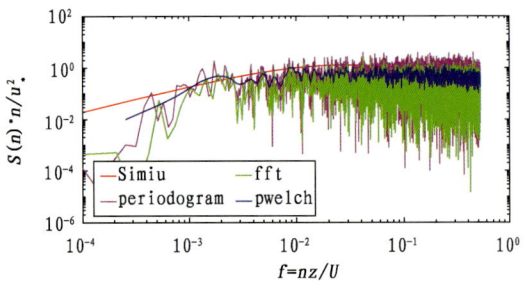

图 9-1-2-44　实测功率谱与规范 Simiu 谱对比

3）特定风速范围脉动特性分析

由于较小的风速对于影响工程结构安全意义不大,研究表明风速小于 5 级（8m/s）风速时,桥梁结构出现颤振、抖振或者较大幅度的涡激振动的可能性极小,故对于平潭地区的风场研究仅取风速大于 8m/s,即清风级别以上的风速。

对于湍流度与平均风速之间的关系,胡俊等基于东海某大跨度悬索桥的长期监测数据对其进行了研究,采用指数函数对其进行了非线性拟合。本文在采用 Coupla 函数分析特定湍流度与平均风速之间的关系之前,也对整体的湍流度与平均风速之间的关系进行非线性拟合。分别计算 5 个测点平均风速与湍流度之间关系,发现各测点的位置之间的关系并不会对湍流度的大小产生太大影响,于是将 5 个测点观测期间得到的数据进行汇总拟合,非线性拟合结果如图 9-1-2-45 所示。

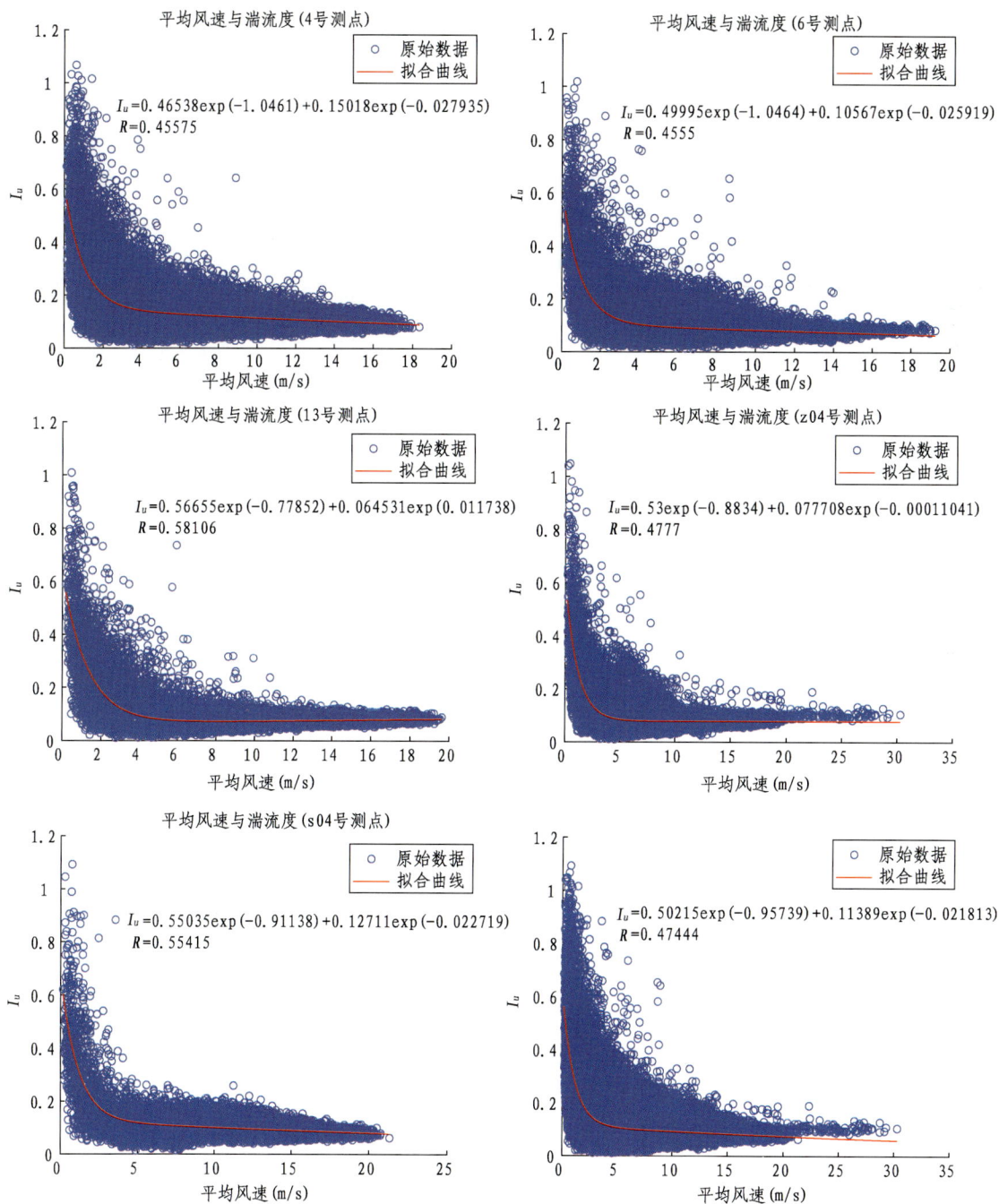

图 9-1-2-45　各测点实测湍流强度与平均风速关系曲线

对于清风级别以上的风速风场分析,因为风场数据数量庞大,因此对于选取时刻的湍流积分尺度和脉动风功率谱密度就不再分析,主要针对湍流强度与阵风因子这两个脉动参数进行分析。分析得到的这两项脉动参数可以与平均风速建立一定的非线性相关关系,另外平均风速与瞬时极大风速之间、湍流强度与阵风因子之间也存在一定的线性关系。即此部分主要分析四组参数之间的相关性,分别是平均风速 U_m、瞬时极大风速 V、顺风向湍流强度 I_u 和顺风向阵风因子 G_u。具体是平均风速 U_m 与瞬时极大风速 V 的关系,顺风向湍流强度 I_u 与顺风向阵风因子 G_u 的关系,平均风速 U_m 与顺风向湍流强度 I_u 的关系。

在得到四组参数之间的关系之后,即可以利用公式,得到根据平均风速预测瞬时极大风速的三种方法,分别是:

①根据实测平均风速与最大瞬时风速的关系,建立两者之间的 Copula 函数;

②根据实测平均风速与阵风因子的关系,建立两者之间的 Copula 函数并结合公式,得到平均风速与最大瞬时风速的预测模型;

③根据实测平均风速与湍流强度的关系,建立两者之间的 Copula 函数并结合公式,得到平均风速与最大瞬时风速的预测模型。

沿顺桥向的五个测点对应的数据进行分析,图 9-1-2-46 ~ 图 9-1-2-50 给出了五个测点四组参数的散点图。从图中可以看出,瞬时极大风速与平均风速,湍流强度与阵风因子之间存在明显的正相关性。表 9-1-2-13 给出了四组参数的实测结果平均值,包括选择分析的平均风速大于 8m/s 的部分(P)以及所测全部平均风速(A)这两者的平均值对比。从表中可以看出,两者的瞬时极大风速均值比平均风速均值大 2 ~ 3m/s,总体顺风向湍流强度均值为 0.15,大于部分平均值 0.11,且总体数据的离散程度大于部分的离散程度;阵风因子也存在类似规律。在此对平均风速大于 8m/s 部分的各风参数进行进一步分析。

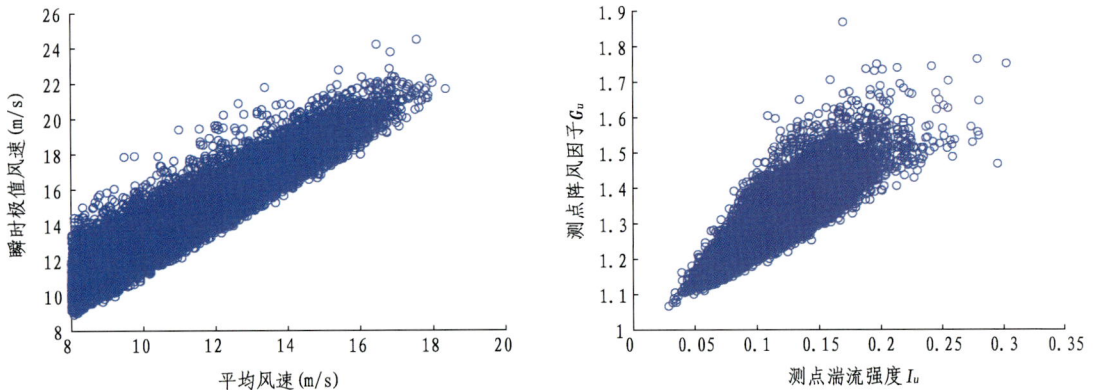

图 9-1-2-46　4 号测点四组参数对应散点图

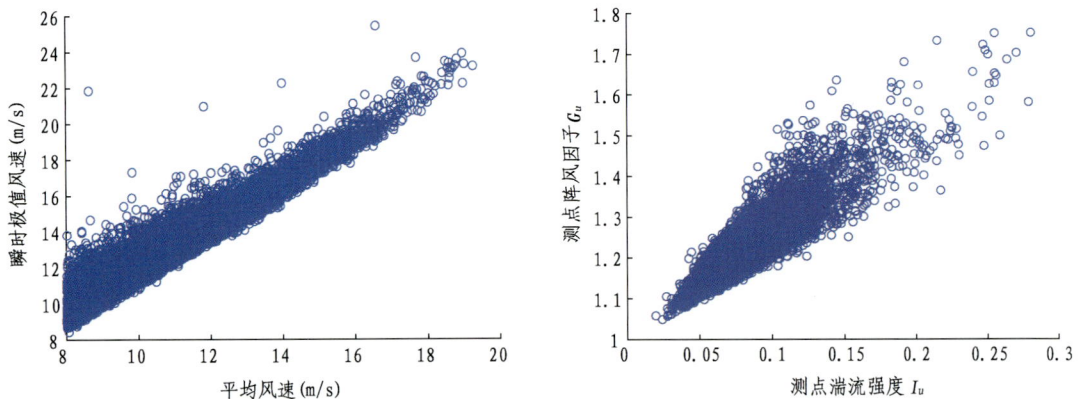

图 9-1-2-47　6 号测点四组参数对应散点图

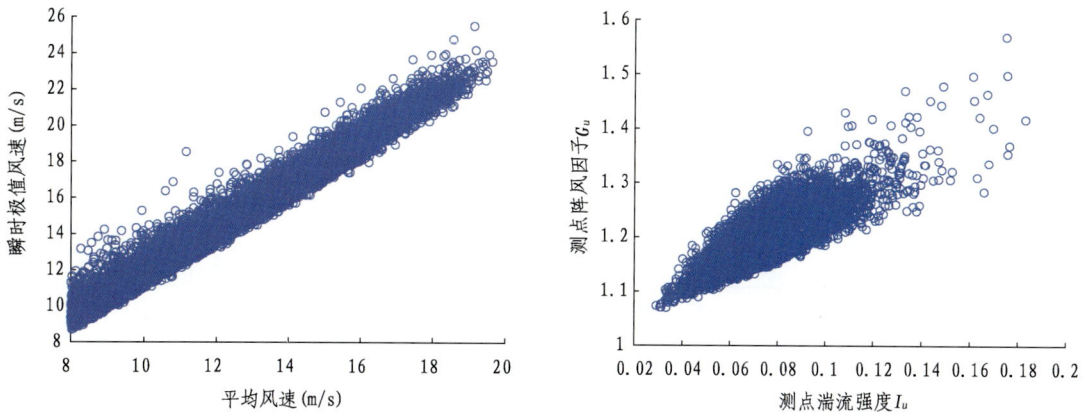

图 9-1-2-48 13 号测点四组参数对应散点图

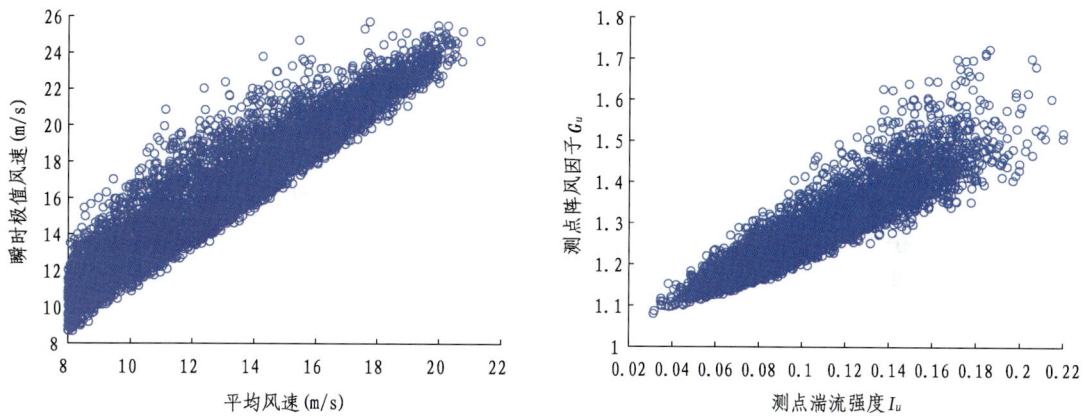

图 9-1-2-49 S04 号测点四组参数对应散点图

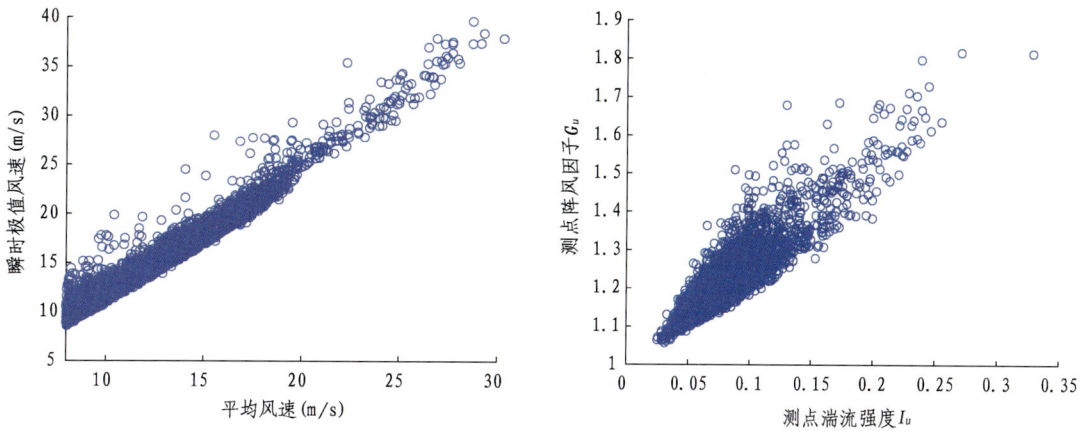

图 9-1-2-50 Z04 号测点四组参数对应散点图

实测风速统计结果

表 9-1-2-13

参 数	范 围	4 号测点		6 号测点		13 号测点		Z04 号测点		S04 号测点	
		P	A	P	A	P	A	P	A	P	A
U_m (m/s)	M	10.8	6.9	10.5	7.2	12.2	9.4	12.0	8.4	13.2	10.4
	S	2.1	3.8	2.0	3.5	2.6	4.4	2.9	4.4	3.2	4.9
V (m/s)	M	13.9	9.1	12.7	8.8	14.5	11.2	14.3	10.1	16.6	13.2
	S	2.5	4.8	2.4	4.2	3.2	5.2	3.7	5.3	3.6	5.9

续上表

参　　数	范　　围	4 号测点		6 号测点		13 号测点		Z04 号测点		S04 号测点	
		P	A	P	A	P	A	P	A	P	A
I_u	M	0.11	0.15	0.08	0.10	0.07	0.09	0.08	0.10	0.10	0.11
	S	0.03	0.09	0.02	0.08	0.01	0.07	0.02	0.07	0.3	0.08
G_u	M	1.29	1.39	1.21	1.28	1.20	1.24	1.20	1.25	1.26	1.31
	S	0.08	0.31	0.06	0.25	0.04	0.23	0.05	0.23	0.09	0.26

　　图 9-1-2-51 ~ 图 9-1-2-55 给出了所分析的五个风速测点对应的四组参数的概率分布以及瞬时极大风速与平均风速,阵风因子与湍流强度的散点图及四组参数的概率分布直方图。根据四个参数的概率分布直方图,对各参数首先采用传统的正态分布(N)和广义极值分布(Generalized Extreme Value distribution, GEV)进行拟合,经过拟合分析,采用非参数的核密度估计可以很好地描述数据的分布情况,故以此作为拟合 Copula 函数的基础边缘分布。

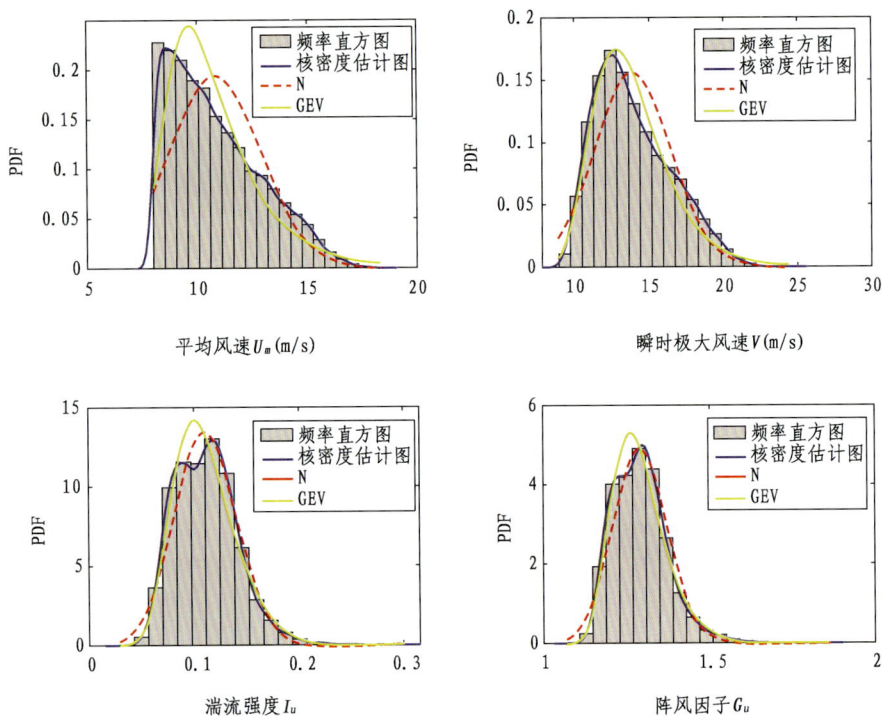

图 9-1-2-51　4 号测点四组参数对应散点图

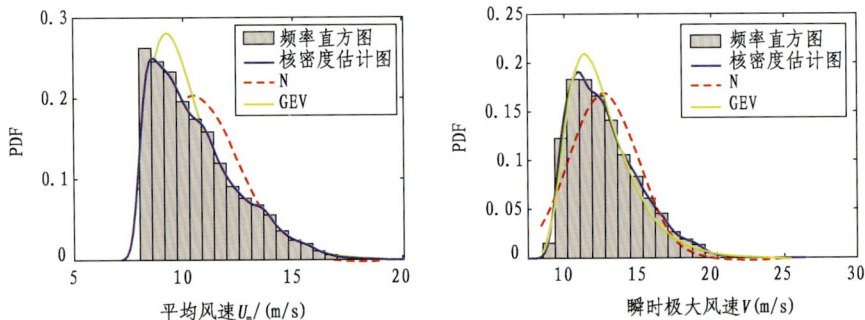

图　9-1-2-52

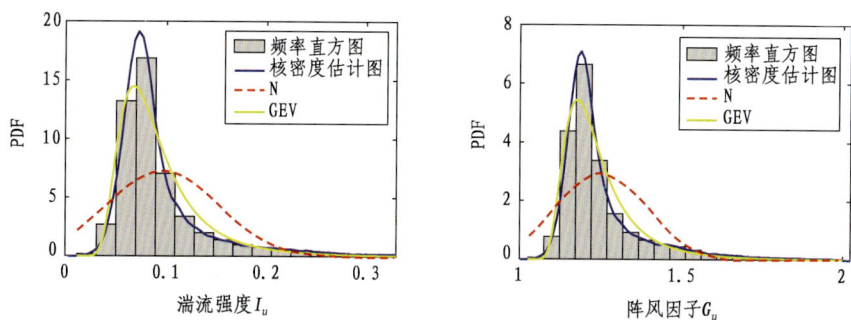

图 9-1-2-52　6 号测点四组参数对应散点图

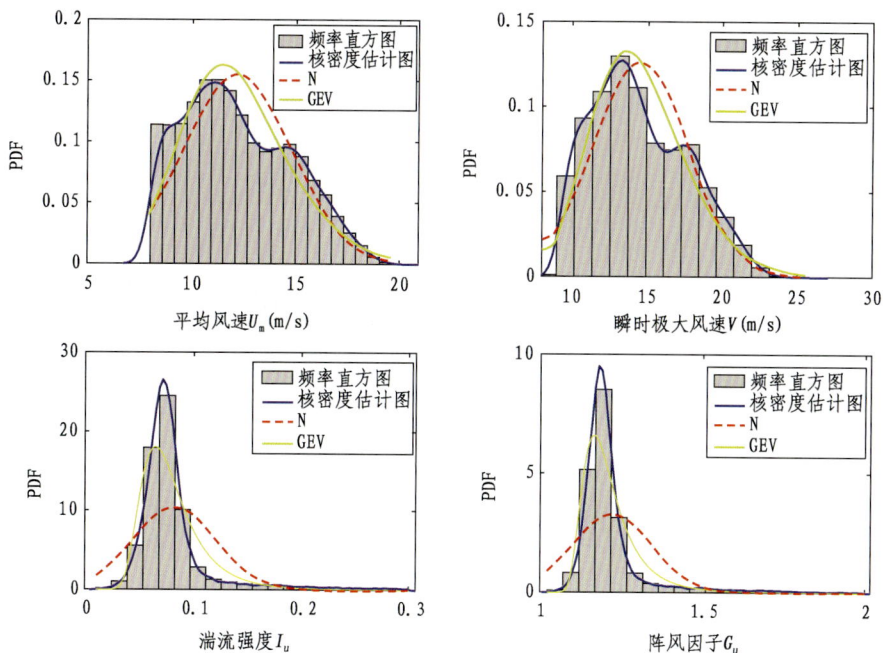

图 9-1-2-53　13 号测点四组参数对应散点图

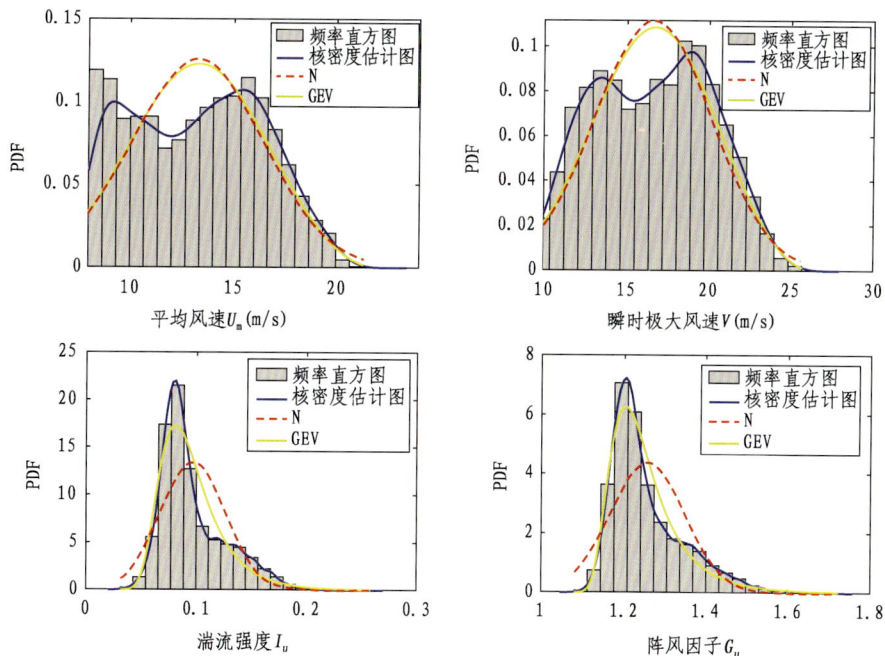

图 9-1-2-54　S04 号测点四组参数对应散点图

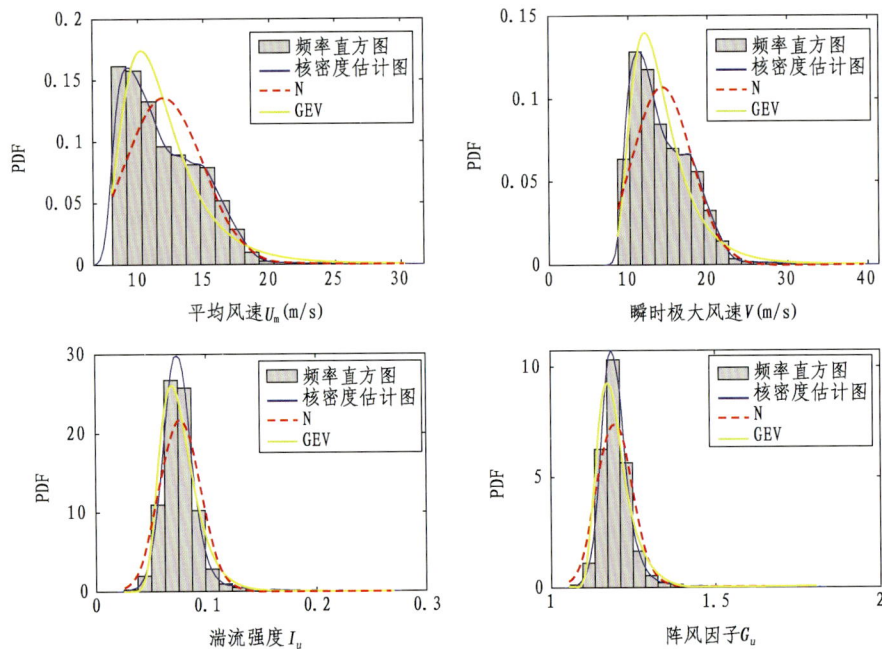

图 9-1-2-55　Z04 号测点四组参数对应散点图

通过计算得到的四组相关参数之间的边缘分布,并结合经验 Copula 函数计算出平方欧氏距离来确定各参数之间的最优 Copula 函数及对应参数值,从而得到四组参数之间的联合分布,四组参数对应的最优 Copula 函数信息见表 9-1-2-14。

最优 Copula 函数信息　　　　　　　　　　　　　　　　　表 9-1-2-14

参　数	最优信息	4 号测点	6 号测点	13 号测点	Z04 号测点	S04 号测点
U_m&V	函数名称	Gumble	Gumble	Frank	Frank	Frank
	拟合参数值	3.77	5.54	41.41	39.77	17.80
	欧氏距离	0.97	0.36	0.20	0.29	0.29
I_u&G_u	函数名称	Gaussian	t	t	t	Gumble
	拟合参数值	0.88	0.85	0.79	0.8237	3.40
	欧氏距离	1.61	0.44	0.44	0.35	0.45
U_m&I_u	函数名称	Frank	Gaussian	Frank	Frank	Frank
	拟合参数值	− 1.35	0.019	2.25	2.41	− 2.36
	欧氏距离	1.90	2.41	2.00	1.97	3.75
U_m&G_u	函数名称	Frank	Frank	Clayton	Frank	Frank
	拟合参数值	− 1.36	− 0.06	0.39	1.71	− 2.45
	欧氏距离	1.12	1.9612	1.35	1.89	2.64

图 9-1-2-56 ~ 图 9-1-2-60 给出了 2015 年 1 月至 2018 年 7 月这一时间段 5 个测点的风速风向数据。图 9-1-2-56a) ~ 图 9-1-2-56c) 所示分别是利用平均风速与瞬时极大风速,阵风因子与平均风速,湍流强度与平均风速的最优 Coupla 函数模拟出的两千对数据与实测数据对比图。从第一幅图中可以看到,对于采用 Copula 直接法(直接利用实测的平均风速与瞬时极大风速拟合得到的函数)预测得到的模拟值与实测值接近,传统方法为直线拟合,拟合公式如图 9-1-2-56a) 中所示;对于采用阵风因子预测瞬时极大风速时(根据实测阵风因子进行拟合并结合阵因子公式),模拟结果与实测值十分接近,另外,将不考虑相关性(即仅考虑实测瞬时极大风速的分布,而将平均风速分布视为均匀分布)的实测数据模拟分布放在此处显示;对于采用湍流强度预测瞬时极大风速时(根据实测湍流强度进行拟合并结合湍流强度

公式),当取 g 为 2.6 时,模拟结果与实测数据很接近,而当 g 取规范推荐值 3.5 时,得到的模拟结果普遍略大于实测值,可见规范考虑了一定的安全系数而保证结构的安全。

图 9-1-2-56d)所示为在给定平均风速条件下(10～11 m/s),根据上述不同方法对模拟数据进行核密度估计并结合公式(9-1-2-9)求出各种模型对应的瞬时极大风速累积分布函数(CDF)。总体而言,采用 Copula 函数模拟的前三种方法的 CDF 与实测经验分布(ECDF)吻合较好,g 取 3.5 时由于考虑了安全保障,使得 CDF 整体右移,在实际工程应用中较为合理。而不考虑相关性与传统的直线模拟对应的 CDF 与 ECDF 相差较大,因此不宜采用此方法进行预测。具体对前三种方法而言,利用阵风因子和 g 取 2.6 时的模拟与经验累积分布函数接近一致,而采用风速直接预测效果欠佳,分布在函数两头,相比前两种方法偏离较大。

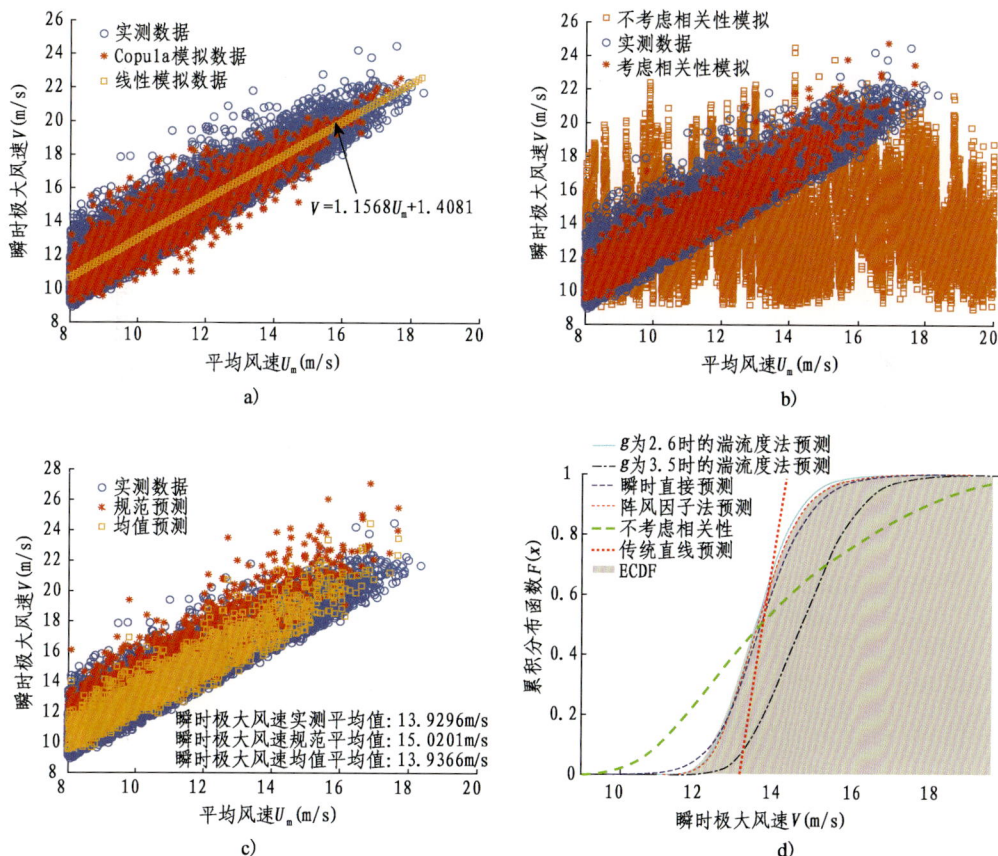

图 9-1-2-56 4 号测点三种预测方法及效果图

对平潭海峡公铁大桥风场监控系统 2015 年 1 月至 2018 年 7 月这一时间段风速风向数据进行分析,如图 9-1-2-57～图 9-1-2-60 所示,并得到结论如下。

(1)平均风速的分布:分析了沿栈桥上 5 个测点在观测期间的风速变化趋势,其中 4 号测点所测得的最大风速(3s 时距)为 43.45m/s、最大风速(10min 时距)为 33.7m/s;对于月平均风速而言,4 号、6 号、13 号、Z04 号、S04 号 5 个测点的夏半年风速往往比冬半年低;夏半年瞬时风速(3s 时距)及平均风速(10min 时距,1h 时距)较冬半年低(台风期除外)。

(2)风向分布:全年主导风向为东北偏北风(风向角 30° 为主)、西南风。5 个测点各月风向分布情况基本一致,岛屿的存在对总体风向的分布有略微影响,体现在 S04 号测点位置全年风向分布与其他四个测点不同。

(3)平均风剖面:对 N03 塔、N04 塔、S03 塔、S04 塔风剖面进行拟合,并将风速分级进行统计。随着风速增大,风剖面指数有减小的趋势。观测期间四塔对应指数剖面系数平均值分别为 0.112、0.196、0.382、0.279。

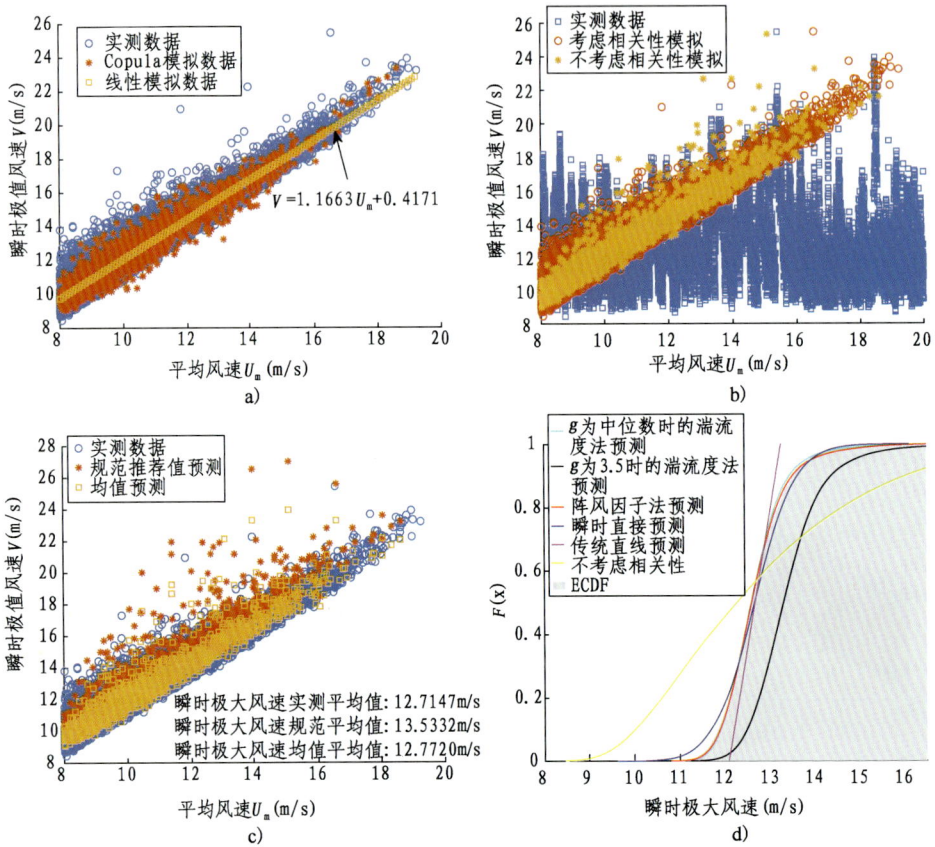

图 9-1-2-57　6 号测点三种预测方法及效果图

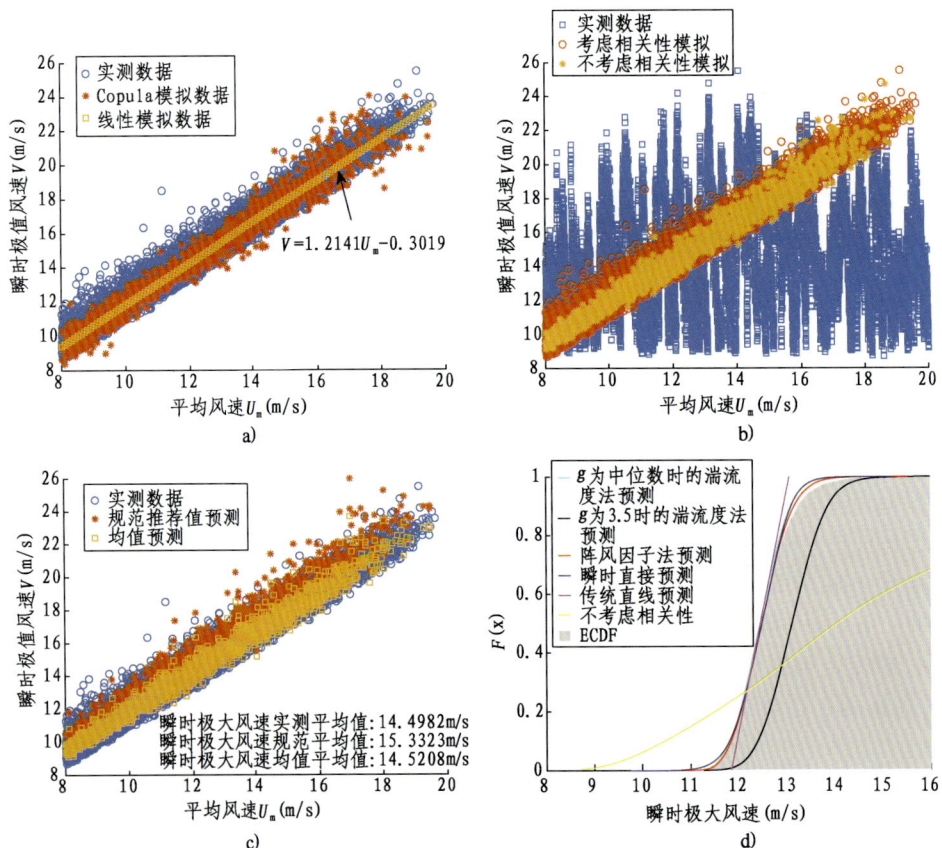

图 9-1-2-58　13 号测点三种预测方法及效果图

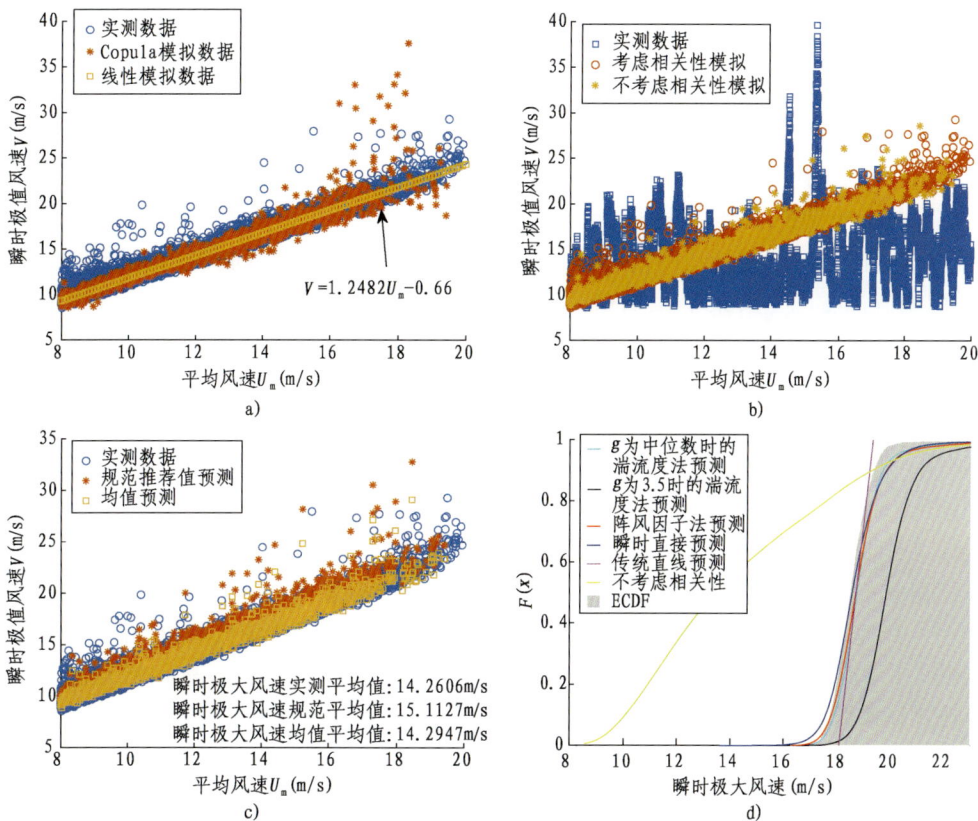

图 9-1-2-59　Z04 号测点三种预测方法及效果图

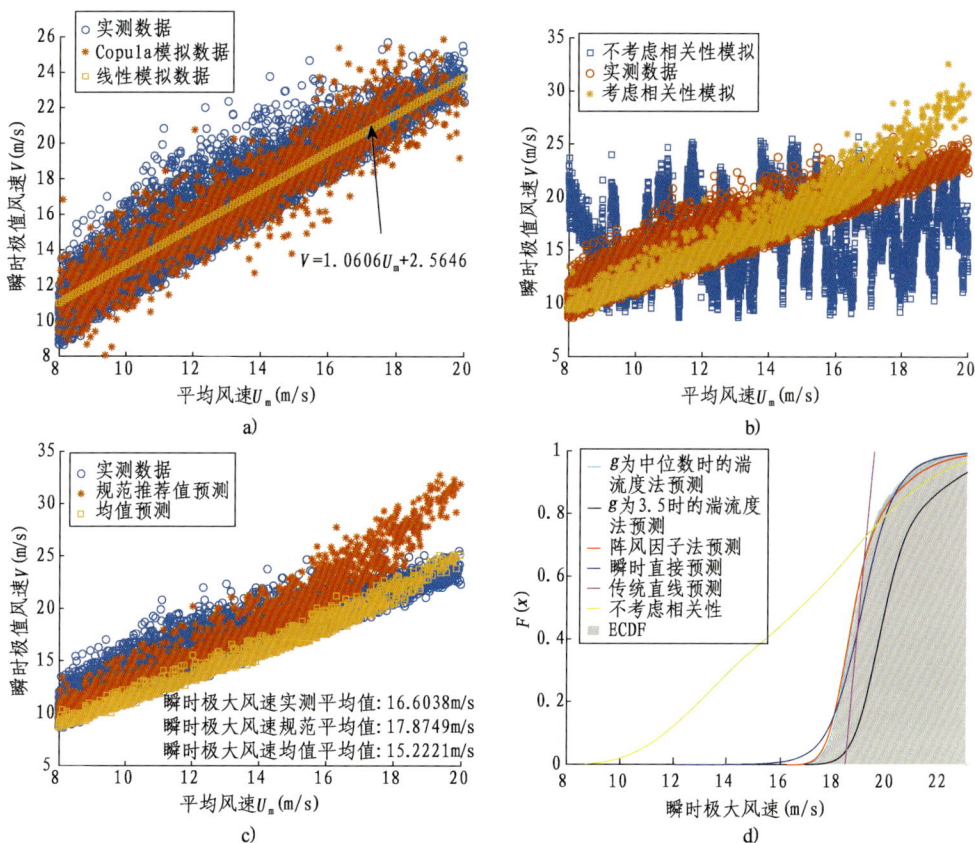

图 9-1-2-60　S04 号测点三种预测方法及效果图

（4）根据观测期间的 4 次台风采用跨阈值采样法确定了平均风极值，估算结果为 50 年一遇极值风速 45.31m/s，大于规范值 41.9m/s。

（5）对 4 号测点 4 次台风的脉动特性进行分析，对湍流强度参数之间的相关性进行线性分析，湍流强度与阵风因子有很强的线性相关性；统计了实测峰值因子，在 95% 分位数时为 3.5 左右，与规范推荐值相近；湍流积分尺度的平均值在 200m 左右，大于规范推荐值 70m。

（6）对路径极为相似的 2 次台风的脉动特性随时间变化进行了分析，并将两次台风影响下 5 个测点的湍流特性平均值进行了统计。顺风向湍流强度在 0.103 ~ 0.155 之间，与规范推荐值 0.14 相符较好，顺、横风向湍流强度比主要集中在 0.68 ~ 0.96，规范推荐值为 0.88；顺风向阵风因子主要集中在 1.03 ~ 1.55 之间；2 次台风拟合得到的顺风向脉动风功率谱密度函数系数 A、B 分别为 334、63 和 291、71。

（7）采用指数函数对长期监测的风场数据中平均风速与湍流强度、阵风因子之间的关系进行拟合，结果表明随着平均风速的增大，湍流强度与阵风因子均有减小的趋势，当超过一定风速（如 8m/s 时），两者基本上可认为无明显特定曲线关系。

（8）对于大于 8 m/s 的平均风速部分及瞬时极大风速部分及各对应各脉动参数采用核密度分布估计，结果与经验分布函数几乎完全重合，明显优于 GEV 与正态分布等，表明该方法具有广泛的适用性。

（9）对平均风速与湍流强度的关系进行非线性拟合，利用核密度对湍流参数（平均风速 U_m、瞬时极大风速 V、顺风向湍流强度 I_u 与顺风向阵风因子 G_u）进行估计，并利用 Copula 函数建立两两之间的关系，能更好地描述参数之间的概率分布，提供了一种在已知平均风速条件下预测瞬时极大风速的方法。

1.3　平潭海峡公铁大桥桥位风场数值模拟研究

第二节已对平潭地区的实测分析数据进行了统计分析，得到了平均风特性、脉动风特性。而如前文所述，现场实测需要消耗大量的人力物力，故采用数值模拟方法进行风场研究一直是工程研究的热点问题。

根据对湍流理论的理解，对于直接求解 N-S 方程的直接数值模拟方法，由于对湍流未做任何处理，直接计算各种尺度下的湍流运动，对于复杂的流体运动，现代计算机仍难以实现计算；对于大涡模拟，此法对湍流脉动部分进行模拟，将小尺度涡去掉，求解大涡所满足的方程，相比下面所讲的雷诺平均方法，大涡模拟法考虑小涡影响而建立的亚格子尺度模型因对边界条件无依赖关系而有了极佳的普适性，但仍对计算机条件有较高的要求，且大涡模拟需要高精度的网格，且本次对风场的分析主要是对表面 20m 以上大气边界层部分，综合考虑，采用雷诺平均方法效率更高，结果也较为理想。本文数值模拟模型基于雷诺平均 N-S 方程进行模拟求解。所选方程为涡黏性封闭模式中的双方程模式，选择了工程中常用的三种 k-ε 两方程模式以及某些论文推荐的 SST k-ω 两方程四种湍流模式进行求解。

1.3.1　计算模型的建立

1）地形区域及数据获取

平潭海峡公铁大桥全长 16.34km，考虑到计算能力有限的因素，选择包括平潭桥位范围的东西和南北方向均长为 10km 的计算区域，高度方向为 2.0km。对于下表面地形的选取是从地理空间数据云中 DEM 数字高程数据获取，将得到的数字高程经过 Globalmapper 软件处理成所需要分析的格式为 STL 的文件，以便利用逆向工程软件读取相关数据，进而通过曲面的自由拟合得到所要分析的地形，自由拟合参数阶数为 4 阶，拟合跨度为 20。拟合出合适的地形后，导出为网格生成器如 Gambit、ICEM 等可以识别的 IGS 格式文件。图 9-1-3-1 显示了在 Globalmapper 中截取的地形以及在 Imageware 中根据点云拟合出的桥址区域地形。

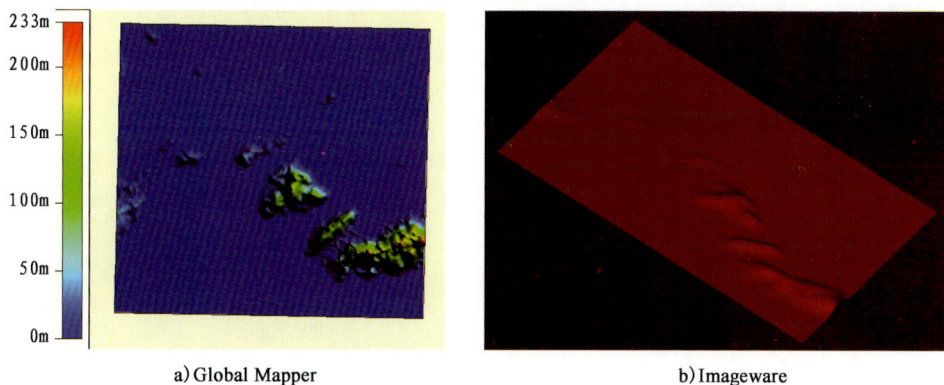

a)Global Mapper　　　　　　　　　　　　b)Imageware

图 9-1-3-1　地形示意图

2）计算网格及边界条件的设置

根据 Fluent 阻塞率的限制，对于计算域高度选择为 2km 后，将凸起的地形视为建筑物的最大迎风面积与流域横截面积相除得到最大值约为 2%，小于一般规定的 3%，故满足阻塞率的要求。

在 Gambit 中进行计算域网格划分，网格采用质量较好的六面体网格。水平的两个方向对应的网格分辨率是 40m；竖直方向，首层网格高度为 1m，高度方向增长率为 1.15，顶部网格高度为 275m，网格总数约为 250.88 万个。网格划分如图 9-1-3-2 所示。

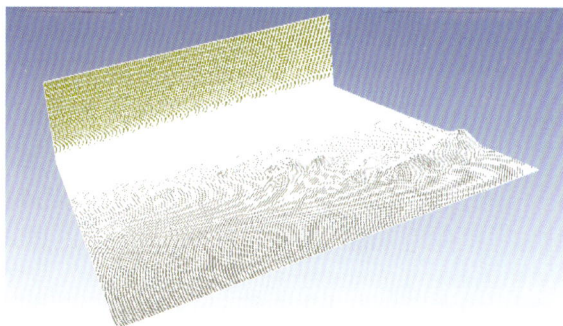

图 9-1-3-2　左侧及底面网格划分示意图

3）计算模型的选择及相关参数的设置

根据前人的研究，认为通用的三种 $k\text{-}\varepsilon$ 模型和剪应力运输方程 SST $k\text{-}\omega$ 模型对于复杂山区地形的模拟具有较好的模拟性能，故本次选择四种模型对平潭桥址区海域进行模拟。

对于标准的 $k\text{-}\varepsilon$ 模型，通常的参数设置如下。

$C_{1\varepsilon} = 1.44$，$C_{2\varepsilon} = 1.92$，$C_{\mu} = 0.09$，$\sigma_k = 1.0$，$\sigma_{\varepsilon} = 1.3$；

RNG $k\text{-}\varepsilon$ 模型中则取 $C_{\mu} = 0.0845$，$C_{1\varepsilon} = 1.42$，$C_{2\varepsilon} = 1.68$；

Realizeable $k\text{-}\varepsilon$ 模型中则取 $C_{2\varepsilon} = 1.9$，$\sigma_{\varepsilon} = 1.2$。

而入口条件的设置，除了风速剖面以外，还需设置湍动能剖面以及耗散率剖面，两者的计算公式如下。

$$k = \frac{3}{4}(u \cdot I)^2 \quad \varepsilon = \frac{C_u^{\frac{3}{4}} \cdot k^{1.5}}{l} = 0.07 \cdot L$$

对于剪应力运输方程 SST $k\text{-}\omega$ 模型，默认的参数设置如下。

$$\sigma_{\omega1} = 2 \quad \beta' = 0.09 \quad \beta_1 = 0.075 \quad \sigma_{k1} = 1.176 \quad \alpha_1 = \frac{5}{9}$$

$$\sigma_{\omega2} = \frac{1}{0.856a_1} = 0.31 \quad \beta_2 = 0.0828 \quad \sigma_{k2} = 1 \quad \alpha_2 = 0.44$$

561

计算采用隐式算法,相对于显示算法,隐式算法即是对于要求解的单元内的变量用邻近单元的已知值和未知值来表示。计算方法采用 SIMPLE 算法,松弛因子按 FLUENT 默认值设置。

4）计算方案介绍

为了研究平潭海峡公铁大桥风环境,本次模拟根据现场风速仪的实际位置在模型中设置了对应的观测点,观测点数共 51 个,包括主梁上设置的 5 个监测点以及 6 个主塔上设置的 46 个(9 + 9 + 7 + 7 + 7 + 7),测点分布如图 9-1-3-3 所示。

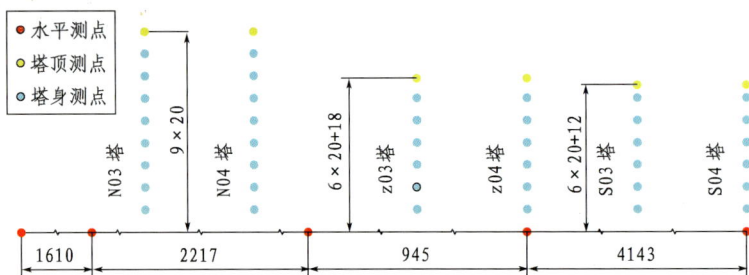

图 9-1-3-3　测点分布示意图(尺寸单位:m)

根据以往对平潭岛地区风场的研究,风向 6 月到 8 月以西南偏南风为主,剩余月份多为东北偏北风;实测得到平潭岛到松下镇海域的主导风向与平潭岛极为相近,主风向可从 3.2.2 节全年风向玫瑰图看出。

由于实际中的主导风向在东北偏北—西南偏南方向,故在这一方向设置较多的工况,而在剩余区域工况设置相对较少,具体风向工况设置如图 9-1-3-4 所示。

由于所选计算区域为 10km × 10km 范围内的海域,根据《公路桥梁抗风设计规范》(JTG/T 3360-01—2018)规定,A 类地貌的地表状况为海面、海岸、开阔水面及沙漠。故按规范定为 A 类地表类别。地表粗糙度系数 α_0 为 0.16,地表粗糙高度 z_0 为 0.01,对应的梯度风高度 δ_0 为 300m。取梯度风速为 40m/s。

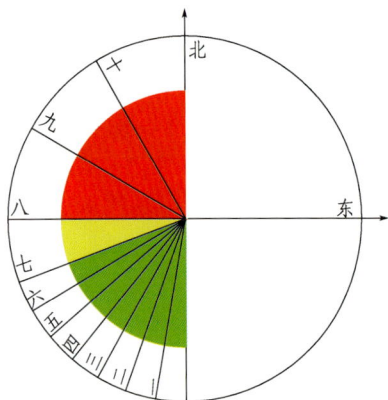

图 9-1-3-4　工况设置示意图

1.3.2　实际计算结果

对于计算收敛的判定为,在迭代计算 5000 步的基础上,对湍流模型的各物理量进行观测,若对应指标残差均小于 10^{-3} 且某段变化曲线纵坐标值基本不再变化则可认为计算收敛;若未能达到上述要求,则继续迭代,当迭代次数超过 1 万次考虑模型参数设置等其他因素错误重新计算。

1）风速水平分布

首先对水平方向的风速分布进行分析,桥面高度处水平风速分布如图 9-1-3-5 所示。

图 9-1-3-5 显示了 10 种风向对应的桥面高度处各点风速分布,其中方形区域内未计算的部分为岛屿内部,其风速为零。对于同一图像而言,按照数值条的分布,黄色区域的风速大于绿色区域的风速,绿色区域的风速大于蓝色区域的风速。可以看出由于岛屿地形的影响,当迎风吹向岛屿时,岛屿背面风速降低,并在之后形成一片速度较小区域,风速随着与岛屿距离的增加而逐渐增大。

图 9-1-3-6 显示了风从 10 个角度吹向计算区域时,桥面高度处 5 个测点的风速分布规律图,从图中可以看到顺桥向的 5 个测点随着横坐标的增加,各工况风速值均呈现先增加后减小的规律,普遍在第 3 个测点,即 13 号测点,风速达到最大值;另外除了第 1 和第 8 两个工况规律之外,其他 8 个工况规律极为相似,第 1、第 8 两个工况的第 2 个测点,即 6 号测点,对应的风速相比其他两个工况对应的风速都明显增大。

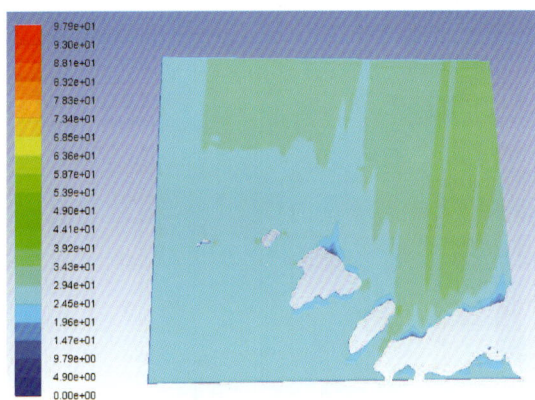

a)工况一 桥面水平风速分布

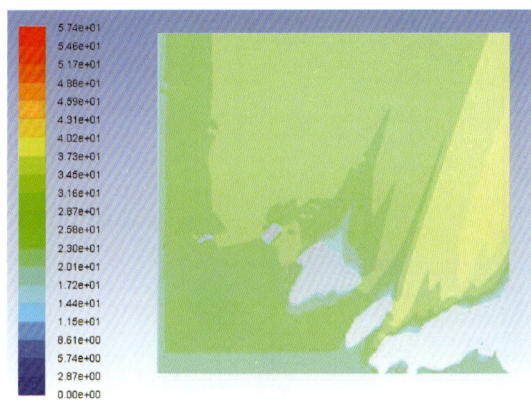

b)工况二 桥面水平风速分布

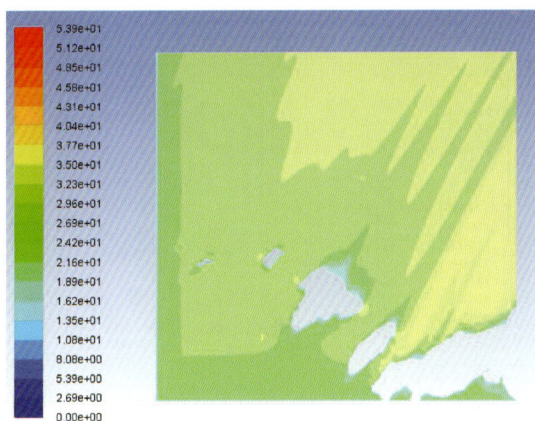

c)工况三 桥面水平风速分布

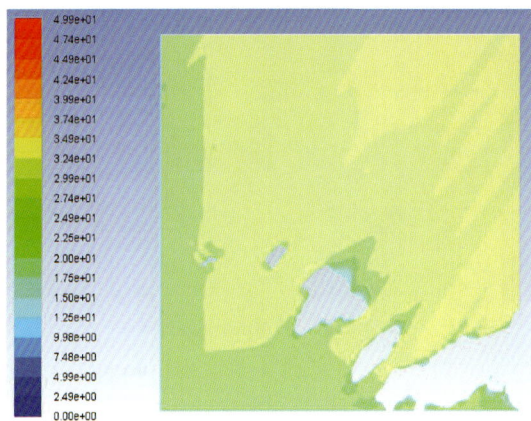

d)工况四 桥面水平风速分布

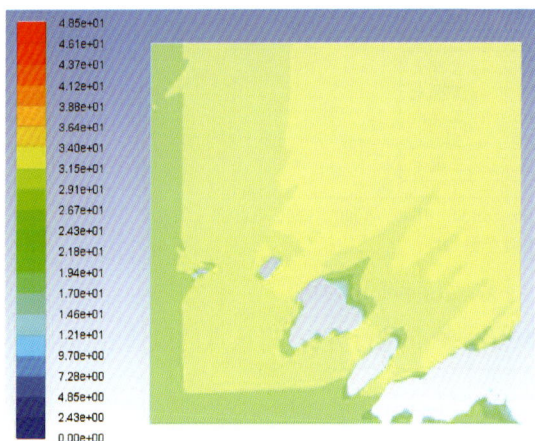

e)工况五 桥面水平风速分布

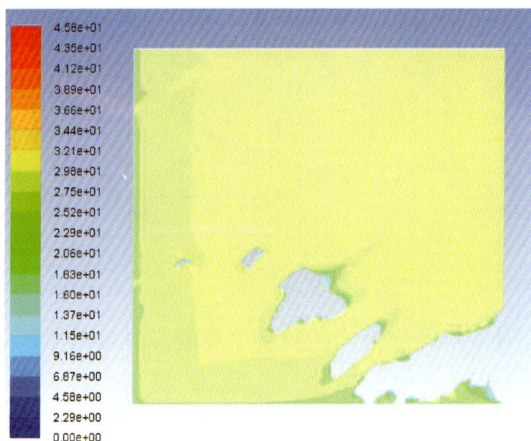

f)工况六 桥面水平风速分布

图 9-1-3-5

g) 工况七　桥面水平风速分布

h) 工况八　桥面水平风速分布

i) 工况九　桥面水平风速分布

j) 工况十　桥面水平风速分布

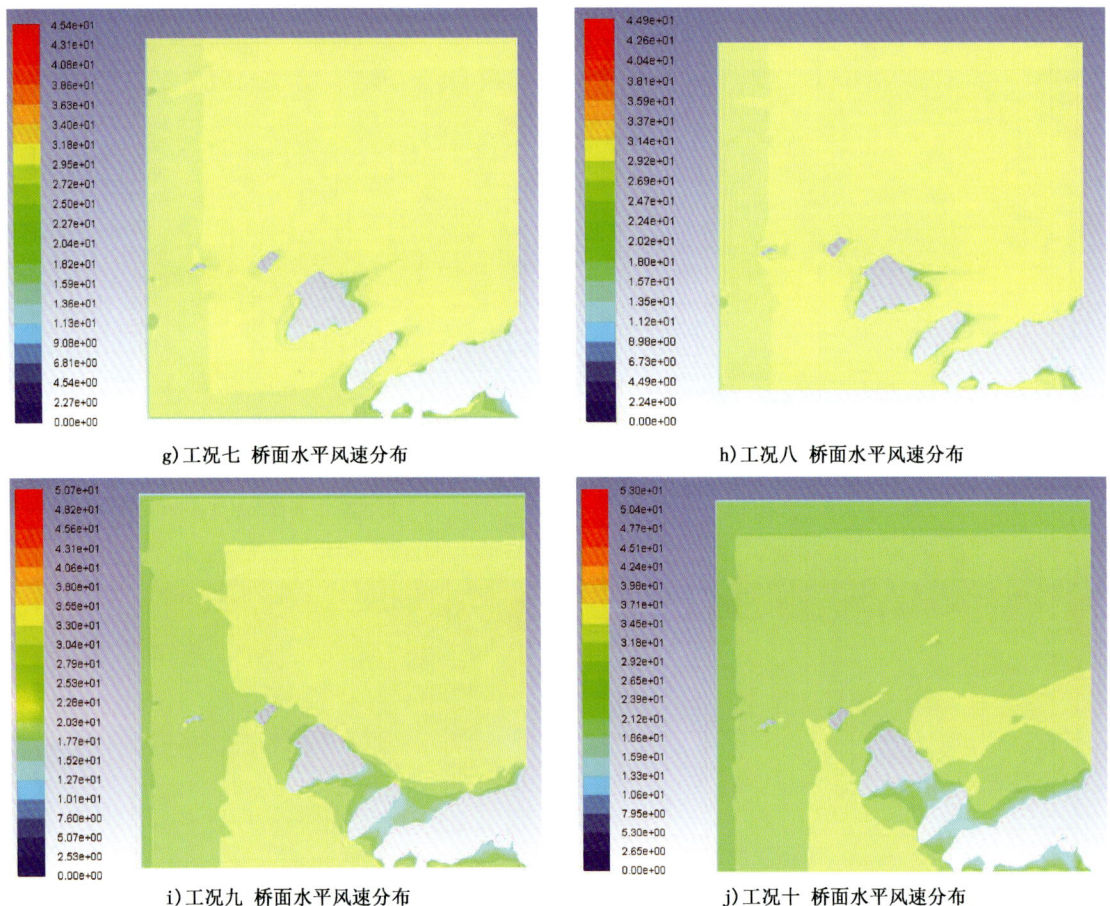

图 9-1-3-5　各工况桥平面风速分布示意图

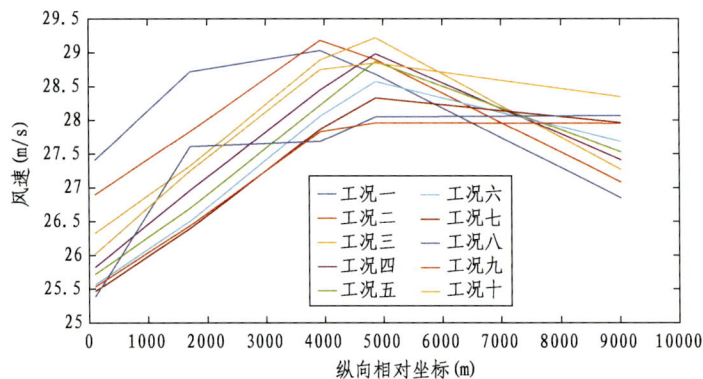

图 9-1-3-6　各工况主梁 5 个测点风速分布图

为了精确分析风向对某个空间点风速的影响,选取 6 号测点进行分析,将该点的风速、风向、静压见表 9-1-3-1。

6 号测点各工况风参数表　　　　　　　　　　　　　　　　表 9-1-3-1

工况	一	二	三	四	五	六	七	八	九	十
速度(m/s)	24.5	25.8	26.9	24.9	26.7	25.2	25.0	26.9	25.3	26.5
风向(°)	88.8	107	107	107	102	102	99	92	92	106
静压(Pa)	35.9	80.3	50.4	27.2	36.7	0.11	57	22	31	37

从表中可以看出风向的改变对于某个特殊点的风速大小没有明显的规律,10 个工况风速大小均在 25.5m/s 左右。风向角度随着入口风向的改变也无明显的变化规律。但风向角同样都集中在 90°左右。

可以看出对于空间的某点特定风速,工况的改变对其值会有波动性地变化,但是规律性不明显,呈现出不规律地波动变化。

2）风参数竖向剖面指数

图 9-1-3-7 展示在给定入口风剖面情况下得到的对应实测各点的拟合数据值,左侧图对应 10m 高度风速为 10m/s、风剖面指数为 0.12、最大风速为 15m/s 时得到的各桥塔风剖面,右侧图是以 10m 高度风速为 3.2m/s、风剖面指数为 0.12、最大风速为 5m/s 时得到的各桥塔风剖面。可以看出,当风速增大时,除了 N03 号桥塔风剖面指数相近外,其余各塔风剖面指数都有减小的趋势。

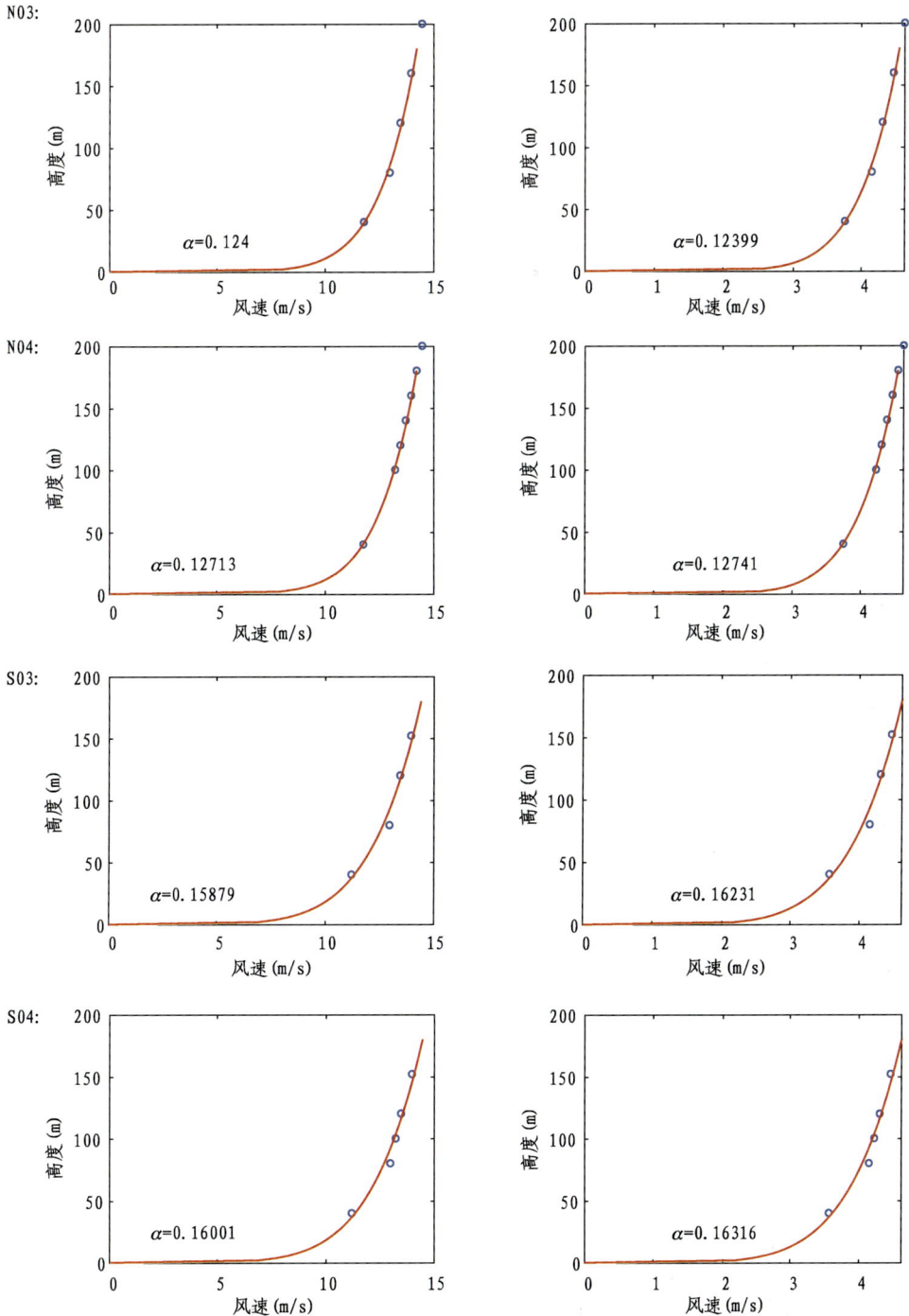

图　9-1-3-7

Z03:

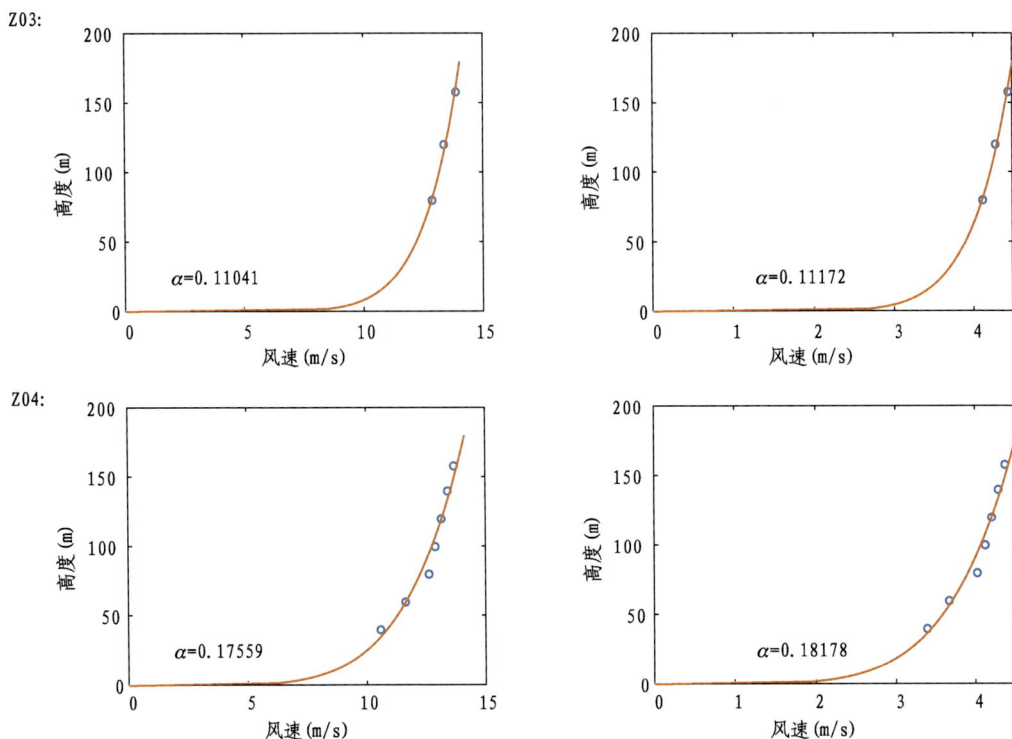

$\alpha=0.11041$

$\alpha=0.11172$

Z04:

$\alpha=0.17559$

$\alpha=0.18178$

图 9-1-3-7　不同风速下风剖面对比图

下面对其进行列表统计,见表 9-1-3-2。可以直观地感受到风速的减小,风剖面指数会相应增大的规律。

不同风速下风剖面指数表　　　　　　　　　　　表 9-1-3-2

桥　塔	10m/s	5m/s
N03 塔位置	0.124	0.124
N04 塔位置	0.127	0.128
S03 塔位置	0.159	0.162
S04 塔位置	0.160	0.163
Z03 塔位置	0.110	0.112
Z04 塔位置	0.176	0.182

为了研究风向改变对风剖面的影响,将 10 个工况下 N03 塔对应的风剖面曲线图绘制如图 9-1-3-8 所示。可以直观地看到,风向角在达到正西时,风剖面指数最大,而不同工况下并未发现明显的速度变化。

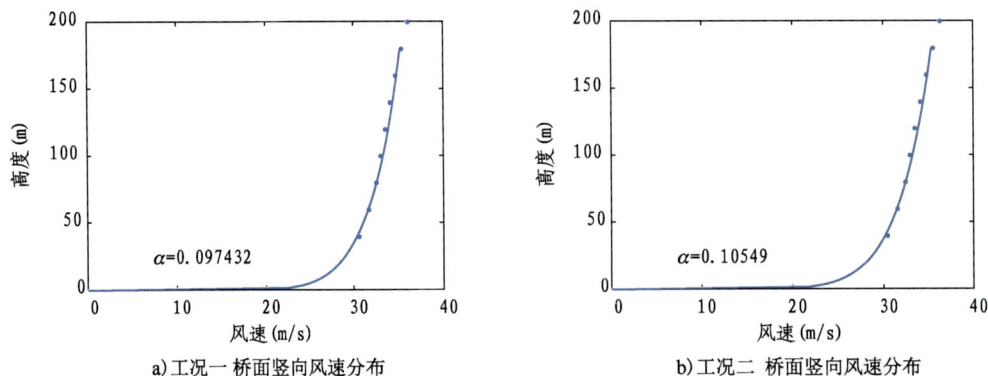

$\alpha=0.097432$

$\alpha=0.10549$

a) 工况一 桥面竖向风速分布　　　　b) 工况二 桥面竖向风速分布

图　9-1-3-8

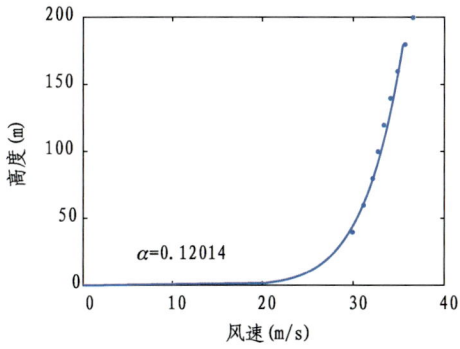

c)工况三 桥面竖向风速分布

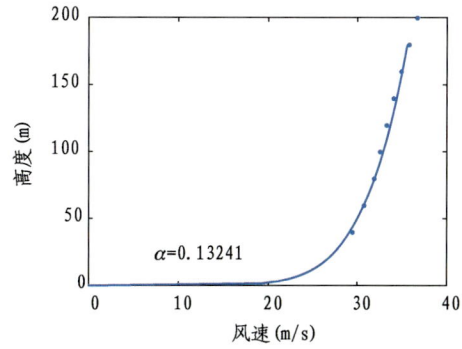

d)工况四 桥面竖向风速分布

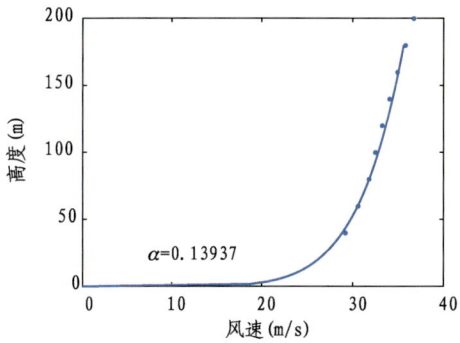

e)工况五 桥面竖向风速分布

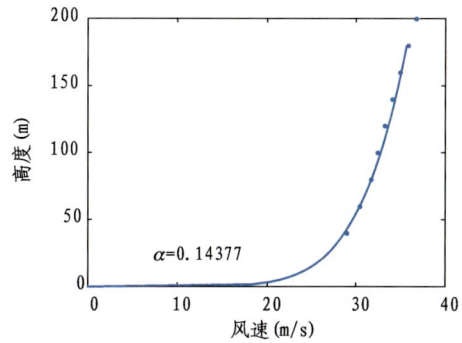

f)工况六 桥面竖向风速分布

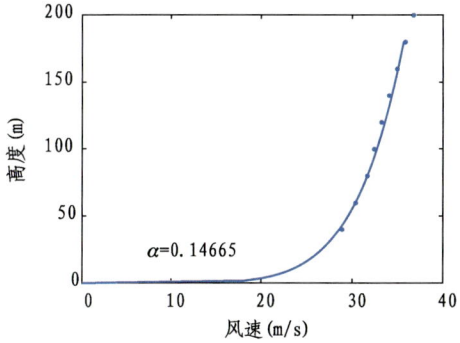

g)工况七 桥面竖向风速分布

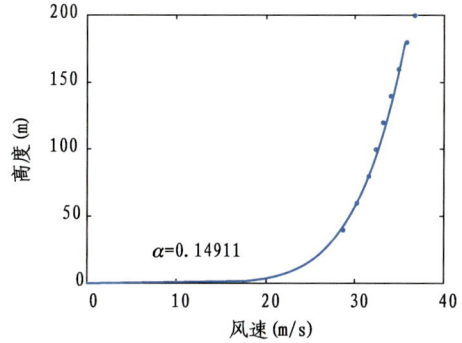

h)工况八 桥面竖向风速分布

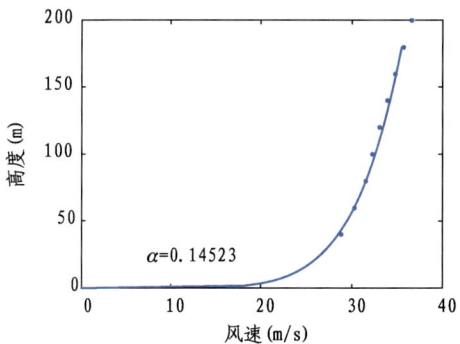

i)工况九 桥面竖向风速分布

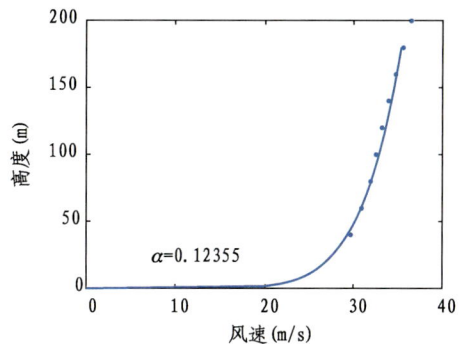

j)工况十 桥面竖向风速分布

图 9-1-3-8　N03 十个工况对应风剖面

不同工况下各塔风剖面指数见表9-1-3-3。

另外5塔风剖面指数   表9-1-3-3

工况	一	二	三	四	五	六	七	八	九	十
N04	0.10	0.10	0.11	0.12	0.13	0.14	0.14	0.14	0.14	0.12
Z03	0.09	0.09	0.09	0.10	0.11	0.11	0.12	0.12	0.12	0.09
Z04	0.08	0.07	0.07	0.08	0.09	0.09	0.10	0.10	0.10	0.07
S03	0.15	0.15	0.14	0.13	0.13	0.11	0.10	0.10	0.10	0.09
S04	0.15	0.14	0.14	0.14	0.13	0.12	0.11	0.10	0.09	0.09

可以直观看出风向为正西时,即八号工况,对应的风剖面拟合指数最大,这主要是因东西方向风的遮挡物最少,且随着风向角度靠近工况八,对应的风速剖面指数相对变大。可见,当地面遮挡物较少时,风剖面指数也较小,这与前人的研究结果相近。

1.3.3 实测工况结果分析

前两节对平潭海域的模拟是在给定假定的风剖面进行分析的,旨在分析桥址区所在海域的一般风速分布情况,下面根据平潭海峡公铁大桥实测的风速,对模型进行计算,并对比模拟与实测的结果。本次选择N03塔20m处风速范围在5级以内的风速数据进行分析,具体采用2018年7月2日17时的数据进行分析。

该时段风速风向实测的结果为:40m高度处的平均风速为6.83m/s,平均风向为197.3°。各高度平均风速见表9-1-3-4。

N03各高度风速   表9-1-3-4

高度(m)	40	80	120	160	200
风速(m/s)	6.83	8.67	8.8	8.69	9.54

将实测风速剖面进行拟合,拟合得到的速风剖面指数为0.17,以40m实测的平均风速作为40m基准高度的计算值。

采用常用的4个物理模型得到桥面高度处4个不同的风速分布以及5个测点的风速分布如图9-1-3-9所示。

可以看出对于选用的四种分布模型,标准k-ε模型和RNG k-ε模型结果极为相似,而采用Realizable k-ε模型结果相比a)、b)前两个工况数值偏小,采用SST k-ω模型的结果相比前三个工况数值都偏大。而与实际情况对比,SST k-ω模型的结果较为偏小,而其他三种较为偏大。

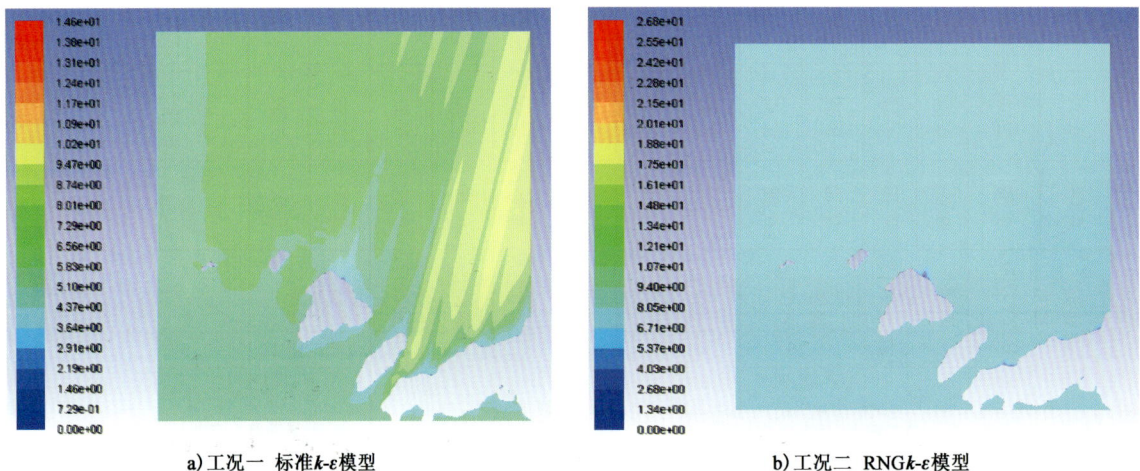

a)工况一 标准k-ε模型   b)工况二 RNGk-ε模型

图 9-1-3-9

c) 工况三 Realizable*k-ε*模型 　　　　d) 工况四 SST*k-ε*模型

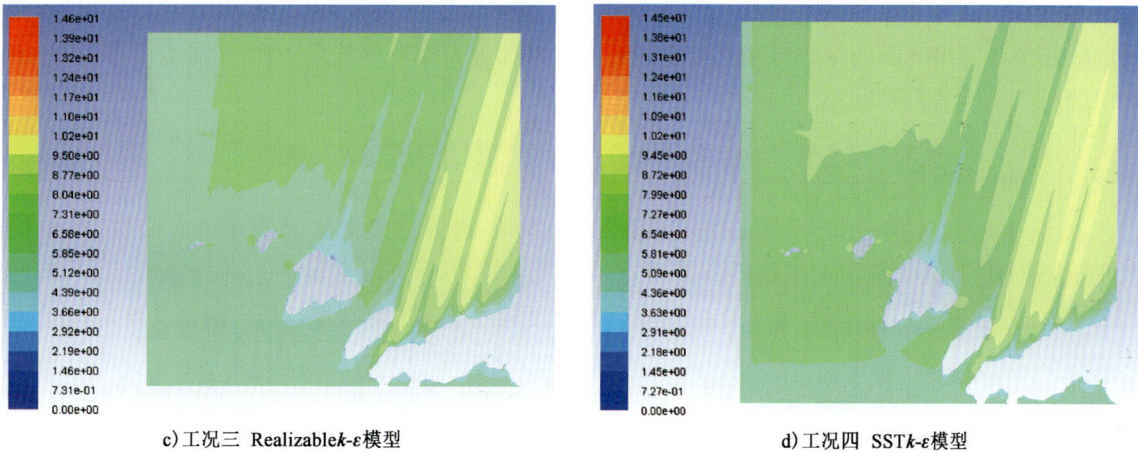

图 9-1-3-9　各工况桥平面风速分布示意图

对于 N03 塔,四种工况竖向剖面的计算结果如图 9-1-3-10 所示。

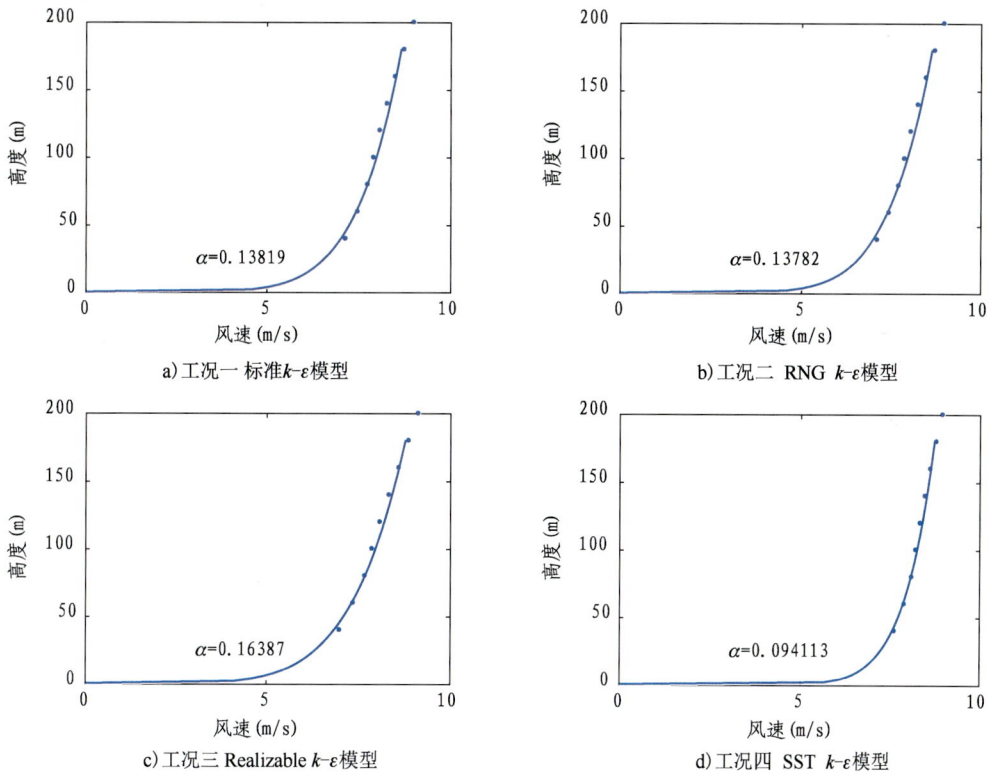

a) 工况一 标准*k-ε*模型 　　　　　　b) 工况二 RNG *k-ε*模型

c) 工况三 Realizable *k-ε*模型 　　　　d) 工况四 SST *k-ε*模型

图 9-1-3-10　N03 四个工况对应风剖面

剩余 5 塔的风剖面指数见表 9-1-3-5。

剩余 5 塔拟合风剖面指数　　　　　　　表 9-1-3-5

工况	一	二	三	四
N04	0.13554	0.1353	0.16181	0.0974
Z03	0.1265	0.1264	0.1516	0.0877
Z04	0.1306	0.1305	0.1552	0.0898
S03	0.1788	0.1788	0.1747	0.1387
S04	0.1712	0.1712	0.165	0.138

从图 9-1-3-10 可以看出,对于 N03 塔,四个湍流模型拟合出来的速度都与实测结果非常接近,而第三种湍流模型计算出的剖面指数与实测给定湍流剖面指数最为相近。从表 9-1-3-5 可看出,第四个工况拟合出的风剖面指数普遍偏小。

本节根据平潭海峡公铁大桥桥址区地形地貌,利用 Fluent 软件对该区域风场进行模拟,对实际地形进行多风向多风速模拟,得到的主要结论如下。

(1)对于桥面风速的分布,采用 SST k-ω 模型对实际岛屿进行十个工况的多风向模拟,其中工况一和工况八对应的 5 个测点风速差异较其他八种工况大。十个工况岛屿附近风速差异明显,当迎风吹向岛屿时,岛屿背面风速降低,并在之后形成一片速度较小区域,且随着与岛屿距离的增加风速逐渐增大。

(2)采用 SST k-ω 模型对实际岛屿进行两个工况的多风速模拟和十个工况的多风向模拟以分析风剖面。所得结论为:随着风速的减小,风剖面指数会相应增大。风向正西时对应的风剖面指数最大,这是由于东西方向风的遮挡物最少且随着风向接近正西,对应的风剖面指数增大。因此,地面遮挡物较少时,风剖面指数也较小。

(3)将四种常见湍流模型计算结果与实际测量值进行对比,发现 SST $k-\omega$ 模型在水平风速分布及竖直风剖面拟合方面均与实测值更为接近。

1.4　实测波浪研究

1.4.1　波浪仪性能参数及布置

波浪要素的监测采用 SBY2-1 超声波浪仪,如图 9-1-4-1 所示。SBY2-1 超声波浪仪可提供 4 组波高及周期特征值参数(最大波高及对应周期、1/10 大波高及对应周期、有效波高及对应周期、平均波高及对应周期),其特征参数见表 9-1-4-1。

SBY2-1 超声波浪仪特征参数　　　　　　　　　　　表 9-1-4-1

海浪观测范围	$0 \sim 20\text{m}$
海浪观测准确度	$\pm (0.2 + 5\% \text{测量值})\text{m}$
周期测量范围	$2 \sim 20\text{s}$,准确度为 $\pm 0.25\text{s}$
采样间隔	0.25s
环境温度	$-10 \sim 50℃$
相对环境湿度	$\leqslant 96\%$
电源	$(12 \pm 1)\text{VDC}$,工作电流 200mA,待机电流 5mA

本项目布置 2 套波浪仪,分别固定式波浪仪和移动式波浪仪。固定式波浪仪布置在某一固定点,长期监测此处的波浪特征参数;移动式波浪仪根据施工进度和波压力测试需要沿桥梁轴线移动布置。

根据现场施工速度来布量固定式波浪仪,于 2014 年 12 月 30 日布置在 6 号变电站平台(DK62 + 82.7,SR53 附近),现场布置如图 9-1-4-2 所示。

移动式波浪仪根据施工进度要求和波压力测试需要到目前为止分别布置在 13 号变电站平台(图 9-1-4-3a)、S03 号平台(图 9-1-4-3b)、5 号变电站平台(图 9-1-4-3c)、Z03 平台(图 9-1-4-3d)。

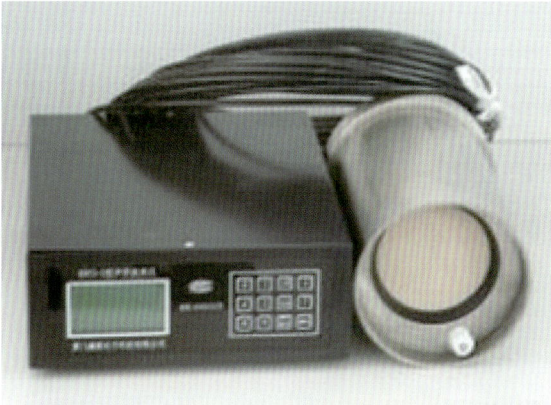

图9-1-4-1　SBY2-1超声波浪仪图

图9-1-4-2　6号变电站平台波浪仪现场布置

a)13号变电站

b)S03平台

c)5号变电站

d)Z03平台

图9-1-4-3　移动式波浪仪现场布置

1.4.2　实测波浪统计

（1）波高统计分析

本节就2015—2017年平潭海峡公铁大桥桥址处的波浪要素进行统计分析。以每日最大波高为研究对象，每日发生2.5m波浪的天数如图9-1-4-4所示，波浪监测汇总数据见表9-1-4-2。

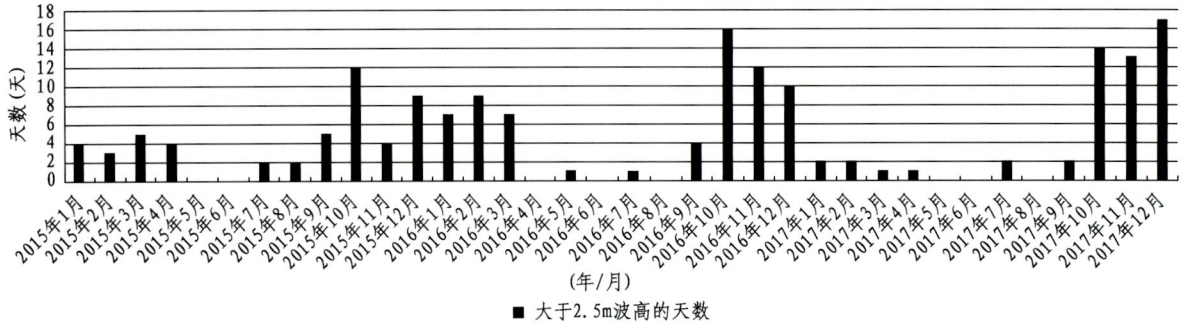

■ 大于2.5m波高的天数

图 9-1-4-4　波浪监测数据汇总

波浪监测数据汇总　　　　　　　　　　　　　表 9-1-4-2

年　份	月份（天数）												总计（天数）	占比
	1月	2月	3月	4月	5月	6月	7月	8月	9月	10月	11月	12月		
2015 年	4	3	5	4	0	0	2	2	5	12	4	9	50	14.0%
2016 年	7	9	7	0	1	0	1	0	4	16	12	10	67	18.4%
2017 年	2	2	1	1	0	0	2	0	2	14	13	17	54	14.8%
2018 年	8	8	5	2	1	4	1	1	6	15	3	13	—	—

从图表中发现每年大浪天数全年呈现中间少,两端多的特点,即大浪经常发生在每年的 9 月份至来年的 4 月份,而 5 月、6 月极少发生波高大约 2.5m 的波浪,因此,通常每年的 5 ~ 6 月是较好的施工期窗口。从全年的角度来看,2015—2017 年全年大于 2.5m 波浪的天数分别为 50d、67d、54d,占全年的14.0%、18.4%、14.8%。所以,每年发生大浪的天数基本一致,约 50 ~ 70d。

桥址处于闽中渔场边界,属于热带季风气候,季风交替明显,冬季风强于夏季风,但是夏季风期间(每年的 6—9 月)通常有台风过境,导致桥址处发生大风、大浪。2015—2018 年台风数据统计见表 9-1-4-2,历次台风期间波浪变化情况如图 9-1-4-5 ~ 图 9-1-4-9 所示。

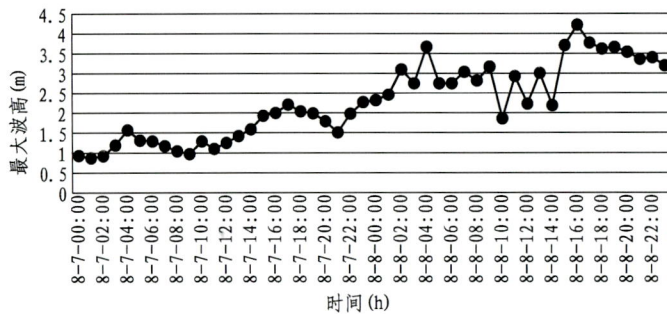

图 9-1-4-5　台风"苏迪罗"期间桥址波浪变化(2015 年)

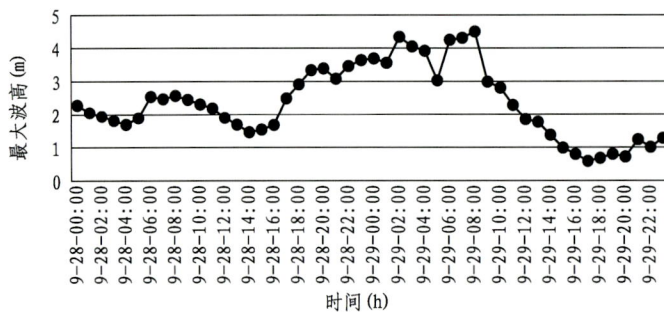

图 9-1-4-6　台风"杜鹃"期间桥址波浪变化(2015 年)

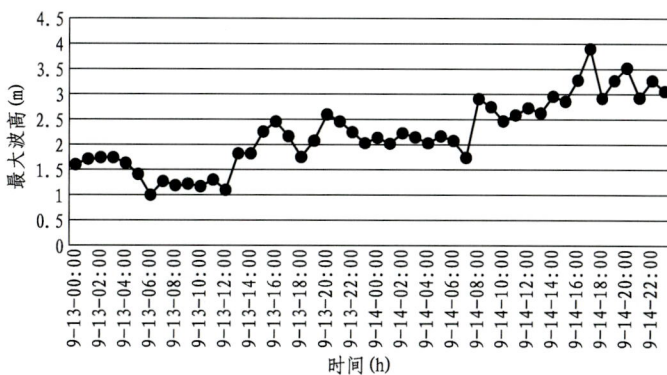

图 9-1-4-7 台风"莫兰蒂"期间波浪变化(2016)

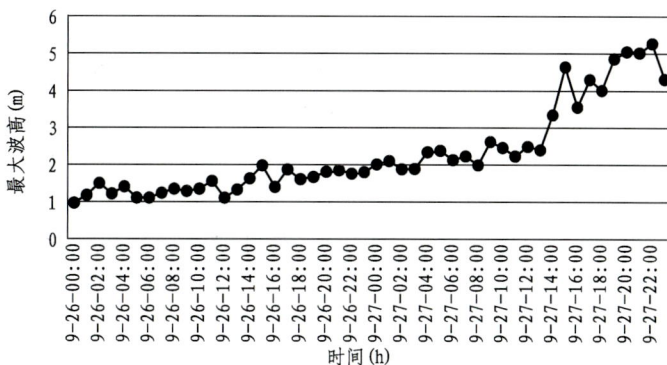

图 9-1-4-8 台风"鲇鱼"期间波浪变化(2016)

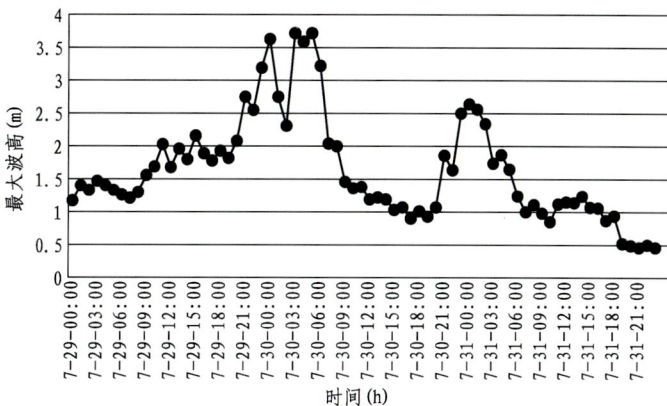

图 9-1-4-9 台风"纳沙"、"海棠"期间波浪变化(2017)

从以上图表可以发现,2015—2017 年的 3 年内,最大波高为 5.1m,发生在 2016 年台风"鲇鱼"期间。

(2)周期统计分析

将 2015—2017 年 3 年内每个小时测量的波浪周期进行统计,并绘于图 9-1-4-10,波浪周期分布概率见表 9-1-4-3。从可以发现,波浪周期在 1～16s 之间变化,且周期小于 12s 的概率为 97.1%。波浪周期在 4～12s 之间分布的概率 88.0%。

周期 T 分布概率   表 9-1-4-3

周期	$T < 3s$	$3s \leqslant T < 4s$	$4s \leqslant T < 8s$	$8s \leqslant T < 12s$	$12s \leqslant T \leqslant 16s$
概率(%)	3.5	6.2	77.7	11.3	1.3

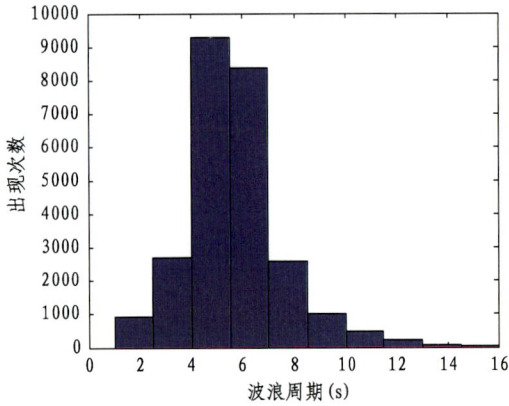

图9-1-4-10 桥址处波浪周期统计(2015—2017年)

跨海桥梁施工时,往往需要大型的船舶运送物料、起重吊装,而船舶结构对波浪的波长较为敏感,因此,下面就波浪的波长进行统计分析。

根据波浪的弥散关系式9-1-4-1:

$$L = \frac{gT^2}{2\pi}\tan hkd \qquad (9\text{-}1\text{-}4\text{-}1)$$

式中:g——重力加速度;

k——$k = L/2\pi$ 为波数;

T——波浪周期(s);

d——水深(m);

L——波浪的波长(m);

h——波高(m)。

平潭海峡公铁大桥施工海域水深在15~40m之间,取周期变化范围为2~12s,则波浪的波长如图9-1-4-11所示。从图中可以发现施工海域波浪的波长分布范围较广,波长在20~190m的波浪均有可能发生。当波浪周期8s时,水深在15~40m范围内,波浪波长的变化如图9-1-4-12所示,图中可以发现,当水深为30m时,波长为96m,而平潭海峡公铁大桥钢梁吊装时采用的"海鸥号"起重船,船宽48m,等于波浪的半波长,有可能会发生较大的横摇振动,因此,在水深为30m海域施工时,尤其注意波浪波长的变化情况。

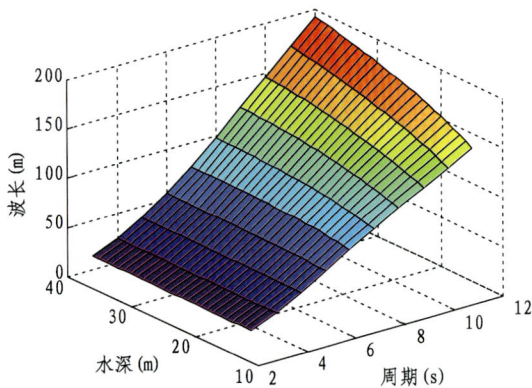

图9-1-4-11 桥址处波浪波长分布

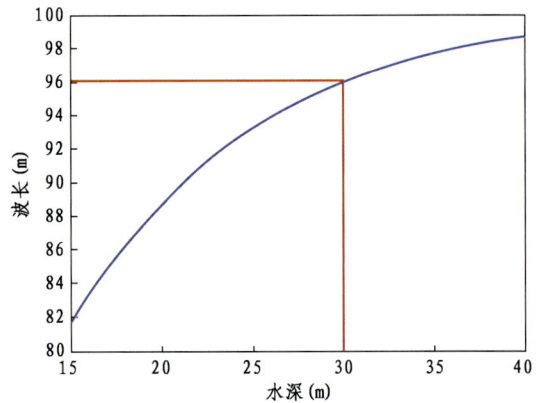

图9-1-4-12 周期8s时波长随水深变化情况

1.5 实测海流研究

1.5.1 海流计布置及性能参数

本项目布置一台单点式海流计,测量某一深度处海流的速度及流向。

海流速度采用YHL3-1型超声波多普勒流速流向仪监测,流速仪如图9-1-5-1所示,技术参数见表9-1-5-1。

YHL3-1型超声波多普勒流速流向仪 表9-1-5-1

测流范围	0.02~7.00m/s
测量准确度	±1.0%±1cm/s
流向测量范围	0~360°
流向准确度	测量准确度:±3°
工作水深	0.5~80m
供电	DC12V±10%

图 9-1-5-1　海流计

1.5.2　实测数据分析

采用超声式海流计实测 2016 年 2 月 1 日—7 日之间海流流速及流向变化,海流计布置在 Z03 平台,高程 − 10m 位置,海流流速及流向变化情况如图 9-1-5-2 ~ 图 9-1-5-8 所示。

(1)流速随潮位变化

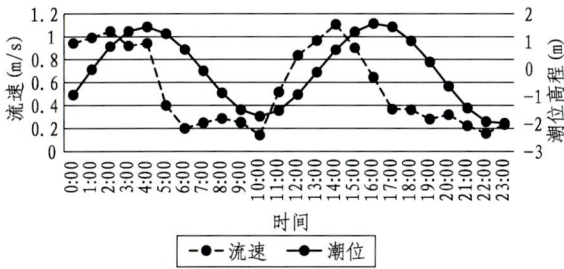

图 9-1-5-2　2016 年 2 月 1 日流速及潮位变化曲线

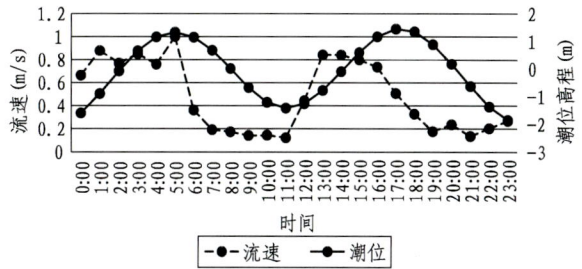

图 9-1-5-3　2016 年 2 月 2 日流速及潮位变化曲线

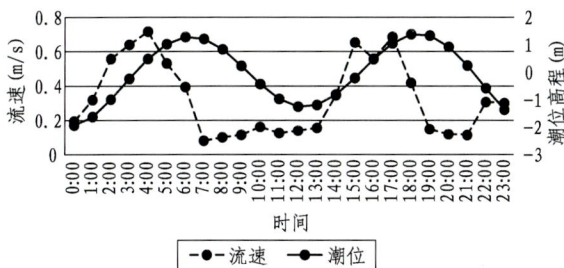

图 9-1-5-4　2016 年 2 月 3 日流速及潮位变化曲线

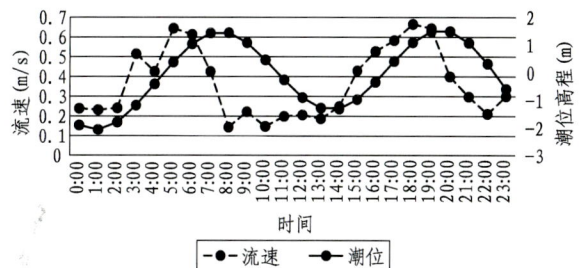

图 9-1-5-5　2016 年 2 月 4 日流速及潮位变化曲线

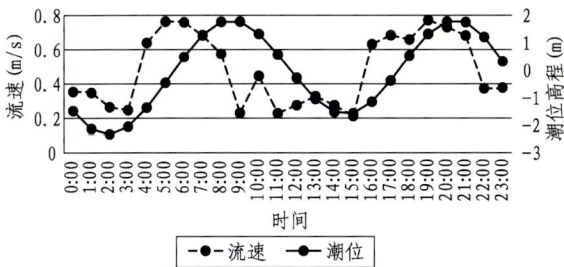

图 9-1-5-6　2016 年 2 月 5 日流速及潮位变化曲线

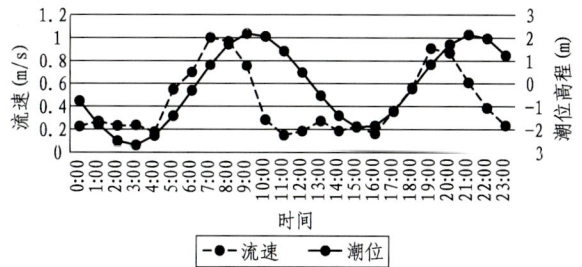

图 9-1-5-7　2016 年 2 月 6 日流速及潮位变化曲线

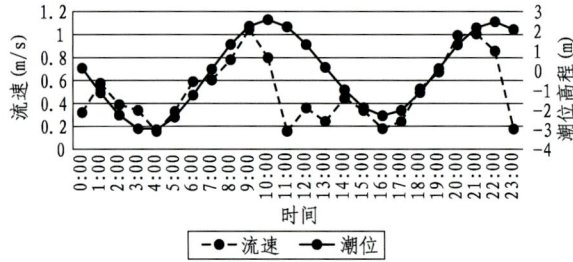

图 9-1-5-8　2016 年 2 月 7 日流速及潮位变化曲线

（2）流向随潮位变化（图 9-1-5-9 ~ 图 9-1-5-15）

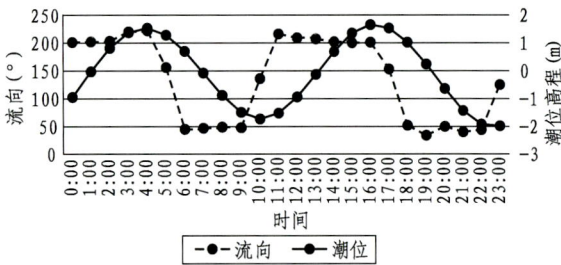

图 9-1-5-9　2016 年 2 月 1 日流向及潮位变化曲线

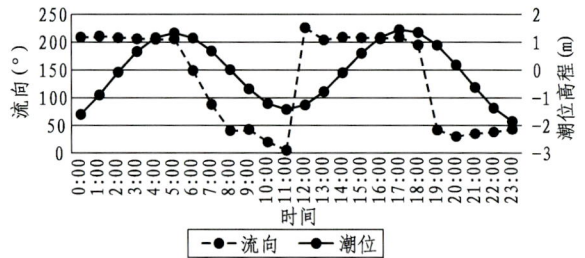

图 9-1-5-10　2016 年 2 月 2 日流向及潮位变化曲线

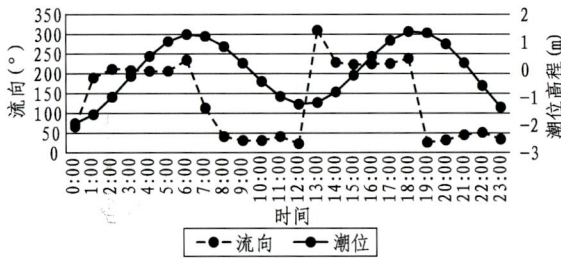

图 9-1-5-11　2016 年 2 月 3 日流向及潮位变化曲线

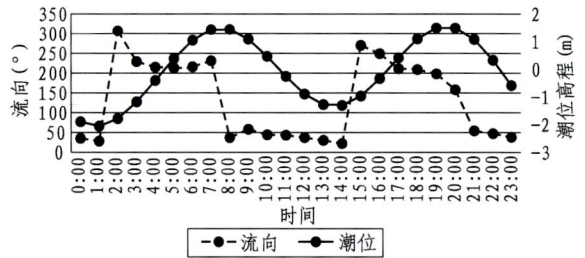

图 9-1-5-12　2016 年 2 月 4 日流向及潮位变化曲线

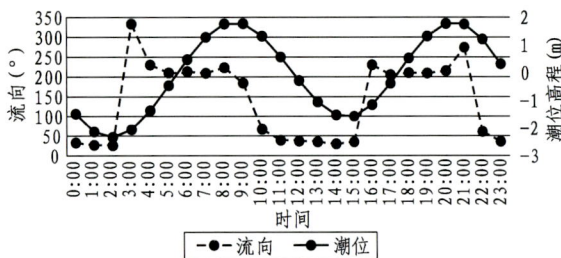

图 9-1-5-13　2016 年 2 月 5 日流向及潮位变化曲线

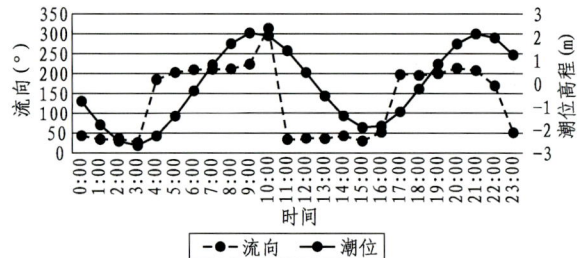

图 9-1-5-14　2016 年 2 月 6 日流向及潮位变化曲线

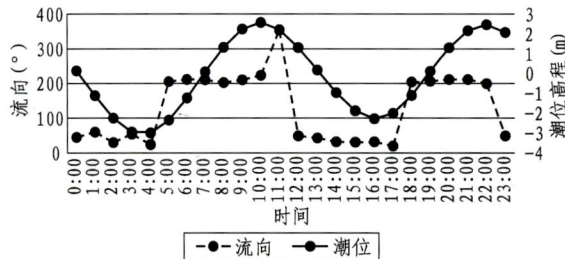

图 9-1-5-15　2016 年 2 月 7 日 流向及潮位变化曲线

通过实测海流数据可以得到如下结论。

(1)随着潮位变化,流速变化有明显的规律性。每日流速最大值与日最高潮位有相位差,发生在涨潮期间(最小值1.1m/s);到达高潮位和低潮位时,流速较小,尤其在低潮位附近,一般会出现稳定的流速较小的情况(最小值0.14m/s)。

(2)随着潮位的变化,流向变化有明显的规律性。涨潮时,流向稳定为东北方向(180°~220°);落潮时,流向为西南方向(30°~52°)。

(3)桥址处海流具有明显的潮流特征。

1.6 桥址处风、浪预测

平潭海峡公铁大桥所处桥址风、浪环境复杂,根据福建省气候中心统计分析结果,桥位处出现6级以上大风天数平均在300天以上。据平潭海洋站2001~2003年波浪观测资料统计,平潭海洋站波浪常浪向为ESE向,频率为79%,次常浪向为SSW、SW向,频率为14%。强浪向为ESE向,实测H1/10波高最大4.3m,周期7.4s,年平均波高为1.1m,平均周期为5.4s。

复杂的海洋环境对桥梁的施工有重要的影响。在风大、浪高的情况下,大型的起重设备、交通运输船只等施工设备的安全运营都受到明显影响,且施工人员的安全也受到严重威胁。因此,明确未来一段时间内桥址处的风、浪要素对桥梁的施工安全、调度有重要的意义。

通常的做法是通过海洋预报台对附近海域气象预报获知未来一段时间内风、浪变化情况。但是海洋预报台预报的数据主要是外海情况。而外海风、浪要素在传递到桥址处(海岸沿线)的过程中能量有所损耗,因此,外海处风、浪要素到达桥址处会有一定的减小。所以,根据海洋预报台提供的天气预报指导施工调度显然是不合理的。因此,如何获知桥址处未来一段时间内的风、浪要素情况显得尤为重要。

本节提出一种预测桥址处风、浪特征值预测的方法,在积累桥址处的风、波浪要素实测数据的基础上,建立桥址处风、浪要素与外海海洋预报台预报数据之间的关系,然后利用外海预报数据,预测桥址处一段时间内的风、浪要素,整个预测过程如图9-1-6-1所示。在研究过程中,分别利用了神经网络、统计传递系数方法、修正神经网络3种方法建立桥址处实测数据与外海天气预报之间的关系。并将历史数据库分为季风期数据库、非季风期数据库,针对不同月份采用不同的数据库进行训练学习,以达到更精确的预测结果。

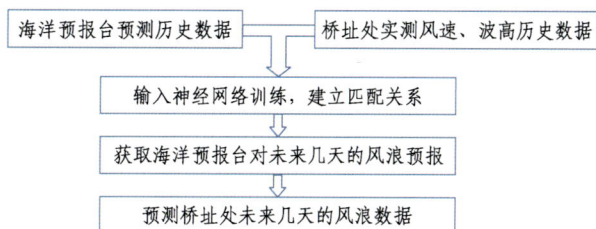

图9-1-6-1 神经网络方法进行风浪预测过程

1.6.1 风、浪数据预测方法

在预测未来桥址处风、浪特征值的过程中,发展了3种推测方法,分别是神经网络法、统计传递系数法和修正的神经网络法。

1)神经网络方法

人工神经网络(Artificial Neural Network,ANN),简称神经网络(Neural Network,NN),是一种模仿生物神经网络的结构和功能的数学模型或计算模型。现代神经网络是一种非线性统计性数据建模工具,常用来对输入和输出间复杂的关系进行建模,或用来探索数据的模式。神经网络具有以下特征。

(1)并行性高

若干个结构单一的处理单元相互交织在一起构成了人工神经网络。尽管各单元结构单一、功能不算强大,可是当这种结构单一的处理单元聚集在一起相互连接、相互作用,能够产生对信息强大的运算能力。

(2)非线性全局性强大

人工神经网络中的结点之间相互作用、相互制约,具体表现为每个结点通过其他结点传递过来的信号输入,然后经过网络的处理产生输出,影响其他结点,从而形成了人工神经网络由输入至输出的非线性映射。

(3)良好容错性与联想记忆功能

人工神经网络可以有效地对信息进行记忆,这种功能得益于其自身的网络结构。这些被记忆的信息储存于网络结点之间的权值中,由于采用的是分布式储存方式,因此所储存的全部信息内容是无法从单个权值中获取的。这就使人工神经网络具备了优良的容错性能,从而可以处理一些其他算法不擅长的运算工作。

(4)很强的自适应和自学习能力

人工神经网络经过训练能够不断地更新自身的连接权值和阀值,在这个过程中不断地降低偏差、提高拟合度。从而获得十分强的自适应和学习能力。

通过神经网络算法,对福建省海洋预报台发布的闽中渔场的预报数据和桥位处实测的风、浪要素进行分析,建立二者之间的关系,通过海洋预报台的预报数据预测桥位处的风速和波高。

施工海域各个测点风速预测与实测统计如图 9-1-6-2 ~ 图 9-1-6-4 所示。

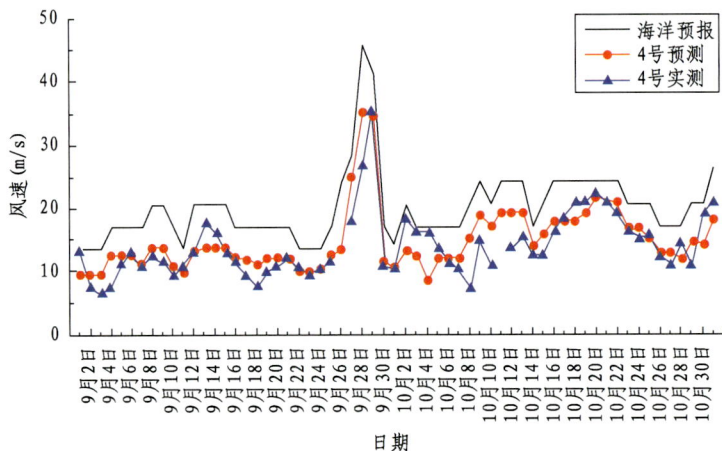

图 9-1-6-2　4 号变电站平台风速预测与实测数据统计

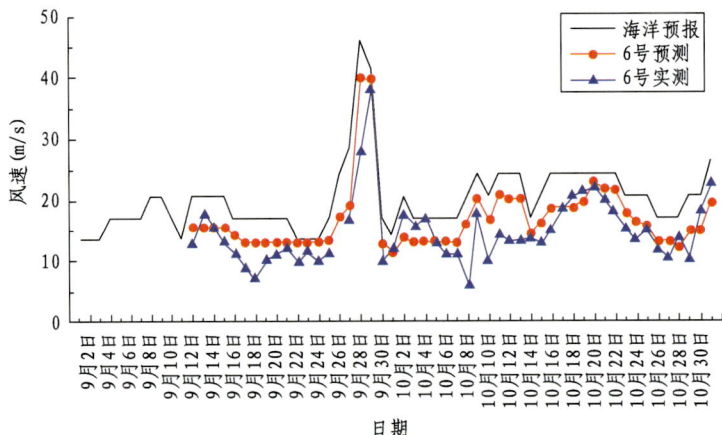

图 9-1-6-3　6 号变电站平台风速预测与实测数据统计

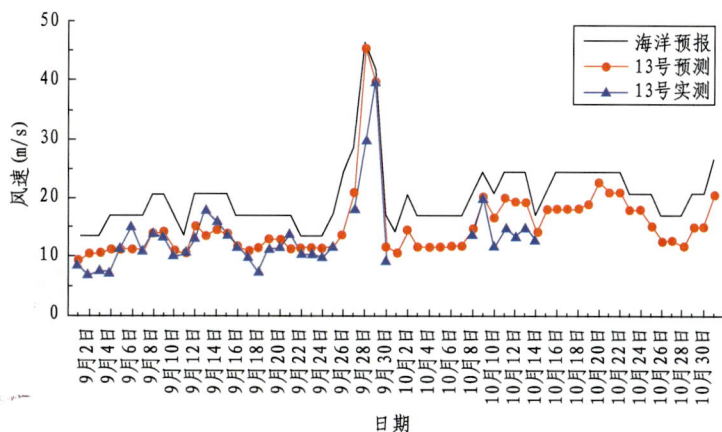

图 9-1-6-4 13 号变电站平台风速预测与实测数据统计

通过图 9-1-6-2～图 9-1-6-6 所示的各测点风速推测与实测曲线可以发现,实测曲线在推测曲线上下波动,具有很好的相关性,但是存在较多的实测风速大于推测风速天数,在这种情况下,不利于施工调度的参考。

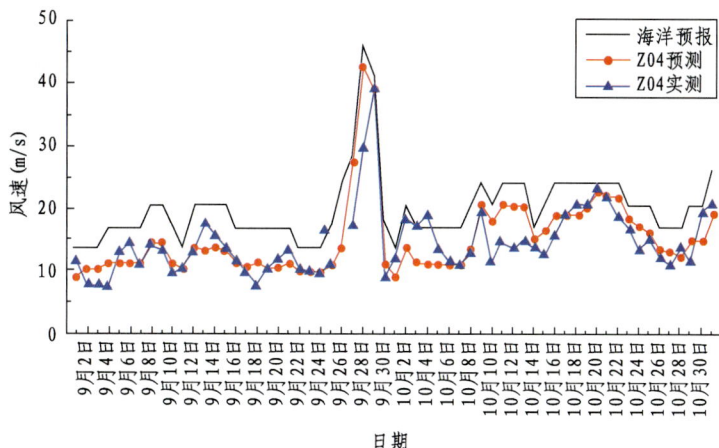

图 9-1-6-5 Z04 平台风速预测与实测数据统计

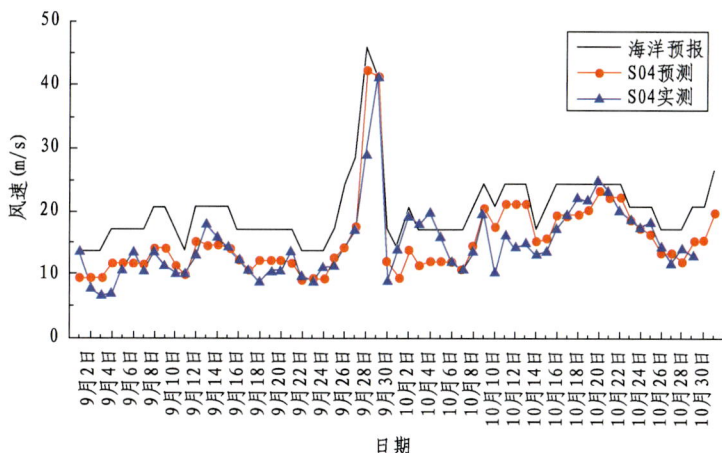

图 9-1-6-6 S04 平台风速预测与实测数据统计

2）统计传递系数方法

针对神经网络方法存在实测风速大于推测风速天数过多的情况,根据历史实测数据与外海天气预报数据的对比,通过概率统计的方法,得到在一定概率保证下,外海风、浪预报到桥址处风、浪要素一个传递系数。通过这个传递系数利用外海风、浪预报桥址处的风、浪要素。

统计 2015 年 6 月—11 月期间,桥址处风速、波高实测数据和海洋预报台预报历史数据,将桥址处实测风速、波高与外海预报数值进行对比,分析风速比和波高比的分布规律,如图 9-1-6-7 所示。

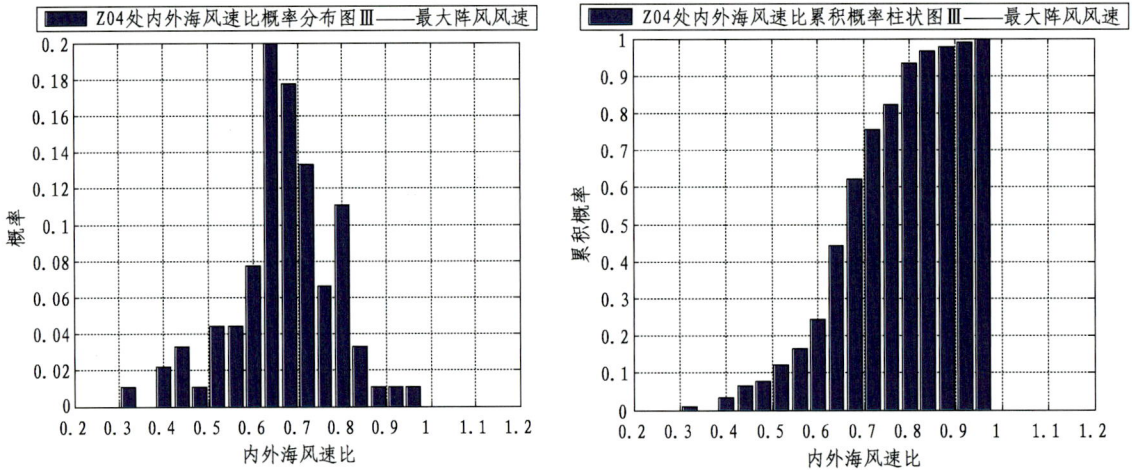

图 9-1-6-7　Z04 平台波高与外海风速比值概率分布和累积图

根据桥址处风速和预报台预测风速的风速比分析,传递系数在 0.85 以下的概率达到 95%,在 0.65 ~ 0.85 之间概率达到 75%,因此可以选取 0.65 和 0.85 作为预测最大风速的比率上下限。

传递系数对风速实测数据覆盖情况如图 9-1-6-8 所示,以外海风速乘以 0.85 的传递系数这种方法来计算施工海域最大风速上限,以外海风速乘以 0.65 的传递系数作为施工海域最大风速下限,上下限区间能够覆盖大部分天数的最大风速。

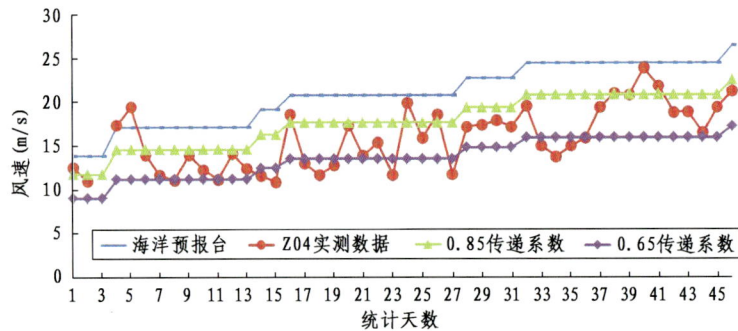

图 9-1-6-8　传递系数对风速实测数据覆盖情况

以 6 号变电站平台固定波浪仪为基础,分析桥址处波高和外海预测波高之间的相互关系,内外海波高比分布如图 9-1-6-9 所示。

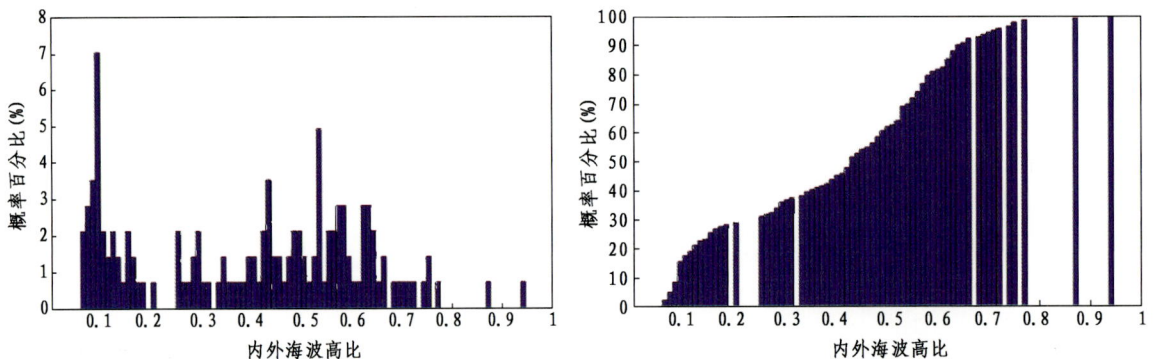

图 9-1-6-9　6 号变电站平台波高与外海波高比值概率分布和累积图

根据内外海波高比分布,当外海为北风、东北风且外海最大波高在 3m 及以上时有以下情况。

(1)传递系数在 0.7 及以下的概率达到 94% ;

(2)传递系数在 0.5~0.7 之间的概率为 33% ;

(3)传递系数在 0.2 及以下的概率为 28%。

因此,外海到施工海域的波高传递系数取 0.7,在这种情况下只有 6% 的概率下日最大波高会超过预测波高,传递系数对波高实测数据覆盖情况如图 9-1-6-10 所示。

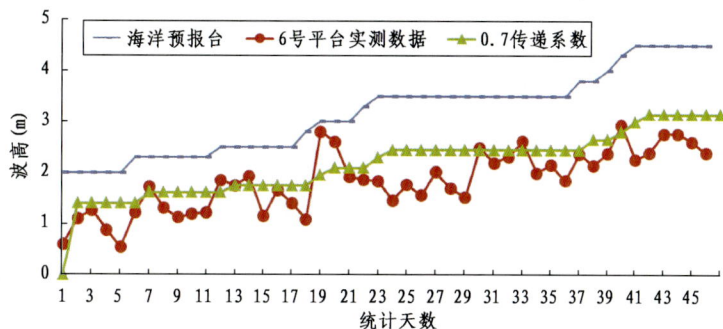

图 9-1-6-10　传递系数对波高实测数据覆盖情况(2015 年 10 月 1 日—11 月 5 日期间)

本节对历史实测数据与外海预报数据进行概率统计分析,得到了在一定概率保证下外海风、浪传递至桥址处风、浪的传递系数。虽然这种方法基本包络实测风、浪的最大值,但是在普遍情况下实测的风、浪值要小于利用传递系数推测的风、浪值,所以用于指导施工调度会存在较大的误差。

3)修正的神经网络方法

针对神经网络方法和统计传递系数方法预测桥址风、浪要素所存在的缺点,提出了一种修正的神经网络的方法。既能普遍包络住实测数据的最大值,由于实测值相差较小,可以较为精确的推测未来桥址处风、浪要素。具体而言,是在传统的神经网络预测的基础上附加一个常数 c 进行修正,常数 c 的确定依靠历史数据的统计和分析。

以 2014 年 10 月 1 日至 11 月 15 日期间神经网络预测方法预测的 6 号变电站平台最大波高与实测历史数据为例,如图 9-1-6-11 所示。

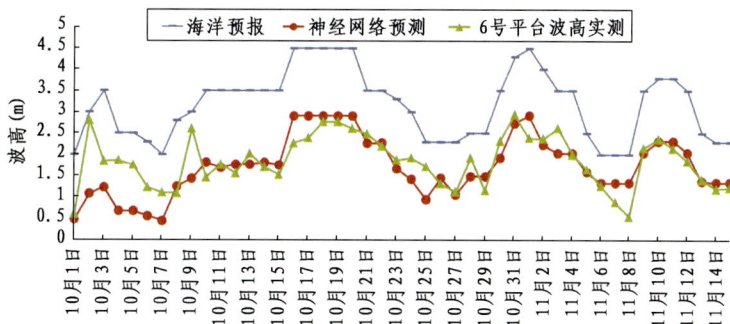

图 9-1-6-11　神经网络对波高的预测与实测数据统计

对推测波高与实测数据作差,求出波高差值的概率分布规律,如图 9-1-6-12 所示。

根据波高差概率密度分布图,实测波高 – 预测波高的差值大部分在 0.2m 及以下,作出波高差概率累积分布图如图 9-1-6-13 所示。

根据概率累积分布图,可得出以下结论。

(1)波高差(实测值 – 预测值)≤0 的累积概率为:50% ;

(2)波高差(实测值 – 预测值)≤0.1m 的累积概率为:63.04% ;

(3)波高差(实测值 – 预测值)≤0.2m 的累积概率为:71.74% ;

（4）波高差（实测值 - 预测值）≤0.3m 的累积概率为：73.91%；

（5）波高差（实测值 - 预测值）≤0.4m 的累积概率为：78.26%；

（6）波高差（实测值 - 预测值）≤0.5m 的累积概率为：80.43%。

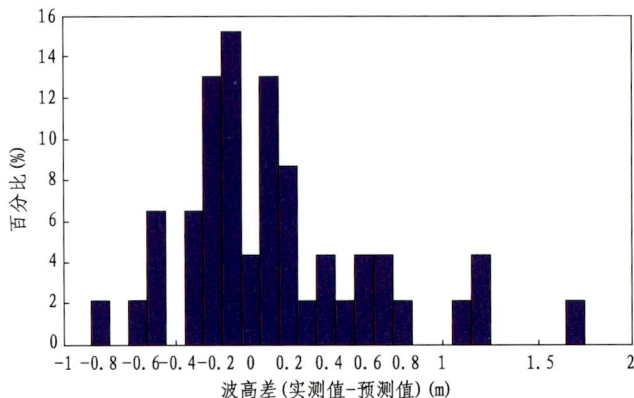

图 9-1-6-12　波高差概率密度分布图

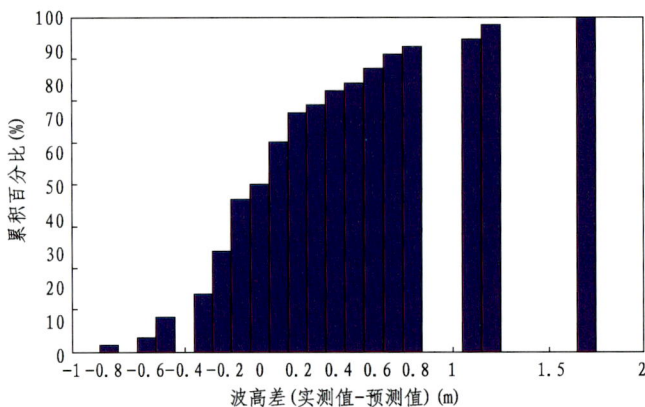

图 9-1-6-13　波高差概率累积分布图

从波高差概率累积分布图可以看出，0.2m 为概率累积百分比斜率变化的转折点，波高差在（-0.2m,0.2m）区间的斜率要远大于波高差在（0.2m,0.5m）区间的斜率。且修正系数不宜取过大，否则预测的误差会相应增大。

因此，取 0.2m 作为波高预测值的修正系数。对波高预测进行修正之后，波高预测与实测统计如图 9-1-6-14 所示。

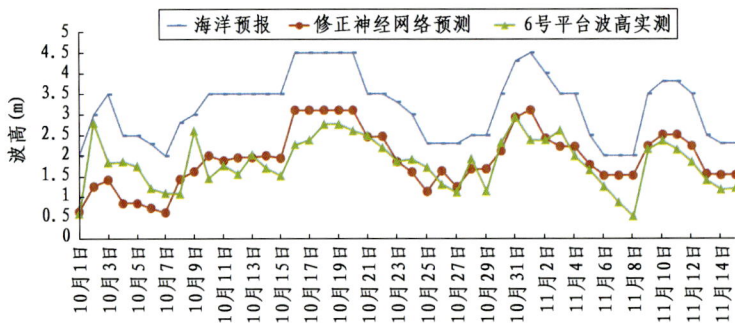

图 9-1-6-14　修正神经网络对波高的预测与实测数据统计

从图 9-1-6-14 可以发现，采用修正神经网络的方法推测未来浪高数据，基本上包络住了实测数据，且与实测数据之间相差较小。利用这种方法可以较为精确的推测未来桥址处的波浪要素特征。

1.6.2 数据库对预测结果的影响

平潭海峡公铁大桥施工海域在5月—9月期间属于非季风期,风、浪相对较小;10月份之后进入季风期,风、浪较大。由于施工海域风、浪特征在季风期和非季风期间具有明显不同,因此针对不同的时间区间,建立季风期和非季风期独立的数据库进行预测。

1)非季风期风浪预测

为了对比分析不同的数据库对于预测结果产生的影响,分别使用季风期监测数据库和非季风期监测数据库对8月至9月一段时间的风速和波高进行对比预测,计算结果如图9-1-6-15和图9-1-6-16所示。

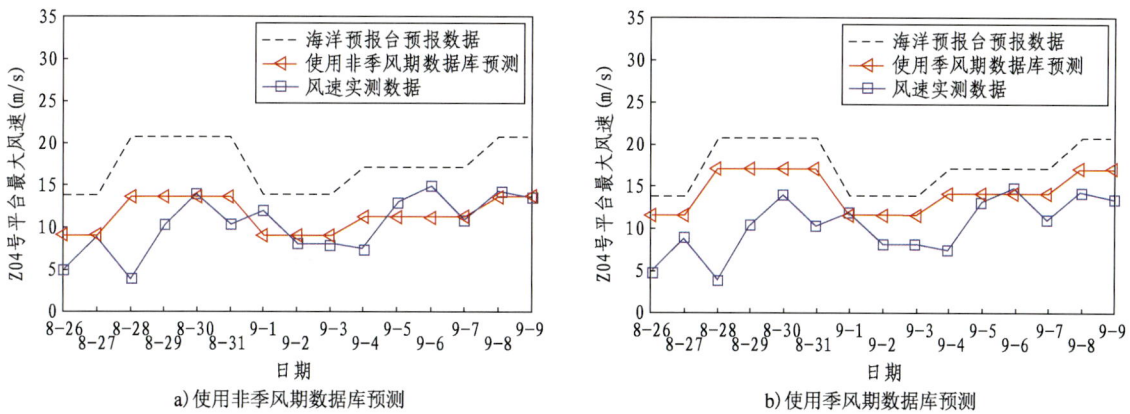

图9-1-6-15 数据库对非季风期波高预测的影响

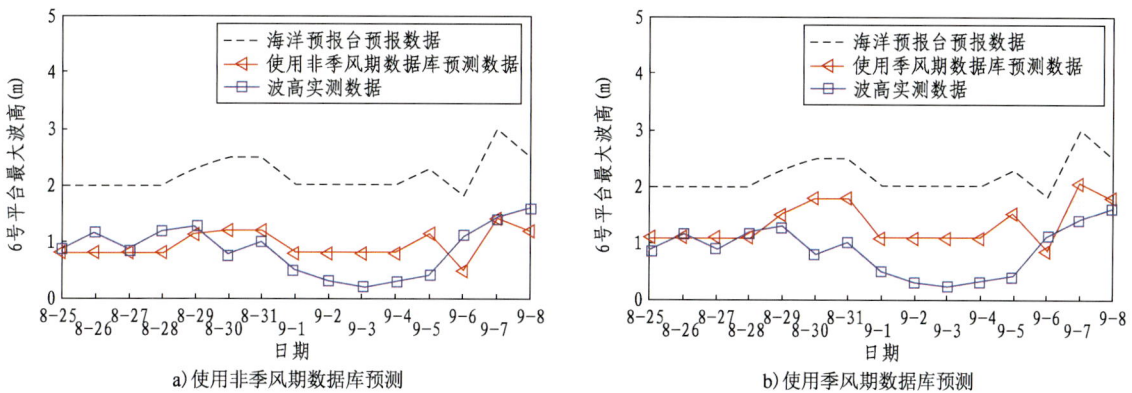

图9-1-6-16 数据库对非季风期波高预测的影响

可以发现,非季风期的数据库更加适合用于非季风期风浪预测,预测结果与实测数据更加接近。而使用季风期风浪监测数据库进行预测的结果偏大。

2)季风期风浪预测

使用非季风期的数据库对季风期的风浪数据进行预测,对比分析两种数据库对于季风期风浪预测结果产生的影响。计算结果如图9-1-6-17和图9-1-6-18所示。

可以发现,季风期的数据库更加适合用于季风期风、浪预测,预测结果与实测数据更加接近。而使用非季风期风浪监测数据库进行预测的结果偏大。

从上面2个工况可以发现,针对桥址处不同的气候特征采用预测数据库,预测结果具有明显的差别,因此,数据库的分类是非常必要的。

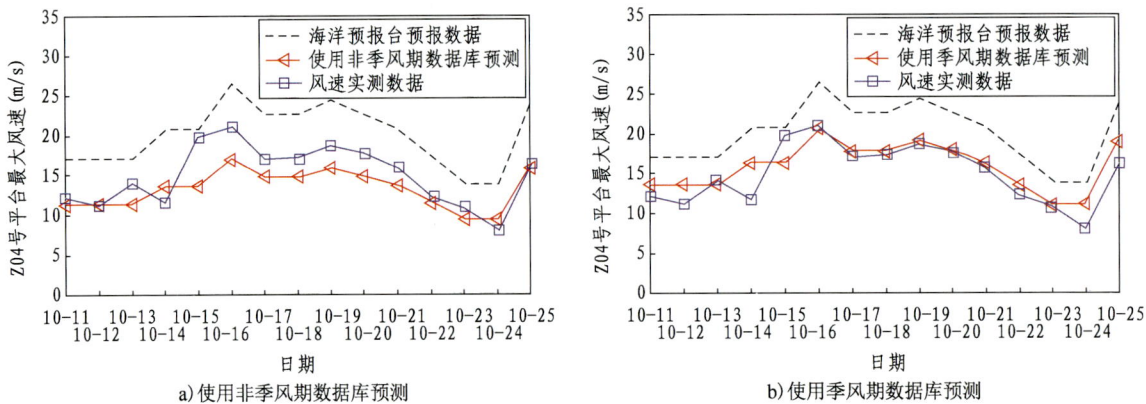

a) 使用非季风期数据库预测　　　　　　b) 使用季风期数据库预测

图 9-1-6-17　数据库对季风期风速预测的影响

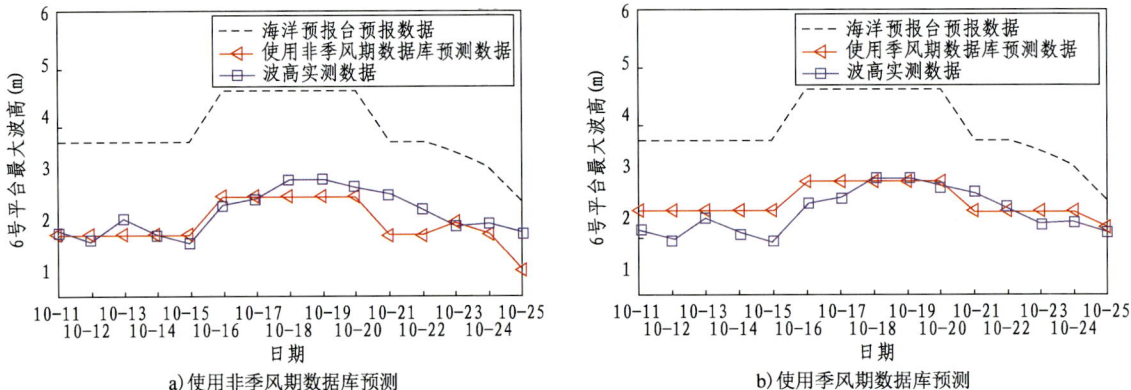

a) 使用非季风期数据库预测　　　　　　b) 使用季风期数据库预测

图 9-1-6-18　数据库对季风期波高预测的影响

1.7　小尺度钢管桩波浪力监测

波浪诱导的荷载有 3 种,分别为拖拽力、惯性力和绕射力。3 种力所占的比例与结构形式、尺度及波浪工况有关。拖拽力由流体速度的分离产生,对于大波高,小直径的结构占主导;惯性力是由流体的加速度产生的,包含 F-K 力(入射波压力场引起的作用力)及附加质量力,对较大尺度的结构物占主导;绕射力是由于考虑物体的作用,而使波浪发生绕射时引起的作用力,一般尺寸非常大(与波长可以比拟)的结构物必须利用绕射理论来计算绕射力。

在海洋工程结构中,通常是根据结构的尺度(大尺度还是小尺度)来决定选用哪种计算波浪荷载的方法。对于小尺度结构,拖拽力及惯性力占主导,而对于大尺度结构,波浪的惯性力及绕射力占主导。

对于圆柱形结构,直径 $D < 0.2L = 12m$(L 为波浪波长,一般在 60m 以上),都可以看成是小尺度结构。钢管桩或钢护筒(直径小于 6m)广泛应用于平潭海峡公铁大桥的主体结构和大型临时结构,例如钢管桩、栈桥、变电站平台等。

1.7.1　钢管桩波浪力计算

6 号变电站平台现场如图 9-1-7-1 所示。平台有 4 根直径 1.5m 的钢管桩组成,沿栈桥轴线方向 2 钢管桩之间的中心距离为 12m,垂直于栈桥轴线方向 2 钢管桩的中心距离为 9m。由于钢管桩之间的间距都大于 4 倍的桩径,根据《港口与航道水文规范》(JTS 145—2015)可以不考虑群桩效应。因此,采用 CFD 数值模拟和莫里森方程求解时只考虑单桩作用。

单桩的模型简图如图 9-1-7-2 所示。以线性波浪理论、莫里森方程计算钢管桩所受波浪荷载,计算同一位置处其所受到的波浪压力,并与实测波压及理论值进行对比。

图 9-1-7-1 6 号平台压力计安装桩柱(图框中为计算钢管桩)

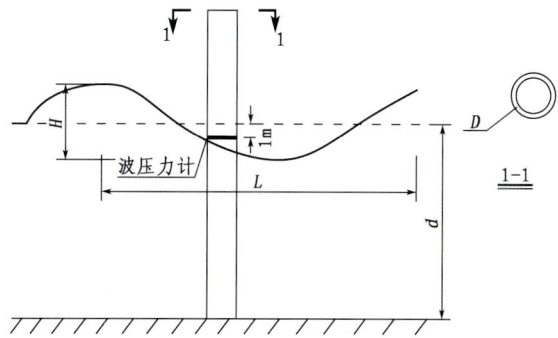

图 9-1-7-2 钢管桩单桩模型示意图

结构尺寸及波浪参数如下:桩外径 $D_1 = 1.5$ m,内径 $D_2 = 1.2$ m,高 $h = 23$m,该处海底高程 -18m,设计波浪要素:实测 2015 年 1 月 28 日 4 时的波浪要素进行计算,其中波高为 2.24m,周期 7.5s,波长 78.33m,海水密度 $\rho_w = 1030\text{kg/m}^3$。

本节通过有限元软件 Ansys Worbench 中的 CFX 模块计算该日 17 时(钢管桩浸深 $d = 19.97$m)设计波浪荷载作用下,钢管桩的波压分布。

几何模型的建立:几何模型的建立:建立尺寸为 $400\text{m} \times 25\text{m} \times 30$ m 的流场几何模型,如图 9-1-7-3 所示,并对其进行网格划分,网格采用 Hex Dominant 方法划分为六面体网格,网格尺寸 1.0 m。模型共划分单元 150000 个,节点 162006 个。

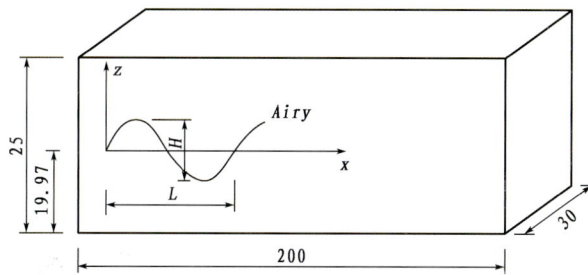

图 9-1-7-3 波浪场尺寸示意图(尺寸单位:cm)

自由液面的设置:在 FLUENT 流体软件中,为了模拟不断变化的气、液两相自由界面,采用 VOF (Volume of Fluid)法对两相流的自由表面波动进行追踪。

提取某时刻波面曲线,并与理论波面曲线进行对比,结果如图 9-1-7-4 所示。

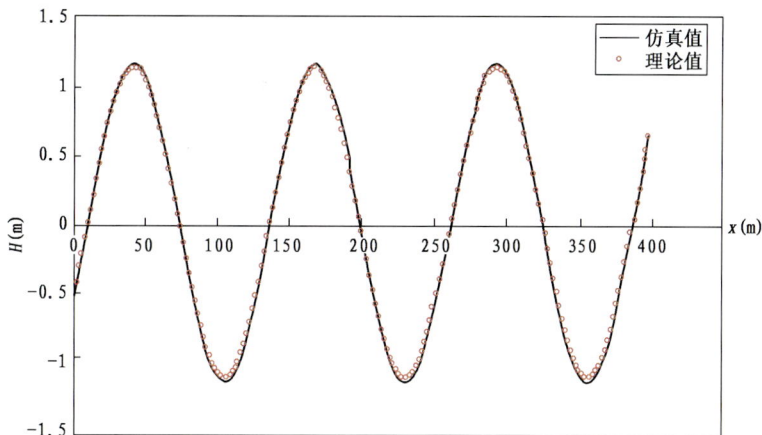

图 9-1-7-4 某时刻波面曲线

由图可见,数值仿真结果与理论波面方程计算值非常接近,本模型能够准确地模拟线性波浪。

经计算得到线性波作用下,钢管桩在算例给定条件下所受水平波浪力随时间 t 变化,如图9-1-7-5所示。

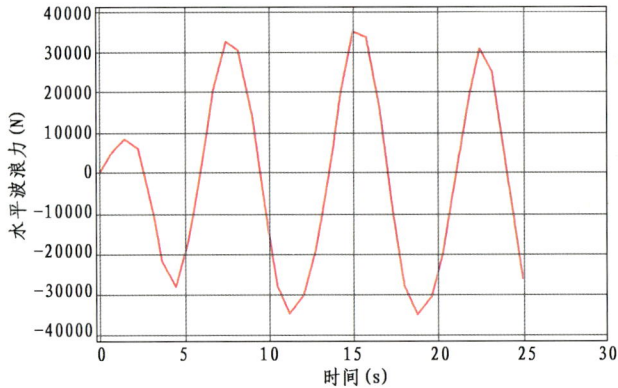

图9-1-7-5　圆柱水平波浪力时程曲线

由图9-1-7-5可见,钢桩所受水平方向波浪力在开始时并不稳定,这是由于流场从静止状态突然受到外界干扰;而一个多周期后,其大小、正负开始呈现周期变化并基本保持稳定,且其变化周期与波浪周期 $T=7.5\mathrm{s}$ 一致。通过线性波计算得到的最大波浪力 F_{max} 约为35.6kN,根据《港口与航道水文规范》(JTS 145—2015)计算得到的最大波浪力 F_{max} 为36.2 kN,仿真结果与规范方法计算的结果非常接近,相差仅为2%左右。

1.7.2　实测波压力校核

为校核波浪力的计算,在钢管桩外壁上高程 $-1\mathrm{m}$(距桩底17 m)处安装了12个波压力计,其布置及编号情况如图9-1-7-6所示,其中1号波压计与波浪入射方向一致。

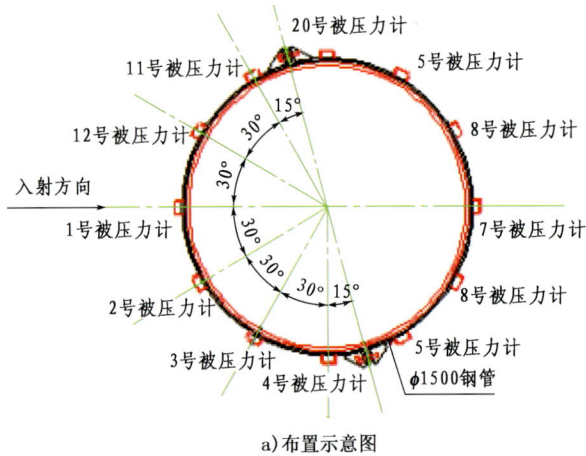

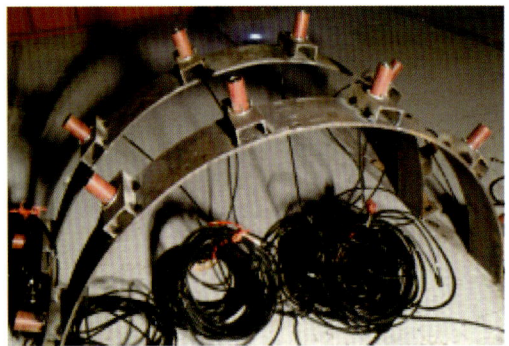

a)布置示意图　　　　　　　　　　　　b)现场安装图

图9-1-7-6　传感器布置示意图

2015年1月28日各时刻潮位变化情况见表9-1-7-1。

各时刻潮位变化表(潮高基准面在海平面下394cm)　　　　　　表9-1-7-1

时间	0:00	1:00	2:00	3:00	4:00	5:00
潮位(cm)	208	308	419	515	575	588
时间	6:00	7:00	8:00	9:00	10:00	11:00
潮位(cm)	551	474	381	297	237	217

时间	12:00	13:00	14:00	15:00	16:00	17:00
潮位(cm)	243	313	406	496	563	591
时间	18:00	19:00	20:00	21:00	22:00	23:00
潮位(cm)	571	507	414	314	226	169

提取各波压计在本例计算当日所记录的相应监测点的波压数据,以 1 号波压力计为例,绘制该测点波压变化时程曲线,如图 9-1-7-7 所示。

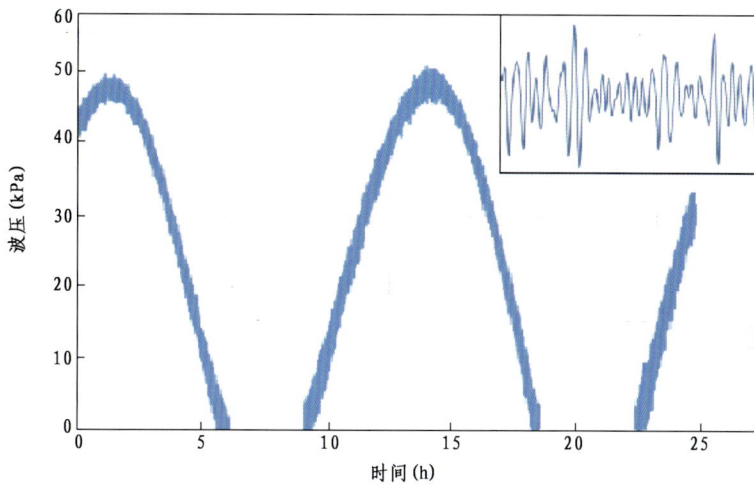

图 9-1-7-7　1 号测点波压力时程曲线

由图 9-1-7-7 可知,在随机波浪的作用下,1 号测点波压随时间波动显著,整个时段内,随着水位的升降,1 号测点的波压力变化明显,这表明潮位变化是影响波压力的主要因素,而在某些时段(6—9 时、18—22 时)当水位降至测点以下(高程 −1m)时,波压力显示为 0。从小窗口(时间历程以 s 为单位)可以看出,1 号测点的波压是在某一平均值范围连续、随机波动的。

实测 1 月 28 日 4:00—4:20 内,各波压力计压力值如图 9-1-7-8 所示。理论计算波压力为 40kPa,现场实测波压力最大值为 48kPa。现场实测波压力比理论计算值大 20%,原因可能在于潮位变化较大、随机波浪叠加的影响。

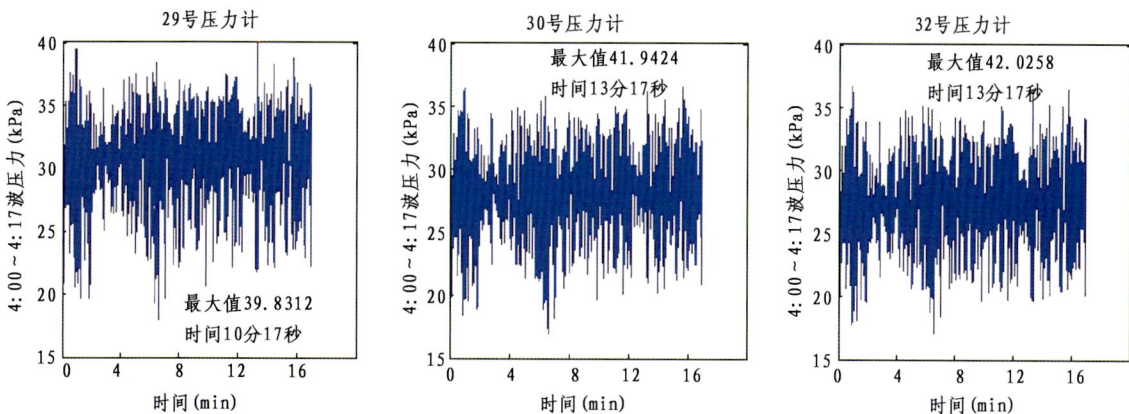

图　9-1-7-8

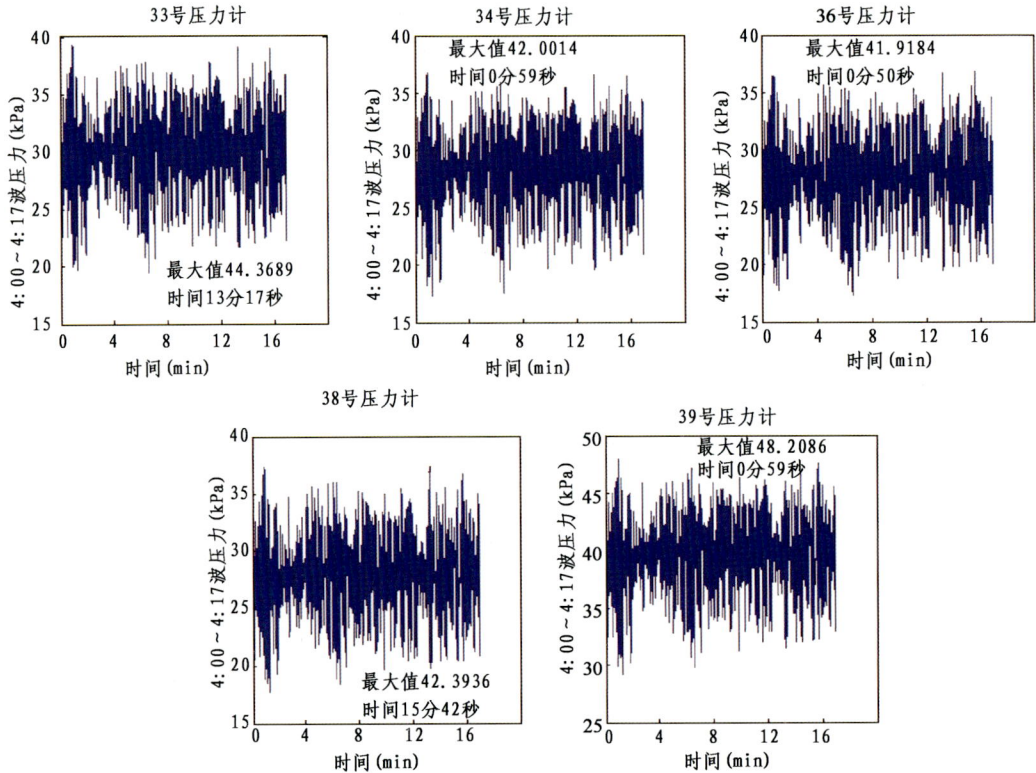

图 9-1-7-8　波压力时程变化（1 月 28 日 4:00 至 4:20）

1.7.3　影响波浪力的参数研究

本节对钢管桩承受波浪力的参数敏感性进行分析。分别研究了波高、波浪周期、水深及钢管桩直径对波浪力的影响。

1）波高的影响

为考虑波高对钢管桩受力的影响，计算不同波高作用下，桩柱所受水平波浪力。

结构尺寸及波浪参数：直径 $D=1.5\text{m}$，柱高 $h=23\text{m}$，水深 $d=18\text{m}$，波浪周期 $T=7.5\text{s}$，海水密度 $\rho_w=1030\text{kg/m}^3$，分别以线性波理论和 Stokes 五阶波理论计算圆柱受到的波浪力。

其中，对 Stokes 五阶波而言，波高 H 与波长 L 及系数 λ 之间相互影响，因此，首先应该通过迭代计算，得到不同波高的 Stokes 五阶波对应的 L 及 λ，见表 9-1-7-2。

Stokes 五阶波波浪参数　　　　表 9-1-7-2

波高 H(m)	1.0	1.4	1.8	2.24	2.6	3.0	3.4
波长 L(m)	78.6	78.7	78.9	79.1	79.3	79.6	79.9
λ	0.040	0.056	0.071	0.087	0.102	0.117	0.132

经计算可得在不同波高的波浪作用下，通过数值仿真和规范推荐公式计算所得圆柱最大水平方向波浪力见表 9-1-7-3，并将表结果绘制成图 9-1-7-9。

不同波高对应最大水平波浪力（单位：kN）　　　　表 9-1-7-3

波高 H(m)	线　性　波	Stokes 五阶波	规　　范
1.0	15.8	15.6	16.0
1.4	21.8	21.2	22.4
1.8	28.3	27.8	29.0

波高 H(m)	线 性 波	Stokes 五阶波	规 范
2.24	35.6	34.6	36.2
2.6	41.7	40.8	42.3
3.0	48.6	47.2	49.1
3.4	54.3	53.4	56.0

图 9-1-7-9 中三条曲线均显示,水平波浪力的大小与波高呈线性关系。线性波对圆柱的水平波浪力仿真分析结果与规范方法算得的结果非常接近,两者最大偏差仅为 2.5%。另一方面,可以看出 Stokes 五阶波所得结果与另两者相比普遍偏小,且两者的差值随波高增大而逐渐增大。引起这一现象的主要原因是,随着波高的增大,自由液面效应越来越明显,其对总波浪力的影响也变得相当重要,而线性波理论推导的运动参数(水质点的运动速度、加速度等)仅对静水面以下部分有效,而如果直接采用线性波浪理论来计算静水面以上部分的运动参数,则会导致计算结果偏大。因此,当波高增大时,要考虑自由液面的影响,采用 Stokes 五阶波理论更为合理。

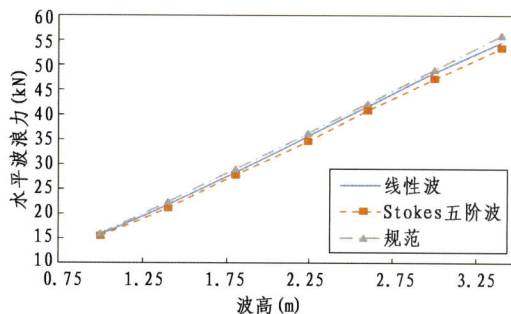

图 9-1-7-9 最大水平波浪力与波高关系

同时,规范值既大于线性波浪理论所计算的值,又大于 Stokes 五阶波理论计算的值;且对于最大差异,波高 H 为 3.4m 时,也仅为 4.6%。可见,规范值是偏于安全的。

2)波浪周期的影响

为考虑波浪周期对圆柱所受波浪力的影响,计算周期情况下,圆柱所受水平波浪力。设水深 $d=18$m,波高 $H=2.24$m,海水密度 $\rho_w=1030$kg/m³,圆柱直径 $D=1.5$m,柱高 $h=23$m,波浪周期 T 分别取 2.5s、4.5s、6.5s、8.5s、10.5s 和 12.5s。

由于波浪周期 T 与波长 L 是相互影响的,因此,不同波浪周期对应的波长也不同,对应关系见表 9-1-7-4。

周期与波长关系　　　　表 9-1-7-4

周期 T(s)	2.5	4.5	6.5	8.5	10.5	12.5
波长 L(m)	9.75	31.6	62.5	94.1	124.1	153.1

计算圆柱所受水平波浪力,计算结果见表 9-1-7-5。将上表结果绘制成图表,如图 9-1-7-10 所示。

不同周期对应的最大水平波浪力(单位:kN)　　　　表 9-1-7-5

波浪周期 T(s)	线 性 波	Stokes 五阶波	规 范
2.5	46.1	45.4	46.9
4.5	42.3	41.2	43.2
6.5	37.5	36.4	38.6
8.5	32.8	32.2	33.8
10.5	28.4	27.5	29.2
12.5	24.3	23.9	25.4

由图 9-1-7-10 可知,圆柱受到的水平波浪力大小与波浪周期基本呈线性关系。随着周期的增加水平波浪力逐渐减小,这是因为周期增长,波长增大,而水质点的运动速度相对减小,因此其产生的波动压

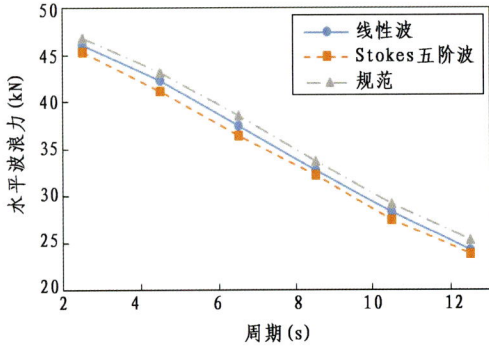

图 9-1-7-10　最大水平波浪力与周期的关系

强及波浪力随之减小。

3）水深的影响

为考虑水深对圆柱受力的影响,计算不同水深情况下,圆柱所受水平波浪力。分别以线性波理论和 Stokes 五阶波理论计算圆柱受到的波浪力。由于波长和水深是相互影响的,在不同水深时,线性波和 Stokes 五阶波的波长也不相同,因此,首先应该计算不同水深对应的波长,再计算圆柱所受水平方向波浪力。由式波浪的色散关系可以得到不同水深时,不同波浪理论应选取的波长及相关系数,见表 9-1-7-6。

波长与水深的关系　　　　表 9-1-7-6

水深	线 性 波	Stokes 五阶波		
d(m)	波长 L(m)	波长 L(m)	λ	
8.0	60.1	62.0	0.108	
10.0	65.3	66.6	0.103	
12.0	69.7	70.6	0.098	
14.0	73.2	74.0	0.094	
16.0	76.1	76.8	0.091	
18.0	78.5	79.1	0.088	
20.0	80.4	81.0	0.086	

随着水深变深,其波长亦变长,这是因为随着水深变深,海水所受的周边约束(例:海底的摩擦)变弱的原因。

经计算,不同水深时,圆柱所受最大水平波浪力见表 9-1-7-7。

不同水深对应的最大水平波浪力(单位:kN)　　　　表 9-1-7-7

水深 d(m)	线 性 波	Stokes 五阶波	规 范
8.0	29.6	35.8	36.3
10.0	31.2	33.2	33.8
12.0	32.3	31.8	32.7
14.0	33.2	32.4	34.0
16.0	34.9	33.9	35.2
18.0	35.6	34.2	36.2
20.0	36.8	35.4	37.1

将上表结果绘制成图,如图 9-1-7-11 所示。

由图 9-1-7-11 可见,在 $d=12$m 时 Stokes 五阶波和规范推荐方法所得波浪力曲线出现明显的反弯点。

当 $d>12$m 时,三种方法计算结果比较接近,随水深的变化趋势一致,基本呈线性变化。其中线性波的计算结果与规范推荐方法计算结果非常接近,这一方面是由于两者的理论基础都是线性波理论;另一方面也证明了本文所建模型的准确性。图中 Stokes 五阶波的计算结果与前两者相比普遍偏小,规范推荐方法计算值较Stokes 五阶波的计算值平均偏大 4.5% 左右,两者之差

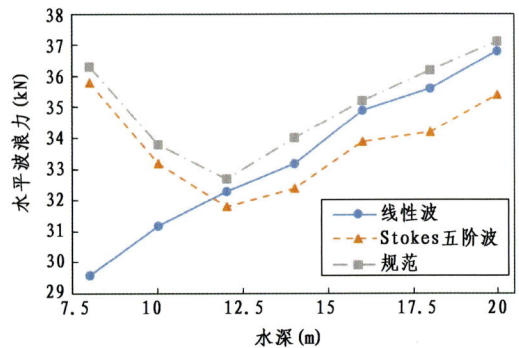

图 9-1-7-11　最大水平波浪力与水深关系

随水深 d 的减小逐渐减小。

当 $d < 12\text{m}$ 时,随着水深的减小,线性波仿真结果继续呈下降趋势,而 Stokes 五阶波及规范推荐方法所得圆柱水平波浪力反向增大。这是因为随着水深的减小,水深变浅引起的非线性效应已经逐渐明显,而这一效应将对水质点的加速度产生影响,且在 $d/L = 0.04 \sim 0.2$ 时使加速度数值显著增大,从而使得水平波浪力增大。一方面,这说明规范推荐方法可以更好地考虑水深变化引起的非线性效应对结构受力的影响;而另一方面,对数值分析法而言,线性波仿真不能考虑波浪的非线性效应,因此在 $d/L < 0.2$ 时不再适用,而此时 Stokes 五阶波可更准确的描述波浪的非线性特征。

4)钢管桩直径对波浪力的影响

柱高 $h = 23\text{m}$ 的直立圆柱,位于水深 $d = 18\text{m}$ 的海洋环境中,波浪参数:波高 $H = 2.24\text{m}$,波浪周期 $T = 7.5\text{s}$,海水密度 $\rho_w = 1030\text{kg/m}^3$。经计算,以线性波理论和 Stokes 五阶波理论计算所得不同柱径圆柱所受水平波浪力最大值见表 9-1-7-8。

不同柱径对应的最大水平波浪力(单位:kN)　　　　表 9-1-7-8

柱径 $D(\text{m})$	线　性　波	Stokes 五阶波	规　　范
0.5	5.6	5.4	4.3
2.0	62.9	53.8	64.4
4.0	243.3	233.8	257.6
6.0	552.9	540	579.6

将上表计算结果绘制成图 9-1-7-12。

由图 9-1-7-12 可知,随着圆柱直径的增大,其所受水平波浪力呈二次曲线增长。三种方法算得的结果非常接近,其中线性波仿真结果与规范方法算得的结果偏差都在 10%,满足设计精度要求。仿真结果大部分小于规范推荐方法算得的结果,这说明规范推荐方法是偏于安全的,在设计中采用是合理的。

本节以平潭海峡公铁大桥 6 号变电站平台的钢管桩为研究对象,采用 CFD 数值模拟、莫里森方程两种方法计算波浪力,在计算过程中分别采用了线性波浪理论和 Stokes5 阶波理论,并通过测试钢管桩的波压力验证了数值计算结果。在验证数值计算正确性的基础上对影响波浪力的关键参数进行分析,主要有以下结论。

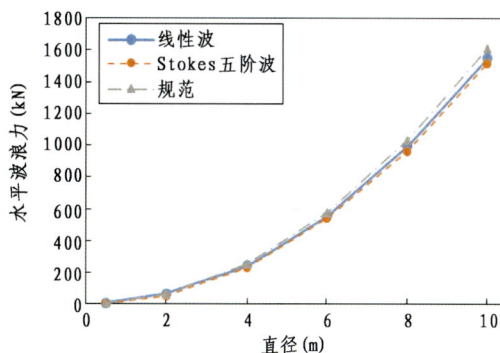

图 9-1-7-12　最大水平波浪力与圆柱直径关系

(1)数值模拟方法与规范算法计算结果具有较好的一致性,现场实测波浪压力比数值模拟结果略大,应该是潮位、海流等因素影响;

(2)数值分析了波浪参数(波高、周期)、场地条件(水深)及结构尺寸对钢管桩波浪力的影响。随着波高的增加,钢管桩承受的波浪力线性增加;

(3)随着周期的增加,钢管桩承受的波浪力线性减小;随着水深的减小,线性波浪理论计算波浪力偏小,而规范计算方法及用 Stokes 五阶波理论计算的波浪力数值吻合较好;

(4)钢管桩承受力与结构直径之间呈 3 次方变化关系。

各种工况表明,小尺度结构波浪力的计算可以采用规范计算方法。

1.8 大尺度围堰结构波浪力监测

在平潭海峡公铁大桥的基础施工过程中,普遍采用"围堰法",且围堰主要分为两种类型,分别是非通航孔桥围堰和主桥墩围堰,非通航孔桥围堰截面为长方形、主桥墩围堰界面为圆端哑铃形。两类围堰从波浪力计算计算尺度来判断都属于大尺度结构。

本章通过在非通航孔桥围堰 SR40 表面布置波压力计,实测围堰表面的波压力分布。在波压力布置方案中,首先通过计算流体动力学(CFD)数值模型计算了围堰波压力分布,根据波压力分布特点布置波压力。SR40 围堰经历过台风"杜鹃",通过波压力数据推算了围堰在台风期间承受的波浪力。

SR40 围堰位于松下岸至人屿岛之间,位置如图 9-1-8-1 所示。此处海床面高程 −9.92m。围堰截面呈长方形,平面尺寸为 14.8m×23m,四个角点处为半径 4m 的圆弧段,围堰里面高程在 −4.4 ~ +7.9m 范围内,结构示意图如图 9-1-8-2 所示。

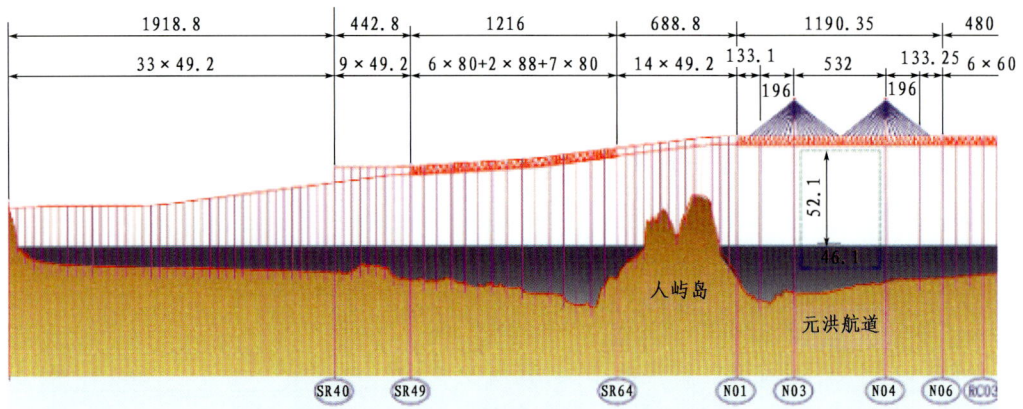

图 9-1-8-1　SR40 围堰桥位位置示意图(尺寸单位:m)

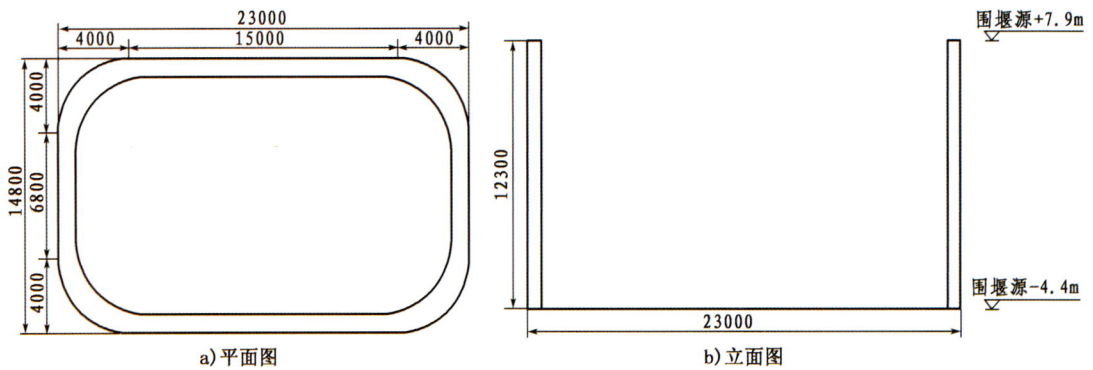

图 9-1-8-2　围堰示意图(尺寸单位:mm)

1.8.1 波压力计布置方案

利 ANSYS FLUENT 软件数值模拟 SR40 围堰在波浪作用下的波浪力及波压力分布,三维数值水槽尺寸为长度 500m,宽度 100m,深度 30m,波浪入射方向与长轴方向夹角 38.3°,围堰截面与波浪方向表示如图 9-1-8-3 所示,为便于表述,围堰各边中点分别设为 A、B、C、D,各角点分别为 E、F、G、H。D(+5)在 D 的垂直方向 +5m 高程处。

三维数值水槽与围堰结构如图 9-1-8-3 所示,利用 ICEM 对数值模拟结构进行网格划分,网格划分结果如图 9-1-8-4 所示。

0m、−2m 高程截面各点的压力分布数值模拟如图 9-1-8-5、图 9-1-8-6所示。

从图 9-1-8-5、图 9-1-8-6 中可以发现,波压力较大值发生在迎浪方向的 A、H、D 点。B、F、C、G 点的波压力曲线与 E、A、H、D 相比存在明显的相位差。

A、D 点沿着垂直方向上波压力的分布如图 9-1-8-7 ~ 图 9-1-8-10 所示。从图中可以发现,随着深度的增加,波压力随之增加,不同深度处个点波压力的变化趋势一致,且随着水深的增加,处于水面以下的波压力值(静压和动压的总和)呈线性变化。

为了考察波压力沿围堰长度方向的分布,以 0m 高程断面为例,HG 段的直线段上插入 5 个点(HG1、HG2、HG3、HG4、HG5),分别将其平均分成 4 段,各点的波压力如图 9-1-8-11 和图 9-1-8-12 所示。

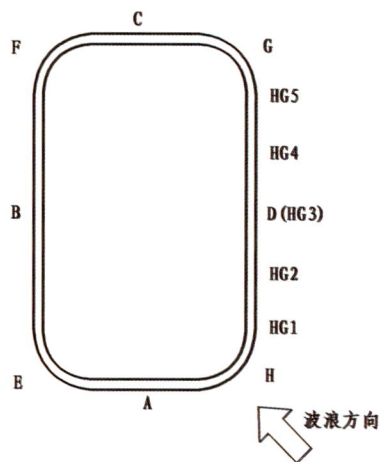

图 9-1-8-3　围堰与波浪方向示意图

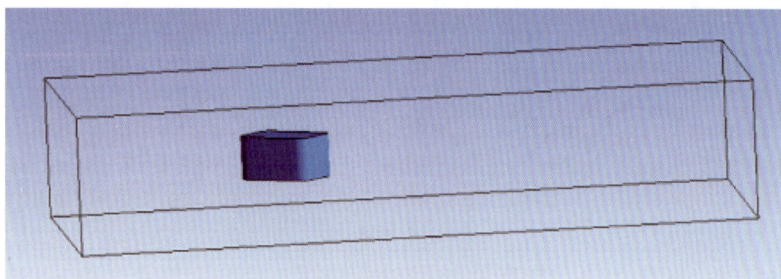

a)数值水槽与围堰计算模型

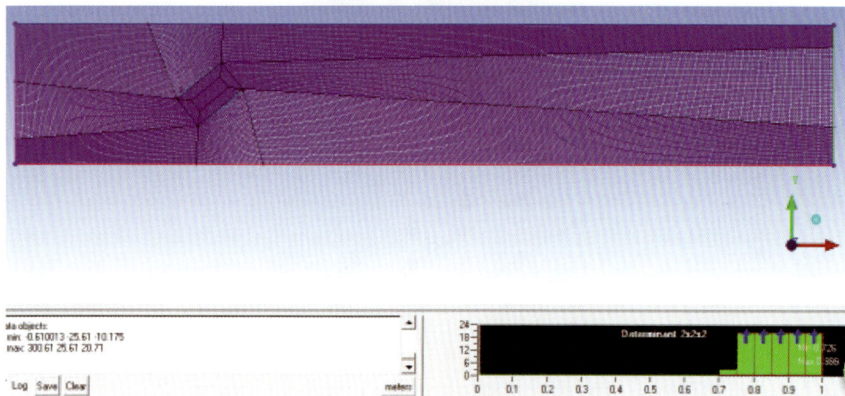

b)网格划分

图 9-1-8-4　数值水槽与网格划分示意图

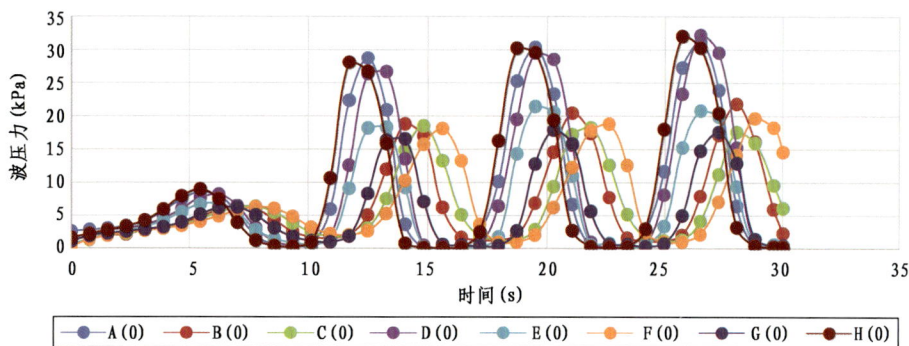

图 9-1-8-5　0m 高程处各测点波压力分布

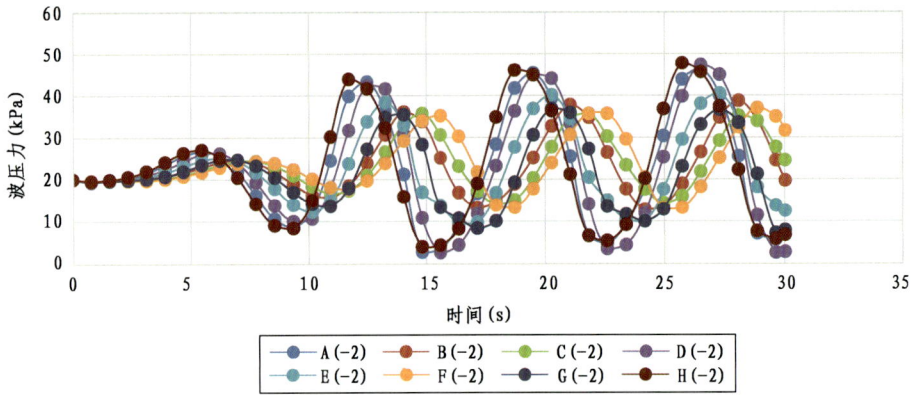

图 9-1-8-6　-2m 高程处各测点波压力分布

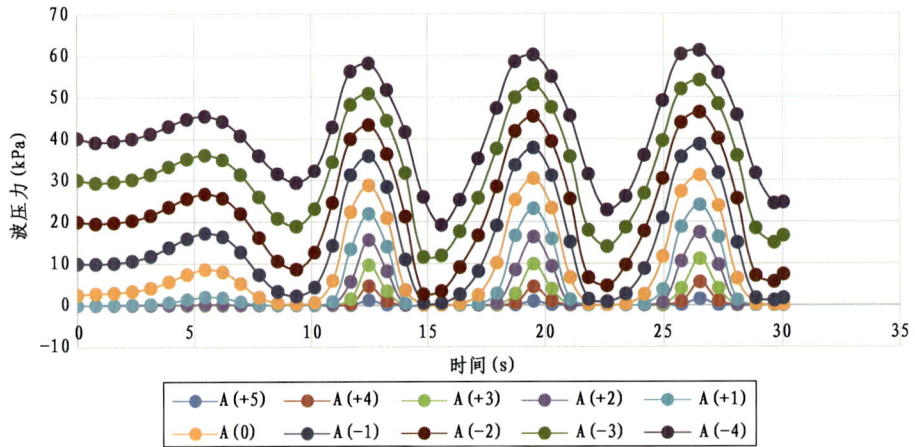

图 9-1-8-7　A 点沿线随着高程的波压力变化

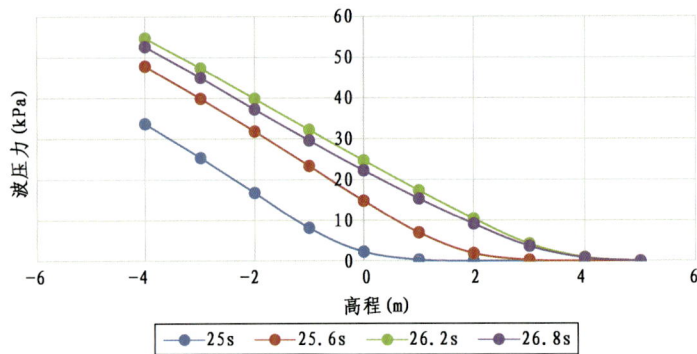

图 9-1-8-8　A 点沿线不同高程、不同时刻波压力值变化

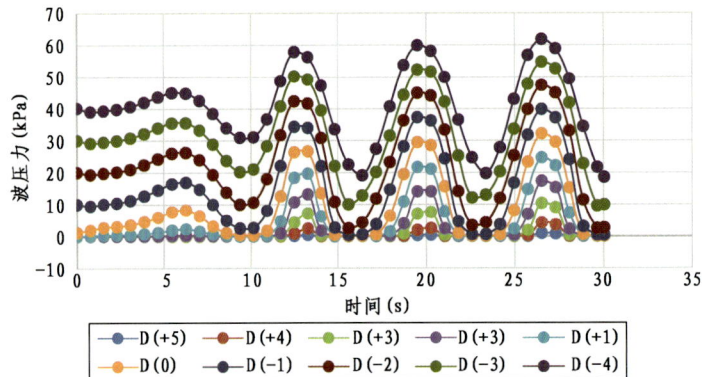

图 9-1-8-9　D 点沿线随着高程的波压力变化

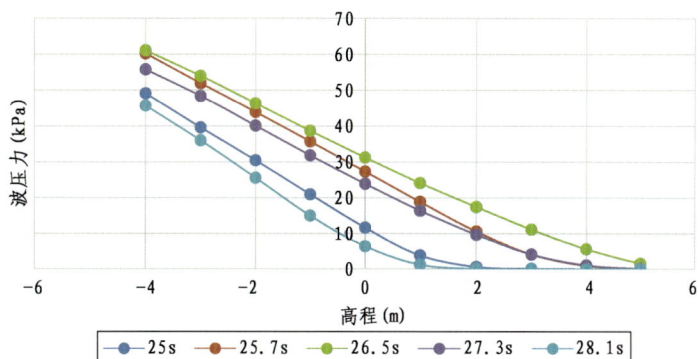

图 9-1-8-10 D 点沿线不同高程、不同时刻波压力值变化

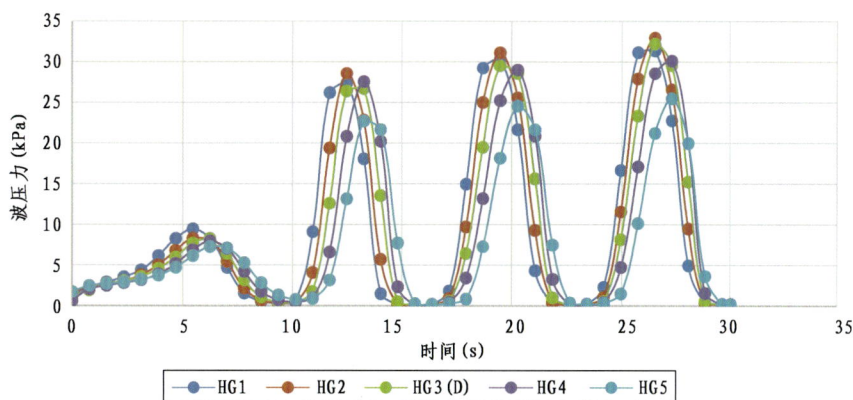

图 9-1-8-11 HG 边上各点波压力分布

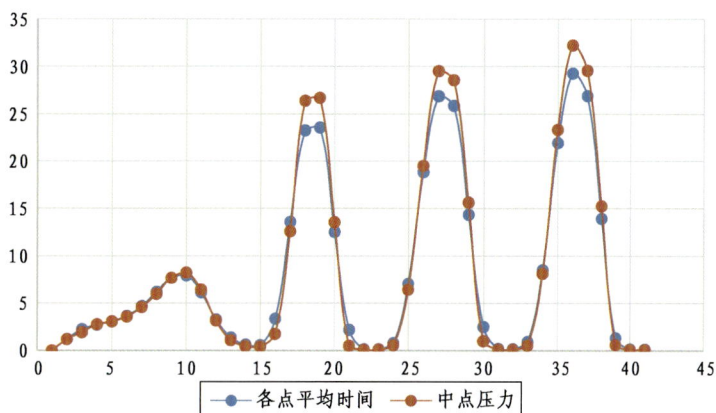

图 9-1-8-12 HG 边上个点波压力平均与中点波压力值对比

从图 9-1-8-11、图 9-1-8-12 可以发现,HG 边上各点波压力分布变化规律基本一致,但是随着点向围堰周长度及波浪推进方向发展,存在明显的相位差和压力减小。各点的波压力平均与中点波压力值吻合较好,只是在最大值时出现差异,最大差值为 10%,且此时中点波压力值均比平均波压力值大。

通过上述数值分析可以发现,SR40 围堰的波压力分布具有明显的规律性。

(1)迎浪面的波压力明显大于被浪面;

(2)沿垂直方向,各点波压力的变化规律一致,水面以下基本波压力呈线性分布;

(3)沿围堰长度和波浪行进方向,波压力分布具有明显的相位差,各点平均波压力值与中点波压力值基本吻合。

基于以上数值计算结果,共布置 24 个波压力计,布置方案如下:波压力计沿水深方向布置 3 层,高程分别在 0m、−2m、−4m,如图 9-1-8-13 所示。0m、−2m、−4m 高程波压力计布置如图 9-1-8-14 所示。0m 高程断面波压力计分别在围堰各边的中点、围堰交点及围堰 HG、EH 边的四分点处,共 12 个波压力计。−2m 高程断面波压力计布置在围堰各边的中点及角点处,共 8 个波压力计。−4m 高程断面波压力计布置在围堰各边的中点,共 4 个波压力计。

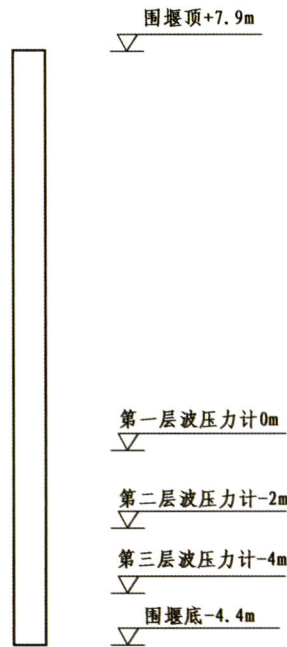

图 9-1-8-13　沿深度方向波压力计布置示意图

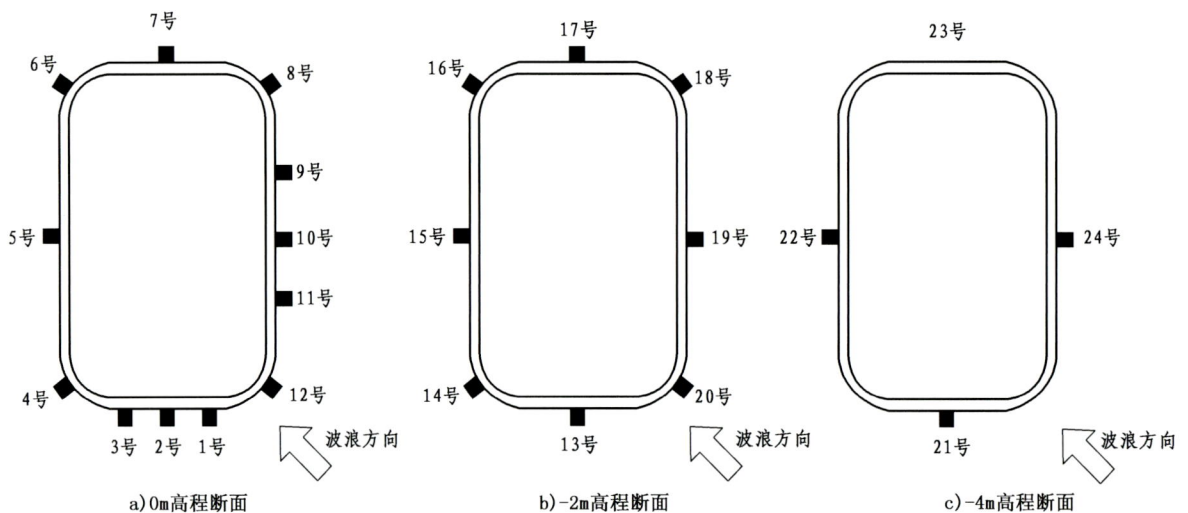

a)0m高程断面　　　　　　　b)−2m高程断面　　　　　　　c)−4m高程断面

图 9-1-8-14　波压力布置示意图

1.8.2　波压力计现场布置

波压力计与支架固定支架通过填充通环氧砂浆封固。支架采用 4 个 M12 的螺栓固定在围堰上,且支架与围堰之间填充止水橡胶实现密封,波压力安装前的准备如图 9-1-8-15 所示,安装后如图 9-1-8-1 所示。波压力传感器采 CSW560 水压传感器,传感器参数见表 9-1-8-1。

a)   b)

图 9-1-8-15 波压力计封装与支架

CSW560 波压力传感器技术参数   表 9-1-8-1

测量范围	10m、20m、30m 等常用程量
分辨率	0.025% F·S
综合误差	<0.2% F·S
测温范围	−25 ~ 60℃
测温精度	±0.5℃

注:F·S-满量程。

按照前述的波压力布置方案,现场布置 24 个波压力计,现场波压力计布置如图 9-1-8-16 所示。波压力计通过防水电缆将信号传递至采集仪,数据保存在现场的工控机上。现场机柜、采集设备、供电设备如图 9-1-8-17 所示。

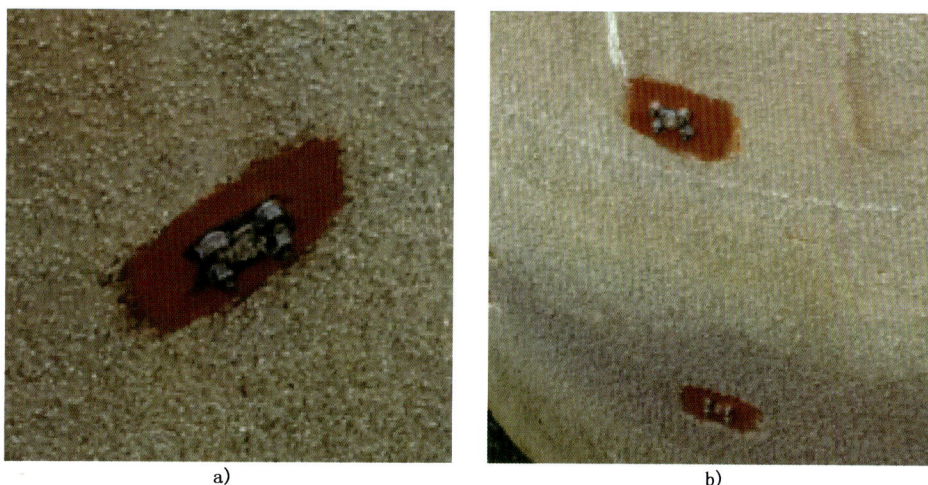

a)   b)

图 9-1-8-16 安装于围堰壁的波压力计

1.8.3 SR40 围堰实测波压力分布规律

本节通过围堰表面波压力推导围堰所受波浪力。为了通过有限离散点的波压力分布,得到总体波浪力,首先考察围堰波浪力分布特征;在第 9 篇 1.5.1 节通过数值分析得到了围堰波压力的分布特征。本节利用实测波压力数据验证数值波压力分布特征,并根据分部规律推导围堰整体波浪力的计算。

1)围堰实测波压力竖向分布规律

2016 年台风杜鹃期间(9 月 29 日),0:00 时 5 号、15 号、22 号波压力时程如图 9-1-8-18 所示。不同时刻 5 号、15 号、22 号波压力沿竖向分布的拟合曲线如图 9-1-8-19 所示,拟合结果见表 9-1-8-2。

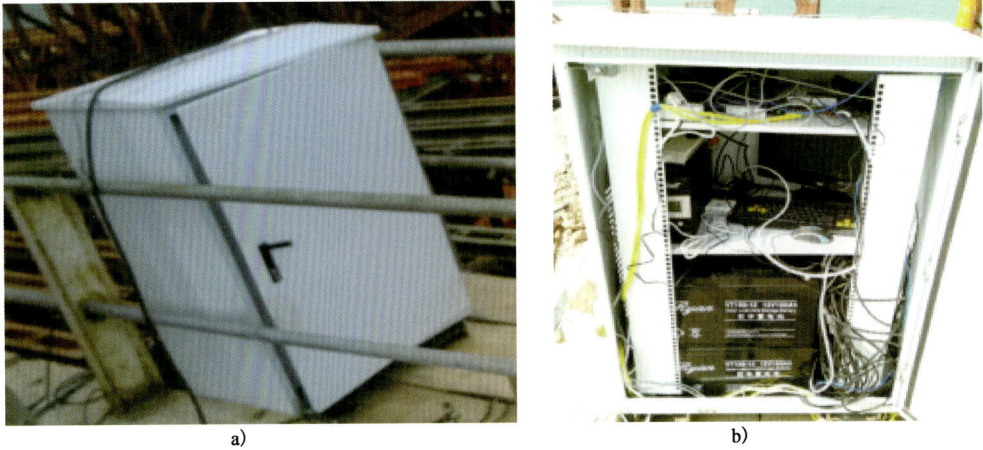

图 9-1-8-17　现场机柜、供电及采集设备

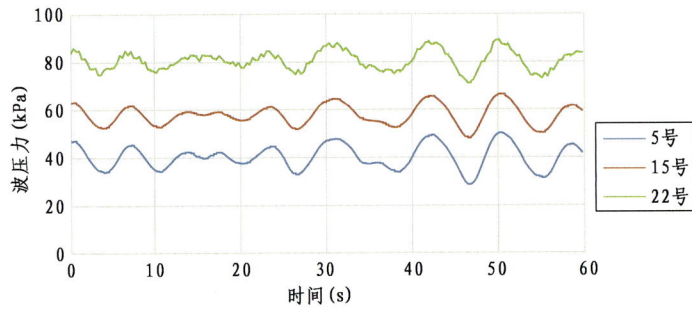

图 9-1-8-18　不同深度处波压力变化情况(5 号、15 号、22 号)

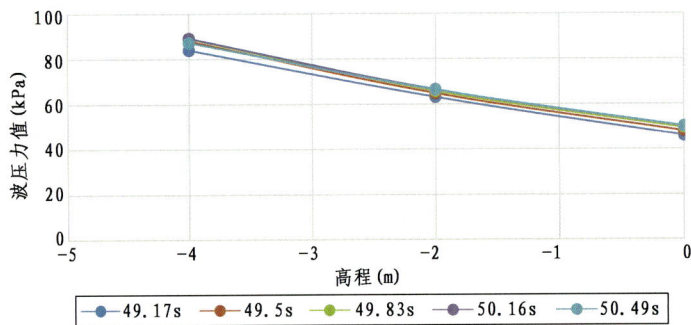

图 9-1-8-19　不同时刻 5 号、15 号、22 号波压力计拟合结果

不同时刻 5 号、15 号、22 号波压力计拟合结果　　　　　　　　表 9-1-8-2

时间 (s)	不同深度波压力拟合直线斜率 (kPa/m)	平均值斜率 (kPa/m)	拟合值与平均值之间的误差 (%)
49.83	-9.5		-2.1
50.16	-10		3.1
50.49	-9.9	-9.7	2.1
50.82	-9.8		1.0
51.15	-9.3		-4.1

　　可以发现,5 号、15 号、22 号波压力随时间变化规律一致,随着深度的增加,波压力随之增加,且波压力沿深度方向呈线性分布。直线斜率的平均值为 -9.7kPa/m,平均值与拟合值之间的误差在 5%以内。

0:00 时 10 号、19 号、24 号波压力时程如图 9-1-8-20 所示,不同时刻 5 号、15 号、22 号波压力计拟合曲线如图 9-1-8-21 所示,拟合结果见表 9-1-8-3。

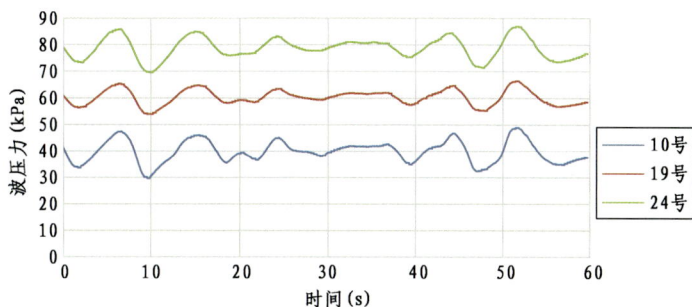

图 9-1-8-20   不同时刻 10 号、19 号、24 号波压力计拟合结果

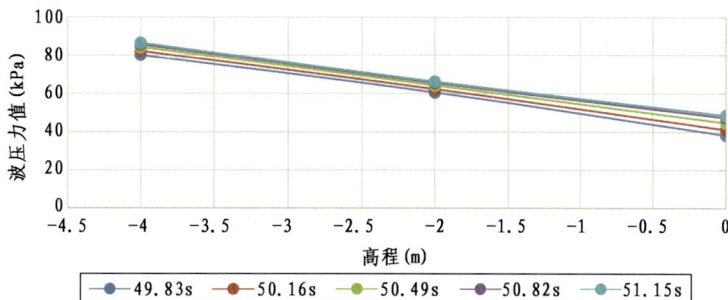

图 9-1-8-21   不同时刻 5 号、15 号、22 号波压力计拟合结果

不同时刻,沿深度方向波压力拟合结果   表 9-1-8-3

时间 (s)	不同深度波压力拟合直线斜率 (kPa/m)	平均值斜率 (kPa/m)	拟合值与平均值之间的误差 (%)
49.83	−10.5		5.0
50.16	−10.3		3.0
50.49	−9.9	−10.0	−1.0
50.82	−9.6		−4.0
51.15	−9.5		−5.0

从图 9-1-8-20、图 9-1-8-21 及表 9-1-8-3 中可以发现:波压力随时间变化规律一致,随着深度的增加,波压力随之增加,且波压力沿深度方向呈线性分布。直线斜率的平均值为 −10.0kPa/m,平均值与拟合值之间的误差在 5% 以内。

综合 2 个面的波压力竖向分布,可以发现波压力沿着竖向呈线性分布,且拟合曲线的斜率相近。

2)实测围堰波压力横向分布规律

台风杜鹃期间(9 月 29 日),0:00 时 12 号、1 号、2 号、3 号、4 号波压力时程如图 9-1-8-22 所示。12 号、1 号、2 号、3 号、4 号波压力平均与 2 号波压力对比曲线如图 9-1-8-23 所示。

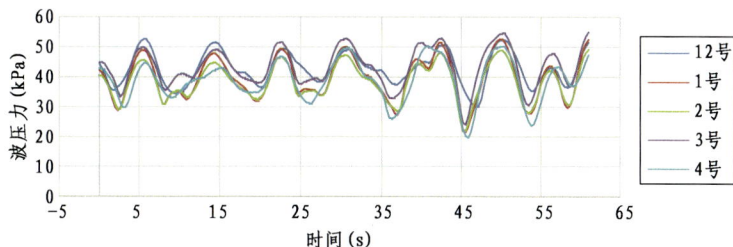

图 9-1-8-22   波压力时程曲线(12 号、1 号、2 号、3 号、4 号)

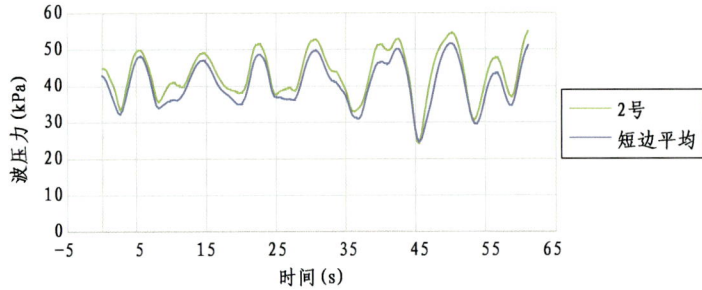

图 9-1-8-23　波压力平均(12 号、1 号、2 号、3 号、4 号)与 2 号波压力对比

从图 9-1-8-22、图 9-1-8-23 可以发现,各点波压力沿围堰短轴方向变化基本一致,各点之间的存在微小的相位差。各点波压力的平均值与对应边重点的波压力值较为接近,相差在 4% 之内。

台风"杜鹃"期间(9 月 29 日),0:00 时 8 号、9 号、10 号、11 号、12 号波压力时程如图 9-1-8-24 所示,8 号、9 号、10 号、11 号、12 号波压力平均与 10 号波压力对比曲线如图 9-1-8-25 所示。

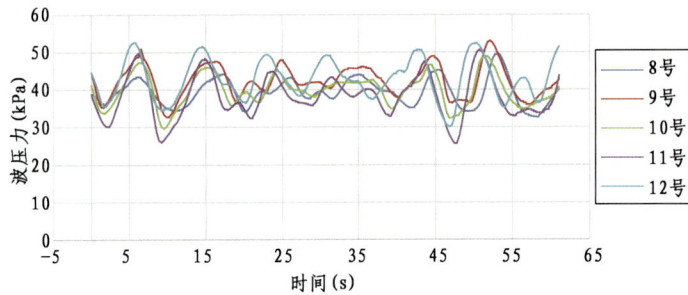

图 9-1-8-24　波压力时程曲线(8 号、9 号、10 号、11 号、12 号)

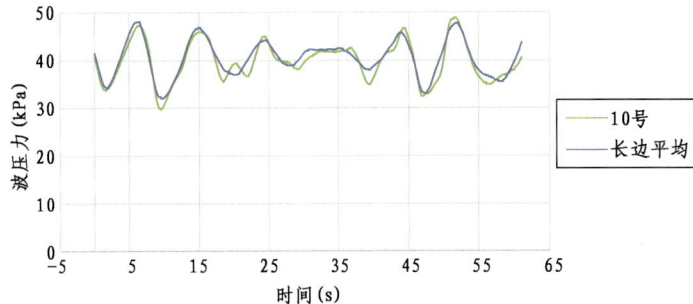

图 9-1-8-25　波压力平均(8 号、9 号、10 号、11 号、12 号)与 2 号波压力对比

从图 9-1-8-24、图 9-1-8-25 可以发现,各点波压力沿围堰长轴方向变化基本一致,但是个点之间有明显的相位差。各点波压力的平均值与对应边重点的波压力值较为接近,相差在 4% 之内。

综合围堰波压力在短轴和长轴方向上的变化,可以发现,随着长度的增加,各点波压力的相对差越明显,长边和短边的上各点波压力的平均值与中点波压力值较为接近,相差在 4% 之内。

根据第 9 篇 1.6.1 节的理论波压力计算和本节实测波压力分布,可以认为,实测波压力分布与理论计算结果吻合。具体如下。

(1)水面以下各点波压力沿垂直方向,变化规律一致,波压力呈线性分布;

(2)沿围堰长度和波浪行进方向,波压力分布具有相位差,各点平均波压力值与中点波压力值基本吻合。

1.8.4 SR40 实测围堰波浪力推算

基于上节总结的 2 条波压力分布规律,推测围堰承受的波浪力。以围堰的 A 面为例,推导波浪力的计算过程。A 波压力分布简图如图 9-1-8-26 所示,横向波压力分布每个断面的中点波压力代替,竖向波压力沿深度直线分布。此面上的波浪力 F_A 由图中的(1)、(2)、(3)部分组成,分别为 2 号波压力以上的(1),记为 F_A^1,第二部分为 2 号传感器与 13 号传感器范围内的(2),记为 F_A^2,第二部分为 21 号传感器以下至围堰底的(3),记为 F_A^3。5 号、15 号、22 号的波压力为 P_2、P_{13}、P_{21},波压力沿着深度方向变化率为 $K_A = f(P_2, P_{13}, P_{21})$。

$$F_A^1 = \frac{1}{2} P_2 \times \frac{P_2}{K_A} \times L \tag{9-1-8-1}$$

式中,$L = 14.8\text{m}$,为 2 号—13 号—21 号所在面的水平向长度。

$$F_A^2 = \frac{1}{2}(P_2 + 2P_{13} + P_{21}) \times h \times L \tag{9-1-8-2}$$

式中,$h = 2\text{m}$,为两层波压力计之间竖向高程差。

$$F_A^3 = \left(P_{21} + \frac{1}{2} h_x \times K_A\right) \times h_x \times L \tag{9-1-8-3}$$

式中,$h = 0.4\text{m}$,-4m 高程波压力计只围堰底高程差。
A 面上总的波浪力为:

$$F_A = F_A^1 + F_A^2 + F_A^3 \tag{9-1-8-4}$$

其他面上的波浪力可以通过同样的方法计。因此,围堰上长轴方向上的波浪力:

$$F_x = F_A - F_C \tag{9-1-8-5}$$

短轴上的波浪力:

$$F_y = F_B - F_D \tag{9-1-8-6}$$

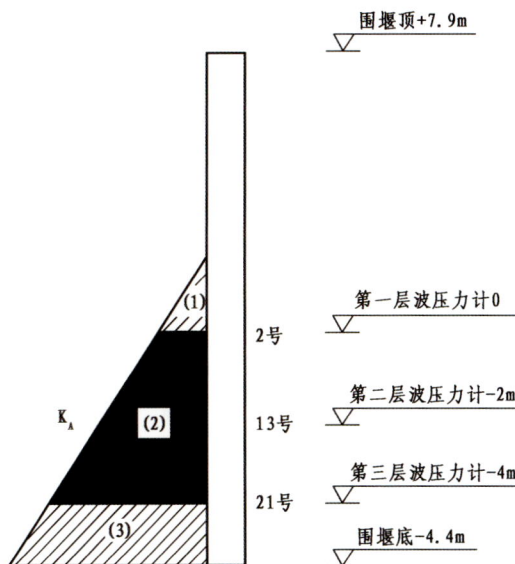

图 9-1-8-26　波压力计算简图

通过上述推导可以得到,台风"杜鹃"期间自 29 日 0 时至 8 时的波浪力见表 9-1-8-4 及图 9-1-8-27、图 9-1-8-28。

台风杜鹃期(9 月 29 日)间围堰波浪力统计　　　　　表 9-1-8-4

时　　间	6 号平台浪高(m)	波浪周期(s)	潮位(m)	长轴波浪力(kN)	短轴波浪力(kN)
0:00—0:20	3.69	8.0	2.92	2979	2611
1:00—1:20	3.56	8.5	1.58	2634	2746
2:00—2:20	4.34	12.1	−0.04	2364	2107
3:00—3:20	4.05	11.6	−1.59	1896	2035
4:00—4:20	3.92	9.5	−2.8	1137	1459
5:00—5:20	3.03	10.0	−3.32	1234	1418
6:00—6:20	4.25	4.5	−2.85	1613	1773
7:00—7:20	4.31	9.5	−1.52	2804	3106
8:00—8:20	4.5	10.0	0.22	3227	3640

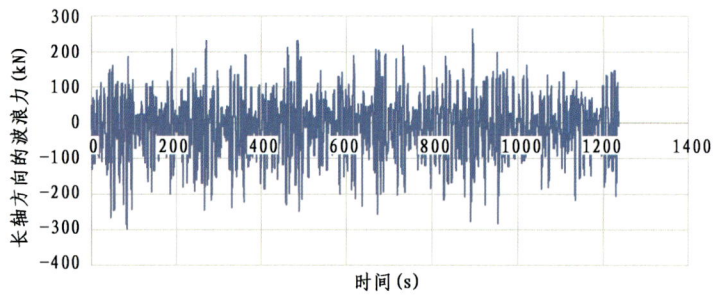

图 9-1-8-27　0:00 围堰长轴方向上的波浪力时程

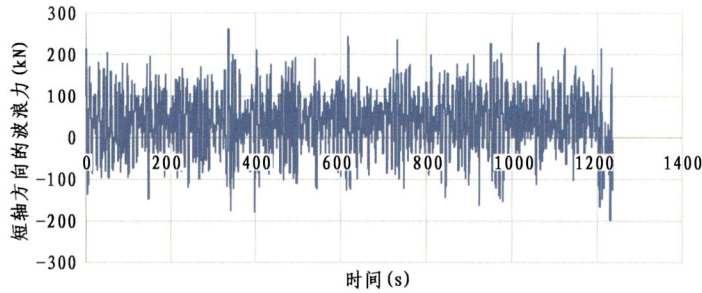

图 9-1-8-28　0:00 围堰短轴方向上的波浪力时程

从表 9-1-8-4 中可以发现,台风期间围堰成周的最大波浪力发生在 9 月 29 日 8:00—8:20。长轴方向最大波浪力为 3227kN,短轴方向 3640kN。

通过数值模拟计算台风"杜鹃"期间 SR40 号围堰承受的波浪力见表 9-1-8-5。分别将数值计算与实测的最大短轴波浪力与最大长轴波浪力绘于图 9-1-8-29、图 9-1-8-30。

台风杜鹃期间围堰波浪力统计(数值计算)　　　　　表 9-1-8-5

时　　间	6 号平台浪高(m)	波浪周期(s)	潮位(m)	长轴波浪力(kN)	短轴波浪力(kN)
0:00—0:20	3.69	8.0	2.92	2578	4245
1:00—1:20	3.56	8.5	1.58	1451	2326
2:00—2:20	4.34	12.1	−0.04	2098	2853
3:00—3:20	4.05	11.6	−1.59	1392	1822
4:00—4:20	3.92	9.5	−2.8	816	1071
5:00—5:20	3.03	10.0	−3.32	469	597
6:00—6:20	4.25	4.5	−2.85	563	763
7:00—7:20	4.31	9.5	−1.52	1511	3296
8:00—8:20	4.5	10.0	0.22	2322	3311

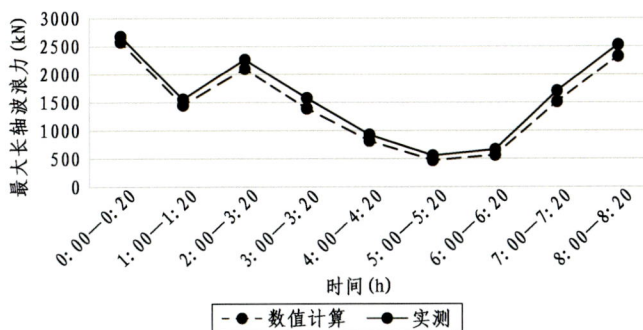

图 9-1-8-29　台风杜鹃期间最大长轴波浪力对比

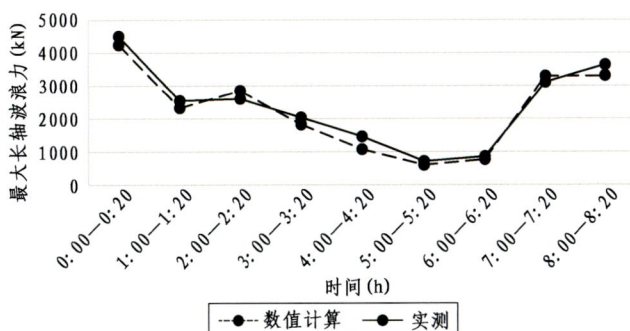

图 9-1-8-30　台风杜鹃期间最大短轴波浪力对比

从表 9-1-8-5 及图 9-1-8-29、图 9-1-8-30 所示,台风期间,实测波浪力与数值计算波浪力变化趋势基本一致,短轴波浪力较最大长轴波浪力大;两种方法计算的波浪力在潮位较低时(3:00—7:00)计算结果偏差相对较大,最大偏差发生在 5:00 时,为 18.6%。其主要原因在于此处水深较浅,低潮位使得水深进一步减小,场地对波浪的调节作用加大;另外台风期间,风速较大,致使波浪畸变加剧,同时实测波浪力中还有海流流速的影响,导致波压力的分布不能按照线性三角形分布。

1.9　本章小结

本章通过布置风速仪、波浪仪、海流计实测桥址处的风、浪、流环境特征参数,并通过建立桥址处实测的风、浪要素与外海预报数据之间的关系,根据外海预报数据推测未来桥址处风、浪特征,以指导桥梁施工调度。通过本章的研究可以发现:

桥址处为典型的海洋性季风气候,每年 5 月—6 月份,发生 2.5m 以上大浪的概率较小,而在 7 月—9 月份除台风外,波浪条件良好,是较好的施工作业窗口;每年发生大浪的天数在 50 ~ 70d 之间,主要发生在 10 月、11 月、12 月及来年的 1 月、2 月;桥址处波浪周期主要集中在 3s ~ 12s 之间,其波长分布在 30 ~ 190m 之间,大型船舶施工时,应注意波长与船舶尺寸之间的关系,以保证施工安装;桥址处海流呈典型的潮流特征,流速、流向随着潮位的变化而变化,在涨潮时流速较大,流向为东北向。落潮时流速较小,流向为西南向;

在推测未来桥址处风、浪要素的过程中,发展了 3 种方法:神经网络、统计传递函数、修正的神经网络方法。并根据桥址处气候特征,将学习数据库分为季风期和非季风期,针对不同时段区别采用,以提高预测精度。

以平潭海峡公铁大桥 6 号变电平台靠外海一侧的直径为 1.5m 的钢管桩为研究对象,研究其承受的波浪力。计算波浪要素由 6 号变电站平台的固定式波浪仪提供,计算方法分别采用的莫里森方程法及 CFD 三维数值模拟,并通过在钢管桩周向上布置波压力计,实测波压力变化情况,校核计算结果,然后通过三维数值水槽研究影响其波浪力的关键参数。

在大尺度围堰波浪力监测研究时,首先通过数值模拟分析了非通航孔桥围堰(SR40 围堰)波压力分布规律,根据围堰分布规律,布置波压力计实测围堰表面波浪压力。综合数值模拟和实测结果发现。

(1)水面以下各点波压力沿垂直方向,变化规律一致,波压力呈线性分布;

(2)沿围堰长度和波浪行进方向,波压力分布具有相位差,各点平均波压力值与中点波压力值基本吻合。

通过以上 2 点,通过实测波压力数值推算了 SR40 围堰在台风杜鹃期间承受的波浪力,并与数值计算结果进行了比较。计算结果显示,基于实测数据推算的波浪力与数值模拟结果较为一致,但在潮位较低时,有一定的误差,其原因是低潮位时水深较浅,场地对波浪的调节作用加大;另外台风期间,风速较大,致使波浪畸变加剧,导致波压力的分布不能按照线性分布假设。

平 潭 海 峡 公 铁 大 桥

建造关键技术

KEY TECHNOLOGY FOR
THE CONSTRUCTION
OF PINGTAN STRAIT HIGHWAY AND RAILWAY BRIDGE

松下岸

人屿岛

元洪航道桥

鼓屿门水道桥

长屿岛

平潭海峡公铁大桥
建造关键技术

09

第**2**章
斜拉桥施工监控

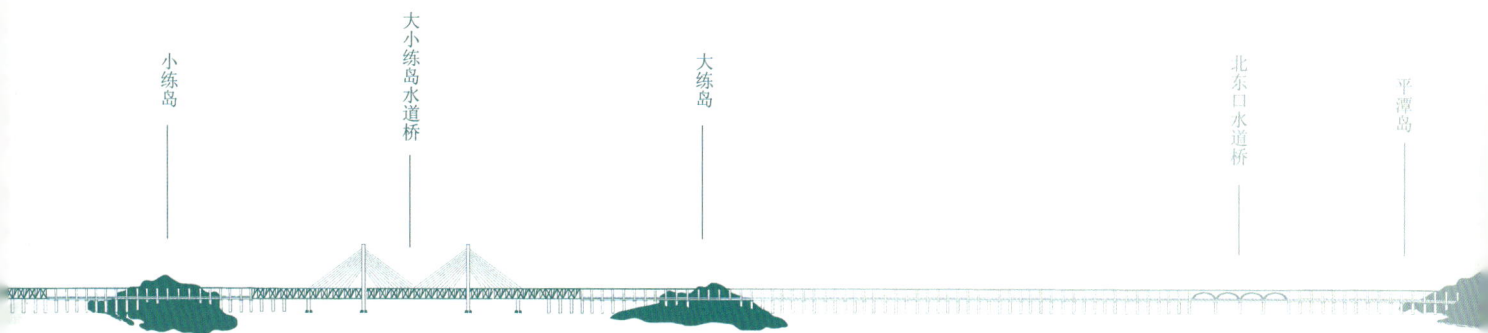

小练岛

大小练岛水道桥

大练岛

北东口水道桥

平潭岛

2.1　监控概述

2.1.1　施工监控概述

大跨度桥梁,特别是在桥梁的建造过程中,材料的差异、环境的影响、施工的精度和荷载的不确定性都会对结构的内力和变形产生极大的影响,甚至决定着桥梁能否顺利合龙。在设计中是无法预见施工中许多对桥梁施工造成重大影响的因素,结合具体的实际问题,对施工中结构的内力和变形进行适当调整是非常必要的,施工监控正是解决问题的有效途径。

随着桥梁跨径的增大,桥梁的施工难度增加,很多确定以及不确定因素的影响更为明显,常常使结构受力及变形与预定的理想或目标的状态相差较大,一旦这种差距足够大,就会危及桥梁结构的安全,为了保证桥梁结构行为向预定的目标接近,有必要在其施工过程中随时进行科学合理的调整,施工监控便为这种调整提供科学的实践指导和理论的支持。正是因为如此,在桥梁施工中施工监控越来越受到重视。目前,大跨度的连续梁桥普遍采用了施工监控技术。

平潭海峡公铁大桥是一个复杂的结构,在建造过程中如何完整实现设计意图受到许多复杂因素影响。为了保证施工过程中结构的稳定性和安全性,以及成桥状态(包括内力和线形状态)符合设计目标的要求,对结构的施工过程进行控制必不可少。

在安全性满足的前提下,如果保证无误差的施工,那么到成桥状态时,结构一定会达到其设计理想状态。而结构的实际施工状态与其理想状态之间存在着一定的偏差。正是这个偏差以及偏差的累积会导致结构的成桥状态与目标状态的不符,结构的施工控制围绕着这个核心问题展开。从控制理论的发展角度看本桥的施工控制经历了从开环控制到闭环反馈控制、再到自适应控制的发展历程。

施工监控不仅是技术工作,保证控制目标实现的管理工作也是一个重要方面。因此施工监控系统实际包含了管理与控制的双重功能。本桥施工监控系统的构成如图 9-2-1-1 所示。

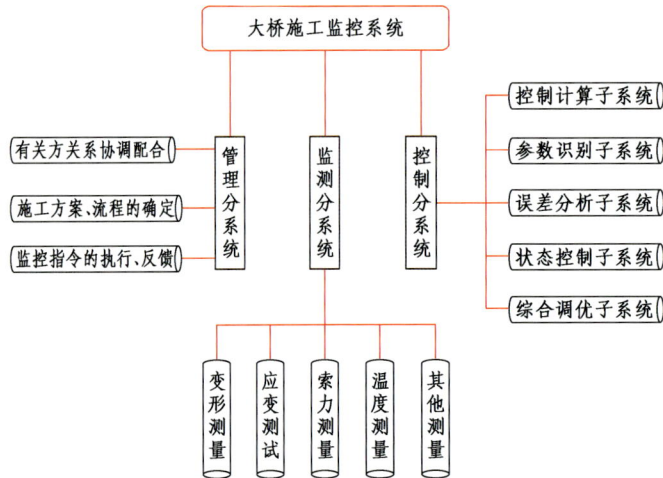

图 9-2-1-1　本项目施工监控系统构成图

2.1.2　施工监控的意义

实行桥梁施工监控能够加强施工过程安全质量管理,对大桥的施工质量起到相应的控制作用。对施工过程中结构的受力和变形进行有效的监测和控制,通过施工过程的数据采集和优化控制,保证实际结构在施工过程中的受力和变形始终处于可控、安全及合理的范围内,并且由这些施工状态逐步演化到成桥后,使结构内力和线形均符合设计要求。

大跨径斜拉桥是高次超静定结构,对成桥线形有较严的要求,每个节点坐标的变化都会影响结构内力的分配。桥梁线形一旦偏离设计值,势必导致内力偏离设计值。理想的几何线形与合理的内力状态不仅与设计有关,而且还依赖科学的施工方法。在施工理论计算中,虽然可以采用多种计算方法,算出各施工阶段或步骤的索力和相应的梁体变形,但是按理论计算所给出的索力、线形进行施工时,结构的实际变形却未必能达到预期的结果。这主要是由于设计时所采用的设计参数诸如材料的弹性模量、构件重量、混凝土的收缩徐变系数、施工中温度变化以及施工临时荷载条件等和实际工程中所表现出来的不完全一致引起的。斜拉桥在施工中表现出来的这种理论与实际的偏差具有累积性,如不加以及时有效地控制和调整,随着主梁悬臂施工长度的增加,主梁高程最终会显著偏离设计目标,可能危及施工过程中的结构安全,造成合龙困难,并影响成桥后的结构内力和线形。为了使施工能按照设计意图进行,确保施工安全并最终达到设计的理想状态,通过对桥梁实施施工全过程的跟踪监控监测,对控制参数进行实时调整,以确保施工中结构的安全、桥梁结构最终线形平顺、内力分布合理,使成桥状态的外形和内力符合设计要求,确保桥梁施工安全和正常运营。

施工监控的意义主要体现在以下几个方面。

(1)设计图纸的要求是施工的目标,在为实现设计目标而必须经历的施工过程中,通过施工监控,可对施工状态进行实时识别(监测)、调整(纠偏)、预测,使施工处于有效的控制之中,确保设计目标安全、顺利实现。

(2)通过对桥梁施工过程中的结构受力、变形及稳定进行监测控制,使施工中的结构处于最优状态。施工监控是施工质量控制体系的重要组成部分,是保证桥梁建设质量的重要手段,是对桥梁建设质量的宏观调控,是桥梁施工质量控制的补充与前提。

(3)通过施工监控,可取得在成桥后无法得到的桥梁部分参数,建立档案,为后期桥梁的管理与养护,提供依据。

（4）将施工监控与桥梁荷载试验结合起来，可以得到仅靠荷载试验无法取得的桥梁恒载应力，为科学地评价桥梁结构的状态提供更全面的资料。

（5）通过合理的施工监控，总结大跨度桥梁施工监控的经验，更贴切地分析、了解、掌握不同环境下结构的力学行为，为今后的优化设计方案提供依据。

（6）施工监控能在保证结构安全的前提下，统筹安排，根据现场情况合理调整施工步骤，优化施工方法，在不影响结构内力和线形的同时，实现多工序交叉作业，减小工期，为桥梁的建设节约成本。

2.1.3 控制目标及精度

施工监控目标：成桥阶段主梁的线形与内力均符合设计要求。福平铁路元洪航道桥施工监控控制精度见表9-2-1-1。

福平铁路元洪航道桥控制精度　　　　　　　　　表9-2-1-1

序号	构件	项目		单位	允许偏差
1	塔柱	倾斜度		mm	塔高的1/3000，且不大于30或设计要求
2	钢梁主桁平面位置	弦杆节点对梁跨端节点中心连线的偏移			跨度的1/5000
3		弦杆节点对相邻两个奇数或偶数节点中心连续的偏移		mm	5
4		拱度偏差	设计拱度≤60mm	mm	±4
5			60mm＜设计拱度≤120mm		±8%的设计拱度
6			设计拱度＞120mm		技术文件中另定
7	钢梁两主桁相对节点位置	支点处相对高差			梁宽的1/1000
8		跨中心节点处相对高差			梁宽的1/500
9		跨中其他节点处相对高差			根据支点及跨度中心节点高低差按比例增减
10	斜拉索	索力			±5%或设计允许偏差值

2.2 施工控制的基本原理和方法

平潭海峡公铁大桥总体上运用自适应控制原理进行施工控制。在分段施工过程中，由于系统模型——结构有限元分析模型中的计算参数（如截面几何特性、材料容重、弹性模量、混凝土收缩徐变、预应变损失参数等）与实际参数之间存在误差，实际结构状态达不到各个施工阶段理想结构状态。自适应控制法能够将这些引起结构状态误差的参数作为未知变量或带有噪声的变量，在各个施工阶段进行实时识别，并将识别得到的参数用于下一施工阶段的实时结构分析、重复循环，经过若干个施工阶段的计算与实测磨合后，使得系统模型参数的取值趋于精确合理，系统模型反映的规律适应于实际情况，最终实现对结构状态误差的有效控制，达到监控预期目标。自适应控制方法最大的特点是在重复性很强的分段施工中能够主动降低由模型参数误差引起的结构状态误差，核心在于模型参数的识别与修正，基本原理如图9-2-2-1所示。

施工监控是一个预告→监测→识别→修正→预告的循环过程，是随施工过程逐渐实现的。根据自适应控制原理，施工控制系统主要包括模拟计算、参数识别、数据处理和调整量计算四大基本模块，系统组成及控制流程如图 9-2-2-2 所示。首先根据成桥状态时结构的合理内力和线形,也就是成桥设计期望状态确定以后,再对成桥过程中的每一施工阶段进行模拟实际工况的仿真分析和计算,求得特殊孔跨大桥在每一施工工况下斜拉索的张拉力、主梁挠度、塔柱位移以及结构内力、应变等控制参数的理论值,以确定特殊孔跨大桥从上部结构施工开始至二期恒载施加完毕后的成桥状态这一施工全过程的理论参考轨迹,然后在特殊孔跨大桥实际施工过程中的每一施工阶段对这些反映结构受力变形特征的控制参数不断地进行在线监测,以确定特殊孔跨大桥的实际运行轨迹,并比较其与结构理论参考状态的符合程度,如果二者相差超出预定的限值,就应分析产生误差的原因,并对特殊孔跨大桥施工过程中施于斜拉索的初张力和节段前端的高程等控制输入进行相应的调整,以确保施工过程中特殊孔跨大桥的实际运行轨迹尽量沿着其理论参考轨迹平顺地运行并最终达到其预定的成桥状态。

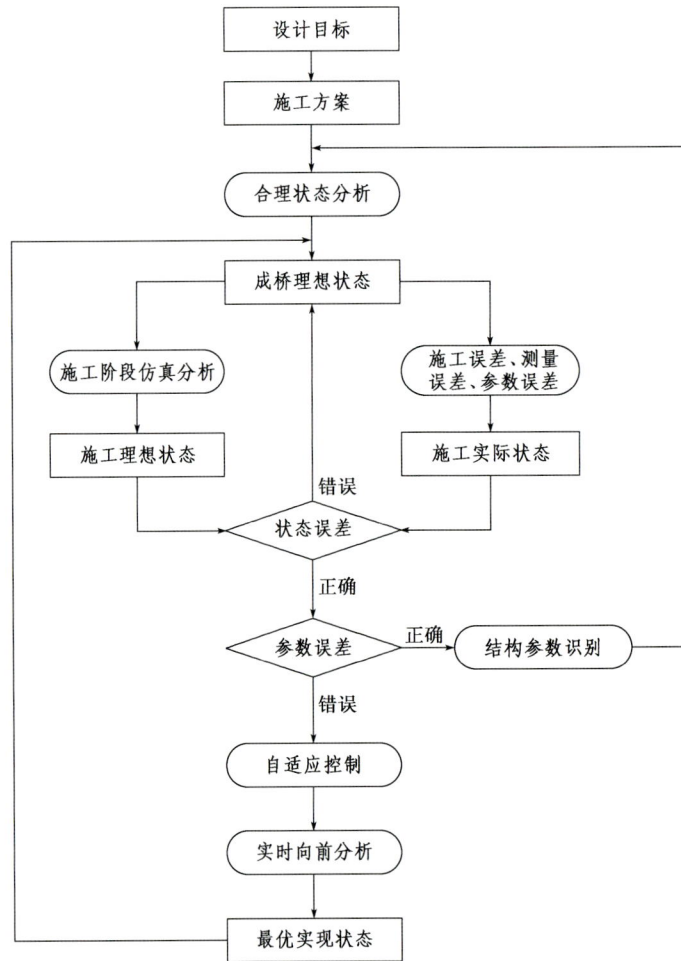

图 9-2-2-1　自适应施工控制基本原理

施工前期的计算是根据前期施工单位提供的施工方案对施工过程中每个阶段进行详细的变形计算和受力分析,确定桥梁结构施工过程中每个阶段在受力和变形的理想状态,以此为依据来控制施工过程中每个阶段的结构行为。施工过程中的结构计算是根据施工监测的数据、进行分析处理,分析现阶段状态与理论状态之间的偏差原因,对计算数据进行参数识别、修正,使计算模型逐步与实际状态接近,误差能控制的设计容许的范围内,根据此模型计算预测下一施工阶段的高程。施工过程中的结构计算分析是一个不断对结构计算参数进行识别、进行修正的过程,贯穿于整个施工过程中。

施工监控采用事前预测、现场监测控制的方法,其基本步骤如下。

(1)首先以设计的成桥状态为目标,以施工单位提供的实施方案中进度安排、施工荷载、临时支撑

等为依据,按照规范规定的各项设计参数取值,计算每一施工步骤的结构理论状态,并建立施工过程跟踪分析程序;

(2)施工过程中,根据监控的需要,测量实际结构在各工况下的结构空间变位与应变等数据;

(3)根据实测的数据分析和调整各设计参数,预测并调整下一阶段结构的施工。

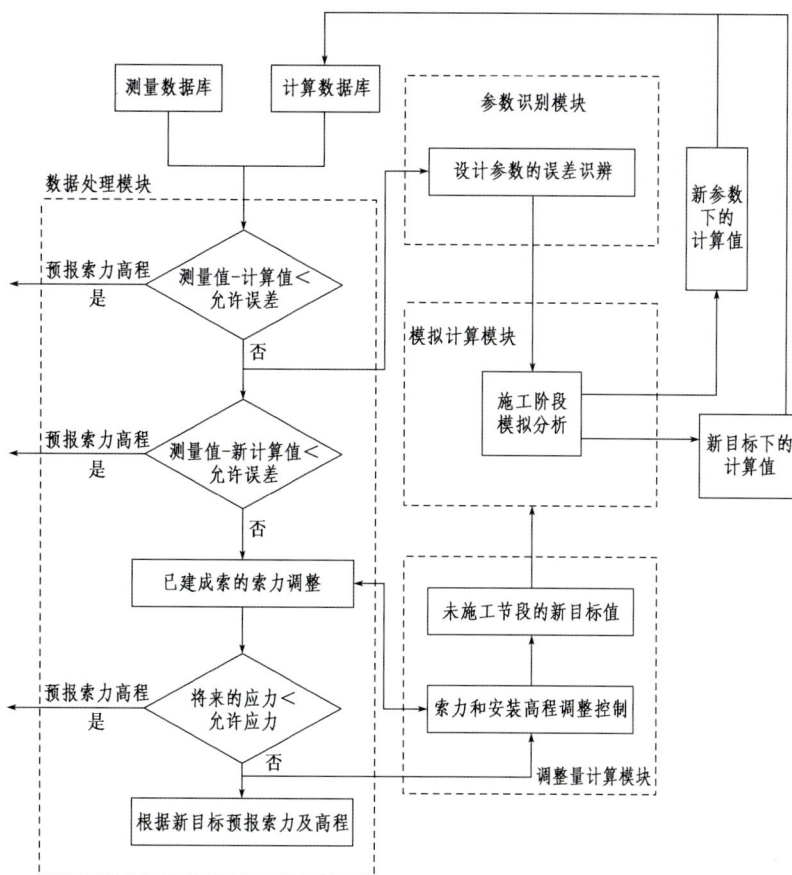

图 9-2-2-2　自适应系统基本组成

通过全过程对结构的跟踪监测与数据分析,逐步实现施工监控的目标。

监控数据管理系统如图 9-2-2-3 所示,实现了监测数据自动管理和分析处理,准确、方便、快速、智能地生成工程师关心的各种报表,避免了繁杂、易错的手工劳动。通过这些报表更容易发现模型和施工现场存在的问题进而识别施工误差。实践表明,利用监控数据管理系统可以使得监控数据分析流程规范化、结果对比直观化、报表存档标准化,监控工作更加科学、严谨、准确、有序。

a)

图　9-2-2-3

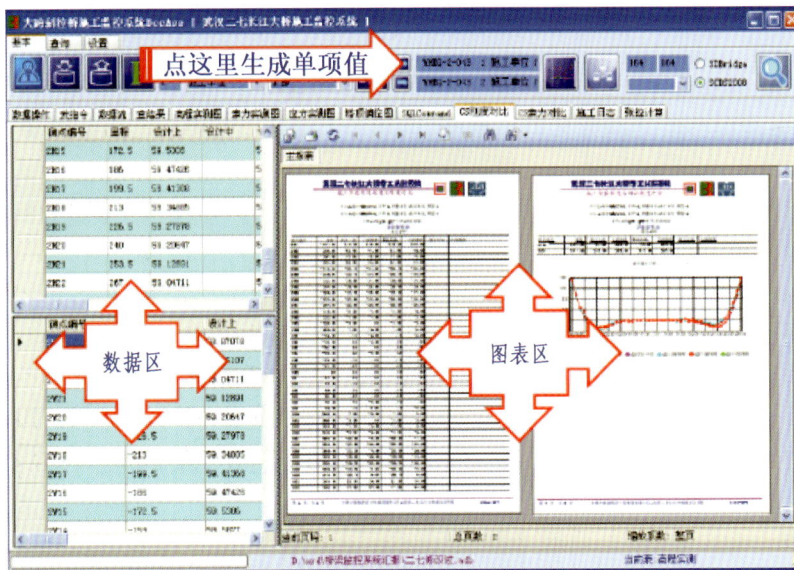

b)

图 9-2-2-3　施工监控系统

2.2.1　桥塔控制

1）塔柱预抬量设置

为使成桥后当收缩徐变完成时,斜拉索塔端实际锚固点高程和下横梁的高程在设计理论位置处。在主塔施工过程中应考虑塔端斜拉索锚固点和下横梁的竖向预抬高。

设置预抬量考虑的因素如下:基础沉降、桩基弹性压缩、塔柱自重弹性压缩、混凝土收缩徐变引起的变形和成桥索力作用下的压缩量。

2）塔柱初始状态确定

桥塔封顶后测试桥塔的几何初始位置,作为后期桥塔偏位的基准。初始状态需根据 24～48h 连续观测结果确定。

塔柱封顶后应根据监控联系要求安装塔顶棱镜,棱镜安装位置应综合考虑测量方便性、棱镜的安全性和测量数据的代表性。安装完成后应选择温度相对稳定的凌晨或阴天进行塔柱初始状态的测量,施工单位和监控单位测量应同步进行,测量需在驻地监理的监督、协助下进行,测量完成后对结果进行及时对比,若不满足要求,应进行复测。

2.2.2　钢桁梁安装控制

1）安装阶段的控制措施

(1)由于梁段间相对位置不能调整,某一梁段的误差除影响本节段外,误差的趋势还将影响以后的节间,因此拼装阶段的线形是控制的主要目标。

(2)参数估计的对象主要是主梁的刚度,需要通过参数估计算法来估计。

(3)在参数估计后应重新确定每阶段的张拉索力,如果不进行修正,则在以后每个阶段施工完成时索力与高程均不能同时达到控制目标,从而每次均需要高程调整,这将大大增加施工调索工作量。

(4)由于线形主要靠索力调整来保证,但是索力调整必须在梁体强度允许的范围之内,因此,必须分析索力误差对主梁在各施工阶段应力的影响,确保施工应力控制在允许范围之内。

2)安装控制工作内容

(1)梁段称重

钢桁梁安装过程中,其实际吊装重量与理论计算重量必然存在差别偏差,而重量的偏差对施工过程中施工监控的影响是巨大的。所以,为减小因梁重误差对控制精度的影响,钢桁梁制造方应提供详细的梁重信息。并在梁段安装前两个工作日内将梁重信息以书面形式经监理确认后转发监控组。

(2)临时荷载控制

在钢桁梁安装过程中,准确控制桥面临时施工荷载是顺利实现施工监控目标和设计意图的前提条件,施工单位在钢桁梁安装、斜拉索张拉和测量测试时应严格按照各自提交的临时施工荷载情况进行布置。监控测量测试时,首先检查桥面临时施工荷载,看是否与施工单位上报荷载布置一致,若不一致则要求进行整改,直至满足条件方可测试。

(3)桥面线形控制

节段间连接方式采用栓焊结合方式,施工监控时靠焊缝间距调整高程作用较小。如果桥面线形出现较大偏差,采用索力调整,或者调整拼接板的办法来解决。

在每一标准控制阶段,均测出 3 个梁段前端的高程,然后与理论计算值进行比较,作出系统的“高程对比表”。通过对比表分析,可以看出主梁线形是否在控制范围之内,梁段之间是否平顺。如超出控制范围,则配合索力分析,采取相应方法来调整主梁线形。

(4)钢桁梁内力控制

为使成桥状态下,三桁的受力状态,符合设计的期望,所以,要求在典型工况下加强内力监测。同时,根据施工监控全过程计算分析结果,对施工过程中受力较大的构件,应重点关注。

边跨侧斜拉索索力大、倾角小、对钢桁梁的轴向分力较大,另外混凝土桥面板收缩徐变等因素的影响下,导致钢桁梁与混凝土桥面板之间的内力分配对结构成桥状态影响较大,在施工过程中,要重点关注边跨混凝土桥面板对成桥结构的影响。

(5)结构安全性和稳定性控制

在钢桁梁安装过程中,应确保结构体系的安全性和稳定性满足要求。

3)控制流程

标准梁段双悬臂吊装施工及控制流程如图 9-2-2-4、图 9-2-2-5 所示。

图 9-2-2-4　标准梁段双悬臂吊装照片

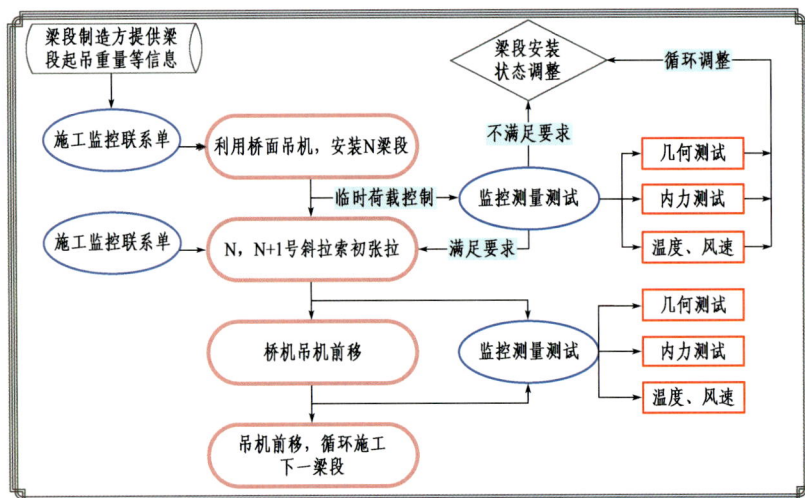

图 9-2-2-5　标准梁段施工控制流程

2.2.3　跨中合龙控制

1）合龙措施

中跨合龙采用"长圆孔＋圆孔"合龙铰的办法,如图 9-2-2-7 所示,将纵向和竖向相互影响的复杂的合龙过程通过采取"分步走"的办法变成简单的两个方向相互独立的合龙过程,使合龙过程大大地简化。

（1）调整纵向中线偏差

若两端出现相对偏差时,采用导链在合龙点横向对拉。

（2）调整竖向偏差值

悬臂端加减载,载荷可利用架梁吊机前移（后退）或放置运梁平车装上需要的载重前移（后退）。调整悬臂前端若干对斜拉索索力。

（3）调整纵向偏差值

当长圆孔销栓穿入后,即可进行圆孔销栓穿入工作,圆孔销栓的穿入是通过调整桥梁轴线方向位移来实现。其措施有:利用弦杆上合龙顶拉装置施力;利用温差的变化微调。

由于气温的变化,钢梁的长度亦发生变化。选择纵向偏差值较小的气温条件下,利用上、下弦合龙处的顶拉设备,使 x 向相对偏差值减小并趋于零,直到弦杆均穿上圆孔合龙铰为止;然后抽去长圆孔合龙铰轴,使合龙点处于铰接状态;然后,进行斜杆合龙,斜杆若不能闭合可采用两悬臂端挂设滑轮组斜向对拉调整。

2）合龙前监测

测试工作包括钢梁中线、挠度、大气和钢梁温度、应力测量。钢梁悬臂架设阶段,每拼装一个节间进行一次中线、挠度、应力测量,并和计算值进行比较,以对钢梁架设施工质量进行监控,为钢梁合龙提供数据,同时绘制一昼夜内时间温度曲线,通过同步观测,测出不同温度、日照下钢梁中线及挠度变化资料,以选择适当的合龙时间,控制杆件的应力测量工作包括布置测点,测出原始初始读数及各阶段的应力测定。合龙阶段反复测量温度和日照对中线和梁端位移影响的情况,并实际测量合龙两端间距离（并记录温度）,与计算数据进行校核。合龙施工如图 9-2-2-6 所示,合龙处拼接板及销栓示意如图 9-2-2-7 所示。

2.2.4　斜拉索控制

1）斜拉索制造阶段

要求对设计提供的斜拉索下料长度进行复核计算,并收集斜拉索的实际重度、弹性模量、实桥塔梁锚点的空间位置等参数后,对斜拉索的下料长度进行合理的修正。

图 9-2-2-6 中跨合龙施工照片

图 9-2-2-7 合龙处拼接板
及销栓示意图

2）斜拉索安装阶段

斜拉索安装阶段主要工作内容有以下几个方面。

(1)斜拉索索力的控制:在斜拉索张拉过程中应严格控制当前索的索力值,避免因索力误差影响后续梁段的安装。

现场张拉力控制就是索力控制的关键和难点。该桥每个桥塔配备 1 台锚索计,在主、边跨共 4 根斜拉索同步初张拉过程中,将锚索计安装在斜拉索的张拉锚杆与千斤顶之间,利用塔端锚索计校正梁端频谱法索力测试数据,并在初张拉过程中采用拨出量循环迭代方法提高索力控制精度和张拉调整速度。斜拉索初张拉控制流程如图 9-2-2-8 所示。

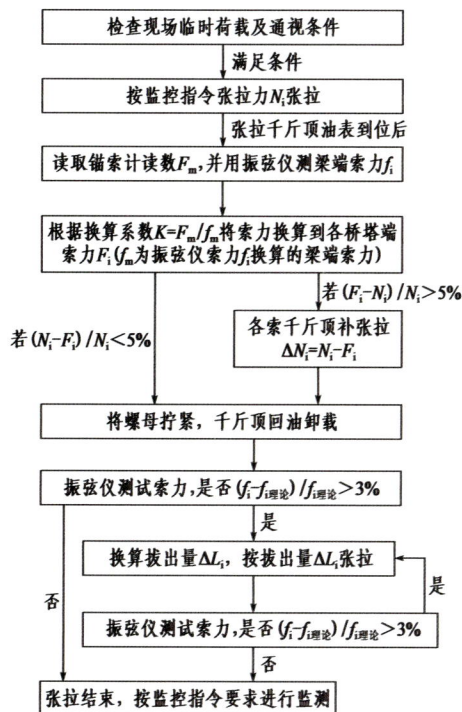

图 9-2-2-8 斜拉索初张拉控制流程图

斜拉索张拉过程中及完成后,相关各方应及时进行测试。在张拉过程中,施工单位应分级记录千斤顶的油压读数,监控使用锚索计及频谱仪进行测试。以上三方数据汇总后,进行分析识别,确定实际索力值。

（2）调索方案的确定：根据实桥各项参数的误差，通过平差计算，确定调索方案。

随着主梁悬臂的伸长，各项误差的累积效应会越明显，甚至会出现结构不安全或施工状态偏离设计值过大的情况，此时，监控计算组会根据全桥通测结果进行计算分析，并下发调整指令，对现有结构进行调整施工单位根据监控指令进行施工。另外，在中跨合龙前后为调整合龙状态，亦有可能进行全桥调整。

根据无应力状态控制法的原理：一定的外荷载、结构体系、支承边界条件、单元的无应力长度和无应力曲率组成的结构，其对应的结构内力和位移是唯一的，与结构的形成过程无关。所以在做过第一类误差修正理论模型的工作以后还存在的误差，能够通过调索完全纠正的只有无应力索长的误差。也就是说张拉的误差可以通过调索修正后，结构的状态会和理论状态完全一致，其他的误差只能是将其平均化，所以一般也称纠正误差为平差（平均化误差）。通过平差手段可以将误差缩减，达到结构线形连续，索力分布均匀的目标，从而实现对结构的整体优化。

在斜拉桥中间施工状态，当通过各种测试发现结构状态需要调整时，经过平差计算把需要调整的索力变化值换算成各斜索无应力长度的调整值。调整过程用锚头伸缩量控制，对斜拉索调整时的顺序和时间无要求，调索过程中可同时进行其他工序的正常作业，这解决了大范围调索与后续节段施工不能同步作业的难度，锚头伸缩量控制操作便捷，能有效缩短工期，具有重大意义，这也是无应力状态控制方法较其他方法的优越之处。

3）索长到位张拉阶段

一般铁路桥梁由于二期恒载占整个恒载的比重较大，为了避免施工过程中支座出现负反力，斜拉索初张拉时，不能把全部斜拉索张拉到位，一般在主梁全部施工完成，且施工部分二恒后，通过索长控制张拉初张拉时未到位斜拉索。这部分工作一般会和"平差调索"一起进行。

2.2.5　支座安装控制

1）主塔横梁处支座安装

支座垫石在横梁施工完后，单独浇筑，以准确控制支座垫石的平面位置、高程及平整度。在横梁及垫石施工时，须预埋支座锚杆预埋孔。在钢桁梁安装前，将支座预埋钢板及锚杆整体组装好，安放在设计位置，锚杆预留孔内先不灌浆。待竖向及纵向临时锚固安装完成后，微调支座位置，将钢桁梁与支座连为整体后支座灌浆固定。

2）辅助墩顶支座安装

垫石在辅助墩身施工完成后单独浇筑，并预埋支座锚杆预埋孔。在辅助墩顶梁段吊装前，将支座预埋钢板及锚杆整体组装好，安放在设计位置，锚杆预留孔内先不灌浆。待墩顶钢桁梁安装后，用千斤顶将梁段起顶到位或中跨压重或中跨多拼装一个节间等方案，将支座位置调整到位，进行灌浆锚固，等浆体强度达到要求后，将索张拉至成桥状态的无应力索长。

3）过渡墩顶支座安装

垫石在过渡墩身施工完成后单独浇筑，并预埋支座锚杆预埋孔。在过渡墩顶梁段吊装前，将支座预埋钢板及锚杆整体组装好，安放在设计位置，锚杆预留孔内先不灌浆。待墩顶钢桁梁安装后，设置起顶结构，使用起顶装置安装边墩支座。将索张拉至墩顶梁段和支座零位移的状态，进行灌浆锚固，等浆体强度达到要求后，进行梁段压重，将索张拉至成桥状态的无应力索长。

2.3 施工监控计算

2.3.1 施工监控所需资料的收集

由于结构设计参数是根据设计规范、材料出厂力学性能指标等取用的,其与实际情况总是存在一定的误差,所以,在施工中应对部分设计参数进行测定,以便及时修正设计参数,为施工监控奠定良好的基础。

平潭海峡公铁大桥施工监控需收集的资料及试验数据见表9-2-3-1。

需要收集的资料及试验数据 表 9-2-3-1

提 交 单 位	需要提供的资料
施工单位	提供施工组织设计及专项施工方案
	塔柱混凝土7d、28d强度及弹性模量试验数据
	桥面临时荷载布置方案
	测量控制网
	塔柱封顶后初始状态测量数据
	斜拉索张拉机具结构图,张拉设备吨位、型号及标定试验报告
	提供吊机构造图及重量
钢桁混合梁加工制造单位	钢桁混合梁称重结果及焊缝收缩变形量等参数
斜拉索加工制造单位	成品斜拉索弹性模量试验、斜拉索单位长度重量以及制造长度测试数据
设计单位	设计文件及相关设计变更文件

2.3.2 施工前期监控计算

施工前期监控计算主要包括校核主要设计目标状态、合理成桥目标状态复核、理想施工状态确定、施工过程模拟分析、重要临时结构验算、结构参数敏感性分析、局部分析和施工控制参数优化分析等。

1)校核主要设计目标状态

施工前期首先根据设计文件及规范,在充分理解设计意图的前提下,对实际结构进行结构离散,建立全桥纵向有限元分析模型,完成承载能力极限状态验算和正常使用极限状态验算,并与设计进行对比,如图9-2-3-1、图9-2-3-2所示。

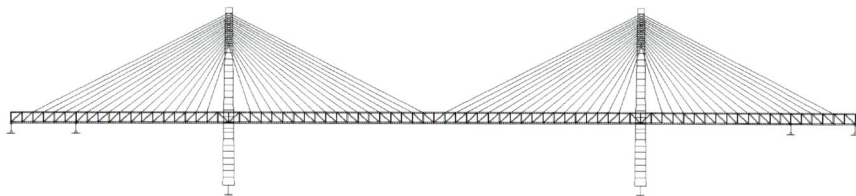

图 9-2-3-1　元洪航道桥计算离散示意图（SCDS2011）

（1）计算模型
①建立全桥有限元计算模型;
②考虑斜拉索垂度和大位移几何非线性效应的影响;
③按实际情况模拟临时支架作用;

④按实际位置模拟塔梁边界；

⑤按实际情况模型主梁及斜拉索安装施工全过程的每个步骤,考虑施工过程中临时荷载的作用。

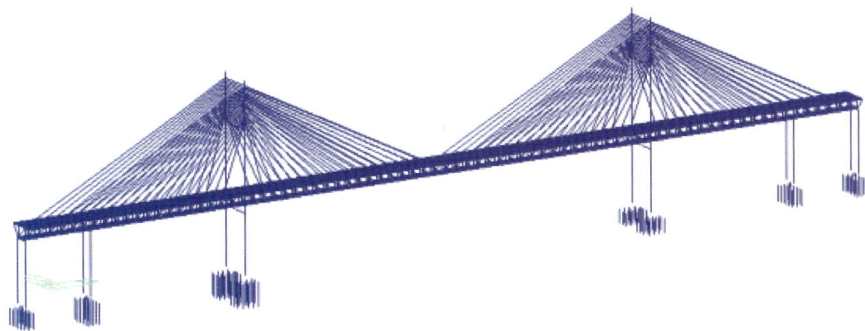

图 9-2-3-2　元洪航道桥计算离散示意图(MIDAS/CIVIL)

(2)边界条件

①辅助墩及过渡墩墩底刚性拉压支撑；

②单向支承元模拟主墩墩旁支架；

③主从节点模拟塔梁结合处的临时固结；

④特殊元模拟塔梁间永久支座。

计算模型经调整后,塔、梁、索的应变储备均满足安全系数的规范要求,成桥状态的线形、内力均和设计较一致。

2)合理成桥目标状态复核

合理成桥目标状态复核是指根据设计理论参数,进行一次成桥计算,根据计算结果,对比设计成桥索力、主梁预拱度、成桥后索塔偏位和支反力等。

3)理想施工状态确定

由于桥梁的设计和施工中存在着这两种既不相同又相互联系的计算过程,并且在实际工作中这两类计算可能采用不同的计算模型,由不同的单位来完成,因此,为达到使施工控制指导的施工能与设计结果相一致,首先要校核设计计算与施工控制计算的闭合性。其校核流程如图 9-2-3-3 所示,只有在两者计算结论基本一致的前提下,施工控制的开展才有实际意义。否则,需要与设计人员一起仔细核对两种计算过程,找出并解决存在的问题。

理想施工状态确定后,进行以下计算工作。

(1)结构预拱度计算

(2)斜拉索初始张拉力计算

(3)立模高程计算

4)施工过程模拟分析

施工过程模拟分析是根据施工组织设计,对索塔和主梁施工过程进行模拟分析。根据施工过程模拟分析,确定塔柱斜拉索锚点的预抬量、钢桁混合梁的安装线形和斜拉索的张拉力,另外,根据施工过程中结构内力状态,分析结构在整个施工过程中的安全性和稳定性。

(1)塔柱施工过程模拟分析

索塔横向施工过程模拟分析时,将索塔结构离散为平面杆系单元,采用桥梁结构设计系统有限元软件(SCDS2011)进行计算。模型边界条件处理:索塔根部与承台刚性固结;按实际施工节段进行施工阶段模拟。

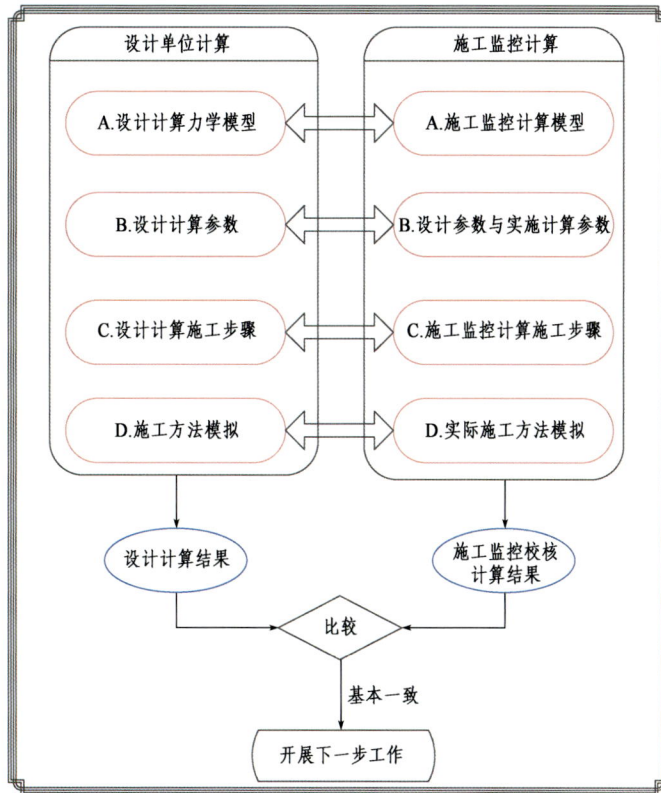

图 9-2-3-3　设计与监控计算校核流程

（2）上部结构施工过程模拟分析

按施工组织设计进行施工全过程模拟分析，进行各施工阶段应变、变形和稳定性计算。本桥全桥模型施工阶段划分见表9-2-3-2。

全桥模型施工阶段划分　　　　　　　　　　　表 9-2-3-2

阶 段 号	施 工 阶 段	施 工 内 容
1	基础、墩身施工	基础、墩身施工
2	主梁施工	主梁支架施工
3	索塔施工	索塔施工
4	斜拉索挂设	斜拉索挂设、张拉
5	体系转换	主梁支架拆除
6	全桥调索	全桥调索
7	桥面铺装	桥面铺装
8	通车阶段	通车阶段
9	720d	720d 收缩徐变
10	1000d	1000d 收缩徐变
11	1500d	1500d 收缩徐变
12	3650d	3650d 收缩徐变

5）重要临时结构验算

合龙劲性骨架的受力验算，考虑合龙前后的结构实际状态、力学行为、温度等环境因素及边界条件等，按最不利组合进行受力验算，保证在中边跨合龙过程中结构的安全性和稳定性。

6）结构参数敏感性分析

通过结构参数敏感性分析,确定关键控制参数偏差对控制结果的影响程度,为安装过程中的误差修正及最优控制决策提供科学依据。

施工监控工作是一个复杂的系统工程,多种因素均可能对施工控制精度产生重大影响。就关键结构参数对施工过程中结构力学行为的影响进行分析,对控制方案的确定、施工控制判断和决策、参数识别、模型修正均具有重要意义。

关键结构参数敏感性分析的目的。

（1）确定关键控制参数。

（2）确定关键控制参数偏差对控制结果的影响程度,为安装过程中的误差修正及最优控制决策提供科学依据。

（3）为施工过程仿真分析、施工过程参数识别、模型修正及误差分析等工作提供理论基础。

敏感性分析主要参数及工况见表9-2-3-3,各工况响应情况见表9-2-3-4。下面还给出了类似项目中敏感性分析变化曲线示例,如图9-2-3-4所示。

主要结构参数与计算工况 表 9-2-3-3

结构主要参数	基 准 状 态	变 化 一	变 化 二	变 化 三
主梁刚度	按设计值	±2%	±5%	
索塔刚度	按设计值	±5%	±10%	
斜拉索弹性模量	按设计值	±2%	±5%	±7%
主梁重量	按设计值	±2%	±5%	±10%
斜拉索制造长度	按设计值	误差上限	误差下限	
温度变化	基标温度	±10℃	±20℃	
临时荷载	按设计值	±20t	±30t	均布载
塔高	按设计值	±10mm	±20mm	
锚固点坐标	按设计值	±10mm	±20mm	
塔轴线初始偏离	按设计值	中跨侧 $L/3000$	边跨侧 $L/3000$	
斜拉索拔出量	成桥无应力索长	±10mm	±20mm	

注：L 为塔高（m）。

各控制工况结构响应 表 9-2-3-4

结构主要参数	索 塔 内 力	主 梁 内 力	主 梁 线 形	拉 索 索 力	塔 偏
主梁刚度	√	√	√	√	√
索塔刚度	√	√	√	√	√
斜拉索弹性模量	√	√	√	√	√
主梁重量	√	√	√	√	√
斜拉索制造长度	√	√	√	√	√
温度变化	√	√	√	√	√
临时荷载	√	√	√	√	√
塔高	√	√	√	√	√
锚固点坐标	√	√	√	√	√
塔轴线初始偏离	√	√	√	√	√

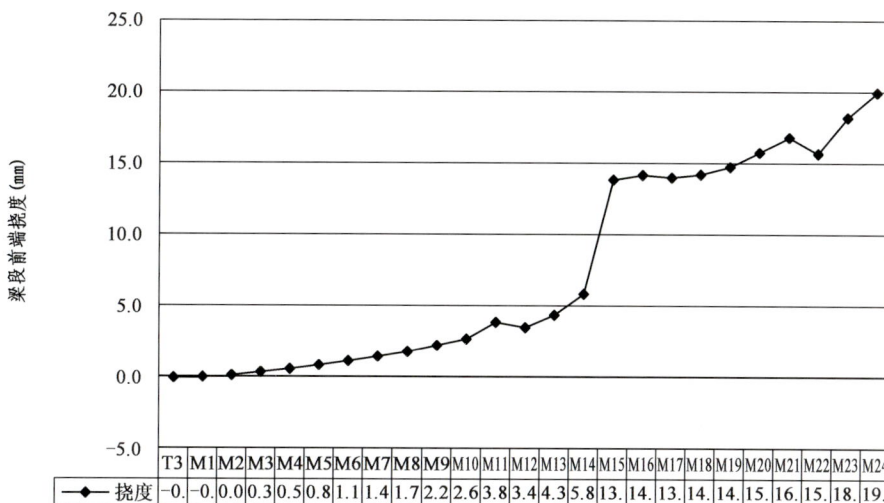

a)主梁整体升温单位温度(1℃)—主梁挠度影响曲线

	T3	M1	M2	M3	M4	M5	M6	M7	M8	M9	M10	M11	M12	M13	M14	M15	M16	M17	M18	M19	M20	M21	M22	M23	M24
挠度	-0.	-0.	0.0	0.3	0.5	0.8	1.1	1.4	1.7	2.2	2.6	3.8	3.4	4.3	5.8	13.	14.	13.	14.	14.	15.	16.	15.	18.	19.

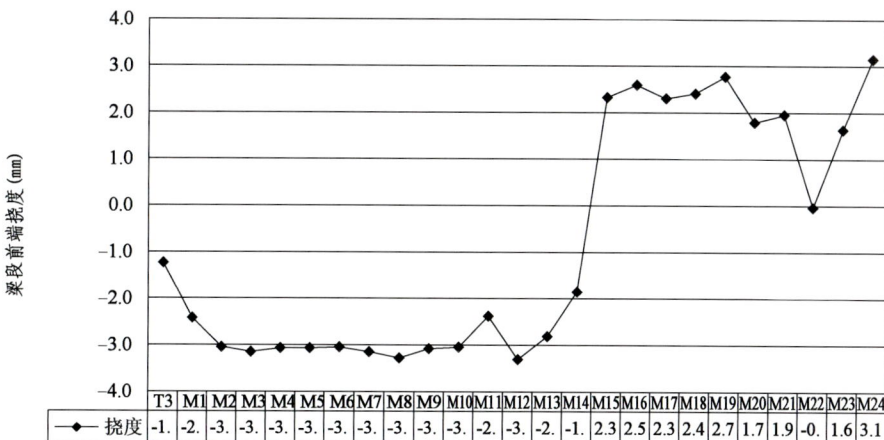

b)主梁顶板较底板升温单位温度(1℃)—主梁挠度影响曲线

	T3	M1	M2	M3	M4	M5	M6	M7	M8	M9	M10	M11	M12	M13	M14	M15	M16	M17	M18	M19	M20	M21	M22	M23	M24
挠度	-1.	-2.	-3.	-3.	-3.	-3.	-3.	-3.	-3.	-3.	-3.	-2.	-3.	-2.	-1.	2.3	2.5	2.3	2.4	2.7	1.7	1.9	-0.	1.6	3.1

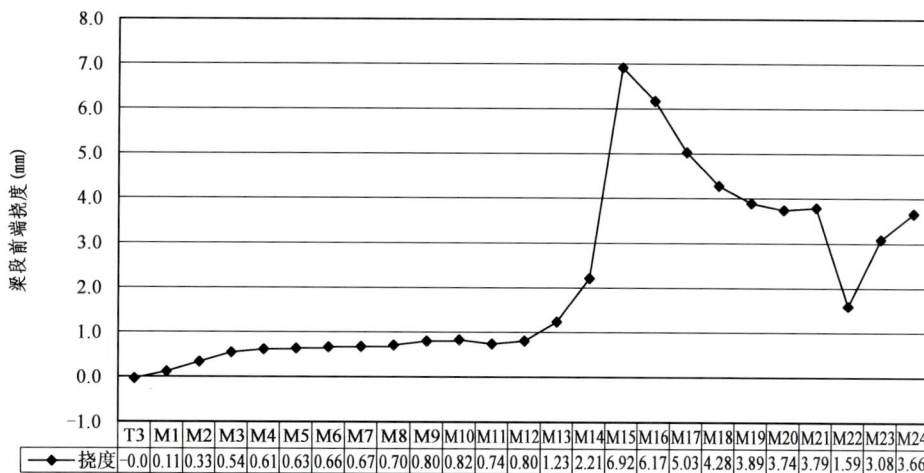

c)斜拉索单位张拉力(1t)—主梁挠度影响曲线

	T3	M1	M2	M3	M4	M5	M6	M7	M8	M9	M10	M11	M12	M13	M14	M15	M16	M17	M18	M19	M20	M21	M22	M23	M24
挠度	-0.0	0.11	0.33	0.54	0.61	0.63	0.66	0.67	0.70	0.80	0.82	0.74	0.80	1.23	2.21	6.92	6.17	5.03	4.28	3.89	3.74	3.79	1.59	3.08	3.66

图 9-2-3-4

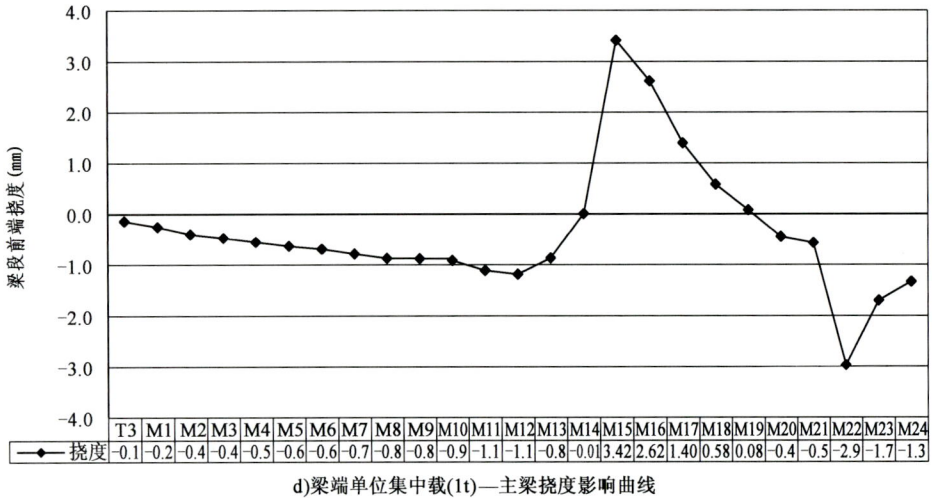

	T3	M1	M2	M3	M4	M5	M6	M7	M8	M9	M10	M11	M12	M13	M14	M15	M16	M17	M18	M19	M20	M21	M22	M23	M24
挠度	-0.1	-0.2	-0.4	-0.4	-0.5	-0.6	-0.6	-0.7	-0.8	-0.8	-0.9	-1.1	-1.1	-0.8	-0.01	3.42	2.62	1.40	0.58	0.08	-0.4	-0.5	-2.9	-1.7	-1.3

d)梁端单位集中载(1t)—主梁挠度影响曲线

图 9-2-3-4　类似项目中敏感性分析变化曲线示例

7）局部分析

（1）上塔柱局部分析

为研究在钢锚梁作用下,塔柱的横向受力情况。首先根据整体计算,确定斜拉索水平不平衡分力最大的位置,然后建立该位置的局部分析模型。以整体计算的结构作为局部模型的边界条件,对钢锚梁施加相应的不平衡分力,研究索塔混凝土的横向受力情况,并与实测值进行对比分析。

（2）对主梁吊装过程进行局部分析

主梁吊装过程中,被吊梁段及吊机所在梁段的变形量,建立局部分析模型,对梁段的吊装过程进行模拟分析,确定最佳的构件拼接顺序和调整措施,降低拼接难度,确保控制精度。

8）施工控制参数优化分析

施工方案进行优化分析,尤其是挂篮前移顺序、主梁浇筑顺序、预应力张拉顺序、施工临时荷载的布置方案及边中跨合龙施工等关键施工方案的实施,需进行全过程有限元仿真分析。结合计算结果,提出优化建议和相关注意事项,指导施工。

2.3.3　施工过程监控计算

1）主梁安装线形计算

主梁的安装线形计算就是根据实际确定的施工顺序和施工荷载情况,计算各施工阶段结构变形,并据此计算相应杆件安装高程。

由于在施工过程中斜拉索张拉力的偏差、施工荷载条件(桥面吊机重量、支点位置)、实际结构参数(梁段重量、构件刚度和材料弹模)等均可能与初始计算的预定值不同,因此必须在施工控制中根据实际条件、并结合施工监测系统的反馈结果对模型进行修正后,才能用于后续工况的安装线形计算。

2）斜拉索张拉计算

为了使成桥后的结构内力和线形达到预先确定的理想状态,必须确定各施工阶段斜拉索的张拉力和张拉顺序。一般铁路钢桁混合梁斜拉桥斜由于二期恒载占整个恒载的比重较大,为防止支座出现负反力,部分斜拉索初张拉时不能到位张拉。

因此,在元洪航道桥施工监控过程中设定2个目标状态:①为满足无应力状态法要求的主梁弹性连续条件,以中跨合龙时合龙口理想状态为中间目标状态;②以成桥状态为最终目标状态,在合龙后通过斜拉索二次调索达到最终目标状态。

通过 2 次张拉将全桥斜拉索张拉到位,斜拉索初次张拉方案应确保结构内力、应变均处于安全可控状态。该桥斜拉索的初张力根据以下控制因素确定。

(1)目标状态斜拉索的无应力长度。该桥斜拉索初张力对应的目标状态为合龙状态,先拟定一个合龙中间目标状态,保证大桥施工至此状态时满足主梁弹性连续的合龙条件,然后根据此状态斜拉索无应力长度初步确定斜拉索初张力。

(2)塔梁间纵向临时约束承受的主、边跨不平衡力。在悬臂施工过程中,该桥斜拉索初张力应保证塔梁间的纵向不平衡力小于设计值。

(3)索塔竖向支座反力。索塔处支座为承压支座(不能承受拉力),因此斜拉索初次张拉方案应确保施工过程中支座不出现负反力。

(4)施工过程中主梁挠度控制。由于斜拉索的制造长度是根据成桥状态确定的,施工过程中主梁挠度过大将导致斜拉索安装困难,因此斜拉索初张力应保证主梁挠度在允许范围内。

3)结构响应分析

梁段安装过程中根据当前状态下实际荷载、边界条件、实际参数和误差状况等因素进行结构实时响应分析,见表 9-2-3-5。

梁段安装过程中结构响应分析

表 9-2-3-5

结构主要参数	索 塔 偏 位	主 梁 线 形	斜拉索索力	主 梁 轴 偏	梁、塔内力
斜拉索单位拔出量	√	√	√	√	√
悬臂前端单位集中载	√	√	√	√	√
日照温差	√	√	√	√	√
梁段实际重量	√	√	√	√	√
斜拉索实际弹性模量	√	√	√	√	√
实际误差	√	√	√	√	√

根据响应分析对当前梁段进行调整,使实际状态逼近施工阶段理想状态,对当前结构状态进行评估,并对下一梁段的安装和斜拉索张拉进行预测。

4)结构稳定安全性计算分析

(1)第一类稳定性:主通航道桥分别在裸塔状态、最大双悬臂和最大单悬臂梁段吊装时以及成桥状态进行第一类稳定性分析的失稳模态分析。

(2)第二类稳定性:结构第二类稳定失稳时所受荷载为结构极限荷载,极限荷载与加载荷载基数的比值为结构的第二类稳定性安全系数。主通航道桥在考虑几何非线性、材料非线性及构件局部承载力进行全过程第二类稳定安全性分析。

5)设计参数识别及修正

斜拉桥结构参数多且不够准确,故必须通过识别加以确定,但对每一参数都进行识别,工作量大,从其对结构所起作用看,也不必要,因此,控制中对结构影响的敏感程度需进行分析,以确定主要参数与次要参数,以便于参数识别。本桥中斜拉索的张拉力、索塔的刚度、吊机自重力、主梁重量及刚度就是较主要的结构参数。结构参数识别的任务是通过量测施工过程中实际结构的行为(索力、位移),通过对结构内力及位移的理论值与实测值的对比分析,分析结构的实际状态与理想状态的偏差,用误差分析理论来确定或识别引起这种偏差的主要设计参数,进一步对结构参数分析判定,经过修正设计参数,确定出结构参数的综合效应真实值,为结构分析提供可靠的参数,来达到控制桥梁结构的实际状态与理想状态的偏差的目的。设计参数识别计算方法采用最小二乘法,最小二乘法是将残差平方最小作为最优估计的准则,已广泛应用于斜拉桥的施工控制中。

施工监控全过程模拟分析时,由于结构设计参数是根据设计规范、材料出厂力学性能指标等取用的,其与实际情况总是存在一定的误差,所以,在施工中应对部分设计参数进行测定,以便及时修正设计参数,保证计算模型与实桥结构达到高度耦合,为施工监控奠定良好的基础。

主要的设计参数包括以下几个方面。

(1)结构几何形态参数

结构几何形态参数主要是指桥梁结构的跨径、结构形式及边界条件,它们表征了结构的形状和结构最初的状态。

(2)截面特征参数

截面主要特征参数包括:斜拉索、主梁、索塔等构件的截面抗弯惯性矩、抗扭惯性矩和截面面积,这些参数对结构的内力变化和结构变形都有较大的影响。

(3)与时间相关的参数

温度和混凝土龄期、收缩、徐变是随时间而变化的设计参数。温度的变化对桥梁结构的内力和变形有较大的影响。混凝土收缩徐变与结构的形成历程有着密切的关系,在混凝土索塔结构中,收缩徐变对结构的内力变形都有明显的影响。

(4)荷载参数

在桥梁施工监控过程中,荷载参数主要指结构构件容重、施工临时荷载。

(5)材料特性参数

材料特性参数主要指材料的弹性模量、材料强度等。对于混凝土材料而言,弹性模量和材料强度都有一定的波动,在施工监控中应对其进行识别。

施工中如出现发散趋势的连续分布误差状态,因这类误差的产生大多源于计算参数失真引起的目标真值失真,必须进行参数识别、参数修正或参数拟合,提供合理的目标真值。对于产生参数失真的原因必须进行认真分析,以便在施工中加以控制。在悬臂施工的桥梁中产生误差发散的主要参数是临时荷载、体系刚度和主梁自重。

主通航道桥施工监控过程中应在桥面吊机前移、杆件吊装、斜拉索张拉等多个工况,分别对结构刚度、主梁自重、临时荷载等参数进行识别。

6)误差分析及调整

斜拉桥施工过程中存在的施工误差可以分为三类:第一类是可以测量的误差,比如构件尺寸、材料容重、材料弹性模量等;第二类是无法测量的误差,比如模型简化误差、构件实际刚度误差、人为操作误差等;第三类就是实际环境因素对结构的影响所造成的误差。在实际施工过程中,对于第一类误差我们可以通过测试得到实际结构的参数,并根据该实测参数对计算数据进行修正,从而解决该类误差问题。第二、第三类误差当中有些是长期存在的(如:刚度误差),有些是临时存在的(如:人为操作误差),有些又是变化的(如:环境因素),故此两类误差在施工中是难以准确控制的,这就造成了桥梁结构实际施工状态与理论状态无法吻合。

(1)施工控制误差的类型,如图 9-2-3-5 所示。

(2)影响控制精度的因素及处理措施,如图 9-2-3-6 所示。

误差的来源主要有以下几个方面。

(1)测量误差。本桥中尽管用锚索计、频谱仪和千斤顶三种测试方法相互校核进行斜拉索索力测试。但因千斤顶油压表的精度不足,仅可做参考;锚索计的测试对安装方法要求较高,很小的偏心受力,都会造成较大的索力偏差;频谱仪测试对环境和斜拉索锚固端的锚固方式等要求较高,风力过大或梁端临时减震措施都会造成索力的较大误差。

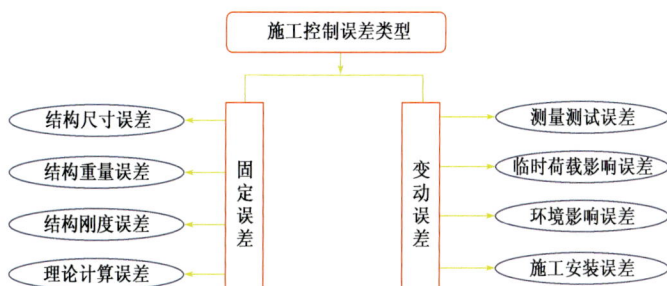

图 9-2-3-5　施工控制误差的类型

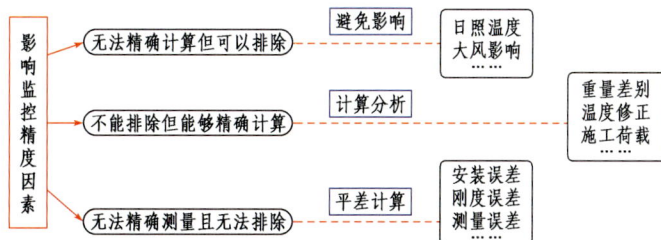

图 9-2-3-6　影响控制精度的因素及处理措施

（2）主梁重量的偏差。主梁重量偏差主要有两方面引起，一方面是钢梁自身的重量和理论重量之间的偏差。另一方面是随钢梁一起运输的散件等，导致斜拉索到位张拉时的误差。

（3）结构刚度误差。斜拉桥结构刚度是由主梁、索塔和斜拉索的刚度组合决定的。引起结构刚度误差的因素：对于索塔来说，除了混凝土弹性模量外，截面尺寸也对刚度有影响；对于斜拉索来说，主要是拉索垂度，会引起拉索的有效刚度折减。所以结构整体刚度的误差会引起几何线形的误差。

（4）桥面临时荷载影响。在大桥上部结构施工过程中，协作单位较多，且由各种工序的需要，桥面上施工机具较多，且其位置和重量有所变化。如果过分限制临时荷载的摆放位置或重量，将会阻碍施工的顺利进行，延误工期。所以为了保证工期，方便现场施工的同时也为我部线形控制增加了误差的来源。桥面临时荷载对线形的影响等同于梁重偏差的影响。

（5）温度影响。温度影响是施工控制中较难掌握的因素，这主要是因为温度始终变化无常，而且在同一时刻，结构各部分也存在温差。所以在结构计算中不把温度影响作为单独工部，而是将温度影响单独列出，作为修正。

温度影响产生主梁变化有四种情况：均匀温差、索梁温差、桥面上下缘温差和索塔两侧温差。

7）重要工况的分析

施工监控计算分析伴随桥梁建设的全过程，对桥梁过辅助墩、中跨合龙、边墩支座安装，需要进行专项和反复的计算，对于施工单位因施工组织的改变导致的作业工序变化，或施工机具设备的移动添加导致的桥面临时施工荷载的变化，都将进行实时计算分析。

对于桥梁施工过程中累计的索力和线形误差，如果达到了影响结构的施工安装正常进行或者结构安全的地步，这就需要在施工过程中对这些误差进行调整处理，如果这些误差影响较小则一般会留在全桥合龙后一次性处理，而处理的手段就是通过索力调整计算分析将这些误差平滑到允许的范围内。

8）施工全过程结构安全与稳定性分析

结构安全性一直是施工监控的重点之一，尤其元洪航道、鼓屿门水道及大小练岛水道具有跨度大、施工环境复杂、体系转换较多、施工过程中主梁变形量大等特点，使得结构的安全性问题比以往更为突出。

大跨度桥梁的稳定性问题是结构安全性评价的重要依据，桥梁结构的失稳现象表现为结构的整体失衡或局部失稳。局部失稳是指部分结构的失稳或个别构件的失稳，局部失稳弱化了结构的整体承载能力,常常导致整个结构体系失稳。

因此,要求在施工监控过程中,对关键控制工况进行结构安全性和稳定性分析。

9)全桥调索

主桥合龙后二期恒载施工前,首先根据实测误差,进行全桥平差计算和全桥调索。然后对各梁段的线形评价和索力评估,同时对目前的斜拉索索力测试结果进行分析,并预测在成桥状态下斜拉索的安全系数和平均应变情况。重新拟合调整道砟、轨道线形,保证线形平顺,行车舒适。

2.3.4　预测分析

在施工过程中,由于施工条件的非理想化,会使结构不可避免地存在一定的误差。这些误差的合成效应将直接呈现在结构施工阶段状态上,从而给理论计算的准确性带来影响。因此,必须量测当前阶段结构施工后的初始参数,分析其对随后施工阶段的影响。若当前参数与理论值存在偏差,则以预测偏差值为依据反求当前状态下的控制调整值,使调整后的结构按顺序施工到成桥,以便结构的实际状态最大限度地逼近设计要求状态。

2.3.5　仿真分析方法简介

元洪航道桥的监控计算采用无应力状态控制法。无应力状态控制法是以目标状态下斜拉索的无应力长度作为目标,根据斜拉索的无应力长度计算斜拉桥主梁安装过程中的初张拉索力及后续的索力调整值,与其他的一些控制方法(如倒拆法)相比,斜拉索索力控制概念明确,在整个斜拉桥主梁的安装过程中无论结构的状态如何变化,无论桥面的荷载工况如何变化,只需根据斜拉索无应力长度目标值即可推算出施工过程中的索力,避免了倒拆法等方法在施工监控时索力调整值需要根据工况的变化不断进行烦琐复杂的试算工作、耗用机时多、索力张拉次数多及影响工程进度等缺点。

结构的无应力状态量是一个稳定的控制量。斜拉桥主梁、塔结构单元的无应力长度和无应力曲率只有在结构单元制造时调整和设定,斜拉索的无应力长度只有通过张拉才能改变,结构单元的无应力状态不会随结构体系和结构外荷载的变化而变化。结构无应力状态量的这种特性为斜拉桥的施工控制提供了极大的方便,同时也为斜拉桥施工过程中多工序同步作业创造了条件。

斜拉桥结构的施工过程中并不需要实际量测结构各构件单元在零应变状态时的长度和曲率,无应力状态控制法只是在众多变量中抽象出一个稳定的、相对不变化的控制量建立起斜拉桥施工的中间状态和终结状态之间的联系。无应力索长只是一个数学目标,最终通过调整索力或斜拉索拔出量控制。

(1)实现无应力状态控制,需满足以下两个基本条件

①要满足各索的无应力长度与成桥状态无应力长度相等的条件。主梁施工过程中,根据梁的应变状态,每一根索可能要多次张拉,只有最后一次须将该索的无应力长度通过张拉调整到预定值。

②要满足弹性曲线的连续条件。这里主要是指主梁合龙时,弹性曲线不能有折角。弹性曲线的连续性,可在合龙前通过调索实现。

(2)无应力状态控制法按下列步骤实施

①计算成桥状态各斜拉索无应力状态的长度 S_0 和主梁无应力状态下的预拱度 y_0。

②以 S_0 作为安装过程的控制量进行正常安装计算。依据结构的受力需要斜拉索可进行一次或多次张拉,只有最后一次张拉时,将索由当前长度通过张拉调整到预定的无应力长度 S_0。

③考虑索的非线性和混凝土收缩徐变后,由上述安装计算得到的成桥状态与预定的成桥状态有差异,这种偏差通过迭代过程来修正。

采用大桥院自主编写的空间有限元程序 3D bridge 建立全桥空间有限元模型,如图 9-2-3-7 所示。塔梁均用梁单元模拟,钢正交异性桥面板等效为主桁翼缘,混凝土桥面板采用板单元模拟,斜拉索采用索单元模拟,采取割线模量计算。全桥 6236 个梁单元(含索单元),4331 个节点,688 个主从关系,14

个约束方程,20 个支撑单元,其中桥塔的支撑单元为弹性支撑,各个自由度的刚度来源于下部结构 pfds 程序。计算模型整体坐标系建立以顺桥向为 x 轴,竖向为 y 轴的坐标系。

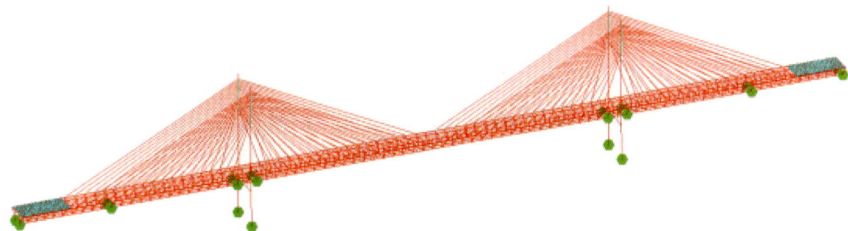

图 9-2-3-7　整体模型示意图

2.3.6　计算参数取值

1)边界条件

成桥状态结构边界约束条件见表 9-2-3-6。

成桥状态结构边界约束条件　　表 9-2-3-6

位　　置	Δx	Δy	θ
1 号墩支座	0	1	0
2 号墩支座	0	1	0
3 号塔	1	1	0
4 号塔	0	1	0
5 号墩支座	0	1	0
6 号墩支座	0	1	0
3 号、4 号塔附近设置临时支座模拟墩旁托架			

注:Δx、Δy-沿纵桥向、竖桥向的线位移;θ-转角位移。1-约束,0-不约束。

2)材料特性

(1)斜拉索弹性模量 $E = 2.0 \times 10^5 \mathrm{MPa}$。

(2)C60 混凝土弹性模量 $E = 3.6 \times 10^4 \mathrm{MPa}$,重度 26.25kN/m³。

(3)C50 混凝土弹性模量 $E = 3.45 \times 10^4 \mathrm{MPa}$,重度 26.25kN/m³。

(4)钢结构弹性模量 $E = 2.1 \times 10^5 \mathrm{MPa}$,重度 78.5kN/m³。

2.3.7　施工阶段划分

全桥模型施工阶段划分见表 9-2-3-7。

全桥模型施工阶段划分　　表 9-2-3-7

阶　段　号	施工阶段名称
ST0	基础施工
ST1	塔基施工
ST2	1、2 号塔块
ST3	3 号塔块
ST4	4 号塔块
ST5	5 号塔块

续上表

阶　段　号	施工阶段名称
ST6	6 号塔块
ST7	7 号塔块
ST8	8 号塔块
ST9	9 号塔块
ST10	10 号塔块
ST11	11 号塔块
ST12	12 号塔块以及横向支座垫石
ST13	13 号塔块
ST14	14 号塔块
ST15	15 号塔块
ST16	施工下横梁
ST17	张拉下横梁预应力
ST18	施工支座垫石
ST19	16 塔块
ST20	17 塔块
ST21	18 塔块
ST22	19 塔块
ST23	20 塔块
ST24	21 塔块(激活横撑荷载)
ST25	22 塔块
ST26	23 塔块
ST27	24 塔块
ST28	25 塔块
ST29	26 塔块
ST30	27 塔块
ST31	28 塔块
ST32	29 塔块
ST33	30 塔块
ST34	31 塔块
ST35	32 塔块
ST36	33 塔块
ST37	34 段塔块(施工支架)
ST38	上横梁一次成型
ST39	张拉上横梁预应力
ST40	添加钢锚梁质量
ST41	拆除支架和横撑
ST42	桥塔附近施工
ST43	垫石起顶架梁机就位
ST44	挂索 BS1&MS1
ST45	钝化支架

续上表

阶 段 号	施工阶段名称
ST46	挂索 BS2&MS2
ST47	施加墩顶预拱度
ST48	激活支架
ST49	修正索力
ST50	钝化支架
ST51	吊起 A19—A20&A28—A29（激活架梁荷载）
ST52	拼装 A19—A20&A28—A29（拆掉架梁荷载）
ST53	挂索 BS3&MS3
ST54	架梁机前移（卸载前空荷载施加后空荷载）
ST55	挂索 BS4&MS4
ST56	吊起节段 A17—A18&A30—A31（施加架梁荷载）
ST57	节段 A17—A18&A30—A31 激活（卸载架梁荷载）
ST58	挂索 BS5MS5
ST59	架梁机前移（卸载前空荷载施加现在空荷载）
ST60	挂索 BS6MS6
ST61	吊起 A15—A16&A32—A33（施加架梁荷载）
ST62	拼装 A15—A16&A32—A33（卸掉架梁荷载）
ST63	挂索 BS7MS7
ST64	挂索 BS8MS8
ST65	架梁机前移（卸载现在空荷载施加下个空荷载）
ST66	吊起 A13—A14&A34—A35（施加吊梁荷载）
ST67	拼装 A13—A14&A34—A35（卸载架梁荷载）
ST68	挂索 BS9&MS9
ST69	挂索 BS10&MS10
ST70	激活桥塔附近支架
ST71	辅助跨合龙之前修改索力
ST72	钝化临时支架
ST73	最大双悬臂状态
ST74	辅助跨合龙（架梁机原位不动）
ST75	合龙段预拱度
ST76	架梁机前移
ST77	吊起 A36—A37（激活吊梁荷载）
ST78	拼装 A36—A37（卸载吊梁荷载）
ST79	挂索 BS11&MS11
ST80	挂索 BS12MS12
ST81	中跨侧架梁机前移边跨侧不动（卸载中跨空载施加下个阶段空载）
ST82	吊起 A38—A39（卸载空载施加吊梁荷载）
ST83	拼装 A38—A39（卸载空载施加吊梁荷载）
ST84	挂索 BS13MS13
ST85	挂索 BS14MS14

续上表

阶　段　号	施工阶段名称
ST86	架梁机就位准备继续对称架梁(卸载次边跨合龙以及 A38—A39 空荷载激活下个空荷载)
ST87	吊起 A7—A8&A40—A41(激活架梁荷载卸载空荷载)
ST88	拼装 A7—A8&A40—A41(卸载架梁荷载)
ST89	挂索 BS15MS15
ST90	挂索 BS16MS16
ST91	架梁机前移(激活下节段空载卸载现在空载)
ST92	吊起 A5—A6 左 &A42—A43(施加左吊梁荷载)
ST93	拼装 A5—A6 左 &A42—A43(卸载吊梁荷载)
ST94	挂索左 BS17MS17
ST95	N4 架梁机全部卸掉(改为不卸掉)
ST96	N3 吊起合龙段和 A5—A6 右(施加吊梁荷载)
ST97	中跨合龙前索力调整
ST98	拆除桥塔临时支撑
ST99	最大单悬臂状态
ST100	中跨合龙架设 A5—A6 右节段(卸载右架梁荷载)
ST101	卸载左右所有架梁吊机
ST102	挂最后一对索
ST103	边跨合龙之前调整索力
ST104	架梁机就位准备继续架设钢梁(施加新空载)
ST105	吊起 A3—A4(施加吊梁荷载)
ST106	拼装 A3—A4(卸载架梁荷载)
ST107	卸载空荷载
ST108	边跨合龙前调整
ST109	边跨合龙
ST110	边跨合龙后调整
ST111	全桥索力调整准备架设混凝土板
ST112	边跨混凝土板浇筑
ST113	边跨混凝土板成型
ST114	施工二期恒载张拉斜拉索
ST115	索力调整
ST116	收缩徐变
ST117	收缩徐变
ST118	收缩徐变

2.3.8　计算结果

以下列出在施工阶段及成桥后的结构变形及内力状态。

1）施工阶段计算结果

（1）上弦应力包络图

钢梁上弦上缘最大压应力为 171MPa,最大拉应力为 49MPa,如图 9-2-3-8 所示。

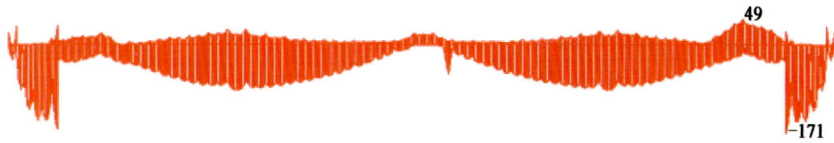

图 9-2-3-8　钢梁上弦上缘应力施工阶段包络示意图（单位：MPa）

钢梁下缘最大压应力为 156MPa，最大拉应力为 47MPa，如图 9-2-3-9 所示。

图 9-2-3-9　钢梁上弦下缘应力施工阶段包络示意图（单位：MPa）

（2）下弦应力包络图

下弦上缘最大压应力为 128MPa，最大拉应力为 84MPa，如图 9-2-3-10 所示。

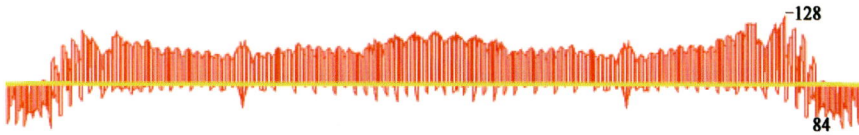

图 9-2-3-10　下弦上缘应力施工阶段包络示意图（单位：MPa）

下弦下缘最大压应力为 144MPa，最大拉应力为 113MPa，如图 9-2-3-11 所示。

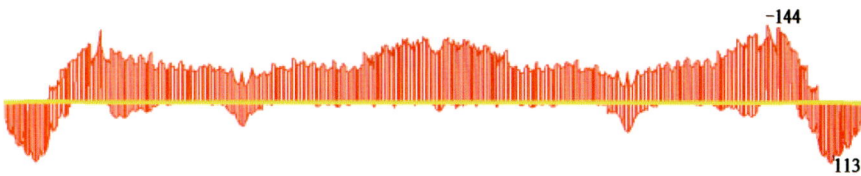

图 9-2-3-11　下弦下缘应力施工阶段包络示意图（单位：MPa）

（3）斜拉索应力包络图

斜拉索应力最大为 534MPa，如图 9-2-3-12 所示。

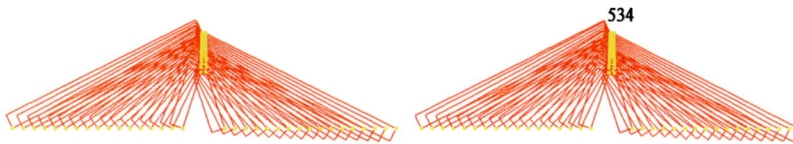

图 9-2-3-12　斜拉索应力施工阶段包络示意图（单位：MPa）

2）成桥阶段计算结果

（1）成桥索力及索应力，如图 9-2-3-13、图 9-2-3-14 所示。

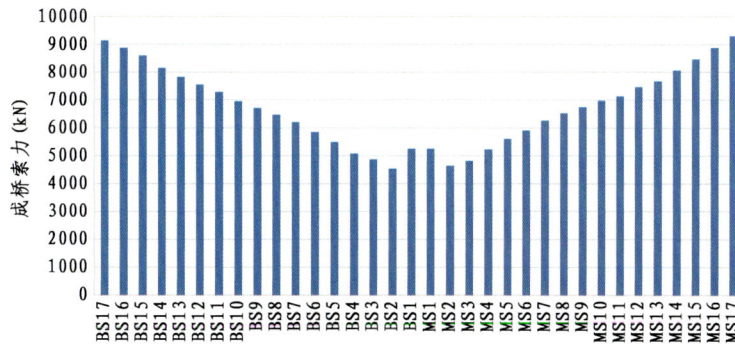

图 9-2-3-13　成桥索力（单位：kN）

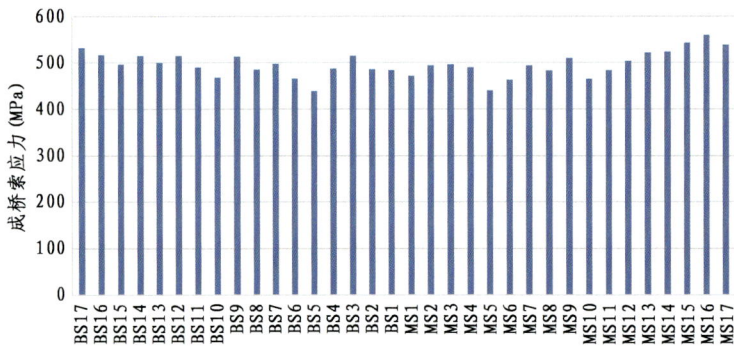

图 9-2-3-14　成桥索应力(单位:MPa)

（2）成桥主梁变形

主梁最大变形量为跨中附近,上挠 388mm,实际预拱度为 392mm,如图 9-2-3-15 所示。

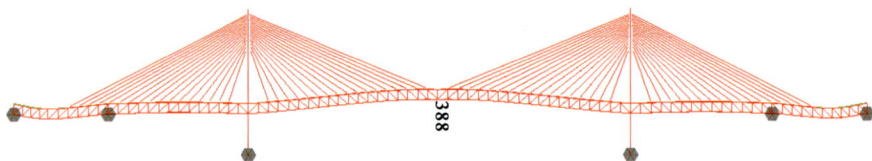

图 9-2-3-15　成桥主梁变形示意图

（3）成桥塔偏

成桥后 N03 塔顶往边跨侧变形 6mm。

（4）钢梁应力

上弦上缘最大压应力 166MPa,最大拉应力 34MPa,上弦下缘最大压应力 147MPa,最大拉应力 30MPa,如图 9-2-3-16、图 9-2-3-17 所示。

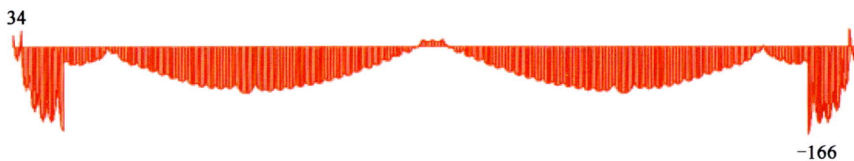

图 9-2-3-16　上弦上缘应力(单位:MPa)

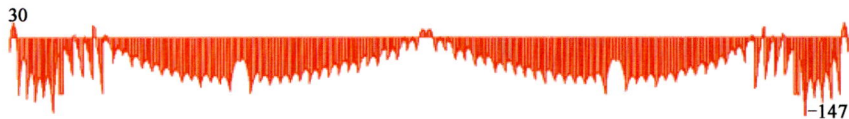

图 9-2-3-17　上弦下缘应力(单位:MPa)

下弦上缘最大压应力 100MPa,最大拉应力 82MPa,上弦下缘最大压应力 134MPa,最大拉应力 112MPa,如图 9-2-3-18、图 9-2-3-19 所示。

图 9-2-3-18　下弦上缘应力(单位:MPa)

图 9-2-3-19　下弦下缘应力(单位:MPa)

3)斜拉索制造长度

本桥斜拉索长度较长,斜拉索下料长度的计算精度至关重要,所以斜拉索下料长度采用以下两种方法计算,并进行对比。

(1)抛物线法:采用《公路斜拉桥设计细则》(JTG/T D65-01—2007)得出设计温度时索的无应力下料长度;

(2)悬链线法:计算对比表明,两种计算结果相差较小,均能满足斜拉索下料长度计算精度的要求。

斜拉索的下料长度根据成桥后结构的永久状态进行计算。计算时考虑的影响因素如下:重力垂度、弹性伸长和温度影响。

斜拉索下料长度示意见图 9-2-3-20 及表 9-2-3-8。

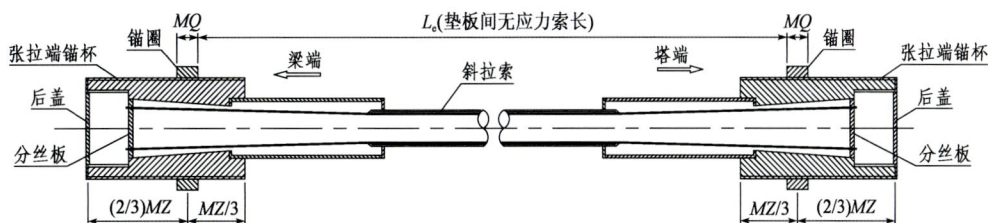

图 9-2-3-20　斜拉索下料长度示意图

斜拉索下料长度   表 9-2-3-8

索　号	索 类 型	索长度基数 L_0	弹性伸长量 ΔL_e	垂度修正量 ΔL_f	实际锚固点间索下料长度 $L = L_0 - \Delta L_e + \Delta L_f$
单位	PES(c)	m	m	m	m
BS01	PESC7-301	75.305	0.182	0.000	75.124
BS02	PESC7-253	86.040	0.214	0.000	85.826
BS03	PESC7-253	96.458	0.257	0.000	96.201
BS04	PESC7-283	107.975	0.274	0.001	107.702
BS05	PESC7-337	119.321	0.274	0.001	119.048
BS06	PESC7-337	131.140	0.320	0.001	130.821
BS07	PESC7-337	143.323	0.371	0.002	142.954
BS08	PESC7-367	155.809	0.386	0.003	155.425
BS09	PESC7-367	168.536	0.432	0.003	168.107
BS10	PESC7-409	181.486	0.433	0.005	181.058
BS11	PESC7-409	194.571	0.485	0.006	194.092
BS12	PESC7-409	207.787	0.526	0.007	207.268
BS13	PESC7-439	221.114	0.541	0.009	220.582
BS14	PESC7-439	234.551	0.598	0.011	233.963

续上表

索　号	索类型	索长度基数 L_0	弹性伸长量 ΔL_e	垂度修正量 ΔL_f	实际锚固点间索下料长度 $L = L_0 - \Delta L_e + \Delta L_f$
BS15	PESC7-475	248.036	0.617	0.013	247.432
BS16	PESC7-475	261.623	0.680	0.015	260.958
BS17	PESC7-475	275.292	0.736	0.016	274.572
MS01	PESC7-301	75.324	0.177	0.000	75.147
MS02	PESC7-253	86.062	0.218	0.000	85.844
MS03	PESC7-253	96.473	0.248	0.000	96.226
MS04	PESC7-283	107.987	0.275	0.001	107.712
MS05	PESC7-337	119.324	0.273	0.001	119.051
MS06	PESC7-337	131.134	0.317	0.001	130.819
MS07	PESC7-337	143.306	0.366	0.002	142.941
MS08	PESC7-367	155.781	0.381	0.003	155.403
MS09	PESC7-367	168.497	0.426	0.003	168.074
MS10	PESC7-409	181.434	0.426	0.005	181.014
MS11	PESC7-409	194.514	0.473	0.006	194.047
MS12	PESC7-409	207.719	0.508	0.008	207.219
MS13	PESC7-409	221.082	0.556	0.009	220.534
MS14	PESC7-439	234.513	0.600	0.011	233.923
MS15	PESC7-439	248.014	0.667	0.012	247.359
MS16	PESC7-439	261.604	0.725	0.013	260.892
MS17	PESC7-475	275.258	0.735	0.017	274.540

4）中跨合龙

（1）合龙工序

N03 桥塔两侧钢桁梁分别完成 SE5-SE6 节段及 SE42-SE43 节段悬拼，N04 桥塔两侧钢桁梁分别完成 SE7′—SE8′ 节段及 SE40′—SE41′ 节段，利用 N04 桥塔侧顶推装置将钢桁梁向边跨顶推 10cm，预留吊装富余空间，N04 桥塔侧中跨架梁吊机起吊 SE42′ 合龙段与悬臂端连接（插打 50％ 冲钉），同时边跨侧架梁吊机起吊 SE5—SE6 节段与悬臂端相连。先调整合龙口竖向及横向误差，安装上下弦杆长圆孔合龙销，再纵向精调调整安装上下弦杆圆孔合龙销，随机拔出长圆孔合龙销并插打 50％ 冲钉，按主桁下弦→主桁上弦→上弦副桁→斜杆的顺序逐步打入穿入高栓，实现中跨合龙。中跨合龙后，边跨侧架梁吊机起吊 SE3—SE4 和 SE3′—SE4′ 节段并与悬臂端连接，通过三向千斤顶调整边墩墩顶 SE1—2 和 SE1′—SE2′ 节段与悬臂端相连，实现边跨合龙，再安装边墩钢桁梁支座，完成钢桁梁总体合龙。

中跨及边跨侧钢桁梁合龙施工工艺流程详如图 9-2-3-21、图 9-2-3-22 所示。

（2）合龙口调整措施

①合龙口间距的控制

合龙口间距主要由千斤顶顶推来确定。

②轴偏误差的调整

轴偏误差主要通过在抗风牛腿处对钢梁施加一个扭转的力整体调整。

③高程的调整

高程的调整主要通过 N03 侧 17 号索和 N04 侧 16 号索放张，以及在合龙口位置汽车式起重机前后移动进行调整。

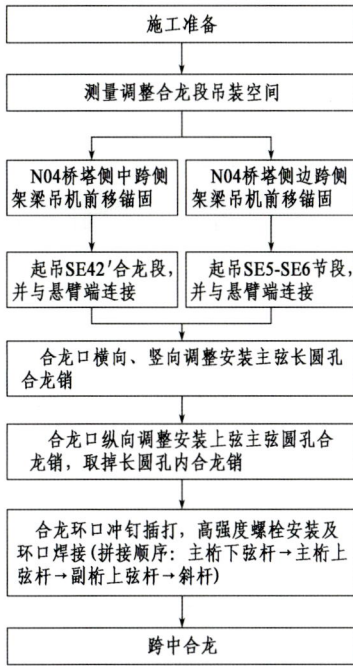

图 9-2-3-21 中跨合龙工艺流程图

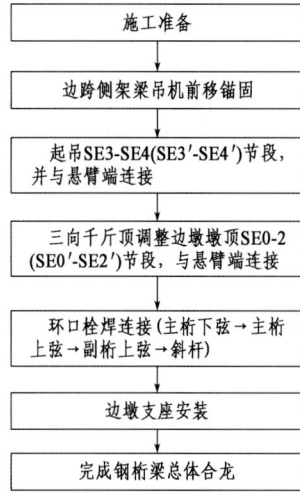

图 9-2-3-22 边跨合龙工艺流程图

（3）合龙状态计算

①合龙前主梁状态（未吊装合龙段钢梁）

在合龙前，桥面吊机未吊装合龙段钢梁时，主梁线形如图 9-2-3-23 所示。合龙口 3 号塔钢梁比 4 号塔钢梁高 16mm。

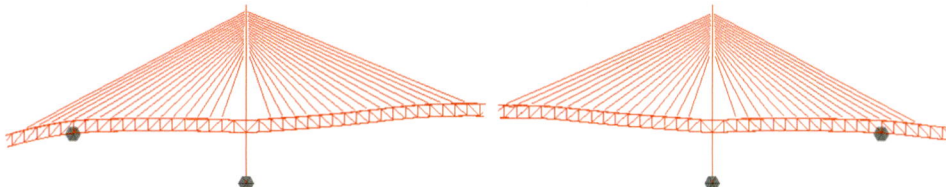

图 9-2-3-23 合龙前主梁状态示意图

②合龙段连接后

桥面吊机吊装合龙段入合龙口后，先与 N04 号塔钢梁侧连接，吊机松钩后，合龙口的高程 N03 号、N04 号塔一致，合龙口主梁转角为 0°。

（4）合龙口连续观测

在拼装完 E42′钢梁后，进行合龙口间距与温度连续观测，测试内容包括：合龙口间距、结构温度、环境温度。合龙口测点布置为桥梁中线位置，如图 9-2-3-24 所示。

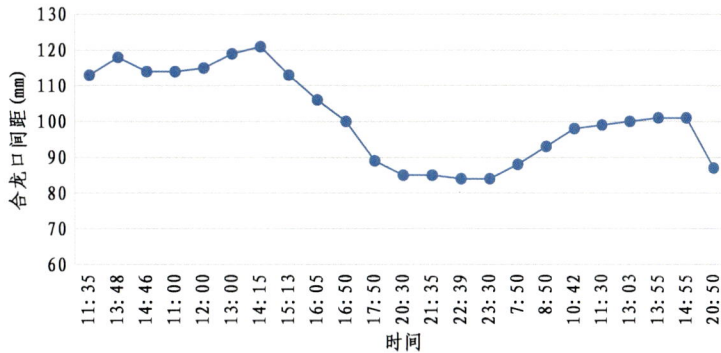

图 9-2-3-24 合龙口间距与时间关系

(5)敏感性分析

①合龙口间距随温度变化量

结构整体升温 10℃ 对合龙口影响见表 9-2-3-9。

温度对合龙口影响　　　　　　　　　　　　　　　表 9-2-3-9

项　　目	塔梁索均升温 10℃ 合龙口改变量(mm)
高程	18 ~ 20
主梁水平位移(单侧)	60

②轴线偏位的敏感性分析

3 号、4 号塔间轴线误差主要采用对拉钢丝绳来调整,在合龙前结构水平向刚度较小,经计算拉力 100kN 主梁位移约 9mm。

③索力调整对合龙口状态的影响

合龙高程可利用 N03 中跨 17 号斜拉索进行调整,下面计算了 17 号斜拉索索力变化对合龙口状态的影响,见表 9-2-3-10。

N03 17 号索力对合龙口状态的影响　　　　　　　　表 9-2-3-10

项　　目	索力张拉 500kN 后合龙口改变量(mm)
高程	22
主梁水平位移	3.1

17 号斜拉索张拉对合龙口高程影响明显,对顶底板缝宽差值(合龙口转角)有一定影响,对水平位移(合龙口间距)影响较小。

④架梁吊机对主梁的影响

鉴于类似项目的经验,在合龙口状态调整过程中,利用架梁吊机的前后移动能够快速地对主梁合龙口的高程进行调整,计算了架梁吊机对合龙口状态的影响架梁吊机前移 1 节间合龙口降约 31mm,架梁吊机后退 1 节间合龙口升约 29mm。

2.4　施工监控内容概述

元洪航道桥监控内容包括如下。

(1)主塔:塔柱应力控制、斜拉索塔端锚固点预抬量计算、成桥塔偏控制;

(2)斜拉索:斜拉索无应力索长、斜拉索施工阶段索力、斜拉索成桥索力;

(3)主梁:钢主梁内力控制、桥面板内力控制、施工工序优化、主梁安装线形、主梁成桥线形。

2.5　施工监测内容及方法

施工监测的主要内容确定如下。

(1)变形:主梁线形、高程、轴线偏差、索塔的水平位移;

(2)应力:钢梁、桥塔应力;

(3)温度:温度场及指定测量时间塔、梁、索的温度变化;

(4)风力风速:上部结构施工期间对风力风速进行测试;

(5)索力:斜拉索索力。

2.5.1 桥塔监测

(1)塔偏监测

为了解索塔在主梁架设阶段及成桥后倾斜度是否符合要求,需要在上部结构施工阶段对塔顶偏位(纵桥向)进行监测。在索塔顶左、右幅两侧分别安装 1 个棱镜,全桥共安装 4 个棱镜,棱镜安装位置如图 9-2-5-1 所示。

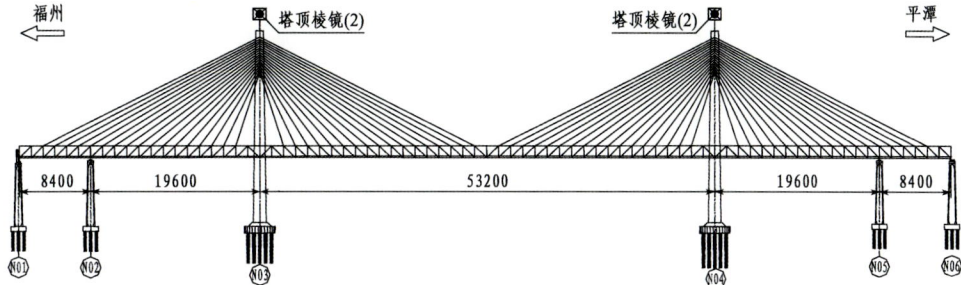

图 9-2-5-1 元洪航道桥塔柱偏位测点布置示意图(尺寸单位:cm)

(2)桥塔应力温度测试

根据桥塔结构形式和施工过程中受力特点,在索塔的下塔柱、中塔柱和上塔柱各布设 1 个应力测试断面,共 3 个断面(T1~T3),每个测试截面包括两个塔肢截面,每个塔肢截面上布设 6 个测点,单塔布设应力测点 6×6=36 个,全桥索塔共设应力测点 72 个。通过应力的监测,实现对全施工过程塔柱内力、温度的控制。

与此同时,每个索塔设置 1 个无应力计,用于修正索塔混凝土应变。

在桥塔传感器中选择 T1、T2 断面中的 1、3、4、6 测点,共 16 个测点,作为后期健康监测的永久应变测点,在施工阶段累积数据,作为健康监测的原始数据,如图 9-2-5-2 所示。

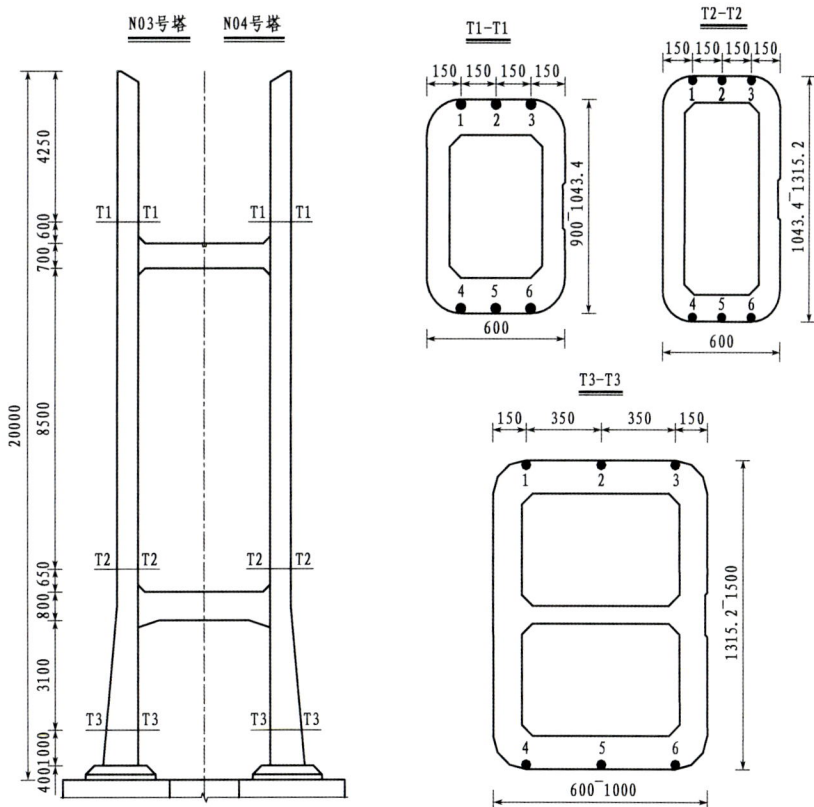

图 9-2-5-2 福平铁路元洪航道桥主塔应力测试断面(尺寸单位:cm)

2.5.2 主梁监测

(1)主梁变形测点布置

为便于主梁架设过程中的施工控制,在主梁上布置相应的临时变形测点,如图 9-2-5-3 所示。钢桁混合梁架设过程中钢桁混合梁线形监测,包括钢桁混合梁的高程、轴偏及里程等。在钢桁混合梁上布置相应的临时测点,临时测点应在钢梁制造厂内采用铣点、绰丝等有效手段制作。临时测点纵向布置在每段钢梁节点中心线处,横向布置与永久测点相同。

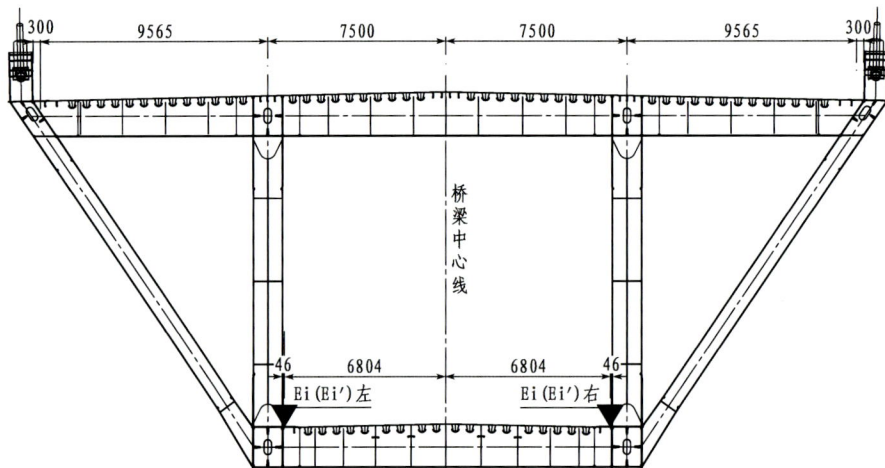

图 9-2-5-3   福平铁路元洪航道桥临时测点布置示意图(尺寸单位:mm)

(2)主梁应力测点布置

主梁应力、温度测试断面的布置考虑了悬臂架设过程中主梁应力、温度变化监测的要求。在主梁上共布置 3 个应力测试断面(即 A ~ C),应力测试断面的布置不仅考虑在主梁悬臂架设过程中主梁应力变化监测的要求,同时也考虑了成桥状态主梁应力监测的要求。

主梁每个应力测试断面根据杆件的不同将传感器分别布置于上弦杆、下弦杆、边纵梁、腹杆的上下缘,其中 A、C 断面各布置 30 个传感器,B 断面各布置 26 只传感器;考虑横梁的应变测量,选择 A、C 两个断面进行公路、铁路横梁的应变测量,共 8 个传感器,主梁上共布置 $2 \times 30 + 26 + 8 = 94$ 个,如图 9-2-5-4所示。

2.5.3 环境温度监测

温度是影响主梁应力的最主要的因素之一,温度变化包括日温度变化(昼夜温差)和季节变化两部分,日温度变化比较复杂,尤其是日照作用,季节温差对主梁的挠度影响比较简单,其变化是均匀的。在监控过程中,测试大气温度,同时进行结构温度的监测。

2.5.4 斜拉索温度监测

斜拉索的温度测试采取试验索和实索相结合的原则进行测试,在制作斜拉索时,制作 1 根 2m 长与实桥斜拉索相同的试验索,型号为 LPES7-367,在试验索内部和索 PE 护套的内表面沿圆周方向均匀布设温度传感器。实索温度测量仅测试表面温度。在现场测得实际温度后,依据温度敏感性分析曲线对现场张拉索力及线形进行修正。

斜拉索温度监测,与其他测试工况一起进行温度测试,测温原件布置如图 9-2-5-5 所示。

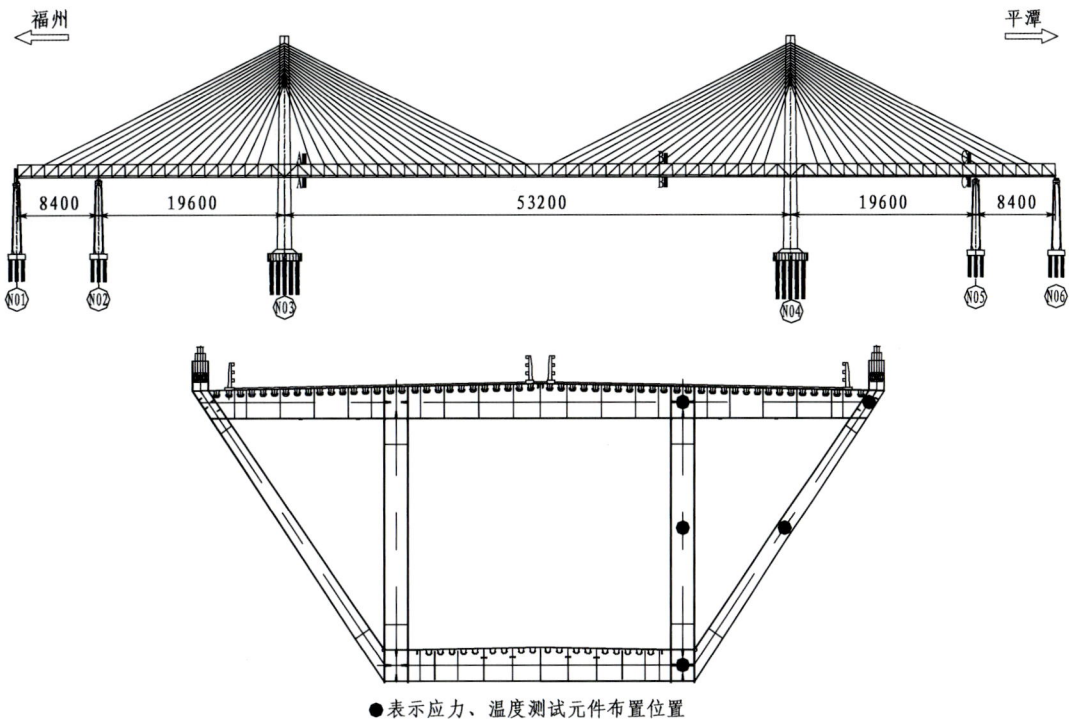

图 9-2-5-4　福平铁路元洪航道桥应力测点布置示意图(尺寸单位:cm)

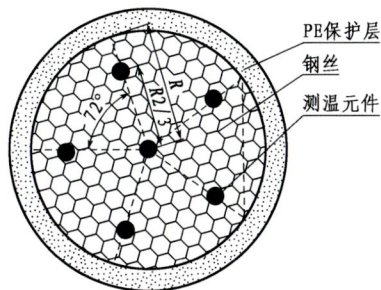

●表示应力、温度测试元件布置位置

图 9-2-5-5　测温原件布置示意图

2.5.5　风力风速监测

在上部结构施工阶段进行风力风速监测。

在主梁悬臂拼装过程中,始终将风速、风向仪安装在悬臂前端,随着悬臂的伸展向前移动,并在每个测试工况查看方向读取风速,当风力超过一定值后,暂停测量,减小风对测试结果的影响。

2.5.6　仪器设备

监控过程中使用主要仪器设备见表 9-2-5-1。

监控仪器设备表　　　　　　　　　　　　　　　　　　表 9-2-5-1

功　能	名　称	型　号	精　度	数　量
变形	全站仪	徕卡 TM30	0.5″	1
	水准仪	徕卡 NA2	0.7mm/km	1
索力	索力仪	JM268	1kN	2

639

功　　能	名　　称	型　　号	精　　度	数　　量
应变	振弦仪器接收表	BGK-408	0.1% ±0.1Hz	1
	振弦读数仪	JMZX-3006	1με	2
	无线采集仪	JMZR-2000	1με	4
温度	点温计	—	0.1℃	2
	温度计	—	0.1℃	2
风速	风速仪	JMZX-1F	0.5m/s	1
计算软件	SCDS	自编2018	—	1
	3D Bridge	自编2018	—	1
	MIDAS	2018	—	1

2.6　施工监控结果

对施工全过程的线形、应力数据分析,施工全过程结构始终处于安全可控状态,成桥后结构线形平顺连续,控制结果符合相关规范及设计要求。

2.6.1　线形

在悬臂施工过程高程最大正误差77mm,最大负误差－80mm,造成误差的主要原因是由于张拉过程实际索力偏小。在施工过程存在一定误差的现象。针对剩余部分误差,可在二张调索阶段进行线形调整。

中跨钢梁合龙后全桥线形与理论值比较有一定误差,产生误差原因如下:

(1)中跨合龙时需调整合龙口的上下口间距,对上下游边主梁分别调整,导致中跨合龙段上下游高差较大。

(2)边跨侧线形均高于理论值,是由于钢梁安装时中跨钢梁线形低于理论线形,为调整中跨线形边中跨索力增大故边跨高程要高于理论高程。

针对施工期间出现的误差,进行索力调整后,同时根据类似桥梁的控制结果,以索力和线形双控,实测主梁线形与理论值基本一致,调索后整体线形较为平顺,最大正误差为E34左幅42mm,最大负误差为E8左幅-39mm。整体结果满足要求。

2.6.2　斜拉索索力

在施工过程二张阶段,其中张拉至成桥索长的斜拉索控制误差均在6.5%之内,索应力未超过施工阶段容许应力。

对于施工过程中出现的误差,在中跨合龙后对全桥进行了索力调整,调整后全桥索力平均误差为2%,索力最小误差为－6.2%,最大误差6.5%。其中索力误差在5%之内共有87根索,占总索量的80.6%;误差在5%~6.5%之内共有21根索,占总索量的19.4%。上下游两侧索力分布规律基本一致,上下游侧索力偏差较小,全桥斜拉索索力分布情况良好,索力误差能够满足规范要求。

2.6.3　结构应力

从应力监测数据及其与理论计算值对比可以看出,主梁悬臂施工阶段各监测截面应力变化趋势与理论值基本一致。

由于以下几个方面的原因。

(1)计算模型与实际结构存在偏差；

(2)混凝土收缩徐变及温度引起的非受力应变难以完全准确剔除；

(3)应力监测设备测试误差。应力实测值与理论计算值存在一定误差且难以避免。

从总体看,在施工全过程结构应力未超材料强度设计标准。应力监控结果符合设计及规范要求,达到了预期效果。